2016

YEARBOOK OF CHINA AGRICULTURAL PRODUCTS PROCESSING INDUSTRIES

中国农产品加工业年鉴

科学技术部农村科技司
中国农业机械化科学研究院
中国包装和食品机械有限公司
食品装备产业技术创新战略联盟
编

中国农业出版社
CHINA AGRICULTURE PRESS

内　容　简　介

本年鉴较系统地记述了我国有关农产品加工业发展的方针、政策、法律、法规和规划等贯彻执行情况；有关领导、专家对发展我国农产品加工业的论述；本领域内相关行业的发展综述；简介了相关行业经济运行情况及名、优、特、新产品；登载了农产品加工业的国内外统计资料；记载了相关的国家标准、行业标准、专利以及本行业的大事。本年鉴资料新颖、准确、科学、翔实，内容丰富，可供政府管理部门、协会、学会、中介组织、生产企业、科研教学单位的管理人员、策划人员、教育工作者和科技工作者参考。

编辑出版说明

一、为紧跟我国农产品加工业发展的时代脉搏和大力宣传主旋律，在各级领导和行业专家的支持和帮助下，我们组织编辑出版的《中国农产品加工业年鉴》(2016) 与广大读者见面了，其宗旨是为我国农产品加工业的发展起到桥梁和促进作用。

二、《中国农产品加工业年鉴》由科学技术部、农业部、国家发展和改革委员会、国家林业局、国家粮食局、中华全国供销合作总社、中国机械工业联合会、中国轻工业联合会的有关主管部门及农产品加工业相关协会、学会、科研院所、大专院校等，与中国农业机械化科学研究院、中国包装和食品机械有限公司、食品装备产业技术创新战略联盟联合编辑出版。

三、《中国农产品加工业年鉴》(2016) 安排了 7 个部分的框架内容，每个栏目名称基本未变，其中的内容和数据均以 2015 年的基本情况为主；但根据资料的获取难易程度也有部分 2015 年前后的情况，并保持每卷年鉴的连续性，其中的政策法规及重要文件、大事记和标准均以 2016 年的基本情况为主。

四、《中国农产品加工业年鉴》记述了相关方针、政策、法律、法规和规划等贯彻执行情况；记述了有关领导、专家对发展我国农产品加工业的论述；记述了本领域相关行业的发展综述；介绍了农产品加工业经济运行情况及名、优、特、新产品；登载了农产品加工业国内外统计资料；记载了相关的国家标准、行业标准、专利以及本行业的大事。年鉴既述事，也记人，每年编辑、出版一卷。若干年后，不但可以见证我国每年的农产品加工业发展情况，而且将是系统、全面、可靠、翔实的史册和工具书。由于年鉴的权威性和正式的连续出版发行，将有益于国内外各界了解和研究我国农产品加工业现状与发展等情况，促进相互交流与合作；有益于各部门借鉴现实和历史经验，掌握全局，运筹帷幄，制定政策和发展规划，指导本行业健康发展；有益于社会各界沟通行业信息、产品信息，互相学习，取长补短，推动我国农产品加工业的发展和国民经济的腾飞。

五、本年鉴各部分所列数据，因来源渠道不同，不尽一致。全面的数据均以国家统计局提供的为准。本年鉴全国性统计数据均不包括香港、澳门两个特别行政区和台湾省。两区一省的相关数据，在年鉴的附录中列出。

六、为系统、准确、科学、翔实地反映我国农产品加工业现状，并力争办出本年鉴的特色，我们在编辑中继续突出了综述文章以当年国家重点抓的农产品加工业中的有关行业为主，全书内容以推动产业发展为主，国家标准、行业标准与专利以加工工艺、设备和相应的产品为主，统计数据以国家统计局经济行业分类为主，国外的统计数据以特点显著的部分发达国家和少数发展中国家为主等。

七、本年鉴的编辑、出版、发行等工作，得到了中央及各级有关部门、协会、学会、科研院所、高等院校、生产企业、社会团体的大力支持和帮助，谨此表示衷心的感谢。

目　　录

第四部分 国内综合统计资料

第五部分 标准、专利

第六部分　大事记

第七部分　附　录

Contents

Part Ⅰ Special Subjects Exposition

Part Ⅱ Development Situation of Related Trades

Part Ⅲ Policies, Regulations and Important Documents

Part Ⅳ Domestic Comprehensive Statistics Materials

Part Ⅴ Standards and Patents

Part Ⅵ Chronicle of Events

Part Ⅶ Appendix

1 第一部分

专题论述

总结经验 把握形势 全面提升农产品质量安全水平

农业部副部长 陈晓华

这次会议的主要任务是，贯彻落实党的十八届五中全会及中央经济工作会议、中央农村工作会议和全国农业工作会议精神，总结2015年及“十二五”期间农产品质量安全监管工作，研究“十三五”期间工作思路，部署2016年重点任务。下面，我讲三点意见。

一、认真总结“十二五”期间农产品质量安全成效和经验

“十二五”期间，是我国全面建成小康社会的关键时期和农业农村发展的又一个黄金时期，对农产品质量安全工作来讲，是一个攻坚克难、快速提升的重要时期。5年来，各级农业部门认真贯彻中央决策部署，奋发有为，扎实工作，取得了积极成效。总的来看，农产品质量安全形势稳中向好，各项工作稳中有进。2015年全国蔬菜、畜禽和水产品监测合格率为96.1%、99.4%和95.5%，分别比“十一五”末提高3.0、0.3和4.2个百分点；5年间没有发生重大农产品质量安全事件，为农业农村经济平稳较快发展提供了有力支撑。回顾“十二五”期间，有6个标志性的工作值得总结。

（一）始终坚持依法监管、制度先行，法律法规和制度机制逐步完善

国家修订了《中华人民共和国食品安全法》以及《饲料添加剂管理条例》等法律法规，启动了《中华人民共和国农产品质量安全法》及农药、转基因管理条例的修订工作。最高人民法院和最高人民检察院出台了食品安全刑事案件适用法律的司法解释，把生产销售使用禁用农兽药、收购贩卖病死猪、私设生猪屠宰场等行为纳入了刑罚范围。农业部制修订了饲料、兽药、绿色食品、农产品监测管理办法等10多个部门规章，印发全程监管的意见等规范性文件，出台了8项监管措施和6项奶源监管措施。有18个省份出台了农产品质量安全地方法规，所有省份都把质量安全纳入政府年度考核内容，建立了问责机制。以国家法律法规为主体、地方法规为补充、部门规章相配套的法律法规体系不断完善。国家调整了农产品质量安全监管体制和职能分工，国办印发了加强农产品质量安全监管的通知，农业部与国家食品药品监管总局签订了监管合作协议，形成全过程监管链条。各地、各行业聚焦薄弱环节，建立了高毒农药定点经营实名购买、生产档案记录、监测抽查、检打联动等一系列行之有效的管理制度。农产品质量安全监管长效机制初步建立。

（二）始终坚持问题导向、重典治乱，专项整治卓有成效

这些年，我们抓“牛鼻子”、啃“硬骨头”，坚持露头就打，始终保持高压态势，连续开展年度专项治理行动。种植业重点查处禁限用农药问题，实施了化肥农药零增长行动，禁用了14种高毒高风险农药。畜牧业重点开展“瘦肉精”、抗菌药、畜禽屠宰以及生鲜乳专项整治，全面推进病死畜禽无害化处理。渔业重点实施孔雀石绿、硝基呋喃等违禁药物整治，加大水产品监督抽查力度，严厉打击养殖及育苗过程违法违规行为。农资打假坚持在春耕、三夏、秋冬种等重点农时集中开展专项行动，重点打击假种子、假农药、假化肥，维护农民合法权益。5年来，专项整治共出动执法人员1 989万人次，检查生产企业1 370万个次，查处问题23.8万起，清理关闭生猪屠宰场1 107个，为农民挽回经济损失38.3亿元。经过努力，三聚氰胺连续6年监测全部合格；“瘦肉精”监测合格率处于历史最好水平，基本打掉地下生产经营链条；高毒农药和禁用兽药得到较好控制；一些区域性、行业性的问题有效遏制。

（三）始终坚持生产入手、源头控制，农业标准化深入推进

农业标准化是解决农产品质量安全问题的治本之策。我们按照“产管并举”要求，将农产品质量安全工作融入农业产业发展，强化生产过程质量控制，大力推进标准化示范创建，控制源头上水平。在标准制修订上，编制了加快完善农药残留标准体系5年工作

方案，制定农药残留限量标准 4 140 项、兽药残留限量标准 1 584 项、农业国家行业标准 1 800 余项，清理了 413 项农残检测方法标准。各地因地制宜制定 1.8 万项农业生产技术规范和操作规程，加大农业标准化宣传培训和应用指导，农业生产经营主体安全意识和质控能力明显提高。在标准化示范创建上，投入 100 亿元专项资金支持开展农牧渔业标准化创建工作，创建“三园两场”9 674 个，创建标准化示范县 185 个。按照稳数量、保质量、强监管的要求，新认证“三品一标”产品 2.8 万个，累计认证产品总数达 10.7 万个，“三品一标”监测合格率稳定在 98% 以上。各地因地制宜推进农业标准化生产，有的依托龙头企业、农民合作社实施，有的通过“三品一标”引领带动，有的以县域为单位整建制推进。浙江省政府出台加强农业标准化工作的意见，创建了一大批标准化示范区，全省标准化生产覆盖率达到 60%以上。湖南省每年印发农业标准化建设工作方案，强化政府推动，开展厅市共建，整建制推进标准化实施示范。

（四）始终坚持预防为主、风险防控，监测预警和应急处置能力稳步提升

农产品质量安全问题具有突发性、敏感性，如何做到早发现、早控制、早处理，是对我们履职担当的重要检验。“十二五”期间，我们立足少出事、不出大事，着力构建“预警及时、反应快速、处置有力、科普到位”的风险防控体系。例行监测方面，将部级监测范围扩大到 152 个大中城市、117 个品种、94 项指标，深入实施农药、兽药、饲料、水产药残 4 个专项监控计划，建立起覆盖主要城市、产区和品种、参数的监测网络。各地也不断扩大监测范围，2015 年定量检测样品达 87.6 万个。通过监测，及时发现并督促整改了一大批不合格问题。风险评估方面，组织认定 100 个风险评估实验室和 145 个风险评估实验站，评估体系从无到有、评估能力由弱变强。对蔬菜、粮油、畜禽、奶产品等重点食用农产品进行风险评估，获取有效数据 60 万条，初步摸清风险隐患及分布范围、产生原因。应急处置方面，农业部完善了应急预案，组建了农产品质量安全专家组，加大了舆情监测力度，建立起上下联动、区域协同、联防联控的应急机制。各地采取多种措施，有的加强了应急培训，有的开展了应急演练，有的配备了应急装备，明显提升了应急能力，先后处置了“豇豆农残”“生姜涕灭威”“病死猪”“速生鸡”“草莓乙草胺”等突发问题，将负面影响降到最低。举办宣传周活动，积极开展科普宣传，编印《农产品质量安全生产消费指南》等科普书籍，印发宣传资料 9 000 多万份，组织专家解读热点敏感问题，普及农产品质量安全知识。

（五）始终坚持改革创新、协同共治，监管模式不断总结完善

我们坚持用改革的办法破解难题，抓住关键节点，推动管理创新，形成了政府、企业、社会多元共治的新局面。在落实属地责任上，紧紧抓住县域这个执法监管的主战场，谋划并全面启动了国家农产品质量安全县创建活动，确定首批 107 个县（市）作为创建试点单位，山东、四川、福建等 25 省同步开展了省级创建活动，浙江还启动了农产品质量安全示范省创建工作，江西正在积极筹划绿色食品、有机食品示范省建设。在推动工作创新上，鼓励基层放手干、大胆闯，积极探索独具特色的质量安全监管模式，形成了许多好办法、好经验。比如，加强源头管控的威海模式、监管体系建设的商洛模式、寓监管于服务之中的仙居模式以及辽宁的检测与检疫同步的“瘦肉精”监管模式，等等。在推进社会共治上，发动社会广泛参与，强化诚信体系建设，推动监管部门与其他部门、机构间建立协同联动治理机制。农业部将农产品质量安全纳入社会信用体系，与国家发展和改革委员会、国家工商总局等部门建立失信行为联合惩戒机制。江西、广东、河南、青海、黑龙江等省建立了“黑名单”制度，海南、湖北、陕西等省实行举报奖励制度。

（六）始终坚持健全队伍、打牢基础，监管能力快速提升

我们抓住食品安全监管体制调整的契机，积极落实国办通知要求，下大力气推动监管、检测、执法三支队伍迅速壮大。在监管体系方面，目前全国所有的省份、88%的地市、75%的县、97%的乡镇建立了监管机构，落实专兼职监管人员 11.7 万人。在质检体系方面，投资 79.3 亿元，支持建设农产品检测体系建设项目 1 710 个，对质检机构负责人及主管局长实行轮训，部省地县四级农检机构达到 3 332 个，落实检测人员 3.5 万人。在执法体系方面，99%的农业县开展了农业综合执法工作，落实在岗执法人员 2.8 万人。可以讲，农产品质量安全监管有了一支基本依靠的力量。同时，各级都加大了条件保障、培训练兵力度。农业部组织开展了检测技能大赛，比武场次达到 955 场，6 名选手荣获“全国五一劳动奖章”或“全国技术能手”称号，“农产品质量安全检测员”正式纳入《国家职业分类大典》。江苏县级监管信息化网络基本全覆盖，福建为县乡全覆盖配备流动检测车 976 辆，江西为每个县级质检站落实 30 万～50 万元检测经费，辽宁制定乡镇监管站建设标准和考核方案，这些都有力推动了基层监管能力的提升。

二、准确把握“十三五”农产品质量安全形势要求

党的十八届五中全会审议通过的“十三五”规划建议，明确提出实施食品安全战略，推进农业标准化，构建从农田到餐桌农产品质量安全全过程监管体系的任务要求，为抓好农产品质量安全指明了方向。我们要以此为指导，深入分析当前面临的机遇和挑战，切实谋划和推进好“十三五”农产品质量安全监管工作。

（一）中央对农产品质量安全的要求越来越严，“十三五”期间必须不折不扣贯彻落实党和国家的决策部署

党的十八大以来，中央领导多次就农产品质量安全作出重要指示，提出明确要求。习近平总书记强调产管并举、“四个最严”。李克强总理要求既打攻坚战，又打持久战。2015年中央政治局第23次集体学习又把农产品质量安全作为重要内容进行研讨，习近平总书记指示要加强政策引导扶持，把确保质量安全作为农业转方式、调结构的关键环节，让人民群众吃得安全放心。全国人大新修订了《中华人民共和国食品安全法》，实施了一系列更严格的监管制度。国务院将农产品质量安全纳入“惠民生政策落实”督察指标，强化考核评价、督查督办等制度。中央高度重视和明确要求，是做好农产品质量安全工作的动力和鞭策，我们必须站在政治的高度，进一步增强责任感、使命感和紧迫感，加快解决重点难点问题，把农产品质量安全工作切实抓紧抓好。

（二）群众对农产品质量安全的期待越来越高，“十三五”必须坚持不懈保障好农产品消费安全

过去吃不饱的时候，人们对质量安全不在意，现在要求高多了。保证民众吃饱、吃好、吃得安全放心是最基本的民生问题，是全面小康生活应有之义。近年来我国农产品质量安全水平不断提升，但问题隐患仍然存在，在一些地区、一些行业还比较突出，社会舆论高度关注，群众还不满意。我们不能一边宣布全面建成小康社会，另一边农产品质量安全问题还时常发生，这既影响人民群众的满意度，也影响国际社会的认可度。发展的新阶段、人民的新期待已形成倒逼，我们必须坚持目标导向，以只争朝夕的态度，下决心解决好农产品质量安全问题，给老百姓一个实实在在的交代。

（三）农产品质量安全和产业发展联系越来越紧，“十三五”必须下大力气补齐质量安全这块短板

搞现代农业，“高产、优质、高效、生态、安全”是基本要求，产品安全是重要指标。现阶段，与数量相比，质量效益还是农业的短板。这与特殊的国情农情有关，也与农业发展方式落后有关。薄弱环节就是主攻方向。中央经济工作会强调供给侧结构性改革，解决好供给不适应需求的问题。中央农村工作会议和全国农业工作会议也指出，适应新常态，推进现代农业发展，最紧迫的任务是大力推进农业发展方式转变和结构调整，重点是推动农业发展由数量增长为主真正转到数量质量效益并重上来。农业提质增效，提高品质、创建品牌是重要抓手和途径。这是一条市场经济的路子，是一条生态环保的路子，也是一条产业振兴的路子。我们必须树立绿色发展的理念，加快推进农业转方式、调结构，大力推动农业标准化、规模化、品牌化发展，从源头上解决“产出来”的问题。

（四）农产品质量监管职责任务越来越重，“十三五”必须想方设法提高监管能力

当前农产品质量安全法律规定是明确的，职责任务也是清晰的。现在的问题在于一些地方监管机构不健全，监管能力跟不上，监管责任难落实。随着食品安全问责力度的加大，农产品质量安全监管工作非抓不可、必须抓好。今年中央1号文件把保障农产品质量安全作为衡量党政领导班子、领导干部能力和政绩的重要考核指标。这些年，因监管不到位、不作为、乱作为，受到问责和处分的农业部门干部不在个别，教训十分深刻。我们必须用改革的办法、法制的思维，不断完善法律法规和制度机制，切实提高农产品质量安全监管能力和执法水平。

总之，农产品质量安全是全面建成小康社会需要着力解决的问题，也是推进农业现代化需要重点突破的问题。当前正处在由“乱”到“治”的转型期，需要下决心打好这一场攻坚战。

三、明确“十三五”农产品质量安全监管工作目标任务

“十三五”期间，我们要牢固树立并切实贯彻五大发展理念，把农产品质量安全作为转变农业发展方式、建设现代农业的关键环节，坚持“产出来”“管出来”两手抓、两手硬。“产出来”主要是加快转变农业发展方式，推进标准化、绿色化、规模化、品牌化生产，实现生产源头可控制；“管出来”主要是依法严管、全程监管，治理突出问题，实现“从田头到餐桌”可追溯。

（一）主要目标

逐步探索出一套符合中国国情和农情的监管模

式，不断提高农产品质量安全水平，力争“十三五”末主要农产品的合格率达到97%以上，基本实现农产品产出安全，努力确保不发生重大农产品质量安全事件，努力确保人民群众“舌尖上的安全”。

（二）重点任务

全面提升农产品质量安全五大能力。

1. 全面提升源头控制能力　源头控制很重要，它不仅关系农产品质量安全问题，也关系农业可持续发展问题。“十三五”第一位的是要按照中央部署打好农业面源污染治理攻坚战，开展产地环境污染调查与治理修复示范，解决土壤重金属污染治理问题。要围绕“一控两减三基本”的目标，实施化肥农药零增长行动和兽用抗菌药治理行动，推行高毒农药定点经营、实名购买制度，推广绿色防控、健康养殖和高效低毒农兽药使用，做到控肥控药控添加剂。同时要有效实施生产档案记录和休药期制度，力争5年内在家庭农场、合作社、龙头企业中基本实现全覆盖。

2. 全面提升标准化生产能力　抓标准化，前提是有标可依。“十三五”要完善标准体系，加快标准制修订和转化应用步伐，力争5年内农兽药残留标准达到1万项，与国际食品法典同步。要高度重视标准实施问题，面上要抓规模化生产经营主体，推广按标生产技术；点上要抓好“三园两场”，扩大建设规模，发挥辐射带动作用；产品上抓好“三品一标”，加强品牌培育，推动形成优质优价机制，打造一批安全优质的知名农产品品牌和生产基地。总之，要经过5年的努力，力争使全国“菜篮子”大县规模经营主体和规模生产基地基本实现标准化生产。

3. 全面提升风险防控能力　第一位的是防范行业性、区域性、系统性风险。最重要的要强化预警能力，加大风险监测、隐患排查和风险评估力度，摸清本行业、本地区突出风险隐患及“潜规则”问题。在此基础上要实施专项整治，始终保持高压严打态势，严惩违法犯罪分子，力争用3—5年的时间使大的问题隐患基本得到解决。要始终绷紧应急处置这根弦，更加重视舆情监测和舆情应对工作，进一步加强敏感热点问题科普解读，千方百计把问题解决在点上。

4. 全面提升质量追溯管理能力　目前已有很多地方开展试点，取得了积极的进展和成效，再加上农业生产规模化程度提高和“互联网+”的广泛应用，全面推进追溯管理时机已经成熟。当务之急要搭建国家农产品质量安全追溯管理信息平台，出台农产品质量安全追溯管理办法，制定相应的追溯标准及编码规则，抓紧在一些产品和行业上把全国性的追溯试点开展起来，积极推广“二维码”“耳标”以及农产品包装标识，尽可能争取一些扶持政策，力争5年内大部分农民合作社、龙头企业和主要获证农产品、农资产品实现可追溯。

5. 全面提升农产品质量安全监管能力　这是做好农产品质量安全工作的根本保障，必须抓紧健全机构队伍，强化手段条件，确保“有机构履职、有人员负责、有能力干事”。当前最重要的是要按照“五化”、“五个率先”的要求抓好农产品质量安全县创建活动，力争5年内基本覆盖“菜篮子”大县，从而推动健全省地县乡四级监管机构，构建网格化监管体系。要抓住编制“十三五”规划时机，筹划实施“十三五”农产品质量安全保障工程，积极争取中央及各地财政资金支持，以此提高基层监管执法能力和装备水平。要通过培训、练兵等多种形式来提升基层监管的业务素质和工作水平，特别是要抓紧解决好基层检测机构检不了、检不出、检不准问题以及法定资质不具备的问题。

（三）在制度机制上推进两个完善

1. 完善监管制度　要靠制度管根本、管长远，“十三五”主要从两个大的方面入手，实现农产品质量安全全程监管有法可依、有章可循。在法律法规方面，要推动修订《中华人民共和国农产品质量安全法》及农药、畜禽屠宰、转基因等配套法规，将一些有效管用的办法上升为法律制度，实现与《中华人民共和国食品安全法》两法并举、各有侧重、相互衔接。在监管制度方面，要围绕农业产业链条，抓住农业投入品、产地环境、种植养殖、收贮运、畜禽屠宰等关键节点，制定相应的制度规范，提出管理要求，形成一整套制度体系，用管用的制度来规范生产经营主体行为，提升监管水平。

2. 完善工作机制　当前条件下，如何实施更为有效的监管，靠人盯人行不通，靠单打独斗也行不通，“十三五”需要在长效机制上下更大力气。要强化协调配合机制，对内要细化农口相关单位的职能任务，形成统分结合、有统有分的工作格局；对下要强化绩效考核和工作指导，推动落实属地管理责任；对外要加强与食药等部门的合作沟通，一起谋划全程监管措施，推进无缝衔接，形成监管合力。要引入社会监督机制，加大信息公开力度，有关农产品质量标准、认证认可、检测结果、行政处罚等，要依法向社会公开，鼓励各方参与农产品质量安全监督。要强化责任追究机制，对失职渎职、徇私枉法等问题，严肃追究相关人员责任。

（本文为作者于2016年1月19日在“全国农产品质量安全监管工作会议”上的讲话，略有删改）

实施创新驱动发展战略 推进"十三五"食品产业创新发展

科学技术部农村科技司司长 兰玉杰

党的十八大明确提出"要坚持走中国特色自主创新道路、实施创新驱动发展战略"。这是我们党放眼世界、立足全局、面向未来作出的重大决策。对于食品产业来说，创新驱动的本质是依靠自主创新，充分发挥科技对食品产业的支撑和引领作用，大幅提高科技进步对食品产业的贡献率，实现食品产业全面协调、可持续发展。无论从产业层面还是科技层面，推进食品产业创新发展具有深远意义。

一、提高认识，加深理解创新驱动对推动食品产业创新发展的必要性

当前我国食品产业进入新常态，增长速度由高速向中高速转变，发展方式由规模速度型粗放增长向质量效率型集约增长转变。在这种情况下，加快转变发展方式、推进产业转型升级、增强产业发展动力和活力、实施创新驱动发展，成为"十三五"食品产业健康持续发展的迫切任务。

（一）实施创新驱动，是推进食品加工制造转型升级的迫切要求

我国食品加工制造在资源利用、绿色加工、低碳制造、高效转化、智能控制、工程优化、清洁生产等方面相对落后，特别是能耗、水耗、物耗、排放及环境污染等问题尤为突出。加快推进食品加工制造转型升级，提升食品产业整体技术水平，推动食品产业生产方式的根本转变，迫切需要创新驱动发展。

（二）实施创新驱动，是加快食品机械装备更新换代的迫切要求

我国食品机械装备制造技术创新能力不足，大型、高端技术装备仍依赖进口；国产设备的智能化、规模化能力相对较低，现有产品的设计水平、稳定性、可靠性及产品质量等与发达国家仍存在较大差距。要全面提升食品机械装备制造的整体技术水平，打破国外的技术垄断，加快食品机械装备的更新换代，必须通过创新来驱动。

（三）实施创新驱动，是保障食品安全综合监控的迫切要求

食品安全关乎国计民生和国际声誉。我国在食品原料生产、加工和物流等过程管控、市场监控、质量安全检测、品质识别鉴伪、技术标准、风险评估、预警及溯源等方面，仍存在明显不足。只有通过创新驱动，采用先进的工艺技术、加工装备、监控检测手段等，为全产业链综合监控能力提供技术保障，才能从量上和质上保障食品安全。

（四）实施创新驱动，是保障食品冷链物流品质的迫切要求

我国食品冷链物流产业环节多，涉及食品品种繁杂，物流过程中食品品质劣变、腐败损耗严重，物流能耗较高，标准化和可溯化程度较低。特别是面对"互联网＋"等新业态下的技术研发滞后，智能控制技术与装备不完善，物流成本比重较大。只有通过创新驱动，采用新技术、新设备、新手段，全面推进食品物流产业向绿色低碳、安全高效、智能化和可溯化等方向发展，才能保障食品冷链物流的品质。

（五）实施创新驱动，是改善公众营养健康的迫切要求

我国公众营养健康严重存在营养过剩和营养缺乏的双重压力，特别是体重超标、肥胖症、糖尿病、高血压、高血脂等代谢综合征类问题突出，大都是食品营养不均衡造成的。要改变这种现象，必须通过创新驱动，从食品营养均衡开发研究入手，增强健康食品精准制造技术水平与开发能力，不断在营养均衡靶向设计、健康干预定向调控以及功能保健、特殊膳食食品开发等方面进行科技创新，才能有效推进公众营养健康的全面改善。

二、总结经验，实践验证创新驱动对食品产业科技发展的支撑作用

"十二五"期间，我国对食品科技研发的支持力

度明显增强，取得了一批重大科技成果，制订了一批新标准，建设了一批创新基地，培育了一批优秀人才，组建了一批产业技术创新联盟，食品科技创新能力明显增强，食品装备整体技术水平显著提高，食品安全保障能力稳步提升，有力支撑了食品产业持续健康发展，有效带动了农民增收、劳动就业、脱贫致富和农村经济发展。

（一）通过创新驱动，促进食品产业自主创新能力明显增强

通过建设一批国家重点实验室、工程技术研究中心、产业技术创新战略联盟、企业博士后工作站和研发中心等，形成了一支高水平的创新队伍，显著增强了食品产业的科技创新能力。在工业化连续高效分离提取、非热加工、低能耗组合干燥等技术装备上取得重大突破；解决了一批食品生物工程领域的前沿关键技术问题，开发了具有自主知识产权的高效发酵剂与益生菌等；方便营养的谷物食品、果蔬制品及低温肉制品等一批关系国计民生、量大面广的大宗食品的产业化开发，大幅度提高了农产品的加工转化率和附加值。

（二）通过创新驱动，推动食品产业科技水平大幅提升

我国食品产业科技研发能力不断增强，基础研究水平显著提高，高新技术领域的研究开发能力与世界先进水平的整体差距逐步缩小。在超高压杀菌、无菌灌装、自动化屠宰、在线品质监控和可降解食品包装材料等方面的研究取得重大突破，开发了一批具有自主知识产权的核心技术与先进装备，食品科技支撑产业发展能力明显提升；食品物流从“静态保鲜”向“动态保鲜”转变，在快速预冷保鲜、气调包装保藏、适温冷链配送等方面取得了显著成效，有效支撑了新兴物流产业的快速发展。

（三）通过创新驱动，推进食品产业质量安全水平总体向好

我国食品产业在食品安全监测检测、风险评估、追溯预警、安全控制等方面取得了系列突破，全面加强了食品质量安全标准体系建设，初步构建起符合我国国情的食品安全国家标准体系，为保障食品安全、提升产品质量、规范食品进出口贸易秩序等，提供了坚实的科技基础和良好的科技环境。我国食品安全形势总体稳定并保持向好趋势，2010 年食品质量抽查合格率为 94.6%，2015 年合格率为 96.8%，5 年提升 2.2 个百分点，食品质量抽查总体合格率稳步提升。其中，蔬菜及制品、调味品、茶叶及制品、酒类等产品平均合格率为 97.2%。

三、突出重点，深入探索食品产业科技发展新业态、新领域

国际科技竞争引起食品产业科技发生深刻变化，技术装备更新换代更为频繁，加工制造、智能低碳趋势更加多元，产品市场日新月异更趋丰富，科技创新驱动食品产业向全营养、高科技和智能化方向快速发展。

（一）通过突破前沿技术，培育食品领域新兴产业

通过突破食品生物加工、分子修饰、高效浓缩、质构重组、膜分离、冷杀菌及超低温液氮急冻等前沿技术，为食品生物工程开发和先进制造提供新途径；“互联网＋”和智能互联加工等新技术应用，已成为食品产业发展的新趋势。依靠科技进步，推进食品产业向高品质、高技术、智能化和低碳化方向发展，不断推出创新产品，持续打造和培育食品领域新兴产业。

（二）通过绿色加工、低碳制造技术，保障食品产业持续发展

面对资源、能源及环境约束日益严峻的被动形势，传统的食品加工和生产方式已难以为继，正在经历转型升级的深刻变化。高效分离、物性修饰、超微粉碎、非热加工、组合干燥、蛋白工程、发酵工程、酶工程、细胞工程、基因工程和分子食品等技术，正在逐步得到推广应用。现代食品绿色加工与低碳制造技术的创新发展，已成为保障食品产业持续发展的科技重点。

（三）通过智能互联机械装备，支撑食品产业转型升级

开发数字化、信息化和智能化食品装备，助推食品产业快速转型升级。通过智能控制、自动检测、传感器与机器人及智能互联等新技术，可大幅度提高食品装备的智能化水平。基于柔性制造、激光切割和数控加工等先进制造技术，可全面提升食品装备的制造精度。食品装备的规模化、自动化、成套化和智能化等先进制造能力，已成为实现食品产业现代化的重要保障。

（四）通过品质监控全程追溯技术，保障食品质量安全

开展食品危害物形成规律与控制机制研究，以及食品加工制造与物流配送全过程质量安全控制技术开发，已成为食品质量安全科技领域的研发重点。食品品质变化新型评价和货架期预测、快速精确和标准化的食品质量安全检测、食源性致病微生物高通量精准

鉴别与监控、简捷高效的溯源技术及全产业链食品质量安全追溯体系构建等，已成为保障食品安全的关键。

（五）通过智能高效全程冷链技术，实现食品产业物流保质减损

开展高效低碳制冷新技术、绿色防腐保鲜新方法、环境友好包装新材料、智能化信息处理与实时监控技术装备开发，已受到食品产业科技界的高度关注。构建“产地分级预冷—机械冷库贮藏—冷藏车配送—批发站冷库转存—商场冷柜销售—家庭冰箱保存”的全程冷链物流体系，保障食品从“农田到餐桌”全程处于适宜环境条件，实现食品产业物流保质减损，已成为食品物流产业的重点。

（六）通过分子营养组学技术，推进健康食品精准制造

食品营养学的研究，已从传统的表观营养向基于系统生物学的分子营养学方向转变。以宏基因组学（人和肠道微生物 DNA 水平）、转录组学（RNA 水平）、蛋白组学（蛋白质表达与修饰调控）和营养代谢组学技术为基础的分子营养组学技术及其应用研究，已成为食品营养学领域的科技重点，为实现食品营养靶向设计，健康食品精准制造提供了新方法和新途径。

四、明确任务，推进“十三五”食品产业创新发展

为推进“十三五”食品产业创新发展，建议做好如下三方面的重点任务：

（一）加快食品高新技术产业发展

——培育食品产业具有国际竞争力的高新技术企业，加快大数据、云计算、物联网等高新技术在食品产业中的应用，提高信息化、智能化水平。

——探索食品产业可持续发展模式，建立食品产业全链条协同创新基地，打造食品产业科技创新高地，推进食品产业绿色制造技术应用。

——推进健康产业休闲旅游、特色观光、养老康复、“互联网+”、食品科技等融合发展，为健康产业新业态、新模式提供科技支撑和技术保障。

——依靠科技进步，挖掘中华传统饮食文化，推动中华老字号食品传承升级，推进食品产业中一、二、三产业深度融合，创新驱动食品产业品牌建设。

（二）着力提升食品产业科技创新能力

——以提升创新能力为核心，优化食品产业科技创新平台布局，建设一批国家（重点）实验室、工程技术研究中心、区域科技发展实验室及产业技术创新联盟，支持有条件的食品企业建立高水平研发机构，加强食品产业科技创新基础条件建设。

——以食品产业科技创新人才战略为核心，培育壮大食品产业科技队伍，强化优秀青年科学家的培养。在食品产业培养一批科技创新领军人才和创新团队，全面提升食品产业科技创新能力。

（三）全面推进食品产业科技创新发展

——在食品加工制造方面，深入开展食品加工制造中组分结构变化、品质调控等基础研究，重点开展传统食品工业化及配料、健康食品等绿色制造，系统开展食品适度加工、高质利用和清洁生产。突破食品加工制造新理论，创新开发一批核心关键技术及产业化应用，全面提升食品产业科技创新竞争力。

——在食品装备方面，深入开展食品装备机械材料特性、安全卫生、优化设计、风险评估等研究，系统开展具有自主知识产权的智能化、数字化、工程化和成套化关键装备研制与集成技术研究，重点开展依赖进口的大型、高端食品装备创制。提升食品装备综合开发、设计制造和工程化成套能力，支撑食品产业转型升级和可持续发展。

——在食品质量安全方面，加强食品质量安全基础理论、共性关键技术和综合技术保障研究，重点开展食品原料危害因子、食品加工储藏物流过程等形成与变化规律研究，重点突破生产源头、加工过程、食品流通等全产业链食品质量安全控制及预警等共性关键技术。形成全产业链食品质量安全保障体系，全面提升我国食品质量安全监控技术水平。

——在食品冷链物流方面，加强食品冷链物流的品质劣变控制、技术装备开发和集成示范研究，构建食品冷链物流适宜条件、品质劣变、质构变化和腐败损耗的生物学机制，研发食品冷链物流新工艺、新装备，集成相关技术装备开展规模化示范应用。全面提升我国食品冷链物流科技水平，促进食品产业转型升级。

——在人体营养健康方面，加强人体消化、代谢与食品营养供给的平衡研究，系统研究膳食功能因子对人体的作用机制以及膳食调控与健康的关系，研究开发不同人群膳食结构与健康食品制造。以满足婴幼儿、中老年、代谢综合征人群及其他特定人群的膳食需要，全面提升公众营养健康食品的保障能力，支撑健康产业持续发展。

五、结束语

实施创新驱动发展，是历史的必然、时代的要

求，也是食品产业健康持续发展的根本出路。历史经验告诉我们，食品产业的健康持续发展，实际上是靠科技创新来驱动的；科技创新的每一次重大突破，都会带来食品产业技术领域质的跨越。要想把食品产业发展的主动权牢牢掌控在自己手中，就必须坚定地将自主创新作为食品产业发展的根本动力。只有通过创新驱动，才能增强食品产业的核心竞争力，进而摆脱食品产业高端技术装备依赖进口、总体技术水平低的被动局面。

因此，我们应该以创新驱动为引领，从全球视野、战略高度充分认识食品产业创新驱动的重大意义，增强责任感、紧迫感和使命感；认真总结经验教训，着力解决影响自主创新的深层次问题，任务艰巨，使命神圣，功在千秋。我们必须认真贯彻落实中央关于创新驱动有关精神，奋力投入到自主创新道路的新实践，努力在创新驱动发展上有新的重大作为，扎实推进“十三五”食品产业创新驱动工作，全面提升食品产业科技水平和综合竞争力。

加强全链条科技创新 培育现代食品产业发展新动能

科学技术部农村科技司巡视员　王喆

食品产业的创新过程大体分成三个阶段：起点是科技创新，再经过产品创新，最后进行应用创新。这三个阶段的全过程创新，被称为全链条创新或一体化创新。随着科学技术的不断发展，食品产业新模式、新业态、新产品相继出现，成为食品产业经济发展的新动能。李克强总理在国家科学技术奖励大会上指出，创新是引领发展的第一动力，要培育发展新动能，改造提升传统动能。要深入实施创新驱动发展战略，瞄准新一轮世界科技革命和产业变革，适应我国经济社会发展需要，在战略必争领域前瞻部署，强化原始创新、集成创新和引进消化吸收再创新，加速基础研究和应用研究的衔接融合，形成全链条、一体化的创新布局。李克强总理的讲话精神，为我国食品产业科技创新指明了方向，对培育现代食品产业发展新动能具有重要意义。

一、加深理解，高度重视食品产业科技创新的重要性

现代食品产业上牵亿万农户，与“三农”问题密切关联，下联亿万国民，是与公众的膳食营养和饮食安全息息相关的“国民健康产业”，是国民经济重要的支柱产业和保障民生的基础产业，承担着提供营养健康、安全放心食品的重任。随着经济社会格局的持续变革，人们生活方式、饮食习惯及营养与健康需求正在发生重大转折，食品产业也处于历史性的战略转型期，表现为产业价值链由低端向高端延伸，发展方式由高消耗高排放向节能减排的绿色低碳转变，经营方式由粗放型向集约型、技术密集型调整。目前，随着新技术开发、新业态出现、新模式形成，现代食品产业不仅成为拉动我国国民经济发展的“新兴产业”和新的经济“增长点”，也将拓展现代农业发展的“新空间”，成为引领和带动我国现代农业发展的“新动力”。随着我国新型工业化、信息化、城镇化和农业现代化同步推进，“方便、美味、可口、实惠、营养、安全、健康、个性化、多样性”的产品新需求，以及“智能、节能、低碳、环保、绿色、可持续”的产业新要求，已成为食品产业发展的“新常态”。所有这些，对食品产业科技创新提出了新挑战，提升食品产业科技创新能力，将是未来食品产业发展的根本驱动力量。

从食品产业的创新程度和效益来看，可以分成三个层次：最高层次是原始创新，它是指食品产业前所未有的重大科学发现、技术发明、原理性主导的高新技术的创新成果；第二层次是集成创新，它是将食品产业的各种要素通过选择、集成和优化，使食品产业的整体功能发生质的跃变，形成独特的创新能力和竞争优势；最低层次是引进消化吸收再创新，它是利用食品产业各种引进的技术资源，在消化吸收基础上完成重大创新。其中，创新过程与创新程度是相辅相成的，科技创新对应原始创新，产品创新对应集成创新，应用创新对应引进消化吸收再创新。食品产业的发展进程，实际上是依靠科技创新来推动的，每一次科技创新的突破，都会带来食品产业质的跨越。只有

通过科技创新，才能增强食品产业的核心竞争力，在激烈的国际竞争中把握先机、赢得主动。一个国家、一个行业原始创新能力越强，掌握的核心关键技术越多，未来的发展后劲和空间就越大。因此，我们必须依托技术进步和科技创新，开展食品产业核心技术、关键技术攻关，加快提升食品产业的科技实力和创新实力，加速形成以科技创新为基础的食品产业综合竞争优势。在科学技术迅猛发展的今天，谁不重视科技创新，谁就会落伍甚至被淘汰。我们要从全球视野、战略高度充分认识食品产业科技创新的重大意义。

我们为什么要高度重视原始创新和全链条创新呢？原因在于我国食品产业的创新能力与世界发达国家相比，在引进消化吸收再创新、集成创新两方面的能力已经大体相当，但原始创新能力还有一定差距；而我国从科技成果到面向市场所需产品的转化，仍然是一个薄弱环节。其结果，我国食品产业高端技术、大型装备仍然依靠进口，核心技术受制于人的格局没有从根本上改变，这都是科技创新能力特别是原创能力落后于发达国家的结果。我们不能总是用别人的昨天来装扮自己的明天，不能总是指望依赖他人的科技成果来提高自己的科技水平，更不能做其他国家的技术附庸。因此，我国食品产业科技创新要坚持三个面向：一是要面向世界科技前沿，致力于未来发展；二是要面向国家战略需求，赢得战略主动；三是要面向经济发展主战场，为人民创造更多财富。通过“三个面向”，加快食品产业科技创新，超前部署，集中攻关，突破核心技术，抢占科技制高点。

二、明确目标，确立食品产业科技创新发展新思路

按照《“十三五”国家科技创新规划》和《国家中长期科学和技术发展规划纲要（2006—2020年）》的整体要求，确立“十三五”时期食品产业科技创新的基本思路：一是坚持科技创新是引领食品产业发展的第一动力。以创新驱动发展战略为核心，把科技创新摆在食品产业发展全局的核心位置，着力增强自主创新能力，着力建设创新型人才队伍，着力扩大科技开放合作。紧紧围绕食品产业在新型加工与绿色制造、粮食收储运技术装备、现代食品物流的信息化智能化与低碳化研发，全产业链品质质量过程控制开发，中华传统与民族特色食品工业化与成品化以及工程化食品加工技术装备创制等关键问题与重大科技需求，依靠科技创新，实现新知识支撑，新工艺创建，新技术突破，新装备保障，新产品创制和新格局形成。二是坚持自主创新、重点跨越、支撑发展、引领未来的指导方针。自主创新，就是从增强食品产业创新能力出发，加强原始创新、集成创新和引进消化吸收再创新。重点跨越，就是在食品产业选择具有一定基础和优势、关系国计民生的科技领域，集中力量、重点突破，实现跨越式发展。支撑发展，就是从紧迫需求出发，着力突破食品产业重大关键、共性技术，支撑食品产业的持续协调发展。引领未来，就是着眼食品产业的长远目标，超前部署，创造新的市场需求，培育新兴产业，引领未来食品产业的发展。三是坚持科技创新与改善民生相结合。聚焦国家战略和经济社会发展重大需求，明确主攻方向和突破口，加强关键核心共性技术研发和转化应用。紧紧围绕人民切身利益和紧迫需求，让科技创新在提高人民生活水平、吃得安全、吃得健康中发挥重要作用，让更多创新成果由人民共享，提升民众获得感。紧紧围绕提升食品质量和安全水平，以满足人民群众日益增长和不断升级的安全、多样、健康、营养、方便食品消费需求为目标，以供给侧结构性改革为主线，着力提高供给质量和效率，推动食品产业转型升级、膳食消费结构改善，满足小康社会城乡居民更高层次的食品需求。

“十三五”时期食品产业科技创新的主要目标：食品产业规模化、智能化、集约化、绿色化发展水平明显提升，供给质量和效率显著提高，产业规模不断壮大，产业结构持续优化。创新能力显著增强，“两化”融合水平显著提升，新技术、新产品、新模式、新业态不断涌现。食品安全保障水平稳步提升，标准体系进一步完善。资源利用和节能减排取得突出成效，能耗、水耗和主要污染物排放进一步下降。预计到2020年，将突破制约食品制造与装备产业发展的基础共性技术60～70项，创制关键装备15～20种，研发新工艺和新产品50～60个，建设集成示范生产线20～25条，技术应用和示范企业食品加工吨产品能耗降低15%，水耗降低20%，排放减少15%，为食品产业转型升级、提质增效、营养健康提供科技支撑。在粮食储运技术方面，以减损、保质、增效、生态为原则，建立适宜我国国情、粮情和农业现代化要求的新型粮食收储模式、技术体系，创新一批粮食收购、储藏、装卸、运输作业的新技术新装备，为确保储粮安全和现代粮食收储运提供技术支撑。东北示范区粮食收储环节损失率由15%降到5%左右，玉米霉变率控制到2%以下；南方示范区稻谷绿色保鲜储存比例提高到30%，干燥能耗降低25%以上；国家储备粮库减少化学药剂使用量30%以上。整体上构建以企业为主导、产学研用协同创新机制和基地3～5个，形成创新团队10～15个，培养创新人才200～300名，大幅提高自主创新能力。

三、科学设置，分步实施食品产业科技创新重点专项

“十三五”期间，根据国家战略需求和食品产业发展需要，重点安排了“现代食品加工及粮食收储运技术与装备”重点专项。专项的设置原则：一是重点解决我国食品产业发展中的瓶颈问题、重点核心与关键科技发展需求问题，以及国际食品产业科技发展必争的科技发展热点问题。二是按照中央财政科技计划管理改革和国家重点研发计划工作安排的要求，充分考虑基础研究、共性关键技术研发、典型应用示范等各部分比例，以共性关键技术类项目为主，基础研究类项目占一定的比例，典型应用示范类项目比例不超过30%。三是充分考虑食品产业提出的急需科技支撑的现实需求，重点是与食品加工和粮食保障行业提出的急需科技支撑的迫切需求。四是充分考虑延续“十二五”期间的研究内容并已经取得重要突破，亟须进一步支持实现整体支撑的科技问题，重点是“健康中国”和“新常态”下食品加工新兴产业发展比较紧迫的科技新需求和新问题。

按照专项年度计划安排，实行全链条、一体化布局，分年度（2016年、2017年、2018年）进行发布实施。本专项2016年度第一批指南设置了“食品加工制造应用基础研究”“食品加工制造核心关键技术开发与装备创制”“食品加工工程化技术集成应用与产业化示范”三大板块共16个项目，约占本专项总任务的1/3。其中，食品加工应用基础研究2项，食品加工核心技术开发与装备创制10项，食品加工工程化技术集成应用与产业化示范4项。国拨经费概算合计约5.85亿元。2017年度第二批指南设置了“应用基础研究”“核心技术开发与装备创制”“工程化技术集成应用与产业化示范”三大板块共16个研究方向（每个研究方向拟支持1～2个项目），约占本专项总任务的1/3，国拨经费概算合计约3.54亿元。2018年度第三批指南设置了“食品加工核心技术开发与装备创制”“食品加工工程化技术集成应用与产业化示范”二大板块共14个项目，拟安排中央财政经费2.75亿元。

四、明确任务，重点推进食品产业科技创新项目的研究开发

“十三五”期间，重点推进食品产业科技创新研究开发任务如下：

（一）食品加工制造应用基础研究

围绕食品理化特性、营养特性及加工特性，针对我国食品色、香、味、形等感官品质表征评价和形成机制研究严重滞后、居民营养相关慢性病高发、老年群体营养改善需求迫切以及公众对食品营养健康不断提升的巨大需求，以世界前沿科学难题为着眼点，主要开展生鲜食用农产品物流环境适应性及品质控制机制研究、食品加工过程中组分结构变化及品质调控机制研究、食品风味特征与品质评价及加工适用性研究、食品营养物质基础与营养代谢组学研究、食品风味特征与品质评价及加工适用性研究、食品营养及生物活性物质的健康功能作用研究、益生菌健康功能与基于肠道微生物组学的食品营养代谢机理研究等，力争取得原创性研究进展，为巩固已有优势技术、培育战略性新兴产业提供基础。

（二）食品加工制造核心关键技术开发与装备创制

围绕食品方便美味、营养安全、资源节约、增效增值的产业需求，针对制约产业发展的重大共性关键技术问题与技术瓶颈，食品产业高能耗、高水耗、高排放和低效能等突出问题，主要开展食品工程化与智能化加工新技术装备开发研究、中华传统工业化食品加工关键技术研究与装备开发、传统酿造食品制造关键技术研究与装备开发、营养功能性食品制造关键技术研究与新产品创制、方便即食食品制造关键技术开发研究及新产品创制、食品添加剂与配料绿色制造关键技术研究及开发、果蔬采后质量与品质控制关键技术研究及装备开发、粮食收储保质降耗关键技术研究与装备开发、跨境食品品质与质量控制数据库构建及创新集成开发、主要食品全产业链品质质量控制关键技术开发研究、食品绿色节能制造关键技术及装备研发、特殊保障食品制造关键技术研究及新产品创制、母乳营养功能组分研究及婴幼儿特需乳制品等创制、营养专用型蛋制品绿色加工关键技术研究及开发、新型果蔬汁加工关键技术及装备研发、现代茶制品加工与贮藏品质控制关键技术及装备研发、果蔬干燥减损关键技术与装备研发、粮情监测监管云平台关键技术研究及装备研发、民族特色工业化食品加工关键技术与装备开发、食用菌资源精准开发和高效加工关键技术研究、方便营养型蛋制品绿色加工关键技术研究及开发、传统发酵食品制造关键技术与装备开发、野外自热食品品质提升与制造关键技术研究、预制调理食品制造关键技术与新产品研究及新型急冻速冻技术装备开发、食品新型包装材料及智能包装关键装备研发、中式自动化中央厨房成套装备研发与示范、现代饮料高速灌装技术及成套装备开发等，推进相关领域高新技术开发研究、核心技术突破与关键装备研制，力争取得原创性重大技术突破，形成自主知识产权，培育战略性新兴产业。

（三）食品加工工程化技术集成应用与产业化示范

针对目前食品产业链中食品加工、物流与服务、装备制造等产业共性关键技术问题，组织实施工程化技术集成应用和产业化示范项目，主要开展薯类主食化加工关键新技术装备研发及示范、大宗油料适度加工与综合利用技术及智能装备研发与示范、中式传统肉制品绿色制造关键技术与装备研发及示范、现代粮仓绿色储粮科技示范工程、大宗米制品适度加工关键技术装备研发与及示范、传统杂粮加工关键新技术与装备研发及示范、西式肉制品绿色制造关键技术与装备研发及示范、果蔬产地商品化处理技术与装备研发及示范、粮食产后“全程不落地”技术模式示范工程、大宗面制品适度加工关键技术装备研发与示范、特色油料适度加工与综合利用技术及智能装备研发与示范、西式肉制品绿色制造关键技术与装备开发及示范、果蔬冷链物流技术及装备研发示范、“北粮南运”散粮集装箱高效保质运输技术研发与物流信息追溯平台支撑示范工程等，形成一系列技术标准，带动改造提升传统食品产业。

五、结束语

实施“现代食品加工及粮食收储运技术与装备”重点专项，是对《国家中长期科学和技术发展规划纲要（2006—2020年）》的具体贯彻和落实，是支撑现代食品产业快速健康和可持续发展的重要保障，是确保国家食品品质营养与质量安全及粮食安全的重要环节，也是保证农民增产增收和资源高效利用与农业综合效益的重要手段。应该根据食品产业发展的特征，以“民生为本、创新驱动、营养健康、优质安全、绿色高效”为指导方针，进一步针对食品原料特性、食品营养设计、食品加工技术、食品加工装备、食品物流与服务、食品质量与安全等关键技术领域，聚集包括技术在内的多种创新要素，促使政府、大学、科研机构、企业和中介机构等在创新链和价值链上的融合，强化食品产业科技基础研究、前沿技术研发、核心技术创新、关键技术集成与示范。加大支持力度，深入实施专项研究，力求取得显著成果。建立起科技与生产相结合的长效机制，有效推动科技成果转化和技术转移，促进科技成果产业化，加快科技创新平台和创新人才队伍建设，改革产业科技发展与管理模式，培育现代食品产业发展新动能，推动科技支撑食品产业的跨越式发展。

认真总结经验　明确引领目标 进一步推动农产品加工业的能力水平

农业部农产品加工局局长　宗锦耀

这次会议是一次非常重要的会议，承前启后、继往开来，总结“十二五”成就经验，为“十二五”收官，部署“十三五”思路和重点工作，为“十三五”谋篇。会议深入贯彻党的十八届五中全会精神及中央经济工作会议、中央农村工作会议和全国农业工作会议对农产品加工业、休闲农业、农民创业创新以及推进农村一、二、三产业融合发展的一系列决策部署。下面，我讲三个方面的意见。

一、肯定成绩经验，进一步增强促进产业发展的决心信心

农产品加工业一头连着农业和农民、一头连着工业和市民，亦工亦农，既与农业血脉相连，又与工商业密不可分。“十二五”期间，随着农产品总量增加、品种丰富和消费升级，以粮油产品、畜产品、水产品、蔬菜、水果和特色农产品加工为主的农产品加工业步入了两位数增长的快车道，极大地带动了上下关联产业的发展，形成了众多中小微企业，建设了现代农业，惠及了广大农民，繁荣了农村经济。休闲农业通过拓展农业的休闲观光、文化传承、生态涵养、教育科普等功能，围绕农业生产过程、农民劳动生活和农村良好生态以及乡土、乡风、乡韵等风情风貌，通过创意、创新、创造让人们品味农业情调、享受田园生活、体验农耕文化，带动了农村一、二、三产业融合发展。农民创业创新实质上就是农民兴办农村实体经济，就是农民利用自身资金、经验和技术积累，发现机会、整合资源、适应市场需求开办新企业、开发

新产品、开拓新市场，通过培育新业态、新技术、新模式进行创新，为农村经济提供新的动能和引擎。

即将过去的一年，面对复杂严峻的国内外经济形势，我们适应我国经济进入新常态、农业农村进入新阶段，积极引导产业加快转型升级、创新发展，积极打造亮点，让农业“接二连三、隔二连三”，插上了“二产”“三产”的翅膀，推进了农村一、二、三产业融合发展，实现了稳中有进、稳中向好、稳中提质、稳中增效，成为拉动农业农村经济发展的新增长极，为稳增长、调结构、促改革、惠民生、防风险做出了积极贡献。预计2015年农产品加工业主营业务收入可达20万亿元，约占全国工业的18%，加工业与农业产值比约2.2∶1，主要农产品加工转化率超过60%；休闲农业主体180万个，预计收入3 500亿元。农民创业创新兴办实体经济取得积极进展，实现了以创新带创业、以创业带就业，为农民就地就近就业增收提供了新的动能。2015年产业发展延续了多年以来的良好态势，为“十二五”完美收官。过去5年，特别是2015年，各级管理部门锐意进取，扎实工作，着力抓了以下重点工作：

（一）围绕农业提质增效和农民就业增收，大力推进农产品加工业稳定健康发展

一是加强政策落实创设。认真实施农产品产地初加工补助政策，积极协调扩大补助资金规模、完善工作机制、强化技术服务、加强督导检查和宣传，确保补助政策高效规范廉洁实施。2015年，中央财政安排10亿元资金（其中1亿元用于马铃薯主食产品开发），比上年增长66.7%，实施区域扩大到20个省、自治区、直辖市，在320个县扶持14 843个农户和2 460个专业合作社新建初加工设施共2.4万座，新增马铃薯贮藏能力30万t、果蔬贮藏能力66万t、果蔬烘干能力83万t。农业部印发综合利用试点示范通知，在18个县（市）、36个园区和90个企业进行试点。新疆维吾尔自治区2015年以产地初加工补助资金为源头，创新整合3.6亿元建设初加工设施，带动农户24万户，农民增收8亿元以上。湖北省争取了55亿元财政资金和3 000万元贴息资金支持农产品加工业发展；辽宁省对农产品加工业投资给予补助；河南省近3年共投入研发资金13.2亿元，研发新产品达6 056个。二是加强规划引领指导。启动了“全国农产品加工业与农村一二三产业融合发展规划”编制工作，组织开展重大问题课题研究，推进农产品加工技术集成基地规划编制和项目实施。大部分省份启动了“十三五”规划编制。吉林、福建、青海、西藏等省、自治区积极研究编制“十三五”分行业发展规划，黑龙江、山东、江苏等省及时指导相关科研单位开展农产品加工技术集成基地项目前期工作。三是加强科技创新推广。农业部印发“大力推进农产品加工科技创新与推广工作通知”，在山东举办了科技创新推广和成果转化活动，发布了2015年度十大农产品加工科技创新推广成果，有929个科研单位和企业展览展示科技成果、产品与装备，达成技术合作意向84项，技术成果转让金额达1.9亿元。通过网络平台征集成熟技术成果1 340项，企业技术需求855项，企业与科研单位通过网络平台对接技术项目331项，协议转让金额达2.86亿元。四是加强人才队伍建设。农业部办公厅印发“农产品加工业人才队伍建设意见”，加强对科技创新与推广、经营管理、职业技能、企业家和农村创业创新带头人四大人才队伍的培养。举办西部农产品加工企业高层管理人员培训班和青年科技人员培训班。各地也层层抓培训，取得了良好的效果。五是加强主食加工提升。农业部深入开展提升行动，组织主食加工老字号宣传推介公益活动，认定主食加工业示范企业，推动组建马铃薯主食加工产业联盟。甘肃省在推进马铃薯产地初加工的同时，构建了从育种到深加工及主食化开发的全产业链，“土蛋蛋”变“金蛋蛋”，带动了贫困地区经济和农民增收。六是加强加工园区建设。农业部农产品加工局召开“加工产业园区建设经验交流会暨农村一二三产业融合发展座谈会”，交流各地经验。陕西、河北、江苏、浙江等省编制了省级加工园区和集中区标准，吉林省加工园区“四通一平”以上的开发面积已近900km^2，2014年园区投资强度2 573.4万元/hm^2。七是加强统计监测分析。农业部农产品加工局组织召开“全国农产品加工业暨休闲农业统计工作座谈会”，开展食用类农产品加工企业发展状况问卷调查工作，组织季度运行情况和重点行业监测预警分析。湖南、重庆、云南等省、直辖市积极配合开展农产品加工企业景气监测工作，并及时提供有价值的运行分析，为决策提供了重要的依据。

（二）围绕建设美丽乡村和美丽中国，大力推进休闲农业规范有序发展

一是强化调查研究创设新政策。农业部会同国家发展和改革委员会、国土资源部、中国人民银行、税务总局等11部门联合印发《关于积极开发农业多种功能 大力促进休闲农业发展的通知》，对创新用地政策、加大财税支持、拓宽融资渠道、加大公共服务方面提出落实措施。上海市农委按照11部委文件要求，组织协调12部门，印发上海市实施意见。四川省政府制定加快发展休闲农业与乡村旅游的意见，率先启动产业基地景区化和农业主题公园试点工作。江苏省编制休闲观光农业发展规划，编印观光指南手册，发布精品线路，组织了南京农业嘉年华等有影响力的活动。二是推进重要农业文化遗产发掘保护。组织开展中国重要农业文化遗产发掘工作，共计认定62项文化遗产。编辑制作画册、系列丛书和宣传视频，举办发布活动等，切实提升农业文化遗产的影响力。云南省委省政府出台加强农耕文化保护与传承工作的意见，实施濒危农耕文化抢救、保护与传承示范、基础设施建设、乡村记忆、农耕艺术精品创作等八大工程。三是积极开展休闲农业与乡村旅游品牌培育。农业部共推介了中国最美休闲乡村260个、共创建全国休闲农业与乡村旅游示范县254个、示范点639个。在扩大休闲农业与乡村旅游品牌的知名度的同时，促使各经营主体进一步拓展农业功能，完善基础设施，保护生态环境，提升服务质量，增强可持续发展能力。四是开展宣传推介营造新氛围。利用报刊、广播、电视、网络等媒体广泛开展宣传、推介、展示活动，向社会推介450个景点和从全国遴选的100条休闲农业与乡村旅游线路，吸引更多消费者前往乡村休闲。五是加强人才队伍建设构建新智库。成立全国休闲农业专家委员会和中国重要农业文化遗产专家委员会，组织专家编写培训教材，培养创意人才队伍，提高了管理人员的政策理论水平和业务能力。六是推进休闲农业基础性工作。组织开展休闲农业统计监测工作，科学设置指标和监测统计方式，构建长期稳定的统计监测工作机制。

（三）围绕新型工业化和城镇化，大力推进农村二、三产业即乡镇企业转型升级发展

一是组织指导农民创业。认真贯彻落实国务院关于创业创新的一系列文件精神，着力加强农民创新创业服务工作，实施推进农民创业创新行动计划，联合团中央、人社部开展农村青年创业富民行动，联合国家发展和改革委员会、国家民委、民政部、林业局、国务院扶贫办启动实施“开发农业农村资源-支持农民工等人员返乡创业行动计划”，参与由国家发展和改革委员会牵头开展的结合新兴城镇化开展支持农民工等人员返乡创业试点工作。配合有关部门制定和落实小微企业政策，参与企业减负和淘汰落后产能督促检查工作。在正在开展的活动中，引导农产品产地初加工补助政策向农民创业创新倾斜，引导休闲农业，探索农民自组织、自激励、自就业的创业模式，引导农民通过合作社发展加工流通，让农民共享初加工、流通等产后利润。云南省印发了推进农民创业创新行动计划实施方案，在政策落实、建立基金、示范试点等方面提出具体措施，进行了有益的探索。二是组织指导区域经济合作。支持举办“第十八届中国农产品加工业投资贸易洽谈会”，积极开展农产品加工业区域经济交流与市场拓展工作，共签约173个重点投资项目，投资总额538亿元，签约科技成果转化项目79个，签约5 000万元以上农产品采购和贸易项目72个，贸易额74.37亿元。三是组织指导外经外贸工作。积极参与中美、中欧农产品加工业国际规则制定，举办东盟和“一带一路”区域贸易经理人培训、出口示范基地培训、中荷马铃薯加工技术及仓储对接等活动。目前已经有6 000个农产品加工企业的原料基地、研发机构、技术装备、标准品牌和企业分部已经实现“走出去”。

我们在促进产业发展取得成绩的同时，也积累了许多经验。上午陈晓华副部长在讲话中概括了五个始终，即始终把农业提质增效农民就业增收作为推进工作的根本出发点，始终把市场决定和宏观指导作为推动工作的重要遵循，始终把政策引导和项目推动作为推进工作的重要抓手，始终把创新和推广作为推进工作的重要着力点，始终把机构职能建设作为推进工作的重要保障。9个省、自治区、直辖市也介绍了许多好的做法和经验。我们要继续坚持和发扬，相互学习和借鉴。成绩来之不易，经验弥足珍贵，我们要进一步增强使命感和责任感，坚定信心和决心，奋发有为，开拓进取，努力开创产业发展新局面。

二、认清形势任务，进一步明确引领产业发展的目标要求

党中央、国务院以及农业部党组高度重视农产品加工业休闲农业发展和农民创业创新，特别是中央提出供给侧结构性改革，通过制度创新、结构优化、要素提升打造产业“升级版”，通过有效供给创造有效需求，实施“中国制造2025”，都需要我们积极配合和适应。同时要看到，农产品加工业和休闲农业同样下行压力加大、经历局部市场饱和以及结构性产能消化期，承受着价格“天花板”和成本高企“地板”的双重挤压，新常态特征明显，困难和问题增多，单靠企业自身力量难以解决，需要我们认真分析和应对。

我们要认真把握产业发展的重大机遇。一是政策推动。强农惠农富农、发展中小微型企业、促进创业创新、定向减税和普遍性降费等政策十分利好；农业支持保护补贴、信贷担保体系、初加工设施补助政策、马铃薯主食产品开发、鼓励扶持农村一、二、三产业融合发展、对合作社税收实行优惠、免征初加工和重点龙头企业所得税、企业外购免税农产品和进口增值税优惠、休闲农业用地等政策逐步完善；农村集体资产股份权能改革，新型农业经营体系加快构建，全国家庭农场超过87万个，农民合作社超过140万

个，农业产业化龙头企业超过12万个，这些都为产业发展提供了强大的动力。二是市场拉动。我国人均GDP达到8 000美元左右，正在积极跨越“中等收入陷阱”，新型工业化、信息化特别是城镇化每年以1 200万人的规模推进，“三个一亿人”（1亿农民工市民化、1亿居民棚户居住改造、转移1亿中西部农村劳动力）计划加快实施；城乡居民对农产品加工品消费和休闲度假需求快速扩张和不断升级，对优质食品和农产品质量安全、品牌产品消费和高品质生活体验的重视程度明显提高，日益呈现功能化、多样化、便捷化和安全化的趋势，个性化、小众化、体验化、高端化日益成为重点；人们远离喧嚣，到乡村望蓝天白云、看碧水清波、吸清新空气、品特色美食的愿望更加强烈，为产业发展提供了空前广阔的市场空间。三是创新驱动。新技术日新月异，不断孕育新产业、新业态、新模式；信息技术、生物技术、装备技术、新包装材料技术在农产品加工领域中有效运用，推进了加工设备的集成化、智能化、信息化。随着“互联网+”等新技术的植入，农村电子商务、农商直供、产地直销、食物短链、社区支农、会员配送、个性化定制等新型经营模式不断涌现。农产品电商飞跃发展，总数达到3.1万个，涉农电子商务交易额达到15万亿元，为产业发展注入了新的活力。四是农业现代化带动。我国粮食和主要农产品连续12年增产，粮食连续3年超过6 000亿kg；农民人均收入将首次突破万元大关，增幅连续6年保持高于GDP和城镇居民收入增幅的“两个高于”态势；农业科技进步贡献率预计超过56%，主要农作物耕种收综合机械化水平超过62%，畜牧业占农业比重进一步提高；农村水电路气房、科教文卫保取得长足进步，为产业发展筑牢了坚实的基础。

我们要积极应对产业发展面临的挑战。一是资源环境约束大。长期以来依靠拼资源、拼环境、拼劳力地力的发展面临着前所未有的瓶颈问题，资源环境刚性约束的弦绷得越来越紧。二是农产品加工产量、库存和进口三重增加，经济社会生态效益越来越难以提高。三是用地融资难。农用地、工用地两不靠，专用原料基地、初加工设施和休闲农业用地流转困难；由于单位面积产出税收少、投资强度弱，一般难以拿到用地指标；征地花费时间长、用地审批慢、办证难、时效性差。农产品加工企业前建基地、后连物流，一次性收购原料常年加工，原料占地多，流动资金压得多，特别是季节性收购资金贷款难，抵押物只有房地产和机械装备，并按预期收益的2～5折放贷。四是各类负担重。加工企业平均税负约占销售收入的8%～10%，而利润仅为销售收入的3%～5%，各类原料价格10年上涨了66%～108%，能源、动力价格上涨了74%，劳动力成本8年涨了近2倍，企业财务费用同比增长10.71%，而大部分农产品加工制品价格上涨仅为80%。五是发展方式粗放。加工专用品种严重缺乏，如专用玉米，我国只有100多个品种，而美国有3 000多个，我国小麦、苹果、柑橘等都缺乏相应的加工品种。产地初加工水平低，农产品每年产后损失3 000亿元，相当于0.1亿 hm^2 耕地的投入和产出被浪费掉。主食加工滞后，目前城镇居民约70%、农村居民约40%的谷物类主食依赖于市场采购，但大量的主食产品产自小作坊、小摊贩，生产方式原始简陋，质量堪忧。综合利用不足，农产品副产物和加工副产物的60%以上没有得到循环利用、高值利用和梯次利用。企业平均耗电量、耗水量分别是发达国家的2倍和3倍以上。布局比较分散，农产品加工企业85%是规模以下企业，95%是点状分布。创新能力不足，模仿多、创新少，引进多、自创少，单打独斗多、联合创新少，技术装备比发达国家落后15年，核心设备主要靠进口，多数企业缺乏品牌宣传推介资金。服务体系不健全，专业化服务机构不足，覆盖面小，服务功能同质化、针对性不够强，难于与企业有效沟通对接。休闲农业因发展时间较短，也存在服务设施不足、经营主体融资不畅、基础设施建设滞后、人员素质亟待提升等问题，

党的十八届五中全会提出了经济保持中高速增长、迈向中高端水平，人民生活水平和质量普遍提高，农业现代化取得明显进展，国民素质和社会文明程度显著提高，农村贫困人口实现脱贫，生态环境质量总体改善，各方面制度更加成熟定型等全面建成小康社会新的目标要求，首次突出强调以人民为中心的发展思想，把增进人民福祉、促进全面发展作为发展的出发点和落脚点。中央经济工作会议提出加大结构性改革力度，推进去产能、去库存、去杠杆、降成本、补短板五大任务，提出推进农业现代化、加快制造强国建设、加快服务业发展等，推动形成新的增长点。完善市场环境，进一步减税清费，减轻企业负担，激发企业活力和消费者潜力。中央农村工作会议强调，要统筹农产品初加工、精深加工和综合利用加工协调发展。拓展农业多功能性，发展休闲农业和乡村旅游，深入推进农村一、二、三产业融合发展。这为“十三五”农产品加工业、休闲农业和农民创业创新提出了新任务新要求。我们从事的工作与农业、农村、农民和工业、服务业、城市、市民都有关联，所以我们的同志既要关注“三农”，也要关注工业、服务业、城市和经济社会发展全局。要把中央各项决策部署转化成新的发展战略、重大政策、重点工程和行

动计划，贯彻落实到推动产业发展的实践中去，为农业现代化和全面建成小康社会做出新的贡献。

一要在推动农业现代化中担当重任 农产品加工业的发展，延伸了农业产业链、价值链，构建产加销、贸工农一体化的现代农业产业体系，同时为农业注入资金、管理、人才、科技、装备、设施现代生产要素，引领一产按照二、三产业要求组织生产，构建良种良法配套、农机农艺融合的现代农业生产体系，通过分工分业催生出农业的新型经营主体，构建适度规模经营和社会化服务的现代农业经营体系，从而实现农业技术集成化、劳动过程机械化、生产经营信息化和质量环保法制化。休闲农业的发展，拓展了农业多种功能，培育了国内消费新增长点，推进了农村一、二、三产业融合发展，将农业的增值增效转到依靠一、二、三产业融合发展上来，在单位耕地面积不增加的情况下实现农业的多功能性价值，将农产品加工流通和休闲观光旅游利润、农村资源要素和人气都留在农村、留给农民，在“四化同步”中补农业现代化短板，在城乡一体化中补农村社会发展短板，在城乡居民人均收入翻番中补农民增收短板，进而构建新型工农城乡关系，促进城乡和谐稳定，让农民参与现代化进程、分享现代化成果，实现更加体面的劳动、更有尊严的生活。

二要在促进农民就业增收中再立新功 目前我国乡镇企业 3 204 万个（其中个体工商户 2 505 万个），其中返乡创业农民工 220 万人，创办小微企业 23.7 万个，吸纳 1.6 亿农村富余劳动力就业，为农民人均收入提供了 35%的份额。农产品加工业吸纳 3 000 多万人就业，其中 70%以上是农民，全国农民人均纯收入的 9%以上直接来自农产品加工业工资性收入，加上关联产业间接收入比重更大。农产品加工业和休闲农业的发展，通过初加工减损增收，通过精深加工延长产业链，通过休闲农业和乡村旅游引入扶贫新兴业态，让农民广泛参与专业化生产和社会化分工，加入各种合作组织，活动在生产、加工、流通、消费等各个领域、各个业态，不仅分享种养业而且分享加工流通、休闲旅游带来的收益，让农民“一季两收，四季不断”，促进了农民脱贫致富奔小康。

三要在农村生态文明建设中发挥作用 大量的农产品加工企业致力于农产品副产物的循环利用、加工副产物的全值利用和加工废弃物的梯次利用，实现对各类资源的“吃干榨尽”，促进绿色化可持续发展。目前农产品加工产业园区发展到 1 600 个，入园企业约 3.5 万个，其中龙头企业 1.5 万个，可以分享环保和综合利用设施设备，防止了分散布局造成的分散污染；休闲农业坚持绿水青山就是金山银山理念，以环境“净化、美化、绿化”为主线，创建良好环境，提升服务质量，增强产业可持续发展能力，真正让农村美起来，进而为生态文明建设做出贡献。

四要在实现经济“双中高”中提供支撑 从 2015 年的情况看，农产品加工业实现主营业务收入同比增长一直比工业平均水平高 4～5 个百分点，预计全年将突破 20 万亿元主营业务收入，是汽车工业的 2.8 倍。180 万个休闲农业经营主体，经营的农家乐、民俗村、休闲观光园、休闲农庄等，呈现出快速增长的态势，不少地方继续保持超常规的发展速度，进一步彰显了促进增收激活消费的经济功能、带动就业的社会功能、传承农耕文明的文化功能、美化乡村环境的生态功能等，让闲置的土地流动起来，让闲暇的时间充实起来，让富余的劳动力活跃起来，日益成为服务居民、发展农业、繁荣农村、富裕农民、保护生态、传承文化的战略性新兴产业，成为农村一、二、三产业的天然融合体、农耕文化的重要传承体、连接农民的利益共同体，成为农业农村经济发展的新的增长极，成为“老乡”迈向全面小康的有效途径。农产品加工业和休闲农业的发展，为农业农村开辟了新的发展空间。

我们要抓住机遇、迎接挑战，进一步增强使命感和责任感，紧紧围绕全面建成小康社会新的目标要求，力争明年和“十三五”期间产业转型升级、创新发展取得明显进展和成效。到 2020 年，农产品加工业总量明显增长，结构明显优化，竞争力明显增强，争取年均增长 7%左右，农产品加工业总产值与农业总产值比值达到 2.5∶1 左右。到 2020 年，休闲农业产业规模年均增长 8%以上，布局优化、类型丰富、功能完善、特色明显的格局基本形成，从事休闲农业的农民收入较快增长，发展质量明显提高，可持续发展能力进一步增强。到 2020 年，要形成农民创业创新一套政策、一批平台、一批带头人、一批典型和一个服务体系等“五个一”发展新格局，使农民创业创新蔚然成风。使我们的产业在促进“十三五”农业农村和经济社会发展中发挥更大作用、做出更大贡献。

三、发挥职能作用，进一步提高推动产业发展的能力水平

党的十八届五中全会强调，要协调推进“四个全面”战略布局和“五位一体”的总体布局，如期完成各项战略任务。发展理念是行动的先导，五大理念是关系我国发展全局的一场深刻变革，也是指导“十三五”发展的思想灵魂。我们要以新的发展理念引领新的发展行动，促进产业发展转型升级。要把创

新作为引领产业转型发展的第一动力，着力实施创新驱动和人才强企战略；要把协调作为产业健康发展的内在要求，着力推进一、二、三产业交叉融合发展；要把绿色作为产业永续发展的必要条件，着力促进可持续发展；要把开放作为产业繁荣发展的必由之路，着力推动农产品加工业“走出去”；要把共享作为产业富民发展的本质要求，着力谋划创业就业增收的政策措施。

“十三五”期间，农产品加工业、休闲农业和农民创业创新面临着新的形势和新的任务，在农业农村经济和我国经济社会发展全局中越来越显现出举足轻重的地位，发挥着越来越重要的作用。第一，农产品加工业是农业现代化的重要标志，是经济社会的战略性支柱产业，也是保障国民营养安全健康的重要民生产业。该行业覆盖面宽、产业关联度高、中小微企业多、带动农民就业增收作用强，在经济进入新常态和农业农村进入新阶段的背景下，大力促进农产品加工业发展是转变农业发展方式的必由之路、促进农民就业增收的有效途径、推进农村一、二、三产业融合发展的关键环节、满足城乡居民多元化消费需求的必然要求、构建新型工农城乡关系的重要载体。第二，休闲农业是经济社会新兴战略产业，是现代农业产业的重要组成部分，也是现代旅游和现代消费的新业态。发展休闲农业，是在资源环境硬约束背景下加快转变农业发展方式、推进生态文明建设的战略要求；是在经济增速放缓背景下拓宽农民增收渠道、全面建设小康社会的战略选择；是在城镇化深入发展背景下打造农村经济“升级版”、培育国内消费新增长点、实现城乡经济社会一体化发展的战略举措。同时也是在扶贫开发工作进入攻坚拔寨冲刺期背景下引入扶贫新型业态、促进贫困地区贫困群众脱贫致富、确保如期实现全面脱贫目标的战略措施。发展休闲农业与乡村旅游，要以农耕文化为魂，以美丽田园为韵，以生态农业为基，以创新创造为径，以古朴村落为形，推进农区变景区、田园变公园、农房变客房、劳动变运动、产品变商品，让广大城乡居民养眼、养胃、养肺、养心、养脑，为其提供看得见山、望得见水、记得住乡愁的高品质休闲旅游体验，促进美丽中国和健康中国建设。第三，农民创业创新是农业农村经济发展的动力之源，是富民之道、公平之计和强农之策，也是提供农村二、三产业发展新动能新引擎的必然选择。农民是大众创业、万众创新中人数最多、潜力最大、需求最旺的重要群体，农民创业创新的实质是农民办企业，乡镇企业的本质也是农民办企业。发展农村实体经济，是带动农民就地就近就业的重要举措，聚集农村资源要素的有效手段，激发农民创业活力和创新潜能的有效途径。

当前和今后一个时期，我国发展仍处于可以大有可为的重要战略机遇期。农产品加工业、休闲农业和农民创业创新也仍将处于黄金机遇期。我们要认真贯彻党中央国务院一系列的决策部署，牢固树立并切实贯彻“五大发展理念”，把加快发展速度的机遇转化为加快经济发展方式转变的机遇，把加快经济发展方式转变的机遇转变为提高发展质量和效益的机遇，坚持以农业增效和农民增收为工作目标，坚持以农村一、二、三产业融合发展为工作路径，坚持以农产品加工业、休闲农业、农民创新创业三大任务为工作布局，改革创新增动能、转型升级提质效，着力加强供给侧结构性改革，提高推动发展能力，开拓进取，攻坚克难，敢于担当，奋发有为，认真组织实施农产品加工业转型升级工程、休闲农业提升工程、农民创业创新服务工程，为促进农业农村现代化和全面建成小康社会提供有力支撑。2016 年和今后一段时期要重点抓好以下十项重点工作：

第一，要加强规划指导和政策落实与创设 认真贯彻《国办关于推进农村一二三产业融合发展的指导意见》，推动落实有关政策措施，同时召开推进融合发展经验交流会进行部署。研究制定《“十三五”农产品加工业与一二三产业融合发展规划》，同时引导各地编制地方性规划。积极争取制定《大力促进农产品加工业发展意见》，在财政、税收、金融、投资、用地、用电等方面为企业争取实实在在的政策。争取设立农村一、二、三产业融合发展专项资金。认真落实好农产品产地初加工补助政策、休闲农业与乡村旅游政策和农民创业创新政策。各地要结合本地实际，在落实好现有政策的同时，积极推动政策创设，使有关政策实化细化、落地生根。

第二，要提升农产品加工业科技创新能力 推进技术研发体系建设，建设一批农产品加工技术集成基地，筛选一批成熟适用加工技术、工艺和设施设备，选择优势产区建立技术示范基地，继续开展科企技术对接活动。培养造就人才队伍，组织实施好特色农产品加工品电商、网络销售、西南地区经营管理人员和青年科研人员培训班。引导各部门、各地多渠道多方式开展科技创新、企业经营管理、主食工业化、休闲农业等培训，培育科技创新与推广、经营管理、职业技能、企业家和农村创业创新带头人等实用型人才。

第三，要实施农产品加工业质量品牌提升行动 以完善农产品初加工、综合利用和主食加工标准为重点，加快农产品加工标准体系建设，鼓励加工企业等新型经营主体建立 ISO9000、HACCP 等全面质量管理体系，推动农产品加工标准化生产。开展农产品加

工质量安全舆情监测和国际标准跟踪分析，强化质量标准公共服务。加大供给侧结构性改革力度，生产出消费者需要的营养安全、美味健康、方便实惠的食品和质优、价廉、物美、实用的加工制品，提高供给体系的质量和效率。培育农产品加工品牌，建立专家队伍，宣传推介品牌创建典型，针对品牌创建开展专业服务。引导地方政府主导，企业、专业协会和合作社等参与的区域性公共品牌创建活动。加大品牌宣传推介力度，将产品优势转变为市场优势，将质量和信誉凝结成品牌，以品牌的影响力提升产品的市场竞争力。

第四，要培育农产品加工业经营主体　以资产为纽带积极培育一批精深加工骨干企业，鼓励龙头企业与上下游中小微企业和农业经营主体建立产业联盟。培育一批产权清晰化、生产标准化、技术集成化、管理科学化、经营品牌化的加工示范企业，研究、推介一批发展模式。深入开展全国农民合作社加工示范单位创建活动，通过典型示范、培训指导等方式，带动和引导农民合作社等兴办农产品加工流通产业说明，分享农业增值收益。

第五，要引导农产品加工聚集发展　深入贯彻落实全国农产品加工业园区建设经验交流会精神，引导现有园区着力强化基础设施和公共平台建设，完善园区功能，突出园区特色，强化产业分工，吸引优秀企业向加工园区集聚，共享资源、服务和分工效应。制定标准，创建一批“全国农产品加工示范园区”。创建一批农村一、二、三产业交叉融合、相互配套、功能互补、联系紧密的“全国农村一二三产业融合先导区”，形成集群化网络化发展格局。

第六，要开展休闲农业品牌培育工作　深入开展全国休闲农业与乡村旅游示范创建工作，加大规划指导、动态监督管理和宣传推介服务。开展中国最美休闲乡村推介、中国美丽田园推介、全国休闲农业星级评定等工作。召开全国休闲农业与乡村旅游经验交流会，举办休闲农业与乡村旅游精品景点线路推介启动仪式暨全国休闲农业与乡村旅游示范县创建成果展示活动。在春节、国庆等重点节假日前，开展“春到乡村去踏青”“夏到农村品美食”“秋到田间去采摘”“冬到农家过大年”，四次精品景点线路主题宣传推介活动，向社会推介一批休闲农业与乡村旅游精品景点和线路，满足消费者在线购买、线下消费的需求。部署第四批中国重要农业文化遗产发掘工作，加强遗产地负责人培训，大力宣传中国重要农业文化遗产，弘扬和传承农耕文化。

第七，要推进农民创业创新　重点做好创业主体培育和营造良好社会氛围工作。筛选培养农民创业创新辅导师，建立辅导师数据库，开展辅导师技能培训，建立一支高素质的创业导师队伍。利用现有平台，为农民创业提供产销对接和技术指导等服务，培育一大批农民创业创新带头人。继续倡导和弘扬乡镇企业想尽千方百计、说尽千言万语、受尽千辛万苦、走尽千山万水的“四千精神”，宣传推介一批全国农民创业创新带头人，将一批有思想、有文化、懂经营、善管理、敢闯敢干、敢为人先、勤于耕耘的农民创业创新典型选拔出来，总结推广好典型、好机制、好创意，引导广大农民在创业创新中学习借鉴。参与全国大众创业万众创新活动周项目展示、发展论坛等相关活动，完成新农民创业创新展览展示活动，开展农民创业创新大赛活动。

第八，要促进产业扶贫　发展一批小型加工业、农家乐、小超市、小型采摘园、民俗民族工艺等特色产业到村到户项目，引导建立农民参与和利益共享机制，鼓励农民利用自己的闲置房屋和土地，进行自助创业，使我们的产业成为精准扶贫的有效形式。组织贫困地区专业村干部，到发达地区考察产业典型，并接受专家的现场指导和讲解，更新发展理念，提高贫困地区发展产业的能力。

第九，要完善产业服务体系　继续支持举办第十九届中国农产品加工投资贸易洽谈会和区域性经济交流活动，开展外经外贸培训，搭建各类农产品加工展示展销平台，为企业销售产品和到主产区、境外直接投资、参股并购提供配套服务，加强政策、咨询、信息、人才、融资、技术对接等公共服务。进一步加强统计监测工作，按照全国农产品加工业暨休闲农业统计监测工作座谈会的要求，强化行业运行监测分析，完善数据库与公共服务平台，设计完善加工业统计制度和调查方法，做到指标宜操作、制度可衔接。采用政府购买服务的形式组织社会力量提供各类服务，发挥行业协会和其他社会组织的桥梁纽带作用，形成促进产业发展合力。

第十，要推动互联网与产业深度融合　大力发展互联网+农产品加工业、互联网+休闲农业、互联网+农民创业创新，搭建信息网站群，建立覆盖全国重点企业的信息公共服务网络，初步建立数字化、网络化、智能化、服务化、协同化的“互联网+”产业生态体系。积极催生和培育新技术、新产业、新业态、新模式。要依托中国农产品加工信息网和中国休闲农业网，搭建农民创业创新移动信息服务平台，及时发布有关行业信息，为政府部门、社会组织和企业提供信息服务。尽快建立地方信息子网站，与总信息网建立有机整体，形成信息网站群。已建设的地方信息网，要尽快与总信息网建立链接，实现不同地区信息的互联互通及信息上下传达。

"十三五"时期，我们要进一步把思想和行动统一到党中央、国务院的决策部署上来，深入践行"三严三实"，以更严的标准和更实的作风做好各项工作。要认清形势，坚定信心，形成敢于担当、奋发有为的精神状态，深化发展规律认识，提高推动发展能力，调动全系统干部职工工作积极性、主动性和创造性，开拓进取、攻坚克难、改革创新、真抓实干，大力推动产业持续健康发展，为农业强起来、农村美起来、农民富起来，夺取全面建成小康社会的伟大胜利做出新的更大贡献。

（本文为作者于2015年12月29日在"全国农产品加工业暨休闲农业工作会议"上的讲话，略有删改）

总结经验　明确任务
推进"三品一标"工作做大做强

农业部农产品质量安全监管局局长　马爱国

这次会议主要任务是，学习贯彻全国农业工作会议、全国农产品质量安全监管工作会议精神，总结2015年及"十二五"时期"三品一标"工作，研究"十三五"发展思路，部署2016年重点任务。下面，我讲两点意见：

一、认真总结"十二五"期间"三品一标"工作成效和经验

"十二五"时期是农产品质量安全及"三品一标"工作攻坚克难、快速提升的重要时期。5年来，各级"三品一标"工作机构认真贯彻农业部党组决策部署，扎实推进各项工作，取得了可喜成绩。一是数量规模稳步增长。"三品一标"总数达到10.7万个，比"十一五"末提高37.7%，产品产量、生产面积、获证主体数量等均有大幅度增长。二是质量安全稳定可靠。"三品一标"监测合格率连续多年保持在98%以上，2015年超过99%。三是品牌影响力明显提升。据调查，消费者对"三品一标"的综合认知度已超过80%，无公害和地标农产品的价格平均增长5%～30%，绿色食品年销售额达4 383亿元，年出口额达到24.9亿美元。四是制度规范日益健全。农业部颁布了《绿色食品标志管理办法》，制定"三品一标"技术标准255项，两个中心制定制度规范数十项，各省也制定了具体的实施细则，工作制度化、规范化水平不断提高。五是体系队伍不断壮大。部、省、地、县"三品一标"工作体系基本建立，共培训检（核）查员4.2万人次，企业内检员16.4万人次。总的看，"三品一标"发展成效明显，为提升农产品质量安全水平，促进农业增效、农民增收发挥了重要的支撑作用。

回顾"十二五"时期"三品一标"的发展，有五个标志性的经验值得总结：

1. 坚持严字当头，切实加强产品质量管控　产品质量和信誉是"三品一标"的生命线。部领导对"三品一标"提出"严格审查、严格监管"及"认证从紧、监管从严、处罚从重"的系列要求。各级"三品一标"工作机构认真贯彻落实，对产地环境、生产过程、产品质量进行全方位管控，在审查把关、监测抽检、标志管理等方面不断强化，确保产品质量经得起各方检验。5年来，全国共对570个不符合要求的"三品一标"撤销了证书，维护了"三品一标"的品牌信誉。湖北省专门印发了"三品一标"认证规范、机构考评办法、质量控制记录册等，将"三品一标"纳入省级农产品质量安全监测范围，对获证产品综合检查率达100%。

2. 坚持标准引领，不断完善管理制度体系　"三品一标"在我国比较早地提出并践行了农业标准化的路子，将安全理念以一种制度化安排、标志化管理和品牌化运作的形式固化下来。我们注重顶层制度设计，在操作规程、投入品使用、检验检测、包装标识、基地建设等方面推行标准化技术措施，形成了一套有效的管理制度和标准规范体系。近年来，又在示范创建、一体化管理、复查续展、标志使用推广等方面出台了一系列新的制度措施，有力助推了"三品一标"的发展活力。陕西省通过"眉县猕猴桃"国家级地标示范创建，在制度机制等方面探索出了一条区域公用品牌打造的有效模式。

3. 坚持“两轮驱动”，共同营造良性发展环境　政府和市场这两只手，在“三品一标”发展中缺一不可。这些年，我们注重发挥政府引导作用，加大政策创设力度，通过奖励补贴、项目配套、绩效管理等方式加强扶持，营造有利环境。目前，多数省份对“三品一标”认证登记都有补贴或奖励，奖励的力度和精度都在提升。如海南省对每个地标产品奖励一百万元，上海市以产量为标准进行定量化奖励，有效调动了主体的积极性。同时，注重让市场来说话，发挥“三品一标”在优质优价、便捷入市、国际对接等方面的优势。目前，国内看，国家《食用农产品市场销售质量安全监督管理办法》已将“三品一标”作为产地准出、市场准入的重要形式；国际看，绿色和有机已开展了海外产品认证，地标中欧互认谈判也到了提交名单的阶段，“走出去”步伐大大加快。可以说，“三品一标”搞得好的地方，都是政府和市场这两只手相辅相成，共同发挥作用。

4. 坚持品牌培育，努力打造产业精品形象　“三品一标”是国家培育起来的安全优质农产品品牌。如何使这块牌子干净、没有水分，真正叫得响、过得硬，农业部部署了“三品一标”品牌提升行动。一方面，全系统依法履职、依规办事，严格认证程序，强化证后监管，及时清理不合格产品，确保产品公信力。另一方面，切实加强品牌宣传，组织《农民日报》等媒体进行专题推介。两个中心还通过出书、办展、拍片子、建网站等多方式加强“三品一标”推介。各地积极推进，开展了颁证、授牌、专营店、宣传周等大量宣传推广活动，如北京制作动画宣传片，浙江开展宣传月活动，黑龙江、内蒙古、新疆等地连续多年在京举办优质特色农产品大集，都取得了很好的效果。通过这些活动，赢得了消费者口碑，提升了品牌知名度，也打造了“三品一标”产业精品形象。

5. 坚持自身建设，强化体系队伍保障　“三品一标”体系队伍是事业发展的最大优势和根基所在。目前，“三品一标”工作机构已基本健全，无公害农产品省、地、县工作机构分别达到 68 个、604 个、5 312 个，绿色食品省、地、县工作机构分别达到36个、308 个、1 558 个，基本覆盖全国所有农业市县。同时，检测机构、技术专家、检查人员等支撑体系不断扩充和完善，绿色食品协会也在行业自律、诚信体系建设等方面发挥了积极作用。内部和外部力量的不断强化，为“三品一标”事业发展提供了强大支撑。

“三品一标”的发展，为保障农产品质量安全做出了重要贡献。成绩的取得，离不开全系统的尽职尽责、积极努力。

二、明确“十三五”时期“三品一标”工作目标任务

当前，农业农村经济发展及农产品质量安全工作进入新时期，对“三品一标”来说也是一个重大机遇期。从全面建成小康社会看，保障人民群众吃饱、吃好、吃得安全健康，是实实在在的民生问题，也是全面建成小康社会的应有之义。“三品一标”是当前市场认可、备受欢迎的安全优质农产品，需要持续大力发展。从落实中央发展战略看，党的十八届五中全会提出了“绿色发展”等五大发展理念，“三品一标”强调减量化生产，是“绿色发展”的重要体现，在推进农业可持续发展和生态文明建设中，需要继续发挥示范引领作用。从建设现代农业看，“三品一标”提升了农产品品质和核心竞争力，促进了农业增效和农民增收，在推进农业供给侧结构性改革、推动农业产业转型升级中不可或缺、只能加强、不能削弱。从加强质量安全监管看，大力推进农业标准化生产，落到产品上就是抓“三品一标”，必须不断扩大“三品一标”的覆盖面、提高优质安全农产品比例，从源头上解决“产出来”的问题。总之，新形势、新任务已形成倒逼，我们要积极作为、乘势而上，推动“三品一标”工作再上新台阶。

在分析发展机遇的同时，我们也看到，当前“三品一标”工作还面临着一些短板和问题。从生产经营主体看，有的企业存在“重认证、轻实施”问题，认证后没做到按标生产，个别的甚至以次充好、不讲诚信；有的对首次认证看得很重，但对标志使用或续标复审不积极；有的觉得用标收益不明显，持续发展后劲不足。从自身工作开展看，有的地方存在“重发证、轻监管”现象，证后监管工作没有及时跟上；有的地方人员、设备、条件薄弱，监管维权的“硬手段”比较缺乏，对违规用标行为没及时“亮剑”；有的地方品牌建设手段有限，“三品一标”公共品牌没有用好。从社会公众消费认知看，当前既有假冒伪劣产品影响信任度的问题，也有对媒体曝光的典型案例回应不及时带来的影响扩大问题，还有公众对安全优质农产品的品牌心存疑虑、消费信心不够的问题。这些问题反映了“三品一标”工作现阶段的不平衡性，也是我国农产品质量安全由“乱”到“治”转型期的一个具体表现，需要我们在今后的工作中认真研究，有针对性地加以解决。

今年监管会上，陈部长在研究部署“十三五”农产品质量安全工作时专门指出，“农业提质增效，提高品质、创建品牌是重要抓手和途径。这是一条市场

经济的路子，是一条生态环保的路子，也是一条产业振兴的路子。”现在“十三五”规划纲要已经发布，农业部正在抓紧编制“十三五”农业农村经济发展规划和农产品质量安全提升规划。我们要抓住机遇，研究规划好“三品一标”发展的思路目标和重点任务。“十三五”时期“三品一标”工作总体思路是：深入贯彻绿色发展理念，坚持以引领农业标准化、规模化、品牌化和绿色化生产为核心，以政府引导和市场驱动为动力，以“促发展、严监管、创品牌”为主线，不断做大总量、做强品牌、做严监管、做优服务，大力助推农业提质增效和农民持续增收，为提升我国农产品质量安全水平、加快现代农业建设提供有力支撑。重点抓好5项工作：

1. 推动“三品一标”做大做强　随着全面建成小康社会的不断深入，公众对安全优质农产品的消费需求越来越大。我们要始终坚持把发展放到第一位，既要增加数量，扩大市场占有率，又要更加注重质量，提高效益。一要明确发展定位。“三品一标”从整体定位上要牢牢把握安全底线，做优质安全农产品的主力军和先行者，在提升质量安全水平上发挥更大作用。从各自特色上，无公害农产品，要面上铺开、大力发展，使之成为市场准入的基本条件；绿色食品，要精品定位、稳步发展，努力实现优质优价；有机农产品，要因地制宜、健康发展，结合高端消费需求进行拓宽；农产品地理标志，要挖掘特色、深度发展，壮大地域品牌，传承好农耕文化。二要继续扩大总量。将好的产品、好的企业、好的资源尽可能拉进来，引导其树立诚信意识和品牌观念，推动落实主体责任，严格依据规范进行标准化生产，确保“产出来”的源头安全。三要积极争取支持和补贴。抓住国家重农兴农、加大农业投入的契机，积极推动地方政府出台农产品质量安全奖补政策，为“三品一标”争取政策、资金和项目支持，带动生产经营主体重质量、保安全的积极性。

2. 从严加强审核监管　中央对农产品质量安全提出“四个最严”的总要求，“三品一标”发展需要继续坚持“严”字当头。一要严把审查准入关，坚持用标准说话，树立风险意识和底线意识，强化制度安排及落地，防范出现系统性风险隐患。二要建立退出机制，对不合格产品要坚决出局。能不能做到一经发现就立即查处和淘汰出局，直接关系到“三品一标”的公信力，部领导对这个问题也高度关注。大家对各方面反映或曝光的问题，既要依法依规严肃查处，又要坚持信息公开，做到公开透明、及时回应。三要严查假冒伪劣，不能鱼龙混杂。对冒牌、套牌或超范围用牌等行为，内部能解决的，要主动进行处理；需要外部配合的，要用好打假平台，会同公安、工商等相关部门联合执法。

3. 加大品牌宣传培育　品牌是“三品一标”的价值所在，打品牌不能自娱自乐，关键要让生产者和消费者信得过。一要加大宣传力度。把“三品一标”的理念、标准、要求及实际实施情况更直观地宣传出去，让社会更了解、更信任。对一些不实炒作要主动发声，及时消除负面影响。二要加强品牌培育。将“三品一标”与各地品牌建设工作挂好钩，形成抓农产品品牌就是抓“三品一标”的共识和氛围；对获证主体也要做好培训和服务，让他们会用标、用好标，切实提升经济效益。三要做好市场推广衔接。目前，“绿博会”“有机博览会”等专业展会已经创出了牌子、搭建了平台，去年农交会上农产品地理标志的首次专展也一炮打响，下一步要继续巩固和提升，办出特色和水平。四要全力推动追溯。中央和部里对追溯工作很重视，我们正在建设一个覆盖全国的追溯信息平台，制定追溯管理的指导意见和管理办法，打算年底前启动全国统一试点。“三品一标”搞追溯最有条件、最有优势。希望大家及早准备，及时将“三品一标”纳入首批试点，实现从生产到市场全程可追溯，让消费者买得更安全、更放心。

4. 推动工作改革创新　“三品一标”是创新的产物，发展上也要坚持与时俱进、改革创新。一要适应新的形势要求，积极融入农业农村工作大局。农业部2015年出台了加快转变发展方式、建设现代农业的文件，我们考虑结合农业提质增效转方式的要求，出台一个关于促进“三品一标”发展的综合性指导意见，希望大家深入调研、献言献策，针对性提出一些含金量高的举措，并按照意见要求落实好各项措施。二要做好示范带动。目前部里正在推国家农产品质量安全县创建，在2015年首批107个县（市）试点的基础上，今年计划再创建200个安全县。韩部长对安全县提出了“五化”及“五个率先”的总要求，局里将“三品一标”列为安全县创建的重要指标。大家要及时对安全县创建过程中“三品一标”发展情况进行跟进和对接，“三品一标”工作自身也要通过示范样板、绿色园区、原料基地县等形式，将现有的效益再放大，辐射带动更多地区提升农产品质量安全水平。三要用好信息化手段。加强申报、用标、监管、市场等方面的信息化管理，适应国家简政放权、放管结合的要求，不断提高“三品一标”管理的效率和效果。

5. 加强体系队伍建设　大家要巩固好已有体系基础，稳定好队伍，强化自身能力建设，重点加强三个方面的管理。一是依法管理，积极完善各项规章制度和标准规范，特别是在发证审核和查处核销上要有明确、具体的规定并严格执行。二是科学管理，发挥专家和技术机构的“外脑”和“智库”优势，多为“三品一标”发展建言献策。三是绩效管理，建立激励约束机制，用好补贴手段，充分调动工作积极性。同时，希望“三品一标”工作队伍与质量安全监管部门做好联动和衔接，对质量安全工作主动入位、积极承担，共同保障老百姓“舌尖上的安全”。

（本文为作者于2016年3月25日在“全国‘三品一标’工作会议”上的讲话，略有删改）

总结成效 推动发展 扎实做好绿色食品、有机食品工作

中国绿色食品发展中心主任 王运浩

这次“三品一标”工作会议是“十三五”开局之年的一次重要会议，主要任务是认真总结“十二五”时期的工作，以今年中央农村工作会议、全国农业工作会议和全国农产品质量安全监管工作会议精神为指导，谋划今后一个时期事业发展的总体目标和基本思路，部署2016年的重点工作。下面，我就绿色食品、有机食品工作讲几点具体意见。

一、认真总结“十二五”时期绿色食品、有机食品工作成效

“十二五”时期，整个工作系统围绕农业部确立的“两个千方百计、两个努力确保”的中心任务，按照农产品质量安全工作的总体部署，推动绿色食品、有机食品持续健康发展。截至2015年底，全国绿色食品企业总数达到9 579个，产品总数达到23 386个，年均分别增长8%和6%。中绿华夏有机食品企业达到883个，产品达到4 069个。绿色食品产品国内年销售额由2010年末的2 824亿元增长到4 383亿元，年均增长9.2%，年均出口额达到24.9亿美元。绿色食品产地环境监测面积达到0.17亿 hm^2。全国已创建665个绿色食品原料标准化生产基地，21个有机农业示范基地，总面积0.12亿 hm^2，对接2 500多个企业，覆盖2 100多万户农户，每年带动农户增收超过10亿元。

（一）主要成效

“十二五”时期绿色食品、有机食品工作的整体进展与成效，体现在4个方面的“显著提升”：

1. 法制化、规范化水平显著提升 农业部颁布了新的《绿色食品标志管理办法》，明确了事业的公益性质，进一步巩固事业的法制基础。中心也对多年来的绿色食品、有机食品工作进行总结，并与《绿色食品标地管理办法》有机衔接，形成了一整套更加完善的制度体系，规范性和有效性显著提升。广东省农业厅结合新的《绿色食品标志管理办法》，出台了具体《实施办法》；湖北、山西等地结合标志许可审查、证后监管等工作制度，出台了一系列实施细则和制度规范。“十二五”期间，中心加大投入，加快完善标准建设工作，累计制修订90项绿色食品标准，有效标准总数达到126项，彻底解决了部分产品“借用标准”的问题。重庆、吉林、湖南等地突出优势产业、特色产品，制定了一批绿色食品、有机食品生产技术操作规程，有力地推动了标准化生产。

2. 标志许可和证后监管能力显著提升 “十二五”时期，绿色食品标志许可、有机食品认证与证后监管制度不断完善，工作机制不断强化，检查员、监管员、企业内检员“三员”队伍不断壮大，网络平台建设不断推进，有力地保障了事业发展。5年来，中心和各地绿办平均每年抽检绿色食品产品3 470个，抽检覆盖率超过20%，合格率保持在99%以上。每年对全国90个大中城市的180多个各类市场进行产品用标检查，有效地促进了企业规范用标。5年内全国共撤销392个产品标志使用权，查处假冒案件211例，协助行政执法部门处理违规案件317件。

3. 品牌知名度和影响力显著提升 “十二五”以来，整个工作系统围绕提升品牌影响力，创新形式和手段，深入推进市场建设和品牌宣传进行。中心每年举办全国绿色食品博览会和有机食品博览会，黑龙江、内蒙古、辽宁大连等地每年举办区域性绿色食品博览会，水平越来越高，效果越来越好。特别是2015年在西安召开的第十六届绿色食品博览会上，

绿色食品产品、绿色生资、标准化基地原料和电子商务同台亮相，全面展示了绿色食品产业的整体形象。黑龙江、江苏、广东等省还积极探索电商平台营销模式。5年来，通过展会、公共媒体、示范基地等宣传途径，绿色食品安全、优质的精品形象进一步得到全社会的认可。绿色食品标志商标已在欧洲及美国、日本等10个国家和地区注册；来自澳大利亚、加拿大、丹麦等国家的4个全球知名企业的32个产品获得我国颁发的绿色食品证书，年产量超过130万t。

4. 体系队伍工作力量显著提升 5年来，我们不断推动体系队伍建设，建起了以检查员、监管员为主体力量，企业内检员为基础延伸，检测机构为协作支持，专家队伍为技术保障的工作体系。绿色食品现有省级工作机构36个，地市级机构308个，市县级机构1 558个，覆盖了全国88%的地州、56%的县市。绿色食品环境和产品定点监测机构达到99个。目前整个系统共有专职工作人员6 452人，其中检查员3 460人、监管员2 797人，比"十一五"期末增加了近2倍。"十二五"期间，中心和各地共组织举办104期培训班，累计培训检查员、监管员1万余人次。全国绿色食品企业内检员已突破18 000人，实现了全覆盖。绿色食品专家咨询委员会、绿色食品质量安全预警专家组、有机农业委员会等多个高水平、权威性专业团队的组建和充实，增强了技术支撑能力。

（二）宝贵经验

回顾"十二五"工作，我们还积累了一些宝贵经验：

1. 始终坚持服务"三农"，增强现代农业的推力 "十二五"时期，绿色食品事业发展带动了农业标准化，提升了农产品质量安全水平，促进了农业增效、农民增收。绿色食品、有机食品先后被纳入"全国现代农业示范区""农产品标准化示范区""全国农产品质量安全示范县"等创建活动中，成为重要评价指标。目前，超过绿色食品总产量1/3的产品来自国家现代农业示范区，40%左右的产品来自各级农业产业化龙头企业。黑龙江、江苏、山东、安徽、湖北、宁夏等地积极推动将绿色食品纳入本地农业重点工作，列入省（自治区）政府考核指标，并出台相应支持政策，取得显著的发展成效。

2. 始终坚持开拓创新，保持事业发展的活力 "十二五"期间，为了推进工作，在保持制度机制特色的同时，我们陆续实施了一系列改革：续展审批和颁证制度改革，推动了工作重心下移，续展率由2010年的50%上升到2015年的65%，黑龙江、安徽等地续展率超过了80%。证后监管通过加强年检督导、风险预警、专项抽检等工作，提高了针对性和有效性。2015年举行监管信息发布会，向社会发声，赢得了广泛好评。各地绿办也不断总结经验，创造性地开展工作。福建、四川、内蒙古、辽宁等地落实属地责任，引入追溯手段，有力推动了监管工作。山东、江西、浙江宁波等深入开展各类专题调研，指导推动工作；北京制作动画宣传片、浙江开展宣传月活动、四川举办国际研讨会、甘肃制作绿色食品系列出版物，均取得很好的宣传效果；黑龙江、四川、青海坚持在北京举办绿色食品、有机食品市场推介活动，大连长期与大商集团合作开展绿色食品线上线下营销等。

3. 始终坚持发挥体系优势，凝聚推动工作的合力 绿色食品事业是一项开创性事业，从无到有，从小到大，一直依靠的是整个系统。多年以来，我们追求"推动绿色发展、引领健康消费"的事业理念，坚守"精品与人品共存"的文化传承，践行"崇尚绿色、铸造精品、求实创新、和谐奉献"的核心价值，弘扬"坚持标准、严肃认真"的工作作风，倡导"工作一盘棋、队伍一家亲"的和谐氛围，为事业持续健康发展提供了不竭动力。这支队伍从一组建就很抱团，在绿色食品事业创立25年之际，我们表彰了一大批全国绿色食品优秀工作者、绿色食品示范企业，进一步坚定了信心，鼓舞了士气。

"十二五"时期绿色食品、有机食品发展取得的显著成效，离不开各级政府的关心和支持，是全体绿色食品工作者共同努力的结果。

二、努力推动"十三五"绿色食品、有机食品持续健康发展

"十三五"时期，绿色食品、有机食品发展面临新的机遇。"创新、协调、绿色、开放、共享"五大新理念的普及，为事业发展提供了良好的社会环境和氛围。全面建成小康社会，势必推动消费升级转型，进一步增加社会对安全、优质、营养、健康食品的有效需求，为产业发展提供了市场容量。农业"调结构、转方式、补短板"的紧迫任务，为我们的工作提供了更为广阔的舞台。

与此同时，也应该看到我们还面临着一系列挑战。绿色食品品牌的影响力还不够强；优质优价的市场机制还不尽理想，绿色食品用标主体及产品结构还亟待优化；少数企业诚信意识和自律能力不强；少数产品质量安全存在隐患，用标不规范，加上假冒产品的市场冲击，均对品牌的公信力和美誉度构成严重伤害，整体上制约着事业的持续健康发展，必须保持高

度警觉。

面临新的机遇与挑战，“十三五”时期，绿色食品、有机食品工作的总体思路是：践行“创新、协调、绿色、开放、共享”五大理念，加强品牌建设，推动绿色食品、有机食品持续健康发展，为促进农业转方式、调结构做出新的贡献。围绕上述目标和任务，着力推进以下4个方面的工作：

1. 创造新的发展条件　强化绿色食品、有机食品工作的法律保障，提高发展质量和依法监管的能力。积极将绿色食品、有机食品工作纳入国家和地方农业和农村经济“十三五”发展规划，加强宏观指导，推动科学发展。强化事业的公益性特点，积极争取政策支持，进一步将绿色食品、有机食品工作融入现代农业、标准化生产、产业化经营、可持续发展等示范项目，调动生产主体的积极性，实现功能拓展，放大品牌效应。

2. 增强全程管控能力　瞄准发达国家水平，不断修订、补充绿色食品标准，始终保持标准的先进性和竞争力。在所有绿色食品生产企业严格推行从环境评估、投入品管控、产品检验到包装标识的全程质量保障的标准化生产模式，并向基地和示范区辐射。进一步完善并落实好标志许可审查、证后监管等制度，维护品牌公信力，将产品抽检合格率保持在99%以上水平。强化监督职能和科技支撑体系，提高队伍素质，继续为农产品质量安全工作发挥积极的示范带动作用。

3. 优化产业发展结构　通过合理调控，积极引导，示范带动，创造技术条件和政策措施，不断优化绿色食品产业发展的主体结构、产品结构、区域结构，力争大型企业、龙头企业、出口企业占40%以上，加工产品占60%以上。提升标准化生产基地建设水平，加大绿色生资认定、推广应用工作力度，巩固产业发展基础。持续抓好续展工作，在发展增量的同时，稳定存量，将绿色食品企业和产品的续展率保持在70%以上的水平，实现绿色食品持续良性发展。

4. 提升品牌市场价值　一方面，围绕提高品牌的知名度和影响力，持续抓好品牌宣传，面向全社会传播绿色、环保、健康、可持续的发展理念，突出绿色食品“产自优良生态环境，带来强劲生命活力”的鲜明特色，树立绿色食品安全、优质的精品形象，营造政府推动、市场拉动的发展环境。另一方面，做好市场服务，支持专业营销和电商平台建设，促进厂商合作、产销对接，全面拓展市场，促进优质优价市场机制形成，实现经济效益、生态效益、社会效益同步增长。

三、扎实做好2016年绿色食品、有机食品重点工作

2016年，整个工作系统要立足“三农”工作全局，在创造绿色食品、有机食品发展外部环境和政策条件的同时，围绕“严管质量树品牌、严控风险调结构，拓宽市场增影响、拓展功能促创新”的目标，重点做好以下5个方面的工作：

1. 严格审查，防控风险，大力推进结构调整　一是按照中心《关于改进绿色食品申报有关事项的通知》精神，积极引导本地区农业产业化龙头企业、大型食品加工企业发展绿色食品。各地要对申报主体进行科学评价，并在续展审查中逐步淘汰管理松散、档次不高的用标主体。二是推动标志许可审查“一程序、两规范”全面贯彻落实。采取有效措施，不断提高检查员现场检查和书面审查的专业能力，通过落实责任保障机制，切实提高工作的质量和效率。三是提升服务意识，严格按照程序、制度和时限要求开展颁证工作，确保申报企业及时领证用标。四是落实有机食品新的制度和技术规范，严格开展有机食品认证工作。

2. 创新机制，加强监管，努力确保品牌公信力　一是进一步落实年检制度，各地要切实开展好年检实地检查，配合完成好部分有机食品企业的不通知现场检查。二是中心和各地继续加大产品抽检力度，协调好各级产品抽检批次和比例，提高抽检的有效性。三是按照中心计划安排和工作要求，在规定时间内，完成固定市场和自选流动市场网点的绿色食品标志监察工作。要严厉打击假冒和不规范用标行为，对发现的不合格产品、不规范用标产品、假冒产品及时做出处置。四是继续开展绿色食品质量安全风险预警，加强对重点产品及区域的研判，及时排查质量安全风险隐患。

3. 扩大宣传，促进流通，不断增强市场活力　一要继续发挥展会在搭建平台、宣传品牌、促进贸易方面的作用。举办好长春第十七届全国绿色食品博览会、第十届中国国际有机食品博览会，组织实施好境外促销项目。二要高度重视宣传工作，通过多种形式开展绿色食品宣传。中心已制作《中国绿色食品》专题片、公益广告片，各地要在对外交流、宣传推介等活动中组织播放，扩大社会影响。面向各地农业行政主管部门、管理机构、科研单位、企业和消费者，积极支持报刊、网站、微信等媒介开展常态化宣传。三要鼓励有条件、有信誉的单位开设专业电商平台，积极引导获证企业利用新型流通业态，促进绿色食品

营销。

4. 巩固基础，拓展功能，发挥示范带动作用

一是进一步强化绿色食品发展的行业指导。中心将争取以农业部名义印发《关于促进绿色食品健康持续发展的意见》，各地要结合实际，做好本地的宏观指导工作。二是继续推进标准体系建设，加强标准的宣贯。各地要结合本地区情况，制订绿色食品生产操作规程，让标准落实在生产过程中。三是进一步规范绿色食品原料标准化生产基地和有机农业示范基地创建、验收及管理，加快绿色生资发展步伐，探索进一步发挥原料基地、绿色生资功能作用的新思路、好办法。四是启动“全国绿色食品产业示范园”创建试点。今年，中心将选择生态环境优良和产业优势明显的地区，指导创建绿色食品产业示范园，推动形成“三产”融合发展的“样板”。相关绿办要精心组织，积极探索推进。五是加快推进信息化建设。中心将进一步完善绿色食品网上审核与管理系统和有机农产品认证信息系统，优化、扩展和延伸系统功能。各地要做好相应的培训、推广应用工作，提高服务效能。六是做好产业调研、统计分析、智库建设等工作，为事业发展提供决策参考。

5. 建设队伍，提高能力，增强工作整体合力

一要持续开展培训工作。稳定检查员、监管员和生资管理员队伍，提高业务素质和技能，引入并逐步完善合理的激励与约束机制，加强绩效管理，调动专业队伍的积极性。二要强化检测机构责任意识。在继续开展能力验证工作的同时，检查任务、责任落实情况，确保为申报企业提供规范、高效服务。三要探索有效方式，抓好绿色食品企业内检员队伍建设，充分发挥他们的职能作用。四要积极动员社会力量，大力支持绿色食品协会开展绿色生资认定、行业诚信体系建设、示范企业动态评估等工作。

需要强调的是，绿色食品、有机食品面向全社会提供公共服务，是一项技术性、规范性、开拓性很强的工作，必须坚持加强工作系统自身建设。要进一步解放思想，更新观念，转变作风，破除思维定势，主动作为，勇于创新，敢于担当。在工作中要自觉培养和强化责任意识、服务意识和廉洁意识，坚持用标准、制度和原则说话，依法合规办事，同时理性对待和及时回应企业的诉求，努力帮助企业解决实际问题。此外，要切实加强项目管理、财务管理等工作，确保资金安全、规范、有效使用。

“十三五”时期绿色食品、有机食品工作的目标任务和主攻方向已基本确立，2016 年的工作重点也已经明确，我们要以这次会议为新的起点，坚定信心和决心，继续开拓进取，扎实工作，推动绿色食品、有机食品事业发展不断迈上新的台阶，为新时期我国现代农业、生态文明建设做出新的贡献！

（本文为作者于 2016 年 3 月 25 日在“全国‘三品一标’工作会议”上的讲话，略有删改）

以科技进步助推纺织强国建设

中国纺织工业联合会副会长　李陵申

隆重召开“纺织之光”2016 年度科技教育奖励大会，表彰为我国纺织科技和教育事业发展做出突出贡献的科技和教育工作者。下面，我代表中国纺织工业联合会（以下简称“中纺联”）介绍 2016 年度纺织科技、教育奖励工作的基本情况，同时就开展“十三五”行业科技教育工作谈几点看法。

一、2016 年度纺织科技教育奖励工作基本情况及特点

（一）纺织科学技术奖

2016 年度申报纺织科技奖项共 181 个，经形式审查和网评后，147 个项目进行入会评。经专家组评审、奖励委员会审核、媒体公示，最后经中纺联批准，决定对“大褶裥大提花机织面料喷气整体织造关键技术研究及产业化应用”等 116 个项目授奖，其中一等奖 12 项、二等奖 46 项、三等奖 58 项。授奖项目占申报项目的比例为 64%，各等级奖项的占比与往年基本一致。今年的纺织科技奖在评审方式上增加了网络评审环节，扩大了评审专家的广泛性和代表性。同时继续坚持专家轮换和回避制度，并邀请纺织之光科技教育基金会主席团代表参加了全程评审，中纺联、基金会秘书处领导及部分新闻媒体记者旁听了评审委员会会议。纺织科技奖评选的公开、公平、公正性得到进一步增强。今年的获奖项目主要有以下几个特点：

1. 纤维材料高新技术取得重大突破 纤维材料的创新对带动纺织原料和下游相关产业的变革具有先导作用。纤维材料的创新成果是今年纺织科技奖的重头戏。其中，由中复神鹰碳纤维有限责任公司等单位完成的“千吨级干喷湿纺高性能碳纤维产业化关键技术及自主装备”项目，建成了国内首条千吨规模T700/T800级碳纤维生产线，产品对提高我国军用高性能碳纤维自主保障能力，支撑国家战略性新兴产业发展具有重要的战略意义；由山东英利实业有限公司、保定天鹅新型纤维制造有限公司等单位完成的“万吨级新溶剂法纤维素纤维关键技术研发及产业化”项目，攻克了溶剂净化回收、浓缩技术，打破了国外同类产品的生产技术垄断，显著提升了我国新溶剂法纤维素纤维生产技术和装备水平。

2. 高性能功能化产业用纺织品技术创新取得重要进展 近年来，产业用纺织品行业快速发展，已经成为纺织行业发展新的经济增长极，科技创新发挥了重要的支撑作用。由东华大学等单位完成的“医卫防护材料关键加工技术及产业化”项目，针对医卫用纺织防护材料的高屏蔽性、舒适性和低成本等核心关键技术进行攻关，开发出了功能型医卫纺织材料，项目整体技术达到国际领先水平，显著提升了我国医卫用纺织防护材料的技术水平和核心竞争力；由浙江理工大学等单位完成的“垃圾焚烧烟气处理过滤袋和高模量含氟纤维制备关键技术”项目，对烟尘过滤材料的高滤效、低阻力和长寿命等关键技术进行了研究，总体技术达到国际先进水平，该项目提高了高温滤料的生产工艺和设备水平，为大气污染防治提供了科技支撑。

3. 资源循环利用技术取得明显提升 资源循环利用技术是支撑绿色制造，推动绿色发展的重要技术保障。由上海聚友化工有限公司等单位完成的“聚酯酯化废水中有机物回收技术”项目，针对聚酯酯化废水中有机物组成极其复杂、汽提后废水COD含量高等关键技术难题，开发出与聚酯装置规模及工艺相匹配的系列化技术和装置，解决了废水中有机物回收率低的难题，极大地降低了废水COD排放。该技术已推广应用在1 137万t的聚酯装置上，为促进化纤行业低碳减排、清洁生产作出了重要贡献；由海盐海利环保纤维有限公司等单位完成的“高品质差别化再生聚酯纤维关键技术及装备研发”项目，将自动化、数字化、智能化技术运用于再生聚酯纤维生产，创新并集成高品质差别化再生聚酯纤维产业化生产关键技术及装备，建成国内外规模最大的15万t/年的废弃聚酯瓶片加工清洗生产示范线和20万t/年再生聚酯纤维生产示范线，项目总体技术达到国际先进水平。

4. 技术标准的国际化取得突破性进展 技术标准是支撑产业发展的重要技术支撑，也是国际贸易的重要规则。由中纺标检验认证有限公司等单位在自主研发的一系列纺织品中有害物质检测方法的基础上，制定了《ISO 14389：2014 纺织品 邻苯二甲酸酯的测定 四氢呋喃法》标准，统一了全球对纺织品中邻苯二甲酸酯的检测方法，是近20年来首个中国标准国际化的成果，实现了我国由跟随采标到主导制定国际标准的重大突破。

（二）纺织教育教学成果和教师奖、学生奖

2016年“纺织之光”中国纺织工业联合会纺织教育教学成果奖面向全国纺织服装职业院校，各校有效申报教学成果144项，最终授奖项目101项，其中一等奖17项，二等奖32项，三等奖52项。获奖项目主要集中在人才培养模式探索与实践、课程体系建设、教学方法与模式改革、学生能力培养、实践性教学等方面，是纺织服装行业教育系统广大教育工作者在教育教学岗位上，经过艰苦努力获得的创造性成果，充分体现了我国纺织服装行业广大教师在教书育人、严谨笃学、教学改革方面所取得的重大进展和成就。江苏工程职业技术学院“依托科技创新团队，构建科教结合平台，培养创新创业人才”成果，针对当前高职教育过程中存在的创新创业意识不强、能力不够、不能服务产业发展需求的现状，依托科技创新团队，培养了一批具有创新创业意识和能力的师资队伍，多渠道、多途径构筑科教结合协同育人的创新创业教育实践平台，通过教师科技项目、教授博士工作室、张謇拔尖人才计划、技能大赛、社会实践等载体，将科技创新、专业教学、社会服务等有机融合，构建“双线融合、三段递进”的创新创业课程体系，全方位培养学生创新创业意识和能力，通过深度产学研合作，将师生创新创业能力和成果应用于纺织行业，助推企业产品提档、技术升级，服务纺织行业经济发展，得到政府、行业、企业一致好评。

2016年“纺织之光”教师奖和学生奖在13所本科院校和2所高职院校展开，各相关院校结合自身情况，采用二级院系推荐，学校差额评选、审核、公示等流程申报。经过专家评审，联合会批准，本年度共评出“纺织之光”教师特别奖1人，教师奖21人；“纺织之光”学生特别奖2人，学生奖147人。教师特别奖获得者东华大学郭建生老师自2003年担任东华大学纺织学院院长助理、副院长以来，长期分管学院的本科教学工作，在学院多层次并存、任务繁多的教学管理工作中，他注重专业教学改革和内涵建设，带领学院教师先后获得2005年国家教学成果奖一等奖，5门国家级精品课程，3门国家级双语示范课程，

2个国家级教学团队，国家级教学名师，国家级实验教学示范中心、国家级工程教育中心等荣誉，多次被学生评为“我心目中的好老师”。学生特别奖获得者天津工业大学马友伟同学品学兼优、自立自强、砥砺前行；他是非织造材料与工程专业2013级本科生，中共预备党员，连续三年综合成绩专业第一，三次获得“纺织之光”奖学金，美国大学生数学建模竞赛二等奖，第六届全国大学生数学竞赛预赛一等奖等12项省级以上学科竞赛奖；作为项目负责人完成多项校级以上大学生创新创业项目，作为青年志愿者，积极参与社会实践，服务与奉献社会。

（三）针织内衣创新贡献奖

2016年针织内衣创新贡献奖共收到32个申报项目，其中校企合作项目9个、院企合作项目1个、企业独立完成项目22个。经专家评审，11个项目被授予“纺织之光”中国纺织工业联合会针织内衣创新贡献奖。获奖项目的科技含量和创新点较往年有所提高，拥有发明专利的项目达到21个，占申报项目的65.6%。获奖项目集中代表了针织内衣行业在智能生产、新原料应用、无缝成型产品的研发、功能性针织产品开发等方面的创新成果。互太（番禺）纺织印染有限公司完成的“超弹贴身针织面料的研究与开发”项目，在原料选用、针织织造技术、染整设备与工艺上进行系统创新和集成攻关，开发的面料氨纶含量达到60%～80%，具有高伸缩性、高弹性、黏手性、保型性和坚挺性，手感柔软平滑，尤其具有承托力、良好的附着感和贴身的舒适体感。青岛即发集团股份有限公司完成的“圆机无缝透气针织织物的研究与开发”项目，使用不成圈针织三角和成圈浮线三角，编织出一种新型提花透气网眼面料，将原来通过成衣拼接形成局部透气改成在针织小圆机上直接实现，从而达到生产效率高、节省材料、穿着舒适的效果。

（四）2016年全国纺织行业职业技能竞赛

根据人力资源和社会保障部《关于组织开展2016年中国技能大赛的通知》精神，中纺联与中国就业培训技术指导中心、中国财贸轻纺烟草工会共同主办了细纱机操作工和经编工全国职业技能竞赛，这两项赛事都被列入了“2016年中国技能大赛”国家级二类竞赛，分别冠名“魏桥－经纬杯”和“润源杯”。在历时近一年的时间里，两个竞赛受到了各省市行业组织和有关企业的高度重视，极大地促进了一线职工的技能水平。

“细纱机操作工”全国决赛于2016年10月24～29日在山东省邹平县魏桥纺织股份有限公司举行，共有来自19个省市55个企业的80名选手参加本次决赛，创棉纺织行业参赛人数最多的一次。“经编工”全国决赛于2016年11月3～6日在江苏省常州市举行，共有来自5个省市35个企业的56名选手参加决赛。

按照竞赛奖励规定，两大赛事的前6名选手共12人获得了由中纺联授予的“全国纺织行业技术能手”荣誉称号；竞赛组委会还为决赛前三名的选手共6人向人社部申报了“全国技术能手”荣誉称号；纺织行业职业技能鉴定指导中心同时为两个竞赛的前三名选手晋升了技师职业资格（已具备技师职业资格的晋升为高级技师职业资格），为第4～18名的选手晋升了高级工职业资格（已具备高级工职业资格的晋升为技师职业资格）。在“纺织之光”科技教育基金会支持下，还分别给予两个竞赛各3万元的工作经费支持；并为获得“全国纺织行业技术能手”荣誉称号的12名选手颁发了奖杯、荣誉证书和奖金，两个竞赛的第一名每人颁发奖金8 000元，其他10名选手每人颁发奖金5 000元。

二、我国纺织科技工作面临的形势

（一）我国纺织工业发展步入深度转型升级的新常态

2015年，我国纤维加工量占世界55%，纺织品服装出口额占世界38.6%；在国民经济中，纺织工业主营业务收入占全国工业的6.41%，利润占6.07%，投资占第二产业5.32%，纺织品服装出口占全国货物出口的12.79%，研发投入占工业的3.68%；居民衣着消费占全国人均消费支出的7.4%。我国纺织工业在国际纺织业和国内国民经济中占有十分重要的地位。但是，在全球经济复苏乏力和我国经济进入新常态背景下，2010年以来，我国纺织行业纤维加工总量、主营业务收入、利润总额、出口总额和工业增加值等主要经济指标增速明显回落并趋于平稳，行业发展步入深度转型升级阶段。纺织工业面临着一系列新的形势：

1. *全球纺织产业与贸易呈现新格局*　发达国家在科技研发和品牌渠道方面优势依然明显，在高端装备、高性能纤维、产业用纺织品、智能服装等方面的制造能力持续增长；发展中国家依托劳动力成本、区域贸易协定等成本优势快速发展。我国纺织工业面临国际环境的“双重挤压”局面，虽全产业链综合竞争优势明显，但面临的国际竞争压力将加大，结构调整和产业升级更为迫切。

2. *国内外纺织消费市场蕴含新空间*　发达市场的长期稳定性和新兴市场的快速成长性，以及世界人口增长和经济复苏等将支撑全球纤维消费需求继续增长，预计到2020年将突破1亿t。国内内需扩大、消费升级两大动力和改革政策红利将推动服用家用纺织品的增长；随着基础设施建设、环境治理、医疗健康、安全防护、国防军工、航空航天等方面投入稳步增加，产业用纺织品行业进入发展黄金期，将进一步拉动纤维消费市场强劲增长。

3. *纺织与互联网融合催生新变革* 伴随“中国制造2025”“‘互联网＋’行动计划”全面推进，信息技术在纺织行业全面深入应用，推动产业升级、调整、变革。

4. *区域产业结构调整形成新局面* “一带一路”、京津冀协同发展、长江经济带三大战略实施，为促进纺织区域协调发展提供新机遇，推动纺织区域经济协调、平衡发展，打造区域经济升级版。国际分工体系调整和贸易体系变革将促进我国纺织行业整合资源、合作分工、协同发展。

5. *纺织生态文明建设提出新要求* 加强低碳、绿色、循环发展是纺织行业共同的责任，实现全生命周期的低碳、绿色发展是纺织行业共同的任务。

（二）我国纺织工业发展的新形态与新动能

受国际纺织服装多元化发展和国内宏观经济的影响，纺织行业深度转型升级将经历一个较长期的阶段而不是一个节点。增长速度的回落，在释放压力的同时，也为行业创新发展预留了空间。面对发展新形势与创新新机遇，我国纺织工业发展的新形态正在酝酿，新动能开始形成。

1. *在行业发展新形态方面* 一是跨国采购分散化。近几年来，我国在美国、日本及欧洲三大纺织服装市场的占比有所下降。2015年欧盟、日本市场占我国纺织服装出口比重较2014年分别下降0.93个百分点和0.6个百分点；今年1～9月，我国纺织服装出口在欧洲及美国、日本三大市场的占比分别为33.85%、36.78%、61.69%，分别下降2.41个、1.95个、2.63个百分点。南亚、东南亚国家在世界纺织产业中扮演着越来越重要的角色，越南在美国、日本的份额从2001年的0.07%、2.65%增长到2015年的9.26%、9.51%；孟加拉国在欧盟市场的占比从2001年的4.72%增长到2015年的12.55%。二是国内需求升级。消费者在关注价格、品质的同时，开始注重消费体验与文化表达。随着经济社会的均衡发展和城镇化进程的推进，购买力正从城市转向城镇。消费者需求正向着多元化、差异化、个性化的方向发展，市场“长尾效应”日渐明显，“二八型经济”与“长尾型经济”共存。三是信息网络技术与传统制造业深度融合。近年来，世界工业发展变革的新趋势日渐明显，信息网络技术与传统制造业深度融合，实现制造设备、生产管理系统的智能化以及商业链条的重构，促进纺织产业在制造模式、生产组织形式、营销模式等方面发生重要改变。全球生产要素、加工制造、配套服务等产业资源通过信息技术实现高度共享。分享经济的崛起，为全球纺织产业链与供应链加强资源整合，提高运行效率创造重要机遇。电子商务平台及大数据技术发展，为纺织产业更好开拓全球市场提供信息化技术支撑。在这一新趋势下，各国纺织产业亟待加强信息平台体系建设与合作，实现全球产业资源及市场信息的有效汇集和共享，使工业技术革新真正发挥提升纺织产业的效果。四是综合成本趋于扁平。当前，劳动力成本优势在制作成衣环节还有所体现，在整个供应链上的作用在逐渐被弱化。受技术革命、资金成本、原料价格、能源价格、政策环境等因素影响，全球纺织制造综合成本差距在日渐缩小。成本扁平化驱动全球纺织供应体系发生深刻变革，国际纺织产业分布格局将会变得越来越区域化，纺织品的生产将趋于就近化制造模式，由此冲击我国纺织工业的国际比较优势。

2. *在行业发展新动能方面* 一是居民收入的普遍提升、中高收入阶层快速崛起、以人为本的城镇化不断推进，为纺织服装行业提质增效、转型升级提供了广阔的市场空间和巨大潜力。二是快速发展的网络经济，为行业发展提供了更加快捷的营销渠道。三是多层次的资本市场为纺织服装企业整合资源、扩大规模，提供了平台与动力。四是一系列自贸区的设立和“一带一路”建设，更加开放的对外格局，为纺织产业发展开创新的空间。五是供给侧结构性改革和“三品战略”的实施，围绕消费升级需求，提高供给体系质量和效率，促进行业从迎合需求向引导、创造需求转变。

（三）全球科技创新呈现一系列新的发展态势

全球的科技创新步伐从未停止，伴随着化工、机械、电子、现代材料、生命科学等相关产业的发展，新型纤维材料、高技术纺织品、高端装备等领域的先进技术不断涌现，大大丰富了全球纺织产业的发展资源。一是科技创新更加活跃，交叉融合和群体跃进态势日益明显。21世纪前10年全球三方专利授权量达到47.5万件，比上一个10年多出近10万件；新兴学科加快发展，学科交叉融合更加深入，颠覆性技术不断涌现；基础研究、应用研究、技术开发和产业化边界日趋模糊，带动众多学科和技术群体跃进，变革突破的能量正在不断积蓄。二是信息、生物、新能源、智能制造领域不断突破和相互融合，成为产业变革最重要的技术方向。新一代信息技术向网络化、智能化、广泛化方向发展，与生物、新能源、新材料等技术相融合，推动产业结构向高级化演进，成为提升产业竞争力的技术基点；分布式、智能化、低碳化的新能源技术正在改变经济社会发展的动力结构，可再生能源、非常规油气技术大规模应用，第四代核能技术有望取得重大突破；以机器人、增材制造等为代表的先进制造技术推动制造业向智能化、网络化、服务化方向演进，碳纤维、纳米材料等新型材料的广泛应用将极大降低产品制造成本，提升产品质量；生命科学和生物技术在推动健康、农业、资源环境等领域发展中的作用更加突显，成为改善民生福祉的重要力量。三是技术创新与商业模式、金融资本深度融合，持续催生新的经济增长点和就业创业空间。面向国家经济、实体经济的发展需求，不断创新、不断完善的金融手段以及层出不穷的民间金融工具促进新技术与新资本加速融合，推动新兴产业快速成长；商业模式创新改变产业组织、收入分配和需求模式，电子商务、电子金融、第三方支付平台、能源合同管理等正推动相关领域的变革，互联网开源软硬件技术平台的普及和开放，开创低成本、低门槛创新创业空间。四是创新战略成为世界主要国家核心战略，全球创新竞争呈现新格局。为抢占未来经济科技制高点，在新一轮国际经济再平衡中赢得先发优势，世界主要国家都提前部署面向未来的科技创新战略和行动。美国连续三次推出国家创新战略，并发布“革命性纤维与纺织”国家制造创新网络计划；德国连续颁布三次高技术战略，并推出工业4.0计划；俄罗斯、巴西、印度等新兴经济体紧随其后。美欧占全球研发投入总量的比例虽然由61%降至52%，亚洲经济体的比例从33%升至40%，新兴金砖国家占比也显著提高，但发达国家的创新优势依然明显。

（四）“十二五”纺织科技进步成绩巨大，但与纺织强国目标相比仍存在一定差距

“十二五”期间，纺织工业围绕“十二五”规划的中心任务和建设纺织科技强国战略目标，大力推动行业科技创新和成果转化，加大科技投入，重点组织实施了“十大类50项关键技术和110项先进适用技术”，在纤维材料、纺织、染整、产业用纺织品、纺织装备、信息化等领域取得了一系列创新成果，实现了全行业关键、共性技术的突破，行业自主创新能力、技术装备水平和产品开发能力整体提升。“十二五”期间全行业共有16项成果获国家科学技术奖，其中“数字化筒子纱染色成套技术装备”获国家科技进步一等奖；650项成果获中纺联科技进步奖。行业自主研发的技术以及取得的发明专利和实用新型专利大幅增长，“十二五”期间授权专利共14.56万件，其中发明专利约3.48万件，较“十一五”增加164.86%。纺织行业技术改造以提升纺织原料生产及应用水平，提高清洁生产和绿色制造产业化水平，加快纺织数字化、网络化、智能化制造及应用，提升纺织品及服装、家纺企业自主品牌建设为目标，改造提升传统纺织产业，新增纺织装备投入6 100亿元，淘汰高能耗、高污染、低效率的印染产能117亿m和化纤产能130万t，全行业整体技术及装备水平快速提升。“十二五”期间，纺织工业科技资源持续增加，纺织企业人力投入不断加大，研发人才结构水平进一步提升；企业研发经费支出持续增加，投入强度稳步提升。纺织工业科技进步显著，创新能力不断提升，整体水平从量的增长向质的提升阶段迈进，带动了产业创新发展。

但从整体上看，纺织行业科技发展与纺织强国目标要求仍存在一定差距。行业创新体系建设及运行机制不完善，创新资源分散，未能形成整体合力，难以针对行业共性关键技术进行协同和集成创新。科技成果转化率较低，部分科研成果止步于实验室，未能产业化、商品化；部分关键技术因竞争和利益分配等问题难以向全行业辐射。科技创新与先进国家依然存在较大差距，自主创新及集成创新能力不足，中小企业由于资金、人才的缺乏，创新能力更为薄弱。基础性研究和共性关键技术开发薄弱，影响了行业整体技术水平的提升。纤维材料高性能、差别化、生态化水平仍有待提升，先进纺织、染整技术及高附加值纺织品加工能力亟待形成，高端产业用纺织品的开发与应用瓶颈仍然存在，满足更高环保要求的清洁生产技术尚须有新突破，智能制造及信息化应用水平尚须提升，标准化建设仍然相对滞后。

三、加快实施“十三五”科技进步纲要，着力推进行业科技进步

依据《建设纺织强国纲要（2011—2020年）》确立的纺织强国建设目标和纺织工业“十三五”发展规划中心任务的要求，结合纺织行业科技工作现状，中纺联制订印发了《纺织工业“十三五”科技进步纲要》，明确了“十三五”期间我国纺织工业科技进步的主要目标、任务和主攻方向。

（一）“十三五”纺织工业科技进步发展目标

“十三五”时期，纺织工业科技进步要力争实现九大目标：一是加强高仿真功能性纤维材料开发，化纤差别化率达到65%；二是突破一批高性能纤维制备和应用技术，实现高性能纤维的低成本和高附加值，成为世界上自主掌握高新技术的主要国家之一；三是掌握一批重点领域产业用纺织品制造关键技术，

产业用纺织品纤维消费量比重达到33%；四是印染行业万元产值水耗下降20%、能耗下降15%；五是国产纺织装备水平进一步提高，国内市场占有率不低于80%；六是纺织信息化水平进一步提高，建立智能化纺纱、长丝、印染、针织、非织造布、服装和家纺示范生产线；七是主要企业具备较强的自主创新能力，大中型企业研究与试验发展经费支出占主营业务收入比重达到1.0%以上；八是拥有一批自主知识产权的核心技术，授权发明专利年增15%；九是完善纺织品安全、基础通用标准，加快制定中纺联团体标准，进一步优化纺织标准体系结构；国际标准化能力进一步增强，主导制定国际标准达到30项。

（二）“十三五”纺织工业科技发展主要任务

《纺织工业“十三五”科技进步纲要》明确了“十三五”纺织工业科技发展的五大任务：一是加强纺织科学基础研究。面向行业共性关键技术发展需求，瞄准国际纺织高端和前沿技术，加强新型纤维材料设计与制备、绿色纺织染加工、智能制造与两化深度融合等重点领域基础理论与前沿技术研究，开展学科交叉融合前沿技术研究，为行业原始创新和科技长远发展提供理论基础。二是实质推进行业重大关键共性技术研发。在行业重大共性关键技术上实现实质性突破，提升行业整体技术水平。大力推进高性能、功能性、多元化、生态纤维材料，高效、低碳、安全、环保绿色制造技术，高性能产业用纺织品加工技术，智能化纺织装备、生产及管理等技术的研究开发与产业化应用。三是加快先进适用技术应用推广。搭建成果转化服务平台，促进纺织染先进工艺技术、数字化智能化高端装备的应用，以及“互联网+”两化深度融合成功案例的推广。强化绿色环保、资源循环利用、高效低耗、节能减排先进适用技术、工艺和装备应用推广，淘汰落后产能，提升行业整体技术水平。发挥企业作为科技成果转化应用的主体作用，积极推动科技成果转化为现实生产力。四是优化完善纺织科技协同创新体系。发挥市场在资源配置中的决定性作用，加快国家级工程研究中心、重点实验室、企业技术中心等创新主体以及公共服务体系建设，整合产、学、研、用及行业公共服务体系等多方资源，推动知识创新联盟、技术创新联盟和产品创新联盟建设，提升行业科技要素协同创新能力。五是加强标准支撑体系建设。强化健康安全、环境保护等强制性标准，重点制定公益性基础方法标准和通用性终端消费品标准，加强产业用纺织品标准与应用领域的配套，提升纺织机械与附件标准水平。加快中纺联团体标准制定，推动企业标准创新，增加市场和创新标准供给，建立政府标准与市场标准协同配套的标准体系。加强国际标准化工作，推动我国自主技术标准走向国际，带动我国产品、技术和装备“走出去”。

（三）“十三五”纺织工业科技重点发展方向

为实现纺织工业科技进步发展目标和主要任务，《纺织工业“十三五”科技进步纲要》通过广泛征集、筛选和专家论证，确立了在纤维材料高新技术，先进纺织、染整及高附加值纺织品加工技术，绿色制造技术，高性能产业用纺织品加工技术，先进纺织装备，纺织信息化技术等六大领域要突破30项共性关键技术，在全行业重点推广纤维材料加工技术、纺纱织造新工艺技术、染整新工艺技术、产业用纺织品、国产化纺织机械以及纺织信息化技术等100项先进适用技术。通过全面实施“六大类30项共性关键技术和100项先进适用技术”，进一步推动行业自主创新能力、技术装备水平和产品开发能力整体提升，实现行业创新发展。

四、深入实施创新驱动发展战略和人才优先发展战略，为建成纺织强国再立新功

“十三五”是我国全面建成小康社会的决胜阶段，也是建成纺织强国的关键时期。我们要适应、把握和引领经济新常态，深入实施创新驱动发展战略和人才优先发展战略，将科技创新作为推动行业发展的战略支撑，把创新作为引领发展的第一动力，抓住“十三五”发展关键阶段，推进“十三五”纺织科技进步取得实质性进展。

（一）要把科技创新置于行业发展的核心位置

党的十八大提出实施创新驱动发展战略，明确将科技创新作为提高社会生产力和综合国力的战略支撑，把科技创新摆在国家发展全局的核心位置。党的十八届五中全会提出了创新是引领发展的第一动力的新论断。习总书记更是指出，抓科技创新，要在独创独有上下功夫，勇于挑战最前沿的科学问题，力争在重要科技领域实现跨越发展，跟上甚至引领世界科技发展新方向，掌握新一轮全球科技竞争的战略主动。

我国纺织工业经过改革开放30多年发展，早在20世纪90年代中期就已经成为世界最大的生产国、消费国和出口国，由大变强一直是我们纺织几代人的梦想。必须客观认识到，我国尚处于工业化中期阶段，纺织工业高技术化是建成制造强国的必由之路。因此，科技创新将在全行业实施创新驱动战略过程中居于核心地位，是产品创新、管理创新、品牌创新等

诸多创新的基础和源泉。我国拥有最完整的产业链配套能力，具有迈进世界纺织强国阵营的基础和优势。“十三五”期间，纺织工业作为我国国民经济传统支柱产业、重要的民生产业和创造国际化新优势的产业，是科技和时尚融合、生活消费与产业用并举的产业，在美化人民生活、带动相关产业发展、拉动内需增长、建设生态文明、增强文化自信、促进社会和谐等方面发挥重要的作用。全行业要在创新驱动国家战略的框架下，顶层设计、前瞻谋划和布局未来科技创新重点方向，要抓住新一轮科技革命和产业变革带来的重大机遇，围绕《纺织工业“十三五”科技进步纲要》确立的九大目标、五大任务和“30＋100”重点方向，聚焦行业重大共性关键技术和应用基础研究，加快推进科技成果转化应用，推进科技体系协同创新，加强标准支撑体系建设，推进纺织技术装备、产品开发水平和能力的全面提升。力争在“十三五”末，我国纺织科技创新水平与国际先进水平实现由“跟跑、并行”为主向“并行、领跑”为主的转变。

（二）把教育和人才优先发展作为行业发展的战略支撑

习总书记指出，“功以才成，业由才广。科学技术是人类的伟大创造性活动，一切科技创新活动都是人做出来。”人才也是支撑纺织行业发展的第一资源。纺织行业正在从劳动密集型向知识密集型转变，高素质人才尤其是创新人才、科技领军人才、企业家人才、高技能人才是纺织强国建设的决定性要素。目前的教育体系和人才培养模式还不能很好地适应转型升级的要求。同时，纺织行业长期享有的人口红利优势也正在稀释，人才红利优势亟待形成，亟须推动人才结构战略性调整。要突出“高精尖缺”导向，以国家或行业重大科研计划和重大工程、重点科研基地等为依托，加强高水平创新团队建设，培养和造就一批创新领军人才；加大对优秀青年人才的科研启动支持力度，健全和完善有利于青年科技人才成长的竞争择优制度，加强青年人才培养；面向全球引进首席科学家、首席设计师等高层次科技创新人才，支持企业积极引进高水平创新创业人才；同时要加强高技能人才工作，培养造就一大批具有高超技艺和精湛技能的高技能人才，稳步提升纺织产业工人队伍的整体素质。

要加大人才资源开发力度，提升和优化多层次人才教育体系，扩大纺织人才规模。纺织服装高等院校要重视学科设置与行业转型升级方向协同，大力推行教育教学改革，依托行业重大科研项目及工程项目，深化科教结合、工学结合，致力于培养创新型人才和复合型人才。要发挥职业院校、技校、培训中心等平台作用，加强技术工人职业技能教育、在岗再培训，开展职业技能鉴定与认证工作，鼓励技术工人通过在职教育、远程教育等途径进行深造，形成高素质的专业技能人才队伍。

要完善人才管理机制，加强人才队伍建设。鼓励纺织企业建立合理的薪酬制度、激励机制和考核机制，为优秀人才提供创新发展的事业空间；积极履行社会责任，规范劳动用工，改善员工工作环境和基本生活条件，创建和谐劳动关系，提高人力资源队伍稳定性；促进人才有效流动，搭建行业性、地区性纺织专业人才市场、人才信息平台等，有效对接人才供需。

“科技是国之利器，国家赖之以强，企业赖之以赢，人民生活赖之以好。”习近平总书记的重要讲话，真切道出了科技创新的重要意义和重大价值。我们必须坚持走中国特色自主创新道路，面向世界科技前沿、面向经济主战场、面向国家和行业重大需求，加快科技创新，按照“五位一体”总体布局和“四个全面”战略布局，认真落实五大发展理念，以工匠精神，坚定实施创新“第一动力”、科技引领和人才优先发展战略，不忘初心，继续前行，把我国建成纺织强国的伟大事业不断推向前进。

（本文为作者于2016年11月23日在“2016年纺织科技教育成果奖励大会”上的讲话，略有删改）

我国乳制品行业形势分析及工作思路

中国乳制品工业协会名誉理事长　宋昆冈

2015年，我国乳制品行业在困难的一年中度过。由于国内消费拉动乏力，进口产品大幅度增加，乳制品生产维持较低水平的增长，这是自改革开放以来少有的现象。特别是由于奶牛养殖业的盲目发展，导致了原料奶产能过剩，一些地方出现卖奶难，乳品企业和奶牛饲养业都承受了很大的压力。

一、2016年度行业总体形势及存在的问题

（一）乳制品生产情况

2015年，乳制品生产处于缓慢增长，部分产品处于下降趋势。据国家统计局数据，2015年1～12月，全国共有规模以上乳制品企业638个，主营业务收入3 328.5亿元，同比增长1.66%；利税总额完成363.7亿元，同比增长10.51%。其中，利润总额为241.7亿元，同比增长7.68%，销售收入利润率为7.3%。乳制品产量为2 782.5万t，同比增长4.60%。其中，液体乳产量为2 521.0万t，同比增长4.72%；乳粉产量为142.0万t，同比增长－4.50%。

2015年，销售收入下降的省、自治区共计8个，而上年同期仅有5个。销售收入前四位的是：内蒙古为633.6亿元，同比增长0.49%，占全国销售总收入的19.0%；黑龙江省为379.2亿元，同比增长1.31%，占11.4%；山东省为305.3亿元，同比增长0.35%，占9.2%；河北省为288.4亿元，同比增长10.77%，占8.7%。以上四省、自治区的销售收入占全国的48.3%。

乳制品产量扭转了上年同期负增长的局面，有了小幅增长。虽然乳粉产量同比增长仍是负数，但比2014年的同期比上升了3个百分点。2015年12月底，库存产成品总额为88.2亿元，同比增长－6.61%。库存产成品应为乳粉类产品，估计约25万t。库存产成品货值下降，并不意味着销售形势的好转，而是因为产量下降的原因。2015年，全行业亏损企业亏损额为18.80亿元，同比增长－0.64%。行业亏损额与利润总额的比为1∶12.9。亏损企业亏损额与上年有较大幅度降低，但上年同期的亏损企业亏损额同比增长79.36%，这就意味着部分企业经济效益仍然不好。

2016年上半年，乳制品生产出现了回暖增长态势，特别是6月份增长趋势喜人。根据国家统计局数据，1～6月全国623个规模以上企业，累计乳制品产量为1 466.3万t，同比增长11.16%，其中6月份同比增长20.15%。累计乳制品产量中，液体乳为1 341.5万t，同比增长12.58%，其中6月份同比增长21.4%；乳粉累计产量为65.2万t，同比增长5.31%，其中6月份同比增长8.79%。重点产区，内蒙古同比增长14.22%，黑龙江基本持平，河北下降1.28%，山东下降2.42%，陕西下降10%。2016年上半年，规模以上企业销售收入为1 667.5亿元，同比增长5.40%；利润总额为135.3亿元，同比增长15.80%；库存产成品为79.8亿元，同比下降14.28%，比2015年底88.2亿元减少了8.4亿元。

（二）乳制品进口对国内市场的冲击巨大

2015年，虽然进口乳制品的数量、货值较上年有明显下降，但仍然对国内市场形成巨大冲击。据海关统计数据，2015年1～12月，乳制品进口数量和货值分别达到191.9万t和61.11亿美元，同比分别增长－6.49%和－28.00%。其中，乳粉进口数量为54.7万t，货值达15.07亿美元，同比分别增长－40.73%和－66.04%；液体乳进口量为46.00万t，同比增长43.54%；婴幼儿乳粉进口量为18.00万t，同比增长46.20%；乳清粉进口量为43.58万t，货值为5.25亿美元，分别比上年增长7.67%和－33.38%，乳清粉的主要用途是生产婴幼儿乳粉，进口量增加标志着婴幼儿乳粉产量增长，估计国内婴幼儿乳粉产量在70万t左右。2015年进口液体乳、固体乳制品（不含乳清粉）共154.6万t，折合原料奶约800万t，占国内原料奶产量的22%。在进口大幅增长的同时，乳制品出口仍在大幅减少。2015年1～12月，共出口乳制品为3.55万t，货值为6 434万美元，同比分别增长－15.36%和－30.12%。其中，液体乳出口量为2.4万t，同比增长－4.46%；乳粉出口量为0.5万t，同比增长－65.95%。2016年上半年，乳制品进口量为122.6万t，货值为33.84亿美元，同比分别增长30.49%和11.26%，仍保持了较高增长率。其中，液体乳进口量为31.5万t，同比增长77.31%；乳粉进口量为40.8万t，同比增长18.57%；乳清粉进口量为23.2万t，同比增长16.10%；婴幼儿乳粉进口量为9.6万t，同比增长25.42%。

自2014年下半年开始的部分地方奶源过剩现象，不仅没有得到缓解，反而愈加严重。在一些地方发生卖奶难，不少企业因原料奶过剩而不得不喷成粉积压在库里，有奶牛饲养场因牛奶卖不出去而不得不委托加工成奶粉。比如，有一家奶牛饲养企业，每天有多达400t的奶无法消化，占其奶产量的13%，不得不委托喷粉，有的液体乳生产企业积压奶粉多达上万吨。原料奶产能过剩情况，受到主管部门和国务院领导的高度重视，多次召开会议研究对策。造成目前困境的原因，除了消费市场动力不足、乳制品生产增幅回落外，另一主要的原因是近几年来奶牛养殖盲目发展所造成的原奶产能过剩。近十几年来，我国原料奶生产、乳制品加工、市场销售一直处于一个微弱平衡状态，一旦遇到负面消息的影响、概念炒作或者是遇到国际市场价格下降，进口量突增的情况，市场销售

就会下降，倒奶杀牛现象就会发生。过后，便会紧接着出现原料奶供应紧张的状况。如此反复已有几次，直到2008年三聚氰胺事件发生到达顶点，大量杀牛倒奶，情况十分严重，国家出台收储政策、给企业贷款贴息。2011年后，消费者信心逐步恢复，乳制品消费基本达到正常状态，奶源紧张的矛盾便开始显现，各地奶牛养殖热情高涨，于是投入大量资金进口奶牛，兴建奶牛场。

从2011年到2015年的5年间，我国从国外进口奶牛共计69.46万头，形成年产奶能力为600多万t，占全国产奶总量的15%以上。而2001年至2010年的10年间，共进口奶牛为41.66万头。近5年进口量是前10年的1.67倍。国内投资兴建奶牛场的热情高涨，超大型规模奶牛场纷纷建设。据不完全统计，仅2016年上半年收集到的媒体报道信息，共有签约、开工、投产项目16个，其中万头以上牧场11个，总饲养规模为26.8万头，总投资近120亿元。大力发展奶牛养殖，饲草饲料资源不能满足，又从国外大量进口饲草。2012年至2015年4年间，共进口干苜蓿草、燕麦草为362.5万t。而2008年至2011年4年间共进口干苜蓿草、燕麦草仅61.0万t。近4年是前4年进口总量的近6倍。进口牛、进口草、进口料，但饲养水平跟不上，导致产量低、成本高。比如，根据IFCN（国际奶业经济学会）的数据，2015年全球全年原奶平均价格为1.85元人民币/kg，美国为2.37元人民币/kg，新西兰为1.65元人民币/kg，欧盟为2.14元人民币/kg。我国10个主产区平均原奶价为4.05元人民币/kg。2016年5月，全球全年平均价格为1.44元人民币/kg，我国10个主产区平均原奶价为3.46元人民币/kg。在当今国际市场乳制品价格低的情况下，国产乳制品失去了竞争优势，进口产品大量增加，更加重了杀牛倒奶现象。这一切现象都反映了“原料奶产能过剩”的严酷现实。

（三）乳制品质量安全状况

1. 国家监督抽检情况　根据收集到的国家食药监管总局公布的国家监督抽检结果：2015年，乳制品监督抽检共计9 350批次，不合格44批次，合格率99.5%。抽检婴幼儿配方乳粉样品为1 540批次，不合格样品为60批次，合格率为96.1%。其中，标签标识不合格为44批次，质量指标不合格为16批次，除去标签不合格批次，合格率为99.0%。16个质量不合格批次中，宏量营养素不合格为5个；污染物不合格为2个；微生物菌落总数不合格为1个；微量成分不合格为9个，占60%。发生不合格的原因分析：责任事故，如硝酸盐超标；原料及工艺控制，如反式脂肪酸、亚油酸、微量成分。特别是微量成分不合格多发生在同一品牌的不同批次。2015年，婴幼儿配方乳粉因标签标识不合格占到了70%以上，这是不应发生的错误。这是管理问题，也是容易解决的问题。标签中营养指标的设计不能靠拍脑袋，要根据配方中各种营养成分准确含量和包装标签标准、营养标签标准来科学设计。2016年上半年，国家监督抽检乳制品为14 249批次，不合格为41批次，合格率为99.7%。婴幼儿配方乳粉监督抽检为1 538批次，不合格产品为22个批次，合格率为98.6%。其中，不符合食品安全国家标准、存在安全风险的11批次；不符合产品包装标签明示值、不存在安全风险的11批次。如果除去标签不合格，抽检合格率为99.3%。产品质量不合格原因：微生物为7批次，其中6个是坂崎肠杆菌；矿物质为3个批次；维生素为1个批次。在不合格产品中，有1个企业发生4个批次，2个企业发生3个批次。

2. 主流品牌婴幼儿乳粉月抽检情况　2015年，主流品牌婴幼儿乳粉月抽检取得了好成绩。对27个主流品牌连续11个月抽检，共抽检293批次产品。检验项目共30项。包括理化指标为7项，污染物限量指标为5项，真菌毒素、微生物指标为6项；微量成分指标为11项；风险监测指标：苯甲酸1项。抽检结果，所有产品均符合国家标准，同时也均符合各自产品标签的明示要求。抽检结果表明，国内市场上主流品牌婴幼儿乳粉的质量安全、稳定、可靠。但从对产品质量精益求精的要求来分析，一些产品仍存在着美中不足，如个别指标实测值接近了标准值的上下限值，与检测值曲线偏离较大，存在不合格风险。这些指标包括宏量成分、微量成分、污染物限量值等。2016年，主流品牌月抽检共抽检产品为25个品牌，检验指标包括矿物质、维生素、污染物、微生物、风险物质等24项，具体指标每月进行调换。检验结果全部符合标准要求，质量稳定向好。但是，个别产品的某些指标偏低或偏高，接近标准的上下线。每个月的检测结果，都要组织专家认真进行分析，对企业提升质量发挥了指导作用。

3. 国家监管部门对部分企业的“质量审计”情况　2015年三季度，国家食药监管总局组织专家，对专项监督抽检不合格的6个企业进行食品安全审计，发现了许多管理、技术方面的问题。主要有以下几方面：一是不能持续保持生产许可条件，有的严重不符合生产许可条件。二是食品安全管理制度执行不到位。三是不合格产品原因分析不准确，排查不彻底，召回制度不完善，召回不彻底，没有排查不合格产品是否波及其他批次的产品。四是检验能力不足，或严重不足，检验人员技术水平低。五是生产、销售记录不完整，存在伪造记录现象。2016 年上半年，国家食药监管总局和地方局公布了对 5 个婴幼儿配方乳粉生产企业的“质量审计”情况。发现的问题有：设施设备管理、基粉进货检验、产品出厂检验存在缺陷；部分生产场所、设备设施未能持续保持生产许可条件，管理制度落实不到位，检验能力不足，检验记录不完整，管理技术人员资质不符合要求；物料管理制度、质量管理制度不落实，不合格产品记录不完善。

二、2017 年度行业工作思路

（一）以市场为导向，推动产、加、消协调发展，化解“原奶产能过剩”带来的行业风险

奶农是我们风雨同舟的伙伴，是加工业的基础，丢了伙伴失了基础，事业就一定不会成功。我们要与伙伴共渡难关。在当前“原奶产能过剩”的情况下，乳品加工企业应发挥化解风险的主力作用，要按照合同足额收购原奶，不压级压价，不“有理由”拒收，宁可把产品压倒企业仓库里，绝不让奶农把奶倒到地沟里，宁可自己损失，不让奶农杀牛。同时我们要以市场为导向，协调产、加、消的共同发展，寻找平衡发展的规律。建议有关部门：

（1）坚决制止奶牛养殖业盲目发展，所有在建、拟建奶牛养殖场项目，必须有稳定的销售渠道，确切的销售数量，否则应停止建设。

（2）严格控制奶牛进口数量。

（3）乳企与奶农签订的合同应是长期的，与奶农的合作应是永久的，双方都应避免短期行为。

（4）尽快建立乳业风险保护政策。这是保障乳业稳定健康发展的长效机制，这在乳业发达的国家已有现成经验，我国可以借鉴。鉴于我国幅员辽阔，乳业发展不平衡，产区与销区严重分离的现状，统一建立保护政策难度大，可分区制定。目前可率先从内蒙古、黑龙江、辽宁、河北、山东、陕西等重点产区做起。

（二）提升奶牛养殖水平，降低生产成本，增强国产乳制品的市场竞争力

原料奶价格高是造成国产乳制品市场竞争力弱的主要原因。在世界经济一体化的今天，国家不可能通过关税措施或非关税措施来保护弱势产业。增强国产乳制品市场竞争力，首先要从降低奶价做起。要大力发展规模饲养，采用和推广先进养殖技术，提升奶牛养殖水平，提高奶牛单产，降低成本，降低奶价。这是增强国产乳制品市场竞争力的关键所在。乳品企业要大力帮助配合奶农逐步做好此项工作。

（三）倡导产业纵向联合，提升行业抗风险的能力

奶牛养殖业是乳制品工业的基础，是产业链上的利益共同体，两个部分共同繁荣才会带来产业的发展。所以，要积极发展产业链的纵向联合，加工企业与奶牛养殖场结成紧密的经济联合体。同时乳制品企业还要拓展销售渠道，大力发展网店销售，送产品到家服务，降低销售费用，以整个产业链的优势支撑行业发展，共同抗御风险。

（四）加快产品结构调整

受国际市场的影响也越来越大，某些产品缺乏竞争力。产品结构调整首先是在品种上避开竞争，当前要加快乳粉结构调整。重点发展：一是供消费者直接食用的全乳粉（全脂乳粉）；二是功能乳粉。比如添加：低（多）聚糖；乳铁蛋白；花生四烯酸（ARA）、二十二碳六烯酸（DHA）；维生素、矿物质等微量成分；三是低乳糖乳粉；四是嗜好型的风味乳粉；五是“浓缩乳”。

（五）继续抓好产品质量安全

2016 年度，乳制品及婴幼儿乳粉质量稳定向好，但提升产品质量水平是永恒主题。提升质量水平应向深层次问题拓展，建设风险监控体系和制度。比如，产品除了符合国家标准之外，要重点对风险物质进行监测，包括原料、辅料、包材、工艺、设备、水源、空气、环境等可能带来的风险因素，摸清风险因素的现状和暴露渠道，总结出防控措施，提升产品的风险安全水平。

要提升管理水平，重视各项规章制度的执行效果，堵塞管理上的漏洞。分析总结近年来发生产品质量安全问题，主要原因是因为没能认真、准确、完整贯彻执行各项规章制度。比如，微量成分不达标，是配料称量不准造成的，按照规定应复核环节，但有的企业执行不严，没有了复核，出了问题不能及时得到纠正，以致造成严重后果。又比如，按照对微生物监控制度的规定，要对清洁区的供风设施、墙壁、天花板、地板等定期消毒杀菌，但有的企业执行不严格、不完整，导致坂崎肠杆菌超标。有的企业对原料、成品的检验不按规定执行，没能阻止问题原料进厂、没能把不合格产品拦住。监管部门对一些大企业的质量审计，发现了不少制度执行方面的问题，必须不折不扣的整改，堵塞漏洞。建议各企业都要设置“质量审计”机构，对生产环节执行规章制度情况进行“审计”，确保各项规章制度的认真、完整、不折不扣地执行到位。

建议各企业对生产许可条件保持情况定期进行合规性评估，发现问题立即整改完善，保证生产许可条件处于完好状态。

（六）放弃争论，共渡难关

近年来，每次发生倒奶杀牛现象，都会伴随一场激烈的争论和炒作。今年的争论仍然是把矛头指向了灭菌乳，什么灭菌乳不如巴氏奶新鲜，六成以上灭菌乳是奶粉兑水冲的，把灭菌乳说成是还原奶的代名词，夸大复原乳问题。这样的争论和炒作，既无科学依据，又不符合实际情况。其结果，只能是导致消费者对整个行业的误解和不信任，不仅对灭菌乳，对所有乳制品的销售，都会造成巨大的负面影响，导致市场萎缩，不仅解决不了倒奶问题，而且会导致更大范围的杀牛倒奶。这场争论没有赢家。试想，如果灭菌乳倒了台，或者是灭菌乳生产销售量下降 1/3，将会给中国奶牛养殖业带来什么样的后果，国人还能有奶喝吗！这绝不是危言耸听，而是非常浅显的道理。

（本文为作者于 2016 年 8 月 20 日在“中国乳制品工业协会第二十二次年会”上的讲话，略有删改）

农产品加工业与信息化融合状况

农业部农产品加工局

当前，信息技术创新日新月异并与先进制造技术不断深度融合，正在引发影响深远的产业变革，形成新的生产方式、产业形态、商业模式和经济增长点。为深入了解互联网等新一代信息技术在农产品加工业的应用情况，研究促进农产品加工业与信息化融合发展对策措施，推动农产品加工业转型升级和创新发展，2016 年 4～7 月，农业部农产品加工局组织有关单位和专家，先后赴湖北、河南、内蒙古、陕西、新疆、江苏、山东和北京 8 个省、自治区、直辖市，就农产品加工业与信息化融合发展问题开展专题调研。期间，调研组实地考察了 59 个农产品加工企业、农民专业合作社、农产品电子商务平台和农产品电子商务园区，对农产品加工业与信息化融合发展总体情况及特点、存在的突出问题以及政策的共性需求等进行了全面了解。现将有关情况报告如下。

一、总体情况

农产品加工业与信息化融合发展是将现代信息技术及其相关的自动化技术、现代管理方法与农产品加工制造技术相结合，推动农产品加工企业产品开发、生产制造、安全监管、市场销售、客户服务等业务数字化、智能化和网络化的过程。近年来，伴随着信息技术和互联网的快速发展，我国农产品加工业在产品销售网络化、加工装备自动化、生产制造智能化、企业管理信息化以及利用信息化技术建立质量安全追溯体系等方面取得了积极进展。

（一）产品销售网络化趋势明显，电子商务应用广泛

从实地走访的 8 个省、自治区、直辖市情况看，农产品加工企业产品销售普遍利用互联网，开展了多种形式的电子商务交易。江苏省农产品加工企业近六成开展了电子商务业务。陕西省超过 40%的农产品加工企业连续两年以上开展电子商务。另根据 2015 年全国食用类农产品加工企业发展状况问卷调查显示，有 47.5%的企业开展了电子商务销售；在尚未开展电子商务销售的企业中，有 54.9%的企业正在筹划开展相关业务。农产品加工企业开展电子商务的方式主要有三种：一是利用第三方电子商务平台。主要包括淘宝、天猫、阿里巴巴、京东、微信、1 号店、苏宁易购等综合电商平台以及区域性电商平台或行业垂直电商平台。例如，湖北小胡鸭食品有限责任公司依托天猫、淘宝、京东、1 号店等电商平台开展网络营销，2015 年电子商务销售额近 1 000 万元，2016 年预计达到 2 000 万元。山东天府集团有限公司入驻阿里巴巴、京东、天猫和 1 号店等销售“一枝笔”系列饮品及“天鹭”系列冷冻、冻干水果蔬菜、速食汤等产品，特别是通过阿里巴巴平台在线洽谈出口业务，2015 年电子商务销售额达到 2 100 万元。新疆西尔丹食品有限公司和淘宝、天猫、阿里巴巴、京东、1 号店、清真食品网、有赞商城、每天惠、惠民网、各银行商城、民航商城等电商平台开展各种形式的合作，还通过微信平台吸引近 5 000 人的粉丝，建立了三级分销网络，2015 年电子商务销售额近 1 000 万元。二是自建电子商务平台。例如，新疆果业集团公司开发建设了集线上交易、物流、金融、信息服务于一体的大型综合农产品电子商务服务平台和门户网站——林果网（www. xjlinguo. com），进行新疆农产品 B2B、B2C 及跨境电子商务交易，实现公司产品“线上+线下”连锁销售。三是委托运营商代理电子

商务销售。一些农产品加工企业虽看好电子商务，但受技术、人才和资金限制，对电子商务操作不熟悉，因此委托有经验的运营商代理其产品的电子商务业务。例如，南京农大肉类食品有限公司聘请苏宁易购的专业电商销售团队，帮助其开展电子商务销售。湖北荆州的67个农产品种养及加工企业委托当地的金荆农生态农业发展有限公司代理网上销售业务，金荆农公司是荆州市地区公共品牌“荆州味道”的独家运营商，公司通过建设B2C电子商城、微信商城、手机APP、第三方电商平台旗舰店（天猫、京东、1号点、亚马逊、顺风优选等）、社区连锁店等方式打造了“荆州味道”电子商务平台，帮助本地企业网上销售优质农产品。

（二）加工装备自动化水平提升，生产效率显著改善

近年来，随着装备制造业自动化水平的提高以及人工成本的逐年增加，越来越多的农产品加工企业开始对加工生产线进行自动化改造，取得良好成效。从调研企业看，大多数农产品加工企业在生产加工环节基本实现自动化，少数大中型企业在拣选、包装、码垛、仓储、配送等环节也广泛应用机器人等自动化设备。例如，河南飞天农业开发股份有限公司是一家集粮食收储及精深加工、淀粉及淀粉糖生产与销售、产品研发于一体的大型企业，企业建设了一条年产15万t果葡糖浆的自动化生产线，液化、糖化、陶瓷膜过滤、预蒸发、异构、色谱分离、脱色、精制、蒸发、罐装等整个生产环节及加工车间可无人值守，整条生产线仅需管理人员35人，其中15人为质检品控人员。新疆南达新农业股份有限公司是喀什市一家以乳制品和特色林果产品为主营业务的农产品加工企业，企业建成了日处理鲜奶300t的奶粉和液态奶生产线，以及覆盖整个生产流水线的自动化控制系统，实现CIP清洗站、收奶、配料、杀菌、自动成型包装等生产流程的全自动化控制。生产自动化控制采用的变频技术，通过流量、温度的变化，自动调整关键设备的运作，避免设备的无效运转，降低能耗，年节电达10万kW·h以上。鲜活果汁工业（昆山）有限公司是一家生产果蔬汁、浓缩果汁、果汁果酱、果味粉等产品的台资上市企业，企业配置全自动生产线、UHT杀菌系统及无菌灌装线，可根据客户不同群体需求，为其提供专属配方的产品。使用该套系统和设备，1个配方产品从小试、中试到灌装量产仅需几天时间。山东悦多果业有限公司是一家主要从事苹果种植、包装和销售的企业，企业建设了一座1.2万t果品气调库，同时投资500万元引进世界先进的苹果自动分拣生产线，实现从上料、卸垛、分级、包装、码垛、打包，到空箱自动清洗烘干、码垛的全自动化生产。该生产线可通过对苹果颜色、大小、果形、重量的分级筛选进行分级包装销售，大大提高了销售果品的质量，同时大幅节省了人工成本。

（三）生产制造智能化试点启动，领军企业树立标杆

当前，以智能制造为代表的新一轮产业变革迅猛发展，数字化、网络化、智能化日益成为制造业的主要趋势。2015年，国务院发布实施了《中国制造2025》，并将推进智能制造作为主攻方向。农产品加工业是智能制造发展的重要领域。目前，国内一些知名农产品加工企业已将智能制造广泛应用于生产和经营管理当中，显著推动了企业发展。伊利集团的乳品生产智能工厂、娃哈哈集团的食品饮料生产智能工厂、蒙牛乳业集团的乳制品智能制造、德宏后谷咖啡有限公司的速溶咖啡智能制造、劲牌有限公司的保健酒智能制造先后入选工信部推动的国家智能制造试点示范。从调研情况看，大中型农产品加工企业装备数字化、自动化和智能化水平正在逐步提高，部分领军企业在实现加工制造设备智能化的基础上，正在积极探索建立智能化管理体系，将设计、制造、供销服务和决策管理等信息化进行系统集成，推动企业向智能制造方向迈进。例如，龙大食品集团有限公司是一家有着30多年发展历史的食品加工企业。近年来，龙大食品集团尝试利用物联网、移动互联网、大数据等信息技术进行智能化转型，探索搭建实现“感、联、知、控”的物联网平台，系统收集生产过程中的人、物、工序、工时、能耗、质量等关键数据，通过生产资源、生产过程、生产工艺数字化，构建统一的“数据化”管控体系，逐步建立食品生产过程全数据化管控的智能工厂。内蒙古伊利实业集团股份有限公司是中国规模最大、产品线最全的乳制品企业之一。目前，伊利集团从“产品研发—生产制造—质量管控—终端销售”各个环节部署智能化建设项目，其乳制品流程型智能制造试点示范项目正在探索将企业实时数据采集与工艺数据库平台、车间制造执行系统（MES）与企业资源计划系统（ERP）实现协同与集成，从而推动伊利集团向世界一流制造企业迈进。

（四）企业管理信息化不断加强，促进管理模式变革

伴随着计算机的普及应用和办公软件系统的快速发展，越来越多的农产品加工企业开始在财务、人力资源、销售、库存等管理活动中使用信息系统，既提高办公效率，又降低管理成本。同时，为了适应日益复杂的经营管理任务及行业竞争形势，许多大中型农产品加工企业应用了企业资源计划系统（enterprise resource planning，ERP)。该系统以实现企业资源最优化配置为目的，整合企业内部物流、人流、资金流、信息流等资源，涵盖质量管理、流程制造、采购、库存、成本核算、客户订单、应收应付、固定资产、总账等管理模块。在实地走访中调研组发现，农产品加工企业开始意识到加强管理信息化建设对于企业业务拓展的重要性，一些有实力的企业单独设立了信息化管理部门，通过信息化建设促进企业业务流程再造和管理模式变革。例如，南京樱桃鸭业有限公司是一家以禽肉研发、加工和销售为主的肉制品加工企业。自2002年成立以来，该企业一直处于快速发展中，员工人数从最开始的4名增加到2016年的200多名。随着业务扩张的需要，企业先后上马了门店管理的财神POS系统、仓库管理的速达进销存系统、财务管理的用友财务软件等信息管理系统。2014年1月，为解决各系统之间数据不能相互兼容和共享问题，企业引入了畅捷通的"T+ERP"企业信息化管理系统。经过两年多的运行，企业实现了财务、采购、生产、库存、销售、零售、加盟商分销、产品配送等所有流程的统一管控，规范了物流、资金流、信息流的管理，促进了企业管理的数据化和科学化，为企业的进一步发展打下坚实的管理基础。河南永达食业集团是一家集肉种鸡繁育、饲料生产、商品鸡养殖、屠宰加工及熟食制品生产为一体的大型企业。为加快信息化建设，促进企业转型升级，从2012年起该企业设立了信息管理部。根据业务与管理需求，企业先后建设了覆盖整个集团的金蝶K3财务系统、青花瓷销售管理系统、肉鸡养殖管理系统、人力资源系统等；同时，在一些重要的领域应用了相应的信息监控系统，包括涵盖整个产业链核心环节的视频监控系统、饲料加工自动配料系统、孵化过程自动化群控系统、AC2000养殖场自动化管理系统、屠宰厂自动称重系统、毛鸡自动称重系统和智能冷库全自动出入库系统。

（五）信息化促进追溯体系建设，全程追溯初现端倪

近年来，随着物联网技术的广泛应用和消费者对食品安全要求的不断提高，农产品加工企业对产品质量安全追溯体系建设的重视程度越来越高。从调研情况看，各地积极推动应用物联网、云计算等现代信息技术建设追溯体系，在提升企业质量管理能力、促进监管方式创新、保障消费安全等方面取得了积极成效。例如，南京卫岗乳业有限公司在研究制定出适应液体奶全过程质量控制建设方案与标准的基础上，开发了液体奶供应链质量安全追溯系统，实现了液体奶从原料奶供应、乳品加工、产品销售到物流配送的全程质量安全追溯，有效提高了企业乳品质量安全水平，减少了投诉和不良事件的发生，使企业步入良性发展轨道，经营规模不断扩大。山东泉源农业（集团）股份有限公司建立了全国首家苹果物联网安全可追溯服务平台，通过农事记录、视频监控、数据采集、车辆监控、ERP管理等各环节进行透明化管理，严格控制、细心记录苹果从种植、加工、包装、储运直至销售的每一个细节，最终实现全程可追溯。消费者可通过扫描二维码来了解食品成长和流通的各个环节。江苏昆山市城区农副产品实业有限公司针对蔬菜生产建立了从田间到餐桌全程质量控制体系。该体系以农业物联网综合应用平台为基础，将农业物联网应用于温室大棚智能监控、自动节水灌溉、环境气象监测等方面；同时，采用无线射频技术（RFID）记录蔬菜生产从播种、施肥、打药、除草、浇水、采收、加工到配送等整个生产过程情况，并将数据与农业物联网综合应用平台有效衔接，生产追溯码粘贴于产品上，消费者可以利用手机或电脑登录质量查询界面，查询产品质量信息。内蒙古草原鑫河食品有限公司建立了羊肉全程质量安全追溯体系，利用"一品一码"二维码标签赋予每一件产品一个唯一的身份，在生产、仓储及物流过程中通过扫描二维码标签记录每一件产品在生产、流通和销售各环节的信息，实现产品防伪追溯和出入库管理等功能。

二、主要问题

（一）信息化融合发展认识不足，融合程度较低

从调研情况看，目前农产品加工企业特别是中小微企业运用互联网等现代信息技术的意识和能力还很不足，对信息化的重视程度不够，对推进信息化建设的需求不强，缺乏长久规划；产品销售电子商务普及率虽逐年上升，但真正对销售有突出贡献的不是很多，有些企业甚至赔钱赚吆喝；智能制造、大规模个性化定制、网络化协同制造还是小众话题，只是部分企业在探索，大多数农产品加工企业尚未认可、接受，更谈不上学习和实施；物联网等技术在农产品加工企业生产、销售和运输等环节还没有得到太多的应用，产品质量安全追溯体系建设还很滞后。

（二）企业信息化建设水平较低，资金人才缺乏

调研中，许多企业反映，信息化建设需要大量的资金投入，不仅信息化改造、智能装备购买、软件系统开发等基础性工作资金需求巨大，硬件购置及软件开发后的运行维护、员工技能培训也需要大量资金支持。然而农产品加工业是重资产行业，具有投入大、见效慢、周期长等特点，企业在生产经营过程中资金使用时常出现捉襟见肘的情况，融资难、融资贵现象普遍存在，因此企业在信息化建设上的投入很难按照企业规划和实际需要予以满足。此外，电商销售的运用和维护、信息化设施的建设和使用、信息数据的收集和分析等信息化管理的各方面都需要既懂经营管理又会信息技术的复合型人才，而这样的人才目前比较稀缺，且工资待遇要求较高，普遍不愿意去农产品加工企业聚集的三四线城市和中西部地区发展，因而企业难以招募到合适人选。湖北荆州的两湖绿谷物流股份有限公司创办的“中国绿谷网”，过去一年网站几乎是常年不断地发布招聘信息，但无论是技术总监、运营总监、产品研发类的高端人才，还是文字编辑、品牌推广、市场招商等基础性岗位，引进合适的人才都十分吃力，符合要求的应聘者少、薪资要求过高，也难以安心留在荆州这样的地级城市发展，据企业管理层表示，人才已成为“中国绿谷网”发展的最大瓶颈。

（三）开展电子商务交易成本高，面临双重挤压

从各地调研情况看，大多数农产品加工企业电子商务销售面临着交易成本过高，难以盈利的窘境。造成这一现象的原因主要有以下两个方面：一是电商平台的宣传推广费用较高。许多电商平台特别是淘宝、天猫等大型综合电商平台，对企业收取高额的推广流量费。新疆安健巴依电子商务有限公司在天猫上开设旗舰店，经营红枣、核桃和葡萄干等特色农产品，其宣传推广费用占到企业电商销售额的40%～50%，一年下来不仅没有盈利还要额外拿出70万元补贴产品销售推广。二是物流配送体系不完善，物流成本高。农产品及其加工品具有品种多、季节性强、易腐性、级差大、保鲜难等特点，在物流过程中对包装、装卸、运输、仓储有特定的要求。当前，我国物流企业虽多，但冷链物流能力严重不足，健全的物流配送体系尚未形成，极大地提高了农产品加工企业电商销售成本。湖北金鲤鱼食品有限公司主营水产品及其加工制品，公司普通商品物流成本为2元/kg，而采用冷链物流运输，物流成本达到25元/kg。新疆等西部地区问题更加明显。新疆南达农业股份有限公司地处南疆喀什地区，与沿海一二线主要城市有近6 000km的运输距离，公司通过电商平台销售的产品，物流成本已超过产品成本的20%。

（四）信息化产品开发能力不强，难以满足需求

近年来，我国电子信息和软件服务业取得了长足发展，电子信息产品制造规模已居全球第一，一批信息技术企业和互联网企业进入世界前列。但信息化软硬件产品低水平重复开发现象严重，市场竞争力不强，核心技术和设备受制于人，互联网企业和软件企业对传统制造产业理解不够深入，往往难以满足企业信息化建设需要。政府对信息化软硬件产品缺乏规范管理和引导，行业标准缺失。调研中，很多农产品加工企业也普遍反映这一问题。河南永达食业集团作为国内大型肉鸡产业化集团公司，多年来在企业内部管理、质量安全追溯、自动化生产、智能化仓储等信息化建设方面取得明显进步。近些年，公司探索将养殖自动化控制系统、物联网视频监控系统、智能冷库系统与销售系统等进行集成应用，建立覆盖整个肉鸡生产加工业务链条的追溯体系和智能化管理系统。但在咨询多家专业软件公司后，没有一家公司表示能完整承接这一项目。软件公司认为该项目涉及产业环节多、专业性强、技术领域广，开发难度高，投入成本大，难以依靠一家公司完成全部开发工作。

（五）追溯体系建设标准不统一，资源无法共享

调研中，许多农产品加工企业反映，目前农业部、国家质量监督检验检疫总局、中国物品编码中心等多个部门出台了一系列有关食用农产品和食品质量安全追溯体系建设的规程、办法、指南、要求和标准等，但这些规章制度之间存在内容交叉、标准不统一等情况，多部门、多系统、多渠道分头操作，追溯链条不对接、信息不共享等问题突出。此外，调研组还了解到，目前政府部门、科研机构、高等院校以及大型国有企业拥有大量且优质的信息化资源，比如农产品无损质量检测技术等，但由于各种原因，这些资源不能互联互通，数据之间不能交换共享，农产品加工企业需要付出较高成本才能获取，不利于农产品质量安全追溯体系建设。

三、对策措施

（一）加大项目资金引导力度，推进信息化建设

积极争取财政资金、社会资金、金融资金投入农产品加工企业信息化建设，不断加大资金支持力度，拓宽资金来源渠道。利用好国家有关促进农产品加工业发展和农村一、二、三产业融合发展的政策，在农村一、二、三产业融合发展试点示范项目中对农产品加工企业加强企业信息化建设、发展电子商务、推进智能制造、建设追溯体系等予以支持。充分利用现有资金渠道，完善农产品产地初加工补助政策管理信息系统，探索建立粮食烘干、果蔬贮藏、采后商品化处理等初加工设施大数据平台，加强农产品产地贮藏、加工情况监测。

（二）全面提升企业信息化水平，优化业务管理流程

鼓励农产品加工企业把信息技术、管理体制和生产流程的再造有机地结合起来，通过网络更好地利用资源，实现资源共享，加快企业信息化进程。支持以企业资源管理系统（ERP）、客户关系管理系统（CRM）、供应链管理系统（SCM）为代表的数字化管理系统建设，实现企业销售、采购、库存、生产、设备、质量、财务、业绩考核等信息的全面集成，提升企业整体信息化管理水平。

（三）积极发展信息技术服务，加大人才培养力度

加快发展面向农产品加工业的信息技术服务，提高行业信息应用系统的方案设计、开发、综合集成能力。鼓励各级教育机构面向农产品加工业与信息化融合发展需求设置相关专业，培养一大批既懂农产品加工，又懂信息技术和经营管理的复合型人才。以能力提升、素质拓展为基点，实施农产品加工企业信息化人才培训工程，提高企业员工信息化能力和水平。

（四）大力发展行业电子商务，促进营销体系创新

充分发挥现有市场资源和第三方平台作用，培育多元化农产品加工业电子商务市场主体。鼓励农产品加工企业积极利用电子商务平台优化采购、分销体系，利用移动社交、新媒体等新渠道，发展社交电商、“粉丝”经济等网络营销新模式。鼓励农产品加工企业利用电子商务平台的大数据资源，提升企业精准营销能力，适时发展“以销定产”及“个性化定制生产”。完善农村信息综合服务网络建设，着力解决物流配送中的农产品上行问题。

（五）积极推进企业智能制造，发展新型制造模式

以智能工厂和数字化车间建设为主攻方向，支持和鼓励农产品加工业领军企业开展智能制造试点示范，加快推动大数据、云计算、物联网、智能工业机器人等技术在农产品加工制造过程中的应用，实现生产过程数字化和智能化。鼓励农产品加工企业发展基于互联网的众创设计、网络众包、服务型制造等新型制造模式，推动形成基于消费需求动态感知的研发、制造和产业组织方式。

（六）加快推动追溯体系建设，强化质量安全管理

支持农产品加工企业以推进信息化追溯为方向，加快移动互联网、物联网、二维码、无线射频识别等信息技术在农产品加工制造和流通销售各环节的推广应用，建立涵盖原料采购、生产加工、包装仓储、物流配送全过程的质量安全追溯体系。针对不同农产品及加工品生产流通特性，制订相应的建设规范和标准，明确基本要求，采用简便适用的追溯方式，确保不同环节信息互联互通、产品全过程通查通识。

我国农产品加工业运行稳中有进

农业部农产品加工局

2015年我国规模以上农产品加工业增加值同比增长6.5%，较2014年回落1.4个百分点，高于规模以上工业增加值0.6个百分点，总体稳中有进、稳中向好，中小型农产品加工企业活力增强，企业效益明显好转，盈利能力提高，进出口总额降幅继续收窄，固定资产投资稳步增长。

一、总体情况

1. 总体运行平稳向好　2015年，全年实现主营业务收入193 689.3亿元，同比增长5.0%，较上年下降3.2个百分点，比全国规模以上工业主营业务收入增速高4.2个百分点。农产品加工业2015年的总体走势是上半年变化较快，下半年基本平稳。从月度变化看，年初主营业务收入累计同比增速逐月下降，在4、5月份达到低点，6月份开始缓慢提高。

2. 中小型企业活力增强　2015年，规模以上农产品加工企业共7.8万个，比上年增长3.6%。其中，小型企业6.6万个，占84.5%，较上年同期上升0.6个百分比。三大食品行业中，小型企业数量为3.3万个，占85.6%，较2014年增加0.7个百分点。从经营情况看，大、中、小型企业实现主营业务收入占比分别为27.3%、25.9%、46.8%。其中，大型企业占比较2014年下降0.5个百分点，中、小型企业占比分别上升0.3和0.1个百分点。中型企业虽然主营业务收入增速仅为3.7%，但利润总额比上年增长6.3%，经营质量提升。

3. 企业效益明显好转　国家降息、减税、清费等政策对农产品加工企业节本增效产生积极作用。2015 年，规模以上农产品加工业实现利润总额 12 908.0亿元，同比增长 5.3%，较 2014 年上升 3.1 个百分点，高于工业利润增速 7.5 个百分点。主营业务收入利润率为 6.7%，高于工业企业平均主营业务收入利润率 0.9 个百分点。上缴税金总额 12 269.6 亿元，同比增长 5.0%，较 2014 年下降 2.0 个百分点。从企业平均成本看，规模以上农产品加工企业每百元主营业务收入中的成本为 83.2 元，基本与上年持平，低于全国工业 2.9 元。

4. 进出口总额降幅继续收窄　受人民币汇率贬值影响，农产品加工业进出口总额降幅继续收窄。2015 年，食品行业主要商品累计进出口总额 901 亿美元，全年共下降 2.0%，降幅较 1～11 月收窄 1.3 个百分点。贸易顺差进一步扩大，为 42.4 亿美元。其中，出口金额 471.6 亿美元，同比下降 2.5%；进口金额 429.2 亿美元，同比下降 1.4%。按主要产品看，出口下降较快的是谷物初加工品，出口量下降 11.9 万 t，比 2014 年下滑 37.4%；肉类也略有下降，干坚果、茶叶、冷冻饮品、贝参蛤产品出口情况较好。进口方面，主要是植物油产品、冷冻水产品和乳品的进口金额下降较快，分别下降 70.6 万美元、40.6 万美元和 31.8 万美元；进口金额增长较快的大宗产品有冷冻畜禽肉、酒精及酒，小宗产品中的糖果、烘焙、方便食品以及蜂产品、保鲜水果等进口增长也较为迅速。

5. 固定资产投资稳步增长　2015 年，全年农产品加工业（不含中药）累计完成固定资产投资 44 712.9亿元，同比增长 10.2%，低于上年 6.2 个百分点，高于同期制造业 2.1 个百分点。分行业看，三大食品行业固定资产投资合计 19 940.3 亿元，同比增长 8.6%，拉动全行业固定资产投资增长 3.9 个百分点。其中，食品制造业固定资产投资额同比增长 14.4%，增速最高；农副食品加工业和酒、饮料和精制茶制造业固定资产投资额同比分别增长 7.7% 和 4.4%。

6. 区域结构加速调整　2015 年，各地区农产品加工业增长出现分化，其中中部、西部地区总体发展较快，东部、东北多数省份增长放缓。东、中、西部和东北地区的主营业务收入结构比为 50.6∶25.2∶15.7∶8.5，中、西部地区占比分别上升 1.0 和 0.4 个百分点。中部地区农产品加工业发展最好，农产品加工业主营业务收入增速高于全国 3.0 个百分点，除山西省外，其他 5 省增速在 6.4%～10.8%。31 个省、自治区、直辖市中，增速超过 10%的有 6 个省份，分别是东部地区 1 个（福建），中部地区 1 个（湖南），西部地区 4 个（贵州、宁夏、云南、重庆）。

二、发展特点及趋势

1. 提质增效取得进展　2015 年我国农产品加工业主营业务收入增速下滑到 4.8%～5.4%，增长进入相对慢车道，增速处于历年来最低位，但利润总额增速高于上年，也高于同期主营业务收入，表明农产品加工业经营质量提升。这得益于中央出台的一系列扶持政策，同时也与农产品深加工能力不断提高、科技含量显著提升密切相关。例如，玉米深加工近年来蓬勃发展，生产化工原料丙二醇、低聚木糖的高科技企业不断涌现，数量有望进一步大幅增长。

2. 产业结构调整深化　随着消费观念和生活习惯的转变，国人对营养健康、方便快捷食品的需求日渐增强，越来越多的农产品加工企业积极调整产品结构，满足消费升级。2015 年，保健食品主营业务保持了 14.4%的较高增速，糕点面包制造、米面制品制造、速冻食品制造这 3 种方便食品行业也发展优异，增速分别为 11.5%、12.2%和 13.4%。此外，2015 年我国启动马铃薯主粮化战略，大力推动马铃薯由副食消费向主食消费转变，由原料产品向产业化系列制成品转变，此举起到良好的引导作用，众多企业联合成立马铃薯主食加工产业联盟，积极研发相关主食产品，开发出适合国人消费习惯的添加马铃薯全粉的馒头、面条、米粉等主食产品，提高了产品的营养成分。

3. 融合发展成为新趋势　农产品加工企业立足自身优势，因地制宜采取多种模式接一连三融合发展，目前已经成为一、二、三产业融合发展的重要组织力量和推动力量。有的企业通过与农户签订订单、向农户注资共建基地、向经销商注资连物流等方式进行产前产后延伸融合发展。调查显示，31.3%的食用类农产品加工企业与农户、农民合作社签订了原料生产订单；有的企业通过发展农家乐、观光农业、文化农业等休闲农业开展产业交叉融合；还有的企业发展电子商务、食品短链、加工体验等开展技术渗透融合。

4. “互联网＋”开创销售新渠道　随着“互联网＋”概念的兴起，农产品加工企业积极运用云计算、大数据等新技术，将互联网与传统农产品加工行业、线上线下营销渠道进行深度有机结合，开辟新的销售渠道。调查显示，47.5%的食用类农产品加工企业通过自建电商销售部门或者借助阿里、京东、1 号店等电商平台积极开展电商销售；即使在尚未开展电商销售的企业中，也有超过半数的企业正在积极筹划开展相关业务。

三、存在问题

1. 行业去库存压力不容乐观　长期以来，农产品加工行业传统产业过剩问题严重，库存压力高企。2015年1～10月，规模以上农产品加工业累计库存达到19 366.5亿元，同比增长4.7%，较年初增加989.6亿元，其中仅10月份新增库存就高达235.5亿元。预计2016年，农产品加工业库存不容乐观，去库存压力依旧较大，不仅增加企业仓储、人力盘点等费用，还占压大量资金，对企业的现金流造成巨大压力。

2. 副产物综合利用有待提高　农产品加工业的产品仍以初级加工品为主，产业链条短，副产物利用率低，加工增值能力尚有待提高。调研显示，大部分食用类农产品加工企业都面临副产物综合利用率偏低问题，其中，约5.7%的农产品加工企业将副产物完全作为废弃物直接处理掉，25.3%的农产品加工企业认为副产物价值没有充分开发。

3. 企业资金缺口、用工缺口均较大　70.1%的企业存在资金缺口，大部分企业同时缺少长期资金和流动资金。长期资金的缺口率约为22.8%，即全部企业平均有22.8%的长期资金需求无法满足；流动资金缺口更为严重，缺口率为31.5%。食用农产品加工业是劳动密集型行业，对用工荒比较敏感，经常存在用工缺口的企业占比为37.8%，技术工、普通工和销售人员的缺工比例基本相同，缺口率均在12%左右。存在招工缺口的主要原因是季节性用工多。

4. 进口农产品对国内农产品加工行业的冲击日渐显现　目前，部分农产品的国内外价差较大，国内市场对进口农产品的需求正在逐步增强，对国内农产品加工行业的冲击日渐显现。以乳品生产加工业为例，近年来国外奶粉大量进口，我国一些乳品企业也相继在海外布局乳业生产加工一体化基地，把在国外生产的奶粉源源不断地进口国内，加工成小包装奶粉和液态奶等产品，同时相当部分消费者对国内品牌的奶粉质量缺乏信心，通过跨境电商、海外代购等渠道购买国外品牌的产品，对国内奶粉生产企业特别是婴幼儿配方奶粉生产企业冲击很大。

四、对策建议

第一，加快政策创设和落实，促进供给侧结构性改革　加快研究制定促进农产品加工业发展的意见，争取在财政、税收、金融、投资、用地、用电、环评、产品质量认证等方面为农产品加工企业争取相关优惠政策。推进初加工设施建设，突破初加工关键技术环节，提升初加工整体水平；推进农产品加工减损增效，鼓励新型农业经营主体建设烘储设施；推进菜篮子产品产后商品化处理，鼓励净菜进城。

第二，积极引入“互联网+”思维，创新经营模式　加强“互联网+农产品加工业”发展模式相关研究，从电子商务、智能制造等多个方面，推广、宣介一批开展情况较好的加工企业、营销平台，鼓励农产品加工企业主动适应消费需求升级和购物方式转化，创新生产经营模式和商品流通方式，积极利用互联网解决技术升级、原料供应、消费需求变化等信息不对称问题。

第三，鼓励副产物精深加工，提高综合利用　大力推进副产物加工技术研发体系建设，积极鼓励企业开展相关科技创新，着力提升农产品加工技术装备水平。大力支持对农业副产物循环利用、加工副产物全值利用和加工废弃物的梯次利用，提升农产品加工副产物的综合利用率。例如，对企业综合利用秸秆、稻壳米糠、果皮果渣、水产品皮骨内脏等副产物综合利用设施设备投入实行政策性奖补；对企业综合利用技术设施设备改造升级信贷提供贷款贴息等。

第四，加快标准体系建设，提升产品质量　加快农产品加工标准体系建设，逐步完善农产品初加工、综合利用和主食加工标准。鼓励农产品加工企业建立ISO9000、HACCP等全面质量管理体系，推动农产品加工标准化生产，在行业内部形成“抓质量、创品牌”的良好局面，以此促进优质农加工产品供给能力，提升居民对国产食品的消费信心。

我国食品工业经济运行状况

中国食品工业协会

2015年，在国内经济下行压力加大、增速放缓的形势下，我国食品工业认真落实中央加强和改善宏观调控，坚持“稳中求进”的总方针，顺应市场变化，推进结构调整，实现生产平稳增长，价格低位平稳运行，产业规模继续扩大，经济效益持续提高，产业结构不断优化，区域食品工业协调发展，食品安全形势总体向好，经济运行保持健康发展，继续为保障人民生活、拉动消费增长、促进经济发展发挥着重要支柱产业的作用。

一、基本情况

（一）企业数量

2015年，我国规模以上食品工业企业数量为39 518个，较上年增长5.45%。而全部工业企业数量增长3.62%，食品工业企业数量占到全部工业企业数量的10.56%，规模以上食品企业数量增长较快反映行业发展状况好于整体工业企业。其中，农副食品加工企业数量为24 897个，食品制造企业数量为8 266个，饮料企业（包括酒、饮料和茶制造）数量为6 355个，较上年分别增长4.68%、6.23%和7.51%。截至6月末，在岗职工总数为736.9万人，为全国规模以上工业企业职工总数的7.99%。

（二）经营状况

2015年食品工业主营业务收入达到104 118.4亿元，为全部工业企业的营业收入总额的9.44%；利润总额为6 807.4亿元，同比增长6.94%，同全部工业的－1.79%形成明显的反差。这显示出，食品工业的状况明显好于其他行业，食品工业的利润总额占到全国工业利润中的10.71%。税收总额为3 435.3亿元，为全部工业企业的6.88%。利税总额为10 242.7亿元，占到全部工业企业的9.03%。食品工业的资产利税贡献明显高于全部工业企业。营业利税率为9.84%，为全部工业企业营业利税率的95.66%。2015年食品工业主营业务收入排前10位的地区有山东、河南、湖北、江苏、四川、广东、湖南、福建、安徽和吉林，共实现主营业务收入74 328.02亿元，占全国食品工业的66.5%。和2014年相比，前6名位置没有变化；后4位中，吉林替代辽宁进入前10。

从年度增加值来看，综合销售收入、产品库存、企业主营业务成本，截至12月末的食品工业增加值为19 016亿元，较2014年同期增长4.24%，同全部工业企业的1.22%的增幅形成鲜明的对比，占到为全部工业增加值的9.67%。对全国工业增长贡献率为10.8%，拉动全国工业增长0.66个百分点。

从进出口方面看，据中国海关统计，2015年我国进出口食品9 918亿元，同比下降0.7%。其中，出口金额为3 805.7亿元，同比增长1.6%；进口金额为6 112.3亿元，同比下降2.1%；贸易逆差为2 306.6亿元。在前十大类出口食品中，出口量增加的有5类，包括蔬菜、水果、软饮料、茶和酒。进口方面，粮油食品共进口1.41亿t，同比增长21.4%；价值为3 596亿元，同比下降5.6%，占全国食品进口总值的58.8%。

受货币升值的影响，工业品价格回落导致了全部营业收入、利润和税收下滑。按6月末就业人数统计，人均销售总额为141.29万元，为全部工业企业的1.18倍；人均利税总额为13.90万元，为全部工业的1.13倍。其中，税收为4.66万元、利润为9.24万元，为全部工业的0.86倍和1.34倍。食品工业人均利润率明显高于全部工业，食品工业经营状况明显好于其他行业企业。

从行业资本运作效率来看，2015年我国食品工业营业利润率为6.54%，是全部工业企业利润率的1.14倍；营业利税率为9.84%，为全部工业的0.96倍。食品工业总资产利税率为16.60%，为全部工业企业资产利税率的1.46倍，远高于其他行业的投资收益。总资产周转次数为1.69次，流动资产周转次数为3.29次，均明显高于全部工业企业的周转次数，为全部工业的1.53倍和1.37倍。较高的资产周转次数提高了资本的运用效率，提高了资产的盈利能力和盈利水平。

（三）资产状况

2015年，我国食品工业总资产为61 720亿元，占全国工业企业资产的6.17%；负债总额为29 470.8亿元，为全部工业企业负债的5.25%；资产负债率为47.75%，为全部工业企业的85.01%。总资产中，流动资产总额为31 673.2亿元，为全国流动资产总额的6.87%；资产速动比率为51.32%，为全国工业企业速动比率的1.11倍，食品工业的流动资产的占比远远高于全部工业企业。较低资产负债率和较高资产速动比率提升了行业经营能力，但是行业人均资产占有率远低于全部规模以上工业企业人均资产占有量。按照6月末的工业企业的员工数量，食品工业人均资本占有量为83.76万元，为全部工业企业人均资产占有量的77.23%。

流动资产中，扣除库存存货、产成品和应收账款的货币性资产为14 554.8亿元，占到流动资产总额的45.95%。货币性资产占到全部工业企业货币性资产的7.02%；货币性资产占比为全部工业企业的1.02倍，食品工业总体货币资产相对充裕。同上年同期相比，食品工业总资产和流动资产分别增长7.49%和5.30%，全部工业企业相应增长率分别为8.05%和5.91%。负债总额增长4.33%，低于全部工业企业的负债增幅的6.79%。应收账款的增长率为9.89%，快于整个工业企业的8.92%。存货增速为1.20%，高于全部工业的0.54%；应收账款的较快增长和存货的增速下滑，显示食品工业企业的销售加快。

2015年食品工业完成固定资产投资突破2万亿元，达到20 205.7亿元，同比增长8.4%，增速比制造业高0.3个百分点。食品工业投资额占全国固定资产投资额的3.6%，占比比上年略有下降。投资和消费需求的共同拉动，使食品工业保持了稳定健康的发展。

（四）营业成本

2015年食品工业各项营业成本总计达到100 039亿元，为全部工业企业成本的9.28%。其中，主营业务成本为88 664亿元，为全部工业企业主营业业务成本的9.38%。其中，销售、管理和财务三项费支出用费达到7 939.2亿元，为全部工业企业三项费用的9.54%。从细分情况来看，销售费用为34 172亿元，占到全部工业企业的14.52%；管理费用为2 929亿元，占到全部工业企业的7.12%；财务费用为839亿元，占到全部工业企业6.27%。另外，财务费用中的利息支出680亿元，为全部工业企业的5.63%。

从成本构成比重来看，主营业务成本为总成本的88.63%，高于总体工业企业成本的87.65%。其中，农副食品加工主营业务成本高达92.49%，明显高于全部工业企业的主营业务成本。包括销售、管理和财务三项费占总成本的7.9%，高于全部工业企业费用7.7%的水平。食品工业销售费用所占比重较高，达到费用总额的4.17%，为全部工业企业销售成本比重的1.57倍。其中，食品制造、饮料的销售费用分别占到总费用的7.60%和7.66%，推高了全部食品工业销售费用比重，销售费用较大幅度推高的各类食品终端消费价格，同时提升了行业进入门槛，带来食品工业市场集中度不断提升，让消费者为食品支出更多费用。食品企业利用互联网渠道推动产品销售和原料采购渠道的路径缩短或者直销，降低运营费用是提升企业市场竞争力的关键，同时通过网络直销强化客户信息收集，从而更加准确的把握客户需求，满足客户需求，提升企业市场竞争力。

管理费用占全部费用的2.93%，财务占全部费用的0.84%，分别为全部工业企业的0.77倍和0.68倍。利息支出占到全部成本的0.68，为全部工业企业的0.61倍，食品工业贷款比重较低。食品行业管理费用、财务费用较低，是企业利润较高的主要动力之一。

二、发展特点

（一）法治建设，基础完成

2015年，是中国食品工业法治建设的高峰年。修订的《中华人民共和国食品安全法》实施，《食品安全国家标准　包装饮用水》、新版国标《饮料通则》、《食品安全国家标准　食品添加剂使用标准》、《预包装特殊膳食用食品标签》、《食品生产许可管理办法》等一系列新修订的法律法规和标准开始执行。另外，还发布了《食品安全法实施条例草案》等一系列规章和标准的征求意见稿，这些法律、法规、制度、标准的颁布和实施，标志着我国食品工业法治体系基本形成，为未来的产业发展打下了良好的基础。与此同时，各级监管机构也在2015年完成调整。

（二）食品安全，谋求共治

2015年全国两会政府工作报告，提出了全面提高农产品质量和食品安全水平，全过程保障食品药品安全，对食品安全提出了新的要求。党的十八届五中全会召开，食品安全战略有望实施，全面建成小康社会的宏伟目标和创新、协调、绿色、开放、共享五大发展理念，将对中国食品安全产生深刻影响。会议审议通过的《中共中央关于制定国民经济和社会发展第十三个五年规划的建议》，其中专门提出了推进健康中国建设，实施食品安全战略。新理念、新战略以及食品安全"党政同责"的新要求，为各级政府切实加强食品安全监管，切实用最严谨的标准、最严格的监管、最严厉的处罚、最严肃的问责，加快建立科学完善的食品安全治理体系，严把从"农田到餐桌"的每一道防线，奠定了坚实的基础。

（三）面向上游，谋求融合

我国食品工业已经形成了初步的现代化规模和体系，而我国农业开始显现出与食品工业对接不足的发展短板。2015年，农产品销路不畅的问题依然存在，"大米掺假""草莓乙草胺风波"等涉及食品安全的事件，都和农产品品质问题相关。不久前召开的中央农村工作会议指出，要挖掘农业内部潜力，促进一、二、三产业（农业、工业、服务业）的融合发展，用好农村的资源、资产和资金，多渠道增加农民收入。我国许多食品生产企业开始面向上游寻求与农产品生产的融合。例如乳制品生产企业努力升级奶源质量以及在饲养和加工阶段严格遵守标准。同时，为了保障上游原材料供应的安全，下游企业开始尝试掌控上游资源。如麦德龙聘请专业公司指导农场为自己生产果蔬产品，确保可追溯性；中央厨房企业山东新冷大食品集团，亦拥有自己的蔬菜农场；华润万家自建生鲜配送中心。

（四）应对市场，服务创新

在我国，线上平台已成为发展速度最快的分销渠道。数据分析，我国消费者消费习惯由线下到线上的转移，使得2014年线上食品与饮料的销售额增至667亿元，同比增长49%。2015年，这个数字将有不小的涨幅。全面二孩政策实施，7 000万人脱贫，“大众创业、万众创新”以及“互联网＋”战略的深入推进，将促使“移动互联网＋食品安全＋农业创新创业”掀起热潮，倒逼食品工业在2015年不由自主地开始了应对市场、服务创新的实践。

（五）区域经济，协调发展

2015年，我国区域食品工业经济协调发展。东部地区继续保持了领先和优势的地位；中部地区借助农业资源优势，努力将其转化为产业优势，食品工业快速发展；西部地区借助政策优势，食品工业发展进入快车道。从增长速度上看，中部发展最快，西部次之，东北地区最慢。东部地区和东北地区食品工业份额占比减少，中部地区份额增加。中西部和东北地区食品工业主营业务收入占全国的比重有所提高。

三、2016年发展展望

（一）落实中央精神，明确发展任务

中央经济工作会议提出了“认识新常态、适应新常态、引领新常态，是当前和今后一个时期我国经济发展的大逻辑”，指出在“十三五”开局之年，“提高供给体系质量和效率，提高投资有效性，加快培育新的发展动能，改造提升传统比较优势，增强持续增长动力，推动我国社会生产力水平整体改善”的方向。确定了2016年主要是抓好“去产能、去库存、去杠杆、降成本、补短板”的五大任务。

（二）转变消费理念，抓住历史机遇

从我国食品工业2015年的发展表现，可以看到2016年食品工业发展的端倪，那就是食品由生存型消费向健康型、享受型消费转变，由吃饱、吃好向基本保障食品安全、健康，满足食品消费多样化转变。信息技术、生物技术、纳米技术、新工艺、新材料转化为新业态、新产品。“工业4.0”与“互联网＋”的全球化历史机遇，有助于食品工业形成新的商业模式与社会价值实现模式。

（三）增强适应消费需求的创新能力，扩大有效供给

根据新常态下的食品需求结构变化，加快产品、产业结构调整，化解过剩产能，加快产品升级换代，提升高端产品比重，着力开发营养、健康、安全、新鲜、美味的绿色食品和适应不同群体消费需求的功能食品，培育消费新热点、新业态，满足和创造个性化、多元化、多层次食品消费需求。

（四）依靠科技进步，发挥科技的引领支撑作用

培育新产业同改造传统产业并进，加大运用高新技术、先进适用技术改造提升传统产业力度，强化技术改造，优化生产流程，实现技术进步和产业结构升级，加强对保鲜、保藏、营养、安全、健康方面新技术的研究和应用，加大自动化、智能化和信息化进程，积极推进“互联网＋”，为提升食品质量、企业管理水平和商业模式创新提供技术支撑，增强产业发展新动力。

（五）加强供给侧结构性改革，寻求新的增长点

在中央加强供给侧结构性改革的宏观调控背景下，2016年庞大的中国食品工业，要寻找新的增长点，其方向一定是整个产业链条的伸展。其伸展方向：一是向上与现代化农业相融合，加大对于原材料基地建设的投入力度，加大对农产品初级加工的力度；二是向下与餐饮业服务业相融合，参与到餐饮业、物流等下游业态当中，给予终端市场更加深入的关注与对接。与此同时，互联网技术的飞跃，人口老龄化的困境，资本市场的动荡等种种变化倒逼食品工业必须以新的视角，面对新的市场。更多新思维引领企业发展，更多新技术主导企业生产。

（本文为中国食品工业协会提供数据，由本编辑部王国扣编写）

我国主食加工业发展状况

农业部农产品加工局

2015年，农业部扎实推进主食加工业提升行动，推动马铃薯等主食产品开发。一是加快主食加工业主体培育，组织开展第四批“全国主食加工业示范企业”申报认定，开展主食加工老字号宣传推介活动。

二是推进主食加工业重点环节、关键技术、核心设备集成创新，大力推广应用先进适用技术和装备。三是深入开展主食加工企业负责人、实用人才培训，培养一批经营管理水平高、操作技能水平高的管理人才和技能人才。四是推动建立马铃薯主食加工创新联盟，探索主食加工企业合作交流、联合闯市场的机制。五是组织开发主食加工技术装备数据库，开展监测分析与预警，组织开展分类术语、面制主食、马铃薯主食等基础标准起草。从总体看，2015 年我国主食加工业提升行动推进顺利，成效显著，亮点突出。

一、产业发展特点

（一）主食原料稳步增长，供应充足

主食原料主要有小麦粉、大米、植物油等。根据国家统计局数据显示，2015 年我国主食加工原料供应较为充足，与去年同期相比保持了持续增长的发展态势。其中，2015 年我国小麦粉产量为 14 461.6 万 t，同比增长 1.84%；大米产量为 13 564.2 万 t，同比增长 4.43%；精制食用植物油产量为 6 734.2 万 t，同比增长 8.45%；冷鲜肉产量为 3 761.08 万 t，同比增长－1.78%；冷冻水产品产量为 844.13 万 t，同比增长 1.28%。充足的原料供应，为主食加工业的发展提供了可靠的原料保障。

（二）企业规模明显增长，效益稳定提高

2015 年，我国规模以上主食加工企业经济运行继续保持了持续增长态势，与国民经济大形势基本保持一致，总体经济效益稳定提高。国家统计局数据显示，2015 年规模以上主食加工企业为 1 406 个，同比增加 113 个，同比增长 8.7%。从产品产量看，2015 年我国主食加工业产品产量与上年相比呈负增长态势。其中，速冻米面食品产量为 524.2 万 t，同比减少 4.1 万 t，同比增长－0.8%；方便面产量为 1 017.8万 t，同比减少 7.8 万 t，同比增长－0.8%。从经济效益看，2015 年我国主食加工业主营业务收入为 3 527.9 亿元，同比增加 185.4 亿元，同比增长 5.6%；利润总额为 227.2 亿元，同比增加 15.8 亿元，同比增长 7.5%；税金总额为 126.6 亿元，同比增加 4.6 亿元，同比增长 3.7%。从增长速度看，近三年我国主食加工业主营业务收入从高速向中低速发展，2013—2015 年的同比增长速度为 12.0%、10.0%和 5.6%，与我国经济新常态的发展规律基本一致。

（三）坚持创新驱动，大力推进马铃薯主粮化

2015 年，农业部坚持“营养指导消费、消费引导生产”的理念，以科技为引领，以市场为导向，以企业为主体，凝聚共识，汇聚力量，积极推进马铃薯主粮产品的产业开发，取得了阶段性成效。一是科技创新驱动，取得了一批重要成果，在育种创新、产品研发和设备研发上均有突破。有 10 多个科研单位和加工企业开展马铃薯主食产品及加工工艺的技术研发，筛选出 10 多个适宜主食加工的马铃薯新品种，成功将馒头、面条、米粉等传统大众型主食产品中的马铃薯粉占比由 10%提高至 70%、45%、55%。二是科研企业联动，开发了一批主食产品，加快了科研成果向生产产品的转移转化。其中马铃薯馒头已在京津冀 600 个超市销售。三是政策扶持推动，2015 年中央财政安排 1 亿元专项资金，在马铃薯优势产区和主食产品消费潜力区的北京、河北等 9 个省（市）开展马铃薯主食开发试点，创建了一批示范企业，开发适宜不同区域消费习惯、不同消费群体的马铃薯主打产品。四是宣传引导带动，扩大社会影响，提高消费者认知度，培育了一批消费群体。

（四）主题活动丰富多彩，营造了良好氛围

2015 年，农业部农产品加工局组织开展了一系列“扎实推进主食加工业提升行动”的主题活动，包括主食加工老字号宣传推介公益活动、马铃薯主食产品及产业开发国际研讨会、第四批全国主食加工业示范企业申报、组建全国马铃薯主食加工产业联盟、以河南“中国农产品加工业投资贸易洽谈会”为依托的主食加工产品展示活动等，营造了主食加工业良好的发展氛围。通过主题活动，一是开展了以“保护传承创新发展”为主题的老字号宣传推介公益活动，深入宣传主食加工老字号发展历史、文化传承、科技创新等内容，大力培育食品品牌、保护和传承食品行业老字号企业。二是马铃薯主食产品及产业开发有序推进，加快选育一批主食加工专用品种，加快建设一批优质原料生产基地，加快研发一批主食产品及加工工艺，加快扶持一批主食加工龙头企业，努力实现品种专用化、种植区域化、生产机械化、经营产业化、产品主食化。三是开展了示范企业申报认定，公布了第四批 64 个全国主食加工业示范企业，并发布了注册商标和所属领域，其中预制菜肴食品企业 25 个，传统面制品企业 28 个，传统米制品企业 6 个，薯类制品企业 5 个。四是通过马铃薯主食加工产业联盟成立，有利于整合政府部门、科研机构、企业、服务组织的优势资源，科学规划产业发展，合力开展科研攻关，促进成果转化应用，大力推进科普宣传，促进联盟成员间的信息交流与技术合作，将马铃薯主食产业开发向更广的范围拓展、向更高的目标迈进。五是在驻马店市会展中心

安排了主食加工业展示区，集中展示了我国主食加工业发展成果。湖南、江西、重庆等省（份）主食加工企业充分利用现代科技手段展示各自的名品精品和科技成就。

（五）加强品牌建设，加大名优品牌培育力度

2015年，各地高度重视主食加工业的品牌建设，加大对名优主食品牌的培育力度，着力培育市场竞争力强、发展潜力大、社会经济和环境效益显著的优质主食产品，涌现出一批主食加工知名品牌。依托中国农产品加工业投资贸易洽谈会产品评定活动，各地积极申报产品参与名优主食评定工作。通过产品评定，吉林“六嫂”牌鹿汁凤爪、河南“三全牌”儿童水饺、河南“伊赛”牌五香牛肉、河南“福贝旺”牌麻叶面、宁夏“平顺源”牌清真速冻水饺等近10个主食产品被评为金质产品；北京“旗舰”牌马铃薯小麦粉馒头、山西“百素珍”牌素畅金菇包、河南“九盼”牌鸡蛋韭菜水饺、河南“汴梁纯薯香”牌老坛酸菜味方便粉丝、河南“农家良田”牌鸡蛋挂面、河南“麦乡”牌铁棍山药挂面、湖北“良机”牌麦芯长寿面、湖北“赵哥”牌高筋挂面等30多个主食产品被评为优质产品。

（六）强化监督抽查，保障质量安全

2015年，国家食品药品监督管理总局不断加大主食产品抽查力度，分别7次对1 620家企业的小麦粉、大米（含米粉制品）、生湿面制品、粉丝粉条及速冻面米食品（水饺、汤圆、元宵、馄饨、包子、馒头等）进行了监督抽查，有效监管了主食产品的质量安全。其中抽检小麦粉、专用小麦粉970批次，平均合格率为99.24%；抽检大米（含米粉制品）1 369批次，平均合格率为100%；抽检粉丝粉条46批次，平均合格率为93.99%；抽检生湿面制品42批次，平均合格率为93.75%；抽检包子、馒头等46批次，平均合格率为100%；抽检水饺、汤圆、元宵、馄饨等157批次，平均合格率为100%；抽检其他谷物粉类制成品48批次，平均合格率为100%。从总体来看，我国工业化主食产品质量是安全的。

二、存在主要问题

（一）企业管理模式落后

多数主食加工企业（包括示范企业）属中小企业或民营企业，多以家长式管理、制度化管理、随机化管理为主。其中，家长式管理往往一言堂，听不得别人意见，命令员工绝对服从，员工与老板的关系不够协调。制度化管理往往按照一定的、确定的规则推动企业管理，管理形式比较“残酷”，如上班“打卡”、“印指纹”、“计件报酬”等等，缺乏人性化管理，甚至单纯以延长劳动时间、提高劳动强度的方式提高劳动生产率，容易产生劳资矛盾和对抗。随机化管理往往随时、任意改变规章制度，老板的话就是原则和规则，制度因人而异、因事而异，企业的管理非常随意化，导致许多民营企业或国有企业垮台。以上管理均处于100多年前的古典管理方式，所以管理模式落后。

（二）技术水平提升缓慢

现有主食加工企业（含示范企业）多数为参照设计、模仿设计建设而成的，尚未经历自主创新设计工作，导致技术水平难以提升。主要表现在：一是设计水平落后。设计人员多为模仿设计程序中发展和成长起来的，几乎没有从事过自主设计工作，设计人员很难进入自主创新的角色，导致企业存在的技术问题约80%以上来自设计环节。二是加工工艺落后。许多主食加工企业的加工工艺，多为作坊式工艺基础上改进的，缺乏现代化工艺技术，技术含量低，别人难以模仿的技术含量更低。三是加工装备成套性差。许多主食加工企业缺乏设备成套技术，设备选型配套没有经过物料平衡计算，导致有的设备大马拉小车，有的设备小马拉大车，整条生产线中的设备不匹配，影响主食加工质量和生产效率。四是集成技术落后。许多主食加工企业片面追求单项性能指标，用某个单项性能指标鼓吹先进水平，而综合技术上不去或不匹配，缺乏整机或整条生产线上的综合效果。上述问题在主食加工业不是一朝一夕能解决的，所以技术水平提升缓慢。

（三）工业化程度较低

所谓主食工业化，指按照一定的规范和标准，由机械化生产代替手工制作，要求实现产品标准化、操作规范化、生产机械化、工艺科技化、组织制度化。据有关资料显示，发达国家居民消费的食物中，工业化食品达到了70%～90%，而我国仅达到15%～20%，绝大部分主食的加工、供应以小作坊、小摊贩为主，甚至有部分是黑窝点加工的产品，生产经营不规范，主食的安全、卫生无法保证。调查显示，从事面制主食加工的经营主体中，约80%是作坊式小企业，其中有部分属于无照经营。许多主食产品长期停留在作坊式制作的水平，标准和技术规程缺失严重，技术、工艺、装备水平落后，工业化程度很低。其主要原因是自动化高端设备匮乏，工业化生产企业主要依靠进口。一方面，大部分主食的工业化程度很低，加工方法落后，致使主食产业始终在低端徘徊；另一方面，主食生产的关键装备整体水平落后，大部分主食制作仍停留于小作坊式阶段，达不到工业化生产的规模。

三、相关建议

（一）加大宣传力度

深入开展主食加工业提升行动，要充分利用广播、电视、网络、报纸等形式，大力开展有影响力的主题活动，加大对主食加工业的宣传力度，广泛宣传深入提升主食工业化的意义、经验和成效，宣传主食加工业创新驱动、品牌建设、先进技术、典型模式、示范推广与科企对接成果，宣传主食加工老字号文化传承和老字号工业化发展，宣传马铃薯主粮化、主食化推进进程，宣传主食消费的新需求、新变化。转变消费理念，弘扬主旋律，吸引社会力量积极参与主食工业化的推进活动，促进主食加工业供给侧结构性改革，切实营造全社会关心关注和共同推动支持主食加工业发展的良好氛围，将主食加工业提升行动推向深入。

（二）加强人才建设

深入开展形式多样、针对性强的主食加工企业管理人员和业务骨干培训，完善新型营销模式、现代企业管理模式、食品质量安全保障等方面的知识，推进企业用现代化管理模式替代家长式、制度化、随机化的落后管理模式，培养一批食品安全意识强、经营管理水平高的管理人才队伍。鼓励主食加工企业负责人跨区域、跨行业学习交流，吸取典型经验，拓展发展思路，引导企业技术水平、管理水平全面提升。推进人才工程建设，依托相关高校和培训机构开展企业实用人才培训，培育一批操作技能水平高的生产能手和技能人才。鼓励、支持有能力、有条件的主食加工企业积极参与共性关键技术研发，培育一批科技创新能力强的科研人才。通过全方位人才建设，推进主食加工企业在技术、生产、经营、管理等方面实现全面提升。

（三）推进自主创新

为尽快解决主食加工企业技术水平提升缓慢问题，在加工工艺和技术装备方面要推进自主创新。一是将参照设计、模仿设计转变为自主设计。要开展自主设计，必须研究提出自主设计的科研流程，研究提出自主设计的基本思路、标准规范、方法措施和鉴定验证的实施程序。二是对设计人员开展自主创新培训。通过培训，使设计人员从参照设计、模仿设计中解放出来，充分掌握自主创新的基本知识、方法、技能和本领，并进入自主创新的角色。三是设计人员要学会注入技术含量的技能。在推进自主创新过程中，如果不会为产品注入技术含量是没有意义的，既要学会为产品进行改进提高，又要学会为产品注入别人难以模仿的技术含量。四是研究设备选型配套的平衡方法。企业在新建和老厂技术改造中，要依据物料平衡计算、能量平衡计算对设备进行选型配套，以保障设备匹配和均衡生产。

（四）强化技术集成

企业片面追求单项性能指标是不够的，应该发展先进的综合技术（即集成技术）。充分调动产学研各方力量，积极推动主食加工技术集成建设，建立主食加工业技术研发公共服务平台。一是强化机械化、自动化、智能化、信息化、工程化等技术集成，加快推进主食加工业重点环节、关键技术、核心设备的集成创新，实现工业化与信息化的融合。二是强化主食功能化、方便化、营养化等技术集成，加强营养、安全、美味、健康、方便、实惠的新型主食产品开发，形成特色化、差异化、市场细分化的主食结构。三是强化主食加工业安全卫生、节能减排、综合利用等技术集成，加强重点领域关键环节技术装备研发、中试生产。通过技术集成，大力推广应用先进适用技术和装备，促进科技成果转化落地，加快推广应用一批新成果、新技术、新装备，推进我国主食加工业向机械化、智能化、信息化、绿色化等方面发展，着力提升我国主食加工业综合技术水平。

我国果蔬茶加工行业运行分析

农业部农产品加工局

2015年我国果蔬茶加工行业总体保持平稳发展，主营业务收入和利润平稳增长，出口总体呈现稳中向好态势；产品结构不断调整，冷链设施建设水平大幅提升，电子商务持续发力，“一带一路”倡议助力行业发展。但行业仍存在企业生产成本增加，产品技术与装备创新能力薄弱，质量安全和冷链物流体系不完善等诸多问题。

一、行业发展基本情况

1. *行业总体保持稳定发展*　2015 年，我国规模以上果蔬茶加工企业 7 240 个，实现主营业务收入 12 115.4亿元，同比增长 7.4%；实现利润总额 937.8 亿元，同比增长 8.5%。其中，果酒加工和蜜饯加工行业主营业务业务收入增长较快，分别实现主营业务收入 791.4 亿元和 575.9 亿元，同比分别增长 28.5%和 14.5%。

2. *出口总体呈现稳中向好态势*　2015 年大部分果蔬茶产品出口呈现稳中向好的态势，但子行业出口表现各异。其中，干果（含坚果）和茶叶出口增长，出口额为 15.7 亿美元和 13.8 亿美元，同比分别增长 10.9%和 8.6%；冷冻及暂时保藏的水果坚果和蔬菜罐头量增额减，冷冻及暂时保藏的水果坚果出口量为 17.6 万 t，同比增长 1.7%；出口额为 2.8 亿美元，同比减少 8.2%。蔬菜罐头出口量为 165.9 万 t，同比增加 7.0%；出口额为 19.8 万 t，同比下降 4.0%。冷冻及暂时保藏蔬菜和水果罐头出口量和出口额均有所下降。

3. *产品结构不断调整*　随着消费者消费需求的变化，产品逐步向营养、新鲜、方便和优质化方向发展，加工方式也由初加工向精深加工逐渐转变。果蔬加工品类多样，鲜切果蔬、果蔬料理、果蔬沙拉、果蔬脆片和果蔬粉等新型产品比重不断增大。果汁产品中，非浓缩还原汁已逐渐成为果汁市场异军突起的新力量，其新鲜、营养、方便的特点，吸引了众多高端消费者，具有极大的市场发展潜力；茶叶产品中黑茶、红茶产量增幅均在 10%以上，其中白茶产量持续大幅增长，2015 年产量突破 2 万 t，同比增长 50%以上；食用菌产品从盐渍品、干制品、罐头产品逐渐向生鲜食品、即食休闲食品和中央厨房家庭化产品过渡。

4. *冷链设施建设水平大幅提升*　果蔬冷链基础设施建设已成为我国涉农基础设施建设的重点之一，加工大省尤其重视冷链设施建设。2015 年，山东着重加强田间地头的蔬菜预冷库建设，广东将冷链建设作为农业基础设施建设重点并制定相应建设规划。2015 年全国用于果蔬保藏保鲜的冷库库容新增 390 万 t，冷库保有量达到 3 710 万 t，折合 9 275 万 m^3，同比增长 11.8%。冷藏车估计增加 1.4 万辆，冷藏车保有量突破 9 万辆，同比增长 18.4%。2015 年我国果蔬冷链流通率和冷藏运输率提升快速，分别达到 22%和 35%。

5. *电子商务持续发力*　电商已成为果蔬茶产业增长最为强劲的动力。2015 年果蔬茶加工企业普遍加强电商投入，电商销售份额占比持续增长。2015 年精制茶通过电商平台销售的产品份额快速增长，有望突破 100 亿元，占市场总份额的 5.2%；福建古田县、江西黎川县、吉林蛟河市和云南等地通过建立食用菌电商平台，有效解决了食用菌销路问题。2015 年，云南网销野生菌的销售额达 2 000 万元，同比增长 100%。电商平台还做大了新产品、催生了新品牌。非浓缩还原汁销售在 1 号店、淘宝等电商平台发展快速；以质优价廉的大宗茶为基础的网络新品牌销量上升，2015 年茶叶类网络卖家数量约为 34 万个，比 2014 年增长 94.4%。

6. *“一带一路”倡议助力行业发展*　“一带一路”倡议的实施扩大了果蔬茶加工产品的出口范围，食用菌行业尤为明显。2015 年，中国食用菌之都——福建省古田县的干制食用菌产品在“一带一路”沿线国家和地区的出口量达到 3 909.0t，出口额达到7 102.9万美元，同比分别增长 27.0%和 34.3%；河南省三门峡市的食用菌出口到马来西亚、越南、泰国、新加坡、印度、吉尔吉斯斯坦、俄罗斯等“一带一路”沿线国家的出口额已占当地食用菌销售总额的 1/10。其中，干黑木耳、干香菇、干白木耳三大种类出口增长最为迅速。

二、行业发展面临的主要问题

1. *国际市场竞争力下降*　近年来，国内主要原料和劳动力成本不断上升，果蔬茶加工企业的生产成本大幅提高，推高产品价格，导致我国果蔬茶产品在国际市场上的竞争优势下降。2015 年，规模以上果蔬茶加工企业主营业务成本为 12 115.4 亿元，同比增长 7.4%，高于主营业务收入增长率 0.4 个百分点。规模以上企业精制茶加工平均成本为 60.0 元/kg，同比增长 8.7%。另外，由于国际市场低迷，企业对市场份额争夺加强，导致市场竞争日趋激烈。其中国际浓缩苹果汁市场波动较大，由于波兰生产成本下降剧烈，挤占了我国北美市场，导致竞争加剧。

2. *产品供给与需求出现错位*　据国家茶叶产业技术体系产业经济研究室对 142 个茶叶主产县调研结果，15%左右的茶企存在库存积压，其中，精制茶库存同比增长 12.2%；综合考虑 2015 年国内宏观经济形势和茶叶出口状况，如果不控制生产规模，供大于求的问题将逐步显现。我国苹果加工行业现已形成了4 750t/h 的压榨鲜果能力，受全球经济下行影响，行业整体出现供大于求形势。同时，由于供给产品的质量和服务无法满足市场需求，导致“需求外溢”。据统计，2015 中国海淘食品饮料占购买商品的 42%，同比增长 18%。

3. *产品与技术装备创新能力薄弱*　我国果蔬茶很多产品出口为 OEM 代加工形式，缺乏自主品牌，产品附加值低，企业利润率不高。而国内市场的产品基本以老产品、老包装为主，缺乏新品种，对国内新生消费群体的吸引力度不够。另外，虽然国内企业生产硬件条件有所提高，但大量核心技术和关键装备仍然依赖进口，特别是装备的研发滞后于生产发展、技术创新积极性不足、相互模仿现象突出、知识产权得不到尊重和保护。

4. *产品质量与安全水平仍需不断提升* 近年来，果蔬产品质量整体有所提升，但各地区质量安全问题仍时有发生。干制蔬菜产品方面，卫生条件和食品添加剂超标是产品不合格的主要原因。贵州省食品药品监督管理局发布了 2015 年全省食品流通环节抽验报告，干制蔬菜不合格率高达 30.7%，不合格指标主要是二氧化硫残留超标。果脯蜜饯产品方面，二氧化硫、防腐剂和细菌总数超标问题相对严重，2015 年甘肃省食品药品监督管理局对全省范围内生产经营的 77 批次水果及其制品进行了监督抽检，不合格率为 13.2%。

5. *冷链物流体系建立不完善* 目前我国果蔬冷链物流发展在硬件和软件方面均存在不足。硬件方面主要是果蔬冷链物流基础设施落后，原有冷藏设施陈旧老化，新的冷链物流设施投入不到位且区域分布不平衡，大型果蔬批发市场、果蔬配送中心等关键节点缺少冷藏设施。软件方面主要体现在技术推广滞后，预冷技术和低温环境下的分级、包装加工等商品化处理手段等尚未普及，冷链物流标准不完善、不规范、缺乏监管。

三、对策建议

第一，稳定完善市场机制并积极开拓市场 面对日趋激烈的国际竞争，为维护行业健康持续发展，企业需合理制订生产计划和销售策略，行业协会需充分发挥引导、协调作用，帮助企业建立合理的原料收购机制，避免原料价格剧烈波动。为稳定市场价格，需引导企业细分客户群体、找准产品定位并选择适宜的营销渠道，鼓励企业通过微信、众筹、俱乐部等各种新的营销手段，更好地满足人们对产品多元化、个性化、精品化的消费需求，充分利用“互联网+”移动营销模式，开发线上市场，拓展营销渠道。同时继续积极拓展国际市场，特别是有发展潜力的新兴市场，实现市场多元化。

第二，发力供给侧改革破解供需错位 建议果蔬茶各行业根据产业特点和地理优势，引导企业提高供给体系质量和效率，推动果蔬茶加工行业生产从数量增长向数量、质量和效益并重过渡，扭转供需形势，更好地满足现有的加工市场需求。以区域公共品牌为引领，强化品牌建设。加强地理标识的认证和管理，充分发挥行业协会在区域公用品牌创建、维护和推广方面的主体力量，并鼓励有实力的企业打造自身产品品牌，实现区域公共品牌和产品品牌双轮驱动。

第三，鼓励科技创新并推进产业升级换代 鼓励开发新装备、新技术、新工艺和新产品，培育提高科技创新能力，鼓励企业科技创新，加强各行业成果转化与应用。同时，加强引导和统筹安排，从政策、资金和项目等方面对加工用原料种植、生产加工科技创新和加工企业基地建设方面给予大力支持。

第四，建立行之有效的质量安全控制体系 为进一步保证原料质量安全，可通过建立产前、产中和产后质量安全全程动态监测体系，确定关键控制点；建立行业产品质量安全追溯信息网络，实现产品生产记录可存储、产品流向可追踪、储运信息可查询的三大追溯体系；同时加强三品认证管理规范，进一步保证产品质量安全，逐步实现产品质量安全规范化，保证产品的质量安全。

第五，进一步完善冷链物流体系建设 加强冷链物流便捷商品化处理技术及包装内产品品质监测技术研究，完善技术标准、规范等；加强研发产地设施装备及包装内产品品质监测设备的研发，满足生产者、流通业者和消费者需求；加快物流配送体系的基础条件建设，引导资金投入重大物流设施、重要物流信息服务系统的建设，逐步建立起从农村到城市的集仓储、冷藏、加工、配送以及长短途运输功能为一体的农产品配送体系。

我国粮食加工与制造行业运行分析

农业部农产品加工局

2015 年，在我国经济下行压力持续加大的背景下，粮食加工与制造业总体运行相对平稳，主营业务收入小幅增长，利润总额增幅有所提升。受国际粮价下跌、粮食连年丰收以及终端市场需求低迷的影响，小麦、玉米等主粮价格降至近年来的最低点，原料成本下跌使得加工企业盈利状况好转。但行业内落后产能过剩问题仍较为突出，产业转型升级压力增大，供给侧结构调整迫在眉睫。

一、行业基本运行情况

1. *总体运行平稳，经营状况整体向好* 2015 年，全国规模以上粮食加工与制造企业为 17 459 个，实现主营业务收入为 44 338.7 亿元，同比增长 4.4%，主营业务收入占比前三位的子行业分别为谷物磨制（13 403.4 亿元）、饲料加工（11 052.8 亿元）、酒类制造（8 437.8 亿元）；酒类制造和调味品加工业主营业务收入增长较快，增速分别达到 27.0%、18.1%。全年实现利润总额累计为 2 908.7 亿元，同比增长 5.3%，比上年同期上升 4.6 个百分点，其中增长最快的是调味品、焙烤食品加工业，增速分别达到 30.4%、18.1%。

2. *粮食价格下跌，企业盈利情况好转* 2015 年全国粮食生产实现“十二连增”，国内市场供需形势宽松，大宗粮食价格均有所下降。国家临储玉米拍卖价下调，2015 年下半年国内玉米价格持续大幅下跌，并跌至近 5 年来的最低水平；2016 年度小麦最低收购价与上年持平，但受供需影响，2015 年小麦价格稳中偏弱；稻谷价格虽保持相对平稳，但在湖北等主产区亦有小幅下跌。原粮价格下跌对加工企业，尤其是玉米淀粉生产企业较为有利，东北、华北等地淀粉加工厂开工率普遍提升，企业效益有所改善。

3. *主要加工产品价格相对平稳，副产品价格走低* 2015 年，面粉全国平均价格与上年水平基本持平，价格涨跌大致在 10～60 元/t；粳米、晚籼米价格年底较年初上涨 4.0%～6.0%，早籼米价格每吨有 40～200 元不等的下调。受低价非主粮进口力度持续增加、玉米价格大幅走低以及饲料业需求疲软影响，麸皮、糠粕等副产品价格创近年来新低，尤其是麸皮价格下跌近 30%。此外，复合调味品、西式烘焙食品等新兴产品市场需求持续增加，行业利润率普遍维持在两位数的增长水平。

4. *粮食及其制品进口量持续扩大，进口结构有所变化* 2015 年，我国进口粮食超过 1.2 亿 t，同比增长 17.0%。其中，进口大豆为 8 169 万 t，同比增长 14.4%。除大豆外，进口总量排名前 3 位的是饲用玉米替代品——大麦、高粱、木薯，全年进口分别达到 1 070 万 t、1 069 万 t 以及 937 万 t。DDGS 饲料（干酒糟及其可溶物）进口总量也创纪录的达到 682 万 t，比 2014 年增长 26%。玉米、稻米、小麦三大主粮进口量分别为 473 万 t、335 万 t 和 300 万 t，分别增长 82%、31%和 0.1%。部分粮食进口渠道出现明显变化，2015 年我国与乌克兰于 2012 年签署的贷款换玉米协议生效，从乌克兰进口玉米 385 万 t，占全年进口玉米总量的 81.6%，乌克兰超过美国成为我国最大的玉米进口来源国。

二、行业新特征、新趋势

1. *企业兼并重组步伐加快，产业结构逐步优化* 51 在 2015 年初的全国粮食流通工作会议上，国家发展和改革委员会号召粮食企业加快兼并重组步伐，国有粮食企业要积极发展混合所有制经济。同时，行业内大企业集团为提升综合竞争力开展强强联合、战略结盟成为新趋势。2015 年 6 月，我国最大的市场化粮食流通企业——中粮贸易有限公司与全球最大面粉生产商——五得利面粉集团有限公司达成战略合作协议，打造国内首家低成本、高效率小麦供应链。亚洲最大的玉米精炼企业——大成生化科技集团有限公司在停产半年后控股权转让给吉林省现代农业产业投资基金。白酒行业并购浪潮不断，已披露的有天洋控股沱牌舍得、北京糖业烟酒并购华都酒业、1919 并购购酒网等。在企业并购及资本重组中一些大企业的实力不断加强，“强者恒强”趋势明显，行业和产品结构得以优化，品牌集中度进一步提升。

2. *企业科技创新意识增强，先进技术装备研发和推广应用加快* 在成本高启、需求低迷、恶性竞争激烈等诸多不利因素影响下，作为传统微利行业的粮食加工业开始主动通过科技创新寻求产业升级。粮食及其制品的“四散”化运输、品质在线检测以及具有节能、降耗、智能化控制功能的烘干、包装等设备、设施在企业中的应用越来越广泛。2015 年 7 月，国内工程机械龙头企业——中联重科推出了我国首台基于“互联网+”远程智能控制技术的新型粮食烘干装备。国内挂面生产龙头企业——河北金沙河集团，实现从小麦收储、制粉、制面及包装车间的全过程电脑控制，降低了人工成本以及人为质量安全隐患。

3. *产业提振政策不断，各级政府多措并举促发展* 针对 2014 年下半年以来国内粮食加工业，尤其是玉米深加工企业面临日益严重的亏损局面，国家以及地方政府陆续出台多项产业提振政策。2015 年发布了“关于调整部分产品出口退税率的通知”，将玉米加工项目的核准权下放到省级发改委，并调低了玉米临储价格。以黑龙江、吉林为代表的玉米生产和深加工大省，推出了加工直补、拍卖粮采购补贴等政策。针对国内粮食的高产量、高库存问题，农业部选择 30 个县开展“粮改饲”试点，并制订了 2016—

2020年玉米种植面积调减的政策目标。

三、存在的主要问题

1. 国内粮食高库存问题突出，收储制度亟待改革　近年来国内粮食高产量、高价格、高库存的“三高”问题十分突出，加工企业生产成本居高不下，利润空间被不断压缩，开工率普遍不足。2015年玉米的国家库存量持续高企，且出库拍卖粮屡屡出现流拍现象，去库存压力巨大。高库存不仅带来沉重的财政负担，而且长期库存会导致粮食储存与安全风险加大，亟须加快在粮食生产、收储、加工、销售等产业链多个环节的体制机制改革及政策调整，以解决我国粮食行业的高库存问题。

2. 粮食价格倒挂问题突出，产业健康协调发展受到抑制　2015年，我国粮食价格呈现国内与国际市场、产区与销区、原粮与成品粮价格“三个倒挂”的态势。2015年第三季度，国家宣布启动玉米临时收储政策，但收购区域仅限东北三省玉米主产区。未执行临储政策的地区，玉米放开收购，价格大幅下跌，河南、河北、山东等地玉米收购价下跌30%左右，导致东北与华北玉米价格形成严重倒挂，一度出现了华北玉米向东北倒流的现象，破坏了市场竞争和价格形成机制规律。同时，“稻强米弱”“麦强面弱”格局持续多年难以撼动，在经济低迷期对于传统粮食加工企业更是雪上加霜。

3. 加工品市场未走出低迷态势，部分子行业发展仍处困境　2015年，粮食加工品市场的低迷程度较往年偏重，全国规模以上粮食加工业亏损企业数量超1 500个，增长超过7%。谷物磨制加工企业开工率持续低位徘徊，大企业开工率尚能维持一半，中小型企业开工率只有20%～40%，停工、停产现象普遍。2014年下半年以来玉米深加工企业亏损尤为严重，部分国家级重点龙头企业面临破产倒闭风险，玉米淀粉价格全年出现剧烈振荡，年度跌幅高达14%。2015年下半年虽然随着玉米价格大幅下跌和相关补贴政策的出台，淀粉加工企业开工率明显回升，但淀粉加工业主营业务收入与利润总额均呈现负增长，尚未挽回行业亏损局面。

四、对策建议

1. 尽快完善我国粮食价格形成机制　在日益突出的“三高”压力下，我国粮食产业政策调整已拉开序幕。中央针对国内外粮食价格倒挂问题，释放出“市场定价、价格和补贴分离”的粮食价格改革信号。建议逐步取消粮食托市收购及临时收储政策，完善粮食定价机制、收储补贴制度。在保证种粮农民基本利益的前提下，最终实现市场定价、价补分离。

2. 借助“一带一路”倡议，加快粮食加工产业“走出去”步伐　随着我国“一带一路”倡议、亚投行等国家发展战略的实施，未来我国农业“走出去”迎来有利的发展时机。从长远出发，应鼓励和支持有条件的企业“走出去”，在粮食生产、产能消化以及市场需求方面寻找合适的合作伙伴，充分利用好国际、国内“两种资源、两个市场”，将我国粮食加工业的发展经验与先进技术装备推广到“一带一路”沿线国家和地区，尽快占领国际竞争制高点；在推动当地加工业发展、培育新兴市场的同时，促进国际睦邻友好关系。

3. 加强企业科技创新能力建设，促进产业结构调整与融合发展　建议协调利用好政策和市场的“双动力”驱动，促使企业通过自身努力加强与科研单位、高校合作，在粮食加工产业链延伸、中高端与高附加值产品开发、先进技术装备研制等方面提升科技创新能力。结合国家促进农村一、二、三产业融合发展的政策目标，通过科技创新弥补产业短板。在第一产业中，选择性发展优质、专用粮的选育与生产，在作物品种加工与营养品质方面开展更多的科研创新与协作；在第二产业中，加强传统粮食及其制品加工、粮食精深加工、综合利用以及企业经营管理等相关技术装备、科学理论的创新；在第三产业中，注重引导粮食加工产业链后端仓储、物流及销售与现代互联网、信息科技、智能制造领域的合作，为粮食加工业结构调整与供给侧改革提供良好的科技创新平台。

我国植物油加工行业运行分析

农业部农产品加工局

2015年，食用植物油加工业发展好于上年度，利润恢复增长。国内油料油脂供给充裕，中小型榨坊发展迅速，大豆压榨产能仍在扩张。目前植物油加工行业存在国产油料生产继续下滑、油料产后初加工技术装备缺乏、加工企业开工率严重不足、油料过度加工现象突出以及消费不合理等问题。

一、行业发展特点

1. 总体发展好于上年度，利润恢复增长　2015年，全国规模以上植物油加工企业为2 184个，实现主营业务收入为10 275.9亿元，同比增长0.5%；利润总额为367.7亿元，同比增长3.8%，比上年同期上升15.3个百分点。其中，食用植物油加工企业为2 052个，实现主营业务收入为10 025.7亿元，同比增长0.8%；利润总额为356.5亿元，同比增长3.9%，比上年同期上升15.4个百分点。

2. 油料进口量持续增加，市场供应充裕　2015年，我国进口大豆为8 169万t，同比增长14.4%。至12月18日，大豆期末库存为1 700万t（港口库存721万t）。进口油菜籽为447万t，同比下降12.0%。2015年。我国食用植物油产量为6 734万t，同比增长8.5%，较上年同期上升1.8个百分点。进口植物油676万t，同比增长4.1%，国内油料油脂市场供应充裕。

3. 中小型压榨企业发展迅速，小品种油料市场兴起　受消费习惯等因素影响，湖北、湖南、云南、贵州、四川、重庆等地乡村以加工油菜籽为主的中小型榨坊发展迅速，浓香菜籽油渐成菜籽油市场主流，且市场稳中有升。同时由于消费者对食用油质量安全问题的关注度日益增加，东北冷榨大豆油、广东和广西浓香花生油、各地小磨香油等小榨坊在各地也呈现快速发展态势。此外，玉米油、葵花籽油、茶籽油等新兴小品种油脂的自有品牌发展良好，市场前景看好。

4. 油料产地加工与低温压榨制油技术取得突破，油料加工行业标准体系不断完善　经过多年积累，中小型油料产地加工技术与低温压榨制油技术取得突破，并在油菜籽、花生、油茶籽、芝麻等油料加工方面得到良好示范应用。中国农业行业标准《低温压榨花生油生产技术规范》（NY/T 2786—2015）已于2015年颁布实施。该标准的实施，为油料适度加工与利用奠定良好基础，并对植物油加工企业提高产品品质和综合利用度起到了有效的指导作用，促进了植物油加工产业的健康有序发展。

二、存在的主要问题

1. 主要原料价格下降导致生产下滑，影响原料供应　2015年，主产区大豆价格降幅达13.0%，油菜籽开秤挂牌价3.2元/kg左右，较2014年下降近2元/kg。受价格低迷影响，大豆、菜籽等种植收益逐渐降低，导致种植面积不断减少，2015年我国大豆种植面积为610万hm^2，较2014年减少70万hm^2，较5年前减幅超过32.7%。2015年国家取消油菜籽托市收购政策，油菜秋播面积减少20%以上，这也使我国对进口大豆、菜籽的依存度进一步提高。由于比较效益差，芝麻、油葵、胡麻等小油料作物种植逐渐萎缩。油料生产形势的变化对以国产油料为原料的企业，特别是油菜籽为主的企业将产生重大影响。

2. 油料产后初加工技术与装备缺乏，原料产后品质堪忧　油菜、花生、芝麻等油料收获季节潮湿多雨，高效安全的贮藏设施建设较少，导致油料产后损失严重。同时油料易受潮霉变，产生黄曲霉毒素等有害物质，带来严重食品安全隐患。我国目前适合不同油料不同规模的干燥设备也较少，特别是适合种植大户、专业合作社及村组使用的中小型多功能干燥机械装备十分缺乏，且现有干燥技术尚存在干燥后油料品质差、能耗高等问题。

3. 油料加工能耗高、成本高，压榨开工率严重不足　油料加工过程中大量能源消耗是产业长期存在的问题，与国外油脂加工企业相比，国内大型油脂加工企业的消耗偏高，一些中小型企业更高，生产成本居高不下，加之产能过剩，大量油脂加工企业处于"小开小亏、大开大亏、苦苦支撑"的困境。大豆压榨开工率不足50%，压榨油菜籽和棉籽为主的企业开工率低至10%。在此背景下，油料加工行业面临巨大压力，产品和市场竞争力不强的企业亟须调整决策经营策略或重新定位。

4. 油料过度加工现象严重，副产物综合利用不足　我国传统的制油工业普遍采用高温压榨与四（五）脱精炼技术，过度加工现象严重，不利于行业发展。一是导致产品同质化现象严重、能耗高、炼耗高等问题；二是损失了生育酚、植物甾醇等对人体有益的微量营养素，并不可避免地产生反式脂肪酸、苯并芘等有害物质，严重降低了植物油的营养与安全品质；三是导致饼粕蛋白质变性程度高，有效氨基酸损失严重，只能用作低价值饲料的原料，高附加值产品的应用较少。此外，加工副产物如油脚、皂脚和脱臭馏出物以及油料作物秸秆、花粉等几乎未得到有效利用。

5. 油脂消费结构不合理，产品质量安全问题突出　我国进口大豆油、棕榈油消费量占比过高，脂肪酸组成平衡合理的菜籽油、油茶籽油等消费量偏低。

此外，小榨坊原料半径和产品销售范围较小，价格高且不受大宗商品影响，搀兑精炼油的现象较为普遍；花生油的黄曲霉毒素污染问题突出。小榨坊的生产环境恶劣、操作不规范等也带来诸多安全隐患。

三、相关政策建议

1. *加大产地初加工技术与装备补助力度，降低原料生产成本，提高品质* 加大科技投入，从技术层面切实解决油料机械化生产各环节存在的问题。同时加大对产地初加工干燥与贮藏技术装备的补贴，降低油料生产成本的同时，提高原料品质，减少产后损失，保障加工产品的质量和安全性。

2. *推动企业技术升级改造* 以低消耗、低排放及高度智能化为目标，大力开发电机节能、锅炉节能、节水、高效热能回收等节能减排工程技术；鼓励产能落后、设备陈旧的企业积极进行技术改造，政府给予一定改造资金补贴，逐步淘汰落后产能的同时提升我国油料加工业技术水平；建设油料高效加工技术与装备示范基地，宣传、鼓励和推动油料产地加工技术装备的示范应用。

3. *加强宣传引导，倡导“适度加工”，提高产品营养安全品质* 针对当前我国植物油加工存在过度精炼的误区，大力开发与推广低温压榨制油及适度精炼技术，最大程度保留微量营养物质，避免有害物质形成，提升植物油营养与安全品质；同时制订生产技术规程标准，不断完善标准体系，对生产企业进行有效指导。加强对食用油消费知识的宣传，引导消费者根据自身情况，合理选择适合的食用油，提高营养健康水平。

4. *重视资源综合利用，积极引导企业向生产高附加值的产品转化* 充分利用米糠、小麦胚芽、饼粕、皮壳、油脚、馏出物等副产物，加强对大豆油生产水溶性油漆及油料生产膳食纤维、低聚糖、食用级蛋白等深加工技术的研发，促进技术的推广应用，提高油料加工产业经济效益和产品附加值；逐步改善目前油料压榨产能过剩、企业开工率不足的现象，同时提升油料产业市场竞争力和抵御风险的能力。

我国食用畜产品加工行业运行分析

农业部农产品加工局

2015年，受宏观经济形势影响，食用畜产品加工业整体运行趋缓，主营业务收入增速呈现回落态势，利润总额增速小幅回升，进出口贸易额下降明显，贸易逆差有所缩小。行业发展“小、散、乱、低”特征明显，优质产品难以优价问题突出。行业亟须从“供给侧”和“需求侧”两端发力，以创新为动力，积极引领“新常态”。

一、行业基本运行情况

1. *行业总体增速放缓，贸易额下降明显* 2015年，全国规模以上食用畜产品加工企业为4 864个，完成主营业务收入为17 179.9亿元，同比增长3.9%，比上年同期增速回落6.5个百分点；实现利润总额为934.7亿元，同比增长5.9%，比上年同期增速提高2.3个百分点。全国食用畜产品主要商品进出口总额为111.3亿美元，同比下降18.0%，增速由正转负。其中，出口金额为11.6亿美元，同比下降10.4%；进口金额为99.7亿美元，同比下降18.8%。贸易逆差有所缩小，为88.1亿美元，同比下降19.8%。

2. *肉类价格涨跌互现，屠宰和肉类加工业利润增速有所回升* 2015年1季度，国内猪肉价格小幅下跌，4月开始价格大幅上升，年末猪肉价格比年初上涨16.8%。全年羊肉价格呈现逐步回落态势，年末羊肉平均价格比年初下降9.1%。牛肉价格较为平稳，基本维持在66.5～68.5元/kg。2015年，全国规模以上牲畜屠宰、禽类屠宰、肉制品及副产品加工、肉禽罐头加工企业分别完成主营业务收入为5 522.4亿元、3 314.3亿元、4 454.3亿元和261.0亿元，同比分别增长4.6%、1.3%、6.6%和4.7%，比上年同期增速分别回落3.2、5.1、3.5和7.4个百分点。虽然主营业务收入增速有所下降，但牲畜屠宰行业、肉制品及副产品加工业利润总额增速均有提高，同比分别增长6.7%和7.1%，比上年同期增速分别提高14.4和5.4个百分点。

3. *蛋制品营收增速回落，新型蛋制品发展迅速* 2015年，全国规模以上蛋品加工企业为187个，比

2014年、2013年分别增加13个、20个，数量快速增加。上述企业完成主营业务收入为299.3亿元，同比增长8.4%；实现利润总额为19.8亿元，同比增长13.8%，比上年同期增速分别回落13.0和2.2个百分点。新型深加工蛋制品行业进一步发展，液蛋（蛋清液、蛋黄液、全蛋液）、蛋粉（蛋清粉、蛋黄粉、全蛋粉）、洁蛋等产品发展较为迅速。北京市90%以上的烘焙企业直接使用液蛋作为加工配料；湖北、江苏、山东等地蛋品加工企业的液蛋加工企业规模和收入整体增长幅度在30%以上。此外，在我国经济发达城市，如京沪等地，液蛋开始进入超市，供普通消费者作为烹饪原料使用。

4. 乳制品营收及利润增速明显放缓，进口量额均大幅回落 2015年，全国规模以上乳制品加工企业为638个，完成主营业务收入为3 328.5亿元，同比增长1.7%；实现利润总额为241.7亿元，同比增长7.7%，比上年同期增速分别回落16.4和18.0个百分点。乳制品产量实现止跌回升，2015年全国乳制品行业累计完成产量为2 782.5万t，同比增长4.6%，产量比2014年和2013年同期分别增加131万t、84.5万t。受库存高企、国内消费需求下降影响，2015年我国乳制品进口出现了自2012年以来的首次下降，乳制品进口量和进口金额分别为161.1万t和31.8亿美元，同比分别下降11.1%和50.4%。但从长远看，进口乳制品挤占国内市场的压力仍会长期存在。

5. 蜂蜜产量略有提高，蜂胶类产品市场上升势头较好 2015年，全国蜂蜜价格总体保持平稳，产量在40万～50万t，比2014年略有增加。其中，洋槐蜜出现丰产，产量超过去年；油菜蜜和紫云英蜜出现减产，产量比2014年分别下降20%和30%。蜂胶类保健食品销售回暖，全年总体销售比2014年增长15%以上，继续保持上升势头。目前国内获批的蜂胶类保健食品有400多个，在市场上生产销售的有200个左右。企业之间的销售量仍保持较大差距，优势企业的销售量继续增长。

二、行业热点问题

1. 行业“小、散、乱、低”特征明显 目前，我国畜禽屠宰和肉制品加工企业超过4万个，其中小微企业占绝大多数，规模以上企业仅占10%左右。相当部分小微屠宰和肉制品加工企业尚未脱离作坊式生产，仍处于手工或半机械加工的落后状态，发展水平较低。这种小而散的市场结构一方面造成了大中型企业先进屠宰设备利用率严重不足；另一方面也加大了市场监管的难度，导致注水肉、病死肉和走私肉等问题时有发生，造成了市场的无序发展与竞争。此外，由于我国肉类产品分等分级标准制定落后，市场上优质产品难以实现优价，甚至出现注水肉、病死肉和走私劣质肉等冒充优质肉在市场上销售，反而将优质肉挤出市场的现象。

2. 禽类加工行业生产效益持续低迷 近年来，受禽流感疫情和“速生鸡”、“激素鸡”等宣传误区影响，我国禽类消费需求受到抑制，禽肉产品价格持续下降，禽类屠宰企业的产品库存不断增加。同时，土地资源紧张、劳动力成本高企和环保约束加大使禽类养殖和加工成本不断攀升，禽类产业遭受了消费萎靡和成本上升的双重挤压，种禽企业、养殖场户、加工企业、产品市场等多个产业环节均陷入困境。统计数据显示，禽类屠宰行业的利润增速从2012年的21.7%下降到2014年的－2.3%。2015年，禽类屠宰业的利润总额却仍同比下降2.3%，生产效益持续低迷。

3. 国内乳粉生产受进口冲击的压力不断加大 近年来，受食品安全事件频发的影响，国内消费者对国产品牌奶粉的质量缺乏信心，纷纷选择通过跨境电商、海外代购等渠道购买国外品牌奶粉。同时，由于新西兰、澳大利亚等乳品生产大国养殖成本低，奶粉价格市场竞争优势明显，国外奶粉大量涌入中国。2015年，全国进口婴幼儿配方乳粉为17.6万t，同比增长45.0%；进口金额为24.7亿美元，同比增长59.6%。配方乳粉进口的快速增长对国内奶粉生产企业冲击很大，加工企业逐步减少了对国内牛奶的收购，特别是针对一些大型牧场采取了限量收购措施，对国内奶牛养殖业造成较大冲击。

4. 消费者存在食用畜产品消费误区 长期以来，国内消费者广泛存在着“国外进口产品要好于国内”的认识误区。实际上，许多进口食用畜产品的品质要远低于国内食用畜产品品质。如在猪肉屠宰加工行业，被视为新型瘦肉精的莱克多巴胺添加剂在美国等国允许少量使用，而在中国被禁止使用；在蜂产品方面，许多号称来自国外的产品其原产地是在中国，一些原产地在国外的蜂蜜也存在抽检不合格情况。由于缺乏严格的进口原产地标识，以及公共宣传不到位，国内消费者往往对此缺乏认知，这在很大程度上抑制了国内食用畜产品加工业的生产和消费。

三、对策建议

2015年，我国食用畜产品加工业历经考验，热点问题频发。在“新常态”仍将继续主导国内宏观经济的大背景下，要加强供给侧改革，加快推动食用畜产品加工业转型升级步伐，同时要注重需求侧的引导与培育。鼓励创新，激发要素活力，是保持行业健康稳定发展的关键要义。

1. 推动行业结构性改革，加快产业转型升级 以市场需求为导向，积极推进食用畜产品加工行业供给侧结构性改革，鼓励经营业绩良好的龙头企业遵循资源配置和市场规律，实施兼并重组；在流动资金、债务核定、职工安置等方面给予政策支持，建立企业退出机制，加快淘汰落后产能，优化产业结构；制定扶持现代肉类产业发展的政策措施，积极推进畜禽养殖、屠宰、加工、流通一体化，重点建立养殖与屠宰的利益联结机制，从源头保障肉类产业向中高端升级。

2. 推进相关标准的制修订，研究分等分级标准 对于优质产品难以优价、市场秩序混乱等问题，一方面，积极推进有关标准的制定和修订，做到有法可依，规避食用畜产品逆淘汰风险；另一方面，要充分发挥行业协会的作用，鼓励行业协会研究肉类产品分等分级指标，制定行业分等分级标准，客观反映我国肉类产品的综合品质，提高优质产品的竞争力，维护市场的正常秩序。

3. 统筹两种市场两种资源，促进乳业健康发展 面对乳品进口冲击，一方面，乳品行业要加强自身能力建设，健全乳品加工企业与奶牛养殖企业的利益联结，推进建立利益共享风险共担的运行机制；推进奶牛标准化规模养殖，保证奶源安全。注重国内乳品质量安全，确保乳制品供给自给率。另一方面，乳品企业要合理利用国外资源，满足国内消费者多样化需求，推动乳品行业平稳健康发展。

4. 加强对食用畜产品的宣传，引导正确消费观念 引导公众理性消费，提振消费者对国内肉、蛋、乳、蜂等畜禽产品的信心，充分宣传畜禽产品的营养知识、消费常识和选购方法，引导消费者理性选购进口肉制品及乳制品，避免盲目“海淘”。加强对国内畜产品加工龙头企业和优秀品牌的宣传，增强消费者对国内食用畜产品的信心，积极培育消费市场。

我国茧丝绸行业运行情况

商务部市场运行和消费促进司（国家茧丝绸协调办公室）

2015 年，受我国经济增速放缓和国际消费需求持续不振影响，丝绸生产和出口均有所下降，丝绸行业效益增速放缓，蚕茧生产发种量、蚕茧产量和茧丝价格等指标均持续下降，行业运行压力仍较大。另一方面，在国家供给侧改革等政策和行业规划积极引导下，企业在调整中努力创新，行业运行向提质增效和转型升级方向发展，桑蚕生产经营模式取得突破，丝绸营销方式不断创新，全年丝绸内销实现平稳增长，出口降幅大幅收窄。

一、茧丝绸行业发展运行特点

（一）桑蚕生产稳中略降

1. 桑园面积微幅下降 “十一五”以来，商务部顺应茧丝绸行业发展规律，大力实施推进“东桑西移”工程，全国桑蚕生产实现了总体平稳。2015 年，全国桑园分布仍然保持东部减少、西部增加趋势，总桑园面积稳中微降。据全国 21 个主产省、自治区报送数据，2015 年全国桑园面积 1 231.96 万亩*，较上年减少 10.4 万亩，同比下降 0.8%。桑园面积超过 50 万亩的地区依次为广西、四川、云南、重庆、浙江、陕西、江苏和安徽，分别为 301 万亩、185 万亩、161.86 万亩、86.25 万亩、80 万亩、80 万亩、56.37 万亩和 51.86 万亩，8 个地区总产量占全国比重为 81.4%，比上年提高 0.7 个百分点。其中，广西桑园面积较上年增加 9.1%，增速提高 5.3 个百分点；四川与上年持平；浙江和江苏分别下降 5.8%和 15.3%，降幅比上年分别扩大 1.3 个百分点和 9.7 个百分点。2013—2015 年分地区桑园面积见表 1。

2. 蚕茧产量降幅扩大 据全国 21 个主产省、自治区报送数据，2015 年全国蚕茧发种量为 1 577.67 万张，较上年下降 3%，降幅扩大 1.7 个百分点；蚕茧产量为 62.82 万 t，同比下降 2.1%，降幅扩大 1.9 个百分点。全国蚕茧产量下降主要集中在江苏和浙江等东部地区，广西和云南的发种量和蚕茧产量仍然保持了增长的势头，且行业集中度仍较高，蚕茧产量排

* 亩为非法定计量单位，15 亩=1hm²。——编者注

名前六的地区占比达到了 82.9%。2015 年分地区蚕茧生产情况见表 2。

表 1　2013—2015 年分地区桑园面积

地区	2015 年		2014 年		2013 年	地区	2015 年		2014 年		2013 年
	桑园面积（万亩）	增速（%）	桑园面积（万亩）	增速（%）	桑园面积（万亩）		桑园面积（万亩）	增速（%）	桑园面积（万亩）	增速（%）	桑园面积（万亩）
全　国	1 231.96	−0.8	1 242.36	−1.3	1 258.95	江　西	20.48	−2.3	20.96	−6.0	22.30
广　西	301.00	9.1	276.00	3.8	266.00	河　南	20.20	3.1	19.60	−34.9	30.10
四　川	185.00	0.0	185.00	2.8	180.00	山　西	16.88	−5.4	17.93	−2.2	18.33
云　南	161.86	2.5	157.92	3.6	152.43	湖　南	14.90	0.7	14.80	9.6	13.50
重　庆	86.25	−10.7	96.62	1.7	95.00	河　北	12.60		12.60	1.6	12.40
浙　江	80.00	−5.8	85.00	−4.5	89.00	贵　州	9.65	23.2	7.84	−12.3	8.94
陕　西	80.00	0.8	79.36	−2.5	81.37	甘　肃	5.43	−22.0	7.00	−6.7	7.50
江　苏	56.37	−15.3	66.51	−5.6	70.49	海　南	2.62	11.2	2.35	21.1	1.94
安　徽	51.86	−6.6	55.54	−5.2	58.59	黑龙江	2.49	0.5	2.48	1.6	2.44
广　东	46.09	−1.6	46.87	−19.9	58.49	宁　夏	1.09	−52.2	2.28	−6.2	2.43
山　东	42.00	−6.7	45.00	−2.2	46.00	新　疆			1.00	−16.7	1.20
湖　北	35.20	−11.3	39.70	−2.0	40.50						

数据来源：国家茧丝绸协调办公室。

表 2　2015 年分地区蚕茧生产情况

地区	发种量（万张）	增速（%）	蚕茧产量（t）	增速（%）	地区	发种量（万张）	增速（%）	蚕茧产量（t）	增速（%）
全　国	1 577.67	−3.0	628 210	−2.1	陕　西	30.10	−2.9	12 003	−4.0
广　西	725.00	2.8	286 500	2.5	河　南	20.10	1.6	7 838	−1.8
四　川	201.00	−4.3	76 000	−1.3	江　西	19.87	−4.4	8 700	−4.1
云　南	123.59	1.9	47 707	3.7	山　西	11.13	−11.4	4 820	−1.1
江　苏	115.46	−18.0	46 131	−12.4	湖　南	6.90	−4.2	3 000	0.4
广　东	89.24	5.1	35 600	−0.2	贵　州	6.59	3.2	2 817	−16.0
浙　江	64.50	−29.6	29 033	−24.5	海　南	1.88	37.7	838	45.0
山　东	49.00	−5.8	19 000	−8.7	河　北	1.24	0.0	397	0.0
重　庆	40.17	−7.0	15 068	−4.0	黑龙江	1.01	0.3	698	0.3
安　徽	37.16	−3.6	17 041	−2.2	甘　肃	0.89	−3.0	334	−4.0
湖　北	32.80	−4.9	15 675	−4.7	宁　夏	0.03	−98.7	12	−97.9

注：根据 2015 年最新统计数据，部分 2014 年数据有所调整。

数据来源：国家茧丝绸协调办公室。

3. 蚕茧收购量价齐跌　2015 年，全球茧丝市场行情持续低迷，对我国蚕茧生产、收购造成了一定影响，全年蚕茧收购价格低于上年同期。据全国 21 个主产省、自治区报送数据，2015 年全国蚕茧收购量为 58.5 万 t，较上年下降 0.8%；每 50kg 平均收购价格为 1 698 元，同比下降 5.8%；蚕茧收购总收入为 198.71 亿元，同比下降 6.6%。2015 年分地区蚕茧收购情况见表 3。

表 3　2015 年分地区蚕茧收购情况

地　区	收购量（t）	增　速（%）	每 50kg 收购均价（元）	增　速（%）	蚕茧收购总收入（亿元）	增　速（%）	地　区	收购量（t）	增　速（%）	每 50kg 收购均价（元）	增　速（%）	蚕茧收购总收入（亿元）	增　速（%）
全　国	584 987	−0.8	1 698	−5.8	198.71	−6.6	陕　西	10 376	−1.2	1 669	−9.6	3.46	−10.7
广　西	286 500	2.5	1 674	−9.4	95.89	−7.2	江　西	10 347	14.2	1 676	−5.7	3.47	7.5
四　川	72 000	−5.3	1 625	−3.3	23.40	−8.4	河　南	7 838	−1.8	1 864	−1.3	2.92	−3.1
江　苏	40 686	−8.4	1 881	1.3	15.31	−7.2	山　西	3 598	89.0	1 875	−1.0	1.35	87.7
云　南	38 043	1.2	1 853	−0.6	14.10	0.6	湖　南	2 889	−2.7	1 800	−2.2	1.04	−4.8
广　东	26 700	6.9	1 551	−0.9	8.28	6.0	贵　州	1 734	−19.8	2 040	1.8	0.71	−18.4
山　东	18 500	−8.4	1 895	−9.6	7.01	−17.2	海　南	838	45.0	1 658	−3.0	0.28	40.7
安　徽	18 145	−0.4	1 655	−1.0	6.01	−1.8	黑龙江	645	0.3	1 485	−1.0	0.19	−0.8
浙　江	17 324	−23.2	1 747	5.2	6.05	−19.1	河　北	397	0.0	2 134	0.0	0.17	0.0
湖　北	15 550	−4.1	1 625	−6.8	5.05	−10.7	甘　肃	288	−3.0	1 771	−8.0	0.10	−11.2
重　庆	12 559	−2.5	1 553	−2.9	3.90	−5.4	宁　夏	32	−93.8	2 075	4.2	0.01	−93.6

注：根据 2015 年最新统计数据，部分 2014 年数据有所调整。

数据来源：国家茧丝绸协调办公室。

4. *干茧价格波动下行*　商务部监测数据显示，2015 年干茧内销均价为 96.34 元/kg，较上年下降 6.8%。其中，春季干茧内销均价为 96.6 元/kg，同比下降 7.5%，较上年秋季均价下降 5.8%，5 月份达到全年最高点 100.2 元/kg；秋季干茧内销均价为 94.38 元/kg，同比下降 8%，比春季均价下降 2.3%；12 月份为全年最低点，均价比年初下降 6.0%，比最高点下降 6.5%。从生产效益看，蚕茧总产值下降明显，而生产成本、土地成本逐年快速上升，近两年蚕农生产收益连续下降。2014 年，每亩桑园主产量 105.77kg，同比下降 0.01%；每亩产值合计 3 808.24 元，同比下降 7.9%；总成本4 423.13 元，同比增长 6.9%；净利润为−614.89 元，成本利润率为−13.9%。2009—2014 年全国桑蚕茧每亩成本收益情况见表 4。

表 4　2009—2014 年全国桑蚕茧每亩成本收益情况

年　份	蚕茧产量（kg）	产值合计（元）	总成本（元）	净利润（元）	成本利润率（%）
2009	105.25	2 217.53	1 798.41	419.12	23.3
2010	107.09	3 216.83	2 225.23	991.60	44.6
2011	108.43	3 669.83	2 795.35	874.48	31.3
2012	111.07	3 908.44	3 589.87	318.57	8.9
2013	105.79	4 132.74	4 136.37	−3.63	−0.1
2014	105.77	3 808.24	4 423.13	−614.89	−13.9

数据来源：全国农产品成本收益资料汇编。

从成本结构看，生产成本（包括家庭用工折价、物质与服务费用、雇工费用）占总成本的 95%，土地成本（包括自营地折租、流转地租金）占 5%。其中，蚕农家庭用工成本占 76.5%，物质与服务费用占 16.5%，两项合计占总成本的 93%。在高成本压力下，蚕农养蚕的成本利润率已连续两年大幅下滑。

（二）丝绸工业生产增速减缓

1. *生丝产量稳步回升*　据国家统计局统计，2015 年，生丝产量为 172 114t，较上年增长 4.7%，较 2011 年上升 59.4%。其中，2015 年生丝产量排名前五位的地区为广西、四川、江苏、浙江和安徽，占全国总产量的 80.2%。2015 年分地区生丝产量情况见表 5。

表 5　2015 年分地区生丝产量情况

地　区	产量（t）	增速（%）	占比（%）
全　国	172 114	4.7	100.0
广　西	46 496	15.4	27.0
四　川	40 203	6.1	23.4
江　苏	27 153	−1.7	15.8
浙　江	16 060	4.2	9.3
安　徽	8 057	−11.0	4.7
陕　西	6 872	26.6	4.0
江　西	6 680	7.3	3.9
重　庆	4 632	−2.1	2.7
云　南	4 379	14.8	2.5
辽　宁	2 948	−28.1	1.7
广　东	2 724	18.1	1.6
山　东	2 396	−27.4	1.4
湖　北	1 663	−2.0	1.0
河　南	1 169	−45.9	0.7
贵　州	594	104.2	0.3
山　西	81	15.2	
河　北	6	−90.1	

数据来源：国家统计局。

2015 年绢纺丝产量 9 798t，下降 2.9%，产量排名前五位地区为浙江、广西、江苏、重庆、云南，占全国总产量的 96.3%，全年绢纺丝产量西部地区增长 35.2%，中东部地区下降 9.9%。2015 年分地区绢纺丝产量情况见表 6。

表 6 2015 年分地区绢纺丝产量情况表

地 区	产量（t）	增速（%）	占比（%）
全 国	9 798	−2.9	100.0
浙 江	6 641	6.1	67.8
广 西	1 124	48.7	11.5
江 苏	953	−33.3	9.7
重 庆	418	20.3	4.3
云 南	301	63.6	3.1
河 南	178	−80.9	1.8
山 东	69	−13.4	0.7
贵 州	62	0.0	0.6
四 川	52	−46.8	0.5

数据来源：国家统计局。

实施“东桑西移”以来，东部地区将优良的生产管理技术加速向西部引导，西部地区生丝产量全国占比 10 年间翻了 1 倍。2005 年东部地区生丝产量占全国产量的 2/3，2010 年西部地区生丝产量超过东部，2015 年差距进一步拉大。2005 年、2010 年、2015 年生丝产量东部地区占比分别为 66%、44.3% 和 29.8%，中部地区占比分比为 5.8%、6.8% 和 10.3%，西部地区占比分别为 28.2%、49% 和 59.9%。

2. 蚕丝被产量大幅下降 国家统计局数据显示，2015 年蚕丝及交织物产量 62 411 万 m，同比增长 2.2%；蚕丝被产量 2 328 万条，同比下降 7.6%。其中，蚕丝及交织物产量东部地区占比仍然高于西部，蚕丝被产量仍以东部地区占主要优势，中部地区增长较快。2015 年，蚕丝及交织物（含蚕丝≥50%）产量排名前五位的地区分别为浙江、四川、江苏、安徽和广西，占全国总产量的 91.4%，云南、江西、陕西、广西等地产量增长较快。2015 年分地区蚕丝及交织物产量情况见表 7。

2015 年，蚕丝被产量排名前五位的地区分别为河南、江苏、山东、浙江和湖北，占全国总产量的 75.1%，河南和江苏较上年分别增长 11.5% 和 8.1%，山东、浙江和湖北分别下降 1.3%、2.4% 和 52.6%。2015 年分地区蚕丝被产量情况见表 8。

表 7 2015 年分地区蚕丝及交织物产量情况

地 区	产量（万 m）	增速（%）	占比（%）
全 国	62 411	2.2	100.0
浙 江	21 524	1.4	34.5
四 川	17 246	−1.7	27.6
江 苏	8 772	16.3	14.1
安 徽	7 196	−7.2	11.5
广 西	2 290	23.7	3.7
重 庆	2 009	17.7	3.2
山 东	1 733	−6.5	2.8
河 南	1 057	14.3	1.7
云 南	249	34.9	0.4
江 西	186	30.7	0.3
陕 西	95	26.2	0.2
辽 宁	50	−23.1	0.1
上 海	3	−98.6	

数据来源：国家统计局。

表 8 2015 年分地区蚕丝被产量情况

地 区	产量（万条）	增速（%）	占比（%）
全 国	2 328	−7.6	100.0
河 南	507	11.5	21.8
江 苏	366	8.1	15.7
山 东	346	−1.3	14.9
浙 江	344	−2.4	14.8
湖 北	185	−52.6	8.0
四 川	146	−6.9	6.3
江 西	76	−16.2	3.3
广 东	67	−5.2	2.9
湖 南	65	43.4	2.8
陕 西	52	52.0	2.2
安 徽	43	−60.3	1.9
上 海	42	−9.5	1.8
辽 宁	37	−0.7	1.6
福 建	18	33.9	0.8
重 庆	17	25.4	0.7
广 西	11	1.3	0.5
云 南	4	9.9	0.2
河 北	1		
山 西	1	−6.7	

数据来源：国家统计局。

3. *丝绸行业效益增速放缓* 据国家统计局统计，2015年，全国849个（较上年末减少77个）规模以上丝绸企业主营业务收入1 227.09亿元，同比增长4.1%，增速较上年放缓2.7个百分点，低于全国纺织工业0.9个百分点；毛利率为10.6%，较上年有所下降，低于全国纺织工业1.2个百分点；实现利润总额66.44亿元，较上年增长6%，略高于纺织行业平均增速。2015年丝绸工业企业经济指标见表9。

2015年，丝绸行业亏损面达13.2%，超过全国纺织工业企业1.8个百分点；亏损企业亏损总额3.38亿元，较上年增长21.5%，而纺织工业总体亏损总额则在下降。分类别看，缫丝加工企业、绢纺和丝织加工企业亏损总额增幅分别达27.4%和48.8%；丝印染精加工企业亏损面最大，但亏损总额减少25.3%。2015年丝绸工业企业亏损情况见表10。

4. *茧丝价格指数持续回落* 商务部监测数据显示，2015年，3A级生丝全年内销均价为32.06万元/t，较上年下降3.8%，前三季度价格较平稳，第四季度出现明显下降。5A级生丝全年内销均价为35.1万元/t，较上年下降5.5%，全年价格呈下行态势。2015年，中国茧丝价格指数为167.13点，继上年出现回落后再次下降，较上年下降5.1%。指数全年呈波动下行走势，12月下旬为164.69点，较年初下降2.4%。

表9 2015年丝绸工业企业经济指标

行 业	主营业务收入（亿元）	增速（%）	主营业务成本（亿元）	增速（%）	利润总额（亿元）	增速（%）
丝绢纺织业及精加工	1 227.09	4.1	1 096.55	4.4	66.44	6.0
缫丝加工	760.04	5.6	684.72	6.4	39.58	4.7
绢纺和丝织加工	395.18	2.5	348.05	1.9	23.80	9.8
丝印染精加工	71.87	−1.5	63.77	−2.1	3.06	−3.5
全国纺织工业	70 713.46	5.0	62 321.32	5.0	3 860.41	5.4

数据来源：国家统计局。

表10 2015年丝绸工业企业亏损情况

行业	企业数（个）	亏损企业数（个）	亏损面（%）	亏损企业亏损总额（亿元）	增速（%）
丝绢纺织业及精加工	849	112	13.2	3.38	21.5
缫丝加工	444	66	14.9	2.23	27.4
绢纺和丝织加工	344	36	10.5	0.76	48.8
丝印染精加工	61	10	16.4	0.39	−25.3
全国纺织工业	38 744	4 411	11.4	192.54	−4.6

数据来源：国家统计局。

（三）丝绸商品销售提质增效

1. *丝绸内销平稳增长* 商务部监测数据显示，2015年全国50个丝绸核心企业内销额为46.8亿元，较上年增长6.8%。其中，上半年增长幅度较大，较上年同期增长18%；下半年相对平稳，较上年同期下降2%。从销售品种看，2015年样本企业家纺类产品年内销额为21.25亿元，较上年增长9.7%，占内销额比重45.4%，较上年上升1.2个百分点；真丝绸缎类、丝绸服饰类和其他丝绸制品内销额分别增长6.9%、7.7%和4.1%，占比与上年基本持平；真丝服装类产品内销额小幅下降2.6%，占比较上年下降1.3个百分点。

2. *丝绸出口额降幅收窄* 海关统计数据显示，2015年真丝绸产品出口额为30.69亿美元，较上年下降0.4%，降幅收窄11.8个百分点。分月份看，上半年累计出口金额13.31亿美元，较上年同期下降12.2%，7～11月出口相对平稳，12月出现猛增，带动下半年出口额同比增长11.1%，较上半年增长30.6%。2015年，亚洲、欧洲和北美洲仍然是我国主要出口市场，出口额占比分别为47.1%、25.7%和17%。除非洲、大洋洲及拉美地区外，其余主要出口市场均下降；对欧洲地区出口额下降较为明显，达9.5%，占比较上年下降2.6个百分点；对非洲地区出口额大幅上升，同比高达287.4%，占比由上年的1.8%迅速上升至7%。2015年真丝绸商品出口主要市场统计见表11。

表 11　2015 年真丝绸商品出口主要市场统计

地　区	出口额（亿美元）	同比（%）	占比（%）	上年同期占比（%）
全　球	30.69	−0.4	100.0	100.0
亚　洲	14.47	−3.2	47.1	48.5
欧　洲	7.89	−9.5	25.7	28.3
北美洲	5.22	−7.3	17.0	18.3
非　洲	2.16	287.4	7.0	1.8
大洋洲	0.52	1.6	1.7	1.7
拉美地区	0.43	1.0	1.4	1.4

数据来源：中国纺织品进出口商会。

从国家和地区看，当前出口市场仍以欧美等传统出口国为主，海关数据显示，2015 年，美国、印度、意大利、巴基斯坦和日本合计占我国真丝绸商品出口总额的 45.3%。2015 年出口至意大利和日本同比下降幅度较大，达 20% 和 23.1%，排名各下降一位。出口排名前十位的国家和地区中，除沙特阿拉伯、英国、法国和印度出口额较上年上升外，对其余六个市场出口额均有不同程度下降。2015 年真丝绸商品出口主要国家和地区统计见表 12。

表 12　2015 年真丝绸商品出口主要国家和地区统计

国别/地区	出口额（亿美元）	同比（%）	占比（%）
美　国	4.94	−6.0	16.1
印　度	2.83	1.1	9.2
意大利	2.36	−20.0	7.7
巴基斯坦	2.01	−11.1	6.6
日　本	1.77	−23.1	5.8
中国香港	1.68	−16.4	5.5
德　国	1.33	−8.5	4.3
英　国	1.16	66.7	3.8
法　国	0.93	24.5	3.0
沙特阿拉伯	0.90	>1 000	2.9

数据来源：中国纺织品进出口商会。

我国真丝绸商品出口企业集中度较高，多年来出口额排名前 10 位的省份占比超过 90%。2015 年，真丝绸商品出口额排名前五位的省份依次为浙江、广东、江苏、上海、山东，五省、直辖市出口合计占真丝绸商品出口总额的 80.1%，较上年上升 2.3 个百分点。其中，浙江占比较上年下降 5.5 个百分点，广东出口额同比上升 70.4%，占比较上年上升 8.2 个百分点。2015 年主要省份真丝绸商品出口统计见表 13。

表 13　2015 年主要省份真丝绸商品出口统计

地　区	出口额（亿美元）	同比（%）	占比（%）	出口企业（家）	企业数同比（%）
浙　江	10.39	−14.2	33.9	1 334	−2.8
广　东	6.05	70.4	19.7	1 006	−1.7
江　苏	4.21	6.1	13.7	698	−7.9
上　海	2.06	−16.5	6.7	593	−3.9
山　东	1.87	11.4	6.1	282	10.2
四　川	1.39	−25.8	4.5	135	−23.3
安　徽	0.81	142.0	2.6	103	−13.5
青　海	0.67	−18.2	2.2	16	128.6
广　西	0.53	−19.7	1.7	13	85.7
重　庆	0.46	−9.1	1.5	119	10.2

数据来源：中国纺织品进出口商会。

3. 丝绸制成品占比回升　“十一五”期间，中国丝绸出口商品结构保持丝绸制成品出口占比逐年下降、真丝绸缎出口占比不断上升趋势，丝类出口占比相对稳定。进入“十二五”后，丝类、真丝绸缎出口占比逐年下降，丝绸制成品出口占比开始上升。2006—2015 年真丝绸商品出口额结构统计见表 14。

表 14　2006—2015 年真丝绸商品出口额结构统计

年　份	真丝绸商品出口额（亿美元）	丝类出口额（亿美元）	占比（%）	真丝绸缎出口额（亿美元）	占比（%）	丝绸制成品出口额（亿美元）	占比（%）
2006	37.08	6.36	17.2	7.98	21.5	22.73	61.3
2007	35.93	6.24	17.4	7.91	22.0	21.77	60.6
2008	34.97	6.30	18.0	8.28	23.7	20.39	58.3
2009	28.86	5.22	18.1	7.85	27.2	15.79	54.7

（续）

年　份	真丝绸商品出口额（亿美元）	丝类出口额（亿美元）	占比（%）	真丝绸缎出口额（亿美元）	占比（%）	丝绸制成品出口额（亿美元）	占比（%）
2010	32.58	6.49	19.9	10.04	30.8	16.04	49.2
2011	35.36	6.87	19.4	10.68	30.2	17.79	50.3
2012	34.05	6.49	19.1	10.65	31.3	16.91	49.7
2013	35.07	6.69	19.1	9.65	27.5	18.73	53.4
2014	30.80	6.14	19.9	9.07	29.5	15.58	50.6
2015	30.69	5.46	17.8	7.56	24.6	17.67	57.6

数据来源：中国纺织品进出口商会。

2015年，丝绸产品出口结构出现改善，制成品出口占比取得较大上升，丝类和绸缎出口占比有所下降。海关数据显示，2015年，丝类、绸类和丝绸制成品出口额占比分别为17.8%、24.6%和57.6%，与上年相比，丝类、绸类占比分别下降2.2、4.8个百分点，丝绸制成品占比上升7个百分点。2015年，我国丝类商品出口量、出口额分别为12 923t、5.46亿美元，较上年分别下降3.2%和11.2%。其中，长丝类出口量增额减，短丝类出口量额均呈两位数下降。2015年丝类主要商品出口统计见表15。

表15　2015年丝类主要商品出口统计

商品名称	出口数量（t）	同比（%）	出口金额（亿美元）	同比（%）
丝　类	12 923	−3.2	5.46	−11.2
长丝类	8 500	2.8	4.16	−9.3
桑蚕丝	6 277	4.7	2.95	−7.7
柞蚕丝	418	14.0	0.23	13.8
丝纱线	1 805	−5.6	0.98	−17.4
短丝类	4 423	−13.0	1.29	−16.8
废　丝	1 341	−15.0	0.39	−20.7
绢纺纱线	3 067	−11.4	0.90	−14.8
供零售用短纤丝	15	−64.6		−46.5

数据来源：中国纺织品进出口商会。

丝类商品出口排名前五位的国家依次为印度、意大利、日本、越南和罗马尼亚，出口额占我国丝类商品出口额的73.3%。2015年丝类商品出口市场统计见表16。

表16　2015年丝类商品出口市场统计

国　别	出口额（亿美元）	同比（%）	占比（%）
印　度	1.80	−4.6	33.0
意大利	0.69	−14.0	12.7
日　本	0.63	−21.2	11.5
罗马尼亚	0.48	−0.3	8.8
越　南	0.40	−19.4	7.3

数据来源：中国纺织品进出口商会。

2015年，我国出口绸类商品13 328万m，出口额7.56亿美元，较上年分别减少14.7%、16.7%。2015年绸类主要商品出口统计见表17。

表17　2015年绸类主要商品出口统计

商品名称	出口数量（万m）	同比（%）	出口金额（亿美元）	同比（%）
绸　类	13 328	−14.7	7.56	−16.7
真丝绸缎	13 328	−14.7	7.56	−16.7
坯　绸	9 704	−17.0	4.98	−19.3
印染绸	3 194	−17.4	2.26	−20.6
其他机织物	430	554.6	0.32	518.6

数据来源：中国纺织品进出口商会。

绸类商品出口排名前五位的国家和地区依次为巴基斯坦、意大利、印度、中国香港和韩国，出口额占我国绸类商品出口额的63.3%。2015年绸类商品出口市场统计见表18。

表 18　2015 年绸类商品出口市场统计

国别/地区	出口额（亿美元）	同比（%）	占比（%）
巴基斯坦	1.80	－14.9	23.8
意大利	1.14	－26.1	15.1
印　度	0.70	－11.1	9.3
中国香港	0.68	－18.0	9.0
韩　国	0.47	－10.3	6.3

数据来源：中国纺织品进出口商会。

2015 年，我国出口丝绸制成品 17.67 亿美元，较上年增加 13.4%。其中，头巾、地毯等商品出口额下降明显，但梭织服装出口量和金额则分别增长 34.5%和 54.8%，服装出口的大幅增加，拉动丝绸制成品整体出口额上升。2015 年丝绸制成品主要商品出口统计见表 19。

表 19　2015 年丝绸制成品主要商品出口统计

商品名称	出口数量（万条/件/套）	同比（%）	出口金额（亿美元）	同比（%）
丝绸制成品	17 873	－6.7	17.67	13.4
头　巾	1 493	－28.1	0.76	－40.3
领　带	6 075	－12.4	2.10	－13.4
地　毯	9	－16.5	0.13	－33.2
服　装	9 487	4.4	13.46	31.2
针织服装	4 296	－17.8	1.84	－33.2
梭织服装	5 191	34.5	11.62	54.8
其他制成品	809	－23.0	1.23	－14.7

数据来源：中国纺织品进出口商会。

丝绸制成品出口额排名前五位的国家和地区依次为美国、英国、德国、中国香港和沙特阿拉伯，合计占我国丝绸制成品出口额的 47.9%，较上年减少 8 个百分点。2015 年丝绸制成品出口市场统计见表 20。

表 20　2015 年丝绸制成品出口市场统计

国别/地区	出口额（亿美元）	同比（%）	占比（%）
美　国	4.62	－5.5	26.1
英　国	1.02	80.2	5.8
德　国	1.02	12.0	5.8
中国香港	0.92	－14.4	5.2
沙特阿拉伯	0.88	>1 000	5.0

数据来源：中国纺织品进出口商会。

二、茧丝绸行业发展的影响因素和问题

（一）生产基础依然较弱，科技进步有望提高生产力

蚕桑生产方面，目前，蚕桑养殖主要采用的是 20 世纪八九十年代推广的品种和配套技术，桑蚕科技研发需要新的突破。此外，广西等新兴桑蚕主产区受保障蚕种安全生产、抵御自然灾害和病虫害防治能力不强等制约，蚕茧质量较低，保障措施有待完善。丝绸生产方面，缫丝技术进步不大，节能减排技术有待进一步提高，关键技术装备落后，丝绸生产技术水平落后于大纺织，与意大利、法国等先进丝绸产品生产国差距较大，丝绸产品附加值难以提升。为促进茧丝绸行业发展，商务部建立了蚕桑产业技术发展项目库和丝绸工业科技成果转化平台，推广先进蚕桑产业技术，推进丝绸关键和共性技术的研究与攻关，鼓励行业采用自动缫丝机、无梭织机、提花宽幅无梭织机、丝绸数码喷墨印花等先进设备，科技进步和先进技术在行业推广应用，有望进一步提高企业生产效率和产品质量。

（二）国内经济平稳发展，丝绸营销能力有待提高

2015 年，我国经济保持总体平稳、稳中有进的发展态势，经济结构进一步优化，转型升级进一步加快，新兴动力进一步积聚，人民生活进一步改善，消费规模不断扩大，消费升级不断加快，尤其是中高收入群体对高档商品的需求空间迅速放大。2015 年我国出境游人数达到 1.2 亿，境外消费 1.5 万亿元，其中有 7 000 亿～8 000 亿元用于购物，有相当大部分是中高收入群体的购物需求。境外购物在一定程度上源自国内外产品品种、质量、价格上的差异，满足了消费需求的日趋多样化，茧丝绸产品除丝绸服装服饰、家纺制品外，还涉及生物工程、轻工食品、保健美容等相关产业，消费市场具有广阔前景，但受产品创新能力、营销能力等约束，市场尚未得到有力开发。茧丝绸商品与“互联网＋”、服务型消费等热点的结合，也存在培育和发展空间。

（三）世界经济复苏缓慢，国际市场形势严峻

2015 年，世界经济增长速度低缓，进出口贸易持续低迷，大宗商品价格大幅下跌，国际金融市场出现动荡。发达国家经济复苏相对缓慢，新兴市场国家经济下行压力增大，整体增速下滑幅度继续扩大。此外，中东及周边地区地缘政治局势紧张，存在不确定因素，给全球经济带来风险，我国经济的外部环境形势较往年更为复杂，积极因素和不利条件相互交织。在世界经济低速增长的背景下，各国消费需求普遍不

振，国际贸易增长动力不足，国际竞争更加激烈，加上发达国家产品技术标准水平相对较高，特别是安全和环保方面的标准和法规，与国内标准存在的差异性，直接影响我国出口贸易，贸易摩擦有可能加剧，我国丝绸商品出口面临较大压力。

（四）法规标准逐步完善，科技研发亟须突破

纺织印染行业属于国家环保重点监控行业，由于科技研发、成果转化服务体系不完善，对科技创新、新技术的应用存在制约，部分茧丝绸生产加工企业仍在使用相对落后的技术和装备，加上印染及后处理等环节工艺水平相对落后，致使产品质量无法提高，生产成本居高不下。2015 年 1 月起，新《环境保护法》正式实施，4 月，国务院印发《水污染防治行动计划》，3 月和 6 月，环保部两次修改调整《纺织染整工业水污染物排放标准》，以加强纺织染整工业水污染控制落实。污水排放标准再升级，节能环保方面的投资和运行成本加大了企业营运成本，此外，为提高丝绸产品绿色标准与国际接轨，有效提升品牌形象，企业需要采取资源节约与环境友好的技术标准与准则，增强行业适应绿色标准的能力和要求，这些都需要不断加快技术升级改造，推动产业迈向中高端。

（五）对外开放不断扩大，带来国际贸易新契机

在出口形势相对严峻的情况下，“一带一路”建设的推进，成为国际丝绸贸易发展合作的新契机。实施“一带一路”倡议以来，我国对沿线国家贸易量快速增长，大型丝绸生产销售企业纷纷响应，积极开拓东盟、非洲、中东等新兴市场，对巴基斯坦、沙特阿拉伯、保加利亚等国家出口已出现快速增长。此外，中国已签署 14 个自贸协定，涉及 22 个国家和地区，自贸伙伴遍及亚洲、大洋洲、欧洲及拉美地区，有力推动了茧丝绸贸易投资合作可持续、多元化发展。丝绸外交方面，丝绸是彰显中华民族特色的“国家名片”，2014 年习近平主席访问古巴时，将桑树种子作为国礼送给古巴革命领袖卡斯特罗，成为中古友谊新标志。APEC 会议、阅兵仪式及领导人出国访问都将丝绸作为国礼送给嘉宾。由商务部资助的“发展中国家蚕桑生产与管理官员研修班”共培训了来自亚非拉欧 33 个国家的学员 89 人。行业协会与国外相关科研机构、民间组织往来互动频繁，国内企业与国际研发设计机构合作日益密切，信息沟通渠道畅通多元化，为促进世界丝绸业和谐共赢发展奠定重要基础。

三、茧丝绸行业发展趋势预测

（一）产业规模保持稳定发展

在产业转移调整背景下，东部地区在桑园面积、蚕茧生产、缫丝产量等占比继续小幅下滑，西部地区桑蚕产业持续稳定发展。2015 年下半年以来，部分地区相继出台“十三五”期间规划纲要，其中四川明确将把蚕桑产业作为优势特色农业加快发展，广西、云南等地也将培育蚕桑列为多个百亿元产业之一。在国家和地方各级政府扶持下，预计西部地区桑蚕产业将进一步做大做强，通过发展多种形式适度规模经营，促进农民持续增收，通过建设以真丝服装、家纺等产业为主的特色丝绸产业园区，推进一、二、三产业融合发展。西部地区产业规模的扩大将稳定我国茧丝绸行业规模，对夯实我国茧丝绸产业基础具有重要意义。

（二）产业结构继续优化调整

为牢固树立并切实贯彻创新、协调、绿色、开放、共享的发展理念，适应经济发展新常态，茧丝绸行业转型升级步伐加快，产业结构将继续优化调整。一方面，将继续化解产能过剩矛盾。随着行业规范、环境标准等日益趋严，行业将逐步淘汰污染严重产能，效率低下、创新不足的企业也将被淘汰，产业整体效率将有效提升。另一方面，将稳步扩大有效供给。随着供给侧改革各项政策措施相继落地，丝绸企业将加快转型升级，从提高有效供给出发，在低碳环保和设计质量等方面下工夫，并依靠“互联网＋”拓展信息渠道、提供个性化订制等，抓住主要市场和消费群体，及时调整产品定位，全面提高行业发展质量和企业核心竞争力。

（三）产业融合进一步深化

为寻找新的生机和出路，茧丝绸行业也将积极参与跨界融合，创新产品服务。一是与文化融合。依托我国悠久灿烂的丝绸文化，企业将积极传承发扬丝绸传统工艺，开发新产品，同时，把丝绸文化融入丝绸品牌建设中，将传统与时尚有机结合，提升品牌知名度。二是与旅游融合。将茧丝绸这个产业以独特的方式融入旅游服务业，例如发掘桑园生态种植绿色旅游资源，开放老厂区的工业文化旅游价值等。三是与互联网融合。借助飞速发展的信息技术，仅在产品销售方面就可以实现商品的个性化定制服务、网络精准营销、在线支持服务等诸多新型消费体验。另外，茧丝绸行业与医疗、食品、化妆品、家装等诸多领域的融合也将继续发展。

（四）国际新兴市场比重上升

全球经济下滑导致外部需求不旺，在传统丝绸主销市场需求未现明显好转的情况下，企业将加快拓展新兴出口市场，一方面抱团出海，集群式地走出去。借助博览会、产品交易会等机会进行宣传交易，积极参与国际交流合作，打造我国丝绸企业品牌，以提高我国丝绸产业国际竞争力。另一方面，整合国内外优势资源，提升国际化生产的整体布局，抓住“一带一路”倡议等机遇，加大沿线新兴国际市场的开拓力度，与其他国家企业、机构建立密切合作关系，建立有竞争优势的国际产业链，用以扩大海外客户群体。同时，电子商务的发展也为更多国内丝绸企业走出国门、开拓国际市场创造了条件，企业通过扩展线上销售，推进跨境电商，积极参与丝绸商品出口贸易，巩固原有市场，开拓新兴市场。

（五）丝绸国内消费规模扩大

近年来，丝绸出口连续下降，启动内需已逐步成为行业共识。与此同时，我国经济保持稳定发展，党的十八大明确提出到2020年全面建成小康社会的奋斗目标，“十三五”规划纲要进一步明确了全面建成小康社会新的目标要求，到2020年国内生产总值和城乡居民人均收入比2010年翻一番，产业迈向中高端水平。收入增长、城镇化率提高、城乡差距缩小、服务业加快发展等都将给国内丝绸消费市场需求增长带来强有力的支撑。丝绸作为“纤维皇后”，对满足大众需求多样化、个性化、时尚化将发挥市场风向标的引领作用。近年来丝绸家纺、丝绸饰品和丝绸混纺制品等市场占有率已在不断提高。随着国内消费升级，企业也将在设计、品牌、渠道等多方面进行创新和提高，推动丝绸产品结构和消费结构的不断优化，扩大内需将是丝绸行业未来发展的最大动力。

我国造纸工业经济运行分析

中国造纸协会

一、纸及纸板生产和消费情况

（一）纸及纸板生产量和消费量

据中国造纸协会调查资料，2015年全国纸及纸板生产企业约2 900个，全国纸及纸板生产量为10 710万t，较上年增长2.29%。消费量为10 352万t，较上年增长2.79%（表1），人均年消费量为75kg（13.75亿人）。2006—2015年，纸及纸板生产量年均增长率为5.71%，消费量年均增长率为5.13%。

表1　2015年纸及纸板生产和消费情况

单位：万t

品　种	生产量			消费量		
	2014年	2015年	同比（%）	2014年	2015年	同比（%）
总　量	10 470	10 710	2.29	10 071	10 352	2.79
1. 新闻纸	325	295	−9.23	321	299	−6.85
2. 未涂布印刷书写纸	1 715	1 745	1.75	1 629	1 680	3.13
3. 涂布印刷纸	775	770	−0.65	625	642	2.72
其中：铜版纸	685	680	−0.73	587	596	1.53
4. 生活用纸	830	885	6.63	759	817	7.64
5. 包装用纸	650	665	2.31	665	681	2.41
6. 白纸板	1 395	1 400	0.36	1 301	1 299	−0.15
其中：涂布白纸板	1 345	1 340	−0.37	1 251	1 238	−1.04
7. 箱纸板	2 180	2 245	2.98	2 240	2 297	2.54
8. 瓦楞原纸	2 155	2 225	3.25	2 152	2 228	3.53
9. 特种纸及纸板	250	265	6.00	205	217	5.85
10. 其他纸及纸板	195	215	10.26	174	192	10.34

（二）纸及纸板主要产品生产和消费情况

1. *新闻纸* 2015年新闻纸生产量为295万t，较上年增长－9.23%；消费量为299万t，较上年增长－6.85%。2006—2015年生产量年均增长率为－2.63%，消费量年均增长率为－1.22%。

2. *未涂布印刷书写纸* 2015年未涂布印刷书写纸生产量为1 745万t，较上年增长1.75%；消费量为1 680万t，较上年增长3.13%。2006—2015年生产量年均增长率为4.06%，消费量年均增长率为3.70%。

3. *涂布印刷纸* 2015年涂布印刷纸生产量为770万t，较上年增长－0.65%；消费量为642万t，较上年增长2.72%。2006—2015年生产量年均增长率为5.89%，消费量年均增长率为5.40%。其中，2015年铜版纸生产量为680万t，较上年增长－0.73%；消费量为596万t，较上年增长1.53%。2006—2015年生产量年均增长率为6.68%，消费量年均增长率为6.72%。

4. *生活用纸* 2015年生活用纸生产量为885万t，较上年增长6.63%；消费量为817万t，较上年增长7.64%。2006—2015年生产量年均增长率为7.28%，消费量年均增长率为7.23%。

5. *包装用纸* 2015年包装用纸生产量为665万t，较上年增长2.31%；消费量为681万t，较上年增长2.41%。2006—2015年生产量年均增长率为2.77%，消费量年均增长率为2.87%。

6. *白纸板* 2015年白纸板生产量为1 400万t，较上年增长0.36%；消费量为1 299万t，较上年增长－0.15%。2006—2015年生产量年均增长率为4.53%，消费量年均增长率为3.27%。其中，2015年涂布白纸板生产量为1 340万t，较2014年增长－0.37%；消费量为1 238万t，较2014年增长－1.04%。2006—2015年生产量年均增长率为4.52%，消费量年均增长率为3.22%。

7. *箱纸板* 2015年箱纸板生产量为2 245万t，较上年增长2.98%；消费量为2 297万t，较上年增长2.54%。2006—2015年生产量年均增长率为7.72%，消费量年均增长率为6.99%。

8. *瓦楞原纸* 2015年瓦楞原纸生产量为2 225万t，较上年增长3.25%；消费量为2 228万t，较上年增长3.53%。2006—2015年生产量年均增长率为7.82%，消费量年均增长率为7.19%。

9. *特种纸及纸板* 2015年特种纸及纸板生产量为265万t，较上年增长6.00%；消费量为217万t，较上年增长5.85%。2006—2015年生产量年均增长率为10.26%，消费量年均增长率为5.77%。

二、纸及纸板生产企业经济指标完成情况

据国家统计局统计，2015年1—12月规模以上造纸生产企业为2 791个；主营业务收入为8 003亿元，同比增长2.33%；工业增加值增速1.90%；产成品存货为317亿元，同比增长－0.24%；利税总额为611亿元，同比增长2.87%。其中，利润总额为373亿元，同比增长2.90%；资产总计为9 940亿元，同比增长5.92%；资产负债率为58.74%，较上年增加0.19个百分点；负债总额为5 839亿元，同比增长5.90%；在统计的2 791个造纸生产企业中，亏损企业有366个，占13.11%。

三、纸及纸板生产企业经济类型与规模结构

根据国家统计局提供的2015年1～12月规模以上造纸生产企业的相关数据分析，在统计的2 791个规模以上造纸生产企业中，国有及国有控股企业有63个，占2.26%；“三资”企业有301个，占10.78%；集体及其他企业有2 427个，占86.96%。在造纸企业主营业务收入总额中，国有及国有控股企业占7.75%，“三资”企业占26.96%，集体及其他企业占65.29%。在利税总额中，国有及国有控股企业占4.38%，“三资”企业占24.99%，集体及其他企业占70.62%。在利润总额中，国有及国有控股企业占1.64%，“三资”企业占24.46%，集体及其他企业占73.90%。

按照我国大、中、小型企业划分标准，2015年在2 791个规模以上造纸生产企业中，大中型造纸企业为517个，占18.52%；小型企业为2 274个，占81.48%；在纸及纸板产品主营业务收入中，大中型企业占66.28%，小型企业占33.72%；在利税总额中，大中型企业占64.68%，小型企业占35.32%；在利润总额中，大中型企业占65.77%，小型企业占34.23%。

2015年纸及纸板产量超过100万t的生产企业：

玖龙纸业（控股）有限公司1 263万t；

理文造纸有限公司519万t；

山东晨鸣纸业集团股份有限公司418万t；

山东太阳控股集团有限公司314万t；

华泰集团有限公司308万t；

安徽山鹰纸业股份有限公司294万t；

福建联盛纸业232万t；

金东纸业（江苏）股份有限公司203万t；

宁波中华纸业有限公司（含宁波亚洲浆纸业有限公司）199万t；

中国纸业投资有限公司176万t；

江苏荣成环保科技股份有限公司161万t；

东莞建晖纸业有限公司135万t；

金红叶纸业集团有限公司124万t；

浙江景兴纸业股份有限公司123万t；

山东世纪阳光纸业集团有限公司114万t；

海南金海浆纸业有限公司108万t；

山东博汇纸业股份有限公司106万t。

2015年木浆产量超过100万t的生产企业：

山东亚太森博浆纸有限公司155万t；

海南金海浆纸业有限公司150万t。

四、纸浆生产和消耗情况

（一）2015年纸浆生产情况

据中国造纸协会调查资料，2015年全国纸浆生产总量为7 984万t（表2），较上年增长0.98%。其中，木浆为966万t，较上年增长0.42%；废纸浆为6 338万t，较上年增长2.41%；非木浆为680万t，较上年增长−9.93%。

表2　2008—2015年纸浆生产情况

单位：万t

品种＼年度	2008	2009	2010	2011	2012	2013	2014	2015
纸浆合计	6 415	6 733	7 318	7 723	7 867	7 651	7 906	7 984
其中：木浆	679	560	716	823	810	882	962	966
废纸浆	4 439	4 997	5 305	5 660	5 983	5 940	6 189	6 338
非木浆	1 297	1 176	1 297	1 240	1 074	829	755	680

注：非木浆包括苇浆、蔗渣浆、竹浆、稻麦草浆和其他浆。

（二）2015年纸浆消耗情况

2015年全国纸浆消耗总量为9 731万t，较上年增长2.60%（表3）。木浆为2 713万t，占纸浆消耗总量的28%。其中，进口木浆占18%，国产木浆占10%。废纸浆为6 338万t，占纸浆消耗总量的65%。其中，进口废纸浆占25%，国产废纸浆占40%。非木浆为680万t，占纸浆消耗总量的7%。其中，稻麦草浆占3.1%，竹浆占1.5%，苇（荻）浆占1.0%，蔗渣浆占1.0%，其他非木浆占0.4%。

表3　2015年纸浆消耗情况

单位：万t

品　种	2014年	占比（%）	2015年	占比（%）	同比（%）
总　量	9 484	100	9 731	100	2.60
木　浆	2 540	27	2 713	28	6.81
其中：进口木浆	1 588*	17	1 757**	18	10.64
废纸浆	6 189	65	6 338	65	2.41
其中：进口废纸浆	2 243	24	2 392	25	6.64
非木浆	755	8	680	7	−9.93

*　2014年进口木浆1 797万t，扣除溶解浆209万t，实际消耗量1 588万t。

**　2015年进口木浆1 984万t，扣除溶解浆227万t，实际消耗量1 757万t。

五、纸制品生产和消费情况

（一）纸制品生产量和消费量

根据国家统计局数据，2015年全国规模以上纸制品生产企业为3 898个，生产量为7 038万t，较上年增长6.07%；消费量为6 766万t，较上年增长6.18%；进口量为12万t，出口量为284万t。2006—2015年，纸制品生产量年均增长率为13.60%，消费量年均增长率为13.84%。

（二）纸制品生产企业经济类型与规模结构

2015年全国规模以上纸制品生产企业为3 898个，国有及国有控股企业为40个，占1.03%；“三资”企业为629个，占16.14%；集体及其他企业为3 229个，占82.84%。在纸制品生产企业主营业务收入总额中，国有及国有控股企业占0.86%，“三资”企业占24.72%，集体及其他企业占74.42%。在利税总额中，国有及国有控股企业占0.76%，“三资”企业占29.51%，集体及其他企业占69.73%。在利润总额中，国有及国有控股企业占0.61%，“三资”企业占30.74%，集体及其他企业占68.65%。

按照我国大、中、小型企业划分标准，2015年在3 898个规模以上纸制品生产企业中，大中型纸制品生产企业为465个，占11.93%；小型企业为3 433个，占88.07%；在纸制品生产企业主营业务收入中，大中型企业占36.53%，小型企业占63.47%；在利税总额中，大中型企业占43.65%，小型企业占56.35%；在利润总额中，大中型企业占45.79%，小型企业占54.21%。

六、纸及纸板、纸浆、废纸及纸制品进出口情况

（一）纸及纸板、纸浆、废纸及纸制品进口情况

2015年纸及纸板进口为287万t，较上年增长1.77%；纸浆进口为1 984万t，较上年增长10.41%；废纸进口为2 928万t，较上年增长6.40%；纸制品进口为12万t，较上年增长−7.69%。2015年进口纸及纸板、纸浆、废纸、纸制品合计5 211万t，较上年增长7.58%；用汇为220.83亿美元，较上年增长1.65%。进口纸及纸板平均价格为1 162.31美元/t，较上年平均价格增长−7.70%；进口纸浆平均价格为642.85美元/t，较上年平均价格增长−4.28%；进口废纸平均价格为180.31美元/t，较上年平均价格增长−7.19%（表4）。

（二）纸及纸板、纸浆、废纸及纸制品出口情况

2015年纸及纸板出口为645万t，较上年增长−5.29%；纸浆出口为10.20万t，较上年增长4.62%；废纸出口为0.07万t，与上年持平；纸制品出口为284万t，较上年增长2.90%。2015年出口纸及纸板、纸浆、废纸、纸制品合计939.27万t，较上年增长−2.85%；创汇为189.64亿美元，较上年增长5.60%。出口纸及纸板平均价格为1 418.09美元/t，较上年平均价格增长8.55%；出口纸浆平均价格为1 105.64美元/t，较上年平均价格增长−8.11%（表5）。

表4　2015年中国纸浆、废纸、纸及纸板、纸制品进口情况

单位：万t

品　种	2014年进口量	2015年进口量	同比（%）
一、纸浆	1 797	1 984	10.41
二、废纸	2 752	2 928	6.40
三、纸及纸板	282	287	1.77
1. 新闻纸	5	6	20.00
2. 未涂布印刷书写纸	31	37	19.35
3. 涂布印刷纸	34	34	0.00
其中：铜版纸	26	26	0.00
4. 包装用纸	20	21	5.00
5. 箱纸板	86	84	−2.33
6. 白纸板	64	61	−4.69
其中：涂布白纸板	64	60	−6.25
7. 生活用纸	4	3	−25.00
8. 瓦楞原纸	5	9	80.00
9. 特种纸及纸板	27	26	−3.70
10. 其他纸及纸板	6	6	0.00
四、纸制品	13	12	−7.69
总　计	4 844	5 211	7.58

表5　2015年中国纸浆、废纸、纸及纸板、纸制品出口情况

单位：万t

品　种	2014年出口量	2015年出口量	同比（%）
一、纸浆	9.75	10.20	4.62
二、废纸	0.07	0.07	0.00
三、纸及纸板	681.00	645.00	−5.29
1. 新闻纸	9.00	2.00	−77.78
2. 未涂布印刷书写纸	117.00	102.00	−12.82
3. 涂布印刷纸	184.00	162.00	−11.96
其中：铜版纸	124.00	110.00	−11.29
4. 包装用纸	5.00	5.00	0.00
5. 箱纸板	26.00	32.00	23.08
6. 白纸板	158.00	162.00	2.53
其中：涂布白纸板	158.00	162.00	2.53
7. 生活用纸	75.00	71.00	−5.33
8. 瓦楞原纸	8.00	6.00	−25.00
9. 特种纸及纸板	72.00	74.00	2.78
10. 其他纸及纸板	27.00	29.00	7.41
四、纸制品	276.00	284.00	2.90
总　计	966.82	939.27	−2.85

（三）纸及纸板主要产品 2015 年进出口情况

1. 新闻纸　2015 年进口量大于出口量，净进口量 4 万 t。

2. 未涂布印刷书写纸　2015 年出口量大于进口量，净出口量 65 万 t。

3. 涂布印刷纸　2015 年出口量大于进口量，净出口量 128 万 t。其中，铜版纸 2015 年出口量大于进口量，净出口量 84 万 t。

4. 生活用纸　2015 年出口量大于进口量，净出口量 68 万 t。

5. 包装用纸　2015 年进口量大于出口量，净进口量 16 万 t。

6. 白纸板　2015 年出口量大于进口量，净出口量 101 万 t。其中，涂布白纸板 2015 年出口量大于进口量，净出口量 102 万 t。

7. 箱纸板　2015 年进口量大于出口量，净进口量 52 万 t。

8. 瓦楞原纸　2015 年进口量大于出口量，净进口量 3 万 t。

9. 特种纸及纸板　2015 年出口量大于进口量，净出口量 48 万 t。

（四）纸制品进出口情况

1. 纸制品进口量　2015 年纸制品进口量 12 万 t，较上年减少 1 万 t，同比增长－8%。

2. 纸制品出口量　2015 年纸制品出口量 284 万 t，较上年增加 8 万 t，同比增长 3%。

七、纸及纸板生产布局与集中度

根据中国造纸协会调查资料，2015 年我国东部地区 11 个省、自治区、直辖市，纸及纸板产量占全国纸及纸板产量比例为 75.0%，与上年持平；中部地区 8 个省、自治区比例占 16.3%，比上年提高 0.5 个百分点；西部地区 12 个省、自治区、直辖市比例占 8.7%，比上年降低 0.5 个百分点（表 6）。

表 6　2015 年纸及纸板生产量区域布局变化

项　目	2014 年		2015 年	
	产量（万 t）	比例（%）	产量（万 t）	比例（%）
纸及纸板产量	10 470	100.0	10 710	100.0
其中：东部地区	7 855	75.0	8 035	75.0
中部地区	1 652	15.8	1 750	16.3
西部地区	963	9.2	925	8.7

2015 年广东、山东、浙江、江苏、福建、河南、湖南、河北、重庆、安徽、天津、湖北、广西、四川、江西和海南 16 个省、自治区、直辖市纸及纸板产量超过 100 万 t，产量合计 10 226 万 t，占全国纸及纸板总产量的 95.48%（表 7）。

表 7　2015 年纸及纸板产量 100 万 t 以上的省、自治区、直辖市

单位：万 t

省（自治区、直辖市）	产　量		
	2014 年	2015 年	较上年增长（%）
广　东	1 760	1 820	3.41
山　东	1 750	1 780	1.71
浙　江	1 590	1 650	3.77
江　苏	1 280	1 305	1.95
福　建	650	665	2.31
河　南	630	600	－4.76
湖　南	300	320	6.67
河　北	320	305	－4.69

（续）

省（自治区、直辖市）	产　量		
	2014 年	2015 年	较上年增长（%）
重　庆	300	290	－3.33
安　徽	230	265	15.22
天　津	235	235	0.00
广　西	240	230	－4.17
湖　北	200	230	15.00
四　川	210	190	－9.52
江　西	145	173	19.31
海　南	155	168	8.39
合　计	9 995	10 226	2.31

数据来源：中国造纸协会调查资料。

2

第二部分

相关行业发展概况

油料加工业

一、基本情况

2015年，我国八大油料总产量为5 710.1万t，其中油菜籽产量为1 430万t，花生果产量为1 690万t，大豆产量为1 100万t，棉籽产量为918万t，葵花籽产量为252万t，芝麻产量为62万t，胡麻籽产量为38.1万t，油茶籽产量为220万t。2015年我国利用国产油料（扣除大豆、花生、芝麻和葵花籽等4种油料部分直接食用外）的榨油量为1 125.5万t，比2014年的榨油量1 164.7万t减少了39.2万t。需要说明的是，玉米油和米糠油的预测量可能有误，建议采用国家粮食局粮油工业统计数。据国家粮食局统计，2014年全国玉米油产量为152万t，米糠油产量为56万t。

2015年我国进口各类油料合计为8 757.1万t，较2014年进口的7 751.8万t增加了1 005.3万t，同比增长13%。其中，进口大豆为8 169.4万t，油菜籽为447.1万t，芝麻为80.6万t。进口各类植物油总量为839.1万t，较2014年进口的787.3万t增加了51.8万t，同比增长6.6%。其中，进口大豆油为81.8万t，菜籽油为81.5万t，棕榈油为590.9万t，葵花籽油为65.1万t，花生油为12.8万t，橄榄油为3.9万t。值得关注的是，进口芝麻已超过国产芝麻的产量，进口葵花油已超过国产葵花籽油的产量。

2014/2015年度，我国食用油市场的总供给量为3 414.9万t，其中包括国产油料和进口油料合计产生的食用油2 630.8万t，直接进口的各类食用油合计为784.1万t。2014/2015年度，我国食用油的食用消费量为2 960万t，工业及其他消费为320万t，出口量为14.6万t，合计年度需求总量（即消费量）为3 294.6万t，年度节余量为120.3万t。这里可以推算出，2014/2015年度我国食用油的自给率为34.2%（即2015国产油料榨油量1 125.5万t，与年度需求总量3 294.6万t之比）。与上年的自给率36.8%相比，下降了2.6个百分点。

根据2014/2015年度我国食用油的需求总量为3 294.6万t，按2015年7月10日公布的中国大陆人口总数为13.68亿人计算，2015年我国人均年食用油消费量为24.1kg，较上年的23.2kg提高了0.9kg。

二、政策导向

1. 国家食品药品监管总局要求食用油生产企业建追溯体系　为强化食用植物油生产监管工作，国家食品药品监管总局2015年12月31日下发了《关于食用植物油生产企业食品安全追溯体系的指导意见》。其目的是通过指导食用植物油生产企业建立食品质量安全追溯体系，实现产品可溯源，安全可追踪，风险可管控，不断提高企业食品安全管理水平，保障食用植物油产品安全。食用植物油生产企业产品质量安全追溯体系信息记录重点包括原料验收信息、生产过程信息、产品检验信息、产品销售信息、人员设备信息等，特别是针对食用植物油常见风险隐患和掺杂掺假等，提出了黄曲霉毒素B_1控制、苯并（a）芘控制和物料平衡信息记录等要求。生产企业要对物料来源、加工过程和产品去向、数量等信息如实记录，以确保记录真实、可靠，所有环节可有效追溯。食用植物油生产企业可通过模拟演练食品安全问题处理，检验追溯体系的可操作性并解决存在的问题，及时纠偏完善，促进追溯体系规范化、科学化，保证发生食品质量安全问题的产品可召回、原因可查清、责任可追究。

2. "一号提案"《关于加快发展油橄榄产业的提案》引起广泛关注　我国自1964年从阿尔巴尼亚引进1万株油橄榄树苗在全国12个省、直辖市试种开始，经过50多年的发展，目前油橄榄在我国形成了"四大适生区"，但全国种植总面积不到6.67万hm^2。其中，甘肃省陇南市种植面积约占全国的一半，年产鲜果2.15万t，年产初榨油3 225t，橄榄油产量占全国的93%，是全国最大的初榨橄榄油生产基地；四川省种植面积约1.8万hm^2，云南省约0.53万hm^2，重庆市接近0.47万hm^2。虽然油橄榄在我国适生区不多，但有限的适生区多属国家级贫困县区，这种资源就更显得珍贵。在这些区域发展油橄榄产业，不论对增加农民收入，还是带动地区经济发展，都有着非常积极和重要的意义。我国油橄榄产业发展虽然已有一定基础，但也面临一系列的困难和问题，如产业发展基础薄弱，科技水平不高，良种和技术普及率低，加工企业规模小、实力弱，缺少深度开发的高附加值产品，缺乏统一的橄榄油行业标准，许多企业盲目投资，无序竞争，产品品质不能保证。为加快油橄榄产业发展，该提案提出以下建议：一是国家应制定油橄榄产业发展的战略目标和规划，明确油橄榄产业作为优质木本油料的战略定位和区域扶贫攻坚的支柱产业；二是制定油橄榄产业优势区域发展规划，充分发掘我国油橄榄产业的适生资源，同时也要注重效益，避免发展的盲目性。

3. 2020 年我国食用油自给率力争达 40%　为进一步提高我国大宗油料生产能力，增加食用植物油有效供给，保持一定的国内自给水平，国家发展和改革委与农业部、国家林业局联合编制了《全国大宗油料作物生产发展规划（2016—2020 年）》。油料是我国重要的大宗农产品，受多种因素影响，国内油料生产能力增长缓慢，产需缺口扩大，进口增加，对外依存度上升，我国已成为世界上最大的食用植物油和大豆进口国。《规划》围绕油菜籽、花生、大豆、油茶四种主要大宗油料作物，通过打造核心产区，强化科技支撑，完善支持政策等措施，着力突破生产瓶颈制约，引导各地抓好油料生产。根据 2020 年油料生产发展目标，分别确定核心区与其他区域的增产任务。从油菜籽、花生、大豆优势产区中筛选 514 个生产大县作为生产能力建设的核心区。其中，油菜籽、花生生产大县年均种植面积为 0.67 万 hm^2 以上，大豆生产大县年均种植面积 1 万 hm^2 以上。油茶种植重点区域为《全国油茶产业发展规划（2009—2020 年）》确定的 519 个县。在大力发展大宗油料作物生产的同时，引导和鼓励适宜地区根据市场需求，因地制宜发展芝麻、油葵、核桃、长柄扁桃等小品种油料生产，实现油料供给多元化。《规划》要求，到 2020 年，油菜籽、花生、大豆、油茶籽四大油料播种面积力争达到 3 667 万 hm^2 左右，总产量为 5 980 万 t，分别比 2014 年增加 416.13 万 hm^2 和 1 440 万 t。其中，油菜籽面积、产量分别力争达到 800 万 hm^2 和 1 620 万 t，增加的区域主要是长江流域稻油轮作区；花生面积、产量分别力争达到 480 万 hm^2 和 1 870 万 t，增加的区域主要是黄淮海玉米花生轮作区和东北农牧交错区；大豆面积力争恢复到 933 万 hm^2，总产量为 1 890万 t，增加的区域主要是东北玉米大豆轮作区和黄淮海地区低产玉米改种大豆；油茶籽面积扩大到 466.67 万 hm^2，油茶籽产量为 600 万 t。主要油料作物耕种收综合机械化率提高 5 个百分点以上，其中油菜籽机械化收获水平显著提升。通过四大油料作物产能提升，增产食用植物油约 230 万 t，食用植物油自给率提高 3～5 个百分点，力争达到 40%。

三、科研成果

（1）湖北省科学技术厅组织专家，于 2016 年 5 月13 日在武汉对武汉轻工大学与湖北鑫榄源油橄榄科技有限公司共同完成的“橄榄果渣和橄榄叶加工关键技术与应用”项目进行了科技成果鉴定。以油橄榄果渣为原料，通过超声波辅助正己烷提取油橄榄果渣油，并对其提取工艺参数进行优化。以油橄榄叶为原料，采取超声波辅助乙醇和甲醇混合水溶液提取橄榄多酚，并对工艺进行正交试验优化。选用 AB-8 型大孔树脂对橄榄酚类粗提液进行纯化，可使多酚物质得到有效富集，总酚含量达到 600mg/g。以油橄榄果渣为原料，超声波辅助正己烷溶剂提取果渣油和采用微波辅助提取橄榄多酚，剩余的残渣采用酶法制备膳食纤维产品。该法可同时制备果渣油、橄榄多酚和橄榄膳食纤维；并测定膳食纤维产品的总膳食纤维含量、可溶性膳食纤维含量、不溶性膳食纤维含量。该成果达到国际先进水平。

（2）长寿花食品股份有限公司研发设计的“营养玉米油节能低耗技术创新集成及产业化”项目，于 2016 年 7 月 7 日被科学技术部评定为“国家火炬计划产业化示范项目”，这是该企业继“山东省科技进步奖二等奖”等科技创新奖项后获得的又一科技成果。项目申报后，经科学技术部的专业评审，“营养玉米油节能低耗技术创新集成及产业化”项目获评国家“火炬计划”产业化示范项目。该项目是长寿花食品股份有限公司自主研发的，主要是通过深入系统的研究玉米油全程各道工序的生产技术、工艺条件集成创新优化生产的产品。该技术的开发应用，可有效地降低生产成本，提高生产效率，降低能量消耗和生产废弃物排放，实现减损增效、资源高效利用的目标，对于实现资源节约型、环境友好型社会具有重要的战略意义。该技术主要应用于油脂加工行业，能够促进油脂行业的技术进步，引领油脂行业健康发展，在此基础上还可以应用于化妆品、医药、保健品领域。国家“火炬计划”产业化示范项目是要求属于国家鼓励发展的重点振兴产业和战略性新兴产业领域，对“转方式、调结构”及地方产业优化升级有带动和示范效应的高新技术项目，有自主知识产权、推动产学研结合的科技成果产业化项目。该项目被列入“国家火炬计划产业化示范项目”，标志着该公司在自主知识产权、科技创新能力方面位列国内企业前列，是国家科学技术部对企业创新实力的认可。

（3）重庆市科学技术委员会组织有关专家，于2016年7月29日对重庆市九重山实业有限公司和武汉轻工大学共同完成的“铁核桃油及蛋白加工关键技术与利用”项目进行了成果鉴定。该项目研制了铁核桃的剥壳工艺和设备，剥壳工艺进行了突破性的改进，提高了铁核桃的剥壳效率。经锤片破碎机破碎后的铁核桃粒径均匀，核桃仁有效脱离核桃壳。经过分选机处理后，实现仁壳分离，仁中含壳率小于9%，壳中含仁率小于1%。采用冷榨法制取铁核桃油脂，并使用膜法脱胶和膜法脱酸等物理手段对铁核桃油进行精炼。用水酶法提取铁核桃油和蛋白，酶解后进行连续二次冷冻破乳法提高油脂得率，蛋白用糖化酶进行纯化，得到高纯度蛋白。用碱性蛋白酶和中性蛋白酶的复合酶分步水解方法水解铁核桃蛋白，得到功能性好的铁核桃多肽。同时对铁核桃油脂、铁核桃蛋白和铁核桃多肽的理化性质、功能特性等性质进行了系统的研究。该成果达到了国际先进水平。

（4）辽阳市科技局组织专家，于2016年8月30日在辽阳市召开了由辽阳帝昊农业有限公司和武汉轻工大学共同完成的“榛子深加工关键技术研究与利用”项目科技成果鉴定会，该项目立题新颖，设计思路及方法严谨、科学，项目研究了榛子的剥壳分离工艺，水酶法制取榛子油脂，并对其进行精炼。以榛子低温压榨饼为原料，使用水酶法提取榛子蛋白和多肽，并对野生蛋白进行纯化。同时对榛子油脂、榛子蛋白和榛子多肽的理化性质、功能特性等性质进行了系统的研究。该项目对榛子的剥壳工艺进行了突破性的改进，大大提高了榛子的剥壳分离效率。用水酶法提取榛子油和蛋白，蛋白用碱液复溶进行纯化，该酶法制备榛子蛋白的方法，工艺安全、制备便捷，提取的榛子蛋白纯度高达85.0%以上。用碱性蛋白酶水解方法，水解榛子蛋白得到功能性好的榛子多肽。选用低温压榨工艺脱除脂肪而得到榛子粉后，通过加入植脂末、白砂糖、麦芽糊精、乙基麦芽酚、羧甲基纤维素钠、安赛蜜调配而成的产品，具有补养、开胃、延缓衰老和提高体质的功效，是较好的营养品。以榛子为原料，经晒干、破碎、磨浆后加入酯化酶和糖化酶在最适条件下进行酶解糖化，再接种活性干酵母进行发酵可制备榛子酒。该项目具有较强的科学性、先进性，居于国际先进水平。

（5）中国粮油学会组织专家，于2016年9月24日对山东禹王生态食业有限公司委托武汉轻工大学承担的“大豆分离蛋白深加工技术研究与应用”项目进行了评审。项目研究思路清晰，研究方法规范，研究结果可靠。本项目所使用的技术成熟，依据动植物蛋白互补原理，将大豆分离蛋白和乳清蛋白按一定比例混合，必需氨基酸的含量更接近人体所需的模式，极易为人体吸收和利用，且具有良好的稳定性。根据不同人群的生理特点和营养需求，对婴儿蛋白粉、孕妇蛋白粉、老年人蛋白粉进行了配方设计，解决了三类人群可能存在的营养不良问题，满足了人们对营养的需求。同时，大豆基蛋白粉提高了大豆分离蛋白的利用率，增加了其经济价值。功能性营养蛋白粉的诞生对我国传统食品的工业化技术改造，提高其科技含量，加快其工业化步伐有重要意义。专家组一致认为：该项目所涉及的基础研究课题，精准定位了行业发展中急需破解的难题，为产品品质安全的提升打造了科技支撑，将企业发展和院校的优势有机地结合在一起，体现了企业管理与创新发展的需求，形成了良好的示范和带动作用。整体技术到达国际先进水平。

（6）中国粮油学会组织专家，于2016年11月21日对云南摩尔农庄生物科技开发有限公司、武汉轻工大学和云南省粮油科学研究院共同完成的“核桃专用油及核桃蛋白关键技术研究与利用”项目进行了评审。项目研究了铁核桃和核桃、铁核桃油和核桃油之间的区别，得出结论为：铁核桃和核桃含仁率两者之间有较大差异，其他方面差异不大，核桃适合用于加工油脂和蛋白质。针对特殊人群对营养的需求不同，以核桃油为基油研制适合不同人群的营养油。以中老年人营养油为例，研究了营养油脂的保藏方式。推荐保存方式为：添加0.01%的特丁基对苯二酚（TBHQ），采用0.1～1.0kg的小包装，并采用棕色瓶包装并在20℃以下保藏。水酶法同时制备核桃油和核桃蛋白。以低温压榨核桃饼为原料，用碱性蛋白酶同时提取油脂和蛋白，核桃饼提油效率为85%，核桃蛋白的纯度达86%。以核桃粕为原料制备核桃分离蛋白和核桃浓缩蛋白。以脱脂核桃蛋白粉为原料，制备核桃分离蛋白和核桃浓缩蛋白，并用响应面法优化工艺条件。该成果总体技术达到了国际先进水平。

四、标准化工作

（1）由全国粮油标准化技术委员会油料及油脂技术工作组主办的“食用动物油脂标准制修订暨动物油脂加工产业发展研讨会”，于2016年5月8日在山东泰安召开。此次会议共启动5项食用动物油脂国家标准制修订，其中包括《食用牛油》《食用羊油》《食用猪油》等。会议指出，动物油脂是世界上最古老的油脂，是人类社会发现的第一油脂；动物油脂营养十分丰富，适度使用畜禽类动物油脂有利于改善食物风味。近几年产量稳中有升，年产量为 400 万 t 左右，缓解了我国食用油脂消费量的增加。动物油脂系列国家标准的制修订，将对系列动物油脂的质量要求、检验方法、检验规则以及存储、运输要求等进行严格规范。

（2）受全国粮油标准化技术委员会油料及油脂分技术委员会委托，海南省粮油科学研究所于 2016 年6 月 4 日在海南澄迈县组织召开“山柚油”标准专家论证会，专家一致同意将海南“山柚油”纳入新修订的《油茶籽油》国家标准中。海南一直将油茶籽油称为“山柚油”，由于地理位置和气候的不同，其亚油酸和棕榈酸含量不在现行《油茶籽油》国家标准特征指标中脂肪酸组成的范围，制约了海南省油茶产业的发展。为此，专家一致建议将“山柚油”相关资料和专家意见提交《油茶籽油》国家标准修订起草组。

（3）由全国粮油标准化技术委员会油料及油脂分技术委员会主办的“橡胶籽油系列标准制定暨橡胶籽加工产业发展研讨会”，于 2016 年 6 月 5 日在海南省澄迈县召开。《橡胶籽》《橡胶籽油》《橡胶籽饼粕》3 项标准为我国首次制定。我国橡胶籽年产量 80 多万 t，在木本油料中位居前三位，与核桃、油茶籽齐名，含油率可达 23%～25%。鉴于橡胶籽油过去多用于工业用油，多数与会专家建议将《橡胶籽油》标准名称改为《食用橡胶籽油》。

（4）由全国粮油标准化技术委员会油料及油脂分技术委员会主办、山东鲁花集团有限公司承办的“花生油、葵花籽油系列国家标准制修订研讨会”，于 2016 年 6 月 18 日在山东烟台召开。《花生》《花生油》《食用花生饼粕》《花生浓缩蛋白》《葵花籽油》《葵花籽饼粕》等 7 项系列国家标准，将在 2017 年完成修订，2018 年发布实施。花生、葵花籽是我国百姓喜爱的干果型食品，花生油、葵花籽油是消费公认的高端食用油脂，其标准的制修订，更适合老百姓的生活习惯及对安全、营养、健康的追求。在制修订标准时，应认真贯彻“适度加工”的原则，为最大程度保存油料固有的营养成分和最大限度地防范因过度加工而导致有害有毒物质的产生。制修订花生油、葵花籽油系列国家标准，对规范花生、葵花籽等相关产品的生产，保障植物油质量安全，保护生产者、经营者和消费者合法权益，规范进出口贸易等具有重要意义。

（5）由全国粮油标准化技术委员会油料及油脂分技术委员会主办，重庆市城口县人民政府、重庆市九重山实业有限公司承办的“核桃油系列标准制修订暨核桃产业发展研讨会”，于 2016 年 7 月 30 日在重庆市城口县召开。此次制修订涉及 3 项核桃油相关标准，其中《核桃油》为修订国家标准，《油用核桃》《核桃饼粕》为首次制订。我国是世界上最大的核桃生产国，2014 年核桃产量已达 271.3 万 t，预计 2015 年超过 300 万 t，发展势头看好。但核桃油系列国家标准的制修订工作跟不上核桃产业的发展，必须加快步伐。本次核桃油系列标准制修订，将铁核桃油及其特征指标和质量指标等纳入其中。

（6）由全国粮油标准化技术委员会油料及油脂分技术委员会主办、辽阳市帝昊农业有限公司协办的“榛子油系列标准制定暨榛子产业发展研讨会”，于 2016 年 8 月 31 日在辽宁省辽阳市召开。《榛子油》《油用榛子》《榛子饼粕》3 项标准系我国首次制定。我国榛子年产量 10 万 t 左右，约占世界产量的 1/10，其中辽宁省的产量为 7 万 t 左右，发展势头看好。为提高我国食用植物油的自给能力，我国政府高度重视木本油料产业的发展，出台了一系列政策措施，推动了木本油料的快速发展。在木本油料中，榛子是继油茶、核桃、油用牡丹、文冠果、长柄扁桃后的重要木本油料作物。榛子油是一种优质的高端食用油，榛子油中的不饱和脂肪酸含量高达 90%以上，其油酸含量在 80%以上；榛子油不仅富含维生素 E、紫杉酚等活性物质，还富含铁、锰、磷、锌、钙等矿物质。榛子和榛子油除了具有丰富的营养价值外，还有较高的药用价值。由于目前尚无榛子油系列标准，企业在产品交易过程中无法体现优质优价的原则，影响后续加工和经济利益。榛子油系列标准的制定，对于保障产品质量，保护生产者、经营者和消费者的合法权益，推进榛子产业链的发展，规范进出口贸易等具有重要意义。辽阳是我国大果榛子之乡，辽阳东部山区具有良好的生态条件，非常适合榛子生长，发展榛子产业具有巨大的潜力和良好的市场前景。

（7）由全国粮油标准化技术委员会油料及油脂分技术委员会主办，中粮福临门食品营销有限公司、益海嘉里食品营销有限公司承办的“亚麻籽油、红花籽油系列国家标准制修订研讨会”，于 2016 年 10 月 9 日在新疆昌吉召开。此次会议共制修订 6 项标准，其中《亚麻籽》《亚麻籽油》《红花籽》《红花籽油》4 项国家标准为修订，《亚麻籽饼粕》《红花籽饼粕》系我国首次制定。我国亚麻年产量约为 40 万 t，在世界上仅次于加拿大，位居第二。随着群众生活水平的不断提高以及科学研究的不断深入，亚麻籽油的营养保健功能越来越引起消费者的关注，从而导致我国亚麻籽油的产量已远不能满足市场的需要。据海关统计，2014/2015 年度，我国进口亚麻籽 37 万 t、亚麻籽油 1.7 万 t，合计折油接近国产亚麻籽的产油量。此外，我国有近20个省、自治区、直辖市都有红花种植，年产量为5万t左右，其中新疆红花的种植面积和产量均占全国的80%以上。据海关统计，2015年我国进口红花籽3万多t。因此，应科学制定亚麻籽油和红花籽油系列标准，引领产业发展。要重视油品的易氧化变质问题，加工企业要合理使用抗氧化剂及使用有色避光的包装材料；不要一味采用低温压榨，要兼顾营养，同时注重质量与安全。

五、油脂会议

(1) 中国粮油学会油脂分会“2016年会长办公（扩大）会议”，于2016年4月8日在福建省厦门市召开。本次会议的主要议题，对2015年中国粮油学会工作进行总结，部署2016学会工作计划，研究讨论系列学术活动、科技成果评价与推广、学会会员管理等若干管理办法。会议内容包括：一是王瑞元会长作《我国粮油生产供应简况及2016年油脂分会主要工作安排》的报告；二是关于调整并充实分会领导班子；三是根据工作需要，经研究决定增补部分理事会成员；四是落实中国粮油学会油脂分会第25届学术年会暨产品展示会的各项准备工作；五是筹办2016年粮食科技活动周科技成果转化的系列活动；六是筹备“第九届国际煎炸油研讨会”工作；七是要积极发展会员，通过产品展示、产品监制、科技成果评价、科技进步奖的评审、技术咨询等方式为会员服好务；八是研究制（修）订各类油料油脂标准，成立全国粮油标准化技术委员会油料及油脂分技术委员会；九是建设“中国油脂博物馆”，传承中国油脂文化；十是筹办广州、北京两地的油博会。

(2) 中国粮油学会油脂分会“第25届学术年会暨产品展示会”，于2016年9月26～27日在山东三星集团隆重召开，来自全国油脂界、行业大专院校和科研单位、相关企业近700名专家、学者、企业代表参会。本次会议围绕“创新、协调、绿色、共享”的主题，从油脂科技与行业发展；油脂市场发展趋势；油脂制取、精炼、储藏等新工艺、新设备、新技术；油脂产品的质量安全、油脂检测技术和优质企业的现代管理及油脂科技信息等方面，进行了交流与研讨。中国粮油学会理事长张桂凤出席会议并讲话。张桂凤对学会历年来的年会及学术交流会所取得的成效进行了回顾，并给予了高度评价。她指出，中国粮油学会油脂分会学术年会已经成为我国油脂界最具影响力的品牌会议之一，希望参会的人员能够广泛交流，共同为促进食用油脂产业的快速健康发展做出新贡献。山东三星集团总经理、长寿花食品股份有限公司董事局主席王明星在致辞中，向与会嘉宾介绍了企业各产业板块的运营情况，并就企业在油脂板块的发展思路做了重点说明，描绘了长寿花品牌的发展愿景。会议期间，与会代表还参观了长寿花工厂的压榨生产区、精炼生产区、玉米油灌装区、稻米油生产区及技术中心，与会代表对长寿花在玉米油行业的成就和在新产品、新工艺创新研发方面取得的成绩给予了高度评价。

(3) 由中国食品土畜进出口商会和美国大豆协会共同主办的“中美大豆可持续贸易研讨会”，于2016年6月24日在北京举行。会上，就美国大豆可持续生产体系、可持续大豆供应对中国粮食安全、食品安全和可持续发展的重要意义、行业组织及生产企业在可持续生产方式和企业社会责任中的作用等重要话题发表主题演讲。会议认为，可持续性是全球粮食安全的必要条件，可持续大豆的生产和贸易的推进需要全球大豆产业链相关方的协同合作。我国目前提出双蛋白工程，提倡增加植物蛋白消费，并通过大豆在储存、运输和加工环节的可持续方式来提高大豆利用率，用大豆消费来支持可持续大豆贸易。

（武汉轻工大学　何东平）

淀粉加工业

一、基本情况

（一）资源概况

根据有关资料报道，2015年我国玉米总产量达到22 463.2万t，比2014年增长4.17%（表1）。2015年我国玉米消费情况为：饲用53.68%，工业用23.93%，食用3.40%。2015年世界玉米产量为95 914万t。其中，美国为34 548万t，占世界总产量的36.0%；中国为22 463.2万t，占世界总产量的23.4%。

表 1　2015 年我国玉米主产区产量

单位：万 t

省　区	2014 年	2015 年	同比增长（%）
河　北	1 670.7	1 670.4	−0.02
山　西	938.1	862.7	−8.03
内蒙古	2 186.1	2 250.8	2.96
辽　宁	1 170.5	1 403.5	19.91
吉　林	2 733.5	2 805.7	2.64
黑龙江	3 343.4	3 544.1	6.00
山　东	1 988.3	2 050.9	3.15
河　南	1 732.1	1 853.7	7.02
陕　西	539.6	543.1	0.65
其　他	5 262.3	5 478.4	4.11
总　计	**21 564.6**	**22 463.2**	**4.17**

（二）加工业概况

根据中国淀粉工业协会不完全统计，2015 年我国淀粉总产量为 2 159.31 万 t，同比增长 1.46%。其中，玉米淀粉为 2 051.26 万 t，同比增长 2.23%；木薯淀粉为 37.47 万 t，同比下降 22.91%；马铃薯淀粉为 41.84 万 t，同比下降 3.51%；甘薯淀粉为 18.56 万 t，同比下降 28.10%；小麦淀粉为 10.18 万 t，同比增长 147.89%。

1. *我国淀粉及深加工品产量和品种情况*　从 2014 年下半年开始，国家有关部门陆续出台了多项有利于玉米深加工行业发展的调控措施，2015 年玉米淀粉产量在 2014 年负增长的基础上略有些增长，但"三薯"淀粉由于原料产量减少，加之受进口的冲击，产量全面下降。综合看，2015 年淀粉行业仍然在困境中生存，且下游产品需求低迷状况未见改善，以致下游产品的产量整体呈下滑趋势（表 2、表 3）。

表 2　2015 年我国淀粉产量及品种情况

品　种	产量（万 t）	占总淀粉（%）	同比增长（%）
玉米淀粉	2 051.26	95.00	2.23
木薯淀粉	37.47	1.74	−22.91
马铃薯淀粉	41.84	1.94	−3.51
甘薯淀粉	18.56	0.86	−28.10
小麦淀粉	10.18	0.46	147.89
合　计	**2 159.31**	**100.00**	**1.46**

表 3　2015 年我国淀粉深加工品产量及品种情况

主要品种	产量（万 t）	占深加工（%）	同比增长（%）
变性淀粉	135.23	12.16	−5.02
结晶葡萄糖	267.88	24.09	−0.10
液体淀粉糖	621.28	55.87	−5.39
糖　醇	87.71	7.88	−11.81
合　计	**1 112.10**	**100**	**−4.67**

2. *淀粉产量分布及生产规模情况*　2015 年我国玉米淀粉产量分布情况与以往没有变化，只是前 3 位在全国的占比略有变化，首位山东省占我国玉米淀粉总产量的 53.20%（2014 年为 48.17%）；其次是吉林和河北省，分别占全国玉米淀粉总产量的 13.69%（2014 年为 19.40%）和 13.62%（2014 年为 10.72%）。该三省玉米淀粉产量之和，占全国玉米淀粉总产量的 80.51%（2014 年为 76.70%）。全国玉米淀粉产量 10 万 t 以上的企业为 41 个，玉米淀粉总产量为 2 001.69 万 t，占玉米淀粉总产量的 97.58%（2014 年为 95.60%），见表 4。

表 4　2015 年我国淀粉产量分布及生产规模情况

地　区	淀粉产量（万 t）	占总产量（%）	玉米淀粉生产规模情况	
			年产 10 万 t 企业（个）	企业最大产量（万 t/年）
山　东	1 103.50	51.10	13	313.8
吉　林	281.55	13.04	7	55.3
河　北	283.59	13.13	8	74.1
河　南	113.61	5.26	6	22.2
陕　西	105.61	4.89	3	70.0
其　他	271.45	12.58	4	61.9
合　计	**2 159.31**	**100.00**	**41**	**—**

注：其他为 18 省、自治区、直辖市，包括山西、内蒙古、辽宁、黑龙江、江苏、安徽、湖北、四川、广东、广西、海南、云南、重庆、甘肃、宁夏、青海、新疆、贵州。

二、市场及进出口情况

由于近几年国家持续收储玉米、国内玉米价格居高不下、替代品大量进口、出口市场受多重制约、行业发展迟滞、多数企业持续亏损等原因，淀粉行业转化能力严重减弱。

2015 年我国玉米淀粉等 13 种出口商品中，60% 以上商品出口量比上年有下降。玉米淀粉出口量虽比上年增加了近1/3，但无法和2014年以前平均年出口量25万t相比较；马铃薯淀粉进口量增加了1倍以上，出口量下降2/3以上，创出了年出口量的最低水平；木薯淀粉进口量尽管2015年略有下降，但进口量仍相当于我国木薯淀粉产量的几倍，已经成了国内玉米淀粉的替代品；葡萄糖及葡萄糖浆、葡萄糖及糖浆和果糖及果糖浆3个品种的出口总量比2014年增加了17.7%；糊精及其他改性淀粉，无论是进口量还是出口量都创出了10年来的新高，进口量比2008年翻了一番，出口量则下降到10年前的水平（表5）。

表5 2015年我国淀粉及部分深加工品进出口情况

品 名	进口（t）	同比增长（%）	出口（t）	同比增长（%）
玉米淀粉	1 746	0.03	73 811	30.77
木薯淀粉	1 819 975	−4.53	1 762	−16.57
马铃薯淀粉	6 5757	118.06	653	−74.44
小麦淀粉	1 058	21.05	3 347	−34.76
山梨醇	1 925	−48.06	26 995	−8.20
甘露糖醇	296	19.35	7 485	−5.83
肌醇	19	72.72	4 450	4.17
葡萄糖及葡萄糖浆，果糖<20%	979	17.10	474 450	1.24
葡萄糖及葡萄糖浆，20%≤果糖≤50%，转化糖除外	252	−83.13	7 229	−11.67
果糖及果糖浆，果糖>50%，转化糖除外	3 469	−5.17	270 605	66.70
糊精及其改性淀粉	344 399	2.52	61 427	−35.33
未列名淀粉	12 984	27.81	36 342	3.30
化学纯果糖	2 116	23.74	15 004	−1.61
合 计	**2 254 975**	**−1.82**	**983 560**	**10.22**

三、生产技术发展情况

（一）生产规模

我国淀粉加工业的生产布局集中度进一步提高，各品种规模以上企业产量的占比由上年的70%提高到75%以上，有的品种高达85%（表6、表7）。玉米淀粉年产量为100万t以上的企业有4个，合计产量占总产量的40.10%。其中，最大企业的年产量超过300万t。变性淀粉年产量为10万t以上的企业有3个，合计产量占总产量的27.9%。其中，最大企业年产量为13万t以上。结晶葡萄糖年产量为100万t以上的企业有1个，年产量为130万t以上，占总产量的51.8%。液体淀粉糖年产量为50万t以上的企业有3个，合计产量占总产量的42.4%，最大企业年产量接近100万t。

表6 2015年我国玉米淀粉生产规模

项 目	2014年	2015年	同比增长（%）
年产100万t以上企业（个）	5	4	−20.0
年产100万t以上企业总产量（万t）	915.9	822.7	−10.2
占全国玉米淀粉总产量（%）	45.7	40.1	−12.3
年产40万t以上企业（个）	9	12	33.3
年产40万t以上企业总产量（万t）	546.6	752.7	52.5
占全国玉米淀粉总产量（%）	27.2	36.7	34.9

表7　2015年我国部分淀粉深加工品生产规模

项　　目		2014年	2015年	同比增长（%）
变性淀粉	年产10万t以上企业（个）	4	3	−25.0
	年产10万t以上企业总产量（万t）	50.5	37.7	−25.3
	占全国总产量（%）	35.5	27.9	−21.4
	年产5万t以上企业（个）	3	6	100.0
	年产5万t以上企业总产量（万t）	16.9	37.8	123.7
	占全国总产量（%）	11.9	28.0	135.3
	年产3万t以上企业（个）	9	5	−44.4
	年产3万t以上企业总产量（万t）	30.9	22.3	−27.8
	占全国总产量（%）	21.7	16.5	−24.0
结晶葡萄糖	年产100万t以上企业（个）	1	1	持平
	年产100万t以上企业总产量（万t）	132.8	138.7	4.4
	占全国总产量（%）	49.5	51.8	4.6
	年产20万t以上企业（个）	3	2	−33.3
	年产20万t以上企业总产量（万t）	74.1	55.7	−24.8
	占全国总产量（%）	27.6	20.8	−24.6
	年产10万t以上企业（个）	1	2	100.0
	年产10万t以上企业总产量（万t）	14.0	33.7	140.7
	占全国总产量（%）	5.2	12.6	142.3
液体淀粉糖	年产50万t以上企业（个）	2	3	50.0
	年产50万t以上企业总产量（万t）	103.2	263.2	155.0
	占全国总产量（%）	15.7	42.4	170.0
	年产10万t以上企业（个）	18	10	−44.4
	年产10万t以上企业总产量（万t）	378.8	257.9	−31.9
	占全国总产量（%）	57.7	41.5	−28.1

（二）新工艺、新技术、新设备、新产品

（1）中国科学院成都生物研究所对藏区的第一大粮食作物——青稞的淀粉特性等进行了研究，这些研究在青稞加工利用中将发挥重要的作用，为青稞增值显示出强大的潜力和优势。

（2）江西金农生物科技有限公司研发的“酶法-旋流分离法生产大米淀粉”的技术，经专家鉴定达到国际先进水平，使用该技术提取的淀粉含量大于95%，蛋白质含量小于0.40%。该技术有5个方面的创新：一是采用酶法水解分离大米淀粉与蛋白质；二是通过旋流器级数组合方式的选择及旋流参数的调节，提高了大米淀粉的收率和纯度；三是节能减排的设计创新；四是采用了自主设计的粉碎、分离纯化、低温干燥设备；五是低附加值的碎米可加工成高附加值的大米淀粉。

（3）中国科学院兰州化学物理研究所在临洮建成一套“马铃薯淀粉工艺水提取蛋白高值化利用与废水处理达标排放系统”并试车投产成功。运用该套系统，可以避免常规马铃薯蛋白干燥过程中易发黑、变质、只能当做饲料蛋白的问题。干燥后的蛋白粉为淡黄色食品级，含水率12.0%左右；比常规马铃薯蛋白脱水和普通热烘干节能50.0%以上。“太阳能集热保温固定化微生物高效生化处理系统”可以净化提取蛋白后废水，确保在北方马铃薯加工季节气候寒冷条件下微生物高效生化处理能力，排放水COD可以降至200mg/L以下。

（4）国家“十二五”重点攻关课题——“低聚异麦芽糖产业化关键技术及应用成果”项目通过专家鉴

定。一致认为，该项目技术成熟，已达到国际领先水平，打破了国外技术垄断，可应用于产业化生产。该项目由保龄宝生物股份有限公司、中国科学院天津生物技术研究所、中国科学院微生物研究所、内蒙古蒙牛乳业（集团）股份有限公司协同创新，研发了新型葡萄糖转苷酶，研发了新型固定化酶技术，集成了酶法循环转化与模拟移动床分离等高效制备技术，使低聚异麦芽糖含量提高到95.0%以上，研究建立了低聚异麦芽糖在乳制品、饮料、烘焙食品等产品中评价与应用技术体系，开发出低聚糖系列产品60余种。

（5）潍坊华潍膨润土有限公司研制的“膨润土改性淀粉环保性复合材料”通过专家鉴定。一致认为，该项目优于国外同类技术，处于国际先进水平。该项技术填补了国内空白，对塑料制品的循环、完全降解具有革命性意义，实现完全用玉米、木薯等普通淀粉进行塑化，并加入膨润土制成可以完全替代通用塑料的产品。

（6）梅花生物科技股份有限公司经过2年的研究、测试，实现了素有“生命之糖”美誉的海藻糖的技术突破，产品各项指标均与日本林原生化齐平。海藻糖是一种非常有应用前景的产品，在医药方面，海藻糖替代血浆蛋白作为血液制品、疫苗、细胞组织等生物活性物质的稳定剂，可以防止因血栓源污染而引起乙肝、艾滋病等致命疾病的传播。该公司未来将根据市场需求，实现2～3年内完成3万～5万t产能规划。

四、主要行业活动

1. *中国淀粉工业协会成立专家委员会* 为汇聚才智，针对淀粉行业发展中的热点、难点和重点问题进行分析和研究，为淀粉行业创新发展出谋划策，中国淀粉工业协会于2015年成立了专家委员会，并召开了第一次专家委员会工作会议。中国淀粉工业协会常务副会长、专家委员会主任佟毅在讲话中希望专家们发挥好“桥梁”和“纽带”作用，做到六多：即多关注、多劳神、多费心、多参加协会活动、多提宝贵建议、多发挥“参谋”和“大脑”作用，为淀粉工业发展出谋划策，做一名促进淀粉工业发展的智力导师。专家委员会将是行业运营管理的重要力量，也是学术交流的重要平台，使之真正成为淀粉行业决策的智囊团。

2. *举办期货培训* 2014年12月玉米淀粉期货上市交易后，为了积极发挥期货市场的功能，不断提升影响力，保持运行稳健的态势，2015年中国淀粉工业协会与大连商品交易所联合举办了期货实操培训班，在帮助企业进行风险管理，稳定经营利润，增强抗风险能力方面收到了积极效果。从期货上市一年的情况看，目前流动性提高，期货持仓量大幅上升，期货参与客户数量攀升。

3. *开展行业调研* 2015年中国淀粉工业协会先后5次组织对山东、河南、陕西、甘肃、辽宁、河北、江苏、吉林、黑龙江、广东、广西、上海等12个省、自治区、直辖市的65个企业进行了为期43d的深入调研，并组织座谈和交流，基本摸清了企业的实际经济运行情况、发展中遇到的困难、对国家有关政策和对协会的建议，为引导行业健康发展，及时向国家有关部门建言献策起到了积极作用。

4. *向国家有关部门提出建议* 在行业调研的基础上，2015年中国淀粉工业协会继续积极推动国家相关政策的调整，提出了玉米深加工企业参与国家临储托市收购和给予加工补贴、玉米加工副产品出口退税等政策建议（有关出口退税一事，2016年8月财政部发出通知，明确恢复玉米深加工产品出口退税率）。

5. *抓好专业委员会工作* 为切实发挥专业委员会的作用，2015年中国淀粉工业协会召开了2次专业委员会工作会议和专业委员会秘书长会议，深入探讨了新形势下如何构建好专业委员会的平台、创新服务方式与方法、畅通与会员沟通的渠道、更好为会员服务等问题。专业委员会在2015年也都开展了颇具特色的“色谱论坛”“玉米及淀粉市场论坛”“甘薯类淀粉新技术与营销战略研讨会”等12次行业会议。

6. *召开亚洲淀粉大会* 在2015年“第十届上海国际淀粉展览会”的同时，召开了“第二届亚洲淀粉大会”，除主旨演讲外，本次特设了两场讨论环节，由于中外提问互动气氛热烈，结束的时间都比原定延长了很多。为积极实施走出去战略，鼓励、帮助有条件的企业在国外建设销售网络、生产基地等，中国淀粉工业协会计划2016年将交流与合作的范围扩大，召开世界淀粉产业大会。

7. *中国淀粉工业协会组织机构建设* 为做好换届工作，中国淀粉工业协会成立了“第八届会员大会筹备委员会”并召开了工作会议，确定了第八届理事会的设置；根据理事推荐原则，对推荐和自荐的理事候选单位进行了初步审核；对第七届理事会工作报告、淀粉行业“十三五”规划的编制，中国淀粉工业协会章程修改以及大会交流的内容等进行了充分的讨论。

8. *召开标准制定会议* 在2014年协会申报《食

用甘薯淀粉》国标和《薯类及薯类制品名词术语》、《甘薯干》农业行业标准被批准立项的基础上，2015年召开了标准制定工作第二次会议，与会代表在听取了标准制定工作进展情况及第一次会议代表提出修改意见和建议采纳情况的汇报后，进行了认真的讨论，会议将根据代表提出的建议和意见补充完善，按时完成标准的制定任务。

五、淀粉行业的未来

近年来，国家有关方面陆续出台了一些促进农产品加工业发展的扶持政策，具体到玉米深加工业，也出台了多项玉米加工转化的宽松政策，为行业发展创造了有利的外部环境。淀粉行业将顺应经济新常态，正视产能结构性过剩、产业链短、创新能力弱等问题，认真贯彻党的十八大报告明确提出的要实施创新驱动发展战略和中共中央、国务院印发的《关于深化科技体制改革加快国家创新体系建设的意见》，走创新发展之路，加大创新研发投入，促进创新链、产业链、市场需求有机衔接，通过纵向和横向延伸产品链、价值链、产业链，实现淀粉深加工多重转化增值，如淀粉糖向功能性糖和功能性糖醇、聚乳酸等高端化、多元化、绿色化下游产品延伸，已取得一系列进展。保龄宝公司的低聚异麦芽糖已实现产业化，并开发出低聚糖系列产品60余种；吉林省聚乳酸产业园已有多家企业投产并陆续有企业进入，达产后，园区生物可降解塑料袋年产能将达到3万t以上，完全可以满足吉林省购物袋年消费量的需求；潍坊市生物基材料产业化集群已开建，并获得省财政厅6 000万元资金的支持，将生产聚乳酸、聚丁二酸丁二酯(PBS)、生物基热塑复合材料等；濮阳市生物基材料产业集群已被国家发改委和财政部批复，3年内将持续获得国家补助资金1.5亿元，其中河南省南乐县一条完整的生物基材料产业链目前已基本形成，并已有利用聚乳酸改性新材料短纤维生产的汽车内饰正在上汽公司小批量试用。展望未来，淀粉加工业通过创新驱动，调整产品结构，大力发展中高端产品，延展产品应用领域，有效去除过剩产能，定会逐渐走出困境，进入佳境。

（中国淀粉工业协会　董延丰）

制　糖　工　业

一、制糖期基本情况

我国有14个省、自治区产糖，沿边境地区分布，主产糖区集中在我国北部、西北部和西南部。甘蔗糖产区主要分布在广西、云南、广东、海南及邻近省、自治区；甜菜糖产区主要分布在新疆、黑龙江、内蒙古及邻近省、自治区。与糖料种植相关的人员近4 000万人。2015/2016年度制糖期全国食糖总产量中，甘蔗糖占90.23%，甜菜糖占9.77%。我国的食糖生产销售年度为10月1日至翌年的9月30日，开榨时间由北向南各不相同。甜菜糖厂一般在9月底或10月初开机生产；甘蔗糖厂中，湖南省10月底或11月初开榨，广西、广东、海南等省、自治区11月中或12月初开榨，云南省12月底或次年1月初开榨。2015/2016年度制糖期于2015年9月25日中粮屯河博州糖业公司正式开机生产，至2016年6月30日云南力量生物制品集团钟山糖厂最后一个停机，历时280d，比上一年制糖期多生产8d。本制糖期，全国共有开工制糖生产企业（集团）为46个，开工糖厂为227个，比上制糖期少开工18个。其中，甜菜糖生产企业（集团）为4个，糖厂为27个；甘蔗糖生产企业（集团）为42个，糖厂为200个；另有炼糖企业16个。本制糖期食糖产量超过35万t的制糖企业集团10个，占全国食糖产量的72.58%。

2015/2016年度制糖期，全国累计产糖为870.19万t。其中，优级和一级白砂糖为781.69万t，精制糖为6.23万t，绵白糖为43.49万t，赤砂糖和红糖为29.49万t，原糖及其他糖为9.29万t。本制糖期，全国糖料种植面积为142.33万hm^2，同比减少9.88%。其中，甘蔗种植面积为129.55万hm^2，同比减少11.09%；甜菜种植面积为12.78万hm^2，同比增长4.58%。甘蔗品种目前仍以台糖系列和粤糖系列为主，两大系列品种占总种植面积的80.87%；其他品种约占总种植面积的19.13%。甜菜主要种植品种仍以原种引进为主，甜菜品种主要以德国KWS系列、比利时安地系列、瑞士先正达系列为主，占甜菜总种植面积的84.97%。2015/2016年制糖期食糖产量、播种面积、开工糖厂数见表1。

表 1 2015/2016 年度制糖期全国糖料播种面积、食糖产量基本情况

企业名称	糖料播种面积（khm^2）	产糖量（万 t）	开工糖厂数（间）
全国累计	1 423.3	870.19	227
甘蔗糖合计	1 295.5	785.21	200
广东	117.3	63.09	29
其中：湛江	90.7	52.76	20
广西	800.0	511.00	92
云南	336.4	191.04	65
海南	31.7	15.09	9
其他	10.1	4.99	5
甜菜糖合计	127.8	84.98	27
黑龙江	3.2	1.10	2
新疆	60.6	43.23	14
内蒙古	45.3	28.40	6
其他	18.7	12.25	5

2015/2016 年度制糖期，全国糖料收购价与上一年制糖期相比，甘蔗、甜菜收购价均有所上调。甘蔗平均收购价格（地头价，不含运输及企业对农民各种补贴费用等，下同）为 448 元/t，同比每吨增加 30 元，甜菜平均收购价格为 511 元/t，同比每吨增加 19 元。2015/2016 年度制糖期全国制糖行业主要技术指标：甘蔗平均单产为 60.30t/hm^2，甜菜平均单产为 53.85t/hm^2；甘蔗平均含糖分为 13.14%，甜菜平均含糖分为 15.16%；甘蔗产糖率为 11.82%，甜菜产糖率为 12.66%。

二、市场概况

(一) 国内食糖市场

2015/2016 年度制糖期，全国累计产糖为 870.19 万 t，较上一年制糖期减少 185.41 万 t，同比减少 17.56%。其中，甘蔗糖产量为 785.21 万 t，同比减少 20%；甜菜糖产量为 84.98 万 t，同比增长 15.18%。2015/2016 年度制糖期，全国食糖消费量为1 520万 t，比上一年制糖期增加 10 万 t，同比增长 0.7%；年人均食糖消费量为 11.1kg。食糖消费结构略有变化，食糖消费总量中民用消费为 39%，工业消费比例为 61%。2015/2016 年度制糖期，中国糖业协会食糖价格指数为 5 677 元/t，同比上涨 698 元/t，涨幅为 14%；工业累计销售平均价格为 5 609 元/t，同比上涨 664 元/t，涨幅为 13%。本制糖期全国制糖行业销售收入为 519.9 亿元；实现利税总额为 42.2 亿元（其中利润 9.1 亿元）；农民种植糖料收入为 348.9 亿元。2015/2016 年度制糖期行业运行特征：

1. 食糖产量大幅下降　全国糖料种植面积为 142.3 万 hm^2，较上一年制糖期减少 15.6 万 hm^2；加工糖料为 7 518.5 万 t，较上一年制糖期减少 1 316 万 t；食糖产量为 870.2 万 t，较上一年制糖期减少 185.4 万 t。

2. 食糖消费平稳增长　全国食糖消费量达到 1 520 万 t，较上一年制糖期增加 10 万 t。

3. 国际食糖价格上涨，国内食糖价格回升　纽约原糖期货价格创 4 年新高，达 52.0 美分/kg；国内食糖销售价格在前期窄幅波动，后期稳步回升。

4. 制糖工业企业全行业实现扭亏为盈　全行业实现盈利为 9.1 亿元，扭转了三个制糖期连续亏损的局面。

5. 国家宏观调控力度不断加强　国家实施制糖企业临时储存政策，缓解了制糖企业资金压力，促进了农民糖料款兑付；在行业自律基础上对进口关税配额外食糖继续实施自动进口许可管理，食糖进口实现了按需、有序、平稳、可控；严厉打击食糖走私，维护了正常的市场秩序；对糖精等高倍化学合成甜味剂实施了有效管理，稳定和扩大了食糖消费空间；对进口食糖进行保障措施立案调查，有利于保障食糖市场运行基本稳定。

(二) 国际食糖市场综述

2015/2016 年度制糖期，国际食糖供求由此前连续五个制糖期产需过剩逆转为产需不足，巴西和泰国等全球食糖主要出口国汇率反弹，以及能源价格企稳，纽约原糖期货价格大幅上涨，并在制糖期末创出 52.0 美分/kg 的 4 年多新高，最终报收于 49.8 美分/kg，同比上涨 84.6%，最高涨幅为 93.4%。整个制糖期，纽约原糖期货价格波动区间为 27.4～52.0 美分/kg。

展望 2016/2017 年度制糖期，市场普遍预期全球食糖产量供求维持产不足需。预计印度和泰国等国家或地区食糖产量下降，欧盟及中国和俄罗斯等国家或地区食糖产量上升，预计全球食糖产量增长，但是不足以弥补全球食糖消费增加。例如，英国 Czarnikow 公司则预计，全球食糖产量将增加 456 万 t 至 1.79 亿 t。其中，巴西产量增加 439 万～4 075 万 t；预计全球食糖消费量增长 1%左右；预期全球食糖产需缺口 980 万 t。德国分析机构 F.O. Licht 报告预计，全球食糖产量将增加 766 万 t 至 1.77 亿 t。其中，甜菜糖增加 341 万 t，甘蔗糖增加 425 万 t。国际糖业组织（ISO）预期全球食糖产量 1.68 亿 t，同比增加 217

万t，增长1.31%；食糖消费量1.751亿t，同比增加347万t，增长2.02%；食糖产需缺口705万t，同比增加130万t；期末库存7 560万t，同比下降696万t；期末库存消费比下降4.9个百分点至43.2%，为2010/2011年度制糖期以来最低水平。

食糖价格上涨有利于食糖生产恢复，不利于食糖消费增长。同时，作为具有大宗商品特性兼具能源属性和金融属性的国际食糖，其价格波动不但受到本身供求基本面影响，还受到能源价格以及国际汇率波动影响。因此，预计在2016/2017年度制糖期，食糖供求基本面将支撑国际食糖价格不断寻找上方阻力，但是其运行节奏及阻力不可避免将被能源价格和汇率波动所牵制。世界主要产糖国食糖产量和消费量见表2、表3。

表2　世界主要产糖国食糖产量统计表

单位：万t（原糖值）

地区/国别	2012/2013年度	2013/2014年度	2014/2015年度	2015/2016年度	2016/2017年度
世界总产量	**18 689.1**	**18 535.2**	**18 868.1**	**17 407.3**	**17 834.7**
其中：甘蔗糖	14 829.4	14 919.5	14 795.7	13 867.8	13 967.4
甜菜糖	3 859.7	3 615.7	4 072.4	3 539.5	3 867.3
欧洲总量	**2 989.7**	**2 805.0**	**3 179.6**	**2 621.7**	**2 932.6**
欧盟（28国）	1 824.7	1 764.0	2 062.3	1 555.0	1 735.3
俄罗斯	516.3	477.1	482.4	562.8	601.8
乌克兰	242.4	131.5	227.2	159.4	171.5
土耳其	231.4	259.8	223.4	217.3	271.7
美洲总量	**7 259.1**	**6 702.7**	**6 936.3**	**7 161.6**	**7 328.7**
巴　西	4 108.5	4 065.8	3 808.6	3 636.5	4 127.2
哥伦比亚	231.2	260.6	253.0	240.5	236.7
古　巴	166.7	171.5	202.4	179.3	195.7
危地马拉	293.6	296.6	313.5	297.3	300.5
墨西哥	758.2	654.5	650.5	665.0	684.8
美　国	798.5	752.4	772.0	796.1	786.4
加拿大	13.3	10.3	9.2	9.8	12.4
智　利	30.2	28.6	30.2	28.3	23.9
非洲总量	**1 066.4**	**1 159.3**	**1 197.3**	**1 123.0**	**1 101.2**
埃　及	190.0	207.8	252.2	241.3	245.0
南　非	212.7	254.7	229.4	176.2	172.7
亚洲总量	**6 817.7**	**6 919.0**	**7 035.0**	**6 397.6**	**6 014.7**
中　国	1 420.5	1 447.5	1 147.4	945.9	989.1
印　度	2 744.5	2 675.7	3 105.0	2 845.6	2 523.6
巴基斯坦	587.0	606.3	547.8	565.2	597.8
泰　国	1 062.5	1 187.8	1 205.7	1 042.3	978.5
印度尼西亚	281.6	278.8	280.4	271.4	195.7
菲律宾	266.9	267.6	252.6	243.1	250.0
伊　朗	122.1	102.0	152.2	150.0	152.5
日　本	74.2	73.8	79.2	87.5	85.8
大洋洲总量	**474.1**	**484.8**	**514.4**	**556.8**	**523.1**
澳大利亚	454.1	461.3	485.8	528.7	498.9

注：产量按制糖期统计，2016/2017年度制糖期为预测数。

数据来源：英国Czarnikow公司。

表 3　世界主要食糖消费国食糖消费量统计表

单位：万 t（原糖值）

地区/国别	2013 年	2014 年	2015 年	2016 年	2017 年
欧　洲	**3 298.0**	**3 325.2**	**3 307.3**	**3 349.0**	**3 275.0**
欧盟（28 国）	1 886.6	1 953.6	1 908.7	1 943.6	1 858.7
俄罗斯	609.6	597.5	621.8	620.2	622.5
乌克兰	195.7	180.2	170.7	170.7	170.7
土耳其	231.4	238.0	247.3	252.8	258.4
中北美洲	**2 055.9**	**2 092.6**	**2 125.7**	**2 148.7**	**2 157.3**
古　巴	77.9	79.6	81.2	82.8	84.4
危地马拉	79.3	79.9	85.1	86.3	87.9
墨西哥	464.8	445.4	479.1	475.3	476.0
美　国	1 068.3	1 110.9	1 094.1	1 112.2	1 109.4
南美洲	**2 209.4**	**2 205.3**	**2 134.5**	**2 097.1**	**2 113.8**
巴　西	1 348.4	1 327.3	1 275.6	1 242.5	1 250.0
哥伦比亚	184.2	186.2	189.9	196.6	197.6
非　洲	**1 959.5**	**2 032.5**	**2 109.5**	**2 178.5**	**2 247.1**
埃　及	323.4	319.6	330.4	340.2	350.3
南　非	167.2	169.5	171.7	173.9	175.6
中东地区	**771.9**	**786.0**	**796.9**	**812.0**	**829.1**
伊　朗	260.0	260.0	265.2	270.4	275.7
西亚地区	**3 430.1**	**3 544.0**	**3 654.1**	**3 750.3**	**3 841.5**
印　度	2 582.8	2 670.0	2 746.6	2 815.2	2 885.5
巴基斯坦	482.6	492.4	508.6	522.0	530.0
东亚地区	**3 666.4**	**3 775.4**	**3 869.8**	**3 939.1**	**3 987.8**
中　国	1 592.4	1 643.5	1 689.5	1 709.6	1 728.4
印度尼西亚	652.2	675.0	698.7	716.2	734.1
日　本	224.1	225.0	225.7	226.1	226.5
菲律宾	262.0	265.9	270.7	275.4	280.3
泰　国	313.3	327.5	335.6	352.1	348.2
大洋洲	**152.5**	**154.1**	**155.7**	**157.2**	**157.8**
澳大利亚	117.4	118.5	119.6	120.7	120.9
总消费量	**17 543.6**	**17 915.2**	**18 153.5**	**18 431.8**	**18 609.6**

注：消费量按年度统计，2017 年消费量为预测数。

数据来源：英国 Czarnikow 公司。

（三）食糖进出口贸易

2015/2016 年度制糖期截至 2016 年 8 月底，我国累计进口食糖 323.12 万 t，累计出口食糖 14.69 万 t，进口量同比略有减少，出口量同比增幅较高。我国食糖进出口贸易情况分别见表 4、表 5。

表 4 2007—2016 年全国食糖进口与贸易方式统计表

单位：万 t

年份	合计	一般贸易	来料加工	进料加工	保税监管场所进出境货物	特殊监管区域物流货物	边贸	其他
2007	119.34	99.18	1.59	13.28	5.22			0.07
2008	77.99	61.91	1.97	8.89	3.67			1.55
2009	106.45	83.02	0.17	9.93	12.77			0.56
2010	176.61	163.91	0.87	10.89	0.04		0.07	0.83
2011	291.94	276.68	0.97	13.27	0.06			0.96
2012	374.72	360.86	0.99	12.55	0.04			0.28
2013	454.59	434.86	1.30	14.77				3.66
2014	348.58	266.33	1.24	13.94	66.93			0.14
2015	484.59	265.71	0.90	13.93	185.14	18.88		0.03
2016	211.48	176.34	0.95	6.72	18.70	8.77		

注：2016 年统计数字截至 8 月底。

表 5 2007—2016 年全国食糖出口与贸易方式统计表

单位：万 t

年份	合计	一般贸易	来料加工	进料加工	保税监管场所进出境货物	特殊监管区域物流货物	边贸	其他
2007	11.05	2.24	2.80	5.98				0.03
2008	5.84	1.76	2.15	1.51				0.42
2009	6.39	2.21	0.90	3.15				0.13
2010	9.43	5.65	0.91	1.99			0.25	0.63
2011	5.94	1.79	0.99	2.17			0.03	0.96
2012	4.71	1.64	0.93	1.87			0.02	0.25
2013	4.78	1.48	1.06	1.71			0.02	0.51
2014	4.62	1.39	1.09	2.00				0.14
2015	7.50	1.09	1.09	1.70	0.28	3.32		0.02
2016	12.04	0.90	0.74	1.31	0.13	8.96		

注：2016 年度统计数字截至 8 月底。

三、行业工作

(1) 商务部外贸司于 2015 年 10 月 22 日在京召开座谈会，邀请中国糖业协会，广西、云南、广东、内蒙古等糖主产省、自治区糖业协会负责同志等参加了会议，会议围绕食糖产销情况以及如何继续做好2015 年食糖进口管理工作进行了交流研讨。

(2) 由中国糖业协会举办的“2015/2016 年度制糖期全国食糖产销工作会议暨全国食糖、糖蜜酒精订货会”，于 2015 年 11 月 1～2 日在广西桂林市召开。会议总结了 2014/2015 年度制糖期各产区食糖产销工作，通报了 2015/2016 年度制糖期各产区糖料种植及产量预计情况；通报了新制糖期国家对食糖行业宏观调控的思路和原则；对目前全球食糖市场供求形势、国际经济形势、国内近期经济形势和前景等专题展开了深入探讨；分析研究了2015/2016年度制糖期全国糖料生产及食糖产销形势，对新制糖期食糖供求平衡、产销工作、政府调控工作提出建议。

(3) 由工业和信息化部消费品司举办的“2015年制糖和糖精行业工作座谈会”，于2015年12月1日在京召开。会议围绕全国制糖行业发展现状、存在问题以及对新的一年行业生产经营形势进行了深入交流，并就制糖行业“十三五”发展思路和重点任务进行了座谈；对2015年限产限销糖精工作进行了回顾总结，对继续加强对定点糖精生产企业管理及对非定点企业的检查研究了具体办法和建议，对行业污染治理和环境保护提出了要求。

(4) 由农业部贸促中心举办的“糖业产业安全与贸易救济研讨会”，于2015年12月11日在广西南宁召开。与会专家研究讨论了当前食糖产业安全形势，各主产区食糖产业发展现状、进口影响及未来趋势，以及启动食糖贸易救济措施的可行性、困难挑战及应对措施。

(5) 中国糖业协会举办的“全国大型用糖食品企业（集团）座谈会议”于2016年2月26日在北京召开。会上各用糖食品企业（集团）代表通报了所在企业及行业2015年生产销售情况、食糖的采购使用情况和淀粉糖替代情况，2016年企业生产经营和食糖需求预期，并就食糖品种及质量、制糖企业（集团）服务、食糖进口管理政策以及食糖宏观调控政策提出了意见和建议。

(6)“中国糖业协会五届三次理事长（扩大）会议”于2016年3月11日在广西南宁举行。会上传达了中央1号文件、中央扶贫工作会议、中央经济工作会议、中央农村工作会议以及国务院关于2015/2016年度制糖期食糖宏观调控政策、国务院关于打击食糖走私专题工作会议等有关糖业发展工作的会议和文件精神，通报了中国糖业协会秘书处近期工作及原糖进口加工企业行业自律工作。与会同志认真分析了行业当前形势、面临的主要困难和问题，研究讨论了相关对策和有关决定。会议一致通过了《关于贯彻落实国务院2015/2016年度制糖期食糖宏观调控政策精神的决定》、《关于积极开展打击食糖走私工作的决定》和《关于稳定食糖市场确保兑付农民糖料款实现扭亏为盈的决定》。

(7)“中国糖业协会五届四次理事长（扩大）会议”于2016年6月25日在广西柳州召开。会上传达了国务院及有关部委会议精神，通报了打击食糖走私等协会重点工作进展，汇报了中国糖业协会下一步工作安排。会议就打击食糖走私工作总结了经验，分析了存在的主要问题和困难，针对行业面临形势，研究讨论了下一阶段工作部署。

(8)“2016年中国（广西）糖业发展国际论坛暨中国糖业协会商业流通会员座谈会”，于2016年3月12日在广西南宁召开。会议主要内容：一是主产糖省、自治区通报2015/2016年度制糖期食糖产销情况、2016/2017年度制糖期糖料种植情况及宏观调控的意见和建议；分析国内外糖料生产及食糖产销形势。二是中国糖业协会传达了2015/2016年度制糖期国家食糖宏观调控管理和政策精神，通报对新制糖期食糖宏观调控的意见和建议。三是有关主管部门领导介绍并提出了指导糖业发展和宏观调控的思路。四是开展了糖业论坛、与会代表座谈以及工商企业交流与贸易洽谈等。

(9)“中国糖业协会五届三次常务理事暨五届二次理事扩大会议”于2016年8月29日至9月1日在宁夏召开。会上，听取了秘书处工作报告，听取了各主产糖省、自治区协会负责同志和企业（集团）代表就2015/2016年度制糖期食糖产销情况总结和2016/2017年度制糖期糖料种植情况的通报以及对国家宏观调控的意见和建议。会议审议并表决通过了八个决议和一个决定：一是关于通过中国糖业协会工作报告的决议；二是关于贯彻落实国务院2015/2016年度制糖期食糖宏观调控政策精神的决议；三是关于稳定食糖市场、确保兑付农民糖料款、实现扭亏为盈的决议；四是关于变更中国糖业协会副理事长人选的决议；五是关于积极开展打击食糖走私工作的决议；六是关于进一步开展打击食糖走私工作的决议；七是关于在全行业开展二维码防伪溯源工作的决议；八是关于修改中国糖业协会会费收缴（标准）办法的决议；九是关于对开展打击食糖走私工作先进单位和个人给予表彰的决定。

(10)“中国糖业协会2016年原糖进口加工委员会主任工作（扩大）会议”于2016年9月27日在北京召开。会议听取了参会企业2016年生产经营情况汇报；认真学习、讨论了商务部对进口食糖进行保障措施立案调查的公告内容；对国家宏观调控食糖市场工作提出了建议。会议经过讨论，达成以下共识：一是坚决支持国家对进口食糖进行保障措施立案调查，并积极配合有关部门做好相关工作；二是进一步做好行业自律工作，促进糖业可持续发展；三是坚决抵制各种市场炒作行为，不私下串联，不发表不实言论；四是各企业根据自身实际，自主决定通过正常渠道向有关部委如实反映企业诉求。

（中国糖业协会　胡志江　王让梅）

蔬菜加工业

一、基本情况

(一) 资源情况

我国是世界上最大的蔬菜生产国和消费国。根据国家统计局资料显示，2015 年我国蔬菜种植面积为 21 999.7khm²，同比增长 2.8%；蔬菜总产量为 78 526.1万 t，同比增长 3.3%。播种面积排名前 6 位的省依次为山东 1 888.6khm²、河南 1 751.7khm²、江苏 1 431.4khm²、广东 1 382.0khm²、湖南1 372.9 khm²、四川 1 349.6khm²；总产量排名前 6 位的省依次为山东 10 272.9 万 t、河北 8 243.7 万 t、河南 7 456.55万 t、江苏 5 595.7 万 t、四川 4 240.8 万 t、湖南 3 996.9 万 t。位于前列省份的播种面积和总产量均高于去年，产业集中度也有所提升。

(二) 发展导向

(1) 农业部于 2015 年提出要求，稳定蔬菜种植面积，协调推进南菜北运基地和北方大中城市设施蔬菜生产，发展冷凉地区夏季蔬菜生产，丰富蔬菜市场品种。推广安全高效绿色栽培技术，保障蔬菜质量安全，稳步提高北方冬春淡季蔬菜自给水平。在华南冬春蔬菜优势区、长江上中游冬春蔬菜优势区、黄土高原夏秋蔬菜优势区、云贵高原夏秋蔬菜优势区、黄淮海与环渤海设施蔬菜优势区和西北鲜食用、加工用和种用马铃薯及蔬菜优势区等，建设全国性专业产地市场。农业部授予陕西省农业厅、山东省农业厅等 10 个单位稳定发展“菜篮子”产品生产优秀单位。

(2) 农业部于 2015 年发布《全国设施蔬菜重点区域发展规划（2015—2020 年)》，提出了发展设施蔬菜的指导思想、基本原则和任务目标，制定了设施蔬菜生产区域布局和建设重点。强调了因地制宜建设设施蔬菜产区，尊重市场需求进行设施蔬菜布局，合理利用资源提高设施蔬菜效益，注重粮菜统筹确保食物安全，依靠科技支撑提高设施蔬菜产出率，改善生产装备条件提高劳动生产率，改善基础设施提高抗风险能力，多渠道筹措资金提高财政资金利用效率，促进农业结构调整优化和农业生产提质增效。

(三) 发展布局

“菜篮子”产品产量已连续多年位居世界首位，生产结构更加优化，产业布局更加合理。华南冬春蔬菜优势区蔬菜生产重点县 74 个，蔬菜销往“三北”、长江流域、港澳地区以及日、韩等市场，商品化处理程度达到 80%以上。长江上中游冬春蔬菜优势区蔬菜生产重点县 92 个，蔬菜销往“三北”地区和珠江三角洲地区冬春淡季市场，商品化处理程度达到 65%以上。黄土高原夏秋蔬菜优势区包括陕西、甘肃、宁夏、青海、内蒙古、山西、河北等 7 省、自治区 88 个蔬菜生产重点县，蔬菜销往华北地区、长江下游、华南夏秋淡季市场以及东欧、中亚、西亚等市场，商品化处理率达到 70%以上。云贵高原夏秋蔬菜优势区包括云南、贵州、重庆、湖南、湖北 5 省、直辖市 65 个蔬菜生产重点县，蔬菜销往珠江中下游、长江中下游和港澳地区以及东南亚、日本、韩国等夏秋淡季市场，商品化处理率达到 65%以上。黄淮海及环渤海设施蔬菜优势区包括辽宁、北京、天津、河北、山东、河南、江苏、安徽等 8 省、直辖市 177 个蔬菜生产重点县，蔬菜销往“三北”地区和长江流域冬春淡季市场。

二、加工业概况

2015 年我国蔬菜加工业总体保持平稳发展，加工方式由初加工向精深加工转变。鲜切蔬菜、蔬菜料理、蔬菜沙拉、蔬菜脆片和蔬菜粉等新型产品比重不断增大，但保鲜蔬菜、腌制蔬菜、传统技术脱水的干制菜加工占比依然较高。但仍存在加工成本攀升、产品技术与装备创新能力薄弱、质量安全和冷链物流体系不完善等诸多问题。农业部重视对蔬菜初加工的补助，重点支持发展贮藏、保鲜、烘干、分等分级、包装和运销等环节，并支持改造升级相应设施装备，减少蔬菜售前损失。2015 年上半年蔬菜加工能力前五省的集中度为 65.5%，同比增长 0.3%，区域优势更加明显。

1. 采后加工 在流通中，我国蔬菜损耗率高达 25%～35%，发达国家一般在 5%以下。采后加工有利于产后减损、提质增效和质量安全。重点技术在于采后分级、预冷处理、贮运设备和技术。采后预冷既减少蔬菜损失又最大限度地保持蔬菜的品质，发达国家已将预冷作为采后处理的首要环节。主要采用压差预冷、真空预冷、冷水预冷和普通冷库预冷，针对蔬

菜品种综合选择预冷设施，重点是易腐难贮蔬菜的预冷。净菜是采后加工的重点方向，蔬菜经分选、浸洗、喷淋、切分、杀菌、包装后，可有效延长储存时间，方便食用。鲜切蔬菜所导致的机械损伤、褐变、微生物侵染、腐烂等降低了蔬菜的商品价值，因此鲜切蔬菜的保鲜技术如低温保藏、气调包装（MAP）、涂膜保鲜、防腐保鲜剂、物理杀菌保鲜、减压保鲜、生物保鲜等均在鲜切蔬菜中使用。大连理工大学基于臭氧果蔬保鲜特点，研制了开环控制臭氧投放技术的臭氧果蔬保鲜设备。上海明月包装公司为气调保鲜开发出新型复合阻隔膜，具有不俗的国际市场竞争力。

2. 蔬菜汁、蔬菜粉　果蔬汁富含多种维生素和矿物质，饮料的消费逐渐由嗜好性饮料向营养性饮料转变，果蔬汁饮料较好地保留了果蔬原料中的营养成分。非浓缩还原汁异军突起，其新鲜、营养、方便的特点，具有市场发展潜力，我国的果蔬汁加工业正在逐渐扩大。目前市场上的蔬菜汁主要有番茄汁、胡萝卜汁、南瓜汁以及一些果蔬复合汁。天津渤海职业学院对沙棘、番茄、胡萝卜复合果蔬汁饮料配方进行了研究，加入环状糊精等物质对果蔬汁中的绝大多数营养元素进行有效的包埋保护，同时可以对一些营养成分进行强化、再均质。陕西师范大学提出了利用闪蒸技术实现果蔬汁加工中节能的技术思路。将新鲜果蔬加工成果蔬粉，其水分含量低于 6%，既能充分利用原料，又能降低储藏、运输、包装成本。果蔬粉可应用到食品加工的各个领域，有助于提高产品的营养成分、改善产品的色泽和风味，以及丰富产品品种。现有的果蔬粉品种主要有：南瓜粉、番茄粉、大蒜粉、大葱粉等，颗粒大不方便使用和高温制粉时对营养成分、色泽和风味的破坏，是目前果蔬粉加工的普遍问题。超微粉碎加工使果蔬粉的分散性、水溶性、吸附性、亲和性等得到提高，营养成分更容易消化、吸收、口感更高，是未来发展方向。典型多维果蔬粉的工艺流程为原料选择、清洗、预处理、压榨、打浆、包埋、复配、均质、料液、护色、包埋、喷雾干燥、包装。

3. 脱水蔬菜　脱水蔬菜因营养损失少、耐贮藏、质量轻、体积小、便于运输、食用方便等特点，成为人们日益追求的安全、营养、健康、方便的果蔬食品。常用的干燥方法有：热风干燥、冷冻干燥、真空干燥和微波干燥，热风干燥仍是主流。一般脱水蔬菜的加工过程为选料、修整、洗切、烫漂、甩干、烘干、包装，主要加工设备有电子秤、清洗机、去皮机、切分机、漂烫池、甩干机、隧道式干燥机或带式干燥机、包装机等。冷冻干燥蔬菜是脱水蔬菜出口的主打产品，真空冷冻干燥蔬菜的加工过程是选料、清洗、去皮、切分、烫漂、冷却、沥干、冻结、真空干燥、分拣、包装。热风干燥造成蔬菜易变质、复水率低以及营养成分流失等问题，通过增设用海藻糖溶液浸泡，保证了细胞膜结构的完整性和脱水蔬菜的复水率，在避免蔬菜营养成分流失的同时满足了杀菌和灭酶的要求。干制辣椒品种具有很强的区域性和独立性，采后增值潜力大，干制辣椒产业链长，相对其他蔬菜产业总体水平较低，需要加大科技创新力度。近年干制辣椒加工发展迅猛，一是直接加工成辣椒干、辣椒粉、辣椒段等，供餐饮业、消费者使用或作为榨菜等加工的辅料；二是以辣椒为主的加工制品及辣椒素、辣椒红素提取等深加工提供原料。河南、河北等地加工辣椒干、辣椒粉有比较优势，作为油辣椒等制品原料提供给西南地区加工企业。辣椒制品加工主要生产企业有贵州老干妈、好花红、湖南辣妹子、重庆小天鹅、谭妹子等。辣椒素、辣椒红素提取等辣椒深加工在新疆、山东、内蒙古等地区优势较大。

4. 速冻蔬菜　速冻贮藏是蔬菜加工贮藏技术中保存其果蔬原有风味和营养成分较理想的方法。其工艺核心在于：力争在最短的时间内冻结迅速，使菜体迅速通过冰晶形成阶段，菜体中的水形成细小的晶体，不致损伤细胞组织，保证速冻质量，一般将前处理后的原料及时放入－25℃至－35℃的低温下迅速冻结。目前连续式速冻蔬菜生产线以及低温贮运装备的能力还很低，仍以传统的压缩制冷机为冷源，制冷效率受到很大限制，高档速冻蔬菜的大型连续式速冻机仍以进口为主。速冻豆类蔬菜作为主要出口的蔬菜品种，越来越受到国内外市场的欢迎，吉林农业大学从原料适应性、烫漂、冻结、冻藏等工艺方面对豆类蔬菜速冻加工中关键技术进行了研究。西华大学研究不同速冻与低温保鲜对鲜切甘蓝贮藏品质的影响，表明经护色和漂烫后采用干冰速冻处理，0℃下贮藏 20d，仍能够较好地保持营养品质，抑制腐败微生物，具有良好的质构特性，色泽、气味、感官品质显著好于其他处理。

5. 腌制蔬菜　我国分酱、腌、泡发酵蔬菜三大类。其中，酱菜类以扬州酱菜“三和四美”品牌为代表，年产能 8 000t 以上，主销华东市场。腌菜中最有特色的品种是榨菜，榨菜类以重庆涪陵“乌江榨菜”品牌为代表，是世界三大小菜之一。涪陵榨菜生产厂家多，以涪陵榨菜集团最为成功，开发的榨菜系列最多，年产能 10 万 t，年销售额 8 亿元。泡菜类以四川“眉山泡菜”为代表，已形成超百亿的即食小菜市场，3 000 年历史传承，庞大的产业集群，销售额 150 亿元，主销四川、重庆及华东、东北、华北等地。泡菜是利用蔬菜自身附着的微生物或添加人工培养的乳酸菌发酵剂，发酵而成的特色食品，在我国历史悠久，四川泡菜是典型代表。东北酸菜是以白菜为原料添加一定浓度的食盐，经乳酸菌充分发酵的蔬菜发酵制品，是区域性特色食品。四川大学对萝卜、豇豆、青菜和榨菜四种不同原料的四川泡菜样品进行研究，在揭示泡菜发酵机理、风味因子的形成机制以及工业化生产等方面做出有益探索。辽宁农业科学院对东北酸菜产业发展现状从设施、工艺、生产规模等进行分析，提出对策。西南大学就蔬菜在腌制过程中保脆、保色、保风味及保藏等方面进行了系统研究。

6. *蔬菜物流* 果蔬冷链基础设施建设，已成为加工大省涉农设施建设的重点之一，山东着重加强田间地头的蔬菜预冷库建设，广东将冷链建设作为农业基础设施建设重点并制定建设规划。目前，广东规模以上果蔬冷链物流企业数量为 680 个，企业数量和冷库库容总量同比分别增长 36%和 8%。2015 年果蔬保藏冷库库容新增 390 万 t，冷库保有量达到 3 710 万 t，同比增长 11.76%；冷藏车增加 1.4 万辆，冷藏车保有量突破 9 万辆，同比增长 18.4%；果蔬冷链流通率和冷藏运输率分别达到 22%和 35%。冷藏保鲜运输仍是冷链的薄弱环节，与发达国家存有较大差距，果蔬自身产生的乙烯气体极易催熟果蔬，研制去除乙烯的冷藏车已成为全球果蔬保鲜的研究热点。上海电气集团现代农业装备成套有限公司在引进国外技术的基础上，实现部分关键部件的国产化。苏州大福与中国科学院华南植物园等研发的干雾控湿生物保鲜技术，既能保持高湿度，又能防止落水、滴水现象，保证果蔬的新鲜品质。国投中鲁与济南果品研究院果蔬节能冷链与深加工关键技术和装备项目，荣获山东省科技进步一等奖。

7. *水生蔬菜加工* 我国目前水生蔬菜栽培面积 733.7khm^2，是世界最大生产国，主要分布在长江、珠江和黄河流域，水生蔬菜包含藕莲、子莲、荸荠、菱角、茭白、莼菜、芋、慈姑、水芹、蕹菜、芡实、蒲菜、豆瓣菜等 10 余种。湖北是水生蔬菜产业大省。从事水生蔬菜保鲜加工技术研究的华中农业大学、湖北农业科学院等，通过绿色保鲜技术集成、精深加工技术集成，实现水生蔬菜贮运、多元化加工和专用装备研发，培植了湖北华贵食品有限公司、湖北强农食品有限公司等一批水生蔬菜保鲜加工的龙头企业。泡藕带、油炸藕片、酥脆藕条、荷塘三宝、酥脆莲籽、保鲜青鲜莲籽、卤藕片、莲籽汁和马蹄爽饮料等加工技术及产品，都形成规模效益。

8. *副产物综合利用* 蔬菜在采收、运输、加工等环节产生了大量的副产物，不合格瓜菜果以及大量的皮、核、种子、叶、茎、花、根等下脚料，蕴含了宝贵的财富，对副产物的综合利用已越来越引起重视，研究下脚料的深加工技术是行业的一大课题。如利用姜汁的加工副料提取生姜蛋白酶用于凝乳，从番茄皮渣中提取番茄红素治疗前列腺疾病，将胡萝卜渣加工后制成蔬菜纸用于食品包装等，无废弃开发已成为果蔬加工新热点。农业部开展农产品及加工副产物综合利用试点，强化副产物“循环利用、高值利用、梯次利用”理念，在果蔬加工副产物、粮油薯加工副产物等五大领域，根据技术先进适用可行、经济社会生态效益显著等，着力培育一批农产品及加工副产物综合利用试点县、试点企业，使其起到良好的示范辐射带动作用。中国农业大学从微生物降解性角度提出堆肥化处理，是实现蔬菜废弃物快速资源化利用的有效途径。山东农业机械科学研究院在青州设计 7.5 万 t/年蔬菜废弃物有机肥生产线，并投入正常使用。

三、国内外市场概况

生产集中度的提高也增加了“滞销卖难”的风险，农业部重视区域性农产品产地市场建设。按照东中西均衡发展，适度向西部倾斜的原则，蔬菜田头市场分布在华南冬春蔬菜优势区、长江上中游冬春蔬菜优势区、黄土高原夏秋蔬菜优势区、云贵高原夏秋蔬菜优势区、黄淮海与环渤海设施蔬菜优势区、东南沿海出口蔬菜优势区、西北内陆出口蔬菜优势区和东北沿边出口蔬菜优势区。促进各类经营主体同大型电商平台合作，推广“田头市场＋电商企业＋城市终端配送”营销模式，培育蔬菜知名品牌。2015 年中央 1 号文件提出，创新农产品流通方式，支持电商、物流、商贸、金融等企业参与涉农电子商务平台建设。

（一）国内市场

2015 年全年 28 种典型蔬菜平均批发价为 3.71 元/kg，同比上涨 1.0%。其中，4、6、7、8、9 月和 12 月的蔬菜价格高于 2014 年同期水平，5 月基本持平，其余月份均不同程度地低于 2014 年同期水平。主要原因，2014 年价格过低导致 2015 年种植户积极性不高，蔬菜整体面积缩减，而下半年雾霾、降雪等天气造成下半年多数叶类蔬菜接受光照时间不长，生长周期延长，部分蔬菜供应断茬，导致下半年部分蔬菜价格偏高。叶菜类、花菜类、根菜类价格上涨较为明显，果菜类价格平稳运行，茎菜类价格高位回落。2015 年山东省发布部分地区大蒜、马铃薯、大白菜和大葱的目标价格保险制度试点，保险与实际价格挂钩，保障种植户利益。不同地区种植成本不同，价格的制定也更趋灵活，目标价格保险的推广任重道远。

（二）国际市场

我国蔬菜出口量总体上表现为稳定增长的趋势，其中出口额的增长高于出口量的增长。2015年进口蔬菜约24.47万t，同比增长10.30%；进口额约5.41亿美元，同比增长5.13%。出口蔬菜1 018.72万t，同比增长4.37%；出口额为132.67亿美元，同比增长6.15%。从蔬菜产品出口结构看，出口蔬菜分为生鲜冷冻蔬菜、调理加工保藏蔬菜、脱水蔬菜和蔬菜种子等四大类。2015年蔬菜罐头出口量为165.9万t，同比增长7.0%；出口额为19.8亿元，同比下降4.0%。冷冻及暂时保藏蔬菜出口量和出口额均有所下降。

四、质量管理与标准化建设

（一）质量管理

2015年全国蔬菜例行监测合格率达到96.1%，连续8年保持96%以上，全年未发生重大质量安全事故，蔬菜质量安全水平保持了总体良性稳定。但各地区质量安全问题仍有发生，干制蔬菜产品方面，卫生条件和食品添加剂超标是产品不合格的主要原因。贵州省食品药品监管局发布2015年全省干制蔬菜不合格率高达30.7%，不合格指标主要是二氧化硫残留超标。2015年农业部推进农产品质量安全执法年活动，对产地环境、生产过程、收储运环节全链条监管，制修订农产品质量安全标准，开展专项治理行动，重点治理蔬菜生产违规使用禁限用农药行为。农业部下达2015年度国家农产品质量安全风险评估项目计划，对重要“菜篮子”农产品质量安全状况进行专项评估。开展农产品质量安全县创建活动，首选100个“菜篮子”主产县，探索建立一套有效的监管模式和标准化生产的样板区。如天津市无公害农产品管理中心的放心菜质量安全监管与追溯系统，中农立华（山东）农业服务有限公司的蔬菜安全追溯体系等项目，已进入农业部节本增效农业物联网应用模式。

（二）标准化建设

我国蔬菜产品安全质量标准主要有无公害蔬菜产品安全质量标准、绿色食品蔬菜产品安全质量标准和有机食品蔬菜产品安全质量标准三大类。蔬菜分级分等标准逐步完善，根据《蔬菜名称及计算机编码》（NY/T 1741—2009），将蔬菜分为15大类231个品种，13大类32种蔬菜已制定分等分级标准。产量前10位的品种有番茄、黄瓜、白菜、甘蓝类、茄子、洋葱、大蒜、菠菜、瓜类、萝卜类、豆类等大类蔬菜，对应等级规格标准均已制定。2015年，有关部门发布的蔬菜加工标准情况见表1。

表1 2015年有关部门发布的蔬菜加工标准情况

标准号	标准名称
GB 2714—2015	食品安全国家标准 腌菜
GB/T 13209—2015	青刀豆罐头
GB/T 13518—2015	蚕豆罐头
GB/T 31795—2015	番茄黑环病毒检疫鉴定方法
GB/T 31802—2015	番茄斑萎病毒检疫鉴定方法
GB/T 31805—2015	豇豆重花叶病毒检疫鉴定方法
NY/T 1049—2015	绿色食品 薯芋类蔬菜
NY/T 1324—2015	绿色食品 芥菜类蔬菜
NY/T 1325—2015	绿色食品 芽苗类蔬菜
NY/T 1326—2015	绿色食品 多年生蔬菜
NY/T 1405—2015	绿色食品 水生蔬菜
NY/T 1506—2015	绿色食品 食用花卉
NY/T 2723—2015	茭白生产技术规程
NY/T 2727—2015	蔬菜烟粉虱抗药性监测技术规程
NY/T 2751—2015	植物新品种特异性、一致性和稳定性测试指南 普通洋葱
NY/T 2755—2015	植物新品种特异性、一致性和稳定性测试指南 韭
NY/T 2756—2015	植物新品种特异性、一致性和稳定性测试指南 莲属
NY/T 2757—2015	植物新品种特异性、一致性和稳定性测试指南 青花菜
NY/T 2752—2015	植物新品种特异性、一致性和稳定性测试指南 南瓜
NY/T 2776—2015	蔬菜产地批发市场建设标准规范
NY/T 2780—2015	蔬菜加工名词术语
NY/T 2789—2015	薯类贮藏技术规范
NY/T 2790—2015	瓜类蔬菜采后处理与产地贮藏技术规范
NY/T 2798.3—2015	无公害农产品 生产质量安全控制技术规范 第3部分：蔬菜
NY/T 2804—2015	蔬菜园艺工
NY/T 2865—2015	瓜类果斑病监测规范
NY/T 2868—2015	大白菜贮运技术规范
NY/T 2869—2015	姜贮运技术规范
SC/T 3218—2015	干江蓠
JB/T 12448—2015	果蔬鲜切机
QB/T 4856—2015	不锈钢果蔬刨 通用要求
SN/T 0230.2—2015	出口脱水大蒜制品检验规程
SN/T 0626.3—2015	出口速冻蔬菜检验规程 芦笋类
SN/T 4139—2015	出口水果蔬菜中乙萘酚残留量的测定

五、行业活动

(1)“第十六届中国(寿光)国际蔬菜科技博览会”于2015年4月20日至5月30日在山东省寿光市举办。本届会议由农业部、商务部、山东省人民政府等13个单位共同主办，以“绿色、科技、未来”为主题，来自荷兰、瑞士、德国等40多个国家及地区参展，共展出菜果品种2 000多个，新增品种200多个，新技术100多项，种植模式30多种。本届展会共设有1个主展区和12个分展区，主展区面积45万m^2，设有11个展厅、蔬菜博物馆及采摘园，菜博会将持续40d。作为国内唯一的国际性蔬菜产业品牌展会，已连续成功举办了16届。

(2)“2015年中国蔬菜产业大会”于5月15～16日在河北省石家庄市举办，会议由中国蔬菜协会、河北省农业厅主办。会议以“创新引领未来”为主题，来自全国从事蔬菜生产、加工、科研、技术推广、农资企业等800余人参加。会上，召开了蔬菜种苗、水肥一体化、绿色防控、机械化等四个创新发布会，旨在推动蔬菜行业发展方式转变，促进先进适用新技术尽快在生产实践中应用，推进蔬菜标准化生产。农业部总农艺师孙中华出席大会并讲话。孙中华对蔬菜产业发展提出四条意见：一是要保持稳定发展，均衡供应；二是坚持不懈地推进质量安全水平提升；三是加快蔬菜机械化的进程；四是积极促进蔬菜产销对接。

(3)“第六届中国蔬菜新优品种博览会暨蔬菜科技成果转化与蔬菜产销能力提升研讨会”于2015年6月12～15日在上海市浦东新区召开。大会由中国园艺学会、中国蔬菜流通协会等主办。会议以“让世界菜篮子丰富起来”为主题，通过室内展览和田间展示相结合的方式，集中展示了2 000余项最新的科研成果。来自全国的20多个省、自治区、直辖市农业主管部门、科研院校、专业合作社、国家大宗蔬菜产业技术体系专家、300多个国内外知名企业代表共2 600多人参会。会上，召开了“蔬菜科技成果转化与蔬菜产销能力提升研讨会”，交流了提升蔬菜产销能力的先进模式，探讨了落实种业体制改革、促进民族种业发展的途径和措施，展示了机械化生产、物联网精准化管理等先进技术在蔬菜产、供、销等环节上的应用情况。会议期间，参会代表现场观摩了蔬菜新优品种田间展示及国内外知名企业、科研院所的新成果展览。

(4)“2015年北京国际果蔬展览会暨研讨会”于2015年9月9～11日在北京市召开，会议由中国出入境检验检疫协会等单位主办。会议吸引了来自澳大利亚、新西兰、美国、墨西哥、秘鲁、智利、阿根廷、厄瓜多尔、泰国、马来西亚、南非、法国、埃及、以色列等15个国家和地区的特色果蔬产品参展。其中，海外展商比例达50%以上。除了常见的苹果、梨、柑橘、猕猴桃、甜樱桃、芒果、葡萄、香蕉，以及枣、各种干果、蔬菜等产品外，还有在中国首发的牛油果、蓝莓、柠檬、石榴、蛇皮果等。展览会上的国内产品来自北京、河北、山西、陕西、内蒙古、新疆、黑龙江等15个省、自治区、直辖市。展会同期，还举办了国际果蔬论坛，旨在分析全球及地区性贸易形势，促进外贸进出口业务交流，让更多的采购商和供应商了解果蔬国际市场和趋势。

(5)“2015年中国(西安)国际果蔬汁产业大会”于2015年6月29～30日在陕西省西安市举行。本届大会以“上下游协作，共促果汁饮料消费市场增长”为主题，邀请了行业专家学者、果汁加工生产厂家、原辅材料商等人士参会。本届大会针对目前国内果蔬汁加工及食品饮料领域中存在的产业困局、技术难点热点等问题展开精彩的讨论和剖析，来自业界的专家分别围绕果蔬加工科技与产业发展现状及展望、国内外果蔬汁饮料行业分析、绿色食品与果蔬加工技术创新、果品蔬菜吃干榨净技术创新与实践、特色果蔬高值化利用、果蔬汁饮料标准、果蔬汁质量安全等专题进行了深入的研讨交流，积极建言献策，共谋产业发展之道，分享行业最新研究成果。

(6)“中国果蔬装备2025发展战略研讨会”于2015年10月29～31日在上海市召开，会议由中国食品和包装机械工业协会果蔬保鲜加工机械分会主办。来自果蔬保鲜加工机械企业、大专院校、科研单位的专家参加了会议。会上，主要围绕果蔬冷链保鲜设备、净菜与装备发展、果蔬干燥发展趋势、果蔬采后商品化处理质量标准和冷链物流装备技术、果蔬加工机械标准研究与行业定位等进行了研讨，充分展示了当前果蔬行业存在的问题，以及未来机遇与挑战。此次研讨会为企业、科研机构和政府之间搭起了一个沟通交流的桥梁。

(山东省农机机械科学研究院　李寒松)

茶叶加工业

一、我国茶叶在世界上的地位

根据中国农业科学院茶叶研究所（以下简称“中茶所”）发布的全球茶叶最新大数据，2015年世界茶叶总产量为528.5万t，比上年的517.3万t增长2.17%。其中，中国大陆2015年茶叶产量为227.8万t（注：与中国农业部发布数字同，但较国家统计局发布的224.9万t高，分析世界茶叶产销均使用此数据），比上年的209.6万t增长了8.68%，占世界茶叶总产量的43.11%，占世界茶叶比例较上年提高了2.61%，仍居世界第一位；依次的国家是印度，年产量为119.1万t，占世界总产量的22.54%；第三位是肯尼亚，年产量为39.9万t，占世界总产量的7.55%；第四位是斯里兰卡，占世界总产量的6.21%。2015年世界茶叶产量前九位的国家相对地位与2014年一致，2015年孟加拉茶叶产量超过乌干达，位居世界第十。2015年全球茶叶出口量为175.7万t，占全球茶叶总产量的34%，比2014年的182.7万t下降了3.83%。目前世界上第一大茶叶出口国为肯尼亚，2015年的出口量为44.3万t，占全球茶叶出口量的25%，尽管其出口量比2014年的49.9万t减少了11.2%，但由于全球茶叶价格比上年提高，肯尼亚茶叶出口额从2014年的1 011亿KSH（肯尼亚先令）增加到2015年的1 252亿KSH，增长了23.8%。2015年全球茶叶出口第二位的是中国大陆，茶叶出口量为32.5万t，占全球茶叶出口量的18%；第三位是斯里兰卡，占全球茶叶出口量的17%；第四位是印度，占全球茶叶出口量的12%。从世界范围看，整个亚洲茶叶出口量占全球茶叶出口量的60%左右，非洲茶叶出口量大约占全球茶叶出口量的35%，其他国家和地区的出口量仅占全球出口量的5%左右。

随着国内外学者对茶与健康研究的不断推进，以及各国对茶叶保健功能的推广与宣传，全球茶叶消费量呈上升趋势，2015年茶叶消费量为494.4万t，较2014年的476.4万t增长3.8%。中国和印度既是世界茶叶生产大国，又是世界上主要的茶叶消费国，大部分茶叶在国内市场消费。2015年中国茶叶消费总量为182.2万t，居世界第一位，占世界茶叶消费总量的36.85%。其次是印度，其茶叶消费量为94.7万t，中国和印度的消费量合占世界总消费量的56%。其他茶叶主产国肯尼亚和斯里兰卡的茶叶大部分供出口，本国茶叶消费非常低，2015年分别为3.3万t和2.8万t。其他茶叶消费国家和地区中，孟加拉、伊朗、摩洛哥、阿富汗、中国台湾、伊拉克、波兰茶叶消费量分别为7.4万t、6.3万t、5.8万t、5.3万t、4.0万t、3.6万t、3.4万t。从人均消费情况来看，全球茶叶生产大国中国、印度、肯尼亚的人均消费量都很低，2012至2014年人均消费茶叶分别为1.14kg、0.74kg和0.65kg，印度尼西亚则更低，仅为0.34kg。

作为世界茶叶市场的指示性价格，FAO茶叶综合价格在过去10年一直保持稳定，直到2014年由于CTC红碎茶价格下降导致全球茶叶综合价格大幅度下降，而Orthodox茶（传统茶）价格上升，这部分抵消了CTC茶价格下降的负面效应，使最终2014年全球茶叶综合价格比上一年仅降低了2.45%。2015年又出现了相反的情况，由于油价降低，俄罗斯和近东地区的经济受挫，导致其需求减少，从而使传统茶的价格下跌，2015年茶叶综合价格虽较上一年略有提高，但幅度不大。

综上所述，2015年全球茶叶产销总体形势表现为，全球茶叶产量、消费量均保持稳步上升的趋势，而全球茶叶出口量继续降低，但从总体的产销对比情况看基本稳定，全球茶叶市场的价格回升，增加全球茶叶消费仍有潜力可挖。

二、我国茶叶生产情况

2015年全国茶叶生产继续保持稳定发展，茶园面积增幅下降，茶叶产量继续增加，产品结构优化，产值增长较快，提质增效成效明显，形势良好。根据国家统计局、农业部和中茶所发布的大数据和信息分析如下：

（一）茶园面积

根据国家统计局数据，2015年全国茶园面积和开采面积统计见表1。从表1可以看出，我国茶园面积和开采面积仍处上升趋势，2015年全国茶园面积为2 791.4khm^2（未包括台湾省，以下茶叶相关数据同），较上年增长5.34%，比2014年的增幅7.33%下降了2个百分点；开采面积为2 125.8khm^2。除增长率虽较高、但面积绝对增长量很少的西藏、甘肃等省、自治区外，贵州、江西等省茶园面积增长显著。本年度茶园面积增长速度前5位的省份是贵州、江西、河南、山东、湖北，而2014年增长速度在前五位的云南、四川、福建均退出了前5位。浙江和江苏等省已出现茶园面积稳定，稍现负增长现象。总体来说，符合农业部提出的稳定茶园面积，提高单产和效益的发展要求。

表1　2015年全国茶园面积

地　区	茶园总面积（khm^2）		采摘面积（khm^2）		地　区	茶园总面积（khm^2）		采摘面积（khm^2）	
	本年总面积	同比增长（%）	本年面积	同比增长（%）		本年总面积	同比增长（%）	本年面积	同比增长（%）
全国总计	**2 791.4**	**5.34**	**2 115.8**	**6.35**	广　东	49.4	2.34	40.5	−4.65
江　苏	33.8	−1.49	30.3	6.43	广　西	68.9	2.61	56.0	4.20
浙　江	194.5	−0.56	177.9	1.50	海　南	1.3	3.72	1.1	−1.09
安　徽	167.9	0.80	143.7	−0.63	重　庆	39.9	5.71	28.6	0.53
福　建	250.1	2.96	226.9	4.90	四　川	321.7	5.22	229.8	6.16
江　西	85.1	9.32	63.8	9.52	贵　州	418.9	13.44	217.9	24.68
山　东	25.5	6.78	18.1	6.50	云　南	424.8	3.78	364.0	5.21
河　南	114.0	8.09	93.0	5.14	西　藏	0.6	17.02	0.1	8.33
湖　北	324.1	6.69	231.3	5.65	陕　西	127.5	5.06	83.2	10.92
湖　南	131.2	2.94	103.3	4.96	甘　肃	12.2	7.04	6.3	12.16

根据农业部统计表明，2015年茶园结构继续优化，全国茶园无性系良种茶园面积比例同比提高1.2个百分点，达56.5%；有机茶园面积比例提高0.3个百分点，达6.2%。

（二）茶叶产量

根据国家统计局发布的2015年全国及各产茶省、自治区、直辖市茶叶总产量、各茶类产量及与上年比较情况，如表2和表3所示。2015年全国干毛茶产量为224.9万t，较2014年的209.6万t增加15.3万t，增幅为7.31%。六大茶类全面增产，其中黄茶增长148.29%，红茶、黑茶、白茶、其他茶等增长率也都在10%以上。茶类结构进一步优化，在干毛茶中，绿茶、青茶（乌龙茶）所占比例和增长速度减慢，2015年增长均在10%以下，使六大茶类的比例更加均衡。据农业部提供数据，全国名优茶产量占总产量的比例，2015年提高了0.5%，达到43.6%。采摘茶园平均亩产量达到67.2kg，比上年提高1kg。

表2　2015年全国茶叶产量

单位：t

地　区	茶　叶	其　中						
		绿茶	青茶	红茶	黑茶	黄茶	白茶	其他茶
全国总计	**2 248 999**	**1 494 644**	**270 283**	**203 221**	**126 323**	**580**	**20 390**	**133 558**
江　苏	14 469	12 033		2 426				6
浙　江	172 530	166 502		1 352	3 118			1 558
安　徽	112 915	104 755	20	6 406			82	1 652
福　建	402 328	121 239	215 756	47 419			16 637	1 277
江　西	51 868	42 045	683	5 497	30	20	764	2 829
山　东	18 909	18 909						
河　南	64 855	59 026		5 828				
湖　北	268 774	194 472	3 606	30 863	34 759	325	1 489	3 260

（续）

地区	茶叶	其中						
		绿茶	青茶	红茶	黑茶	黄茶	白茶	其他茶
湖南	175 704	73 258	3 234	19 668	71 349	37	5	8 153
广东	79 344	30 344	37 206	4 738		10		7 046
广西	63 593	42 592	324	13 780	1 537			5 330
海南	864	364		358				141
重庆	35 173	30 190	45	3 676			11	1 251
四川	248 414	207 434	4 120	4 159	11 203	146	614	20 738
贵州	118 031	98 287	629	4 965	4 297	42	781	9 030
云南	365 841	237 902	4 660	52 084			3	71 191
西藏	92	3		1				88
陕西	53 987	53 987						
甘肃	1 302	1 302						
山西	7							7

表3 2015年全国茶叶增、减情况

项目	2015年产量（t）	2014年产量（t）	2015年比2014年增长	
			绝对量	（%）
茶叶总量	**2 248 999**	**2 095 717**	**153 282**	**7.31**
绿茶	1 494 644	1 416 238	78 406	5.54
青茶	270 283	249 605	20 678	8.28
红茶	203 221	180 180	23 040	12.79
黑茶	126 323	112 885	13 438	11.90
黄茶	580	234	346	148.29
白茶	20 390	17 287	3 103	17.95
其他茶	133 558	119 288	14 269	11.96

（三）茶叶产值

据农业部提供数据，2015年全国干毛茶总产值达到1 519.2亿元，比2014年的1 349亿元增加170.1亿元，增幅为12.6%。这得益于全国茶园平均亩产值的增加。据统计，2015年全国采摘茶园平均亩产值为4 485元，较上年每亩增加215元，增幅为5.0%。与此同时，在2015年茶叶总产值中名优茶总产值达到1 038亿元，增加145.4亿元，增幅为16.3%。2015年名优茶产值占茶叶总产值的68.3%，大宗茶产值为481.2亿元，较上年增加24.7亿元，增幅为5.4%。在2015年度内，贵州、四川、浙江、陕西干毛茶产值分别增加了49.8亿元、27.0亿元、18.6亿元、16.5亿元。

三、茶叶进出口情况

（一）茶叶出口

据中国海关统计，2015年我国茶叶出口总量为32.5万t，同比增长7.8%；出口金额为13.82亿美元，同比上升8.6%。2015年的茶叶出口中，绿茶、红茶、花茶出口增量、增值，乌龙茶、普洱茶出口量和出口金额均下降。在2015年32.5万t的茶叶总出口量中，其中绿茶为27.21万t，占总出口量的83.7%，同比增长9.2%；绿茶出口金额10.05亿美元，同比增长5.5%。红茶出口为2.31万t，同比增长1.3%；出口金额为2.06亿美元，同比上升

42.3%。乌龙茶出口1.54万t，同比下降0.1%；出口金额为0.85亿美元，同比下降5.2%。2015年花茶出口6 045t，同比增长4.5%；出口金额0.51亿美元，同比增长8.6%。普洱茶出口量3 284t，同比下降3%；出口金额0.34亿美元，同比下降12.5%。在全国出口的32.5万t茶叶中，其中浙江出口量为15.77万t，同比增长6.11%；出口金额为5.20亿美元，同比增长2.33%。出口量和出口额分别占全国出口总量和出口总额的48.54%和37.62%，同比下降0.76和2.27个百分点。2015年浙江出口绿茶14.99万t，同比增长5.73%；出口额为4.9亿美元，同比增长1.38%。占全国出口绿茶总量和总金额的55.09%和48.71%。

（二）茶叶进口

据中国海关统计，2015年我国茶叶进口量为2.3万t，进口金额为1.1亿美元，平均每吨单价为4 616美元，同比分别上升1.84%、14.82%和12.75%。其中，红茶进口为1.88万t，金额为7 705万美元，均价每吨为4 094美元，同比分别上升10.08%、11.79%和1.55%。绿茶进口为2 444t，同比上升86.26%；金额为842万美元，均价每吨为3 447美元，均价同比上升80.27%。乌龙茶进口为1 367t，金额约1 617万美元，均价每吨11 827美元，同比分别上升85.26%、100.03%和7.98%。花茶进口为195t，金额约377万美元，均价每吨19 290美元，同比分别上升40.06%、84.57%、31.78%。普洱茶进口为31t，同比上升65.77%；金额为12.5万美元，均价每吨3 957美元，同比分别下降97.14%和98.28%。在茶叶进口市场中，位居前5位的是斯里兰卡、印度、印度尼西亚、中国台湾和越南。由中国食品土畜产进出口商会茶业分会秘书处根据海关统计资料整理的2015年我国分国别和地区茶叶进口的前10位如表4所示。

表4　2015年海关统计茶叶进口分国别和地区前10位情况

国别/地区	进口量（kg）	进口额（美元）	均价（美元/kg）	数量同比（%）	金额同比（%）	均价同比（%）
斯里兰卡	7 800 717	38 978 974	4.997	27.8	22.5	−4.1
印　度	4 785 602	17 973 171	3.756	9.4	0.5	−8.2
印度尼西亚	3 295 836	5 746 885	1.744	−23.8	−26.2	−3.2
中国台湾	2 138 664	25 499 563	11.923	71.9	101.8	17.4
越　南	1 105 897	1 341 201	1.213	−72.4	−70.1	8.3
肯尼亚	848 630	2 363 349	2.785	3.0	24.1	20.5
马拉维	589 590	1 013 296	1.719	232.3	222.0	−3.1
阿根廷	552 706	1 164 932	2.108	−5.4	6.5	12.6
莫桑比克	446 980	534 260	1.195			
泰　国	364 204	629 013	1.727	97.3	97.0	−0.2
合　计	**23 054 764**	**106 431 238**	**4.616**	**1.8**	**14.8**	**12.8**

四、茶事动态

（1）中共中央总书记、国家主席习近平对我国茶产业发展和茶文化在世界上的传播十分关心。2015年10月19～23日习主席访问英国，10月20日在白金汉宫举行的欢迎晚宴上习主席致辞说："中国的茶叶为英国人的生活添了诸多雅趣，英国人别具匠心地将其调制成英国红茶，中英文明交流互鉴不仅丰富了各自文明成果、促进了社会进步，也为人类社会发展作出了卓越贡献。"10月21日，习主席在伦敦金融城市长晚宴上发表演讲中又说："中国是茶的故乡，英国则将下午茶文化发挥到极致。"画龙点睛，充分肯定了茶在中英关系发展中所作出的贡献。

（2）随着中央廉政政策的推行，2015年高档名优茶销售量和价格继续下行，而价格适中的中、低档名优茶市场销量增、价格升。并且随着城市化进程的加快和农村劳动力日渐缺乏，茶区各地茶叶生产用工需求矛盾进一步突出，特别是采摘劳动力不足，鲜叶老在树上现象普遍，形成了茶产业发展的主要瓶颈。为了适应茶产业发展的新形势和破除茶产业发展的瓶颈，浙江省茶叶学会、浙江大学茶学系、浙江省农业技术推广中心和浙江老茶缘茶叶研究中心，2015 年 10 月在杭州举办了“更新观念，适应茶产业发展新常态”的学术研讨会，会上所提出的加快茶叶产品结构调整，适应市场需求；为适应茶产业发展新常态，加速茶叶机械创新和研制，实现“机械换人”等论点和建议，获得业界普遍关注。

（3）按照国务院《深化标准化工作改革方案》（国发［2015］13 号）中提出的“关于加强技术标准体系建设的有关要求”，2015 年国家标准化管理委员会和行业标准主管部门在整合精简强制性标准、优化完善推荐性标准做了大量工作，现将 2015 年度所制、修订的茶、含茶制品和茶代用品的国家标准和行业标准列于表 5。

表 5　2015 年茶、含茶制品和茶代用品制、修订的国家和行业标准

标准编号	标准名称	发布日期	实施日期
GB/T 30357.3—2015	乌龙茶　第 3 部分：黄金桂	2015-07-3	2015-11-02
GB/T 30357.4—2015	乌龙茶　第 4 部分：水仙	2015-07-03	2015-11-02
GB/T 30357.4—2015	乌龙茶　第 5 部分：肉桂	2015-07-03	2015-11-02
GB/T 31740.1—2015	茶制品　第 1 部分：固态速溶茶	2015-07-03	2015-11-02
GB/T 31740.2—2015	茶制品　第 1 部分：茶多酚	2015-07-03	2015-11-02
GB/T 31740.3—2015	茶制品　第 1 部分：茶黄素	2015-07-03	2015-11-02
GB/T 31748—2015	茶鲜叶处理要求	2015-07-03	2015-11-02
GB/T 31751—2015	紧压白茶	2015-07-03	2016-02-01
GH/T 1103—2015	茶馆经营管理通用规则	2015-03-27	2016-06-01
GH/T 1104—2015	茶叶专卖（营）店经营管理规范	2015-03-27	2015-06-01
GH/T 1105—2015	茶行业网店经营管理规范	2015-03-27	2015-06-01
NY/T 2140—2015	绿色食品　代用茶	2015-12-29	2015-04-01
NY/T 2672—2015	茶粉	2015-02-09	2015-05-01
NY/T 2710—2015	茶树良种繁育基地建设标准	2015-2-09	2015-5-01
NY/T 2740—2015	农产品地理标志茶叶类质量控制技术规范　编写指南	2015-05-21	2015-08-01
NY/T 2798.6—2015	无公害农生产质量安全控制技术规范　第六部分：茶叶	2015-05-21	2015-08-01
NY/T 2852—2015	农业机械化水平评价　第 6 部分：茶叶	2015-10-09	2015-12-01
NY/T 5018—2015	茶叶生产技术规程	2015-02-09	2015-05-01
SN/T 4256—2015	出口普洱茶良好生产规范	2015-05-26	2016-01-01

（中国农业科学院茶叶研究所　权启爱）

蜂产品加工业

一、基本情况

“十二五”期间，国家高度重视养蜂业的发展，在政策、经济等方面都给予了一定倾斜和支持。建立了国家蜂业产业体系，加强科技领域的研究，解决蜂产业面临的困境和问题，促进科技转化为生产力；加大科研力度，实施了技术创新工程。特别是全行业积极倡导并加强对中华蜜蜂的保护、标准化生产以及与国际接轨的纯天然成熟蜜基地建设与示范、国际蜂产品市场推介、精准扶贫与养蜂对接等，卓有成效地提高了农民回转发展养蜂的积极性，促进了我国蜂业的产业提升。据中国养蜂学会统计，我国蜂群数量已愈1 000万群，达到《全国养蜂业“十二五”规划》目标，占世界蜂群总量的1/8。然而，养蜂生产仍然是靠天吃饭，自然界气候、环境、植被等严重影响着蜂产品生产。据不完全统计，2015年我国（不含台湾）蜂蜜总产量为47.97万t，同比略有增长，居世界第一；蜂王浆总产量约3 000t，同比基本持平，居世界首位；蜂蜡总产量为6 000t，蜂花粉总产量约4 000t，蜂胶总产量约350t，均居世界前列。2015年我国蜂蜜出口为14.48万t，同比增长11.56%；创汇2.89亿美元，同比增长11.15%。蜂王浆出口为1 500t，同比增长7.10%。其中，鲜蜂王浆出口为726.79t，同比下降2.15%；创汇为1 940.91万美元，同比下降3.64%。蜂王浆粉出口为239.80t，同比增长8.73%；创汇为2 008.10万美元，同比增长4.63%。蜂王浆制剂出口为293.90t，同比下降21.81%。蜂花粉出口为2 269.43t，同比增长25.52%；创汇为1 113.1万美元，同比增长80.95%。蜂蜡出口为10 352.50t，同比下降4%；创汇为6 434.9万美元，同比增长7.39%。2015年，全国养蜂生产、经营规模不断扩大，蜂产业结构调整及优化升级步伐持续加快，蜂产品产量稳定，“互联网+蜂产业”快速跟进，蜂产品市场营销已由单一的传统营销转向多元化，份额日益增大，伴随着人们养生保健意识的不断增强，蜂产品市场呈现健康发展态势。

二、生产与销售

（一）蜂蜜

1. 蜂蜜生产　2015年，由于上年末的厄尔尼诺冷空气的影响，严重影响了蜂群春繁，加之春季又出现倒春寒，直接影响了春季蜂群复壮与采集，同时也影响了蜜源植物泌蜜；下半年，北方泌蜜情况良好。据不完全统计，2015年，我国油菜蜂蜜、柑橘蜂蜜、荆条蜂蜜产量大部分减产；荔枝蜂蜜、龙眼蜂蜜、洋槐蜂蜜、枣花蜂蜜及椴树蜂蜜等大部分持平或丰收，全年蜂蜜总产量同比基本持平。

（1）油菜蜜　2015年春季全国大部分地区油菜蜜严重减产。3月四川油菜蜜减产20%；3月中旬至4月上旬湖北、湖南、安徽南部、江苏等地油菜蜜减产30%，3月下旬至4月上旬苏南、苏中地区油菜蜜产量只有往年的1/4，进入21世纪以来的最低点；4月中下旬，苏北油菜泌蜜，蜂农本有望采到油菜蜜，却因农民向油菜喷洒农药，导致蜜蜂中毒，雪上加霜；6月底至7月中旬，内蒙古呼伦贝尔油菜蜜主产区，由于干旱导致海拉尔西北部油菜蜂蜜减产，可喜的是牙克石油菜蜂蜜丰收。

（2）柑橘蜜　2015年柑橘蜜收成一般，略好于2014年。4月下旬，浙江衢州柑橘蜜、胡柚蜜主产区流蜜状况良好，但采蜜蜂场过多，争先夺蜜，一周取蜜2次，致使蜂蜜浓度偏低，严重影响蜂蜜质量及蜂农收入；湖北、湖南等地柑橘蜜大幅度减产，同比约减60%～70%。

（3）荔枝、龙眼蜜　华南地区为我国荔枝、龙眼蜜的主产区。2015年广东、广西荔枝蜜收成良好，龙眼蜜广东收成有所下降，但福建丰收，可算是上半年蜂蜜产量最好的态势。

（4）洋槐蜜　4月下旬至5月初，河南商丘、安阳等地洋槐泌蜜良好，产量同比持平；河北沧州地区洋槐提前开花泌蜜，收成不错，产量同比普遍提升；山东多地洋槐蜜歉收；5月中下旬，西北地区洋槐蜜收成良好，同比有所上升；陕西洋槐蜜丰收；4月下旬至6月上旬，辽宁多地洋槐开花泌蜜正常，洋槐蜜收成良好，但葫芦岛、锦州、鞍山洋槐蜜歉收；6月上旬，吉林集安洋槐蜜歉收。

（5）荆条蜜　6月中下旬，河北、山东、北京荆条开花泌蜜，前期荆条蜜收成良好，后期干旱歉收，华北地区荆条蜜收成中等；6月下旬至7月上中旬，因干旱辽宁葫芦岛、朝阳、锦州等荆条蜜主产区减产，同比减产约20%；湖北、河南等地黄荆条蜜减产50%。

（6）椴树蜜　7月，黑龙江大部分地区椴树蜜丰收，吉林长白山地区椴树蜂蜜歉收。

（7）葵花蜂蜜、荞麦蜂蜜　由于干旱，葵花蜂蜜、荞麦蜂蜜均减产，内蒙古葵花蜂蜜减产约30%。

（8）其他　北京河北枣花、河南泡桐蜜、山东苹果蜜、广东冬蜜、青海枸杞蜜、西藏狼牙刺蜜及其他山花蜜等收成良好。

据不完全统计，2015年全国蜂蜜总产量约49.53万t，其中大陆47.97万t，台湾1.56万t，同比基本持平。按农业部《全国养蜂业“十二五”规划》区域，华北5省份（北京、天津、河北、山西和山东）蜂蜜产量约2.65万t；东北4省份（内蒙古、辽宁、吉林、黑龙江）约4.00万t；华东6省份（上海、江苏、浙江、安徽、江西、福建）约14.10万t；中南6省份（河南、湖北、湖南、广东、广西、海南）约16.90万t；西南5省份（重庆、四川、贵州、云南、西藏）约8.02万t；西北5省份（陕西、甘肃、青海、宁夏、新疆）约2.30万t（表1）。此外，台湾约1.56万t；香港、澳门数量极少，未上统计范畴。

表 1　2015 年全国蜂蜜分地区产量情况

地　区	产量（万 t）	地　区	产量（万 t）
华北地区（5 省份）	2.65	东北地区（4 省份）	4.00
北　京	0.20	内蒙古	0.40
天　津	0.05	辽　宁	0.10
河　北	1.30	吉　林	1.50
山　西	0.50	黑龙江	2.00
山　东	0.60		
华东地区（6 省份）	14.10	中南地区（6 省份）	16.90
上　海	0.10	河　南	9.40
江　苏	0.50	湖　北	2.70
浙　江	8.80	湖　南	1.30
安　徽	1.70	广　东	2.00
江　西	1.60	广　西	1.40
福　建	1.40	海　南	0.10
西南地区（5 省份）	8.02	西北地区（5 省份）	2.30
重　庆	1.90	陕　西	0.70
四　川	4.80	甘　肃	0.20
贵　州	0.30	青　海	0.20
云　南	1.00	宁　夏	0.10
西　藏	0.02	新　疆	1.10
台　湾	1.56	香港、澳门	—

2. 蜂蜜国内外市场

（1）蜂蜜收购　据中国养蜂学会不完全统计，2015 年全国蜜蜂如油菜蜜、荔枝蜜、龙眼蜜、荆条蜜、葵花蜜、椴树蜜等原料价格均上涨，油菜蜜蜂农见面价为 6 000～7 500 元/t，同比上涨 10%～18%；柑橘蜜、胡柚蜜约 9 000 元/t，同比持平；荔枝蜜为 16 000～18 000 元/t，同比增长 23%～28%；荔枝封盖蜜（整框收购）收购价更高，为 25 000 元/t；龙眼蜜为 16 000～25 000 元/t；洋槐蜜为 9 000～15 000 元/t，基本持平略有上涨。其中，初期非纯正洋槐蜜（含泡桐蜜）为 9 000～10 000 元/t，纯洋槐蜜（37～38 波美度）为 11 000～13 000 元/t，河北纯洋槐蜜（39 波美度以上）为 15 000 元/t 左右，东北、西北纯洋槐蜜（40 波美度）为 18 000 元/t 左右，洋槐成熟蜜（封盖蜜 42.5 波美度以上）达 25 000～30 000 元/t；荆条蜜为 9 000～15 000 元/t，同比涨幅 15%～20%。其中，黄荆条蜜为 9 000～9 500 元/t，白荆条蜜为 10 500～12 000 元/t，白荆条成熟蜜（封盖蜜，42.5 波美度以上）为 15 000 元/t；葵花蜜为 8 000～9 000 元/t，同比上涨 10%～15%；荞麦蜜为 10 500 元/t，同比有所增长；椴树蜜为 13 000～20 000 元/t，同比增长 30%；黑龙江 38～39 波美度的椴树蜜为 13 000 元/t 左右，40 波美度以上的椴树蜜为 14 000～15 000 元/t；东北长白山、小兴安岭椴树蜜价格高于黑龙江，40～41 波美度的椴树蜜为 15 000～16 000 元/t，42 波美度的椴树蜜约 20 000 元/t；成熟椴树蜜（封盖蜜，整框收购）为 25 000 元/t。其他特种蜂蜜、中蜂蜂蜜收购价格更高，多为蜂农自己零售。

（2）蜂蜜国内市场　随着人们养生保健意识不断增强，蜂产品国内消费市场潜力加大，“互联网＋蜂产业”的结构调整，促使内销份额日趋增大，国内市场对优质天然蜂蜜需求日益增加，市场价格上涨。据中国养蜂学会不完全统计，2015 年蜂蜜国内销量约 35 万 t，同比略有增长。普通超市蜂蜜销售价格为 18.8～99.8 元/kg；大型超市如沃尔玛、麦德龙、山姆、家乐福、乐购等蜂蜜价格为 19.8～1 752 元/kg；电商网店如京东、天猫、淘宝等蜂蜜价格 20～1 600 元/kg；专卖店蜂蜜价格较高，为 100～1 980 元/kg；进口蜂蜜在我国的价格最高，为 356～5 400 元/kg。

（3）蜂蜜国际市场　在出口方面，2015 年我国蜂蜜出口稳步增长，出口数量仍居世界首位。据中国海关统计，我国向世界 63 个国家和地区出口蜂蜜 14.48 万 t，同比增长 11.5%；创汇 2.89 亿美元，同比增长 10.90%，双双再创新高。但是，经济收益却继续下沉，平均单价仅为 1 994 美元/t，全球最低位，同比下跌 0.6%，仍居世界末位，严重影响了我国蜂业打造国际强国的地位和形象。

2015 年，我国蜂蜜出口世界各洲情况：出口欧洲为 95 305.7t，同比增长 19.8%；创汇为 18 411.8 万美元，同比增长 19.2%；平均单价为 1 931.9 美元/t，同比下降 0.4%。出口亚洲为 38 931.8t，同比下降 3.3%；创汇为 8 460.0 万美元，同比下降 3.3%；平均单价为 2 173.0 美元/t，同比持平。出口大洋洲为 6 239.1t，同比增长 23.9%；创汇为 1 186.9万美元，同比增长 24.3%；平均单价为 1 902.4 美元/t，同比增长 0.3%。出口非洲为 3 695.8t，同比下降 13.4%；创汇为 682.7 万美元，同比下降 8.3%；平均单价为 1 847.2 美元/t，同比增长 6.0%。出口北美洲为 445.1t，同比下降 18.2%；创汇为 96.5 万美元，同比下降 18.7%；平均单价为 2 167.7 美元/t，同比下降 0.6%。出口南美洲为 138.7t，同比增长 16.6%；创汇为 28.0 万美元，同比增长 14.3%；平均单价为 2 021.8 美元/t，同比下降 2.0%（表 2）。

表 2　2015 年我国蜂蜜出口各大洲情况

各大洲	数量（t）	金额（万美元）
欧　洲	95 305.7	18 411.8
亚　洲	38 931.8	8 460.0
大洋洲	6 239.1	1 186.9
非　洲	3 695.8	682.7
美　洲	583.8	124.5
北美洲	445.1	96.5
南美洲	138.7	28.0

2015 年，我国蜂蜜出口前 10 位的国家（按创汇顺序排列）：第一是日本，出口蜂蜜为 25 611.9t，同比下降 1.5%；创汇为 5 644.0 万美元，同比下降 4.0%；平均单价为 2 203.7 美元/t，同比下降 2.5%。第二是比利时，出口蜂蜜为 22 884.9t，同比增长 7.3%；创汇为 4 746.3 万美元，同比持平；平均单价为 2 074.0 美元/t，同比下降 61.8%。第三是英国，出口蜂蜜为 26 406.3t，同比增长 18.8%；创汇为 4 743.5 万美元，同比增长 26.6%；平均单价为 1 796.3 美元/t，同比增长 6.6%。第四是西班牙，出口蜂蜜为 11 833.0t，同比增长 11.3%；创汇为 2 243.3万美元/t，同比增长 15.4%。第五是德国，出口蜂蜜为 5 730.7t，同比下降 20.9%；创汇为 1 298.7万美元/t，同比下降 20.4%。第六是泰国，出口蜂蜜为 6 298.5t，同比下降 9.1%；创汇为 1 255.5万美元/t，同比增长 0.5%。第七是澳大利亚，出口蜂蜜为 6 239.1t，创汇为 1 186.9 万美元/t，同比分别增长 23.9%和 24.3%；第八是荷兰，出口蜂蜜为 6 131.2 t，创汇为 1 119.5 万美元/t，同比分别增长 43.1%和 39.8%。第九是波兰，出口蜂蜜为 5 173.7t，创汇为 941.5 万美元/t，分别同比增长 27.0%和 28.6%；第十是意大利，出口蜂蜜为 4 670.2t，创汇为 874.1 万美元/t，分别增长 52.3%和 48.3%（表 3）。

2015 年，我国蜂蜜主要出口省份（按创汇顺序排列）：安徽为 35 186.4t，创汇为 6 872.8 万美元；湖北为 26 891.5t，创汇为 5 090.5 万美元；浙江为 18 170.0t，创汇为 3 644.7 万美元；山东为 13 819.1t，创汇为 3 111.8 万美元；辽宁为 14 804.9t，创汇为 2 672.7 万美元；江苏为 13 149.0t，创汇为2 441.5万美元；河南为 5 715.9t，创汇为 1 214.8 万美元；上海为 3 880.6t，创汇为 774.9 万美元；宁夏为 2 724.5t，创汇为 686.6 万美元；陕西为 3 186.8t，创汇为 622.4 万美元；天津为 2 864.8t，创汇为 599.2 万美元；四川为 1 336.6t，创汇为 370.4 万美元；吉林为 975.2t，创汇为 329.9 万美元；湖南为 840.4t，创汇为 195.4 万美元；广东为 308.0t，创汇为 82.2 万美元；广西为 256.8 t，创汇为 64.7 万美元；江西为 255.7t，内蒙古为 185.2t，创汇为 38.9 万美元；黑龙江为 37.4t，创汇为 35.7 万美元；北京为 188.2t，创汇为 42.3 万美元；河北为 101.5t，创汇为 18.7 万美元；福建为 20.3t，创汇为 1.2 万美元。

表 3　2015 年我国蜂蜜出口国家（按金额排序）

国　别	数量（t）	金额（万美元）
日　本	25 611.9	5 644.0
比利时	22 884.9	4 746.3
英　国	26 406.3	4 743.5
西班牙	11 833.0	2 243.3
德　国	5 730.7	1 298.7
泰　国	6 298.5	1 255.5
澳大利亚	6 239.1	1 186.9
荷　兰	6 131.2	1 119.5
波　兰	5 173.7	941.5
意大利	4 670.2	874.1

在进口方面，世界各国愈加看好我国市场，纷纷抢占我国市场。据中国海关统计，2015 年我国全年从 42 个国家和地区进口蜂蜜为 6 518t，同比增长 12.54%；出口金额为 7 482 万美元，平均单价为 11 479美元/t，分别增长 27.78%和 13.54%，创历史新高。

2015 年，我国进口蜂蜜的主要国家和进口数量：新西兰为 2 039.2t，泰国为 587.0t，澳大利亚为 562.7t，俄罗斯为 553.3t，马来西亚为 550.5t，德国为 324.0t，西班牙为 194.2t，加拿大为 165.1t，美国为 139.3t，法国为 135.1t，吉尔吉斯斯坦为 96.8t，巴西为 93.4t，罗马尼亚为 91.9t，墨西哥为 73.9t，土耳其为 73.0t，台澎金马单独关税区为 69.8t，智利为 62.3t，瑞士为 41.9t，沙特阿拉伯为 39.1t 等（表 4）。

表 4 2015 年我国蜂蜜进口量前 19 位国家和地区

国别/地区	数量（kg）	金额（美元）
新西兰	2 039 188	47 488 440
泰 国	587 009	2 556 053
澳大利亚	562 673	7 208 398
俄罗斯	553 261	1 585 346
马来西亚	550 550	1 026 600
德 国	324 051	2 703 849
西班牙	194 248	1 323 078
加拿大	165 066	1 489 675
美 国	139 358	1 179 136
法 国	135 075	1 069 097
吉尔吉斯斯坦	96 776	513 144
巴 西	93 350	575 194
罗马尼亚	91 808	464 362
墨西哥	73 857	362 007
土耳其	73 016	424 393
台澎金马单独关税区	69 838	483 136
智 利	62 294	259 404
瑞 士	41 881	458 802
沙特阿拉伯	39 071	134 836

（二）蜂王浆

我国是世界蜂王浆第一生产大国，也是第一出口大国，世界上 90%以上的蜂王浆来自我国，蜂王浆是我国蜂产品中第二大主要产品，也是最具市场竞争力、价值高的蜂产品保健品，国外对蜂王浆的独特保健功效愈加青睐，出口数量日益增长。相反，内销却受一些负面、不科学的“激素论”之影响而削减。2015 年，尽管蜂群数量有所增加，但由于不良气候严重影响了蜜蜂春繁，蜂群群势弱，蜂农为了集中精力采收蜂蜜，很多蜂农停止产浆，或将浆王换成蜜王，致使蜂王浆产量下降。据中国养蜂学会不完全统计，2015 年，我国蜂王浆总产量不足 3 000t，同比产量下降，收购价格上涨；内销基本持平，约 1 200t。据中国海关统计，2015 年蜂王浆出口约 1 500t，同比略有上涨；总体内销市场乏力，出口市场看好。

1. 蜂王浆生产　2015 年，春季多省油菜蜂王浆减产，有的甚至减产四成以上；4 月，湖北、江西也减产，安徽、江苏产量有所增加；5～6 月份，洋槐蜂王浆产量继续下降；下半年，青海油菜蜂王浆继续下滑，甘肃蜂王浆呈正常产量；7 月，椴树、荆条蜂王浆产量下降；8 月，内蒙古先升后降；9 月，蜂王浆产量略有上升。

2. 蜂王浆国内外市场

（1）蜂王浆收购　2015 年早春，四川油菜蜂王浆蜂农见面价为 180 元/kg，之后下滑至 140 元/kg，同比增长 27%；4 月份湖北、江西油菜蜂王浆蜂农见面价为 130 元/kg，同比增长 10%～20%；安徽、江苏为 120～125 元/kg，同比增长 10%～15%；5～6 月份，河南、山东、陕西洋槐蜂王浆蜂农见面价为 120～135 元/kg，有所上升；下半年青海、甘肃等油菜蜂王浆收购价为 130～150 元/kg；7 月，吉林、黑龙江椴树浆为 130～135 元/kg；8 月，内蒙古蜂王浆约 125 元/kg；9 月，茶花浆为 120～130 元/kg。由于全年蜂王浆减产，故价格有所上升。

（2）蜂王浆国内市场　蜂王浆虽是很好的高级天然保健品，但由于国内经济发展放缓，再加上某些媒体的误导，致使我国内销市场乏力。据不完全统计，2015 年国内蜂王浆内销总量仍为 1 200t 左右，同比基本持平，与 2012 年内销量 1 800t 相比下降 33.33%；内销价格如超市、互联网、专卖店等不尽相同，因产品进货渠道不同而异，也因春浆、夏浆、秋浆等质量不同差异较大，为 338～1 888 元/kg，同比有所增长。

（3）蜂王浆国际市场　我国蜂王浆国际市场主要是日本和欧洲。据中国海关统计，2015 年我国出口蜂王浆约 1 500t，同比增长 7.1%，是内销的 1.25 倍。其中，鲜蜂王浆为 726.79t，同比下降 2.15%；创汇为 1 940.91 万美元，同比下降 3.64%；平均单价为 26.71 美元/kg，同比下降 1.52%。蜂王浆干粉出口为 239.8t，同比增长 8.73%；创汇为 2 008.1 万美元，同比增长 4.63%；平均单价为 83.74 美元/kg，同比下降 3.77%。蜂王浆制剂出口为 293.9t，同比下降 21.81%；平均单价为 9.6 美元/t，同比增长 13.09%；创汇为 282 万美元，同比下降 65.1%。

——鲜蜂王浆出口　2015 年，我国鲜蜂王浆出口全球 36 个国家和地区，出口量为 726.79t，同比下降 2.15%；创汇为 1 940.91 万美元，同比下降 3.64%；平均单价为 26.71 美元/kg，同比下降 1.52%。其中，出口亚洲为 430t，同比增长 1.2%，占总出口量的 59.03%；出口欧洲为 246.9t，同比基本持平，占总出口量的 34%；美洲、大洋洲及非洲出口量相对较少（表 5）。日本由于保健意识强，蜂王浆作为纯天然的高级营养补品一直深受日本消费者的青睐，始终保持我国蜂王浆第一大出口国。2015 年，我国鲜浆出口日本达 285.60t，是唯一超过 100t

的国家；其次为法国，出口法国数量为92.6t；第三为西班牙70.4t。向国外出口的前10位国家还有泰国、比利时、沙特阿拉伯、美国、土耳其、马来西亚、德国。

表5　2015年我国蜂王浆出口各洲情况

地区	出口数量		出口价格		占总量比例（%）
	数量（kg）	同比（%）	单价（美元/kg）	同比（%）	
全　球	726 793	−2.15	26.71	−1.52	100.00
亚　洲	428 998	1.23	27.70	−5.29	59.03
欧　洲	247 196	0.08	24.63	3.98	34.01
北美洲	28 220	−46.30	31.34	14.61	3.88
拉丁美洲	16 280	19.58	23.02	5.04	2.24
大洋洲	5 599	17.58	29.69	4.65	0.77
非　洲	500	−53.27	25.40	−3.85	0.07

2015年，我国出口鲜蜂王浆的主要省、直辖市有浙江、北京、四川、上海、湖北、江苏、天津、辽宁、山东、青海、河南、云南。出口企业有41个，其中国有企业为5个，出口量占5.97%；私有企业为32个，出口量占84.99%；外商独资企业为1个，出口量占1.10%；中外合资企业为3个，出口量占7.94%。主要出口企业有浙江江山恒亮蜂产品有限公司、杭州碧于天保健品有限公司、杭州蜂之语股份有限公司、杭州康力食品有限公司、杭州天厨蜜源保健品有限公司、中日合作成都世纪蜂业有限公司、北京一品全蜂产品有限公司、中国医药保健品股份有限公司、浙江江山健康蜂业有限公司、浙江裕蜂行进出口有限公司等。

——蜂王浆干粉出口　2015年，我国蜂王浆干粉主要出口全球各洲35个国家和地区，其中亚洲为117.0t，欧洲为41.2t，北美洲为39.2t，大洋洲为37.7t（表6）。出口数量进入前10位的国家是日本为98.39t，美国为39.10t，新西兰为25.70t，西班牙为19.64t，澳大利亚11.96t，沙特阿拉伯6.50t，荷兰6.30t，法国5.10t，比利时3.71t，埃及3.13t。全年蜂王浆干粉出口量为239.8t，同比增长8.73%；创汇为2008.1万美元，同比增长4.63%；平均单价为83.74美元/kg，同比下降3.77%。

表6　2015年我国蜂王浆干粉出口各洲统计表

地区	出口数量		出口价格		占总量比例（%）
	数量（kg）	同比（%）	单价（美元/kg）	同比（%）	
全　球	239 800	8.73	83.74	−3.77	100.00
亚　洲	117 006	4.16	90.07	−6.35	48.79
欧　洲	41 222	6.31	74.31	−0.36	17.19
北美洲	39 172	18.15	75.66	0.47	16.34
大洋洲	37 660	21.88	82.87	0.69	15.70
非　洲	3 250	−17.20	96.30	0.31	1.36
拉丁美洲	1 490	2.41	54.40	−0.41	0.62

2015年，我国出口蜂王浆冻干粉的省、直辖市有浙江、北京、青海、江苏、湖北、辽宁、山东、上海、天津、河南、湖南、江西、陕西和福建。出口企业为58个，同比增长20.8%。其中，国有企业12个，出口量占总量的5.44%；私有企业41个，出口量占总量的79.35%；外商独资企业1个，出口量占总量的2.96%；中外合资企业4个，出口量占总量的11.42%；集体企业1个，出口均价最高，达100.06美元/kg。主要出口企业有浙江江山恒亮蜂产品有限公司、杭州蜂之语股份有限公司、青海新铠实业有限公司、浙江惠松制药有限公司、北京一品全蜂产品有限公司、杭州碧于天保健品有限公司、杭州康

力食品有限公司、湖北扬子江蜂业有限公司、无锡欧纳斯贸易有限公司、宁波顺康保健品有限公司等。

——蜂王浆制剂出口　2015年，我国蜂王浆制剂出口总量为293.9t，同比下降21.2%；主要出口拉丁美洲166.0t，欧洲72.9t，北美洲38.8t（表7）。2015年，出口蜂王浆制剂的企业有30个，同比下降7%。其中，国有企业11个，出口193.7t，同比减少30.92%，占出口总量的65.92%；私有企业18个，出口84.1t，同比增长6.12%，占出口总量的28.63%；中外合资企业1个，占出口总量的5.45%。目前我国蜂王浆制剂的主要出口企业为哈药集团股份有限公司、沈阳美尔康对外贸易有限公司、大连瑞兴国际贸易有限公司和大连古草天然保健品有限公司等。

表7　2015年我国蜂王浆制剂出口全球各洲情况

地区	出口量		出口价格		占总量比例（%）
	数量（kg）	同比（%）	单价（美元/kg）	同比（%）	
全　球	293 885	−21.18	9.60	13.09	100.00
拉丁美洲	165 988	−17.89	8.81	10.28	56.48
欧　洲	72 949	5.21	9.62	19.59	24.82
北美洲	38 847	−46.71	7.48	−12.84	13.22
亚　洲	13 675	−42.37	18.13	64.94	4.65
非　洲	1 585	11.46	35.38	216.39	0.54
大洋洲	841	−74.74	74.83	174.36	0.29

2015年，我国蜂王浆制剂共出口32个国家，出口量前10位的国家是墨西哥为67t，哥伦比亚为35t，斯洛伐克为32.4t，美国为26.2t，巴拿马为19.1t，罗马尼亚为16.2t，危地马拉为16.1t，洪都拉斯为12.8t，加拿大为12.7t。

纵观蜂王浆国际市场，我国蜂王浆出口第一大国仍是日本，全年合计出口日本鲜蜂王浆共581t，为世界各国之首。出口主市场把持在日本及欧洲、美洲，出口最高价100.06美元/kg，这是我国蜂王浆出口的期望值，也是蜂王浆的真正价值。

——蜂王浆进口　据中国海关统计，2015年，我国进口鲜蜂王浆为6.4t，进口金额为156 398美元。其中，从马来西亚进口5 552kg，从德国进口810kg，从泰国进口18kg，从澳大利亚进口8kg，从日本进口3kg。进口鲜蜂王浆粉为500kg，进口金额为51 697美元。

（三）蜂花粉

据中国养蜂学会信息及中国海关统计，2015年我国蜂花粉产量约4 000t，同比有所减产，但整体国内外市场看好。2015年，我国蜂花粉进出口为2 271.6t，其中出口蜂花粉为2 269 t，同比增长25%，价格同比基本持平。内销市场主要以油菜、茶花、荷花和杂花花粉为主，全年内销约3 000t，同比持平，油菜花粉占总量的30%以上。

1. 蜂花粉生产　我国花粉生产仍以大宗油菜花粉、茶花粉和杂花粉为主，荷花、玉米、柳树、荞麦、五味子等蜂花粉为辅；主产区主要在江西、安徽、湖北、四川、辽宁、青海、甘肃、新疆、内蒙古、浙江、江苏等。2015年，蜂花粉生产与其他蜂产品相同，因不良天气等因素，全国蜂花粉生产减产，全年总产量约4 000t，同比下降20%。

2. 蜂花粉国内外市场

（1）蜂花粉收购　2015年，我国蜂花粉收购价格（蜂农见面价）总体同比持平或略有上升。油菜蜂花粉蜂农见面价涨跌交错，初期为32元/kg，中期为28元/kg，后期回升至36元/kg，即浮动于28～36元/kg；8月，内蒙古东部向日葵、荞麦杂花粉为20～28元/kg，油菜花粉收购价高于一般杂花粉；秋季南方茶花粉为32～38元/kg；杂花粉为22～35元/kg；荷花粉为46～60元/kg；用于作蜜蜂饲料的杂蜂花粉，价格相对较低。大约每蜂群春繁时平均为2～3kg/群。

（2）蜂花粉国内市场　2015年，蜂花粉国内消费市场主要用于食品和药用，但也有相当一部分的杂花粉用于蜜蜂饲喂。日常超市、互联网、各自网店和专卖店，内销总量约3 000t，同比持平；内销价格因不同市场、不同品种而异，超市、电商、网店价格为100～438元/kg；专卖店价格各异，但相对较高，约为116～1 396元/kg。

（3）蜂花粉国际市场　在出口方面，2015年全年共出口蜂花粉为2 269.4t，创汇为1 113万美元，同比增长25%。出口的主要国家排序：第一是韩国

1 232.3t，占总出口量的 54%；创汇为 599.7 万美元，同比增长 64%。第二是美国 444.4t，占总出口量的 19.5%；创汇为 227.9 万美元。第三是墨西哥 160.0t，创汇为 68.6 万美元。然后是日本 58.7t，阿根廷 53.5t，沙特阿拉伯 51.0t，乌拉圭 45.5t，加拿大 41.1t，阿曼 22.0t，比利时 16.3t，阿联酋 16.1t，土耳其 14.9t，伊拉克 14.0t，叙利亚 13.0t，澳大利亚 11.5t 等。2015 年，出口蜂花粉的主要省、直辖市为河南 1 618t，浙江 278t，北京 249.2t，辽宁 87.9t，安徽 15t。出口蜂花粉 10t 以下的省、直辖市还有上海、陕西、河北、四川、山东、天津、江苏、吉林。

在进口方面，2015 年我国从 9 个国家和地区进口 2.2t 蜂花粉。其中，从新西兰进口 526kg，从巴西进口 300kg，从西班牙进口 696kg，从比利时进口 114kg，从澳大利亚进口 55kg，从台澎金马关税区进口 111kg，从加拿大进口 350kg，从波兰进口 22kg，从泰国进口 13kg。

（4）蜂花粉制品　2015 年，我国蜂花粉制品未见增加附加值的产品，市场上的蜂花粉制品仍是以往的花粉蜜、花粉片、花粉晶、花粉冲剂、花粉口服液、破壁花粉、蜂宝素和前列康药品等，化妆品正在逐渐开发利用蜂花粉及其他蜂产品，备具潜力。

（四）蜂蜡

蜂蜡是我国蜂产品生产及出口的传统产品。据中国养蜂学会信息和中国海关统计，2015 年我国蜂蜡总产量约 6 000t，同比减产 40%；出口 10 352.5t，同比下降 4%，贸易市场供不应求。2015 年，我国从 8 个国家进口蜂蜡 129.3t，同比增长 11.5%。

1. 蜂蜡生产与收购　2015 年，蜂蜡与其他蜂产品一样同样受不良气候及蜂群状况所影响，产量下降。据不完全统计，全年蜂蜡总产量约 6 000t，同比减产 40%。由于减产，导致蜂蜡收购价格上涨，与蜂农见面价 36～41 元/kg，新世纪以来最高价，即便如此，仍然供不应求。

2. 蜂蜡国际市场　在出口方面，我国蜂蜡市场以出口为主，德国、美国和法国是我国蜂蜡的三大主市场。2015 年，我国蜂蜡出口总量为 10 352.5t，同比下降 4%；创汇为 6 435 万美元，同比增长 7.4%。其中，出口德国为 2 083.1t，同比下降 10%；创汇为 1 454.3 万美元，同比下降 16%。出口美国为 1 635.6t，同比下降 0.2%；创汇为 1 212 万美元，同比增长 9.6%。出口法国为 1 065.1t，同比下降 14.2%；创汇为 746.1 万美元，同比增长 0.6%。出口量前 20 位国家还有西班牙 785.9t，荷兰 775.6t，希腊 618t，意大利 436.6t，澳大利亚 258.7t，英国 269.6t，阿尔及利亚 332t，塞尔维亚 329t，比利时 242t，土耳其 226t，墨西哥 143.5t，阿尔巴尼亚 129.8t 等。2015 年，主要出口蜂蜡的省是河南为 7 665.3t，浙江为 887.9t，辽宁为 751.2t，河北为 841.8t，湖北为 132.6t，江苏为 30.2t，四川为 18.5t，北京为 10.6t，山东为 14.4t，广东为 0.018t。

在进口方面，2015 年我国从美国、日本、韩国、荷兰、法国、澳大利亚、印度、德国等 8 个国家进口蜂蜡 129.3t，同比增长 11.5%。

（五）蜂胶

据中国养蜂学会信息，2015 年我国蜂胶生产、销售及市场均不乐观，呈现下滑的趋势。蜂胶原料产量近 400t，供不应求；国际产品乘虚而入，加大充斥了我国蜂胶内销市场；互联网给力，增加了内销份额。

1. 蜂胶生产与收购　2015 年，我国蜂胶总产量约 400t，同比减产 11.1%，供不应求，蜂胶原料价格日益上涨。2015 年，蜂胶原料按“点”收购，即含胶量每个百分点收购价为 9～12 元，含胶量 30% 的收购价为 340 元/kg 以上。2015 年，我国进口蜂胶约 100t，同比增长 50%。

2. 蜂胶国内外市场　2015 年，蜂胶国内市场仍然广阔，外商对我国蜂胶市场看好，特别是养蜂大国和产胶国如巴西、俄罗斯、乌克兰等，纷纷开拓我国蜂胶市场，进口蜂胶产品的入市严重充斥国内市场并占据优势，国内蜂胶销售下滑。但“互联网＋蜂产业”助国内蜂胶一臂之力，新兴的电商网销快速增长达 40%～50%，弥补了全国蜂胶市场销量，促进全年蜂胶产品经济效益约达 35 亿元。2015 年，蜂胶提取物贸易量约 150t，出厂价格为 1 300～1 550 元/kg，同比 2014 年 800～1 300 元/kg 增长 19.2%～62.5%，再创新高。2015 年，我国进口蜂胶 50t。其中，从巴西进口 40t，从俄罗斯、乌克兰进口 10t，同比增长 50%。

三、科技工作

蜂产业“十二五”标志性科技成果如下：

（一）蜂王浆优质高效生产和质量安全评价新技术及其应用

（1）通过研究蜂王浆生产蜂群的高效健康管理和饲料补给技术，利用分子辅助标记优选母群和哺育群，创新多王群饲养技术和日龄一致幼虫供给方法，研制成功蜂王浆优质高效生产关键配套技术，提高了生产效率，为推动我国蜂王浆生产模式的变革提供了技术支撑。

（2）在蜂王浆新鲜度评价领域取得突破，建立了

6项新鲜度评价新技术，提出了相关评价指标和阈值，为科学评价蜂王浆新鲜度提供了理论依据和技术手段。

(3) 在系统分析蜂王浆中兽药残留成因的基础上，结合养蜂实际，研究建立了蜂王浆中四环素族、氯霉素、链霉素、磺胺类、氟喹诺酮类等兽药残留的简易检测方法6种，适用于小企业和地方质检部门推广使用；建立了能同时测定蜂王浆中27种主要抗生素类药物的检测方法，可满足生产加工及出口企业快速检测蜂王浆兽药残留的需求。

(4) 将蜂王浆优质高效生产关键配套技术、新鲜度评价技术和兽药残留检测方法有机融合，形成完整的蜂王浆优质高效生产和质量安全评价体系。

该成果由国家蜂产业体系10个团队共同完成，获2014—2015年中华农业科技一等奖、中国农业科学院科学技术成果二等奖、北京市科学技术三等奖、国际蜂业研究联合会Eva Crane奖。获奖第一完成单位为中国农业科学院蜜蜂研究所。

(二) "中蜜1号"蜜蜂配套系

"中蜜1号"蜜蜂配套系是由中国农业科学院蜜蜂研究所主持，联合蜂产业技术体系的综合试验站四川省蜂业管理站、山西省晋中种蜂场、甘肃省养蜂研究所、新疆维吾尔自治区蜂业技术管理总站、北京市蚕业蜂业管理站和宁夏固原市养蜂试验站等国内主要蜂业科研、中试机构，利用意大利蜂、卡尼鄂拉蜂为育种素材，经过20多年不间断培育而成的抗螨、蜂蜜高产型蜜蜂配套系。其突出特点为抗螨效果显著，蜂王产卵能力强，能维持较大群势，采集能力强，产蜜量高。"十二五"期间，经过蜂产业技术体系的6个综合试验站中试推广证明，适合我国大部分地区饲养，能产生较高的经济效益。"中蜜1号"蜜蜂配套系于2015年11月经国家畜禽遗传资源委员会审定通过。这不仅是我国培育成功的第一个蜜蜂配套系，也是我国蜜蜂良种培育史上的一个重大突破。

(三) 蜜蜂授粉技术

2015年，蜂产业体系授粉昆虫繁殖岗位科学家团队，在熊蜂肠道微生物方面的研究取得了突破性进展，研究人员揭示了熊蜂肠道微生物组具有两种固定的生态（Enterotypes），这是继发现人类和大猩猩的肠道微生物存在特定生态型后首次在传粉昆虫熊蜂上发现的，将为今后深入研究传粉昆虫生物学提供了肠道微生物新视角。相关研究成果于2015年8月3日在线发表在《Current Biology》(5 - Year Impact Factor: 10.134) 上。该研究对我国28种熊蜂的肠道细菌16S的V6 - V8区采用高通量测序，并结合经典生态学分析方法进行研究，结果表明熊蜂肠道微生物存在两种保守的生态型（Enterotypes）。一种是由Gilliamella和Snodgrassella菌群组成，这两类菌群在蜜蜂中也存在。另一种生态型主要是由环境性菌群组成，而且含有一些条件致病菌如Hafnia和Serratia。两种不同生态型在熊蜂肠道微生物中的出现显示出与哺乳动物肠道微生物生态型分化的高度一致，对于熊蜂物种的健康和种群动态具有潜在的影响，为进一步挖掘这些特定肠道共生菌的功能奠定基础，同时也为我国蜂种资源的多样性保护提供参考。

四、行业工作与重大活动

(1) 国家食品药品监管总局于2016年2月通报了"2015年国家食品安全监督抽检结果"，在全国范围内共组织抽检了25类食品172 310批次食品样品，合格率同比上升2.1%。其中，蜂产品共抽检了2 584个批次，合格率为95.5%，处于较高水平。

(2) 农业部于2015年继续开展"标准化养蜂生产示范"项目，建成了成熟蜜生产示范试点，编印了《标准化养蜂及成熟蜜生产技术》手册，统一标准蜂箱、统一养蜂用具、统一继箱生产优质成熟蜜，引进了国际养蜂生产技术和先进设备，开展了现场技术指导与观摩示范，以点带面，推进全国养蜂生产标准化、规模化、规范化、产业化发展，促进养蜂生产健康稳定发展。

(3) 国家特有工种（蜂）职业技能鉴定站（农业部365站）于2015年在广东开展了"蜜蜂饲养工（中级）"职业技能鉴定。本次技能鉴定系首次开展的中华蜜蜂（中级）蜜蜂饲养工职业技能鉴定，分技能技术理论考试和实际操作测试，共146人参加考试，95人通过了鉴定。这使蜂业职业技能能手拥有了体现自己技能的资质，拓宽了就业机会，同时为我国蜂业又增添了一批养蜂专业技术人才。

(4) 国家食品药品监管总局于2015年12月邀请中国养蜂学会、中国农业科学院蜜蜂研究所、农业部蜂产品质量监督检验测试中心等单位召开座谈会，针对"关于国家食品药品监管总局发布预防食用生鲜蜂蜜中毒的消费提示的几点意见、国家食品安全《蜂蜜》及蜂产品质量安全"进行了探讨和磋商。国家食品药品监管总局对蜂产品安全高度重视，对今后夯实蜂产品市场监管、提升蜂产品安全保障都具有十分重要的意义。

(5) 中国养蜂学会与北京市共办的首届"中国蜜蜂嘉年华"活动，于2015年3月14日至5月3日在北京举行。本届活动分"蜜境先锋"馆和蜂产品博览区两个区域，来自北京、上海、江苏、浙江、江西、贵州、四川、广西、陕西、河南共27个单位参加了科技成果展示、产品展销、互动等活动。充分展示了蜜蜂与人类的和谐，重点突出了蜜蜂生命奥秘的普及宣传、蜂产品与人类健康的相关性、蜜蜂对农业及生态环境不可或缺的作用。本次活动同时开展现场互动体验，吸引全国各地游客118.8万人次。

（6）“第44届国际蜂联（APIMONDIA）国际养蜂大会暨博览会”于2015年9月15～20日在韩国大田召开，来自130多个国家和地区4 000多位注册代表参会。中国养蜂学会组织中国蜂业代表团113人出席了会议，作了18次报告，租赁了22个展位，展示我国蜂业科技成果和优质产品，共获得12枚奖牌。其中，金牌6枚，银牌4枚，铜牌2枚，成熟蜂蜜获得了3金1银1铜佳绩。

（中国农业科学院蜜蜂研究所　陈黎红　徐明）

食用菌加工业

2015年，我国食用菌产业发展如火如荼，现代化、规模化和产业化发展态势初具雏形，逐步成为名副其实的生产、消费和出口大国。全行业加快调整产业结构和优化升级，积极推动食用菌产业与自然资源循环利用、全民健康、精准扶贫有机结合，涌现出一大批主产基地县和产业化龙头企业，有效促进了食用菌产业快速健康发展。

一、基本情况

（一）产量产值

1. 产量　据对全国27个省、自治区、直辖市（不含西藏、宁夏、青海、海南和台湾）的统计调查，2015年全国食用菌总产量为3 476.27万t。从全国食用菌产量分布情况来看，产量较大的有河南省为488.65万t，山东省为446.3万t，黑龙江省为323.91万t，河北省为270.84万t，福建省为247万t，江苏省为223.95万t，吉林省为196.26万t，四川省为194.8万t，广西壮族自治区为127.95万t，湖北省为120.33万t。2015年全国各省、自治区、直辖市总产量增速明显放缓，与2014年相比，增长幅度较大的是内蒙古、天津、吉林、云南、河北、甘肃、四川等省、自治区、直辖市，分别增长37.60%、48.35%、29.47%、21.80%、17.76%、14.71%和10.84%。由此表明，我国食用菌产业向西部辐射效应增强。

2. 产值　2015年全国食用菌总产值为2 516.38亿元。从全国食用菌产值分布情况看，2015年产值超过100亿元的有河南、山东、河北、黑龙江、江苏、吉林、福建、云南、广西、湖北和江西11个省、自治区。在50亿～100亿元的有四川、广东、陕西、辽宁、浙江和湖南6个省。

（二）出口创汇

1. 出口量　据中国海关统计，2015年我国共出口食（药）用菌类数量为52.62万t（干、鲜混计），与2014年相比增长2.2%。出口量排名前三位的省份依次为辽宁省（11.97万t）、山东省（11万t）、广东省（9.9万t）。

2. 创汇　中国海关统计数字表明，2015年食用菌类创汇为26.26亿美元，比2014年减少7.3%。创汇排名前三位的省份依次为河南省（9.7亿美元）、湖北省（8.1亿美元）、辽宁省（2.5亿美元）。

二、科研、新产品、新技术

（1）攀枝花市林业“夏块菌菌根苗培育技术研究”科研项目顺利通过验收，下一步将着手进行推广。“夏块菌菌根苗培育技术研究”项目，首次详细研究了夏块菌菌根的外部形态特征和显微结构，建立了夏块菌菌根苗的检测技术。

（2）大庆将野生绣球菌组织分离、脱毒、复壮，经两年多时间已驯化成功。绣球菌，不但有极高的药用价值，食用价值也相当高。在药用方面，绣球菌素有“药王千金”和“万菇之王”之称，是目前世界上最珍贵的蘑菇，它最大的特点是含有大量的β葡聚糖。据日本食品分析中心检测，每100g绣球菌含有β葡聚糖高达43.6g，比灵芝和姬松茸还要高3～4倍，在蘑菇家族中是最高的。

（3）山西农业大学联合晋城市泽地萃绿农开发有限公司共同完成了“银耳工厂化高效生产技术”项目，并首次实现银耳工厂化生产。同时，山西农业大学还与清徐县太和食用菌栽培基地（有限公司）创新集成了绣球菌工厂化高效生产技术体系，填补了我国北方绣球菌工厂化生产技术研究的空白。

（4）据福建省龙岩市产品质量检验所反馈的报告单知悉，福建省龙岩成功利用密集烤房综合栽培食用菌，烤房综合利用栽培鸡腿菇和海鲜菇的主要营养成分与常规菇房栽培的无明显差异。检测的4个指标有粗蛋白质、总糖含量、粗纤维和灰分，鸡腿菇烤房栽培与常规对照分别为：1.82%、3.69%、0.77%、0.88%和1.72%、3.61%、0.65%、0.91%；海鲜菇烤房栽培与常规对照分别为：2.21%、4.16%、0.57%、0.78%和2.58%、4.04%、0.67%、0.72%。营养成分指标差异无几，对吃味尚无影响。

（5）福建省龙岩市新罗区农业局“百香果架下套种双孢蘑菇”试验初获成功，2月下旬以来，龙门湖坑试验基地陆续出菇。这是继2014年2月，该区在铁山外洋进行的“葡萄架下以猪粪混合稻草作为培养基质栽培双孢蘑菇”试验获得成功后的又一成功试验。

（6）通江银耳产于“中国银耳之乡”四川省巴中市通江县，先后在通江县陈河乡陈家坝村、诺江镇天井村等2个高海拔地区、1个中海拔地区和1个低海拔地区进行室外栽种试验。通过近3年时间的对比试验，通江银耳航天育种试验进展顺利、效果明显。通江银耳航天育种小试阶段试验菌种分别由省农业科学院土肥所、通江银耳科研所、通江天宝银耳新品种研究所提供。接种后，科技人员严格按照试验方案，全程参与育种试验的发菌、翻棒、排堂、采摘等环节，并做好数据记录分析。通过对比试验表明：通江银耳航天育种初筛品种单产、抗病性、抗逆性综合表现在中海拔地区要比高、低海拔地区好。3组菌种中6号、8号菌种朵型较大、肉厚、色泽纯正、产量较高，适宜在通江区域扩大试验。

（7）浙江宁波北仑区的一个食用菌合作社实现了蘑菇智能化种植，整套“智能菇”设备由该合作社申报，这套智慧农机项目包括一套食用菌智能化控制设备、一台电脑和一个显示屏，农户不用进大棚就可以了解到蘑菇棚内的温度、湿度等指标，使农户省了不少事。如今该合作社的蘑菇在宁波市已小有名气，蘑菇产量提高，效益也越来越好。

（8）新疆昌吉市园艺工作站宣布，成功引种紫灵芝，成为该基地继鹿角灵芝后又一成功引种的灵芝。该基地引种10m²的紫灵芝，目前木栓质的菌盖直径大小约达到15cm，个别菌柄和菌盖已经由黄色逐渐变为紫褐色。据了解，紫灵芝是珍贵的灵芝品种，全国产量有限，此次是昌吉地区首次引种，待试种成功后将逐步推广。

（9）北京市通州区农业技术推广站试种的耐高温香菇品种“931”获得成功。香菇品种“931”具有出菇温度范围广、菇型大、肉厚、柄短、抗高温及抗病能力强等优势，是北京市食用菌创新团队主推香菇品种之一，具有较大的市场潜力。目前基地种植规模为3 000袋，截至目前第一潮菇采收已经完成，单袋产量达到150g以上，与传统的“L18”对比，产量基本持平，但菇型和菇质要优于对照，每千克销售价格高出1元，增加率为12%左右，经济效益可观。

（10）陕西省商洛市首家香菇系列食品生产线正式投产。该项目投资1 280万元，主要生产香菇酱、手撕香菇、风味菇、香菇脆片、香菇棒、香菇饼干等6大系列30多个品种产品。该项目立于丹凤县东河工业园区，引进先进香菇食品深加工技术，建成一座建筑面积达6 500m²，集香菇深加工、种植、收购、冷藏、销售及出口为一体的产业化经营企业。

（11）陕西省宁强县真菌研究所在华中农大的指导下，采用多孢杂交技术，成功选育出森立17香菇菌株。该品种菇体圆整、菌盖厚实、菌柄短粗、菇质脆嫩。采用18cm×58cm菌袋，首茬菇可采鲜菇250～500g，累计可采鲜菇0.75～1.5kg，出菇季节为4～10月。

三、食用菌保鲜、加工和质量

在已有食用菌保鲜、冷链、质量追溯、休闲食品、功能保健食品、食用菌粉等系列技术成果的基础上，在项目研究、产品开发、示范车间建设、科企对接、学习培训等方面，进一步深入开展了食用菌相关工作，取得了系列成果。

（1）依托在研项目“十二五”科技支撑计划课题“村镇服务业与相关产业协同发展关键技术研究”，开展了工厂化金针菇菇根综合高值利用技术研究，开展了香菇、银耳、黑木耳等产地低能耗高品质烘干技术研究，开展了平菇、金针菇等营养膏类产品加工关键技术研究等，取得了系列技术突破。

（2）依托金针菇菇根综合高值加工技术，开发了超微金针菇菇根粉、金针菇面条、双菇面粉、“好未来”系列金针菇营养咀嚼片等产品；依托食用菌产地低能耗高品质烘干技术，开发了高品质干制香菇、干制银耳、干制黑木耳等系列初加工食用菌干制产品；依托食用菌营养膏加工关键技术，开发了高品质金针菇营养膏、平菇营养膏类产品等。

（3）山东建成近2 000m²果蔬粉（含食用菌）及功能食品（主要为食用菌）综合加工示范车间，配套了拣选、清洗、输送、破碎、粉碎等预处理设备设施，以及多种制粉、造粒等多剂型产品开发的设备设施等，具备了食用菌粉及食用菌功能产品中试及示范生产的基础条件。

（4）在食用菌有关专家的努力下，先后解决了高密惠德农产品有限公司的金针菇菇根加工利用问题、山东银丰菌业有限公司的银耳高效烘干技术问题、山东惠民齐发果蔬有限公司的香菇烘干技术问题等，解决了企业存在的具体生产实际问题。

（5）邀请了多位食用菌综合利用、加工、质检领域的专家，举办了食用菌加工、保鲜和质检技术培训班。同期，举办了菌类园艺工职业技能鉴定。为学员进行了食用菌技术培训并安排了实践操作训练课，使理论学习与实践紧密结合，达到了良好的培训效果。

四、质量管理与标准化工作

（1）汉中市申请登记的“留坝香菇”、“留坝黑木耳”在农业部农产品地理标志登记专家评审会上通过专家评审。专家组对留坝县良好的生态环境、自然资源、人文历史、农业产品给予了高度的评价，充分肯定了发展生态农业、品牌农业的路子选得准，工作抓得实。在品质鉴评会上，专家组成员对留坝黑木耳、香菇的外观、气味、口感等方面进行了鉴评，认为产品质量可靠，有独到之处，符合申报地理标志产品的特征，宣布通过评审。

（2）湖南省株洲市茶陵县思聪乡绿之亮食用菌种植农民专业合作社，生产的香菇通过了中国绿色食品认证，并颁发了绿色食品使用商标证书，成为该县又一通过中国绿色食品标志认证的农产品。思聪乡华星村作为该县主要蔬菜生产基地之一，科技含量不断提高，产业化程度逐年提升，品牌效应日益凸现，建立了“企业＋基地＋农户”的产业化经营模式，形成了专业化生产、企业化管理、一体化经营的生产格局。生产的产品菌肉肥厚，质地脆滑、爽口，深得市民喜爱。基地年产各类食用菌350t左右，年产值达320万元以上，不仅在本地市场销售，还成为长沙、广州、深圳等农产品市场的抢手货，供不应求。

（3）国家质量监督检验检疫总局发布公告，批准西峡仲景香菇酱等13项产品为生态原产地保护产品，准予其使用生态原产地产品保护标志。截至目前，全国共有36项产品获此称号，西峡县已有3个产品成为国家生态原产地保护产品。

（4）积极申报各类技术标准，已获立项供销行业标准5项，包括《破壁灵芝孢子粉》《灰树花提取物》《干制金针菇》《干制蛹虫草》《灵芝孢子粉原料》。其中，已完成《破壁灵芝孢子粉》《灰树花提取物》《干制金针菇》三项标准征求意见。

（5）由中华全国供销合作总社昆明食用菌研究所等单位负责起草的《块菌》《茶树菇》《金针菇菌种》《猴头菇》4项国家标准和《食用菌制品　第1部分：速冻品》供销行业标准，已完成标准征求意见稿。

（6）2015年新修订《食用菌菌种管理办法》由农业部颁布。修订版规定，申请“食用菌菌种生产经营许可证”，需要向县级人民政府农业行政主管部门提交下列材料：食用菌菌种生产经营许可证申请表；营业执照复印件；菌种检验人员、生产技术人员资格证明；仪器设备和设施清单及产权证明，主要仪器设备的照片；菌种生产经营场所照片及产权证明；品种特性介绍；菌种生产经营质量保证制度。

（7）安徽省质量技术监督局、安徽省农委组织召开了《桑枝栽培杏鲍菇生产技术规程》地方标准专家评审会。评审会上，标准起草人首先阐述了标准制定的目的、意义及必要性。随后，专家对该标准具体内容进行了深入探讨和严格审查，最终达成一致意见，认为《桑枝栽培杏鲍菇生产技术规程》符合安徽利用桑枝栽培杏鲍菇的实际情况，具有科学性、实用性。

（8）农业部发布公告，浙江“常山猴头菇”通过国家农产品地理标志登记。早在20世纪80年代，常山县猴头菇就已闻名全国，但进入21世纪后，当地的猴头菇产业却一度低迷。去年，当地政府提出兴“常山三宝”（胡柚、山茶油、猴头菇）计划，并出台相关政策予以重点扶持。为了拓展常山猴头菇的品牌效应，2015年初常山县着手申请国家农产品地理标志产品登记。

五、行业工作

2015年，开展了丰富多样的行业工作。

（1）成立了菇农合作社、菌需物资与装备分会，举办了2015年中国食用菌协会会长办公会和分支机构工作会议，召开了中国食用菌协会装备分会筹备及研讨会，举办了“全国食用菌休闲观光经营圆桌会议与乡村餐饮体验研讨会”。

（2）针对工厂化食用菌产品季节性过剩和价格扭曲等问题，多次召开协调会议，形成了工厂化食用菌市场京津冀一体化活动意见。在北京中央批发市场召开了“工厂化食用菌市场京津冀一体化会议”，形成了工作方案和具体措施，开展了有效的协调工作。一年来，食用菌流通秩序明显好转，金针菇价格顺势企稳，企业效益明显提升。

(3) 开展了行业职业技能培训服务工作，对职业大典职业分类中的食用菌工种修订材料进行了整理上报。在河北灵寿、遵化、平泉，黑龙江哈尔滨，湖北新洲等地举办了6期菌类园艺工培训班，培训人员通过考试获得了职业资格证书。

(4) 开展了“庆元香菇市场开业启幕”和“中国香菇市场流通峰会”活动。全国各地的行业同仁齐聚一堂，研究食用菌市场流通的新理念、新举措，通过论坛交流等方式，在产业品牌和价值提升、食用菌进出口形势、冷链物流业发展等方面进行了深入探讨。

(5) 中国食用菌行业大会暨2015中国（山东·齐河）食用菌新技术新产品及菌需物资博览会在山东省齐河县举行，国内外专家代表1 000多人参加了会议，参会人数和成交情况都创历史新高。会议期间，还召开了中国食用菌协会五届三次理事会议。

(6) 举办了“中国（江苏）食用菌美食文化节暨中国食用菌协会健康体验基地（盐城）博览会”。文化节气氛浓厚，与会代表探讨了行业文化建设、市场营销及烹饪交流等内容，进一步宣传了“一荤一素一菇”营养理念，受到了市民的好评。开展了“2015丝绸之路经济带食用菌产业专题展”和中国食用菌行业秋季博览会等活动。

(7) 举办了中国食用菌产业“十二五”百项优秀成果展示交易会。大会得到了中华全国供销合作总社、国际蘑菇学会的大力支持。来自全国各地120多个单位展示了“十二五”优秀成果并进行交易，会议代表及参会观众创历史新高。会议期间，召开了中国食用菌协会第六次会员代表大会，举办了“十三五”规划动员会、中国食用菌协会装备分会成立及技术辅导、行业融资服务等活动等。

（中国食用菌协会　戚俊）

乳制品制造业

一、基本情况

（一）生鲜乳生产

2015年，全国生鲜乳产量保持增长势头，全年奶类产量为3 870.3万t，同比增长0.8%。其中，牛奶产量为3 754.7万t，同比增长0.8%；其他奶类产量为115.6万t，同比减少0.9%。牛奶产量前五位省、自治区为内蒙古、黑龙江、河北、河南和山东，其中内蒙古产量为803.2万t，占全国的21.4%。从牛奶生产增长情况看，安徽增长幅度最大，产量为30.6万t，同比增长9.7%。另外，贵州、辽宁、吉林、新疆、湖北等5省、自治区同比增长在5%以上；湖南、广西、浙江、西藏、青海、河南、黑龙江、上海、内蒙古、江西、宁夏等11省、自治区、直辖市牛奶产量较上年有增长；福建、海南牛奶产量与上年持平；甘肃、天津、山东、江苏、陕西、河北、北京、广东、山西、四川、重庆、云南等12省、自治区、直辖市牛奶产量较上年减少，其中云南减少幅度最大，同比减少5.5%。其他奶类生产方面，陕西、河南、山东、内蒙古、新疆、河北等省、自治区产量较高，其中陕西产量为48.7万t，同比增长2.3%，占全国的42.1%。奶类、牛奶产量前五位省、自治区情况分别见表1、表2。

表1　2015年全国奶类总产量前五位省、自治区情况

地　区	产量（万t）	同比增长（%）	占全国比例（%）
全国总计	**3 870.3**	**0.8**	**100.0**
内蒙古	812.2	1.9	21.0
黑龙江	574.4	2.6	14.8
河　北	480.9	−3.1	12.4
河　南	352.3	2.9	9.1
山　东	284.9	−1.6	7.4

资料来源：国家统计局。

表2　2015年全国牛奶产量前五位省、自治区情况

地区	产量（万t）	同比增长（%）	占全国比例（%）
全国总计	**3 754.7**	**0.8**	**100.0**
内蒙古	803.2	1.9	21.4
黑龙江	570.5	2.5	15.2
河　北	473.1	−3.0	12.6
河　南	342.2	3.1	9.1
山　东	275.4	−1.5	7.3

资料来源：国家统计局。

（二）经济运行状况

2015年，由于国内消费拉动乏力，进口产品的冲击，国内乳制品生产处于低水平的增长。根据国家统计局月报数据，全国规模以上乳制品企业（即年主营业务收入2 000万元及以上工业企业）有638个，其中内资企业542个，占比为85.0%；香港、澳门及台商投资企业18个，占比为2.8%；外商投资企业78个，占比为12.2%。

2015年全行业累计流动资产净值平均余额为1 369.4亿元，同比增长11.6%；资产合计为2 565.0亿元，同比增长11.0%。其中，不同类型企业资产合计分别为：内资企业1 649.5亿元，同比增长12.0%，占全行业的64.3%；香港、澳门及台商投资企业137.4亿元，同比增长13.7%，占全行业的5.4%；外商投资企业778.2亿元，同比增长8.4%，占全行业的30.3%。

2015年全国乳制品企业负债合计为1 314.2亿元，同比增长4.6%；资产负债率为51.2%，同上年比降低2.2个百分点。其中，内资企业负债为840.3亿元，同比增长7.4%；负债率为50.9%，同上年比降低0.7个百分点。香港、澳门及台商投资企业负债为70.7亿元，同比增长27.5%；负债率41.5%，同上年比升高6.9个百分点。外商投资企业负债为403.2亿元，同比减少3.7%；负债率51.8%，同上年比降低6.9个百分点。

2015年全国规模以上企业实现主营业务收入为3 328.5亿元，同比增长1.7%。其中，内资企业为2 074.9亿元，同比增长5.8%，占全行业的62.3%；香港、澳门及台商投资企业为96.3亿元，同比减少6.0%，占全行业的2.9%；外商投资企业为1 157.3亿元，同比减少4.5%，占全行业的34.8%。2015年全国规模以上企业主营业务收入及前五位省、自治区情况见表3。

表3 2015年全国乳制品企业主营业务收入前五位省、自治区情况

地　区	主营业务收入（亿元）	同比增长（%）	占全国比例（%）
全国总计	**3 328.5**	**1.7**	**100.0**
内蒙古	633.6	0.5	19.0
黑龙江	379.2	1.3	11.4
山　东	305.3	0.4	9.2
河　北	288.4	10.8	8.7
陕　西	153.4	−5.7	4.6

资料来源：国家统计局。

2015年全行业利税总额为363.7亿元，同比增长10.5%，增速同上年比降低3个百分点。其中，利润为241.7亿元，同比增长7.7%，增速同上年比降低18个百分点；税金为122.1亿元，同比增长16.2%，利润占利税的比重为66.4%。其中，内资企业利税总额为235.3亿元，同比增长10.4%。其中，利润为159.5亿元，同比增长6.5%；税金为75.7亿元，同比增长21.3%，利润占利税总额的比重为67.8%。香港、澳门及台商投资企业利税总额为20.2亿元，同比增长13.2%。其中，利润为12.6亿元，同比增长27.7%；税金为7.6亿元，同比增长0.3%，利润占利税总额的比重为62.3%。外商投资企业利税总额为108.2亿元，同比增长10.3%。其中，利润为69.5亿元，同比增长7.4%；税金38.7亿元，同比增长10.5%，利润占利税总额的比重为64.2%。全行业销售收入利润率为7.3%，同上年比提高0.4个百分点。其中，内资企业为7.7%，同上年比提高0.5个百分点；香港、澳门及台商投资企业为13.1%，同上年比提高2.8个百分点；外商投资企业为6.0%，与上年基本持平。

全行业亏损企业为103个，企业亏损率为16.1%，同上年比略有升高。其中，内资企业为84个，占内资企业总数的15.5%；香港、澳门及台商投资企业为3个，占香港、澳门及台商投资企业总数的16.7%；外商投资企业为16个，占外商投资企业总数的20.5%。

2015年，乳制品产量扭转了上年同期负增长的局面，并有了小幅增长，但部分产品仍呈现下降趋势。乳制品产量为2 782.5万t，同比增长4.6%。其中，液体乳产量为2 521.0万t，同比增长4.7%；乳粉产量为142.0万t，同比增长−4.5%。乳粉产量同比增长仍是负数，但降幅比去年缩小2个百分点。乳制品产量居前的省、自治区为河北、内蒙古、山东、河南和黑龙江，五省、自治区乳制品总产量为1 318.7万t，占全国的47.4%，占比较上年提高1.1个百分点。其中，液体乳产量居前的省、自治区为河北、内蒙古、山东、河南和江苏，五省、自治区液体乳总产量为1 231.5万t，占全国的48.9%，占比较上年提高1.6个百分点。乳粉产量居前的省、自治区为黑龙江、陕西、内蒙古、河北和福建，五省、自治区合计生产乳粉为104.2万t，占全国的73.4%，占比较上年提高0.2个百分点。2015年全国规模以上企业乳制品、液体乳、乳粉产量及产量前五位省区情况分别见表4、表5、表6。

表 4 2015 年全国乳制品产量前五位省、自治区情况

地 区	产量（万 t）	同比增长（%）	占全国比例（%）
全国总计	**2 782.5**	**4.6**	**100.0**
河 北	346.0	5.1	12.4
内蒙古	293.6	8.1	10.6
山 东	250.9	19.1	9.0
河 南	236.9	2.9	8.5
黑龙江	191.4	−2.1	6.9

资料来源：国家统计局。

表 5 2015 年全国液体乳产量前五位省、自治区情况

地 区	产量（万 t）	同比增长（%）	占全国比例（%）
全国总计	**2 521.0**	**4.7**	**100.0**
河 北	335.4	3.8	13.3
内蒙古	276.4	10.0	11.0
山 东	242.2	20.5	9.6
河 南	236.3	2.9	9.4
江 苏	141.3	10.1	5.6

资料来源：国家统计局。

表 6 2015 年全国乳粉产量前五位省、自治区情况

地 区	产量（万 t）	同比增长（%）	占全国比例（%）
全国总计	**142.0**	**−4.5**	**100.0**
黑龙江	50.5	−7.0	35.6
陕 西	26.7	10.4	18.8
内蒙古	15.4	−17.7	10.9
河 北	6.0	31.7	4.2
福 建	5.7	34.9	4.0

资料来源：国家统计局。

2015 年是“十二五”收官之年，“十二五”期间，受消费增长放缓影响，乳制品行业增速放缓，行业发展面临诸多困难，但与 2011 年相比，仍取得了不错的成绩。2011—2015 年我国乳制品产量提高了 28.86%，销售收入增长了 71.59%，资产增加了 85.40%，利润提升了 39.30%，上缴税金增加了 45.07%（表 7、表 8）。

表 7 2011—2015 年全国规模以上乳制品企业情况

指标	2011 年	2012 年	2013 年	2014 年	2015 年
企业数（个）	640	650	653	631	638
资产总计（亿元）	1 579.2	1 782.5	2 056.9	2 321.2	2 565.0
销售收入（亿元）	2 314.9	2 502.0	2 831.6	3 297.8	3 328.5
利润总额（亿元）	177.7	174.0	180.1	225.3	241.7
上缴税金（亿元）	93.5	111.7	113.7	105.1	122.0

注：2012 年及以前为年报数据，2013 年及以后为月报数据。

资料来源：国家统计局。

表 8 2011—2015 年全国规模以上乳制品企业产量情况

指标	2011 年	2012 年	2013 年	2014 年	2015 年
乳制品（万 t）	2 387.5	2 545.2	2 698.0	2 651.8	2 782.5
其中：液体乳（万 t）	2 060.8	2 146.6	2 336.0	2 400.1	2 521.0
乳 粉（万 t）	138.6	136.5	158.9	150.8	142.0

资料来源：国家统计局。

（三）产品结构

2015 年，据中国乳制品工业协会对 86 个会员单位（销售收入占全行业的 80.3%）的统计，在乳粉类产品中，全脂乳粉占 15.9%，全脂加糖乳粉占 5.3%，脱脂乳粉占 2.4%，婴幼儿配方乳粉占 58.0%，中老年乳粉占 8.4%，调味乳粉占 2.4%，其他乳粉占 7.6%。

2015 年，根据中国乳制品工业协会统计数据，全国奶油类产品产量约 8 万 t；干酪类产量约 2.8 万 t，其中原干酪约占 45.4%，再制干酪约占 54.6%；炼乳产量约 16 万 t，其中甜炼乳约占 78.6%，无糖炼乳约占 21.4%。

2015 年，根据中国乳制品工业协会统计数据，全国液体乳产品构成为：巴氏杀菌鲜乳约占 8.0%，灭菌纯乳约占 41.0%，调制乳约占 28.5%，发酵乳约占 22.5%。

（四）行业集中度及大型企业情况

2015 年，行业集中度进一步得到提高，大型企业盈利能力得到加强。根据国家统计局月报数据，2015 年底，全国共有大型企业 49 个，占行业全部规模以上企业数的 7.68%，其全年共实现销售收入为 1 411.3亿元，同比增长 1.71%，占行业的 42.40%，比上年提高 0.55 个百分点；利润总额为 108.1 亿元，同比增长 6.21%，占行业的 44.75%，比上年提高 2.08 个百分点。

“十二五”期间，得益于国家对乳制品行业清理整顿和鼓励兼并重组政策的影响，大型乳制品企业得到了较好的发展。相比2010年，大型乳制品企业的资产增长了160.21%，销售收入增长了267.84%，利润提升了66.82%，上缴税金增长了209.27%（表9）。

表9　2011—2015年大型企业指标变化情况

指标	2011年	2012年	2013年	2014年	2015年
大型企业数（个）	42	44	44	44	49
资产总计（亿元）	740.3	839.1	1 017.6	1 079.1	1 157.4
销售收入（亿元）	992.6	1 064.0	1 159.7	1 380.7	1 411.3
利润总额（亿元）	75.1	78.7	67.7	96.3	108.1
上缴税金（亿元）	47.8	61.4	60.4	50.5	63.4

注：2012年及以前为年报数据，2013年及以后为月报数据。

资料来源：国家统计局。

二、市场状况

（一）生鲜乳收购价格

2015年，国内生鲜乳价格维持高位运行，在产奶旺季价格出现小幅回落，旺季过后价格逐渐恢复。

据农业部对内蒙古、河北等10个奶牛主产省、自治区（河北、山西、内蒙古、辽宁、黑龙江、山东、河南、陕西、宁夏、新疆）生鲜乳平均价格的调查数据，2015年1月平均价格为3.56元/kg，4月为3.40元/kg，8月为3.41元/kg，12月为3.54元/kg。2015年12月全国主产区生鲜乳平均价格同比下降了6.6%（表10）。

表10　2015年农业部监测10个主产省、自治区生鲜乳月平均价格情况

月　份	1月	2月	3月	4月	5月	6月
月平均价格（元/kg）	3.56	3.44	3.42	3.40	3.40	3.41
月　份	7月	8月	9月	10月	11月	12月
月平均价格（元/kg）	3.41	3.41	3.44	3.47	3.50	3.54

数据来源：农业部监测数据。

（二）乳制品价格

2015年，受乳制品消费增长缓慢，企业库存增加，以及进口乳制品低价冲击的影响，乳制品年均价格出现下降。根据国家统计局的调查数据，2015年12月，乳制品价格环比降低0.2%，全年乳制品平均价格同比降低1.1%，而同期食品价格则为2.3%的增长。

（三）乳制品进出口

1. 进口　2015年国际乳制品价格低位运行，液体乳等产品的进口继续大幅增长；但受国内乳粉产品高库存的影响，乳粉的进口出现了较大的降幅，全年乳制品进口总量也自2008年以来首次出现下降。1～12月共计进口乳制品191.85万t，货值61.11亿美元，同比分别增长－6.49%和－28.00%，进口乳制品货值占国内行业销售收入的11.9%。其中，乳粉、液体乳、乳清类产品、婴幼儿乳粉、乳糖、干酪、奶油进口量较大，液体乳、零售婴幼儿食品（其中婴幼儿乳粉占97%以上）增幅较大（表11）。

表11　2015年全国乳制品进口情况

商品名称	数量（万t）	同比增长（%）	金额（亿美元）	同比增长（%）
进口合计	191.85	－6.49	61.11	－28.00
液体乳	45.96	43.54	4.85	18.71
乳　粉	54.72	－40.73	15.07	－66.04
炼　乳	1.09	19.19	0.22	4.67
发酵乳	1.03	18.21	0.28	－23.96
乳清类产品	43.58	7.67	5.25	－33.38
奶　油	7.13	－11.38	2.65	－29.77
干　酪	7.56	14.56	3.48	1.62
乳　糖	8.95	5.51	0.84	－33.49
零售婴幼儿食品	17.99	46.20	25.18	60.79
酪蛋白	2.12	36.90	1.72	－6.17
白蛋白	1.72	8.65	1.57	－21.26

注：1. 液体乳数据不含发酵乳。

2. 乳粉数据不含零售包装婴幼儿配方乳粉。

数据来源：中国海关。

从进口来源看，新西兰仍然是我国进口乳制品的主要来源地，全年共从新西兰进口乳制品为 65.7 万 t，占我国进口乳制品总量的 34.3%；其次是美国、德国、澳大利亚和法国，我国分别进口了 34.4 万 t、27.6 万 t、12.7 万 t 和 12.1 万 t 的乳制品。以上五国合计，占到我国乳制品总进口量的 79.5%。其中，液体乳主要来源于德国、新西兰、澳大利亚、法国和意大利，进口量分别为 20.5 万 t、7.5 万 t、6.2 万 t、3.6 万 t 和 1.3 万 t，五国合计占液体乳总进口量的 85.0%。乳粉主要来源于新西兰、澳大利亚、美国、德国和法国，进口量分别为 44.8 万 t、2.7 万 t、2.2 万 t、1.4 万 t 和 1.2 万 t，五国合计占乳粉总进口量的 95.4%。乳清类产品主要来自于美国、法国、波兰、阿根廷和德国，进口量分别为 22.9 万 t、5.0 万 t、2.9 万 t、2.8 万 t 和 2.4 万 t，五国合计占乳清粉总进口量的 82.7%。奶油主要来自于新西兰、法国、澳大利亚、比利时和阿根廷，进口量分别为 6.1 万 t、3.2 万 t、2.6 万 t、1.8 万 t 和 0.9 万 t，五国合计占奶油总进口量的 97.5%。干酪主要来自于新西兰、澳大利亚、美国、丹麦和意大利，进口量分别为 3.7 万 t、1.5 万 t、1.2 万 t、0.24 万 t 和 0.19 万 t，五国合计占干酪总进口量的 90.0%。乳糖主要来自于美国、丹麦、德国、澳大利亚和荷兰，进口量分别为 7.0 万 t、0.67 万 t、0.34 万 t、0.30 万 t 和 0.29 万 t，五国合计占乳糖总进口量的 96.2%。零售婴幼儿食品（婴幼儿配方乳粉）主要来自荷兰、爱尔兰、德国、法国和新西兰，分别进口 5.8 万 t、2.5 万 t、1.7 万 t、1.6 万 t 和 1.4 万 t，五国合计占零售婴幼儿食品进口量的 72.3%。酪蛋白主要来自新西兰、荷兰、法国、美国和德国，分别进口 1.24 万 t、0.49 万 t、0.14 万 t、0.08 万 t 和 0.04 万 t，五国合计占酪蛋白总进口量的 93.9%。

在进口价格方面，2015 年由于世界乳制品主要消费市场消费能力持续低迷，全球乳制品贸易逐渐呈现供大于求的状态，国际乳制品价格进一步走低。2015 年 12 月，乳粉的平均进口价格为 2 782 美元/t，每吨同比下降 409 美元，下降幅度达 12.82%；液体乳平均进口价格为 928 美元/t，每吨同比下降 320 美元，下降幅度达 25.63%；乳清粉平均进口价格为 874 美元/t，每吨同比下降 708 美元，下降幅度达 44.74%。

2. **出口** 2015 年，受国际乳制品供过于求，且国内乳制品成本居高不下等因素影响，我国乳制品出口出现下降。全年乳制品出口为 3.55 万 t，货值 0.64 亿美元，同比分别增长－15.36%和－30.12%。其中，液体乳、乳粉、炼乳、奶油是出口的主要产品（表 12）。

我国乳制品出口主要是为香港、澳门地区提供产品，2015 年共向香港、澳门地区出口乳制品 2.81 万 t，占总出口量的 79.15%。

表 12 2015 年全国乳制品出口情况

商品名称	数量（万 t）	同比增长（%）	金额（亿美元）	同比增长（%）
出口合计	3.55	－15.36	0.64	－30.12
液体乳	2.46	－4.46	0.24	－7.06
乳　粉	0.49	－40.07	0.11	－65.95
炼　乳	0.18	－24.29	0.04	－28.78
发酵乳	0.05	－12.19	0.01	－6.48
乳清粉	0.00	－52.71	0.00	－12.65
奶　油	0.14	－51.47	0.04	－55.59
干　酪	0.01	3.86	0.01	－9.51
乳　糖	0.09	13.50	0.04	74.44
婴幼儿零售食品	0.08	15.89	0.08	21.93
酪蛋白	0.02	－60.23	0.02	－61.46
白蛋白	0.02	248.09	0.04	189.49

注：1. 液体乳数据不含发酵乳。

2. 乳粉数据不含零售包装婴幼儿配方乳粉。

数据来源：中国海关。

2015 年 1～12 月份，全国进出口乳制品（包括乳糖、零售包装婴幼儿配方乳粉、酪蛋白、白蛋白）数量逆差 188.30 万 t，货值逆差 60.47 亿美元，分别比上年度减少 6.31%和 27.98%。

“十二五”期间，我国乳制品进口继续快速增长，我国乳制品行业对国际依存度进一步加大，国际乳制品供求关系对国内影响力加大，为适应这种国际化形势，包括伊利、光明、雅士利、圣元等一批企业开始“走出去”发展，利用国外资源满足企业发展的需求。

相比 2010 年，“十二五”期间我国乳制品进口量增长了 1.18 倍，进口额增长了 1.14 倍。其中，液体乳进口量增长了 27.92 倍，发酵乳进口量增长了 7.38 倍，炼乳进口量增长了 2.34 倍，干酪进口量增长了 2.30 倍，奶油进口量增长了 2.04 倍，零售婴幼儿食品进口量增长了 1.71 倍，酪蛋白进口量增长了 1.69 倍。2011—2015 年乳制品进口量和进口额变化情况见表 13 和表 14。

表 13　2011—2015 年全国乳制品进口量变化情况

单位：万 t

商品种类	2011 年	2012 年	2013 年	2014 年	2015 年
进口量合计	106.38	134.12	182.71	205.18	191.85
液体乳	4.05	9.38	18.46	32.02	45.96
乳　粉	44.95	57.31	85.44	92.34	54.72
炼　乳	0.49	0.55	0.93	0.92	1.09
发酵乳	0.25	0.79	1.02	0.87	1.03
乳清类产品	34.42	37.84	43.41	40.47	43.58
奶　油	3.57	4.83	5.23	8.04	7.13
干　酪	2.86	3.88	4.73	6.60	7.56
乳　糖	5.51	7.98	8.35	8.49	8.95
零售婴幼儿食品	7.83	9.15	12.27	12.31	17.99
酪蛋白	1.01	1.25	1.25	1.55	2.12
白蛋白	1.42	1.16	1.61	1.59	1.72

注：液体乳数据不包括发酵乳。

数据来源：中国海关。

表 14　2011—2015 年全国乳制品进口额变化情况

单位：亿美元

商品种类	2011 年	2012 年	2013 年	2014 年	2015 年
进口额合计	37.88	46.74	71.47	84.88	61.11
液体乳	0.60	1.19	2.35	4.08	4.85
乳　粉	16.45	19.29	35.85	44.38	15.07
炼　乳	0.12	0.13	0.21	0.21	0.22
发酵乳	0.09	0.25	0.40	0.37	0.28
乳清类产品	5.71	7.48	8.50	7.89	5.25
奶　油	1.84	1.96	2.26	3.78	2.65
干　酪	1.39	1.87	2.31	3.42	3.48
乳　糖	0.70	1.56	1.45	1.26	0.84
零售婴幼儿食品	8.61	10.48	14.78	15.66	25.18
酪蛋白	1.06	1.24	1.39	1.83	1.72
白蛋白	1.31	1.30	1.98	2.00	1.57

注：液体乳数据不包括发酵乳。

数据来源：中国海关。

三、行业动态

（一）质量抽查

（1）乳制品质量安全保持稳定向好的状况，根据国家食药总局公布的数据，2015 年共抽检乳制品（不含婴幼儿配方乳粉）9 350 批次，检出不合格产品 44 批次，合格率 99.5%，是食品行业中合格率最高的。不合格产品涉及产品有巴氏杀菌乳、灭菌乳、发酵乳、奶油等产品，主要问题为菌落总数、大肠菌群、金黄色葡萄球菌、霉菌、酵母等微生物指标，以及酸度不符合国家安全标准。

（2）根据收集到的国家食药总局公布的国家监督抽检结果，2015 年共抽检婴幼儿配方乳粉样品 1 540 批次，不合格样品 60 批次，其中标签标识不合格 44 批次，质量指标不合格 16 批次，抽检合格率为 96.1%，除去标签不合格样品，合格率为 99.0%。16 批次质量不合格样品中，宏量营养素不合格样品 5 批次，占 31%，其中蛋白质 1 批次，反式脂肪酸 2 批次，亚油酸 2 批次；污染物硝酸盐不合格 2 批次；微生物菌落总数不合格 1 批次；微量成分不合格 8 批次，占 60%，其中硒 5 批次，维生素 C 2 批次，叶酸 1 批次。

（二）婴幼儿配方乳粉注册规定

2015 年，新修订的《中华人民共和国食品安全法》正式发布并实施，其中第八十一条明确“婴幼儿配方乳粉的产品配方应当经国务院食品药品监督管理部门注册。注册时，应当提交配方研发报告和其他表明配方科学性、安全性的材料。”配方注册实施后，将使国内婴幼儿配方乳粉品牌数量大幅缩减，质量水平进一步提升。

（三）推动乳制品质量提升

2015 年，国家食品药品监管总局加大了对婴幼儿配方乳粉的监督抽检和风险监测的抽检频次，部分产品被检出质量安全问题。为此，中国乳制品工业协会及时召开会议，分别于 1 月、3 月、5 月召开专项会议，对国家抽检中发现的问题进行通报，召集行业企业分析原因和探讨解决办法，督促企业比照抽检中发现的问题进行自查，预防类似产品问题的发生，严格把控好产品质量。同时，通过邀请检验机构检验人员现场授课和操作指导，提升了企业检验员的技能水平。通过这一系列的工作，婴幼儿配方乳粉检验合格率明显好转。

（四）发布两项干酪感官评鉴细则

2015 年，中国乳制品工业协会对外发布了《匹萨用拉丝性干酪感官评鉴细则》（RHB 507—2015）、《耐高温再制干酪感官评鉴细则》（RHB 508—2015）两项干酪感官评鉴细则。细则除规定了产品包装、外形、色泽、滋味和气味、组织状态及特征结构的评鉴方法和量化评分标准外，还对烘焙后匹萨用拉丝性干酪的拉丝性、融化性、焦斑大小、焦斑颜色、焦斑面积、出油性、滋味和气味、质构、透明度等指标，以及加热后耐高温再制干酪的保形率、颜色、出油性、滋味和气味、质构等指标，设定了具体的评鉴方法和量化评分标准。

（五）召开行业年度会议

2015年，中国乳制品工业协会成立二十周年“第二十一次年会暨第十五次乳品技术精品展示会”在北京举行。会议全面深入分析了世界乳业发展的形势以及中国乳制品行业面临的机遇和挑战；交流了国内外乳制品科技研发成果；总结行业发展的经验及教训；探讨了进一步提高乳制品质量安全、增强我国乳业的国际竞争力的措施等。大会以“二十年奋斗路成就谱华章”为主题，对二十年来坚持不懈地在行业努力奋斗并作了突出贡献和取得优异成绩的企业及企业家进行了表彰。期间，大会成功举行了“全球乳业发展高峰论坛”、“国际乳品工程与生物科学技术论坛”、“国际婴幼儿配方奶粉标准法规与营养科学论坛”、“世界乳业市场及营销论坛”和“牧场管理及科学饲养论坛”。同期举办的“第十五次乳品技术精品展示会”共有近169个国内外知名企业参展，展出面积2万m^2，参展企业和展出面积均为历史新高。

（中国乳制品工业协会　岳增君）

烟草加工业

2015年，烟草行业认真贯彻落实党中央、国务院的重大决策部署，在工信部的直接领导下，以“三严三实”专题教育为动力，积极应对经济下行的巨大压力、积极应对卷烟提税顺价的巨大压力、积极应对控烟过激的巨大压力，行业经济运行呈现稳中有进、稳中有好的态势。

一、基本情况

2015年，烟草行业全年实现税利总额11 436亿元，同比增加919亿元，同比增长8.73%。全年上缴税收和利润10 950亿元，同比增加1 840亿元，同比增长20.2%。全年销售卷烟4 979万箱，同比减少120.1万箱，同比下降2.36%，好于下降2.73%的调控指标；全年生产卷烟5 124.3万箱，同比减少45.7万箱，同比下降0.88%，好于下降4.25%的调控指标。全年实现利润3 032亿元，同比减少82亿元，同比下降2.63%。

二、科研、新产品、新技术

2015年，蚜茧蜂防治蚜虫推广实现了里程碑意义的新跨越，覆盖全国植烟面积的72%，防治蚜虫农药用量平均减少58%，在大农业作物上推广36.5万hm^2，成为我国农业病虫害绿色防控的成功案例。加强与科学技术部、国家科学技术奖励工作办公室沟通与协调，行业重大科技成果申报国家科技奖励的大门重新打开。加速推进新型烟草制品研发创新，设立上海新型烟草制品研究院和烟草行业新型烟草制品装备工程研究中心，形成技术、装备、产品全面推进、全产业链发展的研发格局。在降焦减害技术风险和难度持续加大的情况下，国产卷烟焦油量加权平均值降至10.4mg/支，同比降低0.1mg/支；卷烟危害性指数降至8.5，同比降低0.1；低焦高档卷烟、盒标焦油6mg/支以下卷烟销量实现“十二五”期间“五连增”。

三、国内外市场概况

（一）国内市场概况

2015年，全年烤烟移栽面积107.33万hm^2，烤烟收购总量220 000kg左右。同时，提升基础设施综合配套水平，推进水源工程援建工作，创新烟叶生产组织形式，提高专业化服务水平和机械化作业率，推广先进适用技术，精准实施产业扶贫，千方百计增加烟农收入和促进烟区经济社会发展，做到了减量不减收、减量不减税。全年烤烟收购均价27.0元/kg，提高1.48元/kg；烟农总收入685亿元，增加6亿元；烟农户均收入4.49万元，增加0.41万元；种烟公顷平均收入61 860元，增加6 435元；烟叶税130亿元，增加4亿元。

2015年全国共销售卷烟约4 979万箱，同比减少120万箱，顺利完成全年4 976万箱的销售任务；全国卷烟单箱结构达2.86万元/箱，同比增加0.19万元/箱。从近5年的走势看，单箱结构增长势头有所下降，从2013年起降幅有所趋缓，至2015年略有回升，比2014年高出0.48个百分点；全国累计实现销售收入14 223.06亿元，同比增加623.65亿元，同比增长4.66%。2015年，全国细支烟在销品牌有30个，比2014年增加19个；在销规格有75个，比2014年增加25个；全年实现销量约72万箱，同比增加约43万箱；实现销售收入约292亿元，同比增加约173亿元；单箱结构达4万元。从近5年的走势可以看出，经过几年的精心培育，细支烟迎来了爆发性增长，市场迅速扩容。

（二）国外市场概况

1. *烟叶* 近年来，国际烟叶市场总体处在供大于求状态，尽管从2014年开始市场压力有所缓解，但尚未走出困境。2015年，全球烤烟产量（不含中国）约20.23亿kg，同比减少10%；白肋烟产量6.32亿kg，同比减少9%；未签约的烤烟和白肋烟库存约1.31亿kg，同比增加176%。近年来，巴西烟叶产量不断减少，而非洲烟叶种植范围不断扩大，产量不断增加，可能成为未来国际烟叶供应方的领导者。受到烟叶市场供过于求的影响，鲜烟叶价格持续低迷。根据联一烟叶公司披露，2015年其成品烟叶平均销售价格5.15美元/kg，同比降低3.6%；烟叶平均成本4.59美元/kg，同比降低5.5%。目前，全球约1/3的烟叶由跨国烟草公司直采，1/3通过跨国烟叶公司采购，1/3被产地公司采购。近年来，美国、墨西哥、巴西、多米尼加等地烟叶通过烟叶公司采购转售烟草公司的比例增加，菲莫国际自2014年起也逐步扩大了通过烟叶公司采购烟叶的比重。引起烟叶采购方式转变的主要原因，是烟草公司降低成本的需要。

——环球烟叶公司发展情况 2015财年，销售收入22.72亿美元，同比减少10.6%；净利润1.15亿美元，同比减少23.4%。2015年成立了一家合资公司，生产电子烟所需的液态尼古丁制品。此外，成立了多元化合资公司，经营蔬菜饮料业务。

——联一烟叶公司发展情况 2015财年，烟叶销量3.78亿kg，同比减少10.9%；销售收入20.66亿美元，同比减少12.27%。主要受到烟叶需求下降、烟草公司去库存、出售巴西分公司股权等因素影响，净亏损1 543万美元，较上年减少82.20%。

2. *卷烟*

——菲莫国际 截至2015年年底，员工总数8.02万人，比2014年减少约2 300人。菲莫国际在全球拥有48个工厂，产品销往180多个国家和地区，并在很多国家和地区占有第一或第二的市场份额。“万宝路（Marlboro）”是全球销量第一的卷烟品牌，占菲莫国际2015年总销量的34%，占有除中国和美国以外9.6%的国际市场，2015年总销量超过571.2万箱（不含美国市场销量），同比增长0.9%。菲莫国际的第二大品牌“蓝星（L&M）”，2015年全球销量增长3.9%，是除中国以外的全球市场第四大品牌。菲莫国际的其他畅销品牌包括“邦德街（Bond Street）”“百乐门（Parliament）”“荣誉（Merit）”“菲莫（Philip Morris）”“弗吉尼亚（Virginia S.）”“切斯特菲尔德（Chesterfield）”“云雀（Lark）”等。2015年，菲莫国际投入研发经费4.2亿美元，约占营业利润的4.0%。

——英美烟草 截至2015年年底，员工总数5.47万人，比2014年减少约2 000人。在全球41个国家和地区拥有44个工厂，英美烟草名列伦敦股票交易所的10大公司之一，拥有200多个品牌，销往全球200多个国家和地区，并在55个国家中市场份额排名第一，2015年英美烟草的5个“全球驱动品牌”：“登喜路（Dunhill）”“健牌（Kent）”“好彩（Lucky Strike）”“波迈（Pall Mall）”“乐富门（Rothmans）”，在全球继续保持销量和市场份额的增长，5个品牌全年共销售卷烟602万箱，同比增长8.5%。其中，销量最大的“波迈”销售184万箱，是除中国以外的全球市场第三大品牌。2015年，英美烟草投入研发经费2.3亿美元，约占营业利润的3.2%。

——日本烟草 截至2015年年底，员工总数4.45万人，拥有39个制造厂（含31个卷烟厂）。其中8个在日本境内（5个卷烟厂，3个原料厂）。日本烟草拥有90多个品牌，产品销往120多个国家和地区，其中旗舰品牌有“云斯顿（Winston）”“七星（Mevius）”“骆驼（Camel）”“乐迪（L&D）”等。2015年，日本烟草进一步加强了品牌整合，将“Caster”和“Cabin”两个品牌整合到“云斯顿”中。按销量计算，“云斯顿”是除中国以外的全球市场第二大品牌，“七星”是第五大品牌，“骆驼”是第九大品牌。“七星”在日本国内占有60%的市场份额。2015年日本烟草在国际市场销售卷烟787.8万箱，同比下降1%，占其总销量的78.3%；在日本国内销售卷烟218.4万箱，同比下降2.8%，占其总销量的21.7%。2015年9月，日本烟草宣布收购“自然美国精神”（雷诺美国公司旗下有机烟草品牌）的国际业务，收购已在2016年1月完成。除烟草主业外，日本烟草的多元化业务还包括医药、食品等产业。2015年，日本烟草投入研发经费4.8亿美元，约占营业利润的9.2%。

——帝国烟草 截至2015年年底，员工总数3.64万人。在29个国家拥有46个制造厂，产品销往160多个国家和地区，拥有“大卫·杜夫（Davidoff）”“金高卢（Gauloises Blondes）”“L&B”“新闻

(News)”“吉普斯（JPS)”、“威斯（West)”等十大“成长性品牌”。“成长性品牌”销量达到帝国烟草总销量的50.9%，同比增加5.9个百分点，为其贡献了45.8%的纯收入，同比增加3.8个百分点。2015年6月，帝国烟草以71亿美元从雷诺美国和罗瑞拉德手中收购了几个传统卷烟品牌如“云斯顿”、“库尔”、“沙龙”、“Maverick”以及电子烟品牌“Blu”，从而使帝国烟草在美国的卷烟市场占有率从3%左右迅速增长到超过9%，成为美国第三大烟草公司。

（三）区域烟草公司经营状况

——奥驰亚集团　2015年，集团卷烟销量252.2万箱，同比增加0.5%；雪茄烟13.25亿支，同比增长4.2%；有烟气烟草制品含税销售收入227.9亿美元，同比增长3.9%；不含税销售收入163.7亿美元，同比增长5.4%。无烟气烟草制品销量8 135亿盒，同比增长2.5%；销售收入17.46亿美元（不含消费税），同比增长4.5%；市场份额54.9%，同比略降。

——雷诺美国　2015年成功收购美国第三大烟草公司罗瑞拉德，以此获得了美国第一大薄荷烟品牌、第二大卷烟品牌新港。2015年各子公司销量：雷诺烟草公司销售卷烟142.6万箱，同比增加17%；美国鼻烟公司销售产品5亿听，同比增长4.3%；圣塔菲天然烟草公司在美销售高端卷烟“天然美国精神”9.6万箱，同比增长21.4%。

——印度尼西亚盐仓集团　印度尼西亚领先的丁香烟制造商，2015年国内烟草制品销量151.8万箱，同比增长4.8%。出口烟草制品9.4万箱，同比增长15.2%。

——印度烟草　印度第一大烟草公司，经营三类烟草产品——卷烟、电子烟、尼古丁口香糖。2015财年，卷烟业务含税销售收入3 045.24亿卢比，同比增长4.7%，缴纳消费税总额1 388.16亿卢比。

——埃及东方烟草　埃及以及中东地区最大的烟草制造商，在埃及国内为垄断经营。2015财年，生产卷烟164万箱，同比增加8.5%；净利润（不含所得税）10.8亿埃及镑，同比增长19.2%。政府卷烟税收收入约是苏伊士运河税收收入的2倍。

——瑞典火柴公司　拥有世界最大的雪茄烟和斗烟制造商斯堪的纳维亚烟草集团49%的股份。在6个国家拥有12个生产厂，销售集中于斯堪的纳维亚地区和美国。主要经营瑞典口含烟、湿润鼻烟、雪茄烟、嚼烟等烟草制品以及火柴等打火产品。公司持续剥离卷烟类业务，认为新式口含烟作为减害产品将替代卷烟成为主流，并于2014年提出“无卷烟世界”口号。

四、行业管理

2015年，国家烟草专卖局制订了烟草行业省级卷烟营销平台推广方案，确定了年度市场化取向改革的重头戏，落在“省级卷烟统一订货平台”的建设上，并推进全国统一订货平台建设。省级卷烟统一订货平台的建设，在省级范围内大大缓解了卷烟货源不匹配、供销结构性矛盾、供求关系导致的价差等现实存在的问题。

2015年5月7日，财政部、国家税务总局联合下发《关于调整卷烟消费税的通知》，自5月10日起，卷烟批发环节从价税税率由5%提高至11%，并按0.005元/支加征从量税。5月8日，国家烟草专卖局印发通知，自5月10日起，所有在销国产卷烟和进口卷烟批发价格均上调6%；所有在销国产卷烟和进口卷烟的建议零售价格，按照零售毛利率不低于10%的原则确定；各省级局（公司）可在国家烟草专卖局确定的建议零售价格基础上，在确保零售毛利率不低于10%的前提下，根据市场情况适当调整，自主确定本地区卷烟零售指导价格。全行业将提税顺价作为头等大事，精心组织实施，实现了政策的平稳落地。

五、行业情况

（1）行业坚持烟草专卖制度，始终保持高压态势，不断巩固和完善卷烟打假长效机制，充分发挥公安、烟草联合打假机制作用，开展源头治理，全面提高打击制售假烟网络工作水平，开创了卷烟打假工作新局面。河南信阳“1·14”特大跨国制售假烟案、浙江金华“4·22”特大走私卷烟案等成功告破，行业打假打私工作屡传佳绩，卷烟市场净化率较高，为生产经营活动营造了良好的市场秩序。4月24日，第十二届全国人大常委会第十四次会议对《中华人民共和国烟草专卖法》进行了修正，共涉及7条内容的修改或者删除。这是《烟草专卖法》自1991年6月29日通过以来的第三次修正，也是国务院及烟草行业简政放权、积极推进行政审批制度改革的成果体现。此外，行业完成了国家烟草专卖局行政审批系统建设工作，开通行政审批网上办理通道，政务服务大厅开始试运行，对国家烟草专卖局受理并实施审批的10项行政审批事项实现了“一口受理、限时办理、规范办理、透明办理、网上办理”。

（2）行业在信息化建设方面取得了丰硕成果，数字化、信息化、智能化水平不断提升。为贯彻落实国务院出台的《关于积极推进“互联网＋”行动的指导意见》、《中国制造 2025》等文件精神，按照国家烟草专卖局的统一部署，行业成立了由国家烟草专卖局计划司牵头、有关部门协同配合的联合工作组，共同研究起草关于贯彻《中国制造 2025》及推进“互联网＋”行动的实施意见。为深入推进市场化取向改革，国家烟草专卖局印发《省级卷烟营销平台推广的技术指导意见》，全行业启动省级集中订货平台建设。行业统一财会管理信息系统建设项目和质检管理信息系统建设项目，先后获得批复并组织实施，弥补国家烟草专卖局层面质检管理信息化建设空白。

（3）年初全国烟草工作会议确定了行业工商税利总额同比增速“保七争八望九”，上缴国家财政总额接近 1 万亿元的年度目标。5 月份，伴随卷烟提税顺价重大决策的实施，行业调整有关考核指标。全行业同舟共济，积极应对各种挑战与压力。预计全年实现税利超过 11 400 亿元，同比增长 8%以上；上缴财政总额超过 1 万亿元，同比增长 19%以上。顺利完成年度总体目标，积极为国家财政增收作出更大贡献。

（4）党的十八届五中全会召开后，国家烟草专卖局党组及时认真传达学习十八届五中全会精神并印发《意见》，要求全行业以“四个全面”战略布局和“五位一体”总体布局为统领，以“五大发展理念”为引领，以坚持烟草专卖制度为依托，精心谋划行业“十三五”发展规划，行业上下掀起了学习贯彻十八届五中全会精神的热潮。目前，根据行业实际制定的烟草“十三五”规划草稿正在全行业进行意见征集。

（5）行业认真贯彻落实全国组织部长会议精神，紧紧围绕“四个全面”战略布局，突出全面从严治党这个主线，坚持思想教育从严、干部管理从严、作风要求从严、组织建设从严、制度执行从严，努力使各级领导干部成为政治的明白人、发展的开路人、群众的贴心人、班子的带头人，为行业持续健康发展提供坚强组织保证。同时，大力加强行业基层队伍建设，表彰全国烟草行业先进集体、劳动模范，召开第十三届全国烟草行业职业技能竞赛暨第六届烟叶分级职业技能竞赛，持续推进专业技术人才职称评定等，为行业改革发展提供强大的人才支撑。

（郑州烟草研究院　王英元）

酿　酒　工　业

2015 年，我国酿酒工业发展的基本形势较好，谋求产业转型创新的意识明显增强；准确把握市场需求导向，积极调整产品结构，提高大众消费比重；积极探索新型营销渠道，主动创新营销模式，应对市场变化；优化酿酒产业布局，现代产业集群和特色经济区域生态圈基本形成；勇于承担社会责任，理性饮酒的新文化消费观已深入人心。这一年，我国酿酒工业发展已经进入“新常态”，市场发展将呈现新变化和新趋势。酿酒工业在适应市场需求、实现转型升级、探索创新发展过程中，基本保持了清醒头脑，客观深刻地洞察市场新特点。行业总体态势：一是消费总量趋于稳定，增速自然回落；二是主力消费群体转换，趋向个性化和多元化；三是购买渠道多样化，营销模式逐步发生变革；四是产品价格区间趋于集中，市场竞争挤压区域空间。

一、经济运行状况

根据国家统计局数据，2015 年全国酿酒行业规模以上企业为 2 689 个，其中亏损企业 299 个，企业亏损面为 11.12%；亏损企业累计亏损额为 54.37 亿元，同比增长 18.80%。2015 年全国酿酒行业规模以上企业完成酿酒总产量为 7 429.33 万 kL，同比下降 1.73%。其中，饮料酒产量为 6 412.59 万 kL，同比下降 2.62%；发酵酒精产量为 1 016.74 万 kL，同比增长 4.23%。酿酒行业规模以上企业累计完成产品销售收入为 9 229.17 亿元，同比增长 5.34%；累计实现利润总额为 1 018.07 亿元，同比增长 3.93%；上缴税金为 853.15 亿元，同比增长 2.06%。根据海关总署数据，2015 年饮料酒及发酵酒精制品累计进出口总额为 49.50 亿美元，同比增长 34.32%。其中，累计出口额为 11.40 亿美元，同比增长 34.69%；进口额为 38.10 亿美元，同比增长 34.21%。

1. 酒精行业　2015 年全国规模以上酒精企业为 138 个，完成总产量为 1 016.74 万 kL，同比增长 4.23%。累计完成销售收入为 799.92 亿元，同比增长 6.34%；累计实现利润总额为 32.28 亿元，同比下降 25.53%；上缴税金为 24.16 亿元，同比下降 29.73%。亏损企业 19 个，企业亏损面为 13.77%，亏损额为 13.51 亿元，同比增长 636.81%。发酵酒精制品累计进出口总额为3.82亿美元，同比增长571.95%。其中，累计出口额为2 135.30万美元，同比下降41.75%；累计进口额为3.61亿美元，同比增长1 686.64%。

2. 白酒行业　2015年全国规模以上白酒企业为1 563个，完成酿酒总产量为1 312.80万kL，同比增长5.07%。累计完成销售收入为5 558.86亿元，同比增长5.22%；累计实现利润总额为727.04亿元，同比增长3.29%；上缴税金为552.67亿元，同比增长4.78%。亏损企业102个，企业亏损面为6.53%，亏损额为14.42亿元，同比增长7.52%。白酒商品累计出口总额为4.49亿美元，同比增长37.21%；累计出口白酒数量为1.62万kL，同比增长22.56%。需要注意的是，2015年统计规模以上白酒比2014年有所增加。除此之外，白酒行业还存在大量非规模以上企业，并且无证企业相比有证企业数量更为庞大，所以白酒还面临较大问题。不过该数据需要注意的是，由于统计数据中的规模以上企业比2014年增加了45个，所以2015年统计数据显示，规模以上企业产能和销售收入相比2014年都略有增长。

3. 葡萄酒行业　2015年全国规模以上葡萄酒企业为219个，完成酿酒总产量为114.80万kL，同比下降0.73%。累计完成销售收入为462.64亿元，同比增长10.17%；累计实现利润总额51.33亿元，同比增长15.92%；上缴税金为33.01亿元，同比增长12.00%；亏损企业29个，企业亏损面为13.24%，亏损额为2.29亿元，同比下降14.10%。葡萄酒商品累计进出口总额23.91亿美元，同比增长52.68%。其中，累计出口额为4.13亿美元，同比增长217.16%；累计进口额为19.78亿美元，同比增长37.76%。出口葡萄酒以装入2L及以下包装的葡萄酒为主。进口葡萄酒中，装入2L及以下包装的葡萄酒累计金额为18.79亿美元，同比增长37.55%；装入2L以上容器的葡萄酒累计金额为9 876.62万美元，同比增长41.82%。

4. 啤酒行业　2015年全国规模以上啤酒企业470个，完成酿酒总产量为4 715.72万kL，同比下降5.06%。累计完成销售收入为1 897.09亿元，同比增长1.52%；累计实现利润总额为143.90亿元，同比增长6.30%；上缴税金为206.49亿元，同比下降2.64%；亏损企业139个，企业亏损面为29.57%。亏损额为23.59亿元，同比下降14.57%。啤酒商品累计进出口总额为7.58亿美元，同比增长30.61%。其中，累计出口额为1.83亿美元，同比增长3.50%；累计进口额为5.75亿美元，同比增长42.50%。

5. 黄酒行业　2015年全国规模以上黄酒企业103个，累计完成销售收入为181 94亿元，同比增长13.92%；累计实现利润总额为18.88亿元，同比增长8.93%；上缴税金为10.87亿元，同比增长6.20%；亏损企业2个，亏损面为1.94%，亏损额为1 168万元，同比增长0.43%。黄酒商品累计出口总额为2 425.50万美元，同比下降3.37%；累计出口数量为1.52万kL，同比下降4.30%。

6. 其他酒行业　2015年全国规模以上其他酒企业196个，累计完成销售收入为328.72亿元，同比增长18.37%；累计实现利润总额为44.65亿元，同比增长26.28%；上缴税金为25.96亿元，同比增长16.52%；亏损企业8个，亏损面为4.08%，亏损额为4 431万元，同比增长90.73%。其他饮料酒在2015年都有较大增长幅度，黄酒大约增长了13%，预调酒等其他酒增长18%。

二、主要特点

1. 饮料酒成梯次性恢复　从整体数据来看，饮料酒整体和白酒板块的增幅都在5%左右，该行业并没有出现整体复苏，而是呈现出梯次性恢复态势。首先，饮料酒尤其是白酒如果呈现出全面性恢复，那么增幅应该高于10%以上，至少应与GDP增速持平。其次，我们发现，白酒名酒企业的恢复情况明显高于非名酒企业，比如泸州老窖、洋河、郎酒、古井等。就像泸州老窖那样，壮士断腕之后提出大单品战略，砍掉了许多开发产品后，总体情况良好。所以我们认为，饮料酒尤其是白酒呈现出梯次性恢复特征。

2. 白酒产能回归理性　总体来看，2015年相比2014年饮料酒（基酒）的产量略有下滑。而在经济下行压力倍增的背景下，2015年饮料酒整体的销售收入也呈现出逆增长状态，产能逆增长态势是产能的理性回归。由于这几年的调整，市场泡沫、价格泡沫已经被挤得差不多了，但是产能泡沫却一直没有挤完。首先是产区酒还存在大量的库存，其次是各个酒厂盲目扩产之后还存在产能库存，再次是当下产能和需求不成正比。同时，产量的逆增长也间接说明当前的产能泡沫没有被完全挤掉。

3. 酱酒趋于集中化　酱酒近年来的崛起之势愈加明显，不能就此证明酱酒恢复得比其他香型的白酒好，但能证明酱酒的集中度和结构调整优于其他香型的白酒。经过几年来的调整，酱酒的产业结构开始趋向合理，二线品牌开始崛起，尤其是中档商务酱酒优势和阵营的扩大，如茅台系列酒、郎酒、习酒、金沙、珍酒等名优酒份额都在猛增，而低端的产区酒在萎缩，行业集中度得到大幅提升。贵州酒企以全国约3%占比的产能，赚取了全国约32.5%占比的利润。而且2015年的销售、税收增幅都远超全国平均水平，而利润更是行业第一。酱酒优势凸显，除了龙头企业增多、结构趋向合理，行业集中度大幅提升外，与当下消费趋向理性更注重性价比突出有关。酱酒经过调整，在性价比方面取得了显著性成果，性价比已经成为其一大核心优势。尤其是中档商务酱酒性价比已经优于浓香酒了。

4. *黄酒增速回暖*　近年来，黄酒的增速和销售额均接近10%，我们认为黄酒呈现出明显回暖趋势。一是龙头企业恢复性增长。黄酒是中国最古老的酒种，但是行业规模始终不大，主要以会稽山、古越龙山、金枫等几大酒企为主。换句话说，黄酒的行业集中度很高，只要几大龙头企业调整好了，整个行业的调整也就基本到位。二是大众酒兴起。这几年，黄酒的高端酒呈缓缓下滑的趋势，但是大众酒却在兴起，带动了黄酒的增长。三是低端和超低端黄酒尤其是散装酒的升级和淘汰也是黄酒回暖的重要力量。

5. *葡萄酒面临复苏与重构*　从统计数据看，2015年全国葡萄酒产量与2014相比大体持平，略有轻微下浮，不过葡萄酒销售势头不错，2015年销售收入比2014年增长约10%。据此认为，葡萄酒正面临复苏和重构的过程。一是国产葡萄酒版块面临较大压力，主要是进口葡萄酒带来的冲击。除了产能下降以外，销售收入和利润总额均有明显提升。而进口葡萄酒虽然进口量在增大，但是单瓶利润率却在降低。二是葡萄酒产业面临结构重构和模式重构。在结构重构方面，国产葡萄酒将从过去的三大品牌垄断市场逐渐调整为全国性品牌＋区域强势品牌＋小而美酒庄的结构；进口葡萄酒则将从过去旧世界酒独大逐渐迈向旧世界和新世界并存，尤其是智利及大洋洲等零关税的新世界酒。在模式重构方面，“互联网＋”时代已经来临，过去通过酒窖和连锁专卖来拓展的模式面临创新，需要引入互联网、社群、OTO等更多新鲜的模式。

6. *啤酒呈现明显疲软趋势*　从2015年起，啤酒就呈现出比较明显的疲软趋势。这是三个方面造成的：一是啤酒通过大量并购，集中度越来越高，相应营销成本也越来越高，这样造成利润空间被挤压。与此同时，啤酒的消费者升级和产品价格带升级基本上都已完成，虽然价格空间仍有升级的趋势，但是升级空间已不是很高。二是进口啤酒的冲击，导致啤酒疲软。三是如锐澳等小酒种的兴起，也对国产啤酒造成了冲击。

7. *其他酒种品类有所扩张*　由于锐澳等预调酒的兴起和标杆作用，带动了传统果露酒的兴起。而果露酒等其他酒种的兴起，与当下消费时尚化、年轻化、低度化、个性化趋势是一体的。以上情况，促进了其他酒种品类有所扩张。

8. *保健酒持续升温*　虽然本年度没有保健酒的统计数据，但保健酒的市场份额高于黄酒。预测保健酒将进入持续升温阶段，并将形成除劲酒外的其他标志性企业。一是老龄化社会的来临，保健酒将成为这部分人群的刚性需求。二是大健康产业的形成，健康酒已经受到社会的广泛关注，保健酒作为健康酒领域的明珠必将面临战略春天的到来。三是在劲酒的标杆作用下，会有更多资本和企业投入到保健酒领域。

三、“十三五”发展思路

（一）指导思想

紧密结合酿酒工业发展实际，围绕全面建成小康社会总目标，切实贯彻“创新、协调、绿色、开放、共享”的发展理念，以提高发展质量和效益为中心，创新工作思路和方式，主动适应经济发展新常态。坚持调结构、转方式、促创新、稳增长的基本思路，加大结构性改革力度，加快转变经济增长方式，突出创新驱动，坚持稳中求进总基调，更加注重满足人民群众需要，更加注重市场和消费心理研究，更加注重建设生态文明，更加注重科技进步和自主创新，保障酿酒工业平稳健康发展和社会和谐稳定。

（二）发展理念和方向

1. *贯彻发展理念*　结合我国酿酒工业发展实际，“十三五”期间着重贯彻五项发展理念：一是坚持创新发展，实现质量效益共赢；二是坚持协调发展，推动产业结构平衡；三是坚持绿色发展，改善自然生态文明；四是坚持开放发展，参与国际酒业竞争；五是坚持共享发展，促进酒与社会和谐。

2. *明确发展方向*　“十三五”期间，酿酒工业发展方向提出四个方面：一是稳中求进，准确把握经济发展新常态；二是文化先行，倡导理性饮酒提升公信度；三是转型升级，依靠科技突出创新驱动力；四是质量为本，优化结构提升综合竞争力。

（三）主要经济目标

综合考虑酿酒工业的现实情况和未来发展趋势，本着“大胆设想，小心求证”的原则，提出了“十三五”时期产业发展的主要经济目标，即到“十三五”末期，在2015年的基础上经济收入增加四成。到2020年，全行业预计实现酿酒总产量为8 960万kL，比2015年的7 370.06万kL增长21.57%，年均复合增长3.98%；完成销售收入达到12 938亿元，比2015年的9 229.17亿元增长40.19%，年均复合增长6.99%；实现利税为2 658亿元，比2015年

1 871.24亿元增长42.04%，年均复合增长7.27%。

1. 酒精行业　到2020年，酒精行业产量为1 500万kL，比2015年的1 016.74万kL增长47.53%，年均复合增长8.09%；销售收入达到1 100亿元，比2015年的799.92亿元增长37.51%，年均复合增长6.58%；利税为80亿元，比2015年的56.44亿元增长41.74%，年均复合增长7.23%。到2020年，燃料乙醇总产量达到1 500万t。

2. 白酒行业　到2020年，白酒行业产量为1 580万kL，比2015年的1 312.8万kL增长20.35%，年均复合增长3.77%；销售收入达到7 800亿元，比2015年的5 558.86亿元增长40.32%，年均复合增长7.01%；利税为1 800亿元，比2015年的1 279.71亿元增长40.66%，年均复合增长7.06%。

3. 啤酒行业　到2020年，啤酒行业产量为5 400万kL，比2015年的4 715.72万kL增长14.51%，年均复合增长2.75%；销售收入达到2 600亿元，比2015年的1 897.09亿元增长37.05%，年均复合增长6.51%；利税为500亿元，比2015年的350.39亿元增长42.70%，年均复合增长7.37%。

4. 葡萄酒行业　到2020年，葡萄酒行业产量为160万kL，比2015年的114.8万kL增长39.37%，年均复合增长6.87%；销售收入达到650亿元，比2015年的462.64亿元增长40.50%，年均复合增长7.04%；利税为120亿元，比2015年的84.34亿元增长42.28%，年均复合增长7.31%。

5. 黄酒行业　到2020年，黄酒行业产量为240万kL，比2015年的160万kL增长50%，年均复合增长8.45%；销售收入达到288亿元，比2015年的181.94亿元增长58.29%，年均复合增长9.62%；利税为48亿元，比2015年29.75亿元增长61.34%，年均复合增长10.04%。

6. 其他酒行业　到2020年，其他酒（果露酒为主）行业产量为80万kL，比2015年的50万kL增长60%，年均复合增长9.86%；销售收入达到500亿元，比2015年的328.72亿元增长52.11%，年均复合增长8.75%；利税为110亿元，比2015年的70.61亿元增长55.79%，年均复合增长9.27%。

（四）重点任务

1. 坚持科技创新，实现新突破　要积极推动全行业开展科技创新，鼓励酿酒企业加大科技投入。通过产学研融合，强化技术攻关，在食品安全、现代检测、防伪技术、年份酒辨别等方面取得新突破，实现产业转型升级，酒类技术装备要提高机械化、现代化、智能化和信息化水平。

2. 加强产业结构调整，促进大中小酒企和谐发展　协调引导酿酒产业集群发展，优化酿酒产业布局，建设先进制造业基地和现代化产业集群，打造特色经济区域集群，培育优质酿酒原辅料产区。优化多种所有制并存的产业经济格局，提高产业集中度和企业竞争能力。发挥农产品加工与新农村建设的有机结合，统筹城乡共同发展，促进区域良性互动，通过规范中小企业产销经营，拓展中小企业生存发展空间，促进大中小酒企和谐发展。

3. 强化产品结构调整，推进产品差异化创新　要重视产品差异化创新，深入研究产品感官感受和酒体特质，针对市场和消费者需求精心研发行销对路的品种。针对不同区域、不同市场、不同消费群体需求，通过研发丰富多样、个性鲜明、多元化与差异化组合的产品结构，为消费者提供更广阔的选择空间。

4. 提高标准意识，保障质量安全　要进一步提高标准意识、安全意识，保障质量要求，健全和完善酒类质量安全体系、质量控制和检测体系、诚信管理体系，加大标准的制修订力度。全面推行行业联盟标准、团体标准，实施企业标准声明制，实现分级管理，按照国家食品质量要求进行把关，保障质量安全和消费者利益。

（本文为中国酒业协会提供资料，由本编辑部王国扣编写）

蚕丝加工业

一、基本情况

（一）蚕桑生产

1. 产量　据商务部统计，2015年全国桑园面积为82.1万hm^2，同比减少0.8%；蚕种发种量为1 578万张，比上年减少47万张，同比减少2.9%；桑蚕茧产量为63万t，同比减少2.1%；桑蚕茧收购均价为33.96元/kg，同比下降5.8%；蚕农实现收入199亿元人民币，同比减少6.6%。

2. *资源分布* 从20个桑蚕主产省、自治区、直辖市生产情况看，除江苏、浙江桑园面积继续减少，广西、四川、云南继续增加外，其他大部分蚕区桑园面积基本稳定。其中江苏和浙江分别减少0.43万 hm^2 和0.27万 hm^2，广西、四川、云南、湖南分别增加0.25万 hm^2、0.16万 hm^2、0.14万 hm^2、0.1万 hm^2。各地政府在茧丝绸产业发展缓慢、效益降低的背景下调动广大蚕农种桑养蚕的积极性，广西、四川等主产区采取了调整发种时间、强化桑园管理、分阶段计划喂养、加强技术指导等应对措施，保证了春茧生产形势的基本稳定。同时，广西、四川、浙江等地行业协会为稳定蚕茧质量、保护蚕茧资源，保障蚕农利益，在春茧收购前专门召开会议，交流探讨当前行业市场行情，分析春茧生产情况，合理确定和稳定收购价格，提高蚕茧收烘质量，明确不收毛脚茧，引导企业做好春茧收购工作。四川省凉山州、南充市、重庆市黔江区等蚕茧主产地，通过完善“公司＋基地＋农户＋市场”的产业化经营模式，采取“风险共担、利益共享”的经营方针，通过育苗补助、桑树专用肥补助、桑树病虫防治农药补助、蚕种补助、小蚕共育费补助、蚕药补助、蚕业机具补助等措施，激发蚕农养蚕积极性。同时，充分发挥公证检验技术平台作用，采取蚕茧质量奖、蚕茧产量台阶奖等奖励措施，遵循以质论价、优质优价的价值规律，促使蚕农提高蚕茧生产质量。

（二）加工量、产值、利税、固定资产投资

2015年，国家统计局对现有415个规模以上缫丝绢纺企业的统计数据表明，生丝产量为16.9万t，同比增长3.9%。其中，40个绢丝企业绢丝产量为10 587t，同比下降5.13%；285个规模以上织绸企业绸缎产量为7 400万m，同比增长0.39%；122个蚕丝被企业的蚕丝被产量为2 324万条，同比下降0.02%。总体来看，2015年，全行业主营业务收入为1 039亿元，同比下降0.21%；利润67.9亿元，同比下降5.8%。其中，缫丝加工实现利润32.4亿元，同比下降2.42%；丝织加工实现利润21.59亿元，同比下降2.9%；丝印染加工实现利润3.29亿元，同比增长21.22%。2015年全行业利润继续实现稳定增长，但增速较2014年同期下降了11个百分点。

二、新技术、新成果

1. *“减压煮茧新技术新设备”研发成功* 针对传统煮茧不充分不均匀、分立煮茧人工控制、不易调控适应性差、原料茧消耗大、能耗高、劳动强度大等行业共性问题，四川省丝绸科学研究院经过十多年的技术创新和攻关研究，研发出“减压吸水—茧腔减压吐水—减压双向蒸煮—煮熟调整—保护出茧”五步自动煮茧新工艺和SR-3020全封闭、一体化、能适应各种茧质和海拔的减压自动煮茧机，实现了蒸煮前“茧层含水，茧腔不含水”的理想状态和煮熟、煮充分、煮均匀的蒸煮效果。由于采用了先进的设计理念和计算机程控技术，真正实现了煮茧生产的一体化、自动化和节能减排，技术国际领先，适应性广，经济效益好。与同等产能的机外真空渗透＋长笼煮茧相比，缫折降低3～8kg，解舒率提高2%，净度提高0.2～0.5分，节汽60%、节水40%、节约用地35%，目前已在四川、重庆、江苏、广东、广西、云南等8个省、自治区、直辖市大面积推广运用。

2. *转基因绿色蚕丝有望上市* 西南大学家蚕基因组研究团队成功开发出一种转基因新型有色茧品种，这也是我国首次获得的转基因新型有色蚕丝。团队专家指出，天然彩色茧中除了绿色茧的部分色素存在于丝素中外，其他色素大都存在于丝胶中，在缫丝、精炼的过程中极易损失和破坏，这也是人们在长期的品种选育中选择无色素的白色茧而淘汰有色茧的根本原因。西南大学目前已成功建立了高效、实用的家蚕转基因技术体系，在此基础上开发了转基因新型有色茧开发技术，并与广西蚕业技术推广总站合作，育成了一对色彩稳定的新型绿色茧品种，完成批量缫丝和茧丝的性能鉴定，缫出的生丝不但在自然光下具有美丽的绿色，而且在紫外光下能发出绚丽的绿色荧光。成果一旦推广，将产生巨大的经济效益和社会效益。西南大学家蚕研究团队通过5年刻苦攻关，还相继取得了绘制完成30种蚕类基因组变异图谱、绘制完成家蚕重要病原微生物微孢子虫基因组精细图谱等2项重大研究成果。

3. *家蚕新品种“丝雨2号”育成* 中国农业科学院蚕业研究所、江苏科技大学和湖州市经济作物技术推广站，历经8年合作育成的家蚕新品种“丝雨2号”，通过了第三届国家农作物品种审定委员会审定。“丝雨2号”是一个综合性状优良的中丝量品种，具体表现为孵化整齐、各龄眠起齐一、体质强健、食桑旺盛、发育整齐、老熟齐涌、丝质较优、稳产和繁育性能好等特性。全国秋蚕期实验室鉴定结果表明，四龄起蚕虫蛹率为92.44%，万蚕产茧量为18.38kg，净度为95.49分，解舒率为79.26%，鲜毛茧出丝率为18.69%，茧层率为23.68%，茧丝长1 230m，每盒种产茧量为38.67kg，千克茧制种量为4.2张以上。“丝雨2号”在选育过程中本着采用实验室比对和农村比对同时进行的培育模式，以追求经济性状均衡发展的理念，有效避免了实验室成果与农村应用实际业绩相脱节现象。该品种聚集健康体质和优良茧丝质于一体，很适宜我国黄河流域、长江流域以及云南蚕区秋季饲养。多年的农村生产应用表明，家蚕新品种“丝雨 2 号”在上说地区和蚕区饲养既能生产出高品位生丝，又能很好地适应当地省力化规模化养蚕模式。

4. *“家蚕全天然纯丝胶蛋白质生产技术研究”项目通过鉴定*　蚕茧丝胶主要成分为丝胶球状蛋白，富含人类 18 种必需氨基酸，而且容易被人体吸收。丝胶氨基酸与天然保湿成分极为相似，是化妆品的优良来源。它可以应用在护肤品、食品、医药等方面。在护肤品中，活性胶原蛋白对皮肤的保湿、美白、修复、抗衰老、抗紫外线等多方面都有作用。“丝胶蚕品种”的育成可以无污染、低成本、安全快捷地生产丝胶蛋白质，填补了国内空白。

5. *原蚕种挖补整理工艺实现创新突破*　原种挖补整理是生产过程中的一个重要环节，不仅关系到原种的外观，而且关系到质量。长期以来，蚕种场在原原种、原种生产上，多采用针线缝合、糨糊粘贴等方法把补材良卵圈挖补缝合到底板上。这种传统工艺往往因工效低、工期长而影响到蚕种的发育匀整度。江苏省多个蚕种场经过长期探索、试验，在现有的可调温胶枪基础上进行加工改装，利用无毒无污染的 EVA 绿色环保热熔胶对卵圈进行胶粘，同时对孵化率、良卵率等指标进行调查比较，发现采用新工艺挖补整理后的原种卵质指标较以往无明显变化。这种技术操作简便，工效高，而且蚕种不易发霉、掉落，并随时可以更正粘贴，保证挖补整理后的原种外观整洁美观。

6. *数码印刷和植物天然色素印染方面取得突破性进展*　苏州印丝特数码纺织科技有限公司产出的真丝围巾作品充满意境，品类繁多。据介绍，该企业目前年生产规模达到 40 万 m，并且形成了相对完善的前后道工艺整理设备，同时具备了从上浆到蒸化的全系列处理能力，为生产品质的稳定提供了完善的保障，所生产的真丝围巾每年有 400 多个花型，为国内名牌提供了从设计到生产的一条龙服务，同时也和国际上一些大牌丝巾配饰生产商合作生产丝巾产品，比如美国的 CAOCH、法国的 KENZO、意大利的 MAXMARA 等。

7. *“脆弱丝织品的蚕丝蛋白同源加固研究”项目通过验收*　项目针对大分子链断裂的脆弱丝织品，采用从丝蛋白大分子上提取的产物丝肽或氨基酸为接枝单体，选择合适的接枝助剂，在常温、常压、无催化剂、中性条件下，实现对糟朽丝织品肽链的交联接枝，使原先断裂的丝素大分子链得到重新连接，从而达到加固糟朽丝织品、保护丝织品文物的目的。

8. *利用蚕茧制造牙科新材料*　从蚕茧里提取的蚕丝蛋白可增加牙床骨骼量，也可制成隔离膜骨膜用于牙科手术，该技术属世界首创。蚕丝蛋白的人体亲和力强，还易于制成多种结构，是制作人工骨的上好材料。目前，韩国及全球的人工骨市场约为 2 亿韩元和 5 亿韩元，随着老龄化的进一步发展，预计该市场规模将持续增长。此外，蚕茧还可用于制作化妆品、牙膏、肥皂等。

9. *桑、柞茧丝资源综合开发和利用向产业化方向发展*　全国蚕业资源综合利用的科研、开发以及产业化方面已取得突破性进展，形成新的发展局面。桑葚饮料，桑叶饲料，桑皮纤维混纺织物，废弃的桑树条被用于造纸、制成的地板优于普通木材，种植食用菌和沼气等，已在全国不断推广应用；蚕沙提取叶绿素、丝素丝胶化妆品与医疗卫生用品、丝绵与丝绒家纺产品、蚕蛹蚕蛾制备的药品保健品等已实现产业化生产，批量进入市场，年产值达数亿元。桑树已开始种植于华北、西北地区，作为防风固沙、保护生态环境的树种。

三、国内市场概况

（一）国内市场

根据中国丝绸营销网络管理系统监测的 60 个监测企业数据显示，2015 年丝绸企业内销额为 39.78 亿元，同比减少 4.3%，国内市场规模进一步萎缩。从销售品种看，家纺类产品的仍占据了丝绸企业销售额的半壁江山，而真丝绸缎类和真丝服装类在当年的内销额各有增减。据统计，2015 年，我国家纺类产品年内销额为 15.32 亿元，同比减少 4.6%，占内销额比重的 33.4%；真丝绸缎类年内销额为 11.26 亿元，同比减少 2.2%，占内销额比重的 20.4%；真丝服装类年内销额为 4.56 亿元，同比下降 6.6%，占内销额比重的 14.1%；丝绸服饰类年内销额为 3.28 亿元，同比减少 2.76%，占内销额比重的 9.5%；其他丝绸制品年内销额为 1.37 亿元，同比减少 2.3%。

（二）国外市场

2015 年我国累计出口蚕丝类商品量为 10 585.4t，同比下降 5.56%。出口量排名前五位的市场依次为印度、意大利、日本、越南、罗马尼亚，市场占比分别为 30.89%、12.05%、10.81%、6.72%、6.21%。全国出口总额为 45 265.7 万美元，同比下降 12.87%。主要出口省、自治区、直辖市按出口额排名前五位的是浙江、江苏、山东、广西、上海，市场占比依次为 29.73%、23.55%、10.82%、8.33%、7.36%。四川省蚕丝类商品出口额为2 089.5万美元，同比下降 36.4%，四川省在全国排第七位，占比 4.62%。出口企业 14 个，同比下降 22.22%。累计出口坯绸为 40 808.9 万美元，同比下降 19.88%。出口数量为 7 840.7 万 m，同比下降 18.5%。出口额排名前五位的市场依次为巴基斯坦、意大利、印度、韩国及中国香港，市场占比分别为 26.37%、21.3%、10.72%、8.83%、6.42%。出口额排名前五位的省依次为浙江、江苏、四川、山东、青海，五省累计出口额占出口总额的 79.54%。四川省坯绸出口金额为 4 941 万美元，同比下降 19.52%；出口企业 22 个，同比持平。累计出口丝绸服装为86 116.2万美元，同比增长 2.78%。出口额排名前五位的市场依次为美国、埃塞俄比亚、中国香港、德国、肯尼亚，其市场占比分别为 27.78%、8.8%、8.1%、4.73%、4.08%。出口额排名前五位的省、直辖市依次为广东、浙江、江苏、上海、四川，五市场占总份额的 91.09%。四川省出口丝绸服装出口额为 1 933.7 万美元，同比下降 1.9%；出口企业 66 个，同比下降 26.67%。丝绸制成品累计出口120 843.6万美元，同比下降 5.79%。出口额排名前五位的市场依次为美国、埃塞俄比亚、中国香港、日本、德国，其市场占比分别为 29.7%、6.28%、6.19%、5.75%、4.92%。出口额排名前五位的省、直辖市依次为浙江、广东、江苏、上海、四川，五省、直辖市出口额占总出口额的 89.05%。四川省出口丝绸制成品为 2 595 万美元，同比下降 23.21%，占比 2.15%；出口企业 106 个，同比下降 29.33%。真丝绸商品累计出口 227 147.3 万美元，同比下降 11.05%。其中，丝类出口 45 253.36万美元，同比下降 12.79%；绸类出口 61 037.98万美元，同比下降 18.75%；丝绸制成品出口 120 843.65 万美元，同比下降 5.79%。出口额排名前五位的市场依次为美国、印度、意大利、巴基斯坦、日本，五市场分别同比下降 14.55%、12.37%、20.16%、14.85%、24.4%。出口额排名前五位的省、直辖市依次为浙江、广东、江苏、上海、四川，市场占比分别为 37.49%、19.57%、12.18%、7.73%、5.17%。四川省真丝绸商品出口额为 11 751.1 万美元，同比下降 25.73%，占比为 5.17%，全省出口企业累计 125 个，同比下降 23.78%。

四、质量管理与标准化工作

1. 中纤局组织完成 2015 年度桑蚕茧自动缫丝检测设备运行　依据《桑蚕茧自动缫丝检测设备运行期间核查技术规范》，中纤局利用桑蚕干茧公证检验信息系统，使用桑蚕干茧标准样品，对 17 个实验室正在运行的 39 台自动缫丝检测设备的 72 个设备单元进行了核查，公证检验实验室、检测设备、设备单元的核查覆盖率分别为 94.4%、83.0%和 92.3%。全年累计核查 341 次，设备单元年均核查频次为 4.9 次，同比分别增加 12 次、0.5 次。年度期间核查实验室设备单元总体通过率（设备单元符合允差范围要求）为 100.0%。解舒率、上车茧出丝率和万米吊糙指标期间核查平均合格率分别为 88.6%、97.8%和 99.1%。江西、山东省纤检局、广西纤检所、云南省纤检局普洱实验室、山东省泰安市纤检所设备单元一次性核查通过率为 100%。

2. 丝绸行业获多项“十二五”纺织标准化荣誉　中国纺织工业联合会于 2015 年 12 月 9 日在北京召开“全国纺织标准与计量工作会议”。会议表彰了一批纺织标准化工作先进、突出贡献单位和个人。其中，浙江丝绸科技有限公司荣获“十二五”纺织标准化工作先进集体、“十二五”纺织国际标准化工作突出贡献单位；万事利集团有限公司荣获“十二五”纺织标准化突出贡献企业；全国丝绸标准化技术委员会秘书长周颖荣获“十二五”纺织标准化工作领军人物。此次获奖，充分体现了纺织行业对丝绸标准化工作所取得成绩的肯定及认可，展示了丝绸行业在丝绸标准制修订、国际标准化、标准信息化等方面的突出贡献以及丝绸行业的企业对标准化工作的重视，也为丝绸行业在“十三五”期间进一步搞好标准化工作奠定较好的基础。

3. 以国际标准为起点，加快行业标准体系服务建设　在商务部国家茧丝办国家茧丝绸产业公共服务体系建设项目的支持下，中国丝绸行业协会进一步加快茧丝绸行业标准体系服务建设的步伐。一是深入推广丝绸国际标准，举办丝绸国际标准研讨会，推广新型电子检测设备应用，开展生丝电子检测分级标准研究。二是完成商务部茧丝绸行业标准体系服务建设项目，编制茧丝绸行业标准制修订路线图，形成《茧丝绸行业标准汇编》；翻译出版发行我国纺织行业强制性和茧丝绸行业重要的国家标准；产学研联合开展鲜茧丝与干茧丝的鉴别技术研究，做好相关行业标准制定的起草工作；开展以我国为主导的丝绸国际标准制定的前期研究工作。三是持续完善行业标准体系工作，加强丝绸制品重点领域标准化建设，强化关键检测技术方法的研究，加快丝织物系列标准和传统丝绸工艺品标准的研究和制修订。

4. 推广生丝电子检测国际标准　2015 年在商务

部国家茧丝办项目资金大力支持下，国家丝绸行业协会组织全国丝绸标委会、苏州大学、浙江丝绸科技公司、浙江商检等，先后开展国际标准的国内解读和宣贯，并与意大利、瑞士、日本等有关专家进行了技术交流，研制了“体积小、成本低、操作简便，实现智能化、信息化的融合创新”的新型检测仪器。目前，新型设备已见雏形，下一步将分别与意大利、瑞士、日本等国达成标准互认备忘录，并对分级标准展开讨论。

5. 加强行业标准基础工作　中国丝绸协会开展了基础性调研，收集相关信息，摸清国内外丝绸质量标准现状，发布了《2015 年中国茧丝绸行业标准体系研究报告》，起草编制了《“十三五”丝绸质量技术标准体系建设规划》。

6. 推进重大基础标准、方法标准和产品标准制修订工作　先后完成了《宋锦》国家标准的制定、《桑蚕双宫丝》等 7 项行业标准的制修订工作。2015 年年底已经完成《宋锦》等标准报批稿，待国家标准主管部门批准后发布。

五、行业管理

1. 商务部与农业部联合发文要求做好全国 2015 年度桑蚕种、茧、丝生产指导服务工作　根据 2014 年丝绸制成品出口量减少较多，目前国内原料库存较大，各地生产安排从紧。为加强我国茧丝绸行业宏观指导，确保茧丝供需基本平衡，促进行业平稳、健康、有序发展，维护农工贸三方利益，商务部办公厅与农业部办公厅联合下发《关于做好 2015 年度全国桑蚕种、茧、丝生产指导服务工作的通知》（商办运函〔2015〕91 号），要求切实做相关工作。一是加强信息引导，保障市场平稳运行，密切关注茧丝绸行业发展和国内外消费市场变化，做好茧丝绸行业市场监测和信息服务工作，引导蚕农合理安排生产规模，保持产销基本平衡。二是强化农技服务，提升蚕茧质量等级充分发挥农技推广系统的作用，进一步加强对蚕农技术培训和辅导，扩大先进技术普及应用，引导蚕农使用方格簇、小蚕共育等技术。推动桑园建设灯光诱杀带毒害虫设施，严防病虫害和桑蚕微粒子病的发生。维护收购秩序，保障优质优价、公平交易，进一步提升蚕茧质量。三是加大科技投入，促进行业创新发展。发挥中央财政资金的导向性作用，引导社会资金加大对桑树苗木繁育、桑园建设、小蚕催青育苗、蚕室建设、病虫害防治、智能化缫丝、无梭化织造、印染后整理、节能减排、综合开发利用等方面的投入，加快推进行业技术创新，实现茧丝绸业健康稳定发展。

2. 整合行业资源，不断促进中西部茧丝绸业发展　一是大力推动优质茧丝基地的发展，继续推广“公司＋基地＋农户”发展模式，完善利益联结机制，鼓励现有优质茧丝基地的稳定提高，支持云南陆良等地区大力发展茧丝绸业，不断培育发展多个年产 1 500万 kg 以上优质茧生产基地。二是全力支持“中国绸都”南充茧丝绸业发展。为更好地推动中西部茧丝绸产业转型升级，中国丝绸协会与中丝集团公司、中国丝绸工业总公司联合举办“2015 中国西部国际丝绸博览会”。期间除举办“2015 中国西部国际丝绸展销（订货）”外，还举行“一带一路”城市合作论坛、丝路合作投资推介会暨投资项目集中签约仪式等系列活动。

3. “2015 中国国际丝绸论坛”在杭州成功举办　本届论坛邀请中国、法国、意大利、日本、泰国、越南等国内外丝绸专家围绕论坛“丝绸与时尚”主题，分别就产业发展情况、品牌营销渠道创新及时尚产业发展方向等议题作了专题演讲，来自国内外丝绸业界代表参加了论坛。

4. “2015 中国国际丝绸博览会暨中国国际女装展览会”在杭州世贸中心举办　来自欧美、日本、韩国及中国香港、澳门、台湾地区及内地等企业参加了展会，集中展示了国内外丝绸女装企业在智慧制造、智慧营销、时尚趋势、人文内涵等多方面的成果。展会期间，中国丝绸协会与中国国际丝绸博览会组委会联合开展了“2015 中国四季丝绸面料创新设计大赛”评选，最终来自苏州市锦达丝绸有限公司参赛的“丝罗・木槿繁花”面料、金富春集团有限公司参赛的“弹力提花天锦绉”面料脱颖而出，分别获得大赛春夏面料组和秋冬面料组金奖。

5. 蚕茧收购监督检查工作　为保持茧丝市场供求总体平衡，维护收购秩序稳定，保护蚕农利益，确保茧丝绸行业平稳有序发展，商务部、国家工商总局印发了《关于做好 2015 年蚕茧生产与收购管理工作的通知》。通知要求各有关部门要高度重视蚕茧收购工作，切实加强蚕茧收购管理，维护正常收购秩序。各级工信、工商行政管理部门要对从事鲜茧收购的经营者进行全面清理，严把市场主体准入关，未取得鲜茧收购资格的单位和个人，一律不得经营鲜茧收购业务；各级工商行政管理部门要加大市场巡查和执法力度，积极配合各级工信、商务等部门维护蚕茧收购市场秩序；建立毗邻市、县工商部门区域监管协作机制，加强协调沟通，严厉查处无照收购、超范围收购蚕茧行为；严禁已取得经营资格的单位以租借、转让等方式，为未取得经营资格的单位提供蚕茧收购活动；在蚕茧收购期间，各地、各相关部门开展了联合执法和专项检查，严厉打击无证经营，全国共出动检查车辆2 000（车）次，先后对1 000多起无证收购蚕茧、压级压价和滥收毛脚茧行为进行了查处，杜绝了大规模的蚕茧大战、短斤少两和给蚕农“打白条”的现象发生，确保了蚕茧收购秩序总体平稳，切实维护了广大蚕农的利益。

6. 2015中国“十大丝绸品牌”发布　为弘扬丝绸文化，培育民族品牌，提升丝绸产品附加值，支持和鼓励丝绸行业品牌建设，中国纺织品商业协会组织全国重点省市丝绸协会秘书长、丝绸院校教授、行业媒体和质检机构等行业资深人士组成评审委员会，在协会的丝绸行业会员企业中开展了“丝绸行业优秀品牌”评选活动。本次活动共评选出全国范围内的“达利发”等10个“十大丝绸品牌”、“古素”等9个“优秀丝绸商业品牌”、“百媚生”等14个“优秀丝绸创新品牌”。

7. 推广高档丝绸标志建设　一是运用互联网创新开展了高档丝绸标志新媒体宣传。先后申请注册了高档丝绸标志微信公众号、微信群，实现了行业快讯、标志介绍、标志产品查询三大功能。为满足消费者对丝绸标志信息检索的需要，还在国内和国际最大搜索引擎网站——百度官网和谷歌官网相关专栏，对高档丝绸标志进行全方位的宣传。二是借助国际国内大型展销活动，提升高档丝绸标志的市场知名度。2015年3月，高档丝绸标志宣传展在当今全球最大的纺织展会“中国国际纺织面辅料展”正式亮相，向观众全面介绍了高档丝绸标志的发展历程，同时展出了凯喜雅、达利、万事利、吴江鼎盛等多家高档丝绸标志企业精品，进一步加深了市场对高档丝绸标志的认识。三是强化安全、生态、环保技术质量指标要求，对高档丝绸标志质量品质和安全生态性指标进行了修订和调整。四是委托国家丝绸及产品质量监督检验中心，依据《高档丝绸标志质量手册》和相关标准，对部分高档丝绸标志产品进行了检查和认证检验，标志产品合格率比2014年高出7个百分点，总体质量良好。

8. 组织开展各行业活动，强化行业交流合作平台　一是在浙江嘉兴召开了“全国茧丝绸产销形势分析会”。会议交流了情况，分析了形势，提出了对策措施。有来自全国各地的各个产业链环节的代表出席了会议，是历年来参会人数最多的一次，已成为了行业交流、上下游对接合作的重要平台。二是在丹东召开了柞蚕茧丝绸分会二届四次理事会。会议分析了对各地柞蚕茧丝绸生产销售情况，交流了企业先进做法，就如何促进缫丝工艺和设备的升级换代、加大产品创新力度、打造柞蚕茧丝绸特色产业形成了共识。三是在云南省陆良组织召开“十三五”中国茧丝绸行业发展战略研讨会。

（中国农业科学院蚕业研究所　梁培生）

饲料加工业

一、基本情况

2015年，我国饲料行业积极适应发展环境变化，加大结构调整力度，加快产业融合整合，着力提升产品质量安全水平，发展方式从追求数量增长和效益提升向提倡优质安全环保转变。2015年全国饲料产品首次突破2亿t，同比增长1.4%，实现了饲料工业“十二五”规划的目标任务。

（一）商品饲料总产量有新突破

2015年全国商品饲料总产量为20 009万t，同比增长1.4%。其中，配合饲料产量为17 396.2万t，同比增长2.7%；浓缩饲料产量为1 960.5万t，同比下降8.9%；添加剂预混合饲料产量为652.5万t，同比增长1.9%。配合饲料、浓缩饲料、添加剂预混合饲料产量占总产量比重分别为86.9%、9.8%、3.3%。与上年比，配合饲料占总产量比重提高1.1个百分点，浓缩饲料下降1.1个百分点，添加剂预混合饲料提高0.1个百分点。配合饲料、浓缩饲料、添加剂预混合饲料三者比例为26.6∶3.0∶1，上年度为26.4∶3.4∶1。

（二）饲料工业产值、营业收入小幅增长

2015年全国饲料工业总产值为7 810亿元，同比增长2.7%。其中，商品饲料工业总产值为7 126亿元，同比增长2.7%；饲料添加剂总产值为616亿元，同比增长3.6%；饲料机械设备总产值68亿元，同比增长1.4%。全国饲料工业总营业收入为7 418亿元，同比增长1.4%。其中，商品饲料总营业收入6 786亿元，同比增长1.6%；饲料添加剂总营业收入563亿元，同比下降0.9%；饲料机械设备总营业

收入69亿元，同比增长4.6%。

（三）企业数量下降，产量规模大幅提升

2015年饲料生产企业8 508个。其中，浓缩饲料、配合饲料和精料补充料生产企业6 764个，添加剂预混合饲料生产企业2 747个，饲料添加剂生产企业1 691个。其中，化工合成、生物发酵、提取等工艺直接制备饲料添加剂企业1 280个，混合型饲料添加剂生产企业616个，单一饲料生产企业2 032个。全国饲料加工企业总数量从2010年的10 843个减少到8 508个，年均减少467个；与此同时，单厂年产10万t的企业数量却在迅速增加，2010年全国年产10万t以上的企业283个，2015年增加到491个，年均增加41.6个。

（四）肉禽饲料恢复性增长

从品种总量看，2015年，猪饲料产量为8 343.6万t，同比下降3.2%；蛋禽饲料产量为3 019.8万t，同比增长4.1%；肉禽饲料产量为5 514.8万t，同比增长9.6%；水产饲料产量为1 893.1万t，同比下降0.5%；反刍动物饲料产量为884.2万t，同比增长0.9%；其他饲料产量为353.7万t，同比下降10.9%。从类别看，在配合饲料中，猪配合饲料总产量为6 802.1万t，同比下降2.1%；蛋禽配合饲料为2 504.7万t，同比增长6.2%；肉禽配合饲料为5 274.5万t，同比增长10.5%；水产配合饲料为1 865.5万t，同比下降0.3%；精料补充料为655.6万t，同比增长2.3%；其他配合饲料为293.7万t，同比下降14.8%。在浓缩饲料中，猪浓缩饲料总产量为1 173.5万t，同比下降10.0%；蛋禽浓缩饲料为364.3万t，同比下降8.5%；肉禽浓缩饲料为187.4万t，同比下降10.0%；水产浓缩饲料为3.0万t，同比下降27.8%；反刍动物浓缩饲料为195.0万t，同比下降6.3%；其他浓缩饲料为37.4万t，同比增长27.0%。在添加剂预混合饲料中，猪添加剂预混合饲料总产量为368.0万t，同比增长0.1%；蛋禽添加剂预混合饲料为150.8万t，同比增长4.5%；肉禽添加剂预混合饲料为52.8万t，同比增长7.0%；水产添加剂预混合饲料为24.6万t，同比下降13.7%；反刍动物添加剂预混合饲料为33.6万t，同比增长21.3%；其他添加剂预混合饲料为22.7万t，同比下降1.9%。

（五）产业集中度显著提升，不同区域发展速度各异

2015年统计结果显示，单产年均为2.6万t。年产万t以下企业数量占全国企业数量的53%，饲料产量仅占6%；年产5万t以上的企业数量占全国的18%，饲料产量规模占69%；年产1万～4.99万t企业数量占全国的29%，饲料产量占25%。2015年，年产50万t以上的企业48个，饲料产量为11 229万t，占全国总产量的56.1%。其中，年产100万t以上的企业32个，饲料总产量为10 133万t，占全国总产量比重为50.6%。2015年，广东、山东、河北、河南、辽宁、湖南、广西和江苏8个省、自治区饲料产量过千万吨，8省饲料总产量为11 744.9万t，占全国饲料总产量的58.7%，同比增长2.5%。其中，广东、山东饲料产量过2 000万t，分别达到2 573.0万t和2 288.1万t。2015年，东部地区、中部地区、西部地区的饲料总产量分别占全国饲料产量的52%、30%和18%，与2010年相比，中部地区增长5.9%，东部地区下降6.7%，西部地区下降0.2%。2015年四川省饲料产量由2014年的1 038万t下降到978万t，同比减少5.9%。2015年，七大经济带产量，华东地区（上海、江苏、浙江、安徽、福建、山东）饲料产量占全国饲料总产量的26.1%，为七大区域之首。其次是华中地区（河南、湖北、湖南、江西）、华南地区（广东、海南、广西），占全国总产量比重分别为19.3%、19.2%。

（六）饲料添加剂产量小幅增长

2015年，饲料添加剂产品总量为816.4万t，同比增长1.7%。其中：

1. *氨基酸* 2015年总产量为154.5万t，同比增长23.1%。其中，蛋氨酸2015年产量为11.8万t，同比增长11.3%；赖氨酸2015年产量为95.8万t（含65%赖氨酸），同比增长4.4%；苏氨酸2015年国内产量为37.9万t，同比增长55.0%；色氨酸2015年国内产量为1.0万t，同比增长107.8%。

2. *维生素* 2015年总产量为109.1万t，同比增长22.3%。2015年，氯化胆碱产量为63.6万t，同比增长30.4%；维生素A产量为9 858t，同比下降11.2%；维生素E产量为6.5万t，同比下降13.6%；维生素B_{12}产量为4.4t，同比下降91.0%；维生素B_2产量为6 695t，同比下降25.0%；维生素C产量为6.8万t，同比增长566.2%。

3. *矿物元素及其络合物* 2015年总产量为420.2万t，同比下降10.2%。2015年，磷酸氢钙（含磷酸二氢钙）产量为326.2万t，同比下降9.2%；硫酸铜产量为2.8万t，同比下降4.9%；硫酸亚铁产量为14.6万t，同比下降17.1%；硫酸锌产量为15.4万t，同比下降13.2%；硫酸锰产量为10.5万t，同比增长12.0%。

4. *酶制剂* 2015年总产量为9.3万t，同比下降8.5%。抗氧化剂2015年总产量为5.05万t，同比增长26.9%。防腐、防霉剂2015年总产量为25.41

万 t，同比下降 6.3%。微生物 2015 年总产量为 10.9 万 t，同比下降 6.3%。其他类添加剂 2015 年总产量为 81.38 万 t，同比增长 21.6% 。

（七）饲料机械设备生产总量下降

2015 年，饲料加工机械设备生产总量为 27 140 台套，同比减少 1 370 台套，同比下降 4.8%。其中，成套机组为 1 349 台套，同比减少 361 台套，同比下降 21.1%；单机为 25 791 台，同比减少 1 009台，同比下降 3.8%。在成套机组中，时产≥10t 的设备为 968 台套，同比减少 317 台套，同比下降 24.7%；时产＜10t 的设备为 381 台套，同比减少 44 台套，同比下降 10.4%。在单机设备中，粉碎机为 8 197 台，同比减少 676 台，同比下降 7.6%；混合机为 6 662 台，同比减少 389 台，同比下降 5.5%；制粒机为 7 676 台，同比减少 165 台，同比下降 2.1%；其他单机为 3 256 台，同比增加 221 台，同比增长 7.3%。

（八）饲料行业从业人数小幅增长

2015 年，饲料企业年末职工人数为 51.91 万人，同比增长 2.6%。大专以上学历的职工数为 20.56 万人，占职工总人数的 39.6%。其中，博士 1 877 人，同比增长 6.8%；硕士 8 787 人，同比增长 11.1%；大学本科 7.44 万人，同比增长 8.6%；大学专科 12.05 万人，同比增长 7.8%；其他学历 31.35 万人，同比下降 0.8%。技术工种 5.12 万人，同比增长 7.9%。

二、行业运行特点及原因分析

（一）饲料产量增速放缓

从农业部近年来对 180 个监测饲料统计数据显示，饲料总量、配合饲料产量连续 3 年下降；浓缩饲料连续 6 年下降，年均下降 5.9 个百分点；添加剂预混合饲料连续 2 年下降，2015 年同比下降 1.5%，同比降幅比上年同期放缓 6.1 个百分点。从农业部重点跟踪和监测的数据看，今年以来，大部分企业饲料产量是下降的，而且降幅度逐季加深。分析饲料产量下降的原因主要有四方面：第一，在宏观经济由高速转向中高速增长的“新常态”下，人均可支配收入增速减缓，消费终端疲软，畜产品消费量下降，饲料养殖行业同样受大的环境影响而呈现增速下降。据国家统计局初步核算公布，2015 年国内生产总值为 676 708 亿元，比上年增长 6.9%，25 年（1990 年）以来首次跌破 7%。全年居民消费价格比上年上涨 1.4%，其中 1 月涨幅最低为 0.8%，8 月涨幅最高达 2.0%，其余月份都在 1.5%左右。第二，终端消费不振和消费观念及消费多元化的变化使得养殖也恢复缓慢，生猪存栏和能繁母猪存栏持续减少抑制饲料产量增长。第三，养殖业整体去产能化，散户的快速退出，养殖业规模化，以及合作社等新型农牧经济体的发展，加上今年原料价格的普遍下降，使得自配饲料增加，从而对工业饲料的消费有所消减。第四，行业自身经历了改革开放以来的快速发展，到了一个相对稳定的发展期，产量增速放缓的必然阶段。应该说，我国饲料行业到了一个由消费景气度、养殖市场等多种因素来重新评价的新阶段。

（二）产品结构深度调整

各个饲料品种中，肉禽饲料成为今年发展的亮点，出现大幅回升，产量创近 3 年新高，超过 2012 年水平，同比增幅达 14.3%。猪饲料、水产饲料深度下跌，同期下降幅度分别高达 15.2%和 18.6%。水产饲料呈现近 7 年来的最低水平，同比下降 18.5%。

1. 受生猪养殖恢复缓慢、生猪规模变化及猪价变化影响，猪饲料大幅度下滑 农业部数据显示，截至 2015 年 12 月份，能繁母猪存栏量已连续 28 个月同比下降，生猪存栏量已连续 25 个月同比下降，生猪养殖恢复缓慢。另外，自 2015 年 1 月 1 日《中华人民共和国环境保护法》的实施，禁养、限养和猪场拆迁特别是沿海、沿江地区，猪饲料需求大幅下降，饲料产量下降明显，猪饲料深度下跌。

2. 蛋禽饲料经历三年低迷期，今年有所恢复，但市场景气度仍不高 2015 年蛋禽饲料在上年度大幅下降的基础上，同比下降 1.1%，比 2014 年同比降幅收窄 9.6 个百分点。2013 年、2014 年蛋禽饲料分别下降 6.9%和 10.7%。2015 年鸡蛋均价 8.14 元/kg，与 2014 年的 9.57 元/kg 比下降 15.0%；与 2013 年比，下降 3.6%；与 2012 年基本持平。

3. 肉禽饲料成为发展亮点 受 2014 年养殖效益好，肉鸡存栏量较大，饲料需求较好，以及第二季度猪肉价格上涨，鸡肉价格得到提振，7 月价格开始震荡回升，到 12 月已涨至 14.4 元/kg，比 6 月最低价格 13.85 元/kg 上涨 4.0%。2015 年肉禽饲料同比增长 14.3%。

4. 水产饲料呈现萎缩 2015 年，水产养殖景气程度较低，鱼价低，养殖户亏损，导致鱼存塘量较高，投放鱼苗进度放缓，部分地区养殖户开始养对虾、藕等其他产品。此外，上半年南方地区遭到暴雨袭击，水产养殖企业损失较大。

（三）大宗原料市场普遍呈现跌势

2015 年，除进口鱼粉和蛋氨酸之外，大宗饲料原料整体处于价格下跌行情。玉米价格先扬后抑，整体下滑。2015 年全国平均价格 2.29 元/kg，同比下降 5.2%。与 2012 年相比下降 7.7 个百分点，与 2013 年和 2014 年相比均下降 5.4 个百分点。主要原因：一是去年玉米收储创新高，国储库存充足，加上上半年玉米深加工企业亏损较大，下游养殖行业低迷，玉米需求下降。二是国家收储价格下调至 2 000 元/t，在供需严重失衡及东北临储新政对市场形成利空影响的打压下，玉米市场行情继续震荡下探。三是新季玉米集中收货，市场供应压力有增无减。四是由于成本优势，企业进口大麦、高粱替代玉米量增加。据农业部国际合作司数据显示，2015 年 1～11 月 DDGS、高粱、大麦分别进口 640.1 万 t、984.4 万 t、1 027.6 万 t，高粱进口数量与 2010/2011 年度市场的 0.4 万 t 相比，暴增 2 000 倍以上。

1. 豆粕价格降至近 4 年来历史新低　2015 年全国豆粕均价 3.09 元/kg，同比下降 19.8%，与 2013 年和 2012 年比分别下降 25.5 和 17.4 个百分点。2015 年国内养殖业尚未恢复、饲用需求低迷、供应宽松及全球大豆丰产利空大环境影响下，国内豆粕价格一直处于弱势震荡走势，截至 12 月，已跌破 2007 年下半年以来的历史最低点。

2. 鱼粉价格高位回落，但价格仍高于去年同期　2015 年鱼粉均价 13.73 元/kg，同比增长 25.6%，与 2012 年、2013 年比，分别增长 28.0 和 23.6 个百分点。水产行情整体表现疲弱，国内鱼粉需求清淡。

3. 赖氨酸依旧弱势　2015 年赖氨酸均价 8.2 元/kg，同比下降 4.7%，与 2012 年、2013 年比分别下降 44.1 和 25.8 个百分点。上半年由于养殖形势低迷，饲企采购量下降，赖氨酸价格受到压制。1～3 月延续去年弱势，价格为 8.54 元/kg；4～5 月由于赖氨酸厂家开工率较低，部分厂家停产检修，赖氨酸价格坚挺；6～11 月，赖氨酸厂家开工率较高，价格连续 6 个月下跌。12 月，由于厂家报价偏高并控制市场货源，导致市场货源流通偏紧，贸易商库存低位，价格坚挺。

4. 蛋氨酸价格回落，但仍处高位　2015 年蛋氨酸均价 40.25 元/kg，同比增长 1.1%，与 2012 年、2013 年比分别增长 20.7 和 47.2 个百分点。2015 年蛋氨酸厂家依然供应短缺，饲料企业蛋氨酸库存较低，价格高位运行。4 月因厂家供应缩减，企业库存偏低，蛋氨酸价格大幅上涨，且达到峰值，同比增长 102.9%。5 月过后逐渐回落，从 8 月份开始，蛋氨酸降至 35.64 元/kg，一直延续到 12 月份降幅为 35.2%。

（四）饲料质量安全平稳向好

据农业部公布的全国饲料质量安全监测结果显示，2015 年上半年抽检各类商品饲料共计 3 534 批次。产品合格率为 96.83%，同比上升 1.29 个百分点。抽检进口饲料添加剂 110 批次，合格率为 93.64%；抽检动物源性饲料原料 318 批次，合格率为 97.8%；抽检植物性饲料原料 353 批次，合格率为 99.43%。从 2 849 个饲料生产、经营单位和养殖场户抽检各类饲料共计 3 166 批次。未检出克仑特罗、莱克多巴胺、沙丁胺醇、苏丹红、呋喃唑酮、地西泮、己烯雌酚、氯霉素等禁用物质。2015 年下半年抽检各类商品饲料共计 3 331 批次，产品合格率为 95.59%，同比下降 1.24 个百分点。抽检进口饲料添加剂 99 批次，合格率为 94.95%；抽检动物源性饲料原料 304 批次，合格率为 94.74%；抽检植物性饲料原料 281 批次，合格率为 99.64%。从 2 919 个饲料生产、经营单位和养殖场户抽检各类饲料共计 3 325批次，未检出克仑特罗、莱克多巴胺、沙丁胺醇、苏丹红、呋喃唑酮、地西泮、己烯雌酚、氯霉素等禁用物质。

（五）饲料行业正处在探索和步入国际化的初级阶段

加入 WTO 后，国际化永远是国家层面的战略话题。但是，国际化在饲料行业应该还算探索起步阶段。就饲料企业国际交流和合作方面看，主要是在国际国内资源贸易方面的合作，饲料方面只有少数的集团企业在海外投资建厂，主要在东南亚、非洲、埃及等国家和地区为主，据初步估计中国饲料企业在海外投资金额不到 50 亿元；另外，在国外主要饲料消费地区多数以产品销售、原料布局等贸易形式为主。综合看，维生素和饲料机械产业的国际化程度相对成熟。

（六）小微型企业在相当长时期内将与大企业共存，形成互补之势

目前，在经历了近两年政策和市场的调整后，一部分小型企业被淘汰，也有一部分小型企业继续保持着很强的发展能力。一是由于地缘优势，乡情优势。在小的区域范围内有着独占市场的特色地域优势。当地不同规模企业各自走差异化的市场路线，如东北、西北部分地区，特别是新疆的地域优势更加明显。二是不断加大研发和模仿力度，创新产品和服务。一方面在产品开发方面重在灵活和定制，另一方面在市场服务等方面模仿中大型企业或兼职聘用服务人员，从而保持发展特点。三是积极寻求多种形式的合作和转型，与大型企业形成市场供给的互补之势。但既不向下游延伸，又不主动谋求联合的单纯小型专业生产企业未来可能生存形势比较严峻。从长期看，大中小饲料企业将长期并存，中小型企业不可能完全被取代，但在企业洗牌和发展的历程中，企业谋变必将带来产能和产量的新变化，也必将在地域发展中表现出起伏和调整的过程。

三、质量管理与标准化工作

2015 年 7 月 1 日起正式实施《饲料质量安全管理规范》。该《规范》是依据《饲料和饲料添加剂管理条例》制定的，是对《条例》第 17、18、19、20 条进行了细化，从原料采购到产品销售的全程质量安全控制，具有强制性，是国家对饲料行业管理的重点工作。《规范》按照企业生产流程将其中与产品质量安全相关的内容，专章对“原料采购与管理”、“生产过程控制”、“产品质量控制”、“产品贮存与运输”、“产品投诉与召回”和“培训、卫生和记录管理”等进行规定。通过《规范》的实施，能够提高饲料生产企业负责人的现代化管理思想认识，促进企业提高管理水平，使企业日常管理标准化，程序化，更具有可操作性，提高一线职工的基本素质和生产技能，全面保障饲料产品的质量安全，从而保证动物和动物产品的安全。《规范》实施的意义是程序化操作，记录化生产，规范化管理，全过程追溯，是企业生产的基本守则，也是监管部门监管的重要依据。

为贯彻落实《饲料和饲料添加剂管理条例》，依法推进《饲料质量安全管理规范》，树立饲料企业质量安全管理标杆，农业部组织开展了饲料质量安全管理规范示范企业创建活动。通过开展示范创建活动，逐步完善饲料企业从原料采购、化验检测、生产加工、出厂销售全过程的饲料产品质量安全控制和可追溯制度，提高饲料质量安全水平，进一步促进了饲料企业质量安全控制体系能力建设。

四、行业发展趋势

目前，我国饲料行业正在步入“大转型、大联合、大竞争、大淘汰”时期，企业整合速度加快，运行模式升级，进入互联网、大数据、信息化、智能化、特色化时代。在中国经济新常态下，饲料行业也迎来发展的新业态。饲料企业（集团）纵向延伸、横向整合（养殖、屠宰加工、食品端），积极探索优势互补、资源共享的跨界多元化合作模式；充分运用“互联网＋”大数据、云计算、金融运作等新的管理模式和新技术来改变传统产业，有效地与国际资源对接，深化国际合作，解决环境、资源、核心技术等“瓶颈”问题，有效实现国内国际市场资源的配置和运用等模式，并发挥出拓展饲料行业新的增长点的不可替代的作用。

饲料行业集中度越来越高，布局全产业链，向上下游延伸，或横向联合，提高竞争力的产业化进程趋势在加快。此外，受政策和市场双重因素作用，中国饲料行业发展格局快速改变，整个行业将面临深度调整，未来饲料行业大中型企业的竞争会更加激烈。饲料企业通过内部挖潜，转型升级，突出创新，加大研发投入，优化产品结构，创新特色品牌等方式成为主流。在做足主业的基础上，与规模化养殖场、合作社的合作和布局势头不减。当前，我国农牧行业在养殖规模、价值获取、成本计算、占据市场方式及服务方式等方面发生变化，必将引起饲料企业生产和发展方式的变化与结构调整。未来，饲料产业发展将以更开放的姿态融入整个社会经济的发展浪潮中，而非孤立的就饲料行业论饲料行业。

（中国农业科学院饲料研究所　刁其玉）

水产品加工业

一、基本情况

（一）生产情况

根据《中国渔业统计年鉴》显示，2015 年我国水产品总产量为 6 699.65 万 t，比上年增长 3.69%，占世界水产品总产量的 40%左右。其中，养殖产量为 4 937.90 万 t，占我国水产品总产量的 73.70%，占全球养殖水产品总量的 66%左右；捕捞产量为 1 761.75万 t，占水产品总产量的 26.30%，占全球捕捞总量的 19%左右。在总产量中，海水产品产量为 3 409.61万 t，占总产量的 50.89%，同比增长 3.44%；淡水产品产量为 3 290.04 万 t，占总产量的 49.11%，同比增长 3.94%。在国内渔业生产中，鱼类产量为 3 919.44 万 t，甲壳类产量为 686.44 万 t，贝类产量为 1 465.61 万 t，藻类产量为 212.43 万 t，

烧造成环境污染，实现秸秆经济效益、社会效益和生态效益，成为农作物秸秆加工业的关键问题。在国家和各级政府的共同努力下，2015年我国秸秆综合利用显著提高。

（一）主要成就

1. 秸秆综合利用率有所提高　根据国家发展改革委、农业部共同组织各省有关部门和专家，对全国“十二五”期间秸秆综合利用情况进行了终期评估。评估结果显示，2015年全国主要农作物秸秆理论资源量为10.4亿t，可收集资源量为9.0亿t，利用量为7.2亿t，秸秆综合利用率为80.1%。从“五料化”利用途径看，秸秆肥料化利用量为3.9亿t，占可收集资源量的43.2%；秸秆饲料化利用量为1.7亿t，占可收集资源量的18.8%；秸秆基料化利用量为0.4亿t，占可收集资源量的4.0%；秸秆燃料化利用量为1.0亿t，占可收集资源量的11.4%；秸秆原料化利用量为0.2亿t，占可收集资源量的2.7%。

2. 秸秆利用机械化机具增速显著　随着各级政府对秸秆利用的重视，各地农业机械购置补贴不断向秸秆利用机具倾斜。2015年全国秸秆粉碎还田机达到81.09万台，比上年增加5.34万台，增幅达到7.05%；秸秆捡拾打捆机达到3.71万台，比上年增加0.87万台，增幅达到30.41%；青饲料收获机保有量为4.09万台，比上年增加0.40万台，增幅达到10.84%。

3. 秸秆机械化粉碎还田面积达到新高点　2015年，机械化粉碎还田面积达46 065.42khm²，比上年增加2 909.40khm²，增幅达到6.74%，成为秸秆利用最多的方式。

4. 保护性耕作技术推广有了新发展　2015年，农业部继续在政策和资金上增加投入，保护性耕作面积突破9 337.98khm²，比上年增加715.18 khm²，增长幅度达到8.29%，增幅显著。

5. 秸秆养畜发展形势喜人　2015年，国家启动实施“粮改饲”试点工作，中央财政投入资金3亿元，在河北、山西、内蒙古、辽宁、吉林、黑龙江、陕西、甘肃、宁夏和青海10省、自治区，选择30个牛羊养殖基础好、玉米种植面积较大的县开展以全株青贮玉米收储为主的粮改饲试点工作。2015年，秸秆捡拾打捆面积为3 873.64 khm²，比上年增长1 048.39 khm²，增幅37.11%；机械化青贮秸秆9 176.22万t，比上年增长188.74万t，增幅为2.10%。

6. 秸秆能源化利用技术发展迅速　秸秆等农林废弃物已经被称作“生物质能资源”，是我国秸秆利用发展趋势。目前，我国秸秆的能源化利用主要有秸秆发电、秸秆沼气、秸秆气化、秸秆压块、秸秆制乙醇等技术。截至2015年底，我国生物质发电并网装机总容量为1 031万kW。其中，农林生物质直燃发电并网装机容量约530万kW，垃圾焚烧发电并网装机容量约为468万kW，两者占比在97%以上，还有少量沼气发电、污泥发电和生物质气化发电项目。我国的生物质发电总装机容量已位居世界第二位，仅次于美国。

（二）存在问题

总体来说，2015年我国秸秆利用在秸秆机械化还田、保护性耕作技术、秸秆养畜、秸秆能源化利用技术等方面取得了好的成就，但是由于政策、资金、技术及认识等方面的差距，致使我国秸秆利用仍然存在一定问题。

1. 表现在焚烧秸秆现象屡禁不止　由于全社会对秸秆焚烧危害性认识不足，秸秆综合利用激励政策不到位，部分地区秸秆露天焚烧现象仍屡屡发生，导致资源浪费、环境污染，形势仍十分严峻，焚烧秸秆的问题没有得到根本性的好转，持续成为农民和政府急切、部门急务、社会“着急”的难题。根据环境保护部卫星遥感巡查监测数据表明，2015年5月20日至7月31日，在全国范围内共监测到秸秆焚烧火点1 158个。从全国秸秆焚烧火点分布情况看，火点数排前10位的省份依次为河南、河北、山东、黑龙江、安徽、四川、山西、陕西、内蒙古、湖北，火点数分别为河南512个、河北196个、山东185个、黑龙江33个、安徽32个、四川29个、山西28个、陕西23个、内蒙古21个、湖北14个。

2. 现有秸秆综合利用体系尚不能解决秸秆出路问题　秸秆分散、体积大、密度较低，缺乏配套的收集、运输机械设施。尤其是在粮食主产省，秸秆量大，茬口时间紧，劳动力少，收割以后难以及时清理，收集储运成本较高，加之服务体系尚未建立，服务市场难以形成，制约了秸秆综合利用的发展。

3. 部分地区仍然存在“重堵轻疏、疏堵配合不畅”的现象　秸秆综合利用和秸秆禁烧工作力度尚需进一步加大，部门监管合力有待进一步提升。

（三）成效显著的地区

在各级政府的指导下，全国各地加大了秸秆综合利用工作的力度，秸秆利用普遍取得了良好的效果，天津、江苏、河北、陕西等省（直辖市）农作物秸秆综合利用效果较为突出。

1. 天津　天津市按照实施的“美丽天津·一号工程”，即“四清一绿”行动要求，大力推进秸秆肥料化、原料化、能源化利用，综合利用率大幅提高。2015年，利用市财政秸秆综合利用专项资金2 600万元，引导广大农户实施机械化还田、收集打捆作业，并扶持推进秸秆收储运体系建设，实现全市秸秆综合利用率达到95%。其中，秸秆还田率占到秸秆总量的73.85%，秸秆饲料化利用率占全市秸秆总量的11.8%，秸秆原料化利用率占全市秸秆总量的6.1%。

2. 江苏　江苏省各级管理部门认真贯彻落实省政府《关于全面推进农作物秸秆综合利用的意见》，坚持“麦秸秆还田为主、稻秸秆适度还田”的原则，强化行政、技术、经济、服务、监督等综合措施，加强任务分解，提高作业质量，秸秆综合利用工作取得了显著成效。2015年，省级共安排稻麦秸秆机械化还田补助资金共80 895万元，地方各级财政落实配套投入27 282万元，夏秋两季稻麦秸秆机械化全量还田面积超过266.67万hm^2，还田率达50%以上，各地都超额完成了当地政府计划目标，有28个县（市、区）还田率超过85%。

3. 河北　在充分利用农机购置补贴、耕地保护与质量提升补贴等国家政策的基础上，河北省级财政列支3.5亿元支持秸秆能源化利用，制定了秸秆能源化和饲料化利用补贴政策，提高了农民和企业参与秸秆利用的积极性。2015年，河北省主要农作物秸秆资源量为6 176万t，可收集量为5 960万t，秸秆综合利用量为5 635万t，综合利用率达到95%，比2014年增长8.2个百分点。

4. 陕西　陕西省各级政府部门积极探索秸秆机械化综合利用的有效途径，不断加大政策扶持力度，培育农机专业合作社，引进先进技术及机具，通过秸秆还田、饲草加工、秸秆收贮等机械化技术的应用，形成了多种行之有效的秸秆机械化综合利用模式。截至2015年底，全省小麦、玉米、水稻三大作物秸秆机械化综合利用面积达200万hm^2，利用率达80%以上，重点区和禁烧区利用率达到96%以上。

二、新产品和新技术

为了解决秸秆焚烧带来的问题以及提高秸秆利用程度等内容，在各级政府的大力支持下，有关大专院校、科研单位和企业开展了一系列技术攻关研究，在秸秆转化生物炭、秸秆能源化利用、秸秆燃气等方面取得了新的成就，有力地推动了农作物秸秆的综合利用，提高了农作物秸秆的经济价值和社会价值。

（1）南京农业大学生态资源与生态环境研究所于2015年4月研究完成的一项秸秆变废为宝的技术，可将秸秆投入高温密闭环境中，通过热裂解技术转化为生物炭。根据该技术研发的田间设备“秸秆炭化机”已通过专家组鉴定，并在南京六合区马鞍镇示范使用。该技术可以将3t秸秆制作1t生物炭，同时产出生物质可燃气，能发700～800度电。生产出的生物炭与肥料结合可制成复合缓释肥，降低土壤污染，促进植物生长，生产出优质农产品。

（2）2015年度农业部公益性行业（农业）科研专项“作物秸秆能源化高效清洁利用技术研发集成与示范应用”项目，于2015年6月12日在北京启动。该项目由国家科学技术部审核、财政部批复、农业部委托，获批经费3 096万元，是2015年度农业科研专项获批经费最大的项目。项目执行期为五年，其主要任务是根据我国不同区域的耕作制度、秸秆种类、资源量和经济发展水平的不同，在秸秆能源化利用单项关键技术突破的基础上，在全产业链上进行集成创新，实现作物秸秆的集中安全预处理、高效加工、清洁生产，并建立完善的操作规范和质量标准体系。

（3）国家“863”项目——生物质高效催化热解定向制备燃气关键技术研究及工程示范，于2015年6月落地武汉市东西湖区东山农场一个基地。该技术有两个关键环节：一是将秸秆等原材料变成微米级粉末状；二是让这些粉末实现充分燃烧的装置。尤其是第二个环节，借用粉尘爆炸原理实现可控燃烧，解决了秸秆等生物质燃料燃烧温度不高的科学难题。普通生物质成型燃料的平均温度在900℃左右，秸秆制成的微米燃料通过这个设备燃烧温度可以达到1 450℃以上。该温度使秸秆具备了与煤炭、天然气等化石燃料一样的燃烧利用价值，使可再生和低污染的生物质能源得到广泛应用。这项技术是生物质能源技术历史性突破，它将结束高温工业生产完全采用燃煤、燃油和燃气的历史，工业生产将摆脱当前完全依赖化石燃料的被动局面。

（4）由连云港华田机械装备有限责任公司研制的“4LZK多功能联合收割打捆机”，于2015年6月通过科技成果专家鉴定会。该多功能联合收割打捆机使用的稻麦联合收获和秸秆打捆复式一体化设计技术，填补了国内空白，实现了稻麦联合收获和秸秆打捆复式一体作业，有效解决了农时紧张和秸秆收集两大技术难题，为秸秆禁烧、保护环境及秸秆综合利用提供了有效的装备支撑。

（5）由农业部南京农业机械化研究所负责研制的公益性行业（农业）科研专项“农村沼气集中供气及配套设备”课题任务“自走式玉米穗茎兼收秸秆打捆一体化收获机”，于2015年10月在山东试制成功。该装备研究改变了我国当前玉米秸秆收获方式，首次实现一次性完成玉米的摘穗集装、秸秆粉碎、收集打捆等作业，为玉米秸秆高效收储运和低成本、大规模应用提供了先进适用的技术装备，解决了玉米秸秆收集难、成本高、收获时间长等“瓶颈”问题。

（6）由天津大学等单位完成的“农林废弃物清洁热解气化多联产关键技术与装备”项目获得2015年国家科学技术进步二等奖。该项目研发出系列清洁高效的生物质气化装备，突破了焦油控制难题，使秸秆气化过程中焦油量可以降低85%至90%，剩余的少量焦油通过净化装置进行分离收集处理，最大限度保护环境。目前该成果已在国内17个省、直辖市推广应用，建成了一批示范工程。近三年累计实现产值10.27亿元，新增利润1.69亿元，税收0.63亿元，累计利用农林废弃物855万t，显著改善了农村环境，产生了巨大的经济社会效益。

三、政策促进与行业管理

秸秆综合利用的提高不仅需要各级政府大力支持，还需要社会各种力量的广泛参与。尤其在政策制定、举办各类活动中都倾注了相当的关注，在产业政策支持、科研开发支持等方面都采取了重大举措，保障了秸秆产业的良好发展。

（一）政策促进

（1）湖北省人大常委会于2015年2月1日通过的“农作物秸秆露天禁烧和综合利用决定”，提出要提高认识，增强秸秆露天禁烧和综合利用工作的责任感和紧迫感，明确了2020全省秸秆综合利用目标和基本原则，提出了各方的责任以及推动秸秆综合利用的措施。

（2）农业部于2015年4月10日发布了《关于打好农业面源污染防治攻坚战的实施意见》，提出进一步加大示范和政策引导力度，大力开展秸秆还田和秸秆肥料化、饲料化、基料化、原料化和能源化利用。建立健全政府推动、秸秆利用企业和收储组织为轴心、经纪人参与、市场化运作的秸秆收储运体系，降低收储运输成本，加快推进秸秆综合利用的规模化、产业化发展。完善激励政策，研究出台秸秆初加工用电享受农用电价格、收储用地纳入农用地管理、扩大税收优惠范围、信贷扶持等政策措施。选择京津冀等大气污染重点区域，启动秸秆综合利用示范县建设，率先实现秸秆全量化利用，从根本上解决秸秆露天焚烧问题。

（3）农业部于2015年8月11日印发了《关于开展主要农作物生产全程机械化推进行动的意见》，提出要发展水稻、玉米、小麦等九大作物全程机械化，重点完成耕整地、种植、收获、秸秆等六个主要环节。

（4）国家发展和改革委员会、财政部、农业部、环保部于2015年11月6日联合发出了《关于进一步加快推进农作物秸秆综合利用和禁烧工作的通知》，提出力争到2020年，实现全国秸秆综合利用率达85%以上主要目标；明确了要完善收集体系，建立专业化储运网络，完善扶持政策，构建有效激励机制，进一步提高秸秆综合利用率。

（二）行业管理

（1）“安徽省秸秆综合利用机械化发展论坛暨秸秆综合利用机械现场展示演示会”于2015年4月29日在合肥召开。本次活动主题是“为秸秆禁烧找办法为秸秆利用找出路”，目的是通过交流、探讨、推广，促进安徽省秸秆综合利用机械化，通过论坛及产品演示，以点带面，并希望助推全国秸秆综合利用机械化的发展，为我国秸秆综合利用寻找突破口。

（2）江苏省农机局于2015年6月1日在扬州市召开“全省夏季秸秆机械化还田现场会”，全省农机系统、各县（市、区）主管部门分管领导、省有关部门及省局有关处室和直属单位负责人、省秸秆机械化还田专家组成员等参加了会议。本次会议的目的是进一步贯彻落实省委省政府决策部署，对秸秆机械化还田和水稻机插秧工作进行再动员再推进，确保高质量完成省政府下达的目标任务。会上，观摩了公道镇小麦机收、秸秆机械化还田、机插秧作业现场，演示效果很好，扬州、泰州两地进行了交流发言，推进措施非常扎实，经验做法可供借鉴。

（3）由国际绿色经济协会发起的中国秸秆产业化联盟，于2015年6月7日在京成立。这是中国首家致力于秸秆产业化发展的联盟机构，旨在构建一个为秸秆资源利用企业提供全方位推广应用方面的产业集群运营和服务平台，打造一批秸秆资源产业化的系统工程。联盟旗下设置专家委员会、金融合作网络、产业基地网络、工商理事会四个模块。联盟将重点打造中国秸秆产业的托拉斯发展模式，由相应的金融资本做支撑，上下游（收、储、运、加、销）整合，同类项（装备制造、服务组织、生产加工、物流仓储、投行）合并，组建五料化应用——饲料化、肥料化、能源化、基料化、原料化的有限合伙制企业集团化经营。

（4）为落实天津市委市政府“美丽天津·一号工程”的相关要求，大幅提高天津市农作物秸秆综合利用水平，确保实现农作物秸秆全面禁烧，同时向广大农民宣传秸秆禁烧政策，展示“三夏”农机化生产及秸秆综合利用新技术和新装备，2015年6月12日，天津市农机办在静海县召开了2015年小麦机收启动仪式暨秸秆综合利用技术现场会，农业部农机化司、市农委、市农机办、静海县委、各区县农机中心领导和承担秸秆综合利用任务的农机合作社代表、农业生产种植养殖大户等参加会议。现场会组织了30多台套先进适用的农机装备进行了作业现场演示，重点推介了小麦收割、秸秆处理等生产技术路线，展示的“三夏”农机化生产和秸秆综合利用最新技术和装备，得到与会领导及参会人员的肯定。

(5) 山西省农机推广总站于2015年9月22日至23日在山阴县举办“农作物秸秆综合利用技术培训会”，来自全省11个市23个县的农机局长、推广站长、技术骨干、乡镇农机推广员、农机大户等参加了培训会。会上，观摩了14个企业的14种秸秆收获、收集装备作业演示，系统学习了农作物秸秆机械化综合利用理论知识，掌握了秸秆机械化收、储、运、加工技术集成配套方式方法，拓宽了工作思路，对山西省农作物秸秆机械化综合利用技术水平的提高和发展起到了积极的推动作用。

(6) 由农业部举办的“全国农作物秸秆综合利用暨农机深松整地作业现场会”，于2015年10月10日在石家庄市召开。农业部副部长张桃林和主管司局领导出席会议，各省、自治区、直辖市主管农作物秸秆综合利用及农机工作的领导参加会议。与会人员观摩了农机深松整地与田间玉米秸秆处理演示情况，包括玉米秸秆田间作业机具演示、农机深松机具作业演示等内容。

(7) 江苏省“三秋”机械化生产暨秸秆机械化还田现场会，于2015年10月23日在如皋市召开。全省各市、县（市、区）有关人员参加了会议。现场会结合秋收秋种生产实际，16个企业进行了收获、秸秆还田、捡拾打捆、开沟、施肥播种、智能精播、深松整地等作业环节的演示。会议期间，交流部署了“三秋”机械化生产工作。会议要求对当前农机化重点工作进行了再动员再部署，要求各级农机部门要统一思想，全力进入“三秋大忙模式”，扎实开展秋季秸秆机械化还田工作，进一步抓好作业任务、作业机具、作业质量及监督考核等工作落实，努力推动秸秆机械化还田工作取得新成效。

（天津农业机械与农业工程学会　辛永波　宋樱　胡伟）

食品与包装机械制造业

2015年，我国食品和包装机械制造业主动适应新常态，从行业的供给、生产端入手，通过解放生产力，提升竞争力促进经济发展。全行业坚持稳中求进工作总基调，坚持“稳增长、调结构、惠民生、防风险”的发展思路，坚持“创新、协调、绿色、开放、共享”的发展理念。在适度扩大总需求的同时，着力加强供给侧结构性改革，着力提高供给体系质量和效率，增强经济持续增长的动力。行业总体形势是经济运行增速趋缓，供给体系发展不平衡，市场需求持续疲软，生产成本持续上升，高端技术装备供给不足，低端技术装备产能过剩，中端技术装备成为市场供应的主体，先进生产力不断产生和扩张，新的增长动力正在逐步形成，新技术、新工艺、新材料、新设备不断涌现，工业化、自动化、智能化、信息化产品成为发展方向，全行业继续保持了平稳健康发展。

一、经济运行情况

（一）主营业务收入情况

据中国食品和包装机械工业协会统计，2015年我国食品和包装机械行业完成主营业务收入为3 893.00亿元（按7 000个企业测算），同比增长14.50%，远超过全国机械工业当年3.3%的增长率。其中，食品机械主营业务收入为1 850.50亿元，同比增长13.11%；包装机械主营业务收入为2 042.50亿元，同比增长15.79%（表1）。食品和包装机械的健康发展，为食品工业的稳定发展发挥了重要的支撑作用。

表1　2015年我国食品和包装机械行业主营业务收入情况

单位：亿元

名　称	2014年	2015年	同比增长（%）
食品和包装机械主营业务收入	3 400.0	3 893.00	14.50
其中：食品机械主营业务收入	1 636.0	1 850.50	13.11
包装机械主营业务收入	1 764.0	2 042.50	15.79

由表1分析看出，2015年我国食品和包装机械经济运行大体表明三种态势：一是总体保持正增长态势。食品和包装机械、食品机械、包装机械主营业务收入同比增长分别为14.50%、13.11%和15.79%。

二是总体增速趋缓。2014 年食品和包装机械同比增长为 15.25%，2015 年同比增长为 14.50%，同比下降 0.75 个百分点。三是政策性扶持力度持续加大。2015 年中央财政安排 9 亿元专项资金，采取以奖代补的形式进行农产品初加工机械补贴，同比增长 50%。补贴范围包括碾米机械、磨粉（浆）机械、果蔬保鲜加工机械、茶叶加工机械等领域。实施区域扩大到 20 个省、自治区、直辖市，扶持 320 个县 4 843 个农户和 2 460 个专业合作社，新建马铃薯贮藏窖、果蔬贮藏库和烘干房等初加工设施 2.4 万座，新增马铃薯贮藏能力 30 万 t、果蔬贮藏能力 66 万 t、果蔬烘干能力 83 万 t。

（二）进出口状况

根据中国海关统计，2015 年我国食品和包装机械行业进出口总额为 72.85 亿美元，同比增长 −5.40%（表 2）。其中，食品机械进出口额为 29.25 亿美元，同比增长 −3.34%；包装机械进出口额 43.60 亿美元，同比增长 −6.74%。

(1) 进口情况　在进口额中，2015 年我国食品和包装机械行业进口额为 33.38 亿美元，同比增长 −14.48%。其中，食品机械进口额为 11.48 亿美元，占食品和包装机械行业进口额的 34.39 %，同比增长 −14.65%；包装机械进口额为 21.90 亿美元，占食品和包装机械行业进口额的 65.61 %，同比增长 −14.35 %。进口的食品机械中，进口额较大的产品依次为水过滤净化装置 25 357.31 万美元，烟草加工机械 16 821.91 万美元，烹调与食品加热机械 14 566.59 万美元，家禽屠宰与肉类加工机械 10 644.77万美元，食品、饮料加工机械 8 934.32 万美元，糕点与面制品加工机械 7 117.50 万美元，糖果（含可可粉、巧克力）加工机械 7 025.25 万美元，果（含坚果）蔬加工机械 1 616.85 万美元，乳品加工机械1 222.46万美元。进口的包装机械中，进口额较大的产品依次为打包及热收缩包装机械 73 914.37 万美元，饮料及液体食品灌装机械 30 563.39 万美元，其他灌装包装机械 22 711.42 万美元，饮料充气及容器装封机械 14 763.49 万美元，纸浆制品、纸制品加工机械 10 443.49 万美元，纸或纸板加工机械 8 698.29万美元。

(2) 出口情况　在出口额中，2015 年我国食品和包装机械行业出口额为 39.47 亿美元，同比增长 3.92%。其中，食品机械出口额为 17.76 亿美元，占食品和包装机械行业出口额的 45.00%，同比增长 5.65%；包装机械出口额为 21.71 亿美元，占食品和包装机械行业出口额的 55.00%，同比增长 2.50%。出口的食品机械中，出口额较大的产品依次为水过滤净化装置 40 728.75 万美元，食品、饮料加工机械 25 437.89万美元，烹调与食品加热机械 22 825.85 万美元，挤奶机及乳品加工机械 21 925.00 万美元，糕点与面制品加工机械 12 604.38 万美元，酿酒机械 11 721.78万美元，家禽屠宰与肉类加工机械 9 643.50万美元。出口的包装机械中，出口额较大的产品依次为打包及热收缩包装机械 37 545.97 万美元，其他灌装包装机械 30 870.76 万美元，纸浆制品、纸制品或纸板制品加工机械 26 042.11 万美元，纸或纸板加工机械零件 17 578.38 万美元，食品容器加工机械 12 492.44 万美元，饮料充气及容器装封机械 9 942.36 万美元，纸浆、纸或纸板制品模制成型机械9 778.30万美元，纸或纸板的整理机械 9 705.04 万美元，纸或纸板的加工机械 9 144.06 万美元。

表 2　2015 年我国食品和包装机械进出口情况

单位：亿美元

名　　称	2014 年	2015 年	同比增长（%）
食品和包装机械进出口额	77.01	72.85	−5.40
其中：食品机械进口额	13.45	11.48	−14.65
包装机械进口额	25.57	21.90	−14.35
食品机械出口额	16.81	17.76	5.65
包装机械出口额	21.18	21.71	2.50

由表 2 分析看出，我国食品和包装机械进出口贸易表明了三种情况：一是进出口贸易整体下滑。2015 年受国际市场疲软等因素的影响，导致食品和包装机械国际贸易整体下降，进出口额由 2014 年的 77.01 亿美元下降到 72.85 亿美元，同比下降 4.16 个百分点。二是进口贸易呈负增长。2015 年由于食品和包装机械行业技术水平提升，一大批产品质量好、技术含量高、适应能力强的食品和包装机械不断投放市场，导致进口贸易呈负增长，进口额由 2014 年的 39.02 亿美元下降到 2015 年的 33.38 亿美元，同比增长 −14.48%。三是出口贸易呈正增长。2015 年由于食品和包装机械行业不断加大技术创新力度，一批技术含量高的拳头产品不断参与国际市场竞争，导致出口贸易呈正增长。出口额由 2014 年的 38.99 亿美元增长到 2015 年的 39.47 亿美元，同比增长 3.92%。

二、科研、新产品与新技术

2015 年，我国食品和包装机械科技工作加速推进，组织开展了一系列食品和包装机械领域的研究开发工作，重点在技术水平、产品质量、安全卫生、智能化程度、示范推广等方面下功夫，一批科技成果取得明显成效。部分典型成果介绍如下：

（1）由河南工业大学牵头承担的“小麦和玉米深加工国家工程实验室”建设项目通过验收。项目紧紧围绕小麦、玉米等粮食深加工产业的技术需求，组建了粮食组分高效分离技术、粮食生物技术与功能性食品、玉米加工增值转化技术平台、粮食副产物综合利用技术和粮食质量检测与品质控制技术等研发平台，新增了仪器设备，自主研发了粮食高效清理、小麦组分分离、蒸煮食品、烘焙食品、膨化食品等中试实验平台，形成了系统完善的研发及试验条件，并配套建设了技术转移中心和示范化基地。该实验室跟踪国际前沿研发趋势，坚持需求导向，突出产业特色，进一步加强共建单位交流和产学研合作，拓展示范单位和合作服务面，不断创新管理模式和运行机制，更好地发挥国家平台的支撑作用。

（2）由中国包装和食品机械有限公司主持的“食品包装关键技术装备及材料研发与示范”课题通过验收。课题主要针对我国食品包装领域节能安全包装技术、自动化包装技术、物流化包装技术和物流过程品质监测技术，突破了高强度防潮钙塑瓦楞复合纸板制备、数字智能型称重传感器结合无菌灌装阀、布局优化与错位码垛最大化融合、顶捆穿箭式托盘强力捆扎等关键技术，开发了 PP 发泡餐盒和 PP 发泡托盘新产品，研制了钙塑复合瓦楞纸板成套设备、高速无菌冷灌装机组、顶捆式托盘自动捆扎机等新设备，在浙江和福建等地建设了示范生产线，建成现代包装技术产业化示范点，课题技术成果得到了推广应用。

（3）由中国农业科学院农产品加工所主持的“畜禽宰后减损、分级技术装备研究与示范”项目，系统研究了畜禽禁食、静养、运输等宰前管理对猪、牛、羊、鸡、鸭的宰后肌肉品质、能量代谢、酶活等的影响，形成了适用于中小型屠宰企业共性需求的宰前应激控制技术体系；研究了不同击晕、放血、成熟方式等屠宰技术对畜禽胴体汁液损耗及品质的影响，确定了适用于不同畜禽的屠宰技术方案；研究了基于屠宰性状的畜禽胴体分级技术，建立了猪、牛、羊、鸡、鸭胴体分级方法，形成了适用于中小型企业的畜禽胴体分级技术体系。上述成果已进行了示范推广，通过对宰前管理、屠宰和分级技术的示范应用，降低宰后损耗 2%以上，增加了企业经济效益。

（4）由农业部规划设计研究院承担的“扇贝对虾太阳能干燥关键技术与设备研发及示范”课题，是针对我国扇贝和对虾产品开发、生产和产业化存在的问题，研究开发一系列太阳能干燥新装备、新技术、新工艺和新产品，建立扇贝和对虾太阳能干燥关键技术和关键设备研发的技术平台和产业化示范基地，提升扇贝和对虾产业的技术创新能力和科技水平。依托本课题开发的扇贝对虾太阳能干燥设备，以绿色能源——太阳能为热源、集多通风双换热太阳能高效集热技术、热风气流双循环干燥技术和温湿度智能控制技术于一体，辅助少量电能，可以有效降低能耗，减少排放，与燃煤热风烘干技术相比，节能 60%，减排 100%。2015 年开展了扇贝对虾太阳能干燥设备的中试示范，各项产品质量指标和经济效益指标都得到了显著改善。与传统干燥方式相比，一是提高了扇贝对虾的干燥技术水平，缩短了干燥时间，提高了产品品质，减少了产后损失，增加了农民收入；二是采用太阳能清洁能源节能技术，降低了生产成本和能源消耗，减少了污染排放和环境保护，提高了资源利用率。

（5）由中国农业机械化科学研究院主持的“智能化农机技术与装备”项目，从智能化共性技术研究、重大装备与智能设施开发两个层面，进行了种子智能化加工、农产品智能化分选与节能加工等前沿性技术研究与成套装备开发。项目特点：一是种子智能精细选别与加工技术满足了我国高品质种子规模化生产急需。初步解决了小麦、玉米、水稻等大田种子和蔬菜种子的数控干燥、精细选别加工、智能包衣、种子活性检测，以及规模化生产线智能控制等智能化关键技术难题，提升了我国种子加工装备产品技术水平，在种子加工装备及种子生产企业实现了大规模应用，满足了我国高品质种子规模化生产技术要求。二是大宗优势农产品成套智能分选与节能加工技术为产后保质增值提供了高技术支撑。突破了以稻米、杂粮、茶叶、瓜类等大宗农产品光电分选技术，研制的具有自主知识产权的大米、茶叶、杂粮、花生等色选机技术水平国际领先，实现了产业化生产，有效提升了农产品品质及安全性。突破了融合我国制茶工艺特色的多功能智能化的杀青、揉捻、提香、烘干等制茶装备技术，促进了高品质茶叶产业的发展。突破了太阳能与热泵联合干燥技术，应用于稻谷、香菇、枸杞、金银花、大枣等干燥，节能效果显著。

三、质量管理与标准化工作

（一）质量管理

（1）国家质量监督检验检疫总局于 2015 年第一季度组织抽查了上海、浙江、福建、广东等 4 个省、直辖市 50 个企业生产的 50 批次电烤箱产品，产品合格率为 96.00%。本次抽查依据《家用和类似用途电

器的安全　第1部分：通用要求》（GB 4706.1—2005）、《家用和类似用途电器的安全　烤架、面包片烘烤器及类似用途便携式烹饪器具的特殊要求》（GB 4706.14—2008）、《家用和类似用途电器的安全　驻立式电灶、灶台、烤箱及类似用途器具的特殊要求》（GB 4706.22—2008）等标准的要求，对电烤箱产品的对触及带电部件的防护、输入功率和电流、发热、工作温度下的泄漏电流和电气强度、耐潮湿、泄漏电流和电气强度、非正常工作、稳定性和机械危险、机械强度、结构、内部布线、电源连接和外部软线、外部导线用接线端子、接地措施、螺钉和连接、电气间隙与爬电距离及固体绝缘16个项目进行了检验。抽查发现有2批次产品不符合标准的规定，涉及输入功率和电流、发热、接地措施项目。

（2）国家质量监督检验检疫总局于2015年第三季度组织抽查了辽宁、山东、河南、湖南、广西、重庆、四川等7个省、自治区、直辖市49个企业生产的49批次饲料粉碎机产品，产品合格率为100%。本次抽查依据《饲料粉碎机安全技术要求》（NY 644—2002）、《齿爪式饲料粉碎机》（JB/T 6270—2013）、《锤片式饲料粉碎机　第1部分：技术条件》（JB/T 9822.1—2008）等标准的要求，对饲料粉碎机产品的安全要求、生产率、吨料电耗、噪声、轴承温升、锤片（扁齿）质量差、锤片（扁齿）硬度、安全标志等8个项目进行了检验。本次抽查的49批次产品全部符合标准的规定。

（3）国家质量监督检验检疫总局于2015年第四季度组织抽查了上海、浙江、安徽、广东等4个省、直辖市60个企业生产的60批次电饭锅产品，产品合格率为81.67%。本次抽查依据《家用和类似用途电器的安全　第1部分：通用要求》（GB 4706.1—2005）、《家用和类似用途电器的安全液体加热器的特殊要求》（GB 4706.19—2008）、《自动电饭锅能效限定值及能效等级》（GB 12021.6—2008）等标准的要求，对电饭锅产品的对触及带电部件的防护、输入功率和电流、发热、工作温度下的泄漏电流和电气强度、耐潮湿、泄漏电流和电气强度、非正常工作、稳定性和机械危险、机械强度、结构、内部布线、电源连接和外部软线、外部导线用接线端子、接地措施、螺钉和连接、电气间隙与爬电距离及固体绝缘、能效等级（热效率值和待机能耗）、保温能耗等19个项目进行了检验。抽查发现有11批次产品不符合标准的规定，涉及发热、结构、耐潮湿、输入功率和电流、保温能耗、内部布线、螺钉和连接、非正常工作、接地措施、热效率值、电气间隙与爬电距离及固体绝缘项目。

（4）国家质量监督检验检疫总局于2016年初组织抽查了浙江、福建、广东等3个省50个企业2015年生产的50批次电烤箱及烘烤器具产品，产品合格率为90.00%。本次抽查依据《家用和类似用途电器的安全　第1部分：通用要求》（GB 4706.1—2005）、《家用和类似用途电器的安全烤架、面包片烘烤器及类似用途便携式烹饪器具的特殊要求》（GB 4706.14—2008）、《家用和类似用途电器的安全　驻立式电灶、灶台、烤箱及类似用途器具的特殊要求》（GB 4706.22—2008）等标准的要求，对电烤箱及烘烤器具产品的对触及带电部件的防护、输入功率和电流、发热、工作温度下的泄漏电流和电气强度、耐潮湿、泄漏电流和电气强度、非正常工作（不包括第19.11.4条的试验）、稳定性和机械危险、机械强度、结构、内部布线、电源连接和外部软线、外部导线用接线端子、接地措施、螺钉和连接、电气间隙与爬电距离及固体绝缘等16个项目进行了检验。抽查发现有5批次产品不符合标准的规定，涉及发热、非正常工作、稳定性和机械危险、结构项目。

（5）国家质量监督检验检疫总局于2015年发布了部分食品机械的产品质量监督抽查实施规范，包括《CCGF201.9—2015　厨房机械》《CCGF201.16—2015　自动电饭锅》《CCGF201.19—2015　食具消毒柜》《CCGF306.7—2015　接触食品用金属器皿及工具》《CCGF503.3—2015　饲料加工机械》《CCGF503.9—2015　碾米机》《CCGF503.10—2015 榨油机》《CCGF 603.3—2015　商用电动食品加工设备》。这些规范的实施，将会为相关食品机械产品质量监督抽查发挥重要作用。

（二）标准化工作

1. 标准批准发布情况　2015年，国家标准化管理委员会、工业和信息化部共发布食品机械、包装机械标准共67项，其中国家标准3项，机械行业标准62项，轻工行业标准2项。这些标准中，涵盖了粮油加工机械、面制品加工机械、屠宰和肉类加工机械、果蔬加工机械、茶叶加工机械、制糖机械、制粒设备、浓缩设备、离心设备、干燥设备、过滤设备、压榨设备等。

2. 开展标准报批情况　2015年，机械工业食品机械标准化技术委员会和全国食品包装机械标准化技术委员会，按照国家标准化管理委员会、工业和信息化部和中国机械工业联合会的标准报批要求，加大标准报批工作力度，严格控制标准报批关，对照标准报批新要求、新模板做好标准报批材料的修改工作。本年度参加机械行业标准报批材料联合审核会的食品和包装机械行业标准共21项，其中食品机械行业标准

11项，包装机械行业标准4项，包装机械国家标准6项。

四、主要行业活动

1. 举办“第五届亚洲食品装备高峰论坛” 由中国食品和包装机械工业协会、中国食品科学技术学会食品机械分会、国际农业与生物系统工程学会、亚洲农业工程学会共同主办的“第五届亚洲食品装备论坛”，于2015年10月18日在北京召开，论坛由中国食品和包装机械工业协会副理事长、中国机械工程学会包装与食品工程分会理事长孙智慧主持，中国食品和包装机械工业协会名誉理事长李树君致开幕词，中国食品科学技术学会理事长孟素荷致欢迎词，国家发展和改革委员会产业司、农业部农产品加工局、工业和信息化部装备司等相关领导出席论坛并讲话。会议期间，发布了《中国食品和包装机械行业“十二五”发展报告》《中国食品和包装机械工业“十三五”发展规划》。论坛以“新丝路、新驱动、新常态”为主题，就“十三五”我国食品装备发展进行了深入交流与探讨。研讨的主要内容包括“十三五”食品装备的发展、农产品加工业形势任务与发展战略、食品装备智能制造与产业转型升级、大数据与云计算下的食品装备制造业、“一带一路”给食品装备带来的机遇和挑战、食品装备中的自动化技术、液态包装设备2025发展趋势、液态食品的超高温杀菌、薯类加工技术与装备、新型节能提质干燥技术装备研究、中央厨房产业的发展等。

2. 举办“第十四届中国国际食品加工和包装机械展览会” 由中国包装和食品机械有限公司、中国食品和包装机械工业协会及中展集团北京华港有限公司共同举办的“第十四届中国国际食品加工和包装机械展览会”，于2015年10月19～21日在北京中国国际展览中心举行。本届展览会得到了德国、美国、英国、意大利、韩国、日本、荷兰等国和台湾地区行业协会和专业组织的大力支持，展商参展数量和质量都有大幅度的提升。展出内容包括果蔬加工机械、油脂加工机械、豆制品加工机械、糖果加工机械、屠宰与肉类加工机械、方便食品加工机械、糕点加工机械、饼干加工机械、乳制品加工机械、饮料加工机械、调味品加工机械、冰淇淋加工机械、厨房机械、封口贴标机械、收缩充填包装机械、捆扎打包机械、啤酒饮料灌装设备、CIP系统及清洗消毒设备、杀菌设备、无菌包装设备、液体检测及日期打印设备、装卸箱及码垛设备、冷冻冷藏与保鲜设备、真空包装设备、烘焙设备、纸浆模塑设备、纸箱纸板设备等。

3. 举办“中国果蔬装备2025发展研讨会” 由中国食品和包装机械工业协会、中国包装和食品机械有限公司和中国食品和包装机械工业协会果蔬保鲜加工机械分会共同主办的“中国果蔬装备2025发展战略研讨会”，于2015年10月30日在上海召开。会议由中国食品和包装机械工业协会果蔬保鲜加工机械分会秘书长丁少辉主持，中国食品和包装机械工业协会理事长楚玉峰致开幕词。会上，就果蔬冷链保鲜装备、果蔬产业深加工、净菜与装备发展、果蔬干燥发展趋势、果蔬采后商品化处理、冷链物流装备及技术、果蔬汁饮料市场趋势、果蔬加工机械标准化、果蔬汁饮料无菌灌装、鲜活农产品全程产业链、果蔬光学分选、果蔬贮藏技术与设施等进行了深入研讨。通过研讨，分析总结了我国果蔬加工装备的发展现状，提出了2025我国果蔬加工装备的发展思路，包括目标、任务和措施建议。

（本文由中国食品和包装机械工业协会提供数据，由本编辑部王国扣编写）

3 第三部分

政策法规及重要文件

食用农产品市场销售质量安全监督管理办法

（国家食品药品监管总局令 第20号 2016年1月5日）

第一章 总 则

第一条 为规范食用农产品市场销售行为，加强食用农产品市场销售质量安全监督管理，保证食用农产品质量安全，根据《中华人民共和国食品安全法》等法律法规，制定本办法。

第二条 食用农产品市场销售质量安全及其监督管理适用本办法。本办法所称食用农产品市场销售，是指通过集中交易市场、商场、超市、便利店等销售食用农产品的活动。本办法所称集中交易市场，是指销售食用农产品的批发市场和零售市场（含农贸市场）。

第三条 国家食品药品监督管理总局负责监督指导全国食用农产品市场销售质量安全的监督管理工作。省、自治区、直辖市食品药品监督管理部门负责监督指导本行政区域食用农产品市场销售质量安全的监督管理工作。市、县级食品药品监督管理部门负责本行政区域食用农产品市场销售质量安全的监督管理工作。

第四条 食用农产品市场销售质量安全及其监督管理工作坚持预防为主、风险管理原则，推进产地准出与市场准入衔接，保证市场销售的食用农产品可追溯。

第五条 县级以上食品药品监督管理部门应当与相关部门建立健全食用农产品市场销售质量安全监督管理协作机制。

第六条 集中交易市场开办者应当依法对入场销售者履行管理义务，保障市场规范运行。食用农产品销售者（以下简称销售者）应当依照法律法规和食品安全标准从事销售活动，保证食用农产品质量安全。

第七条 县级以上食品药品监督管理部门应当加强信息化建设，汇总分析食用农产品质量安全信息，加强监督管理，防范食品安全风险。集中交易市场开办者和销售者应当按照食品药品监督管理部门的要求提供并公开食用农产品质量安全数据信息。鼓励集中交易市场开办者和销售者建立食品安全追溯体系，利用信息化手段采集和记录所销售的食用农产品信息。

第八条 集中交易市场开办者相关行业协会和食用农产品相关行业协会应当加强行业自律，督促集中交易市场开办者和销售者履行法律义务。

第二章 集中交易市场开办者义务

第九条 集中交易市场开办者应当建立健全食品安全管理制度，督促销售者履行义务，加强食用农产品质量安全风险防控。集中交易市场开办者主要负责人应当落实食品安全管理制度，对本市场的食用农产品质量安全工作全面负责。集中交易市场开办者应当配备专职或者兼职食品安全管理人员、专业技术人员，明确入场销售者的食品安全管理责任，组织食品安全知识培训。集中交易市场开办者应当制定食品安全事故处置方案，根据食用农产品风险程度确定检查重点、方式、频次等，定期检查食品安全事故防范措施落实情况，及时消除食用农产品质量安全隐患。

第十条 集中交易市场开办者应当按照食用农产品类别实行分区销售。集中交易市场开办者销售和贮存食用农产品的环境、设施、设备等应当符合食用农产品质量安全的要求。

第十一条 集中交易市场开办者应当建立入场销售者档案，如实记录销售者名称或者姓名、社会信用代码或者身份证号码、联系方式、住所、食用农产品主要品种、进货渠道、产地等信息。销售者档案信息保存期限不少于销售者停止销售后6个月。集中交易市场开办者应当对销售者档案及时更新，保证其准确性、真实性和完整性。集中交易市场开办者应当如实向所在地县级食品药品监督管理部门报告市场名称、住所、类型、法定代表人或者负责人姓名、食品安全管理制度、食用农产品主要种类、摊位数量等信息。

第十二条 集中交易市场开办者应当查验并留存入场销售者的社会信用代码或者身份证复印件，食用农产品产地证明或者购货凭证、合格证明文件。销售者无法提供食用农产品产地证明或者购货凭证、合格证明文件的，集中交易市场开办者应当进行抽样检验或者快速检测；抽样检验或者快速检测合格的，方可进入市场销售。

第十三条 食用农产品生产企业或者农民专业合作经济组织及其成员生产的食用农产品，由本单位出具产地证明；其他食用农产品生产者或者个人生产的食用农产品，由村民委员会、乡镇政府等出具产地证明；无公害农产品、绿色食品、有机农产品以及农产品地理标志等食用农产品标志上所标注的产地信息，可以作为产地证明。

第十四条 供货者提供的销售凭证、销售者与供货者签订的食用农产品采购协议，可以作为食用农产品购货凭证。

第十五条 有关部门出具的食用农产品质量安全合格证明或者销售者自检合格证明等可以作为合格证明文件。销售按照有关规定需要检疫、检验的肉类，应当提供检疫合格证明、肉类检验合格证明等证明文件。销售进口食用农产品，应当提供出入境检验检疫部门出具的入境货物检验检疫证明等证明文件。

第十六条 集中交易市场开办者应当建立食用农产品检查制度，对销售者的销售环境和条件以及食用农产品质量安全状况进行检查。集中交易市场开办者发现存在食用农产品不符合食品安全标准等违法行为的，应当要求销售者立即停止销售，依照集中交易市场管理规定或者与销售者签订的协议进行处理，并向所在地县级食品药品监督管理部门报告。

第十七条 集中交易市场开办者应当在醒目位置及时公布食品安全管理制度、食品安全管理人员、食用农产品抽样检验结果以及不合格食用农产品处理结果、投诉举报电话等信息。

第十八条 批发市场开办者应当与入场销售者签订食用农产品质量安全协议，明确双方食用农产品质量安全权利义务；未签订食用农产品质量安全协议的，不得进入批发市场进行销售。鼓励零售市场开办者与销售者签订食用农产品质量安全协议，明确双方食用农产品质量安全权利义务。

第十九条 批发市场开办者应当配备检验设备和检验人员，或者委托具有资质的食品检验机构，开展食用农产品抽样检验或者快速检测，并根据食用农产品种类和风险等级确定抽样检验或者快速检测频次。鼓励零售市场开办者配备检验设备和检验人员，或者委托具有资质的食品检验机构，开展食用农产品抽样检验或者快速检测。

第二十条 批发市场开办者应当印制统一格式的销售凭证，载明食用农产品名称、产地、数量、销售日期以及销售者名称、地址、联系方式等项目。销售凭证可以作为销售者的销售记录和其他购货者的进货查验记录凭证。销售者应当按照销售凭证的要求如实记录。记录和销售凭证保存期限不得少于6个月。

第二十一条 与屠宰厂（场）、食用农产品种植养殖基地签订协议的批发市场开办者应当对屠宰厂（场）和食用农产品种植养殖基地进行实地考察，了解食用农产品生产过程以及相关信息，查验种植养殖基地食用农产品相关证明材料以及票据等。

第二十二条 鼓励食用农产品批发市场开办者改造升级，更新设施、设备和场所，提高食品安全保障能力和水平。鼓励批发市场开办者与取得无公害农产品、绿色食品、有机农产品、农产品地理标志等认证的食用农产品种植养殖基地或者生产加工企业签订食用农产品质量安全合作协议。

第三章　销售者义务

第二十三条 销售者应当具有与其销售的食用农产品品种、数量相适应的销售和贮存场所，保持场所环境整洁，并与有毒、有害场所以及其他污染源保持适当的距离。

第二十四条 销售者应当具有与其销售的食用农产品品种、数量相适应的销售设备或者设施。销售冷藏、冷冻食用农产品的，应当配备与销售品种相适应的冷藏、冷冻设施，并符合保证食用农产品质量安全所需要的温度、湿度和环境等特殊要求。鼓励采用冷链、净菜上市、畜禽产品冷鲜上市等方式销售食用农产品。

第二十五条 禁止销售下列食用农产品：

（一）使用国家禁止的兽药和剧毒、高毒农药，或者添加食品添加剂以外的化学物质和其他可能危害人体健康的物质的；

（二）致病性微生物、农药残留、兽药残留、生物毒素、重金属等污染物质以及其他危害人体健康的物质含量超过食品安全标准限量的；

（三）超范围、超限量使用食品添加剂的；

（四）腐败变质、油脂酸败、霉变生虫、污秽不洁、混有异物、掺假掺杂或者感官性状异常的；

（五）病死、毒死或者死因不明的禽、畜、兽、水产动物肉类；

（六）未按规定进行检疫或者检疫不合格的肉类；

（七）未按规定进行检验或者检验不合格的肉类；

（八）使用的保鲜剂、防腐剂等食品添加剂和包装材料等食品相关产品不符合食品安全国家标准的；

（九）被包装材料、容器、运输工具等污染的；

（十）标注虚假生产日期、保质期或者超过保质期的；

（十一）国家为防病等特殊需要明令禁止销售的；

（十二）标注虚假的食用农产品产地、生产者名称、生产者地址，或者标注伪造、冒用的认证标志等质量标志的；

（十三）其他不符合法律、法规或者食品安全标准的。

第二十六条 销售者采购食用农产品，应当按照规定查验相关证明材料，不符合要求的，不得采购和销售。销售者应当建立食用农产品进货查验记录制度，如实记录食用农产品名称、数量、进货日期以及供货者名称、地址、联系方式等内容，并保存相关凭证。记录和凭证保存期限不得少于6个月。实行统一配送销售方式的食用农产品销售企业，可以由企业总部统一建立进货查验记录制度；所属各销售门店应当保存总部的配送清单以及相应的合格证明文件。配送清单和合格证明文件保存期限不得少于6个月。从事食用农产品批发业务的销售企业，应当建立食用农产品销售记录制度，如实记录批发食用农产品名称、数量、销售日期以及购货者名称、地址、联系方式等内容，并保存相关凭证。记录和凭证保存期限不得少于6个月。鼓励和引导有条件的销售企业采用扫描、拍照、数据交换、电子表格等方式，建立食用农产品进货查验记录制度。

第二十七条 销售者贮存食用农产品，应当定期检查库存，及时清理腐败变质、油脂酸败、霉变生虫、污秽不洁或者感官性状异常的食用农产品。销售者贮存食用农产品，应当如实记录食用农产品名称、产地、贮存日期、生产者或者供货者名称或者姓名、联系方式等内容，并在贮存场所保存记录。记录和凭证保存期限不得少于6个月。

第二十八条 销售者租赁仓库的，应当选择能够保障食用农产品质量安全的食用农产品贮存服务提供者。贮存服务提供者应当按照食用农产品质量安全的要求贮存食用农产品，履行下列义务：

（一）如实向所在地县级食品药品监督管理部门报告其名称、地址、法定代表人或者负责人姓名、社会信用代码或者身份证号码、联系方式以及所提供服务的销售者名称、贮存的食用农产品品种、数量等信息；

（二）查验所提供服务的销售者的营业执照或者身份证明和食用农产品产地或者来源证明、合格证明文件，并建立进出货台账，记录食用农产品名称、产地、贮存日期、出货日期、销售者名称或者姓名、联系方式等。进出货台账和相关证明材料保存期限不得少于6个月；

（三）保证贮存食用农产品的容器、工具和设备安全无害，保持清洁，防止污染，保证食用农产品质量安全所需的温度、湿度和环境等特殊要求，不得将食用农产品与有毒、有害物品一同贮存；

（四）贮存肉类冻品应当查验并留存检疫合格证明、肉类检验合格证明等证明文件；

（五）贮存进口食用农产品，应当查验并记录出入境检验检疫部门出具的入境货物检验检疫证明等证明文件；

（六）定期检查库存食用农产品，发现销售者有违法行为的，应当及时制止并立即报告所在地县级食品药品监督管理部门；

（七）法律、法规规定的其他义务。

第二十九条 销售者自行运输或者委托承运人运输食用农产品的，运输容器、工具和设备应当安全无害，保持清洁，防止污染，并符合保证食用农产品质量安全所需的温度、湿度和环境等特殊要求，不得将食用农产品与有毒、有害物品一同运输。承运人应当按照有关部门的规定履行相关食品安全义务。

第三十条 销售企业应当建立健全食用农产品质量安全管理制度，配备必要的食品安全管理人员，对职工进行食品安全知识培训，制定食品安全事故处置方案，依法从事食用农产品销售活动。鼓励销售企业配备相应的检验设备和检验人员，加强食用农产品检验工作。

第三十一条 销售者应当建立食用农产品质量安全自查制度，定期对食用农产品质量安全情况进行检查，发现不符合食用农产品质量安全要求的，应当立即停止销售并采取整改措施；有发生食品安全事故潜在风险的，应当立即停止销售并向所在地县级食品药品监督管理部门报告。

第三十二条 销售按照规定应当包装或者附加标签的食用农产品，在包装或者附加标签后方可销售。包装或者标签上应当按照规定标注食用农产品名称、产地、生产者、生产日期等内容；对保质期有要求的，应当标注保质期；保质期与贮藏条件有关的，应当予以标明；有分级标准或者使用食品添加剂的，应当标明产品质量等级或者食品添加剂名称。食用农产品标签所用文字应当使用规范的中文，标注的内容应当清楚、明显，不得含有虚假、错误或者其他误导性内容。

第三十三条 销售获得无公害农产品、绿色食品、有机农产品等认证的食用农产品以及省级以上农业行政部门规定的其他需要包装销售的食用农产品应当包装，并标注相应标志和发证机构，鲜活畜、禽、水产品等除外。

第三十四条 销售未包装的食用农产品，应当在摊位（柜台）明显位置如实公布食用农产品名称、产地、生产者或者销售者名称或者姓名等信息。鼓励采取附加标签、标示带、说明书等方式标明食用农产品名称、产地、生产者或者销售者名称或者姓名、保存条件以及最佳食用期等内容。

第三十五条 进口食用农产品的包装或者标签应当符合我国法律、行政法规的规定和食品安全国家标准的要求，并载明原产地，境内代理商的名称、地址、联系方式。进口鲜冻肉类产品的包装应当标明产品名称、原产国（地区）、生产企业名称、地址以及企业注册号、生产批号；外包装上应当以中文标明规格、产地、目的地、生产日期、保质期、储存温度等内容。分装销售的进口食用农产品，应当在包装上保留原进口食用农产品全部信息以及分装企业、分装时间、地点、保质期等信息。

第三十六条 销售者发现其销售的食用农产品不符合食品安全标准或者有证据证明可能危害人体健康的，应当立即停止销售，通知相关生产经营者、消费者，并记录停止销售和通知情况。由于销售者的原因造成其销售的食用农产品不符合食品安全标准或者有证据证明可能危害人体健康的，销售者应当召回。对于停止销售的食用农产品，销售者应当按照要求采取无害化处理、销毁等措施，防止其再次流入市场。但是，因标签、标志或者说明书不符合食品安全标准而被召回的食用农产品，在采取补救措施且能保证食用农产品质量安全的情况下可以继续销售；销售时应当向消费者明示补救措施。集中交易市场开办者、销售者应当将食用农产品停止销售、召回和处理情况向所在地县级食品药品监督管理部门报告，配合政府有关部门根据有关法律法规进行处理，并记录相关情况。集中交易市场开办者、销售者未依照本办法停止销售或者召回的，县级以上地方食品药品监督管理部门可以责令其停止销售或者召回。

第四章 监督管理

第三十七条 县级以上地方食品药品监督管理部门应当按照当地人民政府制定的本行政区域食品安全年度监督管理计划，开展食用农产品市场销售质量安全监督管理工作。市、县级食品药品监督管理部门应当根据年度监督检查计划、食用农产品风险程度等，确定监督检查的重点、方式和频次，对本行政区域的集中交易市场开办者、销售者、贮存服务提供者进行日常监督检查。

第三十八条 市、县级食品药品监督管理部门按照地方政府属地管理要求，可以依法采取下列措施，对集中交易市场开办者、销售者、贮存服务提供者遵守本办法情况进行日常监督检查：

（一）对食用农产品销售、贮存和运输等场所进行现场检查；

（二）对食用农产品进行抽样检验；

（三）向当事人和其他有关人员调查了解与食用农产品销售活动和质量安全有关的情况；

（四）检查食用农产品进货查验记录制度落实情况，查阅、复制与食用农产品质量安全有关的记录、协议、发票以及其他资料；

（五）对有证据证明不符合食品安全标准或者有证据证明存在质量安全隐患以及用于违法生产经营的食用农产品，有权查封、扣押、监督销毁；

（六）查封违法从事食用农产品销售活动的场所。

集中交易市场开办者、销售者、贮存服务提供者对食品药品监督管理部门实施的监督检查应当予以配合，不得拒绝、阻挠、干涉。

第三十九条 市、县级食品药品监督管理部门应当建立本行政区域集中交易市场开办者、销售者、贮存服务提供者食品安全信用档案，如实记录日常监督检查结果、违法行为查处等情况，依法向社会公布并实时更新。对有不良信用记录的集中交易市场开办者、销售者、贮存服务提供者增加监督检查频次；将违法行为情节严重的集中交易市场开办者、销售者、贮存服务提供者及其主要负责人和其他直接责任人的相关信息，列入严重违法者名单，并予以公布。市、县级食品药品监督管理部门应当逐步建立销售者市场准入前信用承诺制度，要求销售者以规范格式向社会作出公开承诺，如存在违法失信销售行为将自愿接受信用惩戒。信用承诺纳入销售者信用档案，接受社会监督，并作为事中事后监督管理的参考。

第四十条 食用农产品在销售过程中存在质量安全隐患，未及时采取有效措施消除的，市、县级食品药品监督管理部门可以对集中交易市场开办者、销售者、贮存服务提供者的法定代表人或者主要负责人进行责任约谈。被约谈者无正当理由拒不按时参加约谈或者未按要求落实整改的，食品药品监督管理部门应当记入集中交易市场开办者、销售者、贮存服务提供者食品安全信用档案。

第四十一条 县级以上地方食品药品监督管理部门应当将食用农产品监督抽检纳入年度检验检测工作计划，对食用农产品进行定期或者不定期抽样检验，并依据有关规定公布检验结果。市、县级食品药品监督管理部门可以采用国家规定的快速检测方法对食用农产品质量安全进行抽查检测，抽查检测结果表明食用农产品可能存在质量安全隐患的，销售者应当暂停销售；抽查检测结果确定食用农产品不符合食品安全标准的，可以作为行政处罚的依据。被抽查人对快速检测结果有异议的，可以自收到检测结果时起4小时内申请复检。复检结论仍不合格的，复检费用由申请人承担。复检不得采用快速检测方法。

第四十二条　市、县级食品药品监督管理部门应当依据职责公布食用农产品监督管理信息。公布食用农产品监督管理信息，应当做到准确、及时、客观，并进行必要的解释说明，避免误导消费者和社会舆论。

第四十三条　市、县级食品药品监督管理部门发现批发市场有本办法禁止销售的食用农产品，在依法处理的同时，应当及时追查食用农产品来源和流向，查明原因、控制风险并报告上级食品药品监督管理部门，同时通报所涉地同级食品药品监督管理部门；涉及种植养殖和进出口环节的，还应当通报相关农业行政部门和出入境检验检疫部门。

第四十四条　市、县级食品药品监督管理部门发现超出其管辖范围的食用农产品质量安全案件线索，应当及时移送有管辖权的食品药品监督管理部门。

第四十五条　县级以上地方食品药品监督管理部门在监督管理中发现食用农产品质量安全事故，或者接到有关食用农产品质量安全事故的举报，应当立即会同相关部门进行调查处理，采取措施防止或者减少社会危害，按照应急预案的规定报告当地人民政府和上级食品药品监督管理部门，并在当地人民政府统一领导下及时开展调查处理。

第五章　法律责任

第四十六条　食用农产品市场销售质量安全的违法行为，食品安全法等法律法规已有规定的，依照其规定。

第四十七条　集中交易市场开办者违反本办法第九条至第十二条、第十六条第二款、第十七条规定，有下列情形之一的，由县级以上食品药品监督管理部门责令改正，给予警告；拒不改正的，处5 000元以上3万元以下罚款：

（一）未建立或者落实食品安全管理制度的；

（二）未按要求配备食品安全管理人员、专业技术人员，或者未组织食品安全知识培训的；

（三）未制定食品安全事故处置方案的；

（四）未按食用农产品类别实行分区销售的；

（五）环境、设施、设备等不符合有关食用农产品质量安全要求的；

（六）未按要求建立入场销售者档案，或者未按要求保存和更新销售者档案的；

（七）未如实向所在地县级食品药品监督管理部门报告市场基本信息的；

（八）未查验并留存入场销售者的社会信用代码或者身份证复印件、食用农产品产地证明或者购货凭证、合格证明文件的；

（九）未进行抽样检验或者快速检测，允许无法提供食用农产品产地证明或者购货凭证、合格证明文件的销售者入场销售的；

（十）发现食用农产品不符合食品安全标准等违法行为，未依照集中交易市场管理规定或者与销售者签订的协议处理的；

（十一）未在醒目位置及时公布食用农产品质量安全管理制度、食品安全管理人员、食用农产品抽样检验结果以及不合格食用农产品处理结果、投诉举报电话等信息的。

第四十八条　批发市场开办者违反本办法第十八条第一款、第二十条规定，未与入场销售者签订食用农产品质量安全协议，或者未印制统一格式的食用农产品销售凭证的，由县级以上食品药品监督管理部门责令改正，给予警告；拒不改正的，处1万元以上3万元以下罚款。

第四十九条　销售者违反本办法第二十四条第二款规定，未按要求配备与销售品种相适应的冷藏、冷冻设施，或者温度、湿度和环境等不符合特殊要求的，由县级以上食品药品监督管理部门责令改正，给予警告；拒不改正的，处5 000元以上3万元以下罚款。

第五十条　销售者违反本办法第二十五条第一项、第五项、第六项、第十一项规定的，由县级以上食品药品监督管理部门依照食品安全法第一百二十三条第一款的规定给予处罚。违反本办法第二十五条第二项、第三项、第四项、第十项规定的，由县级以上食品药品监督管理部门依照食品安全法第一百二十四条第一款的规定给予处罚。违反本办法第二十五条第七项、第十二项规定，销售未按规定进行检验的肉类，或者销售标注虚假的食用农产品产地、生产者名称、生产者地址，标注伪造、冒用的认证标志等质量标志的食用农产品的，由县级以上食品药品监督管理部门责令改正，处1万元以上3万元以下罚款。违反本办法第二十五条第八项、第九项规定的，由县级以上食品药品监督管理部门依照食品安全法第一百二十五条第一款的规定给予处罚。

第五十一条　销售者违反本办法第二十八条第一

款规定，未按要求选择贮存服务提供者，或者贮存服务提供者违反本办法第二十八条第二款规定，未履行食用农产品贮存相关义务的，由县级以上食品药品监督管理部门责令改正，给予警告；拒不改正的，处5 000元以上3万元以下罚款。

第五十二条 销售者违反本办法第三十二条、第三十三条、第三十五条规定，未按要求进行包装或者附加标签的，由县级以上食品药品监督管理部门责令改正，给予警告；拒不改正的，处5 000元以上3万元以下罚款。

第五十三条 销售者违反本办法第三十四条第一款规定，未按要求公布食用农产品相关信息的，由县级以上食品药品监督管理部门责令改正，给予警告；拒不改正的，处5 000元以上1万元以下罚款。

第五十四条 销售者履行了本办法规定的食用农产品进货查验等义务，有充分证据证明其不知道所采购的食用农产品不符合食品安全标准，并能如实说明其进货来源的，可以免予处罚，但应当依法没收其不符合食品安全标准的食用农产品；造成人身、财产或者其他损害的，依法承担赔偿责任。

第五十五条 县级以上地方食品药品监督管理部门不履行食用农产品质量安全监督管理职责，或者滥用职权、玩忽职守、徇私舞弊的，依法追究直接负责的主管人员和其他直接责任人员的行政责任。

第五十六条 违法销售食用农产品涉嫌犯罪的，由县级以上地方食品药品监督管理部门依法移交公安机关追究刑事责任。

第六章 附 则

第五十七条 本办法下列用语的含义：

食用农产品，指在农业活动中获得的供人食用的植物、动物、微生物及其产品。农业活动，指传统的种植、养殖、采摘、捕捞等农业活动，以及设施农业、生物工程等现代农业活动。植物、动物、微生物及其产品，指在农业活动中直接获得的，以及经过分拣、去皮、剥壳、干燥、粉碎、清洗、切割、冷冻、打蜡、分级、包装等加工，但未改变其基本自然性状和化学性质的产品。食用农产品集中交易市场开办者，指依法设立、为食用农产品交易提供平台、场地、设施、服务以及日常管理的企业法人或者其他组织。

第五十八条 柜台出租者和展销会举办者销售食用农产品的，参照本办法对集中交易市场开办者的规定执行。

第五十九条 食品摊贩等销售食用农产品的具体管理规定由省、自治区、直辖市制定。

第六十条 本办法自2016年3月1日起施行。

保健食品注册与备案管理办法

（国家食品药品监管总局令 第22号 2016年2月26日）

第一章 总 则

第一条 为规范保健食品的注册与备案，根据《中华人民共和国食品安全法》，制定本办法。

第二条 在中华人民共和国境内保健食品的注册与备案及其监督管理适用本办法。

第三条 保健食品注册，是指食品药品监督管理部门根据注册申请人申请，依照法定程序、条件和要求，对申请注册的保健食品的安全性、保健功能和质量可控性等相关申请材料进行系统评价和审评，并决定是否准予其注册的审批过程。保健食品备案，是指保健食品生产企业依照法定程序、条件和要求，将表明产品安全性、保健功能和质量可控性的材料提交食品药品监督管理部门进行存档、公开、备查的过程。

第四条 保健食品的注册与备案及其监督管理应当遵循科学、公开、公正、便民、高效的原则。

第五条 国家食品药品监督管理总局负责保健食品注册管理，以及首次进口的属于补充维生素、矿物质等营养物质的保健食品备案管理，并指导监督省、自治区、直辖市食品药品监督管理部门承担的保健食品注册与备案相关工作。省、自治区、直辖市食品药品监督管理部门负责本行政区域内保健食品备案管理，并配合国家食品药品监督管理总局开展保健食品注册现场核查等工作。市、县级食品药品监督管理部门负责本行政区域内注册和备案保健食品的监督管理，承担上级食品药品监督管理部门委托的其他工作。

学用途配方食品的注册管理工作。国家食品药品监督管理总局行政受理机构（以下简称受理机构）负责特殊医学用途配方食品注册申请的受理工作。国家食品药品监督管理总局食品审评机构（以下简称审评机构）负责特殊医学用途配方食品注册申请的审评工作。国家食品药品监督管理总局审核查验机构（以下简称核查机构）负责特殊医学用途配方食品注册审评过程中的现场核查工作。

第六条　国家食品药品监督管理总局组建由食品营养、临床医学、食品安全、食品加工等领域专家组成的特殊医学用途配方食品注册审评专家库。

第七条　国家食品药品监督管理总局应当加强信息化建设，提高特殊医学用途配方食品注册管理信息化水平。

第二章　注　　册

第一节　申请与受理

第八条　特殊医学用途配方食品注册申请人（以下简称申请人）应当为拟在我国境内生产并销售特殊医学用途配方食品的生产企业和拟向我国境内出口特殊医学用途配方食品的境外生产企业。申请人应当具备与所生产特殊医学用途配方食品相适应的研发、生产能力，设立特殊医学用途配方食品研发机构，配备专职的产品研发人员、食品安全管理人员和食品安全专业技术人员，按照良好生产规范要求建立与所生产食品相适应的生产质量管理体系，具备按照特殊医学用途配方食品国家标准规定的全部项目逐批检验的能力。研发机构中应当有食品相关专业高级职称或者相应专业能力的人员。

第九条　申请特殊医学用途配方食品注册，应当向国家食品药品监督管理总局提交下列材料：

（一）特殊医学用途配方食品注册申请书；

（二）产品研发报告和产品配方设计及其依据；

（三）生产工艺资料；

（四）产品标准要求；

（五）产品标签、说明书样稿；

（六）试验样品检验报告；

（七）研发、生产和检验能力证明材料；

（八）其他表明产品安全性、营养充足性以及特殊医学用途临床效果的材料。申请特定全营养配方食品注册，还应当提交临床试验报告。申请人应当对其申请材料的真实性负责。

第十条　受理机构对申请人提出的特殊医学用途配方食品注册申请，应当根据下列情况分别作出处理：

（一）申请事项依法不需要进行注册的，应当即时告知申请人不受理；

（二）申请事项依法不属于国家食品药品监督管理总局职权范围的，应当即时作出不予受理的决定，并告知申请人向有关行政机关申请；

（三）申请材料存在可以当场更正的错误的，应当允许申请人当场更正；

（四）申请材料不齐全或者不符合法定形式的，应当当场或者在5个工作日内一次告知申请人需要补正的全部内容，逾期不告知的，自收到申请材料之日起即为受理；

（五）申请事项属于国家食品药品监督管理总局职权范围，申请材料齐全、符合法定形式，或者申请人按照要求提交全部补正申请材料的，应当受理注册申请。受理机构受理或者不予受理注册申请，应当出具加盖国家食品药品监督管理总局行政许可受理专用章和注明日期的书面凭证。

第二节　审查与决定

第十一条　审评机构应当对申请材料进行审查，并根据实际需要组织对申请人进行现场核查、对试验样品进行抽样检验、对临床试验进行现场核查和对专业问题进行专家论证。

第十二条　核查机构应当自接到审评机构通知之日起20个工作日内完成对申请人的研发能力、生产能力、检验能力等情况的现场核查，并出具核查报告。核查机构应当通知申请人所在地省级食品药品监督管理部门参与现场核查，省级食品药品监督管理部门应当派员参与现场核查。

第十三条　审评机构应当委托具有法定资质的食品检验机构进行抽样检验。检验机构应当自接受委托之日起30个工作日内完成抽样检验。

第十四条　核查机构应当自接到审评机构通知之日起40个工作日内完成对临床试验的真实性、完整性、准确性等情况的现场核查，并出具核查报告。

第十五条　审评机构可以从特殊医学用途配方食品注册审评专家库中选取专家，对审评过程中遇到的问题进行论证，并形成专家意见。

第十六条　审评机构应当自收到受理材料之日起60个工作日内根据核查报告、检验报告以及专家意见完成技术审评工作，并作出审查结论。审评过程中需要申请人补正材料的，审评机构应当一次告知需要补正的全部内容。申请人应当在6个月内一次补正材料。补正材料的时间不计算在审评时间内。特殊情况下需要延长审评时间的，经审评机构负责人同意，可以延长30个工作日，延长决定应当及时书面告知申请人。

第十七条 审评机构认为申请材料真实，产品科学、安全，生产工艺合理、可行和质量可控，技术要求和检验方法科学、合理的，应当提出予以注册的建议。审评机构提出不予注册建议的，应当向申请人发出拟不予注册的书面通知。申请人对通知有异议的，应当自收到通知之日起20个工作日内向审评机构提出书面复审申请并说明复审理由。复审的内容仅限于原申请事项及申请材料。审评机构应当自受理复审申请之日起30个工作日内作出复审决定。改变不予注册建议的，应当书面通知注册申请人。

第十八条 国家食品药品监督管理总局应当自受理申请之日起20个工作日内对特殊医学用途配方食品注册申请作出是否准予注册的决定。现场核查、抽样检验、复审所需要的时间不计算在审评和注册决定的期限内。对于申请进口特殊医学用途配方食品注册的，应当根据境外生产企业的实际情况，确定境外现场核查和抽样检验时限。

第十九条 国家食品药品监督管理总局作出准予注册决定的，受理机构自决定之日起10个工作日内颁发、送达特殊医学用途配方食品注册证书；作出不予注册决定的，应当说明理由，受理机构自决定之日起10个工作日内发出特殊医学用途配方食品不予注册决定，并告知申请人享有依法申请行政复议或者提起行政诉讼的权利。特殊医学用途配方食品注册证书有效期限为5年。

第二十条 特殊医学用途配方食品注册证书及附件应当载明下列事项：

（一）产品名称；

（二）企业名称、生产地址；

（三）注册号及有效期；

（四）产品类别；

（五）产品配方；

（六）生产工艺；

（七）产品标签、说明书。

特殊医学用途配方食品注册号的格式为：国食注字TY+4位年号+4位顺序号，其中TY代表特殊医学用途配方食品。

第三节 变更与延续注册

第二十一条 申请人需要变更特殊医学用途配方食品注册证书及其附件载明事项的，应当向国家食品药品监督管理总局提出变更注册申请，并提交下列材料：

（一）特殊医学用途配方食品变更注册申请书；

（二）变更注册证书及其附件载明事项的证明材料。

第二十二条 申请人变更产品配方、生产工艺等可能影响产品安全性、营养充足性以及特殊医学用途临床效果的事项，国家食品药品监督管理总局应当进行实质性审查，并在本办法第十八条规定的期限内完成变更注册工作。申请人变更企业名称、生产地址名称等不影响产品安全性、营养充足性以及特殊医学用途临床效果的事项，国家食品药品监督管理总局应当进行核实，并自受理之日起10个工作日内作出是否准予变更注册的决定。

第二十三条 国家食品药品监督管理总局准予变更注册申请的，向申请人换发注册证书，原注册号不变，证书有效期不变；不予批准变更注册申请的，应当作出不予变更注册决定。

第二十四条 特殊医学用途配方食品注册证书有效期届满，需要继续生产或者进口的，应当在有效期届满6个月前，向国家食品药品监督管理总局提出延续注册申请，并提交下列材料：

（一）特殊医学用途配方食品延续注册申请书；

（二）特殊医学用途配方食品质量安全管理情况；

（三）特殊医学用途配方食品质量管理体系自查报告；

（四）特殊医学用途配方食品跟踪评价情况。

第二十五条 国家食品药品监督管理总局根据需要对延续注册申请进行实质性审查，并在本办法第十八条规定的期限内完成延续注册工作。逾期未作决定的，视为准予延续。

第二十六条 国家食品药品监督管理总局准予延续注册的，向申请人换发注册证书，原注册号不变，证书有效期自批准之日起重新计算；不批准延续注册申请的，应当作出不予延续注册决定。

第二十七条 有下列情形之一的，不予延续注册：

（一）注册人未在规定时间内提出延续注册申请的；

（二）注册产品连续12个月内在省级以上监督抽检中出现3批次以上不合格的；

（三）企业未能保持注册时生产、检验能力的；

（四）其他不符合法律法规以及产品安全性、营养充足性和特殊医学用途临床效果要求的情形。

第二十八条 特殊医学用途配方食品变更注册与延续注册程序，本节未作规定的，适用本章第一节、第二节的相关规定。

第三章 临床试验

第二十九条 特定全营养配方食品需要进行临床

试验的，由申请人委托符合要求的临床试验机构出具临床试验报告。临床试验报告应当包括完整的统计分析报告和数据。

第三十条　临床试验应当按照特殊医学用途配方食品临床试验质量管理规范开展。

特殊医学用途配方食品临床试验质量管理规范由国家食品药品监督管理总局发布。

第三十一条　申请人组织开展多中心临床试验的，应当明确组长单位和统计单位。

第三十二条　申请人应当对用于临床试验的试验样品和对照样品的质量安全负责。

用于临床试验的试验样品应当由申请人生产并经检验合格，生产条件应当符合特殊医学用途配方食品良好生产规范。

第四章　标签和说明书

第三十三条　特殊医学用途配方食品的标签，应当依照法律、法规、规章和食品安全国家标准的规定进行标注。

第三十四条　特殊医学用途配方食品的标签和说明书的内容应当一致，涉及特殊医学用途配方食品注册证书内容的，应当与注册证书内容一致，并标明注册号。标签已经涵盖说明书全部内容的，可以不另附说明书。

第三十五条　特殊医学用途配方食品标签、说明书应当真实准确、清晰持久、醒目易读。

第三十六条　特殊医学用途配方食品标签、说明书不得含有虚假内容，不得涉及疾病预防、治疗功能。生产企业对其提供的标签、说明书的内容负责。

第三十七条　特殊医学用途配方食品的名称应当反映食品的真实属性，使用食品安全国家标准规定的分类名称或者等效名称。

第三十八条　特殊医学用途配方食品标签、说明书应当按照食品安全国家标准的规定在醒目位置标示下列内容：

（一）请在医生或者临床营养师指导下使用；

（二）不适用于非目标人群使用；

（三）本品禁止用于肠外营养支持和静脉注射。

第五章　监督检查

第三十九条　特殊医学用途配方食品生产企业应当按照批准注册的产品配方、生产工艺等技术要求组织生产，保证特殊医学用途配方食品安全。特殊医学用途配方食品生产企业提出的变更注册申请未经批准前，应当严格按照已经批准的注册证书及其附件载明的内容组织生产，不得擅自改变生产条件和要求。特殊医学用途配方食品生产企业提出的变更注册申请经批准后，应当严格按照变更后的特殊医学用途配方食品注册证书及其附件载明的内容组织生产。

第四十条　参与特殊医学用途配方食品注册申请受理、技术审评、现场核查、抽样检验、临床试验等工作的人员和专家，应当保守注册中知悉的商业秘密。申请人应当按照国家有关规定对申请材料中的商业秘密进行标注并注明依据。

第四十一条　有下列情形之一的，国家食品药品监督管理总局根据利害关系人的请求或者依据职权，可以撤销特殊医学用途配方食品注册：

（一）工作人员滥用职权、玩忽职守作出准予注册决定的；

（二）超越法定职权作出准予注册决定的；

（三）违反法定程序作出准予注册决定的；

（四）对不具备申请资格或者不符合法定条件的申请人准予注册的；

（五）食品生产许可证被吊销的；

（六）依法可以撤销注册的其他情形。

第四十二条　有下列情形之一的，国家食品药品监督管理总局应当依法办理特殊医学用途配方食品注册注销手续：

（一）企业申请注销的；

（二）有效期届满未延续的；

（三）企业依法终止的；

（四）注册依法被撤销、撤回，或者注册证书依法被吊销的；

（五）法律法规规定应当注销注册的其他情形。

第六章　法律责任

第四十三条　申请人隐瞒真实情况或者提供虚假材料申请注册的，国家食品药品监督管理总局不予受理或者不予注册，并给予警告；申请人在1年内不得再次申请注册。

第四十四条　被许可人以欺骗、贿赂等不正当手段取得注册证书的，由国家食品药品监督管理总局撤销注册证书，并处1万元以上3万元以下罚款；申请人在3年内不得再次申请注册。

第四十五条　伪造、涂改、倒卖、出租、出借、转让特殊医学用途配方食品注册证书的，由县级以上食品药品监督管理部门责令改正，给予警告，并处1万元以下罚款；情节严重的，处1万元以上3万元以下罚款。

第四十六条 注册人变更不影响产品安全性、营养充足性以及特殊医学用途临床效果的事项，未依法申请变更的，由县级以上食品药品监督管理部门责令改正，给予警告；拒不改正的，处1万元以上3万元以下罚款。注册人变更产品配方、生产工艺等影响产品安全性、营养充足性以及特殊医学用途临床效果的事项，未依法申请变更的，由县级以上食品药品监督管理部门依照食品安全法第一百二十四条第一款的规定进行处罚。

第四十七条 食品药品监督管理部门及其工作人员对不符合条件的申请人准予注册，或者超越法定职权准予注册的，依照食品安全法第一百四十四条的规定给予处理。食品药品监督管理部门及其工作人员在注册审批过程中滥用职权、玩忽职守、徇私舞弊的，依照食品安全法第一百四十五条的规定给予处理。

第七章 附 则

第四十八条 特殊医学用途配方食品，是指为满足进食受限、消化吸收障碍、代谢紊乱或者特定疾病状态人群对营养素或者膳食的特殊需要，专门加工配制而成的配方食品，包括适用于0月龄至12月龄的特殊医学用途婴儿配方食品和适用于1岁以上人群的特殊医学用途配方食品。

第四十九条 适用于0月龄至12月龄的特殊医学用途婴儿配方食品包括无乳糖配方食品或者低乳糖配方食品、乳蛋白部分水解配方食品、乳蛋白深度水解配方食品或者氨基酸配方食品、早产或者低出生体重婴儿配方食品、氨基酸代谢障碍配方食品和母乳营养补充剂等。

第五十条 适用于1岁以上人群的特殊医学用途配方食品，包括全营养配方食品、特定全营养配方食品、非全营养配方食品。全营养配方食品，是指可以作为单一营养来源满足目标人群营养需求的特殊医学用途配方食品。特定全营养配方食品，是指可以作为单一营养来源满足目标人群在特定疾病或者医学状况下营养需求的特殊医学用途配方食品。常见特定全营养配方食品有：糖尿病全营养配方食品，呼吸系统疾病全营养配方食品，肾病全营养配方食品，肿瘤全营养配方食品，肝病全营养配方食品，肌肉衰减综合征全营养配方食品，创伤、感染、手术及其他应激状态全营养配方食品，炎性肠病全营养配方食品，食物蛋白过敏全营养配方食品，难治性癫痫全营养配方食品，胃肠道吸收障碍、胰腺炎全营养配方食品，脂肪酸代谢异常全营养配方食品，肥胖、减脂手术全营养配方食品。非全营养配方食品，是指可以满足目标人群部分营养需求的特殊医学用途配方食品，不适用于作为单一营养来源。常见非全营养配方食品有：营养素组件（蛋白质组件、脂肪组件、碳水化合物组件），电解质配方，增稠组件，流质配方和氨基酸代谢障碍配方。

第五十一条 医疗机构配制供病人食用的营养餐不适用本办法。

第五十二条 本办法自2016年7月1日起施行。

2016年食品安全重点工作安排

（国办发［2016］30号 2016年4月27日）

2015年，全国食品安全形势持续稳定向好，但食品安全基础依然薄弱，风险隐患不容忽视。为贯彻党的十八大、十八届三中、四中、五中全会和中央经济工作会议、中央农村工作会议精神，落实国务院关于食品安全工作的部署要求，进一步提高食品安全治理能力和保障水平，现就2016年食品安全重点工作作出如下安排：

一、加快完善食品安全法规制度

全面宣传贯彻新修订的食品安全法，配合全国人大常委会做好食品安全法执法检查。（食品药品监管总局、国务院食品安全办会同各省级人民政府负责）推动制修订农产品质量安全法、粮食法和食品安全法实施条例、农药管理条例、畜禽屠宰管理条例等法律法规。（农业部、食品药品监管总局、国务院法制办、国家粮食局负责）深化食品生产经营许可改革。（食品药品监管总局负责）加快标识管理、监督检查、网络食品经营、特殊食品注册、保健食品目录管理、铁路运营食品安全监督管理和国家口岸食品监督管理等规章制度的制修订工作。（国家卫生计生委、质检总局、食品药品监管总局、中国铁路总公司负责）落实

《法治政府建设实施纲要（2015—2020年）》，完善食品安全行政执法程序，规范执法行为，全面落实行政执法责任制。（农业部、食品药品监管总局负责）推动加大食品掺假造假行为刑事责任追究力度。（中央政法委、食品药品监管总局负责）

二、健全食品安全标准体系

建立并公布食品安全国家标准目录、地方标准目录。（国家卫生计生委、农业部会同各省级人民政府负责）加快制修订一批重点食品安全标准和农药兽药残留标准。加快公布整合后的食品安全国家标准，废止、修订其他相关食品标准。建立食品安全国家标准制定、调整、公布工作机制，加强标准跟踪评价，强化标准制定工作与监管执法工作的衔接。（国家卫生计生委、农业部、食品药品监管总局、质检总局等负责）实施加快完善我国农药残留标准体系的工作方案（2015—2020年），新制定农药残留标准1 000项、兽药残留标准100项、农业行业标准300项。（农业部、国家卫生计生委会同食品药品监管总局负责）组织实施国家食品安全风险监测计划。（国家卫生计生委负责）

三、加大食用农产品源头治理力度

采取完善标准、制定行为规范、建立追溯体系、加强市场抽检等措施，实行严格的农业投入品使用管理制度，开展禁限用农药、"三鱼两药"（鳜鱼、大菱鲆和乌鳢非法使用孔雀石绿、硝基呋喃）、兽用抗菌药、"瘦肉精"专项整治行动和畜禽水产品违规使用抗生素综合治理，着力解决农药兽药残留问题。落实食用农产品种植、畜禽水产养殖等环节管理制度，规范生产经营行为。严肃查处非法添加违禁药品、病死畜禽收购屠宰、农资制假售假等违法违规行为。建立重点风险隐患监管名录，加大巡查检查和监督抽查力度，实施检打联动。以食用农产品优势区域和"菜篮子"产品为重点，加强"三园两场"（蔬菜、水果、茶叶标准园和畜禽养殖标准示范场、水产健康养殖场）建设，推进农业标准化生产。大力发展无公害食用农产品、绿色食品、有机食品、地理标志食用农产品等安全优质品牌食用农产品。（农业部负责）加强产地环境保护和源头治理。加大大气、水、土壤污染治理力度，降低污染物排放对食品安全的影响。（环境保护部、农业部会同各省级人民政府负责）落实国务院关于加强粮食重金属污染治理的各项措施。（国务院食品安全办、国家发展改革委、科技部、财政部、国土资源部、环境保护部、农业部、食品药品监管总局、国家粮食局会同相关省级人民政府负责）加大对境外源头食品质量安全监督检查力度，继续推动出口食品农产品质量安全示范区建设。（质检总局负责）健全食用农产品和食品冷链物流建设和运行标准，提高冷链物流水平。（国家发展改革委、农业部、商务部、质检总局、食品药品监管总局负责）

四、强化风险防控措施

开展行政审批、抽检监测、监督检查事权划分研究，健全事权明晰、权责匹配的监管体系。研究建立风险等级评价体系，制定食品生产经营风险分级管理办法，推动实施分级监管。（食品药品监管总局负责）统筹食品、食用农产品质量安全抽检计划，国家和地方、部门和部门之间合理分工、全面覆盖，将日常消费食品中农药兽药残留、添加剂、重金属污染的监督抽检责任落到实处。（国务院食品安全办会同农业部、食品药品监管总局负责）完善食品安全风险会商和预警交流机制，整合食品安全风险监测、监督抽检和食用农产品风险监测、监督抽检数据，加大分析研判力度，提高数据利用效率。加强应急工作，健全突发事件信息直报和舆情监测网络体系，拓展风险交流渠道和形式。（国务院食品安全办会同农业部、国家卫生计生委、质检总局、食品药品监管总局、国家粮食局负责）加强食用农产品质量和食品安全风险评估工作。（农业部、国家卫生计生委负责）健全信息公开机制，及时公开行政许可、监督抽检、行政处罚、责任追究等信息。（食品药品监管总局负责）改革进口食品口岸检验监管机制和出口食品监督抽检制度。（质检总局负责）

五、突出重点问题综合整治

制定食品安全风险隐患、突出问题和监管措施清单。规范婴幼儿配方乳粉产品配方、特殊医学用途配方食品、保健食品的注册管理。继续加强对婴幼儿配方乳粉和婴幼儿辅助食品、乳制品、肉制品、白酒、调味面制品、食用植物油、食品添加剂等重点产品的监管。（食品药品监管总局负责）着力整治非法添加和超范围超限量使用食品添加剂等突出问题。开展进口食用植物油、养殖水产品、肉类、酒类等重点产品专项检查，对进口婴幼儿配方乳粉质量安全开展全面检查。（质检总局、食品药品监管总局负责）妥善做好污染粮食收购处置工作，防止流入口粮市场。（国家粮食局、国家发展改革委、财政部、农业部会同相关省级人民政府负责）加强农村食品安全治理，规范农村集体聚餐管理，开展学校食堂和校园周边食品安全整治，开展旅游景区、铁路运营场所等就餐重点区域联合督查。（食品药品监管总局会同教育部、国家旅游局、中国铁路总公司等负责）规范食用农产品批发市场经营和互联网食品经营。（食品药品监管总局负责）

六、严格落实生产经营主体责任

强化食品生产经营主体责任意识，督促企业严格落实培训考核、风险自查、产品召回、全过程记录、应急处置等管理制度，加强覆盖生产经营全过程的食品安全管控措施。实施食品进口商对境外企业审核制度，严格实施进口食品境外生产企业注册。开展食品相关认证专项监督检查。继续推进餐饮服务单位“明厨亮灶”和分级管理。推动建立企业责任约谈常态化机制。（食品药品监管总局、质检总局等负责）督促和指导企业依法建立肉类、蔬菜、婴幼儿配方乳粉、白酒、食用植物油等重点产品追溯体系。（工业和信息化部、农业部、商务部、质检总局、食品药品监管总局等负责）加强食品安全信用体系建设，开展食品安全承诺行动，完善食品安全守信激励和失信惩戒机制。（国家发展改革委、工业和信息化部、工商总局、质检总局、食品药品监管总局等负责）推广食品安全责任保险制度，鼓励食品生产经营企业参加食品安全责任保险。（国务院食品安全办、食品药品监管总局、保监会负责）

七、保持严惩重处违法犯罪高压态势

以查处走私冻品、利用餐厨和屠宰加工废弃物加工食用油、互联网食品安全违法犯罪等案件为重点，强化部门间、区域间案件移送、督办查办、联合惩处、信息发布等沟通协作。加强对违法线索、案件信息的系统分析，及时总结共性问题，依法严打行业“潜规则”。继续严厉打击非法添加、制假售假、违法使用禁限用农药兽药等严重违法行为，加大重点案件公开曝光力度。（中央政法委、工业和信息化部、公安部、农业部、海关总署、工商总局、质检总局、食品药品监管总局等负责）

八、加强食品安全监管能力建设

编制国家食品安全“十三五”规划，加大政策支持，强化保障措施。研究编制国家食品安全中长期战略规划，提出发展目标、重大任务、综合保障措施，明确实施步骤。（国务院食品安全办会同国务院食品安全委员会各成员单位负责）加强食用农产品质量安全、食品安全监管执法能力建设。继续加强食用农产品、食品安全检（监）测能力建设，支持检验检测仪器设备购置和实验室改造，强化基层检验检测能力。落实《国务院办公厅关于加快推进重要产品追溯体系建设的意见》（国办发［2015］95号），推进重大信息化项目建设，加快国家食品安全监管信息化工程立项和平台建设，推进食用农产品质量安全追溯管理信息平台建设，统一标准，互联互通，尽快实现食品安全信息互联共享。（国家发展改革委、工业和信息化部、农业部、商务部、国家卫生计生委、工商总局、质检总局、食品药品监管总局、国家粮食局负责）出台乡镇农产品质量安全监管站建设管理规范，探索建立乡镇监管员持证上岗制度。（农业部负责）加大风险监测和监管执法、技术人员培训力度，加强食品安全风险监测能力建设和食品监管基层执法装备配备标准化建设，提高装备配备水平，确保基层风险监测和监管有职责、有岗位、有人员、有手段。（国家发展改革委、财政部、国家卫生计生委、食品药品监管总局会同各省级人民政府负责）规范基层监管执法行为，推动基层监管网格化、现场检查表格化、监管责任人公开化，强化基层监管部门对种养殖、生产、加工、销售、餐饮企业的现场检查能力。（农业部、食品药品监管总局负责）推动内陆地区进口食品指定口岸建设，建立进出口食品安全监管大数据平台。（质检总局负责）

九、落实食品安全责任制

强化食品安全责任制，制定食品安全工作评议考核办法，进一步加大食品安全督查考评力度，将食用农产品质量和食品安全工作全面纳入地方政府绩效考核、社会管理综合治理考核范围，考核结果作为综合考核评价领导班子和相关领导干部的重要依据。督促地方政府建立健全食用农产品产地准出与市场准入管理无缝衔接机制，制定对食品生产经营小作坊、小摊贩、小餐饮的管理办法。督促监管部门切实落实日常检查和监督抽检责任。督促地方政府对本级食品药品监督管理部门和其他有关部门的食品安全监督管理工作进行评议、考核。（国务院食品安全办、中央政法委、农业部、食品药品监管总局会同各省级人民政府负责）深入推进食品安全城市、农产品质量安全县创建试点工作，及时总结推广试点经验。（国务院食品安全办、农业部、食品药品监管总局会同相关省级人民政府负责）编制并实施负面清单、权力清单和责任清单。健全各级食品安全责任制，制定食品安全责任追究制度。严格食品安全责任追究，严肃追究失职渎职人员责任。（食品药品监管总局、监察部负责）

十、推动食品安全社会共治

加强投诉举报体系能力建设，畅通投诉举报渠道。举办“全国食品安全宣传周”活动。鼓励广播电视、报纸杂志、门户网站等开通食品安全专栏，运用微信、微博、移动客户端等新媒体手段加大食品安全公益、科普宣传力度。（国务院食品安全委员会各成员单位、各省级人民政府负责）科学发布食品安全风险警示或消费提示，切实保护消费者权益。（工商总局、质检总局、食品药品监管总局负责）推动食品行业协会加强行业自律，引导和督促食品生产经营者严格依法生产经营，宣传普及食品安全知识。（工业和信息化部、商务部、食品药品监管总局负责）推动婴幼儿配方乳粉企业兼并重组。（工业和信息化部会同国家发展改革委、财政部、食品药品监管总局负责）组织食品安全关键技术研究，建立食品安全共享数据库，促进“互联网＋”食品安全检验检测新业态发展。实施食品安全创新工程，开展技术创新引导示范。（科技部负责）将食品安全教育纳入中小学相关课程。（教育部负责）广泛动员社会力量参与食品安全监督，充分发挥基层食品安全信息员、联络员队伍作用，各级工会、共青团、妇联要把食品安全监督作为志愿服务工作的一项内容。（国务院食品安全办、食品药品监管总局、全国总工会、共青团中央、全国妇联负责）

十一、完善统一权威的监管体制

加快完善统一权威的食品安全监管体制和制度，增强食品安全监管工作的专业性和系统性。研究制定关于完善统一权威食品药品监管体制的意见。（国务院食品安全办、食品药品监管总局、中央编办等负责）建立职业化检查员队伍，充实检查力量。（食品药品监管总局会同中央编办、人力资源社会保障部负责）研究与食品安全监管工作特点相适应的技术职务体系。（人力资源社会保障部、食品药品监管总局负责）实施以现场检查为主的监管方式，推动监管力量下沉。（食品药品监管总局负责）发挥好各级食品安全办牵头抓总、协调督促作用，加强信息通报、宣传教育、隐患排查、打击违法犯罪等方面的协调联动。明确食品安全委员会成员单位职责分工，健全形势会商、风险交流、应急处置、协调联动等工作机制。（国务院食品安全办负责）

婴幼儿配方乳粉产品配方注册管理办法

（国家食品药品监管总局令　第26号　2016年6月6日）

第一章　总　　则

第一条　为严格婴幼儿配方乳粉产品配方注册管理，保证婴幼儿配方乳粉质量安全，根据《中华人民共和国食品安全法》等法律法规，制定本办法。

第二条　在中华人民共和国境内生产销售和进口的婴幼儿配方乳粉产品配方注册管理，适用本办法。

第三条　婴幼儿配方乳粉产品配方注册，是指国家食品药品监督管理总局依据本办法规定的程序和要求，对申请注册的婴幼儿配方乳粉产品配方进行审评，并决定是否准予注册的活动。

第四条　婴幼儿配方乳粉产品配方注册管理，应当遵循科学、严格、公开、公平、公正的原则。

第五条　国家食品药品监督管理总局负责婴幼儿配方乳粉产品配方注册管理工作。国家食品药品监督管理总局行政受理机构（以下简称受理机构）负责婴幼儿配方乳粉产品配方注册申请的受理工作。国家食品药品监督管理总局食品审评机构（以下简称审评机构）负责婴幼儿配方乳粉产品配方注册申请的审评工作。国家食品药品监督管理总局审核查验机构（以下简称核查机构）负责婴幼儿配方乳粉产品配方注册的现场核查工作。省、自治区、直辖市食品药品监督管理部门负责配合国家食品药品监督管理总局开展本行政区域婴幼儿配方乳粉产品配方注册的现场核查等工作。

第六条　申请人应当对提交材料的真实性、完整性、合法性负责，并承担法律责任。申请人应当协助食品药品监督管理部门开展与注册相关的现场核查、抽样检验等工作。

第二章 申请与注册

第七条 申请人应当为拟在中华人民共和国境内生产并销售婴幼儿配方乳粉的生产企业或者拟向中华人民共和国出口婴幼儿配方乳粉的境外生产企业。申请人应当具备与所生产婴幼儿配方乳粉相适应的研发能力、生产能力、检验能力，符合粉状婴幼儿配方食品良好生产规范要求，实施危害分析与关键控制点体系，对出厂产品按照有关法律法规和婴幼儿配方乳粉食品安全国家标准规定的项目实施逐批检验。

第八条 申请注册产品配方应当符合有关法律法规和食品安全国家标准的要求，并提供证明产品配方科学性、安全性的研发与论证报告和充足依据。申请婴幼儿配方乳粉产品配方注册，应当向国家食品药品监督管理总局提交下列材料：

（一）婴幼儿配方乳粉产品配方注册申请书；

（二）申请人主体资质证明文件；

（三）原辅料的质量安全标准；

（四）产品配方研发报告；

（五）生产工艺说明；

（六）产品检验报告；

（七）研发能力、生产能力、检验能力的证明材料；

（八）其他表明配方科学性、安全性的材料。

第九条 同一企业申请注册两个以上同年龄段产品配方时，产品配方之间应当有明显差异，并经科学证实。每个企业原则上不得超过3个配方系列9种产品配方，每个配方系列包括婴儿配方乳粉（0～6月龄，1段）、较大婴儿配方乳粉（6～12月龄，2段）、幼儿配方乳粉（12～36月龄，3段）。

第十条 同一集团公司已经获得婴幼儿配方乳粉产品配方注册及生产许可的全资子公司可以使用集团公司内另一全资子公司已经注册的婴幼儿配方乳粉产品配方。组织生产前，集团公司应当向国家食品药品监督管理总局提交书面报告。

第十一条 受理机构对申请人提出的婴幼儿配方乳粉产品配方注册申请，应当根据下列情况分别作出处理：

（一）申请事项依法不需要进行注册的，应当即时告知申请人不受理；

（二）申请事项依法不属于国家食品药品监督管理总局职权范围的，应当即时作出不予受理的决定，并告知申请人向有关行政机关申请；

（三）申请材料存在可以当场更正的错误的，应当允许申请人当场更正；

（四）申请材料不齐全或者不符合法定形式的，应当当场或者在5个工作日内一次告知申请人需要补正的全部内容；逾期不告知的，自收到申请材料之日起即为受理；

（五）申请材料齐全、符合法定形式，或者申请人按照要求提交全部补正申请材料的，应当受理注册申请。受理机构受理或者不予受理注册申请，应当出具加盖国家食品药品监督管理总局行政许可受理专用章和注明日期的书面凭证。

第十二条 受理机构应当在受理后3个工作日内将申请材料送交审评机构。

第十三条 审评机构应当对申请材料以及产品配方声称与产品配方注册内容的一致性进行审查，并根据实际需要通知核查机构对申请人开展现场核查，组织检验机构开展抽样检验，组织专家对专业问题进行论证，自收到受理材料之日起60个工作日内完成审评工作。特殊情况下需要延长审评时间的，经审评机构负责人同意，可以延长30个工作日，延长决定应当书面告知申请人。

第十四条 核查机构应当自接到审评机构通知之日起20个工作日内完成对申请人研发能力、生产能力、检验能力等情况的现场核查，出具现场核查报告。核查机构应当通知申请人所在地省级食品药品监督管理部门参与现场核查，省级食品药品监督管理部门应当派员参与。

第十五条 审评机构应当委托具有法定资质的食品检验机构开展抽样检验。检验机构应当自接受委托之日起30个工作日内完成抽样检验工作，出具产品检验报告。

第十六条 对境外生产企业现场核查、抽样检验的工作时限，根据实际情况确定。

第十七条 审评机构应当根据申请人申请材料、现场核查报告、产品检验报告开展审评，并作出审评结论。

第十八条 审评机构作出不予注册审评结论的，应当向申请人发出拟不予注册的书面通知。申请人对通知有异议的，应当自收到通知之日起20个工作日内向审评机构提出书面复审申请并说明复审理由。复审的内容仅限于原申请事项及申请材料。审评机构应当自受理复审申请之日起30个工作日内作出复审决定，并书面通知申请人。

第十九条 审评机构认为需要申请人补正材料的，应当一次性告知需要补正的全部内容。申请人应当在3个月内按照补正通知的要求一次补正材料。补正材料的时间不计算在审评时间内。逾期未补正的，按申请人不再提供补正材料处理。

第二十条 国家食品药品监督管理总局自受理申请之日起20个工作日内根据审评结论作出准予注册或者不予注册的决定。受理机构应当自国家食品药品监督管理总局作出决定之日起10个工作日内向申请人发出婴幼儿配方乳粉产品配方注册证书或者不予注册决定。

第二十一条 现场核查、抽样检验、复审所需时间不计算在技术审评和注册决定的期限内。审评时间不计算在注册决定的期限内。

第二十二条 申请人对国家食品药品监督管理总局作出不予注册决定有异议的，可以向国家食品药品监督管理总局提出书面行政复议申请或者向人民法院提起行政诉讼。

第二十三条 婴幼儿配方乳粉产品配方注册证书及附件应当载明下列事项：

（一）产品名称；

（二）企业名称、法定代表人、生产地址；

（三）注册号、批准日期及有效期；

（四）生产工艺；

（五）产品配方。

婴幼儿配方乳粉产品配方注册号格式为：国食注字YP+4位年代号+4位顺序号，其中YP代表婴幼儿配方乳粉产品配方。婴幼儿配方乳粉产品配方注册证书有效期为5年。

第二十四条 婴幼儿配方乳粉产品配方注册有效期内，婴幼儿配方乳粉产品配方注册证书遗失或者损毁的，申请人应当向受理机构提出书面申请并说明理由。因遗失申请补发的，应当在省、自治区、直辖市食品药品监督管理部门网站上发布遗失声明；因损坏申请补发的，应当交回婴幼儿配方乳粉产品配方注册证书原件。国家食品药品监督管理总局自受理之日起20个工作日内予以补发。补发的婴幼儿配方乳粉产品配方注册证书应当标注原批准日期，并注明“补发”字样。

第二十五条 婴幼儿配方乳粉产品配方注册证书有效期内，需要变更注册证书及其附件载明事项的，申请人应当向国家食品药品监督管理总局提出变更注册申请，并提交下列材料：

（一）婴幼儿配方乳粉产品配方变更注册申请书；

（二）婴幼儿配方乳粉产品配方注册证书及附件；

（三）与变更事项有关的证明材料。

第二十六条 申请人申请产品配方变更等可能影响产品配方科学性、安全性的，审评机构应当根据实际需要按照本办法第十三条的规定组织开展审评，并作出审评结论。申请人申请企业名称变更、生产地址名称变更等不影响产品配方科学性、安全性的，审评机构应当进行核实，并自受理机构受理之日起10个工作日内作出结论。申请人名称变更的，应当由变更后的申请人申请变更。国家食品药品监督管理总局自接到审评结论之日起10个工作日内根据审评结论作出准予变更或者不予变更的决定。对符合条件的，依法办理变更手续，注册证书发证日期以变更批准日期为准，原注册号不变，证书有效期保持不变；不予变更注册的，作出不予变更注册决定。

第二十七条 婴幼儿配方乳粉产品配方注册证书有效期届满需要延续的，申请人应当在注册证书有效期届满6个月前向国家食品药品监督管理总局提出延续注册申请，并提交下列材料：

（一）婴幼儿配方乳粉产品配方延续注册申请书；

（二）申请人主体资质证明文件；

（三）企业研发能力、生产能力、检验能力情况；

（四）企业生产质量管理体系自查报告；

（五）产品营养、安全方面的跟踪评价情况；

（六）生产企业所在地省、自治区、直辖市食品药品监督管理部门延续注册意见书；

（七）婴幼儿配方乳粉产品配方注册证书及附件。

审评机构应当根据实际需要对延续注册申请按照本办法第十三条组织开展审评，并作出审评结论。国家食品药品监督管理总局自受理申请之日起20个工作日内作出准予延续注册或者不予延续注册的决定。准予延续注册的，向申请人换发注册证书，原注册号不变，证书有效期自批准之日起重新计算；不予延续注册的，应当作出不予延续注册决定。逾期未作决定的，视为准予延续。

第二十八条 有下列情形之一的，不予延续注册：

（一）未在规定时限内提出延续注册申请的；

（二）申请人在产品配方注册后5年内未按照注册配方组织生产的；

（三）企业未能保持注册时研发能力、生产能力、检验能力的；

（四）其他不符合有关规定的情形。

第二十九条 婴幼儿配方乳粉产品配方变更注册与延续注册的程序未作规定的，适用本办法有关婴幼儿乳粉产品配方注册的相关规定。

第三章 标签与说明书

第三十条 申请人申请婴幼儿配方乳粉产品配方注册的，应当提交标签和说明书样稿及标签、说明书中声称的说明、证明材料。标签和说明书涉及婴幼儿配方乳粉产品配方的，应当与获得注册的产品配方的内容一致，并标注注册号。

第三十一条 产品名称中有动物性来源的，应当根据产品配方在配料表中如实标明使用的生乳、乳粉、乳清（蛋白）粉等乳制品原料的动物性来源。使用的乳制品原料有两种以上动物性来源时，应当标明各种动物性来源原料所占比例。配料表应当将食用植物油具体的品种名称按照加入量的递减顺序标注。营养成分表应当按照婴幼儿配方乳粉食品安全国家标准规定的营养素顺序列出，并按照能量、蛋白质、脂肪、碳水化合物、维生素、矿物质、可选择性成分等类别分类列出。

第三十二条 声称生乳、原料乳粉等原料来源的，应当如实标明具体来源地或者来源国，不得使用"进口奶源"、"源自国外牧场"、"生态牧场"、"进口原料"等模糊信息。

第三十三条 声称应当注明婴幼儿配方乳粉适用月龄，可以同时使用"1 段、2 段、3 段"的方式标注。

第三十四条 标签和说明书不得含有下列内容：

（一）涉及疾病预防、治疗功能；

（二）明示或者暗示具有保健作用；

（三）明示或者暗示具有益智、增加抵抗力或者免疫力、保护肠道等功能性表述；

（四）对于按照食品安全标准不应当在产品配方中含有或者使用的物质，以"不添加""不含有""零添加"等字样强调未使用或者不含有；

（五）虚假、夸大、违反科学原则或者绝对化的内容；

（六）与产品配方注册的内容不一致的声称。

第四章 监督管理

第三十五条 承担婴幼儿配方乳粉产品配方注册技术审评、现场核查、抽样检验、专家论证的机构和人员应当对出具的审评结论、现场核查报告、产品检验报告、专家意见等负责。婴幼儿配方乳粉产品配方注册技术审评、现场核查、抽样检验、专家论证的机构和人员应当依照有关法律、法规、规章的规定，恪守职业道德，按照食品安全国家标准、技术规范等对婴幼儿配方乳粉产品配方进行技术审评、现场核查和抽样检验，保证相关工作科学、客观和公正。

第三十六条 食品药品监督管理部门接到有关单位或者个人举报的婴幼儿配方乳粉产品配方注册受理、技术审评、现场核查、抽样检验、专家论证、审批等工作中的违法违规行为，应当及时核实处理。

第三十七条 国家食品药品监督管理总局自批准之日起 20 个工作日内公布婴幼儿配方乳粉产品配方注册目录信息。

第三十八条 参与婴幼儿配方乳粉注册申请受理、技术审评、现场核查、抽样检验、专家论证等工作的机构和人员，应当保守在注册中知悉的商业秘密。申请人应当按照国家有关规定对申请材料中的商业秘密进行标注并注明依据。

第三十九条 申请人拒绝现场核查或者抽样检验的，国家食品药品监督管理总局不批准其产品配方注册申请。

第四十条 有下列情形之一的，国家食品药品监督管理总局依据职权或者根据利害关系人的请求，可以撤销婴幼儿配方乳粉产品配方注册：

（一）工作人员滥用职权、玩忽职守作出准予注册决定的；

（二）超越法定职权作出准予注册决定的；

（三）违反法定程序作出准予注册决定的；

（四）对不具备申请资格或者不符合法定条件的申请人准予注册的；

（五）依法可以撤销注册的其他情形。

第四十一条 有下列情形之一的，由国家食品药品监督管理总局注销婴幼儿配方乳粉产品配方注册：

（一）企业申请注销的；

（二）企业依法终止的；

（三）注册证书有效期届满未延续的；

（四）注册依法被撤销、撤回，或者注册证书依法被吊销的；

（五）法律法规规定应当注销的其他情形。

第五章 法律责任

第四十二条 食品安全法等法律法规对婴幼儿配方乳粉产品配方注册违法行为已有规定的，从其规定。

第四十三条 申请人隐瞒有关情况或者提供虚假材料、样品申请婴幼儿配方乳粉产品配方注册的，国家食品药品监督管理总局不予受理或者不予注册，对申请人给予警告，并向社会公告。申请人在 1 年内不得再次申请婴幼儿配方乳粉产品配方注册；涉嫌犯罪的，依法移送公安机关，追究刑事责任。申请人以欺骗、贿赂等不正当手段，或者隐瞒真实情况、提交虚假材料等方式取得婴幼儿配方乳粉产品配方注册证书的，国家食品药品监督管理总局依法予以撤销，处 1 万元以上 3 万元以下罚款。被许可人在 3 年内不得再次申请注册；涉嫌犯罪的，依法移送公安机关，追究刑事责任。

第四十四条　申请人变更不影响产品配方科学性、安全性的事项，未依法申请变更的，由县级以上食品药品监督管理部门责令改正，给予警告；拒不改正的，处1万元以上3万元以下罚款。申请人变更可能影响产品配方科学性、安全性的事项，未依法申请变更的，由县级以上食品药品监督管理部门依照食品安全法第一百二十四条的规定处罚。

第四十五条　伪造、涂改、倒卖、出租、出借、转让婴幼儿配方乳粉产品配方注册证书的，由县级以上食品药品监督管理部门责令改正，给予警告，并处1万元以下罚款；情节严重的，处1万元以上3万元以下罚款；涉嫌犯罪的，依法移送公安机关，追究刑事责任。

第四十六条　婴幼儿配方乳粉生产销售者违反本办法第三十条至第三十四条规定的，由食品药品监督管理部门责令改正，并依法处以1万元以上3万元以下罚款。

第四十七条　食品药品监督管理部门及其工作人员对不符合条件的申请人准予注册，或者超越法定职权准予注册的，依照食品安全法第一百四十四条的规定处理。食品药品监督管理部门及其工作人员在注册审评过程中滥用职权、玩忽职守、徇私舞弊的，依照食品安全法第一百四十五条的规定处理。

第六章　附　　则

第四十八条　本办法所称婴幼儿配方乳粉产品配方，是指生产婴幼儿配方乳粉使用的食品原料、食品添加剂及其使用量，以及产品中营养成分的含量。

第四十九条　本办法自2016年10月1日起施行。

京津冀农产品流通体系创新行动方案

（国家发改委等　发改经贸［2016］1361号　2016年6月27日）

开展京津冀农产品流通体系创新是贯彻落实京津冀协同发展战略的一项重要任务，有利于推动三地农产品产供销一体化，拓展深化区域合作，为京津冀协同发展注入新活力；有利于提高农产品流通效率和服务质量，降低流通成本，减少产后损失，保障市场供应和食品安全；有利于发挥京津大都市消费的引领作用，带动河北等周边地区农业结构调整和农民持续增收，为全国农产品流通体系创新提供示范借鉴。根据《京津冀协同发展2016年工作要点》等有关部署，特制定本行动方案。

一、总体要求

（一）基本思路

按照京津冀协同发展战略总体部署，深入贯彻落实“创新、协调、绿色、开放、共享”发展理念，坚持以消费者为主导，以推进供给侧结构性改革为主线，统筹优化三地资源配置，补齐软硬件设施短板，积极发展流通新业态新模式，促进农产品流通产业提质增效，有效保障农产品供应和质量安全，更好地满足居民日益多样化的消费需求，促进京津冀协同发展。

（二）主要原则

1. *优势互补，协作共赢*　发挥京津冀三地比较优势，结合北京非首都功能疏解和重点领域率先突破，加强农产品流通体系建设的统筹规划和分工协作，推进农产品批发市场等产业功能有序转移和有效承接，促进农产品直采直供、全程冷链等流通新业态新模式健康发展，实现区域农产品产供销良性互动、协同发展。

2. *创新驱动，提质增效*　鼓励支持物联网、大数据、云计算等先进信息技术在农产品流通领域推广应用，促进流通业态创新、模式创新，提高流通效率和服务质量，降低农产品流通成本。

3. *市场主导，政府引导*　发挥市场在资源配置中的决定性作用，强化企业主体地位，发挥好政府在规划布局、资源整合、法律法规、检验检测、标准化建设、品牌创建等方面的规范引导作用，着力增强农产品流通在带动相关产业发展、满足消费需求方面的重要作用。

4. *试点示范，统筹推进*　立足京津冀现有基础，通过试点示范，引导企业开展流通创新，优化资源配置，以点带面、重点突破，统筹推进重要农产品流通设施合理布局和重点项目建设。

（三）行动目标

经过3年左右的努力，基本建立统一开放、分工协作、竞争有序、畅通高效的京津冀农产品流通网络体系，市场布局更加优化，组织化、专业化、标准化程度显著提高，流通效率和服务质量明显提升，流通成本大幅降低，培育壮大一批具有较强竞争力的龙头示范企业，成为全国农产品流通体系创新的先行示范区。

二、主要任务

（一）加强京津冀农产品流通的统筹协调，增强协同发展能力

按照京津冀协同发展要求，结合北京非首都功能疏解和交通、生态、产业三个重点领域率先突破，统筹区域重要农产品流通基础设施布局、功能定位等，畅通农产品流通渠道，加快构建“环京津1小时鲜活农产品物流圈”。北京加快疏解跨区域大宗农产品中转集散功能，突出发挥资本、信息、技术管理的输出与辐射作用，加强城市高效物流配送体系、终端销售模式、农产品电商等创新。天津总结对台冷链物流试点经验，提高全程冷链、生鲜宅配等创新发展能力，发挥港口和自贸试验区等优势，积极打造北方进出口农产品集散中心。河北着力发展一批优质农产品生产基地，加快建设一批农产品加工仓储物流园区，改造升级一批现代化农产品批发市场，扶植引导一批线上线下融合发展、高效物流加工配送、绿色消费优质品牌的现代农产品流通企业，构建面向京津及域内大中城市消费的优质农产品供应链体系。

（二）鼓励支持企业开展流通创新探索，提高农产品流通现代化水平

大力发展农超对接、农批对接、农校对接、农企对接等直采直供模式，鼓励京津大型连锁超市、大中型企事业单位在河北建立生产加工基地，减少流通环节，降低流通成本。鼓励骨干流通企业建立从生产基地到居民餐桌的农产品供应链体系，支持发展“中央大厨房”，引导大中城市农产品流通由供应原料为主向供应成品、半成品为主转变，促进绿色消费、低碳生活。鼓励线上线下融合的流通新业态发展，支持电商平台与线下社区店开展合作。

（三）加快农产品批发市场转型升级，拓展物流配送等服务功能

加大对主要农产品批发市场信息系统和检验检测系统升级改造的支持力度，推广电子结算，探索发展拍卖、中远期等现代交易方式，提高农产品流通的标准化水平。加强农产品批发市场仓储、物流等公共服务设施建设，增强加工、冷链、配送等综合服务能力，鼓励利用互联网、物联网等先进信息技术，拓展线上交易和线下物流终端配送增值服务，培育一批专业化农产品交易物流服务企业。

（四）大力发展全程冷链，保障食品安全和促进消费升级

支持京津冀农产品流通企业改造或建设一批适应现代流通和消费需求的冷冻、冷藏和保鲜仓库等设施，推广应用冷链新技术、新产品，特别是加强“最先1公里”和“最后1公里”的产地预冷、保鲜加工、保鲜运输、销售终端冷藏等能力建设，有效解决冷链“断链”问题。大力培育发展第三方农产品冷链物流企业。加强区域农产品冷链物流、检验检测认证等标准体系建设，落实产地准出检验，探索三地检验结果互认，发挥认证作用，推动采信第三方检验检测认证结果，强化标准执行，建立全程可追溯的食品安全监控系统。

（五）探索建设京津冀农产品公共信息平台，提升流通信息化水平

选取重点品种开展试点，推动农产品质量等级化、包装标准化、标识规范化，夯实农产品流通的信息化、标准化基础。依托骨干农产品流通企业，将农产品生产、加工、包装、仓储、运输、交易、配送等数据信息汇集到京津冀农产品公共信息平台，组织开展数据分析，及时发布市场信息，引导生产流通，优化资源配置，强化协同发展。结合产品质量安全追溯，推动将农产品流通企业、从业人员等信用状况纳入全国信用信息共享平台，通过“信用中国”网站依法公开。

（六）开展农产品流通国际合作，提高流通国际化水平

加强与日韩等国在农产品流通体系建设方面的交流，通过举办行业论坛、组织专业培训、企业交流对接等方式，借鉴先进经验，开展深入合作。利用天津自贸区政策环境和条件，建设一批农产品进口、分销中心和直营中心，积极推进单一窗口建设，进一步促进农产品进出口通关便利。积极支持企业利用中韩自贸协定政策优势，提高出口产品竞争力。

三、组织实施

（一）加强组织协调和统筹指导

在京津冀协同发展领导小组的统一领导下，发展改革委牵头建立司局级层面的京津冀农产品流通体系创新综合协调工作机制，加强统筹布局、创新试点、示范推广等重大问题协调，制定年度创新工作要点，推动京津冀加快农产品流通体系建设区域合作、协同发展。三省市发展改革部门也要牵头建立相应协调工作机制，加强横向联动、有机衔接，形成工作合力，协调解决政策落实、项目推进中遇到的困难和问题，统筹做好本地区农产品流通体系创新工作。

（二）加大投融资、土地等政策支持力度

综合运用中央预算内投资、专项建设基金、现代物流重大工程包等渠道支持京津冀农产品流通体系创新项目建设。引导金融机构加大对农产品流通企业等的信贷支持力度，为项目建设提供便利的融资服务。推动京津冀三地农产品流通企业跨地区兼并重组和投资合作，提高产业集中度，打造龙头企业。继续落实好鲜活农产品运输“绿色通道”政策和支持农产品流通企业发展的用地和相关税收优惠政策，对符合规划要求的农产品流通设施建设项目，加快用地审查报批，保障项目依法依规用地。鼓励和支持保险机构创新针对农产品流通各环节的保险险种和范围，保障企业和农业经营者利益。

（三）充分发挥行业协会、研究机构、骨干企业作用

积极发挥行业协会和研究机构在行业运行监测、标准制订与宣传推广、国际合作、职业培训、行业自律和诚信体系建设等方面的作用，引导行业企业加快技术、管理和服务创新。加快培育大型农产品流通企业集团，鼓励骨干企业制定严于国家标准的企业标准，打造具有较强影响力的农产品优质品牌。

（四）加强宣传和舆论引导

充分利用各类宣传媒体，开展农产品流通体系创新相关政策宣传活动，积极推广先进经验和做法，营造推动农产品流通体系创新发展的良好氛围，形成示范带动效应。

附表：2016 年度创新行动方案工作要点（略）

粮油储存安全责任暂行规定

（国家粮食局　国粮储［2016］136 号　2016 年 6 月 30 日）

第一章　总　　则

第一条　为进一步落实粮油储存安全（以下简称“安全储粮”）责任，全面加强安全储粮管理，确保国家粮食安全，根据《粮食流通管理条例》、《中央储备粮管理条例》和《粮油仓储管理办法》等相关法规规章及粮油储藏相关标准规范，制订本规定。

第二条　本规定所称粮油涵盖国家政策性粮食（包括中央储备粮、国家临时收储粮、最低收购价粮、国家临时储备和临时存储进口粮及国家一次性储备粮，含油，下同）和各级地方储备粮油，以及各类粮油仓储单位自营的商品粮油。本规定所称安全储粮责任，是指粮油仓储单位、政策执行主体、粮食行政管理部门及其工作人员对库存粮油储存安全的职责和义务，以及对发生粮油储存事故后果所承担的责任。其他单位和个人因过失或者过错造成库存粮油受损，依据有关法律法规承担相应责任。

第三条　安全储粮工作必须贯彻“预防为主、综合防治”的方针，坚持“谁储粮、谁负责”，“谁坏粮、谁担责”的原则，建立粮油仓储单位、政策执行主体、粮食行政管理部门职责明晰、分工负责、有机统一的安全储粮责任体系。

第二章　粮油仓储单位的责任

第四条　粮油仓储单位是安全储粮第一责任主体，对本单位安全储粮工作负主体责任，应当认真执行国家和地方关于安全储粮的各项规定、政策和标准，建立健全仓储管理与安全储粮规章制度、隐患台账和应急预案。明确岗位责任分工，任务到岗、责任到人。按照要求检测储藏粮情、排查处置隐患，及时向所在地粮食行政管理部门报送相关情况，并自觉接受监督管理。

第五条　粮油仓储单位法定代表人或者主要负责人是本单位安全储粮第一责任人，对本单位安全储粮工作（含外租仓储粮，下同）全面负责。具体职责如下：

（一）建立健全本单位安全储粮岗位责任制；

（二）组织制定本单位安全储粮规章制度和操作规程；

（三）组织制定并实施本单位安全储粮培训计划；

（四）保证安全储粮设施和设备齐全完好，保证安全储粮必要的资金投入；

（五）督促和检查本单位安全储粮工作，落实经常性储藏粮情监测分析制度，全面准确掌握储粮的安全状况，及时消除储粮安全隐患；

（六）组织制定并实施本单位异常粮情处置方案；

（七）按照《粮油仓储管理办法》的相关规定报告粮油储存事故，并指挥本单位事故处置。

第六条 粮油仓储单位分管仓储工作负责人对本单位安全储粮工作负直接领导责任。具体职责如下：

（一）组织建立健全粮油仓储管理制度，督促和检查各项仓储管理制度的落实；

（二）结合本单位实际情况，组织制订粮油仓储管理具体工作方案，经主要负责人批准后组织实施；

（三）定期组织开展储粮安全检查和储藏粮情分析，研究制订异常情况干预处置措施并组织实施；

（四）督促、协调整治储粮安全隐患；

（五）组织检查粮油出入库质量和管理情况，对出入库粮油的质量和工作的规范性负责；

（六）审批通风、熏蒸等重要仓储作业方案，对通风、熏蒸等作业方案的合理性和用药的安全性负责；

（七）组织制定科学储粮计划和实施方案，积极应用先进适用的粮油储藏技术；

（八）及时向主要负责人报告粮油储存事故，协调促进事故的处置和调查。

第七条 粮油仓储单位的仓储管理机构及其负责人对本单位安全储粮工作负直接管理责任。具体职责如下：

（一）严格执行粮油仓储管理制度，开展经常性储粮安全检查和储藏粮情分析，建立储粮安全隐患台账并跟踪整治；

（二）提出储粮安全隐患处置方案，及时报分管仓储工作负责人审批；

（三）对库存粮油储存的安全性和仓储管理基础工作的规范性负责；

（四）对出入库组织的周密性、各环节工作的合规性、任务完成的实效性负责；

（五）对通风、熏蒸等工作布置及报告单审批的及时性和合理性负责，对通风、熏蒸工作指导和督促的及时性和合理性负责；

（六）对发现的储粮安全隐患和发生的粮油储存事故要及时报告分管仓储工作负责人协调解决，及时处置储粮安全隐患和粮油储存事故，并查明原因；

（七）积极组织保管人员进行或者参加教育培训，努力提高其专业知识和职业技能水平；

（八）提出科学储粮计划和实施方案，积极应用先进适用的粮油储藏技术。

第八条 粮油仓储单位的粮油保管员是所管仓廒（罐）粮油储存安全的直接责任人，负责做好所管仓廒（罐）的粮油保管工作。具体职责如下：

（一）粮油入仓（罐）前，检验责任仓廒（罐）及相关设施设备是否完好、可用；

（二）粮油入仓（罐）时，配合入粮（油）作业及时进行整理，使入仓（罐）粮油达到储存安全的要求；

（三）粮油入仓（罐）后，及时建立粮油保管账，准确填写责任仓廒（罐）的账、卡、簿，并对其完整性、真实性、准确性负责；

（四）粮油储存期间，严格按照要求进行日常检查，密切关注储藏粮情变化，发现储粮安全隐患及时上报、处置，隐患处置方案经批准后配合落实；

（五）每次检查和作业完成后，及时、如实填写“工作日志”；

（六）积极参与储粮技术研究及应用相关活动。

第九条 粮油质量检验结果关系储粮安全状况，粮油仓储单位的质量检验机构和人员应当对粮油入库、储存期间的质量检验结果负责。

第十条 仓储设施、机械设备及电气设备等对储粮安全有直接或者间接影响，粮油仓储单位的相关机构和人员应当对确保仓储设施和机械、电气设备功能完好及日常维护负责。

第十一条 粮油仓储单位应当在本单位的规章制度中细化安全储粮责任，并对内部相关岗位人员履行安全储粮具体工作职责的情况进行考评，形成和落实奖惩激励机制。

第三章 政策执行主体的责任

第十二条 中国储备粮管理总公司对国家政策性粮食储存安全承担主体责任。包括对其直属企业和租赁库点安全储粮工作的直接管理责任，对代储、委托库点存储国家政策性粮食储存安全的监督管理责任。具体职责如下：

（一）认真执行国家关于安全储粮的政策、制度和标准，健全本公司仓储业务管理制度，建立国家政策性粮食的储存安全监测预警机制；

（二）对其直属企业和租赁库点的安全储粮工作进行直接管理；

（三）通过其分支机构或者直属企业依照委托保管合同对代储、委托库点的国家政策性粮食储存安全进行监督管理；

（四）确保承储库点满足安全储粮条件，保证安全储粮必要投入；

（五）及时对直属企业、租赁库点和代储、委托库点提供安全储粮技术指导；

（六）及时处置国家政策性粮食重大储存安全隐患和险情，并按照要求汇总情况向国家粮食行政管理部门报告。

第十三条 受中国储备粮管理总公司委托承担最低收购价和临时收储粮食储存任务的中粮集团有限公司、中国中纺集团公司、中航工业集团公司和黑龙江省农垦总局，对其受委托储存的上述国家政策性粮食储存安全承担直接管理责任。具体职责如下：

（一）认真执行国家关于安全储粮的相关政策、制度和标准及有关仓储业务管理制度；

（二）定期检查所属企业和租赁库点承储的国家政策性粮食，对储藏粮情作出分析研判；

（三）督促所属企业和租赁库点及时排查整治储粮安全隐患，及时向所在地粮食行政管理部门和中国储备粮管理总公司分支机构或者直属企业报告情况；

（四）及时处置重大储粮安全隐患和险情，并向国家粮食行政管理部门和中国储备粮管理总公司报告。

第十四条 地方储备粮油收储政策执行主体对地方储备粮油储存安全承担主体责任。具体职责如下：

（一）严格执行国家和地方相关政策、制度和标准，建立和完善地方储备粮油储存安全监测预警机制；

（二）直接管理直属企业和租赁库点的安全储粮工作；

（三）对代储、委托库点的地方储备粮油储存安全进行监督管理；

（四）确保承储库点满足地方储备粮油安全储存的条件，保证安全储粮必要投入；

（五）及时对直属企业、租赁库点和代储、委托库点提供安全储粮技术指导；

（六）及时处置地方储备粮油重大储存安全隐患和险情，并按照要求汇总情况向本级地方人民政府粮食行政管理部门报告。

第四章 粮食行政管理部门的责任

第十五条 国家粮食局负责全国安全储粮工作的监管督导。主要职责如下：

（一）制定安全储粮的制度、政策和标准并组织实施；

（二）组织储粮安全检查工作；

（三）建立全国储粮安全监测预警机制；

（四）督促和指导地方人民政府粮食行政管理部门、政策执行主体、粮油仓储单位做好安全储粮工作和处置重特大粮油储存事故；

（五）对安全储粮工作提供技术指导。

第十六条 县级以上地方人民政府粮食行政管理部门在本级人民政府领导和上级粮食行政管理部门指导下，按照属地原则对本行政区域的安全储粮工作进行监管督导。主要职责如下：

（一）负责促进安全储粮相关制度、政策和标准的实施；

（二）制定本行政区域的安全储粮具体规定；

（三）组织辖区内除中央储备粮以外的储粮安全检查工作，及时组织处置重特大粮油储存事故；

（四）接受国家粮食局委托对辖区内中央储备粮的储存安全情况进行监督检查；

（五）建立辖区内储粮安全监测预警机制，按照要求向上级粮食行政管理部门报送并及时处置重大粮油储存安全隐患和险情；

（六）对辖区内安全储粮工作提供技术指导。

第十七条 粮食行政管理部门的安全储粮监管督导不得影响被监督单位的正常生产经营活动，政策执行主体和粮油仓储单位应当自觉接受粮食行政管理部门的监管督导。粮油仓储单位认为所在地粮食行政管理部门或者政策执行主体分支机构及其直属企业因监督管理干扰自身正常生产经营活动，甚至谋取不正当利益的，可以向上级粮食行政管理部门或者政策执行主体分支机构及其直属企业的上级机构直至国家粮食局反映情况。

第十八条 任何单位和个人对安全储粮工作中的违法违规行为与储粮安全隐患，均有权向粮食行政管理部门举报。粮食行政管理部门接到举报后，应当依法依规予以核查、处理。

第五章 责任追究

第十九条 县级以上地方人民政府粮食行政管理部门安全储粮工作不作为乱作为、履职不力的，由上级粮食行政管理部门约谈，责令改正，给予通报，计入所在地粮食安全责任制考核结果；根据情节严重程度和失职、渎职行为情况，依纪依规对直接负责的主管人员和其他直接责任人员给予相应的纪律、行政处分。

第二十条 粮食收储政策执行主体对政策性粮食储存安全履行责任不到位，导致发生粮油储存事故的，根据情节严重程度，依纪依规对其及下属的分支机构或者所属企业直接负责的主管人员和相关责任人员给予相应的纪律、行政处分。

第二十一条 粮油仓储单位履行安全储粮责任不到位，导致发生粮油储存事故的，根据情节严重程度，依纪依规对其主要负责人和相关责任人员给予相应的纪律、行政处分。承担政策性粮食储存任务的代储、委托库点发生上述问题的，粮食行政管理部门应当责令其尽快整改、弥补损失；整改不到位的，应当依照相关法律规定取消其相应资格，政策执行主体应当中止其储存任务，调出承储粮食。

第二十二条 粮油仓储单位不具备安全储粮条件，或者违反安全储粮相关政策、制度和标准的，按照《粮油仓储管理办法》的相关规定进行处罚。

第二十三条 发生粮油储存事故和发现储粮安全隐患、险情，应当按照相关规定和要求进行报告。报告单位对报告情况的真实性、完整性和时效性负责，如有瞒报、漏报或者延报，由受报单位责令改正，给予通报；造成严重后果的，依法追究报告单位主要负责人和相关责任人员的责任。

第二十四条 粮油仓储单位发生粮油储存事故，造成政策性粮油损失的，应当查明原因；属于责任事故的，由所在地粮食行政管理部门根据粮食权属和相关规定，责令其按照账面品种、数量及等级在承储任务期内予以补库，或者照价赔偿，并承担相应法律责任。

第二十五条 上述涉及违纪违法案件的，依纪依法移送纪检或者公安、检察机关处理。

第二十六条 粮油仓储单位发生粮油储存事故和受到相关处罚的情况，由所在地粮食行政管理部门计入信用记录。

第二十七条 粮食行政管理部门、政策执行主体和粮油仓储单位对其内部工作人员安全储粮责任的问责、追责，依据国家有关规定及其内部规章制度执行。

第六章 附 则

第二十八条 本规定所称粮油仓储单位，与《粮油仓储管理办法》中的粮油仓储单位一致。

本规定所称政策执行主体，包括中国储备粮管理总公司，受中国储备粮管理总公司委托承担最低收购价和临时收储粮食储存任务的中粮集团有限公司、中国中纺集团公司、中航工业集团公司和黑龙江省农垦总局，以及地方储备粮油收储政策执行主体。本规定所称粮油储存事故的划分标准、报告程序和时间要求，按照《粮油仓储管理办法》相关规定执行。

第二十九条 本规定由国家粮食局负责解释。

第三十条 本规定自 2016 年 7 月 1 日起施行。

国有粮油仓储物流设施保护办法

（国家发改委令 第 40 号 2016 年 6 月 30 日）

第一章 总 则

第一条 为加强国有粮油仓储物流设施保护，保证粮油仓储能力满足保障国家粮食安全的需要，根据《粮食流通管理条例》、《中央储备粮管理条例》和相关法律法规，制定本办法。

第二条 本办法适用于中华人民共和国境内国有独资、国有控股粮油仓储单位的粮油仓储物流设施，混合所有制粮油仓储单位中涉及政府性资金资产投入建设、维修改造的粮油仓储物流设施。其他粮油仓储物流设施的保护参照本办法。本办法所称粮油仓储物流设施包括从事粮油仓储活动所需的经营场地，仓房、油罐等存储设施，专用道路、铁路、码头等物流设施，以及烘干设施、器材库、清理维修车间等附属设施。

第三条 国家粮食行政管理部门负责全国粮油仓储物流设施保护的行业指导和监督管理，根据国家粮食收储供应安全保障需要，制定全国粮油仓储物流设施建设规划，建立健全粮油仓储物流设施淘汰、更新及保护机制，将粮油仓储物流设施保护情况纳入粮食安全省长责任制监督考核体系。

第四条 县级以上地方人民政府粮食行政管理部门负责本行政区域内粮油仓储物流设施保护的行业指导和监督管理，在上级粮食行政管理部门指导和本级人民政府领导下，根据本地区粮食收储供应安全保障需要，细化落实粮油仓储物流设施淘汰、更新及保护措施，会同有关部门组织开展粮油仓储物流设施保护的考核工作。

第五条 任何单位和个人不得侵占、损坏、擅自拆除粮油仓储物流设施，不得擅自改变粮油仓储物流设施用途，不得危害粮油仓储物流设施安全和粮油储存安全。

第二章 保护措施

第六条 粮油仓储单位应当自设立或者开始从事粮油仓储活动之日起30个工作日内，依法将粮油仓储物流设施等情况向所在地粮食行政管理部门备案。粮油仓储物流设施规模、用途发生变化的，也应当及时备案。粮油仓储单位应当建立健全粮油仓储物流设施管理和使用制度，定期检查评估、维护保养，做好记录、建立档案，并按照规定向粮食行政管理部门提供相关情况。

第七条 因重大项目建设或涉及粮食流通格局优化调整，确需拆除、迁移粮油仓储物流设施或改变其用途的，组织拆除、迁移或者改变用途行为的单位应当征得相关粮油仓储单位同意，并事先经设施所在地粮食行政管理部门逐级报告至省级人民政府粮食行政管理部门。粮油仓储单位应当自拆迁、改变用途行为发生之日起30个工作日内向所在地粮食行政管理部门备案。被拆除、迁移粮油仓储物流设施所在地粮食行政管理部门应当按照“功能不降、先建后拆”的原则，负责统筹协调重建，确保辖区内粮油仓储物流设施总量、布局及结构满足粮食安全需要。

第八条 依法对粮油仓储物流设施予以行政征收、征用的，被征收、征用单位应当自征收、征用之日起30个工作日内向粮油仓储物流设施所在地粮食行政管理部门备案。征收后，如对当地粮食收储供应安全保障能力造成影响，征收主体上级人民政府的粮食行政管理部门应当根据粮油仓储物流设施的总量、布局及结构等予以协调重建。征用的，征用主体上级人民政府的粮食行政管理部门应当协调在使用结束后尽快恢复原状及用途，不能恢复的，按照前款规定处理。

第九条 粮油仓储单位出租、出借粮油仓储物流设施，应当与承租方签订合同，明确双方权利、义务，并自签订之日起30个工作日内向粮油仓储物流设施所在地粮食行政管理部门备案。出租、出借不得破坏粮油仓储物流设施的功能，不得危及粮油仓储单位的粮油储存安全。

第十条 粮油仓储物流设施不能满足粮油安全储存或粮食流通需要的，粮油仓储单位应当维修改造或重建；涉及布局和结构调整的，由所在地县级以上地方人民政府粮食行政管理部门统筹协调。粮油仓储物流设施超过设计使用年限且不具有维修改造价值的，粮油仓储单位应当按照有关规定予以报废处置；具有历史文化价值的，所在地粮食行政管理部门应当依法协调修缮保留。

第十一条 在粮油储存区内及临近区域，不得开展可能危及粮油仓储物流设施安全和粮油储存安全的活动，不得在安全距离内设置新的污染源、危险源。

第十二条 粮油仓储物流设施因不可抗力遭受破坏时，粮油仓储单位应当根据需要对其进行修复或重建，所在地粮食行政管理部门应当协调支持。

第十三条 为保持或升级粮油仓储物流设施功能，弥补仓容缺口，进行维修改造或新建扩建，各级人民政府粮食行政管理部门应当协调有关部门给予资金、政策等支持。

第十四条 本办法涉及粮油仓储物流设施备案的具体规定，由省级人民政府粮食行政管理部门制定。备案应创新形式，简化程序，优化服务，积极推进电子化备案。

第三章 监督管理

第十五条 任何公民、法人和其他组织对侵占、损坏、擅自拆除粮油仓储物流设施，擅自改变粮油仓储物流设施用途，危害粮油仓储物流设施安全和粮油储存安全的违法行为，有权向各级人民政府粮食行政管理部门举报。

第十六条 县级以上地方人民政府粮食行政管理部门会同有关部门对侵占、损坏、擅自拆除粮油仓储物流设施，擅自改变粮油仓储物流设施用途，危害粮油仓储物流设施安全和粮油储存安全的违法行为予以依法制止和查处。

第十七条 各级人民政府粮食行政管理部门应当调查和掌握辖区内粮油仓储物流设施的存量及变化情况，按照粮食流通统计制度规定逐级上报，并建立专门档案。

第十八条 粮油仓储单位的有关违法行为及行政处罚信息由查处违法行为、实施行政处罚的粮食行政管理部门建立信用记录，纳入全国信用信息共享平台，并依照有关规定及时公开。

第十九条 对保护粮油仓储物流设施有重大贡献的单位和个人，各级人民政府粮食行政管理部门应当协调予以适当奖励。

第二十条 国家粮食行政管理部门根据有关规定，会同有关部门对各地落实本办法的情况进行监督考核，考核结果作为粮食基础设施建设投资及奖励、补助的依据。对保护粮油仓储物流设施不力、严重危害粮食收储供应安全的地区和单位，国家粮食行政管理部门予以通报批评。

第四章　法律责任

第二十一条　任何公民、法人和其他组织违反本办法规定拆除、迁移粮油仓储物流设施，非法侵占、损坏粮油仓储物流设施或者擅自改变其用途，由粮油仓储物流设施所在地粮食行政管理部门责令其限期改正，并依法予以警告或者罚款；有违法所得的，没收违法所得；造成财产损失的，依法承担民事赔偿责任；构成犯罪的，依法追究刑事责任。

第二十二条　各级人民政府粮食行政管理部门及有关企事业单位工作人员违反本办法规定，滥用职权、营私舞弊或者玩忽职守，造成粮油仓储物流设施损失、损坏，视情节依纪依规予以警告、降级直至开除的行政处分。涉及违法的，移送司法机关处理；构成犯罪的，依法追究刑事责任。

第二十三条　粮油仓储单位违反本办法规定，未及时备案的，由备案管辖的粮食行政管理部门责令限期改正；拒不改正的，依法予以警告或者罚款。粮油仓储单位因自身原因导致粮油仓储物流设施发生重大损失、损坏，应当中止其政策性粮油储存任务。

第五章　附　　则

第二十四条　本办法自2016年8月1日起施行。

第二十五条　本办法所称粮油仓储单位，是指仓容规模500t以上或者罐容规模100t以上，专门从事粮油仓储活动，或者在粮油收购、销售、运输、加工、进出口等经营活动过程中从事粮油仓储活动的法人和其他组织。

网络食品安全违法行为查处办法

（国家食品药品监管总局令　第27号　2016年7月13日）

第一章　总　　则

第一条　为依法查处网络食品安全违法行为，加强网络食品安全监督管理，保证食品安全，根据《中华人民共和国食品安全法》等法律法规，制定本办法。

第二条　在中华人民共和国境内网络食品交易第三方平台提供者以及通过第三方平台或者自建的网站进行交易的食品生产经营者（以下简称入网食品生产经营者）违反食品安全法律、法规、规章或者食品安全标准行为的查处，适用本办法。

第三条　国家食品药品监督管理总局负责监督指导全国网络食品安全违法行为查处工作。县级以上地方食品药品监督管理部门负责本行政区域内网络食品安全违法行为查处工作。

第四条　网络食品交易第三方平台提供者和入网食品生产经营者应当履行法律、法规和规章规定的食品安全义务。网络食品交易第三方平台提供者和入网食品生产经营者应当对网络食品安全信息的真实性负责。

第五条　网络食品交易第三方平台提供者和入网食品生产经营者应当配合食品药品监督管理部门对网络食品安全违法行为的查处，按照食品药品监督管理部门的要求提供网络食品交易相关数据和信息。

第六条　鼓励网络食品交易第三方平台提供者和入网食品生产经营者开展食品安全法律、法规以及食品安全标准和食品安全知识的普及工作。

第七条　任何组织或者个人均可向食品药品监督管理部门举报网络食品安全违法行为。

第二章　网络食品安全义务

第八条　网络食品交易第三方平台提供者应当在通信主管部门批准后30个工作日内，向所在地省级食品药品监督管理部门备案，取得备案号。通过自建网站交易的食品生产经营者应当在通信主管部门批准后30个工作日内，向所在地市、县级食品药品监督管理部门备案，取得备案号。省级和市、县级食品药品监督管理部门应当自完成备案后7个工作日内向社会公开相关备案信息。备案信息包括域名、IP地址、电信业务经营许可证、企业名称、法定代表人或者负责人姓名、备案号等。

第九条 网络食品交易第三方平台提供者和通过自建网站交易的食品生产经营者应当具备数据备份、故障恢复等技术条件，保障网络食品交易数据和资料的可靠性与安全性。

第十条 网络食品交易第三方平台提供者应当建立入网食品生产经营者审查登记、食品安全自查、食品安全违法行为制止及报告、严重违法行为平台服务停止、食品安全投诉举报处理等制度，并在网络平台上公开。

第十一条 网络食品交易第三方平台提供者应当对入网食品生产经营者食品生产经营许可证、入网食品添加剂生产企业生产许可证等材料进行审查，如实记录并及时更新。网络食品交易第三方平台提供者应当对入网食用农产品生产经营者营业执照、入网食品添加剂经营者营业执照以及入网交易食用农产品的个人的身份证号码、住址、联系方式等信息进行登记，如实记录并及时更新。

第十二条 网络食品交易第三方平台提供者应当建立入网食品生产经营者档案，记录入网食品生产经营者的基本情况、食品安全管理人员等信息。

第十三条 网络食品交易第三方平台提供者和通过自建网站交易食品的生产经营者应当记录、保存食品交易信息，保存时间不得少于产品保质期满后 6 个月；没有明确保质期的，保存时间不得少于 2 年。

第十四条 网络食品交易第三方平台提供者应当设置专门的网络食品安全管理机构或者指定专职食品安全管理人员，对平台上的食品经营行为及信息进行检查。网络食品交易第三方平台提供者发现存在食品安全违法行为的，应当及时制止，并向所在地县级食品药品监督管理部门报告。

第十五条 网络食品交易第三方平台提供者发现入网食品生产经营者有下列严重违法行为之一的，应当停止向其提供网络交易平台服务：

（一）入网食品生产经营者因涉嫌食品安全犯罪被立案侦查或者提起公诉的；

（二）入网食品生产经营者因食品安全相关犯罪被人民法院判处刑罚的；

（三）入网食品生产经营者因食品安全违法行为被公安机关拘留或者给予其他治安管理处罚的；

（四）入网食品生产经营者被食品药品监督管理部门依法作出吊销许可证、责令停产停业等处罚的。

第十六条 入网食品生产经营者应当依法取得许可，入网食品生产者应当按照许可的类别范围销售食品，入网食品经营者应当按照许可的经营项目范围从事食品经营。法律、法规规定不需要取得食品生产经营许可的除外。取得食品生产许可的食品生产者，通过网络销售其生产的食品，不需要取得食品经营许可。取得食品经营许可的食品经营者通过网络销售其制作加工的食品，不需要取得食品生产许可。

第十七条 入网食品生产经营者不得从事下列行为：

（一）网上刊载的食品名称、成分或者配料表、产地、保质期、贮存条件，生产者名称、地址等信息与食品标签或者标识不一致；

（二）网上刊载的非保健食品信息明示或者暗示具有保健功能；网上刊载的保健食品的注册证书或者备案凭证等信息与注册或者备案信息不一致；

（三）网上刊载的婴幼儿配方乳粉产品信息明示或者暗示具有益智、增加抵抗力、提高免疫力、保护肠道等功能或者保健作用；

（四）对在贮存、运输、食用等方面有特殊要求的食品，未在网上刊载的食品信息中予以说明和提示；

（五）法律、法规规定禁止从事的其他行为。

第十八条 通过第三方平台进行交易的食品生产经营者应当在其经营活动主页面显著位置公示其食品生产经营许可证。通过自建网站交易的食品生产经营者应当在其网站首页显著位置公示营业执照、食品生产经营许可证。餐饮服务提供者还应当同时公示其餐饮服务食品安全监督量化分级管理信息。相关信息应当画面清晰，容易辨识。

第十九条 入网销售保健食品、特殊医学用途配方食品、婴幼儿配方乳粉的食品生产经营者，除依照本办法第十八条的规定公示相关信息外，还应当依法公示产品注册证书或者备案凭证，持有广告审查批准文号的还应当公示广告审查批准文号，并链接至食品药品监督管理部门网站对应的数据查询页面。保健食品还应当显著标明“本品不能代替药物”。特殊医学用途配方食品中特定全营养配方食品不得进行网络交易。

第二十条 网络交易的食品有保鲜、保温、冷藏或者冷冻等特殊贮存条件要求的，入网食品生产经营者应当采取能够保证食品安全的贮存、运输措施，或者委托具备相应贮存、运输能力的企业贮存、配送。

第三章 网络食品安全违法行为查处管理

第二十一条 对网络食品交易第三方平台提供者食品安全违法行为的查处，由网络食品交易第三方平台提供者所在地县级以上地方食品药品监督管理部门管辖。对网络食品交易第三方平台提供者分支机构的食品安全违法行为的查处，由网络食品交易第三方平台提供者所在地或者分支机构所在地县级以上地方食品药品监督管理部门管辖。对入网食品生产经营者食品安全违法行为的查处，由入网食品生产经营者所在地或者生产经营场所所在地县级以上地方食品药品监督管理部门管辖；对应当取得食品生产经营许可而没有取得许可的违法行为的查处，由入网食品生产经营者所在地、实际生产经营地县级以上地方食品药品监督管理部门管辖。因网络食品交易引发食品安全事故或者其他严重危害后果的，也可以由网络食品安全违法行为发生地或者违法行为结果地的县级以上地方食品药品监督管理部门管辖。

第二十二条 两个以上食品药品监督管理部门都有管辖权的网络食品安全违法案件，由最先立案查处的食品药品监督管理部门管辖。对管辖有争议的，由双方协商解决。协商不成的，报请共同的上一级食品药品监督管理部门指定管辖。

第二十三条 消费者因网络食品安全违法问题进行投诉举报的，由网络食品交易第三方平台提供者所在地、入网食品生产经营者所在地或者生产经营场所所在地等县级以上地方食品药品监督管理部门处理。

第二十四条 县级以上地方食品药品监督管理部门，对网络食品安全违法行为进行调查处理时，可以行使下列职权：

（一）进入当事人网络食品交易场所实施现场检查；

（二）对网络交易的食品进行抽样检验；

（三）询问有关当事人，调查其从事网络食品交易行为的相关情况；

（四）查阅、复制当事人的交易数据、合同、票据、账簿以及其他相关资料；

（五）调取网络交易的技术监测、记录资料；

（六）法律、法规规定可以采取的其他措施。

第二十五条 县级以上食品药品监督管理部门通过网络购买样品进行检验的，应当按照相关规定填写抽样单，记录抽检样品的名称、类别以及数量，购买样品的人员以及付款账户、注册账号、收货地址、联系方式，并留存相关票据。买样人员应当对网络购买样品包装等进行查验，对样品和备份样品分别封样，并采取拍照或者录像等手段记录拆封过程。

第二十六条 检验结果不符合食品安全标准的，食品药品监督管理部门应当按照有关规定及时将检验结果通知被抽样的入网食品生产经营者。入网食品生产经营者应当采取停止生产经营、封存不合格食品等措施，控制食品安全风险。通过网络食品交易第三方平台购买样品的，应当同时将检验结果通知网络食品交易第三方平台提供者。网络食品交易第三方平台提供者应当依法制止不合格食品的销售。入网食品生产经营者联系方式不详的，网络食品交易第三方平台提供者应当协助通知。入网食品生产经营者无法联系的，网络食品交易第三方平台提供者应当停止向其提供网络食品交易平台服务。

第二十七条 网络食品交易第三方平台提供者和入网食品生产经营者有下列情形之一的，县级以上食品药品监督管理部门可以对其法定代表人或者主要负责人进行责任约谈：

（一）发生食品安全问题，可能引发食品安全风险蔓延的；

（二）未及时妥善处理投诉举报的食品安全问题，可能存在食品安全隐患的；

（三）未及时采取有效措施排查、消除食品安全隐患，落实食品安全责任的；

（四）县级以上食品药品监督管理部门认为需要进行责任约谈的其他情形。

责任约谈不影响食品药品监督管理部门依法对其进行行政处理，责任约谈情况及后续处理情况应当向社会公开。被约谈者无正当理由未按照要求落实整改的，县级以上地方食品药品监督管理部门应当增加监督检查频次。

第四章 法律责任

第二十八条 食品安全法等法律法规对网络食品安全违法行为已有规定的，从其规定。

第二十九条 违反本办法第八条规定，网络食品交易第三方平台提供者和通过自建网站交易的食品生产经营者未履行相应备案义务的，由县级以上地方食品药品监督管理部门责令改正，给予警告；拒不改正的，处5 000元以上 3 万元以下罚款。

第三十条 违反本办法第九条规定，网络食品交易第三方平台提供者和通过自建网站交易的食品生产经营者不具备数据备份、故障恢复等技术条件，不能保障网络食品交易数据和资料的可靠性与安全性的，由县级以上地方食品药品监督管理部门责令改正，给予警告；拒不改正的，处 3 万元罚款。

第三十一条 违反本办法第十条规定，网络食品交易第三方平台提供者未按要求建立入网食品生产经营者审查登记、食品安全自查、食品安全违法行为制止及报告、严重违法行为平台服务停止、食品安全投诉举报处理等制度的或者未公开以上制度的，由县级以上地方食品药品监督管理部门责令改正，给予警告；拒不改正的，处5 000元以上3万元以下罚款。

第三十二条　违反本办法第十一条规定，网络食品交易第三方平台提供者未对入网食品生产经营者的相关材料及信息进行审查登记、如实记录并更新的，由县级以上地方食品药品监督管理部门依照食品安全法第一百三十一条的规定处罚。

第三十三条　违反本办法第十二条规定，网络食品交易第三方平台提供者未建立入网食品生产经营者档案、记录入网食品生产经营者相关信息的，由县级以上地方食品药品监督管理部门责令改正，给予警告；拒不改正的，处5 000元以上3万元以下罚款。

第三十四条　违反本办法第十三条规定，网络食品交易第三方平台提供者未按要求记录、保存食品交易信息的，由县级以上地方食品药品监督管理部门责令改正，给予警告；拒不改正的，处5 000元以上3万元以下罚款。

第三十五条　违反本办法第十四条规定，网络食品交易第三方平台提供者未设置专门的网络食品安全管理机构或者指定专职食品安全管理人员对平台上的食品安全经营行为及信息进行检查的，由县级以上地方食品药品监督管理部门责令改正，给予警告；拒不改正的，处5 000元以上3万元以下罚款。

第三十六条　违反本办法第十五条规定，网络食品交易第三方平台提供者发现入网食品生产经营者有严重违法行为未停止提供网络交易平台服务的，由县级以上地方食品药品监督管理部门依照食品安全法第一百三十一条的规定处罚。

第三十七条　网络食品交易第三方平台提供者未履行相关义务，导致发生下列严重后果之一的，由县级以上地方食品药品监督管理部门依照食品安全法第一百三十一条的规定责令停业，并将相关情况移送通信主管部门处理：

（一）致人死亡或者造成严重人身伤害的；

（二）发生较大级别以上食品安全事故的；

（三）发生较为严重的食源性疾病的；

（四）侵犯消费者合法权益，造成严重不良社会影响的；

（五）引发其他的严重后果的。

第三十八条　违反本办法第十六条规定，入网食品生产经营者未依法取得食品生产经营许可的，或者入网食品生产者超过许可的类别范围销售食品、入网食品经营者超过许可的经营项目范围从事食品经营的，依照食品安全法第一百二十二条的规定处罚。

第三十九条　入网食品生产经营者违反本办法第十七条禁止性规定的，由县级以上地方食品药品监督管理部门责令改正，给予警告；拒不改正的，处5 000元以上3万元以下罚款。

第四十条　违反本办法第十八条规定，入网食品生产经营者未按要求进行信息公示的，由县级以上地方食品药品监督管理部门责令改正，给予警告；拒不改正的，处5 000元以上3万元以下罚款。

第四十一条　违反本办法第十九条第一款规定，食品生产经营者未按要求公示特殊食品相关信息的，由县级以上地方食品药品监督管理部门责令改正，给予警告；拒不改正的，处5 000元以上3万元以下罚款。违反本办法第十九条第二款规定，食品生产经营者通过网络销售特定全营养配方食品的，由县级以上地方食品药品监督管理部门处3万元罚款。

第四十二条　违反本办法第二十条规定，入网食品生产经营者未按要求采取保证食品安全的贮存、运输措施，或者委托不具备相应贮存、运输能力的企业从事贮存、配送的，由县级以上地方食品药品监督管理部门依照食品安全法第一百三十二条的规定处罚。

第四十三条　违反本办法规定，网络食品交易第三方平台提供者、入网食品生产经营者提供虚假信息的，由县级以上地方食品药品监督管理部门责令改正，处1万元以上3万元以下罚款。

第四十四条　网络食品交易第三方平台提供者、入网食品生产经营者违反食品安全法规定，构成犯罪的，依法追究刑事责任。

第四十五条　食品药品监督管理部门工作人员不履行职责或者滥用职权、玩忽职守、徇私舞弊的，依法追究行政责任；构成犯罪的，移送司法机关，依法追究刑事责任。

第五章　附　　则

第四十六条　对食品生产加工小作坊、食品摊贩等的网络食品安全违法行为的查处，可以参照本办法执行。

第四十七条　食品药品监督管理部门依法对网络食品安全违法行为进行查处的，应当自行政处罚决定书作出之日起20个工作日内，公开行政处罚决定书。

第四十八条　本办法自2016年10月1日起施行。

畜禽水产品抗生素、禁用化合物及兽药残留超标专项整治行动方案

（国务院食品安全办等　食安办［2016］15号　2016年7月27日）

近年来，畜禽水产中违规使用抗生素、禁用化合物及兽药残留超标问题时有发生，为规范畜禽水产品生产经营行为，有效遏制畜禽水产品中违规使用抗生素、禁用化合物及兽药残留超标问题，促进兽药合理、安全使用，保障畜禽水产品质量安全，切实维护人民群众身体健康，国务院食品安全办、工业和信息化部、农业部、国家卫生计生委、食品药品监管总局决定自2016年8月—2017年12月，在全国范围内集中开展畜禽水产品抗生素、禁用化合物及兽药残留超标专项整治行动。具体方案如下：

一、工作目标

认真贯彻落实《中华人民共和国食品安全法》、《中华人民共和国农产品质量安全法》、《兽药管理条例》等法律法规规定，严厉打击畜禽水产品中违规使用抗生素以及非法使用“瘦肉精”等禁用物质、水产品中非法使用硝基呋喃、孔雀石绿等禁用兽药及化合物、超范围超剂量使用兽药等行为，严厉查处违法违规生产经营单位，整治不规范用药行为，清理违法违规网站，查办违法案件，曝光典型案例，切实解决和消除畜禽水产品领域违规使用抗生素、禁用化合物及兽药残留超标的突出问题和风险隐患，规范兽药使用行为，全面提高畜禽水产品质量安全水平，维护广大人民群众舌尖上的安全。

二、工作内容

地方各级监管部门要结合本地实际，加大风险隐患排查，找准问题根源，突出重点产品、重点区域、重点案件，采取有效措施，集中力量开展畜禽水产品抗生素、禁用化合物及兽药残留超标专项整治行动，保持高压严打态势。

（一）整治规范兽用抗生素生产经营行为，提高兽药质量安全管理水平

以整顿规范兽用化学药品生产经营主体为抓手，摸清兽用抗生素生产经营情况；进一步规范兽用抗生素生产质量管理，严格核查原辅料来源、质量检验等情况，认真核对批准生产的产品与原料药品种对应情况，发现非法添加、标签说明书增加主要成分或夸大适应症、不按规定标注兽用处方药标识等违法违规行为，一律严肃处理；进一步规范兽用抗生素经营管理，严格核查兽用抗生素标签和说明书、抗生素原料药销售记录，发现标签说明书增加主要成分或夸大适应症、把原料药销售给养殖场（小区、户）等兽药使用单位、不按兽用处方药规定销售处方药等违法违规行为，一律严肃处理。严厉打击生产、销售硝基呋喃等禁用兽药的行为，对于孔雀石绿等具有抗生素功能的禁用化合物，要建立实名购买和流向登记制度，实施严格管控。

（二）整治规范兽药使用行为，提高安全用药水平

以整顿规范兽药使用主体为抓手，严格落实兽药安全使用有关规定，强化兽药使用者畜禽水产品质量安全主体责任意识，督促指导兽用抗生素使用单位严格执行安全用药各项制度；实施兽用抗菌药安全使用能力提升工程，编制印发兽用抗菌药安全使用问答，支持各地采取多种宣传培训措施，切实提高基层养殖者用药能力和水平；鼓励和支持有条件的地区推进健康养殖；按照《全国兽药（抗菌药）综合治理五年行动方案》，严格管控抗菌药类药物饲料添加剂；严格实施《饲料质量安全管理规范》，从源头督促饲料生产企业规范使用及产品标识；严厉打击超剂量超范围用药、违规使用原料药、不执行休药期、不按兽用处方药规定使用处方药、滥用抗菌药物等违法行为。在水产品养殖环节开展以“大菱鲆、乌鳢、鳜鱼”（三鱼）和“孔雀石绿、硝基呋喃”（两药）为重点的水产品集中治理，“三鱼”主产区和“两药”违规使用多发区要有针对性地制定“三鱼两药”专项整治行动方案，督促养殖企业（场、户）强化内部质量控制，采取标准化、自检

等质量控制措施，确保养殖水产品的质量安全。加大执法检查和监督抽检力度，严厉打击违法用药行为。

（三）整治利用互联网发布兽药信息及销售兽药的违法行为，提高兽药市场规范水平

以整顿规范利用互联网发布兽药信息、销售兽药主体为抓手，摸清网上销售兽药特别是抗生素的基本情况，调查、收集、整理、汇总假冒兽药企业、发布假兽药信息、无证经营等违法违规形式的网站或第三方交易平台，经核实确认为非法的，依法予以处置；开展形式多样、内容丰富的普法宣传和告知活动，积极引导第三方交易平台、各类兽药企业，依法依规进行网络宣传和经营兽药等活动；探索建立互联网兽药销售监管联动机制，形成长效工作机制，切实净化兽药网络市场环境。严厉打击利用网络销售硝基呋喃等禁用兽药的行为，对网络销售孔雀石绿等具有抗生素功能的禁用化合物，要建立实名购买和流向登记制度，实施严格管控。

（四）整治规范畜禽水产品市场销售行为，提高市场销售的畜禽水产品质量安全水平

以落实集中交易市场开办者管理责任和销售者主体责任为抓手，加强畜禽及水产品市场准入管理。督促市场开办者认真落实畜禽水产品市场准入、信息公示、监督抽检或者快速检测等义务，发现畜禽水产品存在不符合食品安全标准等违法行为的，应当立即要求销售者停止销售，依照法律规定或者与销售者签订的协议进行处理，并向所在地监管部门报告。严格监督销售者切实加强自律，建立并落实进货查验记录等制度，保证畜禽水产品来源可查。严厉打击在销售过程中随意添加使用硝基呋喃、孔雀石绿等禁用兽药及化合物。

（五）整治餐饮服务提供者采购和暂养行为，提高畜禽水产品餐桌质量安全水平

以整顿规范餐饮服务提供者主体为抓手，严格落实餐饮监管有关规定，督促指导餐饮服务提供者制定并实施原料控制要求，落实进货查验制度。加大监督检查力度，严厉打击水产品暂养期间使用禁用兽药及化合物等违法行为。

（六）整治抗生素等兽药残留超标问题，提高畜禽水产品全程监管能力和水平

以畜禽水产品生产运输环节、市场销售及餐饮环节监督抽检为抓手，扩大对畜禽水产品中抗生素等兽药抽样覆盖范围，增加风险隐患品种抽检数量和频率，切实掌握畜禽水产品质量安全状况。健全完善畜禽水产品追溯管理制度，发现兽药残留超标等问题样品，要实施来源追溯和去向追踪，及时将追溯情况通报相关职能部门，依法严肃查处违法行为。按照2016年、2017年国家食品安全风险监测计划，省级卫生计生部门在畜禽水产品抗生素、禁用化合物及兽药残留监测过程中发现隐患，要及时通报相关监管部门。

三、部门分工

国务院食品安全办负责牵头协调相关职能部门开展畜禽水产品抗生素、禁用化合物及兽药残留超标专项整治行动，做好督促指导工作，确保整治行动取得实效。

农业部门负责开展兽用抗菌药生产、经营和使用环节的整治行动；开展水产品养殖环节“三鱼两药”的集中治理；实施养殖环节和屠宰环节畜禽水产品抗菌药残留监测，对阳性样品实施追溯处理，涉及其他环节的，通报相关部门依法查处；打击利用网络违法宣传、销售兽药行为和利用网络发布假劣兽药信息、销售假劣兽药的违法违规行为。

食品药品监管部门负责开展市场经营畜禽水产品质量安全监管，开展水产品市场经营环节的集中治理，加强监督抽检，对兽药超标的畜禽水产品实施追溯，涉及其他环节的，通报相关部门依法查处；监督经营者严格落实进货查验记录制度，查验检疫合格证明和肉品品质检验合格证（农业部门还未出台检疫检验规程，无法出具检疫证明和肉品品质检验合格证的除外）、养殖企业和农民专业合作社出具的水产品合格证明等证明材料，如实记录畜禽水产品的名称、数量、进货日期以及供货者名称、地址、联系方式等内容，并保存相关凭证，避免采购或者销售不符合食品安全标准的畜禽水产品，保证采购的畜禽水产品来源可追溯。

国家卫生计生委负责组织开展畜禽水产品中抗生素、禁用化合物及兽药残留监测和致病菌的耐药监测，对监测结果及时向相关部门通报。

工业和信息化部负责配合国务院食品安全办、农业部、食品药品监管总局等部门对于发布假劣兽药信息、销售假劣兽药的违法违规网站依法进行处置。

四、工作安排

专项整治行动从2016年8月1日开始至2017年12月31日结束，分四个阶段进行：

（一）动员部署阶段（2016年8月至10月）

地方各级食品安全办要会同相关职能部门制定符

合当地实际情况的专项整治行动实施方案，采取多种形式向社会发布启动联合整治行动的信息，要通过电视、报纸等传统媒体，互联网站、微博、微信等新媒体进行广泛宣传，营造良好的社会氛围。

（二）自查自纠阶段（2016 年 11 月至 2017 年 3 月）

地方各级监管部门要全面履行告知义务，将有关要求及时传达至本行政区域的兽药生产经营企业和使用单位，畜禽水产品生产者及集中交易市场、商场、超市、便利店等畜禽水产品销售单位、餐饮服务单位，督促兽用抗生素生产经营使用主体和畜禽屠宰者、畜禽水产品生产经营主体落实法律责任，履行法律义务，规范生产经营行为。

（三）集中整顿阶段（2017 年 4 月至 10 月）

地方各级监管部门要采取联合执法、专项行动等多种形式，开展集中整治活动。要组织力量对兽药生产经营企业、大中型养殖场（小区）、散养集中区域等进行集中监督检查，并结合当地实际情况明确检查重点，实现检查对象全覆盖，问题整改全覆盖，违法行为立案查处全覆盖。要突出人畜共用抗生素药物及禁用化合物、容易滥用兽药的监督抽检；对于网络违法违规行为查处工作，突出职能部门主动监测和社会多方面举报信息核查。要切实加大监督检查和案件查办力度，涉嫌犯罪的坚决移送公安机关，严禁以罚代刑。

（四）检查总结阶段（2017 年 11 月至 12 月）

2017 年 11 月 30 日前，地方各省级食品安全办及各监管部门要认真总结本行政区域内的整治行动工作情况，并报国务院食品安全办和相关对口职能部门，包括整理行动主要措施、取得的成果和好的经验、查处的典型案例等，同时分析存在的主要问题和不足，并提出相关意见建议。国务院食品安全办将组织相关单位对重点省份、重点地区开展监督抽查，对全国专项整治行动工作进行总结，并适时予以通报。

五、工作要求

（一）加强组织领导，强化协作配合

各地要成立畜禽水产品违规使用抗生素、禁用化合物及兽药残留超标专项整治行动领导小组办公室，加强对整治工作的组织、领导和协调。地方各级食品安全办要充分发挥组织协调作用，会同相关部门制定有针对性的工作方案，加强协作配合，针对本行政区域内的畜禽水产品使用抗生素、禁用化合物及兽药残留超标存在的突出问题和关键环节，细化部门工作任务，明确监管责任，提出整治措施和目标任务，协调并督促相关部门组织开展联合执法行动，推动各部门齐抓共管，提升各部门监管合力，层层传导压力，确保各项工作落到实处。

（二）严格监督执法，强化责任落实

地方各级监管部门要严格监督畜禽水产品生产经营者切实加强自律，规范自身行为，自觉履行质量安全责任。要加大抗生素等兽药、禁用化合物的抽检力度，强化抽检结果利用，抽检信息层层及时上传汇总，省级监管部门要汇总每月的抽检信息，梳理分析不合格信息，增强发现问题的靶向性，指导基层加大查处违法使用抗生素、禁用化合物的针对性。对于抽检发现的不合格产品，跟进实施检打联动，追溯问题源头。要加大畜禽水产品违规使用抗生素、禁用化合物违法案件查处力度，对于投诉举报、巡查检查、检验检测中发现的违法违规问题，要依法严肃查处，严厉打击。涉嫌犯罪的，要依法及时移送公安机关。对大要案件要一案一报、挂牌督办、限期办结。对发现的问题产品，一地发现，系统通报，全国清剿。

（三）注重宣传教育，努力营造氛围

地方各级监管部门要重视宣传教育的巨大推动力，为整治行动争取良好的社会舆论氛围。专项行动期间，要及时公布行动部署、行动进展、行动成效，边整治边曝光。要重点宣传违法、失信企业的查处情况，以案说法，震慑违法犯罪分子；要积极解答社会咨询，积极回应社会关切，积极反馈社会诉求，构建兽药社会共治新局面。

（四）加强指导调度，强化督导检查

地方各级监管部门要及时汇总上报有关工作进展情况。在整治期间，每季度第一个月 10 日（节假日顺延）前，将上季度专项行动开展情况向对口职能部门报送整治行动工作信息。第一次上报工作信息时，要重点报送专项行动动员部署情况，包括工作方案、通知等，同时报一名工作联系人及联系电话。地方各级监管部门的上级部门要加强对下一级部门的调度指导，总结经验，树立典型，推进工作，并注意巩固整治成果，健全完善相关监管制度。对存在的问题，及时进行调研，推动问题解决。要采取督导检查、暗查暗访和交叉检查等方式，加强督促检查，及时通报结果。对责任不落实、监管不作为、情况不报告、问题不解决的单位和工作人员，要通报批评并严肃追究责任。

附件：畜禽水产品抗生素、禁用化合物及兽药残留超标专项整治行动统计表（略）

食品生产许可审查通则

（国家食品药品监管总局　食药监［2016］103号　2016年8月9日）

第一章　总　　则

第一条　为加强食品生产许可管理，规范食品生产许可审查工作，依据《中华人民共和国食品安全法》及其实施条例、《食品生产许可管理办法》等有关法律法规、规章和食品安全国家标准，制定本通则。

第二条　本通则适用于食品药品监督管理部门组织对申请人的食品、食品添加剂（以下统称食品）生产许可以及许可变更、延续等的审查工作。食品生产许可审查包括申请材料审查和现场核查。

第三条　本通则应当与相应的食品生产许可审查细则（以下简称审查细则）结合使用。使用地方特色食品生产许可审查细则开展生产许可审查的，应当符合《食品生产许可管理办法》第八条的规定。

第四条　对申请材料的审查，应当以书面申请材料的完整性、规范性、符合性为主要审查内容；对现场的核查，应当以申请材料与实际状况的一致性、合规性为主要审查内容。

第五条　法律法规、规章和标准对食品生产许可审查有特别规定的，还应当遵守其规定。

第二章　材料审查

第六条　申请人应当具备申请食品生产许可的主体资格。申请人应当根据所在地省级食品药品监督管理部门规定的食品生产许可受理权限，向所在地县级以上食品药品监督管理部门提出食品生产许可申请。

第七条　申请材料应当种类齐全、内容完整，符合法定形式和填写要求。申请人应当对申请材料的真实性负责。申请材料的份数由省级食品药品监督管理部门根据监管工作需要确定，确保负责对申请人实施食品安全日常监督管理的食品药品监督管理部门掌握申请人申请许可的情况。申请人委托他人办理食品生产许可申请的，代理人应当提交授权委托书以及代理人的身份证明文件。

第八条　申请人申请食品生产许可的，应当提交食品生产许可申请书、营业执照复印件、食品生产加工场所及其周围环境平面图、食品生产加工场所各功能区间布局平面图、工艺设备布局图、食品生产工艺流程图、食品生产主要设备设施清单、食品安全管理制度目录以及法律法规规定的其他材料。申请保健食品、特殊医学用途配方食品、婴幼儿配方食品的生产许可，还应当提交与所生产食品相适应的生产质量管理体系文件以及相应的产品注册和备案文件。食品添加剂生产许可的申请材料，按照《食品生产许可管理办法》第十六条的规定执行。

第九条　申请变更的，应当提交食品生产许可变更申请书、食品生产许可证（正本、副本）、变更食品生产许可事项有关的材料以及法律法规规定的其他材料。食品生产许可证副本载明的同一食品类别内的事项发生变化的，申请人声明工艺设备布局和工艺流程、主要生产设备设施等事项发生变化的，应当按照本条第一款的规定提交有关材料。申请人声明其他生产条件发生变化，可能影响食品安全的，应当按照本条第一款的规定提交有关材料。保健食品、特殊医学用途配方食品、婴幼儿配方食品的生产企业申请变更的，还应当就申请人变化事项提交与所生产食品相适应的生产质量管理体系文件，以及相应的产品注册和备案文件。

第十条　申请延续的，应当提交食品生产许可延续申请书、食品生产许可证（正本、副本）、申请人生产条件是否发生变化的声明、延续食品生产许可事项有关的材料以及法律法规规定的其他材料。保健食品、特殊医学用途配方食品、婴幼儿配方食品的生产企业申请延续食品生产许可的，还应当就申请人变化事项提供与所生产食品相适应的生产质量管理体系运行情况的自查报告，以及相应的产品注册和备案文件。

第十一条　许可机关或者其委托的技术审查机构（以下统称为审查部门）应当对申请人提交的申请材料的完整性、规范性进行审查。

第十二条　审查部门应当对申请人提交的申请材料的种类、数量、内容、填写方式以及复印材料与原件的符合性等方面进行审查。申请材料均须由申请人的法定代表人或负责人签名，并加盖申请人公章。复印件应当由申请人注明“与原件一致”，并加盖申请人公章。

第十三条 食品生产许可申请书应当使用钢笔、签字笔填写或打印，字迹应当清晰、工整，修改处应当签名并加盖申请人公章。申请书中各项内容填写完整、规范、准确。申请人名称、法定代表人或负责人、社会信用代码或营业执照注册号、住所等填写内容应当与营业执照一致，所申请生产许可的食品类别应当在营业执照载明的经营范围内，且营业执照在有效期限内。申证产品的类别编号、类别名称及品种明细应当按照食品生产许可分类目录填写。申请材料中的食品安全管理制度设置应当完整。

第十四条 申请人应当配备食品安全管理人员及专业技术人员，并定期进行培训和考核。

第十五条 申请人及从事食品生产管理工作的食品安全管理人员应当未受到从业禁止。

第十六条 食品生产加工场所及其周围环境平面图、食品生产加工场所各功能区间布局平面图、工艺设备布局图、食品生产工艺流程图等图表清晰，生产场所、主要设备设施布局合理、工艺流程符合审查细则和所执行标准规定的要求。食品生产加工场所及其周围环境平面图、食品生产加工场所各功能区间布局平面图、工艺设备布局图应当按比例标注。

第十七条 许可机关发现申请人存在隐瞒有关情况或者提供虚假申请材料的，应当及时依法处理。

第十八条 申请材料经审查，按规定不需要现场核查的，应当按规定程序由许可机关作出许可决定。许可机关决定需要现场核查的，应当组织现场核查。

第十九条 下列情形，应当组织现场核查：

（一）申请生产许可的，应当组织现场核查。

（二）申请变更的，申请人声明其生产场所发生变迁，或者现有工艺设备布局和工艺流程、主要生产设备设施、食品类别等事项发生变化的，应当对变化情况组织现场核查；其他生产条件发生变化，可能影响食品安全的，也应当就变化情况组织现场核查。

（三）申请延续的，申请人声明生产条件发生变化，可能影响食品安全的，应当组织对变化情况进行现场核查。

（四）申请变更、延续的，审查部门决定需要对申请材料内容、食品类别、与相关审查细则及执行标准要求相符情况进行核实的，应当组织现场核查。

（五）申请人的生产场所迁出原发证的食品药品监督管理部门管辖范围的，应当重新申请食品生产许可，迁入地许可机关应当依照本通则的规定组织申请材料审查和现场核查。

（六）申请人食品安全信用信息记录载明监督抽检不合格、监督检查不符合、发生过食品安全事故，以及其他保障食品安全方面存在隐患的。

（七）法律、法规和规章规定需要实施现场核查的其他情形。

第三章　现场核查

第二十条 审查部门应当自收到申请材料之日起3个工作日内组成核查组，负责对申请人进行现场核查，并将现场核查决定书面通知申请人及负责对申请人实施食品安全日常监督管理的食品药品监督管理部门。

第二十一条 核查组由符合要求的核查人员组成，不得少于2人。核查组实行组长负责制，组长由审查部门指定。

第二十二条 负责对申请人实施食品安全日常监督管理的食品药品监督管理部门或其派出机构应当派出监管人员作为观察员参加现场核查工作。观察员应当支持、配合并全程观察核查组的现场核查工作，但不作为核查组成员，不参与对申请人生产条件的评分及核查结论的判定。观察员对现场核查程序、过程、结果有异议的，可在现场核查结束后3个工作日内书面向许可机关报告。

第二十三条 核查组应当召开首次会议，由核查组长向申请人介绍核查目的、依据、内容、工作程序、核查人员及工作安排等内容。

第二十四条 核查组实施现场核查时，应当依据《食品、食品添加剂生产许可现场核查评分记录表》中所列核查项目，采取核查现场、查阅文件、核对材料及询问相关人员等方法实施现场核查。必要时，核查组可以对申请人的食品安全管理人员、专业技术人员进行抽查考核。

第二十五条 核查组长应当召集核查人员对各自负责的核查项目的评分意见共同研究，汇总核查情况，形成初步核查意见，并与申请人进行沟通。

第二十六条 核查组对核查情况和申请人的反馈意见进行会商后，应当根据不同食品类别的现场核查情况分别进行评分判定，并汇总评分结果，形成核查结论，填写《食品、食品添加剂生产许可现场核查报告》。

第二十七条 核查组应当召开末次会议，由核查组长宣布核查结论，组织核查人员及申请人在《食品、食品添加剂生产许可现场核查评分记录表》和《食品、食品添加剂生产许可现场核查报告》上签署意见并签名、盖章。申请人拒绝签名、盖章的，核查人员应当在《食品、食品添加剂生产许可现场核查报告》上注明情况。观察员应当在《食品、食品添加剂生产许可现场核查报告》上签字确认。

第二十八条 参加首、末次会议人员应当包括申请人的法定代表人（负责人）或其代理人、相关食品安全管理人员、专业技术人员、核查组成员及观察员。参加首、末次会议人员应当在《现场核查首末次会议签到表》上签到。代理人应当提交授权委托书和代理人的身份证明文件。

第二十九条 现场核查范围主要包括生产场所、设备设施、设备布局和工艺流程、人员管理、管理制度及其执行情况，以及按规定需要查验试制产品检验合格报告。

第三十条 在生产场所方面，核查申请人提交的材料是否与现场一致，其生产场所周边和厂区环境、布局和各功能区划分、厂房及生产车间相关材质等是否符合有关规定和要求。申请人在生产场所外建立或者租用外设仓库的，应当承诺符合《食品、食品添加剂生产许可现场核查评分记录表》中关于库房的要求，并提供相关影像资料。必要时，核查组可以对外设仓库实施现场核查。

第三十一条 在设备设施方面，核查申请人提交的生产设备设施清单是否与现场一致，生产设备设施材质、性能等是否符合规定并满足生产需要；申请人自行对原辅料及出厂产品进行检验的，是否具备审查细则规定的检验设备设施，性能和精度是否满足检验需要。

第三十二条 在设备布局和工艺流程方面，核查申请人提交的设备布局图和工艺流程图是否与现场一致，设备布局、工艺流程是否符合规定要求，并能防止交叉污染。实施复配食品添加剂现场核查时，核查组应当依据有关规定，根据复配食品添加剂品种特点，核查复配食品添加剂配方组成、有害物质及致病菌是否符合食品安全国家标准。

第三十三条 在人员管理方面，核查申请人是否配备申请材料所列明的食品安全管理人员及专业技术人员；是否建立生产相关岗位的培训及从业人员健康管理制度；从事接触直接入口食品工作的食品生产人员是否取得健康证明。

第三十四条 在管理制度方面，核查申请人的进货查验记录、生产过程控制、出厂检验记录、食品安全自查、不安全食品召回、不合格品管理、食品安全事故处置及审查细则规定的其他保证食品安全的管理制度是否齐全，内容是否符合法律法规等相关规定。

第三十五条 在试制产品检验合格报告方面，现场核查时，核查组可以根据食品生产工艺流程等要求，按申请人生产食品所执行的食品安全标准和产品标准核查试制食品检验合格报告。实施食品添加剂生产许可现场核查时，可以根据食品添加剂品种，按申请人生产食品添加剂所执行的食品安全标准核查试制食品添加剂检验合格报告。试制产品检验合格报告可以由申请人自行检验，或者委托有资质的食品检验机构出具。试制产品检验报告的具体要求按审查细则的有关规定执行。

第三十六条 审查细则对现场核查相关内容进行细化或者有补充要求的，应当一并核查，并在《食品、食品添加剂生产许可现场核查评分记录表》中记录。

第三十七条 申请变更及延续的，申请人声明其生产条件发生变化的，审查部门应当依照本通则的规定就申请人声明的生产条件变化情况组织现场核查。经注册或备案的保健食品、特殊医学用途配方食品、婴幼儿配方食品生产工艺发生变化的，相关生产企业应当在办理食品生产许可的变更前，办理产品注册或者备案变更手续。

第三十八条 因申请人下列原因导致现场核查无法正常开展的，核查组应当如实报告审查部门，本次核查按照未通过现场核查作出结论：

（一）不配合实施现场核查的；

（二）现场核查时生产设备设施不能正常运行的；

（三）存在隐瞒有关情况或提供虚假申请材料的；

（四）其他因申请人主观原因导致现场核查无法正常开展的。

第三十九条 因不可抗力原因，或者供电、供水等客观原因导致现场核查无法正常开展的，申请人应当向许可机关书面提出许可中止申请。中止时间应当不超过10个工作日，中止时间不计入食品生产许可审批时限。

第四十条 因申请人涉嫌食品安全违法且被食品药品监督管理部门立案调查的，许可机关应当中止生产许可程序，中止时间不计入食品生产许可审批时限。

第四十一条 现场核查按照《食品、食品添加剂生产许可现场核查评分记录表》的项目得分进行判定。核查项目单项得分无0分项且总得分率≥85%的，该食品类别及品种明细判定为通过现场核查；核查项目单项得分有0分项或者总得分率<85%的，该食品类别及品种明细判定为未通过现场核查。

第四十二条 《食品、食品添加剂生产许可现场核查报告》应当现场交申请人留存一份。

第四章 审查结果与检查整改

第四十三条 核查组应当自接受现场核查任务之日起10个工作日内完成现场核查，并将《食品、食品添加剂生产许可核查材料清单》所列的许可相关材料上报审查部门。

第四十四条 审查部门应当在规定时限内收集、汇总审查结果以及《食品、食品添加剂生产许可核查材料清单》所列的许可相关材料。

第四十五条 许可机关应当根据申请材料审查和现场核查等情况，对符合条件的，作出准予生产许可的决定。对不符合条件的，应当及时作出不予许可的书面决定并说明理由，同时告知申请人依法享有申请行政复议或者提起行政诉讼的权利。

第四十六条 作出准予生产许可决定的，申请人的申请材料及审查部门收集、汇总的相关许可材料还应当送达负责对申请人实施食品安全日常监督管理的食品药品监督管理部门。

第四十七条 对于判定结果为通过现场核查的，申请人应当在1个月内对现场核查中发现的问题进行整改，并将整改结果向负责对申请人实施食品安全日常监督管理的食品药品监督管理部门书面报告。

第四十八条 负责对申请人实施食品安全日常监督管理的食品药品监督管理部门或其派出机构应当在许可后3个月内对获证企业开展一次监督检查。对已进行现场核查的企业，重点检查现场核查中发现的问题是否已进行整改。

第五章 附 则

第四十九条 申请人试生产的产品不得作为食品销售。

第五十条 保健食品生产许可审查细则另有规定的，从其规定。

第五十一条 省级食品药品监督管理部门可以根据本通则，结合本区域实际情况制定有关食品生产许可管理的具体实施办法，补充、细化《食品、食品添加剂生产许可现场核查评分记录表》和《食品、食品添加剂生产许可现场核查报告》。

第五十二条 鼓励各地运用信息化手段开展食品生产许可审查工作。

第五十三条 本通则适用于以分装形式申请的食品生产许可审查，但相关审查细则另有规定的除外。

第五十四条 本通则所称外设仓库，是指申请人在生产厂区外设置的贮存食品生产原辅材料和成品的场所。

第五十五条 本通则由国家食品药品监督管理总局负责解释。

第五十六条 本通则自2016年10月1日起施行。

附件：

1. 现场核查首末次会议签到表（略）
2. 食品、食品添加剂生产许可现场核查评分记录表（略）
3. 食品、食品添加剂生产许可现场核查报告（略）
4. 食品、食品添加剂生产许可核查材料清单（略）

食品生产经营风险分级管理办法（试行）

（国家食品药品监管总局 食药监［2016］115号 2016年9月5日）

第一章 总 则

第一条 为了强化食品生产经营风险管理，科学有效实施监管，落实食品安全监管责任，保障食品安全，根据《中华人民共和国食品安全法》（以下简称《食品安全法》）及其实施条例等法律法规，制定本办法。

第二条 本办法所称风险分级管理，是指食品药品监督管理部门以风险分析为基础，结合食品生产经营者的食品类别、经营业态及生产经营规模、食品安全管理能力和监督管理记录情况，按照风险评价指标，划分食品生产经营者风险等级，并结合当地监管资源和监管能力，对食品生产经营者实施的不同程度的监督管理。

第三条 食品药品监督管理部门对食品生产经营者实施风险分级管理，适用本办法。食品生产、食品销售和餐饮服务等食品生产经营，以及食品添加剂生产适用本办法。

第四条 国家食品药品监督管理总局负责制定食

品生产经营风险分级管理制度，指导和检查全国食品生产经营风险分级管理工作。省级食品药品监督管理部门负责制定本省食品生产经营风险分级管理工作规范，结合本行政区域内实际情况，组织实施本省食品生产经营风险分级管理工作，对本省食品生产经营风险分级管理工作进行指导和检查。

各市、县级食品药品监督管理部门负责开展本地区食品生产经营风险分级管理的具体工作。

第五条 食品生产经营风险分级管理工作应当遵循风险分析、量化评价、动态管理、客观公正的原则。

第六条 食品生产经营者应当配合食品药品监督管理部门的风险分级管理工作，不得拒绝、逃避或者阻碍。

第二章 风险分级

第七条 食品药品监督管理部门对食品生产经营风险等级划分，应当结合食品生产经营企业风险特点，从生产经营食品类别、经营规模、消费对象等静态风险因素和生产经营条件保持、生产经营过程控制、管理制度建立及运行等动态风险因素，确定食品生产经营者风险等级，并根据对食品生产经营者监督检查、监督抽检、投诉举报、案件查处、产品召回等监督管理记录实施动态调整。食品生产经营者风险等级从低到高分为A级风险、B级风险、C级风险、D级风险四个等级。

第八条 食品药品监督管理部门确定食品生产经营者风险等级，采用评分方法进行，以百分制计算。其中，静态风险因素量化分值为40分，动态风险因素量化分值为60分。分值越高，风险等级越高。

第九条 食品生产经营静态风险因素按照量化分值划分为Ⅰ档、Ⅱ档、Ⅲ档和Ⅳ档。

第十条 静态风险等级为Ⅰ档的食品生产经营者包括：

（一）低风险食品的生产企业；

（二）普通预包装食品销售企业；

（三）从事自制饮品制售、其他类食品制售等餐饮服务企业。

第十一条 静态风险等级为Ⅱ档的食品生产经营者包括：

（一）较低风险食品的生产企业；

（二）散装食品销售企业；

（三）从事不含高危易腐食品的热食类食品制售、糕点类食品制售、冷食类食品制售等餐饮服务企业；

（四）复配食品添加剂之外的食品添加剂生产企业。

第十二条 静态风险等级为Ⅲ档的食品生产经营者包括：

（一）中等风险食品的生产企业，应当包括糕点生产企业、豆制品生产企业等；

（二）冷冻冷藏食品的销售企业；

（三）从事含高危易腐食品的热食类食品制售、糕点类食品制售、冷食类食品制售、生食类食品制售等餐饮服务企业；

（四）复配食品添加剂生产企业。

第十三条 静态风险等级为Ⅳ档的食品生产经营者包括：

（一）高风险食品的生产企业，应当包括乳制品生产企业、肉制品生产企业等；

（二）专供婴幼儿和其他特定人群的主辅食品生产企业；

（三）保健食品的生产企业；

（四）主要为特定人群（包括病人、老人、学生等）提供餐饮服务的餐饮服务企业；

（五）大规模或者为大量消费者提供就餐服务的中央厨房、用餐配送单位、单位食堂等餐饮服务企业。

第十四条 生产经营多类别食品的，应当选择风险较高的食品类别确定该食品生产经营者的静态风险等级。

第十五条 《食品生产经营静态风险因素量化分值表》（以下简称为《静态风险表》，见附件1）由国家食品药品监督管理总局制定。省级食品药品监督管理部门可根据本行政区域实际情况，对《静态风险表》进行调整，并在本行政区域内组织实施。

第十六条 对食品生产企业动态风险因素进行评价应当考虑企业资质、进货查验、生产过程控制、出厂检验等情况；特殊食品还应当考虑产品配方注册、质量管理体系运行等情况；保健食品还应当考虑委托加工等情况；食品添加剂还应当考虑生产原料和工艺符合产品标准规定等情况。对食品销售者动态风险因素进行评价应当考虑经营资质、经营过程控制、食品贮存等情况。对餐饮服务提供者动态风险因素进行评价应考虑经营资质、从业人员管理、原料控制、加工制作过程控制等情况。

第十七条 省级食品药品监督管理部门可以参照《食品生产经营日常监督检查要点表》制定食品生产经营动态风险因素评价量化分值表（以下简称动态风险评价表），并组织实施。但是，制定食品销售环节动态风险因素量化分值，应参照《食品销售环节动态风险因素量化分值表》（见附件2）。

第十八条 食品药品监督管理部门应当通过量化

打分，将食品生产经营者静态风险因素量化分值，加上生产经营动态风险因素量化分值之和，确定食品生产经营者风险等级。风险分值之和为0～30（含）分的，为A级风险；风险分值之和为30～45（含）分的，为B级风险；风险分值之和为45～60（含）分的，为C级风险；风险分值之和为60分以上的，为D级风险。

第十九条 食品药品监督管理部门可以根据食品生产经营者年度监督管理记录，调整食品生产经营者风险等级。

第三章 程序要求

第二十条 食品药品监督管理部门评定食品生产经营者静态风险因素量化分值时应当调取食品生产经营者的许可档案，根据静态风险因素量化分值表所列的项目，逐项计分，累加确定食品生产经营者静态风险因素量化分值。食品生产经营许可档案内容不全的，食品药品监督管理部门可以要求食品生产经营者补充提交相关的材料。

第二十一条 对食品生产经营动态风险因素量化分值的评定，可以结合对食品生产经营者日常监督检查结果确定，或者组织人员进入企业现场按照动态风险评价表进行打分评价确定。食品药品监督管理部门利用日常监督检查结果对食品生产经营者实施动态风险分值评定，应当结合上一年度日常监督检查全项目检查结果，并根据动态风险评价表逐项计分，累加确定。食品药品监督管理部门对食品生产经营者实施动态风险因素现场打分评价，按照《食品生产经营日常监督检查管理办法》确定，必要时，可以聘请专业技术人员参与现场打分评价工作。

第二十二条 现场打分评价人员应当按照本办法和动态风险评价表的内容要求，如实作出评价，并将食品生产经营者存在的主要风险及防范要求告知其负责人。

第二十三条 监管人员应当根据量化评价结果，填写《食品生产经营者风险等级确定表》（以下简称为《风险等级确定表》，见附件3）。

第二十四条 评定新开办食品生产经营者的风险等级，可以按照食品生产经营者的静态风险分值确定。

食品生产者风险等级的评定还可以按照《食品、食品添加剂生产许可现场核查评分记录表》确定。

第二十五条 餐饮服务提供者风险等级评定结果可以作为量化分级调整的依据，具体办法由省级食品药品监督管理部门制定。

第二十六条 食品药品监督管理部门应当及时将食品生产经营者风险等级评定结果记入食品安全信用档案，并根据风险等级合理确定日常监督检查频次，实施动态调整。

鼓励食品药品监督管理部门采用信息化方式开展风险分级管理工作。

第二十七条 食品药品监督管理部门根据当年食品生产经营者日常监督检查、监督抽检、违法行为查处、食品安全事故应对、不安全食品召回等食品安全监督管理记录情况，对行政区域内的食品生产经营者的下一年度风险等级进行动态调整。

第二十八条 存在下列情形之一的，下一年度生产经营者风险等级可视情况调高一个或者两个等级：

（一）故意违反食品安全法律法规，且受到罚款、没收违法所得（非法财物）、责令停产停业等行政处罚的；

（二）有1次及以上国家或者省级监督抽检不符合食品安全标准的；

（三）违反食品安全法律法规规定，造成不良社会影响的；

（四）发生食品安全事故的；

（五）不按规定进行产品召回或者停止生产经营的；

（六）拒绝、逃避、阻挠执法人员进行监督检查，或者拒不配合执法人员依法进行案件调查的；

（七）具有法律、法规、规章和省级食品药品监督管理部门规定的其他可以上调风险等级的情形。

第二十九条 食品生产经营者遵守食品安全法律法规，当年食品安全监督管理记录中未出现本办法第二十八条所列情形的，下一年度食品生产经营者风险等级可不作调整。

第三十条 食品生产经营者符合下列情形之一的，下一年度食品生产经营者风险等级可以调低一个等级：

（一）连续3年食品安全监督管理记录没有违反本办法第二十八条所列情形的；

（二）获得良好生产规范、危害分析与关键控制点体系认证（特殊医学用途配方食品、婴幼儿配方乳粉企业除外）的；

（三）获得地市级以上人民政府质量奖的；

（四）具有法律、法规、规章和省级食品药品监督管理部门规定的其他可以下调风险等级的情形。

第四章 结果运用

第三十一条 食品药品监督管理部门根据食品生

产经营者风险等级，结合当地监管资源和监管水平，合理确定企业的监督检查频次、监督检查内容、监督检查方式以及其他管理措施，作为制订年度监督检查计划的依据。

第三十二条 食品药品监督管理部门应当根据食品生产经营者风险等级划分结果，对较高风险生产经营者的监管优先于较低风险生产经营者的监管，实现监管资源的科学配置和有效利用。

（一）对风险等级为A级风险的食品生产经营者，原则上每年至少监督检查1次；

（二）对风险等级为B级风险的食品生产经营者，原则上每年至少监督检查1～2次；

（三）对风险等级为C级风险的食品生产经营者，原则上每年至少监督检查2～3次；

（四）对风险等级为D级风险的食品生产经营者，原则上每年至少监督检查3～4次。

具体检查频次和监管重点由各省级食品药品监督管理部门确定。

第三十三条 市县级食品药品监督管理部门应当统计分析行政区域内食品生产经营者风险分级结果，确定监管重点区域、重点行业、重点企业。及时排查食品安全风险隐患，在监督检查、监督抽检和风险监测中确定重点企业及产品。

第三十四条 市县级食品药品监督管理部门应当根据风险等级对食品生产经营者进行分类，可以建立行政区域内食品生产经营者的分类系统及数据平台，记录、汇总、分析食品生产经营风险分级信息，实行信息化管理。

第三十五条 市县级食品药品监督管理部门应当根据食品生产经营者风险等级和检查频次，确定本行政区域内所需检查力量及设施配备等，并合理调整检查力量分配。

第三十六条 各级食品药品监督管理部门的相关工作人员在风险分级管理工作中不得滥用职权、玩忽职守、徇私舞弊。

第三十七条 食品生产经营者应当根据风险分级结果，改进和提高生产经营控制水平，加强落实食品安全主体责任。

第五章 附 则

第三十八条 省级食品药品监督管理部门可参照本办法制定食用农产品市场销售、小作坊、食品摊贩的风险分级管理制度。

第三十九条 本办法由国家食品药品监督管理总局负责解释。

第四十条 本办法自2016年12月1日起施行。

附件：

1. 食品生产经营静态风险因素量化分值表（略）
2. 食品销售环节动态风险因素量化分值表（略）
3. 食品生产经营者风险等级确定表（略）

铁路运营食品安全管理办法

（国家食品药品监管总局 中国铁路总公司 2016年11月23日）

第一章 总 则

第一条 为加强铁路运营食品安全监督管理，保障公众身体健康和生命安全，依据《中华人民共和国食品安全法》（以下简称《食品安全法》）等法律法规规定，制定本办法。

第二条 本办法适用于铁路站车和铁路运营站段范围内的食品销售、食品贮存、食品运输、餐饮服务等食品安全的监督管理。

第三条 国家实行铁路运营食品安全统一监督管理制度。国家食品药品监督管理总局负责指导铁路运营食品安全监督管理工作。中国铁路总公司负责组织铁路运营食品安全监督管理工作。铁路食品安全监督管理机构具体承担铁路运营食品安全监督管理工作，并接受所在地省级人民政府食品药品监督管理部门的业务指导。

第四条 任何组织或者个人均可向铁路食品安全监督管理机构举报铁路运营食品安全违法行为，了解食品安全信息，对铁路运营食品安全监督管理工作提出意见和建议。

第五条 对在铁路运营食品安全工作中做出突出贡献的单位和个人，按照国家有关规定予以表彰、奖励。

第二章　食品经营要求

第六条　铁路运营中的食品生产经营者应当遵守国家食品安全法律、法规、食品安全标准和铁路运营食品安全管理要求，建立健全食品安全管理制度，开展食品安全自查，改善食品生产经营环境，落实进货查验记录和索证索票制度，建立食品安全追溯体系，加强从业人员培训和健康管理，建立食品召回制度，不得从事法律法规禁止的食品生产经营活动。铁路站车及规模以上食品生产经营企业应当建立食品安全信息化管理系统，推行食品安全质量体系认证，开展诚信体系建设，提高食品安全管理水平。

第七条　铁路站车食品销售应当实行统一采购、统一进货制度，加强食品销售台账管理，保持场所环境整洁，禁止销售变质或者超过保质期的食品。

第八条　铁路餐车应当实行集中统一进货制度，净菜、冷热链食品配送上车，食品分类冷藏、即时加工；物品定位存放，餐饮具洗消合格，环境卫生整洁，避免交叉污染；食品加工设备齐全、功能完好，保证食品安全。

第九条　铁路运营站段职工食堂应当建立开办者第一责任人制度，做到设施设备齐全、功能完好，食品分类冷藏、即时加工和餐饮具洗消合格。落实食品贮存、食品加工、通风防尘、防鼠防虫、垃圾处理等风险控制要求，实施食品留样制度，保证食品安全。

第十条　铁路运营集中加工快餐盒饭的食品经营企业应当达到厂房洁净、封闭加工、流程合理等控制要求，落实原料检验、半成品检验、成品出厂检验等检验控制要求，实施食品留样措施，做到全程可追溯。盒饭应当标注生产日期，配送应当达到贮运温度、时间等控制要求。

第十一条　铁路站车生活饮用水应当符合国家生活饮用水卫生标准。

第三章　贮存与运输要求

第十二条　承运食品的车站应当建立健全食品安全管理制度，符合铁路货物运输规定，保持货场环境卫生整洁，实施食品定点货位存放，做好货品查验登记，保证食品可追溯。

第十三条　承运食品的车站应当落实食品贮存通风、防潮、鼠虫害等风险控制要求，保证食品贮存货位达到贮存温度、湿度等食品安全标准，禁止食品与有毒有害物品混放、混装。

第十四条　承运食品的车辆应当符合铁路货物运输管理规定，贮存、运输和装卸食品的容器、工具和设备应当安全、无害，保持清洁，标有清洗合格标识，禁止食品与有毒有害物品混运，防止食品交叉污染。

第十五条　承运鲜肉类、水产品等易腐败变质食品，应当具有冷藏冷冻设施，并符合温度、湿度等食品安全控制要求。

第四章　监督管理

第十六条　铁路食品安全监督管理机构应当依照《食品安全法》等法律法规规定，对辖区内铁路运营中的食品生产经营活动实施许可和日常监督管理。

第十七条　铁路食品安全监督管理人员凭执法证件在辖区内开展食品生产经营监督检查工作。

第十八条　铁路食品安全监督管理机构应当按照规定对食品进行抽样检验，公布检验结果，并及时向食品药品监督管理部门通报。

第十九条　铁路食品安全监督管理机构在食品安全监督管理工作中可以采用国家规定的快速检测方法对食品进行抽查检测。对抽查检测结果表明可能不符合食品安全标准的食品，依照《食品安全法》第八十七条的规定进行检验。抽查检测结果确定有关食品不符合食品安全标准的，可以作为行政处罚的依据。

第二十条　发生铁路食品运输污染、食物中毒等食品安全突发事件的单位，应当立即报告所属铁路食品安全监督管理机构。铁路食品安全监督管理机构应当按照《食品安全法》相关规定，制定食品安全突发事件应急预案。发生突发事件后，应当立即采取封存导致或者可能导致食品安全突发事件的食品及其原料、工具及用具、设施设备等控制措施，会同有关部门、铁路疾病预防控制机构进行调查处理，做好食品安全突发事件应急处置工作，并按预案要求报告。

第二十一条　铁路食品安全监督管理机构应当与食品药品监督管理等部门建立应急处置工作协调机制，必要时向相关部门通报食品安全突发事件信息。

第二十二条　铁路运营中的食品生产经营者违反食品安全法律法规的，由铁路食品安全监督管理机构依照有关规定给予行政处罚。涉嫌食品安全犯罪的，按照有关规定移送公安机关依法处理。

第五章　附　　则

第二十三条　本办法中的铁路站车是指铁路车站和铁路客货运列车。铁路车站范围指铁路车站主体站房前风雨棚以内、候车室、站台等站内区域。

本办法中的铁路运营站段包括直属车站、车务段、客运段、机务段、供电段、车辆段、动车段、工务段、电务段，以及行车公寓（招待所）、配餐基地等铁路基层单位。铁路运营站段范围指铁路运营站段所属单位围护设施结构以内的地域。

第二十四条 铁路运营中的食品生产经营监督管理要求，本办法未规定的，参照国家食品药品监督管理总局相关要求执行。

第二十五条 本办法自发布之日起施行。

附件：铁路食品安全监督管理机构名单（略）

保健食品生产许可审查细则

（国家食品药品监管总局 食药监［2016］151号 2016年11月28日）

1 总则

1.1 制定目的

为规范保健食品生产许可审查工作，督促企业落实主体责任，保障保健食品质量安全，依据《中华人民共和国食品安全法》《食品生产许可管理办法》《保健食品注册与备案管理办法》《保健食品良好生产规范》《食品生产许可审查通则》等相关法律法规和技术标准的规定，制定本细则。

1.2 适用范围

本细则适用于中华人民共和国境内保健食品生产许可审查，包括书面审查、现场核查等技术审查和行政审批。

1.3 职责划分

1.3.1 国家食品药品监督管理总局负责制定保健食品生产许可审查标准和程序，指导各省级食品药品监督管理部门开展保健食品生产许可审查工作。

1.3.2 省级食品药品监督管理部门负责制定保健食品生产许可审查流程，组织实施本行政区域保健食品生产许可审查工作。

1.3.3 承担技术审查的部门负责组织保健食品生产许可的书面审查和现场核查等技术审查工作，负责审查员的遴选、培训、选派以及管理等工作，负责具体开展保健食品生产许可的书面审查。

1.3.4 审查组具体负责保健食品生产许可的现场核查。

1.4 审查原则

1.4.1 规范统一原则。统一颁发保健食品生产企业《食品生产许可证》，明确保健食品生产许可审查标准，规范审查工作流程，保障审查工作的规范有序。

1.4.2 科学高效原则。按照保健食品剂型形态进行产品分类，对申请增加同剂型产品以及生产条件未发生变化的，可以不再进行现场核查，提高审查工作效率。

1.4.3 公平公正原则。厘清技术审查与行政审批的关系，由技术审查部门组织审查组负责技术审查工作，日常监管部门负责选派观察员参与现场核查，确保审查工作的公平公正。

2 受理

2.1 材料申请

2.1.1 保健食品生产许可申请人应当是取得“营业执照”的合法主体，符合《食品生产许可管理办法》要求的相应条件。

2.1.2 申请人填报《食品生产许可申请书》，并按照《保健食品生产许可申请材料目录》（附件1）的要求，向其所在地省级食品药品监督管理部门提交申请材料。

2.1.3 保健食品生产许可，申请人应参照《保健食品生产许可分类目录》（附件2）的要求，填报申请生产的保健食品品种明细。

2.1.4 申请人新开办保健食品生产企业或新增生产剂型的，可以委托生产的方式，提交委托方的保健食品注册证明文件，或以“拟备案品种”获取保健食品生产许可资质。

2.1.5 申请人申请保健食品原料提取物和复配营养素生产许可的，应提交保健食品注册证明文件或备案证明，以及注册证明文件或备案证明载明的该原料提取物的生产工艺、质量标准，注册证明文件或备案证明载明的该复配营养素的产品配方、生产工艺和质量标准等材料。

2.2 受理

省级食品药品监督管理受理部门对申请人提出的保健食品生产许可申请，应当按照《食品生产许可管理办法》的要求，作出受理或不予受理的决定。

2.3 移送

保健食品生产许可申请材料受理后，受理部门应将受理材料移送至保健食品生产许可技术审查部门。

3 技术审查

3.1 书面审查

3.1.1 审查程序

3.1.1.1 技术审查部门按照《保健食品生产许可书面审查记录表》（附件3）的要求，对申请人的申请材料进行书面审查，并如实填写审查记录。

3.1.1.2 技术审查部门应当核对申请材料原件，需要补充技术性材料的，应一次性告知申请人予以补正。

3.1.1.3 申请材料基本符合要求，需要对许可事项开展现场核查的，可结合现场核查核对申请材料原件。

3.1.2 审查内容

3.1.2.1 主体资质审查

申请人的营业执照、保健食品注册证明文件或备案证明合法有效，产品配方和生产工艺等技术材料完整，标签说明书样稿与注册或备案的技术要求一致。备案保健食品符合保健食品原料目录技术要求。

3.1.2.2 生产条件审查

保健食品生产场所应当合理布局，洁净车间应符合保健食品良好生产规范要求。保健食品安全管理规章制度和体系文件健全完善，生产工艺流程清晰完整，生产设施设备与生产工艺相适应。

3.1.2.3 委托生产

保健食品委托生产的，委托方应是保健食品注册证书持有人，受托方应能够完成委托生产品种的全部生产过程。委托生产的保健食品，标签说明书应当标注委托双方的企业名称、地址以及受托方许可证编号等内容。保健食品的原注册人可以对转备案保健食品进行委托生产。

3.1.3 做出审查结论

3.1.3.1 书面审查符合要求的，技术审查部门应做出书面审查合格的结论，组织审查组开展现场核查。

3.1.3.2 书面审查出现以下情形之一的，技术审查部门应做出书面审查不合格的结论：

（一）申请材料书面审查不符合要求的；

（二）申请人未按时补正申请材料的。

3.1.3.3 书面审查不合格的，技术审查部门应按照本细则的要求提出未通过生产许可的审查意见。

3.1.3.4 申请人具有以下情形之一，技术审查部门可以不再组织现场核查：

（一）申请增加同剂型产品，生产工艺实质等同的保健食品；

（二）申请保健食品生产许可变更或延续，申请人声明关键生产条件未发生变化，且不影响产品质量安全的。

3.1.3.5 申请人在生产许可有效期限内出现以下情形之一，技术审查部门不得免于现场核查：

（一）保健食品监督抽检不合格的；

（二）保健食品违法生产经营被立案查处的；

（三）保健食品生产条件发生变化，可能影响产品质量安全的；

（四）食品药品监管部门认为应当进行现场核查的。

3.2 现场核查

3.2.1 组织审查组

3.2.1.1 书面审查合格的，技术审查部门应组织审查组开展保健食品生产许可现场核查。

3.2.1.2 审查组一般由2名以上（含2名）熟悉保健食品管理、生产工艺流程、质量检验检测等方面的人员组成，其中至少有1名审查员参与该申请材料的书面审查。

3.2.1.3 审查组实行组长负责制，与申请人有利害关系的审查员应当回避。审查人员确定后，原则上不得随意变动。

3.2.1.4 审查组应当制定审查工作方案，明确审查人员分工、审查内容、审查纪律以及相应注意事项，并在规定时限内完成审查任务，做出审查结论。

3.2.1.5 负责日常监管的食品药品监管部门应当选派观察员，参加生产许可现场核查，负责现场核查的全程监督，但不参与审查意见。

3.2.2 审查程序

3.2.2.1 技术审查部门应及时与申请人进行沟通，现场核查前两个工作日告知申请人审查时间、审查内容以及需要配合事项。

3.2.2.2 申请人的法定代表人（负责人）或其代理人、相关食品安全管理人员、专业技术人员、核查组成员及观察员应当参加首、末次会议，并在《现场核查首末次会议签到表》（附件4）上签到。

3.2.2.3 审查组按照《保健食品生产许可现场核查记录表》（附件5）的要求组织现场核查，应如实填写核查记录，并当场做出审查结论。

3.2.2.4 《保健食品生产许可现场核查记录表》包括103项审查条款，其中关键项9项，重点项36项，一般项58项，审查组应对每项审查条款做出是否符合要求或不适用的审查意见。

3.2.2.5 审查组应在10个工作日内完成生产许可的现场核查。因不可抗力原因，或者供电、供水等客观原因导致现场核查无法正常开展的，申请人应当向许可机关书面提出许可中止申请。中止时间应当不超过10个工作日，中止时间不计入生产许可审批时限。

3.2.3 审查内容

3.2.3.1 生产条件审查

保健食品生产厂区整洁卫生，洁净车间布局合理，符合保健食品良好生产规范要求。空气净化系统、水处理系统运转正常，生产设施设备安置有序，与生产工艺相适应，便于保健食品的生产加工操作。计量器具和仪器仪表定期检定校验，生产厂房和设施设备定期保养维修。

3.2.3.2 品质管理审查

企业根据注册或备案的产品技术要求，制定保健食品企业标准，加强原辅料采购、生产过程控制、质量检验以及贮存管理。检验室的设置应与生产品种和规模相适应，每批保健食品按照企业标准要求进行出厂检验，并进行产品留样。

3.2.3.3 生产过程审查

企业制定保健食品生产工艺操作规程，建立生产批次管理制度，留存批生产记录。审查组根据注册批准或备案的生产工艺要求，查验保健食品检验合格报告和生产记录，动态审查关键生产工序，复核生产工艺的完整连续以及生产设备的合理布局。

3.2.4 做出审查结论

3.2.4.1 现场核查项目符合要求的，审查组应做出现场核查合格的结论。

3.2.4.2 现场核查出现以下情形之一的，审查组应做出现场核查不合格的结论，其中不适用的审查条款除外：

（一）现场核查有一项（含）以上关键项不符合要求的；

（二）现场核查有五项（含）以上重点项不符合要求的；

（三）现场核查有十项（含）以上一般项不符合要求的；

（四）现场核查有三项重点项不符合要求，五项（含）以上一般项不符合要求的；

（五）现场核查有四项重点项不符合要求，两项（含）以上一般项不符合要求的。

3.2.4.3 现场核查不合格的，审查组应按照本细则的要求提出未通过生产许可的审查意见。

3.2.4.4 申请人现场核查合格的，应在1个月内对现场核查中发现的问题进行整改，并向省级食品药品监督管理部门和实施日常监督管理的食品药品监督管理部门书面报告。

3.3 审查意见

3.3.1 申请人经书面审查和现场核查合格的，审查组应提出通过生产许可的审查意见。

3.3.2 申请人出现以下情形之一，审查组应提出未通过生产许可的审查意见：

（一）书面审查不合格的；

（二）书面审查合格，现场核查不合格的；

（三）因申请人自身原因导致现场核查无法按时开展的。

3.3.3 技术审查部门应根据审查意见，编写《保健食品生产许可技术审查报告》（附件6），并将审查材料和审查报告报送许可机关。

4 行政审批

4.1 复查

4.1.1 许可机关收到技术审查部门报送的审查材料和审查报告后，应当对审查程序和审查意见的合法性、规范性以及完整性进行复查。

4.1.2 许可机关认为技术审查环节在审查程序和审查意见方面存在问题的，应责令技术审查部门进行核实确认。

4.2 决定

许可机关对通过生产许可审查的申请人，应当做出准予保健食品生产许可的决定；对未通过生产许可审查的申请人，应当做出不予保健食品生产许可的决定。

4.3 制证

4.3.1 食品药品监管部门按照“一企一证”的原则，对通过生产许可审查的企业，颁发《食品生产许可证》，并标注保健食品生产许可事项。

4.3.2 《食品生产许可品种明细表》应载明保健食品类别编号、类别名称、品种明细以及其他备注事项。

4.3.3 保健食品注册号或备案号应在备注中载明，保健食品委托生产的，在备注中载明委托企业名称与住所等信息。

4.3.4 原取得生产许可的保健食品，应在备注中标注原生产许可证编号。

4.3.5 保健食品原料提取物生产许可，应在品种明细项目标注原料提取物名称，并在备注栏目载明该保健食品名称、注册号或备案号等信息；复配营养素生产许可，应在品种明细项目标注维生素或矿物质预混料，并在备注栏目载明该保健食品名称、注册号或备案号等信息。

5 变更、延续、注销、补办

5.1 变更

5.1.1 申请人在生产许可证有效期内，变更生产许可证载明事项的以及变更工艺设备布局、主要生产设施设备，影响保健食品产品质量安全的，应当在变化后10个工作日内，按照《保健食品生产许可申请材料目录》（附件1）的要求，向原发证的食品药品监督管理部门提出变更申请。

5.1.2 食品药品监督管理部门应按照本细则的要求，根据申请人提出的许可变更事项，组织审查组、开展技术审查、复查审查结论，并做出行政许可决定。

5.1.3 申请增加或减少保健食品生产品种的，品种明细参照《保健食品生产许可分类目录》（附件2）。

5.1.4 保健食品注册或者备案的生产工艺发生变化的，申请人应当办理注册或者备案变更手续后，申请变更保健食品生产许可。

5.1.5 保健食品生产场所迁出原发证的食品药品监督管理部门管辖范围的，应当向其所在地省级食品药品监督管理部门重新申请保健食品生产许可。

5.1.6 保健食品外设仓库地址发生变化的，申请人应当在变化后10个工作日内向原发证的食品药品监督管理部门报告。

5.1.7 申请人生产条件未发生变化，需要变更以下许可事项的，省级食品药品监督管理部门经书面审查合格，可以直接变更许可证件：

（一）变更企业名称、法定代表人的；

（二）申请减少保健食品品种的；

（三）变更保健食品名称，产品的注册号或备案号未发生变化的；

（四）变更住所或生产地址名称，实际地址未发生变化的；

（五）委托生产的保健食品，变更委托生产企业名称或住所的。

5.2 延续

5.2.1 申请延续保健食品生产许可证有效期的，应在该生产许可有效期届满30个工作日前，按照《保健食品生产许可申请材料目录》（附件1）的要求，向原发证的食品药品监督管理部门提出延续申请。

5.2.2 申请人声明保健食品关键生产条件未发生变化，且不影响产品质量安全的，省级食品药品监督管理部门可以不再组织现场核查。

5.2.3 申请人的生产条件发生变化，可能影响保健食品安全的，省级食品药品监督管理部门应当组织审查组，进行现场核查。

5.3 注销

申请注销保健食品生产许可的，申请人按照《保健食品生产许可申请材料目录》（附件1）的要求，向原发证的食品药品监督管理部门提出注销申请。

5.4 补办

保健食品生产许可证件遗失、损坏的，申请人应按照《食品生产许可管理办法》的相关要求，向原发证的食品药品监督管理部门申请补办。

6 附则

6.1 申请人为其他企业提供动植物提取物，作为保健食品生产原料的，应按照本细则的要求申请原料提取物生产许可；仅从事本企业所生产保健食品原料提取的，申请保健食品产品生产许可。

6.2 申请人为其他企业提供维生素、矿物质预混料的，应按照本细则的要求申请复配营养素生产许可；仅从事本企业所生产保健食品原料混合加工的，申请保健食品产品生产许可。

附件：

1. 保健食品生产许可申请材料目录（略）
2. 保健食品生产许可分类目录（略）
3. 保健食品生产许可书面审查记录表（略）
4. 现场核查首末次会议签到表（略）
5. 保健食品生产许可现场核查记录表（略）
6. 保健食品生产许可技术审查报告（略）

关于推进马铃薯产业开发的指导意见

（农业部　农农发［2016］1号　2016年2月2日）

北京、河北、内蒙古、黑龙江、上海、浙江、江西、湖北、广东、四川、贵州、陕西、甘肃、宁夏等省、自治区、直辖市农业（农牧）厅（委、局）：

为贯彻落实中央1号文件精神和新形势下国家粮

食安全战略部署，推进农业供给侧结构性改革，转变农业发展方式，加快农业转型升级，把马铃薯作为主粮产品进行产业化开发，树立健康理念，科学引导消费，促进稳粮增收、提质增效和农业可持续发展。现就推进马铃薯产业开发提出如下意见。

一、充分认识推进马铃薯产业开发的重要意义

保障国家粮食安全是发展现代农业的首要任务。立足我国资源禀赋和粮食供求形势，顺应居民消费升级的新趋势，树立大食物观，全方位、多途径开发食物资源，积极推进马铃薯产业开发，意义十分重大。

1. 推进马铃薯产业开发，是打造小康社会主食文化的有益探索 还有五年时间就实现全面建成小康社会的目标。这意味着13亿多中国人都将进入一个比较殷实的生活状态，消费由吃得饱向吃得好、吃得健康转变，呈现品质消费、绿色消费、个性消费新趋势。食品的开发要适应这一变化和趋势，拓展传统主食文化内涵，展示不同主食文化品位，体现不同主食使用价值。马铃薯以其营养丰富著称，特别是富含维生素、矿物质、膳食纤维等成分，满足消费结构升级和主食文化发展的需要。推进马铃薯产业开发，培育健康消费理念，打造小康社会主食文化。

2. 推进马铃薯产业开发，是破解农业发展瓶颈的有益探索 多年来，在农产品供给的压力下，农业资源过度开发，导致耕地地力下降、水资源更为紧缺，资源环境已亮起“红灯”。马铃薯具有耐旱、耐寒、耐瘠薄的特点，适应范围广，增产空间大。在抓好水稻、小麦、玉米三大谷物的同时，把马铃薯作为主粮作物来抓，推进科技创新，培育高产多抗新品种，配套高产高效技术模式，增加主粮产品供应，提高农业质量效益，促进农民增收和农业持续发展。

3. 推进马铃薯产业开发，是推进农业转型升级的有益探索 推进农业供给侧结构性改革，调整优化种植结构是一项艰巨的任务。马铃薯作为适应性广的作物和市场潜力大的产品，是新一轮种植结构调整特别是“镰刀弯”地区玉米结构调整理想的替代作物之一。把马铃薯作为主粮、纳入种植结构调整的重点作物，扩大种植面积，推进产业开发，延长产业链，打造价值链，促进一二三产业融合发展，助力种植业转型升级，全面提升发展质量。

4. 推进马铃薯产业开发，是引领农业绿色发展的有益探索 推进生态文明建设，必须树立绿色发展理念，推行绿色生产方式，推广绿色环保技术，形成绿色发展新格局。马铃薯用水用肥较少，水分利用效率高于小麦、玉米等大宗粮食作物，在同等条件下，单位面积蛋白质产量分别是小麦的2倍、水稻的1.3倍、玉米的1.2倍。在我国北方干旱半干旱地区扩种马铃薯，减轻农业用水压力，改善农业生态环境，实现资源永续利用。

5. 推进马铃薯产业开发，是带动脱贫致富的有益探索 到2020年，实现全面建成小康社会和脱贫攻坚的目标，重点和难点在农村。马铃薯多种植在西部贫困地区、高原冷凉山区，既是当地农民解决温饱的主要产品，也是农民增收致富的主要作物。把马铃薯作为主粮产品开发，引导农业产业化龙头企业、农民合作社与农户建立更紧密的利益联结机制，让农民在马铃薯产业开发中分享增值收益，带动农民增收和脱贫攻坚。

与此同时，推进马铃薯产业开发也面临难得的机遇。一是有发展理念的引领。“创新、协调、绿色、开放、共享”五大发展理念为推进马铃薯产业开发，促进提质增效奠定了基础。二是有巨大市场的拉动。还有五年时间就实现第一个“一百年目标”，将进入消费持续增长、消费结构加快升级的新阶段，城乡居民对马铃薯主食的消费需求将增加。“一带一路”战略的实施，拓展出口市场。三是有科技创新的支撑。新一轮的科技革命和产业变革正蓄势待发，智慧农业、生态农业新业态应运而生，马铃薯提质增效内在动力持续增强。需要牢牢把握机遇，贯彻发展新理念，以强烈的责任、坚定的信心、有力的措施，推进马铃薯产业开发，引领农业发展方式转变。

二、推进马铃薯产业开发的思路原则和目标

（一）总体思路

深入贯彻党的十八大、十八届三中、四中、五中全会和习近平总书记系列重要讲话精神，实施新形势下国家粮食安全战略，推进农业供给侧结构性改革，牢固树立“营养指导消费、消费引导生产”的理念，加大政策支持，加强基础建设，依靠科技创新，改进物质装备，加快马铃薯主粮产品的产业开发，选育一批适宜主食加工的品种，建设一批优质原料生产基地，打造一批主食加工龙头企业，培养消费者吃马铃薯的习惯，推进马铃薯由副食消费向主食消费转变、由原料产品向加工制成品转变、由温饱消费向营养健康消费转变，培育小康社会主食文化，保障国家粮食安全，促进农业提质增效和可持续发展。

（二）基本原则

——不与三大谷物抢水争地 充分利用北方干旱

半干旱地区、西南丘陵山区、南方冬闲田的耕地和光温水资源，因地制宜扩大马铃薯生产。处理好马铃薯与水稻、小麦、玉米三大谷物的关系，不与水稻、小麦和玉米抢水争地，构建相互补充、协调发展的格局。

——*生产发展与整体推进相统一* 发展两端，带动中间，逐步完善产业链。既要稳定种植面积，依靠科技进步，选育新品种，推广脱毒种薯和配套栽培技术措施，提高单产和改善品质；又要注重产品开发、工艺研发、装备改进，延长产业链条，实现加工转化增值。

——*产业开发与综合利用相兼顾* 马铃薯是粮经饲兼用作物，既要开发主食产品，使马铃薯逐渐成为居民一日三餐的主食；又要拓宽马铃薯功能，广泛用于饲料、造纸、纺织、医药、化工等行业，实现营养挖潜、加工增值。

——*政府引导与市场调节相结合* 发挥政府规划和政策引导作用，集约资源、集中项目、集聚力量，加大财政投入，改善生产条件，扶持育繁推、产加销一体化龙头企业。更要充分发挥市场对资源配置的决定性作用，以企业为主体，推进马铃薯主食产品开发，科学引导主食消费，提高市场供应水平和企业竞争力。

——*统筹规划与分步实施相协调* 做好顶层设计、整体规划、梯次推进。对重点人群、重点地区、重点产品先行先试。新品种新技术要遵循先试验、后示范、再推广的程序，新产品新工艺要由家庭烹饪、小规模烹制到工厂化生产逐步推进，消费引导要从家庭、餐厅食堂、到全社会逐次推开。

（三）发展目标

到2020年，马铃薯种植面积扩大到1亿亩以上，平均亩产提高到1 300kg，总产达到1.3亿t左右；优质脱毒种薯普及率达到45%，适宜主食加工的品种种植比例达到30%，主食消费占马铃薯总消费量的30%。

三、推进马铃薯产业开发的重点任务

马铃薯产业开发是一项系统工程，需要统筹谋划，突出重点，加力推进，确保取得实效。

（一）以资源禀赋为前提，优化主食产品原料布局

综合考虑各地水土资源条件、农业区划特点、生产技术条件和增产潜力等因素，按照发挥比较优势、分区分类指导、突出重点领域的原则，优化生产布局，增加主粮产品开发的原料。东北地区，因地制宜扩大马铃薯种植，加强基础设施建设，发展全程机械化生产，加强晚疫病防控，提高脱毒种薯生产能力，建设贮藏设施。华北地区，重点在干旱半干旱区，以及地下水严重超采区，发展雨养农业和节水农业，改善生产条件，防治土传病害，提高马铃薯商品性。建设优质脱毒种薯生产基地和多类型贮藏库。西北地区，通过压夏扩秋种植马铃薯，发展旱作节水农业，加强病虫害防控，建设优质脱毒种薯生产基地和多类型贮藏库。西南地区，充分利用得天独厚的生态条件、丰富多样的耕作制度和秋冬春季的空闲田，发展水旱轮作、间套作、高效复合种植，加强晚疫病防控，实现周年生产、周年供应。南方地区，开发利用冬闲田，发展水旱轮作和秋冬季农业，扩大马铃薯种植。

（二）以消费需求为引领，开发多元化主食产品

开发适宜不同区域、不同消费群体、不同营养功能的马铃薯主食产品。大力推进传统大众型主食产品开发，以解决关键环节的技术瓶颈为重点，开发馒头、面条、米粉、面包和糕点等大众主食产品。因地制宜推进地域特色型主食产品开发，重点是开发马铃薯饼、馕、煎饼、粽子和年糕等地域特色主食产品。积极推进休闲及功能型主食产品开发，重点开发薯条、薯片等休闲产品，开发富含马铃薯膳食纤维、蛋白、多酚及果胶的功能型产品。

（三）以品种选育为带动，强化主食产品原料生产技术支撑

选育适宜主食加工的新品种，加快马铃薯种质资源引进，开发利用优异种质资源，推进育种方法创新，利用分子生物学研究成果，结合常规技术，进行品种改良。健全完善脱毒种薯生产与质量控制体系，加强原原种、原种和良种生产，满足生产用种需要。集成推广优质高产高效技术模式，组装轻简化栽培、节水灌溉、水肥一体化、病虫害综合防治、机械化生产等关键技术，推广高产高效、资源节约、生态环保的技术模式，提高生产科技水平和质量效益。

（四）以科技创新为驱动，研发主食加工工艺和设备

研发原料节能处理和环保技术，配套效能比高的原料处理装备，保障原料品质和营养，有效降低能耗和废弃物排放量。研发发酵熟化技术，配套温度、湿度、时间智能化控制设备，改善面团流变学特性，提高发酵熟化效率。研发成型整型仿生技术，加强成型整型关键部件的设计和改造，实现主食产品自动化生产。研发蒸煮烘焙技术，开发主食产品醒蒸一体智能设备和自动化变温煮制设备，实现蒸煮烘焙数字化控制。研发新型包装抗老化技术，配套自动化包装设备，防止主食产品老化、氧化变质。支持企业与科研单位合作，开展主食产品工艺及设备联合攻关。鼓励规模较大、自主创新能力强、拥有核心技术、盈利能力强、诚信度高的加工企业，开发主食产品品牌，增强市场竞争力，打造一批主食加工龙头企业。

（五）以营养功能为重点，引导居民消费主食产品

开展马铃薯主食产品营养功能评价。建立营养功能评价体系。依托国家级、省级科研机构、高等院校和大型龙头企业，建立国家马铃薯营养数据库。开发马铃薯营养功能。评估马铃薯主食产品对不同特征人群的健康功效，结合其营养构成特征，开发不同类型马铃薯主食产品对不同人体的营养和健康功效作用。加强营养功能宣传。建设主食产品消费体验站，指导街道社区、大型超市、集体食堂以及相关企业参与产品消费体验站建设，把产品消费体验站建成为产品消费引导、营养知识科普的互动平台。

四、推进马铃薯产业开发的保障措施

（一）加强协调指导

农业部做好对马铃薯产业开发的统筹协调，加强指导，推进落实。各重点省份要成立协调指导机构，强化指导，落实措施。以区域性中心城市为重点，优化布局、梯次推进，构建上下联动、合力推进的工作格局。

（二）强化政策扶持

完善马铃薯生产扶持政策，落实农业支持保护补贴、农机购置补贴等政策。鼓励各地对马铃薯加工企业实行用地、电、水、气等价格优惠。加大对马铃薯生产的投入，支持种薯生产、贮藏设施建设、标准化生产技术推广、市场与信息服务等环节。积极探索马铃薯产业信贷保障和保险机制，引导金融机构扩大对马铃薯主食产业的信贷支持力度，增加授信额度，实行优惠利率。

（三）加大科研投入

中央、地方财政科技计划要大力支持适宜主食加工的品种选育、主食产品开发基础研究和应用研究，提升科技创新对马铃薯产业发展的驱动能力。推动组建马铃薯主食加工技术及设备研发中心，引导和推动马铃薯加工企业建立科技创新平台和研发基地，鼓励与高校及科研院所联合成立研究开发中心和产业技术创新战略联盟。

（四）搞好产销衔接

加强信息服务平台建设，组织生产经营企业参加各种产销对接活动，扶持各类专业协会及产业联盟发展。探索建立区域性产地批发市场或物流中心，促进产销衔接和市场流通。发展主食产品直接配送，搭建产销直挂平台，推动产销双方建立长期稳定的购销关系。加强马铃薯产销信息的监测统计和分析预警，指导马铃薯跨区域有序流通，增强对市场突发异动的应对能力和调控能力，防止出现“卖薯难”。

（五）健全标准体系

加快制定马铃薯主食产品分类标准，构建符合我国国情、与国际接轨的马铃薯主食产品标准体系，提高标准对产业发展的技术支撑作用。建立和完善马铃薯主食产品加工质量安全控制体系，加快相关企业诚信体系建设，引导和支持企业建立诚信管理制度、严格执行国家和行业标准。建立马铃薯主食产品质量追溯制度，强化马铃薯主食产品的质量监管，提高行业安全管理水平。

（六）加强宣传引导

利用广播、电视、网络、报纸、图书等形式，加大在主流媒体和新兴媒体上的宣传力度，向公众普及马铃薯营养知识、推广主食产品。举办富有特色的马铃薯节、马铃薯营养活动周、产品交易会和营养餐计划推广等活动；举办马铃薯产业开发成就展和制作技术培训，展示马铃薯发展取得的经验和成效，吸引社会力量积极参与马铃薯产业开发。

关于加强公益性农产品市场体系建设的指导意见

（商务部等　商建函〔2016〕146号　2016年4月6日）

公益性农产品市场是政府支持并拥有较强控制力，具有保障市场供应、稳定市场价格、促进食品安全、推动绿色环保等公益功能的农产品市场。公益性农产品市场体系是由农产品批发市场、零售市场和田头市场等各类公益性市场组成的有机整体。改革开放以来，我国农产品市场体系建设取得了长足发展，在服务“三农”、保障和改善民生、促进经济社会发展等方面发挥了重要作用。但公益性农产品市场发展滞后，市场公益功能弱，政府调控缺乏机制保障等问题没有很好解决，难以满足经济社会发展和人民生活水平提高的需要。

在我国经济发展进入新常态的背景下，贯彻落实《中共中央　国务院关于落实发展新理念加快农业现代化实现全面小康目标的若干意见》（中发［2016］1号）文件精神，推进公益性农产品市场体系建设，有利于补足农产品流通短板，提升服务“三农”能力，推动农业增效、农村发展和农民增收；有利于推动农产品供给侧结构性改革，提高农产品供给质量和效率，满足多层次消费需求，切实保障和改善民生；有利于稳定农产品市场运行，增强政府宏观调控能力，推动国民经济平稳健康发展；有利于转变政府职能，创新社会治理，提高公共服务能力和水平。现就加强公益性农产品市场体系建设提出如下指导意见：

一、指导思想

深入贯彻党的十八大、十八届三中、四中、五中全会和中央经济工作会议、中央农村工作会议精神，充分发挥市场在资源配置中的决定性作用，同时更好发挥政府作用，厘清中央与地方事权，科学规划公益性农产品市场布局，创新公益性实现模式，围绕增强宏观调控能力和民生保障能力的目标，完善投资保障、运营管理和政府监管机制，强化保供、稳价、安全、环保功能，加快构建与新型工业化、信息化、城镇化和农业现代化相适应的公益性农产品市场体系。

二、基本原则和发展目标

（一）基本原则

1. *统筹规划，合理布局*　要立足当前，着眼长远，坚持新建与改造并举，统筹规划公益性农产品市场建设，优化公益性农产品市场布局，促进公益性农产品市场在地区分布、功能协调、优势互补等方面有机衔接，发挥好协同作用。

2. *政府引导，市场运作*　处理好政府和市场的关系，坚持投资与运营分离，政府参与市场建设投资，强化公益功能监管。市场运营引入市场机制，按照市场规则运作，提高公共服务效率和能力。

3. *创新机制，完善体系*　着重在制约公益功能发挥的突出问题和关键环节上大胆探索创新，加快建立健全公益功能实现和保障机制，逐步完善覆盖农产品批发、零售等各个环节的公益性农产品市场体系。

4. *合理分工，因地制宜*　中央和地方要加强联动，合力推进公益性农产品市场体系建设。相关部委负责完善有关法规、标准和统筹规划跨区域公益性农产品批发市场建设。地方各级政府负责统筹规划区域公益性农产品批发市场、零售市场建设和具体项目建设。各地要结合本地实际，积极探索多种形式的公益性实现方式。

（二）发展目标

争取到2020年，初步建立起覆盖全国农产品重要流通节点，以跨区域公益性农产品批发市场为龙头、区域公益性农产品批发市场为骨干、公益性农产品零售市场和田头市场为基础的全国公益性农产品市场体系，完善公益性市场的投资、运营及监管机制，形成公益性农产品市场与其他市场相互促进、有序竞争、协调发展的农产品流通新格局，在保供稳价和安全环保等方面发挥骨干支撑作用。

三、加强规划指导，统筹市场建设

各地要认真落实《商务部等10部门关于印发〈全国农产品市场体系发展规划〉的通知》（商建发［2015］276号）有关公益性农产品市场建设要求，对现有农产品市场的所有制性质、市场规模、覆盖地区和交易品种等基本情况及本地农产品生产、流通和消费情况进行摸底调查，根据本地农产品流通网络布局及资源禀赋、人口分布、消费能力等因素，统筹规划公益性农产品批发市场、田头市场、平价菜店、社区菜店等公益性农产品市场布局。

四、完善设施功能，构建市场体系

按照《商务部办公厅关于印发〈公益性农产品批发市场标准（试行）〉的通知》（商办建函［2015］693号）要求，推动公益性农产品批发市场建设，完善公共加工配送中心、公共信息服务平台、检验检测中心、消防安全监控中心、废弃物处理设施等公益性流通基础设施建设和公益功能实现的长效机制。鼓励有条件的地方通过直接投资、改造补助、产权回购回租等方式，建设公益性农产品零售市场，组建公益性市场经营管理公司，建设公益性菜市场、平价菜店等，应用互联网、物联网等技术，发展公共加工配送中心和冷链物流，推动公益性农产品零售市场连锁化经营。加快形成设施完备、功能完善的公益性农产品市场体系。

五、创新实现机制，确保公益功能发挥

创新市场供应稳定机制　鼓励具备条件的公益性市

场纵向延伸产业链条，发展“农批零对接”、“农超对接”等各种形式的产销对接，建立紧密的产销衔接机制，提高货源组织能力，增强货源稳定性；建立关系百姓日常生活需要农产品的市场供应调节制度，增强市场调节能力；建立应急保供机制，在突发事件时保障市场供应；实行较低收费，提供平价或微利公共服务。

创新价格稳定调节机制　市场要建立农产品市场供求信息传导机制，改善农产品供求信息不对称状况，引导农业按需生产。要对重要农产品价格进行日常监测与分析，建立预警机制，在发生价格异常波动时，根据政府调控要求，通过减免费用、组织货源等手段，平抑市场价格。

创新质量安全促进机制　市场要建立农产品质量检验检测机制，有条件的地方可通过购买服务、补贴检测费等方式，鼓励和引导国家检验检测机构或具备相应资质的第三方检验检测机构入驻公益性农产品市场，从源头上防止不符合质量安全标准的农产品进入市场销售，引导农业标准化、规范化生产。鼓励公益性农产品市场采用良好农业规范（GAP）、危害分析与关键控制点（HACCP）等认证手段保障质量安全，实现质量安全可追溯。

创新绿色环保引领机制　支持公益性农产品批发市场、零售市场建设和完善场内废水、垃圾处理等环保配套设施，提高废弃物收集和处理能力，在农产品运输、冷链等领域积极应用低能耗、低污染、低排放的绿色环保技术和设备，提升农产品流通综合环保水平。

六、强化管理机制，实施投资运营监管

建立投资保障机制　通过建立国有资本投资运营公司、设立农产品流通产业发展基金和采取公私合营（PPP）等方式，有效发挥国有资本引导作用，带动社会资本参与公益性农产品市场建设和公益功能运营，保障社会资本获取合理利润。鼓励供销合作社企业积极参与公益性农产品市场建设。

建立运营管理机制　国有全资公益性农产品市场采取自建自管模式，政府直接或委托第三方机构管理市场。混合所有制公益性农产品市场采取参建代管模式，政府参与市场投资，委托第三方机构作为出资人代表参与管理，市场日常运营按市场规则运作，国有股权收益返补公益功能运营。对暂时不能由政府出资入股、具有重要影响力的民营市场可采取契约合作模式，由政府与市场签署合作协议，约定市场责任和义务，政府给予必要政策支持。

建立政府监管机制　政府对公益性农产品市场进行评估验收和监督，鼓励发挥社区街道作用，对零售市场实行属地监管；建立监管指标体系，重点考察公益性批发市场集散储备能力、价格稳定、质量安全等指标，重点考察公益性零售市场网点布局合理性和居民满意度等指标。

七、加强协调配合，营造良好政策环境

各地要建立公益性农产品市场体系建设综合管理协调机制，共同研究出台相关配套政策措施。要推动出台公益性农产品市场体系建设规划，完善公益性农产品市场建设运营相关标准。有条件的地方推动出台地方性法规，确立公益性农产品市场的法律地位。要完善和落实用地、用水、用电等相关政策，对于公益性农产品市场，可按作价出资（入股）方式办理用地手续。要进一步落实相关税收优惠政策和鲜活农产品运输“绿色通道”政策。要发挥国家开发银行优势和作用，强化中国农业发展银行政策性职能，加大对公益性农产品市场建设信贷投放力度。鼓励有条件的地方对政府确定的国有及国有控股公益性农产品市场按照公益类国有企业进行分类考核。通过部门协调配合，营造良好政策环境，共同促进公益性农产品市场体系建设。

关于开展农产品加工业质量品牌提升行动的通知

（农业部　农加发［2016］1号　2016年4月19日）

各省、自治区、直辖市及新疆生产建设兵团农产品加工业管理部门：

为深入贯彻落实党中央国务院关于推动供给侧结构性改革、开展质量品牌提升行动的决策部署，积极

推动我国农产品加工业转型升级发展，农业部决定从2016年起，在全国范围内开展农产品加工业质量品牌提升行动。现就有关事宜通知如下。

一、重要意义

农产品加工业是现代农业的重要内容，是国民经济的重要支柱产业，也是保障人民群众生活消费的重要民生产业。“十二五”以来，我国农产品加工业取得了长足发展，但行业依然大而不强，质量效益与世界先进水平仍存在较大差距，知名品牌少，尤其是具有国际影响力和竞争力的中国品牌和民族品牌较为缺乏，亟须采取有力措施推动质量品牌建设，为促进我国农产品加工业转型升级和持续健康发展提供有力支撑。

（一）开展质量品牌提升行动是实施农产品加工业质量为先战略的有效举措

质量是强国之基、立业之本和转型之要。品牌是企业信誉的凝结，是企业核心竞争力的关键，是市场认可度和消费者满意度的集中表现。开展质量品牌提升行动有利于强化企业的质量主体责任，完善管理机制，提升质量控制能力，夯实发展基础，追求卓越品质，形成具有自主知识产权的名牌产品，不断提升企业品牌价值，增强企业竞争力和消费者信心。

（二）开展质量品牌提升行动是促进农产品加工业转型升级的必然要求

我国农产品加工业规模总量有了明显提高，但低水平重复建设，自主创新能力弱，关键技术装备对外依存度高，缺乏知名品牌，资源利用效率低，环境污染严重等问题依然突出。开展农产品加工业质量品牌提升行动有利于实施创新驱动，构建研发和推广体系，突破共性关键技术，加快体制机制和商业模式创新，延伸产业链条，引导企业走以质取胜的发展道路，提升行业整体竞争力，实现农产品加工业由大到强的重大转变。

（三）开展质量品牌提升行动是推动农产品加工业供给侧结构性改革的迫切需要

随着城乡居民收入水平不断提高，广大消费者对消费质量提出了更高要求，呈现出从注重量的满足向追求质的提升转变，从单一产品消费向更多个性化、多样化消费转变。新需求强烈呼唤新供给。开展农产品加工业质量品牌提升行动有利于增强消费导向，引导加工企业生产更加符合市场和消费升级需要、更能满足消费者需求的优质产品，不断降低无效和低效供给比例，加快建设高质量、高效率的农产品加工供给体系，为发展新产品、新业态、新模式、新供给提供新动力。

二、总体要求

（一）指导思想

深入贯彻党的十八届五中全会精神，牢固树立并切实贯彻创新、协调、绿色、开放、共享的新发展理念，主动适应经济发展新常态，坚持以市场需求为导向，以提高质量效益为中心，以推动产业转型升级为主线，加快普及科学的质量管理方法，构建完善的质量品牌管理制度体系，加大品牌创建、宣传和推广力度，树立加工产品的质量品牌形象，增强加工企业的市场竞争力和国际影响力，努力实现我国农产品加工业更高质量、更有效率、更可持续的发展。

（二）基本原则

——*坚持企业主体*　不断强化企业品牌意识，加强专业人才队伍和质量管理体系建设，加大企业产品、品牌和形象的宣传力度，切实提高企业提升质量、创建品牌的积极性和主动性。

——*坚持分类指导*　根据不同地区、不同行业、不同规模企业的发展特点和需求，因企施策、按需指导、注重实效，为提升质量、创建品牌明确方向和路径。

——*坚持市场导向*　充分发挥市场在资源配置中的决定性作用，促进资源和要素自由流动、平等交换，积极转变政府职能，创建企业诚信守法、自主经营、公平竞争的市场环境。

——*坚持质量为本*　不断强化质量在企业发展中的基础地位，培养企业员工的质量安全意识，弘扬“工匠”精神，勇攀质量高峰，让追求卓越、崇尚质量成为企业和员工的价值导向和时代精神。

（三）主要目标

通过开展农产品加工业质量品牌提升行动，引导企业推行标准化生产，提高质量管理水平，加快培育一批国际知名企业、一批国内知名企业和一批区域知名企业，打造一批具有广泛影响力和持久生命力的国际知名品牌、国内知名品牌和区域知名品牌，推动我国农产品加工业发展从注重规模数量扩张向注重质量品牌提升转变，从粗放式管理向精细化管理转变，从主要依靠要素投入向依靠科技进步和提高劳动者素质转变，生产出更多营养安全、美味健康、方便实惠的食品和质优、价廉、物美、实用的农产品加工产品，为实现农产品加工业转型升级和持续健康发展，树立中国制造、中国智造和中国品牌形象注入不竭内生动力和外在牵引力。

三、主要任务

“十三五”期间，农产品加工业质量品牌提升行动主要任务是大力提升“四大能力”。

（一）大力提升标准化生产能力

以满足新产品、新技术、新市场发展需要，以及国内产业升级、消费提档和主要贸易国标准变化等要求，加快制修订一批制约产业发展的国家和行业标准。加强现有标准宣贯，引导企业严格执行强制性标准，积极采用先进标准，大力推行标准化生产。加强对农业产业化龙头企业、农产品加工领军企业、农民合作社等规模化生产经营主体的技术指导和服务，充分发挥其开展标准化生产的示范引领作用。支持企业、科研院所、行业组织等参与国际标准制定，加快标准国际化进程。

（二）大力提升全程化质量控制能力

鼓励企业开展先进的质量管理、食品安全控制等体系认证，对质量管理岗位实行岗前技能培训和持证上岗制度，定期开展质量改进、质量攻关等活动，提高加工环节的质量管理。引导企业将质量管理前伸后延到原料生产、物流销售等环节，逐步建立全员、全过程、全方位的质量管理制度，实现全程质量管理和控制。

（三）大力提升技术装备创新能力

支持有条件企业加快建设产品研发或工程技术中心，提高企业原始创新能力。引导企业采用先进生产装备和技术，加强装备、原料、工艺的集成和优化，提高企业引进吸收再创新能力。鼓励企业与科研机构签订合作协议，组建产业技术创新联盟，建立产学研用合作机制和技术创新体系。

（四）大力提升品牌培育创建能力

树立企业以质量和诚信为核心的品牌观念，不断挖掘品牌文化内涵，提升品牌附加值和软实力。鼓励企业充分利用自媒体、社会媒体、终端消费群体等平台，加速品牌、生产和销售能力的全面升级。鼓励品牌策划机构参与企业品牌培育活动，为企业提供有前瞻性、顺应时代发展特点的品牌培育模式，加快培育一批能够展示“中国制造”和“中国服务”优质形象的品牌与企业。

四、保障措施

（一）推动政策落实创设

综合运用财政、税收、金融等政策工具支持农产品加工业质量品牌建设。农村一二三产业融合试点项目等资金要采取财政贴息、奖补等形式适当向农产品加工质量提升、品牌创建等工作领域倾斜。农产品产地初加工补助项目等政策要优先向区域公用品牌创建好的地方倾斜。推动更多地区设立质量奖，制定品牌奖励保护政策，营造全社会重视质量、发展品牌、保护品牌的浓厚氛围。

（二）促进科技创新转化

引导政府投资建设的技术研发中心、工程技术中心等机构，逐步向企业开放，增强企业技术创新能力。积极组织国家农产品加工技术研发体系优势力量开展科企对接，以品牌企业为龙头组建农产品加工业科企创新联盟，针对产业需求进行联合攻关，尽快在农产品初加工、主食加工、精深加工和副产物综合利用等重点领域突破一批制约行业发展的技术装备瓶颈问题。积极利用全国农产品加工科技创新等活动，搭建技术成果展示、交易大数据平台，推动科企合作和科技成果产业化。

（三）培养质量品牌专业人才

支持品牌策划和运营机构发展。要多渠道培养引进专业人才，加强质量品牌研究学习，提升质量品牌管理服务能力。要加快组建质量品牌专家服务队伍，举办质量品牌培训班，组织质量品牌交流活动，尽快培养一批创新能力强、精通质量管理和品牌运营的专业人才。

（四）发挥典型带动作用

积极组织品牌企业参加中国质量奖、省长质量奖等品牌评选和“中华老字号”质量品牌大讲堂等活动，扩大品牌企业的社会影响力。联合品牌企业针对中小企业、上下游企业开展行业技术、管理等专题培训，扩大品牌企业的行业影响力。组织企业参加国内外知名展会，扩大企业国际影响力。广泛开展诚信承诺活动，加大诚信企业示范宣传和典型失信案件曝光力度，强化信用自律和行业自律。策划和组织开展专题公益宣传活动，把质量品牌建设成效突出的农产品加工企业和产品遴选出来，有计划、有步骤、成规模地开展系列推介宣传，努力形成声势，汇聚各方面重视、崇尚质量品牌的正能量。

（五）搭建公共服务平台

分级建立农产品加工业质量品牌目录数据库、专家库，实行开放共享、动态管理。充分利用互联网、物联网、大数据等信息化技术，提供品牌查询、品牌推介和品牌宣传等服务。鼓励品牌策划机构、专业人员深入企业开展质量品牌咨询诊断、指导策划等服务。通过政府购买服务等方式，支持质量认证、品牌策划等机构开展质量管理体系认证与品牌创建等工作。

五、组织领导

开展农产品加工业质量品牌提升行动事关我国农产品加工业转型升级发展。各地要把提升行动作为一项长期而又紧迫任务摆上重要议事日程，切实抓紧抓好抓出成效。

（一）制定实施方案，完善工作机制

各地要立足当地实际，编制质量品牌提升行动实施方案，进一步明确工作目标、主要内容、技术路线和时间节点。要将提升行动各项任务纳入年度重点工作计划，加强组织指导和督促检查。加快建立信息共享、上下联动的工作机制，切实将提升行动组织好、实施好。

（二）加强调查研究，总结推广经验

要加强品牌创建新路径、新模式研究，创新工作方法，不断丰富和深化提升行动的各项任务，加快新政策创设和示范引导。定期开展质量品牌提升行动的经验交流活动，加快推进质量品牌提升行动全面实施。

（三）加强沟通协调，形成工作合力

积极与工信、质监、食药、工商等部门沟通协调，促进部门合作和工作联动，加大品牌支持保护力度，维护品牌形象和消费者合法权益。积极整合资源要素，引导更多企业、服务策划机构、网络销售平台和典型消费者参与质量品牌提升行动，增强提升行动的实施效果和社会影响力。

（四）加强宣传引导，营造良好环境

积极利用各类新闻媒体，采取多种形式，大力宣传品牌产品与品牌企业。组织开展“中华老字号”质量品牌大讲堂，利用中国农产品加工业投资贸易洽谈会等全国性服务平台发布区域公用品牌和品牌企业名录。支持品牌企业“走出去”，努力营造农产品加工业质量品牌建设的良好氛围。

关于加快推进农产品质量安全追溯体系建设的意见

（农业部　农质发［2016］8号　2016年6月21日）

各省、自治区、直辖市及计划单列市农业（农牧、农村经济）、畜牧兽医、农垦、渔业厅（局、委、办），新疆生产建设兵团农业（水产）局：

为贯彻落实《中共中央　国务院关于落实发展新理念加快农业现代化 实现全面小康目标的若干意见》（中发〔2016〕1号）和《国务院办公厅关于加快推进重要产品追溯体系建设的意见》（国办发〔2015〕95号）精神，进一步提升农产品质量安全监管能力，落实生产经营主体责任，增强食用农产品消费信心，现就应用现代信息技术加快推进全国农产品质量安全追溯体系建设提出如下意见。

一、总体要求

（一）指导思想

贯彻落实党的十八大及十八届三中、四中、五中全会精神和《食品安全法》、《农产品质量安全法》等法律要求，全面推进现代信息技术在农产品质量安全领域的应用，加强顶层设计和统筹协调，健全法规制度和技术标准，建立国家农产品质量安全追溯管理信息平台（以下简称“国家平台”），加快构建统一权威、职责明确、协调联动、运转高效的农产品质量安全追溯体系，实现农产品源头可追溯、流向可跟踪、信息可查询、责任可追究，保障公众消费安全。

（二）基本原则

坚持政府推动与市场引导相结合，明确政府、生产经营主体、社会化服务机构的职责定位，调动各方积极性；坚持统筹规划与分步实施相结合，做好顶层设计和整体规划，先行开展试点，分步推广应用；坚持农业部门主导与部门协作相结合，建立追溯管理与市场准入衔接机制，加强与有关部门的协作，保障追溯体系全程可控、运转高效。

（三）主要目标

建立全国统一的追溯管理信息平台、制度规范和技术标准，选择苹果、茶叶、猪肉、生鲜乳、大菱鲆等几类农产品统一开展追溯试点，逐步扩大追溯范围，力争“十三五”末农业产业化国家重点龙头企业、有条件的“菜篮子”产品及“三品一标”规模生产主体率先实现可追溯，品牌影响力逐步扩大，生产经营主体的质量安全意识明显增强，农产品质量安全水平稳步提升。

二、全面统筹规划，实现整体推进

（四）建立追溯管理运行制度

出台国家农产品质量安全追溯管理办法，明确追溯要求，统一追溯标识，规范追溯流程，健全管理规则。加强农业与有关部门的协调配合，健全完善追溯管理与市场准入的衔接机制，以责任主体和流向管理为核心，以扫码入市或索取追溯凭证为市场准入条件，构建从产地到市场到餐桌的全程可追溯体系。鼓励各地会同有关部门制定农产品追溯管理地方性法规，建立主体管理、包装标识、追溯赋码、信息采集、索证索票、市场准入等追溯管理基本制度，促进和规范生产经营主体实施追溯行为。

（五）搭建信息化追溯平台

建立“高度开放、覆盖全国、共享共用、通查通识”的国家平台，赋予监管机构、检测机构、执法机构和生产经营主体使用权限，采集主体管理、产品流向、监管检测和公众评价投诉等相关信息，逐步实现农产品可追溯管理。各行业、各地区已建追溯平台的，要充分发挥已有的功能和作用，探索建立数据交换与信息共享机制，加快实现与国家追溯平台的有效对接和融合，将追溯管理进一步延伸至企业内部和田间地头。鼓励有条件的规模化农产品生产经营主体建立企业内部运行的追溯系统，如实记载农业投入品使用、出入库管理等生产经营信息，用信息化手段规范生产经营行为。

（六）制定追溯管理技术标准

充分发挥技术标准的引领和规范作用，按照“共性先立、急用先行”的原则，加快制定农产品分类、编码标识、平台运行、数据格式、接口规范等关键标准，统一构建形成覆盖基础数据、应用支撑、数据交换、网络安全、业务应用等类别的追溯标准体系，实现全国农产品质量安全追溯管理“统一追溯模式、统一业务流程、统一编码规则、统一信息采集”。各地应制定追溯操作指南，编制印发追溯管理流程图和明白纸，加强宣传培训，指导生产经营主体积极参与。

（七）开展追溯管理试点应用

国家平台将于2017年上线，届时将选择部分基础条件好的省份开展区域试运行，根据试运行情况进一步完善国家平台业务功能及操作流程。优先选择苹果、茶叶、猪肉、生鲜乳、大菱鲆等几类农产品统一开展试点，不断总结试点经验，探索追溯推进模式，逐步健全农产品质量安全追溯管理运行机制，进一步加大推广力度，扩大实施范围。

三、推动多方参与，规范实施要求

（八）强化农业部门追溯管理职责

各地要按照属地管理原则，建立生产经营主体管理制度，将辖区内农产品生产经营主体逐步纳入国家平台管理，组织生产经营主体实施追溯，并对落实情况进行监督。组织辖区内监管、检测机构加快应用国家平台，规范开展监管、检测信息采集，及时将基地巡查、执法检查、检验检测、产品认证、评估预警等信息纳入国家平台管理。开展追溯示范点创建活动，组织辖区内统一规范开展追溯工作，发挥示范带动作用。

（九）落实生产经营主体责任

农产品生产经营主体应按照国家平台实施要求，配备必要的追溯装备，积极采用移动互联等便捷化的技术手段，实施农产品扫码（或验卡）交易，如实采集追溯信息，实现信息流和实物流同步运转。鼓励和引导有条件的生产经营主体实施农产品包装上市，加施追溯标识，确保农产品可溯源。有条件的地区可由政府统一配备必要的追溯装备设施。

（十）发挥社会化服务作用

在国家统筹指导下，创新市场机制，有序引导社会力量和资本投入追溯体系建设。激发第三方机构活力，鼓励其为国家平台提供配套服务，为农产品生产经营主体提供技术支撑，推动追溯服务业规范发展。

四、加强监督管理，拓展追溯功能

（十一）加强追溯监督检查

农业部门要加强追溯信息在线监控和实地核查，重点对主体管理、信息采集、标识使用、扫码交易等有关情况实施监督，推进落实各方责任。规范监管、检测机构信息采集管理，确保监管、检测信息及时准确上传。健全追溯管理激励、惩戒机制，建立生产经营主体信用档案和“黑名单”制度，对不履行追溯义务、填报信息不真实的生产经营主体，加大惩戒力度。

（十二）发挥追溯功能作用

加强国家平台功能应用，积极开展农产品全程追溯管理，强化线上监控和线下监管，快速追查责任主体、产品流向、监管检测等追溯信息，提升综合监管效能。用可追溯制度倒逼生产经营主体强化质量安全意识，加强内部质量控制，落实好第一责任。畅通公众查询、投诉渠道，提高农产品生产经营过程透明度，解决农产品生产经营信息不对称问题，提振公众消费信心。

（十三）提升智慧监管能力

建立“用数据说话、用数据管理、用数据决策”的管理机制，充分发挥国家平台决策分析功能，整合主体管理、产品流向、监管检测、共享数据等各类数据，挖掘大数据资源价值，推进农产品质量安全监管精准化和可视化。建立追溯管理与风险预警、应急召回的联动机制，提升政府决策和风险防范能力，加强事中事后监管，提高监管的针对性、有效性。

五、强化保障措施，夯实工作基础

（十四）健全工作体系

依托现有农产品质量安全监管机构或具有农产品质量安全职能的事业单位建立健全农产品质量安全追溯管理体系队伍，落实各方职责，积极争取工作经费和保障条件。加强人员培训，提高基层追溯管理业务能力和水平。组建全国农产品质量安全追溯专家组，为农产品追溯体系建设提供技术支撑。

（十五）完善法律制度

加快推进《农产品质量安全法》修订步伐，充分借鉴国外立法经验，推动农产品质量安全追溯管理法制化，重点将主体管理、市场准入、主体责任、监督管理、处罚措施等关键要素纳入法律范畴，为追溯管理提供法律依据。

（十六）加强政策扶持

落实属地管理责任，加快追溯管理基础设施建设，完善生产经营主体、检测机构和基层监管机构追溯装备条件。积极争取和出台农产品质量安全追溯管理扶持政策，加大对生产经营主体追溯装备设施配置、信息采集和标识使用补贴力度，建立追溯与项目扶持挂钩机制，提高生产经营主体实施追溯的积极性。支持引导社会资本参与追溯体系建设，形成多元化的资金投入机制，完善追溯技术研发与相关产业促进政策。

（十七）强化社会共治

深入开展有关法律法规和标准宣传贯彻活动，普及追溯知识，传播追溯理念，提升企业自律意识和责任意识，提高公众对可追溯产品的认知度。加强政府与公众的沟通交流，建立违法行为信息披露制度和有奖举报机制，发挥舆论监督作用，推动形成全社会关心追溯、使用追溯、支持追溯的良好氛围。

关于大力促进粮食科技成果转化的实施意见

（国家粮食局　国粮储［2016］148号　2016年7月12日）

各省、自治区、直辖市及新疆生产建设兵团粮食局，中国储备粮管理总公司：

促进粮食科技成果转化是粮食行业深入贯彻实施创新驱动发展战略的重要任务，是加强科技与粮食经济紧密结合的关键环节，对于推进粮食供给侧结构性改革、支撑发展粮食产业经济具有重大意义。为深入贯彻全国科技创新大会精神，落实《国务院关于印发实施〈中华人民共和国促进科技成果转化法〉若干规定的通知》（国发［2016］16号）和《国务院办公厅关于印发促进科技成果转移转化行动方案的通知》（国办发［2016］28号）对促进科技成果转化提出的新要求，打通粮食科技与粮食产业经济结合的通道，加快推动粮食科技成果转化为现实生产力，进一步推进实施“科技兴粮”工程，切实增强粮食行业创新驱动能力，现就大力促进粮食科技成果转化提出如下实施意见。

一、促进粮食行业共性关键科技成果转化

（一）加强粮食行业公益性科技成果转化

各级粮食行政管理部门要研究制定支持粮食科技成果转化的政策措施，加强与发展改革、财政、科技、税收等相关部门的沟通协调，积极争取国家或地方政策和财政资金支持，发挥好财政资金和政策对行业公益性技术转化的引导作用，重点推动一批先进适用、安全可靠、经济节约、知识产权归属清晰的粮食仓储物流、质量安全、加工转化和信息化等重要科技成果转化和推广应用，让科技成果尽快落地生根，不断提升粮食流通管理和粮食产业的科技含量。要鼓励

粮食企业自主研究和推广应用行业共性科技成果，对于牵头参与行业公益性科研项目中试及产业化的企业，给予相应的资金支持，享有依法约定合作的知识产权归属和权益分配等。

（二）引导科研单位聚焦重大需求转化粮食科技成果

针对粮食行业公益性强、科技成果转化动力偏弱的特点，支持粮食行业研究开发机构、相关高等院校（以下称为“粮食行业科研单位”）聚焦制约粮食行业发展急需解决的共性关键重大问题，通过承担和参与国家重点研发计划重点专项等公益性粮食科技项目研究，加强科技成果扩散和转化应用。粮食科技项目立项要把研究成果转化应用作为重要目标，并列入考核指标之一，将研究成果转化相关工作内容编入项目文本并申报相应的经费预算，安排预算时一般应专门列出；在科研团队中，一般应配备科技成果转化力量，以利于更好实现研究成果的实用价值和市场价值。

（三）推动企业加速粮食科技成果转化

粮食企业要发挥处于行业一线的优势，以需求为导向，主动推进科技成果转化应用。国家和地方财政支持的市场导向明确的行业共性关键科技研发项目和成果应用，原则上由粮食企业牵头组织实施。要调动粮食企业转化推广应用科技成果的积极性，中央粮食企业和地方骨干粮食企业要发挥示范带头作用，加强与科研院所、高校联合研发和转化，在行业内树立一批粮食科技成果转化的先进典型，把成果转化应用纳入年终考核范围，对业绩突出的给予奖励。

二、促进粮食行业科研单位转移科技成果

（四）科研单位自主决定多种方式转移转化科技成果

粮食行业科研单位可以自主决定通过转让、许可或者作价投资等方式，向企业或者其他组织转移行业科技成果。除涉及国家秘密、国家安全外，不需审批或者备案。粮食行业科研单位有权依法以持有的科技成果作价入股，并通过发起人协议、投资协议或者公司章程等形式对科技成果的权属、作价、折股数量或者出资比例等事项明确约定，明晰产权。要积极采取措施，鼓励和支持粮食行业科研单位优先向中小微粮食企业转移科技成果，为粮食行业大众创业、万众创新提供技术供给。

（五）完善科研单位技术转移机构服务功能

支持粮食行业科研单位加强专业技术转移机构建设，建立健全单位内部技术转移转化工作体系、机构和机制，加强科技成果转移的组织领导，优化成果转化流程，提高转移转化效率。在有条件的院所、高校探索科技成果转移转化的有效模式与机制，试行技术经理人市场化聘用机制。

科技成果转化所获得的收入全部留归单位，纳入单位预算，不上缴国库，扣除对完成和转化职务科技成果作出重要贡献人员的奖励和报酬后，应主要用于科技研发与成果转化等相关工作，并对技术转移机构的运行和发展给予保障。

（六）对科技成果转化鼓励通过市场化方式定价

粮食行业科研单位对其持有的科技成果，应当通过协议定价、在技术交易市场挂牌交易、拍卖等市场化方式确定价格。协议定价的，科技成果持有单位应当在本单位公示科技成果名称和拟交易价格，公示时间不少于15日。单位应当制定并公开异议处理程序和办法。

在确定价格过程中，相关负责人在履职尽责、没有牟取非法利益的前提下，免除其在科技成果定价中因科技成果转化后续价值变化产生的决策责任。

（七）将科技成果转化情况纳入科研单位绩效考评

粮食行业科研单位以及承担和参与公益性粮食科技项目的单位应当按照规定格式，于每年3月30日前向国家粮食局报送本单位上一年度科技成果转化情况的年度报告，行业主管部门审核后于每年4月30日前将各单位科技成果转化年度报告报送至科技、财政行政主管部门指定的信息管理系统。年度报告内容主要包括：

1. 科技成果转化取得的总体成效和面临的问题；
2. 主持及参与完成的成果数量及有关情况；
3. 科技成果转让、许可和作价投资情况；
4. 推进产学研合作情况，包括自建、共建研究开发机构、技术转移机构、科技成果转化服务平台情况，签订技术开发合同、技术咨询合同、技术服务合同情况，人才培养和人员流动情况等；
5. 科技成果转化绩效和奖惩情况，包括科技成果转化取得收入及分配情况，对科技成果转化人员的奖励和报酬等。

各级粮食行政管理部门对所属科研单位进行绩效考评时，应当将科技成果转化情况作为评价指标之一。要加大对科技成果转化绩效突出的科研单位及人员的支持力度，根据单位科技成果转化年度报告情况等，对单位科技成果转化绩效予以评价，并将评价结果作为对单位予以支持的重要参考依据。

三、推动粮食企业与粮食行业科研单位紧密合作

（八）鼓励企业与科研单位多种方式紧密合作

针对粮食企业自有科研机构相对不足的实际，鼓励和支持企业与行业科研单位以股权合作等多种方式，共同建设实验室、研发中心、中试基地和技术培训基地，产学研协同开展粮食科技攻关、标准研究制定和成果应用推广等。鼓励粮食企业与科研单位探索建立股份制合作机制。

（九）发展“互联网＋”粮食科技创新服务

围绕实施“互联网＋”行动，发挥互联网优势，支持构建众创空间，积极开展粮食企业技术难题竞标等“研发众包”、用户参与设计等新型研发组织模式探索，引导行业科技人员、科研单位承接粮食企业的科技项目委托和难题招标，加强行业创新资源共享合作，推进开放式融合创新，促进前沿技术和创新成果及时转化。

（十）构建多种形式的粮食产业技术创新联盟

鼓励和支持龙头企业与科研单位构建多种形式的粮食产业技术创新联盟，充分发挥中央粮食企业和地方骨干粮食企业的主导作用，联合上下游企业和科研单位围绕产业链构建科技创新链，为成员企业提供订单式研发服务，提高粮食科技资源利用效率。支持联盟承担粮食行业重大科技成果转化项目，探索联合攻关、利益共享、知识产权运营的有效机制与模式。

（十一）支持建立粮食科技成果综合集成示范强化政府引导，鼓励企业牵头，加强产学研协同，聚焦粮食行业重大需求，坚持先进适用技术筛选、技术配套集成与推广一体化设计，开展中试熟化与产业化、集成开发，建立中间试验、工业化试验、工程化开发平台、集成示范及推广的协调机制，提供全程系统性技术解决方案，加快科技成果转移转化。

四、激励粮食行业科技人员创新创业

（十二）健全粮食科技成果转化收益分配激励机制

粮食行业科研单位应依据国家有关规定，在充分听取本单位科技人员意见的基础上，制定转化科技成果收益分配制度，并在本单位公开。依法对职务科技成果完成人和为成果转化作出重要贡献的其他人员给予奖励时，按照以下规定执行：

1. 以技术转让或者许可方式转化职务科技成果的，应当从技术转让或者许可所取得的净收入中提取不低于50%的比例用于奖励。

2. 以科技成果作价投资实施转化的，应当从作价投资取得的股份或者出资比例中提取不低于50%的比例用于奖励。

3. 在研究开发和科技成果转化中作出主要贡献的人员，获得奖励的份额不低于奖励总额的50%。

4. 对科技人员在科技成果转化工作中开展技术开发、技术咨询、技术服务等活动给予的奖励，可按照《中华人民共和国促进科技成果转化法》和《国务院关于印发实施〈中华人民共和国促进科技成果转化法〉若干规定的通知》等执行。

（十三）实施粮食行业科技特派员农村科技创新创业行动

贯彻《国务院办公厅关于深入推行科技特派员制度的若干意见》（国办发〔2016〕32号），紧密对接产业需求，建立面向农村、面向农民、面向企业的农村粮食产后科技服务新模式新体系，提高农民粮食收储运和加工水平，减少损失浪费，促进增收致富。组织动员粮食仓储和加工企业、科研院所、院校、质检中心、工程技术中心及科技人员和高层次专家服务基层，开展农户科学储粮减损、粮食产后服务、粮食经纪人技能培训、兴粮惠农进万家、成果转化对接等活动，打造一支面向基层服务的科技成果转移转化人才队伍。

普通高校、科研院所、职业学校等事业单位对开展农村科技公益服务的科技特派员，在5年时间内实行保留原单位工资福利、岗位、编制和优先晋升职务职称的政策，其工作业绩纳入科技人员考核体系；对深入农村开展科技创业的，在5年时间内保留其人事关系，与原单位其他在岗人员同等享有参加职称评聘、岗位等级晋升和社会保险等方面的权利，期满后可以根据本人意愿选择辞职创业或回原单位工作。

（十四）鼓励科技人员到企业兼任技术职务

国家设立的粮食行业研发机构和院校科技人员在履行岗位职责、完成本职工作的前提下，经征得单位同意，可以兼职到企业等从事科技成果转化活动，或者离岗创业，原单位3年时间内保留人事关系。粮食行业科研单位应当建立制度，规定或者与科技人员约定兼职、离岗从事科技成果转化活动期间和期满后的权利和义务。离岗创业期间，科技人员所承担的国家科技计划和基金项目原则上不得中止，确需中止的应当按照有关管理办法办理手续。鼓励粮食行业科研单位根据专业特点、行业领域技术发展需要，聘请粮食企业及其他组织的科技人员兼职从事教学和科研

工作。

（十五）对于担任领导职务的科技人员获得成果转化奖励按分类管理原则执行

各级粮食行政管理部门所属科研单位（不含内设机构）正职领导，以及上述单位所属具有独立法人资格单位的正职领导，是科技成果的主要完成人或者对科技成果转化作出重要贡献的，可以按照促进科技成果转化法的规定获得现金奖励，原则上不得获取股权激励。其他担任领导职务的科技人员，是科技成果的主要完成人或者对科技成果转化作出重要贡献的，可以按照促进科技成果转化法的规定获得现金、股份或者出资比例等奖励和报酬。

对担任领导职务的科技人员获得知识产权、成果奖励、科技成果转化收益分配实行公开公示制度，禁止利用职权侵占他人科技成果转化收益。

（十六）鼓励粮食企业健全科技成果转化分配激励机制

鼓励粮食企业充分利用股权出售、股权奖励、股票期权、项目收益分红、岗位分红等方式激励科技人员开展科技成果转化，建立健全符合粮食科技成果转化工作特点的职称评定、岗位管理、考核评价制度和收入分配激励约束机制。

各级粮食行政管理部门要结合深化国有粮食企业改革，督促落实国有科技型企业股权和分红激励政策，对科技人员实施激励。

五、为粮食行业科技成果转化提供有力保障

（十七）加强粮食行业科技成果、人才、机构对接服务

国家粮食局积极搭建粮食行业科技成果、人才、机构对接平台，推动粮食行业科技成果供给端与需求端精准对接。要广泛征集、筛选粮食行业科技需求，发布《粮食行业科技需求指南》，引导研究开发机构、高等院校围绕行业科技需求有针对性地开展技术研发与攻关；要加强粮食科技信息管理，建立行业科技成果库和科技人才库信息系统，推广科技成果在线登记汇交系统，发布《可面向企业转化的粮食科技成果目录》或《产业技术指导目录》和《粮食科技人才指导目录》，为企业有效对接主动提供信息服务。

建立全国粮食科技成果转化交流机制，在每年粮食科技活动周期间，继续组织举办“全国粮食科技成果转化对接活动”，以成果、人才、机构等对接为重点，及时发布转化先进适用的粮食科技成果包。同时，构建网上粮食科技成果转化对接信息服务平台，加强科技成果信息汇总，便于供需双方实时对接。

（十八）发挥科技中介组织促进成果转化的纽带作用

鼓励粮食行业科研单位、学会组织健全科技中介服务功能，为粮食科技成果交易提供场所、信息平台以及信息检索、加工与分析、评估、经纪等服务。粮油学会等科研团体要利用广泛联系科技工作者的独特优势和已有服务平台，加强科技成果的推介和转化，推动成果、人才、机构与需求有效对接，促进粮食行业科技进步。国家粮食行政管理部门将组织对粮食行业科技中介服务机构进行考核评估，对运作规范、有发展前途的予以支持。

粮食标准化管理部门应组织开展粮食行业的新技术、新工艺、新材料、新产品的标准研究和制修订工作，并积极参与国际标准制修订，为推进先进适用的粮食科技成果转化提供标准服务，全面提高行业技术标准水平。

（十九）加强知识产权保护和服务

强化创新成果转化的知识产权保护，健全行业知识产权保护预警防范机制，加大知识产权侵权行为惩处力度。建立粮食行业科技信用体系，对违法复制专利、剽窃论文、偷取技术、挂名侵权等恶意行为，要予以通报批评并纳入行业科技信用记录，情节严重的移交司法机关。科研院所、高校的科技人员以离岗创业、兼职等方式从事科技成果转化要遵守原单位的约定，保守原单位的商业秘密，尊重原单位的知识产权；使用原单位或他人知识产权的，要与原单位或他人签订许可或转让协议。国家粮食科研项目要向信用记录良好的单位适当倾斜。

（二十）加强组织领导

各级粮食行政管理部门要充分发挥在科技创新需求凝练、科技成果转化示范推广等方面的重要作用，及时研究新情况、新问题，加强政策执行力度，开展监测评估，及时总结推广经验做法，加大宣传力度，提升粮食行业科技成果转化的质量和效率，推动粮食产业经济转型升级、提质增效。

本意见贯彻执行中遇到的新情况和新问题，请及时向国家粮食局报告。

关于加快推进粮食行业供给侧结构性改革的指导意见

（国家粮食局　国粮政［2016］152号　2016年7月12日）

各省、自治区、直辖市及新疆生产建设兵团粮食局：

推进供给侧结构性改革，是以习近平同志为总书记的党中央深刻把握我国经济发展大势作出的战略部署，是适应和引领经济发展新常态的重大创新，具有很强的现实意义和深远的战略意义。当前，国内粮食市场运行多重矛盾交织、新老问题叠加，部分粮食品种阶段性供过于求特征明显，粮食流通服务和加工转化产品有效供给不足，粮食“去库存”任务艰巨，现行收储制度需加快改革完善等，充分说明我国粮食领域的主要矛盾已经由总量矛盾转变为结构性矛盾，矛盾的主要方面在供给侧。推进粮食行业供给侧结构性改革，是破解当前粮食领域结构性、体制性矛盾，促进粮食产业转型发展提质增效，构筑高层次国家粮食安全保障体系的迫切要求和必然选择。为加快推进粮食行业供给侧结构性改革，促进粮食流通事业持续健康发展，切实保障国家粮食安全，提出如下指导意见。

一、总体要求

（一）指导思想

全面贯彻落实党的十八大和十八届三中、四中、五中全会精神，深入学习贯彻习近平总书记系列重要讲话精神，牢固树立并认真贯彻“五大发展理念”，深入贯彻国家粮食安全战略，紧紧围绕中央关于推进供给侧结构性改革的决策部署，以推动粮食流通领域转方式、调结构、去库存、降成本、强产业、补短板为方向，以全面落实粮食安全省长责任制、改革完善粮食流通体制和收储制度、发展粮食产业经济、加快粮食流通能力现代化为重点，促进粮食产品和服务供给质量效率的大力提升，促进粮食行业向现代发展模式的积极转变，促进粮食供需平衡向高水平的快速跃升，着力构建动态开放、稳健可靠、运转高效、调控有力的粮食安全保障体系。

（二）基本原则

坚持供需结合、互促共进 进一步调优供给结构，减少无效和低端供给，增加有效和中高端供给，催生和培育新的市场需求，切实增强粮食产品供给和需求结构的匹配度、适应性，实现更高层次的粮食供需动态平衡。

坚持问题导向、精准发力 着眼于粮食产需、收储制度、产业经济、产品结构、流通服务等方面的深层次矛盾，找准改革的切入点和突破口，着力补齐短板、破解瓶颈，推动粮食行业持续健康发展。

坚持改革创新、激发动能 坚持市场化改革取向，突出创新驱动，完善体制机制，优化发展环境，矫正要素配置扭曲，充分调动地方政府、多元市场主体和种粮农民的积极性，形成改革发展合力，让各类要素资源活力竞相迸发，把粮食资源优势转化为经济发展优势。

坚持统筹推进、分类指导 把粮食行业供给侧结构性改革放在经济社会发展大局中统筹谋划、协调推进，把握好改革的方向、节奏和力度。围绕国家“一带一路”、京津冀协同发展、长江经济带三大战略，统筹利用好国内外两个市场两种资源。结合不同地区、不同品种、不同企业的实际情况，因地制宜，分类施策，强化指导，务求实效。

（三）主要目标

——*粮食安全保障能力明显增强*　加快推进粮食收储制度改革，充分发挥流通对生产的引导和反馈作用，推动粮食种植结构调整优化；健全完善相关制度保障体系，保障农民种粮合理收益，促进粮食生产稳定发展；着力提升粮食流通社会化服务水平，加强粮食科技创新，加快构建更高层次、更高质量、更高效率的国家粮食安全保障体系。

——*粮食流通能力现代化水平显著提升*　加快实施“粮安工程”，加强现代粮食仓储物流设施建设和行业信息化建设，补齐粮食流通短板，降低成本，提升效率，更好地满足粮食资源快速集散、顺畅流通、高效配送的需要。

——*粮食产业经济持续健康发展*　以粮食加工转化为引擎，促进产收储加销有机融合，激发粮食产业经济发展活力，推动粮食行业转型升级、提质增效，加快实现抓收储、管库存、保供应、稳市场和强产业、活经济、稳增长、促发展“双轮驱动”。

——*粮食产品供给结构更加优化* 以市场需求为导向，加快产品供给结构调整，强化中高端产品和精深加工产品等有效供给，提供适销对路、品种丰富、质量安全、营养健康的粮油产品，满足人民群众日益增长的优质粮油产品消费需求。

二、重点任务

（一）完善粮食收储体制机制

1. 改革完善粮食收储制度 继续执行并完善稻谷、小麦最低收购价政策，积极稳妥推进玉米收储制度改革。理顺粮食价格形成机制，使价格真正成为反映市场供求的“晴雨表”。建立健全生产者补贴制度，切实保护好农民种粮积极性。

2. 进一步落实地方政府收储责任 认真落实粮食安全省长责任制，积极争取财政、信贷等支持政策，鼓励引导大中型粮食加工企业、饲料生产企业等入市，推动形成多元主体积极参与收购的粮食流通新格局，全力防止出现农民“卖粮难”。

3. 开展粮食产品品质提升行动 完善优质粮食评价标准体系，健全收获粮食品质测报制度，引导优质粮食生产。探索粮食收购新模式，鼓励通过优质优价、技术指导、代收代储等方式，积极引导农民增加优质粮食品种供给，增加种粮农民收益。

4. 打造农企利益共同体 积极发展“订单粮食”，鼓励粮食收储加工企业与专业合作社、家庭农场、种粮大户等新型农业经营主体签订收购合同。鼓励粮食收储加工企业积极吸收农民以土地经营权等方式入股，形成风险共担、收益共享、长期稳定的利益共同体。

（二）加快推动粮食“去库存”

5. 积极稳妥消化不合理粮食库存 加强对国内外粮食市场的综合分析研判，切实提高粮食“去库存”的预见性和精准性。充分发挥全国粮食统一竞价交易系统作用，综合考虑库存粮食结构、品质和市场需求等情况，灵活运用竞价销售、定向销售、邀标销售、轮换销售等多种方式，合理确定销售价格，科学安排库存粮食销售进度和次序。

6. 严防粮食“出库难”督促指导承储企业、买方企业严格执行国家政策性粮食销售政策，确保销售粮食正常出库。对于设置出库障碍、额外收取费用、拍卖信息与实际不符、拒不执行交易规则、未按政策规定及时出库等各种“出库难”，进一步加大依法治理力度，确保顺利出库。

7. 加强出库粮食流向监管 对定向销售给淀粉、酒精、饲料等加工企业的粮食，加强从出库、中转到加工的全程监管，确保粮食流向和用途符合国家规定，坚决避免出现“转圈粮”、虚购虚销、转手倒卖、擅自改变用途等违规行为，坚决防止不符合食品安全标准的粮食流入口粮市场。

（三）大力发展粮食产业经济

8. 增加多元化定制化个性化粮食产品供给 加快推动主食产业化，适应家务劳动社会化要求，加快推进馒头、包子、米饭、米粉等传统米面制品的工业化、规模化、标准化生产，提升主食产品社会化供应能力，为广大城乡居民提供便捷、安全、营养、可口的主食产品。积极发展绿色全谷物、有机食品等中高端粮食产品。不断增加针对老年人、婴幼儿等特定人群的粮食产品供给，着力推动风味小吃和地方特色食品的工业化生产。

9. 加快发展粮食精深加工转化 依托粮食资源优势，加快科技攻关，完善粮食精深加工转化产业体系和产品链条，实现粮食资源的高效利用和提质增效。加大自主开发和生产投入力度，着力增加化工、医药、保健等领域所需粮食精深加工产品的有效供给，逐步补齐产品短板，提升国际市场竞争力。

10. 扶持壮大骨干粮食企业 继续深化国有粮食企业改革，积极发展混合所有制经济，集中力量做强做优做大各类骨干粮食企业。积极推广全产业链发展模式，培育一批集粮食生产、仓储、物流、加工、贸易于一体的综合性企业集团；突出比较优势，打造一批“高精尖”专业性企业集团。大力培育领军型产业集团，形成“走出去”合力，积极参与国际粮食分工和产业链再造，提升国际粮食市场影响力和话语权。

11. 实施品牌发展战略 推进现有粮食品牌整合，巩固发展一批质量好、美誉度高、消费者认可的粮食优质品牌。加大资金、技术支持力度，努力打造一批产品叫得响、质量信得过的粮油新品牌，大力提高优质粮油产品的市场占有率和企业核心竞争力。

12. 推动粮食产业集群发展 加强粮食产业基地和产业园区建设，吸引优势企业、先进技术、高端人才和资金不断涌入，充分发挥集聚、辐射和带动效应。注重发挥区域优势和特色，在优势产区发展若干粮食产业集群，形成优势互补、互利互惠、合作共赢的产业经济发展新格局。

13. 发展粮食循环经济 积极研发和推广应用生态环保、节能减排新技术、新装备、新工艺，大力提升粮油加工综合利用水平，增加产品附加值，培育新的经济增长点，不断提高粮食产业经济效益和生产效率。

14. 加快淘汰落后产能 因地制宜，加大兼并重组力度，积极稳妥处置长期亏损、资产负债率高、停产半停产的“僵尸企业”。加强分类指导和规划引导，加快淘汰高能耗、低水平、粗放式的落后加工产能。

15. 发展新型粮食经营业态 积极发展“互联网+粮食”，鼓励粮食经营企业创新营销方式，加强“线上线下”融合的电商平台建设。鼓励粮食批发市场、连锁超市、放心粮店等开展电子商务，加快发展粮油网络经济，有效拓宽粮食营销渠道，提高供给效率。

（四）着力提升粮食流通社会化服务水平

16. 推广建设粮食产后服务中心 适应粮食生产适度规模化快速发展的需要，加大规划引导和政策扶持力度，以粮食收储加工企业为主体，加快建立集收购、储存、烘干、加工、销售、质量检测、信息服务等功能于一体的粮食产后服务中心，为新型农业经营主体提供全方位、多元化优质服务。

17. 完善“放心粮油”供应体系 加快实施“放心粮油”工程，健全规范的粮油加工配送渠道，完善“放心粮油”管理制度，推动“放心粮油”进社区、进学校、进军营、进乡村。

18. 完善粮食质量安全保障机制 全面贯彻《食品安全法》，按照从田间到餐桌全过程、可追溯管理要求，进一步落实粮食质量安全属地管理责任，加强对粮食流通各环节质量安全监管。加强粮食质量检验监测体系建设，提升粮食质量安全监管能力，确保监管无盲区。进一步加强粮食标准制修订，加快建成科学合理的新型粮油标准体系。推动建立污染粮食处置长效机制，做好不符合食品安全标准库存粮食的处置工作，严防流入口粮市场。探索建立问题粮食召回制度。

19. 提升市场信息服务水平 充分利用电视、报纸、网络、微信等媒体平台，及时发布市场供求、价格、贸易等信息，全面准确地释放市场信号，加强对农民、经纪人、收储加工企业等多元市场主体的正面引导，积极发挥市场信息在实施供给侧改革、服务宏观调控中的重要作用。

（五）推动粮食流通能力现代化建设

20. 统筹推进粮食仓储设施建设 以优化布局、调整结构、提升功能为重点，改建、扩建和新建粮食仓储设施，提高机械化、自动化程度高的仓型比例，将粮食收储能力保持在合理水平。积极推动粮食仓储管理能力现代化建设，大力提升管理水平。加大对粮食烘干、整理和质检设施设备的投入，进一步提升仓储设施功能。

21. 加快粮食现代物流体系建设 紧密结合“一带一路”、京津冀协同发展、长江经济带三大战略，加快完善“八大粮食物流通道”，优化“两横五纵”重点线路。支持建设一批粮食接发设施，支持建设一批中转仓、铁路专用线、内河沿海码头，支持建设一批重要物流节点项目和综合性物流园区。加强粮食物流新技术的研发应用，推广新型专用运输工具及装卸设备，着力打通粮油配送“最后一公里”。

22. 全面推动行业信息化建设 加快推进信息化和粮食行业发展深度融合，广泛运用大数据、云计算、物联网等现代信息技术手段改造传统粮食行业，加快推进“粮安工程”智能化升级改造，推动现代信息技术在粮食收购、仓储、物流、加工、供应、质量监测监管等领域的广泛应用，消除“信息孤岛”，实现互联互通。

23. 加强粮食应急供应能力建设 完善粮食应急预案，健全应急工作机制，强化组织领导和统筹协调，加强粮食应急加工企业、储备设施和配送中心等配套建设，充实成品粮储备，逐步建成布局合理、设施完备、运转高效、军民兼容、保障有力的粮食应急供应保障体系。

（六）进一步强化粮食科技、人才重要支撑作用

24. 加快推动科技创新 充分发挥国家公益性科研机构的骨干和引领作用，加快建设高水平、有特色的现代科研院所。积极构建粮食科技协同创新平台，加快建设粮食产后领域国家工程实验室及重点实验室，加快建立“粮食产业科技专家库”，培育和集聚一批粮食科研创新团队。坚持战略导向和问题导向，注重原始创新和集成创新相结合，注重引进国外先进技术和自主创新相结合，加快在粮油共性关键核心技术和新产品新装备方面取得突破。

25. 加强科技成果转化应用 加快推广应用低温及准低温储粮，充氮、惰性粉、多杀菌素等虫霉绿色防治，平房仓负压横向通风等储粮新技术，以及粮食污染监测、现场快速检验、真菌毒素和重金属消减等质量安全保障新技术。建立粮食行业科技成果转化对接服务平台，广泛征集行业技术难题和科技需求，促进粮食科技创新成果与需求对接、科研机构科研人员与企业合作对接，探索科技成果转化多方共赢模式，加强先进适用、安全可靠、经济节约的粮食科技成果转化和推广应用，早日形成现实生产力。

26. 充分发挥企业创新的主体作用 落实国家鼓励和支持企业自主创新的政策，支持企业建设技术中心，鼓励企业加大研发投入，引导创新要素向企业集聚，增强企业创新动力、创新活力、创新能力。加快培育和认定一批科技创新型示范企业，支持大型粮食企业与有关单位联合组建粮食产业技术创新战略联盟。

27. 加强行业人才培养 全面落实人才兴粮战略，合理确定人才培养结构层次，建立产学研用融合发展的技术技能人才培养模式。积极培育国家级高层次领军人才，加快建立粮食行业“首席科学家（研究员）”制度，大力培养粮食行业中青年领军人才和团队。采取与粮食行业高等院校联合办学、委托培养、在职进修等方式，加快培养基层一线紧缺急需的专业技术人才和实用型人才。积极开展在职干部轮训，全面提升干部职工队伍素质。实施开放的人才引进机制，加大重点人才引进力度。

三、保障措施

（一）强化组织保障

各级粮食行政管理部门要高度重视，把推进粮食行业供给侧结构性改革摆在突出位置，结合本地实际制定改革工作方案，精心组织、周密安排，构建起层层分工负责、上下齐抓共管的工作格局。要加强与有关部门的沟通衔接，积极推动建立部门工作协调机制，密切配合、通力合作，形成推进改革的强大合力。

（二）加强信贷支持

突出发挥农业发展银行政策性银行作用，加强与其他政策性银行和各类金融机构的多层次合作，鼓励金融机构创新金融支持方式，提高金融服务效能，拓宽企业融资渠道，为粮食企业开展购销、加工等业务创造良好的金融信贷环境。

（三）加大投入力度

积极争取财政、税收、金融等相关政策支持，统筹使用好各类发展资金，加大产业经济发展、粮食仓储物流设施和行业信息化建设、重点领域科技攻关和粮食人才培养等方面的投入力度，为推进粮食行业供给侧结构性改革创造良好条件。

（四）突出项目支撑

统筹谋划、积极推进国家“粮安工程”建设规划、粮食行业“十三五”发展规划以及各地相关规划中明确的行业发展重点项目，加快建设进度，提高项目质量，确保项目建设取得实效，为推动行业供给侧结构性改革提供有力支撑。

（五）严格督查考核

按照粮食安全省长责任制考核有关规定和要求，加强对涉及粮食行业供给侧结构性改革的有关措施推进落实情况的督查考核，确保各项改革任务落到实处、见到实效。

关于全面加强食品药品监管系统法治建设的实施意见

（食品药品监管总局　食药监法〔2016〕101号　2016年8月8日）

各省、自治区、直辖市食品药品监督管理局，新疆生产建设兵团食品药品监督管理局：

为贯彻落实中共中央、国务院《法治政府建设实施纲要（2015—2020年）》，全面加强食品药品监管系统法治建设，积极推进食品药品监管部门依法行政，如期实现食品药品监管系统法治建设目标，针对当前食品药品监管系统法治建设实际，制定本实施意见。

一、总体目标

认真贯彻党的十八大和十八届二中、三中、四中、五中全会和习近平总书记系列重要讲话精神，以及《中共中央关于全面推进依法治国若干重大问题的决定》和《法治政府建设实施纲要（2015—2020年）》要求，落实创新、协调、绿色、开放、共享的发展理念，围绕保障公众饮食用药安全，坚持科学立法、深入普法、自觉守法、严格执法，全面加强食品药品监管系统法治建设，进一步提高食品药品监管法治化水平。

到2020年，食品药品监管系统法治建设的总体目标是：科学完备的食品药品安全法律制度体系基本建成，高素质的专业化监管队伍基本建立，法治精神、法治理念与法治思维得到深入普及，职能清晰、执法严明、公开公正、廉洁高效的食品药品监管部门基本建成。

二、主要任务和具体措施

（一）加快食品药品监管法律体系建设

1. *完善食品药品监管立法工作机制* 进一步健全食品药品监管立法程序，完善立项、起草、论证、协调、审议等机制，推进食品药品监管立法工作的科学化、精细化，进一步增强立法工作的及时性、系统性、针对性和有效性；积极开展食品药品立法前评估，建立健全重大立法项目论证和公开征求意见制度，探索委托第三方起草规章草案；组织开展食品药品立法后评价，研究分析法律法规规章实施中存在的突出问题，及时做好修订相关工作；坚持立改废释并举，2018年年底前，完成修改、废止与食品药品产业发展和供给侧结构性改革要求不相适应的规章，保障立法与改革决策相统一、相衔接，做到改革于法有据，改革依法推进。

2. *加快食品药品监管法律法规规章的立法进度* 加强食品药品法律制度体系建设顶层设计，科学制定立法规划和年度立法计划，强化立法计划执行的刚性约束。配合国务院法制办，力争2016年年底前修订出台《中华人民共和国食品安全法实施条例》《化妆品监督管理条例》。积极推动《中华人民共和国药品管理法》（以下简称《药品管理法》）修订，力争2016年年底前将修订草案报送国务院审议。到2020年，食品、药品、医疗器械、化妆品法律法规和配套规章制修订任务基本完成。

3. *加快完善惩治食品药品犯罪的司法解释* 积极配合最高人民法院、最高人民检察院，力争2016年年底前出台有关严惩药品临床数据造假犯罪的司法解释，2017年年底前完成对《关于办理危害食品安全刑事案件适用法律若干问题的解释》《关于办理危害药品安全刑事案件适用法律若干问题的解释》修订工作，加大对食品药品犯罪的打击力度。

4. *积极推动地方食品药品监管立法* 鼓励和支持地方食品药品监管部门参与制修订有关食品药品监管的地方性法规和规章，指导推动地方加快完成食品生产加工小作坊、食品摊贩和小餐饮等地方食品安全立法任务。每年召开地方食品药品监管立法工作座谈会、交流会，及时总结地方立法经验，推动地方加快食品药品监管立法，创新食品药品监管方式方法。

5. *加强食品药品监管规范性文件合法性审查* 建立健全食品药品监管规范性文件制定程序，落实规范性文件由食品药品监管部门法制机构进行合法性审查的要求。地方各级食品药品监管部门制定的规范性文件应当按规定向政府法制部门备案，并抄送上级食品药品监管部门。加强备案审查能力建设，加大备案审查力度，将所有的规范性文件纳入审查范围，做到有件必查，有错必纠。规范性文件不得设定行政许可、行政处罚、行政强制等事项，不得减损公民、法人和其他组织合法权益或者增加其义务。涉及公民、法人和其他组织权利义务的规范性文件，应当按照法定要求和程序予以公布。未经公布的，不得作为监管执法的依据。食品药品监管部门公职律师应当按照相关规定承担本单位、本部门规范性文件合法性审查的相关工作。

6. *加快食品药品监管规范性文件清理* 根据食品药品安全形势发展的需要，以及相关法律法规制修订情况，及时清理有关规范性文件。实行食品药品监管规范性文件目录和文本动态化管理，要根据规章、规范性文件立改废情况及时对目录和文本作出调整并向社会公布。认真落实食品药品监管规范性文件清理计划。2016年年底前，完成2013年至2015年食品药品监管规范性文件清理任务，2018年年底前，完成2013年以前的规范性文件的清理任务，清理结果及时向社会公布。

7. *提高食品药品监管立法公众参与度* 积极拓展社会各方有序参与食品药品安全监管立法的途径和方式。建立专家论证咨询制度，重要法律制度制修订或者重大利益调整，广泛征求专家学者、社会团体、法律顾问的意见和建议。拟设定的监管制度涉及管理相对人或者群众切身利益的，或者有关方面存在较大意见分歧的，采取座谈会、论证会、听证会等形式广泛听取意见和建议；健全法律法规规章起草征求人大代表、政协委员意见制度；完善向社会公开征求意见机制，健全公众意见采纳情况反馈机制。除依法需要保密的外，法律法规规章草案要通过政务网站、报纸等媒体向社会公开征求意见，期限一般不少于30个工作日。

（二）落实简政放权放管结合优化服务改革要求

8. *深入推进食品药品行政审批制度改革* 坚持放管结合、放管并举，有计划取消、下放和调整行政审批事项，并及时向社会公布。对保留的行政审批事项，实行目录制管理，统一审批标准，简化审批手续，规范审批流程；力争所有行政审批事项都能严格按法定时限办结。进一步发挥网上审评审批优势，逐步扩大网上审评审批范围，提高审评审批效能。配合有关部门全面清理规范食品药品审评审批中介服务，2016年年底前，对保留的食品药品审评审批中介服务事项实行清单管理并向社会公布。按照国务院有关药品医疗器械审评审批制度改革的要求，实施药品注册分类改革，完成药品上市许可持有人制度试点工作，推进仿制药质量和疗效一致性评价，加快审评审批具有临床价值的新药和临床急需的仿制药，加强药物临床试验监管，从源头上保证药品质量安全；完善医疗器械分类目录，建立医疗器械类别动态调整机制，提高医疗器械标准的科学性和适用性，优化医疗器械审评审批流程，加强临床试验监督管理，鼓励医疗器械研发创新。落实总局有关对取消和下放行政审批事项加强事中事后监管的意见，加大对取消下放的行政审批事项事中事后监管力度。

9. 推行食品药品监管权力清单、责任清单制度并实施动态管理　组织梳理执法职能、权限、程序、责任，明确执法权力事项，编制优化行政执法运行流程，厘清与监管权力相对应的责任事项、责任主体和责任方式，建立权力清单和责任清单并向社会公开。力争2016年年底前，各级食品药品监管部门按照同级政府有关行政审批制度改革的要求，将权力清单和责任清单向社会公开，并根据法律法规立改废进行动态调整。

（三）推进食品药品监管行政决策科学化、民主化、法治化

10. 健全食品药品安全监管依法决策机制　完善食品药品监管重大行政决策程序，把决策动议、公众参与、专家论证、技术咨询、风险评估、合法性审查、集体讨论决定等制度确定为食品药品监管重大行政决策的必备程序。对与公众利益密切相关的食品药品监管重大行政决策事项，按照法律法规规定的要求，落实公示、听证制度，扩大公众参与度。建立重大行政决策内部合法性审查机制，食品药品监管部门对拟作出的重大行政决策事项，须经法制机构合法性审查。未经合法性审查或者经审查不合法的，不得提交讨论和作出决定。2016年年底前，出台药品审评专家咨询管理办法。

11. 完善食品药品监管法律顾问制度　建立以监管部门法制机构人员为主体、吸收法学专家和律师参加的法律顾问队伍。在讨论、决定重大行政决策事项前，认真听取法律顾问的法律意见。在起草、论证有关法律法规规章草案和规范性文件工作中，应当请法律顾问参加或者听取法律顾问的意见。对依照有关规定应当听取法律顾问的法律意见而未听取的事项，或者法律顾问认为不合法不合规的事项，不得提交讨论和作出决定。2016年年底前，出台国家食品药品监管总局法律顾问管理办法。2018年年底前，各级食品药品监管部门普遍建立法律顾问制度。

（四）坚持严格、规范、公正、文明执法

12. 完善食品药品监管执法程序　细化食品药品行政执法程序，规范食品药品行政处罚、行政强制、行政检查、行政收费等行为。落实执法全过程记录制度，完善执法调查取证规则，做到执法全过程有据可查。按照食品药品行政处罚程序规定，严格规范行政处罚的管辖、立案、调查取证、处罚决定、送达、执行等程序。落实食品药品生产经营日常监督检查管理制度，严格规范监督检查事项和监督检查具体要求，强化监督检查的标准化和规范化。建立健全行政裁量基准制度，细化、量化行政裁量的范围、种类、幅度。2017年年底前，总局出台食品药品监管系统行政处罚裁量适用规则；2018年年底前，省局出台本地区食品药品行政处罚裁量标准。健全行政执法与刑事司法衔接机制，加强信息发布沟通协调，实现行政处罚和刑事司法无缝对接。完善重大执法法制审核制度，对监管工作提供法律支持，未经法制审核或者审核未通过的，不得作出决定。

13. 加强系统食品药品监管执法指导　上级食品药品监管部门要加强对下级食品药品监管部门执法工作的指导，建立执法案卷评查制度，规范案卷归档，组织开展办案经验交流。2017年年底前，总局出台建立食品药品监管案例指导制度的实施意见。2018年年底前，各省局完成汇编整理典型案例，加强对重大疑难案件协调指导，强化重大疑难案件分析论证。2017年年底前，总局出台食品药品监管执法证据规则指引，强化证据收集、证据分析、证据采信和证据运用，提高全系统的执法证据意识。积极推行执法事项提示、轻微问题告诫、突出问题约谈、重大案件回访、执法文书说理等柔性执法方式，提高案件办理水平。加强执法信息化建设，到2020年，建成食品药品监管执法统一信息平台，完善网上执法办案及信息查询系统，实行信息共享，推进各地执法联动和区域合作。

（五）深入开展食品药品法治宣传教育

14. 科学制定食品药品监管“七五”普法规划　积极开展食品药品安全法治理论研究，坚持以问题为导向，解决监管实践中存在的突出问题。2016年年底前，各级食品药品监管部门要制定食品药品监管“七五”普法规划，大力开展普法宣传教育活动，落实“谁执法谁普法”的普法责任机制，将普法宣传教育与食品药品科普教育、食品药品安全宣传等活动结合起来，丰富普法内容和形式，营造食品药品安全社会共治的良好法治氛围。

15. 广泛宣传食品药品监管法律法规　各级食品药品监管部门要大力宣传《中华人民共和国食品安全法》（以下简称《食品安全法》）、《药品管理法》、《医疗器械监督管理条例》、《化妆品监督管理条例》等法律法规，充分认识到《食品安全法》、《药品管理法》等法律法规是保障人民群众饮食用药安全的重要法律，是食品药品监管部门执法的基本依据，是食品药品企业及其从业人员的基本行为准则。当前和今后一个时期，各级食品药品监管部门要始终把学习宣传《食品安全法》、《药品管理法》等法律法规作为一项重要任务，通过深入系统学习宣传教育，深刻把握食品药品安全各项法律制度精神实质和法律条文内涵，用好法律武器，切实保障公众饮食用药安全。

（六）强化对食品药品监管权力的制约和监督

16. *全面推进食品药品监管政务公开* 按照《政府信息公开条例》的要求，坚持以公开为常态、不公开为例外原则，向社会全面公示行政执法职能、法律依据、实施主体、职责权限，公开监管方式、监管结果等事项，保障企业和公众的知情权、参与权、监督权。推进政务公开信息化，完善例行发布、政策解读、热点回应等机制，拓宽信息公开渠道，做好对热点敏感问题的舆论引导，及时回应社会关切。不断改进依申请政府信息公开工作，明确办理流程，规范受理、交办、承办、转办和答复环节，提高信息公开质量。

17. *健全食品药品监督制约机制* 加强对部门内部权力制约，对行政许可、行政处罚、行政检查以及审评审批、检验检测、监测评价、审核查验等权力集中的部门和岗位实行分事设权、分岗定责、分级授权，强化内部流程控制，防止权力滥用。全面落实行政执法责任制，2017年年底前，各级食品药品监管部门要进一步完善食品药品监管执法岗位职责和工作流程，运用监督检查、案卷评查、问卷调查等方式，切实提高部门层级监督的实效；制定食品药品监管执法责任追究办法，坚决纠正行政不作为、乱作为，坚决克服懒政、庸政、怠政，坚决惩处失职、渎职。

（七）依法有效化解食品药品监管社会矛盾纠纷

18. *充分发挥社会监督和舆论监督作用* 完善对各级食品药品监管违法行政行为投诉举报登记制度，畅通举报箱、电子信箱、热线电话等监督渠道，方便群众对违法行政行为的投诉举报，依法及时调查处理违法行政行为。按照“谁主管谁负责”的原则，依法开展信访工作，保障合法合理诉求得到解决。自觉接受社会监督，对各方面反映的问题组织研究、调查核实并及时反馈处理结果。发挥报刊、广播、电视等传统媒体监督作用，加强与互联网等新兴媒体的互动，重视运用和规范网络监督，建立健全网络舆情监测、收集、研判、处置机制，推动网络监督规范化、法治化。

19. *加强食品药品安全行政复议与应诉工作* 健全行政复议案件审理工作机制，纠正违法或者不当行政行为，提高行政复议办案质量，增强行政复议的专业性、透明度和公信力。各级食品药品监管部门要加强行政复议能力建设，推动相关机构设置、人员配备与所承担的工作任务相适应，充分发挥行政复议在解决行政争议中的重要作用。积极做好行政应诉工作，食品药品监管部门负责人应当依法出庭应诉，不能出庭的，应当委托本部门相应的工作人员出庭。自觉履行人民法院作出的生效判决、裁定。

（八）全面提高食品药品监管执法人员法治思维和依法行政能力

20. *树立重视法治素养和法治能力的用人导向* 抓住食品药品监管部门领导干部这个“关键少数”，把法治观念强不强、法治素养好不好作为衡量干部德才的重要标准，把能不能遵守法律、依法办事作为考察干部的重要内容。完善领导干部选拔任用制度机制，在相同条件下，优先提拔使用法治素养好、依法办事能力强的干部。完善惩戒制度，落实责任追究，对特权思想严重、法治观念淡薄的干部要批评教育、督促整改，问题严重的，依法依纪严肃处理。探索建立各级领导干部述职述廉述法三位一体的考核制度，结合述职述廉的要求，重点考评单位及个人学法遵法守法用法、重大事项依法决策和严格依法行政等方面的情况。

21. *加强对食品药品监管执法人员的法治教育培训* 食品药品监管执法人员特别是领导干部要系统学习中国特色社会主义法治理论，学好宪法以及食品药品监管法律法规。完善学法制度，总局和省局每年至少举办一期不少于40学时的领导干部法治专题培训班，各级食品药品监管部门领导班子每年应当参加两期以上法治专题讲座。健全食品药品监管执法人员岗位培训制度，每年组织开展行政执法人员通用法律知识、食品药品监管专业法律知识、新法律法规等专题培训。加大对公务员初任培训、任职培训中法律知识的培训力度。

22. *完善食品药品监管执法人员法治能力考查测试制度* 加强对领导干部任职前法律知识考查和依法行政能力测试，将考查和测试结果作为领导干部任职的重要参考，促进食品药品监管执法人员严格履行法治建设职责。利用国家食品药品监管干部网络培训学院培训平台等多种形式，加强食品药品监管执法人员法治能力考查测试。实行公务员晋升依法行政考核制度。

23. *普遍开展食品药品监管公职律师工作* 按照中央有关在党政机关推行公职律师制度的要求，

在食品药品监管系统全面开展公职律师工作。公职律师为所在的食品药品监管部门提供法律咨询，参与本部门法律、法规、规章和规范性文件的起草、修改，代理本部门参加行政复议和行政诉讼。公职律师的业务管理由法制部门负责，公职律师人员较多的部门，设立首席公职律师和公职律师管理办公室。2016年年底，总局完成公职律师配备，2018年年底前，地方各级食品药品监管部门完成公职律师配备。

三、组织保障和落实机制

24. 加强对食品药品监管法治工作的组织领导　各级食品药品监管部门成立由主要负责人牵头的法制建设领导小组，主要负责人为各单位法制建设工作的第一责任人。各级食品药品监管部门党组（委）要把法治建设列入重要议事日程，审定本单位食品药品法治建设年度工作方案，每年至少两次听取本单位食品药品监管法治建设工作汇报，研究解决食品药品安全法治建设的重大问题。

25. 强化法治建设考核评价和督促检查　各级食品药品监管部门要把法治建设成效纳入政绩考核指标体系，充分发挥考核评价对食品药品监管法治建设的重要推动作用。对成绩突出的，要给予表彰奖励；对工作不力、问题较多的，要及时约谈、责令整改、通报批评。

26. 强化基层食品药品执法队伍建设　充分发挥基层监管机构在推进法治建设中的基础作用，增强基层执法人员法治观念，提高依法行政能力。强化执法人员法律素养和岗位能力培训。制定食品药品行政执法着装标准，严肃执法人员着装风纪。加强统筹规划，强化资源投入，组织推广基层食品药品监管机构建设经验。

27. 落实食品药品监管执法经费保障　县级以上食品药品监管部门要在地方政府的领导下，建立正常的执法经费保障机制。积极争取地方政府支持，使食品药品监管执法工作经费纳入政府年度预算，坚决杜绝行政执法与单位、个人经济利益挂钩的现象。改善食品药品监管部门基层设施、执法装备和检验检测条件，保障食品药品监管工作有效开展。

28. 加强食品药品监管法制机构建设　推进法制队伍正规化、专业化建设。县级以上食品药品监管部门应当积极争取设置法制机构，基层食品药品派出机构应当配备专兼职法制人员。法制机构工作人员原则上应当具有法律教育背景，取得法律职业资格。要加大对法制机构工作人员的培养、使用和交流力度，充分发挥法制机构在法治建设中的组织协调和督促指导作用。

关于加快我国包装产业转型发展的指导意见

（工信部等　工信部联消费［2016］397号　2016年12月6日）

各省、自治区、直辖市及计划单列市、新疆生产建设兵团工业和信息化、商务主管部门，中国包装联合会，中国轻工业联合会：

包装产业是与国计民生密切相关的服务型制造业，在国民经济与社会发展中具有举足轻重的地位。为进一步提升我国包装产业的核心竞争力，巩固世界包装大国地位，推动包装强国建设进程，依据《中华人民共和国国民经济和社会发展第十三个五年规划纲要》、《中国制造2025》（国发〔2015〕28号）和《关于开展消费品工业“三品”专项行动营造良好市场环境的若干意见》（国办发［2016］40号）等文件，制定本指导意见。

一、重要意义

经过30多年的建设发展，我国包装产业已建成涵盖设计、生产、检测、流通、回收循环利用等产品全生命周期的较为完善的体系，分为包装材料、包装制品、包装装备三大类别和纸包装、塑料包装、金属包装、玻璃包装、竹木包装五大子行业。2015年，全国包装企业25万余家，包装产业主营业务收入突破1.8万亿元。“十二五”期间，包装产业规模稳步扩大，结构日趋优化，实力不断增强，地位持续跃升，在服务国家战略、适应民生需求、建设制造强国、推动经济发展中的贡献能力显著提升，我国作为世界第二包装大国的地位进一步巩固。目前，包装工业已位列我国38个主要工业门类的第14位，成为中国制造体系的重要组成部分。

但在快速发展的同时，包装产业仍存在大而不强的问题。行业自主创新能力弱，重大科技创新投入和企业技术研发投入严重不足，高新技术难以实现重大突破，先进装备和关键技术进口依赖度高；企业高投入、高消耗、高排放的粗放生产模式仍然较为普遍，绿色化生产方式与体系尚未有效形成；包装制造过程自动化、信息化、智能化水平有待提高；产业区域发展不平衡、不协调；低档次、同质化产品生产企业重复建设问题突出，无序竞争现象未能得到遏制。

立足现有基础，补齐发展短板，提升品质品牌，必须加强转型发展的全面引导和系统设计。加快推进转型发展，是促进包装产业适应现代制造业发展要求，强化对国民经济支撑地位的必然选择；是解决制约产业发展“瓶颈”，有效增强核心竞争力的根本出路；是引领产业由被动适应向主动服务、要素驱动向创新驱动、传统生产向绿色生产转变，全面提升产业整体发展水平，推进包装强国建设进程的重大举措。

二、总体要求

（一）指导思想

深入贯彻落实党的十八大和十八届三中、四中、五中、六中全会精神，牢固树立“创新、协调、绿色、开放、共享”的发展理念，以提高发展质量和效益为中心，以推进供给侧结构性改革为主线，以科技创新为动力，对接消费品工业“三品”专项行动，推动生产方式转变和供给结构优化。实施军民融合发展战略，构建军民包装标准通用、产品共用、技术互通的发展格局。产业保持中高速发展，迈向中高端水平，逐步实现由包装大国向包装强国转变。

（二）基本原则

坚持市场主导，政府引导 强化企业市场主体地位，充分发挥市场在配置资源中的决定性作用，更好发挥政府规划和政策支持作用，优化市场秩序，完善监管体系。

坚持创新驱动，品牌引领 加快科技创新体系与服务平台建设，提升关键技术的创新能力。加快传统产品升级换代，大力培育包装品牌。

坚持协调发展，重点突破 构建包装产业与制造业、包装上下游产业、军用包装与民用包装、包装企业与科研院所以及包装各子行业之间的协同发展机制。加强要素优化配置、发展模式转变和产业集群建设，持续促进产业提质增效。

坚持绿色发展，适度包装 构建覆盖生产、流通、消费、回收与资源循环再利用的包装全生命周期绿色化网络体系。反对过度包装，采用设计合理、用材节约、回收便利、经济适用的包装整体解决方案，引导全社会树立适度包装理念。

（三）发展目标

保持产业发展增速与国民经济增速同步，产业发展规模与配套服务需求相适应。到2020年，实现以下目标：

产业规模 包装产业年主营业务收入达到2.5万亿元，形成15家以上年产值超过50亿元的企业或集团，上市公司和高新技术企业大幅增加。积极培育包装产业特色突出的新型工业化产业示范基地，形成一批具有较强影响力的知名品牌。

自主创新 行业研发投入不断增大，规模以上企业科技研发经费支出明显增加。着力推动集成创新、协同创新和创新成果产业化，部分包装材料达到国际先进水平。

两化融合 大中型包装企业两化融合水平处于集成提升阶段以上的超过80%，中小企业应用信息技术开展研发、管理和生产控制的比例由目前30%提高到55%以上。数字化、网络化设计制造模式广泛推广，以数字化、柔性化及系统集成技术为核心的智能制造装备取得较大突破。

节能减排 全行业单位工业增加值能源消耗、二氧化碳排放强度、单位工业增加值用水量均下降20%以上，主要污染物排放总量明显下降。初步建立包装废弃物循环再利用体系。

军民融合 军民通用包装数量和质量显著提升，标准达到国际先进水平，逐步形成体系完善、创新引领、高端聚集、高效增长的发展态势。建成一批军民融合包装基地，包装技术军民通用水平显著提升。

标准建设 深入开展包装基础标准、包装专业标准以及产品包装标准的研究，形成相关性、集合性、操作性强的包装标准体系。建设全国包装标准推进联盟和包装标准信息化专业网站，建成5个以上包装标准创新研究基地，遴选一批标准化示范试点企业。

三、主要任务

（一）实施“三品”战略，集聚产业发展优势

增加包装产品品种 围绕包装产业供给侧结构性改革，在优化传统产品结构、扩大主导产品优势的基础上，主动适应智能制造模式和消费多样化需求，增强为消费升级配套服务的能力。通过创新设

计方式、生产工艺以及技术手段等，大力研发包装新材料、新产品、新装备，推动产品品种增加和供给服务能力提升。重点发展绿色化、可复用、高性能包装材料，加快发展网络化、智能化、柔性化成套包装装备，大力发展功能化、个性化、定制化的中高端产品，通过丰富产品品种、优化产品结构拉动需求、驱动消费。

提升包装产品品质 引导企业从设计、选材、生产、检测、管理等各环节全面提升包装产品品质。积极采用低成本和绿色生产技术，发展低克重、高强度、功能化纸包装制品，增强纸制品防水、防潮、抗菌、阻燃等性能，拓展纸包装的应用范围；鼓励采用环保型原料和助剂发展可定制的环境友好型塑料包装制品，应用高阻隔、选择透过、环境感知以及宽幅制备等新技术，增强塑料包装制品防护、保质和智能属性；倡导以薄壁金属和覆膜铁、覆膜铝等新型材料生产金属包装制品，提升金属包装材料的利用率和抗腐蚀性能；创新包装计量、检验与检测技术，加快发展各类先进检测设备，不断完善质量检测体系与手段，有效强化包装产品的品质保障。

培育包装产品品牌 以绿色包装材料、智能包装装备、高端包装制品的研发为重点，加强品牌培育、评价、服务与引导，构建定位、设计、生产、营销、传播、保护一体化的品牌发展格局，打造一批具有较高国内市场占有率和较强国际市场竞争力的包装材料、包装装备和包装制品品牌。推进包装企业国际化战略的实施，支持有条件的企业推动装备、技术、标准以及服务走出国门，在境外设立研发、生产基地和营销网络，深度融入全球产业链、价值链和物流链，重点培植一批具有较强创新能力和国际竞争力的品牌企业。

（二）加强技术创新，增强核心竞争能力

构建创新体系 围绕国家战略，重点实施包装产业创新能力提升计划，引导企业建立研发资金投入机制，加强技术中心、创新团队和众创空间建设，着力落实“双创”行动，鼓励包装企业构建创新创业融合孵化的平台与机制，切实提高企业的原始创新、集成创新、引进消化吸收再创新能力。优化科技资源配置，积极培育包装行业的国家级技术创新中心，重点建设一批面向产业前沿共性技术的技术创新联盟、协同创新中心、科技成果孵化基地以及成果推广与应用、公共技术服务、技术和知识产权交易等平台，形成系列具有自主知识产权和较强国际竞争力的核心技术群。加大领军人才和国家级创新团队的协同培养，强化创新人才的成长扶持，通过建立产业链上下游科技协作体、产业协同创新中心以及产学研合作示范基地，形成创新人才共育、共享机制。

突破关键技术 围绕绿色包装、安全包装、智能包装领域的关键技术，制定系统性技术解决方案，促进重大科技成果的孵化、应用与推广。加快建立包装云设计数据库，重点推行减量和生态设计，着力加强包装废弃物综合循环利用技术的研发与应用，全面提升绿色包装应用与创新水平。积极发展新型保质保鲜、包装防伪以及生产过程在线检测与监控等技术，重点突破食品药品包装中有害物质识别和迁移检测等技术瓶颈，显著提升食品、药品及军品包装安全保障能力。注重包装设计与信息技术的结合，积极应用环境感应新材料，实现包装微环境的智能调控，推进生产过程智能化，重点开展前瞻性的计量测试技术研究，满足包装产业全产业链、全寿命周期、全溯源链的计量测试需求。

强化示范应用 采取项目投入、应用示范、绩效奖励等方式，支持行业组织开展重大示范工程建设，主要包括：实施食品药品包装安全化工程，启动食品药品包装清洁安全生产和质量检测监管等重大专项，大力提升现有食品药品包装检测机构的技术水平，创建一批食品药品包装质量检测中心，建设食品药品质量包装安全追溯管理网络信息平台。实施包装制品高端化工程，在适度包装理念的指导下，组织一批包装制品设计创新、工艺优化和产业化重大专项，积极发展轻质高强纸、生物基高阻隔塑料、抗腐蚀超薄金属、轻量节能玻璃等材料，重点开发个性化、定制化、精细化、智能化的高端包装制品。实施包装印刷数字化工程，构建先进包装印刷数字化体系，利用互联网、大数据和人工智能等技术，发展云印刷、合版印刷、网络印刷及个性化印刷等新型包装印刷方式。实施包装产业信息化工程，启动包装大数据和工业云等重大专项，推广智能标签和智能终端等包装信息化关键技术，开展新一代包装信息化与工业化深度融合的集成创新和工程应用示范。实施包装装备智能化工程，组织开展高端包装装备关键技术及集成技术攻关，重点开发食品药品自动包装生产线、包装印刷集成制造装备以及现代物流全自动包装系统等重大智能制造成套装备，着力推动包装智能工厂/数字化车间应用示范。

（三）推动两化融合，提升智能制造水平

加快信息化建设进程 加强包装企业两化融合管理体系系列标准建设和推广，推进信息技术向设计、生产、流通以及回收循环利用等环节渗透。依托互联网和物联网技术，加强包装电子商务、工业云和大数据等平台的构建，发展基于互联网的数据驱动、网络化协同制造、个性化定制、服务型制造、众包设计、

云制造等包装生产服务模式，推动形成基于消费需求动态感知的产业经营方式，促进包装企业形成新的生产、制造、服务及商业模式。推广商品包装的箱码，推动全球统一编码标识（GSI）作为商品生产和流通的“身份证”与“通行证”，实现与国际信息数据的接轨。

提升包装智能化水平　以互联网和物联网技术为核心，建立设计、制造、技术与标准的开放共享机制，推动生产方式向柔性、智能、精细转变，大力推广集协同制造、虚拟制造及网络化制造等为一体的先进制造模式，构造智能包装生态链。大力开发网络化、智能化、柔性化成套装备和高性能包装机械手、包装机器人等智能装备，加快智能化包装设备及生产线技术标准研制，自主攻克优化设计、智能检测、在线计量和协同控制等包装成套装备共性技术，积极应用具有传感、判断与执行动作的智能端，研发包装专业软件和嵌入式系统，着力提高主要包装工序自动化程度和高速包装生产线及各类先进检测设备的制造水平。重点开发具有商品真伪鉴别、食品变质预警、居家用药提醒及儿童安全保障等功能的智慧型包装制品。

（四）加强标准建设，推动国际对标管理

促进包装标准体系建设　深入研究标准规范，完善国家、行业、企业等多层次包装标准体系，推广包装基础模数（600mm×400mm）系列，以包装标准化推动包装的减量化和循环利用。支持行业建设标准推进联盟和标准创新研究基地，围绕反过度包装行动，对现已制定的建材、机械、电工、轻工、医疗机械、仪器仪表、中西药、食品、农畜水产、邮电、军工等14大类包装标准进行系统优化和水平提升，解决标准体系不完整、标准互相矛盾、标准水平滞后、可操作性不强等突出问题。

推动包装标准国际接轨　支持企业、高校和科研院所参与国际标准的制定，增强我国在国际包装界的话语权和在规则制定中的参与权。着力提高国际标准的采标率和转化率，完善包装标准推广应用机制，支持行业开展标准化试点示范，推进包装标准在产业发展中的应用与实施。加强标准化重大政策和重点工作的普及性宣传，有效强化包装企业的标准管理意识以及通过标准化建设实现降本增效的能力。

（五）优化产业结构，形成协调发展格局

调整产业组织结构　大力拓展包装工业与国民经济各产业融合发展的广度和深度，推动技术、模式、产品、业态以及管理等各领域的创新，增强产业跨界融合发展能力。支持混合所有制经济发展，推动大中型企业的股权分置改革和细分市场的产业链整合，推动龙头企业采取联合、并购、控股等方式实施企业间、企业与科研院所间的资产重组，形成一批上下游一体发展的企业集团。组建以大型企业为龙头、中型企业为骨干、小微企业为重要补充的产业发展联盟，建立产业联盟示范区，逐步解决包装企业小、散、乱问题。发挥中小企业特色鲜明、机制灵活等特点，重点培育包装工业领域主导产品突出、专项服务卓越、竞争优势明显的专业化“小巨人”企业，形成大中小企业分工协作、互利共赢的产业组织结构。鼓励包装工业单项冠军企业树立“十年磨一剑”精神，长期专注于企业擅长领域，走“专特优精”发展道路。

促进产业协调发展　适应国家制定的东部地区率先发展战略，进一步发挥包装产业在本区域集聚度高、发展步伐快、辐射带动作用强的先发优势，遴选一批科技型、创新型中小企业和龙头骨干企业（集团），建设具有示范性的国际化研发中心、总部基地和包装制造产业园区。利用中部地区崛起、东北地区振兴和西部地区大开发契机，立足区位优势和区域发展需要，引导包装企业根据区域资源环境承载能力，合理承接转移产能，优化市场配置，设立一批产业转移示范区。扶持包装企业深度融入“一带一路”战略和国家开放发展格局，搭建国际产能和装备制造合作服务平台，加强国际市场拓展和产能国际合作。

（六）培育新型业态，拓展产业发展空间

促进新型业态生长　大力发展服务型制造，利用现代信息网络技术，引导企业重塑生产方式与制造模式，重构与用户、市场之间的关系，拓展产业领域，延伸服务链条。对接上下游产业与终端需求，引导企业由传统包装制造商向包装整体解决方案提供商转型，推动企业由生产型制造向服务型制造转变。加快推动包装产业与生态农业、快速消费品业以及远程物流配送业等领域的跨界融合，发展现代物流包装产业。创新企业经营模式，构建网络营销平台和系统解决方案，积极发展包装电子商务产业。积极推进产业集聚，着力打造包装创意文化等特色产业集群，增强集群的资源集约效应、产业品牌效应、资本溢出效应以及技术共享效应，拉长产业链。

促进军民包装融合　统筹考虑产业发展需要和国防建设需求，从顶层设计、力量布局、技术创新、标准体系、监督评估等方面构建军民融合包装产业发展格局，提升包装产业军民通用化水平。加快军地协调、需求对接、信息互通、资源共享以及技术共用等体系建设，实现包装产业军民融合发展体制机制上的横向衔接和纵向贯通。促进军民融合的科研、生产与服务保障体系建设，重点推进包装产业军民信息与资源共享、技术开发与成果转化、知识产权保护与技术交易等工作。加强军地协同创新，增强军民通用技术转换能力，重点解决联合投送、多式联运等大型装备防护包装、应急物资软包装和特殊功能性包装的关键技术问题。开展包装装备及其运输网络的创新研究和军民融合包装示范工程建设，引领军民融合包装技术核心能力聚集，显著提升遂行多样化军事任务的防护包装保障水平。

（七）开展绿色生产，构建循环发展体系

强化绿色发展理念 充分发挥包装企业在推广适度包装、倡行理性消费中的桥梁、纽带和引导作用，促进设计、生产及使用者在包装全生命周期主动践行绿色发展理念，选择合适品种率先落实生产者责任延伸制度。落实国家循环发展引领计划和能源、资源消耗等总量与强度双控行动，完善计量、监测、统计等节能减排的基本手段，从原材料来源、生产、废弃物回收处理等全生命周期的资源消耗、能耗、排放等方面开展对包装品的环保综合评估。研究制定包装废弃物回收利用促进政策，依托再生资源回收体系，利用互联网、大数据和云计算等现代信息技术和手段，优化包装废弃物回收利用产业链。鼓励有条件的企业与上游生产商、销售商合作，利用现有物流体系，尝试构建包装废弃物逆向物流体系。

发展绿色包装材料 加速推进绿色化、高性能包装材料的自主研发进程，研发一批填补国内空白的关键材料，突破绿色和高性能包装材料的应用及产业化瓶颈。研究制定绿色包装材料相关标准，建立包装材料选用的环保评价体系，重视包装材料研发、制备和使役全过程的环境友好性，推动绿色包装材料科技成果转化，推行使用低（无）VOCs含量的包装原辅材料，逐步推进包装全生命周期无毒无害。倡导包装品采用相同材质的材料，减少使用难以分类回收的复合材料。以可降解、可循环等材料为基材，发展系列与内装物相容性好的食品药品环保包装材料，提高食品药品包装安全性。突破工业品包装材料低碳制备技术，推广综合防护性能优异、可再生复用的包装新材料，增强工业品包装可靠性。促进包装材料产业军民深度融合，推动特殊领域包装材料绿色化提升。

推广绿色包装技术 推行简约化、减量化、复用化及精细化包装设计技术，扶持包装企业开展生态（绿色）设计，积极应用生产质量品质高、资源能源消耗低、对人体健康和环境影响小、便于回收利用的绿色包装材料，提升覆盖包装全生命周期的科学设计能力。加大绿色包装关键材料、技术、装备、工艺及产品的研发力度，支持企业围绕包装废弃物的再次高效利用开展技术攻关。大力推广应用无溶剂、水性胶等环境友好型复合技术，倡导使用柔板印刷等低（无）VOCs排放的先进印刷工艺。重点开发和推广废塑料改性再造、废（碎）玻璃回收再利用、纸铝塑等复合材料分离，以及废纸（金属、塑料等）自动识别、分拣、脱墨等包装废弃物循环利用技术，采用先进节能和低碳环保技术改造传统产业。加强节能环保技术、工艺及装备的推广应用，推行企业循环式生产、产业循环式组合、园区循环式改造，推动企业生产方式绿色化。加强包装绿色制造企业与园区示范工程建设，建设一批绿色转型示范基地，形成一批引领性强、辐射作用大、竞争优势明显的重点企业、大型企业集团和产业集群。

四、保障措施

（一）完善包装管理体系

完善包装法律制度，从市场秩序、技术标准、信用体系等方面规范包装企业的生产经营行为，健全商品包装的生产、流通、销售、回收、利用等体系。推进以“节能减排，环境友好”为核心的绿色包装制度与法规建设。制定《包装行业清洁生产评价指标体系》，开展包装企业清洁生产水平的系统评价，推行包装绿色评估和绿色认证制度。加强包装企业和包装产品市场规范管理。加大包装知识产权的保护力度，加强对假冒伪劣产品、侵权行为的打击，协同上下游产业完善市场治理体系、优化产业发展环境，确保包装产业稳定、健康、可持续发展。

（二）加大政策支持力度

研究制定包装分类回收利用支持政策，支持将绿色包装产业列为国家重点鼓励发展的产业目录，加大对取得绿色包装认证的企业、创新型企业以及低成本、低能耗、近零排污包装工艺与设备研发的政策扶持力度，强化对核心技术的支持和品牌产品的推广，提高包装循环利用率。采取奖励、补助等方式，支持公共服务平台和应用示范项目建设。引导产业投资、风险投资等基金，支持创新产品研发和创新成果产业化，促进技术研发和成果孵化。支持行业组织搭建包装企业信用平台和金融服务平台，开展多种类型、多种形式的规范融资活动。

（三）强化教育科技支撑

推动包装教育体系的不断完善，加快包装产学研合作战略联盟建设，分类引导包装高等教育、职业教育、终身教育的有序发展，不断创新校企合作人才培养模式，扩大具有国际视野的高层次、复合型创新人才培养规模，加大应用型、军地两用型人才培养力度，加快技能型人才培养步伐，实现人才培养与行业发展的对接与匹配。支持建设包装产业技术研发中心、协同创新中心、产学研示范中心（基地）和科技成果孵化中心（基地）等，促进重大科技成果培育、产出与转化，为包装产业的转型发展提供强劲支撑。

（四）发挥行业组织作用

推动行业组织建设网络信息服务、科技创新服务、人才培养综合服务、面向政府的服务、国际交流合作等多元化、全链式的服务平台，建立包装行业数据库和信息共享机制，引导包装产业信息化示范区建设，提升行业组织的综合服务效能。加快构建以行业组织为主体、第三方机构为支撑、企业广泛参与、政府指导推动、社会监督协作的“五位一体”行业信用体系，建立包装企业诚信档案、行业信用数据库和企业信用等级评价制度，不断完善行业信用监管体制，创新行业信用评价模式。支持行业组织实施品牌战略，加快包装品牌的培育与推广。

五、组织实施

各地工业和信息化主管部门、商务部门要加强组织协调，可依据本指导意见，研究制定适合当地包装产业转型发展的具体实施方案或配套政策措施。各地行业组织要按照本指导意见，加强调查研究、协调沟通，围绕转型发展，编制包装产业发展规划，并加强规划的组织领导和有效实施，确保任务落实、措施到位。各企业要切实承担起落实本指导意见确定的各项任务的主体责任，结合企业实际细化落实，增强改善供给责任意识和主体作用，激发活力和创造力，推动包装产业转型升级、健康发展。

关于进一步促进农产品加工业发展的意见

（国务院办公厅　国办发［2016］93号　2016年12月17日）

各省、自治区、直辖市人民政府，国务院各部委、各直属机构：

近年来，我国农产品加工业有了长足发展，已成为农业现代化的支撑力量和国民经济的重要产业，对促进农业提质增效、农民就业增收和农村一二三产业融合发展，对提高人民群众生活质量和健康水平、保持经济平稳较快增长发挥了十分重要的作用。为进一步促进农产品加工业发展，深入推进农业供给侧结构性改革，不断满足城乡居民消费升级需求，经国务院同意，现提出以下意见：

一、总体要求

（一）指导思想

全面贯彻党的十八大和十八届三中、四中、五中、六中全会精神，深入学习贯彻习近平总书记系列重要讲话精神，紧紧围绕统筹推进“五位一体”总体布局和协调推进“四个全面”战略布局，牢固树立创新、协调、绿色、开放、共享的发展理念，认真落实党中央、国务院决策部署，在确保国家粮食安全和农产品质量安全的基础上，以转变发展方式、调整优化结构为主线，以市场需求为导向，以增加农民收入、提高农业综合效益和竞争力为核心，因地制宜、科学规划，发挥优势、突出特色，推动农产品加工业从数量增长向质量提升、要素驱动向创新驱动、分散布局向集群发展转变，完善农产品加工产业和政策扶持体系，促进农产品加工业持续稳定健康发展。

（二）基本原则

以农为本、转化增值　立足资源优势和特色，以农产品加工业为引领，着力构建全产业链和全价值链，进一步丰富品种、提升质量、创建品牌，提高农产品附加值。

市场主导、政府支持　尊重企业主体地位，充分发挥市场在资源配置中的决定性作用。针对农产品加工业的薄弱环节、瓶颈制约和重点领域，强化政府服务，加大扶持力度。

科技支撑、综合利用　依靠科学技术，建设全程质量控制、清洁生产和可追溯体系，生产开发安全优质、绿色生态的各类食品及加工品，促进资源循环高效利用。

集聚发展、融合互动　充分发挥新型城镇化辐射带动作用，引导加工产能向农产品主产区、优势区和物流节点集聚，促进加工企业向园区集中，打造专用原料、加工转化、现代物流、便捷营销融合发展的产

业集群。

（三）主要目标

到2020年，农产品加工转化率达到68%，规模以上农产品加工业主营业务收入年均增长6%以上，农产品加工业与农业总产值比达到2.4∶1；结构布局进一步优化，关键环节核心技术和装备取得较大突破，行业整体素质显著提升，支撑农业现代化和带动农民增收作用更加突出，满足城乡居民消费需求的能力进一步增强。

到2025年，农产品加工转化率达到75%，农产品加工业与农业总产值比进一步提高；自主创新能力显著增强，转型升级取得突破性进展，形成一批具有较强国际竞争力的知名品牌、跨国公司和产业集群，基本接近发达国家农产品加工业发展水平。

二、优化结构布局

（四）推进向优势产区集中布局

根据全国农业现代化规划和优势特色农产品产业带、粮食生产功能区、重要农产品生产保护区分布，合理布局原料基地和农产品加工业，形成生产与加工、科研与产业、企业与农户相衔接配套的上下游产业格局，促进农产品加工转化、增值增效。支持大宗农产品主产区重点发展粮棉油糖加工特别是玉米加工，着力建设优质专用原料基地和便捷智能的仓储物流体系。支持特色农产品优势区重点发展“菜篮子”产品等加工，着力推动销售物流平台、产业集聚带和综合利用园区建设。支持大中城市郊区重点发展主食、方便食品、休闲食品和净菜加工，形成产业园区和集聚带。支持贫困地区结合精准扶贫、精准脱贫，大力开展产业扶贫，引进有品牌、有实力、有市场的农业产业化龙头企业，重点发展绿色农产品加工，以县为单元建设加工基地，以村（乡）为单元建设原料基地。（农业部、国家发展改革委、财政部、商务部、国家林业局、国家粮食局、国务院扶贫办等负责）

（五）加快农产品初加工发展

以粮食、油料、薯类、果品、蔬菜、茶叶、菌类和中药材等为重点，支持农户和农民合作社改善储藏、保鲜、烘干、清选分级、包装等设施装备条件，促进商品化处理，减少产后损失。通过实施相关项目和推广适用技术，推动农产品初加工水平整体提升。（农业部、国家发展改革委、财政部、国家林业局、国家粮食局等负责）

（六）提升农产品精深加工水平

加大生物、工程、环保、信息等技术集成应用力度，加快新型非热加工、新型杀菌、高效分离、节能干燥、清洁生产等技术升级，开展精深加工技术和信息化、智能化、工程化装备研发，提高关键装备国产化水平。适应市场和消费升级需求，积极开发营养健康的功能性食品。（工业和信息化部、科技部、农业部等负责）

（七）鼓励主食加工业发展

拓宽主食供应渠道，加快培育示范企业，积极打造质量过硬、标准化程度高的主食品牌。研制生产一批传统米面、杂粮、预制菜肴等产品，加快推进马铃薯等薯类产品主食化。引导城乡居民扩大玉米及其加工品食用消费。（农业部、工业和信息化部、商务部、工商总局、国家粮食局等负责）

（八）加强综合利用

选择一批重点地区、品种和环节，主攻农产品及其加工副产物循环利用、全值利用、梯次利用。采取先进的提取、分离与制备技术，集中建立副产物收集、运输和处理渠道，加快推进秸秆、稻壳米糠、麦麸、油料饼粕、果蔬皮渣、畜禽皮毛骨血、水产品皮骨内脏等副产物综合利用，开发新能源、新材料、新产品等，不断挖掘农产品加工潜力、提升增值空间。（农业部、科技部、工业和信息化部、国家林业局等负责）

三、推进多种业态发展

（九）支持农民合作社等发展加工流通

扶持农民合作社、种养大户、家庭农场建设烘储、直供直销等设施，发展“农户＋合作社＋企业”模式，引导农民以土地经营权、林权和设施装备等入股农民合作社和企业。推进“粮食银行”健康发展，探索粮食产后统一烘干、贮藏、加工和销售的经营方式。（农业部、国家发展改革委、财政部、国家林业局、国家粮食局等负责）

（十）鼓励企业打造全产业链

引导农产品加工企业向前端延伸带动农户建设原料基地，向后端延伸建设物流营销和服务网络。鼓励农产品加工企业与上下游各类市场主体组建产业联盟，与农民建立稳定的订单和契约关系，以“保底收益、按股分红”为主要形式，构建让农民分享加工流通增值收益的利益联结机制。（农业部、工业和信息化部、商务部、国家林业局等负责）

（十一）创新模式和业态

将农产品加工业纳入“互联网＋”现代农业行动，利用大数据、物联网、云计算、移动互联网等新一代信息技术，培育发展网络化、智能化、精细化现代加工新模式。引导农产品加工业与休闲、旅游、文化、教育、科普、养生养老等产业深度融合。积极发展电子商务、农商直供、加工体验、中央厨房等新业态。（工业和信息化部、农业部、科技部、商务部、文化部、国家旅游局、国家林业局等负责）

（十二）推进加工园区建设

加强农产品加工园区基础设施和公共服务平台建设，完善功能、突出特色、优化分工，吸引农产品加工企业向园区集聚。以园区为主要依托，创建集标准化原料基地、集约化加工、便利化服务网络于一体的产业集群和融合发展先导区，加快建设农产品加工特色小镇，实现产城融合发展。（农业部、国家发展改革委、质检总局等负责）

四、加快产业转型升级

（十三）提升科技创新能力

围绕农产品加工重点领域开展基础研究、前沿研究和共性关键技术研发，组织实施一批科技项目。重点支持果品、蔬菜、茶叶、菌类和中药材等营养功能成分提取技术研究，开发营养均衡、养生保健、食药同源的加工食品。强化协同创新机制，依托企业建设研发基地和平台。完善国家农产品加工技术研发体系，建设一批农产品加工技术集成基地。（农业部、科技部、工业和信息化部、食品药品监管总局、国家林业局等负责）

（十四）加速科技成果转化推广

筛选一批成熟适用加工技术、工艺和关键装备，搭建科企技术对接平台，鼓励建设科技成果转化交易中心，支持科技人员以科技成果入股加工企业，实行股权分红等激励措施。（农业部、科技部、国家知识产权局等负责）

（十五）提高企业管理水平

强化环保、能耗、质量、安全、卫生等标准作用，鼓励企业开展质量管理、食品安全控制、追溯等体系认证，支持企业与农户开展无公害农产品、绿色食品、有机农产品认证以及危害分析与关键控制点、良好农业规范认证，加强事中事后监管。打造一批安全优质的农产品加工品牌，开展“老字号”品牌推介。继续推动出口食品农产品质量安全示范区建设。加强农产品商标和地理标志商标注册与保护，严厉打击侵犯知识产权和制售假冒伪劣商品等行为。（农业部、工业和信息化部、环境保护部、商务部、国家卫生计生委、工商总局、质检总局、食品药品监管总局、国家林业局、国家知识产权局等负责）

（十六）加强人才队伍培养

培育一批经营管理队伍、科技领军人才、创新团队、生产能手和技能人才。支持大中专院校开设农产品加工、食品科学相关专业。开展职业技能和创业培训，建设一批农产品加工创业创新孵化园，支持返乡下乡人员创办领办加工企业。（农业部、人力资源社会保障部、教育部、科技部等负责）

五、完善政策措施

（十七）加强财政支持

支持符合条件的农产品加工企业申请有关支农资金和项目。新型农业经营主体购置仓储烘干设备，可按规定享受农机购置补贴政策。完善农产品产地初加工补助政策，有条件的地方要扩大补助资金规模。各地要积极支持农产品加工原料基地、公共设施、物流配送体系建设和技术改造。（财政部、国家发展改革委、农业部、国家林业局、国家粮食局等负责）

（十八）完善税收政策

各地可选择部分行业，扩大农产品增值税进项税额核定扣除试点行业范围，积极推进试点工作。农产品加工企业可以凭收购发票按规定抵扣增值税。落实农产品初加工企业所得税优惠政策。在实施与农产品加工有关的国家鼓励类项目中，进口国内不能生产的所需先进设备，所缴纳进口环节增值税可按规定予以抵扣。（财政部、税务总局、农业部、国家林业局等负责）

（十九）强化金融服务

鼓励银行业金融机构加大信贷支持力度，为农产品生产、收购、加工、流通和仓储等各环节提供多元化金融服务。政策性金融机构要在业务范围内适当扩大农产品加工担保业务规模，完善银担合作和风险分担机制，为农产品加工企业融资增信。将农民合作社兴办加工流通企业列入农业担保体系支持范围。积极开展厂房抵押和存单、订单、应收账款质押等融资业务，创新“信贷＋保险”、产业链金融等多种服务模式。支持符合条件的农产品加工企业上市融资、发行债券。积极推广小额信贷保证保险等新型险种，鼓励农业担保与农业产业链加速融合，探索开展农产品质量安全保险。（人民银行、银监会、证监会、保监会、财政部、农业部、国家林业局等负责）

（二十）改善投资贸易条件

支持社会资本依照相关规划和规定从事农产品加工、流通。鼓励引导符合条件的农产品加工企业开展对外合作，加大对其出口信用保险的支持，强化在融资和通关等方面的便利化服务。支持企业申请国际认证、专利、商标、品牌、标准等，鼓励使用人民币计价结算和收付资金。（商务部、国家发展改革委、财

政部、海关总署、保监会、国家外汇局、农业部、质检总局、国家林业局等负责）

（二十一）落实用地用电政策

将农产品加工用地列入土地利用总体规划和年度计划，认真落实农产品初加工用地政策，优先安排园区用地。支持农村集体经济组织以集体建设用地使用权入股、联营等形式与其他单位、个人共同兴办农产品加工企业。城乡建设用地增减挂钩节余的用地指标要重点支持农产品产地初加工发展。落实农产品初加工用电执行农业生产用电价格的政策，切实保障农产品加工用电。（国土资源部、国家发展改革委、农业部、国家林业局、国家能源局等负责）

六、加强组织保障

（二十二）完善工作机制

各地要把农产品加工业摆在重要位置，纳入本地区经济社会发展规划和目标考核内容。农业生产大县（市、区）要健全农产品加工的管理体制机制，将农产品资源优势转化为产业优势。农业部要发挥牵头作用，履行规划、指导、管理、服务等职能，督促各项政策措施落实。有关部门要各司其职，密切配合，形成合力。（农业部等负责）

（二十三）强化公共服务

推进农产品加工投资贸易、展示展销平台建设，加强政策咨询、融资信息、人才对接等公共服务。加快制修订一批农产品加工标准和追溯标准。完善农产品加工业统计制度和调查方法，开展行业运行监测分析。通过政府购买服务等方式为企业提供公共服务。（农业部、国家发展改革委、商务部、质检总局、国家统计局、国家林业局等负责）

（二十四）加强舆论引导

积极发挥行业协会和其他社会组织在行业自律、教育培训和品牌营销等方面的作用，督促企业切实履行质量、安全和吸纳就业等责任。加强食品农产品质量安全法律法规、公众营养膳食科普知识宣传，树立先进典型，努力营造促进农产品加工业持续稳定健康发展的良好氛围。（农业部等负责）

全国草食畜牧业发展规划

（农业部　农牧发［2016］12号　2016年7月6日）

发展草食畜牧业是建设现代畜牧业的重要方面，对于加快农业转方式调结构，构建粮经饲兼顾、农牧业结合、生态循环发展的种养业体系，推进农业供给侧结构性改革，具有重要的战略意义和现实意义。为加快草食畜牧业发展，根据《国民经济和社会发展第十三个五年规划纲要》和《农业部关于促进草食畜牧业加快发展的指导意见》，编制本规划。

一、发展形势

（一）主要成就

草食畜产品是我国城乡居民重要的“菜篮子”产品，牛羊肉更是部分少数民族群众的生活必需品。近年来，在市场拉动和政策引导下，草食畜牧业综合生产能力持续提升，生产方式加快转变，产业发展势头整体向好。

一是产品产量持续增长　2015年，全国奶类、牛肉、羊肉、兔肉、鹅肉、羊毛和羊绒产量分别为3 870万t、700万t、441万t、84万t、140万t、48万t和1.92万t，分别比2010年增加3.3%、7.2%、10.5%、22.2%、10.0%、12.6%和3.9%，草食畜产品市场供应能力逐步增强。草食畜产品提供的优质动物蛋白总量比2010年增加6.6个百分点，改善了居民膳食营养结构。

二是标准化规模养殖稳步推进　2015年，奶牛存栏100头以上、肉牛出栏50头以上、肉羊出栏100只以上的规模养殖比重达45.2%、27.5%、36.5%，分别比2010年提高17.2、4.3、13.6个百分点。国家级草食畜禽标准化示范场数量达到1 063家，占畜禽标准化示范场创建总数的27.1%，对推进草食畜禽标准化规模养殖发挥了重要引领作用。

三是生产技术水平明显提高　2015年，全国泌乳牛平均单产达6吨，肉牛和肉羊平均胴体重分别达140kg、15kg，比2010年分别提高了15.4%、0.6%和1.7%。“十二五”期间，夏南牛、云岭牛、高山美利奴羊、察哈尔羊、康大肉兔等系列新品种相继培育成功，全混合日粮饲喂、机械化自动化养殖、苜蓿高产节水节肥生产和优质牧草青贮等技术加快普及，口蹄疫等重大疫病和布病、结核病等人畜共患病得到有效控制。

四是产业化水平显著提升 我国草食畜牧业基本形成了集育种、繁育、屠宰、加工、销售为一体的产业化发展模式，产业链条逐渐延伸完善。截至2015年，以草食畜牧业为主营业务的农业产业化国家重点龙头企业105家，占畜牧业龙头企业比重为18%。“龙头企业+基地”、“龙头企业+合作社”、“龙头企业+家庭农（牧）场”等产业化经营模式稳步发展，草畜联营合作社等新型生产经营主体不断涌现。

五是饲草料产业体系初步建立 全国牧草种植面积稳定增加，粮改饲试点步伐加快，优质高产苜蓿示范基地建设成效显著，饲草料收储加工专业化服务组织发展迅速，粮经饲三元种植结构逐步建立。2015年，全国种草保留面积3.3亿亩，比2010年增加3.4%，干草年产1.7亿t；优质苜蓿种植面积300万亩，比2010年增加5倍，产量180万t；草产品加工企业达532家，2010年新增324家，商品草产量770万t；秸秆饲料化利用量达2.2亿t，占秸秆资源总量的24.7%。

（二）发展环境

随着经济发展进入新常态，消费需求呈现个性化和多样化趋势，创新驱动成为发展新引擎，绿色生产成为主导方向。这些新变化、新趋势对草食畜牧业的转型升级和可持续发展提出了新的要求，草食畜牧业正处于由规模速度型粗放增长转向质量效益型集约发展的新阶段，产业发展环境呈现出许多新的特点。

一是产品消费市场需求较旺，但供给侧结构亟待优化 随着我国城乡居民生活水平的不断提高和城镇化步伐的加快，草食畜产品市场逐步扩大，消费量显著增加，逐步由少数民族消费为主转向全民性消费、由区域性消费转向全国性消费、由季节性消费转向常年性消费、由传统单一消费方式转向多渠道多元化消费。“十二五”期间，牛羊肉和牛奶消费量年均分别递增1.3和2.9个百分点，未来消费需求仍呈增长态势。但从供给侧看，草食畜产品有效供给不足，供需存在一定缺口；对国产奶类产品消费信心不足，制约了国内奶牛养殖业发展；产品结构不尽合理，高品质牛羊肉比重不高，同质化严重，不能满足差异化消费需求。

二是发展空间潜力较大，但环境约束日益趋紧 我国天然草原、人工种草和农作物秸秆等饲草料资源丰富，据测算，目前可利用资源至少可满足5 000万t牛奶、800万t牛肉和500万t羊肉的生产需求，为草食畜牧业发展提供了广阔的发展空间。随着草原生态加快恢复，种植业结构优化调整和粮改饲试点继续扩大，饲草年产量将会进一步提高，草食畜牧业发展的饲草料基础日益夯实。但草食畜禽养殖方式仍然落后，区域布局不合理，种养结合不紧密，粪便综合利用率不足一半，局部地区环境污染问题突出，环境保护压力较大。

三是产业整体素质不断提升，但竞争力依然不强 近年来，随着我国与澳大利亚、新西兰等主要畜产品出口国自贸协定的签署和落实，国外低成本，高品质的乳制品和牛羊肉进口量逐年加大，刺激我国牛羊等草食畜禽产业素质加快提升，众多小规模养殖户加快退出，规模养殖企业兼并重组势头强劲，标准化规模养殖程度稳步提高。尤其是奶牛养殖业发展进入历史最好时期，生鲜乳质量安全水平、生产机械化智能化程度均达到世界前列，奶业D20联盟企业引领奶业行业加快转型发展。但在养殖生产成本和生产效率上，我国草食畜牧业与发达国家还存在一定差距。与发达国家相比，我国泌乳牛年单产水平要低2～3t，肉牛和肉羊屠宰胴体重分别低约100kg和10kg，牛奶、牛肉、羊肉生产成本均高于国际平均水平一倍以上，严重影响了我国草食畜产品的竞争力。

四是产业扶持措施持续发力，但政策综合配套性仍需进一步强化 国家相继出台了牛羊良种补贴、基础母牛扩群增量补贴、南方现代草食畜牧业发展、牛羊大县奖励、奶牛政策性保险等扶持政策，持续加大牛羊标准化规模养殖场建设、良种工程、秸秆养畜等工程项目投资力度，推动了草食畜牧业发展方式加快转变。2015年中央1号文件明确提出“加快发展草牧业，支持青贮玉米和苜蓿等饲草料种植，开展粮改饲和种养结合模式试点，促进粮食、经济作物、饲草料三元种植结构协调发展”，2016年中央1号文件进一步提出“优化畜禽养殖结构，发展草食畜牧业”，为“十三五”草食畜牧业发展夯实了政策基础。但从全局看，现有扶持政策在系统性、针对性、协调性方面尚显不够，特别是金融保险、进出口调控等政策亟须强化。

二、指导思想基本原则与发展目标

（一）指导思想

牢固树立创新、协调、绿色、开放、共享的发展理念，全面贯彻落实党中央、国务院加快农业“转方式、调结构”和推进农业供给侧结构性改革的决策部署，以奶牛、肉牛、肉羊为重点，兼顾其他特色草食畜种，坚持种养结合和草畜配套，进一步优化产业结构和区域布局，加快草食畜禽种业与牧草种业创新发展，大力推进标准化规模养殖，强化政策扶持和科技支撑，推动粮经饲统筹、种养加一体、一二三产业融合发展，不断提高草食畜牧业综合生产能力和市场竞争力，全面建设现代草食畜牧业。

（二）基本原则

——*坚持科学布局，分区施策* 统筹考虑资源、环境、市场等因素，科学规划各区域产业空间布局、主导品种和发展重点，因地制宜探索适应不同区域的可持续发展模式，分区分类施策，切实提高草食畜牧业发展水平。

——*坚持农牧结合，循环发展* 合理引导种植业结构调整，大力发展青贮玉米、苜蓿等优质饲草料，加快构建粮经饲统筹的产业结构。突出以养带种，推进种养结合、草畜配套，形成植物生产、动物转化、微生物还原的生态循环系统。

——*坚持机制创新，融合发展* 推进草食畜牧业产业链和价值链同步建设，完善利益联结机制，建立合作互助、风险共担、利益共赢的长效发展机制。鼓励引入新技术、新业态和新模式，用现代理念引领产业发展，用现代技术改造传统产业，促进草食畜牧业“接二连三”融合发展。

——*坚持国内挖潜，进口调剂* 加快草食畜牧业供给侧结构性改革，降成本，提效率，提升国内草食畜牧业生产能力和质量安全监管水平，增强产业国际竞争力，确保草食畜产品市场有效供给。充分利用“两种资源”和“两个市场”，调剂国内余缺，满足多元化市场需求。

（三）发展目标

到2020年，主要草食畜产品产能和质量水平稳定增长，市场供应基本保障；生产技术水平稳步提高，标准化规模养殖加快推进，生产效率、非粮饲料资源利用率和科技支撑能力进一步提升，初步构建现代草食畜牧业的生产体系、经营体系、产业体系。

三、区域布局

（一）总体布局

按照“依托产业基础、立足发展趋势、统筹资源环境、衔接相关规划”的布局原则，“十三五”草食畜牧业总体布局的基本思路是：优化发展传统农区和农牧交错区，适度发展北方牧区，保护发展青藏高原牧区，积极发展南方草山草坡地区。

传统农区农作物资源丰富，种养业结合发展基础好 要按照“以畜定草”的原则，优化调整农业结构，逐步建立粮经饲三元种植业结构，大力推进“种养结合、农牧循环”的发展模式。积极培育龙头企业、合作社、养殖大户、家庭农（牧）场等新型经营主体，着力提升畜牧业标准化、规模化、组织化和信息化水平。重点推广标准化养殖综合配套、优质饲草种植与加工、青贮饲料生产、糟渣类饲料贮藏利用、全混合日粮饲喂、精细化分群饲养、规模化集中育肥、废弃物综合处理与资源化利用等技术模式。

农牧交错区饲草料资源丰富，又具备一定放牧条件 要推进粮草兼顾型农业结构调整，挖掘饲草料生产潜力，积极探索“牧繁农育”和“户繁企育”的养殖模式，发挥各经营主体在人力、资本、饲草等方面的优势，实现牧区与农区协调发展，种植户、养殖户与企业多方共赢，重点推广天然草原改良、人工草地建植、优质饲草青贮、全混合日粮饲喂、精细化分群饲养、标准化养殖等技术模式。

北方牧区草场资源丰富，产业基础较好 要围绕“提质、增效、绿色、可持续”的基本方针，引导牧民流转整合草场、牲畜等生产要素，发展家庭农（牧）场，采用“轮牧＋补饲”的养殖模式，走规模化养殖、标准化生产、品牌化经营的产业化发展道路，重点推广天然草原补播、粗饲料加工利用、牧区饲草青贮、划区轮牧、标准化养殖、幼畜早期培育等技术模式。

青藏高原牧区地理位置特殊，生态保护任务艰巨 要以保护草原生态环境为前提，以科学合理利用草地资源为基础，走生态畜牧业的发展道路，通过培育合作社、家庭农（牧）场等多种经营主体，突出棚圈等基础设施建设，优化配置草场、饲草料地、牲畜等基本生产要素，适度发展高原生态特色畜牧业，重点推广牛羊本品种选育、精料补饲、犊牛全哺乳、藏羊和牦牛育肥、青贮饲料和优质牧草种植等技术模式。

南方草山草坡地区天然草地和农闲田开发潜力大，可利用青绿饲草资源丰富 要大力推广粮经饲三元结构种植和标准化规模养殖，推行“公司＋合作社”、“公司＋家庭农（牧）场”的产业化经营模式，因地制宜发展地方优质山羊、肉牛、水牛和兔等产业。要重点推广天然草山草坡改良、混播牧草地建植、高效人工种草、闲田种草和草田轮作、南方饲草青贮、南方地区舍饲育肥等技术模式。

（二）产业布局

1. *奶牛* 巩固发展东北及内蒙古和华北产区，稳步提高西部产区，积极开辟南方产区，稳定大城市周边产区。重点推进品种改良和生产性能测定，提升荷斯坦牛单产水平，因地制宜发展乳肉兼用牛；强化规模养殖场疫病净化；加快发展全株青贮玉米及优质苜蓿高效生产，推进种养结合与农牧循环；引导奶业企业与奶农建立紧密的利益联结机制，引导乳品企业投资奶源基地建设，加快奶业一体化发展。

2. *肉牛* 巩固发展中原产区，稳步提高东北产区，优化发展西部产区，积极发展南方产区。加快推进肉牛品种改良，大力发展标准化规模养殖，强化产品质量安全监管，提高产品品质和养殖效益，充分开发利用草原地区、丘陵山区和南方草山草坡资源，稳步提高基础母牛存栏量，着力保障肉牛基础生产能力，做大做强肉牛屠宰加工龙头企业，提升肉品冷链物流配送能力，实现产加销对接，提高牛肉供应保障能力和质量安全水平。

3. *肉羊* 巩固发展中原产区和中东部农牧交错区，优化发展西部产区，积极发展南方产区，保护发展北方牧区。积极推进标准化规模养殖，不断提升肉羊养殖良种化水平，提升肉羊个体生产能力，大力发展舍饲半舍饲养殖方式，加强棚圈等饲养设施建设，做大做强肉羊屠宰加工龙头企业，提升肉品冷链物流配送能力，实现产加销对接，提高羊肉供应保障能力和质量安全水平。

4. *特色畜禽* 坚持市场导向，因地制宜发展兔、鹅、绒毛用羊、马、驴等特色草食畜产品，满足肉用、毛用、药用、骑乘等多用途特色需求，积极推进优势区域产业发展，支持贫困片区依托特色产业精准扶贫脱困。

5. *饲草料产业* 饲草料产业坚持“以养定种”的原则，以全株青贮玉米、优质苜蓿、羊草等为重点，因地制宜推进优质饲草料生产，加快发展商品草。按照优质苜蓿产业带、东北羊草产区、南方饲草产区、“镰刀弯”和黄淮海产区、天然草原牧区等区域，分区施策，优化产业布局科学发展。

四、重点任务

（一）扎实推进良种繁育体系建设

深入实施遗传改良计划，大力支持奶牛、肉牛、肉羊以及其他特色草食畜禽国家核心育种场建设，完善生产性能测定配套设施设备配置，规范开展生产性能测定工作，督促育种企业提高场内测定的质量，提高国产优秀种公畜数量和质量；加强种畜禽遗传评估中心基础设施建设，提高遗传评估的准确性和及时性。加快主要草食畜禽育种进程，奶牛要加大全基因组选择和优质胚胎引进推广力度，建设全国奶牛育种大数据平台和遗传评估中心，强化育种监督管理服务；肉牛要选择群体规模大、育种基础好的现有杂交群体开展杂交育种，培育一批专门化肉牛新品种，提高育成品种和引进品种的生产性能；肉羊要开展地方品种选育，提高肉用生产性能和种群供种能力，培育繁殖性能高、生长发育快的专门化肉羊新品种。加快推进联合育种，支持和鼓励以企业为主导，联合高校、科研机构等成立不同的草食畜禽联合育种组织，支持建设区域性联合育种站，搭建遗传交流的平台。

（二）大力发展标准化规模养殖

扩大肉牛、肉羊标准化规模养殖项目实施范围，支持适度规模养殖场改造升级，推动牛羊由散养向适度规模养殖转变。加大对适度规模奶牛标准化规模养殖场改造升级，大力推广智能化、信息化管理、促进小区向牧场转变。加快粪便收集环节工艺研究与设备研发，提高规模养殖场粪污处理利用基础设施设备配备率，鼓励企业完善粪便污水综合处理利用技术，发展差异化生态工程处理模式。以集中屠宰、品牌经营、冷链流通、冷鲜上市为主攻方向，推进牛羊标准化屠宰，优化牛羊肉产品结构，加快推进肉品分类分级，扩大冷鲜肉和分割肉市场份额。鼓励和支持企业收购、自建养殖场，延伸产业链，带动合作社、专业大户、家庭农（牧）场等经营主体，推进“龙头企业＋合作社”或“龙头企业＋家庭农（牧）场”的经营模式，为农牧民提供贷款担保和资助农牧民参加养殖保险，完善企业与农户的利益联结机制。

（三）着力夯实饲草料生产基础

推进草种保育扩繁推广一体化发展，加强野生牧草种质资源的收集保存，培育适应性强的优良牧草新品种，组织开展牧草新品种区域试验，完善牧草新品种评价测试体系。加强牧草种子繁育基地建设，不断提升牧草良种覆盖率和自育草种市场占有率。推进人工饲草料种植，支持青贮玉米、苜蓿、燕麦、黑麦草、甜高粱等优质饲草料种植，推广农闲田种草和草田轮作，推进研制适应不同区域特点和不同生产规模的饲草生产加工机械。推进天然草原保护建设，促进退化草原植被恢复，加强病虫鼠害的预测预报和防控能力建设，开展“黑土滩”和毒害草地治理。推动饲草料资源多样化开发，加强对糟渣、饼粕等农产品加工副产品的饲料化处理和利用，积极开发利用菜饼粕和单细胞蛋白等非常规饲料资源，开展农作物秸秆高效利用示范，推广应用青贮、黄贮和微贮等处理技术。鼓励地方搭建区域性草食畜牧业社会化服务综合平台，加快培育多种形式的生产性服务组织，跨区域提供饲草料专业化生产加工配送服务。

（四）全面强化质量安全监管与疫病防控

加强质量安全全过程控制，强化技术检测手段，加大监督执法的力度。加强执法监管与标准化生产联动，从源头上进一步强化草食畜禽产品质量安全保障。以“瘦肉精”等违禁物质为重点，加强监督巡查、投入品监管、产品检疫检测等机制建设，全面推行“两随机、一公开”监管制度，完善质量安全责任追溯体系。加快推进牛羊种畜禽场主要垂直传播疫病监测净化，从源头控制动物疫病风险，支持引导具备条件的规模养殖场完善生物安全措施，建立无特定病原场（群）。严格落实强制扑杀与无害化处理措施，按照市场行情合理适时评估和调整补助标准。

（五）加快促进新型业态健康发展

引导扶持新型经营主体，加快草食畜牧业生产经营服务端新型业态发展，鼓励发展病死草食畜禽处理、废弃物回收再利用、智慧物流等新型业态。结合美丽乡村建设、扶贫开发等项目，鼓励发展草食畜禽产品精深加工业，打造特色鲜明的休闲农业和乡村旅游产品，培育一批草食畜牧业发展新型业态。鼓励互联网企业建立草食畜禽养殖服务平台，推动"互联网+"与草食畜牧业生产经营主体深度融合，构建多元的产品流通网络，加强产加销衔接。利用互联网技术，应用物联网装备技术对生产经营过程进行精细化信息化管理，强化上下游追溯体系对接和信息互通共享，不断扩大追溯体系覆盖面，实现草食畜禽产品"从牧场到餐桌"全过程可追溯。

五、保障措施

（一）完善政策支撑体系

积极利用财政资金做好草食畜牧业良种繁育、基础母畜扩群、动物防疫及标准化规模养殖等工作，补贴对象向主产区、新型经营主体倾斜。继续实施振兴奶业苜蓿发展行动，加大南方地区草山草坡开发利用力度，保障优质饲草料供应。实施新一轮草原生态保护补助奖励政策，加强草原生态保护。继续实施牛羊调出大县奖励政策，开展草牧业发展试验试点、粮改饲试点、南方现代草地畜牧业发展试点，建立和完善草食畜产品储备制度。

（二）推进基础设施建设

加强畜禽良种工程建设，支持畜禽新品种创新和良种繁育基地，对具有基础性、公益性的畜禽种质资源库（场）、品种性能测定站等项目予以支持，提高良种化程度和草食畜牧业整体效益。深入推进标准化规模养殖场建设，加快推进畜禽养殖标准化示范创建，促进生产方式转变，增强草食畜牧业综合生产能力。启动草食畜牧业绿色发展示范县创建活动，整县推进畜禽废弃物无害化处理和综合利用，实施草食畜禽粪便资源化利用试点，推广高效实用草食畜禽粪便综合利用模式，强化典型示范引导，推动养殖粪便综合利用产业化发展。

（三）强化金融保险支持

深入推进财政资金撬动金融资本支持草食畜牧业规模化养殖试点，探索采用信贷担保、贴息、补助等方式，引导金融资本支持草食畜牧业发展。拓展融资渠道，鼓励银行、保险公司等金融机构，增加对草食畜牧业的信贷支持，推动解决规模养殖场户和屠宰企业贷款难题。创新金融产品和服务方式，完善农户小额信贷和联保贷款等制度，加大对龙头企业、合作社、家庭农（牧）场等新型经营主体的支持力度。继续实施奶牛政策性保险，探索建立肉牛肉羊保险制度，逐步扩大政策性保险覆盖范围，提高风险保障水平。

（四）加强科技支撑与服务

集聚现代农业产业技术体系、科研院所和创新型企业力量，加强良种繁育、标准化规模养殖、重大动物疫病防控、人工草地建植、草地综合治理、优质饲草料种植与加工等核心技术与设施装备的联合攻关和研发，突破关键领域的技术瓶颈，全面提升产业竞争力。加强基层畜牧草原技术推广体系建设，开展技能服务型人才培训，提升基层技术推广骨干的服务能力，提高基层推广机构和人员的能力素质。完善激励机制，鼓励科研教学人员深入生产一线从事技术推广服务，促进科技成果转化；积极发挥龙头企业和农民合作社的辐射带动示范效应，推广先进适用技术。加强生产经营型农村实用人才培训，提高龙头企业、农民合作社、家庭农（牧）场等新型经营主体的生产技术水平；结合新型职业农民培育工作，加大对农牧民的培训，提高广大农牧户的饲养管理技术水平。

（五）健全产业监测预警体系

鼓励企业及其他社会组织，共同推进以决策信息、市场信息、科技教育信息等为重点的信息服务体系建设。构建生产和市场监测体系，建立健全科学数据采集系统，完善国内产品生产成本收益监测、国内与国际市场信息监测、市场风险预警和信息发布制度，编制全国草食畜产品和草产品价格与质量指数，定期发布价格、质量和交易等市场信息，科学引导消费，确保经营主体合理安排生产。加强信息队伍建设，重视信息网络人才培养和利用。加快建立完善牧草和兔、鹅等草食畜禽的市场信息服务体系建设。推进"互联网+"与经营实体结合，加强与良种繁育、饲草料供给、动物卫生监督、兽药生产经营、活畜交易、屠宰加工和产品销售等环节的深度融合，将大数据、云存储等运用到草食畜牧业全产业链条风险追溯监管工作中，提高信息传递的及时性、准确性，增强行政决策的科学性、合理性。

（六）统筹利用国际国内两个市场两种资源

深入开展草食畜产品国际市场调研分析，鼓励和支持科研机构开展草食畜禽品种资源、良种繁育、疫病诊断、饲料、畜产品加工与质量安全等领域的国际间科学研究与技术交流。在确保质量安全并满足国内检疫规定的前提下，加强进口草食畜产品分类指导，做好产品进出口调控工作，有效调剂国内市场供应，满足消费需求。加强草食畜产品进口监测预警，制定草食畜产品国际贸易调控策略和预案，推动建立草食畜产品进口贸易损害补偿制度，维护国内生产者利益。加强对草食畜牧业走出去的引导，推动企业间投资合作，积极为企业搭建合作平台，支持并推动国内企业与国外企业建立直接稳定的贸易关系。支持企业到境外建设饲草料基地、牛羊肉生产加工基地和奶源基地，推动与周边重点国家合作建设无规定疫病区。鼓励和支持企业加强草食畜禽养殖、动物疫苗与兽药研发生产、饲料生产、畜产品加工与贸易等领域的投资合作，鼓励企业在重点区域建设科技示范园。

粮食行业“十三五”发展规划纲要

（国家发改委等　发改粮食［2016］2178号　2016年10月13日）

“十三五”时期是全面建成小康社会决胜阶段，为加快粮食行业发展，根据《中华人民共和国国民经济和社会发展第十三个五年规划纲要》，结合粮食行业实际，制定本《纲要》。

第一章　指导思想、发展理念和发展目标

第一节　发展环境

“十二五”时期是粮食行业发展极不平凡的五年。面对错综复杂的国际环境和艰巨繁重的国内改革发展稳定任务，在党中央、国务院的坚强领导下，全国粮食行业认真贯彻落实新形势下的国家粮食安全战略，以守住管好“天下粮仓”为己任，扎实做好“广积粮、积好粮、好积粮”三篇文章。五年来，粮食行业各项工作取得显著成效，收储总量连创新高，宏观调控能力不断增强，基础设施不断完善，产业实力逐步提升，军民融合深入发展，行业发展呈现稳中求进、稳中向好的态势，有效促进了粮食增产、粮农增收及粮食市场供应稳定，有力保障了国家粮食安全。

“十三五”时期，国内外发展环境更加错综复杂。粮食行业发展既面临诸多严峻挑战，也存在难得的发展机遇，需要准确把握“十三五”时期粮食行业面临的新形势新任务。

——“十三五”时期是全面化解粮食供求阶段性结构性矛盾的关键期　国内粮食生产保持稳定，粮食收购量和库存量“双高叠加”的态势将在一定时期内持续，国内外粮食供求形势短期内难以根本改变。粮食行业既要着力化解粮食供求阶段性、结构性难题，又要从全局和战略高度谋划紧平衡状态下确保国家粮食安全的长远对策。

专栏1　“十二五”时期粮食行业发展主要指标实现情况

指　　标	规划目标	实现情况
粮情监测和应急保障能力		
（1）全国粮食市场信息直报点数量（个）	500	655
（2）全国省级粮食应急指定供应企业数量（家）	5 000	6 400
粮食收储能力		
新建仓容（中央投资）（万t）	2 000	8 250
农户科学储粮进展		
新增农户科学储粮专项户数	800	618.2
粮食产业发展水平		
粮油加工业总产值年均增长率（%）	12	10.8
粮食科技创新能力		
粮食行业国家科研经费投入（亿元）	2	9
粮食质量安全保障能力		
（1）国家粮食质量监测机构数量（个）	396	357
（2）制定标准数量（项）	120	164
（3）复审修订标准数量（项）	300	320

注：本《纲要》中的“粮食”包含食用植物油及油料。

——“十三五”时期是全面提升粮食收储供应能力的攻坚期　粮食流通基础设施布局不合理，区域性收储能力不足储粮条件落后的状况尚未彻底改变；粮食物

流通道不畅，粮食流通效率低；粮食行业信息化和现代化发展滞后等问题突出。亟须继续加大“粮安工程”建设力度，全面提升粮食收储供应安全保障能力。

——“十三五”时期是全面释放粮食产业经济活力的转型期　粮食产业是国民经济产业体系的重要组成部分，加快粮食产业经济发展对于稳增长、促改革、调结构、惠民生具有重要的促进作用。全面释放粮食产业经济活力，迫切需要通过积极推进粮食行业供给侧结构性改革，着力补齐影响制约粮食行业发展的突出短板，促进粮食产业结构优化升级，提升产业市场竞争力。

——“十三五”时期是全面转变粮食流通方式的变革期　随着粮食价格形成机制和收储制度的改革完善，粮食购销方式和市场格局会发生变化，从而对粮食企业经营模式及粮食流通管理方式提出新的更高要求。粮食行业要积极适应粮食流通方式的转变，使市场在资源配置中起决定性作用和更好发挥政府作用，加快推进国有粮食企业改革，促进粮食流通顺畅有序，切实维护好粮食生产者、经营者和消费者的利益。

——“十三五”时期是全面促进国内与国际粮食市场融合的机遇期　随着经济全球化和贸易自由化向纵深推进，国内外粮食市场加速融合，粮食市场走势更加复杂多变。有效防范化解国际风险的冲击，加快形成互利共赢的国际合作关系，更好地利用国际国内两个市场、两种资源，切实保障国家粮食安全，是粮食行业面临的重大课题与现实考验。

综合判断，要适应“十三五”时期新形势，粮食行业必须准确把握战略机遇，增强忧患意识、责任意识，强化底线思维，尊重客观规律与国情粮情，坚持社会主义市场经济改革方向，调动各方面积极性，着力在优化结构、增强动力、化解矛盾、补齐短板上取得突破，切实转变发展方式，提高产业发展质量效益，全面增强国家粮食安全保障能力。

第二节　指导思想

高举中国特色社会主义伟大旗帜，全面贯彻党的十八大和十八届三中、四中、五中全会精神，以马克思列宁主义、毛泽东思想、邓小平理论、“三个代表”重要思想、科学发展观为指导，深入贯彻习近平总书记系列重要讲话精神，坚持“五位一体”总体布局和“四个全面”战略布局，坚持发展是第一要务，牢固树立和贯彻落实“五大发展理念”，以推进粮食行业供给侧结构性改革为主线，以改革创新为动力，全面贯彻新形势下的国家粮食安全战略，全面落实粮食安全省长责任制，全面加强党的建设，加快形成适应经济发展新常态的粮食行业体制机制和发展方式，切实增强粮食行业发展实力，为保障国家粮食安全，全面建成小康社会作出新的更大贡献。

第三节　发展理念

加快粮食行业发展，必须牢固树立和贯彻落实创新、协调、绿色、开放、共享的发展理念：

——突出创新发展，激发粮食行业发展活力　创新是引领发展的第一动力，要围绕提高粮食产业经济发展质量效益和增强粮食安全保障能力，着力推动重点领域改革创新，在改革完善粮食流通体制方面取得新成效，在研发应用新技术新装备等方面实现新突破，不断推进体制机制、产业体系、经营业态等各方面创新，促进军粮供应军民融合深度发展，激发和释放粮食行业发展新活力。

——突出协调发展，补齐粮食行业发展短板　协调是持续健康发展的内在要求，必须牢牢把握粮食行业发展总体布局，正确处理发展中的数量与质量、产区与销区、生产与消费、品种与布局、市场化改革与保护种粮农民利益等重大关系，补齐粮食行业优质精深加工能力不足、流通效率低、信息化滞后等突出短板，推动粮食行业协调发展。

——突出绿色发展，引领粮食行业发展方向　绿色是永续发展的必要条件和人民对美好生活追求的重要体现，必须适应供给侧结构性改革新形势，加快发展适应消费升级需要和具有区域特色的优质绿色粮食产业链，在构建绿色生态粮食产业体系上实现新突破，为加快建设资源节约型、环境友好型社会，推进美丽中国建设作出新贡献。

——突出开放发展，拓展粮食行业发展空间　开放是粮食行业繁荣发展的有效途径，必须顺应我国经济深度融入世界经济的趋势，坚持粮食行业内外需协调、进出口适度、引进来和走出去并重，发展更高层次的开放型粮食产业经济，拓展粮食行业发展空间。

——突出共享发展，增进种粮农民和城乡居民福祉　共享是中国特色社会主义的本质要求，必须坚持把增进粮食生产者、经营者和消费者福祉作为粮食行业发展的出发点和落脚点。着力抓好粮食收购，有效保障农民种粮收益；着力加强粮食市场体系建设，为粮食经营者营造良好市场环境；着力构建优质安全粮食产品供应体系，满足城乡居民不同层次的健康消费需求；着力打赢行业精准扶贫攻坚战，切实保障贫困人口和困难群体口粮需要。

第四节　发展目标

“十三五”时期，要努力形成与全面建成小康社会相协调，与粮食生产大国、消费大国战略地位相适应的中国特色现代粮食行业发展新格局。主要发展目标是：

——*粮食宏观调控能力显著增强* 粮食收储制度更加完善，市场调节机制作用充分发挥，粮食储备调节能力显著加强。粮食市场体系和市场功能进一步健全，粮食流通全面搞活，“农民种粮卖得出、居民吃粮买得到”的底线牢牢守住。

——*粮情预警和应急保障能力明显提升* 市场粮情和粮食产业安全监测预警体系全面建成，监测技术手段和指标体系先进适用，信息收集灵敏高效，信息发布及时通畅。粮食应急供应网络布局合理、功能完善，应急响应及时快速，应对突发事件中军需民食应急保障能力显著提升。

——*粮食产业经济活力全面释放* 粮食加工业转型升级取得突破，产能结构持续调整，产业结构不断优化，大型粮食龙头企业和粮食产业集群辐射带动能力持续增强，粮食流通新业态不断发展，粮食产品结构更加合理。粮食产业国际合作深度和广度不断扩大，粮食产业经济发展质量效益显著提高，对国民经济发展的促进作用不断增强。

——*粮食仓储物流能力不断优化* 与粮食收储规模和供应保障要求相匹配的现代粮食仓储物流体系不断优化，粮食流通机械化、自动化、信息化、智能化、标准化水平明显提升，粮食仓储物流服务能力不断增强，粮食流通效率大幅提高，粮食节约减损成效明显。“蓆茓囤”存粮和“危仓老库”储粮现象基本消除。

——*粮食流通现代化水平稳步提高* 粮食行业创新激励机制不断完善，粮食科技创新能力明显提高，在绿色安全储粮、粮食产后减损、粮食质量安全保障、粮食深加工与营养健康粮食食品研发等重点领域和关键环节取得重大技术突破，经济效益和社会效益明显提高。现代信息技术对粮食产业提质增效和宏观调控的支撑能力显著增强。

——*粮食质量安全保障能力持续加强* 粮食质量安全检验监测体系不断健全，检验监测能力持续提升。粮食标准体系更加健全有效，粮食国际标准业务合作不断加强。粮食质量安全监管与风险监测预警进一步强化，进出口粮食生物安全、食用安全保护水平进一步提升，粮食质量安全保障水平全面提高。

——*粮食行业治理能力显著增强* 粮食领域法律法规体系更加健全，相关制度和政策更加完善，依法行政和法治粮食建设不断推进，粮食安全省长责任制全面落实。粮食行政管理部门自身建设取得重要进展，公共服务和市场监管能力显著增强。

专栏2 “十三五”时期粮食行业发展主要指标

指　　标	2015年	2020年	属性
粮食应急保障能力			
（1）应急加工企业数量（家）	5 815	6 000	约束性
（2）应急供应网点数量（万个）	4.4	5	约束性
（3）改建区域性配送中心数量（个）	90	531	预期性
粮食收储及物流水平			
（1）消除露天存粮比例（%）	20	95以上	约束性
（2）原粮跨省散运比例（%）	30	50	预期性
粮食产业经济发展水平			
（1）粮油加工业主营业务收入（万亿元）		4.1	预期性
（2）面制主食品工业化率（%）	20	30	预期性
（3）米制主食品工业化率（%）	10	20	预期性
粮食科技支撑能力			
（1）规模以上粮油加工企业研发投入占主营业务（%）	0.3	0.6	预期性
（2）粮食产业技术创新联盟数量（个）	3	4～5	预期性
（3）现代粮仓科技应用示范库数量（个）	0	30	预期性
粮食行业信息化水平			
（1）国有粮食收储企业信息化升级改造覆盖率（%）	13	80以上	预期性
（2）粮食行业信息化标准数量（项）	23	50	约束性
粮食质量安全保证能力			
（1）粮食质量安全风险监测网点数量（个）	0	2 500	预期性
（2）国家粮食质量检验检测机构数量（个）	357	500	预期性
（3）制修订标准数量（项）	484	780	预期性
粮食产后节约减损成效			
年减少粮食产后流通环节损失浪费（万t）	440	1 300	预期性

注：制修订标准数量指标为规划期任务累计数。

第二章　改革完善粮食宏观调控

坚持市场化改革取向与保护农民利益并重，改革完善粮食收储制度，健全市场调节机制，提升应急保障能力，促进粮食生产稳定发展，确保粮食市场供应和价格基本稳定。

第一节　改革完善粮食收购制度

继续执行并完善稻谷、小麦最低收购价政策，积极稳妥推进玉米收储制度改革，调整完善大豆目标价格政策，完善油菜籽收购政策。稳步推进粮食收购资金来源多元化，满足粮食收购资金需求。适应粮食生产组织方式变化，创新粮食收购方式，引导企业与种粮大户、家庭农场、农民合作社等新型粮食生产经营主体对接，开展订单收购、预约收购、代收代储、代加工等个性化服务，构建渠道稳定、运行规范、方便农民的新型粮食收购网络体系。依法开展粮食收购资格审核，规范收购秩序。

第二节　健全粮食调控机制

创新和完善粮食调控方式，积极利用国际粮食市场和资源，灵活运用区间调控、相机调控、定向调控、结构性调控等方式，保持粮食供求总量基本平衡。准确把握粮食供求形势变化，加强政策预研储备，备好用好粮食调控"工具箱"，有效防范风险。

构建政府调控与市场调节相结合的调控体系。落实粮食经营、加工企业最低最高库存制度，建立健全企业参与的粮食安全调控机制，充分发挥骨干粮食企业在粮食收购、加工转化以及市场供应等方面的作用。

加强市场粮情和粮食产业安全监测预警预报，及时研判市场供求形势，着力打造灵敏、准确、专业、权威的粮食信息网络体系。充分运用信息技术，改进监测预测、风险预警和政策效应评估。深化粮食流通统计制度改革，完善粮食统计调查制度，健全包括粮食生产、流通在内的全产业链统计调查体系。完善粮食信息发布制度，充分利用多种渠道发布国内外粮食供求、价格、贸易等信息，引导市场预期，服务粮食宏观调控。

深化粮食产销合作，完善粮食产销合作长效机制，搭建产销合作平台，加强产销区粮源组织和运输衔接，促进产区余粮有销路、销区用粮有保障。

第三节　完善粮食储备调节体系

建立健全中央储备与地方储备、政府储备与社会储备协调机制。保持中央储备粮规模基本稳定，全面完成地方储备增储任务。进一步优化储备粮布局和结构，合理确定成品粮储备规模。

积极稳妥推动政府粮食储备管理体制改革，逐步实现政策性职能和经营性职能分离，政府行政管理和企业经营管理分开。明确界定中央和地方粮食储备功能定位。完善各级储备粮吞吐调节机制，充分发挥储备粮在市场调控中的重要作用。完善储备粮管理制度，规范管理行为，提高管理水平，落实价差等利费补贴政策，确保储备粮数量真实、质量良好、储存安全。

探索建立政府储备和社会储备相结合的分梯级粮食储备新机制。通过运用财政、金融、投资等政策手段，建立地方政府掌控的社会粮食周转储备。鼓励符合条件的多元市场主体参与地方粮食储备相关工作。

第四节　提升粮食应急保障能力

加强城乡粮食应急供应网点建设和维护，依托现有社会资源构建布局合理、设施完备、运转高效、保障有力的粮食应急供应保障体系，确保应急供应网点覆盖乡镇（农垦系统农场）、街道（社区）和直辖市、省会城市、计划单列市人口集中的社区。改造建设一批区域性骨干粮食应急配送中心、成品粮批发市场，提高突发事件发生时粮食的应急供给、调运、配送能力。依托骨干企业建立粮食应急生产加工能力储备，确保应急加工能力与应急供应需求相适应。

建立完善横向到边、纵向到底的粮食应急预案，支持县级以上人民政府建立粮食应急指挥中心。强化应急培训与演练，提高应急实效。加强粮食应急供应网点管理，建立完善网点档案和数据库。

充实成品粮应急储备，提升成品粮应急供应能力。依托大型粮食批发市场、龙头加工企业、粮食储备库等，在大城市群、边疆及偏远地区科学规划建设一批成品粮应急储备设施，大中城市和价格易波动地区的成品粮储备要达到10～15天市场供应量。强化贫困地区、高寒边远山区、退耕还林还草地区、休耕轮作试点地区、重大工程移民地区等缺粮地区的粮源筹措和供应。加强贫困人口和困难群体口粮供应。

专栏3　粮食应急供应体系建设

（一）每个省（自治区、直辖市）和计划单列市建设1个粮食综合应急保供中心。

（二）改建区域性配送中心531个。

（三）应急供应网点达到50 000个，直辖市、省会城市和计划单列市人口集中的社区，每3万人应至少有1个应急供应网点，每个乡镇、街道应至少有1个应急供应网点。

（四）应急加工企业达到6 000家。

（五）重点在直辖市、省会城市和计划单列市以及其他有条件的城市示范建设一批成品粮应急低温储备库。

第三章 加强粮食市场体系建设

进一步健全粮食市场体系，全面提升各类市场功能，增强粮食市场引导生产、服务调控、配置资源等综合服务能力。

第一节 健全粮食市场体系

进一步健全以国家粮食交易协调中心为龙头，以区域性粮食交易中心为骨干，以专业性粮食批发市场和期货市场为补充，以粮食收购市场和零售市场为基础的统一开放、竞争有序的粮食市场体系。

综合考虑粮食供求、流向及物流等条件，加强现有市场资源整合，合理确定粮食批发市场规模和布局。结合推动大中城市骨干粮食企业转型发展，支持建设一批设施完备、功能齐全、具有一定规模的公益性粮食批发市场，到2020年改建312家成品粮批发市场，建设面向国内外的特色杂粮批发市场。稳步发展粮食期货市场，增加粮食期货交易品种。构建多种经营业态统筹推进、融合发展的粮食零售市场网络体系，确保粮食供应数量足、质量好、不脱销、不断档。

第二节 拓展粮食市场功能

拓宽粮食市场服务范围，提升市场综合服务功能。规范粮食收购市场，提高为农民售粮服务的水平。推进集贸市场、超市、便民连锁店、主食厨房等多种形式粮食零售市场加快发展，扩大覆盖范围，提高诚信经营服务水平。加强城乡“放心粮油”供应网络建设，推动“放心粮油”进社区、进乡村、进学校、进军营，2018年年底前在城乡普遍建立“放心粮油”供应网络。提升省级粮食交易中心和区域性、专业性批发市场的粮食集散功能，保障区域性大宗粮食供给需要。开展粮食市场交易信息综合利用，服务市场主体。推动粮食市场由传统经营向现代经营方式转变，提高经营管理水平，降低交易成本。培育具有国际影响力的粮食期货交易中心，增强现货市场与期货市场的联动性，增强期货市场服务粮食宏观调控和实体经济的能力。

第三节 培育粮食市场主体

培育和发展多元粮食市场主体，营造公平竞争的市场环境，构建多元粮食市场主体共同保障国家粮食安全的新格局。积极引导大中型粮食加工企业、饲料生产企业等多元市场主体入市收粮，活跃收购市场。注重发挥国有粮食企业主导示范作用，培育一批具有市场竞争力的粮食行业领军企业。创造有利条件支持中小粮食企业发展，充分发挥中小企业在繁荣粮食流通、优化产业结构，以及吸纳就业、改善民生等方面的积极作用。鼓励和引导符合条件的多元市场主体参与政策性粮食收购及地方粮食储备相关工作。引导粮食企业规范流转农村土地，加强与种粮大户、家庭农场、农民合作社等新型粮食生产经营主体合作，提高粮食市场主体组织化程度。鼓励代耕、代种等多种粮食经营方式。

积极深化国有粮食企业改革，结合各地实际推进“一县一企、一企多点”发展模式，优化国有粮食企业布局，增强国有粮食企业经营活力。引导国有粮食企业通过兼并、重组、收购、控股、参股等方式，组建大型粮食企业集团，形成一批辐射范围广、带动能力强、具有竞争优势的大型粮食龙头企业。有序发展混合所有制粮食企业，创新粮食企业发展，积极建设产能集聚、技术领先、功能合理、协同发展、产业关联度高的粮食产业集群和产业园区。

第四节 完善粮食竞价交易平台

建立健全国家粮食交易中心体系，完善全国粮食统一竞价交易平台功能。以全国粮食统一竞价交易平台为中心，辐射链接各省现货粮食批发市场信息化系统，通过粮食交易中心和现货粮食批发市场电子商务信息一体化平台建设，助力传统现货粮食批发市场经营模式转型升级。

规范粮食交易，中央和地方储备粮的收购、销售、轮换以及政策性用粮的采购和销售，原则上通过全国粮食统一竞价交易平台或规范的粮食批发市场公开进行，也可以通过国家规定的其他方式进行。需竞价销售的国家政策性粮食按照有关政策文件规定的品种和数量，通过全国粮食统一竞价交易平台交易，充分发挥公开竞价交易对粮食市场的调控作用。积极引导商品粮进场交易，服务种粮农民和涉粮企业。发挥全国粮食统一竞价交易平台的货源组织和物流配送优势，支持各类粮食供应网点体系建设。

提升粮食竞价交易平台功能，打造高度智能化的综合信息服务平台，为政府部门实施调控提供参考，为粮食生产者、经营者和消费者提供服务。依托粮食竞价交易平台引入粮食仓储、物流配送和互联网金融等服务业态，增强粮食竞价交易平台服务功能，为买卖双方提供一站式、多方位服务。

第五节 推进粮食行业信用体系建设

建设涵盖粮食收储企业、加工企业和贸易企业的粮食行业信用体系，实施分类服务和管理。依托粮食行业信用信息管理系统，归集企业经营管理基础信息、政府部门监管信息、社会舆情信息等，与全国信用信息共享平台实现互联共享。与发展改革、工商、金融等部门和单位，以及地方政府、行业组织建立信用管理合作机制，促进信用信息共享。探索开展独立核算经营主体履约履责能力、诚信经营情况评价，建立不良信用清单，记录企业违规违约失信等不良信息，建立健全激励守信和惩戒失信机制。发挥粮食行业协会、商会、第三方征信机构等社会组织在粮食行业信用体系建设中的自律、监督、服务等作用。

专栏 4　粮食行业信用体系建设

（一）建设全国统一的粮食行业信用信息管理系统　依托国家粮食管理平台和各省级粮食平台，以各级粮食行政管理部门和中储粮系统为信息管理节点，归集粮食收储企业、加工企业和贸易企业经营管理基础信息，以及政府部门监管信息、社会舆情信息等。按权限规定和粮食统计报送渠道收集和审核信用信息。对采集到的不同类型信息，利用云计算批量处理技术分别进行清洗、分类、加工、存储，形成粮食行业信用信息数据库。与国家有关部门及单位建立信用管理合作机制，实现信用信息互通共享。

（二）建设粮食企业信用信息评价体系　结合行业实际情况，以企业履约履责能力、诚信经营情况为重点评价目标，对法人企业进行信用评价。

（三）建设评价结果应用体系　建立健全鼓励守信和惩戒失信机制。为政府实行分类监管、定向扶持、定向调控提出可靠依据，提高行业管理工作水平和效率。面向社会公众提供企业信用信息查询服务，并接受社会监督。

第四章　发展粮食产业经济

积极推进粮食行业供给侧结构性改革，提高安全优质营养健康粮食食品供给能力。加快粮食产业结构调整，充分发挥粮食加工业引擎作用，发展壮大粮食产业化龙头企业。着力培育新的粮食产业经济增长点，提升粮食产业竞争力。

第一节　增加粮食产品有效新供给

推进粮食产品结构优化，构建完善的粮食产品标准体系和生产技术规范。增加安全绿色、优质营养、适口方便、种类丰富的粮食产品供给，增加满足消费者个性化消费需求的特色产品供给，增加满足不同层次消费需求的中高端产品供给。大力实施“绿色健康谷物口粮工程”，提高绿色安全营养谷物粮食制品的供给能力和市场占有率。加快推进大米、小麦粉、食用植物油适度加工，积极发展全谷物食品，提高出品率，更大限度保留粮食中的营养成分。深入推进主食产业化，加快推进馒头、面条、方便米饭等米面主食制品的工业化、规模化、标准化生产，以及社会化供应、产业化经营。提高粮食食品加工在粮油加工业总产值中的比重，面制主食品工业化率达到 30%，米制主食品工业化率达到 20%。

建立中国特色食用植物油产业体系，提升国产大豆、油菜籽、花生等油脂产品市场竞争力，鼓励利用米糠、玉米胚芽制油，加快油茶、油核桃、油橄榄、油用牡丹、文冠果、梾木果等木本油料产业发展。

第二节　促进粮食产业结构调整

完善粮食产业布局，优化大米、小麦粉、食用植物油生产结构，支持主产区发展粮食特别是玉米深加工，促进粮食加工转化健康有序发展，充分发挥加工转化对粮食供需的调节作用。

打造优势产业集群，扶持壮大基础实力强、市场前景好、增长潜力大的粮食加工企业，不断提高产业集中度。通过标准、能效、环保等评价约束机制，逐步淘汰高耗能、低效率、粗放式、质量无保障的落后产能。通过兼并重组，稳妥处置长期亏损、资产负债率高、停产半停产的“僵尸企业”。

提高粮食加工副产物综合利用率。发展米糠、碎米、麦麸、小麦胚芽等副产物资源的食品化利用，米糠综合利用率达到 50%。推进粮食资源全值利用，利用高效技术深度开发利用玉米皮、玉米胚芽、玉米芯等资源。减少粮食生产、流通各环节中的资源能源消耗和废弃物排放。发展清洁环保、节能减排、节粮减损的粮食循环经济，鼓励粮食企业开展热源、水源、气源循环利用，提高经营综合效益。

第三节　培育粮食产业经济增长点

充分利用信息技术、生物技术、新材料技术等促进粮食产业技术升级，推动粮食产业经济发展，培育粮食产业发展新业态。大力发展技术含量高、产业关联度高、产品附加值高的产品，积极发展聚乳酸等生物基、淀粉基可降解材料和聚谷氨酸、聚赖氨酸等生物发酵为代表的高技术产品。充分发挥国内非转基因大豆资源优势，大力发展功能性大豆蛋白、大豆膳食纤维等高附加值产品。

发展绿色环保新型粮食产业，充分利用粮库设施资源和条件，引导社会投入，支持粮食企业加快实施“仓顶阳光工程”示范，争取到2020年装机容量达到1GW。实施稻壳发电、可降解环保包装等项目。鼓励粮食企业发挥仓储物流配送等优势，利用电商平台拓宽营销网络，打造“粮食网络经济”。

充分运用信息技术改造提升粮食加工产业，优化和改进加工生产工艺，提升粮油加工企业管理的信息化水平。推进粮机制造向自动化、精准化、智能化、光电一体化方向发展，打造具有自主知识产权和核心技术的粮食加工、饲料加工等成套设备制造体系，提高粮食行业机械装备国产化率，粮食加工关键设备自主化率提高到80%以上。

拓展粮食产业多种功能，通过与文化教育、参观展示、体验实践等深度融合，发展体验粮食、创意粮食等新业态。

第四节 提升粮食加工产业市场竞争力

充分发挥粮食加工业引擎作用，促进一二三产业融合发展，鼓励加工企业建设绿色、优质原粮基地，发展订单农业，实行粮食优质优价，引导粮食种植品种优化，提升粮食产品品质。鼓励粮食加工企业延长产业链条，促进“产购储加销”全产业链一体化发展，支持龙头企业做大做强。

实施粮食品牌培育行动，增强企业品牌意识，做大做强优势品牌，提升品牌附加值。支持企业开发具有地域特色的粮食资源，打造粮食地理标志和特色品牌。完善品牌管理体系，提高品牌粮食产品的市场占有率。

专栏5 健康谷物行动

（一）制定大米、小麦粉、食用植物油适度加工技术规程。
（二）加快推动大米、小麦粉、食用植物油及绿色健康谷物口粮国家标准的制修订。
（三）开展米面油适度加工及“绿色全谷物食品”推广。
（四）开展大米、小麦粉、食用植物油科学消费及全谷物口粮营养健康知识宣传。
（五）推动组建“全谷物、留胚米产业技术创新战略联盟”。
（六）推动米面产品结构优化，提高糙米、全麦粉等营养健康粮食产品消费比重。

专栏6 粮食产业转型升级行动

（一）主食产业化工程 加快推进以传统蒸煮米面制品为代表的主食产业化进程。

（二）精品粮食及特色粮食工程 大力实施粮食产业品牌战略，提升粮食产品品质，发展特色粮食产品，满足消费者对绿色有机、质量安全、营养健康粮食产品的需求。

（三）粮食深加工转化工程 发展基于分离、提取、改性及生物技术的高附加值、高技术粮食深加工产品，延长产业链条。

（四）粮食副产物综合利用工程 大力发展粮食加工副产物综合利用，提高企业综合效益，带动相关产业发展。

（五）粮食产业集群工程 打造一批特色粮食加工产业园区，引导粮食企业向园区集聚，发挥产业集群示范效应。

（六）粮机装备现代化工程 发展自主知识产权为主的粮食加工装备制造业，提高大型粮食加工装备的工艺技术、精准控制和智能化水平。

（七）“仓顶阳光工程” 在粮库仓顶铺设光伏发电板（瓦），促进绿色准低温储粮，保持粮食品质，提高经济效益。

（八）大型粮食企业培育工程 推动一批粮食企业跻身百亿元级企业行列。

第五章 完善现代粮食仓储物流体系

围绕优化粮食仓储物流功能，强化精准投入，着力构建布局合理、功能完善、系统高效、衔接配套、运行顺畅的现代粮食仓储物流体系，提高粮食流通效率。

第一节 优化粮食收储能力

以优化布局、调整结构、提升功能为重点，科学规划全国粮食仓储设施建设。合理改建、扩建和新建粮食仓储设施，将粮食收储能力保持在合理水平。

优化主产区收储能力布局，完善收储网点、调整仓型结构、提高设施水平；健全产销平衡区收储网点体系，补齐中心库收购空白点，提升收储网点的收购、储备、保供综合能力；提高主销区储备能力，加强储备库建设，提升应急保供能力。适应政府储备与社会储备协调机制，适当发展社会辅助仓储设施，充分利用社会仓储设施扩大收储能力，缓解局部地区和阶段性收储矛盾。鼓励地方政府和企业建立健全仓储设施维修改造长效机制。

支持企业持续提升粮食仓储设施功能和服务"三农"能力，支持政策性粮食收储企业、规模以上粮食加工企业和新型粮食生产经营主体配备烘干、整理和快速检验等设备。提高粮食仓储设施机械化、自动化、信息化、智能化水平，积极推广应用绿色生态储粮技术。推进粮食仓储管理规范化建设，加强国有粮食仓储物流设施保护。

支持贫困地区及新疆、西藏等少数民族地区粮食仓储、物流设施及配套设施建设。

第二节　完善粮食现代物流体系

统筹粮食仓储设施、物流节点、产业园区项目布局和建设，形成产销区有机衔接、产业链深度融合、节点合理布局、物流相对集中、经济高效运行的粮食现代物流体系，促进粮食物流向系统化、专业化、标准化、信息化方向协调发展。

完善东北、黄淮海、长江中下游、华东沿海、华南沿海、京津、西南和西北八大粮食物流通道。优先发展沿长江、沿陇海两条横贯东西的线路，以及沿海、沿运河、沿京哈、沿京沪、沿京广、沿京昆六条连通南北的线路。推动粮食跨境物流的衔接与合作，逐步构建与八大粮食物流通道对接的进出口粮食物流通道。

围绕贯彻落实"一带一路"建设、京津冀协同发展、长江经济带发展三大战略和新一轮振兴东北战略，规划建设一批重要粮食物流节点项目。支持收储、加工企业改造或新建粮食接卸发运设施，提高粮食物流系统化水平。支持改建、扩建和新建一批粮食中转仓、铁路专用线、专业化粮食码头，提高粮食中转效率。依托节点建设，发展多功能的综合性粮食物流园区，提高粮食物流集中度。

第三节　提高粮食现代物流效率

完善发展改革、财政、粮食、交通、铁路、商务、质检等部门的会商协调机制，进一步完善促进粮食物流健康发展的有关政策。加强粮食物流系统化建设，全面推广散粮运输，强化公路、铁路、水运等无缝衔接，大力发展多式联运等运输组织方式，满足多层次需求；鼓励建设快速中转新仓型，改造提升高大平房仓等"四散化"和机械化作业功能；开发大型化、标准化的高效低耗物流新装备。开展粮食物流降耗、减损、提效行动，降低物流成本。

完善粮食物流标准体系，促进粮食物流设施建设、装备制造和信息系统的标准化。充分发挥市场机制，整合中央企业、地方国有企业以及其他不同所有制企业的粮食物流资源，培育大型粮食物流企业。支持粮食物流企业采取联营、租赁等形式联合铁路、航运企业优化粮食物流链条，构建跨区域、跨行业的粮食物流战略联盟。

加快粮食物流与信息化融合，推动全国和区域性粮食物流公共信息平台建设，逐步实现公路、铁路、水路和航空运输的信息共享，促进粮食物流和电子商务融合发展，提高粮食物流运营水平和组织化程度。探索与国内外大型粮食及农副产品交易平台的衔接。

专栏7　粮食仓储物流重点工程

（一）粮食收储能力优化工程　以优化市场、调整结构、提升功能为重点，改建、扩建和新建粮食仓储设施，提升粮食仓储设施配套功能，仓储设施完好率达到95%以上。

（二）粮食物流能力提升工程　在重点线路上建设一批中转仓容，重点在沿京哈线路、京沪线路、京广线路上，以大型粮食企业为主体，在发运点和接卸点改造或新建散粮火车发运和接卸设施；重点在沿陇海线路、京昆线路上，选择主要功能为集中省外来粮并向省内各地区中转的节点，改造或新建散粮集装单元化接卸设施；在沿长江线路、沿运河线路、"引江济淮"工程沿线、珠江水系沿线等码头，改造或新建一批内河码头散粮接发点；在重点沿海港口完善提升集疏运设施。全国粮食物流一级节点达到50个，二级节点达到110个，原粮跨省散运比例达到50%。

第六章　强化粮食科技创新

落实创新驱动发展战略和藏粮于技战略，深入推进"科技兴粮"工程，促进粮食科技服务经济社会发展。强化政府部门粮食科技创新公共服务，充分发挥企业粮食科技创新主导作用，加快粮食科技创新突破和推广应用，为保障国家粮食安全提供有力支撑。

第一节　推动科技创新突破

坚持战略和前沿导向，注重原始创新和集成创新相结合，立足行业急需解决的瓶颈制约问题，集聚优势科研团队，加强原创性突破，注重多学科交叉融合与系统集成，加快实施"现代食品加工及粮食收储运技术与装备"重点专项等一批重大粮食科技项目和工程。加快在科学储粮、节粮减损、现代物流、质量安全、检验检疫、精深加工、健康消费、"智慧粮食"

等共性关键核心技术和新产品新装备方面取得突破，明显提升粮食公共科技供给，推进粮食产业和产品向价值链中高端跃升。

第二节 加强科技成果转化应用

实施粮食科技成果转化行动，加强粮食科技成果与标准的对接，建立粮食行业科技成果转化对接服务平台，广泛征集粮食企业技术难题和科技需求，开展粮食科技创新重要成果展示和供需对接、粮食科研机构与企业合作对接、粮食科技人才与粮食企业对接。落实国家科技成果转化政策，加强先进适用、安全可靠、经济节约的粮食科技成果转化和推广应用，加快建立 30 个现代粮仓科技示范库、30 个粮食科技创新集成基地和科技兴粮示范单位，推动建立一批粮食加工转化技术企业。建立支持科技型企业发挥科技成果转化推进器作用的保障机制，探索科技成果转化多方共赢模式。开展粮食行业重大科技创新成果年度遴选发布活动。建立各级粮食行政管理部门科技成果转化推广工作保障衔接机制。持续开展粮食科技进军营活动。

第三节 完善科技创新体系

深化粮食科技体制改革，加快构建粮食科技创新体系。改革粮食科技评价制度，建立以科技创新质量、贡献、绩效为导向的分类评价体系。健全粮食科技项目督导评估机制，促进成果落地。充分发挥国家公益性科研机构的骨干和引领作用，加快建设高水平、有特色、国内一流的现代粮食科研院所。支持地方粮食科研院所及企业科研部门发展，夯实粮食行业科研基础。充分利用社会科技资源，吸引更多的涉粮院校、研究机构参与粮食科技创新。加强粮食产后、粮食质量安全、产业经济发展、节粮减损等领域科研基地建设。建立产学研用深度融合的粮食科技创新平台，优化整合粮食科技创新资源，建立面向社会开放共享的机制。建立“粮食产业科技专家库”，培育和集聚一批粮食科技创新优势团队。开展粮食行业科技特派员创新创业行动，建立面向农村、面向农民、面向企业的粮食科技服务新体系新模式。

第四节 充分发挥企业技术创新主导作用

落实国家鼓励和支持企业自主创新政策，支持企业建设技术中心，鼓励企业加大研发投入，引导创新要素向企业集聚，增强企业创新动力、创新活力、创新能力，到 2020 年规模以上粮油加工企业研发投入占主营业务收入比例达到 0.6%。加快培育和认定 50 个创新型示范企业，创建一批产业科技创新中心。优先将最有核心创新能力的大型龙头企业和企业集团评定为科技创新企业，支持大型龙头企业、企业集团实施科技创新。鼓励粮食加工、粮机制造企业与有关院校、科研院所等加强合作，形成人才培养、科技研发、生产制造、推广应用、研发改进相结合的产学研用循环体系。支持大型粮食企业与有关单位联合组建粮食产业技术创新战略联盟。

专栏 8 粮食科技创新工程

（一）现代绿色生态储粮科技工程 加强不同区域和品种粮食储藏特性及品质变化规律、延长粮食储存期保质综合技术研究，研发现代粮食物流关键技术，形成保障储粮安全综合性技术解决方案。加强粮库粮情监测预测、储粮风险预警及安全隐患处置等技术研发。

（二）粮食质量安全保障关键技术研发 开展真菌毒素污染粮食安全利用研究及产业化示范、重金属污染稻谷安全加工利用产业化示范，促进污染超标粮食合理转化为有效资源。研发进口粮食携带疫情加工除害处理技术。

（三）粮食加工转化关键技术研发 推进以玉米为原料的可降解生物基材料、淀粉基材料及新用途下游产品低成本生产技术开发，加强稻壳、秸秆及粮食副产物高效转化利用新技术研发等。

（四）全谷物及营养健康粮食食品研发与重大产品创制 开展糙米、全麦粉、杂粮等全谷物加工新技术与新装备的研发与示范，全谷物食用品质改良、活性物评价与保持技术研发，全谷物主食品及方便食品的创制，粮食食品营养健康作用评价及其机理研究。开展大米、小麦粉、食用植物油适度加工新技术新产品新装备研发。

专栏 9 粮食科技成果推广工程

（一）粮食仓储及物流技术推广 推广低温及准低温储粮技术，平房仓负压横向通风粮食储藏成套新技术，惰性粉、氮气气调储粮关键技术，大农户储粮新设备，连续干燥远程智能测控系统，粮食“四散化”技术，固定式散粮集装箱装箱平台，粮食储运监管物联网技术等。

（二）粮食质量安全技术推广 推广粮食收购现场快速检测技术和仪器，重金属污染稻谷安全利用技术，真菌毒素污染玉米 DDGS 安全利用技术，粮食中真菌毒素及重金属快速检测及监测分析系统，进口粮食疫情防控技术等。

（三）粮食加工与转化技术推广 推广稳定化糙米、全麦粉、杂粮等全谷物加工及主食产业化应用技术，高效节粮节能稻米和小麦适度加工新技术，高品质专用米粉加工技术，燕麦精深加工高效增值转化关键技术，高浓度玉米淀粉酶法液化糖化技术，热塑淀粉材料的产业化技术，稻壳秸秆综合利用技术等。

（四）食用油加工技术推广　推广高含油油料加工关键技术，新型植物油抽提溶剂、食用植物油质量安全控制技术，微生物油脂、菜籽及棉粕蛋白质高值化综合利用技术，大型智能化油脂制取成套装备，油脂高效冷冻真空脱臭技术及装备等。

第七章　推进信息化与粮食行业深度融合

推动信息技术在粮食收购、仓储、物流、加工、贸易等领域的广泛应用，促进粮食行业数据的汇聚与整合，强化大数据的分析和应用，提高宏观调控、市场监测、行业监管、公共服务的精准性和有效性。

第一节　构建“互联网＋粮食”信息化体系

实施“互联网＋粮食”行动计划，搭建国家、省、企业三级系统架构，全面提升行业信息化水平。建设国家及省级粮食管理平台，为宏观调控、行政管理、公共服务和行业发展提供支撑。大力发展粮食企业信息化，推进智慧粮库建设，夯实行业信息化基础，重点加强粮库智能化升级改造、粮食交易中心和现货批发市场电子商务信息一体化平台建设、重点粮食加工企业信息化改造、粮食应急配送中心信息化建设。国有粮食收储企业信息化升级改造覆盖率达到80％以上，政策性粮食业务信息化全覆盖。逐步形成技术先进、功能实用、操作简便、安全可靠、规范统一、运行高效的粮食行业信息化体系。整合利用现有系统资源和信息采集渠道，做好系统间的衔接，避免重复建设。切实做好涉密数据信息传输的安全防护和管理。

第二节　深化信息技术与粮食行业的融合

利用云平台、大数据技术优化信息资源配置，建立粮食行业内部及涉粮部门间信息交换机制，消除“信息孤岛”，实现互联互通。建设政策性粮食监管系统，提高政策性粮食库存实时监管能力，提升政策性粮食及业务监管效能。构建粮食市场监测、预警和应急指挥综合平台，提升粮食质量监测预警信息化水平和粮食应急指挥效率。建设全国粮食行业信用信息管理系统。加强互联网、大数据、物联网等信息技术的应用和推广，鼓励粮食行业信息化新业态、新模式、新技术创新发展，提升粮食行业经营和管理水平。提高粮食行业信息化公共服务能力，提升服务粮食生产者、经营者和消费者的水平。

第三节　完善粮食行业信息化建设支撑体系

加强粮食行业信息化标准制修订，开展信息化系统和设备的标准鉴定和认证，粮食行业信息化标准数量达到50项，形成粮食行业信息化标准体系。推动粮食行业信息化标准的执行，发挥信息化标准在规范行业管理、实现互联互通等方面的作用。建立健全信息化建设协调推进工作机制，加强管理和考评，强化监督和指导，规范粮食行业信息化建设。支持科研院所、院校开展粮食行业信息化关键技术和装备的研究。引进和培养信息化“高精尖缺”和复合型人才，充实信息化建设管理人员，形成人才结构合理、专业技术过硬的信息化建设及保障队伍。

第四节　实施粮食行业大数据战略

把粮食行业大数据作为基础性战略资源，推动以数据为中心的信息系统开发和建设。搭建粮食行业国家大数据平台，强化省级数据中心基础建设。健全数据采集和整合机制，深化系统内部数据和社会数据的关联分析。促进大数据技术在粮食行业的创新应用，加大数据采集、存储、清洗、分析挖掘、可视化等领域的研发力度，加强大数据技术在市场趋势分析、社会热点跟踪、调控措施评估等方面的应用。制定粮食行业数据共享开放目录和制度，依法推进数据资源向社会开放，提高数据的使用价值。

专栏10　粮食行业信息化深度发展重点项目

（一）“互联网＋粮食”行动计划　推动信息通信及互联网等技术在粮食行业中的广泛应用，优化和集成行业资源，促进粮食企业管理水平、行业监管能力的全面提升。

（二）建设国家粮食管理平台　纵向联网各省级管理平台，横向联网国家有关涉粮部门信息系统，推动有关数据实时获取。

（三）建设省级粮食管理平台　互联互通国家平台及下级粮食部门，形成地方涉粮业务管理平台、数据中心和查询服务窗口。

（四）粮库智能化升级改造　收纳库系统建成覆盖粮库基本业务的简易版智能化粮库系统；储备库系统应在收纳库系

统功能基础上，增加储备粮管理与仓储管理等模块；每个省（区、市）可以选择规模大、管理基础好的粮库作为智能化升级改造示范，探索建设应用新技术和新装备、全面信息化管理的智能化粮库系统。

（五）粮食交易中心和现货批发市场电子商务信息一体化平台建设　以全国粮食统一竞价交易平台为中心，辐射链接现货批发市场信息系统，建立涵盖粮食生产、原粮交易、物流配送、成品粮批发、应急保障的完整供需信息链和数据中心。

（六）重点粮食加工企业信息化改造　推进重点粮食加工企业原粮出入库和库存管理、成品粮应急管理等业务模块信息化升级改造。鼓励和支持重点粮食加工企业基于省级平台或自行建设粮食质量安全追溯信息系统。

（七）粮食应急配送中心信息化建设　重点建设区域性粮食应急配送中心综合信息系统，以实现各项业务“全时在线”管理为目标，全面提升应急响应能力，提高配送效率。

第八章　提升粮食质量安全保障能力

按照“机构成网络、监测全覆盖、监管无盲区”的粮食质量安全监管总体要求，健全粮食质量安全监管监测体制机制，统筹规划、合理布局、完善功能，全面提升粮食质量安全监管监测能力。

第一节　加强粮食质量安全检验监测能力建设

推进地方粮食质量检验监测机构建设，重点建立和完善500个国家粮食质量检验监测机构，提高常规质量、储存品质、卫生安全、添加剂和非法添加物、微生物等方面的综合检验监测能力，粮食质量安全指标的综合检验能力达到70%以上。推进国有骨干粮食收储企业质量安全保障能力升级改造，配备必要的检验仪器等设备。整合粮食质量安全风险监测预警资源，布设2 500个粮食质量安全风险监测网点，健全粮食质量安全动态管理、突发事件信息直报和舆情监管网络体系，拓展防控交流渠道和形式。推进粮食质量安全追溯体系建设。落实属地管理和生产经营主体责任，完善考核评价机制。

第二节　加强粮食标准体系建设

夯实粮食质量安全监管的法律制度基础，建立涵盖粮食流通领域的粮食质量标准体系，复审修订粮食标准580项，研究制定包括粮食收购、粮食储藏、粮食产品质量安全和粮食物流等4大类200项粮食标准。依托科研院所、院校、粮食质量检验监测机构，构建粮食标准研究验证测试和后评估体系。开展粮食标准基础性研究、科学性验证、分析测试，以及粮食标准后评估、技术培训、技术服务、技术指导和粮食质量评价等工作。推广普及粮食标准，注重科技成果向标准转化。加强粮食标准计量工作，强化标准监督实施。

第三节　强化粮食质量安全监管与风险监测预警

依托国家粮食管理平台，稳步建立和运用粮食质量安全动态信息管理系统。充分发挥粮食质量检验监测机构和风险监测点的作用，增加风险监测样品份数和检验技术参数，扩大监督抽查覆盖面。落实国家粮食质量安全风险监测年度计划和省（自治区、直辖市）粮食质量安全风险监测方案，加强收获、储存、流通等环节粮食质量安全风险监测。建立污染和超标粮食处置长效机制，完善处置手段，维护粮食消费安全。进一步提升粮食质量安全预警预判能力、应急处置能力、危机管控能力和监管服务水平。

第四节　加强粮食国际标准业务合作

依托国际标准化组织谷物与豆类分委员会秘书处（ISO/TC34/SC4），主导制修订5项粮食国际标准。组织开展我国重要粮食标准外文版翻译工作，加强我与亚太经济合作组织（APEC）其他经济体、“一带一路”沿线重点国家在大宗粮食商品标准对比分析研究方面的合作，促进区域粮食标准互联互通。鼓励和支持科研院所、院校、标准研究验证测试机构和相关企业参与国际标准化活动，推动我国自主创新、优势特色粮食标准转化为国际标准。加强对粮食国际标准的跟踪和评估，促进粮食国际标准转化为适合我国国情的粮食标准。加强粮食检验检疫及安全监管国际合作交流，防治外来疫情及有毒有害物质传入，提升粮食质量安全水平。

专栏11　粮食质量安全保障重点建设项目

（一）依托地方粮食质检机构、院校和科研院所，重点建立和完善500个国家粮食质量检验监测机构。

（二）依托国有粮食企业、粮食质检机构、院校和科研院所，布设2 500个粮食质量安全风险监测网点。

（三）推进国有骨干粮食收储企业质量安全保障能力升级改造，更新配置必要的检验仪器，改进扦样、收储和质量安全溯源技术。

（四）依托高校资源，建设国家粮食局粮食质检教学基地。

（五）依托国家粮食管理平台，稳步建立和运用由国家、省、市、县各级粮食部门及企业参与的粮食质量安全动态信息管理系统。

（六）研发推广经济实用的重金属无害化处理技术、收购现场快速检验技术、新陈粮检验技术，以及相应的检验仪器设备。

第九章　促进粮食节约减损

加快形成政府主导、企业实施、全民参与、共同行动的粮食节约减损机制，减少粮食流通各环节损失，构筑“无形粮田”。到2020年，每年减少粮食产后流通环节损失浪费1 300万t以上，损失浪费率下降40%以上。

第一节　促进农户源头减损

鼓励藏粮于民，积极实施粮食产后服务工程，建立和完善粮食产后服务体系。推广经济、适用、防虫、防霉储粮新装具、新技术，促进农户粮食储藏科学集约规范发展，引导和支持种粮大户、家庭农场、农民合作社等新型粮食生产经营主体建设自然通风仓、烘储中心等设施，配备必要的烘干设备。探索农户科学储粮市场化运作方式，解决粮食产后数量损失、品质下降、霉烂变质等关键问题。

依托粮食科研院所等单位，为农户科学储粮提供技术服务。

第二节　推进粮食经营过程减损

开展粮食仓储标准化管理行动，持续推进“四无粮仓”建设。积极推广粮食仓储新装备、新技术，增强科学储粮减损能力。制定粮食适度加工和减损行业技术标准，建立健全政府抽检和行业自律相结合的标准执行监督机制。推进粮食加工减损技术升级，实施千家重点粮食加工企业出品率提升计划。加强粮食现代物流体系建设，优化运输组织，缩短运输周期，提高粮食物流效率，减少运输环节粮食损失损耗。

第三节　持续推动消费减损

加强爱粮节粮宣传教育，倡导爱粮节粮、营养健康的科学消费理念，引导城乡居民养成健康、节约的粮食消费习惯，营造厉行节约、反对浪费的浓厚社会氛围。结合开展节俭养德全民节约行动等专题活动，大力提倡粮食节约，深入推进全民“节约一粒粮”行动，积极开展爱粮节粮进社区、进家庭、进学校、进酒店、进食堂、进军营等行动。组织开展“世界粮食日和全国爱粮节粮宣传周”“粮食科技活动周”“放心粮油宣传日”“食品安全宣传周”等专题宣传活动。大力倡导“光盘行动”，推行简餐和标准化饮食，杜绝餐桌浪费。实施“校园营养师培训计划”，积极推进爱粮节粮进课堂、进课本，组织实施“爱粮节粮青年志愿者行动计划”。树立爱粮节粮先进单位、示范家庭和先进个人典型。加强粮食文化建设，挖掘并保护好优秀粮食文化载体，打造宣传展示平台。

专栏12　粮食产后服务工程

鼓励企业主动适应农村土地流转、新型粮食经营业态不断涌现等新形势，创新粮食产后服务体系新模式、新思路、新载体，为农民提供收获、烘干、清理、收储、加工等一体化粮食产后全方位服务。支持地方拓宽投融资渠道，建设粮食烘储中心，加强粮食烘干设施建设并配备必要的清理设备，为现代农业和农村经济发展提供有力的服务和支撑。

第十章　推进粮食产业国际合作

在立足国内谷物基本自给、口粮绝对安全基础上，统筹国际国内两个市场、两种资源，充分利用国际市场调剂国内品种余缺。积极开展国际合作和交流，履行国际义务，努力消除饥饿，共同落实2030年可持续发展议程。

第一节　鼓励和支持粮食企业“走出去”

通过鼓励和支持粮食企业“走出去”，促进国内国际粮食生产流通要素有序流动、资源高效配置，实现多层次、宽领域合作共赢。鼓励和引导粮食生产、仓储物流、加工、贸易、农资及农业技术服务等企业和单位组建产业联盟，主动参与国际粮食生产流通，带动粮食精深加工产品和粮食仓储物流设施、机械设备、储粮技术等“走出去”。以“一带一路”沿线国家为重点，支持企业开展水稻、玉米、大豆和棕榈油等粮食作物规模化生产、加工、储运等多种形式的跨国经营。

第二节　培育大型跨国粮食集团

支持优势粮食企业强强联合、兼并重组，打造具有国际竞争力的大粮商，构建跨国粮食生产、仓储物流、加工和贸易经营体系。搭建粮食企业国际合作综合服务平台，拓展多双边粮食合作机制，建立统筹协调和对接机制，支持重大示范项目建设。培养国际化粮食经营管理人才，提升企业核心竞争力。到2020年，力争我国有一定数量的大型粮食企业跃居全球跨国粮商前列。

第三节 加强粮食流通国际合作与交流

发挥我国粮食生产和消费大国的优势，加快建设粮食贸易强国，优化粮食进出口渠道和品种结构，促进全球粮食贸易发展。加快建立全球粮食供需分析与市场预测系统，为粮食调控决策及企业、公众提供及时、准确、权威的公共信息服务。建立全球粮食市场风险预警防范机制和应急处置机制。

加强粮食流通领域的国际合作，积极引进先进技术、管理经验，提高粮食产业发展水平。加强与国际大宗粮食商品交易市场的交流，提升国际影响力。帮助发展中国家改善粮食流通基础设施，提高粮食流通技术水平，根据受援国需求提供紧急人道主义粮食援助。进一步发挥我在联合国粮农组织（FAO）、亚太经济合作组织（APEC）等国际组织和机构中的作用，积极参与国际贸易规则制定，共同应对全球粮食安全新挑战。

第十一章 提高粮食行业依法治理能力

深入推进依法行政，加快建设法治粮食，坚持法定职责必须为、法无授权不可为，依法全面履行粮食行政管理部门职能，完善粮食行业法规制度政策，健全粮食行业治理体系，提升粮食行业治理能力。

第一节 加强粮食行业法制建设

加快推进《粮食法》立法进程，修订《粮食流通管理条例》《中央储备粮管理条例》，推动粮食行业地方性法规、地方政府规章、部门规章建设，加强粮食规范性文件制定工作，健全粮食收购市场准入、储备粮管理、质量安全、统计、仓储管理、仓储物流设施保护、市场监管、节粮减损、产业经济发展等方面相关制度规定，初步形成与国情、粮情相适应的粮食法律法规和制度规范体系。

第二节 加强粮食法治宣传教育

落实中央关于做好第七个五年法治宣传教育工作的部署，深入开展粮食法治宣传教育。实行国家机关“谁执法谁普法”的普法责任制，建立粮食部门普法责任清单制度，健全普法宣传教育机制，增强法治宣传教育实效性。弘扬社会主义法治精神，增强粮食行业干部职工的法治观念，提高厉行法治的积极性和主动性。充分发挥法治宣传教育在粮食行政管理部门深入推进依法行政中的基础作用，为“十三五”时期粮食行业发展营造良好法治环境。

第三节 推进粮食行业法治机关建设

依法设定权力、行使权力、制约权力、监督权力，推进机构、职能、权限、程序、责任法定化。依法全面履行粮食行政管理部门职能，推行权力清单和责任清单制度。依法确定粮食流通重大行政决策事项范围，完善重大行政决策程序制度，健全依法决策机制。积极推进简政放权、放管结合、优化服务等改革，推进行政审批制度改革，坚持依法审批，规范行政审批行为，精简办事程序，创新服务方式，改进服务质量，全面推进政务公开，依法开展行政复议和行政应诉工作。

第四节 强化粮食流通监管效能

深入落实行政执法责任制，加强全社会粮食流通监管。强化政策性粮食库存数量、质量和储存安全的监督检查，加强日常监管，实现监管制度化、常态化。加强对政策性粮食收储、调销政策和库存管理政策制度执行情况的监督检查，继续开展粮食收购资格核查和统计制度执行等情况的监督检查。加强与食品药品监管、工商等有关部门合作，依法依职开展对粮食加工业及成品粮市场的监管。

推广监督检查“双随机”抽查机制，完善中央和地方分级负责、全国性检查与随机抽查、专项检查和突击检查相结合的检查模式。

推进层级完整、上下联动的监督检查组织体系建设，加强基层粮食监督检查机构建设。完善粮食库存检查专业人才库，建立涉粮案件核查应急队伍，加强监督检查人员教育培训，提高队伍综合素质和专业水平。建立粮食经营者名录库和粮食执法检查人员名录库。推动中央储备粮监管体制机制改革，完善委托在地监管机制，探索引入社会第三方稽查力量参与各级储备粮监管。提升政策性粮食库存监管的技术手段，推动粮食流通监管的信息化、科技化水平。重点建立中央储备粮库存动态监管系统，通过对各业务环节信息的采集、上传、汇总和关联分析，实现对中央储备粮库存的全天候全流程动态监管。完善监督检查行政执法程序和制度，健全涉粮重大案件线索移送纪检、司法制度。建立和完善执法联动机制和异地粮食行政执法协作制度，实现执法信息部门间共享。建立与政策性粮食监管任务相匹配的监管经费保障机制。

第五节 严格规范公正文明执法

加强行政执法监督，实行粮食行政执法人员持证上岗和资格管理制度，严格执行粮食监督检查工作规程和行为规范，严格规范行政执法裁量权行使，规范使用监督检查和行政处罚执法文书，严格执行执法全过程记录制度和重大执法决定法制审核制度，健全监督检查和行政处罚执法案卷评查和管理制度。创新执法方式，坚持管理与服务并重、处罚与教育结合，推行粮食行政执法公示制度，开展企业满意度调查工作。加强行政执法责任制落实情况监督和考核。

第十二章 保障措施

推进本《纲要》实施，必须在各级党委、政府领导下，全面落实粮食安全省长责任制，加强本《纲要》与《粮食收储供应安全保障工程建设规划（2015—2020年）》等规划的衔接，以改革开放和创新发展为动力，不断提高工作效能，最大限度地激发全行业的积极性和创造性，形成上下齐心协力、共同落实的良好局面。

第一节 明确实施责任主体

各级政府相关部门要切实承担起本《纲要》实施的主体责任，明确职责分工，细化落实任务指标，加强本《纲要》执行的指导监督。建立各级党委、政府统一领导下，部门分工负责、密切协作、合力推进的工作机制。尊重粮食企业在市场中的主体地位，调动各类市场主体、社会组织在本《纲要》实施中的积极性。发挥行业协会等组织在政企沟通、信息收集、技术应用、标准推广等方面的积极作用。

第二节 推进重点任务落实

坚持整体推进与重点突破相结合的原则，突出本《纲要》重大政策、重大工程和重大项目的落实。充分发挥主要指标牵引约束作用，强化重大工程和项目的支撑作用，抓住重点领域、关键环节、难点问题，着力在优化结构、增强动力、化解矛盾、补齐短板上取得突破。将本《纲要》确定的重大任务落实情况和年度实施计划，纳入部门重要议事日程，建立部门主要负责人为第一责任人的责任落实保障机制。结合三年滚动投资计划，做好重大工程项目储备，促进工程和项目落地实施。加强粮食安全省长责任制考核，推进本《纲要》各项任务目标顺利完成。

第三节 拓宽投资融资渠道

发挥政府投资引导作用，有效调动社会各方面力量参与粮食行业建设的积极性。积极争取各级政府把粮食流通领域列为公共财政投入的重点领域，推动粮食流通政策和资金整合。争取国家有关部门加大对粮食流通重点建设项目投资支持力度，加强对粮食流通改革发展的资金、政策支持。争取地方政府根据本地区粮食行业重点任务目标合理安排支出规模，建立稳定的投入机制。创新投融资机制，拓宽粮食流通基础设施建设和产业化发展的融资渠道，积极推广政府和社会资本合作（PPP）模式，降低粮食流通领域民间资本投资门槛，鼓励和引导多元市场主体参与粮食流通。切实发挥政策性金融机构对粮食收储和流通基础设施建设的重要支持作用，积极争取商业性金融机构对粮食流通产业发展的支持。鼓励有条件的粮食企业通过上市、发行债券等方式，提高直接融资比重。鼓励各地建立健全粮食担保基金、储备粮轮换风险准备金。建立健全粮食行业投入长效机制，实施并落实信贷等优惠政策。

第四节 提供人才智力支持

全面落实人才兴粮战略，不断深化粮食行业人才发展体制机制改革，坚持高端引领、整体开发，以高层次、创新型人才为先导，以应用型人才为主体，分类指导、统筹推进，大力激发粮食行业人才创新创造活力。推进人才管理体制改革，全面落实用人主体自主权。

改进人才培养支持机制，建立产学研用相结合的专业技术人才培养模式和产教融合、校企合作的技术技能人才培养模式，实施粮食行业百千万创新人才工程和高技能人才培养工程；积极通过市场机制培养和发现优秀粮食企业经营管理人才，实施粮食经纪人队伍培育工程；以提高领导水平和执政能力为核心，实施党政人才能力提升工程，加强粮食行政管理机构建设并充实人员。实施开放的人才引进机制，更大力度引进粮食行业急需紧缺人才。

创新人才评价机制，坚持德才兼备，注重凭能力、实绩和贡献评价人才。健全人才激励保障机制，加大对创新人才激励力度，建立以政府奖励为导向、用人单位和社会奖励为主体的人才奖励机制，营造人人皆可成才和青年人才脱颖而出的行业氛围，健全有利于人才向基层企业、中西部和东北地区流动的政策体系。

第五节 加强规划协调指导

建立总体规划与专项规划、区域规划、地方规划、企业规划等密切衔接的规划体系和机制。坚持全国粮食行业“一盘棋”，强化中央与地方、相关部门间对全局性、战略性等重要目标任务的统筹、协调，建立横向纵向协调联动机制，形成工作合力。加强对本《纲要》实施的动态监测分析，完善本《纲要》实施评估、调整修订和监督考核机制。加强宣传引导，营造本《纲要》实施的良好舆论环境。

第六节　强化思想政治保障

从粮食工作的薄弱环节、廉政风险防控的薄弱区位、队伍建设的薄弱领域等方面入手，全面加强党的思想建设、组织建设、作风建设、反腐倡廉建设、制度建设，为推进本《纲要》顺利实施提供坚强保证。坚持全面从严治党，严格落实“两个责任”，严明党的纪律和规矩，健全改进作风长效机制，强化对本《纲要》实施的事前、事中和事后监督。加强基层党组织建设，强化基层党组织整体功能，充分发挥基层党组织的战斗堡垒作用。积极发挥工会、共青团、妇联等群团组织作用，发挥民主党派和无党派人士作用，形成推动粮食行业改革发展的强大合力。

全国饲料工业“十三五”发展规划

（农业部　农牧发［2016］13号　2016年10月14日）

饲料工业是联结种养的重要产业，为现代养殖业提供物质支撑，为农作物及其生产加工副产物提供转化增值渠道，与动物产品安全稳定供应息息相关。我国饲料工业经过30多年的快速发展，形成了饲料加工、饲料原料、饲料添加剂、饲料机械等门类齐全的产业体系，为发展现代养殖业、繁荣农村经济、增加农民收入做出了重大贡献。“十三五”是养殖业转型升级的关键时期，饲料工业发展既迎来了新机遇，也面临着诸多挑战。为适应养殖业供给侧结构性改革的新要求，推动饲料工业加快升级，根据《全国农业和农村经济第十三个五年规划（2016—2020年）》、《饲料和饲料添加剂管理条例》，制定本规划。

一、“十二五”发展回顾

“十二五”期间，饲料工业抓住规模养殖加快发展的战略机遇，坚持开源节流优化原料供应，健全制度规范生产经营秩序，强化科技、人才与资本支撑，提升企业素质，饲料产量实现稳定增长，产品质量和产业竞争力明显提高，现代化建设迈出了坚实步伐。

（一）产量保持稳定增长

2015年，全国工业饲料总产量2亿t，比2010年增长23.5%，保持世界第一。受规模养殖快速发展推动，2015年配合饲料产量达到1.74亿t，比2010年增长34.1%，浓缩饲料1 961万t，比2010年减少25.9%。从不同品种看，2015年猪、肉禽、水产、反刍饲料产量分别为8 344万t、5 515万t、1 893万t和884万t，比2010年分别增长40.3%、16.5%、26%和21.4%，蛋禽饲料3 020万t，与2010年持平。

（二）质量安全状况稳定向好

“十二五”期间，全国饲料产品抽检合格率稳定在95%以上，2015年达到96.2%，比2010年提高2.3个百分点。各级畜牧兽医部门连续5年组织开展专项整治，“瘦肉精”等违禁添加行为得到有效遏制，及时发现苯乙醇胺A等新型非法添加物，消除了问题隐患。铜、锌等微量元素类饲料添加剂超量使用情况受到严格管控，2015年配合饲料监测合格率分别达到99.2%和99%，分别比2010年提高2.8和5.9个百分点。

（三）饲料添加剂生产和原料开发能力稳定提高

2015年，全国饲用维生素产量28万吨，占全球的68.5%，分别比2010年增长1.5倍和22.5个百分点；饲用氨基酸产量152万t，占全球的38.7%，分别比2010年增长1.1倍和9.6个百分点。其中，蛋氨酸产量超过10万t，改变了完全依赖进口的局面。2013年公布新版《饲料添加剂品种目录》，有机矿物元素、酶制剂、微生物、植物提取物等新型饲料添加剂共计97种，比2008年版增加36种。饲料生产企业积极利用小麦、高粱、大麦等原料替代玉米，加快开发发酵豆粕等新型优质蛋白，能量饲料原料多元化和鱼粉替代取得明显进步。秸秆饲料化利用稳步推进，饲用量稳定保持在2亿t，占秸秆资源总量的24.7%。

（四）企业转型升级步伐加快

2015年末，全国共有配合饲料和浓缩饲料厂6 772个，比2010年减少4 071个。年产量50万吨以上的饲料企业48家，饲料产量占全国总产量的

56.5%，分别比2010年增加18家和14.5个百分点，其中年产量100万t以上的饲料企业达到32家，产量占全国总产量的51%。饲料质量安全管理规范全面实施，全国共创建部级示范企业83家，省级示范企业238家。饲料企业“走出去”发展步伐明显加快，在境外投资建设饲料厂上百个，销售收入近百亿元。

（五）饲料加工装备水平明显提升

2015年，全国共生产成套饲料加工机组1 349套，其中时产10吨以上的968套，占72%。与2010年相比，饲料加工机组总套数减少17%，时产10吨以上机组数增加61%，占比提高近1倍。饲料专业化和精细化加工快速发展，对饲料原料进行膨化、膨胀等预处理以及微粉碎、超微粉碎、高效调质、后熟化、液体后喷涂等先进工艺应用日趋广泛。码垛机器人在大中型饲料企业快速推广，散装饲料在现代化养殖企业普遍应用。

（六）科技支撑能力不断增强

“十二五”期间，国家对动物营养和饲料科学研究的投入大幅增加，推动动物营养需要和饲料原价值动态预测、饲用酶技术体系创新及重点产品创制、微生态制剂高密度发酵等领域取得大量科技成果，获得7项国家科学技术奖励。大型企业普遍增加科技投入，通过产学研联盟等方式创建了十多个国家级企业研发中心，新技术、新工艺和新产品集成应用能力明显提高。

（七）法治建设取得重大突破

国务院公布修订后的《饲料和饲料添加剂管理条例》，农业部制定发布《饲料和饲料添加剂生产许可管理办法》等5个部门规章以及《饲料生产企业许可条件》等9个规范性文件。新的饲料法规体系遵循“提高门槛，减少数量；加强监管，保证安全；转变方式，增加效益”的基本原则，进一步界定了政府、管理部门和生产经营者的责任，完善了生产经营使用各环节的质量安全控制制度，明确了饲料生产中允许使用的原料范围，加大了对违法行为的处罚力度。贯彻落实中央行政审批改革精神，将设立饲料添加剂、添加剂预混合饲料生产企业的审批权限下放至省级饲料管理部门。

虽然过去5年我国饲料工业发展取得了突出成效，但总体仍处于从大国向强国迈进的爬坡过坎期，还存在一些突出的矛盾和问题，制约产业加快升级。从生产体系看，与现代化的要求相比，多数饲料生产企业在加工装备、管理体系和技术创新能力等方面还有差距，产品同质化问题突出，具有较强国际影响力的企业和品牌不多。从经营体系看，饲料生产企业与养殖场户对接不够紧密，产品销售环节多费用高。从监管体系看，技术支撑机构人才装备建设滞后，基层监督执法体制机制不健全，风险管控和日常监管没有全面落实到位。从政策体系看，饲料工业是微利行业，但在应对大宗原料价格波动、采用新技术新装备等方面缺乏政策支持，在建厂用地等方面受到越来越多的限制，抗风险和持续发展能力不强。

二、“十三五”发展面临的形势

“十三五”时期，随着我国经济发展进入新常态，养殖业进入生产减速、结构优化、质量升级、布局调整、产业整合的新阶段，饲料工业发展面临着市场空间拓展更难、质量安全要求更严、资源环境约束更紧等诸多挑战，迫切要求加快推进供给侧结构性改革，实现发展动能转换。

（一）饲料需求进入低速增长期

从动物产品生产看，根据《全国农业现代化规划（2016—2020年）》，2020年全国肉类、奶类和养殖水产品预期产量分别为9 000万t、4 100万t和5 240万t，分别比2015年增加4.3%、5.9%和6%，禽蛋预期产量3 000万t，与2015年基本持平。按照目前的技术水平，实现2020年增产目标，需增加1 600万t配合饲料消费。从养殖业转型拉动看，肉鸡和蛋鸡工业饲料普及率已超过90%，规模化发展拉动饲料增产的潜力很小；生猪年出栏50头以上的比重为72%，工业饲料普及率约为75%，随着规模化比重进一步提升，可增加配合饲料需求1 000万t以上；牛羊养殖规模化也可释放部分需求。从生产效率看，我国平均每出栏一头肥猪的饲料消耗量比国际先进水平多出10%以上，肉鸡和蛋鸡多5%左右。随着养殖综合技术进步，未来5年饲料利用效率可望提高3%以上，节省配合饲料600万t左右。综合上述因素，预计未来5年饲料消费年均增长约400万t，增速约为1.9%。

（二）蛋白饲料原料主要依靠进口的格局不会改变

2015年，全国蛋白饲料原料总消费量6 750万t，进口依存度超过80%，比2010年提高了10个百分点。其中，豆粕5 050万t，基本依靠进口大豆生产，菜籽粕1 060万t，30%依靠进口菜籽生产，鱼粉150万t，85%靠进口。未来5年，我国蛋白饲料原料需求预计年均增长100万～125万t，约为“十二五”期间的一半；种植业结构调整加快推进，部分地区推广粮改豆和苜蓿等优质牧草种植，将适度提高自给能力；再加上进口品种和来源地增加，蛋白饲料原料供应的稳定性有望得到改善。但是，我国耕地资源优先用于保障口粮绝对安全和谷物基本自给，蛋白饲料原料依靠进口的格局不会改变。

（三）饲料质量安全要求更严格

新时期加强饲料质量安全监管，不仅要聚焦保障动物产品安全这个核心目标，还要兼顾消费升级、环境安全等新要求。当前，“瘦肉精”等老问题尚未彻底根治，新型非法添加物时有发现，饲料中霉菌毒素、重金属污染等问题也时有暴露，安全隐患不容忽视。随着城乡居民收入增长，以功能和特色为特征的动物产品生产进入快速发展期，饲料产品需要质量上配套提升。打好农业面源污染防治攻坚战，畜禽粪污治理任务艰巨，要求饲料产品绿色化发展，统筹兼顾减量排放、达标排放等环保要求。特别是长期使用一些传统饲料添加剂带来的负面影响日益受到关注，需要采取更有效的措施促进规范使用和减量使用。

（四）产业整合融合需求更迫切

我国饲料行业已培育出一批具有较强竞争力的大企业，与中小企业的差距在不断拉大。“十三五”期间，随着市场竞争加剧，优势企业对中小企业的兼并重组和整合力度将进一步加大。饲料企业综合实力较强，在资本、管理、技术、人才等方面都有优势，为增强持续发展能力，融入养殖大产业、打造全产业链的步伐将进一步加快。东南亚、东北亚、非洲等新兴市场的饲料产业处于快速成长期，“走出去”对我国饲料企业拓展发展空间也日趋重要。总的看，行业内部整合、全产业链和全球化发展将成为饲料企业做大变强、持续发展的决定性因素。

（五）技术竞争压力更大

互联网、生物技术、智能制造等新技术既是推动饲料工业升级的新动能，也是饲料企业创新发展中面临的主要压力和必须突破的瓶颈。饲料行业已有十多家企业公布了“互联网+”发展计划，在提高生产效率、降低经营成本、整合资源要素、提升服务能力等方面都可能带来革命性变化。生物饲料技术蓬勃发展，饲用微生物、酶制剂等产品种类不断增加、功能不断拓展，在促进饲用抗生素减量使用、饲料资源高效利用、粪污减量排放等方面展现出巨大潜力，已经成为饲料技术竞争的核心领域。加工装备自动化和智能化既可大幅度减少劳动强度和人员需求，还能提高安全生产水平和产品质量，降低能耗和加工成本，是饲料加工升级的必然选择。

三、指导思想、基本原则和发展目标

（一）指导思想

以邓小平理论、“三个代表”重要思想和科学发展观为指导，深入贯彻党的十八大和十八届三中、四中、五中全会精神，牢固树立创新、协调、绿色、开放、共享的发展理念，把握全面建成小康社会和大力推进农业现代化的重大机遇，主动适应养殖业发展新趋势新要求，以提高发展质量、效益和竞争力为中心，着力提升现代饲料生产体系和经营体系，提高饲料原料和饲料安全保障能力，推进技术、产品和经营模式创新，推动全产业链融合发展，力争“十三五”末基本建成饲料工业强国，为养殖业现代化提供有力支撑。

（二）基本原则

产管结合，保障安全　以全面贯彻实施新的饲料法规为主线，推动各级政府落实好属地管理职责，各级饲料管理部门履行好监督管理职责，饲料生产经营企业落实好主体责任，从产和管两方面入手，健全饲料质量安全保障制度。

创新驱动，提质增效　以提高饲料转化率、节约生产销售成本、提升服务质量为目标，加强技术创新和经营模式创新，促进传统技术与互联网、智能装备等新技术融合。以安全高效环保为目标，加强技术创新和集成应用，推动饲料产品升级。

市场主导，激发活力　坚持充分发挥市场在资源配置中的主导作用，以公平公正公开为导向，依法规范行政管理，落实简政放权要求。以激发企业创新活力为导向，稳定现有扶持政策，研究创设新政策。

立足国内，开拓国际　充分挖掘国内外两个市场的资源潜力，优化调整供求关系，稳定大宗饲料原料供应。在稳定和扩大内需的基础上，积极推动饲料相关产品和企业“走出去”，培育具有国际影响力的知名品牌和企业。

（三）发展目标

饲料工业“十三五”发展的总体目标是：饲料产量稳中有增，质量稳定向好，利用效率稳步提高，安全高效环保产品快速推广，饲料企业综合素质明显提高，国际竞争力明显增强。通过5年努力，饲料工业基本实现由大到强的转变，为养殖业提质增效促环保提供坚实的物质基础。

1. *产量*　工业饲料总产量预计达到2.2亿t。其中，按产品类别分，配合饲料2亿t，浓缩饲料1 200万t，添加剂预混合饲料800万t；按动物品种分，猪饲料9 400万t，肉禽饲料6 000万t，蛋禽饲料3 100万t，水产饲料2 000万t，反刍饲料1 000万t，宠物饲料120万t，毛皮动物等其他饲料380万t。国产蛋氨酸基本满足国内需求，维生素和其他氨基酸产能保持稳定；酶制剂和微生物制剂主要品种生产技术达到国际先进水平，产值比2015年增加50%以上。

2. 质量　《饲料质量安全管理规范》全面实施，全国饲料产品抽检合格率稳定在96%以上，非法添加风险得到有效控制，确保不发生区域性系统性重大质量安全事件。

3. 效率　猪生长育肥阶段饲料转化率平均达到2.7∶1，商品白羽肉鸡饲料转化率达到1.6∶1，蛋鸡产蛋阶段饲料转化率达2.0∶1，淡水鱼饵料系数达到1.5∶1，海水及肉食性鱼饵料系数达到1.2∶1。年产100万t以上的饲料企业集团达到40个，其饲料产量占全国总产量的比例达到60%以上。饲料企业与养殖业融合发展程度明显提高，散装饲料使用比例达到30%。

四、产业布局

“十三五”期间，综合考虑养殖业发展趋势、环境资源禀赋、区位优势和现有产业基础等因素，进一步优化饲料工业布局，顺应养殖业结构调整和粮改饲、草牧业战略发展新要求，促进不同区域饲料加工业与种养业协调发展。

（一）加快发展区

黑龙江、吉林、辽宁　该区域土地资源丰富，粮食产量大，养殖业发展相对滞后，是养殖业区域布局调整的主要转移承接区，饲料工业发展潜力大。“十三五”期间，该区域在继续强化饲料原料、发酵类饲料添加剂等产业优势的同时，重点发展猪、奶牛和肉牛饲料加工业，加快发展全株青贮玉米，推进秸秆饲料化利用，着力培育种植、饲料、养殖和加工一体化的大型农牧企业，促进饲料原料就地转化增值。

内蒙古、宁夏、甘肃、青海、新疆　该区域草原面积大，草食畜牧业发展基础好，农牧结合发展潜力大，饲料工业基础薄弱，饲料企业规模小，商品饲料入户率低。“十三五”期间，该区域重点依托资源优势，加快发展优质饲草生产加工业，以及与草食动物舍饲半舍饲养殖配套的浓缩饲料、精料补充料和全混合日粮产品，培育或引进大中型饲料企业。

西藏、四川、重庆、云南、贵州、广西　该区域地方特色畜禽品种多，因地制宜发展特色畜牧业的条件好；传统农户养殖比例较高，规模化发展潜力大；除四川和广西外，其他省份饲料产业规模在全国占比小。“十三五”期间，该区域在稳定微量元素类饲料添加剂生产、稳步发展猪饲料产业的同时，重点发展优质饲草生产加工业、牛羊精料补充料以及与家兔、地方特色畜禽养殖配套的饲料产品；利用区位优势，有序承接东部地区的产业转移，开拓与东南亚国家的饲料原料和饲料产品贸易。

（二）稳定发展区

山东、江苏、福建、广东、海南　该区域交通便利，饲料原料采购便捷，大型饲料企业多，饲料产品以配合饲料为主；养殖业以生猪、肉禽和水产为主，规模化程度高。“十三五”期间，该区域重点是大力培育具有国际竞争力的饲料企业和全产业链企业，加快发展安全高效环保配合饲料和特色海水养殖用水产饲料，提升饲料添加剂工业和饲料机械制造业综合实力。

河北、河南　该区域粮食产量大，饲料原料自给度高；河北紧临京津大市场，河南为中部交通枢纽，猪、禽、牛、羊养殖量都较大，规模化程度较高，饲料产量位居全国前列，企业数量多。“十三五”期间，该区域的重点是引导饲料企业整合融合，培育大型饲料企业集团；加快推进种养结合，鼓励饲料企业向农牧一体化方向发展。陕西、山西。该区域是传统的小麦、玉米和杂粮种植区，能量饲料原料基本自给，农副资源丰富；猪、禽、牛和羊养殖都有一定基础，但规模化程度低，提升空间大；气候条件好，土地资源承载力较大，承接养殖转移有潜力；饲料产业集中度低，小企业多，缺少龙头企业。“十三五”期间，该区域重点是稳定发展猪禽饲料，大力发展与草食动物舍饲半舍饲养殖配套的浓缩饲料、精料补充料和草料结合的全价饲料产品，吸引大型饲料企业集团进驻设厂，带动提升区域内饲料生产企业的整体水平。

（三）适度发展区

湖北、湖南、江西、安徽　该区域人口稠密，水网密布，养殖业以猪、禽、水产为主，近年来蛋鸡养殖发展快，规模化程度高；区域内有影响力的饲料品牌企业数量较多，饲料产品以配合饲料为主。该区域水体污染问题突出，生猪养殖量接近土地承载能力，未来以控制总量和内部区域调整为主。“十三五”期间，该区域重点是稳定猪饲料产量，发展蛋禽、水产饲料，加快推动各类饲料产品向安全高效环保方向升级。

北京、天津、上海、浙江　该区域技术和人才密度高，国际化、信息化程度高，但是受区域整体功能定位约束，养殖业和饲料工业发展空间受到限制。“十三五”期间，该区域重点发展技术研发、投融资平台、企业总部等支撑体系，以及宠物饲料、新型饲料添加剂等产业。

五、主要任务

（一）提高饲料原料保障能力

稳定蛋白饲料原料供应　促进蛋白饲料原料进口

品种和来源地多元化，适度增加油菜籽等其他品种进口，积极开拓加拿大、南亚、东欧、俄罗斯等地的供应潜力。加强蛋白饲料原料供需形势监测分析，建立权威专业的信息发布机制，增加对蛋白饲料原料国际贸易价格的影响力。加强合成氨基酸新品种推广应用，推动饲料配方中减少蛋白原料添加比例。

稳定能量饲料原料成本 坚持以国内为主保障能量饲料原料供应，引导饲料生产企业增加玉米饲用消费。加强玉米替代技术储备，适时适度使用小麦、早籼稻、大麦、高粱等其他谷物。建设现代饲草料生产体系。在“镰刀弯”地区和黄淮海玉米主产区推广粮改饲，按照以养带种、因地制宜的原则，引导发展全株青贮玉米、燕麦、甜高粱、苜蓿等优质饲草料生产。加强北方牧区饲草料储备，提高防灾减灾能力。加大南方草山草坡开发利用力度，推行节水高效人工种草，推广冬闲田种草和草田轮作。加强优质饲草料加工调制技术装备研发和营养价值评价，推广草料结合的全混合日粮和商品饲料产品。

持续推进秸秆饲料化利用 按照《农业部关于打好农业面源污染防治攻坚战的实施意见》，推动建立健全秸秆收储用体系，支持牛羊养殖场户改善贮存利用设施，购置处理机械，增加秸秆饲料化利用量。大力推广秸秆青贮、微贮、气爆、压块等处理技术，发展以秸秆为基础原料的全混合日粮。支持专业化的秸秆饲料化利用企业发展。

促进农副资源饲料化利用 按照能用尽用、高效利用的原则，充分挖掘农副资源饲料化利用潜力。支持对马铃薯、甘薯、木薯、甜菜、苎麻、桑叶等作物以及果蔬、糟渣、基料等农产品加工副产物进行脱水干燥等加工，转化为便于工业化生产使用的饲料原料；对油籽加工副产物进行生物发酵、物理脱毒等加工，降低抗营养物质含量，提升蛋白品质。

（二）提高饲料安全保障水平

健全规范标准 制定《自行配制饲料使用规范》，指导养殖者严格遵守限制性或禁止性规定。针对主要饲料添加剂和单一饲料品种，制定生产企业设立条件，指导各地规范生产许可审批。制定《宠物饲料管理办法》，完善配套标准规范，引导宠物饲料产业快速发展。修订《药物饲料添加剂使用规范》，制定《药物饲料添加剂品种目录》。修订完善《饲料原料目录》《饲料添加剂品种目录》《饲料添加剂安全使用规范》和饲料添加剂产品标准。针对隐患排查和风险预警中发现的问题，及时组织制定检测标准。

健全监管体系 将饲料质量安全监管能力提升纳入农业执法能力建设规划和农产品质量安全县创建范围，推动地方政府进一步落实属地责任，改善执法条件，加强对饲料生产经营企业的日常监管。针对新型非法添加物、霉菌毒素、病原微生物、重金属等突出问题，加强安全预警和风险评估。整合饲料行政许可、质量安全监测、生产统计等信息系统，构建饲料行业管理大数据平台。

健全监管制度 加强省级行政许可专家审核队伍建设，严格执行饲料和饲料添加剂生产许可条件；加强新饲料和饲料添加剂审定、进口饲料和饲料添加剂登记工作，着力提高审批效率；落实简政放权、清理中介要求，规范行政许可审批程序。全面实施《饲料质量安全管理规范》，组织开展部级和省级示范创建，实现生产许可换证与规范验收同步审核；鼓励饲料生产企业建立产品信息化追溯体系，实现饲料生产经营使用全程追溯管理。健全饲料质量安全监测制度，完善年度监测计划，加强隐患排查和风险预警能力建设，强化检打联动和检防联动。

健全监管机制 全面推行“双随机、一公开”制度，完善监管档案记录。以“瘦肉精”等突出问题治理为重点，健全跨省案件通报协查、涉嫌犯罪案件移送、重大案件督办等工作机制，加大对违法行为的惩处力度。以饲料原料和饲料添加剂为重点，探索建立安全风险快速预警机制。加强饲料质量安全信用体系建设，全面推进行政许可、行政处罚、监督抽查等信用信息公开，与相关部门密切协作，健全守信激励和失信惩戒机制。支持行业协会等第三方机构开展信用评价工作。

（三）发展安全高效环保饲料产品

加快发展新型饲料添加剂 稳定提高营养改良型酶制剂生产水平，加快研发具有抗氧化、抗应激、分解霉菌毒素等特殊功能的新型酶制剂。开发具有耐酸、耐热等不同特点的微生物制剂，以及满足不同动物种类、不同生长阶段差异化需求的微生物制剂。加强药食同源类植物功能挖掘，鼓励提取工艺稳定、功能成分清楚、应用效果明确的产品申报新饲料添加剂。开发饲用多糖和寡糖产品。制定完善质量安全标准和评价技术规范，引导新型饲料添加剂产业规范有序发展。

研发推广安全环保饲料产品 集成氨基酸平衡配方、酶制剂、微生物制剂、植物提取物等技术，发展改善动物整体健康水平的新型饲料产品，促进药物饲料添加剂减量使用。推广低氮、低磷和低矿物质饲料产品，促进畜禽粪污减量排放。按照修订后的《饲料卫生标准》严格控制饲料中的总砷含量，禁止添加有机砷制剂。按照《饲料添加剂安全使用规范》要求严格控制饲料中的铜、锌用量，防止超量添加。推动微生物发酵技术在饲料产品中的应用，开发全发酵配合

饲料产品。开发与地方特色动物产品、功能性动物产品生产套的饲料产品。加快发展宠物饲料产品。

构建精准配方技术体系　以要畜禽品种为对象，完善动物营养需要、饲料原料营养物质消化利用动态预测模型。以近红外光谱等技术为基础，完善饲料原料营养物质快速定量检测方法。充分利用互联网技术，针对饲料企业日常积累的实测数据建立收集、汇总和挖掘机制。按照政府引导支持、技术机构协调组织、饲料企业自愿参与的原则，组织开展精准配方技术示范。

（四）提升饲料加工水平

提升饲料加工装备水平　以专业化、大型化、自动化、智能化、高效低耗、绿色环保、安全卫生为导向，推动饲料加工装备升级。提高原料接收、粉碎、调质、膨化、膨胀、冷却、干燥、筛分、包装、码垛等关键设备的可靠性、使用寿命、智能化和自清水平。在饲料企业推广码垛装备等智能机械装备。提高饲料加工装备及其控制系统的通用化、系列化、模块化水平，降低使用和维修费用。

推广精细加工工艺　将饲料加工工艺学与动物营养学有机结合，按照细分品种、细分阶段、精细饲养的要求，构建适宜加工工艺及质量安全指标体系，推动饲料产品细分加工。适应饲料生产节能降耗的需要，改进粉碎、热加工等关键工艺。完善液态饲料、软颗粒、膏状等新形态饲料加工工艺。针对水分、粉碎粒度、混合均匀度等关键指标，发展饲料加工质量在线监测与控制技术。

提高安全生产保障能力　督促饲料企业落实安全生产主体责任，健全安全生产责任制，完善安全生产管理体系，加强员工安全生产技能培训。鼓励饲料企业采用先进除尘工艺与设备，配备饲料生产安全动态监控系统。在生产许可现场审核、《饲料质量安全管理规范》现场验收过程中，加强安全生产条件、制度建设和执行情况检查。

（五）转变生产经营方式

推动信息化发展　鼓励饲料企业在原料采购、生产加工、质量控制、产品销售、服务客户等方面与互联网深度融合，挖掘利用物联网、大数据、云计算等技术潜力，促进资源节约、需求聚集、效率提升、渠道拓展、服务转型。支持饲料企业积极参与“互联网+现代农业”行动，发挥资本、人才和管理优势，打造养殖业服务平台，推动产品个性化定制，服务一站式到位。

推动全产业链发展　鼓励饲料企业积极参与构建现代农业产业体系，向饲料原料生产、畜牧水产养殖、畜禽屠宰、食品加工等领域延伸发展，通过股份合作等方式与养殖场户结成利益共同体，在促进养殖产业链整合、推动种养加一体、一二三产业融合发展等方面发挥引领作用。支持饲料企业为养殖场户提供专业化服务和融资担保支持，在养殖业生产性服务体系建设方面发挥重要作用。

推动创新驱动发展　支持饲料企业建立技术研发机构和试验基地，参与国家重大科技项目实施，与科研机构建立战略合作关系。鼓励饲料企业申报新饲料和饲料添加剂产品。支持在国内外资本市场直接融资，通过并购、股权置换等方式整合融合，通过租赁、委托加工等方式充分利用现有产能。大力发展“厂场对接”的直接销售模式，加快推广散装运输、料仓储存、自动饲喂的饲料投送方式。

推动全球化发展　支持饲料企业成为农业对外合作的重要力量，加大在新型市场的投资力度，积极参与全球范围内的产业并购重组和战略合作。在法规制度、质量标准、贸易规则等方面与主要国家和地区加强合作交流，为饲料、饲料添加剂和饲料机械产品拓展国际市场创造良好环境。

六、保障措施

（一）加强组织领导

各级饲料管理部门要从农业现代化建设全局出发，充分认识到“十三五”是加快建设饲料工业强国的关键时期，把发展好饲料工业作为现代养殖业建设的重要支撑，摆在重要位置。要立足当地实际，结合规划目标，加强组织领导，明确职责分工，完善工作机制，强化沟通协调，努力确保主要任务顺利实施。要深入调查研究，及时总结经验，切实解决规划实施过程中遇到的问题。

（二）加强政策支持

稳定饲料产品免征增值税政策，推动出台鼓励新型饲料添加剂发展应用的财税政策。充分发挥公共财政资金的引导作用，积极推进粮改饲和农副资源饲料化利用。完善玉米收储政策，支持饲料企业入市收购。加大饲料饲草加工机械设备、养殖场散装料自动饲喂设备的农机购置补贴力度。

（三）强化法治意识

各级饲料管理部门要牢固树立依法行政理念，切实履行好法定监管职责，杜绝没有法律授权的管理行为。在行政许可下放过程中，要严格落实简政放权、放管结合、优化服务同时推进的工作要求，防止无序下放、违法下放、放了接不住、放了不管，导致行业准入制度实施效果打折扣，事中事后监管跟不上，配套服务不到位。要逐级建立绩效考核和工作评估机制，确保饲料法规制度贯彻实施到位。

（四）强化科技支撑

通过农业科技创新能力建设规划等项目实施，推动改善饲料科技创新条件，形成一批基础性、工程性研究平台和试验基地。通过国家自然科学基金、国家科技重大专项、重点研发计划、技术创新引导专项、基地和人才专项等科技计划以及现代农业产业技术体系，加大对饲料科技创新的支持力度，推动在饲料基础数据完善、新型饲料添加剂研发、饲料资源开发利用、饲料加工装备智能化等重点领域取得重大突破。大力培育行业科技成果转化中介组织和产学研协同创新团队，推动饲料科技成果快速转化。

（五）充分发挥行业协会作用

贯彻中央关于行业协会商会改革精神，创新各级饲料行业协会运行机制，激发内生活力和发展动力，充分发挥桥梁作用，提升咨询、信息、指导等服务能力。以各级饲料行业协会为主体，推进行业自律和诚信体系建设，强化饲料企业社会责任意识，塑造饲料行业良好社会形象。鼓励各地按照依法依规、自愿互利的原则，组建各种形式的饲料行业商会，在促进资源共享、促进整合融合、促进统一技术标准等方面发挥重要作用。

医药工业发展规划指南

（工信部等　工信部联规［2016］350 号　2016 年 10 月 26 日）

医药工业是关系国计民生的重要产业，是中国制造 2025 和战略性新兴产业的重点领域，是推进健康中国建设的重要保障。“十三五”时期是全面建成小康社会决胜阶段，也是我国医药工业整体跃升的关键时期。为加快医药工业由大到强的转变，根据《中华人民共和国国民经济和社会发展第十三个五年规划纲要》和《中国制造 2025》，编制本指南。

一、“十二五”发展回顾

（一）规模效益快速增长

“十二五”期间，规模以上医药工业增加值年均增长 13.4%，占全国工业增加值的比重从 2.3%提高至 3.0%。2015 年，规模以上企业实现主营业务收入 26 885 亿元，实现利润总额 2 768 亿元，“十二五”期间年均增速分别为 17.4%和 14.5%，始终居工业各行业前列。在规模效益快速增长的同时，产品品种日益丰富，产量大幅提高，在保供应、稳增长、调结构等方面发挥了积极作用。

（二）创新能力显著提升

2015 年规模以上企业研发投入约 450 亿元，较 2010 年翻两番。在“重大新药创制”科技重大专项推动下，涌现出一批高质量创新成果，“十二五”期间 210 个创新药获批开展临床研究，埃克替尼、阿帕替尼、西达本胺、康柏西普等 15 个 1 类创新药获批生产，110 多个新化学仿制药上市，中药质量控制与安全性技术水平提升，PET - CT、128 排 CT 等一批大型医疗设备和脑起搏器、人工耳蜗等高端植入介入产品获批上市。以屠呦呦获得诺贝尔奖为代表，我国医药创新进一步得到国际认可。

（三）质量管理不断加强

国家药品医疗器械标准提高行动计划继续推进，《中国药典》（2015 版）发布执行，药品标准进一步与国际接轨。全产业链各环节质量管理规范不断健全，《药品生产质量管理规范（2010 年修订）》（药品 GMP）全面实施。一批优势企业生产质量管理与国际先进水平接轨，累计 600 多个原料药品种和 60 多家制剂企业达到国际先进水平 GMP 要求。

（四）技术装备大幅升级

“十二五”期间全行业完成固定资产投资超过 2 万亿元，规模较“十一五”大幅增长，增速居工业各行业前列，促进了医药工业技术装备水平整体跃升。生产过程自动化、智能化水平明显提高，生物催化、手性合成、调释给药等先进技术得到产业化应用，中药全过程质量控制水平提高，生物药大规模高效培养接近国际先进水平。

（五）重组整合快速推进

企业兼并重组数量增多，规模扩大，“十二五”期间收购兼并交易额达 1 500 亿元以上。大型企业进一步做大做强，工业主营业务收入超过 100 亿元的企业达到 16 家，一批创新型中小企业高速发展。产业和金融深度融合，89 家企业在国内外证券市场上市，另有 200 余家企业在新三板挂牌，创业投资、股权投资基金大量投资医药领域，促进了行业资源整合和企业核心竞争力提升。

（六）国际化步伐加快

出口稳定增长，2015 年出口额达 564 亿美元。出口结构改善，制剂和医疗设备出口比重加大，面向发达国家市场的制剂销售实现突破。药品研发加快与国际接轨，累计上百个仿制药获得欧美国家注册批件，50 多个新药开展国际临床研究。境外投资从设立研发中心向建立生产基地发展，超亿美元的境外并购项目达 10 个以上。

但医药工业发展仍存在一些问题，主要表现在：原始创新能力不强，基础研究和转化研究能力薄弱，高质量创新成果少；产品质量升级任务紧迫，化学仿制药、中药材和中成药、医疗设备、辅料包材等领域质量标准和质量水平亟待提高；药品供应保障存在短板，低价药、儿童用药和罕见病药短缺情况仍有发生；清洁生产和“三废”治理水平较低，化学原料药可持续发展能力不足；行业集中度低，企业多、小、散，产品同质化和重复建设突出；国际竞争力弱，出口产品附加值低；研发、营销等环节存在不规范行为，影响行业良性竞争和健康发展。

二、“十三五”发展形势

（一）市场需求稳定增长

从全球看，发达经济体医药市场增速回升，新兴医药市场需求旺盛，生物技术药物和化学仿制药在用药结构中比重提高，为我国医药出口带来新的机遇。从国内看，国民经济保持中高速增长，居民可支配收入增加和消费结构升级，健康中国建设稳步推进，医保体系进一步健全，人口老龄化和全面两孩政策实施，都将继续推动医药市场较快增长。

（二）技术进步不断加快

精准医疗、转化医学为新药开发和疾病诊疗提供了全新方向，基于新靶点、新机制和突破性技术的创新药不断出现，肿瘤免疫治疗、细胞治疗等新技术转化步伐加快。医疗器械向智能化、网络化、便携化方向发展，新型材料广泛应用，互联网、健康大数据与医药产品、医疗服务紧密结合，产业升级发展注入了新动力。

（三）产业政策更加有利

《中国制造 2025》将生物医药和高性能医疗器械作为重点发展领域，国家继续把生物医药等战略性新兴产业作为国民经济支柱产业加快培育，“重大新药创制”科技重大专项等科技计划继续实施，将为医药工业创新能力、质量品牌、智能制造和绿色发展水平提升提供有力的政策支持。

（四）行业监管持续强化

药品医疗器械审评审批制度改革全面实施，药品注册分类调整，注册标准提高，审评审批速度加快，药品上市许可持有人制度试点，仿制药质量和疗效一致性评价推进，全过程质量监管加强，将促进技术创新、优胜劣汰和产品质量提升。新修订的《环境保护法》实施，环保标准提高和监督检查加强，对医药工业绿色发展提出更高要求。

（五）医改政策不断完善

医药卫生体制改革全面深化，公立医院改革及分级诊疗制度加快推进，市场主导的药品价格形成机制逐步建立，以“双信封”制、直接挂网、价格谈判、定点生产为主的药品分类采购政策全面实施，医保支付标准逐步建立，医保控费及医疗机构综合控费措施推行，对医药工业发展态势和竞争格局将产生深远影响。

总体上，“十三五”时期医药工业面临较好的发展机遇。但也要看到，发达国家依靠技术变革与技术突破正在形成新的竞争优势，其他新兴市场国家已在仿制药国际竞争中赢得先机；前期支撑我国医药工业高速增长的动力正在减弱，各种约束条件不断强化，结构性矛盾进一步凸显，亟须加快增长动能的新旧转换，医药工业持续健康发展仍面临不少困难和挑战。

三、指导思想、基本原则和发展目标

（一）指导思想

深入贯彻党的十八大和十八届三中、四中、五中全会精神，牢固树立创新、协调、绿色、开放、共享发展理念，全面落实建设制造强国和健康中国战略部署，充分发挥市场配置资源的决定性作用和更好发挥政府作用，以满足广大人民群众日益增长的健康需求为中心，大力推进供给侧结构性改革，加快技术创新，深化开放合作，保障质量安全，增加有效供给，增品种、提品质和创品牌，实现医药工业中高速发展和向中高端迈进，支撑医药卫生体制改革继续深化，更好地服务于惠民生、稳增长、调结构。

（二）基本原则

坚持创新驱动 加强创新能力建设，完善协同创新体系，推动创新升级。加快推进医药工业与新一代信息技术深度融合，引导和支持企业拓展新领域，发展新业态。

坚持质量为先 把质量安全作为医药工业发展的

生命线，强化企业质量主体责任，健全质量标准体系，严格质量安全监管，促进化学仿制药等重点领域质量提升。

坚持保障供给　围绕疾病防控需求，发展临床急需产品，加强基本药物供给能力建设，健全药品流通网络，完善医药储备体系，提高供应保障能力。

坚持集聚集约　加强区域协同和区域联动，发展专业化、循环化医药园区，引导企业重组整合，构建分工协作、绿色低碳、智能高效的先进制造体系，提高产品集中度和生产集约化水平。

坚持开放合作　抓住国家推进“一带一路”建设重大机遇，充分利用国际资源要素，加强技术、人才、产能、资本合作，推动医药企业“走出去”，提高国际竞争力。

（三）主要目标

到2020年，规模效益稳定增长，创新能力显著增强，产品质量全面提高，供应保障体系更加完善，国际化步伐明显加快，医药工业整体素质大幅提升。

——行业规模　主营业务收入保持中高速增长，年均增速高于10%，占工业经济的比重显著提高。

——技术创新　企业研发投入持续增加，到2020年，全行业规模以上企业研发投入强度达到2%以上。创新质量明显提高，新药注册占药品注册比重加大，一批高质量创新成果实现产业化，新药国际注册取得突破。

——产品质量　药品、医疗器械质量标准提高，各环节质量管理规范有效实施，产品质量安全保障加强。基本完成基本药物口服固体制剂仿制药质量和疗效一致性评价。通过国际先进水平GMP认证的制剂企业达到100家以上。

——绿色发展　与2015年相比，2020年规模以上企业单位工业增加值能耗下降18%，单位工业增加值二氧化碳排放量下降22%，单位工业增加值用水量下降23%，挥发性有机物（VOCs）排放量下降10%以上，化学原料药绿色生产水平明显提高。

——智能制造　到2020年，医药生产过程自动化、信息化水平显著提升，大型企业关键工艺过程基本实现自动化，制造执行系统（MES）使用率达到30%以上，建成一批智能制造示范车间。

——供应保障　国家基本药物、常用低价药供应保障能力加强，临床用药短缺情况明显改善，临床急需的专利到期药物基本实现仿制上市，国家医药储备体系进一步完善，应对突发公共卫生事件的应急研发和应急生产能力显著增强。

——组织结构　行业重组整合加快，集中度不断提高，到2020年，前100位企业主营业务收入所占比重提高10个百分点，大型企业对行业发展引领作用进一步加强。

——国际化　医药出口稳定增长，出口交货值占销售收入的比重力争达到10%。出口结构显著改善，制剂和医疗设备出口比重提高。境外投资规模扩大，国际技术合作深化，国际化发展能力大幅提升。

四、主要任务

（一）增强产业创新能力

完善政产学研用协同创新体系　发挥政府的引导和推动作用，营造激励创新的政策环境。强化企业技术创新主体地位，发挥骨干企业整合科技资源的作用，扶持掌握关键技术的研发型小企业发展。推动企业加强与高校、科研院所和医疗机构技术协作，建立符合新药研发特点的投入、收益、风险分担机制，加速研发成果产业化。调动医疗机构在医药创新上的积极性，提高新药临床研究水平，促进科技成果转化和应用。

推动创新升级　引导企业提高创新质量，培育重大产品，满足重要需求，解决重点问题，提升产业化技术水平。推动化学药研发从仿制为主向自主创新为主转移。针对中医优势病种开展复方、有效部位及有效成分中药重点品种研究，发展质量稳定可控、临床优势突出的现代中药。提高抗体药物、肿瘤免疫治疗药物等生物技术药物的研发和制备水平，加快临床急需的生物类似药和联合疫苗的国产化。加强医疗器械核心技术和关键部件开发，提升集成创新能力和制造水平。突破共性关键技术，推动重大创新和临床急需产品产业化。

加强研发支撑　支持建设临床前药效评价平台，规范药品医疗器械临床试验基地（GCP基地）的建设和管理，优化国家级科技创新基地布局，统筹国家临床医学研究中心建设，提高临床研究质量，满足新产品开发和药品、医疗器械上市后质量评价的需要，促进科技成果转化应用。支持创业孵化、开放实验室等小企业服务平台建设，支撑研发型小企业发展。加强医药研发公共数据和资源平台建设，提高开放共享水平和专业化服务能力。发挥金融创新对技术创新的助推作用，引导社会资本设立医药领域创业投资基金、股权投资基金，支持早期研发项目实施和创新型企业成长。

专栏1 创新能力提升工程

1. *医药制造业创新中心建设* 建设药品、医疗器械制造业创新中心，整合政府和社会投入、科研院所和企业研发力量、医疗机构临床研究资源、企业产业化能力等各方面资源，围绕产业发展共性关键技术问题开展合作，实现10～15项重点技术突破，提高全产业链创新能力，促进创新驱动发展。

2. *小微企业创新创业服务平台建设* 支持建设创业孵化器、开放实验室、科技成果转化中心等创新创业服务平台，支持小微企业创新活动。

3. *医药产业创投计划* 引导社会资本设立50个以上医药产业创投基金，总规模达到100亿元以上，为医药技术创新项目提供投融资支持。

4. *医药研发数据和公共资源平台建设* 支持建设和整合疾病临床信息数据库、生物样本库、化合物库、中药化学成分库、药物杂质标准品库、药品包材添加剂数据库，实现数据和资源开放共享，为全行业医药研发提供服务。

（二）提高质量安全水平

加强质量体系建设 强化企业质量主体责任，推动企业严格执行GMP要求，采用先进的质量管理方法和质量控制技术，贯彻质量源于设计理念（QbD），建立覆盖产品全生命周期的质量管理体系和全产业链质量追溯体系，提升全过程质量管理水平。引导企业提升药学服务能力，加强不良反应、不良事件监测。支持有条件的企业建立与国际先进水平接轨的生产质量体系。

推动重点领域质量提升 全面提升基本药物质量水平，落实仿制药质量和疗效一致性评价要求，完成国家基本药物口服固体制剂的一致性评价任务。完善中药质量标准体系，提升中药全产业链质量控制水平，提高产品质量均一性和可控性。实施国家医疗器械标准提高行动计划，开展与国际标准对标，制定在用医疗器械检验技术要求，推动企业改进产品设计、制造工艺和质量控制，提升医疗设备的稳定性和可靠性。加强药用辅料和直接接触药品的包装材料和容器的标准体系建设，增加国家标准收载品种，鼓励企业提高规范生产能力，提升质量控制水平。推动企业建立完善测量管理体系，促进提质增效。

加强质量品牌建设 引导企业增强品牌意识，保护和传承中药传统品牌，鼓励发展非处方药（OTC药物）和医疗器械知名品牌，培育通用名药物大品种，形成一批销售额20亿元以上品牌仿制药，改变产品同质化发展、市场集中度低的局面，促进质量安全水平提升和产业升级。

专栏2 产品质量升级工程

1. *化学仿制药质量升级计划* 全面落实基本药物口服固体制剂质量和疗效一致性评价任务，支持仿制药大品种技术改造和质量升级，支持新型药用辅料开发应用。

2. *中药材资源可持续利用计划* 开展全国中药资源普查，建立中药资源动态监测和技术服务网络，建立中药种质资源保护体系，保护药用种质资源及生物多样性，引导企业建设中药材规范化种植养殖基地。

3. *中药质量提升计划* 实施中药振兴发展工程，支持中药饮片、中药基本药物、中药注射剂等重点产品质量提升；制定和提升中药大品种的生产质量控制标准和产品标准，建设中药材全过程追溯体系。

4. *疫苗质量提升计划* 以免疫规划疫苗关键品种为主，开发多联、多价疫苗，对现有疫苗进行技术升级和生产工艺优化，完善生产过程质量关键节点控制，健全流通冷链追溯体系，保障疫苗质量安全。

5. *医疗器械质量提升计划* 推动基础性、通用性和高风险医疗器械质量标准升级，支持医疗器械企业提高工艺技术水平，开展产品临床质量验证，提升稳定性和可靠性。

（三）提升供应保障能力

保障短缺药品供应 加强药品供需信息监测，建立药品短缺预警体系，综合运用监管、医保、价格、采购、使用等政策，引导企业开发和生产短缺药，重点解决罕见病药、儿童用药缺乏和急救药、低价药供应保障能力弱等问题。支持建设小品种药物集中生产基地，继续开展用量小、临床必需、市场供应短缺药品的定点生产试点。

完善国家医药储备体系 修订《国家医药储备管理办法》，充分发挥国家医药储备功能，提升储备资源利用效率。在应急保障的基础上，建立常态短缺药品储备。优化实物储备结构，丰富储备方式，增加技术、产能和信息储备。健全地方医药储备，加强中央、地方储备的互补联动。完善储备管理信息系统，提高信息整合处理和应急响应能力。

满足多样化市场需求 鼓励企业在发展重大疾病治疗药物和高性能医疗器械的同时，对已有产品开展各种形式的微创新，改善患者体验，提高患者依从性，满足多层次、个性化的市场需求，促进我

国游客境外购买需求回归。重点丰富儿童用OTC药物品种和剂型，发展家用医疗器械产品，改进产品设计、功能定位和包装形式，满足消费者自我健康管理需求。

专栏3　药品供应保障工程

1. 药品生产供应信息体系建设　推动各部门间药品生产统计、招标采购、临床用药、医保支付等信息系统互联和共享，为保障药品供应提供支撑。建立药品短缺预警系统，监测重点品种生产供应，预判药品供应短缺情况，及时发布预警信息。

2. 小品种药物集中生产基地建设　选择综合实力强、质量管理水平高、小品种药品批件集中的生产企业，在全国布局3～5个小品种药品集中生产基地，提高一批小品种的供应保障能力。

3. 应急药物研发和产业化基地建设　针对新发突发传染病，以及其他危及国家公共卫生安全的应急需求，依托有条件的企业及科研机构，建设军民结合的药品、疫苗快速研发和生产基地，满足疾病防控需要。

4. 医药储备信息系统建设　实现中央与地方医药储备信息系统互联互通，在线完成储备信息监测和数据查询、储备计划下达、储备品种实时调度，提升应急响应能力。

（四）推动绿色改造升级

提升行业清洁生产水平　严格强制性清洁生产审核，鼓励自愿性清洁生产审核。引导企业转变以污染物末端治理为主的管理理念，制定整体污染控制策略，研发和应用全过程控污减排技术，采用循环型生产方式，淘汰落后工艺，规范生产和精细操作，减少污染物生成，提高资源综合利用水平。

建设绿色工厂和绿色园区　以厂房集约化、生产洁净化、废物资源化、能源低碳化为目标，打造一批低排放绿色工厂。积极试点医药工业园区清洁生产，建设高标准园区，实现上下游配套、公用系统共享、资源综合利用和污染物集中治理，在控制挥发性有机物（VOCs）排放和治理废水等方面持续稳定达到国家、地方标准或控制要求。

提升全行业“环境、职业健康和安全”（EHS）管理水平　制订制药行业EHS标准和指南，指导企业建立EHS管理体系，改进和提升EHS相关硬件和软件，最大限度减少环境污染、安全事故和职业病发生，培育履行社会责任、以人为本、可持续发展的企业文化。引导企业开展供应商EHS审计，打造绿色供应链。

专栏4　医药绿色发展工程

1. 绿色生产技术开发应用　以化学原料药为重点，开发应用有毒有害原料替代、生物合成和生物催化、无溶剂分离等清洁生产工艺，提高挥发性有机物无组织排放控制水平和发酵菌渣等三废治理水平；推广应用中药材生态生产技术，加强对生产投入品的管理，提高中药材非药用部位、中药工业生产废弃物的综合利用水平。

2. 绿色工厂示范项目建设　支持按照国际先进标准建设一批低能耗、低排放的绿色示范工厂，推动企业开展清洁生产和节能减排技术改造。

3. 化学原料药绿色园区建设　选择环境承载和环保治理能力强的适宜地区，建设3～5个化学原料药循环经济园区，推动原料药生产集群发展。

（五）推进两化深度融合

以信息技术创新研发设计手段　支持企业建立基于信息化集成的研发平台，开展计算机辅助药物设计、模拟筛选、成药性评价、结构分析和对比研究，提升药物研发水平和效率；采用“过程分析技术”（PAT），优化制药工艺和质量控制，实现药品从研发到生产的技术衔接和产品质量一致性。提高医药工程项目的数字化设计水平，建立从设计到运行维护的数字化管理平台，实现工程项目全生命周期管理。

提高生产过程自动化和信息化水平　改进制药设备的自动化、数字化、智能化水平，增强信息上传下控和网通互联功能。采用工业互联网、物联网、大数据和云计算等信息化技术，广泛获取和挖掘生产过程的数据和信息，为生产过程的自动优化和决策提供支撑。推动“制造执行系统”（MES）在生产过程中的应用，整合集成各环节数据信息，实现对生产过程自动化控制，打造智能化生产车间。

应用信息技术改进质量管理　建立生产质量信息实时监控系统，实现质量数据的自动采集、管理和可追溯，保证数据的真实性和完整性。开发应用基于过程分析技术的智能化控制系统，建立质量偏差预警系统，最大限度约束、规范和减少员工操作，促进GMP严格执行，有效保证产品质量稳定。

专栏5 医药智能制造工程

1. 医药管理信息系统开发应用 支持开发一批符合医药行业特点，应用于研发、生产、质量管理的管理信息系统，重点包括自动化控制技术、制造执行系统（MES）、过程分析技术（PAT）、过程知识管理系统（PKS）等，以及围绕关键工艺单元操作的具备分析、学习、决策、执行能力的智能化管理系统。

2. 药品智能生产车间建设 支持建设20家以上原料药、制剂智能生产示范车间，综合应用各种信息化技术、设备和管理系统，实现生产过程自动化和智能化；支持建设5家以上应用连续制造技术的药品生产车间，探索药品生产方式从间歇生产到连续生产的转变。

3. 医疗器械自动化生产车间建设 支持建设10家以上针对医疗器械离散化制造特点的自动化生产示范车间，改变多数医疗器械以人工组装、人工测试为主的状况，提高机械组装水平，实现自动化物料配送、质量检测和定制生产，系统提升医疗器械的稳定性和可靠性。

（六）优化产业组织结构

推进行业重组整合 通过提高注册、质量、节能、环保、安全生产等标准，严格市场准入，形成市场倒逼机制，促进企业重组和落后企业退出。支持企业强强联合，培育具有国际竞争力的大型企业。推动大型医药企业整合中小型创新创业企业，促进新产品、新技术和已有产能对接。实施上市许可持有人制度试点，发展专业化委托生产业务，着力化解产能过剩。培育支持中小企业上市，促使企业规范公司治理结构，转换经营机制。鼓励社会资本发展并购基金，拓宽企业兼并重组融资渠道。

引导产业集聚发展 根据行业发展需要，结合各地资源禀赋和环境承载能力，科学规划产业集聚区。落实京津冀协同发展、长江经济带战略，引导产业跨区域资源整合。加强产业集聚区专业化基础设施、服务平台和人力资源条件建设，研究制定符合行业特点的专项支持政策，增强园区承载能力和服务能力，优化发展空间，提升发展水平。

（七）提高国际化发展水平

优化出口结构，促进出口增长 巩固化学原料药国际竞争地位，提高精深加工产品出口比重，增加符合先进水平GMP要求的品种数量。立足原料药产业优势，实施制剂国际化战略，全面提高我国制剂出口规模、比重和产品附加值，重点拓展发达国家市场和新兴医药市场。扩大医疗设备出口规模，借助我国电子信息、装备制造产业基础，培育医疗设备产品的竞争力，建立境外技术服务网络，大力开拓国际市场。

加强国际技术合作 优化投资环境，深化与国外医药企业合作，推动引资、引技、引智有机结合，实现合作共赢。支持企业建立跨境研发合作平台，充分利用国际资源，发掘全球创新成果。鼓励开展新药国际临床研究，实现创新药走向国际市场和参与国际竞争。引领中药国际标准制定，为中药走出去创造条件。

推动国际产能合作 落实“一带一路”建设的要求，鼓励企业利用制造优势，在适宜地区开展收购兼并和投资建厂。推动化学原料药产能国际合作，鼓励企业在境外建设短缺中药材生产基地。引进和培养国际化人才，提高研发注册、生产质量、市场销售各环节的国际化经营能力。

专栏6 国际竞争力提升工程

1. 制剂国际化战略 支持建设一批高标准制剂生产基地，通过欧美GMP认证。鼓励开展新药、化学仿制药、中药、生物类似药国际注册，实现3～5个新药和200个以上化学仿制药在发达国家市场上市。鼓励企业提升国际市场运营能力，建立面向国际市场的销售渠道，培育中国制造品牌。

2. 境外生产基地建设 支持企业收购或投资建设境外化学原料药、制剂、中药材生产基地，促进产能国际合作，充分利用境外环境资源，更好地服务当地市场。

3. 国际技术交流与合作 支持国际人才和技术交流，引进和输出先进产品和技术，鼓励国外企业在国内设立研发、生产基地，开展新药国际多中心临床试验。

（八）拓展新领域发展新业态

大力推动“互联网＋医药”，发展智慧医疗产品 开发应用具备云服务和人工智能功能的移动医疗产品、可穿戴设备，各种类型的基于移动互联网的健康管理软件（APP），可实现远程监护、咨询的远程医疗系统。加强对健康医疗大数据的开发和利用，发展电子健康档案、电子病历、电子处方等数据库，实现数据资源互联互通和共享，指导疾病诊治、药物评价和新药开发，发展基于大数据的医疗决策支持系统。

培育新的健康消费需求 推动家用、养老、康复医疗器械的开发和应用，适应人口老龄化的需要。发展大健康产品，支持医药企业向功能食品、特殊医学用途配方食品、化妆品以及保健、预防、治未病等领域延伸。支持基因测序、肿瘤免疫治疗、干细胞治疗、药物伴随诊断等新型医学技术发展，完善行业准入政策，加强临床应用管理，促进各项技术适应临床需求，紧跟国际发展步伐。

推动生产性服务业和服务型制造发展 大力发展合同生产、合同研发、医药电子商务、生物技术服务、医疗器械第三方维护保养等新型生产性服务业，促进分工进一步专业化，提高效率和降低成本。围绕生物技术药物和化药制剂，鼓励建设若干个从事合同生产为主的高标准药品生产基地。鼓励医疗器械、制药设备企业开展产品延伸服务，从提供产品向提供整体解决方案转变，建设第三方检验中心、影像中心、透析中心和病理中心等。

五、推进重点领域发展

把握产业技术进步方向，瞄准市场重大需求，大力发展生物药、化学药新品种、优质中药、高性能医疗器械、新型辅料包材和制药设备，加快各领域新技术的开发和应用，促进产品、技术、质量升级。

（一）生物药

1. *抗体药物* 重点开发针对肿瘤、免疫系统疾病、心血管疾病和感染性疾病的抗体药物，如治疗高胆固醇血症的 PCSK9 抑制剂、肿瘤免疫治疗药物 PD-1/PD-L1、治疗骨质疏松的 RANKL 等临床价值突出的新药。加快抗体偶联药物、双功能抗体、抗体融合蛋白等新型抗体的研发。推动临床需求量大的生物类似药大品种产业化，重点是针对 TNF-α、CD20、VEGF、Her2、EGFR 等靶点的产品，提高患者用药可及性。

2. *重组蛋白质药物* 重点针对糖尿病、病毒感染、肿瘤等疾病，开发免疫原性低、稳定性好、靶向性强、长效、生物利用度高的新产品。根据我国糖尿病治疗需求，提升长效胰岛素、预混胰岛素产业化水平，加快开发胰高血糖素样肽-1（GLP-1）类似物等新品种。推动具有重大需求的重组人白蛋白、基因重组凝血因子等产品的产业化。建立与国际接轨的质量控制体系，积极开拓国际市场。

3. *疫苗* 重点开发针对高致病性流感、疟疾、登革热、结核、艾滋病、埃博拉、寨卡、中东呼吸综合征等重大传染病的疫苗，提高疫苗的应急研发和产业化能力。加快十三价肺炎结合疫苗、宫颈癌疫苗、呼吸道合胞病毒疫苗等临床急需产品的开发及产业化。发展针对肿瘤、免疫系统疾病、感染性疾病的治疗性疫苗以及疫苗新型佐剂和新型细胞基质。发展多联多价疫苗、基因工程疫苗、病毒载体疫苗、核酸疫苗等新型疫苗，实现部分免疫规划疫苗的升级换代。

4. *核酸药物和细胞治疗产品* 重点发展 RNA 干扰药物、基因治疗药物以及干细胞和免疫细胞等细胞治疗产品，包括 CAR-T 等细胞治疗产品。

5. *产业化技术* 重点发展大规模、高表达抗体生产技术，抗体偶联药物、双功能抗体等新型抗体制备技术，重组蛋白质长效制剂技术，基于细胞基质的大规模流感疫苗高产技术，细胞治疗产品制备技术，重组人白蛋白的大规模表达和纯化技术，极微量杂质的分析检测技术。针对重点发展产品，建立与国际先进水平接轨的质量控制技术。提高无血清无蛋白培养基、蛋白质分离纯化介质、稳定剂和保护剂等生产用重要原辅材料的生产水平。

（二）化学药

1. *化学新药* 紧跟国际医药技术发展趋势，开展重大疾病新药的研发，重点发展针对恶性肿瘤、心脑血管疾病、糖尿病、精神性疾病、神经退行性疾病、自身免疫性疾病、耐药菌感染、病毒感染等疾病的创新药物，特别是采用新靶点、新作用机制的新药。根据疾病细分和精准医疗的趋势，发展针对我国特定疾病亚群的新药、新复方制剂、诊断伴随产品。

2. *化学仿制药* 加快临床急需、新专利到期药物的仿制药开发，提高患者用药可及性。提高仿制药质量水平，重点结合仿制药质量和疗效一致性评价提高口服固体制剂生产技术和质量控制水平。

3. *高端制剂* 重点发展脂质体、脂微球、纳米制剂等新型注射给药系统，口服速释、缓控释、多颗粒系统等口服调释给药系统，经皮和黏膜给药系统，儿童等特殊人群适用剂型等，推动高端制剂达到国际先进质量标准。

4. *临床短缺药物* 加强罕见病药、儿童用药等临床短缺药物开发，加快临床必需但副作用较大药物的换代产品开发。

5. *产业化技术* 重点开发应用原料药晶型控制、酶法合成、手性合成、微反应连续合成、碳纤维吸附、分子蒸馏等新技术，发酵菌渣等固体废物的无害化处理和资源化利用技术，提高原料药清洁生产水平；发展高端制剂产业化技术，提高口服固体制剂工艺技术和质量控制水平。

（三）中药

1. *中成药* 针对心脑血管疾病、自身免疫性疾病、妇儿科疾病、消化科疾病等中医优势病种，挖掘经典名方，开发复方、有效部位及有效成分中药新药，加快推动疗效确切、临床价值高的中药创新药的研发和产业化。针对已上市品种，运用现代科学技术深挖临床价值，明确优势治疗领域，开发新的适应症。开展药品上市后疗效、安全、制剂工艺和质量控制再评价，实现新药国际注册的突破。

2. *中药材和中药饮片* 重点发展濒危稀缺药材人工繁育技术，推动麝香、沉香、冬虫夏草等产品野生变种植养殖；提升大宗道地药材标准化生产和产地加工技术，从源头提升中药质量水平。

3. *民族药* 推进民族药种质资源库的建设，系统研究评价民族药的安全性和有效性，完善民族药的生产、加工、制剂等关键技术，提升产品质量，培育特色品种。

4. *产业化技术* 重点发展中药成分规模化高效分离与制备技术，符合中药特点的缓控释、经皮和黏膜给药、物理改性和掩味等新型制剂技术，提升生产过程质量控制水平，提高检验检测技术与标准。

（四）医疗器械

1. *医学影像设备* 重点发展高场强超导磁共振和专科超导磁共振成像系统，高端CT设备，多模态融合分子影像设备PET-CT和PET-MRI，高端彩色多普勒超声和血管内超声，血管数字减影X射线机（DSA），高清电子内窥镜等。提高核心部件生产水平，重点包括CT球管，磁共振超导磁体和射频线圈，PET晶体探测器，超声单晶探头、二维面阵探头等新型探头，X线平板探测器，内窥镜三晶片摄像系统等。

2. *体外诊断产品* 重点发展高通量生化分析仪、免疫分析仪、血液细胞分析仪、全实验室自动化检验分析流水线（TLA）及相关试剂，单分子基因测序仪及其他分子诊断仪器，新型即时检测设备（POCT）。加强体外诊断设备、检测试剂、信息化管理软件和数据分析系统的整合创新，加快检测试剂标准建立、溯源用标准物质研制和新试剂开发。

3. *治疗设备* 重点发展高能直线加速器及影像引导放射治疗装置，骨科和腹腔镜手术机器人，血液透析设备及耗材，人工肝血液净化设备及耗材，眼科激光治疗系统，高端治疗呼吸机，移动ICU急救系统，除颤仪，中医治疗设备等。

4. *植入介入产品和医用材料* 重点发展全降解冠脉支架，心脏瓣膜，可降解封堵器，可重复使用介入治疗用器械导管，人工关节和脊柱，3D打印骨科植入物，组织器官诱导再生和修复材料，心脏起搏器，植入式左心室辅助装置，脑起搏器，人工耳蜗，牙种植体，眼科人工晶体，功能性敷料，可降解快速止血材料和医用黏接剂等。

5. *移动医疗产品* 开发应用健康医疗大数据，重点发展远程医疗系统，可穿戴生理信息监测设备，具备云服务和人工智能功能的家用、养老、康复设备，可提供健康咨询、网上预约分诊、病例随访、检验结果查询等应用的健康管理信息系统。开发可穿戴医疗器械使用的新型电生理传感器、柔性显示器件、高性能电池等核心通用部件。

（五）药用辅料和包装系统

1. *药用辅料及功能性材料* 发展基于“功能相关性指标”的系列化药用辅料，细分产品规格，提高质量水平，满足仿制药质量和疗效一致性评价的需要，重点发展纤维素及其衍生物、高质量淀粉及可溶性淀粉、聚山梨酯、聚乙二醇、磷脂、注射用吸附剂、新型材料胶囊等系列化产品。开发用于高端制剂、可提供特定功能的辅料和功能性材料，重点发展丙交酯乙交酯共聚物、聚乳酸等注射用控制材料，PEG化磷脂、抗体修饰用磷脂等功能性合成磷脂，玻璃酸钠靶向衍生物及壳聚糖靶向衍生物等。

2. *包装系统及给药装置* 加快包装系统产品升级，开发应用安全性高、质量性能好的新型材料，逐步淘汰质量安全风险大的品种，重点加快注射剂包装由低硼硅玻璃瓶向中性硼硅玻璃瓶转换，发展注射器、输液袋、血袋等产品使用的环烯烃聚合物、苯乙烯类热塑性弹性体等新型材料，易潮可氧化药品用的高阻隔材料，提高医药级聚丙烯、聚乙烯和卤化丁基橡胶的质量水平。开发新型包装系统及给药装置，提供特定功能，满足制剂技术要求，提高患者依从性，保障用药安全，重点发展气雾剂和粉雾剂专用给药装置，自我给药注射器、预灌封注射器、自动混药装置等新型注射器，多室袋和具备去除不溶性微粒功能的输液包装，带有记忆功能、质量监控功能的智能化包装系统，家庭常用药的儿童安全包装和老年友好包装等。

（六）制药设备

1. *高端设备* 重点发展缓控释、透皮吸收、粉雾剂等新型制剂工艺设备，大规模生物反应器及附属系统，蛋白质高效分离和纯化设备，柔性化无菌制剂生产线，连续化固体制剂生产设备，先进粉体工程设备，异物光学检测设备，高速智能包装生产线，适用于特殊岗位的工业机器人等。

2. *装备技术* 提高制药设备的集成化、连续化、自动化、信息化、智能化水平。发展系统化成套设备，提供整体解决方案。加强在线检测、在线监控、在位清洗消毒、高密闭和隔离等技术的应用，提高设备的自诊断、自适应和网络通信能力，改进设备的开放性和合规性。扩大应用工业以太网技术、数字信号处理技术和可编程控制器，为过程控制、优化操作、智能管理创造条件。

六、保障措施

（一）加强政策协调配套

加强产业政策与质量安全监管、价格监管、集中采购、临床使用、医保支付、财政金融、外经外贸等政策的协调，形成政策合力，提升行业治理水平，促进医药工业健康快速发展。完善市场准入政策，在提高行业准入标准、从源头上抑制低水平重复建设的同时，深入推进简政放权、放管结合和优化服务改革。健全落后产品退出机制，促进存量优化和增量提升。完善创新激励政策，为新产品加快进入市场提供便利，为新兴技术、新业态发展创造条件，加快培育新的行业增长点。加强反垄断、反不正当竞争执法和知识产权保护、价格行为监管，破除地方保护和市场分割，加大对制假售假、虚假宣传等违法违规行为的打击力度，纠正医药购销和医疗服务中不正之风，营造良好的营商环境。

（二）加大财税金融扶持力度

继续实施“重大新药创制”国家科技重大专项等国家科技计划和产业化专项，支持医药创新和转型升级。落实研发费用加计扣除、高新技术企业所得税税收优惠和固定资产加速折旧等政策。完善和落实支持创新的政府采购政策，推进创新产品的研发和规模化应用。拓宽企业融资渠道，降低融资成本，鼓励发展医药创业投资基金和股权投资基金，落实和完善出口信贷及出口信用保险政策，支持符合条件的企业在境内外上市融资和发行各类债务融资工具。

（三）完善价格、采购和医保政策

建立市场主导的药品价格形成机制，加强价格政策和医保、采购、用药等政策的衔接，在抑制药价虚高的同时，避免价格过低影响供应保障和质量安全。完善药品分类采购政策，科学设置招标采购评价标准，改进质量评价方法，促进优胜劣汰。规范和推进高值医用耗材阳光采购，改进大型医疗设备配置政策和医疗服务价格项目管理，促进新医疗器械按规定及时进入临床使用。科学合理制定调整基本医疗保险药品支付标准，推动医保支付方式改革，促进合理用药。根据医保基金承受能力，将符合条件的创新药按规定纳入医保目录。大力发展商业健康保险，满足多样化、多层次的健康保障需求。

（四）发挥质量安全监管调控作用

加强药品医疗器械监管法律法规体系建设，修订《中华人民共和国药品管理法》，完善药品管理顶层设计。积极推进药品医疗器械审评审批制度改革，严格控制市场供过于求、低水平重复产品的审批，加快临床急需的创新药物、医疗器械的审批。健全仿制药质量和疗效一致性评价方法、技术规范，通过包装标识、医院采购、医保支付、技术改造等方面的支持政策，鼓励和引导企业开展一致性评价工作。加强国际药品检查合作，加快 GMP 国际互认步伐。完善文号转移、委托生产、跨区域建厂监管政策，促进兼并重组和资源整合，减少重复建设和产能闲置。落实“最严谨的标准、最严格的监管、最严厉的处罚、最严肃的问责”要求，加强监督核查，推进实施药品统一编码，建立覆盖药品生产流通等全过程的追溯体系。加强监管科学研究，提升审评、核查、监督人员素质，全面提高监管能力。

（五）健全药品流通体系

加强药品流通网络建设，形成工业企业和各级流通企业紧密衔接、全国性渠道和区域性渠道协调配合的药品配送网络。发展第三方医药物流，提高农村和边远地区药品配送能力，实现药品流通对基层的有效覆盖。引导医药流通企业发展现代医药物流，采用信息技术实施供应链管理，整合上下游资源，打造全产业链服务模式，提高整个供应链效率。鼓励零售药店发展规范化直营连锁，拓展业务范围和服务内容，充分发挥执业药师药学服务作用，满足消费者多层次、多样化的健康需求。

（六）加强医药人才队伍建设

实施医药人才培养计划，统筹利用各类教育资源，健全人才培养机制，重点围绕新药研发、新医疗器械开发、药品临床使用、质量管理、医药国际化等方面，着力培养创新型领军人才、复合型管理人才、应用型技术人才，夯实产业发展智力基础。加强高校医药相关学科建设，引导企业与高等院校、科研院所、医疗机构开展合作，联合培养高层次人才、实用性人才，建立医药应用技术与实训基地。健全人才激励机制，落实职务科技成果转移转化收益分配有关政策法规，调动科技人员创新创业积极性。依托重大项目、重点实验室和产业技术创新平台、重大人才引进计划，吸引海外高层次医药人才回国创新创业。鼓励开展多种形式的专业化培训，培养面向生产一线的“大国工匠”和卓越工程师。

（七）发挥行业组织作用

加强医药行业组织建设，发挥行业组织在企业和政府之间的桥梁纽带作用，积极参与政策制定，及时反映行业诉求，开展行业自律，规范企业行为，维护公平竞争环境。支持行业组织承担政府转移职能，拓展服务功能，开展行业统计、检测认证、信息咨询、教育培训、国际交流等方面工作。支持组建中国医药联合会，整合力量，在服务行业发展、收集发布信息、维护企业权益、与政府部门沟通协作等方面更好地发挥作用。支持行业组织推动落实《中国医药企业伦理准则》。

（八）推进规划组织实施

工业和信息化部会同发展改革委、科技部、商务部、卫生计生委、食品药品监管总局等建立部际协作机制，共同推进本规划的组织实施，确保各项任务和措施落到实处。建立规划实施动态评估机制，做好行业运行监测分析和信息及时发布，引导产业健康发展。各地相关部门要按照职责分工，制定与本规划相衔接的实施方案，落实地方配套政策。相关行业协会要积极参与相关工作，协同推进本规划的贯彻落实。

食品安全标准与监测评估“十三五”规划

（国家卫生计生委　国卫食品发［2016］60号　2016年11月9日）

食品安全关乎人民群众身体健康和生命安全，是重大民生问题。为贯彻《食品安全法》，落实推进健康中国建设和实施食品安全战略整体要求，切实保障公众身体健康和饮食安全，促进社会经济健康发展，根据《“健康中国2030”规划纲要》有关任务和党中央、国务院食品安全工作部署，制定本规划。

一、规划基础和面临形势

（一）工作成效

近年来，卫生计生系统认真贯彻落实党中央、国务院决策部署，不断强化食品安全标准与监测评估工作，坚持改革创新，完善工作机制，建立健全工作体系，加强能力建设，各项工作取得明显成效。一是全面完成标准清理整合，初步构建一整套较为完善的食品安全国家标准框架体系。建立完善标准管理制度，清理整合近5 000项食品标准，解决长期以来食品标准之间交叉、重复、矛盾等问题。制定公布926项新的食品安全国家标准，涵盖1万余项参数指标，基本覆盖所有食品类别和主要危害因素。担任国际食品添加剂、农药残留法典委员会主持国，牵头研制多项国际标准，协调解决涉外贸易食品安全标准问题。二是食品安全风险监测工作全面推进，为保障食品安全提供有力技术支持。设立风险监测点2 656个，覆盖所有省、地市和92%的县级行政区域，建立起以国家食品安全风险评估中心为技术核心，各级疾病预防控制和医疗机构为主体，相关部门技术机构参与的食品安全风险监测网络。制定实施国家食品安全风险监测计划，监测品种涉及30大类食品，囊括300余项指标，累积获得1 500余万个监测数据，基本建立了国家食品安全风险监测数据库。三是风险评估工作不断深入，为食品安全标准制定和风险管理提供重要依据。制定一系列风险评估相关规定和技术指南，开展食物消费量调查、总膳食研究、食品毒理学研究等风险评估基础性工作，逐步构建食品安全风险评估基础数据库。累计开展近百项风险评估项目。四是食源性疾病监测报告网络覆盖所有县级行政区域，初步掌握了我国食源性疾病分布及流行趋势。在全国设置主动监测哨点医院3 883家，建成覆盖全部县级行政区域的食源性疾病监测报告系统。五是完善配套管理制度，履职能力不断提升。制定修订食品安全标准、监测和评估等管理办法，规范工作程序，制定疾病预防控制、监督机构食品安全工作规范，明确职责任务。组建国家食品安全风险评估中心，成立由8个部门、10余个领域400余名专家组成的国家食品安全标准审评委员会和风险评估专家委员会。中央投资23亿元，支持建立8个国家级参比实验室、32个省级风险监测中心，加强400余个地市级技术机构建设，提升基层履职能力。

（二）形势与挑战

党中央、国务院始终把食品安全摆在突出重要位置。习近平总书记强调，食品安全是重大民生工程、民心工程，要求食品安全落实最严谨的标准等“四个最严”的要求。十八届五中全会提出推进健康中国建设，实施食品安全战略，形成严密高效、社会共治的食品安全治理体系，让人民群众吃得放心。

“十三五”是我国全面建成小康社会的决胜阶段，党中央、国务院对食品安全工作的高度重视，彰显了维护人民群众身体健康的坚定信心和坚强决心，为我们加强食品安全标准与监测评估工作提供了新的机遇。创新、协调、绿色、开放、共享的“五大”发展理念，为我们从大健康、大卫生的角度做好食品安全标准与监测评估工作指明了方向。当前，我国居民消费结构正在转型升级，食品消费从全面温饱型向营养健康型转变，居民对食品营养安全的需求越来越高。

一方面，随着工业化、城镇化和市场化的快速发展，食品生产经营量大、面广，我国仍处于食品安全矛盾凸显期和问题高发期。另一方面，食品新技术、新工艺的不断开发应用，以及各种新的食品化学污染物和致病微生物不断出现，给食品安全标准与监测评估工作提出了新的挑战。同时，在食品产业供给侧改革的新形势下，如何促进食品安全标准更好地适应经济发展，释放产业活力，以及改革和加强新食品原料、食品添加剂新品种、食品相关产品新品种等“三新食品”管理，也对我们的工作提出了新的要求。

当前食品安全标准与监测评估工作，与社会经济发展和人民群众不断增长的健康保障需求还有一定差距，仍然存在一些亟待解决的问题。一是各地监测评估能力发展不均衡，基层监测能力总体较弱。我国食品安全标准数量与指标仍有缺失，食品安全标准研制和跟踪评价能力不足。二是“互联网＋”和大数据分析等信息化新技术对食品营养安全惠民措施的支撑作用有待充分发挥。食物消费量、食品毒理学和营养监测等风险评估基础数据库不够系统全面，食品安全未知风险识别技术研发力量薄弱。三是相关行业和社会机构有序参与食品安全标准与监测评估工作的协作共享机制尚不完善。

二、指导思想、基本原则和发展目标

（一）指导思想

全面贯彻党的十八大、十八届三中、四中、五中、六中全会和全国卫生与健康大会精神，统筹推进“五位一体”和“四个全面”战略布局，牢固树立和贯彻落实创新、协调、绿色、开放、共享的发展理念，围绕实现百姓“吃得安全、吃得健康”目标，认真落实习近平总书记关于食品安全必须做到“四个最严”等系列重要讲话精神，立足国情民情、跟踪国际前沿，坚持以健康为中心，促进食品安全与健康融合，坚持以问题和需求为导向，深化改革创新，坚持以基层为重点，补齐短板，实施食品安全战略，充分发挥食品安全标准与监测评估工作在“预防为主、风险管理、全程控制、社会共治”的食品安全治理体系中的基础性作用。

（二）基本原则

1. *依法履职，强基固本*　围绕法定职责，针对履职中的薄弱环节，找准建设重点，合理配置资源，加强履职能力建设，筑牢工作基础。通过规划建设，提高国家级食品安全机构技术能力，强化地方，特别是市县工作基础，全面提高食品安全工作能力和保障水平。

2. *改革创新，科学实用*　坚持科学实用、以用为本，科学规划制定相关发展目标和能力建设标准，发挥优势、补齐短板。加快推进“互联网＋”发展，全面深化食品安全大数据运用，不断提升食品安全标准研制能力、风险隐患发现和系统性风险识别能力。

3. *统筹规划，分级负责*　适应现状和发展需要，统筹国家和地方不同层级食品安全标准与监测评估工作体系发展规划和能力建设，加强顶层设计，合理确定各级政府、卫生计生行政部门及食品安全技术机构的建设任务。各地按照规划总体要求，加强组织领导，各司其职、分级负责，有序推进任务落实。

4. *开放共享，协同共治*　秉持开放共享理念，整合优势资源，发挥行业组织、科研院所、第三方机构等社会力量的作用，鼓励多方参与，推动形成严密高效、社会共治的食品安全治理体系。在食品安全标准与监测评估工作中构建政府管理、行业自律、社会协同、公众参与的社会共治格局。

（三）发展目标

以推进健康中国建设、实施国家食品安全战略为契机，全面构建“标准严谨实用、监测准确高效、评估科学权威、履职保障有力”的食品安全标准与监测评估工作体系。到“十三五”末，食品安全标准与监测评估工作体系和能力建设取得重大进展，制度创新和重点领域改革取得新的突破，国家、省、地市、县并延伸至乡镇和农村的四级工作网络基本完善，人才队伍整体素质明显提升，信息化服务食品安全管理和信息惠民的能力显著提高，为公众健康和饮食安全提供强有力的保障。

1. *食品安全标准体系进一步完善*　围绕建立最严谨的标准，不断构建和完善以国家标准为框架、地方标准为补充的食品安全标准体系。完成300项食品安全国家标准的制定修订；根据标准分类重点建设7个食品安全风险评估与标准研制核心实验室；加强标准宣传、培训和跟踪评价，提升标准服务，县级以上卫生计生行政部门食品安全标准的咨询等服务能力得到明显提升。

2. *食品安全风险监测能力明显提升*　风险监测覆盖所有县级行政区域并延伸到乡镇农村；省、地市、县级疾病预防控制机构达到相应监测能力建设标准要求。中西部地区，特别是贫困地区监测队伍得到充实，监测能力显著提升。

3. *食品安全风险评估工作全面推进*　形成相对完善的风险评估管理规范和技术指南体系；完成第6次全国总膳食研究，构建覆盖24大类食品的食物消费量和毒理学数据库；完成食品中 25 种危害因素的风险评估，阶段性开展食品安全限量标准中重点物质的再评估。

4. 食源性疾病监测报告不断加强　国家食源性疾病报告覆盖县乡村，食源性疾病暴发监测系统覆盖各级疾病预防控制机构，国家食源性疾病分子分型溯源网络逐步延伸到地市级疾病预防控制机构；各级疾病预防控制机构食品安全事故流行病学调查能力得到提升。

5. 人才培养和信息化建设得到加强　到 2020 年，在全国卫生计生系统打造一支 100 人左右的食品安全技术领军人才队伍，为省级培训食品安全专业人才 1 000 人，为地市级培训 4 000 人，为区县级培训 10 000 人，人才队伍结构基本满足工作需要；建成国家和省级两级信息化平台，并实现与地市级、区县级的互联互通。

三、“十三五”时期主要任务

（一）依法履职，统筹做好食品安全标准与监测评估工作

1. 不断健全食品安全标准体系，提升标准实用性　一是制定、修订 300 项食品安全国家标准。针对监管需要和产业现状与发展趋势，制定修订亟须的基础标准、生产经营卫生规范、配套检验方法和农兽药残留等标准。重点加强婴幼儿配方食品、特殊医学用途配方食品等特殊人群营养型食品标准，以及学校、医院、养老机构等重点人群集中供餐食品安全与营养操作规范类标准的研制。不断提升标准实用性，加强标准制定与监管的衔接。二是完善标准管理制度。制定公布食品安全标准管理办法，实现食品安全标准与“三新食品”衔接，国家标准与地方标准衔接，食品安全标准制定与进口无食品安全国家标准食品指定标准衔接。三是提升标准服务能力。建立健全各级卫生计生部门食品安全标准工作平台，完善地方标准，使地方标准成为国家标准的有效补充。组织开展标准培训、咨询、跟踪评价工作，开展标准实施效果评价，服务监管部门、行业和企业。四是加强食品安全标准基础研究。加强食源性疾病、食品污染物及其他有害因素的监测和抽检等数据在标准制定中的应用。整理完善国家层面技术法规与标准等方面基础数据，为标准制定修订、行政监管、产业发展、风险交流等提供技术基础。根据监测和评估结果及时修订完善标准。加强标准相关基础研究，推动促进相关科技成果向标准转化。

专栏 1　食品安全标准建设工程

一是加快制定、修订亟须的食品安全国家标准，完成 300 项食品安全国家标准，完善基础标准、食品生产经营规范、食品产品标准、食品相关产品标准及配套检验方法等制定、修订工作；二是加强标准研制实验室设备建设和人才培养，加强标准转化应用研究；三是组织实施“食品安全关键技术研究”重点专项，开展食品安全重要标准物质研发等工作；四是推进食品安全标准跟踪评价，建立科学、公开、透明的食品安全标准信息反馈机制；五是加大食品安全标准宣传和培训力度，加强标准师资队伍建设，提升县级以上卫生计生行政部门及相关技术机构对食品安全标准的指导、解答能力。

2. 提高风险监测工作质量，提升监测科学性　一是科学布局监测网络。以点带面、规范发展，将监测网络覆盖至全国所有县级行政区域，并向乡镇农村延伸，逐步消除监测的“死角”和“盲点”，综合运用统计学原理、地理定位和信息技术，科学设置监测点，结合地域特点和重点污染地区、婴幼儿和学生等重点人群需求，分类监测，强化监测工作的针对性和代表性。二是科学设置监测项目。根据食品安全形势研判和治理需要，每年适当调整或增加可能存在隐患风险的监测项目，提高风险隐患发现能力。省级卫生计生行政部门根据国家风险监测计划和地域特点，制定本省（区、市）风险监测方案。三是强化监测质量管理。建立健全监测工作管理办法和采样、检验、信息报告等技术规范，在各级监测技术机构建立和应用风险监测实验室质量流程管理系统，制定监测工作考核评价指标体系，加强监测工作的督导，强化监测全程质量控制，保障数据的准确可靠。四是做好风险监测数据的科学分析和利用。不断充实完善我国食品安全风险监测相关基础数据，系统绘制重点食品污染谱系图，掌握重点污染地区特异性污染状况。加强风险监测结果分析和通报会商，发挥监测数据在风险预警和健康宣教中的作用。

专栏 2　食品安全风险监测能力建设工程

一是构建覆盖所有县级行政区域并延伸到乡镇、农村的基层食品安全风险监测工作体系，开展县级疾病预防控制机构规范化建设，提升县级疾病预防控制机构食品安全风险监测能力；二是在风险监测技术机构建立应用实验室质量流程管理系统。

3. *夯实风险评估工作基础，保障风险评估权威性* 一是逐步完善评估相关基础数据。开展食物消费量调查、总膳食研究和人群生物样本监测，实施毒理学计划。县级以上卫生计生行政部门按照国家统一部署，组织开展食物消费量调查等风险评估基础性工作。二是着力研发新的评估技术方法。借鉴国际经验，建立基于疾病负担和预期寿命的定量综合评估模型，探索研究生态环境—食品安全—食品营养—人群健康的内在联系和共性指标。结合《国民营养计划》开展健康影响的风险—受益评估等技术研究。三是提高未知风险识别能力。建立未知风险的识别和排查关键技术，开展新型风险隐患评估研究。依托国家食品安全风险评估中心和32个省级疾病预防控制中心，建设食品安全风险评估与标准研制实验室。四是扎实有序开展评估工作。系统开展食品中25种危害因素的风险评估，逐步开展食品安全限量标准中重点物质的再评估，提出标准制定修订、风险控制和食品安全治理咨询建议。

专栏3 食品安全风险评估工作基础平台建设工程

一是建设食品安全风险评估工作基础平台；二是开展总膳食研究、食物消费量调查，实施毒理学计划，完善国家风险评估相关基础数据；三是开发危害评估、生物监测、膳食暴露所需数据的采集技术和方法研制评估模型；四是依托国家食品安全风险评估中心和32个省级疾病预防控制中心，建设食品安全风险评估与标准研制实验室。

4. *加强食源性疾病监测报告，提高通报及时性*一是国家食源性疾病报告覆盖县乡村，加强食源性疾病暴发监测能力和国家食源性疾病分子分型溯源网络建设。建立主要有毒动植物DNA条形码、国家食源性致病微生物全基因组序列等数据库。二是地方各级食源性疾病监测溯源实现互联互通，开展食源性疾病信息与食品生产经营活动的关联性分析，建立与各级食品安全监管部门之间的信息共享机制，及时通报食品安全隐患信息。三是县级以上疾病预防控制机构建立食品安全事故流行病学调查和现场卫生处理专业技术队伍，配合有关部门开展食品安全事故的调查处理。四是加强食源性疾病监测相关技术研究。发展基于全基因组测序的食源性致病微生物鉴定、耐药和环境抗性预测技术，食源性病毒高通量检测分型技术。

专栏4 食源性疾病监测报告和食品安全事故流行病学调查能力建设工程

一是国家食源性疾病报告覆盖县乡村，加强食源性疾病暴发监测能力和国家食源性疾病分子分型溯源网络建设，构建国家食源性致病微生物全基因组序列数据库；二是地方各级食源性疾病监测溯源实现互联互通，全面加强县级以上技术机构的食源性疾病溯源分析、预警与通报能力；三是加强各级疾病预防控制机构食品安全事故流行病学调查和卫生处理能力建设，建立国家级和区域重大食品安全事故病因学实验室应急检测技术平台，加强各级疾病预防控制机构有关现场流行病学调查、现场应急快速检测、实验室检测、卫生处理、流行病学数据采集与分析的基础设施条件和设备建设。

5. *加强营养与食品安全知识科普宣传，防控食品安全引发的营养健康问题* 全面部署并实施以保障食品安全为基础的《国民营养计划》。一是开展食品安全知识宣传教育，纠正不洁饮食习惯和行为，减少贫困地区居民由食源性疾病引发的营养缺乏和健康损害。二是研究编写中小学食育课外读物，根据不同年龄段学生的特点，指导开展形式多样的课内外食育教育活动。三是因地制宜制定膳食营养指导方案，编制立足于食品安全标准与监测评估，适合于不同地区、不同人群的营养、食品安全科普宣传资料。四是拓展传播渠道，采用多种传播方式和渠道，定向、精准地将科普信息传播到目标人群，注重发挥媒体的正向引导作用。五是推动将公众营养、食品安全知识知晓率纳入"健康城市"考核指标。加强营养、食品安全科普队伍建设。

（二）共建共享，强化食品安全标准与监测评估工作体系

1. *分级负责，建立完善工作网络* 围绕"完善体系、夯实基础、提升能力"，建立健全与我国经济发展水平和公众健康需求相适应，以卫生计生行政部门为主导，以专业评估机构和疾病预防控制机构为支撑，以综合监督执法机构和医疗机构为辅助的食品安全标准、风险监测、风险评估和食源性疾病监测报告的工作网络，科学、全面履行卫生计生系统食品安全标准、风险监测和评估职责。一是重点加强国家级食品安全技术支撑机构建设。积极推进国家食品安全风险评估中心能力建设和新址建设，将其建设成为国家食品安全科学技术资源中心。依托国家食品安全风险评估中心，建立国家食品安全标准研究中心，提升标准工作能力。建立国家级重大食品安全事故病因学实验室应急检测技术平台，提升中国疾病预防控制中心食品安全事故流行病学调查能力。二是加强地方食品安全技术支撑机构建设，建设以各省级疾病预防控制机构和32个风险监测参比实验室为核心，以地市级技术机构为骨干，县级技术机构为基础的"横向贯通、上下联动"的工作网络。三是加强卫生计生系统基层食品安全工作规范管理，构建县、乡、村一体化的基层食品安全工作格局，畅通食品安全服务百姓"最后一公里"。

专栏 5 国家食品安全风险评估中心建设工程

业务能力建设 配备仪器设备，构建全基因组溯源国家基础数据库平台，建立我国常见有毒动植物 DNA 条形码快速鉴定数据库。完善食品毒理学评价 GLP 管理规范体系。 人力资源建设 继续实施国务院批复的国家食品安全风险评估中心高层次人才发展项目（523 项目）。 机构建设 依托国家食品安全风险评估中心设立"国家食品安全标准研究中心"和"食品安全检定和应用技术研究中心"。 基础设施建设 国家食品安全风险评估中心新址建设（一期）。

2. 分层分类，培养开发人才队伍 围绕"学科全面、技术领先、作用关键"，大力加强卫生计生食品安全人才队伍建设与培养，加大人力资源投入，优化人才配置结构。适度增加高层次专家型人才和基层一线紧缺人才，充实风险评估、检验分析、信息统计学、流行病学、食品营养等领域的专业人才。一是完善人才结构。在省、地市、县各级卫生计生技术机构编制框架内明确适当比例专（兼）职人员从事食品安全标准与监测评估工作，均衡配置高中低研究人才与实用人才，发挥最大团队人才效益。二是实施卫生计生食品安全人才培育"1-1-4-1"工程。到 2020 年，在全国卫生计生系统打造一支 100 人左右的食品安全技术领军人才队伍；为省级培训食品安全专业人才 1 000 人；为地市级培训 4 000 人；为区县级培训 10 000 人。开展各级各类医疗机构食源性疾病报告人员培训。三是进一步创新培训形式，提高培训效率。根据人才培养需求，有重点地开展分级、分类培训，采取集中式、分散式、互动式、模拟式等形式多样的现场教学，提高培训的针对性，增强培训的实战性。加强培训考核管理，促进食品安全人才队伍业务水平的整体提升。四是实施国家食品安全风险评估中心"523"人才计划，打造一流的国家级食品安全专家智库，落实食品安全首席专家制度。

专栏 6 卫生计生食品安全人才队伍建设工程

一是完善省、地市、县各级卫生计生食品安全技术人才结构，实现高中低研究人才与实用人才均衡配置；二是实施卫生计生食品安全人才培育"1-1-4-1"工程，开展各级各类医疗机构食源性疾病报告人员培训；三是根据人才需求，有重点地开展分级、分类培训，加强培训考核管理；四是实施国家食品安全风险评估中心"523"人才计划，落实食品安全首席专家制度。

3. 互联互通，提升信息化支撑水平 加快推动互联网与食品安全业务的深入融合和创新发展，构建"覆盖全国、资源共享、互联互通"的信息网络系统。一是编制卫生食品安全大数据应用指导方案，明确食品安全标准与监测评估的信息化建设要求和具体路径。按照"标准统一、业务协同、信息共享、安全可靠"的原则构建互联互通的国家、省、地市、县四级网络体系。建立覆盖全国的食品安全国家标准和地方标准目录检索系统，推进食品安全标准、风险监测、风险评估、食源性疾病等系统的整合升级和一体化应用。二是深入融合新技术，建设国家和省两级食品标准与安全大数据应用平台，注重数据的目录统一、分级管理、创新应用、安全可信。整合食品技术法规和标准、风险监测、食源性疾病、舆情监测、风险评估、消费量、总膳食、毒理学和营养健康等相关数据，构建基础数据库。融通食品安全风险监测、监督抽检和食用农产品监测抽检等数据资源，深化可视化数据挖掘技术和风险预测模型的应用研究，形成跨部门信息共享机制，开展实时分析和跨界关联应用。建立覆盖县乡村医疗机构的国家食源性疾病网络直报系统，进一步完善食源性疾病暴发监测系统和国家食源性疾病分子分型溯源网络。构建互联互通的地方各级食源性疾病监测溯源平台。三是创新数据应用，优先推动便民惠民服务类数据向社会开放共享，促进业务创新发展。充分利用信息化技术做好标准在线查询及意见反馈等服务工作。开发个性化、差异化的食品安全与营养健康移动应用产品，如营养膳食计算器、患者营养支持、运动健康指导等，方便基层群众获得信息，提高信息服务覆盖面和精准度，提升公共信息服务水平，切实提高保障公众身体健康和饮食安全的支撑能力。

专栏 7 食品安全标准与监测评估信息化建设工程

一是编制卫生食品安全大数据应用指导方案，构建互联互通的国家、省、地市、县四级网络体系。建立覆盖全国的食品安全国家标准和地方标准目录检索系统，推进食品安全标准、风险监测、风险评估、食源性疾病等系统的整合升级和一体化应用。二是建设国家和省两级大数据应用平台，构建基础数据库。完善国家食源性疾病监测报告系统、食源性疾病暴发监测系统和国家食源性疾病分子分型溯源网络（TraNet），构建地方各级卫生计生部门的食源性疾病监测溯源平

台。三是充分利用信息化技术做好标准在线查询及意见反馈等服务工作，开发个性化、差异化的食品安全与营养健康移动应用产品。

（三）改革创新，加强国际国内合作，完善食品安全标准与监测评估工作制度机制

1. *健全工作制度* 制定、修订食品安全国家标准、风险监测、风险评估、食源性疾病监测报告等配套制度，规范履职管理，优化工作流程，提高行政效能。制定卫生计生基层医疗卫生机构食品安全工作指南，加强基层食品安全相关工作。

2. *加强国际国内合作* 加强国际食品安全标准交流，开展我国标准与国际标准对比研究，加快研究转化适合我国国情的国际标准。做好食品添加剂、农药残留法典委员会主持国工作，牵头或参与制定国际标准，提高我国在国际食品安全标准制定中的话语权。吸纳国际知名专家参与编制食品安全国家标准，增强我国标准的国际公信力。加强部门协作，建立食品安全国家标准协作组，在食品安全标准的制定发布、风险监测与评估的数据共享和会商通报、食品安全事故流行病学调查等方面，建立健全与食药、农业、国标委等部门协调配合、良性互动、顺畅高效的合作机制，形成合力。畅通高校、相关行业组织和专业机构有序参与食品安全标准与监测评估工作的渠道，充分借助国内外专家智库和外脑资源，提高决策的科学性和公信力。

3. *创新管理方式* 适应国务院关于“简政放权、放管结合、优化服务”改革要求和相关产业发展需要，推动改革和加强“三新食品”管理。落实企业执行食品安全国家标准、地方标准的主体责任，鼓励企业加大在标准研制方面的投入，参与标准研制，促进技术创新和产业协调发展，形成社会共治格局。推进将标准制定、风险监测与评估工作作为科研项目的重要考核指标和专业技术资格评审依据，建立完善本领域专业与管理人才创新激励机制。强化大数据分析等信息化新技术手段对食品安全和营养惠民措施的支撑作用，针对特定目标人群，开展专项行动，创新膳食指导个性化、差异化和推广健康烹饪模式等，不断满足公众对改善食品安全和营养信息指导的需求。

四、保障措施

（一）加强组织领导

地方各级卫生计生行政部门要在地方党委政府的领导下，加强组织领导，落实领导责任。要健全责任制度，制订实施方案，细化分解规划任务，明确任务分工和进度安排，督促落实重点工作任务，抓紧抓好实施工作。

（二）保障经费投入

建立与职责和任务相匹配的财政经费投入保障机制。地方各级政府要依法将食品安全标准与监测评估工作经费纳入本级预算。中央财政加大对地方转移支付力度，地方要落实工作经费预算，形成国家、地方共同投入，工作经费和专项经费有效保障的经费保障机制。

（三）营造有利环境

通过“食品安全宣传周”、专业机构开放日、社区讲座、制作和散发各种形式的科普载体等活动，加强正面宣传和工作成果普及应用，做好相关政策措施和标准等的解读。全程引导，增强社会对食品安全标准、风险监测和评估等工作的认知和理解，争取社会支持，营造有利于食品安全协同共治的社会环境。

（四）加强督查评估

建立监督考核机制，将规划任务落实情况作为对相关单位和地方食品安全工作督查和考核的重要内容，加强督促检查，定期开展考核。建立中期和末期评估制度，对规划实施进度和实施效果开展全面精细化评估，及时发现问题，研究解决对策，确保各项目标如期实现。

全国农产品加工业与农村一二三产业融合发展规划

（农业部　农加发［2016］5号　2016年11月14日）

“十三五”时期，是我国全面建成小康社会的决胜阶段，也是推进新型工业化、信息化、城镇化和农业现代化同步发展的关键时期。加快推进农业供给侧结构性改革，充分发挥农产品加工业引领带动作用，大力发展休闲农业和乡村旅游，促进农村一二三产业融合发展，是拓展农民增收渠道、构建现代农业产业体系、生产体系和经营体系的重要举措，是转变农业发展方式、探索中国特色农业现代化道路的必然要求，是实现“四化同步”、推动城乡协调发展的战略选择。为促进农产品加工业与农村一二三产业融合发展（农村一二三产业融合简称“产业融合”），根据《国务院办公厅关于推进农村一二三产业融合发展的指导意见》和《全国农业现代化规划（2016—2020年）》，制定本规划。

一、环境条件

农产品加工业连接工农、沟通城乡，行业覆盖面宽、产业关联度高、带动农民就业增收作用强，是产业融合的必然选择，已经成为农业现代化的重要标志、国民经济的重要支柱、建设健康中国保障群众营养健康的重要民生产业。“十二五”时期，我国农业农村经济形势持续向好，农产品加工业快速发展，产业融合新主体新业态新模式大量涌现，为“十三五”发展打下扎实基础。

（一）发展基础

1. *农业农村经济形势持续向好，奠定了产业融合的坚实基础* 2015年，我国粮食总产量62 145万t，棉油糖、肉蛋奶、果蔬茶、水产品生产水平不断迈上新台阶。农民人均纯收入超过11 000元，“十二五”年均增长10%。物质技术装备条件建设取得新发展，农业科技进步贡献率、农作物耕种收综合机械化率分别达到56%和63%。农村改革深入推进，家庭经营、合作经营、集体经营、企业经营等多种经营方式共同发展的格局初步形成。

2. *农产品加工业快速发展，成为了产业融合的重要力量* 规模水平提高，2015年全国规模以上农产品加工企业7.8万家，完成主营业务收入近20万亿元，“十二五”年均增长超过10%，农产品加工业与农业总产值比由1.7∶1提高到约2.2∶1，农产品加工转化率达到65%。创新步伐加快，初步构建起国家农产品加工技术研发体系框架，突破了一批共性关键技术，示范推广了一批成熟适用技术。产业加速集聚，初步形成了东北地区和长江流域水稻加工、黄淮海地区优质专用小麦加工、东北地区玉米和大豆加工、长江流域优质油菜籽加工、中原地区牛羊肉加工、西北和环渤海地区苹果加工、沿海和长江流域水产品加工等产业聚集区。带动能力增强，建设了一大批标准化、专业化、规模化的原料基地，辐射带动1亿多农户。

3. *新型经营主体蓬勃发展，构筑了产业融合的重要支撑* 到2015年底，家庭农场、农民合作社、农业产业化龙头企业等新型经营主体超过250万个，新型农业经营主体队伍不断壮大。各类新型农业经营主体通过入股入社、订单合同、托管联耕等多种形式开展联合与合作，融合机制不断健全，融合发展能力不断增强，在大宗农产品生产供给、产前、产中及产后服务和带动农民进入市场等方面提供了重要支撑。

4. *新业态新模式不断涌现，拓展了产业融合的新领域* 2015年全国有各类涉农电商超过3万家，农产品电子商务交易额达到1 500多亿元。随着互联网技术的引入，涉农电商、物联网、大数据、云计算、众筹等亮点频出，农产品市场流通、物流配送等服务体系日趋完善，农业生产租赁业务、农商直供、产地直销、食物短链、社区支农、会员配送等新型经营模式不断涌现。休闲农业和乡村旅游呈暴发增长态势，2015年全国年接待人数达22亿人次，经营收入达4 400亿元，“十二五”期间年均增速超过10%；从业人员790万，其中农民从业人员630万，带动550万户农民受益。

（二）重要机遇

1. *一系列“三农”政策为农产品加工业和产业融合营造了良好的发展环境* 党的十八届五中全会提出了创新、协调、绿色、开放、共享的五大发展理念，强调“促进农产品精深加工和农村服务业发展，拓展农民增收渠道”和“种养加一体、一二三产业融合发展”；2016年中央1号文件提出加强农业供给侧结构性改革，实现农业调结构、提品质、去库存；国务院办公厅下发了推进产业融合发展的指导意见，以及农业降成本、补短板等一系列改革举措，对农产品加工业发挥引领带动作用，培育新产业，推动产业融合营造了更为有利的发展环境。

2. *新型城镇化和全面深化农村改革为农产品加工业和产业融合提供了难得的发展机遇* “十三五”时期，新型城镇化加速发展，促进约1亿农业转移人口落户城镇，改造约1亿人居住的城镇棚户区和城中村，引导约1亿人在中西部地区就近城镇化，对强化产业支撑，引导农村二三产业向城镇集聚发展提出了明确要求。农村改革全面深化，土地承包经营权确权颁证加快推进，农村宅基地、集体建设用地和集体产权制度改革不断深化，农村资源要素市场进一步完善，城乡一体化发展体制机制更加健全，为农产品加工业和产业融合提供了难得的发展机遇。

3. 消费结构升级为农产品加工业和产业融合创造了巨大的发展空间　2015年，我国人均GDP约8 000美元，城乡居民的生活方式和消费结构正在发生新的重大阶段性变化，对农产品加工产品的消费需求快速扩张，对食品、农产品质量安全和品牌农产品消费的重视程度明显提高，市场细分、市场分层对农业发展的影响不断深化；农产品消费日益呈现功能化、多样化、便捷化的趋势，个性化、体验化、高端化日益成为农产品消费需求增长的重点；对新型流通配送、食物供给社会化、休闲农业和乡村旅游等服务消费不断扩大，均为推进农产品加工业和产业融合创造了巨大的发展空间。

4. 信息技术等高新技术的不断变革为农产品加工业和产业融合注入了不竭的发展动力　移动互联网、大数据、云计算、物联网等新一代信息技术发展迅猛，以农产品电商、农资电商、农村互联网金融为代表的“互联网＋”农业服务产业迅速兴起。绿色制造、食品科学、材料科学加速创新应用。高新技术的飞速发展，延伸了农业产业链条，重构了产业主体之间的利益联结机制，创新了城乡居民的消费方式，为农产品加工业和产业融合注入了不竭的发展动力。

（三）面临挑战

1. 农业产业体系不完善，产加销发展不够协调　农村产业之间互联互通性差，融合程度还比较低。农业生产面临越来越多的挑战，如土地、水等资源约束加剧，劳动力成本不断提高，生态环境压力加大，食品安全和消费者信心问题日益突出。农业市场化发育程度还处于初级阶段，农业的产前、产中和产后环节被人为地分割在城乡工农之间不同的领域、地域，导致农业成本高、效益低。

2. 农产品加工业转型升级滞后，带动能力不够突出　与农业生产规模不协调、不匹配，农产品加工业与农业总产值比2.2∶1，明显低于发达国家的3～4∶1。技术装备水平不高，比发达国家落后15～20年。精深加工及综合利用不足，一般性、资源性的传统产品多，高技术、高附加值的产品少。加工专用品种选育和原料生产滞后，农产品产地普遍缺少储藏、保鲜等加工设施，产后损耗大、品质难保障。融资难、融资贵、生产和流通成本高等外部环境制约依然突出。

3. 股份合作数量较少，利益联结关系不够紧密　农业集约化和农民组织化程度偏低，农民与企业之间订单交易普遍缺乏法律约束力，有些合同不够规范，履约率不高，双方利益都得不到有效保障。受风险防范和法律制度等方面的制约，合作、股份合作等紧密型利益联结方式数量不多。

4. 国际竞争不断加剧，国内产业融合不够充分　国内大宗农产品普遍缺乏国际竞争力，同类产品的国内外价格差不断扩大，进口压力不断加大，产品市场受到挤压。中美中欧农业投资协定正在加快谈判，国内企业发展粗放、产业链条短、融合度低，销售渠道和品牌效应与外资竞争面临更大压力。

二、总体要求

（一）指导思想

全面贯彻党的十八大和十八届三中、四中、五中、六中全会精神，认真落实党中央国务院决策部署，牢固树立创新、协调、绿色、开放、共享的发展理念，主动适应经济发展新常态，以坚持农民主体地位，增进农民福祉为出发点和落脚点，按照“基在农业、利在农民、惠在农村”的要求，以市场需求为导向，以促进农业提质增效、农民就业增收和激活农村发展活力为目标，以新型农业经营主体为支撑，以完善利益联结机制和保障农民分享二三产业增值收益为核心，以制度、技术和商业模式创新为动力，强化农产品加工业等供给侧结构性改革，着力推进全产业链和全价值链建设，开发农业多种功能，推动要素集聚优化，大力推进农产品加工业与农村产业交叉融合互动发展，为转变农业发展方式、促进农业现代化、形成城乡一体化发展的新格局，为农业强起来、农村美起来、农民富起来和全面建成小康社会提供有力支撑。

（二）基本原则

1. 坚持创新驱动，激发融合活力　把创新作为引领产业融合发展的第一动力，着力实施创新驱动战略。树立“大食物、大农业、大资源、大生态”观念，深入开展产业融合理论创新；大力发展合作制、股份合作制和股份制，逐步推进产业融合制度创新；积极应用互联网、智能制造、绿色制造等现代技术，切实加大产业融合科技创新。

2. 坚持协调发展，优化产业布局　把协调作为产业融合发展的内在要求，着力推进产业交叉融合。要增强发展的协调性，以市场需求为导向，充分发挥市场机制和市场主体的作用，推动农业产前产中产后和农产品初加工、精深加工及综合利用加工协调发展，引导优化产业布局，拓宽发展空间，促进城乡、区域、产业间的协调发展。

3. 坚持绿色生态，促进持续发展　把绿色作为产业融合发展的基本遵循，着力促进可持续发展。牢固树立节约集约循环利用的资源观，通过绿色加工、综合利用，实现节能降耗、环境友好，形成“资源—加工—产品—资源”模式，发展营养安全、绿色生态、美味健康、方便实惠的食品产业；遵循生产生活生态并重，发展培育新业态；坚持绿色富国、绿色惠民，推动形成产业融合的绿色发展方式。

4. *坚持开放合作，拓展融合空间* 把开放作为产业融合发展的必由之路，着力推动产业“走出去”和国际产能合作。鼓励引导农产品加工、流通等涉农企业参与双向开放，充分利用好国内国外两种资源、两个市场，搭建区域间、国际间投资贸易合作平台，加强国际交流合作，推动产品、技术、标准、服务走出去。

5. *坚持利益共享，增进人民福祉* 把共享作为产业融合发展的本质要求，着力促进农民增收。坚持以人民为中心的发展思想，坚持人民主体地位，产业发展为增进人民福祉服务，拓展产业功能，通过支持政策与带动农民分享利益挂钩，激励企业承担社会责任，大力发展农民共享产业，多渠道促进农民增收；完善企农利益联结机制，形成利益共同体、命运共同体和责任共同体，使农民有体面的就业，有尊严的生活，在共建共享发展中有更多获得感与幸福感。

（三）发展目标

到2020年，产业融合发展总体水平明显提升，产业链条完整、功能多样、业态丰富、利益联结更加稳定的新格局基本形成，农业生产结构更加优化，农产品加工业引领带动作用显著增强，新业态新模式加快发展，产业融合机制进一步完善，主要经济指标比较协调、企业效益有所上升、产业逐步迈向中高端水平，带动农业竞争力明显提高，促进农民增收和精准扶贫、精准脱贫作用持续增强。

——*农产品加工业引领带动作用显著增强* 农产品加工业产业布局进一步优化，产业集聚程度明显提高，科技创新能力不断增强，质量品牌建设迈上新台阶，节能减排成效显著。到2020年，力争规模以上农产品加工业主营业务收入达到26万亿元，年均增长6%左右，农产品加工业与农业总产值比达到2.4：1。主要农产品加工转化率达到68%左右，其中粮食、水果、蔬菜、肉类、水产品分别达到88%、23%、13%、17%、38%；农产品精深加工和副产物综合利用水平明显提高。规模以上食用农产品加工企业自建基地拥有率达到50%，专用原料生产水平明显提高。

——*新业态新模式发展更加活跃* 农业生产性服务业快速发展，“互联网＋”对产业融合的支撑作用不断增强，拓展农业多功能取得新进展，休闲农业和乡村旅游等产业融合新业态新模式发展更加活跃。到2020年，力争农林牧渔服务业产值达到5 500亿元，年均增速保持在9.5%左右；企业电商销售普及率达到80%；农产品电子商务交易额达到8 000亿元，年均增速保持在40%左右；休闲农业营业收入达到7 000亿元，年均增长10%左右，接待游客突破33亿人次。

——*产业融合机制进一步完善* 农业产加销衔接更加紧密，产业融合深度显著提升，产业链更加完整，价值链明显提升。产业融合主体明显增加，农村资源要素充分激活，股份合作等利益联结方式更加多元，农民共享产业融合发展增值收益不断增加。城乡之间要素良性互动，公共服务均等化水平明显改善，产业融合体系更加健全，培育形成一批融合发展先导区。

主要指标

类别	指标		2015年	2020年	年均增长
农产品加工	规模以上农产品加工业主营业务收入（万亿元）		19.4	26	6%
	农产品加工业与农业总产值比[1]		2.2：1	2.4：1	[0.2]
	主要农产品加工转化率（%）	总体	65	68	[3]
		其中：粮食	85	88	[3]
		水果	20	23	[3]
		蔬菜	10	13	[3]
		肉类	16	17	[1]
		水产品	35	38	[3]
	加工企业自建基地拥有率[2]（%）		25	50	[25]

（续）

主要指标

类别	指标	2015年	2020年	年均增长
新业态	农林牧渔服务业产值（亿元）	4 300	5 500	9.50%
	加工企业电商销售普及率[3]（%）	50	80	[30]
	农产品电子商务交易额（亿元）	1 500	8 000	40%
	休闲农业年接待旅游人次（亿人次）	22	33	8.40%
	休闲农业年营业收入（亿元）	4 400	7 000	10%

注：[ ] 为五年累计增加数。

1. 农产品加工业与农业总产值比＝农产品加工业总产值/农业总产值，其中农产品加工业总产值以农产品加工业主营业务收入数据为基础计算。

2. 加工企业自建基地拥有率＝规模以上食用农产品加工企业中拥有自建基地的企业数量/规模以上食用农产品加工企业总数量。

3. 加工企业电商销售普及率＝规模以上食用农产品加工企业开展电子商务交易的企业数量/规模以上食用农产品加工企业总数量。

三、主要任务

（一）做优农村第一产业，夯实产业融合发展基础

1. *发展绿色循环农业* 立足实际，从时间和空间上合理布局，科学引导不同类型区域农业生产，促进粮食、经济作物、饲草料三元种植结构协调发展。大力发展种养结合循环农业，加快构建粮经饲统筹、农牧结合、种养加一体、一二三产业融合的现代农业产业体系。积极发展渔业和林下经济，推进农渔、农林复合经营。围绕适合精深加工、休闲采摘的特色农产品，发展优势特色产业，形成产加销结合的产业结构。

2. *推进优质农产品生产* 以农产品加工业为引领，稳步发展农业生产。在优势农产品产区，组织科研单位开展农产品加工特性研究，筛选推广一批加工专用优良品种和技术，促进农产品加工专用原料生产。引导鼓励农产品加工企业及新型农业经营主体通过直接投资、参股经营、签订长期合同等方式，带动建设一批标准化、专业化、规模化原料生产基地。推进无公害农产品、绿色食品、有机农产品和农产品地理标志产品生产，加强农业标准体系建设，严格生产全过程管理，建立从农田到餐桌的农产品质量安全监管体系，提高标准化生产和监管水平。

3. *优化农业发展设施条件* 推进高标准农田建设，不断提高农产品加工专用原料生产能力。加强农产品仓储物流设施建设，不断健全以县、乡、村三级物流节点为支撑的农村物流网络体系。支持农村公共设施和人居环境改善，不断完善休闲农业和乡村旅游道路、供电、供水、停车场、观景台、游客接待中心等配套设施建设。将产业融合发展与新型城镇化建设有机结合，引导农村二三产业向县城、重点乡镇及产业园区等集中，培育农产品加工、商贸物流等专业特色小城镇，促进城乡基础设施互联互通、共建共享。加强产业融合发展与城乡总体规划、土地利用总体规划有效衔接，完善县域产业空间布局和功能定位。通过农村闲置宅基地整理、土地整治等新增的耕地和建设用地，优先用于产业融合发展。

（二）做强农产品加工业，提升产业融合发展带动能力

1. *大力支持发展农产品产地初加工* 以粮食、果蔬、茶叶等主要及特色农产品的干燥、储藏保鲜等初加工设施建设为重点，扩大农产品产地初加工补助政策实施区域、品种范围及资金规模。鼓励各地根据农业生产实际，加强初加工各环节设施的优化配套；积极推动初加工设施综合利用，建设粮食烘储加工中心、果蔬茶加工中心等；推进初加工全链条水平提升，加快农产品冷链物流发展，实现生产、加工、流通、消费有效衔接。

2. *全面提升农产品精深加工整体水平* 支持粮食主产区发展粮食特别是玉米深加工，去库存、促消费。培育主食加工产业集群，研制生产一批营养、安全、美味、健康、方便、实惠的传统面米、马铃薯及薯类、杂粮、预制菜肴等多元化主食产品。加强与健康、养生、养老、旅游等产业融合对接，开发功能性及特殊人群膳食相关产品。加快新型非热加工、新型杀菌、高效分离、绿色节能干燥和传统食品工业化关键技术升级与集成应用，开展酶工程、细胞工程、发酵工程及蛋白质工程等生物制造技术研究与装备研

发，开展信息化、智能化、成套化、大型化精深加工装备研制，逐步实现关键精深加工装备国产化。

3. 努力推动农产品及加工副产物综合利用　重点开展秸秆、稻壳、米糠、麦麸、饼粕、果蔬皮渣、畜禽骨血、水产品皮骨内脏等副产物梯次加工和全值高值利用，建立副产物综合利用技术体系，研制一批新技术、新产品、新设备。坚持资源化、减量化、可循环发展方向，促进综合利用企业与农民合作社等新型经营主体有机结合，调整种养业主体生产方式，使副产物更加符合循环利用要求和加工标准；鼓励中小企业建立副产物收集、处理和运输的绿色通道，实现加工副产物的有效供应。

（三）做活农村第三产业，拓宽产业融合发展途径

1. 大力发展各类专业流通服务　健全农产品产地营销体系，推广农超、农社（区）、农企、农校、农军等形式的产销对接，鼓励新型农业经营主体在城市社区或郊区设立鲜活农产品直销网点。鼓励各类服务主体把服务网点延伸到农村社区，向全方位城乡社区服务拓展。配合有关部门落实在各省（自治区、直辖市）年度建设用地指标中单列一定比例，专门用于新型农业经营主体进行农产品加工、仓储物流、产地批发市场等辅助设施建设。继续实施农产品批发市场、农贸市场房产税、城镇土地使用税优惠政策。培育大型农产品加工、流通企业，支持开展托管服务、专项服务、连锁服务、个性化服务等多元服务。

2. 积极发展电子商务等新业态新模式　推进大数据、物联网、云计算、移动互联网等新一代信息技术向农业生产、经营、加工、流通、服务领域的渗透和应用，促进农业与互联网的深度融合。支持流通方式和业态创新，开展电子商务试点，推进新型农业经营主体对接全国性和区域性农业电子商务平台，鼓励和引导大型电商企业开展农产品电子商务业务。积极协调有关部门完善农村物流、金融、仓储体系，充分利用信息技术逐步创建最快速度、最短距离、最少环节的新型农产品流通方式。积极探索农业物联网应用主攻方向、重点领域、发展模式及推进路径，稳步开展成功经验模式在国家级、省级、县级等层面推广应用。

3. 加快发展休闲农业和乡村旅游　拓展农业多种功能，推进农业与休闲旅游、教育文化、健康养生等深度融合，发展观光农业、体验农业、创意农业等新业态，促进休闲农业和乡村旅游多样化发展。优化布局，在大中城市周边、名胜景区周边、特色景观旅游名镇名村周边、依山傍水逐草自然生态区、少数民族地区、传统特色农区，支持发展农（林、牧、渔）家乐、休闲农庄、休闲农园、休闲农业产业融合聚集村等。改善设施，加快休闲农业经营场所的公共基础设施建设，兴建垃圾污水无害化处理等设施，改善休闲农业基地的种养条件，鼓励因地制宜兴建特色农产品加工、民俗手工艺品制作和餐饮、住宿、购物、娱乐等配套服务设施。规范管理，加大休闲农业行业标准的制定和宣贯，加强品牌培育和宣传推介，提升社会影响力和知名度。

（四）创新融合机制，激发产业融合发展内生动力

1. 培育多元化产业融合主体　强化家庭农场、农民合作社的基础作用，促进农民合作社规范发展，引导大中专毕业生、新型职业农民、务工经商返乡人员以及各类农业服务主体兴办家庭农场、农民合作社，发展农业生产、农产品加工、流通、销售，开展休闲农业和乡村旅游等经营活动。培育壮大农业产业化龙头企业，引导其发挥引领示范作用，重点发展农产品加工流通、电子商务和社会化服务，建设标准化和规模化的原料生产基地，带动农户和农民合作社发展适度规模经营。鼓励和支持工商资本投资现代农业，促进农商联盟等新型经营模式发展。

打造产业融合领军型企业。鼓励一批在经济规模、科技含量和社会影响力方面具有引领优势的企业突出主业，大力发展农产品精深加工、流通服务、休闲旅游、电子商务等，推进产业化经营，增进融合，带动产业链前延后伸，挖掘各环节潜力，创新多种业态，增强核心竞争能力和辐射带动能力，充分发挥在农村产业融合发展中的领军作用。

2. 发展多类型产业融合方式　延伸农业产业链，积极鼓励家庭农场、农民合作社等主体向生产性服务业、农产品加工流通和休闲农业延伸；积极支持企业前延后伸建设标准化原料生产基地、发展精深加工、物流配送和市场营销体系，探索推广“龙头企业＋合作社＋基地＋农户”的组织模式。引导产业集聚发展，创建现代农业示范区、农业产业化示范基地和农产品加工产业园区，培育产业集群，完善配套服务体系。积极打造产业融合先导区，推动产业融合、产村融合、产城融合，加快先导区内主体间的资产融合、技术融合、利益融合，整合各类资金，引导集中连片发展，推动加工专用原料基地、加工园区、仓储物流基地、休闲农业园区有机衔接。大力发展农村电子商务，推广“互联网＋”发展模式，支持各类产业融合主体借力互联网积极打造农产品、加工产品、农业休闲旅游商品及服务的网上营销平台。

3. 建立多形式利益联结机制　创新发展订单农业，引导支持企业在平等互利基础上，与农户、家庭农场、农民合作社签订购销合同、提供贷款担保、资助农户参加农业保险，鼓励农产品产销合作，建立技术开发、生产标准和质量追溯体系，打造联合品牌，实现利益共享。鼓励发展农民股份合作，加快推进将集体经营性资产折股量化到农户，探索不同区域的农用地基准地价评估，为农户土地入股或流转提供依据，探索形成以农民土地经营权入股的利润分配机制。强化企业社会责任，鼓励引导从事产业融合的工商企业优先聘用流转出土地的农民，提供技能培训、就业岗位和社会保障，辐射带动农户扩大生产经营规模、提高管理水平，强化龙头企业联农带农激励机制。健全风险防范机制，规范工商资本租赁农地行为，建立土地流转、订单农业等风险保障金制度，鼓励制定适合农村特点的信用评级方法体系，制定和推行涉农合同示范文本，加强土地流转、订单等合同履约监督。

四、重点布局

根据各地资源禀赋和区域布局，因地制宜推进融合发展。依托自然和区位优势，大力发展优质原料基地和加工专用品种生产，积极推动科技研发、电子商务等平台建设，培育优势产业集群。依托重点加工产业，合理布局初加工、精深加工、副产物综合利用以及传统食品加工业，推进冷链物流、智能物流等设施建设，大力发展新型商业营销模式。依托各地特色农业农村资源和农业文化遗产，发展美丽休闲乡村，培育特色小镇，打造休闲农业品牌体系。依托重点产业和优势产业集群，推动产业融合试点示范，培育一批集专用品种、原料基地、加工转化、现代物流、便捷营销为一体的农产品加工园区和产业融合先导区，不断提升产业融合发展水平。

（一）融合发展区域功能定位

1. 粮油生产核心区　在粮食生产核心区，大力发展优质原料基地及加工专用品种生产，积极推动大宗粮食作物产地初加工、传统加工技术升级与装备创制。在东北、长江中下游等稻谷主产区，黄淮海、长江中下游等小麦主产区，东北、华北等玉米主产区，东北、华北、西北和西南等马铃薯主产区，东北和黄淮海等大豆主产区，长江流域和北方等油菜主产区，东北农牧交错区及沿黄河花生主产区，重点开展优质原料基地建设。在东北、华北、长江中下游、大宗粮油作物生产核心区形成初加工产业带，引导生产合作组织、创新联盟发挥更大作用，建立更加专业、便捷的粮油生产仓储、物流、金融、信贷平台与服务网络，打造自然生态与传统文化结合的休闲农业发展模式。

2. 经济作物生产优势区　在经济作物生产优势区，加强加工专用原料基地建设，加快电子商务平台建设，积极推动经济作物产地初加工、精深加工和综合利用技术升级与装备创制，大力促进休闲农业发展。在渤海湾和西北黄土高原地区发展苹果原料基地；在长江上中游、浙闽粤和赣南湘南桂北、鄂西湘西发展柑橘原料基地；在华南与西南热区、长江流域、黄土高原、云贵高原、北部高纬度、黄淮海与环渤海等地发展蔬菜原料基地；在长江流域、东南沿海、西南地区发展绿茶、乌龙茶等茶专用原料基地，在华南、西南热区发展热带水果原料基地。在东南沿海、环渤海等地以及西部地区分别建设速冻果蔬、果蔬浆及果蔬干制等初加工产业带；在热带、亚热带、东北地区建设果蔬制汁制罐及副产物高值化加工产业带；在河北、山西、山东、福建、浙江、广东、广西、江苏、新疆等地建设果蔬干制及营养健康食品加工产业带；在中原、西北、贵州及江浙闽地区等建设茶饮料及速溶茶加工产业带。在新疆、长江及黄河流域等棉花主产区和广西、云南等糖料主产区，发展优质原料基地及加工产业带。推动果蔬茶原料企业电子商务平台及物流体系建设，积极拓展“农产品生产＋精深加工＋休闲旅游”的融合模式，大力发展休闲农业。

3. 养殖产品优势区　在养殖产品优势区，进一步加强加工原料基地建设，大力发展产地初加工和高值化综合利用，物流体系和信息网络共享平台。稳步推进养殖标准化和适度规模养殖，在东北、中部、西南的生猪主产区，在中原、东北、西北、西南的肉牛主产区，在中原、中东部、西北、西南的肉羊主产区，在东北、内蒙古、华北、西北、南方和大城市郊区奶业主产区，在华北、长江中下游、华南、西南、东北等肉禽优势产区，在华东、华北、华中、华南、西南禽蛋主产区，分别建设肉、奶、蛋制品优质原料生产基地。在沿海地区积极保护滩涂生态环境，鼓励发展生态养殖、深水抗风浪网箱养殖和工厂化循环水养殖，开展海洋牧场建设，拓展外海养殖空间，打造生态“海上粮仓”，提供优质海产品食材。在内陆地区稳定宜养区域养殖规模，充分利用稻田、低洼地和盐碱地资源，积极发展生态健康养殖，建设优质淡水产品生产基地。在沿海和长江中下游地区建设优质水产品加工产业带。推动产学研结合，大力推进技术创新与先进装备研发与推广，建立市场导向、资源聚集的加工产业集群。在原料主产区建立初加工和高值化综合利用产业带。

4. 大中城市郊区及都市农业区　在京津冀、长三角、珠三角、东南沿海、长江经济带等大中城市郊

区及都市农业发展区建立主食加工、方便食品加工、休闲食品加工产业带以及农产品精深加工与综合利用产业带，培育一批大型农产品加工企业、产业园区，形成具有国际竞争优势的产业带。结合大中城市郊区及都市农业区农业资源及农产品加工产业带，创新农业文化、农耕（渔事）体验、教育科普、生态观光、人文创意、饮食文化、生活服务、餐饮服务等休闲农业和乡村旅游发展模式，鼓励建设中央主食厨房、休闲农园、农产品及加工品的仓储物流设施及配送体系、网上营销等设施平台，满足城乡居民多元化、个性化的消费需求。

5. 贫困地区　实施精准扶贫、精准脱贫，立足当地资源优势，因地制宜发展农产品加工、休闲农业和乡村旅游，探索支持贫困地区、革命老区、民族地区、边疆地区和生态涵养地区的产业扶贫新模式，加快农村贫困劳动力向加工业、休闲农业及服务业的转移。以农民合作社、企业等新型经营主体为龙头，立足当地资源，与农户建立稳固的利益联结机制，发展农产品生产、加工、储藏保鲜、销售及休闲、服务等融合经营，确保贫困人口精准受益。适当集中布局，培育重点产品，以县为单元建设特色产业基地，以村（乡）为基础培植特色拳头产品，实现就地脱贫，提高扶贫实效。

（二）融合发展重点产业结构

1. 粮棉油糖加工业　依托我国粮棉油糖资源与产业优势，着力建设优质粮棉油糖原料基地，大力培育推广粮油加工专用品种；健全粮棉油糖加工科技创新体系，积极推动粮棉油糖产地初加工、精深加工、副产物综合利用以及传统食品工业化，提升粮棉油糖加工企业节能降耗、提质增效的水平与能力；适应市场消费需求，丰富粮棉油糖加工产品种类，改善供给产品结构与质量；建立粮油加工产品信息平台、交易市场，发展新型商业营销模式；推行低温储粮、散粮流通的粮食贮运模式，借助互联网、物联网等信息技术，大力推进智能仓储、智能物流。

2. 果蔬茶加工业　依托我国原料资源优势和气候特点，加强不同地区果蔬茶加工专用原料基地建设，提升果蔬茶加工冷链技术及设施装备水平。积极发展果蔬鲜榨汁、浓缩果浆和新型罐头加工；发展节能提质果蔬干制、速冻果蔬、鲜切果蔬、食用菌等加工和果酒酿造、果蔬副产物综合利用技术；调整茶叶加工产品结构，加大精深加工产品比重，开发茶饮料、功能性茶产品，加强茶资源高效利用。

3. 畜禽加工业　加快推进畜禽适度规模养殖，建设优质原料生产基地，提高主要畜产品自给水平和产品质量。大力推进畜禽屠宰工艺升级，淘汰落后产能；强化减损降耗、分等分级，中式肉制品加工技术革新与工业化装备研制与推广，着重开展骨、血、脏器和皮毛羽等畜禽副产物的综合利用；发展适合不同消费者需求的特色乳制品和功能性产品；重点推广洁蛋加工技术，开发专用蛋液、蛋粉等系列产品。结合物联网、移动互联网、云计算等信息化技术，完善仓储（冷链）物流建设，提高产品可追溯性，保障食品安全。

4. 水产品加工业　培育组织化、标准化、品牌化、优质化、信息化水产品产业链。开展传统水产品加工产业的升级改造；开发标准配方预制食品、预包装食品、方便食品、休闲食品、功能性食品等现代水产食品，提高淡、海水产品精深加工和高效利用产品的比例；实现水产品加工的自动化、智能化、信息化、品牌化。发展种类齐全、功能完备、技术先进的水产品现代冷链物流体系。

5. 休闲农业和乡村旅游　依托农村绿水青山、田园风光、乡土文化等资源，有规划地开发休闲农庄、乡村酒店、特色民宿、自驾车房车营地、户外运动等乡村休闲度假产品，大力发展休闲度假、旅游观光、养生养老、创意农业、农耕体验、乡村手工艺等，促进休闲农业的多样化、个性化发展。依托农业文化遗产、传统村落、传统民居，发展具有历史记忆、地域特点、民族风情的特色小镇，建设一村一品、一村一景、一村一韵的美丽村庄和宜游宜养的森林景区。整合优化、重点打造点线面结合的休闲农业品牌体系。

（三）农产品加工园区和产业融合先导区建设

1. 农产品加工园区　结合优势特色农产品区域和现代农业示范区布局规划，对农产品加工业整体以及加工园区进行科学合理的布局，引导产业向重点功能区和产业园区集聚。坚持集聚发展和融合互动，打造集专用品种、原料基地、加工转化、现代物流、便捷营销为一体的农产品加工园区，培育标准化原料基地、集约化加工园区、体系化物流配送和营销网络"三位一体"、有机衔接、相互配套、功能互补、联系紧密的农产品加工产业集群，以资产为纽带，以创新为动力，通过产业间相互渗透、交叉重组、前后联动、要素聚集、机制完善和跨界配置，实现园区内部产业有机整合、紧密相连、一体推进，形成新技术、新业态、新商业模式，带动资源、要素、技术、市场需求在农村的整合集成和优化重组，最终实现产业链条和价值链条延伸、产业范围扩大、产业功能拓展和农民就业增收，努力提升农产品加工园区建设水平，为农产品加工业创新发展和转型升级提供有力支撑。

2. 产业融合先导区　以农产品加工园区、现代农业示范区、都市现代农业样板区、农业产业化示范基地、休闲农业和乡村旅游示范县为载体，推动产业融合试点示范。组织实施试点示范项目，在粮食主产区、特色优势农产品产区、老少边穷地区、加工业优势区，优先培育一批产业融合先导区。在标准化原料基地、集约化加工园区和体系化物流配送及市场营销网络等开展产业融合先行先试，促进各有关产业和环节交叉融合、相互配套、功能互补、联系紧密，促进城（镇）区、加工园区、原料产区互动发展，吸引人口聚集和公共设施建设。重点支持新型农业经营主体发展加工流通和直供直销，建设原料基地和营销设施、休闲农业及电子商务公共服务设施、农产品及加工副产物综合利用设施。通过培育示范，探索路径、总结经验，不断提升产业融合发展总体水平，逐步形成产业链条完整、功能多样、业态丰富、利益联结紧密、产城融合更加协调的新格局。

五、重大工程

认真组织实施专用原料基地建设、农产品加工业转型升级、休闲农业和乡村旅游提升、产业融合试点示范等重大工程，为促进农业提质增效、农民就业增收、农业现代化和农村繁荣稳定提供有力支撑。

（一）专用原料基地建设工程

组织实施专用原料基地建设工程，在确保谷物基本自给、口粮绝对安全的前提下，与市场需求相适应、与资源禀赋相匹配，为农产品加工业、休闲农业和乡村旅游等产后环节提供优质农产品。重点开展专用品种、原料基地、农产品生产标准化等建设。工程内容详见专栏1。

专栏1　专用原料基地建设工程

1. *培育专用品种，发展原料基地*　加强基础设施条件建设，开展农产品加工特性研究，推进良种重大科研联合攻关，培育和推广一批适应机械化生产、优质高产多抗广适、适合精深加工、休闲采摘的新品种。加大投入力度，整合建设资金，创新投融资方式，支持企业与农户多种形式合作，鼓励社会资本发展适合企业化经营的现代种养业，建设一批专用原料基地。

2. *推进农产品标准化生产*　推进农业标准化示范区、园艺作物标准园、标准化规模养殖场（小区）、水产健康养殖示范县（场）建设，发展无公害农产品、绿色食品、有机农产品和农产品地理标志产品，加快健全从农田到餐桌的农产品质量和食品安全监管体系，实现农产品生产标准化、专业化、规模化，为农产品加工、流通提供质量安全的原料来源。

（二）农产品加工业转型升级工程

组织实施农产品加工业转型升级工程，促进农产品加工业与农村产业交叉融合发展。以转变发展方式、调整优化结构、提高质量效益为主线，推动规模扩张向质量提升、要素驱动向创新驱动、分散布局向集聚发展转变，更加注重发展质量和效益、供给侧结构性改革、促进绿色生产方式、消费方式、资源环境和集约发展，构建政策扶持、科技创新、人才支撑、公共服务、组织管理等体系，在初加工、精深加工技术集成、副产物综合利用、主食加工、质量品牌提升、加工园区建设等重点领域取得新突破新进展新成效。工程内容详见专栏2。

专栏2　农产品加工业转型升级工程

1. *农产品产地初加工设施建设*　通过实施农产品产地初加工补助政策，引导各地在农产品优势产区，集中连片建设一批农产品产地初加工设施，促进当地农产品减损提质、农民就业增收、农产品市场稳定供应、农业产业链延伸和产业融合发展。力争到“十三五”末，进一步扩大补助资金规模和实施区域，新增果蔬贮藏能力800万t、果蔬烘干能力260万t，实现“减损增供、农民增收、农业增效、品质提升”的目标。

2. *主食加工业能力建设*　以促进粮食等主要农产品的加工转化、满足城乡居民食物消费升级的多样化需求为目标，加快发展主食加工业，鼓励发展农产品生产、保鲜及食品加工、直销配送或餐饮服务一体化经营，在农产品产地和大中城市郊区培育主食加工产业集群，建设一批技术水平高、带动力强的主食加工示范企业和主食加工产业集聚区，实现相关产业融合发展。力争通过5年努力，在大中城市郊区，发展1 000个为城乡居民生活配套的中央厨房；在县级区域，发展2 000个为县域居民生活配套的传统面米等谷物类主食加工生产线；在优势农产品产地，发展300个预制菜肴加工项目。

3. *质量品牌提升*　实施农产品加工业质量品牌提升行动。大力提升标准化生产能力，制定和完善相关标准，引导企业严格执行强制性标准，积极采用先进标准，推行标准化生产。大力提升全程化质量控制能力，鼓励企业开展先进的质量管理、食品安全控制等体系认证，逐步建立全员、全过程、全方位的质量管理制度，实现全程质量管理和控制。大力提升技术装备创新能力，加强企业原始创新和引进吸收再创新。大力提升品牌培育创建能力，加快培育一批能够展示“中国制造”和“中国服务”优质形象的品牌。

4. 农产品加工技术集成基地建设　面向农产品主产区农产品加工转化和县域发展农产品精深加工，以解决粮油、果蔬茶、畜产品和水产品等农产品加工产后损失严重、综合利用率低、水耗能耗高、自动化程度低、风味与营养成分损失严重等技术难题为重点，有效整合全国农产品加工科技资源，依托国家农产品加工技术研发体系及具有较强研究基础的科研机构，通过中央投资为主的方式建设农产品加工技术集成基地，开展共性关键技术工程化研究和核心装备创制，孵化形成一批"集成度高、系统化强、能应用、可复制"的农产品加工成套技术装备，提升农产品加工集成创新与熟化应用的科研能力，满足农产品加工企业共性关键技术需求。到2020年，力争建成40个农产品加工技术集成基地。

5. 农产品加工综合利用试点示范　以农产品及加工副产物综合利用试点县、试点园区、试点企业为重点，以财政贴息和税收减免为杠杆，撬动金融资本和社会资本投入，引导和促进副产物的产地资源化利用。着力开展秸秆、粮油薯、果蔬、畜禽、水产品加工副产物的循环利用、全值利用和梯次利用，集成、示范和推广一批综合利用成熟技术设备，通过工程、设备和工艺的组装物化，对秸秆微生物腐化有机肥及过腹还田、稻壳米糠、等外果及皮渣、畜禽骨血、水产品皮骨内脏等进行综合利用试点推广，完善产品标准、方法标准、管理标准及相关技术操作规程等。

（三）休闲农业和乡村旅游提升工程

组织实施休闲农业和乡村旅游提升工程，拓展农业多功能。以建设美丽乡村美丽中国为目标，依托农村绿水青山、田园风光、乡土文化等资源，强化规划引导，注重规范管理、内涵提升、公共服务、文化发掘和宣传推介，积极扶持农民发展休闲农业专业合作社，引导和支持社会资本开发农民参与度高、受益面广的休闲旅游项目，推动休闲农业和乡村旅游提档升级。重点抓好文化遗产保护、培育持色品牌，推进基础设施、接待配套设施、展示场所等建设改造，让广大城乡居民养眼养胃养肺养心养脑，为其提供看得见山、望得见水、记得住乡愁的高品质休闲旅游体验，促进美丽中国和健康中国建设。工程内容详见专栏3。

专栏3　休闲农业和乡村旅游提升工程

1. 推动休闲农业基础和配套服务设施改造　引导各地采取以奖代补、先建后补、财政贴息、设立产业投资基金等方式，在城市周边、景区周边、沿海沿江、传统特色农区、扶贫攻坚地区，扶持建设一批功能完备、特色突出、服务优良的休闲农业聚集村和休闲农业园。着力改善休闲旅游重点村进村道路、宽带、停车场、厕所、垃圾污水处理等基础和配套服务设施。实现特色农业加速发展、村容环境净化美化和休闲服务能力同步提升。

2. 加大休闲农业和乡村旅游品牌培育　重点打造"3＋1＋X"的休闲农业和乡村旅游品牌体系。"3"是：在面上，继续开展全国休闲农业和乡村旅游示范县（市、区）创建，着力培育一批生态环境优、产业优势大、发展势头好、示范带动能力强的休闲农业与乡村旅游集聚区；在点上，继续开展中国美丽休闲乡村推介活动，在全国打造一批天蓝、地绿、水净，安居、乐业、增收的美丽休闲乡村（镇）；在线上，重点开展休闲农业和乡村旅游精品景点线路推介，吸引城乡居民到乡村休闲消费。"1"是：着力培育好农业文化遗产品牌，推动遗产地经济社会可持续发展。"X"是：鼓励各地因地制宜开展农业嘉年华、休闲农业特色村镇、星级户、精品线路、农业主题公园等形式多样的创建与推介活动，培育地方品牌。

3. 加强中国重要农业文化遗产保护　按照"中央支持、地方配套、农民参与"的思路，以保护、修复为核心，以能力提升为重点，通过遗产资源普查与评估、动态监测、核心区保护设施建设和基础条件改善、传统农业优良技术的挖掘保护、宣传推介、品牌培育和遗产地自我发展能力提升等工作，确保农业文化遗产的长久传承和可持续发展，构建重要农业文化遗产动态保护与传承机制。

（四）产业融合试点示范工程

组织实施产业融合试点示范工程，促进农村产业深度融合发展。以培育融合发展载体、探索融合发展模式、完善融合发展机制为主要任务，通过规划引导、政策扶持、项目支持、营造氛围等有力措施，积极开展产业融合示范点和先导区建设，加快形成产业融合发展的新技术、新业态、新模式。工程内容详见专栏4。

专栏4　产业融合试点示范工程

1. 推动产业融合试点示范　采取政府引导、市场运作、多方参与的方式，鼓励和支持农业产业化龙头企业、农民合作社、家庭农场和物流企业、农产品电商平台、专业协会等积极开展种养加结合型、农产品加工业引领型、休闲农业带动型、"互联网＋"支撑型、产业园区整合型等多种产业融合模式的试点示范，完善利益联结机制，让农民从产业链增值中获取更多利益，合理分享初级产品进入加工销售领域后的增值利润。"十三五"期间，总结推广一批产业融合典型模式，推动形成一批产业融合新型业态，选择适合融合、有基础、有优势、成规模的重点产业和区域进行试点示范。

2. 实施产业融合百县千乡万村试点工程　配合有关部门共同推进试点工程实施，建设100个示范县、1 000个示范乡、10 000个示范村，实现各类规模种养区、加工区、物流区、流通区无缝对接融合，农业综合效益明显高于一般地区。

3. *创建产业融合先导区* 结合实施产业融合百县千乡万村试点工程和新型城镇化，依托农产品加工业园区、休闲农业园区、现代农业示范区和农业产业化示范基地等平台，示范创建一批产业融合先导区。鼓励和支持产业融合先导区进行体制机制创新，开展宅基地入股等试点，改革集体经济经营管理体制，探索产业融合政策扶持措施。鼓励和支持产业融合先导区以市场需求为导向，大力发展特色种养业、农产品加工业、农村服务业，形成一村一品、一乡（县）一业。鼓励和支持产业融合先导区积极利用“大数据”和“互联网＋”等先进信息技术，大力发展网络营销、在线租赁托管、食品短链、社区支农、电子商务、体验经济等多种新型业态。

4. *支持优势特色产区和贫困地区产业融合发展* 采用先建后补、以奖代补、贷款贴息和产业基金等方式，以能够让农民分享增值收益的新型经营主体为扶持对象，重点支持鼓励主产区和贫困地区农民合作社兴办加工流通、加工流通企业与农民股份合作建设标准化原料基地、休闲农业公共设施建设、电子商务企业建设配送体系等。

六、保障措施

（一）加强组织领导

各级农业部门要站在经济社会发展全局的高度，充分认识发展农产品加工业和产业融合的重要性和紧迫性，把加快发展农产品加工业，促进产业融合发展摆上重要议事日程，作为现代农业建设的重要任务，作为全面建成小康社会的重大举措，作为推进城乡发展一体化的突破口，给予高度重视，纳入当地国民经济发展规划和农业农村经济发展规划。要按照中央的要求，统一思想，加强领导，理顺部门分工，密切协作配合，转变工作方式，调动社会力量，确保各项任务落实到位，切实推进农产品加工业和产业融合健康发展。

（二）完善产业扶持政策

设立产业融合发展引导专项资金，重点支持农民、农民合作社开展农产品产地加工、产品直销和农家乐，支持农业产业化龙头企业与农户建立紧密的利益联结机制。扩大农村产业融合试点示范资金规模和专项投资产业基金规模。扩大农产品产地初加工政策的资金规模，拓展支持内容和范围，初加工用电享受农用电政策，鼓励地方将农产品初加工产品列入绿色通道。国家农业综合开发资金、现代农业生产发展资金、扶贫开发资金等涉农项目，要将产业融合发展作为重点内容，给予支持。加大粮棉油糖等重要农产品初加工机械农机购置补贴力度。进一步完善《享受企业所得税优惠政策的农产品初加工范围》。逐步扩大农产品加工企业进项税额核定扣除试点行业范围，尽快统一农产品加工进销项增值税税率，解决农产品加工业增值税高征低扣问题。加快构建覆盖全国的农业信贷担保体系，重点支持新型农业经营主体发展农产品生产、加工、流通和服务、休闲农业和乡村旅游，促进产业融合发展。在严格保护耕地的前提下，对各类新型农业经营主体建设产后流通、加工配套、休闲农业和乡村旅游设施用地，出台专门政策，解决用地难问题。

（三）深化体制机制改革

深化农村改革，完善要素市场，充分发挥市场在资源配置中的决定性作用。加快农村承包土地确权颁证，完善土地所有权、承包权和经营权分置办法，健全土地经营权流转市场。深化农村集体建设用地制度改革，加快形成城乡一体的土地市场。注意加强对工商资本租赁农户承包地的准入、监管和风险防范。加快农村金融体制改革，引导和鼓励商业性金融机构支持农产品加工业和流通服务业发展，探索加大长期资金投入。健全农业政策性保险，构建农业风险防范体系，降低自然风险和市场风险对农业生产和产后加工、流通环节的影响。积极发展行业协会、技术创新或产业联盟，发挥各类社会组织的桥梁纽带作用，促进经济、技术等要素的深度融合，推动跨领域跨行业协同创新、协调发展。深化农产品加工业行业管理体制改革，加强部门、行业、地区之间的协作配合，形成推动产业融合发展的合力。

（四）强化公共服务体系建设

各级主管部门要积极搭建各类公共服务平台，为发展农产品加工业和产业融合创造有利条件。加快全国农产品加工技术研发体系建设，开展协同攻关，研发推广农产品加工共性关键技术。搭建农产品加工对接平台，为农产品加工企业提供专用原料、技术改造、产品开发、市场营销、融资贷款、参股并购等配套服务。搭建农民创业创新平台，建设农民创业创新园，培育产业融合主体，为农民创业提供场地、技术支持和学习实践基地，开展创业展示、创业辅导、创业培训、创业大赛等活动。搭建行业运行分析和监测预警平台，建立专家队伍，完善数据库，加强信息发布，指导行业和企业发展。依托各类农业科研、推广项目和农业高等教育、农民职业教育、人才培训工程等平台，加强农产品加工业和产业融合人才培养，建设一支熟悉行业情况、充满农业情怀、具备现代市场管理素质的专业技术和经营管理等复合型人才队伍，为产业融合发展提供人才保障。

（五）激发农民创业创新活力

加大对农民创业创新扶持力度，实施农民创业创新行动计划、农村青年创业富民行动、农民工等人员返乡创业行动计划，大力培养新型职业农民，为农产品加工业与产业融合发展提供可靠保障。积极落实和创新政策，确保定向减税和普遍性降费政策的落实，促进强农惠农富农及“三农”金融支持的一系列政策措施向返乡创业创新群体重点倾斜；培育一批创业创新带头人和辅导师，认定一批为返乡创业人员提供实习和实训服务的见习基地，树立一批农民创业创新典型，选拔一批有思想、有文化，敢闯敢干、勤于耕耘、敢为人先的农民创业创新带头人，示范带动农民创业创新。

（六）营造产业融合发展良好社会环境

加强分类指导，因地制宜，探索产业融合发展好经验、好典型、好模式。围绕规划目标任务，制定分工落实方案，强化责任考核，开展动态监测，加大督促检查，加强绩效评价和监督考核。通过传统媒体和新媒体加强宣传，深入贯彻各项强农惠农政策和本规划主要内容，宣传产业融合发展的重要作用，引导社会各方面提高对产业融合发展的认同，积极引导社会舆论，营造全社会共同关注、协力支持产业融合发展的良好氛围，努力把规划确定的目标任务落到实处。

茧丝绸行业“十三五”发展纲要

（商务部　2016年11月28日）

根据《中华人民共和国国民经济和社会发展第十三个五年规划纲要》、商务部等八部委《关于进一步促进茧丝绸行业健康发展的意见》（商运发[2013]358号），编制茧丝绸行业“十三五”发展纲要，为“十三五”期间我国茧丝绸行业发展提供指导和依据。

一、“十二五”回顾

“十二五”期间，我国茧丝绸行业深化贸工农一体化改革，以“调结构、创品牌、促升级”为主线，基本完成了“十二五”初制定的各项目标，在结构调整、科技进步、品牌建设、文化传承等方面取得了显著成效。五年累计实现蚕农直接收入为1 115.4亿元，规模以上企业产值为6 413.0亿元，真丝绸商品出口为166.0亿美元，为富农减贫、保护生态、繁荣经济做出了重要贡献。

（一）行业规模基本稳定，产业布局优化调整

“十二五”期间，茧丝绸生产规模基本稳定，产需波动幅度较“十一五”时期大幅缩小，呈现了平稳运行态势。据商务部和国家统计局统计，2015年末全国桑园面积为82.13万 hm^2，全年桑蚕茧产量为62.8万t，生丝产量为17.2万t，分别比2010年增长2.5%、−2.6%和3.4%。随着东部沿海地区工业化、城镇化步伐加快，茧丝绸产业由东向西转移继续推进。2015年，中西部蚕茧产量、桑蚕丝产量占全国比例分别达到79.3%、71.4%，比“十一五”末分别提高11.0、12.8个百分点。东、中、西部形成了各具特色的产业集群，布局结构持续优化。

（二）市场开拓力度加大，国内需求不断释放

“十二五”期间，受传统出口市场萎缩和国际竞争加剧影响，我国真丝绸商品出口较“十一五”略有下滑，年均出口为33.2亿美元，比“十一五”期间下降2.2%。丝绸企业加大新兴市场开拓力度，2015年，我国丝绸商品出口国家和地区达到183个，比2010年增加30个。随着居民消费水平的稳定提高，以蚕丝被、丝绸家纺、丝针织品、丝绸饰品、丝绸礼品为代表的丝绸产品消费逐渐升温，内销比重持续提高。“互联网＋丝绸”销售模式逐步成熟，线上丝绸消费快速增长，市场潜力不断释放。

（三）科技研发取得突破，生产水平稳步提升

“十二五”期间，我国蚕桑丝绸科技创新取得重要进展。全行业先后获得省部级以上科技奖励71项，其中丝胶回收与综合利用、家蚕基因组功能研究项目获得国家级奖励。家蚕病毒、蚕桑品种选育、丝绸工艺、资源综合利用等研究居于国际领先地位。丝绸面料、服装、服饰及家纺类产品不断推陈出新，并逐步向食品、医药、环保等领域延伸拓展，产品结构进一步优化。提花宽幅无梭织机、丝绸数码喷墨印花等先进技术装备广泛应用，生产效率和产品质量进一步提升；真丝绸低浴比染色、涂料印花、缫丝废水零排放及热能回收技术装备推广使用，行业节能减排水平不断提高。

（四）文化品牌融合发展，国际合作加快推进

“十二五”期间，“文化＋品牌”融合发展模式初见成效。民营资本和工业企业投资建设丝绸博物馆和文化创意园积极性高涨，丝绸工业旅游和文化旅游方兴未艾。蜀锦、宋锦、云锦、缂丝等民间传统丝绸工艺技法得到传承和挖掘，丝绸非物质文化保护取得显著成效。全行业开展了系列整体宣传活动，龙头企业加大力度收购国外品牌、培育品牌消费群体，以民族特色和传统文化为核心的丝绸自主品牌体系正逐步形成。我国首个主导制定的生丝电子检测国际标准研制成功，标志着行业标准化工作取得历史性突破。多次举办专业展会、国际论坛，为促进国内外产业合作搭建了交流平台，国内外各层次合作持续深入。

二、面临的形势

“十三五”时期，我国茧丝绸业发展进入增速换挡、结构调整、动力转换的新常态，既存在诸多有利条件和积极因素，同时也面临严峻挑战。

（一）有利方面

从国际看，经济全球化深入发展，包括丝绸在内的纺织品服装市场规模仍将继续增长。发达经济体仍是丝绸商品出口的主要市场，新兴经济体购买力提升，有利于扩大国际丝绸消费需求。“一带一路”建设全面推进，将提升丝绸作为中华传统文化符号的认知度和美誉度，拓展我国茧丝绸产业国际市场发展空间。从国内看，我国进入全面建成小康社会的决胜阶段，中等收入群体不断扩大，中高端消费需求快速增长。纺织品消费结构升级步伐持续加快，丝绸消费市场前景看好。缫丝绢纺准产证、鲜茧收购资格认定制度先后取消，行业竞争将更加充分，市场化水平有望进一步提高。

（二）不利方面

从国际看，国际市场需求疲软态势将维持较长一段时期，“快时尚”潮流持续蔓延，化纤、棉、毛等替代品强势发展，印度、土耳其、越南等国加大丝绸行业政府投入和吸引外资的力度，与我国丝绸业竞争日益加剧，丝绸商品出口难度加大。部分国家货币竞争性贬值，贸易保护主义加剧，将在一定程度上削弱我国茧丝绸产品出口传统优势。从国内看，我国劳动力、土地、资源等要素供求关系趋紧、成本持续攀升，生态环境恶化趋势尚未得到根本扭转，茧丝绸产业传统比较优势明显弱化。蚕桑生产基础薄弱的问题未得到根本解决，丝绸生产技术与装备研发相对滞后，产品设计与品牌建设能力不强，茧丝绸企业提质增效仍面临严峻考验。

综合判断，“十三五”时期，我国茧丝绸业发展的基础和条件更加坚实，也面临激烈竞争和艰巨挑战。只有准确把握行业内外部环境的深刻变化，主动适应产业新形势、满足市场新要求，提升供给能力和要素生产率，加快转型升级，才能化挑战为机遇，迎来新的发展。

三、指导思想和目标

（一）指导思想

深入贯彻落实党的十八大和十八届三中、四中、五中、六中全会精神，牢固树立“创新、协调、绿色、开放、共享”的发展理念，坚持市场导向和创新驱动，以提高质量和效益为中心，以供给侧结构性改革为主线，努力拓展国内外有效需求，着力“增品种、提品质、创品牌”，推动茧丝绸行业实现“质量效益型”增长，促进我国从丝绸生产大国向强国转变。

（二）基本原则

坚持市场导向，政府推动　发挥市场机制作用，强化企业的市场主体地位，增强企业改善供给的主体意识，激发企业活力和创造力，推动茧丝绸业转型升级。营造公平竞争环境，强化市场监管，维护良好市场秩序。

坚持深化改革，改善结构　推进供给侧结构性改革，支持茧丝绸企业开发适应市场需求、满足消费升级需要的产品和服务，提高供给质量和效率。促进供给升级和需求升级协调共进，推动提升茧丝绸业供给水平，更好地满足现代消费需求。

坚持创新引领，传承发展　发挥创新引领作用，健全创新激励机制，加大研发设计投入，加快创新成果转化。立足制造业基础，不断向“服务、品牌、文化”拓展产业领域。深入挖掘中国传统丝绸文化内涵，将传统技艺与新消费方式相融合，实现保护与发展内在统一。

（三）发展目标

行业保持稳定发展——根据国际国内市场需求，确保市场有效供给，年均桑（柞）蚕茧产量稳定在75万t左右，丝产量稳定在17万t左右，真丝绸服装产量达到3亿件以上，国内丝绸消费稳步增长，丝绸商品出口保持在30亿美元以上。

科技水平持续提升——产业科技服务体系更加健全，科技成果转化进程加快，蚕丝新材料、丝绸新产品不断开发。行业科研经费投入占主营业务收入1%以上，专利授权量增长20%以上。到2020年，数字化智能自动缫丝技术得到广泛应用，新增真丝绸织造设备中无梭织机比重达到95%以上，数字化丝绸印花技术普遍采用，丝绸服装定制设计数字化技术逐步应用，优势企业基本实现信息化管理。

绿色环保步伐加快——蚕桑在生态保护方面的优势得到充分发挥，对环境治理的贡献度提高。到2020年，烘茧、缫丝和丝绸印染等重点领域单位增加值能耗比“十二五”末降低20%以上，丝绸工业单位增加值用水量降低30%以上，缫丝企业实现污水零排放，茧丝绸固体废弃物综合利用率提高到80%以上。

国际竞争力显著增强——主导制定国际茧丝绸标准，引进一批国际优秀丝绸设计、科研人才，形成10个以上具有国际影响的名企名品，提升中国丝绸在国际市场的话语权和知名度，努力打造中国茧丝绸产业链的国际竞争力。

四、重点任务

（一）调整产业结构，优化区域布局

进一步调整和优化产业和区域结构，推进茧丝绸业的区域化协作和专业化分工，形成农工贸各环节、东中西各区域优势互补、良性互动、协调发展的新格局。中西部地区巩固提升优质蚕桑基地、丝绸生态园区和新兴产业集群；东部地区发挥技术、资本、人才、信息等方面的优势，探索创新发展模式，引领产业转型升级。协调东中西部主产省（市、区）之间的分工与合作，促进茧丝绸生产向优势区域和企业集中，提升产业集聚水平。

（二）巩固蚕桑生产，夯实发展基础

以家蚕基因组等研究成果为基础，推动桑蚕种质创新，选育优良品种。健全蚕桑技术推广网络，推广使用先进技术。继续加强蚕桑病虫害防控技术研究，推广无害化生物农药，健全病虫害综合防控和预警体系。大力推广“公司＋基地＋农户”、家庭农场、蚕农专业合作社等经营模式，积极利用土地流转政策，建立和完善最低保护价收购、订单农业、二次返利、蚕农入股等机制，稳定蚕茧产销关系，夯实产业基础。

（三）加强研发创新，增加供给品种

加大对市场需求的研究、分析与挖掘力度，树立“以需定产”思维，加强丝绸产品开发、外观设计、产品包装等方面创新，积极开展个性化定制、柔性化生产，丰富和细化产品种类。加快复合型、差异化、功能性新型丝绸纤维和含丝纺织产品开发，推动丝绸产品更新换代。发展装饰、保健、产业用丝绸大类产品，积极拓宽市场领域，满足多样化、多层次消费需求。

（四）突破技术瓶颈，提升产品品质

围绕生产加工机械化智能化程度低等难题，大力推进新型装备的改造与研发，加快新一代蚕种自控催青设备、桑园剪伐设备、蚕室温湿度调控设备、省力化饲养设备、蚕茧收烘设备、智能化缫丝设备、生丝电子检测等关键装备的研发与应用。加快丝绸产业信息化改造步伐，推广产品加工过程在线监控检测、电子织造、数码印染等先进技术。培育和弘扬工匠精神，引导企业树立质量为先、信誉至上的经营理念，增强丝绸工业核心竞争力。

（五）增强品牌意识，培育知名品牌

引导企业增强品牌意识，提升产品附加值和软实力，推动中国丝绸产品向中国丝绸品牌转变。深入挖掘我国丝绸民族特色，拓展品牌历史文化内涵。鼓励企业加大研发设计投入，提升品牌设计创意水平和品牌影响力。按照“扶优扶强”和“公开、公平、公正”原则，依托行业组织，跟踪培育一批国内知名、具备国际影响力的丝绸品牌。

（六）开拓国内市场，扩大丝绸消费

开发符合内需特点的丝绸产品，深入拓展国内丝绸消费市场。以个性化、定制化、高品质、“商品＋服务”等为重点带动丝绸消费结构升级。创新营销模式，建设专业营销网络和现代物流体系。引导丝绸企业加大营销投入，通过兼并、特许经营等方式，扩大连锁经营规模。积极融入互联网经济，推进无店铺零售和线上线下融合发展。加强茧丝绸大宗商品交易市场规范和建设，拓展服务功能。

（七）拓宽贸易渠道，促进对外合作

巩固传统市场、开拓新兴市场，扩大产品国际市场占有率。优化丝绸商品出口结构，提高终端丝绸产品出口比例，推动丝绸外贸向优质优价转变。鼓励进口国内紧缺的关键装备、技术、服务，提升进口综合效益。鼓励企业以“一带一路”沿线国家为重点方向，开展对外投资合作、推广产品与品牌，积极参与合作园区建设。支持优势茧丝绸企业收购国外研发机构、品牌和营销网络，整合全球产业资源。

（八）推进综合利用，实现绿色发展

在沙漠化、石漠化、荒漠化等环境恶劣地区扩大桑树栽植范围，充分发挥桑树防风固沙、涵养水源、保持水土的作用。加快茧丝绸资源循环、综合利用和绿色加工等技术的研究与推广，支持企业加大桑柞蚕、蓖麻蚕、木薯蚕等茧丝资源在家纺、食品、医疗、保健、生物工程等领域产业化开发力度。加强科研院所与企业间合作，建立综合利用示范基地，提高行业资源综合利用效益。加快丝绸行业节能减排技术的推广应用，推进无水、少水等新型丝绸染整技术的开发，提高缫丝、印染废水回用比例，提升行业绿色生产水平。

（九）统筹保护开发，弘扬丝绸文化

加强对蚕桑丝绸历史文化遗迹、非物质文化遗产项目和传统丝绸技艺的保护，鼓励各地因地制宜地开展丝绸博物馆、丝绸特色小镇、蚕桑旅游休闲科普基地建设。引导企业将丝绸历史文化元素和市场需求有机融合，提高丝绸产品的文化附加值。支持企业、媒体等开展丝绸相关境内外宣传展示，借助举办国际大型赛会的有利时机，弘扬中国丝绸文化，巩固丝绸的中华文化载体地位，提升中国丝绸的国际影响力。

五、保障措施

（一）推进规划和标准体系建设

各地结合实际制定本地区茧丝绸行业发展纲要，明确本地区产业发展方向和重点。制定、宣传、贯彻国家和行业性蚕桑茧丝绸标准，鼓励各主产区或企业制定符合当地条件的地方标准和企业标准。引导茧丝绸企业执行行业标准，提高采标率。鼓励我国企业、机构参与国际标准制定，推动实施我国主导的丝绸国际标准。

（二）发挥政策引导作用

支持各地将茧丝绸业发展融入国家“一带一路”、绿色生态、精准扶贫、“产业＋文化”战略。在符合世贸组织相关规则前提下，充分发挥财政资金的引导和带动作用，研究加大对优质蚕桑基地建设、茧丝绸科技成果转化、技术改造、产品设计与研发、节能减排、茧丝绸整体宣传、丝绸“老字号”等的支持力度。引导和支持民间资本进入蚕桑丝绸业，推动茧丝绸产业链上下游融合和东西部互动发展。鼓励有条件的企业通过上市、发行债券等途径筹集资金，解决融资难题。

（三）完善市场监管和公共服务

认真执行商事制度改革、行政审批改革有关规定，强化市场监管，促进公平竞争。加强对丝绸产品商标权、科研创意成果专利权、国家地理标志保护产品的保护，依法打击各类侵权行为。加强飞机喷洒农药的地区间、部门间协调，科学、有序安排蚕桑生产。加强对市场的监测分析，及时发布产品供求和价格信息，增强蚕农和企业决策的有效性、科学性，促进产需有序衔接。改革完善国家厂丝储备制度，增强市场调控能力。

（四）提升行业组织服务能力

引导行业组织积极贯彻落实产业政策，加强行业自律，推动行业诚信建设，规范企业行为，保障劳动者合法权益，维护公平竞争市场环境，减少行业内恶性竞争。支持行业组织开展行业统计和信息交流、品牌推广、标准贯彻执行、市场拓展、国际交流合作等活动，建立与各国同行间的合作伙伴关系及民间对话机制。

（五）实施人才培养战略

围绕产业发展目标，优化人才成长环境，制定人才激励和引进相关政策，实施人才培养战略。加强科技创新领军人才及创新团队建设，积极培养专业设计人才、高级技师、技术工人和新型蚕农。着力培养一批优秀企业家队伍，发挥企业家在创新创业中的重要作用。支持高校和科研机构建设蚕桑、丝绸专业，鼓励院、校、企联合开展职业技能培训，推进人才专业培养基地建设。

粮食行业科技创新发展“十三五”规划

（国家粮食局　国粮储〔2016〕279号　2016年12月23日）

为深入贯彻实施国家创新驱动发展战略，推进落实粮食科技体制改革各项任务，促进行业科技创新能力建设，提高行业科技水平，服务产业发展，根据《中共中央、国务院关于深化体制机制改革加快实施创新驱动发展战略的若干意见》的精神，依据《国务院关于印发“十三五”国家科技创新规划的通知》和《粮食行业“十三五”发展规划纲要》，特制定本规划。

一、形势与需求

“十二五”以来特别是党的十八大以来，党中央、国务院高度重视科技创新，作出深入实施创新驱动发展战略的重大决策部署，粮食科技创新发展取得了显著成绩，科技创新能力明显提升。科技创新在粮食安全、产业经济、绿色物流和信息化领域中发挥着日益重要的作用。

当前，世界范围内的科技革命加速推进，新一代信息通信、新材料、智能制造等新科技变革在粮食领域蓄势待发，全球粮食供求形势复杂变化，深刻影响国内粮食产业发展。现代科技与粮食产业经济发展深度融合，成为推动粮食产业经济转型升级发展的强劲驱动力。但同时，我国粮食科技创新发展还面临着诸多挑战：科技引领粮食行业创新发展和供给侧结构性改革的作用还不突出，科技创新体系与科技服务体系还不健全，产学研用协同创新以及开放共享的体制机制还不完善，科研评价导向不尽合理，科技成果转移转化与产业需求不能有效衔接，创新人才和创新团队培养与行业发展需求尚有差距，在服务全面保障国家粮食安全、促进产业经济向中高端跃升方面还面临一些困难。

全面建成小康社会，做好“广积粮、积好粮、好积粮”三篇文章，迫切需要进一步增强粮食科技支撑能力。大力推进农业供给侧结构性改革，化解粮食供求阶段性矛盾迫切需要创新成果提供动力。深化粮食科技创新体制改革，优化整合粮食科技创新资源，健全粮食科技服务体系，适应国家科研经费投资体制改革，落实知识产权战略，需要不断破除体制机制障碍，激发创新活力。

二、思路与目标

（一）指导思想

“十三五”时期粮食科技创新发展的指导思想是：高举中国特色社会主义伟大旗帜，全面贯彻党的十八大和十八届三中、四中、五中、六中全会精神，以马克思列宁主义、毛泽东思想、邓小平理论、“三个代表”重要思想、科学发展观为指导，深入贯彻习近平总书记系列讲话精神，坚持“五位一体”总体布局和“四个全面”战略布局，坚持创新、协调、绿色、开放、共享发展理念，落实创新驱动发展战略，深化科技体制改革，推动自主创新、协同创新、制度创新，增强科技供给能力，深入落实藏粮于技战略，以增强粮食科技自主创新能力为目标，全面深化粮食科技体制改革，加强科技有效供给，服务经济社会发展主战场，充分发挥企业在科技创新中的主体作用，促进以市场为主导的创新资源集聚方式，加快科技创新突破和推广应用，促进科学技术普及，充分发挥科技第一生产力和创新第一驱动力的作用，引领产业升级，服务社会民生，为保障国家粮食安全和粮食产业经济发展提供坚强支撑。

（二）发展原则

——*坚持需求导向* 立足国家战略目标，围绕保障国家粮食安全的重大需求，聚焦粮食行业发展关键技术问题，明确主攻方向和突破口。

重视基础研究，强化关键核心技术、共性关键技术的研究开发与转化应用，大力推动技术示范。促进科技与产业相融合，注重技术创新和机制创新相统一，专业研发和企业创新相结合，服务应急需求与战略前瞻相协调。

——*坚持深化改革* 深入推进粮食科技体制改革，充分发挥市场配置创新资源的决定性作用，强化技术创新的市场导向机制，更好地发挥政府作用，统筹科技规划与国家规划、行业规划和地方规划的衔接，充分调动和激发各类创新主体的积极性，破除科技与经济深度融合的体制机制障碍，推动形成多元化科技投入机制，激励原创性突破，鼓励成果转移转化，不断完善粮食科技创新体系，有效提升行业科技创新能力。

——*坚持人才驱动* 把人才驱动作为核心要求，深入实施人才兴粮战略，强化人才资源开发和创新团队建设，注重科技队伍与创新能力建设相结合，落实激励政策，完善激励机制，改革人才培养使用机制，培育造就规模宏大、结构合理、素质优良的粮食科技人才队伍。

——*坚持开放发展* 拓展科研思路，鼓励学科交叉，促进多类型科研主体参与粮食科技创新，加强国际粮食科技交流合作，丰富粮食科技对外合作的内容和形式，促进粮食科技的成熟技术、优秀人才、创新模式走出去。

（三）发展目标

“十三五”期间要进一步推进粮食科技体制机制改革，优化科技创新组织模式，健全粮食科技创新激励机制，科学集聚资源和创新团队，激发科研人员创业创新积极性，不断促进科研、设计和产业一体化发展，夯实有效应对粮食行业新问题的能力基础，以重点研究任务为核心，确保科技创新资源高效聚焦粮食安全领域重大需求，引导粮食科技成果高效推广应用，提高粮食科技创新能力。力争到“十三五”末，解决一批制约粮食行业科技发展的突出共性关键技术问题，进一步加快完善粮食科技创新平台体系，使粮食科技自主创新能力显著提高，粮食科技创新环境不断优化，粮食科技创新体制机制更有活力，粮食科技创新人才服务行业科技发展作用更加明显，支撑引领粮食产业经济发展方式转变的作用更加突出。

到2020年，积极争取多元化粮食科技投入，力争规模以上粮油加工企业研发投入比达到0.6%，组建4～5个粮食产业技术创新联盟，建设30个现代粮仓科技应用示范库，在储粮害虫绿色防治技术、粮食污染防控技术、高效集装单元化运输技术、粮食及制品加工新技术及新产品研发方面取得重大科技成果30项以上，推广应用粮食储藏、质量安全检测、粮食加工、数字化粮情监测等重大科技成果20项以上。建设在国内具有影响力的研究基地（平台）1～2个，国家粮食局重点实验室3个，工程（技术）研究中心5个，创新型企业或技术中心5～8个，科技创新示范基地3～5个，认定创新型示范企业50个，打造国际一流的科研团队1～2个，培养科技创新高层次领军人才3～5名。

专栏1 “十三五”粮食科技创新主要指标

指 标	单 位	“十二五”	“十三五”
规模以上粮油加工企业研发投入占主营业务收入的比例	%	0.3	0.6
粮食产业技术创新联盟数量	个	3	4～5
现代粮仓科技应用示范库数量	个		30
取得重大科技成果数量	项	30	30～50
推广应用重大技术成果数量	项		20～40
粮食行业创新型示范企业数量	个		50
科技创新高层次领军人才数量	名		3～5

三、科技创新重点领域

围绕粮食质量安全、绿色生态储粮、粮食现代物流、粮食深加工转化、粮食加工装备、口粮营养健康、粮食信息化技术和粮食安全战略等八个技术领域，聚焦粮食行业发展的重大科技需求，以重点任务为核心，集中力量突破保障国家粮食安全的关键技术，发展众创、众包、众扶、众筹，汇众智聚众力，针对粮食创新需求技术群，不断突破制约行业发展的技术瓶颈。

（一）加强粮食质量安全保障技术研发，提升粮食安全保障能力

重点研究粮食污染的外界因素和内在机制，揭示污染物形成和转化规律的分子生物学和环境生态学基础，为粮食污染预防控制提供基础理论。突破潜在污染物筛查技术难点，构建识别模型和筛查数据库，建立识别和防控技术体系，提高潜在风险发现能力。建立以全产业链风险分析为基础的扦样、监测规程，解决扦样的科学性和代表性问题。加强污染、变质等不合格粮食安全处置及资源化利用技术研发。建立污染粮食无二次污染处理技术体系，提高资源合理利用和转化效率。

专栏2 粮食质量安全领域重点任务

粮食质量安全基础研究 开展粮食中生物毒素、持久污染物等形成途径的分子基础和生物、环境机制研究，以及赋存形态和分子结构研究。研究粮食中污染物形成的调控机制和处理途径，为污染物检测、追溯和控制提供理论基础。

粮食快速检测处置技术研究开发与应用 研究粮食中潜在有毒有害物质类型和种类，开发霉菌毒性代谢物、持久性污染物、非典型污染物（包括隐蔽性污染物）等的高通量筛查确证技术，建立粮食潜在污染物筛查确证技术体系。开发粮食收购质量品质快速现场检测技术与仪器。开展高通量、低成本、高精度、高准确度的粮食重金属污染物检测设备研究，推进重金属快速检验新技术新设备开发应用。研究粮食流通不同环节污染物扦样、监测和评估技术，风险等级预报技术，研究污染发生发展因素和关键因素调控技术。开发新型特异性重金属吸附材料，研究重金属、真菌毒素污染粮食的无害化安全合理利用技术并进行中试。

安全合理高效利用技术示范 开展超标稻米重金属物理消解技术、玉米小麦清理刷光真菌毒素物理去除技术、玉米DDGS生物发酵降解等生物技术研究，开发污染粮食的合理绿色工业产品，开展规模化生产应用技术开发及示范。

持续开展粮食质量风险识别监测预警、过程控制和应急处置技术研究，解决粮食在收购、储藏、加工、保鲜、消费等环节质量安全检验、监测、控制和处理关键技术问题，推进粮食质量安全治理从传统的末端管理转向全面的风险控制，进一步推进粮食污染物脱除技术研究与应用示范，提升我国粮食污染物防控技术水平及管控能力。

专栏3 粮食质量安全保障研发技术群

基础研究	开展粮食食品质量安全风险识别、监测预警、过程控制以及应急处置基础模型研究，开展粮食污染物快速高通量检测监测、区域污染粮食防控和污染粮食高效合理处置及资源化利用技术基础研究，分品种粮食品质质量基础研究。
重点研发	研发粮食真菌毒素、重金属、农药残留等污染物监测的广域样品扦样技术和风险等级评价技术，以及数据可视化和风险地图构建技术。研发粮食质量安全风险预测模型及应用评估关键技术，建立真菌毒素和异常气候、病虫害以及农业措施等多元关系数据库，粮食和土壤中亶金属二元关系数据库模型。研发粮食污染物非定向和多组分筛查、定量、识别的高通量普查质谱等技术，针对粮食质量安全指标的绿色、无损、低成本的快速检验技术，研制粮食系列化、系统化的标准物质，突破粮食污染物快速检验检测粮食基体和相关污染物的基体干扰和交叉反应影响。研发不宜存粮食识别技术，构建专一和精准的快速检测方法及其质控和评价指标。研发贯穿粮食流通全链条各环节的关键危害因子识别与控制的可追溯技术。研究粮食加工危害因素防控处置技术。
应用示范	集成监测布点采样、风险等级评价、预警分析等技术，形成风险监测预警平台，开展区域性粮食污染物全程防控技术集成应用与示范。在重点区域开展典型污染物全链条防控和安全合理利用技术示范，开展监测预警、降解处理关键技术集成应用和示范。深入开展污染、变质等不合格粮食安全处置及资源化利用技术研究。借鉴先进粮食质量安全规范，开展粮食中隐蔽真菌毒素和真菌毒素非靶向分析技术、真菌毒素发生发展预测预警以及污染防控技术研究及示范，提升我国粮食污染物防控技术水平及管控能力。

（二）推进绿色生态储粮技术研发，确保储粮安全

依据生态储粮理论，加强安全储粮基础研究，攻克粮食收购、储藏作业的共性关键技术，集成示范安全储粮技术，推广应用先进的绿色生态储粮技术成果。

专栏4 绿色生态储粮领域重点任务

粮食收储保质减损机理研究 研究稻谷储藏保质保鲜机理，研究稻谷粮堆结露发热霉变机理、黄变机理和优质稻保鲜机理。研究储粮害虫生态防控机理和粮堆生态系统生物群落演替规律，构建储粮安全预测预报模型。推进粮食分类收储技术标准体系研究。根据新型粮食收储技术模式和实现依质论价、优质优价、分类储存、节粮减损的要求，全面评估现有粮食收购质量标准，研究建立适合于按不同品种、品质和卫生指标的分类收购分仓储存标准体系。 *安全绿色储粮关键技术研究开发* 研究主要粮食品种储藏特性与延长储存周期综合技术解决方案。研究开发机械通风、粮堆结露发热虫霉防治技术和装备，保证储粮安全。开展储粮虫霉生物、物理等绿色防治以及其他减少化学药剂使用的综合治理新技术、新设备及高效新药剂研发。研究储备粮库减损降耗保质增效工艺技术组合优化。研究不同生态区、不同仓型的简易仓囤安全储粮技术。开发农户储粮新仓型、新技术，研究开发服务农户使用的高效低成本易操作的粮食烘干技术及设备，探索农户储粮服务技术模式，以及代农收储服务模式所需相关技术。 *安全储粮技术示范* 开展横向通风储粮和机械化进出仓作业为主要内容的绿色生态低碳智能储藏成套技术应用示范。研究不同区域偏高水分粮食入仓安全处置技术，研发平房仓、大型粮堆新型密封材料和密闭隔热技术，以及适宜新仓建设和旧仓改造的保温气密新工艺及新材料，并开展技术示范。开发高大平房仓大产量的散粮进出仓环保高效清理和输送装卸设备，示范应用粮食集中接收、发放新工艺和成套装备。选择一批骨干粮库开展粳稻和优质籼稻保质减损绿色生态储粮工艺优化和粮食储藏升级新技术应用示范，开展高大平房仓高效安全散粮进出仓机械化（含清理）应用示范。开展产后服务中心成套技术示范。

开展主产区粮食新型收储技术模式和新工艺研究，按照生态学理论，深入研究粮食储藏技术机理，不断探索储藏安全基础理论，突破制约延长保质储藏期的关键技术，加强信息技术、储粮风险预警技术的开发与应用，开展多科技领域交叉研究。

专栏5 绿色生态储粮技术群

基础研究	针对粮食储藏过程中品质劣变机理及多场耦合因素，开展绿色生态储粮理论研究，深入分析影响粮食安全储藏的物理、化学、生物、气候环境因素，以及相关因素的相互影响作用机理。开展大粮堆静态储存期间微气流循环和水分热量传递与虫霉发生发展演替规律的研究。开展不同生态区钢板筒仓粮堆粮温变化与水分迁移、害虫发生发展规律研究。研究粮食品种与储藏加工用途关系理论。

（续）

关键技术突破	研究主产区粮食收储新技术新模式和新工艺。研究粮食收储保质减损机理和关键技术。研究延长粮食储存期保质综合技术。开展钢板筒仓为主体的群仓散装储藏技术装备研发。研究储备粮库减损降耗保质增效工艺技术组合优化模式。开展粮食收储信息化及粮情智能测控关键技术研究，开发粮库粮情监测、储粮风险预警及安全隐患处置技术，研发储粮虫霉绿色综合治理关键技术。开展大型油罐植物油保鲜储藏技术，以及浅圆仓大豆保质储藏技术研究。开展区域型新仓型储粮技术工艺研发。
应用示范	现代粮仓绿色生态低碳智能储藏科技示范工程。储粮保质保鲜的阳光仓顶示范工程。粮食产后收储服务中心科技支撑示范工程。开发粮库太阳能发电上网和库内低温储粮、粮食烘干等应用交直流智能转换技术模式及发电和用电峰谷平衡技术。开展绿色储粮虫霉防控技术和储粮质量品质快速检测技术研发与设备示范，开发储粮安全评价技术及标准体系。开展依托基层粮库、合作社的农户储粮产后减损新仓型、烘干技术设备及产后整理服务模式综合集成示范。

（三）加强粮食现代物流技术研发，提高粮食物流效率和水平

围绕粮食收储、进出仓作业、流通运输等关键物流环节，应用新技术方法，探索粮食物流基础理论，开展系统化粮食物流技术及配套装备研发和示范应用，突破制约粮食物流现代化的技术瓶颈，有效提升粮食物流效率，降低物流成本，减少物流损失，促进粮食物流产业现代化发展。

专栏6 粮食现代物流领域重点任务

现代粮食物流基础理论研究 探索建立不同粮食颗粒储运过程运动轨迹的模拟物理参数数据库，为粮食物流技术装备研发实现粮食破损率降低、节约能源、抑尘等目标提供力学分析依据。

粮食流通技术研究开发 研发平房仓大产量高效环保进仓新工艺装备技术、平房仓新型智能化高效出仓装备技术及管控系统，研发浅圆仓粮食进仓多点智能防分级技术、高效智能化管控出仓技术。研发散粮火车、内河散粮船高效装卸技术，研发粮食集装单元化运输快速装卸和智能化品控监测技术装备。研发粮食流通环节有害物质在线检测、安全预警与逆向物流管理技术。研发基于物联网的散粮和成品粮在不同装载模式下的信息感知与关键过程追踪技术设备。研究低碳节能环保新型粮食物流仓储设施技术。研发粮食干燥品控保鲜减损技术工艺与绿色节能新型干燥热源、粮食干燥过程参数在线监测及控制技术，研究粮食粉尘爆炸综合防范与治理技术。建立互联网技术支持下的粮食物流交易及在途数量、质量全程控制和粮食产地、品种、质量的全程应急调度及追溯服务平台。

粮食高效安全流通示范 针对玉米、小麦和稻谷三大主粮，开展不同地域、规模及经营方式的收储新模式示范，相应开展以粮库为核心并辐射不同规模粮食种植主体的流通技术装备示范。开展集装箱散粮运输在途品质监控和全程质量追溯示范，以及应急物流技术示范。开展从田间机械化收获到清理、干燥、储藏、运输中储备库或大型加工企业相衔接的收储、运输、信息追溯一体化示范。

围绕提升装卸运输效率，着力开展粮食收储运新模式、新技术、新装备的研究开发，完善粮食品质全程控制和追溯，重点开展粮食在不同季节跨储粮生态区物流过程品质保障机理研究，开展散粮专用载具的研究开发与应用示范。

专栏7 粮食现代物流技术群

基础研究	开展粮食高效物流系统参数研究，提高粮食物流效率和物流节点布局的合理性。阐明粮食在不同季节跨储粮生态区物流过程品质劣变和保障机理，为实现北粮南运过程中粮食品质的全程监控提供理论支撑。阐明不同储粮生态区域生态环境与粮食储备仓型的关系、粮食储藏性能与粮仓结构参数的匹配性，以及新型环保材料应用于粮食仓储设施的可行性，为我国建立不同储粮生态区域粮食仓储设施建设体系提供理论支撑。
重点研发	在粮食收获与收购环节，形成从田间收获到粮库收购之间的适配技术体系，重点研发不同品种、规模、经营方式的粮食收购新模式，研发适配干燥技术装备、清理装备、暂存设施、运输载具、收获和收购快速检测仪器、粮食源头信息感知和质量监控设备。在粮库散粮接收发放环节，突破高大平房仓快速净粮入仓的技术瓶颈，重点研发高效整理中心成套技术装备、大产量移动式清理设备、密闭输送设备、智能散粮进出机器人、粉尘抑制与监控设备、不同储粮生态环境的差异化粮仓新结构新材料等。在跨省运输环节，围绕提升装卸运输效率，实现粮食质量品质全程控制和追溯，开展散粮火车专列、散粮汽车、散粮集装单元化载具、散粮船高效装卸运输、公铁水联运追溯综合技术及装备研究。研究粮食物流过程质量安全控制及追溯综分布式管理技术，开展散粮集装箱多式联运高效中转、在途品控溯源综合应用技术及装备研究开发。开展区域性仓房物流配套设施和高效物流标准研究。

（续）

应用示范	在粮库散粮接收发放环节，开展环保集中高效整理中心技术示范，在高大平房仓开展散粮接收发放粉尘综合治理和移动式高效清理、输送、进出仓成套技术示范，在浅圆仓或立筒仓开展防止粉尘爆炸的监测技术示范，在不同储粮生态区域开展新仓型和新材料应用示范；在跨省运输环节，开展粮食集装单元化运输快速装卸示范，形成“北粮南运”散粮集装箱物流综合技术集成示范线。结合粮食加工业向物流节点转移，探索高效产业聚集创新模式。

（四）加强粮食深加工转化技术研发，延伸粮食产业链条

研究我国粮食及其加工副产物的特征与现状，开展粮食加工副产物高效利用研究开发与技术应用示范，延长粮食深加工产业链条，支撑粮食去库存，提高粮食综合价值，形成绿色、低碳、循环发展的产业升级技术支撑体系。

专栏8　粮食深加工转化领域重点任务

传统米制品专用粉的加工共性技术与装备研发　研发传统米制品专用粉的加工品质和食用品质技术指标，形成质量体系，阐明各类传统米制品食用品质与其原料专用粉加工品质间适用性及其修饰原理，搭建各类传统米制品标准化的专用粉技术标准体系，研发稻米食品基料加工技术，开发米线类专用米粉加工及应用技术，研发传统米制品专用粉加工技术和装备。

玉米深加工及高效利用技术研发　开发玉米全效利用加工技术，开展生物聚合技术、生物化工产品研发，攻克淀粉基材料低成本应用及储备技术。进一步拓展玉米淀粉应用产业链条，提高资源利用率。

粮食加工副产物高效利用技术研发　探索粮食加工副产物高效利用技术模式。研发谷物及豆类资源组分新型分离技术，开展蛋白质及相关组分的功能化研究，开展粮食组分增值利用技术研发。开展油脂加工副产物合理利用技术研究，探索油脂加工副产物绿色多元化利用模式。

开展粮食深加工的共性技术、粮食及加工副产物的食品化利用技术研发，拓展粮食深加工技术领域，推动粮食加工副产物循环、高值、梯次利用技术研发，突出粮食加工副产物全效利用，延伸粮食产业链、价值链，实现粮食的全效增值。

专栏9　粮食深加工转化技术群

基础研究	开展粮食加工副产物全效利用基础研究。探索粮食加工副产物综合利用中有害因子消减、组分差异性粉碎与高效分离、产品低能耗低变性干燥的技术原理。
重点研发	开展粮食加工副产物（如：米糠、麸皮、小麦胚、玉米皮等）生物转化生产蛋白质、活性多糖、膳食纤维、功能活性物质及综合利用技术研究。研究粮食加工副产物的食品化综合利用技术，麦麸、米糠、玉米皮等功能性食品配料生物转化加工技术，玉米加工副产物生物转化生产多糖、生物饲料和饲料添加剂技术。根据不同粮食和副产物特性，开展精准营养饲料技术研发与产业化应用。构建粮食加工副产物绿色多元化利用集成模式。推进玉米生物聚合技术的发展与应用，攻克聚乳酸（PLA），聚合级L-乳酸等生物、淀粉基材料生产可降解农业地膜和消费塑料袋等生产技术，降低生物材料成本，提高耐热性、耐久性、韧性等。攻关丙二醇（PDO）生产新型生物质纤维技术，实现替代涤纶和锦纶等新面料技术中试及产业化。开发秸秆、稻壳等增值利用技术。
应用示范	开展玉米深加工及高效利用技术研发及应用示范。开展小麦麸皮及胚芽的食品化加工，谷朊粉组织化蛋白加工，小麦阿拉伯木聚糖的生物酶修饰配料加工等技术的应用示范。示范棉、菜籽粕高效生物脱毒增效利用新技术。开展功能营养性食品基料加工技术应用示范。研发全脂米糠伴侣、高品质米蛋白、高纯度米淀粉、功能性膳食纤维等加工技术并示范。开展变性大米淀粉加工和大米蛋白延伸产品开发应用示范。开展低糊化度杂粮（马铃薯）全粉加工及杂粮与主粮营养复配的主食应用关键技术示范。

（五）加强粮食加工装备技术研发，引领技术更新和产业升级

积极开展粮食加工技术及装备研究开发，提升加工装备技术水平，提高粮食加工生产效率，提升加工产品品质。推进粮食加工自动化、智能化、高效化，促进粮食加工产业转型升级。

专栏 10　粮食加工装备领域重点任务

大米面粉加工关键技术装备研究开发　研究不同种类大米、面粉及专用粉加工新技术和装备。研究加工过程在线检测控制技术，开发在线连续检测技术装备。研究合理的大米面粉加工技术标准。 *粮食食品加工装备研究开发*　开发营养健康挂面、冷冻面条等多样化面条制品加工关键技术与装备，以及冷冻馒头等基于冷链流通的新型主食品和米线、米糕等传统米制主食品的加工工业化生产关键技术与专用装备。开展全麦粉及全麦面条加工技术及自动化智能化加工设备研究开发。开发糙米米线加工技术与装备。开展速煮糙米及速食糙米粥的生产技术示范，研究粮食主食品加工自动成套装备。 *油脂加工关键技术设备研究开发及产业链创新*　开展大豆、菜籽、花生等大宗油料精选、深加工技术研究，系统开展新型溶剂、酶法制油、酶法脱酸脱胶等关键技术及工艺研究开发与应用示范。研发大型智能化制油关键技术及装备。开展油脂化工产品开发和利用。

针对制约我国粮食机械装备发展的“瓶颈”，从装备关键零部件的材质入手，对关键零部件可靠性、制造工艺合理性等进行研究，强化产业技术原始创新能力以及国产装备的自主创新能力。完善粮食加工装备从原理设计到制造及性能测试的技术链条，提升设备制造核心技术水平，优化效能，提高可靠性，推动粮食设备制造向自动化、精准化、智能化、光电一体化、节能化方向发展。

专栏 11　粮食加工装备技术群

重点研发	分析国内外粮食加工装备特性，开展粮食加工核心部件的基础性研究，开展粮食加工装备智能控制技术研究，开发与油脂集成适度加工的新技术相配套的大型智能化装备，开发米面油节粮节能核心装备，全谷物、杂粮等专业加工关键装备，主食制品节粮节能智能化成套装备，大型智能化粮食加工节能关键装备。开展粮食加工管控一体化装备研究。研发粮食深加工、副产物的食品化利用装备，粮食加工副产物综合利用所需环境友好清洁的加工生产等技术和设备，以及油脂高效冷冻真空脱臭技术及装备。
应用示范	开展大型油脂智能化装备的应用示范，玉米淀粉加工节能关键技术装备研究开发与示范，小麦加工面粉后处理节能关键技术装备研究与示范，营养大米加工装备示范，植物油适度加工新技术及标准化生产相配套的关键装备研究与示范，杂粮（马铃薯）主食工业化加工技术与装备研究与示范，杂粮等小品种粮食作物加工专业装备的研究与示范。

（六）加强口粮营养健康技术研发，增加优质粮食食品供给

加强粮食加工新技术、新工艺、新装备、新标准与新产品的研发。构建与推广米面油等粮食适度加工技术与标准体系，加强粮食营养健康评价与机理研究，探索粮食加工新技术应用，加大共性关键技术研究与重大产品创制。重点围绕粮食加工健康升级的关键共性技术问题，开展全产业链设计，推进实施“绿色健康谷物口粮工程”。

专栏 12　口粮营养健康领域重点任务

全谷物营养健康技术研究开发　开展全谷物（全麦、杂粮、糙米等）活性物质的分离鉴定及在加工过程中的变化规律及调控研究，全谷物食品加工过程中主要组分结构与功能关系及其食用品质改良机理及技术研究。开展全谷物食品营养健康加工机理研究。研究全谷物食用品质改良加工技术、货架期优化调控技术，创制活性保持技术以及全谷物重大主食品，研究产品品质评价标准。研发全谷物的货架期及稳定化加工技术、活性保持技术、食用品质改良加工技术、制粉加工关键技术。 *粮食适度加工技术研究开发*　研究米面适度加工过程中营养品质与食用品质相关性及其优化调控技术，研究稻米合理适度加工模型及技术标准、综合评价体系和评价方法。研究不同品种和产地粮食主要组分及功能因子的含量和结构差异，建立主要成分的指纹图谱数据库。开发米面油大型智能节能节粮成套技术、低菌小（全）麦粉新型杀菌技术、大宗油料适度加工与综合利用技术及智能设备、杂粮组合应用产品加工技术等。 *杂粮营养食品关键技术研究开发与示范*　研究特色杂粮精制技术以及制粉连续化、规模化加工成套装备技术，创制杂粮营养食品新产品，研究杂粮与主粮营养复配科学基础，开展主食应用与功能化关键技术研究与示范。研究与我国传统杂粮主食消费习惯相匹配的挤压重组等现代加工技术，研究开发可实现工业化、规模化生产的方便杂粮主食品加工关键技术和装备并示范，研究杂粮活性组分在加工过程中的调控与活性保持技术并应用。开展杂粮与主粮营养复配科学基础、主食应用与功能化关键技术研究，开发基于挤压重组技术的薯类及杂粮方便主食品加工关键技术与设备，以及闪蒸涡旋干燥设备。开展特殊保障食品制造关键技术研究与新产品开发。

研发全谷物（全麦、杂粮、糙米等）加工关键技术与装备，加强全谷物、高杂粮含量的营养健康食品加工技术研究与产品示范，开展节能减损加工技术及装备的应用示范。开发粮食适度加工设备，构建全谷物主食品、方便食品及其制品和米面加工标准体系，以及食用品质与营养品质评价指标，开展节能减损成套技术及装备研发。

专栏 13 口粮营养健康技术群

基础研究	研究粮食食品大分子组分及微量元素与小分子组分结构性与功能性关系，研究物理化学加工技术对分子结构与功能以及品质的影响规律。建立粮食食品营养主要成分指纹图谱数据库。解析粮食营养组分及其转化规律，以及加工、烹饪过程对营养组分的消化、吸收、代谢的影响机理。探索传统主食加工过程中品质变化规律与调控机理。研究低菌小（全）麦粉新型杀菌技术与货架期、品质变化规律。开展冷冻面团相关技术研究。
重点研发	研究粮食深加工的共性技术，创新研发与集成符合精准适度加工的新技术、新工艺。研究不同种类不同产地大米适度加工关键技术。研发糙米同熟化加工技术，开展全谷物粉加工品质及主食加工适应性评价，构建全谷物相关产品和米面加工标准体系。开展小麦、玉米主食加工技术研究，开发全谷物食品稳定化营养保全加工技术，提高产品营养，延长货架期，开发主食工业化产品。开展米面加工的食用品质与营养品质评价与优化，研究米面适度加工在线控制指标、方法体系及关键测控仪器。开展食用油适度加工指标、评价体系及技术的研究。研究粮食食品功能化关键技术及营养复配技术。研究木本油料高效加工利用技术，杂粮主食系列专用粉加工关键技术。开发特色粮食产品。研发特种油脂加工技术。
应用示范	开展苦荞挂面、青稞挂面、高粱挂面、豌豆挂面等高杂粮（豆）含量的营养健康挂面加工技术研究与产品生产示范。开展杂粮制粉技术示范。开展稻米适度加工产业示范，食用油适度加工生产技术示范。

（七）加快粮情监测预警技术研发，夯实粮食行业信息化基础

开展粮食基础数据采集技术和装备研制，攻克粮情信息深度感知、储粮控制模型、粮情智能决策分析及粮食多源数据融合等方面的技术难题。推广粮食基础数据采集、多参数粮情监测、储粮数量在线监测、能耗在线监测、智能通风、粉尘防爆、智能精准干燥、入仓水分控制等智能仓储技术装备，以及储粮云服务系统，推进智能仓储信息集成技术与应用示范。促进粮食信息资源开发利用和共享，实现对粮食库存数量、质量、储存安全状况的动态监管，强化对政策性粮食的远程监管能力。

专栏 14 粮情监测及行业信息化领域重点任务

粮库信息化关键技术研究开发　探索粮食收储信息化及粮情智能测控关键技术。研究开发在线监测粮食温度、虫霉、有害气体、粮食水分及仓储湿度的集成采集新型传感器及配套技术装备和智能控制系统。制定储粮粮情风险监测预测模型、应急处置技术规范。研究在复杂电磁环境下粮食入仓质量控制装备的传感器技术和智能化控制技术。研究适应不同粮食颗粒、形状、光滑度、不同形式包装物等应用场景的粮食作业机器人仿真控制技术。研究粮食智能通风技术。开发粮食出入库信息采集一体化装备，粮食入仓质量控制智能化装备，新型多参数粮情检测系统。研发粮车粮情监测、储粮风险预警及安全隐患处置技术，研究建立储粮安全风险分析专家系统。
粮食流通信息化技术研发与应用　研究粮食出入库信息采集接口协议、信息交换标准，优化出入库流程，研究粮食物联网集成技术，支持大批量用户、多种接入技术及统一的设备接入框架，研究非侵入式粮食能耗在线监测接入方法和能耗特性分析技术，推进粮食企业能耗自动化分项计量。研究多源数据采集、多源数据融合和交换技术，建立粮食预警预报决策系统。开发基于库存粮食识别代码标准的粮食收储数量、质量追溯体系，构建基于物联网技术的粮食质量安全信息服务平台。研发基于大数据资源池和云计算的粮食反欺诈技术与应用系统，研究建立基于大数据云计算技术的国家级粮情监测预警和智能分析咨询决策系统。

研究解决我国储粮粮情监测和监管技术体系与云平台构建所需关键技术和相关设备问题，研究数据融合模式，创新粮食收购信息采集技术和装备，形成粮食基础数据采集的系列化装备和标准，推动粮食作业、质量控制等领域的智能化升级，增强大数据在市场趋势分析、社会热点跟踪、调控措施评估等方面的应用，为提升粮食行业信息化水平提供支撑。

专栏 15　粮情监测预警技术群

基础研究	研究粮食基础数据采集技术及方法，粮食智能图像分析技术，研究宏观与微观结合的粮食质量安全追溯技术，开发智能机械通风、熏蒸、气调储粮的仓储控制模型，仓储异常检测与库存控制方法，研究粮情预警预报模型。
重点研发	研究不同性质粮食收购的一体化信息采集技术和相关标准，创新粮食收购信息采集技术和装备。研究粮食储藏控制模型，开发新型多参数粮情测控系统，储粮云服务技术架构，探索相关服务模式。研究基于光纤、移动互联网等多检测指标新型储粮粮情传感器，以及基于以太网和移动互联网技术的新一代粮情监测预警系统。研发储粮安全预警技术体系，开发全国不同区域、仓型储粮安全风险隐患检测预防技术。研究粮食地磅码单、出入库作业、仓储业务管理等方面的电子签章和身份认证技术，构建粮食领域统一电子认证服务管理平台。研究粮食智能图像识别技术、入仓粮食质量智能控制技术和关键设备。研究制约粮食信息化的安全因素，分析不同安全域的等级保护需求，制定信息系统的接口、交换、业务管理、安全等相关标准。研究粮食储藏数据资源的汇集和共享技术，探索第三方外包方式的储粮技术服务模式。研究针对粮食经纪人、新型粮食经营主体的粮食产后第三方服务信息技术及服务方式。研究社会化粮食电子交易模式，开展粮食金融和粮食物流的社会化服务。研究多源粮食流通数据采集、融合及交换方法体系，搭建预警预报模型。
应用示范	开展粮食基础信息采集与粮食信息集成技术应用示范，推进基于云平台的国家级粮食储藏专家系统应用示范，推动粮食多源信息融合平台应用示范和粮食智能机器人应用示范。

（八）加强粮食安全战略研究，升级现代粮食产业发展模式

为国家和地方提供粮食安全战略决策咨询，开展粮食供需关系、产业发展、体制机制、政策评估、规划发展等方面的研究，建立多学科融合的粮食安全综合评估模型和多目标决策支持系统，定期形成系列重要研究报告，打造粮食系统服务国家粮食安全研究的重要智库。

专栏 16　粮食安全战略领域重点任务

研究新形势下我国粮食宏观调控的目标体系、决策机制和政策框架，研究我国粮食储备的合理规模、布局与应急体系，以及粮食安全评价指标、风险预警机制和粮食中长期供求平衡模型、国内外粮食价格传导机制。研究粮食产业发展的新模式、新业态，及粮食产业治理理论和利益分配机制，形成粮食产业经济理论体系。研究粮食收储机制和粮食目标价格改革理论。打造粮食系统服务国家粮食安全研究的重要智库。

研究粮食安全评估模型和指标体系，开发粮食安全评价模型和多目标决策技术系统平台，研究不同市场环境下粮食产业经济的发展策略、“智慧粮食”的模型与技术，研究基于粮食生产、储备、物流、加工、消费的粮食产业选址决策模型和布局优化方案，开发分地区、分品种的粮食供给和需求预测技术，开发基于神经网络、系统动力学、智能优化等多种算法，为粮食储备优化布局提供技术方法支撑。

着重从粮食加工、消费、供给、储备等环节开展结构化粮食安全策略研究，全面、科学、客观地开展粮食目标价格、储备、涉粮财政等政策评估，建立模型，开发辅助决策支持系统。

专栏 17　粮食安全战略领域技术群

基础研究	研究粮食收储加消模式、产业经济运行模式和粮食流通供给侧结构性改革，构建粮食产业经济理论体系，形成适合我国国情的粮食流通改革理论。研究国内外粮食安全政策，对粮食目标价格、粮食储备、粮食财政等政策进行评估，提出解决思路与决策建议。研究基于互联网＋的粮食流通新业态、新理论、新方法与新模式。研究我国粮食合理储备规模，探索科学有效的粮食吞吐调节机制。研究互联网＋粮食、互联网＋金融＋粮食的粮食流通业态理论、方法与新模式，建立粮食产业经济理论体系。
重点研发	研究国内外的能源、金融与粮食安全的关系。研究分品种粮食价格、比价、差价关系和国内外粮食价格传导机制，粮食储备、调控、供求运行机制，粮食流通体制改革与运行机制。研究基于心理学、经济学、信息学等多学科的粮食市场复杂系统机理。研究粮食产业链条运行模式、治理理论、利益分配机制。研究国家、地方和企业粮食产业发展规划与战略，企业走出去战略。研发粮食安全状况评估方法与技术，建立粮食安全评价模型和多目标决策支持系统，研发不同市场环境下的粮食产业经济发展策略技术。研发“智慧粮食”的模型与技术，建立完整的粮食价格监测体系，建成国内数据真实、指标完整、品种丰富的粮食经济信息共享与服务平台。研发分地区、分品种的粮食供给、需求预测技术。开发多种智能优化算法，优化 GIS、GTAP、GAMS 等粮食行业应用工具方法包，形成专业研究报告、重要战略咨询、评估报告和规划报告等。

（续）

应用示范	建立粮食安全状况评估技术应用示范，区域粮食安全保障供应评价模型应用示范，基于多目标决策支持的系统应用示范。开展小麦、稻谷、面粉、大米等的价格监测技术研发与应用示范，建立区域粮食信息化系统管理平台。建立面向社会的综合性粮食科技信息服务共享平台。建设数字粮食科技创新与服务工程，建立爱粮节粮社会科普资源集成与示范。

四、围绕重大需求强化科技成果转移转化

（一）加强科技成果转移转化推广应用

1. *实施“粮食科技成果转化行动”* 建立粮食行业科技成果转化对接服务平台，发布粮食科技成果目录，发布转化先进适用技术的成果包，建立面向企业的技术服务网络，推动科技成果与产业、企业需求有效对接，开展粮食科技创新重要成果展示和科技创新资源供需对接活动。促进粮食科研机构通过多种形式开展科技成果转移转化。探索建立国家级粮食科技创新示范基地。鼓励设立粮食众创空间。充分发挥科技型企业科技成果转化推进器的作用。创新粮食行业国家奖励项目培育机制，提高奖励标准和质量。跨区域整合成果、人才、资本、平台、服务等创新资源，在科技成果转移转化服务、金融、人才、政策等方面探索新模式。

2. *落实国家科技成果转化激励政策* 通过研发合作、技术转让、技术许可、作价投资等多种形式，实现科技成果的市场价值。实施国家知识产权战略，落实以增加知识价值为导向分配政策，加强知识产权保护力度，引导科研单位制定公平公正的科技成果转化收益分配制度，体现知识价值。鼓励科技人员到企业兼任技术职务，加大科研人员、团队奖励力度，落实科技成果转化奖励政策，提高科研人员科技成果转化收益分享比例。鼓励企业利用多种方式激励科技人员开展技术创新、成果转化。探索建设以质量、贡献、绩效为导向的分类评价体系。推动粮食行业科研基础设施、大型科研仪器、科技数据文献、科技成果等向行业开放，鼓励知识流动，促进科技创新。

3. *实施粮食行业“科技特派员”行动* 以需求为导向，探索有效的粮食科技特派员制度，遴选粮食科研单位和人员深入生产一线推广粮食新技术、新成果，服务农户科学储粮和基层企业技术升级。创新基层粮库和粮食经纪人技术服务模式，搭建适应市场机制的粮食产后科技服务体系。

4. *加强粮食科普平台建设和科普宣传* 加强全社会粮食科普宣传，搭建粮食科普平台，利用多种传播形式，通过多种渠道，扩展粮食科学知识传播范围，依托粮食科技活动周等宣传活动，开展粮食科普进社区、进家庭、进农村等活动，增强全社会公众科学消费、爱粮节粮意识。

（二）加快科技成果工程化平台和科研基地建设

1. *建设在国内具有影响力的研究基地（平台）* 系统布局具有粮食行业特色的多层次科技创新平台体系，充分发挥粮食领域和相关领域现有研究基地（平台）对粮食行业的支撑引领作用。

2. *加强局工程技术研究中心建设* 依托粮食行业具有优势的科研机构、高等院校和大型企业，突出专业特点，组建对行业技术进步具有重要带动作用的工程技术研究中心，提升粮食行业工程化能力。

3. *搭建行业科技信息服务平台* 整合各类粮食科技信息资源，搭建粮食科技成果管理与服务系统，建设科技成果推广网上平台，建立专业化技术转移支持体系，引导多元主体参与建设社会化技术创新服务平台。

4. *加快建立粮食产业科技创新联盟及企业技术中心* 支持大型粮食企业与高等院校、科研院所联合组建产业技术创新联盟，支持高校和科研院所与企业建设技术协同创新中心。鼓励粮食企业建立研发机构，培育发展一批粮食科技创新型实体，建设一批企业技术中心。

（三）加强科技交流与合作

围绕粮食科技创新需求，开展多学科交叉合作研究，拓展粮食科技创新领域，突破创新模式。积极跟踪国际科技发展前沿和热点问题，加强国际合作与技术交流，依法参与国际粮食科技合作研究。鼓励具有自主知识产权的粮食科技、产品和设备走出去，增强国际竞争力。

五、深化粮食科技体制机制改革

（一）加强粮食科技创新体系建设

1. *充分发挥公益性研究机构的骨干和引领作用* 发挥粮食行业公益性研究机构创新资源优势，优化科研院所学科布局，完善新型粮食科技资源组合模式，合理配置创新资源，聚焦行业公益创新需要。强化国家目标和社会责任评价，落实科研工作的法人责任制。赋予创新领军人才更大财务支配权、技术路线

决策权。

2. 积极发挥高等院校原始创新的生力军作用 发挥高校学科交叉和科技人才优势，夯实基础研究，回应公益技术需求，开展技术探索，拓展行业科技视野，为行业科技发展决策提供咨询，加强粮食流通领域人才培养、学科建设、科技研发和创新服务，提升协同创新能力。

3. 发挥粮食企业和转制院所在成果转化与示范的主体地位和主导作用 建立以企业为创新主体，促进科技成果高效转移转化的新模式。支持大型龙头企业、企业集团和转制院所自主决策，先行投入，开展行业共性关键技术装备的研发攻关和成果推广应用。支持粮食企业开展科技创新，吸引企业参与行业重大科研项目、标准研究等工作。规范认定“科技兴粮示范单位”。

4. 发挥各类创新力量的重要作用 发挥省级科研院所和质检机构密切联系基层的优势，开展粮食技术服务和新技术应用推广。加强与中国科学院、中国工程院等机构的科研合作。积极吸引其他领域优秀科研人员和团队参加粮食科研工作。

5. 转变创新服务机制 转变政府部门科技管理职责，突出创新服务职能，完善粮食行业科技创新主体、专业服务机构与粮食行政管理部门沟通机制，积极探索服务科技创新的新形式，发挥科技社团广泛联系学界，服务学术的重要作用。

（二）深化粮食科技体制机制改革

1. 建设以产业需求为主导的科研任务凝练形成机制 积极落实国家科技计划管理改革措施，围绕保障国家粮食安全的战略目标，聚焦行业科技需求和制约发展的技术瓶颈，科学凝练重点研发任务，建立粮食产业科技需求对接机制和粮食科技资源调查机制，搭建面向全行业的网络科技需求征集平台。

2. 建立健全科学客观的评估机制 实施科研项目督导评估机制。探索粮食科技创新绩效评估指标体系，开展粮食科技创新评估工作。探索委托具备条件的独立专业机构或科技社团开展科技评估和项目管理试点。充分发挥高水平专家的专业能力，发挥各级粮食行政管理部门、科研机构、科技社团等的咨询评议作用。

3. 健全行业科技创新服务机制 转变科技管理观念，进一步简政放权，放管结合，优化服务。加强项目实施全程信息公开和痕迹管理，强化科研经费监管。完善粮食科研项目管理制度建设，强化科研信用管理。鼓励科研人员弘扬创新精神，尊重科学研究灵感瞬间性、方式随意性、路径不确定性的特点，创造宽松的学术环境，营造良好的学术氛围，尊重个人贡献与创造，激励他们自由探索，争当创新的推动者和实践者。加强粮食技术发展趋势预测，强化科技统计工作。

（三）加强粮食科技人才队伍建设

1. 加快培育高层次科技创新领军人才 充分利用现有人才引进、人才培养和人才激励机制，完善人才选拔和考评机制，有计划地培训培育与选拔一批学科带头人，大力推进“人才兴粮”。建立“粮食产业科技专家库”。注重在实践中培养高层次人才，加强与“粮安工程”等重点工程和科研工作的协同联动，依托粮食领域国家工程实验室、工程技术研究中心、重点实验室等技术创新平台，构建粮食行业科学、技术、工程专家协同创新机制，促进信息、技术、人才等创新要素互联互通互融。鼓励创新型领军人才牵头组建科研团队，开展原创性基础研究和面向粮食行业特殊需求的应用研发。实施全国粮食行业青年拔尖人才优先培养计划，加大对优秀青年人才科技创新的选拔资助力度。探索应用型创新人才培养机制。支持优秀青年科技人才承担科研任务，通过基础性、原创性重大研究项目，扶持培育优秀科技团队。

2. 激发科研人员创新活力 建立有利于科技成果转化应用的评价体系，以科研能力、学术水平、成果质量和应用实效等作为科研人员评价的重要内容和依据，落实各类科技人员正当获得项目和成果利益的政策。建立科研人员考评指标体系，强化激励约束机制。强化绩效评价与考核，使收入分配与考核评价结果挂钩。鼓励有条件的企业事业单位设立“首席科学家（专家）”岗位，围绕学科带头人形成稳定的学术团队。强调科研人员学术道德和科研诚信，杜绝学术腐败。

六、保障措施

（一）强化规划组织领导和统筹协调

深入贯彻国家科技体制改革的要求，聚焦行业科技创新实际需要，依据本规划，结合实际，充分发挥党总揽全局、协调各方的政治优势，加强规划实施的组织领导。加强部门协调，积极争取各级政府和科技、财政、发展改革等部门对粮食科技的支持，注重科技政策与产业政策、财政政策的衔接配套。强化本部门、本地方粮食科技创新部署，做好与规划总体思路和主要目标的衔接，做好重大任务分解和落实。

（二）加强行业科技指导和支持

各地方粮食行政管理部门应发挥科技创新组织协调作用，促进粮食科技创新资源的统筹、聚集与融合。围绕粮食科技重点领域、关键环节、热点问题，加强规划的宣传和培训，以多种形式广泛宣传优秀粮食科技成果，提升粮食科技的社会影响力。充分调动科技界、企业界的积极性，发挥骨干科研单位、科研骨干队伍的作用。营造公平、开放、透明的市场环境，加强知识产权保护力度，强化科技、产业政策对科技创新的引导作用，促进科技与产业紧密结合，激发创新发展活力，凝聚实施规划的合力。

（三）完善多元化科技资金投入机制

通过国家科技计划（专项、基金等）对符合条件的粮食重大、关键问题相关科技研发活动进行支持。完善粮食各领域科技创新投入，发挥政府资金杠杆作用。落实税收加计扣除、固定资产加速折旧、普惠性税收政策等，让国家科技扶持政策发挥积极效益。加强财政资金绩效考评，创新财政资金管理机制，提高资金使用效率。

积极创新科研投入形式，探索建立粮食科技创新基金，引导社会科技创新资源聚焦粮食科技创新需求，引导企业、社团等各方面力量增加粮食科技投入，形成政府、企业、社会相结合的多元化、多渠道、高效率的粮食科技投入长效机制。

粮油加工业“十三五”发展规划

（国家粮食局　国粮储〔2016〕278号　2016年12月26日）

粮油加工业关系到国计民生和国民营养健康安全保障，产业关联度高、涉及面广。为深入推进粮食行业供给侧结构性改革，落实《国民经济和社会发展第十三个五年规划纲要》、《粮食行业“十三五”发展规划纲要》（发改粮食〔2016〕2178号），满足全面建成小康社会城乡居民消费结构升级的需要，充分发挥粮油加工业对产业发展的引擎作用和对粮食供求的调节作用，加快发展现代粮食产业经济，推动加工业转型升级，促进粮食“产购储加销”一体化和一二三产业融合发展，保障国家粮食安全，特制定本规划。

一、面临形势

（一）加工业稳步发展

“十二五”期间，我国粮油加工业总体保持平稳较快发展。一是产业规模和经济效益平稳增长。2015年，全国粮油加工业总产值2.5万亿元，比2010年增长59.5%。大米、小麦粉、食用植物油、淀粉等产量保持稳步增长。二是产业发展内生动力持续增强，形成了以民营企业为主体、多元化市场主体充分竞争发展的市场格局。民营企业所占比例为91%，外资企业3%，国有企业6%。三是产业规模化集约化水平不断提高、产业结构和布局逐渐优化。食用植物油、玉米深加工业前十位企业产业集中度超过45%，稻谷、小麦加工业前十位企业产业集中度在10%左右。16家企业集团主营业务收入达到100亿元以上，其中2家企业集团达千亿元以上，跨区域龙头企业融合发展趋势加快，竞争力显著提升。湖北、山东、江苏、安徽、广东、河南、湖南、四川等8省粮油加工业主营业务收入超过千亿元。粮油加工园区建设推进较快，布局加速向粮食主产区集聚。四是产品结构及质量安全水平明显提高。河南、山东、安徽、广西、陕西、四川等省（区）主食产业化快速推进。“十二五”期间制修订了一批粮油产品质量标准，建立了较为完善的质量保障技术标准体系。五是粮食科技创新能力显著增强。中央财政加大粮食行业公益性科研投入，企业研发投入稳步增长，科技创新能力显著增强，大米、小麦粉、食用油和饲料等加工成套装备居于国际先进水平。

（二）面临挑战加大

“十三五”产业发展面临的形势依然严峻。一是谷物供求阶段性过剩问题突出。高产量、高库存量和高进口量“三高”叠加问题短期内仍然突出，特别是玉米、稻谷阶段性过剩特征十分明显，原粮与成品粮、国内与国际、产区与销区粮食价格“三个倒挂”，消化粮食库存任务艰巨。二是粮食种植结构和加工发展与居民消费需求不相适应。居民消费结构升级背景下，部分品种粮食供求结构性失衡问题凸显，大豆供给严重依赖国际市场，优质化、专用化、多元化粮食原料发展相对滞后，中高端产品供给不足，知名品牌少。加工企业转型升级相对滞后，产加销脱节，加工业布局与粮食生产布局不匹配，优质优价专收专储能力不足。三是粮油产品质量安全、营养健康和节能环保问题依然存在。全产业链食品质量安全保障体系还不健全。单位产品能耗、水耗和污染物排放仍然较高，与资源节约型和环境友好型社会水平要求还有较大差距，节能减排和环保治理任务艰巨。四是加工企业面临更大竞争压力。经济发展进入新常态，发展面临资源环境约束加大、要素成本上升等挑战，融资难、用地难现象仍存在，人工、水电、流通、市场等运行成本上升较快，盈利空间不断压缩。五是粮油加工业发展方式粗放、大而不强问题更加突出。产能结构性过剩与优质产能不足并存，深加工转化能力不足与成品粮油过度加工并存，产业链条短，成品率低、副产物综合利用率低、附加值低，创新能力不强，部分品种盲目无序低水平发展等矛盾亟待有效疏解。

（三）迎来重要机遇

“十三五”时期，是全面建成小康社会的决胜阶段，是深化改革全面释放粮食产业经济活力的战略机遇期，也是粮油加工业加速整合升级的新阶段。一是粮油健康消费需求升级创造市场新空间。随着主食品的消费需求升级和城镇化进程加快，安全优质、营养健康和多元化、个性化、定制化、品牌化的中高端粮油产品消费潜力将逐步释放，将推动加工企业向高附加值产品方向转型。二是国家“三大战略”的实施将扩展粮油加工业发展空间。国家实施共建“一带一路”、京津冀协同发展和长江经济带发展战略，有利于加工企业充分利用全球资源，开展产能国际合作和转移，带动粮机装备与工程服务“走出去”。三是深化改革为产业健康发展提供制度性保障。坚持市场化改革取向与保护农民利益并重的玉米等粮食收储制度改革的深化完善，有利于理顺粮食市场价格形成机制，激发市场主体活力，为发展“产购储加销”一体化模式提供坚强的政策保障。四是农业现代化加速推进有利于保证粮食供给数量和质量。新型粮食生产经营主体规模化快速发展，有利于优化粮食品种结构，为企业提质增效、做强做优品牌、转化增值提供了坚实基础。五是科技创新给粮食产业发展带来新支撑。新一轮科技革命和产业变革蓄势待发，新技术、新产品、新模式、新业态、新主体不断涌现，生物技术、信息技术、装备技术等加快发展应用将催生新供给。

二、指导思想、基本原则和发展目标

（一）指导思想

全面贯彻党的十八大和十八届三中、四中、五中、六中全会精神，深入贯彻习近平总书记系列讲话精神，牢固树立创新、协调、绿色、开放、共享的发展新理念，落实新形势下的国家粮食安全战略，以推进粮食行业供给侧结构性改革为主线，以满足人民群众日益增长和不断升级的安全优质营养健康粮油产品消费需求为目标，把增加绿色优质粮油产品供给放在突出位置，以提高粮油加工业供给质量效益和保障粮食安全为中心，以改革创新为动力，以推动全产业链融合发展为路径，充分发挥加工转化对粮食产业发展的引擎作用和粮食供求的调节作用，着力调结构、提品质、创品牌、延链条、促升级、增效益，为保障国家粮食安全奠定坚实基础。

（二）基本原则

市场主导，政策引导 充分发挥市场在资源配置中的决定性作用，突出企业主体地位，更好发挥政府在政策引导、宏观调控、公共服务等方面的作用，营造促进公平竞争的市场环境。

创新驱动，两侧发力 坚持创新是引领发展的第一动力，大力推进体制创新、产业创新、技术创新、商业模式创新。坚持问题导向，需求引领，供给创新，促进供需匹配和放心消费，突出科学理念引领消费，消费引导流通和种植。

协调推进，突出重点 统筹粮食流通与种植、数量与质量的关系，协调发展粮食初加工、精深加工和副产物综合利用，提高加工转化率和附加值。支持主产区发展粮食深加工，形成一批特色优势产业集群。培育全产业链模式，推进一二三产业融合发展，促进加工业转型升级。

质量安全，绿色发展 坚守食品安全底线，处理好加快发展与节粮减损、节能减排、环境保护、绿色可持续的关系，推动粮油加工业建立循环经济产业体系。

深化改革，开放共享 鼓励引导企业采用股份合作制、混合所有制等形式，建立现代企业制度和产权制度，形成利益共同体。统筹利用好全球资源和国内国际两个市场，深化粮食产销合作，加强产业国际交流合作，推动形成优势互补、合作共赢新格局。

（三）发展目标

到2020年，形成“安全营养、绿色生态、布局合理、协调发展、链条完整、效益良好”的现代粮油加工产业体系，供给质量和效益稳步增长，科技创新能力明显增强，引领粮食产业发展作用更加明显，集约化和规模化水平及产业融合发展程度明显提高，产品优质化和主食产业化比重大幅提升，质量安全水平明显提升，节能减排和节粮减损成效显著。

——产业规模和效益稳步增长 产能结构进一步优化，深加工转化能力明显增强。集约化和规模化水平明显提高，产业集中度稳步提升，形成30家以上主营业务收入过100亿元的骨干粮油企业。培育一批特色突出的优势产业集群（园区、基地）。主食工业化率提高到25%左右。粮油加工业主营业务收入保

持9%年均增速，工业增加值保持年均7%以上增速，利润水平稳步提升。

——科技创新能力明显增强 规模以上粮油加工企业研发投入占主营业务收入的比例提高到0.6%以上，领军企业研发投入的比例达到3%以上。以企业为主体的技术创新体系进一步健全，制造模式、管理模式、商业模式和服务模式创新加快推进。粮油加工成套技术和装备水平不断提升，关键设备自主化率提高到80%以上。

——质量安全水平明显提升 粮油加工业标准体系日趋完善，大米、小麦粉、食用植物油抽查检验合格率达97%以上。

——节能减排和节粮减损成效显著 单位工业增加值二氧化碳排放比2015年下降18%、能耗下降15%，主要污染物排放总量减少10%以上。大米和小麦粉出品率提高2～3个百分点，食用植物油出品率提高0.5个百分点，米糠等副产物综合利用率达到50%以上，玉米深加工原料利用率达到98%以上。每年节粮400万t以上。

——加工应急保障能力明显增强 应对突发事件成品粮应急加工保障能力明显提升，供应网络布局合理、功能完善。

专栏1 粮油加工业"十三五"发展目标指标

类别	序号	具体指标	单位	2015年	2020年	年均增速(%)	属性
产业规模	1	粮油加工业主营业务收入	万亿元	2.7	4.1	9	预期性
	2	工业增加值增速	%	7		7	预期性
	3	主营业务收入过100亿元企业数量	家	16	30	[14]	预期性
	4	主食品工业化率	%	15	25	[10]	预期性
科技创新	5	规模以上粮油加工企业研发投入占主营业务收入的比例	%	0.3	0.6	[0.3]	预期性
	6	产业联盟、技术创新联盟	个	3	6	[3]	预期性
	7	关键设备自主率	%	70	80	[10]	预期性
质量安全	8	大米、小麦粉、食用植物油抽样检查总体合格率	%	96	97	[2]	预期性
	9	制修订粮油加工业标准	项	194	312	[118]	预期性
绿色发展	10	米糠等副产物综合利用率达到	%	15	50	[35]	预期性
	11	玉米深加工原料利用率	%	97	98	[1]	预期性
	12	单位工业增加值能耗下降	%			[15]	约束性
	13	单位工业增加值二氧化碳排放下降	%			[18]	约束性
应急保障	14	粮油应急加工企业数量达到	家	5 815	6 000	[185]	约束性
	15	遴选认定保供应急主食产业化示范单位	家		50		预期性

注：[ ] 内为五年累计数。

三、主要任务

(一) 增加绿色优质粮油产品供给

优化产品结构 适应城乡居民膳食结构及营养健康水平日益提高的需求，增加满足不同人群需要的优质化、多样化、个性化、定制化粮油产品供给。实施"绿色健康谷物口粮工程"，推广大米、小麦粉和食用植物油适度加工，明显提高出品率，增加优质米、食品专用米、专用粉、专用油和营养功能性新产品供给；大力发展全谷物及食品，加强市场培育，增加糙米、全麦粉、杂粮和薯类及其制品等绿色优质营养健康中高端新产品供给，丰富品种，提升产品品质，提高优、新、特产品的比例。大力推进主食产业化，实施"主食产业化提升行动"。

专栏 2　绿色健康粮食产品供给行动

全面推进绿色健康谷物生产、收储、加工和供应等产业体系建设。加快制修订全谷物及大米、小麦粉等加工技术标准与规程，支持全谷物加工共性关键技术装备的研发与应用，推动系列化全谷物新产品的创制。加强谷物营养健康科普知识的宣传与消费引导。加快建立绿色健康谷物产业联盟等，推广绿色健康谷物标识，建立一批绿色健康谷物食品生产示范企业或园区。

专栏 3　主食产业化提升行动

支持工业化米粉（线）、米饭、米粥、馒头、挂面、鲜湿面、速冻主食、杂粮及薯类主食产业化项目建设，建立健全相关标准和规范。结合应急供应体系建设，建立一批应急主食生产基地。改造建设一批规范化、机械化、规模化的大型主食生产加工配送中心或主食厨房，建立一体化主食销售供应网点、放心主食店，开展冷链物流配送体系试点。推广城市和县区主食产业化发展新模式，遴选一批现代化保供应急主食产业化示范单位。支持示范企业带动城乡广大小作坊规范化发展和提升，以市场化方式推动主食工业化生产、社会化供应和产业化经营。

增加品牌粮油供给　实施优质粮食品牌培育行动，发挥品牌引领作用，瞄准国际同行业标杆，开展绿色优质粮食产品品质评价和推介活动，培育和创建一批质量好、消费者认可度高、市场占有率高、市场竞争力强的全国性粮油产品优质名牌。支持优质粮油产区以优势骨干龙头企业为主体，组建全国性或区域性的粮食产业联盟。通过品牌建设，整合种植、收储、加工、销售等环节的资源，引导原粮标准化生产，建立一批规模化优质特色专用原粮生产基地。突出标准引领作用，加快大米、小麦粉、食用植物油及主食等重要产品国家标准的制修订，加大行业标准、地方标准研制力度，开展团体标准研制试点。鼓励企业发展个性定制标准，引导建立标准自我声明制度，试点建立优质粮油产品标准领跑者制度。

强化质量安全保障　加快建立健全从农田到餐桌的产品质量和食品安全监管体系，健全风险监测评估和检验检测体系。鼓励和支持加工企业加强全产业链食品质量安全检测能力建设，按照食品安全、绿色生态、营养健康等要求，完善原料检验、在线检测、成品质量等检测功能。推动大米、小麦粉、食用植物油等生产企业建立覆盖生产经营全过程的食品质量安全信息追溯体系。加强粮油质量安全监测能力建设，提升食品安全保障水平。完善粮油食品安全企业信用体系，形成失信联合惩戒、守信联合激励机制。

保障“放心粮油”供应　依托骨干企业、应急加工以及主食加工企业，生产质量安全、营养健康、品种丰富的“放心粮油”产品，完善标准规程，落实责任，加强监管。大力发展仓储物流及冷链设施，延伸营销网络，建设“放心粮油”配送中心，推动网点与龙头企业合作扩大销售渠道，提升“放心粮油”加工产品质量安全保障水平。

（二）优化调整产业结构

培育壮大龙头企业　支持企业做大做强、做优做精。引导和推动企业强强联合、跨地区跨行业跨所有制兼并重组，培育一批布局优、效益好、竞争力强的国家级、省级龙头企业。鼓励有特色的中小企业发挥地方粮油资源优势，积极提升技术装备水平和创新经营方式，主动拓展发展新空间，形成大、中、小型企业合理分工、协调发展的格局。

加快淘汰落后产能　坚持市场倒逼机制和企业主体责任，强化食品质量安全、环保、能耗、安全生产等约束作用，加强规划、标准和政策引导，依法依规加快淘汰工艺落后、设备陈旧、卫生质量安全和环保不达标、能耗粮耗高的落后产能，实现优胜劣汰，减少无效产能和低端产品供给。

促进产业集聚　实施粮食产业集群集聚行动，支持主产区发展粮食深加工转化，形成一批优势产业集群。坚持产业升级与转移相结合，引导产销区产业合作，按照布局合理、特色鲜明、集约高效、绿色生态的原则，以全产业链为纽带，推动建设资源要素集聚的粮油加工产业园区或集群。依托粮食主产区、重要粮食物流节点和区域经济带等形成横向、纵向和综合集聚格局，着力打造一批粮油加工仓储物流一体化产业园区、绿色粮油食品加工示范基地和产业集群。重点培育哈尔滨、长春、大连、济南、郑州、合肥、长沙、成都、西安、天津滨海新区临港、江苏张家港、浙江舟山、广东东莞麻涌、广西防城港等现代粮油食品加工产业集聚区。加强研发设计、成果对接、知识产权保护和运用、检测认证、信息检索与咨询、展销及物流、质量品牌等公共服务平台建设。

实施“走出去”战略　支持有条件的企业，加强与“一带一路”沿线国家在农业投资、贸易、科技、产能、粮机装备等领域的合作。培育一批具有国际竞争力的大粮商和粮食企业集团，支持农业生产、加工、仓储和港口等环节开展跨国全产业链布局，逐步建立境外粮油产销加工储运基地，提高国际市场竞争

力和资源供给保障能力。

（三）推进一二三产业融合发展

向产业链上游延伸 支持构建“产购储加销”一体化全产业链经营模式，开展多种类型的一二三产业融合发展示范，培育一批粮油加工产业融合领军企业，发展优质专用特色粮食产业。鼓励龙头企业与种粮大户、家庭农场、农民合作社结成粮食产业化经营联合体和利益共同体，以品牌为载体，发展规模化种植和标准化生产，通过订单农业、土地流转、土地经营权入股等方式建立稳定的原料生产基地，提供良种供给、技术指导、订单收购、烘干、储存、加工、销售等一条龙服务。探索开展分品种收购、分品种储存试点示范，促进优质优价，实现全链条增值，让农民分享增值收益。实施粮食产后服务工程，鼓励加工企业面向新型经营主体发展代烘代收代储代加代销专业化服务、农村电商等新业态。

专栏4 粮食产后服务工程

创新粮食产后服务新模式，支持粮油加工、仓储等企业为新型经营主体和农户，提供粮食烘干整理、储存、检测、加工、销售等多种形式的专业化、全方位服务，推广合作式、托管式、订单式等服务模式。支持新型经营主体建设以烘干清理、简易周转仓储设施等为主要内容的“粮食产后服务中心”，形成与农业新型生产方式相适应的、覆盖主要产粮县的粮食产后服务新体系。

向产业链下游拓展 加强产区优质粮食收储、检验分级、运输通道、物流配送、信息等基础设施建设，支持企业建立“产购储加销”等环节的全程现代物流体系和营销网络，延长产业链条，增强企业的盈利能力。推进建立优质粮食的全国和区域性平台交易体系，采取直采、直供、直销等方式，扩大粮企、商超对接等产销衔接方式，降低物流成本。引导企业建立直营店、销售专柜等，扩大销售渠道和中高端产品销量。鼓励企业改建、扩建和新建必要的原料和成品仓储能力，提升安全储粮、保鲜物流等设施功能。大力推广成品粮低温储存、“四散”和集装化物流方式，提高粮油食品物流系统化水平。

拓展粮油加工产业功能 鼓励企业不断丰富和发展粮食文化，用文化引领产品开发、品牌培育和技术创新，提升品牌资产价值。鼓励企业在粮食种植、加工环节与农耕体验、旅游休闲、文化教育、健康养生等领域深度融合。支持加工企业挖掘传统主食品文化内涵，充分发挥“老字号”品牌效应。

（四）强化科技创新支撑引领

加快技术改造升级 加快推动高新技术产业化示范，推广先进实用、安全可靠、经济节约新技术新装备，支持改造升级节粮节能加工成套装备生产线，开展新型营养健康产品开发、主食产业化、副产物综合深度利用，采用新型清洁生产技术。

加强全产业链科技创新 强化企业技术创新的主体地位，构建“产学研用”紧密结合的行业科技创新体系。加强基础研究，强化集成创新。支持在特色和重点产业领域建设产业创新中心、创新平台和众创平台。鼓励企业加大科研投入，建立技术研发中心，与高校或科研院所联合开展技术创新示范企业、重点实验室、示范基地、工程（技术）研究中心、技术创新或产业联盟、“米袋子”众创空间等建设。

专栏5 粮油加工业科技创新工程

加快推进粮油营养成分保持与营养健康新产品精准创制、成品粮油加工、全谷物食品加工技术与品质评价及系统识别标准、主食产业化、高效低耗节粮节能加工智能装备、生物基及降解材料深度开发、精准营养饲料、低糊化度杂粮（马铃薯）全粉加工关键技术等研发及产业化示范，在营养优化、智能加工、保鲜物流、全程控制、真伪识别等技术领域实现重大突破。

加速科技成果转化对接推广 开展全国粮食科技成果转化对接推介活动，搭建科技成果及科技人才对接信息服务平台。鼓励科研院所通过市场化定价方式转化科技成果，支持粮食科研院所科技人员依规到企业兼职。加快建立粮油加工科技创新成果集成示范基地。

加快“两化融合” 推动信息化和工业化深度融合，推进粮油加工制造向智能化发展，推动生产方式向柔性、智能、精细、绿色转变。提高企业管理信息化水平，提升改造原粮和成品粮出入库、库存管理、质量安全追溯、保供应急等业务信息系统。鼓励企业建设数据中心，加快应用大数据、云计算和物联网技术，实现产品全生命周期绿色管理、精细生产和精准营销。

（五）培育新的产业经济增长点

加快发展粮食深加工 鼓励大型加工企业发展创新型导向的粮油加工产业模式，充分挖掘副产物潜在价值，最大程度延长产业链。支持玉米等精深加工业向优势产区和关键物流节点转移，加快消化库存。开发新型功能性淀粉糖和新型酶制剂、聚谷氨酸、聚赖

氨酸等大宗发酵产品的衍生新产品。鼓励向营养健康、新材料、生物化工、生物医药等领域拓展新空间，加快推进生物基及生物降解材料的产业化，鼓励在食品包装材料、一次性餐具等产品中优先使用安全绿色环保生物基材料。推进稻壳、米糠、麦麸、饼粕、玉米皮、玉米蛋白、玉米胚、玉米芯和油料皮壳等副产物深度综合利用试点，鼓励支持企业探索多元化途径实现副产物循环、全值和梯次利用，提升产品附加值。鼓励企业或第三方机构建立副产物收集、处理的绿色通道，开展专业化副产物综合利用技术、经营服务。

构建绿色加工体系　以绿色产品、绿色工厂、绿色园区为重点，建立绿色粮油产业供应链，从节能减排行动中寻找新的经济增长点。支持企业节粮技术改造升级，完善成品粮油加工技术标准和规程，研究产品能耗限额标准。建立粮油加工业节能、节水等技术标准体系，加大推进实施节粮减损、节能减排行动的力度，加强节能环保低碳等新技术新设备的推广应用，确保废弃物排放和节能降耗达到国家相关标准要求。

创新现代营销模式　推进实施“互联网＋粮食”行动，发展“网上粮店”，推广“网订店取”“网订店送”等零售新业态、新模式，促进线上线下融合发展。发挥全国粮食统一竞价交易平台连接产区和销区，服务于种粮农民、购粮企业和消费者的重要作用，逐步完善产业链质量安全追溯网络查询等功能，创新粮食购销模式，延伸产销服务链条，开展专用特色粮食代销代购对接，搭建物流配送和互联网金融服务平台。

（六）加强应急加工供应保障体系建设

提升应急保障能力　健全应急供应网络，完善成品粮油应急加工和供应网点体系，对于承担应急保供任务的加工企业给予必要支持。加强特大城市及重点地区配送中心和网点建设。优化应急储备粮油产品结构，建立以成品粮油和小包装为主的应急保障体系，保留特大城市必备的应急加工产能，明显提高边远地区应急保障水平。加快保供应急救灾主食品及团餐的产业化开发。

深化产销合作　搭建产销平台，促进产销衔接和市场有序流通，推动建立产销合作长效机制，加强产销区粮源组织和运输衔接，增强对市场异常波动的应急调控能力。支持加工企业到主产区投资建设粮源基地和现代仓储物流设施。加强加工与仓储物流设施建设布局的统筹衔接，降低社会物流成本。

专栏6　粮油应急加工供应保障体系建设

升级改造粮油应急加工企业与供应网点设施，提升粮食接收、仓储、发送等设施的机械化和信息化水平；升级改造铁路专用线、码头等粮油应急加工企业物流配套设施；提升信誉好的超市、商场、连锁店等零售网点服务销售功能，改造军粮供应站（点）、放心粮油配送中心（店）等基础设施，探索应急供应与“放心粮油”、主食品供应、军粮供应、成品粮储备“五位一体”融合发展。

四、产业布局

（一）成品粮油加工及主食产业化

加快粮油加工业调结构、去产能，以营养功能为重点，大力发展成品粮油适度加工和主食产业化。严格控制加工精度，提高产品纯度。

1. 稻谷加工业　积极发展优质米、专用米、发芽糙米、改性糙米、留胚米、免淘米、营养强化米及各类米制主食品等，鼓励生产和消费免抛光大米。在长江中下游、东北等稻谷主产区，长三角、珠三角、川渝地区、海峡西岸等大米主销区以及重要物流节点，发展稻谷加工产业集聚区或集群，形成优质米、米制主食品、方便食品、米糠、稻壳和碎米等综合利用的循环经济模式。鼓励大中型稻谷加工企业或与油脂加工企业合作，采用“米糠保鲜”“分散榨油”“集中精炼”等成熟技术发展米糠制油，利用稻壳发电或提取热能、生产环保材料。通过兼并重组或改扩建等，引导培育一批年处理稻谷20万t以上的大型产业化龙头企业、年处理稻谷50万t以上的骨干集团企业。

2. 小麦加工业　积极发展专用粉、全麦粉、预拌粉及各类面制主食品等。在华北、华中、华东、西北等主产区和津冀鲁、珠三角等地区，发展小麦加工产业集聚区或集群，优化新疆、甘肃、陕西、广东等特色食品区域产业布局，形成小麦粉、面制食品及其副产物综合利用的循环经济模式。培育一批年处理小麦50万t以上的大型产业化龙头企业、年处理小麦100万t以上的骨干集团企业。

3. 食用植物油加工业　坚持多油并举，增加和改善国产油菜籽油、花生油、大豆油、棉籽油、葵花籽油、芝麻油等食用油供应。积极开发米糠油、玉米油等，大力发展油茶籽油、核桃油、橄榄油、牡丹籽油、文冠果油、梾木果油等新型健康木本食用油，增加胡麻籽油、红花籽油、紫苏籽油等特色小品种油供应，积极开发起酥、煎炸等专用油脂。

（1）大豆油加工　鼓励东北地区利用国产大豆生产大豆油、蛋白等产品。

（2）菜籽油加工　在湖北、四川、安徽、江苏等油菜籽主产区，升级改造特色双低油菜籽加工；在贵州、青海、陕西、甘肃等西部油菜籽集中产地，升级改造油菜籽油加工；推广菜籽膨化制油、负压蒸发、热能自平衡利用、低消耗蒸汽真空系统等技术，提高菜籽蛋白利用价值。

（3）花生油加工　在山东、河南、河北和广东等省，发展高含油花生加工，改扩建一批年处理5万t及以上的花生油加工项目；适度开发花生蛋白制品，形成花生加工产业集群。

（4）棉籽油加工　在新疆、湖北、河北等棉籽主产区和山东、河南、安徽、湖南、江苏、陕西等棉籽集中产区，升级改造一批棉籽油加工项目，并淘汰落后产能；开发用于煎炸食品的专用棉籽油，推广棉籽脱酚技术，提高棉籽蛋白利用价值。

（5）玉米油加工　在鲁豫冀、东北老工业基地等玉米加工带，发展玉米胚鲜榨加工，改扩建一批玉米油加工项目。

（6）油茶籽油加工　在湖南、江西、广西等油茶籽主产区，改造提升油茶籽加工项目，支持企业配套建设原料基地。

4. 主食产业化　开发适宜不同消费群体、不同营养功能、不同区域的优质米粉（米线）、糙米粉、米粥、馒头、挂面、鲜湿及冷冻面等大众主食品和区域特色主食品及品牌，增强市场竞争力，丰富常温、冷冻冷藏营养型主食品种和方便食品，提升安全性、方便性、即食性。创新主食流通方式，提高配送能力。在北京、天津、山东、河南、河北、陕西、甘肃和新疆等省（自治区、直辖市）发展优质面制主食品产业化示范基地；在上海、湖南、安徽、广东、江西、湖北、云南、四川和广西等省（自治区、直辖市）发展优质米制主食品产业化示范基地；在内蒙古等地发展薯类主食加工示范基地；在玉米主产区积极开发玉米主食品和方便食品，大力倡导推动玉米主食消费。

5. 杂粮加工业　积极发展优质特色杂粮产业，提高杂粮、豆类的适口性、营养性和方便性，加快推进杂粮食品工业化、产业化和品牌化。在西北、西南地区建设荞麦、青稞主食品加工基地；在西北、内蒙古等地区建设燕麦片、燕麦米、燕麦主食等加工基地；在东北、华北和西北地区建设谷子、糜子、杂豆类主食面粉和红小豆、绿豆等杂豆加工基地；在东北和华北等地区建设高粱米和高粱等主食面粉加工基地。

6. 薯类加工业　积极开发馒头、面条、面包等大众马铃薯主食品，推进马铃薯饼、馕和年糕等地域特色主食品，以及菜肴等多样化方便食品开发，研发薯片、薯条等新型休闲食品，以及马铃薯膳食纤维等功能性产品，适度发展马铃薯全粉和淀粉、甘薯粉丝等。在东北、华北、西北和西南地区等马铃薯、甘薯主产区，重点完善薯类收购、储运销售与流通体系，建立一批特色突出的加工基地。

（二）深加工转化及副产物综合利用

在确保口粮、饲料用粮和种子用粮供给安全的前提下，发展玉米等粮食深加工，促进库存陈粮深加工转化，推动发展高附加值产品，带动产业上下游协调发展。

1. 玉米深加工业　鼓励玉米深加工企业拓展有效消费新途径，明显提高玉米深加工转化率。深入挖掘三米的食用价值、饲用价值、工业价值和能源价值，积极发展高技术含量的氨基酸及核苷、新型有机酸、淀粉糖、多元醇、新型酶制剂等功能性新型发酵制品，以及食用、造纸用、纺织用、精细化工用特种变性淀粉等，鼓励发展聚乳酸等生物基和生物降解材料。东北三省一区、黄淮海等主产区要加大推动对玉米加工淀粉及淀粉糖、酒精、味精、柠檬酸等产品生产企业的兼并重组、淘汰落后产能、环保达标和清洁生产情况核查力度，鼓励行业技术进步创新和改造升级。全面抓好节能减排，降低能耗和水耗，推进清洁生产和循环发展。鼓励通过合作联营等激活闲置产能。打造一批绿色环保、资源节约、技术进步和可持续发展的玉米深加工产业园区或集群。综合利用玉米芯、玉米秸秆，发展玉米“全株产业”。建立质量安全不达标粮食定向加工转化机制，适度发展燃料乙醇，保障食（饲）粮品质安全。

2. 大豆食品加工业　积极开发大豆新食品新领域，明显提高大豆制食品的比重。加快推进豆粉类、发酵类、蛋白类等新兴豆制品产业化，以非转基因大豆为原料生产功能性浓缩蛋白、分离蛋白、组织蛋白和传统豆制食品等，加快开发改性大豆蛋白、活性蛋白粉、大豆肽粉等新兴食品基料。鼓励在东北三省、内蒙古东部和黄淮海等大豆主产区建设特色产业集群，发展非转基因大豆食品深加工，加强大豆蛋白加工副产物和废水综合利用；在沿海地区和大城市主销区，提高食品专用豆加工产品的比重，发展建设一批大豆食品深加工基地。

3. 粮油副产物综合利用　依托大型企业大力发展米糠制油和米糠多糖类活性物质，利用碎米、米胚加工米粉、米线、高品质米蛋白、高纯度米淀粉等食品或食品原料。重点开发功能性膳食纤维、功能活性物质等食品配料和营养健康食品新技术，开发小麦麸皮功能保健产品、小麦胚油和小麦胚食品。加大玉米加工副产物如玉米浸泡水、玉米皮、蛋白粉等生物转化生产多糖、生物饲料酵母产品、益生元、膳食纤维、玉米黄色素、玉米肽等。充分利用稻壳和油料皮壳发电、生产白炭黑、活性炭和助滤剂等，推动秸秆等纤维素乙醇产业示范。

（三）以粮油为原料的饲料加工业

提高饲料原料保障能力和加工水平，发展安全高效环保饲料产品，引导饲料生产企业增加玉米饲用消费。强化科技创新，提高饲料用粮转化利用效益，开发高效生物转化和精准营养调控配方技术，为有效消化库存粮食等提供技术支持。对粮油、食品加工副产物如饼粕、糟渣等进行优质化处理，缓解我国蛋白饲料原料不足压力。在东南沿海地区和大城市郊区重点发展高档次、高附加值、节能环保的饲料；在中部地区大力发展以粮食为原料的饲料加工业，促进粮食等饲料资源就地转化增值；在东北等地区大力发展饲料原料和饲草产业，稳定发展浓缩饲料产品，支持发展青贮玉米；在西部地区加快发展浓缩饲料。

（四）粮机装备制造业

以专业化、大型化、成套化、智能化、绿色环保、安全卫生为导向，发展高效节粮节能营养型大米、小麦粉、食用植物油、特色杂粮等加工装备，提高关键设备的可靠性、使用寿命和智能化水平，支持建立高水平的粮机装备制造基地。鼓励研发全自动主食方便食品加工、特色杂粮、木本油料加工、饲料加工成套设备，定制机器人应用、智能工厂、立体仓库，粮食收购现场质量品质快速检测及质量控制设备、智能仓储及输送等关键设备。在江苏、湖北、浙江和湖南等省重点发展稻谷加工成套装备制造基地；在广东、广西、上海、湖北、河南、江苏等省（区、市）发展米粉（米线）、方便米饭和挂面、馒头加工成套设备；在江苏、河北、河南和陕西等省发展小麦粉加工、面制品、焙烤食品、速冻食品等成套设备；在江苏、湖北、河南等省发展大型化、自动化、智能化成套油脂装备；在江苏、安徽、河南等省重点发展粮食仓储、物流、烘干等装备基地。

五、保障措施

（一）完善财税引导扶持政策

研究利用现有政策和资金渠道，重点支持龙头企业与新型经营主体建立利益联系机制，支持开展优质特色专用粮食产业试点示范和深加工转化与产业园区建设。鼓励和支持社会资本发起设立粮食产业发展基金。落实加工企业最低最高库存制度，建立“粮食安全社会责任企业机制”，充分发挥骨干粮食企业在粮食收购、加工转化以及市场供应等方面的作用。探索建立地方储备粮或成品粮油动态管理及轮换与符合条件的加工企业对接机制。探索开展优质专用特色粮食产业化试点，实行订单生产，分品种专收专储和分级管理，推动实现优质优价。通过现有政策渠道，对符合条件的重大节粮技术改造升级、特色粮食产业加工示范基地建设、科技创新等提供支持。

落实减轻企业负担各项规定。争取粮油初加工生产环节用电享受农业生产用电价格优惠政策。企业开发新技术、新产品、新工艺发生的研究开发费用，符合税法规定条件的，可以在计算应纳税所得额时按规定加计扣除。

（二）加大金融服务支持政策

拓宽企业融资渠道，中国农业发展银行、国家开发银行要结合职能定位和业务范围，加大对符合条件的产业化龙头企业的信贷支持；鼓励商业性金融机构为有市场前景和经营效益的产业化龙头企业加大信贷支持，为企业转型升级、粮食收购、成果推广转化示范应用、拓展市场等提供新的金融产品和服务。鼓励具备条件的省区加快农业信贷担保体系建设，为加工企业提供担保服务。积极拓宽企业直接融资渠道，支持企业通过发行短期融资券等非金融企业债务融资工具筹集资金，支持符合条件的龙头企业上市融资和发行企业债券、公司债。引导加工企业参与期货市场的套期保值，提高粮油加工企业的风险管理意识和管理水平。鼓励和支持保险机构支持企业开展对外贸易和“走出去”保险服务。

（三）加强产业政策和标准指导

落实国务院化解产能过剩、淘汰落后产能、促进企业兼并重组等一系列政策措施，贯彻《产业结构调整指导目录》、《外商投资产业指导目录》，适当提高淘汰落后产能的标准，用市场的办法引导落后产能有序退出，区分优劣产能、分类支持帮扶，研究制定加快发展粮食产业经济等指导意见。研究制定粮油加工业进入的节能、节粮、环保、质量安全、安全生产等规范条件。抓紧制修订粮油加工业产品、原料、方法、过程等技术标准体系和规程。鼓励企业制订严于国家标准和行业标准的企业标准，加大对口粮产品及主食、方便食品和现代生物发酵食品等新产品标准的研制力度。提供标准实施咨询服务，积极引导企业正确、有效执行标准。加强粮食质量安全检测监测体系能力建设，加强粮食质量安全监管。支持在山东、河南、黑龙江等省开展发展粮食产业经济、消化库存等示范试点。加强宣传引导，通过举办世界粮食日和全国爱粮节粮宣传周、粮食科技活动周活动，吸引社会力量积极参与粮食产业开发，加大全社会公益性科学用粮和健康消费知识宣传普及力度。

（四）加强行业信息监测预警与服务

国家粮食局会同有关部门建立健全粮食产业经济统计体系，完善全面、准确的国家粮食流通统计信息报告制度和发布平台，提高加工企业统计信息的质量和公信力，加强粮油加工业统计信息公共服务。依法开展粮食供需平衡情况调查，加强重点企业生产运行形势分析。理顺粮食市场价格形成机制，为企业创造公平竞争的发展环境。

（五）积极发挥行业组织作用

贯彻中央关于行业协会商会改革精神，充分发挥涉粮社团和有关中介组织联系政府和企业的桥梁纽带作用，加强信息沟通、标准制（修）订、专业培训、技术咨询等方面的服务，宣传贯彻国家产业政策和行业规划，推进行业自律和诚信体系建设，强化企业责任意识，及时反映行业发展动态，提出发展建议。

（六）加强人才支撑保障

营造吸引培育专业人才的环境和条件，加强国内培养和国外引智，依托国家科技计划（专项、基金等）、产业技术创新联盟等，建成一批粮油加工业专业化人才培训基地，加快培育高水平行业科技人才队伍，建立粮食产业科技人才库。开展职工技术培训、技能鉴定及行业职业技能大赛，打造门类齐全、技艺精湛的技能人才队伍。引进和培养一批懂技术、懂市场的高端复合型管理人才，培养和造就大批优秀企业家。充分研究分析国内国际市场和资源，培养国际化人才。

（七）加强规划实施和评估

国家粮食局统筹负责本规划的组织实施，加强组织领导，深化体制机制改革，发挥市场主导作用，强化服务体系建设，逐步将粮食产业发展纳入粮食安全省长责任制考核内容之一，加强与相关部门政策统筹协调和信息沟通，做好规划宣传贯彻，建立健全规划实施的评价评估机制，推动各项任务和措施落到实处。各省级粮食行政管理部门要加强与发展改革、财政、工信、环保、食品药品监督、科技等相关部门的沟通协调，结合本地实际制定本地区粮油加工业“十三五”发展规划（或指导意见）并组织实施，落实工作责任，健全工作机制，切实履行规划指导、行业管理、协调服务等职能。

全国奶业发展规划

（农业部等 农牧发［2016］14号 2016年12月27日）

奶业是现代农业和食品工业的重要组成部分，对于改善居民膳食结构、增强国民体质、增加农牧民收入具有重要意义。为促进奶业持续健康发展，保障乳品质量安全，根据《乳品质量安全监督管理条例》，制定本规划。

一、奶业发展现状

2008年以来，各地区各部门认真贯彻落实党中央国务院部署，以保障乳品质量安全为核心，全面开展乳品质量安全监督执法和专项整治，加快转变奶牛养殖生产方式，推动乳品加工优化升级，奶业素质大幅提升，现代奶业建设取得显著成绩。

（一）奶业生产能力迈上新台阶

2015年，我国生鲜乳和乳制品产量分别达到3 870.3万t和2 782.5万t，总体规模仅次于印度和美国，位居世界第三位。乳品市场种类丰富、供应充足，人均奶类消费量折合生鲜乳达到36.1kg，比2008年增加5.9kg。奶业已成为现代农业和食品工业中最具活力、增长最快的产业之一。

（二）乳品质量安全水平大幅提升

奶业全产业链质量安全监管体系日趋完善，监管力度不断加强。生鲜乳抽检覆盖所有奶站和运输车，乳制品实行出厂批批检验制度。2008年以来累计抽检生鲜乳15.1万批次，清理整顿奶站11 893个，奶站基础设施、卫生、检测等条件显著改善。2015年，生鲜乳中的乳蛋白、乳脂肪抽检平均值分别为3.14g/100g、3.69g/100g，均高于《生乳》国家标准，规模牧场指标达到发达国家水平；违禁添加物抽检合格率连续7年保持100%。乳制品抽检合格率99.5%，婴幼儿配方乳粉抽检合格率97.2%。

（三）奶牛养殖方式加快转变

大力发展奶牛标准化规模养殖，实施振兴奶业苜蓿发展行动，推行奶牛遗传改良计划，奶牛养殖规模化、标准化、机械化、组织化水平显著提高。2015年，100头以上奶牛规模养殖比例达到48.3%，比2008年提高28.8个百分点。机械化挤奶率达到95%，提高44个百分点，规模牧场全部实现机械化挤奶。泌乳奶牛年均单产达到6t，提高1.2t。规模牧场全混合日粮饲养技术（TMR）普及率达到70%。奶农专业合作组织超过1.5万个，是2008年的7倍多。

（四）乳制品加工加快转型

产业结构逐步优化，婴幼儿配方乳粉企业兼并重组，淘汰了一批布局不合理、奶源无保障、技术落后的产能，乳制品企业加工装备、加工技术和管理运营已接近或达到世界先进水平。2015年，规模以上乳制品企业（年销售额2 000万元以上）638家，比2008年减少177家，婴幼儿配方乳粉企业104家，比2011年减少41家。奶业20强（D20）企业产量和销售额占全国50%以上，2家企业进入世界乳业20强。

（五）奶业法规和政策体系日趋完善

2008年以来，国务院及有关部门先后颁布实施了《乳品质量安全监督管理条例》、《奶业整顿和振兴规划纲要》、《关于进一步加强婴幼儿配方乳粉质量安全工作的意见》、《乳制品工业产业政策》、《推动婴幼儿配方乳粉企业兼并重组工作方案》、《婴幼儿配方乳粉产品配方注册管理办法》等20余项规章制度，公布了《生乳》国家标准等66项乳品质量安全标准，出台了促进奶牛标准化规模养殖、振兴奶业苜蓿发展行动、奶牛政策性保险、乳品企业技术改造、婴幼儿配方乳粉质量安全追溯等重大政策，初步构建起覆盖全产业链的政策法规体系。

二、奶业发展面临的挑战

（一）竞争力不强

与奶业发达国家相比，我国奶牛单产水平、资源利用效率和劳动生产率仍有一定差距。泌乳奶牛年均单产比欧美国家低30%；饲料转化率1.2，低0.2左右；规模牧场人均饲养奶牛40头，只有欧美国家的一半。农牧结合不紧密，奶牛养殖污染越发凸显。产业一体化程度较低，养殖与加工脱节，缺乏稳定的利益联结机制，产业周期性波动大。国产乳制品竞争力不强，品牌缺乏影响力。

（二）进口影响加剧

我国乳制品关税低，只有世界平均水平的1/5，进口乳制品完税价格大幅低于国内生产成本，导致乳制品进口量激增，从2008年的38.7万t增至2015年的178.7万t，我国乳制品新增消费的80%被进口所占。随着欧盟取消牛奶生产配额、中国—新西兰自贸区乳制品关税继续减让和中国—澳大利亚自贸区协定全面实施，国际竞争压力进一步加大。

（三）消费信心不足

消费者对国产乳制品，尤其是婴幼儿配方乳粉还缺乏信心。同时，国外婴幼儿配方乳粉价格明显低于国内婴幼儿配方乳粉价格。近年来，消费者到境外购买、邮购、代购婴幼儿配方乳粉增多，乳制品消费外溢，国外品牌市场占有率增加。2015年进口婴幼儿配方乳粉17.6万t，是2008年的4.8倍。受此影响，国产乳制品消费增速放缓。“十二五”期间乳制品产量年均增长5.2%，较“十一五”下降5.3个百分点。

综合来看，我国奶业发展既存在困难挑战，也面临重大机遇。从市场潜力看，我国人均奶类消费量仅为世界平均水平的1/3、发展中国家的1/2。随着城乡居民收入水平提高、城镇化推进和二胎政策的实施，奶类消费有较大增长潜力。预计2020年全国奶类总需求量为5 800万t，年均增长3.1%，比“十二五”年均增速高0.5个百分点。从生产发展看，经过八年的整顿和发展，奶业取得长足进步，已具备全面振兴的基础和条件，随着产业政策的不断完善和国际市场的不断融合，通过转型升级、创新驱动、提质增效、补齐短板，我国奶业将迎来更大的发展空间。

三、指导思想和发展目标

（一）指导思想

全面贯彻落实党的十八大和十八届三中、四中、五中和六中全会精神，深入贯彻习近平总书记系列重要讲话精神，坚持创新、协调、绿色、开放、共享的新发展理念，以市场需求为导向，以优质安全、提质增效、绿色发展为目标，大力推进奶业供给侧结构性改革，加快转变奶业生产方式。强化标准规范、科技创新、政策扶持、执法监督和消费引导，着力降成本、优结构、提质量、创品牌、增活力，提升奶业规模化、组织化、标准化、品牌化、一体化水平，提高奶业发展的质量效益和竞争力，走产出高效、产品安全、资源节约、环境友好的奶业现代化发展道路，为实现奶业全面振兴、引领现代农业发展奠定坚实基础。

（二）战略定位

1. 健康中国、强壮民族不可或缺的产业　一杯牛奶强壮一个民族，小康社会不能没有牛奶。婴幼儿配方乳粉是重要的母乳替代品。世界卫生组织把人均乳制品消费量作为衡量一个国家人民生活水平的重要指标之一。发展奶业是增强国民体质，尤其是改善青少年营养与健康的重要选择，也是建设健康中国的必要前提和重要标志。

2. 食品安全的代表性产业　奶业产业链条长，乳品质量安全保障是一项复杂的系统性工程，也是检验国家食品法规标准、质量监管、企业诚信等体系的试金石。乳品质量安全水平很大程度上反映了我国食品质量安全的整体状况，备受消费者关注，是反映消费者信心的晴雨表。

3. 农业现代化的标志性产业　奶牛养殖业是世界公认的节粮、经济、高效型畜牧业，也是技术、资本密集型产业，奶业发展需要现代的物质装备、现代的经营理念、现代的信息技术、现代的生产经营体系为支撑。农业发达国家的奶业现代化水平通常都较高。目前，我国奶业的现代化已具雏形，有望在农业中率先实现现代化，引领农业现代化发展。

4. 一二三产业协调发展的战略产业　乳制品工业是我国改革开放以来增长最快的产业之一，也是推动一、二、三产业协调发展的重要支柱产业。发展乳制品工业对于改善城乡居民膳食结构，提高国民身体素质，丰富城乡市场，提高人民生活水平，优化农村产业结构，增加农民收入，促进社会主义新农村建设具有很大推动作用；对于带动畜牧业和食品机械、包装、现代物流等相关产业发展也具有重要意义。

（三）发展原则

1. 突出质量安全，健全监管体系　把乳品质量安全放在优先地位，建设以安全为核心的法规标准体系，落实“四个最严”要求，强化质量安全监管措施，消除产业链各环节监管漏洞，建立公平有序的市场秩序。

2. 突出利益联结，促进产业融合　完善利益联结机制，密切奶农和乳品企业联系，稳定产销关系，实现风险共担、利益共享。前伸后延产业链，发展种养加一体、一二三产融合的新业态。

3. 突出市场主导，加强政策支持　充分发挥市场在资源配置中的决定性作用，强化企业市场主体地位，鼓励兼并重组，优化资源配置，增强发展活力。大力发展婴幼儿配方乳粉产业，培育国产优势品牌。更好发挥政府在政策引导、宏观调控、支持保护、公共服务等方面作用。

4. 突出绿色发展，加快提档升级　因地制宜，合理布局种养业，以加带养，以养带种，草畜配套，促进奶畜粪便资源化利用。坚持科技和体制创新，优化产品结构，推进节本增效，提高奶业综合生产能力，推动生产生态协同发展。

（四）发展目标

到2020年，奶业现代化建设取得明显进展，现代奶业质量监管体系、产业体系、生产体系、经营体系、支持保障体系更加健全。奶业供给侧结构性改革取得实质性成效，产业结构和产品结构进一步优化，供给和消费需求更加契合，消费信心显著增强。奶业综合生产能力、质量安全水平、产业竞争力、可持续发展能力迈上新台阶，整体进入世界先进行列。

四、主要任务

（一）优化区域布局

根据市场需求、资源环境、消费习惯和现有产业基础等因素，巩固发展东北和内蒙古产区、华北产区，稳步提高西部产区，积极开辟南方产区，稳定大城市周边产区。重点提升奶畜品种质量，加强优质饲草料生产，推进标准化规模养殖，加快养殖小区牧场化改造和家庭牧场发展；合理布局加工企业，依法依规淘汰落后产能，优化调整乳制品结构，大力发展液态奶，加快奶酪等干乳制品生产发展，促进奶源基地建设和乳制品加工协调发展。

（二）发展奶牛标准化规模养殖

坚持良种良法配套、设施工艺结合，提质增效并重、生产生态协调，建立健全标准化生产体系。支持养殖场改扩建、小区牧场化改造和家庭牧场发展，重点建设标准化圈舍、粪污处理、防疫、挤奶设施及饲草料基地等，支持企业自有自控奶源基地建设，引导适度规模养殖。开展奶牛养殖标准化示范创建，创建300家标准化示范场，引领带动生产技术水平提高。加大牧场物联网技术、智能化技术及设施设备的应用，提升奶业生产机械化、信息化、智能化水平。

（三）提升婴幼儿配方乳粉竞争力

严格执行婴幼儿配方乳粉法规标准，根据食品安全国家标准的制修订情况，适时修订《粉状婴幼儿配方食品良好生产规范》和《婴幼儿配方乳粉生产许可审查细则》（2013版），严格行业准入。加大婴幼儿配方乳粉质量安全监管力度，实施婴幼儿配方乳粉产品配方注册管理制度。加强农业投入品使用监管，实行奶源奶站、运输车全覆盖抽检，增加婴幼儿配方乳粉抽检范围和频次，严厉查处违法违规行为。支持乳品企业建设自有自控的婴幼儿配方乳粉奶源基地，推动婴幼儿配方乳粉企业兼并重组。鼓励研发适合中国婴幼儿的产品，培育具有国际影响力和竞争力的国产婴幼儿配方乳粉品牌。

（四）推动乳制品加工业发展

打造资源配置合理、技术水平先进、产品结构优化、具备国际竞争力的现代乳制品加工业。优化乳制品产品结构，因地制宜发展常温奶、巴氏杀菌乳、酸奶等液态奶产品，适度发展干酪、乳清粉等产品。修订完善《乳制品工业产业政策》，严格奶源基地、加工布局、技术装备、环境控制、质量安全等方面的要求。完善冷链储运硬件设施设备，严管冷链流程，确保终端乳制品的安全与品质。

鼓励企业兼并重组，依法淘汰技术、能耗、环保、质量、安全等不达标的产能。鼓励乳制品企业创新产品、节能减排。建立健全行业诚信体系，实现乳品生产经营者食品安全信用信息与人民银行、国家税务等征信系统对接。

（五）加强乳品质量安全监管

实施乳品质量安全监测计划，严厉打击违法添加行为。开展乳品质量安全风险评估，及时发现并消除风险隐患，大力提升生鲜乳质量安全管控力度。强化奶牛养殖环节饲料、兽药等投入品监管，对生鲜乳收购站和运输车实行全覆盖、动态化、精准化监控，加快推进生鲜乳质量安全追溯试点工作。加强兽药残留综合治理工作，加大监测力度，实施阳性样品追溯监管。加强复原乳监管，严格落实标识制度。督促和指导企业建立质量安全追溯体系，落实企业主体责任。

（六）加快推进产业一体化

发展龙头企业、家庭牧场、奶农专业合作组织等新型经营主体，提高组织化程度和风险抵御能力。支持加工企业自建、收购、参股、托管养殖场，提高自有奶源比例，促进一二三产业融合发展。推行《生鲜乳购销合同（示范文本）》，督促严格履行购销协议，建立长期稳定的购销关系，实行订单生产，逐步形成奶农与乳品企业利益共享、风险共担的长效机制。在奶业主产省开展生鲜乳质量第三方检测试点，促进优质优价。积极发展社会化服务，提升奶牛养殖场繁育、饲养管理等专业化、规范化水平。

（七）打造国产乳品品牌

启动国产乳品品牌营造行动，树立优质品牌，重塑奶业形象，提振消费信心。办好D20峰会，做大做强D20品牌，示范引领国内乳品企业增强品牌意识，提升品牌影响力。加大奶业市场研究与开发力度，适应消费需求变化，开发新型产品。创新流通方式，发展“互联网＋”等新型营销模式，满足乳品便捷、个性化的消费需求。加强奶业宣传引导，发布乳品质量检测信息，大力宣传乳品质量安全状况和奶业监管工作成效，展示国产乳制品良好品质。开展奶业公益宣传，普及牛奶营养知识，倡导科学健康消费，为奶业发展创造良好的舆论环境。

（八）加强良种繁育及推广

深入实施《中国奶牛群体遗传改良计划（2008—2020年）》，健全奶牛生产性能测定、种牛遗传评定和种公牛后裔测定体系，开展中国荷斯坦牛品种登记，推广优秀种公牛冷冻精液，增强自主培育种公牛能力。创新育种模式，支持建立奶牛育种联盟，探索市场化运营机制。加强高产奶牛核心群建设，推进青年公牛全基因组选择工作，提高种源质量和供种效率。提高种用奶牛进口技术要求，推动引进国外优质奶牛和奶山羊，支持引进国外优秀奶牛胚胎。加强奶水牛、奶山羊等种质资源的开发利用。

（九）促进优质饲草料生产

继续实施振兴奶业苜蓿发展行动，新增和改造优质苜蓿种植基地600万亩，开展土地整理、灌溉、机耕道及排水等设施建设，配置和扩容储草棚、堆储场、农机库、加工车间等设施，配备检验检测设备，提升国产优质苜蓿生产供给能力。在“镰刀弯”地区和黄淮海玉米主产区，扩大粮改饲试点，推进全株玉米等优质饲草料种植和养殖紧密结合，扶持培育以龙头企业和农民合作社为主的新型农业经营主体，提升优质饲草料产业化水平。

（十）推进奶牛粪污综合利用

坚持“源头减量、过程控制、末端利用”基本思路，推进种养结合农牧循环发展。因地制宜推广种养结合、深度处理、发酵床养殖和集中处理等粪污处理模式。在奶牛养殖大县开展种养结合整县推进试点，根据环境承载能力，合理确定奶牛养殖规模，配套建设饲草料种植基地，促进粪污还田利用。支持规模养殖场建设干清粪等粪污处理设施，提高粪污处理配套设施比例。支持社会化服务组织和专业公司在奶牛养殖密集区建设粪污集中处理中心或有机肥加工厂，推进奶牛粪污储存、收运、处理、综合利用全产业链发展。

（十一）加强奶牛疫病防控

加快实施国家中长期动物疫病防治规划，加大防控工作力度，切实落实各项防控措施。按照国家口蹄疫和布病防治计划、奶牛结核病防治指导意见要求，全面推进口蹄疫防控和布病结核病监测净化工作，统筹抓好奶牛乳房炎等常见病防控。加强奶牛场综合防疫管理，健全卫生消毒制度，不断提高生物安全水平。

五、保障措施

（一）加强组织领导

建立奶业工作部际联席会议制度，加强部门协调配合，畅通信息沟通渠道，形成推动奶业发展的合力。落实《乳品质量安全监督管理条例》，强化属地管理责任。建立乳品质量安全事件应急处置预案，提升有效防范和处置重大乳品质量安全事故能力。奶业主产省（自治区、直辖市）应当根据资源状况、消费能力等制定本地区奶业发展规划，促进区域奶业协调发展。

（二）完善法规标准体系

根据《食品安全法》的规定，修订《乳品质量安全监督管理条例》，明确部门职责，完善生产加工、质量监管、消费引导等规定。修订《生乳》国家标准，进一步严格卫生要求，建立生乳分级标准体系引导优质优价。修订灭菌乳等液态奶产品标准，对原料使用作出更加严格的规定。制定发布复原乳检测方法食品安全国家标准，为复原乳监管提供依据。制定液态奶加工工艺标准，提升乳品质量安全水平。

（三）加大政策扶持和市场调控力度

整合优化现有资金项目，加大政策扶持力度，重点支持乳品质量安全监管和可追溯体系建设、优质奶源基地建设、高产优质饲草料种植、婴幼儿配方乳粉企业兼并重组等。加大奶业金融支持力度，鼓励社会资本投资建设现代奶业，支持奶业企业上市直接融资。加强奶业生产市场信息监测，及时发布预警信息，探索开展生鲜乳目标价格保险试点。充分发挥行业协会组织作用，引导各类经营主体自觉维护和规范市场竞争秩序。加强乳制品国际贸易监测，依法启动贸易救济调查，保护国内产业发展。

（四）统筹利用国内国际两个市场两种资源

顺应奶业国际化的大趋势，坚持“引进来”和“走出去”相结合，促进资本、资源、技术等优势互补，提升奶业国际竞争力。学习借鉴国际先进的技术和管理经验，加强与奶业发达国家在奶牛养殖、乳品加工、牧草种植加工和质量管控等方面的交流和合作，提升奶业生产水平。坚持国内供给为主、进口调剂为辅，满足乳品多元化消费需求。

（五）强化科技支撑与服务

依托畜牧兽医技术推广部门、科研院所和大专院校，围绕种、料、病、管等关键环节开展集中攻关研究，着力破解制约奶业发展的技术难题。推进建立以企业为主体、科研院所为支撑、产学研结合的奶业科技创新体系。推动加工领域的重大科技攻关，科学设定风险指标，开展乳制品关键共性技术研究、集成与示范。加强社会化服务体系建设，强化从业人员培训，提高奶业生产加工技术水平。

粮食行业信息化“十三五”发展规划

（国家粮食局　国粮财［2016］281号　2016年12月30日）

为更好地组织实施粮食行业信息化建设工作，依据《国家信息化发展战略纲要》、《“十三五”国家信息化规划》、《国务院关于积极推进“互联网＋”行动的指导意见》、《促进大数据发展行动纲要》、《粮食行业“十三五”发展规划纲要》、《粮食收储供应安全保障工程建设规划（2015—2020年）》等，研究制定本规划，并提出粮食行业“十三五”时期信息化建设的目标、主要任务、重点工程和保障措施等。

第一章　发展形势

第一节　发展现状

“十二五”期间，粮食行业积极探索推进信息化建设，信息技术融合应用取得进展，行业信息化水平得到较大提升。一是信息技术对行业管理支撑能力有效加强。国家粮食局相继开发应用了国家粮油统计、财务会计信息报送、重点联系粮食批发市场信息报送等信息系统。储备粮管理信息系统在行业内逐步使用，部分省（自治区、直辖市）开展了省级粮食管理平台建设，有效提升了行业管理效率。二是粮食市场监测预警信息化水平明显提升。初步建立了国家、省、市、县四级市场信息监测体系，粮食市场信息采集手段日趋完善，重点地区、重要品种和关键时段的市场监测信息不断丰富，国际粮食市场信息监测取得长足进步。三是粮食仓储信息化建设稳步推进。各省（自治区、直辖市）和有关中央企业仓储信息化建设步伐明显加快，粮库智能化升级改造正在分层次、分梯次地有序推进。四是粮食交易信息化水平明显提升。全国粮食统一竞价交易平台与25个省级粮食交易中心联网运行，全国粮食统一竞价交易体系初步形成。粮食交易逐步向电子商务模式转变，信息技术在市场体系建设中发挥重要作用。五是行业信息化发展环境不断改善。信息化基础设施不断完善，信息化在部门高效履职和企业转型升级中的作用日益凸显，行业对信息化建设的共识度进一步提升，行业信息化进入快速发展阶段的条件已经成熟。

同时，粮食行业信息化发展也面临一定问题和挑战：一是信息化发展不均衡，影响了行业信息化建设整体进程。二是信息化建设不规范，与业务结合不紧密，可复制性不强。三是要素资源数字化水平有待提高，信息采集时效性、准确性差。四是信息资源开发利用水平有待加强，国内外市场预警预测分析能力较弱。五是粮食行业信息化专门人才相对缺乏，制约了信息化建设的组织实施。

第二节　发展需求

“十三五”时期是全面破解粮食供求阶段性结构性矛盾的关键期，是全面推进粮食流通能力现代化的攻坚期，是全面释放粮食产业经济活力的转型期，是全面促进国内与国际粮食市场深度融合的机遇期。新形势下，粮食行业信息化建设需求更加迫切：一是粮食流通能力现代化的需要。为进一步破解粮食流通各环节衔接不紧密、不协调等问题，有效监测和控制粮食市场异常波动，需要建设涵盖粮食收购、储藏、加工、物流、消费等各个环节，互联互通、协同共享的信息化体系，提升粮食流通效率和应急保障能力。二是粮食宏观调控精准化的需要。为进一步提升对国内外粮食市场的把控牵引能力，需要加强对涉粮信息的采集、分析和处理，及时发现市场供求失衡信号，科学应对粮食供需变化，在确保国家粮食安全的同时，搞活市场流通，降低调控成本。三是粮食流通监管常态化的需要。为进一步增强粮食收储供应安全保障能力，确保粮食数量真实、质量可靠，需要强化大数据技术在市场监测、库存监管、质量安全监测、企业信用管理等核心业务中的应用能力，为行业全面推行“双随机”监管提供支撑。四是粮食产业发展高效化的需要。为进一步激发粮食产业经济活力，需要推动互联网与行业的融合创新发展，构建“互联网＋粮食”行业发展新引擎，催生企业生产经营新模式、新业态，形成企业转型升级倒逼机制，增强粮食企业的核心竞争力。五是粮食行业服务优质化的需要。为进一步提高行业信息服务能力，需要利用互联网思维，汇聚整合、开发利用大数据资源，形成多样化的行业服务模式、内容和手段，为生产者、消费者、经营者和政府提供综合、高效、真实、便捷的信息服务。

第二章　总体要求

第一节　指导思想

深入贯彻“创新、协调、绿色、开放、共享”发展理念，以落实新形势下国家粮食安全战略、全面提升粮食宏观调控水平、增强粮食流通现代化能力、释放粮食产业经济活力为目标，以大数据、云计算、物联网、人工智能等新一代信息技术与粮食业务深度融合为手段，以粮食企业信息化建设为基础，以信息共享、互联互通为主线，以业务协同和资源利用为重点，坚持需求和问题导向，加强顶层设计和统筹协调，强化信息系统的创新应用，全面推进“互联网＋粮食”行动计划，实施粮食大数据战略，加快建成“技术先进、功能实用、操作简便、安全可靠、规范统一、互联互通、运行高效”的粮食行业信息化体系，促进粮食产业优化升级，服务供给侧结构性改革，引领粮食行业科学发展。

第二节　基本原则

统筹规划，完善体系　加强行业信息化发展顶层设计，统一规划，有序推进粮食行业信息化建设，整合利用各级粮食部门及粮食企业已有的信息化成果，因地制宜，合理布局。建立健全涵盖标准规范、管理体系、人才队伍、技术创新、资金投入、运行维护的信息化保障体系。

需求导向，注重应用　结合粮食行业信息化发展实际，立足底线思维，突出重点，明确目标，注重实用性、可靠性和前瞻性，优先应用先进成熟、适用的具有自主知识产权的信息技术和产品，满足行业管理、企业运营、社会服务的实际需求。

创新引领，融合发展 加强大数据、云计算、物联网、人工智能等新一代信息技术在行业中的应用研究，推动信息技术与行业发展的深度融合。突出技术创新、管理创新和模式创新，推动实现对传统管理方式的变革，提高企业生产经营和行业管理效率，强化行业服务能力，引领行业转型升级。

开放共享，安全可控 建立完善的行业信息化标准体系，坚持标准统一，推动粮食信息资源共享，消除“信息孤岛”，实现互联互通。优先采用自主创新的设备和系统，夯实基础设施，加强信息安全体系建设，确保信息化建设安全可控。

示范引领，梯次推进 强化示范带动，选择条件比较成熟的省（自治区、直辖市）和企业先行试点，总结成熟经验后按照轻重缓急，分层次、分步骤逐步推广应用，形成可复制、可推广的信息化建设模式，满足不同层次不同主体需求。

第三节 总体目标

大数据、云计算、物联网等新一代信息技术在粮食行业广泛应用，粮食装备信息化、智能化水平显著提高，信息共享、资源利用、业务协同能力明显增强，核心业务领域应用大数据能力明显提升，信息服务更加高效，覆盖各级粮食行政管理部门和主要涉粮企业的信息化基础设施体系基本建成，信息化应用管理、标准规范、安全保障、人才培养、技术创新体系等不断完善。“互联网＋粮食”行动计划全面实施，“智慧粮食”建设取得进展，信息化在粮食行业产业升级中的支撑作用显著增强，能够适应粮食流通新形势的需要。

——行业管理信息化水平显著增强 建成国家粮食管理平台，实现省级粮食管理平台全覆盖。库存粮食数量、粮食质量、企业信用信息、政策性粮食等实现网络化在线管理。

——核心业务系统覆盖率显著提升 政策性粮食业务信息化全覆盖，即时数据采集率达到40%，粮食质量安全监测数据平台采集率达到70%。

——行业装备信息化水平显著改善 粮食质量快速检测、多参数粮情检测、智能干燥、储运及加工智能装备等关键技术取得突破。加工、仓储装备信息化、自动化、智能化水平明显提升。

——行业信息基础设施水平明显提升 依托国家电子政务网络，建成互联互通的粮食流通管理信息网络。完成80%以上国有粮食收储企业信息化升级改造，国家粮食质量安全检验监测体系数字化实验室覆盖率达到60%。

——行业信息资源利用水平明显增强 建成国家粮食大数据中心，实现收储、物流、加工、消费、交易、质检等信息的汇聚和融合，形成粮食价格指数。大数据在粮食供需预测、库存监管、质量安全监测等领域应用深入开展。跨部门数据资源共享共用格局初步形成。

——行业服务信息化水平更加高效 建成行业公共服务信息系统，形成行业信息服务体系。依托粮食大数据资源，促进大数据增值性、公益性开发和创新应用取得实质性进展。

——行业信息化支撑能力显著提升 建立完善的粮食行业信息化标准体系、安全体系和运维保障体系，信息化科技创新体系、人才培养体系进一步完善。

专栏1 指标体系

指标	2015年	2018年	2020年	属性
一、行业管理水平				
国家粮食管理平台		初步建成	建成	约束性
省级粮食管理平台（个）		20	31	预期性
二、核心业务覆盖率				
政策性粮食业务信息化覆盖率（%）	<30	50	100	预期性
粮食质量安全监测数据平台采集率（%）		30	70	预期性
三、基础设施水平				
国有粮食收储企业信息化升级改造覆盖率（%）	13	50	80以上	预期性
国家粮食质量安全检验监测体系数字化实验室覆盖率（%）	<5	20	60	预期性
重点联系粮食批发市场信息化改造覆盖率（%）	<5	25	50	预期性
重点粮食加工企业信息化改造覆盖率（%）	<15	25	50	预期性
四、信息化标准体系				
粮食行业信息化标准数量（项）	23	30	50	约束性

（续）

指标	2015年	2018年	2020年	属性
五、粮食大数据应用				
国家粮食大数据中心		初步建成	建成	约束性
粮食行业大数据采集、存储、处理数据量	TB级	TB级	PB级	约束性
即时数据采集率（%）		10	40	预期性

第三章　主要任务

运用云计算、大数据、“互联网＋”等先进理念和技术，构建国家、省、企业三级架构，完成国家及省级粮食管理平台建设，着力做好粮库智能化升级改造、粮食交易中心和现货批发市场电子商务信息一体化平台、调控监测体系、粮食质量安全监管信息系统等建设，为宏观调控、行政管理、公共服务和行业发展提供支撑。

粮库智能化升级改造分收纳库信息系统、储备库信息系统、示范库信息系统三个层级建设粮食仓储信息系统，提升仓储装备智能化水平和粮食收储信息化服务水平。粮食交易中心和现货批发市场电子商务信息一体化平台重点完善全国粮食统一竞价交易平台功能，改善粮食交易中心省级终端硬件条件，发展“互联网＋粮食”电商平台，推动粮食现货批发市场信息化升级。调控监测体系建设重点建立全国粮食从生产到消费各个环节的监测预测体系，对供需状况及趋势进行准确判断，为粮食宏观调控提供支撑。粮食质量安全监管信息系统建设重点进行质量信息采集与分析，实现粮食综合质量评价，提高粮食质量安全风险监测预警能力。

第一节　推动粮食收储信息化

实施粮库智能化升级改造　紧密围绕粮库核心业务，加快建设融合业务管理、出入库作业、智能仓储、远程监管、安防监控、办公自动化等于一体的粮食仓储信息系统，重点进行承储政策性粮食的粮库信息化建设，提升政策性业务的监管水平，着力解决粮库经营管理粗放、运行效率低下、业务协同能力不足、信息流转不畅、监管存在漏洞等问题，实现业务经营管理、仓储管理、质量管理、作业调度管理等业务的数字化、网络化、集成化、可视化和智能化，并为常态化在线库存检查奠定基础。

提升仓储装备智能化水平　加快推进扦样、检验、称重、烘干、通风、仓窗、熏蒸、装卸、整理等装备的自动化、信息化、智能化改造，在原有功能的基础上，推动装备通讯协议标准化，提升装备的信息感知、处理、传输和控制能力。推动快速检化验、地磅称重控制一体化、测控集成终端、多参数粮情检测、低温储粮通风机组、粉尘监测、仓储机器人等专用智能化装备的研发和推广应用。加强清理中心、烘干中心智能化示范项目建设。

提升粮食收储信息化服务水平　支持粮食企业和第三方建立粮食仓储服务信息系统，实现多参数粮情、虫害识别、智能通风、安全生产预警、质量预警等深度分析与决策支持。依托省级粮食管理平台，实现对库存粮食数量、质量、储存安全情况的动态监管，强化政策性粮食的远程监管能力。建立农户粮情公共服务信息系统，向农户提供技术、市场、政策等信息，促进低成本农户储粮技术应用。提升粮食产后服务信息化水平，为农户提供烘干、保管、交易等信息服务。

专栏2　粮食仓储信息化提升工程

粮库智能化升级改造　以粮库核心业务信息化为主线，分收纳库、储备库、示范库三个层级信息系统进行建设，实现与省级粮食管理平台的互联互通、信息共享。收纳库信息系统一般包含粮食出入库、资金结算、统计报表等基本功能。储备库信息系统在收纳库信息系统的基础上，增加储备粮管理、智能仓储、智能安防等模块。示范库信息系统在储备库信息系统的基础上，积极探索自动控制、数量监测、智能终端、风险防控、商业智能等新应用，每个省（区、市）选择1～5个粮库作为智能化升级改造示范库。

智能粮库新型装备集成应用示范　开展粮食收储品质一体化检测仪器、粮情专用传感器、智能干燥、多参数粮情检测、粉尘监测、数量检测、仓储机器人等装备的研发及集成应用示范，加强清理中心、烘干中心智能化示范项目建设。

第二节 强化粮食物流信息服务

推动建设国家级粮食物流信息平台 积极推进与社会综合性物流信息平台合作，融合相关物流信息资源，推动形成政府公共数据与市场数据相融合的粮食物流大数据体系，实现我国主要粮食通道的粮食流量、流向和流速的动态监测，提升粮食流通效率。

引导物流园区信息平台建设 推进粮食智能仓储物流、中转体系建设，发展一批模式成熟的物流园区信息平台，实现与粮食市场、收储企业、加工企业等业务系统的数据交换和信息共享，促进公路、铁路、水路多式联运的信息互联互通，提升粮食物流自动化、智能化水平和运转效率。加强与交通、海关、贸易、检验检疫等部门物流相关信息系统对接。

专栏3 粮食物流信息化建设工程

智能化仓储物流示范园区建设 在物流与加工能力较大的地区，建设集粮食仓储、运输、冷链、口岸、交易、检验、加工、配送、电商、展示等现代物流服务功能和技术手段于一体的物流园区，加快推动智能仓储、多式联运、智慧物流、安全追溯等信息系统的示范应用，实现园区管理的自动化和智慧化。

粮食集装单元物联网关键技术研究与示范 开展粮食集装单元快速检测与识别技术、运输过程动态监控技术、滑托板等装卸设备智能控制技术的研发与示范，实现粮食物流流向的动态监测、数量和质量的动态感知，在途粮食的质量与安全的动态监控。

第三节 提升粮食加工业信息化水平

实施重点粮食加工企业信息化改造 鼓励重点粮食加工企业进行原粮及成品粮出入库、库存管理系统的建设和改造，结合粮食应急配送中心信息化建设需求进行成品粮应急管理建设。鼓励和支持重点粮食加工企业建设粮食质量安全追溯信息系统，并与省级粮食管理平台互联互通，通过国家粮食管理平台形成跨区域、全国统一的质量安全追溯体系。加强粮食加工业信息监测系统建设，实现重点粮食加工企业最低最高库存量、加工能力、加工数量、产品质量等信息的在线监测。

实施装备设计与制造升级行动 利用计算机辅助工程分析、虚拟仿真和数字模型等信息化手段，提高加工装备设计与制造的数字化水平。鼓励智能感知、知识挖掘、系统仿真、人工智能、工业机器人等新兴信息技术的应用，促进加工装备智能化升级。支持装备制造企业为粮食企业提供远程在线监测及服务。

推动粮食加工企业智能化升级 加快产品全生命周期管理、客户关系管理、供应链管理系统的推广应用，实现智能管控、产业链协同和供应链优化。加快物联网、快速检测等技术的应用，实现粮食加工过程的生产工艺、环境、产品质量等全生产周期的信息采集。探索推进粮食加工关键工序智能化、关键岗位机器人替代等，实现生产过程智能优化控制。

专栏4 粮食加工企业信息化升级工程

重点粮食加工企业信息化改造 搭建重点粮食加工企业信息监测网络，利用大数据、云计算等技术，加强对粮食产业运行数据的分析和研判，为粮食加工业补贴政策制定、实施提供依据，促进粮食产业经济发展。进行原粮出入库、库存管理、成品粮应急管理及粮食质量安全追溯等信息系统建设，实现最低最高库存、加工能力、加工数量、产品质量等信息的在线监测及信息共享。

加工装备数字化升级工程 推进数字化研发设计工具的普及应用，推动物联网、智能制造、大数据在生产制造、故障诊断等环节的创新应用，形成加工装备自动化生产线、自动化仓储与分拣系统等一批典型标志性成套装备，实现加工装备的数字化换代和智能化升级。开展基于互联网的在线服务信息系统建设，鼓励制造企业基于互联网开展故障预警、远程维护、质量诊断、远程过程优化等在线增值服务，实现从制造向“制造＋服务”的转型升级。

数字化工厂示范工程 鼓励和支持有条件的粮食加工与装备企业通过新建或改扩建方式，高起点、高水平建设数字化工厂，大力推进智能制造技术、核心技术装备的集成应用，改造工艺流程，改善产品检验检测手段，提高生产制造过程的数字化、柔性化及系统集成水平。

第四节 提高监测与应急信息化水平

健全粮食信息监测网络 提升现有粮食统计、市场监测信息系统功能，拓展互联网信息采集渠道，建立以实时采集为主的市场信息采集系统，加强统计信息系统和市场监测信息的数据共享。建立健全粮食从生产到消费各环节的监测预测体系，在生产环节对粮食进行分地区、分品种、分时节监测，预测不同品种、不同地区粮食产量、质量变化等情况；在储备环节，准确掌握中央、地方、企业和农户粮食库存数量、品种、布局及动态变化等情况；在消费环节，准确掌握全社会和不同地区、不同行业的粮食消费量及品种状况等。运用大数据技术强化市场信息分析能力，建立预测预警数据模型，对不同地区、不同品种的粮食供需状况进行分析和预测，及时监测国内、国际粮食价格波动，提升粮食宏观调控的精准性和有效性。

提升粮食应急供应信息化水平　加快应急基础设施信息化改造和应急配送中心信息化系统建设，实现对应急物资的动态实时监管，建设各级粮食应急管理可视化系统。依据各级政府粮食应急预案，建立应急调度模型和专家辅助决策系统，支持应急模拟演练和预警信息发布。建立运转高效、保障有力的应急供应信息系统，实现应急供应点、配送中心、储备库和加工企业之间的实时数据交换。

完善粮食市场监测信息数据库　加大对国内外粮食生产、贸易、物流、消费的监测力度，加强对国内外粮食期货、现货价格的跟踪，整合粮食监测信息资源，为精准分析、精准决策提供数据支撑。

专栏5　监测与应急信息化能力提升工程

粮食市场监测预警信息系统　以小麦、稻谷、玉米、油脂油料为重点，综合考虑常规监测、热点监测和应急监测的互补性，结合短期、中期和中长期监测需求，建立包含产量、贸易量、消费量、库存量、现货和期货价格等监测指标的国内、国际市场动态监测及中长期滚动预测系统，解决粮食决策短期效益与长期效益结合的问题。

粮食应急配送中心信息化建设　进行区域配送中心和粮食应急供应网点的信息基础设施改造，重点加强商业客户、产品库存、仓储资源、运输装备的信息化管理，积极采用卫星定位、电子托盘、RFID等技术，实现出入库管理、作业调度、自动盘库、客户合同、物流配送以及安防监控等功能。粮食应急配送中心信息系统对下要与应急供应网点联通，及时或定期掌握各网点库存和销售情况；对上应与粮食行政管理部门联通，接受粮食行政管理部门的应急指挥调度。

粮食应急指挥系统建设　具备粮食应急预案管理、应急知识库管理、应急组织机构管理、应急模拟演练等功能，实现应急任务的编制以及任务执行过程中的现场监督管理。通过统计和分析，对应急指挥在市场监测分析能力、决策效率和执行能力、应急响应能力等方面进行评价，完善应急预案。

第五节　提升粮食市场信息化水平

打造国家粮食电子交易平台　进一步健全体系、提升功能、规范操作、拓展业务，把全国粮食统一竞价交易平台升级打造为国家粮食电子交易平台。引入质量检测、金融、物流等第三方服务，推进粮食交易方式多元化和服务的个性化，完善功能板块，实现交易、结算、委托服务等全流程网上操作，建成功能齐备、服务高效、运转规范、安全可靠的大宗农产品交易平台。扩大全国统一粮食竞价交易系统的市场联网范围，加强粮食交易中心省级终端硬件建设，增强信息采集、服务能力。强化信息统计分析、信息报送、信息服务能力，分析并发布交易的性质、品种、价格、数量、质量、需求等信息，促进粮食产销衔接，有效发挥市场信息导向作用。

推动粮食现货批发市场信息化升级　加快建立粮食现货批发市场信息管理系统，为场内商户和公众提供客户评价、物流配送、产品追溯等服务，推动现货批发市场信息管理系统与全国一体化平台的深度融合。

推动“互联网+粮食”电商平台建设　坚持市场化主导，引导有条件的企业试点建设粮食电子商务平台。加强与成熟电子商务平台合作，建设粮食应急供应点网上超市，推动电子商务在产销衔接、“放心粮油”工程中的示范和推广。推动粮食现货批发市场采用电子商务交易模式，鼓励粮食企业、新型粮食生产经营主体等应用电子商务平台，开展在线销售、采购等活动，打造粮食电子商务品牌。建立电子商务产品质量追溯机制，鼓励企业利用电子商务平台的大数据资源，提升企业精准营销能力。

专栏6　粮食交易市场信息化建设工程

粮食交易中心和现货批发市场电子商务信息一体化平台　提升平台软硬件设施水平和安全保障能力，扩大交易系统的业务范围和交易对象的覆盖面，积极推进储备粮及其他政策性粮油进入平台交易，引导区域性、专业性粮食批发市场开展跨区域的大宗粮食品种交易，充分发挥其在粮食产销衔接中的作用。进一步健全全国粮食统一竞价交易体系，搭建直接面向社会粮食经营者的粮食网上购销平台，开展产销衔接社会化服务，在做好政策性粮食竞价交易结算的同时，为粮食经营者提供粮食供求信息、市场价格、交易、资金结算、物流等服务，提升社会化服务水平。建成现货批发市场综合服务系统，通过虚拟平台服务，为场内客户提供进销存登记、物流服务、客户评价、产品追溯等功能，提升商户管理水平，拓展销售空间。实现与省级粮食管理平台、粮库、加工企业的数据交换与互联。

粮食电子商务平台　加快推动成品粮批发市场、应急供应网点、放心粮店等开展电子商务，推动建设集产品展示、信息发布、在线交易、电子支付、在线物流、信用认证等功能为一体的电子商务平台，形成线上与线下相融合的发展模式，有效拓宽粮食营销渠道，提高供给效率，强化示范带动作用。建立健全适应粮食电子商务发展的结算、配送及安全防范体系。推动粮食电子商务相关数据信息共享开放，加强信息监测统计、发布服务工作。

第六节 提升行政监管信息化能力

推动行业信用信息管理系统建设 依托省级粮食管理平台，重点采集企业经营管理基础信息、政府部门监管信息及社会舆情信息等，形成粮食行业信用信息数据库，并与全国信用信息共享平台实现互联共享。推动建立与发展改革、工商等部门信用信息交换机制，促进信用信息共享，探索开展独立核算经营主体履约履责能力、诚信经营情况评价、建立不良信用清单记录企业违规违约失信等不良信息，建立健全激励守信和惩戒失信的机制。

提升监督检查信息化水平 加快监督检查工作与互联网的深度融合，积极推动监督检查方式向信息化、自动化、网络化方式转变。加强粮食流通市场化条件下的市场收购主体监管。建设粮食行业“双随机”抽查名录库，落实“双随机”工作机制。加强粮食数量、储存状况等信息在线监测。建立中央储备粮库存动态监管系统，通过对各业务环节信息的采集、上传、汇总和关联分析，实现对中央储备粮库存的全天候全流程动态监管。

提升质量安全监测预警能力 完善粮食流通各环节中粮食质量信息的数据标准，加快推进粮油质量检测设备的信息化改造，统一数据接口，建立收获、储存环节粮食综合质量、储存品质及食品安全指标监测数据库，利用二维码、身份识别等信息技术，确保质量监测信息的真实性、代表性和可溯源性。推进全国粮食质量安全监管信息系统建设，建立质量分析模型，实现粮食综合质量评价，运用大数据技术提高粮食质量安全风险监测预警能力。加强粮食质量安全检验监测体系实验室数字化建设，探索建立由有资质的粮食质量检验机构实施的粮食质量第三方检验信息平台。鼓励生产经营企业和社会主体建设粮食产品质量追溯信息门户，面向社会公众提供粮食全程质量追溯信息跨区域一站式查询服务。推动粮食流通质量追溯体系建设。

专栏7 粮食行政监管信息化建设工程

粮食行业信用信息管理系统 依托国家粮食管理平台和各省级粮食管理平台，以各级粮食行政管理部门和中储粮系统为信息管理节点，统一信息采集标准，规范信息采集来源及采集周期。针对企业经营管理基础信息、政府部门监管信息及社会舆情信息等，按权限规定和粮食统计报送渠道收集和审核信用信息，形成粮食行业信用信息数据库，拓展信用信息服务，推动实现信用信息互通共享。以企业履约履责能力、诚信经营情况为重点评价目标，对法人企业进行信用评价。

粮食行业“双随机”抽查名录库系统 依托国家粮食管理平台和各省级粮食管理平台，按照全面覆盖、分级负责、动态管理的原则，全面采集粮食经营者和粮食执法检查人员相关信息。通过摇号、机选等方式，从名录库中随机选取被检查对象、随机选派检查人员，并做到检查全程留痕，实现责任可追究。各级粮食行政管理部门可根据监管工作需要，设定不同粮食性质、品种等特定条件，采取定向抽查等方式，随机确定检查对象。

粮食质量安全监管信息系统 开展粮食质量安全监测样品取样地点实时定位、实时记录、实时报送技术研究与示范，建立全国粮食质量安全监测采样信息管理系统，实现粮食质量样品采集动态监测、信息可溯。加强粮食品质测报、收获质量监测、库存质量监测等质量数据的采集、融合和分析，建立粮食质量安全风险预报模型，实现粮食质量安全风险监测预警。结合地理信息系统，构建粮食风险地图，实现污染粮食区域管控。

中央储备粮库存动态监管系统 通过国家粮食管理平台与中国储备粮管理总公司管控一体化信息平台实时数据交换，实现对中央储备粮库存的全天候、全流程动态监管，对实际库存信息进行查询、分析，为国家发展改革委、国家粮食局、财政部、农发行等部门管理决策和有效监管提供依据。

粮食安全决策支持系统 建立集粮食供给、需求、仓储、物流、加工、配送和应急调度为一体的粮食安全综合评价体系与辅助决策系统。建立以小麦、稻谷、玉米为主的粮食市场决策模型，准确研判未来我国粮食生产、消费、贸易和价格变化趋势，有效捕捉粮食市场的各种影响因素，为国家和区域粮食调控及市场决策提供科技支撑。

第七节 实施粮食行业大数据战略

建立粮食行业大数据采集体系 制定统一、规范的粮食行业信息系统数据接口和协议，拓展物联网数据采集渠道，加强研发和利用传感器、智能终端等技术装备，实现收储、物流、加工、消费、贸易、政策、价格、质量、信用等信息的全面采集。开辟互联网数据采集渠道，开展互联网数据挖掘。制定粮食行业信息资源标准，着重建设一批信息资源数据库，逐步形成涵盖粮食行业的大数据资源体系。

加强粮食大数据管理 整合已有的信息化资源，加强国家、省级数据中心基础建设和大数据管控体系建设，建成国家粮食大数据中心和国家粮食管理平台，形成全行业信息化的数据中枢和计算中心，实现对粮食行业大数据信息的集中管理，为国家、各省（区、市）粮食行政管理部门的业务系统提供信息资源服务支持，实现对行业监管、社会公众服务和宏观调控决策的支撑。加强与国家政务信息资源目录的衔接，建立粮食行业信息资源目录体系。加强数据资源目录管理、整合管理、质量管理、安全管理，提高数据准确性、可用性、可靠性。

推动大数据应用　加大对数据分析挖掘、可视化等领域的研发力度，深化系统内部数据和社会数据的关联分析。强化大数据技术在供需平衡预测、库存监管、质量安全监测、调控措施评估等方面的应用，提高宏观调控、行业监管以及公共服务的精准性和有效性。综合运用卫星遥感、大数据等技术分析不同地区粮食种植面积、种植成本、市场粮价等相关因素，掌握农民收入变化等情况，为“价补分离”收储制度改革后补贴发放决策及实施提供依据。

建立大数据开放共享机制　依托国家电子政务网络，实现国家、省、企业各类系统的互联互通，消除“信息孤岛”。加快数据交换共享机制建设，在符合有关保密规定的前提下，推动企业数据资源向国家、省级粮食管理平台汇聚，打通政府部门、企事业单位之间的数据壁垒。依托国家数据共享交换平台实现跨部门数据交换，推进与金宏、金农、金关等信息系统的数据共享。制定粮食行业数据共享开放目录和制度，依法推进数据资源向社会开放，提高数据的使用价值。加强数据资源在采集、传输、存储、使用和开放等环节的安全保护。

专栏8　粮食管理平台和数据中心建设工程

国家粮食大数据中心　建立粮食行业信息资源目录体系和数据交换共享机制，形成粮食行业统一、公共的数据资源池，实现全行业各种系统、各类数据来源的集中整合和统一存储，利用行业大数据资源提升宏观调控、行业监管以及公共服务的精准性和有效性。国家粮食大数据中心系统架构分为数据集成、数据存储、应用支撑三个层面。数据集成层主要实现对业务系统结构化及非结构化数据的采集及加工处理。数据存储层主要实现对业务系统的结构化数据及非结构化数据的统一存储。应用支撑层主要实现数据的分析呈现及为各类应用提供数据支撑。国家粮食管理平台的各类应用通过统一的数据服务接口和应用开发接口（API），可以直接利用数据分析结果或读取和调用数据对象做深入的统计分析、呈现，也可融合多个数据对象做数据的深度挖掘，为行业信息化提供大数据产品服务。

国家粮食管理平台　优先采用云架构、大数据等先进、弹性化技术，实时连接各省级粮食管理平台，汇聚行业管理和宏观决策所需数据，建设全国性业务系统一体化支撑平台。国家粮食管理平台应考虑行业管理模式和技术架构的统一规划，制定粮食行政管理标准化流程，采用灵活性、可扩展性和开放性平台架构，注重实现开发、测试、运维的一体化，为业务层提供标准化、可复用的应用支撑。国家粮食管理平台与省级粮食管理平台的互联互通按照“分层次、分模块、分步骤”的原则稳步推进，“十三五”中期实现仓储、质量监测等信息的共享和应用。

省级粮食管理平台　建设集粮食行政管理、宏观调控、监督检查和社会服务等功能于一体的省级粮食管理平台，与国家粮食管理平台及各级粮食收储企业、批发市场、交易中心、重点加工企业、粮食应急配送中心和质检机构互联互通，进行粮食信息采集、汇总、分析和利用，具备行政许可管理、基础设施管理、储备粮管理、资产管理、财务管理、安全生产管理、粮食流通统计、监测预警和应急管理、放心粮油、质检管理、监督检查、信用管理等基本功能。在保障数据安全的前提下，鼓励使用云计算服务，可按照公有云和私有云进行基础设施建设。

第八节　实施粮食行业信息服务开放行动

健全粮食行业信息服务体系　实施“互联网＋政务服务”，升级政府门户网站，建设新媒体平台，完善信息公开、办事服务、互动交流等功能，推动在线审批，提高行政审批效率。依托第三方机构，开发涵盖粮食交易、物流、价格、质量、供需形势、信用、消费、贸易、营养状况等多层次的粮食信息产品，提升粮食行业信息服务的影响力、权威性和覆盖面。

创新信息服务方式与内容　建设面向粮食行业管理部门、粮食经营企业等的信息发布系统，建立信息发布制度，提供产业运行状况、供需平衡、粮食安全预警、应急供应、质量监测、物流服务、价格监测等全方位信息服务，增强信息发布的权威性、覆盖面和有效性。建立粮食科技综合信息共享与服务信息系统，集聚产学研用管各方力量，形成科技创新、成果转化、技术推广等领域的数据共享机制。通过微信、微博、短信、手机APP等方式，向种粮农民宣传粮食政策，发布粮食收购、价格信息及补贴政策等，引导农民科学合理安排粮食生产。建设粮食仓储、物流、加工、营养技术信息库，开展交互式服务。

第九节　强化粮食行业信息化支撑能力

完善粮食行业信息化标准体系　加快制定粮食行业信息化建设急需的政策性粮食监管、省级粮食管理平台、信息资源等关键性标准，推动形成涵盖总体标准、基础设施标准、信息资源标准、应用标准、安全标准和管理标准等行业信息化标准体系。按照互联互通的具体要求，加强现有信息系统的标准化改造，开展粮食行业信息化产品达标鉴定和认证工作，推动行业信息化标准的贯彻落实。推动实现粮油标准信息化动态管理，提升粮油标准化工作效率。

健全安全保密体系 落实信息安全等级保护和分级保护规定，明确数据采集、传输、存储、加工、共享等各环节网络安全保障的范围边界、责任主体和具体要求。采用自主可控、安全保密产品和服务，提升基础设施关键设备安全可靠水平。完善网络和信息安全保障管理制度，建立信息安全通报机制，强化态势感知、身份鉴别、入侵防范、信息加密、访问控制等安全防护措施。建立涉密信息系统保密管理责任制，加强涉密信息系统的日常运行和使用保密管理，指定专门机构或者人员负责运行维护、安全保密管理和安全审计，定期开展安全保密检查和风险评估。

全面提升运行维护保障水平 建立分级负责、流程规范、安全高效的运维服务体系，实现运维服务的规范化、制度化、流程化和可控化。建立系统运维的管理机构和制度，保证必要经费开支，鼓励采用政府购买服务等多种形式建立稳定的运维保障机制，提高系统运维和应急处置能力。

强化信息化科技支撑 积极开展粮食信息化关键技术创新研究，依托国家、省部级重点实验室、工程技术研究中心等研究基地，在信息感知、大数据分析、第三方系统集成等领域取得突破。建立高等院校、科研院所、企业共同参与的粮食信息化技术创新联盟，构建产学研用一体化科技创新机制。加强对粮食行业信息化技术的前瞻性研究，促进粮食信息化科技成果转化，探索成果转化多方共赢模式，强化示范带动效应。

加强信息化专门人才队伍建设 引进和培养信息化“高精尖缺”和复合型人才，充实信息化建设管理人员。依托行业高校、科研机构、企业的智力资源和研究平台，建立一批联合实习实训基地。依托粮食院校、行业组织和培训机构，深入开展粮食行业党政管理、企业经营和专业技术人才的信息化培训，形成人才结构合理、专业技术过硬的信息化建设及保障队伍。

第四章 保障措施

第一节 加强统筹协调

各级粮食行政管理部门要把信息化建设作为“一把手工程”，切实承担起规划实施的主体责任，加强与有关部门的统筹协调。各级粮食行政管理部门和有关中央企业要依据本规划确定的目标、任务，结合实际，抓紧制定具体实施方案，建立健全信息化工作机构和建设评估机制，细化推进措施，完善工作规范，强化政策支持，切实抓好宣传引导、组织落实，确保规划落到实处。

第二节 加大投入力度

加大政府投资支持力度，充分发挥政府投资的引导作用。充分发挥社会力量和市场多元主体的作用，拓宽建设资金来源渠道，加快构建政府投资与社会力量广泛参与的粮食行业信息化建设资金保障机制。

第三节 强化组织实施

强化顶层设计和规划引导，突出重点、分步实施、有序推进。建立政府、企业、高校、科研院所共同参与、跨行业的粮食行业信息化专家团队，积极支持服务粮食行业信息化的技术企业发展，共同推进粮食行业信息化建设进程。严格执行招标采购法律法规，落实建设主体责任和项目法人责任制、工程监理制和项目合同制，集约使用各项经费，强化项目运行情况的跟踪管理。按照国家及行业有关信息化建设标准及规范，尽量统一组织本地区软件开发、硬件采购、运维管理等，节省建设资金。鼓励第三方专业服务机构参与信息化建设和运维管理。

第四节 加强资源整合

因地制宜，加快对现有基础设施、信息系统、装备的整合及标准化、信息化改造，杜绝重复建设。建立信息资源目录体系，完善粮食行业信息化标准体系，强化行业基础性标准执行。推动粮食行业数据资源向国家、省级粮食管理平台汇聚，实现行业信息的无重复采集、充分共享、统一管理和综合利用。以项目投资带动资源整合，优先支持能够共享数据、与平台互联互通的项目。

4

第四部分

国内综合统计资料

国内综合统计资料
简 要 说 明

1. 本部分统计资料主要包括农林牧渔业主要产品产量、农产品加工机械拥有量及农产品加工行业固定资产投资情况、按国民经济行业分类统计有关农产品加工业现状、农产品加工业主要产品产量、农产品加工业主要产品出口创汇情况、农产品加工业部分行业与企业排序，以及我国西部地区综合统计等7部分统计数据。

2. 香港和澳门特别行政区的统计是构成国家统计总体的一部分，但根据《中华人民共和国香港特别行政区基本法》和《中华人民共和国澳门特别行政区基本法》的有关原则，香港、澳门与内地是相对独立的统计区域。根据各自不同的统计制度和法律规定，独立进行统计工作。本部分中所涉及的统计数据均未包括香港、澳门特别行政区和台湾省。这三部分相关统计数据，另在本年鉴附录中列出。

3. 本部分统计资料数据，除已注明"资料来源"之外，其余均采用国家统计局公布的数据。

4. 本部分采用的统计数据，基本上以2015年数据为主，为了保持与上卷年鉴提供数据的连续性，有一部分统计数据是在上卷基础上，延续列出。

5. 本部分有关表中所示"规模以上企业"是指年产品销售收入2 000万元以上的企业。

6. 本部分有关表中所示工业产值、工业增加值、工业产品销售产值、利税总额等数据未单独标注者，均按当年价格计算（当年价格即为现行价格）。

7. 本部分统计资料数据所使用的计量单位，均采用国际统一标准计量单位。对有关行业未按国际统一标准计量单位提供的数据，编辑部均按国际统一标准计量单位进行了相应换算。

8. 本部分中同一类、同一行业统计数据，由于管理渠道、统计范围、数据采集方法、时间等略有不同，加之有些行业与相关管理部门交叉较多，因此数据也略有不同。但来自同一系统的数据基本上还是一致的。

9. 本部分统计资料中，依据国家统计局、农业部、国家林业局、中国食品工业协会、中国轻工业联合会、中国纺织工业联合会等部门、行业提供的相关数据，开辟了"我国西部地区综合统计"专栏。

10. 本部分统计资料中符号使用说明："空格"表示该项统计指标数据不详或无该项数据；"*"或"①"表示本表下有注解。

11. 由于时间短促，难免有误，请给予批评指正。

农林牧渔业主要产品产量统计

表1　我国主要农产品产量（2011—2015年）

单位：万t

年份	粮食						
	合计	谷物				豆类	薯类
		小计	稻谷	小麦	玉米		
2011	57 121	49 637	20 100	11 740	19 278	1 908	3 273
2012	58 958	53 935	20 424	12 102	20 561	1 731	3 293
2013	60 194	55 269	20 361	12 193	21 849	1 595	3 329
2014	60 703	55 741	20 651	12 621	21 565	1 626	3 336
2015	62 144	57 228	20 823	13 019	22 463	1 590	3 326

年份	棉花	油料				麻类	
		小计	花生	油菜籽	芝麻	小计	黄红麻
2011	659.8	3 307	1 605	1 343	60.5	29.6	7.5
2012	683.6	3 437	1 669	1 401	63.9	26.1	6.8
2013	629.9	3 517	1 672	1 446	62.3	22.9	6.1
2014	617.8	3 507	1 648	1 477	63.0	23.1	5.6
2015	560.3	3 537	1 644	1 493	64.0	21.1	5.3

年份	糖料			茶叶	烟叶	
	小计	甘蔗	甜菜		小计	烤烟
2011	12 517	11 444	1 073	162.3	313.2	287.0
2012	13 485	12 311	1 174	179.0	340.7	312.6
2013	13 746	12 820	926	192.4	337.4	314.9
2014	13 361	12 561	800	209.6	299.4	279.5
2015	12 500	11 697	803	224.9	283.2	260.6

年份	水果					
	合计	苹果	柑橘	梨	葡萄	香蕉
2011	22 768	3 599	2 944	1 580	907	1 040
2012	24 057	3 849	3 168	1 707	1 054	1 156
2013	25 093	3 968	3 321	1 730	1 155	1 208
2014	26 142	4 092	3 493	1 796	1 255	1 179
2015	27 375	4 261	3 660	1 870	1 367	1 247

表2 各地区主要农产品产量（2015年）

单位：万t

地 区	一、粮 食					
	总 产	1. 谷 物				2. 豆类
		总 产	稻 谷	小 麦	玉米	总 产
全国总计	**62 143.9**	**57 228.1**	**20 822.5**	**13 018.5**	**22 463.2**	**1 589.8**
北 京	62.6	61.1	0.1	11.1	49.4	0.7
天 津	181.7	179.8	11.3	59.8	107.3	1.2
河 北	3 363.8	3 230.4	54.5	1 435.0	1 670.4	29.5
山 西	1 259.6	1 192.3	0.5	271.4	862.7	30.6
内蒙古	2 827.0	2 577.0	53.2	158.3	2 250.8	103.0
辽 宁	2 002.5	1 927.3	467.7	2.7	1 403.5	27.2
吉 林	3 647.0	3 538.9	630.1	0.1	2 805.7	48.6
黑龙江	6 324.0	5 786.3	2 199.7	21.8	3 544.1	437.3
上 海	112.1	110.6	84.1	19.9	2.1	0.8
江 苏	3 561.3	3 454.9	1 952.5	1 174.0	252.2	73.5
浙 江	752.2	655.6	578.1	35.1	31.1	35.8
安 徽	3 538.1	3 371.3	1 459.3	1 411.0	496.3	134.0
福 建	661.1	509.4	485.0	0.6	21.5	23.3
江 西	2 148.7	2 044.3	2 027.2	2.6	12.8	33.1
山 东	4 712.7	4 500.1	95.1	2 346.6	2 050.9	38.8
河 南	6 067.1	5 902.6	531.5	3 501.0	1 853.7	53.8
湖 北	2 703.3	2 575.1	1 810.7	420.9	332.9	28.7
湖 南	3 002.9	2 849.8	2 644.8	9.4	188.8	34.3
广 东	1 358.1	1 168.8	1 088.4	0.3	77.9	21.6
广 西	1 524.8	1 422.4	1 137.8	0.9	280.7	23.9
海 南	184.0	153.4	153.3			2.1
重 庆	1 154.9	800.2	506.4	22.9	259.7	47.9
四 川	3 442.8	2 826.6	1 552.6	426.3	765.7	99.9
贵 州	1 180.0	841.8	417.5	61.7	324.1	34.4
云 南	1 876.4	1 545.8	659.7	90.6	747.3	136.4
西 藏	100.6	98.0	0.5	23.4	0.8	2.0
陕 西	1 226.8	1 119.8	91.9	458.1	543.1	21.2
甘 肃	1 171.1	909.6	3.1	281.0	577.2	36.2
青 海	102.7	62.4		34.1	18.6	5.6
宁 夏	372.6	332.0	60.8	39.6	226.9	3.4
新 疆	1 521.3	1 480.5	65.1	698.3	705.1	20.8

（续）

地 区	一、粮 食	二、油料				三、棉花
	3. 薯类*					
	总 产	总 产	1. 花生	2. 油菜籽	3. 芝麻	总 产
全国总计	**3 326.1**	**3 537.0**	**1 644.0**	**1 493.1**	**64.0**	**560.3**
北 京	0.8	0.6	0.5		0.0	
天 津	0.7	0.4	0.3	0.0	0.0	2.6
河 北	103.9	151.5	127.4	3.0	0.9	37.3
山 西	36.7	15.3	1.2	0.7	0.2	1.4
内蒙古	147.0	193.6	4.2	41.7	0.1	
辽 宁	48.0	46.1	44.8	0.2	0.0	
吉 林	59.5	76.4	55.9		0.6	
黑龙江	100.3	18.3	5.2		0.1	
上 海	0.6	1.2	0.2	1.0	0.0	
江 苏	32.9	143.1	35.1	106.3	1.7	11.7
浙 江	60.8	31.3	5.3	25.1	0.9	2.0
安 徽	32.7	227.9	94.4	126.3	7.1	23.4
福 建	128.4	30.7	28.6	1.9	0.2	
江 西	71.4	124.0	46.4	73.9	3.6	11.5
山 东	173.9	324.1	319.4	2.4	0.1	53.7
河 南	110.8	599.7	485.3	86.1	27.3	12.6
湖 北	99.4	339.6	67.9	255.2	14.5	29.8
湖 南	118.8	242.9	30.5	210.8	1.5	14.5
广 东	167.7	110.3	109.0	0.8	0.4	
广 西	78.4	64.7	60.7	2.6	0.7	0.3
海 南	28.6	11.3	11.1		0.2	
重 庆	306.8	59.9	11.9	46.7	0.7	
四 川	516.3	307.6	67.8	238.5	0.5	1.0
贵 州	303.8	101.3	10.5	89.0	0.0	0.1
云 南	194.2	65.9	8.2	56.1	0.0	
西 藏	0.7	6.4	0.0	6.4		
陕 西	85.7	62.7	9.7	43.2	1.7	3.9
甘 肃	225.3	71.6	0.5	34.0	0.1	4.3
青 海	34.8	30.5		30.1	0.0	
宁 夏	37.2	15.3		0.2	0.0	
新 疆	20.0	62.9	1.7	10.8	0.9	350.3

* 薯类产量按 5∶1 折粮计算，下同。

（续）

地区	四、麻类		五、糖料		六、烟叶	
	总产	黄红麻	1. 甘蔗	2. 甜菜	总产	烤烟
全国总计	**21.1**	**5.3**	**11 696.8**	**803.2**	**283.2**	**260.6**
北京					0.0	
天津						
河北				89.2	0.6	0.4
山西				5.5	0.9	0.9
内蒙古				230.1	1.2	1.0
辽宁				52	2.6	2.4
吉林				13	4.5	2.2
黑龙江	2.0			73	6.9	6.2
上海			0.6			
江苏	0.1		9.4		0.0	0.0
浙江			62.2		0.2	
安徽	2.6	1.3	20.3		4.2	4.2
福建			43.6		14.5	14.3
江西	0.7	0.1	65.8		5.5	5.3
山东	0.0				6.3	6.3
河南	2.9	2.7	24.3		28.8	23.3
湖北	2.2	0.0	32.0		8.7	7.7
湖南	1.5	0.1	66.0		22.7	21.9
广东			1 452.9		5.6	5.0
广西	1.1	0.9	7 504.9		2.8	2.1
海南	0.1	0.1	264.8		0.0	
重庆	0.8	0.0	9.8		8.7	7.4
四川	5.3	0.1	54.0	0.1	22.2	18.1
贵州	0.1		156.1		35.0	32.9
云南			1 930.0		92.8	90.3
西藏						
陕西	0.1		0.1		7.3	7.2
甘肃	0.3			16.0	1.2	1.0
青海						
宁夏					0.2	0.2
新疆	1.1			448.3	0.0	

表3　我国玉米主产区生产情况（2014—2015年）

单位：万t

地　区	2014年	2015年	同比增长（%）
河　北	1 670.7	1 670.40	−0.02
山　西	938.1	862.70	−8.04
内蒙古	2 186.1	2 250.80	2.96
辽　宁	1 170.5	1 403.50	19.91
吉　林	2 733.5	2 805.70	2.64
黑龙江	3 343.4	3 544.10	6.00
山　东	1 988.3	2 050.90	3.15
河　南	1 732.1	1 853.70	7.02
陕　西	539.6	543.10	0.65
其　他	5 262.3	5 478.30	4.10
总　计	**21 564.6**	**22 463.20**	**4.17**

表4　各地区水果产量（2015年）

单位：t

地　区	水　果	其中					
		苹　果	梨	柑　橘	桃	猕猴桃	葡　萄
全国总计	**174 795 709**	**42 613 392**	**18 698 559**	**36 600 838**	**13 640 032**	**2 187 867**	**13 669 273**
北　京	674 270	80 357	126 637	114 387	340 771		32 697
天　津	327 123	42 792	46 069	43 158	62 853		110 976
河　北	15 086 122	3 665 784	5 059 899	2 077 934	1 931 515	1 740	1 659 871
山　西	7 556 465	4 312 091	733 428	37 933	984 087		266 301
内蒙古	660 329	199 631	64 015	3 662 541	2 077		129 703
辽　宁	6 014 548	2 484 103	1 404 693	4 101 245	536 316		851 883
吉　林	534 047	142 609	130 723	49 405	685		164 032
黑龙江	518 563	176 181	34 490	4 266 586			100 042
上　海	327 570		28 659	4 571 275	78 878	1 720	98 367
江　苏	3 000 295	599 532	779 758	4 927 966	617 487	7 606	632 375
浙　江	4 600 161		384 346	5 192 761	428 700	57 002	760 956
安　徽	2 994 407	375 103	1 117 467	51 542	598 418	1 961	462 073
福　建	7 447 893		233 874	2 249 450	285 336	7 194	168 715
江　西	4 503 190		154 257	37 953 441	63 705	25 368	64 980
山　东	17 029 979	9 584 325	1 354 230	320 114	2 775 251	4 428	1 211 922
河　南	9 157 642	4 496 472	1 148 306	594 949	1 193 496	436 252	637 805
湖　北	6 158 386	13 138	509 154	663	931 625	26 509	270 728
湖　南	5 455 817		177 456	531 257	161 238	73 774	175 981
广　东	15 198 897		112 710	1 327			
广　西	13 697 638		316 550	36 600 838	278 874	5 342	449 285
海　南	2 966 800		384 131	114 387			
重　庆	3 274 760	4 785	976 686	43 158	133 003	23 232	101 952
四　川	8 065 208	612 919	292 421	2 077 934	551 213	217 004	334 599
贵　州	1 476 496	52 677	508 784	37 933	190 116	52 544	211 154
云　南	6 563 238	413 755	1 486	3 662 541	280 505	1 648	851 622
西　藏	13 528	6 317	1 041 293	4 101 245	3 211		
陕　西	16 306 155	10 372 974	414 038	49 405	757 221	1 243 515	630 944
甘　肃	4 618 038	3 285 884	4 097	4 266 586	241 794	780	317 950
青　海	15 011	6 446	19 081	4 571 275			
宁　夏	938 655	534 191	1 139 823	4 927 966	35 390		215 755
新　疆	9 614 479	1 151 301	18 698 559	5 192 761	175 789		2 755 981

（续）

地区	其中					
	红枣	柿子	香蕉	菠萝	荔枝	龙眼
全国总计	**8 075 784**	**37 911 360**	**12 466 346**	**1 495 422**	**2 307 862**	**1 845 637**
北京	10 148	35 541				
天津	34 812	9 111				
河北	1 385 688	572 629				
山西	815 791	166 234				
内蒙古	1 311					
辽宁	218 157					
吉林						
黑龙江						
上海	981	851				
江苏	10 984	138 791				
浙江		49 626				
安徽	16 448	138 968				
福建		217 964	950 147	40 750	193 948	316 542
江西		19 420				
山东	1 072 540	145 843				
河南	324 165	519 801				
湖北	39 967	66 412				
湖南	30 484	20 504				
广东		155 661	4 516 748	968 580	1 280 494	825 984
广西	26 752	975 276	2 955 728	34 340	637 717	573 575
海南			1 400 951	374 680	156 513	53 970
重庆	10 655	15 534	1 269		519	24 372
四川	16 835	50 504	44 645		17 065	38 211
贵州	2 857	14 945	8 507		656	741
云南	23 342	89 757	2 588 349	77 072	20 948	12 243
西藏						
陕西	725 849	415 250				
甘肃	168 128	22 739				
青海						
宁夏	85 620					
新疆	3 054 270					

表 5　各地区茶叶产量（2015 年）

单位：t

地　区	茶　叶	其　中						
		绿茶	青茶	红茶	黑茶	黄茶	白茶	其他茶叶
全国总计	**2 248 999**	**1 494 644**	**270 283**	**203 221**	**126 323**	**580**	**20 390**	**133 558**
北　京								
天　津								
河　北								
山　西	7							7
内蒙古								
辽　宁								
吉　林								
黑龙江								
上　海								
江　苏	14 469	12 033		2 426			4	6
浙　江	172 530	166 502		1 352	3 118			1 558
安　徽	112 915	104 755	20	6 406			82	1 652
福　建	402 328	121 239	215 756	47 419			16 637	1 277
江　西	51 868	42 045	683	5 497	30	20	764	2 829
山　东	18 909	18 909						
河　南	64 855	59 026		5 828				
湖　北	268 774	194 472	3 606	30 863	34 759	325	1 489	3 260
湖　南	175 704	73 258	3 234	19 668	71 349	37	5	8 153
广　东	79 344	30 344	37 206	4 738		10		7 046
广　西	63 593	42 592	324	13 780	1 567			5 330
海　南	864	364		358				141
重　庆	35 173	30 190	45	3 676			11	1 251
四　川	248 414	207 434	4 120	4 159	11 203	146	614	20 738
贵　州	118 031	98 287	629	4 965	4 297	42	781	9 030
云　南	365 841	237 902	4 660	52 084			3	71 191
西　藏	92	3		1				88
陕　西	53 987	53 987						
甘　肃	1 302	1 302						
青　海								
宁　夏								
新　疆								

表 6　我国农垦系统主要农产品产量（2014—2015 年）

项　目	产　量（万 t）		
	2014 年	2015 年	同比增长（%）
一、粮食	3 538.07	3 667.47	0.04
夏收粮食	276.30	301.79	0.09
1. 稻谷	1 816.30	1 823.20	0.00
其中：早稻	58.95	59.54	0.01
2. 小麦	313.60	327.86	0.05
其中：春小麦	107.13	118.56	0.11
3. 玉米	1 170.78	1 280.81	0.09
4. 谷子	0.81	2.08	1.57
5. 高粱	9.43	4.33	−0.54
6. 大豆	149.52	143.18	−0.04
7. 薯类（折粮）	42.31	50.40	0.19
二、棉花	211.39	175.04	−0.17
三、油料	82.57	80.81	−0.02
其中：花生	10.64	10.63	0.00
油菜籽	44.96	42.85	−0.05
向日葵	24.24	24.75	0.02
四、糖料	706.82	718.26	0.02
其中：甘蔗	461.19	487.66	0.06
甜菜	245.63	230.60	−0.06
五、麻类	1.38	1.52	0.10
六、烟叶	0.49	0.37	−0.24
七、药材	15.58	20.30	0.30
八、蔬菜、瓜类	1 450.31	1 519.97	0.05
九、其他农作物	107.79	97.64	−0.09
十、水果	547.11		
十一、茶叶	4.96		
十二、干胶	31.34		
十三、剑麻（折纤维）	2.59		

表 7　各地区农垦系统主要农产品产量（2015 年）

单位：万 t

地区	粮　食	棉　花	油　料	糖　料	大　豆	干胶
全国总计	**3 667.47**	**175.04**	**80.81**	**718.26**	**143.18**	
北　京	0.27					
天　津	1.16	0.01				
河　北	53.69	0.94	0.13	1.01	0.01	
山　西	3.38		0.01	0.05	0.02	
内蒙古	211.89		27.25	5.09	20.56	
辽　宁	141.36		1.11	0.04	1.37	
吉　林	85.16		0.99		0.49	
黑龙江	2 206.66		0.70	0.06	108.69	
上　海	31.91		0.52			
江　苏	116.61		0.05		0.07	
浙　江	0.88		0.02		0.11	
安　徽	34.19	0.09	0.20		3.32	
福　建	6.10		0.39	2.40	0.18	
江　西	72.98	0.43	2.97	0.81	0.50	
山　东	8.40	0.21	0.03		0.10	
河　南	32.10	0.08	2.18		1.47	
湖　北	109.96	1.78	8.97	0.95	2.31	
湖　南	63.79	1.42	6.21	6.21	0.27	
广　东	6.05		0.80	168.61	0.02	
广　西	1.79		0.39	232.83	0.05	
海　南	14.87		0.44	26.24	0.08	
重　庆	0.35					
四　川	0.42					
贵　州	0.67		0.08			
云　南	5.94			49.59		
西　藏						
陕　西	9.38	0.09	0.07		0.07	
甘　肃	30.61	1.13	1.88		0.07	
青　海	2.60		1.19			
宁　夏	36.42		0.35		0.02	
新　疆	377.71	168.84	23.86	224.36	3.38	

表8　我国农垦系统茶、桑、果、林生产情况（2014—2015年）

指　　标	单　位	2014年	2015年	同比增长（%）
一、年末实有茶园面积	khm^2	28.5	29.4	3.0
茶叶总产量	万t	5.0	5.0	0.8
二、年末实有桑园面积	khm^2	2.1	2.2	6.3
三、年末实有果园面积	khm^2	406.9	422.7	3.9
水果总产量	万t	547.1	649.2	18.7
其中：苹果	万t	64.1	68.1	6.3
梨	万t	52.6	61.9	17.6
柑橘	万t	32.7	33.2	1.6
四、年末实有橡胶园面积	khm^2	444.2	443.2	−0.2
当年橡胶开割面积	khm^2	317.4	306.0	−3.6
每公顷产干胶	kg	991.3	1 013.1	2.2
全年干胶总产量	万t	31.3	31.0	−1.1
五、当年造林面积	khm^2	53.6	68.5	27.9
用材林	khm^2	11.8	12.1	2.7
经济林	khm^2	14.8	19.5	31.5
防护林	khm^2	26.4	35.3	33.7
薪炭林	khm^2	0.4	0.2	−53.3
特种用材林	khm^2	0.6	0.3	−48.5

表9　我国热带、亚热带作物产量（2015年）

项　目	单位	总计	福建	广东	广西	海南	云南
一、橡胶总产量（干胶片）	t	816 102.5		15 590.0	117.0	361 105.2	439 290.3
二、咖啡豆总产量（干咖啡豆）	t	139 317.7				259.3	139 058.4
三、椰子（按果实计）	万个	22 356.4		11.0		22 314.3	31.1
四、腰果总产量（干果）	t	188.8				138.8	50.0
五、香料作物（折香料油计）	t	1 679.4			1.0	787.9	884.5
其中：香茅草(折香料油计)	t	565.9		6.0			559.9
六、剑麻（番麻）（折纤维计）	t	115 814.4		32 044.0	80 830.0	2 940.4	

表10　我国棉花主产区生产情况（2014—2015年）

单位：万 hm^2、万t

地区	面　积			产　量		
	2014年	2015年	同比增长（%）	2014年	2015年	同比增长（%）
新　疆	195.3	190.4	−0.03	367.7	350.3	−0.05
山　东	59.3	51.6	−0.13	66.5	53.7	−0.19
河　南	−11.89	12.0	0.01	14.7	12.6	−0.14
河　北	41.1	35.9	−0.13	43.1	37.3	−0.13
湖　北	34.5	26.5	−0.23	36.0	29.8	−0.17
江　苏	13.2	9.4	−0.29	16.0	11.7	−0.27
安　徽	26.5	23.3	−0.12	26.3	23.4	−0.11
湖　南	13.0	11.4	−0.12	12.9	14.5	0.12
主产区总计	398.2	360.5	−0.09	583.2	533.3	−0.09
全国总计	**422.2**	**379.7**	**−0.10**	**617.8**	**560.3**	**−0.09**
主产区占全国比重（%）	94.3	94.9	0.01	94.4	95.5	0.01

表 11 各地区蔬菜产量增减情况（2014—2015 年）

单位：万 t

地 区	2014 年	2015 年	同比增长（%）
全国总计	**76 005.5**	**78 526.1**	**3.32**
北 京	236.2	205.1	−13.13
天 津	460.2	441.5	−4.05
河 北	8 125.7	8 243.7	1.45
山 西	1 271.4	1 302.2	2.42
内蒙古	1 472.7	1 445.3	−1.86
辽 宁	3 090.1	2 932.8	−5.09
吉 林	876.0	860.0	−1.83
黑龙江	985.6	957.4	−2.86
上 海	393.2	364.5	−7.30
江 苏	5 417.0	5 595.7	3.30
浙 江	1 762.8	1 806.9	2.50
安 徽	2 551.0	2 714.2	6.40
福 建	1 801.4	1 903.6	5.67
江 西	1 312.4	1 359.1	3.55
山 东	9 973.7	10 272.9	3.00
河 南	7 272.5	7 456.5	2.53
湖 北	3 671.5	3 852.0	4.91
湖 南	3 763.5	3 996.9	6.20
广 东	3 274.7	3 438.8	5.01
广 西	2 610.1	2 786.4	6.75
海 南	551.5	572.2	3.76
重 庆	1 689.1	1 780.5	5.41
四 川	4 069.3	4 240.8	4.21
贵 州	1 625.6	1 731.9	6.54
云 南	1 735.5	1 873.9	7.97
西 藏	68.2	69.6	2.08
陕 西	1 724.7	1 822.5	5.67
甘 肃	1 705.2	1 823.1	6.92
青 海	158.6	166.4	4.93
宁 夏	540.8	575.8	6.47
新 疆	1 815.4	1 933.9	6.53

表 12 我国主要林产品产量（2011—2015 年）

单位：万 t

年 份	木材（万 m^3）	橡 胶	松 脂	生 漆	油桐籽	油茶籽
2011	8 145.9	75.08	115.66	1.89	43.77	148.00
2012	8 174.9	80.23	121.51	2.60	42.70	172.77
2013	8 438.5	86.48	130.77	2.52	41.89	177.65
2014	8 233.3	84.02	130.95	2.23	41.61	202.34
2015	7 200.3	81.61	132.63	2.28	41.20	216.35

表 13 各地区主要林产品产量（2015 年）

单位：t

地 区	木材（万 m^3）	橡 胶	松 脂	生 漆	油桐籽	油茶籽
全国总计	**7 200.3**	**816 103**	**1 326 292**	**22 806**	**412 042**	**2 163 492**
北 京	12.9					
天 津	17.0					
河 北	80.4					
山 西	14.1					
内蒙古	142.6					
辽 宁	165.9					
吉 林	287.9					
黑龙江						
上 海	123.7		616		152	64 353
江 苏	458.0		12 480	199	2 507	78 327
浙 江	497.0		104 230	324	24 299	138 338
安 徽	232.2		110 432	58	18 267	425 108
福 建	364.0					
江 西	228.9		14	2 111	79 182	243 324
山 东	227.1		46 174	4 092	24 081	141 857
河 南	262.7		39 364	826	32 985	824 341
湖 北	790.8	15 590	235 109	705	7 500	149 374
湖 南	2 105.7	117	607 547	43	83 214	191 670
广 东	106.6	361 105	15 083			1 971
广 西	50.1		30	1 194	6 450	5 302
海 南	169.7		1 282	489	17 934	20 708
重 庆	175.3		17 869	8 600	68 312	71 790
四 川	348.5	439 290	134 474	685	19 343	16 944
贵 州	4.2			3 445	27 764	9 085
云 南	6.8		1 588	35	52	
西 藏	3.4					
陕 西	1.2					
甘 肃	1.0					
青 海	33.9					
宁 夏	12.9					
新 疆	17.0					

表 14　我国主要牲畜饲养情况（2011—2015 年）

单位：万头（只）

年　份	合　计	大牲畜年底存栏头数				
		牛	马	驴	骡	骆　驼
2011	11 966	10 361	671	648	260	27.3
2012	11 892	10 343	634	636	249	29.5
2013	11 853	10 385	603	603	230	31.6
2014	12 023	10 578	604	583	225	33.4
2015	12 196	10 817	591	542	210	35.6

年　份	肉猪出栏头数	猪年底存栏头数	羊年底存栏只数		
			合　计	山　羊	绵　羊
2011	66 326	46 863	28 236	14 274	13 962
2012	69 790	47 592	28 504	14 136	14 368
2013	71 557	47 411	29 036	14 035	15 002
2014	73 510	46 583	30 315	14 466	15 849
2015	70 825	45 113	31 100	14 893	16 206

表 15　我国主要畜产品产量（2011—2015 年）

年　份	总产量（万 t）	肉类产量（万 t）				奶类产量（万 t）		禽蛋产量（万 t）
		猪牛羊肉				总产量	其中：牛奶	
		小 计	猪 肉	牛 肉	羊 肉			
2011	7 965.1	6 101.1	5 060.4	647.5	393.1	3 810.7	3 657.8	2 811.4
2012	8 387.2	6 405.9	5 342.7	662.3	401.0	3 875.4	3 743.6	2 861.2
2013	8 535.0	6 574.4	5 493.0	673.2	408.1	3 649.5	3 531.4	2 876.1
2014	8 706.7	6 788.8	5 671.4	689.2	428.2	3 841.2	3 724.6	2 893.9
2015	8 625.0	6 627.5	5 486.5	700.1	440.8	3 870.3	3 754.7	2 999.2

年　份	蜂　蜜（万 t）	蚕　茧（万 t）		绵羊毛（万 t）			山羊毛总产（t）	羊绒总产（t）
		总 产	其中：桑蚕茧	总 产	细羊毛	半细羊毛		
2011	43.1	91.6	83.6	39.3	13.3	12.0	44 047	17 989
2012	44.8	90.6	83.1	40.0	12.6	13.2	43 924	18 021
2013	45.0	89.2	81.7	41.1	13.3	13.5	41 875	18 114
2014	46.8	89.5	81.9	42.0	12.5	14.2	40 046	19 278
2015	47.7			42.7	13.5	14.3	36 956	19 247

表 16 各地区奶类产量（2014—2015 年）

单位：万 t

地区	2014 年		2015 年	
	奶类产量	其中：牛奶	奶类产量	其中：牛奶
全国总计	**3 841.2**	**3 724.6**	**3 870.3**	**3 754.7**
北京	59.5	59.5	57.2	57.2
天津	68.9	68.0	68.0	68.0
河北	496.1	487.9	480.9	473.1
山西	97.2	96.2	92.7	91.9
内蒙古	797.1	788.0	812.2	803.2
辽宁	134.5	131.2	142.6	140.3
吉林	49.8	49.3	52.8	52.3
黑龙江	560.1	556.6	574.4	570.5
上海	27.1	27.1	27.7	27.7
江苏	60.7	60.7	59.6	59.6
浙江	15.9	15.9	16.5	16.5
安徽	27.9	27.9	30.6	30.6
福建	15.4	15.0	15.4	15.0
江西	12.9	12.9	13.0	13.0
山东	289.6	279.6	284.9	275.4
河南	342.4	332.0	352.3	342.2
湖北	16.4	16.1	16.9	16.9
湖南	9.3	9.3	9.7	9.7
广东	13.8	13.5	12.9	12.9
广西	9.7	9.7	10.1	10.1
海南	0.2	0.2	0.2	0.2
重庆	5.7	5.7	5.4	5.4
四川	71.3	70.8	67.5	67.5
贵州	5.7	5.7	6.2	6.2
云南	64.6	58.2	62.5	55.0
西藏	34.3	29.0	35.0	30.0
陕西	192.3	144.7	189.9	141.2
甘肃	40.3	39.6	39.9	39.3
青海	31.3	30.5	32.7	31.5
宁夏	135.7	135.7	136.5	136.5
新疆	155.6	147.5	163.8	155.8

表 17 我国农垦系统主要畜产品产量（2014—2015 年）

单位：万 t

项目	2014 年	2015 年	同比增长（%）
1. 肉类总产量	261.5	254.6	−2.64
其中：猪肉	151.8	146.4	−3.56
牛肉	20.3	18.0	−11.33
羊肉	20.3	19.8	−2.46
2. 牛奶	375.1	369.1	−1.60
3. 羊毛	3.2	3.3	3.12
4. 蜂蜜	1.3	1.3	0.00
5. 禽蛋	46.7	48.3	3.43

表 18　我国水产品产量（2011—2015 年）

单位：kt

年　份	总产量	1. 海水产品	其中		2. 内陆产品	其中	
			捕　捞	养　殖		捕　捞	养　殖
2011	56 032	29 080	13 281	15 799	26 952	2 232	24 719
2012	59 077	30 333	13 895	16 438	28 743	2 298	26 445
2013	61 720	31 388	13 996	17 392	30 332	2 307	28 024
2014	64 615	32 962	14 836	18 126	31 653	2 295	29 358
2015	66 996	34 096	15 340	18 756	32 901	2 278	30 623

表 19　各地区水产品产量（2015 年）

单位：kt

地　区	总产量	1. 海水产品	其中		2. 内陆产品	其中	
			捕　捞	养　殖		捕　捞	养　殖
全国总计	**66 996**	**34 096**	**15 340**	**18 756**	**32 901**	**2 278**	**30 623**
北　京	66.1	17.0	17.0		49.1	4.1	45.0
天　津	401.0	75.6	65.1	10.5	325.3	12.3	313.0
河　北	1 297.1	760.9	254.4	506.5	536.1	102.7	433.4
山　西	52.4				52.5	1.1	51.4
内蒙古	153.5				153.6	29.4	124.2
辽　宁	5 312.8	4 319.9	1 377.9	2 942.0	993.0	56.0	937.0
吉　林	195.2				195.2	19.7	175.5
黑龙江	542.4				542.4	57.2	485.2
上　海	324.4	170.0	170.0		154.4	3.1	151.3
江　苏	5 210.5	1 481.8	588.3	893.5	3 728.6	325.4	3 403.2
浙　江	5 978.3	4 870.4	3 937.0	933.4	1 107.9	88.4	1 019.5
安　徽	2 304.3				2 304.3	316.4	1 987.9
福　建	7 339.0	6 363.2	2 321.9	4 041.3	975.7	87.6	888.1
江　西	2 642.5				2 642.4	264.0	2 378.4
山　东	9 312.7	7 747.0	2 751.3	4 995.7	1 565.7	102.6	1 463.1
河　南	1 023.7				1 023.7	51.1	972.6
湖　北	4 558.9				4 558.9	191.0	4 367.9
湖　南	2 593.8				2 593.7	108.9	2 484.8
广　东	8 582.2	4 592.3	1 560.1	3 032.2	3 989.9	124.3	3 865.6
广　西	3 459.2	1 797.2	655.0	1 142.2	1 662.1	138.4	1 523.7
海　南	2 048.9	1 619.7	1 360.7	259.0	429.2	23.3	405.9
重　庆	480.9				480.9	20.4	460.5
四　川	1 386.9				1 386.8	59.6	1 327.2
贵　州	249.8				249.8	13.9	235.9
云　南	697.1				697.1	58.1	639.0
西　藏	0.3				0.3	0.3	
陕　西	155.2				155.2	7.2	148.0
甘　肃	14.9				14.9		14.9
青　海	10.6				10.6		10.6
宁　夏	169.7				169.7	0.4	169.3
新　疆	151.4				151.4	10.8	140.6

表 20　我国沿海地区海洋捕捞水产品产量（按品种分）（2015 年）

单位：kt

地　区	海洋捕捞产量	按水产品种类分					
		1. 鱼类	海鳗	鳓 鱼	鳀鱼	沙丁鱼	鲱鱼
全国总计*	**13 147.8**	**9 053.7**	**387.2**	**85.1**	**955.8**	**146.2**	**15.3**
天　津	47.1	42.7			33.8		
河　北	250.4	145.2			56.8		
辽　宁	1 107.9	666.2	0.9	0.5	97.1	6.0	
上　海	17.0	8.3	0.2				
江　苏	554.3	304.0	8.1	2.5	2.8	0.3	
浙　江	3 367.0	2 223.1	88.1	13.1	73.0	15.8	2.8
福　建	2 004.0	1 464.3	70.9	14.4	78.8	13.9	3.8
山　东	2 282.3	1 607.3	25.9		564.7	6.8	
广　东	1 505.1	1 085.7	86.2	28.0	31.0	66.3	4.0
广　西	652.0	363.2	14.0	22.6		12.8	1.0
海　南	1 360.7	1 144.0	93.0	4.0	17.8	24.5	3.7

地　区	按水产品种类分							
	石斑鱼	鲷	蓝圆鲹	白姑鱼	黄姑鱼	鮸鱼	大黄鱼	石斑鱼
全国总计	**117.6**	**170.8**	**587.2**	**108.5**	**74.6**	**65.4**	**104.6**	**117.6**
天　津								
河　北				0.1	0.3		1.6	
辽　宁	3.0			1.2	3.1	0.5	54.5	3.0
上　海								
江　苏		0.1		4.1	7.8	2.2	0.5	
浙　江	1.5	5.7	77.6	49.4	35.5	39.7	0.4	1.5
福　建	18.4	60.4	268.5	10.0	9.0	9.6	3.9	18.4
山　东				14.0	7.2	0.7	2.0	
广　东	38.4	45.1	104.5	23.4	5.4	5.6	25.6	38.4
广　西	6.0	26.9	72.7	1.5		0.8		6.0
海　南	50.3	32.6	63.9	4.8	6.4	6.3	16.0	50.3

* 海洋捕捞产量不含远洋。下同。

（续）

地　区	按水产品种类分							
	梅童鱼	方头鱼	玉筋鱼	带鱼	金钱鱼	梭鱼	鲐鱼	鲅鱼
全国总计	**298.9**	**43.5**	**117.6**	**1 105.7**	**400.6**	**159.0**	**471.2**	**428.5**
天　津				0.4		0.3	0.7	1.3
河　北	0.3		0.2	5.7		11.5	6.2	14.3
辽　宁	7.0		5.1	14.4		22.9	37.2	74.9
上　海	0.3			0.3				
江　苏	76.8	0.2	1.0	55.3		9.5	5.9	8.9
浙　江	185.4	16.7	29.2	438.8	3.5	6.3	175.3	77.1
福　建	21.4	4.9	19.7	173.1	10.2	17.0	126.2	50.0
山　东	0.6		43.8	62.5		34.8	58.1	165.2
广　东	3.9	8.9	2.8	157.9	89.7	25.5	33.0	29.1
广　西				31.2	35.2	10.5	13.5	2.2
海　南	3.3	12.7	15.9	166.1	231.9	20.7	15.2	5.6

地　区	按水产品种类分							
	金枪鱼	鲳鱼	马面鲀	竹荚鱼	鲻鱼	2. 甲壳类	虾	毛虾
全国总计	**47.2**	**346.5**	**188.0**	**38.2**	**126.7**	**2 427.9**	**1 584.0**	**532.3**
天　津						1.3	0.9	
河　北		3.1			6.6	51.9	37.6	10.2
辽　宁		4.8	0.7		9.3	213.1	141.1	37.4
上　海		0.1				8.5	1.4	
江　苏		34.8	1.3		11.7	158.7	51.5	26.5
浙　江	5.9	92.6	23.6	1.3	30.5	947.7	675.1	228.0
福　建	3.8	64.1	64.0	10.9	22.5	349.3	193.4	60.9
山　东		20.1	2.7		0.4	259.2	211.5	83.3
广　东	19.4	66.9	46.1	5.8	23.4	236.2	155.5	42.4
广　西		12.0	28.9	0.4	8.5	130.9	73.3	29.6
海　南	18.1	47.9	20.5	19.7	13.3	71.1	36.8	14.0

（续）

地 区	按水产品种类分							
	对虾	鹰爪虾	虾蛄	蟹	梭子蟹	青蟹	蟳	3. 贝类
全国总计	**158.4**	**366.1**	**294.2**	**843.9**	**542.3**	**83.8**	**58.4**	**556.0**
天 津			0.5	0.4	0.3			2.5
河 北	2.9	2.6	18.5	14.3	9.5		0.6	22.2
辽 宁	5.5	9.5	65.9	72.0	28.7	3.6	24.4	85.8
上 海		0.8		7.0	5.1			
江 苏	2.6	9.8	8.7	107.3	97.0	1.9	3.1	48.2
浙 江	23.1	242.2	74.6	271.6	184.7	4.1	13.4	17.0
福 建	28.6	48.6	36.0	150.9	101.7	16.8	6.5	50.5
山 东	6.8	25.9	56.5	47.8	29.3	0.1	3.9	166.7
广 东	53.7	13.9	24.1	80.7	44.5	27.4	3.8	58.9
广 西	19.2	8.3	7.5	57.6	31.4	11.5	2.1	58.3
海 南	15.9	4.6	1.8	34.3	10.2	18.3	0.6	45.9

地 区	按水产品种类分						
	4. 藻类	5. 头足类	乌贼	鱿鱼	章鱼	6. 其他类	海 蜇
全国总计	**25.8**	**699.8**	**147.6**	**380.1**	**130.2**	**384.5**	**196.7**
天 津		0.6		0.4	0.1		
河 北		11.4	1.4	1.4	7.1	19.8	12.3
辽 宁	0.2	60.2	13.2	33.1	7.5	82.3	18.0
上 海		0.1				0.1	
江 苏	1.3	15.6	2.2	8.5	4.4	26.6	15.5
浙 江	2.6	147.4	28.7	84.0	32.3	29.2	4.0
福 建	2.7	121.3	34.6	61.6	17.3	15.8	12.7
山 东	1.7	124.3	10.6	72.8	32.5	123.2	77.7
广 东	7.8	78.9	19.1	33.5	15.1	37.6	15.5
广 西		51.5	18.2	25.7	7.1	48.1	39.7
海 南	9.5	88.5	19.5	59.0	6.9	1.8	1.3

表 21　我国沿海地区海水养殖水产品产量（按品种分）（2015 年）

单位：kt

地　区	海水养殖产量	1. 鱼类	鲈鱼	鲆鱼	大黄鱼	军曹鱼	鰤鱼	鲷鱼
全国总计	**18 756.3**	**1 307.6**	**122.5**	**131.8**	**148.6**	**36.9**	**20.5**	**69.8**
天　津	10.5	3.1	0.1	1.7				
河　北	506.5	8.8		3.5				
辽　宁	2 942.0	62.1	1.9	37.3			0.2	
上　海								
江　苏	893.5	84.8	1.5	6.3				0.2
浙　江	933.4	35.9	7.9	0.1	6.5	0.2		3.5
福　建	4 041.3	330.6	27.4	4.3	131.2	0.3	3.4	31.8
山　东	4 995.7	163.8	17.5	75.6	0.3			
广　东	3 032.2	492.9	55.4	3.0	10.6	28.3	16.1	26.4
广　西	1 142.2	47.4	7.5					5.4
海　南	259.0	78.3	3.3			8.1	0.7	2.4

地区	美国红鱼	河鲀	石斑鱼	鲽鱼	2. 甲壳类	（1）虾	南美白对虾	斑节对虾
全国总计*	**71.7**	**23.4**	**100.0**	**8.6**	**1 434.9**	**1 161.3**	**893.2**	**75.7**
天　津			0.6		7.4	7.4	7.4	
河　北		1.8		0.8	25.8	23.1	13.9	
辽　宁		4.0			28.1	26.0	10.3	
上　海								
江　苏		0.2		2.6	116.6	81.1	27.6	5.7
浙　江	8.0		0.8		91.7	47.0	28.6	0.6
福　建	17.1	8.3	26.9	0.5	174.0	105.6	80.0	5.8
山　东	3.7	4.4	0.4	2.7	134.4	108.6	70.2	1.4
广　东	33.7	4.7	42.6	1.8	484.2	422.7	346.0	49.2
广　西	5.2		1.9		250.3	233.6	223.4	10.0
海　南	3.9		26.8		122.4	106.1	85.9	3.0

（续）

地　区	中国对虾	日本对虾	（2）蟹	梭子蟹	青蟹	（3）贝类	牡　蛎	鲍
全国总计	**44.8**	**46.3**	**273.6**	**117.8**	**141.0**	**13 583.8**	**4 573.4**	**128.0**
天　津								
河　北	4.7	4.5	2.7	2.7		460.0		
辽　宁	11.5	3.0	2.1	1.5		2 364.5	185.0	3.1
上　海								
江　苏	5.7	0.8	35.5	31.7	2.0	656.0	42.1	
浙　江	0.6	0.8	44.7	18.1	26.6	753.0	169.9	0.2
福　建	4.5	11.5	68.4	32.0	32.3	2 610.8	1 659.6	101.0
山　东	8.5	20.4	25.7	24.3		3 894.8	856.8	15.2
广　东	9.3	5.2	61.5	7.6	47.4	1 974.0	1 147.9	8.5
广　西		0.2	16.7		16.7	841.6	508.7	
海　南			16.3		16.0	29.1	3.4	0.1

地　区	螺	蚶	贻贝	江珧	扇贝	蛤	蛏	
全国总计	**44.8**	**46.3**	**273.6**	**117.8**	**141.0**	**13 583.8**	**4 573.4**	
天　津								
河　北	4.7	4.5	2.7	2.7		460.0		
辽　宁	11.5	3.0	2.1	1.5		2 364.5	185.0	
上　海								
江　苏	5.7	0.8	35.5	31.7	2.0	656.0	42.1	
浙　江	0.6	0.8	44.7	18.1	26.6	753.0	169.9	
福　建	4.5	11.5	68.4	32.0	32.3	2 610.8	1 659.6	
山　东	8.5	20.4	25.7	24.3		3 894.8	856.8	
广　东	9.3	5.2	61.5	7.6	47.4	1 974.0	1 147.9	
广　西		0.2	16.7		16.7	841.6	508.7	
海　南			16.3		16.0	29.1	3.4	

（续）

地区	3. 藻类	海带	裙带菜	紫菜	江蓠	麒麟菜	石花菜
全国总计	**2 089.2**	**1 411.3**	**192.5**	**115.9**	**270.1**	**5.0**	
天津							
河北							
辽宁	348.3	196.1	152.2				
上海							
江苏	28.0	0.3		27.6			
浙江	48.8	11.6		26.4	0.7		
福建	894.1	642.5	0.7	52.9	154.7		
山东	665.7	556.3	38.9	0.7	48.9		
广东	75.2	4.5	0.7	8.3	54.9	1.8	
广西							
海南	29.1				10.9	3.2	

地区	栖菜	苔菜	4. 其他类	海参	海胆（kg）	海水珍珠（kg）	海蜇
全国总计	**18.9**	**0.1**	**340.8**	**205.8**	**7 265.6**	**3.6**	**78.6**
天津							
河北			11.8	9.2			2.4
辽宁			139.0	70.5	175.8		62.7
上海							
江苏			8.1	0.8			3.6
浙江	9.3	0.1	4.0				0.8
福建	5.5		31.9	24.4			3.2
山东	4.0		137.1	100.6	4 890.0		5.6
广东	0.1		5.9	0.2	2 199.8	2.8	0.3
广西			2.9			0.8	
海南							

表 22　各地区农垦系统水产品养殖面积与产量（2015 年）

单位：hm^2、t

地　区	水产养殖面积	水产品总产量	其中：养殖产量	对虾养殖面积	对虾产量
全国总计	**336 192**	**1 524 655**	**1 312 707**	**14 391**	**45 304**
北　京					
天　津	791	14 537	14 537		
河　北	17 470	136 907	115 135	4 367	21 142
山　西	9	11	11		
内蒙古	2 063	4 942	4 123	3	5
辽　宁	89 718	462 918	328 046	4 060	5 483
吉　林	1 179	988	664		
黑龙江	25 764	33 636	24 765		
上　海	3 430	41 425	41 425		
江　苏	4 032	48 139	47 194	562	3 500
浙　江	773	2 994	2 048	376	487
安　徽	674	5 741	2 056		
福　建	2 055	30 590	21 966	304	1 122
江　西	20 007	48 183	35 316		
山　东	5 670	7 972	5 048	3 443	1 935
河　南	676	7 380	7 380		
湖　北	48 255	442 052	442 052		
湖　南	51 025	81 738	68 202		
广　东	4 141	36 746	36 543	1 151	10 837
广　西	1 288	17 074	17 074	125	793
海　南	3 604	28 660	27 889		
重　庆	2 152	2 693	2 693		
四　川	33	11	11		
贵　州	124	42	42		
云　南	1 288	8 440	8 440		
西　藏					
陕　西	33	45	45		
甘　肃	460	77	77		
青　海					
宁　夏	7 199	11 887	11 887		
新疆（兵团）	37 287	46 117	45 680		
新疆（农业）	3 458	2 000	1 961		
新疆（畜牧）	1 504	512	206		
热作两院	25	192	192		
广　州					
南　京	6	6			
昆　明					

表 23　我国按人口平均的主要农畜产品产量（2011—2015 年）

单位：kg/人

年　份	粮　食	棉　花	油　料	猪牛羊肉	牛　奶	水产品
2011	425	4.9	24.6	45.4	27.1	41.7
2012	437	5.1	25.6	47.4	27.6	43.7
2013	443	4.6	25.9	48.6	26.1	45.5
2014	445	4.5	25.7	49.8	27.3	47.4
2015	453	4.1	25.8	48.3	27.4	49.1

表 24　我国城乡居民家庭人均食品消费量比较（2011—2015 年）

单位：kg/人

年份	粮　食		蔬　菜		食用油(植物油)		猪牛兰肉		家　禽		水产品	
	农村	城市	农村	城市	农村	城市	农村	城市	农村	城市	农村	城市
2011	181.4	81.5	93.3	116.1	5.3	8.8	15.8	24.5	4.2	10.2	5.2	15.2
2012	170.7	80.7	89.4	114.6	7.5	9.3	16.3	24.6	4.5	10.6	5.4	14.6
2013	164.3	78.8	84.7	112.3	6.9	9.1	16.4	25.0	4.5	10.8	5.4	15.2
2014	167.6	117.2	88.9	100.1	12.7	10.8	22.5	28.4	6.8	9.8	7.2	14.4
2015	159.5	112.6	90.3	104.4	10.1	11.1	23.1	28.9	7.1	9.4	7.2	14.7

资料来源：表中数据出自 2016 年《中国统计年鉴》。

表 25　我国城镇和农村人口人均食品消费支出情况（2011—2015 年）

单位：元/人

项　目	2011	2012	2013	2014	2015
全国人均	**3 623.1**	**4 104.0**	**4 126.7**	**4 493.9**	**4 814.0**
城镇居民	5 506.3	6 040.9	5 570.7	6 000.0	6 359.7
农村居民	1 651.3	1 863.1	2 554.4	2 814.0	3 048.0
人均增长	321.9	480.9	22.7	367.2	320.1
城镇居民增长	701.6	534.6	−470.2	429.3	359.7
农村居民增长	339.1	211.8	691.3	259.6	234.0

资料来源：表中数据出自 2016 年《中国统计年鉴》。

表 26　我国人口增长情况（2011—2015 年）

单位：万人

项　目	2011	2012	2013	2014	2015
人口数	133 735	135 404	136 072	136 782	137 462
增长人数	644	669	668	710	680
其中：城镇人口	69 079	71 182	73 111	74 916	77 116
农村人口	65 656	64 222	62 961	61 866	60 346

农产品加工机械拥有量及农产品加工行业固定资产投资情况

表 27 农业部系统农产品初加工机械年末拥有量（2015 年）

地 区	农产品初加工动力机械		初加工作业机械	畜牧养殖机械	渔业机械	林果机械
	（万台）	（万 kW）	（万台）	（万台）	（万台）	（万台）
全国总计	**1 532.84**	**9 013.09**	**1 434.23**	**737.06**	**417.07**	**48.23**
北 京	0.53	4.57	0.53	1.65	1.27	0.45
天 津	2.29	7.77	0.64	0.73	6.27	0.03
河 北	98.37	905.42	48.52	15.38	6.64	0.36
山 西	23.89	201.54	18.41	9.14	0.26	0.58
内蒙古	10.86	99.77	6.90	26.18	0.29	0.27
辽 宁	21.73	135.26	15.86	20.17	7.44	0.71
吉 林	16.21	153.39	13.24	16.70	0.80	0.07
黑龙江	13.63	147.65	6.21	11.66	0.46	0.14
上 海	0.28	2.69	0.28	0.18	3.37	0.10
江 苏	26.31	270.73	23.66	16.82	96.28	2.25
浙 江	19.66	131.45	50.63	5.12	27.56	3.50
安 徽	54.04	363.82	56.83	7.92	7.41	3.50
福 建	71.15	224.25	69.64	6.00	20.26	3.19
江 西	32.81	310.45	28.59	4.79	5.71	0.87
山 东	101.12	915.72	51.34	22.58	13.81	1.39
河 南	85.57	611.00	57.59	23.53	4.06	0.34
湖 北	94.38	467.10	95.14	47.81	44.63	11.53
湖 南	146.10	752.73	140.59	25.65	14.91	1.15
广 东	29.70	246.82	24.72	15.15	103.54	1.98
广 西	96.41	519.46	99.92	35.45	9.11	0.73
海 南	2.87	29.95	2.24	1.16	7.85	0.12
重 庆	102.22	359.29	119.13	62.20	7.40	0.73
四 川	159.93	664.30	199.93	71.46	21.58	1.08
贵 州	164.46	551.23	164.81	44.31	0.16	0.53
云 南	86.35	440.09	86.42	139.46	2.28	0.46
西 藏	1.39	5.71	1.41	1.38		
陕 西	41.20	206.94	26.22	35.27	1.42	2.55
甘 肃	15.37	121.27	14.32	31.33	0.15	0.10
青 海	1.32	10.31	1.51	1.72	0.02	0.01
宁 夏	2.39	25.23	2.14	16.60	0.67	2.25
新 疆	5.15	63.59	3.43	9.78	0.73	3.63

表 28 我国农产品加工行业固定资产投资情况（2015 年）

单位：亿元、%

行　业	投资额	新增固定资产	固定资产交付使用率（平均值）
合　计	**51 091.2**	**42 948.4**	**84.2**
农副食品加工业	10 761.2	9 342.0	86.8
食品制造业	5 089.0	4 030.6	79.2
饮料制造业	4 090.1	3 337.1	81.6
烟草制品业	265.4	246.1	92.7
纺织业	6 001.6	5 126.2	85.4
纺织服装、鞋、帽制造业	4 528.5	3 777.7	83.4
皮革、毛皮、羽毛（绒）及其制品业	2 163.8	1 841.3	85.1
木材加工及木、竹、藤、棕、草制品业	4 116.6	3 541.6	86.0
家具制造业	2 881.8	2 358.7	81.8
造纸及纸制品业	2 812.8	2 334.3	83.0
印刷业和记录媒介的复制	1 849.6	1 509.4	81.6
橡胶制品业	6 530.8	5 502.4	84.3

表 29 我国农产品加工行业新增固定资产后主要产品新增生产能力（2014—2015 年）

产品名称	单　位	2014 年	2015 年
轮胎外胎	万条/年	3 656	7 627
轮胎内胎	万条/年	2 046	
化学纤维	t/年	6 442 328	4 084 155
棉 纺 锭	锭	8 401 945	9 407 274
啤　酒	万 t/年	275	342
白　酒	万 t/年	143	133
其 他 酒	万 t/年	101	49
卷　烟	箱 /年	1 750 000	1 254 134
机 制 纸	万 t/年	114	170

表 30 我国农产品加工行业按行业分施工、投产项目个数（2015 年）

行　业	施工项目（个）		全部建成投产项目（个）	项目建成投产率（%）
	总　计	其中：新开工		
合　计	**87 519**	**68 448**	**68 888**	**76.3**
农副食品加工业	18 725	14 298	14 611	78.0
食品制造业	7 730	5 344	5 860	75.8
饮料制造业	6 343	4 316	4 771	75.2
烟草制品业	206	107	104	50.5
纺织业	10 167	8 298	8 328	81.9
纺织服装、鞋、帽制造业	8 322	6 750	6 623	79.6
皮革、毛皮、羽毛（绒）及其制品业	4 032	3 205	3 241	80.4
木材加工及木、竹、藤、棕草制品业	8 904	7 262	7 200	80.9
家具制造业	4 974	3 833	3 817	76.7
造纸及纸制品业	4 148	3 199	3 275	79.0
印刷业和记录媒介的复制	3 175	2 569	2 506	78.9
橡胶制品业	10 793	8 467	8 552	79.2

表 31　林业系统森工固定资产投资完成情况（2014—2015 年）

单位：万元

项　　目	2014 年	2015 年	同比增长（%）
一、森工固定资产投资完成额（按构成划分）	14 154 039	12 803 842	−9.54
1. 基本建设	4 206 278	3 682 866	−12.44
2. 更新改造	2 211 827	2 330 543	5.37
3. 其他投资	7 735 934	6 790 433	−12.22
二、当年新增固定资产	6 537 698	6 620 482	1.27

表 32　林业系统各地区森工固定资产投资完成情况（2015 年）

单位：万元

地　区	合　　计	基本建设	更新改造	其他投资
全国总计	**1 2803 842**	**3 682 866**	**2 330 543**	**6 790 433**
北　京	556 382	379 409	7 754	169 219
天　津				
河　北	5 341	5 291	9	41
山　西	19 069	4 567	5 463	9 039
内蒙古	139 576	99 019	18 198	22 359
辽　宁	103 366	1 380	2 124	99 862
吉　林	125 823	70 320	27 033	28 470
黑龙江	451 106	113 189	9 021	328 896
上　海	63 720	609	40	63 071
江　苏	207 933	7 851	4 510	195 572
浙　江	16 233	13 743		2 490
安　徽	221 152	24 335	4 552	192 265
福　建	34 298	7 997	2 015	24 286
江　西	41 069	16 920	13 326	10 823
山　东	86 058	26 085	19 821	40 152
河　南				
湖　北	33 849	15 887	17 878	84
湖　南	411 799	69 526	44 743	297 530
广　东	10 309	7 631	878	1 800
广　西	9 237 392	2 702 935	2 120 113	4 414 344
海　南				
重　庆	7 110	3 450		3 660
四　川	222 340	19 304	3 637	199 399
贵　州	1 610	1 163	268	179
云　南	174 049	12 097	14 319	147 633
西　藏				
陕　西	207 237	22 154	498	184 585
甘　肃	159 087	9 409	6 094	143 584
青　海	51 950			51 950
宁　夏				
新　疆	133 414	3 965	170	129 279
局直属单位	82 570	44 630	8 079	29 861
大兴安岭	41 622	27 463	5 143	9 016

表 33 我国农垦系统固定资产投资完成情况（2014—2015 年）

单位：万元

项 目	2014 年	2015 年	同比增长（%）
固定资产投资总额	45 557 776	47 112 310	3.41
当年新增固定资产	30 587 856	32 870 298	7.46

表 34 我国水产行业固定资产投资完成情况（2014—2015 年）

单位：亿元

项 目	2014 年	2015 年	同比增长（%）
一、投资总额	766.8	890.7	16.16
二、本年新增固定资产	665.1	783.4	17.79
三、固定资产交付使用率（%）	86.7	88.0	1.50

资料来源：表中数据出自 2016 年《中国统计年鉴》。

按国民经济行业分类统计农产品加工业现状

表 35 我国农产品加工业规模以上工业企业主要指标（2015 年）

行 业	单位数（个）	主营业务收入（亿元）	利润总额（亿元）	资产总计（亿元）	负债合计（亿元）
合 计	**132 094**	**265 077.70**	**17 587.75**	**169 560.23**	**80 630.52**
农副食品加工业	25 694	65 378.24	3 423.92	32 888.25	16 637.94
食品制造业	8 749	21 957.58	1 876.57	14 677.43	6 570.94
饮料制造业	6 664	17 373.35	1 799.65	15 599.80	7 054.92
烟草制品业	133	9 340.79	1 199.60	9 190.25	2 341.17
纺织业	20 545	39 986.96	2 224.26	24 304.04	12 686.46
纺织服装、鞋、帽制造业	15 943	22 232.83	1 363.03	13 043.73	6 137.11
皮革、毛皮、羽毛（绒）及其制品业	8 862	14 559.82	980.80	7 323.85	3 305.80
木材加工及竹、藤、棕、草制品业	9 252	13 907.42	874.09	6 416.39	2 701.13
家具制造业	5 546	7 880.67	512.64	5 012.70	2 489.64
造纸及纸制品业	6 798	13 942.34	792.82	14 024.04	7 962.71
印刷业和记录媒介的复制	5 451	7 401.81	577.97	5 529.08	2 408.40
橡胶制品业	18 457	31 015.89	1 962.40	21 550.62	10 334.30

表 36　我国农产品加工业规模以上工业企业主要成本性指标（2015 年）

行　　业	主营业务成本（亿元）	销售费用（亿元）	管理费用（亿元）	财务费用（亿元）	平均用工人数（万人）
合　计	**264 188.0**	**530 155.4**	**35 175.5**	**339 120.5**	**161 261.0**
农副食品加工业	58 042.5	1 375.6	1 513.5	554.7	424.8
食品制造业	17 453.1	1 575.4	819.4	152.9	212.1
饮料制造业	16 006.7	1 292.1	765.9	140.1	166.8
烟草制品业	2 542.9	149.2	497.8	−16.8	20.9
纺织业	35 584.2	573.2	1 026.6	474.0	464.5
纺织服装、鞋、帽制造业	19 016.8	743.1	910.5	148.8	449.5
皮革、毛皮、羽毛（绒）及其制品业	12 586.3	342.0	524.5	100.2	293.9
木材加工及竹、藤、棕、草制品业	12 052.8	322.2	408.9	122.0	140.8
家具制造业	6 647.0	291.4	349.9	57.9	120.1
造纸及纸制品业	12 036.7	378.6	495.6	257.7	135.0
印刷业和记录媒介的复制	6 196.2	192.2	174.4	59.7	98.1
橡胶制品业	26 664.2	761.8	1 201.8	296.0	339.7

表 37　我国农产品加工业国有及国有控股工业企业主要指标（2015 年）

行　　业	单位数（个）	主营业务收入（亿元）	利润总额（亿元）	资产总计（亿元）	负债合计（亿元）
合　计	**2 595.0**	**20 080.7**	**1 956.8**	**22 735.2**	**9 478.8**
农副食品加工业	690.0	3 471.4	91.3	2 448.2	1 679.5
食品制造业	310.0	1 144.5	85.9	1 110.8	589.6
饮料制造业	285.0	2 515.3	441.3	3 984.4	1 368.4
烟草制品业	106.0	9 275.7	1 183.3	9 082.8	2 293.9
纺织业	200.0	890.4	15.7	1 115.3	659.3
纺织服装、鞋、帽制造业	168.0	188.2	12.1	268.7	124.2
皮革、毛皮、羽毛（绒）及其制品业	35.0	108.0	17.0	74.8	30.7
木材加工及竹、藤、棕、草制品业	101.0	215.1	1.2	291.7	188.4
家具制造业	17.0	97.6	18.9	118.2	78.2
造纸及纸制品业	109.0	722.1	7.7	1 963.1	1 392.7
印刷业和记录媒介的复制	304.0	520.6	57.2	755.0	253.4
橡胶制品业	270.0	931.8	25.2	1 522.2	820.5

表 38　我国农产品加工业国有及国有控股工业企业主要成本性指标（2015 年）

行　　业	主营业务成本（亿元）	销售费用（亿元）	管理费用（亿元）	财务费用（亿元）	平均用工人数（万人）
合　计	**5 190.0**	**40 161.4**	**3 913.6**	**45 470.3**	**18 957.6**
农副食品加工业	3 164.7	79.5	83.6	38.6	18.8
食品制造业	898.2	116.5	58.0	10.9	13.5
饮料制造业	1 573.7	250.4	159.3	5.9	26.6
烟草制品业	2 502.2	147.1	490.8	−17.7	20.1
纺织业	822.5	12.8	39.3	13.4	16.1
纺织服装、鞋、帽制造业	144.2	6.2	31.4	−0.4	9.2
皮革、毛皮、羽毛（绒）及其制品业	96.1	1.74	5.1	0.5	2.2
木材加工及竹、藤、棕、草制品业	186.5	7.0	11.1	11.8	3.9
家具制造业	77.9	3.5	12.8	−0.2	0.8
造纸及纸制品业	626.4	24.7	53.1	40.6	8.3
印刷业和记录媒介的复制	406.7	10.6	60.5	−0.1	9.4
橡胶制品业	802.6	39.1	59.9	14.1	14.6

表 39　我国农产品加工业外商投资和港澳台商投资工业企业主要指标（2015 年）

行　　业	单位数（个）	主营业务收入（亿元）	利润总额（亿元）	资产总计（亿元）	负债合计（亿元）
合　计	**18 061**	**50 731.9**	**3 209.2**	**39 804.3**	**19 830.2**
农副食品加工业	1 799	10 038.3	465.4	5 619.1	3 182.7
食品制造业	1 195	5 760.0	514.1	4 562.7	2 156.2
饮料制造业	806	4 142.8	378.6	3 810.5	1 936.8
烟草制品业	3	6.2	1.2	18.1	11.7
纺织业	2 611	5 609.5	323.4	4 521.9	2 225.6
纺织服装、鞋、帽制造业	3 660	6 231.6	341.8	3 883.9	1 701.5
皮革、毛皮、羽毛（绒）及其制品业	1 957	4 908.5	324.0	2 728.8	1 273.0
木材加工及竹、藤、棕、草制品业	439	1 023.4	52.9	662.7	290.4
家具制造业	876	1 800.6	110.2	1 369.0	750.2
造纸及纸制品业	913	3 521.2	223.5	5 388.5	2 934.1
印刷业和记录媒介的复制	625	1 248.1	122.3	1 183.4	474.9
橡胶制品业	3 177	6 441.8	351.8	6 055.8	2 893.1

表 40 我国农产品加工业外商投资和港澳台商投资工业企业主要成本性指标（2015 年）

行业	主营业务成本（亿元）	销售费用（亿元）	管理费用（亿元）	财务费用（亿元）	平均用工人数（万人）
合计	**36 122.0**	**101 463.8**	**6 418.4**	**79 608.5**	**39 660.4**
农副食品加工业	8 996.4	223.9	209.1	80.3	56.1
食品制造业	4 158.6	792.0	270.0	18.8	51.1
饮料制造业	3 010.7	505.3	177.7	20.1	37.1
烟草制品业	3.7	0.1	0.8	0.5	0.1
纺织业	4 903.9	95.6	210.8	52.2	84.9
纺织服装、鞋、帽制造业	5 309.4	264.1	292.3	26.7	154.4
皮革、毛皮、羽毛（绒）及其制品业	4 176.0	136.5	216.1	24.4	128.7
木材加工及竹、藤、棕、草制品业	884.4	30.9	40.1	9.3	11.6
家具制造业	1 525.1	68.8	104.7	8.2	32.9
造纸及纸制品业	2 974.5	140.5	151.8	87.1	29.6
印刷业和记录媒介的复制	1 005.1	38.3	81.8	4.5	22.3
橡胶制品业	5 433.9	211.9	387.1	51.4	100.8

表 41 我国农产品加工业私有工业企业主要指标（2015 年）

行业	企业数（个）	主营业务收入（亿元）	利润总额（亿元）	资产总计（亿元）	负债合计（亿元）
合计	**80 298**	**122 942.4**	**7 753.3**	**60 715.6**	**28 517.4**
农副食品加工业	15 931	32 249.7	1 827.8	13 841.5	6 066.8
食品制造业	4 680	7 746.4	557.7	4 079.8	1 645.7
饮料制造业	3 520	5 551.0	473.3	3 303.1	1 423.3
烟草制品业	4	11.3	1.3	20.7	14.4
纺织业	14 016	21 368.7	1 264.2	11 403.7	5 999.1
纺织服装、鞋、帽制造业	9 034	10 622.3	674.8	5 444.0	2 735.1
皮革、毛皮、羽毛（绒）及其制品业	5 130	6 551.2	433.2	2 737.7	1 266.5
木材加工及竹、藤、棕、草制品业	6 784	9 619.7	626.1	3 736.6	1 494.5
家具制造业	3 433	4 219.4	280.4	2 349.1	1 110.9
造纸及纸制品业	4 037	5 562.6	330.8	3 218.4	1 703.3
印刷业和记录媒介的复制	3 119	3 733.6	261.4	2 095.7	1 009.2
橡胶制品业	10 610	15 706.6	1 022.3	8 485.4	4 048.6

表 42　我国农产品加工业私有工业企业主要成本性指标（2015 年）

行　　业	主营业务成本（亿元）	销售费用（亿元）	管理费用（亿元）	财务费用（亿元）	平均用工人数（万人）
合　计	**160 596.0**	**245 884.8**	**15 506.5**	**121 431.3**	**57 034.9**
农副食品加工业	28 450.1	689.2	778.5	253.2	217.2
食品制造业	6 537.2	273.7	256.0	64.3	82.1
饮料制造业	4 492.7	207.5	186.9	57.3	52.7
烟草制品业	8.4	0.8	1.2	0.2	0.1
纺织业	18 946.3	316.4	521.9	230.8	239.3
纺织服装、鞋、帽制造业	9 161.1	294.0	386.9	79.7	194.2
皮革、毛皮、羽毛（绒）及其制品业	5 673.1	138.8	206.3	55.2	110.9
木材加工及竹、藤、棕、草制品业	8 372.1	203.2	256.1	70.6	94.5
家具制造业	3 562.7	152.1	163.9	34.9	58.9
造纸及纸制品业	4 820.3	131.0	175.8	57.5	58.6
印刷业和记录媒介的复制	3 175.6	94.1	144.9	36.8	42.5
橡胶制品业	6 443.4	322.1	474.0	146.7	146.3

表 43　我国农产品加工业大中型工业企业主要指标（2015 年）

行　　业	企业数（个）	主营业务收入（亿元）	利润总额（亿元）	资产总计（亿元）	负债合计（亿元）
合　计	**20 860**	**137 140.2**	**10 302.1**	**100 721.9**	**47 736.8**
农副食品加工业	2 973	28 045.5	1 543.6	16 782.5	9 233.2
食品制造业	1 625	13 436.2	1 307.9	9 281.3	4 257.0
饮料制造业	1 116	10 723.3	1 297.9	10 839.9	4 788.3
烟草制品业	82	8 736.2	1 117.5	8 448.1	2 168.1
纺织业	3 419	22 489.8	1 286.3	14 405.3	7 410.4
纺织服装、鞋、帽制造业	3 613	12 524.8	861.6	8 115.4	3 679.6
皮革、毛皮、羽毛（绒）及其制品业	2 193	8 747.8	634.8	4 626.0	1 990.3
木材加工及竹、藤、棕、草制品业	916	3 969.3	267.2	2 170.6	986.0
家具制造业	925	3 745.7	267.0	2 671.9	1 370.9
造纸及纸制品业	945	7 476.1	454.3	9 747.4	5 670.2
印刷业和记录媒介的复制	701	2 761.8	254.9	2 392.3	911.0
橡胶制品业	2 352	14 483.8	1 009.1	11 241.2	5 271.8

表 44　我国农产品加工业大中型工业企业主要成本性指标（2015 年）

行　　业	主营业务成本（亿元）	销售费用（亿元）	管理费用（亿元）	财务费月（亿元）	平均用工人数（万人）
合　计	**110 439.0**	**5 055.3**	**4 945.4**	**1 256.5**	**1 429.9**
农副食品加工业	24 783.4	605.1	654.6	279.0	21.4
食品制造业	10 268.0	1 269.8	501.8	78.5	130.6
饮料制造业	7 608.0	1 030.2	506.3	71.0	108.0
烟草制品业	2 361.3	129.8	465.8	−15.6	19.2
纺织业	20 004.7	303.5	561.0	298.2	267.8
纺织服装、鞋、帽制造业	10 529.4	521.2	544.4	78.6	278.0
皮革、毛皮、羽毛（绒）及其制品业	7 390.3	235.2	344.2	53.0	203.1
木材加工及竹、藤、棕、草制品业	3 401.3	106.0	135.4	39.0	49.1
家具制造业	3 103.8	164.3	194.3	25.4	65.7
造纸及纸制品业	6 405.4	220.5	271.3	188.0	69.2
印刷业和记录媒介的复制	2 263.3	79.1	170.2	17.5	45.7
橡胶制品业	12 320.1	390.6	596.1	143.9	172.1

表 45　制糖期全国制糖行业主要经济技术指标（2015/2016 年度）

行业实现销售收入（亿元）	实现利税总额（亿元）	平均含糖（%）		平均单产（t/hm²）		平均产糖率（%）	
		甘蔗糖	甜菜糖	甘蔗糖	甜菜糖	甘蔗糖	甜菜糖
519.9	9.1	13.14	15.16	60.3	35.9	11.84	12.66

资料来源：表中数据由中国糖业协会提供。

表 46　我国食品和包装机械经济运行情况（2011—2015 年）

年　份	类　别	主营业务收入（亿元）		占食品工业比重（%）	占机械工业比重（%）
		主营业务收入	同比增长（%）		
2011	**总　计**	**2 200.00**	**20.55**	**2.82**	**1.30**
	其中：食品机械	1 078.00	19.74		
	包装机械	1 122.00	21.33		
2012	**总　计**	**2 500.00**	**13.64**	**2.81**	**1.39**
	其中：食品机械	1 215.00	12.71		
	包装机械	1 285.00	14.53		
2013	**总　计**	**2 950.00**	**18.00**	**2.92**	**1.45**
	其中：食品机械	1 425.50	17.33		
	包装机械	1 524.50	18.64		
2014	**总　计**	**3 400.00**	**15.25**	**3.21**	**1.53**
	其中：食品机械	1 636.00	14.77		
	包装机械	1 764.00	15.63		
2015	**总　计**	**3 893.00**	**14.50**		
	其中：食品机械	1 850.50	13.11		
	包装机械	2 042.50	15.79		

资料来源：表中数据由中国食品和包装机械工业协会提供。

表 47　林业系统农产品加工业总产值（2014—2015 年）

行　业	工业总产值（万元）		
	2014 年	2015 年	同比增长（%）
总　计	**365 318 794**	**298 933 386**	**−18.17**
1. 非木质林产品加工制造业	40 340 167	47 810 474	18.52
2. 木材加工及竹、藤、棕、草制品业	110 289 483	114 953 014	4.23
锯材、木片加工业	21 110 964	21 979 059	4.11
人造板制造业	58 836 073	60 334 140	2.55
木制品制造业	22 584 210	24 575 620	8.82
竹、藤、棕、草制品制造业	7 758 236	8 064 195	3.94
3. 木、竹、藤家具制造业	44 805 706	50 417 257	12.52
4. 木、竹、苇浆造纸和纸制品业	53 468 826	54 521 790	1.97
5. 林产化学产品制造业	6 125 129	6 040 052	−1.39
6. 木、竹、藤工艺品制造业	5 587 681	5 885 991	5.34
7. 其　他	13 562 890	11 334 293	−16.43

表 48 林业系统各地区农产品加工业总产值（2015 年）

单位：万元

地 区	总 计	非木质林产品加工制造业	木材加工及竹、藤、棕、草制品业				
			合 计	锯材、木片加工业	人造板制造业	木制品制造业	竹、藤、棕、草制品制造业
全国总计	**593 627 135**	**47 810 474**	**114 953 014**	**21 979 059**	**60 334 140**	**24 575 620**	**8 064 195**
北 京	1 422 701		29 730		29 730		
天 津	244 159						
河 北	14 745 594	2 478 269	3 390 905	191 915	2 966 836	224 285	7 869
山 西	4 527 466	563 379	106 191	45 249	52 449	8 493	
内蒙古	4 177 852	53 524	897 903	819 916	57 274	20 438	275
辽 宁	16 645 910	1 361 180	2 649 399	860 945	817 516	956 295	14 643
吉 林	15 500 553	4 522 212	2 904 941	814 323	988 170	1 100 451	1 997
黑龙江	14 385 038	627 615	2 683 681	1 024 593	803 640	853 177	2 271
上 海	3 917 852	305 722	531 322	39 067	11 433	477 043	3 779
江 苏	40 843 282	2 320 072	16 173 265	2 823 021	11 351 239	1 605 325	393 680
浙 江	37 634 580	2 266 061	6 436 301	608 071	1 433 897	3 319 533	1 074 800
安 徽	28 318 418	1 995 454	9 110 680	1 384 332	5 209 825	1 394 892	1 121 631
福 建	42 773 410	6 339 521	12 051 806	1 297 021	2 888 811	5 346 239	2 519 735
江 西	30 630 245	1 227 239	4 199 919	563 760	1 200 659	2 072 769	362 731
山 东	63 442 512	6 929 034	19 106 350	3 593 607	14 124 844	1 092 526	295 373
河 南	16 581 934	1 263 469	3 162 583	581 023	2 195 781	318 116	67 663
湖 北	23 241 429	2 577 825	2 654 891	338 296	1 230 556	803 050	282 989
湖 南	32 254 551	2 514 470	3 892 117	929 185	1 070 392	1 077 404	815 136
广 东	71 502 750	3 332 641	7 256 123	1 041 797	4 343 380	1 496 630	374 316
广 西	43 098 962	1 999 026	12 374 882	3 616 135	6 941 429	1 454 226	363 092
海 南	4 691 584	361 449	129 409	77 441	46 374	4 459	1 135
重 庆	6 621 930	237 954	606 517	183 123	224 167	125 781	73 446
四 川	26 643 488	1 183 432	2 576 509	507 016	1 496 392	374 796	198 305
贵 州	8 102 745	250 773	501 687	196 757	121 767	125 920	57 243
云 南	15 044 874	1 510 933	1 119 488	352 640	490 896	258 576	17 376
西 藏	264 669		7 466	7 466			
陕 西	10 143 985	566 119	350 593	67 856	216 316	52 609	13 812
甘 肃	3 857 148	157 205	8 465	4 452	2 037	1 078	898
青 海	511 686						
宁 夏	1 544 316	364 862	275	275			
新 疆	9 485 483	458 473	25 850	7 341	18 109	400	
大兴安岭	826 029	42 561	13 766	2 436	221	11 109	

（续）

地区	木、竹、藤家具制造业	林产化学产品制造业	木、竹、苇浆造纸及纸制品业	木、竹、藤工艺品制造业	其他
全国总计	**50 417 257**	**6 040 052**	**54 521 790**	**5 885 991**	**11 334 293**
北京					
天津	4 020				
河北	533 699	37 530	30 899	12 949	167 896
山西	28 001	150	14 064	422	11 016
内蒙古	15 979		25 129	65	55 043
辽宁	633 668	23 015	33 300	55 734	173 408
吉林	486 264	14 276	535 189	58 258	115 447
黑龙江	585 416	6 950	398 198	48 572	376 732
上海	1 413 578	54 675	955 176	12 660	
江苏	1 352 461	242 023	4 105 595	224 134	365 461
浙江	3 864 676	174 397	8 590 360	1 878 058	110 638
安徽	1 182 642	146 861	432 135	490 530	266 928
福建	4 313 692	915 560	6 886 761	1 286 721	1 567 237
江西	7 308 086	619 914	331 956	172 792	142 195
山东	3 173 900	103 290	4 993 603	327 272	535 658
河南	867 821	17 533	847 618	101 664	165 337
湖北	997 798	59 534	2 045 647	153 561	240 373
湖南	1 341 367	203 458	2 007 763	211 303	749 603
广东	16 245 857	903 930	17 487 862	250 370	2 673 872
广西	1 728 126	1 967 152	2 468 834	259 879	2 357 834
海南	43 066	15 910	810 493	86 768	746
重庆	532 305	13 541	302 087	75 032	206 544
四川	3 178 844	54 526	989 740	120 345	448 467
贵州	114 462	41 995	78 963	15 177	66 449
云南	384 248	410 643	119 229	41 995	304 694
西藏					
陕西	76 797	335	29 069	1 482	123 019
甘肃	8 023	2 300		248	5 851
青海					
宁夏			110		836
新疆	1 285		2 010		102 389
大兴安岭	1 176	10 554			620

表 49　我国水产品加工业发展情况（2014—2015 年）

项　　目	单　位	2014 年	2015 年	同比增长（%）
一、水产品加工企业	个	9 663	9 892	2.37
水产品加工能力	万 t/年	2 847.2	2 810.3	−1.30
二、水产品冷库	座	8 624	8 654	0.35
冻结能力	万 t/d	67.2	91.9	36.83
冷藏能力	万 t/次	519.1	500.7	−3.56
制冰能力	万 t/d	23.8	25.3	6.32
三、水产品加工总量	万 t	2 053.2	2 092.3	1.91
其中：淡水加工产品	万 t	374.5	373.9	−0.17
海水加工产品	万 t	1 678.6	1 718.4	2.37
（一）水产品冷冻	万 t	1 317.2	1 376.5	4.51
其中：冷冻加工品	万 t	662.3	697.43	5.31
（二）鱼糜制品及干腌制品	万 t	306.9	309.2	0.77
其中：鱼糜制品	万 t	151.8	145.4	−4.20
干腌制品	万 t	155.1	163.8	5.63
藻类制品	万 t	108.7	98.2	−9.67
（三）罐制品	万 t	39.9	41.3	3.31
（四）饲料	万 t			
其中：鱼粉	万 t	75.9	71.1	−6.41
（五）鱼油制品	万 t	10.1	7.31	−27.86
（六）其他水产加工品	万 t	194.0	108.3	−44.19
其中：助剂和添加剂	万 t	8.9		
珍珠	kg	171 754.0		
四、用于加工的水产品总量	万 t	2 192.3		
其中：淡水产品	万 t	549.5		
海水产品	万 t	1 619.2		

资料来源：表中数据出自 2016 年《中国渔业统计年鉴》。

表 50　我国水产品加工业加工能力、产量及产值（2012—2015 年）

年　份	加工企业数（个）	加工能力（万 t/年）	水产品加工总产量		折合水产品原料（万 t）	总产值（亿元）	占水产品总产值比率（%）
			总产量（万 t）	同比增长（%）			
2012	9 706	2 638.0	1 907.4	6.99	2 135.8	3 147.7	36.16
2013	9 774	2 745.3	1 954.0	2.44	2 168.7	3 435.6	35.66
2014	9 663	2 847.2	2 053.2	5.07		3 712.7	8.07
2015	9 892	2 810.3	2 092.3	1.91	2 274.3		

表 51　我国沿海省、自治区、直辖市水产品加工业生产情况（2014—2015 年）

单位：万 t

地　区	2014 年	2015 年	同比增长（%）
全国总计	**2 053.20**	**2 092.30**	**1.90**
天　津	0.11	0.11	−3.70
河　北	8.21	7.96	−3.08
辽　宁	228.10	237.67	4.20
上　海	2.25	1.67	−25.65
江　苏	161.85	159.63	−1.37
浙　江	228.25	214.23	−6.15
福　建	312.68	332.67	6.39
山　东	674.14	678.77	0.69
广　东	140.88	139.64	−0.88
广　西	73.22	71.77	−1.98
海　南	52.38	50.12	−4.32
11 省份小计	1 882.07	1 894.24	0.65
占全国比率（%）	91.67	90.53	−1.23

资料来源：表中数据出自 2016 年《中国渔业统计年鉴》。

表 52　我国农业系统农产品加工企业主要经济指标（2015 年）

项　目	单　位	2015 年
企业个数	个	78 427
主营业务收入	亿元	193 689.30
同比增长	%	5.04
利润总额	亿元	12 908.00
同比增长	%	5.34
税金总额	亿元	12 269.61
同比增长	%	4.96

资料来源：表中数据由农业部农产品加工局提供。

表 53　轻工业系统农产品加工业分行业主要经济指标（2014 年）

单位：万元

行　业	企业单位数（个）	主营业务收入	利税总额	固定资产合计
轻工业总计	**108 763**	**2 229 867 082**	**222 044 702**	**464 767 248**
有关农产品加工行业小计	63 704	1 400 655 209	130 686 062	301 687 506
1. 农副食品加工业	24 835	636 651 240	41 735 121	109 989 226
2. 食品制造业	8 207	203 998 940	22 142 229	46 201 484
3. 饮料制造业	6 272	163 699 673	28 107 194	46 908 224
4. 制盐业	131	3 566 956	733 218	2 817 869
5. 皮革、毛皮、羽毛制品业	8 719	138 960 838	14 174 865	19 133 967
6. 木、竹、藤、棕草制品业	1 230	14 236 609	1 361 456	2 150 427
7. 家具制造业	5 288	72 734 092	7 218 829	14 713 459
8. 造纸及纸制品业	6 822	135 351 806	11 703 629	53 239 529
9. 轻工专用设备制造业	2 200	31 455 055	3 509 521	6 533 321

表 54 轻工业系统食品工业分行业主要经济指标（2014 年）

单位：万元

行　　业	企业单位数（个）	主营业务收入	利税总额	固定资产合计
食品工业合计*	**108 763**	**2 229 867 082**	**222 044 702**	**464 767 248**
一、农副食品加工业	24 835	636 651 240	41 735 121	109 989 226
谷物磨制	6 363	126 499 432	6 451 173	18 757 132
饲料加工	4 061	109 450 010	6 084 573	14 112 766
植物油加工	2 194	103 339 271	5 890 210	14 439 674
其中：食用植物油加工	2 053	100 517 435	5 713 688	14 085 086
制糖业	301	11 138 383	1 542 434	4 079 690
屠宰及肉类加工	3 946	130 589 111	8 130 852	24 888 513
水产品加工	2 149	51 024 170	3 088 343	10 147 580
蔬菜、水果及坚果加工	3 284	49 269 670	244 518	9 721 365
其他农副食品加工	2 537	55 341 193	1 477 701	13 842 506
二、食品制造业	8 207	203 998 940	22 142 229	46 201 484
焙烤食品制造业	1 399	25 015 317	2 462 087	5 594 466
糖果、巧克力及蜜饯制造业	771	17 108 153	2 036 149	3 851 183
方便食品制造业	1 385	35 263 004	3 486 855	7 816 910
液体乳及乳制品制造业	641	33 524 251	3 712 502	6 599 127
罐头制造业	893	16 634 763	1 516 585	3 208 511
调味品、发酵品制造业	1 129	26 413 930	3 486 413	9 123 182
其他食品制造业	1 989	50 039 523	7 486 396	10 007 904
三、饮料制造业	6 272	163 699 673	28 107 194	46 908 224
酒精制造业	140	7 865 531	804 754	2 836 948
酒的制造业	2 690	38 283 172	18 470 472	26 834 020
软饮料制造业	1 928	58 176 231	7 333 540	16 781 639
精制茶加工业	1 654	17 240 271	2 303 183	3 292 565
四、制盐业	131	3 566 956	733 218	2 817 869

* 食品工业合计数据中未包括烟草加工业统计数据，表中数据由中国轻工业信息中心提供。

表 55 我国焙烤食品糖制品行业主要产品产销情况（2014 年）

主要经济指标	糖果巧克力	糕点面包	饼干	冷冻饮品	蜜饯	方便面及其他方便食品
产量（万 t）	362.40			308.60		1 025.60
同比增长（%）						
销售收入（亿元）	1 102.28	933.65	1 497.79	363.35	512.23	1 866.71
同比增长（%）						
利润总额（万元）	118.66	85.09	123.10	22.92	43.43	131.48
同比增长（%）						
销售税金（亿元）	9.16	6.57	9.76	2.96	2.96	9.38
同比增长（%）						
出口交货值(亿元)	64.95	6.04	20.19	2.50	57.84	18.15
同比增长（%）						

资料来源：表中数据由中国焙烤食品糖制品工业协会提供。

表 56 我国饮料行业主要经济指标（2014—2015 年）

指　标	单　位	2014 年	2015 年	同比增长（%）
企业单位数	个	6 272	6 664	6.25
总产量	万 t			
工业总产值	亿 元			
主营业务收入	亿 元	16 370.0	17 373.4	6.13
利润总额	亿 元	1 670.8	1 799.7	7.71
职工人数	万 人			
资产总计	亿 元	14 249.9	15 599.8	9.47
负债合计	亿 元	6 489.3	7 054.9	8.72

注：表中数据出自 2016 年《中国统计年鉴》，以上数据为规模以上工业企业的经济指标。

表 57 我国酿酒行业主要酒种销售收入增长情况（2015 年）

单位：%

酒种＼指标	产销量增长	销售收入增长	利润总额增长
酒　精	4.23	6.34	−25.53
啤　酒	−5.06	1.52	6.30
白　酒	5.07	5.22	3.29
葡萄酒	−0.73	10.17	15.92

资料来源：表中数据由中国酒业协会提供。

表 58 我国酒精工业主要经济指标（2014—2015 年）

指　标	单　位	2014 年	2015 年	同比增长（%）
企业单位数	个	159	138	−13.21
产品产量	万 kL	984.3	1 016.7	3.29
主营业务收入	亿元	781.5	799.9	2.35
利润总额	亿元	43.6	32.3	−25.92
行业总资产	亿元			

资料来源：表中数据由中国酿酒工业协会酒精分会提供。

表 59 我国乳制品行业主要经济指标（2014—2015 年）

指 标	单 位	2014 年	2015 年	同比增长（%）
全年奶牛存栏	万头	1 499.1		
全年奶类总产量	万 t	3 841.2	3 870.3	0.76
其中：牛奶产量	万 t	3 724.6	3 754.7	0.81
全国乳制品产量	万 t	2 651.8	2 782.5	4.93
其中：液态奶	万 t	2 400.1	2 521.0	5.04
干乳制品	万 t			
乳制品工业总产值	亿元			
主营业务收入	亿元	3 297.7	3 328.5	0.93
乳制品加工利润总额	亿元	225.3	363.7	61.43
城镇居民人均消费	kg			
乳制品进口量	万 t	205.2	191.85	−6.51
乳制品进口额	万美元	84.9	61.11	−28.02
乳制品出口量	万 t	4.2	3.55	−15.48
乳制品出口额	万美元	0.92	0.64	−30.43

资料来源；表中数据由中国奶业协会、中国乳制品工业协会提供。

表 60 我国烟草工业主要经济指标（2014—2015 年）

指 标	单 位	2014 年	2015 年	同比增长（%）
企业数	个	128	133	3.9
工业总产值	亿元			
主营业务收入	亿元	8 962.7	9 340.8	4.2
利润总额	亿元	1 221.1	1 199.6	−1.8
职工人数	万人			
资产总计	亿元	8 484.7	9 190.3	8.3
负债合计	亿元	1 822.3	2 341.2	28.5

表 61 我国纺织工业主要经济指标（2014—2015 年）

指 标	单 位	2014 年	2015 年	同比增长（%）
企业数	个	20 821	2 0545	−1.33
工业总产值	亿元			
主营业务收入	亿元	38 294.8	39 987.0	4.42
利润总额	亿元	2 168.0	2 224.3	2.60
职工人数	万人			
资产总计	亿元	23 908.4	24 304.0	1.65
负债合计	亿元	12 838.8	12 686.5	−1.19

表 62　我国纺织服装、鞋、帽制造业主要经济指标（2014—2015 年）

指　标	单　位	2014 年	2015 年	同比增长（%）
企业数	个	15 821	15 943	0.77
工业总产值	亿元			
主营业务收入	亿元	21 054.4	22 232.8	5.60
利润总额	亿元	1 335.9	1 363.0	2.03
职工人数	万人			
资产总计	亿元	12 282.1	13 043.7	6.20
负债合计	亿元	5 880.7	6 137.1	4.36

表 63　我国皮革工业经济运行情况（2014—2015 年）

指　标	单　位	2014 年	2015 年	同比增长（%）
企业数	个	8 719.0	8 862.0	1.64
工业总产值	亿元			
主营业务收入	亿元	13 896.1	14 659.8	5.50
利润总额	亿元	949.6	980.8	3.29
职工人数	万人			
资产总计	亿元	7 013.9	7 323.9	4.42
负债合计	亿元	3 246.0	3 305.8	1.84

资料来源：数据出自 2016 年《中国统计年鉴》。

表 64　我国家具行业经济运行情况（2014—2015 年）

指　标	单　位	2014 年	2015 年	同比增长（%）
企业数	个	5 288	6 647	25.70
工业总产值	亿元			
主营业务收入	亿元	7 273.4	7 880.7	8.35
利润总额	亿元	467.0	512.6	9.76
资产总计	亿元	6 000.8	5 012.7	−16.47
负债合计	亿元	2 321.1	2 489.6	7.26
出口交货值	亿元			

资料来源：数据出自 2016 年《中国统计年鉴》。

表 65　我国造纸工业主要经济指标（2014—2015 年）

指　标	单　位	2014 年	2015 年	同比增长（%）
企业数	个	2 962	2 791	−5.77
工业总产值	亿元			
主营业务收入	亿元	7 879	8 003	1.57
利税总额	亿元	594	611	2.86
利润总额	亿元	362	373	3.04
资产总计	亿元	9 432	9 940	5.39
资产负债率	%	58.55	58.74	0.32
从业人员平均人数	万人			

资料来源：表中数据由中国造纸协会提供。

表 66　我国新闻出版产业基本情况（2014—2015 年）

类别		单位	2014 年	2015 年	同比增长（%）
总计	图书、期刊、报纸总印张	亿印张	2 810.13	2467.03	—12.21
	折合用纸量	万 t	650.13	570.75	—12.21
	其中：书籍用纸量	万 t	100.77	112.59	11.73
	课本用纸量	万 t	59.52	61.83	3.88
	期刊用纸量	万 t	42.52	38.18	—10.21
	报纸用纸量	万 t	442.15	357.80	—19.08
	图片用纸量	万 t	0.065	0.03	—53.85
图书	图书出版总量	种	448 431	475 768	6.10
	其中：初版图书	种	255 890	260 426	1.77
	重版重印图书	种	192 541	215 342	11.84
	总印数	亿册	81.85	86.62	5.84
	总印张	亿印张	704.25	743.19	5.53
	折合用纸量	万 t	165.51	174.66	
	定价金额	亿元	1363.47	1476.09	8.26
期刊	期刊出版总数	种	9 966	10 014	0.48
	平均期印数	万册	15 661	14 628.25	—6.60
	总印数	亿册	30.95	28.78	—6.99
	总印张	亿印张	183.58	167.78	—8.60
	折合用纸量	万 t			
	定价金额	亿元	249.38	242.97	—2.57
报纸	出版种数	种	1 912	1 906	—0.31
	平均期印数	万份	22 265	20 968.37	—5.82
	总印数	亿份	463.9	430.09	—7.29
	总印张	亿印张	1 922.3	1 554.93	—19.11
	折合用纸量	万 t	442.13	357.64	
	定价金额	亿元	443.66	434.25	—2.12
音像制品及电子出版物	出版种数	种	27 178	25 463	—6.31
	出版数量	亿盒（张）	6.79	5.08	—25.18
	发行数量	亿盒（张）	3.61		
	发行金额	亿元	20.26		
出版物进出口	出口				
	图书、期刊、报纸	种次			
	出口数量	万册（份）	2 137.87	2112.45	—1.19
	出口金额	万美元	7 830.44	7942.60	1.43
	进口				
	图书、期刊、报纸	种次			
	进口数量	万册（份）	2 538.85	2811.75	10.75
	进口金额	万美元	28 381.57	30557.53	7.67

资料来源：表中数据出自中国新闻出版广电网。

表 67　我国 55 个印刷机械企业主要经济指标（2014—2015 年）

指　标	单　位	2014 年	2015 年	同比增长（%）
工业总产值	万元	597 772	494 768	－17.23
工业销售产值	万元	579 392	472 695	－18.42
工业增加值	万元	162 668	147 674	－9.22
产品销售收入	万元	559 152	452 831	－19.01
利润总额	万元	45 392	29 864	－34.21
成本费用总额	万元	525 942	446 415	－15.12
出口交货值	万元	71 372	67 475	－5.46
新产品产值	万元	331 506	288 550	－12.96
运行质量综合指数	%	66.98	67.38	0.40
产品销售率	%	96.97	95.47	－1.50
总资产贡献率	%	3.83	4.59	0.76
资产保值增值率	%	127.74	101.16	－26.58
资产负债率	%	45.11	44.17	－0.94
成本费用利润率	%	6.13	6.68	0.55
流动资金年周转率	次/年	0.62	0.60	－0.02
全员劳动生产率	元/人	110 433	129 952	17.67

资料来源：表中数据出自中国印刷及设备器材工业协会。

表 68　我国农产品加工业能源消费总量和主要能源品种消费量（2014 年）

行　业	能源消费总量（万 t 标准煤）	煤炭消费量（万 t）	焦炭消费量（万 t）	原油消费量（万 t）	汽油消费量（万 t）	煤油消费量（万 t）	柴油消费量（万 t）	燃料油消费量（万 t）	天然气消费量（亿 m^3）	电力消费量（亿 kW・h）
合　计	**245 051.4**	**175 975.8**	**46 406.3**	**50 433.5**	**410.6**	**14.8**	**952.6**	**2 799.4**	**781.9**	**30 391.0**
农副食品加工业	4 119.5	2 778.8	9.9		30.3	0.2	49.4	2.8	3.0	611.9
食品制造业	1 827.0	1 813.6	2.8		10.3		16.8	5.5	8.4	230.5
饮料制造业	1 515.7	1 326.3	1.4		6.9		11.3	1.5	5.4	159.9
烟草加工业	238.0	52.1			0.6		2.3	0.5	1.8	52.4
纺织业	6 960.2	2 460.4	2.1		14.2	0.1	15.8	7.9	4.6	1 541.2
纺织服装、鞋、帽制造业	938.1	297.0	1.1		12.3		14.5	0.8	1.8	213.0
皮革、毛皮、羽毛（绒）及其制品业	618.8	162.2	0.7		7.1	0.1	5.8	1.7	0.2	151.4
木材加工及竹、藤、棕草制品业	1 513.0	659.8	1.3	0.3	6.9	0.1	12.2	0.1	0.5	264.4
家具制造业	359.0	60.7	1.7		4.9		7.3	0.3	1.1	88.9
造纸及纸制品业	4 040.6	4 828.8	0.8	0.1	6.5		19.2	12.6	6.0	632.3
印刷业和记录媒介复制	466.2	82.1	0.5		6.7		6.9	0.5	2.1	111.3
橡胶制品业	4 459.2	1 027.0	4.7		22.0	0.3	25.7	8.4	6.1	1 170.6

农产品加工业主要产品产量

表 69　我国农产品加工业主要产品产量（2014—2015 年）

产　品　名　称	单　位	2014 年	2015 年	同比增长（%）
纱	万 t	3 379.2	3538.0	4.70
布	亿 m	893.7	892.6	−0.13
机制纸及纸板	万 t	11 785.8	11 742.3	−0.37
成品糖	万 t	1 642.7	1 474.1	−10.26
卷烟	亿支	26 098.5	25 890.7	−0.80
罐头	万 t	1 256.3	1 309.9	4.27
啤酒	万 kL	4 936.3	4715.6	−4.47
原盐	万 t	7 049.7	6 665.5	−5.45
精制食用植物油	万 t	6 534.1	6 734.3	3.06
中成药	万 t	328.8	350.4	6.57
合成橡胶	万 t	549.6	534.2	−2.80
橡胶轮胎外胎	万条	111 913.1	92 831.4	−17.05
化学纤维	万 t	4 389.8	4 831.7	10.07

表 70　轻工业系统农产品加工业主要产品产量（2013—2014 年）

产　品	单 位	2013 年	2014 年	同比增长（%）
原盐	万 t	6 460.2	6 434.0	−0.41
精制食用植物油	万 t	6 218.6	6 534.1	5.07
糖果	万 t	262.6	362.4	38.00
速冻米面食品	万 t	572.7		
方便面	万 t	1 030.8	1 025.6	−0.50
乳制品	万 t	2 698.0	2 651.8	−1.71
其中：液体乳	万 t	2 336.0	2 400.1	2.74
乳粉	万 t	158.9	150.8	−5.10
罐头	万 t	1 045.4	1 171.9	12.10
酱油	万 t	758.0		−100.00
冷冻饮品	万 t	285.6	308.6	8.05
食品添加剂	万 t	407.3		
发酵酒精（折 96 度，商品量）	万 kL	911.6		
饮料酒	万 kL	6 381.6	6 544.0	2.54
其中：白酒（折 65 度）	万 kL	1 226.2	1 257.1	2.52
啤酒	万 kL	5 061.5	4 921.9	−2.76
葡萄酒	万 kL	117.8		
软饮料	万 t	14 926.8	16 676.8	11.72
其中：碳酸饮料	万 t	1 717.8	1 810.7	5.41
包装饮用水	万 t	6 651.1	7 816.1	17.52
果汁及蔬菜汁饮料	万 t	2 418.7	2 386.8	−1.32
精制茶	万 t	221.9		
羽绒服	万件	29 600.0		
轻革	亿㎡	55 056.8	59 386.7	7.86
皮革服装	万件	6 229.7	8 655.5	38.94
天然毛皮服装	万件	465.4		
皮革鞋靴	亿双	49.3	45.0	−8.72
家具	万件	65 161.8	77 785.7	19.37
其中：木制家具	万件	23 646.4	26 345.0	11.41
软体家具	万件	4 261.7		
纸浆	万 t	1 662.4	1 645.6	−1.01
机制纸及纸板	万 t	11 514.6	11 785.7	2.35
其中：新闻纸	万 t	368.6	358.5	−2.74
纸制品	万 t	5 324.0	6 634.9	24.62

资料来源：表中数据出自 2015 年《中国轻工业年鉴》。

表 71　我国淀粉产量及品种情况（2014—2015 年）

单位：万 t

品　种	2014 年	2015 年	同比增长（%）	占总淀粉（%）
合　计	**2 128.3**	**2 159.4**	**1.46**	**100.00**
玉米淀粉	2 006.4	2 051.3	2.23	95.00
木薯淀粉	48.6	37.5	−22.91	1.74
马铃薯淀粉	43.4	41.8	−3.51	1.94
甘薯淀粉	25.8	18.6	−28.10	0.86
小麦淀粉	4.1	10.2	147.89	0.46

资料来源：表中数据由中国淀粉工业协会提供。

表 72　我国淀粉深加工品产量（2014—2015 年）

单位：万 t

主要品种	2014 年	2015 年	同比增长（%）	占深加工品（%）
合　计	**1 166.6**	**1 112.1**	**−4.67**	**100.00**
变性淀粉	142.4	135.2	−5.02	12.16
结晶葡萄糖	268.1	267.9	−0.10	24.09
液体淀粉糖	656.6	621.3	−5.39	55.87
糖　醇	99.5	87.7	−11.81	7.88

资料来源：表中数据由中国淀粉工业协会提供。

表 73　我国淀粉产量分布及生产规模情况（2015 年）

地　区	淀粉产量（万 t）	占淀粉总产量（%）	玉米淀粉生产规模情况	
			企业数（个）年产 10 万 t 以上	企业最大淀粉产量（万 t/年）
合　计	**2 159.31**	**100.00**	**41**	**—**
山　东	1 103.50	51.10	13	313.8
吉　林	281.55	13.04	7	55.3
河　北	283.59	13.13	8	74.1
河　南	113.61	5.26	6	22.2
陕　西	105.61	4.89	3	70.0
其他 16 个省（自治区）合计	271.45	12.58	4	61.9

注：其他 16 个省（自治区）为山西、内蒙古、辽宁、黑龙江、江苏、江西、湖北、四川、广东、海南、云南、甘肃、宁夏、青海、新疆、贵州。

表 74　我国玉米淀粉生产规模情况（2014—2015 年）

项　目	单位	2014 年	2015 年	同比增长（%）
年产 100 万 t 以上的企业	个	5	4	−20.0
年产 100 万 t 以上的企业总产量	万 t	915.9	822.7	−10.2
占全国玉米淀粉总产量	%	45.7	40.1	−12.25
年产 40 万 t 以上的企业	个	9	12	33.3
年产 40 万 t 以上的企业总产量	万 t	546.6	752.7	52.5
占全国玉米淀粉总产量	%	27.2	36.7	34.9

资料来源：表中数据由中国淀粉工业协会提供。

表 75 我国部分淀粉深加工品生产规模情况（2014—2015 年）

类别	项 目	单位	2014 年	2015 年	同比增长（%）
变性淀粉	年产 10 万 t 以上的企业	个	4	3	−25.0
	年产 10 万 t 以上的企业总产量	万 t	50.5	37.7	−25.3
	占全国总产量	%	35.5	27.9	−21.4
	年产 5 万 t 以上的企业	个	3	6	100.0
	年产 5 万 t 以上的企业总产量	万 t	16.9	37.8	123.7
	占全国总产量	%	11.9	28.0	135.3
	年产 3 万 t 以上的企业	个	9	5	−44.4
	年产 3 万 t 以上的企业总产量	万 t	30.9	22.3	−27.8
	占全国总产量	%	21.7	16.5	−24.0
结晶葡萄糖	年产 100 万 t 以上的企业	个	1	1	持平
	年产 100 万 t 以上的企业总产量	万 t	132.8	138.7	4.4
	占全国总产量	%	49.5	51.8	4.6
	年产 20 万 t 以上的企业	个	3	2	−33.3
	年产 20 万 t 以上的企业总产量	万 t	74.1	55.7	−24.8
	占全国总产量	%	27.6	20.8	−24.6
	年产 10 万 t 以上的企业	个	1	2	100.0
	年产 10 万 t 以上的企业总产量	万 t	14.0	33.7	140.7
	占全国总产量	%	5.2	12.6	142.3
液体葡萄糖	年产 50 万 t 以上的企业	个	2	3	50.0
	年产 50 万 t 以上的企业总产量	万 t	103.2	263.2	155.0
	占全国总产量	%	15.7	42.4	170.0
	年产 10 万 t 以上的企业	个	18	10	−44.4
	年产 10 万 t 以上的企业总产量	万 t	378.8	257.9	−31.9
	占全国总产量	%	57.7	41.5	−28.1

资料来源：表中数据由中国淀粉工业协会提供。

表 76　我国粮油加工企业数汇总情况（2012—2014 年）

年份	企业数（个）	按生产能力规模划分（t/d）						
		30t 以下	30～50t（含 30t）	50～100t（含 50t）	100～200t（含 100t）	200～400t（含 200t）	400～1 000t（含 400t）	1 000t 以上（含 1 000t）
2012	19 330	2 284	2 063	4 507	4 771	3 341	1 714	558
2013	19 880	2 234	2 015	4 424	5 034	3 556	1 898	618
2014	19 366	2 082	1 816	4 028	4 990	3 686	2 025	644

资料来源：表 76 至表 79 中数据出自 2015 年《中国粮食年鉴》。

表 77　我国粮油加工业年生产能力汇总情况（2012—2014 年）

单位：万 t

年份	处理稻谷	处理小麦	处理油料	其中		油脂精炼	处理玉米	处理杂粮	加工饲料	粮机制造（台套）
				大豆	菜籽					
2012	30 716	20 303	16 076	8 021	3 319	5 101	7 592	1 156	19 125	354 059
2013	33 234	21 726	17 257	9 603	3 950	5 144	7 789	1 029	21 388	413 689
2014	33 716	21 655	17 217			5 037	7 645		23 339	253 708

表 78　我国粮油加工业产能利用情况（2012—2014 年）

单位：万 t、%

年份	稻谷加工业			小麦加工业			食用植物油加工业			玉米加工业		
	处理能力	实际处理	利用率	处理能力	实际处理	利用率	处理能力	实际处理	利用率	处理能力	实际处理	利用率
2012	3.1	1.37	45.00	2.0	1.30	64.00	1.61	0.85	53.00	0.76	0.34	45.00
2013	3.3	1.50	44.00	2.2	1.30	61.00	2.20	0.90	41.00	0.78	0.40	46.00
2014	3.4	0.99	29.12	2.2	0.97	44.09	1.72	0.30	17.44	0.76	0.39	51.32

表 79　我国粮油加工业主要产品产量（2012—2014 年）

单位：万 t、台套

年份	大米	小麦粉	食用植物油	玉米加工产品	粮食食品	其中：大豆食品	杂粮及薯类	饲料	粮机设备
2012	8 882	9 613	2 685	3 439	1 967	211	336	16 127	331 612
2013	9 459	9 873	2 879	3 571	2 310	29	229	10 251	317 066
2014	9 870	9 676	3 004	3 940	2 143	128	426	16 477	253 708

表 80 我国乳制品产量情况（规模以上企业）（2011—2015 年）

单位：万 t

指 标	2011 年	2012 年	2013 年	2014 年	2015 年
乳制品	2 387.5	2 545.2	2 698.0	2 651.8	2 782.5
其中：液体乳	2 060.8	2 146.6	2 336.0	2 400.1	2 521.0
乳 粉	138.6	136.5	158.9	150.8	142.0

资料来源：中国乳制品工业协会

表 81 我国乳制品产量前五位省、自治区情况（2015 年）

地 区	产量（万 t）	同比增长（%）	占全国比例（%）
全国总计	**2 782.5**	**4.6**	**100.0**
河 北	346.0	5.1	12.4
内蒙古	293.6	8.1	10.6
山 东	250.9	19.1	9.0
河 南	236.9	2.9	8.5
黑龙江	191.4	−2.1	6.9

资料来源：中国乳制品工业协会。

表 82 我国烟草工业主要产品产量（2014—2015 年）

年 份	烟 叶（万 t）	烤 烟（万 t）	卷 烟（亿支）
2014	299.45	280.29	25 495.00
2015	283.24	260.64	
同比增长（%）	−5.41	−7.01	

资料来源：表中数据出自 2016 年《农村统计年鉴》。

表 83 我国酒精工业产品产量（2014—2015 年）

单位：万 k、%

项 目	2014 年	2015 年	同比增长
产 量	984.28	1 015.74	4.23

资料来源：表中数据由中国酿酒工业协会酒精分会提供。

表 84　我国各地区啤酒产量（2014—2015 年）

单位：万 kL、%

地　区	2014 年	2015 年	同比增长
全国总计	**4 921.9**	**4 715.72**	**−5.06**
北　京	156.6	138.20	−11.75
天　津	27.5	31.34	13.79
河　北	165.7	181.75	6.25
山　西	42.2	39.47	−5.66
内蒙古	109.3	104.09	−4.83
辽　宁	272.1	242.28	−2.13
吉　林	144.2	138.51	−3.15
黑龙江	203.7	208.14	3.31
上　海	61.1	61.08	0.02
江　苏	203.3	184.21	−9.37
浙　江	267.5	251.02	−6.15
安　徽	135.5	119.24	−9.80
福　建	182.1	170.24	−6.39
江　西	131.0	134.00	0.00
山　东	740.6	589.43	−22.34
河　南	404.3	390.38	−3.87
湖　北	223.9	277.48	3.66
湖　南	76.8	74.60	−2.87
广　东	433.3	424.15	−2.20
广　西	190.1	200.12	5.25
海　南	7.1	6.19	−13.31
重　庆	73.7	76.71	2.86
四　川	227.7	221.00	−3.00
贵　州	100.4	96.39	17.62
云　南	78.6	103.65	3.25
西　藏	15.8	15.81	−0.26
陕　西	96.0	94.15	−1.92
甘　肃	66.0	57.83	−12.34
青　海	11.9	11.10	−6.69
宁　夏	27.7	26.38	−4.71
新　疆	46.2	46.78	1.29

资料来源：表中数据出自《中外酒业》2016 年第 2 期。

表 85　我国饲料工业产品产量（2012—2015 年）

单位：万 t

年　份	饲料产量	其中：1. 配（混）合饲料	2. 浓缩饲料	3. 预混合饲料
2012	19 429	16 000	2 450	619
2013	19 100	16 170	2 300	630
2014	19 727	16 935	2 151	641
2015	20 009	17 396	1 960	653

资料来源：表中数据由中国饲料工业协会提供。

表 86 我国饲料工业各地区产品产量（2015 年）

单位：万 t

地 区	总 产 量	配合饲料总产量	浓缩饲料总产量	预混合饲料总产量
全国总计	**20 009.2**	**17 396.2**	**1 960.5**	**652.5**
北 京	273.5	180.4	27.4	65.7
天 津	215.8	146.5	42.8	26.4
河 北	1 338.3	133.4	192.8	12.1
山 西	284.8	243.5	38.5	2.8
内蒙古	270.5	204.2	60.5	5.8
辽 宁	1 148.4	822.1	310.5	15.9
吉 林	454.6	321.5	128.3	4.9
黑龙江	611.3	292.6	289.1	29.6
上 海	159.1	120.2	15.0	24.0
江 苏	1 027.7	961.9	32.5	33.3
浙 江	401.1	382.0	6.0	13.2
安 徽	542.8	510.9	17.3	14.6
福 建	816.0	775.4	14.8	25.8
江 西	881.4	797.9	24.9	58.5
山 东	2 288.1	2 102.4	99.0	86.6
河 南	1 236.2	1 050.8	156.7	28.6
湖 北	790.6	748.1	27.5	15.0
湖 南	1 074.9	973.8	46.4	54.7
广 东	2 573.0	2 464.4	43.8	64.8
广 西	1 058.3	1 025.4	19.4	13.5
海 南	225.5	225.1		0.4
重 庆	207.2	185.9	20.1	1.2
四 川	977.5	891.5	59.7	26.3
贵 州	98.9	67.8	31.1	
云 南	328.6	241.7	81.4	5.5
西 藏				
陕 西	427.0	272.5	136.8	17.7
甘 肃	87.3	66.6	19.7	0.9
青 海	12.7	12.5		0.2
宁 夏	26.0	20.9	4.8	0.3
新 疆	172.0	154.3	13.6	4.1

资料来源：表中数据出自 2015 年《中国农业统计资料》。

表 87　我国各地区配合饲料生产情况（2015 年）

单位：万 t

地区	配合饲料	其中					
		猪饲料	蛋禽饲料	肉禽饲料	水产饲料	精料补充料	其他饲料
全国总计	**17 396.2**	**6 802.1**	**2 504.7**	**5 274.5**	**1 865.5**	**655.6**	**293.7**
北京	180.4	37.3	19.1	49.9	8.0	53.9	12.2
天津	146.5	34.9	8.8	19.5	42.0	35.6	5.6
河北	1 133.4	283.1	466.4	190.5	60.9	89.0	43.5
山西	243.5	42.9	77.1	112.8	0.1	6.5	4.2
内蒙古	204.2	15.7	21.8	27.3	1.2	132.6	5.6
辽宁	822.1	207.3	218.5	273.2	41.5	62.4	19.2
吉林	321.5	81.0	118.7	69.0	0.6	20.8	31.4
黑龙江	292.6	94.6	61.4	38.7	15.2	50.1	32.6
上海	120.2	35.0	39.9	31.2	7.8	5.7	0.6
江苏	961.9	253.7	125.0	293.7	265.3	6.0	18.1
浙江	382.0	164.3	31.4	86.4	88.2	3.3	8.4
安徽	510.9	133.5	80.8	249.0	32.9	1.7	13.1
福建	775.4	367.6	84.0	208.9	110.9	0.2	3.8
江西	797.9	554.6	77.3	101.6	62.5		2.0
山东	2 102.4	492.5	177.3	1 300.5	36.7	53.7	41.7
河南	1 050.8	530.7	125.7	323.0	48.6	16.3	6.6
湖北	748.1	233.0	161.5	121.7	231.8		
湖南	973.8	662.7	91.5	89.1	126.6	0.2	3.6
广东	2 464.4	1 042.5	168.3	803.6	434.7	2.9	12.4
广西	1 025.4	550.0	38.3	385.0	52.1		
海南	225.1	88.2	18.3	79.6	39.0		
重庆	185.9	101.8	21.5	38.6	12.3	9.1	2.5
四川	891.5	516.4	97.9	190.0	60.8	11.2	15.2
贵州	67.8	28.6	13.6	18.2	4.2	2.7	0.5
云南	241.7	68.4	38.2	89.0	41.5	3.8	0.7
西藏							
陕西	272.5	124.9	59.8	35.5	23.5	21.7	7.1
甘肃	66.6	29.7	12.4	11.6	0.8	10.8	1.3
青海	12.5	1.3				11.1	
宁夏	20.9	2.5	4.6	2.4	2.3	8.8	0.2
新疆	154.3	23.3	45.6	35.1	13.5	35.2	1.7

表 88　我国各地区浓缩饲料生产情况（2015 年）

单位：万 t

地 区	浓缩饲料	其　中					
		猪饲料	蛋禽饲料	肉禽饲料	水产饲料	精料补充料	其他饲料
全国总计	**1 960.5**	**1 173.5**	**364.3**	**187.4**	**3.0**	**195.0**	**37.4**
北　京	27.4	24.3	0.8			2.1	0.3
天　津	42.8	35.4	2.1			4.6	0.8
河　北	192.8	105.9	52.9	2.3		28.1	3.6
山　西	38.5	10.0	12.5	0.1		2.9	13.0
内蒙古	60.5	14.8	5.1	2.3	0.1	37.7	0.6
辽　宁	310.5	115.6	94.9	76.0	0.1	20.4	3.5
吉　林	128.3	72.3	27.2	15.7	0.1	13.0	0.1
黑龙江	289.1	113.5	69.7	55.3		41.7	8.9
上　海	15.0	13.9				0.5	0.5
江　苏	32.5	31.1	0.6	0.1		0.6	
浙　江	6.0	6.0					
安　徽	17.3	16.8	0.1	0.2		0.1	
福　建	14.8	14.7					0.1
江　西	24.9	19.1	2.0	2.0			1.8
山　东	99.0	86.9	5.0	1.0	0.6	5.4	
河　南	156.7	116.2	30.7	7.5	0.9	1.1	0.4
湖　北	27.5	24.8	0.3	2.1	0.2		
湖　南	46.4	46.2		0.1	0.1		
广　东	43.8	40.6	0.2	0.9	0.7		1.4
广　西	19.4	17.1	0.3	2.0			
海　南							
重　庆	20.1	17.6	2.4			0.1	0.1
四　川	59.7	56.7	1.0	0.3		1.5	0.2
贵　州	31.1	29.4	0.2	0.6		0.5	0.5
云　南	81.4	76.4	1.3	2.5		1.0	0.3
西　藏							
陕　西	136.8	52.3	47.2	13.2	0.1	23.0	1.1
甘　肃	19.7	8.3	3.0	1.2		7.0	0.2
青　海							
宁　夏	4.8	0.9	0.9	0.8		2.2	0.1
新　疆	13.6	6.7	4.1	1.2		1.6	

资料来源：表中数据出自 2015 年《中国农业统计资料》。

表 89 我国各地区添加剂预混合饲料生产情况（2015 年）

单位：万 t

地区	添加剂预混合饲料	其中					
		猪饲料	蛋禽饲料	肉禽饲料	水产饲料	精料补充料	其他饲料
全国总计	**652.5**	**368.0**	**150.8**	**52.8**	**24.6**	**33.6**	**22.7**
北 京	65.7	30.1	24.6	1.3	0.9	6.3	2.4
天 津	26.4	10.3	10.5	0.8	0.2	3.7	0.8
河 北	12.1	3.8	3.2	1.7	0.2	1.4	1.9
山 西	2.8	0.6	1.1	1.1		0.1	
内蒙古	5.8	0.6	0.1	0.2		4.9	
辽 宁	15.9	6.0	5.4	1.9	0.6	0.5	1.4
吉 林	4.9	1.5	1.2	1.4		0.3	0.5
黑龙江	29.6	13.1	6.7	4.9	0.1	3.7	1.1
上 海	24.0	13.0	4.8	1.2	0.4	2.0	2.5
江 苏	33.3	15.6	13.3	2.6	0.8	0.4	0.5
浙 江	13.2	9.7	1.2	1.1	0.9		0.3
安 徽	14.6	9.1	2.0	2.2	0.2	0.2	1.0
福 建	25.8	22.1	0.9	1.5	1.1		0.3
江 西	58.5	48.2	5.0	5.1			0.2
山 东	86.6	28.3	40.2	10.0	1.0	3.9	3.3
河 南	28.6	17.9	7.4	2.2	0.1	0.4	0.6
湖 北	15.0	8.5	4.8	0.6	1.0		
湖 南	54.7	50.1	2.9	0.9	0.2	0.1	0.6
广 东	64.8	44.2	2.7	4.6	10.4		2.9
广 西	13.5	8.3	0.6	4.2	0.4		
海 南	0.4	0.3					
重 庆	1.2	1.2					
四 川	26.3	15.8	2.9	1.4	4.6	1.2	0.3
贵 州							
云 南	5.5	2.2	2.2	0.2	0.1		0.8
西 藏							
陕 西	17.7	5.7	6.3	1.4	1.3	2.0	1.0
甘 肃	0.9	0.3				0.5	
青 海	0.2					0.2	
宁 夏	0.3		0.1			0.2	
新 疆	4.1	1.5	0.7	0.2	0.2	1.4	0.1

表 90 2015/2016 年度制糖期糖料与食糖生产情况

地 区	糖料种植面积（khm^2）	产糖量（万 t）	开工工厂数（个）
全国合计	**1 423.3**	**870.19**	**227**
甘蔗糖合计	1 295.5	785.21	200
广 东	117.3	63.09	29
其中：湛江	90.7	52.76	20
广 西	800.0	511.00	92
云 南	336.4	191.04	65
海 南	31.7	15.09	9
福 建	10.1	4.99	5
其 他	127.8	84.98	27
甜菜糖合计	3.2	1.10	2
黑龙江	60.6	43.23	14
新 疆	45.3	28.40	6
内蒙古	18.7	12.25	5
其 他	1 423.3	870.19	227

资料来源：表中数据由中国糖业协会提供。

表 91 我国食用菌产量、产值、出口情况（2015 年）

项 目	单 位	2014 年	2015 年	同比增长（%）
产 量	t	32 700 918	34 762 700	6.30
产 值	万元	22 581 045	25 163 800	11.44
出口量	t	582 039	526 200	−9.59
创 汇	万美元	290 566	262 600	−9.62

表 92 我国农垦系统农产品加工业主要产品产量（2014—2015 年）

产 品	单 位	2014 年	2015 年	同比增长（%）
粮食商品量	万 t	3 233.3	3343.2	3.40
粮食商品率	%	91.4	91.22	−0.20
食用植物油	万 t	407.3	463.3	13.75
机制糖	万 t	283.6	293.6	3.53
乳制品	万 t	371.8	380.2	2.26
其中：液体奶	万 t	349.4	351.6	0.63
饮料酒	万 kL	168.4	160.5	−4.69
其中：葡萄酒	万 kL	6.6	6.5	−1.52
纱	万 t	64.1	73.5	14.66
布	亿 m	4.8	5.8	20.83
配（混）合饲料	万 t	862.0	892.4	3.53
机制纸及纸板	万 t	64.5	57.0	−11.63

表 93 农垦系统各地区农产品加工业主要产品产量（2015 年）

地 区	混配合饲料（t）	机制纸及纸板（t）	纱（万 t）	布（万 m）	机制糖（t）	饮料酒（kL）	乳制品（t）	食用植物油（t）
全国合计	**8 924 437**	**569 767**	**73.48**	**57 761**	**2 933 593**	**1 604 943**	**3 801 713**	**4 633 213**
北 京	231 617					10	522 617	
天 津						18 660	61 952	
河 北	417 184	32 449		10 018		5 734	628 879	875
山 西	7 200					211	360	
内蒙古	31 449					1 782	3 173	79 513
辽 宁	139 148				19 936	313 196	81 151	64 657
吉 林		36 124				6 597		
黑龙江	360 918	3 017				61 489	271 127	1 809 669
上 海	548 076				1 497 325	114 811	1 127 915	209 259
江 苏	108 562							8 947
浙 江	325 678			2 929			4 700	
安 徽	51 133		0.82			4 511	2 669	2 669
福 建	26 165	3 920		1 520		13 720	1 158	3 525
江 西	28 870	77 162	3.43	288		127 116		32 021
山 东	4 107							
河 南	79 381		1.90			2 631	14 329	
湖 北	1 911 982	108 206	34.05	36 262		287 997	373 407	1 128 755
湖 南	1 161 780	40 258	3.96	345	4 489	5 012	5 598	4 088
广 东	3 762	17 660			364 552	3 148	122 817	472 985
广 西	610 687	136 903			805 211	16 482	1 980	833
海 南		120			25 958	66		80
重 庆	311 134						235 444	
四 川						7 458	1 008	
贵 州	3 044						46 832	
云 南	9 532				71 137	2 489		
西 藏								
陕 西							3 780	
甘 肃						182 756		
青 海								
宁 夏	41 570					208 088	20 898	
新疆（兵团）	2 739 234	113 948	27.24	6 398	14 0792	229 747	156 478	12
新疆（农业）	55 607		2.07			3 041	648	803 095
新疆（畜牧）							65 874	12 330

表 94　我国森林工业主要产品产量（2014—2015 年）

主要产品	单位	2014 年	2015 年	同比增长（%）
锯　材	万 m^3	6 837.0	7 430.4	8.68
木片（实积）	万 m^3	4 314.1	4 285.8	－0.66
人造板	万 m^3	27 317.8	28 679.5	4.98
胶合板	万 m^3	14 970.0	16 546.3	10.53
纤维板	万 m^3	6 462.6	6 618.5	2.41
刨花板	万 m^3	2 087.5	2 030.2	－2.74
其他人造板	万 m^3	3 851.6	3 484.6	－9.53
其他加工材	万 m^3	692.5	891.5	28.74
改性木材	万 m^3	145.9	184.3	26.32
指接材	万 m^3	377.4	409.2	8.43
木竹地板	万 m^2	76 022.4	77 355.9	1.75
林产化学产品				
松香类产品	t	1 700 727	1 742 521	2.46
松节油类产品	t	230 764	263 209	14.06
樟　脑	t	13 171	13 427	1.94
冰　片	t	2 610	2 002	－23.30
栲胶类产品	t	5 013	7 584	51.29
紫胶类产品	t	4 645	3 344	－28.01
木材热解产品	t	1 340 780	1 630 536	21.61
木质生物质成型燃料	t	370 374	485 100	30.98

表 95 各地区森林工业主要产品产量（2015 年）

单位：万 m^3

地区	锯材	木片（实积）	人造板					其他加工材	
			合计	胶合板	纤维板	刨花板	其他人造板	改性木材	指接材
全国总计	**7 430.4**	**4 285.8**	**28 679.5**	**16 546.3**	**6 618.5**	**2 030.2**	**3 484.6**	**184.3**	**409.2**
北京			18.5		18.5				
天津			10.6	1.1	9.5				
河北	154.9	20.1	1 670.4	588.1	475.9	296.2	310.1	10.8	1.8
山西	14.9	8.5	44.6	0.6	15.3	5.7	23.1	0.3	
内蒙古	761.5	6.2	49.5	38.5	4.0	1.9	5.1		
辽宁	338.6	106.9	522.3	264.9	117.9	68.0	71.5		15.1
吉林	173.1	37.9	435.0	152.2	135.9	64.6	82.2	0.1	5.9
黑龙江	628.9	86.1	478.3	313.6	98.5	44.8	21.4	0.1	5.2
上海			4.0	4.0					
江苏	182.8	142.7	4 685.6	3 159.9	756.5	238.9	530.4	2.2	
浙江	327.8	52.1	646.5	270.8	94.5	11.7	269.6	13.7	103.4
安徽	413.9	224.0	2 105.5	1 490.2	357.4	122.5	135.3	1.0	7.4
福建	217.7	202.6	850.8	420.3	138.4	123.9	168.1	4.0	93.5
江西	218.8	140.7	436.5	155.7	134.7	37.9	108.3	23.1	67.6
山东	1 355.8	2 009.5	7 068.2	4 839.8	1 375.9	403.1	449.5	40.3	20.6
河南	212.3	211.6	1 692.1	788.7	347.4	112.3	443.6		
湖北	258.2	79.8	633.5	171.3	318.6	78.4	65.2	5.2	8.2
湖南	420.4	42.8	491.9	264.4	52.0	17.4	158.1	0.9	15.2
广东	172.2	215.5	1 815.9	1 108.4	552.0	138.3	17.2		0.4
广西	939.3	533.2	3 560.7	2 054.4	840.2	193.6	472.5	71.8	38.5
海南	47.6	42.6	29.5	16.7	4.0	8.8		8.0	1.5
重庆	43.7	31.0	124.4	57.7	49.2	14.5	2.9	2.4	4.8
四川	147.0	40.2	812.5	212.6	459.1	26.3	114.5		15.9
贵州	90.4	8.1	89.7	56.0	11.2	3.7	18.7	0.2	2.3
云南	290.0	32.3	279.8	98.1	150.3	14.9	16.5	0.2	2.0
西藏	3.0								
陕西	9.6	8.9	106.8	9.0	94.6	2.9	0.4	0.2	
甘肃	1.0	0.5	1.1	1.0			0.1		
青海									
宁夏									
新疆	6.1	2.0	15.4	8.2	7.0		0.2		
大兴安岭	1.0	0.1	0.1				0.1		

（续）

地　区	木竹地板（万 m^2）	樟 脑（t）	冰 片（t）	松香类产品（t）	松节油类产品（t）	栲胶类产品（t）	紫胶类产品（t）	木竹热解产品（t）	木质生物质成型燃料
全国总计	**77 355.9**	**13 427**	**2 002**	**1 742 521**	**263 209**	**7 584**	**3 344**	**1 630 536**	**485 100**
北　京									
天　津	90.3								
河　北	87.0					1 200		42 000	13 000
山　西								1 200	
内蒙古	8.1								170 000
辽　宁	2 383.4							13 700	
吉　林	4 082.0							6 387	5 488
黑龙江	788.5							1 394	
上　海	2 799.9								
江　苏	28 936.6			9 600				8 200	
浙　江	10 370.1			20 000	8 000			173 315	
安　徽	5 179.6			7 764	1 891			88 743	40 820
福　建	2 904.9	12 380		133 602	15 937			366 114	
江　西	6 051.7	402	21	126 517	55 901			143 701	100
山　东	4 703.1							76 326	1 600
河　南	1 229.7					1 000		13 180	
湖　北	3 271.4			25 383	3 402			256	65 262
湖　南	1 052.3	16	1 356	31 326	5 983		27	97 358	109 868
广　东	1 284.5			156 222	25 800		1 119	10 345	85
广　西	717.3	5	5	1 027 034	114 083	5 384		45 625	42 120
海　南	16.6			428	98			204	
重　庆	6.3			984				5 920	
四　川	970.4	624		825			30	13 425	
贵　州	119.9			20 495	2 170			431 302	28 377
云　南	301.2		620	182 341	29 944		2 168	70 867	
西　藏									
陕　西	0.8								
甘　肃									
青　海									
宁　夏									
新　疆									
大兴安岭	0.4							19 974	8 380

表 96　我国水产加工产品的主要种类与产量（2012—2015 年）

单位：万 t

年　份	冷冻制品	干腌制品	鱼糜制品	鱼　粉	罐制品	鱼油制品	其　他
2012	1 174.9	156.2	117.2	195.3	35.5	6.0	120.8
2013	1 230.0	158.0	132.7	99.5	37.5	7.7	189.7
2014	1 317.2	155.1	151.8	75.9	39.9	10.1	194.0
2015	1 376.5	163.8	145.4	71.1	41.3	7.3	108.3

资料来源：表中数据由中国水产流通与加工协会提供。

表 97　纺织工业主要产品产量（规模以上企业）（2014—2015 年）

产品名称	单　位	2014 年	2015 年	同比增长（%）
化学纤维	万 t	4 390.9	4 831.7	10.04
纱	万 t	3 379.0	3 538.0	4.71
布	亿 m	893.7	892.6	−0.12
服装	万件	299.2	308.3	3.04

资料来源：表中数据由工业和信息化部提供。

表 98　我国家具工业分地区主要产品产量（2015 年）

单位：万件

地　区	家　具	地　区	家　具
全国总计	**76 961.3**	河　南	5 471.1
北　京	700.5	湖　北	662.4
天　津	1 189.2	湖　南	747.8
河　北	1 329.7	广　东	15 676.2
山　西	12.3	广　西	471.6
内蒙古	83.7	海　南	1.6
辽　宁	2 274.8	重　庆	581.2
吉　林	317.1	四　川	1 958.2
黑龙江	228.2	贵　州	132.3
上　海	2 286.6	云　南	16.4
江　苏	1 625.4	西　藏	
浙　江	21 062.1	陕　西	86.0
安　徽	1 139.6	甘　肃	6.3
福　建	13 465.5	青　海	2.3
江　西	1 422.2	宁　夏	22.2
山　东	3 948.0	新　疆	41.2

资料来源：表中数据由国家统计局、中国轻工业联合会提供。

表 99 我国造纸工业纸浆消耗情况（2014—2015 年）

单位：万 t

品　种	2014 年		2015 年		同比增长（%）
	消　耗	所占比例（%）	消　耗	所占比例（%）	
纸浆消耗量	**9 484**	**100**	**9 731**	**100**	**2.60**
1. 木浆	2 540	27.0	2 713	28.0	6.81
其中：进口木浆	1 588	17.0	1 757	18.0	10.64
国产木浆	952	10.0	956	10.0	0.42
2. 非木浆	755	8.0	680	7.0	−9.93
3. 废纸浆	6 189	65.0	6 338	65.0	2.41
其中：进口废纸浆	2 243	24.0	2 392	25.0	6.64
国产废纸浆	3 946	42.0	3 946	40.0	

资料来源：表中数据出自中国造纸协会。

表 100 我国造纸工业纸浆生产情况（2011—2015 年）

单位：万 t

品　种	2011 年	2012 年	2013 年	2014 年	2015 年
总　计	**7 723**	**7 867**	**7 651**	**7 906**	**7 984**
1. 木　浆	823	810	882	962	966
2. 废纸浆	5 660	5 983	5 940	6 189	6 338
3. 非木浆	1 240	1 074	829	755	680
苇　浆	158	143	126	113	100
蔗渣浆	121	90	97	111	96
竹　浆	192	175	137	154	143
稻麦草	660	592	401	336	303
其他浆	109	74	68	41	38

资料来源：表中数据出自中国造纸协会。

表 101 我国机制纸及纸板主要品种产量（2014—2015 年）

单位：万 t

品　种	2014 年	2015 年	同比增长（%）
纸及纸板合计	**10 470**	**10 710**	**2.29**
一、纸			
1. 新闻纸	325	295	−9.23
2. 未涂布印刷书写纸	1 715	1 745	1.75
3. 涂布印刷纸	775	770	−0.65
其中：铜版纸	685	680	−0.73
4. 生活用纸	830	885	6.63
5. 包装用纸	650	665	2.31
二、纸板			
1. 白纸板	1 395	1 400	0.36
其中：涂布白纸板	1 345	1 340	−0.37
2. 箱纸板	2 180	2 245	2.98
3. 瓦楞原纸	2 155	2 225	3.25
三、特种纸及纸板	250	265	6.00
四、其他纸及纸板	195	215	10.26

资料来源：表中数据出自中国造纸协会。

表 102 我国纸和纸板消费结构情况（2014—2015 年）

单位：万 t

产品名称	生产量			消费量		
	2014 年	2015 年	同比增长（%）	2014 年	2015 年	同比增长（%）
总计	**10 470**	**10 710**	**2.29**	**10 071**	**10 352**	**2.79**
1. 新闻纸	325	295	−9.23	321	299	−6.85
2. 未涂布印刷书写纸	1 715	1 745	1.75	1 629	1 680	3.13
3. 涂布印刷纸	775	770	−0.65	625	642	2.72
其中：铜版纸	685	680	−0.73	587	596	1.53
4. 生活用纸	830	885	6.63	759	817	7.64
5. 包装用纸	650	665	2.31	665	681	2.41
6. 白纸板	1 395	1 400	0.36	1 301	1 299	−0.15
其中：涂布白纸板	1 345	1 340	−0.37	1 251	1 238	−1.04
7. 箱纸板	2 180	2 245	2.98	2 240	2 297	2.54
8. 瓦楞原纸	2 155	2 225	3.25	2 152	2 228	3.53
9. 特种纸和纸板	250	265	6.00	205	217	5.85
10. 其他纸和纸板	195	215	10.26	174	192	10.34

资料来源：表中数据出自中国造纸协会。

表 103 我国纸和纸板生产、消费及进口量与人均消费量（2011—2015 年）

年份	纸和纸板总产量（万 t）	纸和纸板总消费量（万 t）	纸和纸板进口量（万 t）	人均消费量（kg）
2011	9 930	9 752	231	73
2012	10 250	10 048	311	74
2013	10 110	9 782	283	72
2014	10 470	10 071	282	74
2015	10 710	10 352	287	75

资料来源：表中数据出自中国造纸协会。

表 104 我国人均主要工农业产品产量（2011—2015 年）

产品名称	单位	2011 年	2012 年	2013 年	2014 年	2015 年
粮食	kg	425.0	437.0	443.0	445.0	453.0
棉花	kg	4.9	5.1	4.6	4.5	4.1
油料	kg	24.6	25.4	25.9	25.7	25.8
糖料	kg	93.1	99.8	101.0	97.7	
茶叶	kg	1.21	1.33	1.41	1.53	
水果	kg	169.4	178.1	184.4	191.1	
猪牛羊肉	kg	45.4	47.4	48.6	49.8	48.3
水产品	kg	41.7	43.7	45.5	47.4	49.1
牛奶	kg	27.2	27.7	26.1	27.3	27.4
布	m	60.6	62.9	65.0	65.5	65.09
机制纸及纸板	kg	81.9	81.1	83.8	86.4	85.64
纱	kg	20.2	22.1	23.6	24.8	25.80

农产品加工业主要产品出口创汇情况

表 105 我国海关出口农产品及加工品数量与金额（2014—2015 年）

单位：万美元

产品名称	单位	2014 年		2015 年	
		数量	金额	数量	金额
活猪	万头	173	45 635	169	48 250
活家禽	万只	493	1 851	433	1 569
牛肉	万 t	1	5 927		4 472
猪肉	万 t	9	42 269	7	32 224
冻鸡	万 t	12	28 197	13	27 206
水海产品	万 t	403	2 086 382	391	1 956 763
鲜蛋	百万个	1 141	12 262	1 207	12 093
谷物及谷物粉	万 t	71	55 566	48	39 507
稻谷和大米	万 t	42	37 840	29	26 771
玉米	万 t	2	769	1	490
蔬菜	万 t	803	980 042	833	1 070 829
鲜或冷藏蔬菜	万 t	555	383 362	566	444 327
橘、橙	t	836 682	102 757	751 323	106 245
苹果	t	865 048	102 758	833 021	103 123
松子仁	t	11 428	23 407	13 439	25 802
大豆	万 t	21	19 908	13	12 551
花生及花生仁	万 t	14	20 065	13	21 502
食用植物油（含棕榈油）	t	133 858	20 033	135 349	18 412
食糖	t	46 218	3 786	74 979	4 657
天然蜂蜜	t	129 824	26 026	144 756	28 866
茶叶	t	301 484	127 266	324 955	138 174
辣椒干	t	38 392	9 803	51 309	11 074
猪肉罐头	t	50 088	15 347	42 028	13 033
蘑菇罐头	t	265 364	52 614	236 777	39 211
啤酒	万 L	25 821	17 704	26 548	18 324
肠衣	t	90 534	102 945	94 249	101 367
填充用羽毛、羽绒	t	41 407	99 655	39 275	51 617
中药材及中成药	t	203 216	152 659	184 454	130 471
烤烟	t	88 043	42 040	101 007	44 879

（续）

产品名称	单位	2014年		2015年	
		数量	金额	数量	金额
纸烟	万条	12 608	51 374	13 159	57 265
锯材	万 m^3	40	29 525	27	20 524
生丝	t	6 359	34 017	6 695	31 835
山羊绒	t	2 374	23 052	2 596	21 059
棉花	t	13 470	3 007	28 916	4 889
烟花、爆竹	t	334 408	84 957	334 265	84 676
松香及树脂酸	t	122 473	29 662	85 822	19 561
新的充气橡胶轮胎	万条	47 587	1 644 663	44 451	1 384 643
纸及纸板（未切成形）	万 t	630	358 208	593	744 683
棉纱线	t	431 379	206 262	343 935	166 818
丝织物			90 711		75 618
棉机织物			1 461 612		1 443 217
亚麻及苎麻机织物	万 m	29 925	110 594	31 779	117 938
合成短纤及棉混纺机织物	万 m	225 039	333 260	215 488	317 157
地毯	万 m^2	48 639	268 021	49 280	262 918
塑料编织袋（周转袋除外）	万条	639 398	101 923	677 509	106 256
纺织机械及零件			314 635		307 841
家具及其零件			5 202 083		5 280 303
非针织或钩编织物制服装			7 342 907		7 069 997
针织或钩编织服装			8 171 923		7 376 653
皮鞋	万双	96 480	1 374 993	83 900	1 212 824
橡胶或塑料底布鞋（包括球鞋）	万双	258 235	1 189 132	266 305	1 287 079
足球、篮球、排球	万个	24 545	55 696	23 122	51 962
竹编结品	t	24 167	15 463	24 600	15 082
藤编结品	t	10 060	8 616	8 740	7 514
草编结品	t	17 968	12 689	17 464	14 177
柳编结品	t	53 425	43 724	50 007	45 222

表 106　我国农产品进出口状况（2011—2015 年）

单位：亿美元、%

年　份	出口额	同　比	进口额	同　比	进出口总额	同　比	逆　差	同　比
2011	607.4	23.0	948.9	30.8	1 556.3	27.6	741.4	47.2
2012	631.9	4.0	1 124.4	18.5	1 756.2	12.8	492.5	−33.6
2013	678.4	7.4	1 189.0	5.7	1 867.5	6.3	510.6	3.7
2014	719.6	6.1	1225.4	3.1	1 945.0	4.1	505.8	−0.9
2015	706.8	−1.8	1 168.8.	−4.6	1 875.6	−3.6	462	−8.7

资料来源：表中数据出自《农业展望》2016 年第 3 期。

表 107　我国主要农产品进出口增速情况（2013—2015 年）

单位：亿美元、%

类　别	年　份	进口额	同　比	出口额	同　比
水产品	2013	86.4	8.0	202.7	6.7
	2014	91.9	6.4	217.0	7.1
	2015	89.8	−2.3	203.3	−6.3
蔬　菜	2013	4.2	0.9	115.9	16.2
	2014	5.1	21.4	125.0	7.9
	2015	5.4	5.9	132.7	6.2
水　果	2013	41.5	10.3	63.2	2.2
	2014	51.2	23.4	61.8	−2.2
	2015	58.7	14.6	68.9	11.5

资料来源：表中数据出自《农业展望》2016 年第 3 期。

表 108　我国海关进口农产品及加工品数量与金额（2014—2015 年）

单位：万美元

产品名称	单　位	2014 年		2015 年	
		数　量	金　额	数　量	金　额
谷物及谷物粉	万 t	1 951	621 715	3 270	934 119
小麦	万 t	300	97 855	301	89 626
稻谷和大米	万 t	258	125 419	338	149 692
大　豆	万 t	7 140	4 028 504	8 169	3 463 290
食用植物油	万 t	650	593 178	676	499 624
食　糖	万 t	349	149 424	485	176 732
天然橡胶（包括乳胶）	万 t	261	495 143	274	390 807
合成橡胶（包括乳胶）	万 t	148	397 856	198	388 813
原　木	万 m^3	5 119	1 178 065	4 457	801 916
锯　材	万 m^3	2 565	808 251	2 658	747 540
纸　浆	万 t	1 796	1 206 507	1 984	1 271 298
羊毛及毛条	万 t	33	242 709	35	246 395
棉　花	万 t	244	499 141	147	255 464
纺织用合成纤维	万 t	34	104 543		
聚酯纤维	万 t	13	24 007		
聚丙烯腈纤维	万 t	16	52 018		
纸及纸板（未切成形）	万 t	282	358 897		
制冷设备用压缩机	万台	1 197	116 445		

表 109　我国粮油产品进口情况（2011—2014 年）

单位：万 t

年份	粮食	谷物	小麦	大米	玉米	大麦
2011	6 390.0	544.6	125.8	59.8	175.0	177.6
2012	8 024.6	1 398.2	370.1	236.9	520.8	252.8
2013	8 645.2	1 458.1	553.5	227.1	326.6	233.5
2014	10 042.4	1 951.0	300.4	257.9	259.9	541.3
年份	大豆	食用植物油	豆油	菜籽油	棕榈油	花生油
2011	5 263.7	656.8	114.3	55.1	470.1	6.1
2012	5 838.4	845.1	182.6	117.6	523.0	6.3
2013	6 337.5	809.8	115.8	152.7	487.4	6.1
2014	7 139.9	650.2	113.5	81.0	396.9	9.4

表 110　我国粮油产品出口情况（2011—2014 年）

单位：万 t

年份	粮食	谷物	小麦	大米	玉米	大豆	食用植物油	豆油	菜籽油
2011	287.5	116.4	32.8	51.6	13.6	13.6	12.2	5.1	0.3
2012	276.6	96.0	28.5	27.9	25.7	25.7	10.0	6.5	0.7
2013	243.1	94.7	27.8	47.8	7.8	20.9	11.5	9.0	0.6
2014	211.4	70.9	19.0	41.9	2.0	20.7	13.4	10.0	0.7

资料来源：表中数据出自 2015 年《中国粮食年鉴》。

表 111　我国蔬菜进出口情况（2014—2015 年）

进口						
品种类别	2014 年		2015 年		同比增长（%）	
	数量（万 t）	金额（万美元）	数量（万 t）	金额（万美元）	数量	金额
鲜冷冻蔬菜	2.09	0.27	2.66	0.32	27.16	19.10
加工蔬菜	17.53	2.34	18.87	2.33	7.65	−0.38
干蔬菜	0.93	0.64	0.82	0.60	−11.88	−5.67
合　计	**22.18**	**5.14**	**24.47**	**5.41**	**10.30**	**5.13**
出口						
品种类别	2014 年		2015 年		同比增长（%）	
	数量（万 t）	金额（万美元）	数量（万 t）	金额（万美元）	数量	金额
鲜冷冻蔬菜	640.56	48.20	653.52	54.00	2.02	12.05
加工蔬菜	292.27	47.37	318.22	45.25	8.88	−4.47
干蔬菜	42.76	27.42	46.32	31.61	8.34	15.28
合　计	**976.10**	**124.99**	**1 018.72**	**132.67**	**4.37**	**6.15**

资料来源：表中数据出自《农业展望》2016 年第 5 期。

表 112 我国谷物进出口情况（2010—2015 年）

单位：万 t、%

年 份	进口量（万 t）	同比（%）	出口量（万 t）	同比（%）	净进口量(万 t)	同比增长（%）
2010	570.9	81.2	124.3	−9.3	446.6	150.7
2011	544.7	−4.6	121.5	−2.2	423.2	−5.2
2012	1 398.2	156.7	81.3	−33.1	1 316.9	211.2
2013	1 458.3	4.3	100.1	23.1	1 358.2	3.1
2014	1 951.6	33.8	76.9	23.1	1 874.6	38.0
2015	3 218.2	64.9	53.3	−30.8	3 164.9	68.8

资料来源：表中数据出自《农业展望》2016 年第 3 期。

表 113 我国分品种粮食进口情况（2011/2012—2015/2016 年度）

单位：kt

年 份	小 麦	大 米	玉 米	大 豆
2011/2012	2 933	2 900	5 231	59 231
2012/2013	2 960	3 200	3 000	59 000
2013/2014	5 506	2 245	3 265	69 000
2014/2015	2 973	2 559	2 598	71 400
2015/2016	3 007		4 730	81 694

资料来源：表中数据出自《农业展望》2016 年第 3 期。

表 114 我国主要粮食产品进出口情况（2015 年）

单位：万 t

主要粮食产品	进 口	出 口	顺 差
谷 物	3 218.2	53.3	−3 164.9
稻 谷	337.7	287.2	−50.5
小 麦	300.7	10.7	−290.0
玉 米	473.0	1.1	−471.9
大 麦	1 073.2		
大 豆	8 169.4	13.3	−8 156.1

资料来源：表中数据出自《农业展望》2016 年第 3 期。

表 115 我国油脂油料进口情况（2011—2015 年）

单位：kt

年份	大 豆进口量	菜 籽进口量	其他油籽进口量	植物油进口量	其中：大豆	棕榈油进口量	菜籽油进口量	其他植物油
2011	52 640	1 262	916	7 798	1 143	5 912	551	192
2012	58 384	2 930	966	9 600	1 826	6 341	1 176	257
2013	63 375	3 662	798	9 221	1 158	5 979	1527	557
2014	71 399	5 081	1 038	7 873	1 136	5 324	810	603
2015	81 694	4 471	806	8 391	818	5 909	815	818

资料来源：表中数据出自《农业展望》2016 年第 9 期。

表 116 我国林产品进出口数量（2014—2015 年）

产品名称		贸易	单位	2014 年	2015 年
原木	针叶原木	出口	m^3	2 042	
		进口		35 839 252	30 059 122
	阔叶原木	出口	m^3	9 702	12 070
		进口		15 355 616	14 509 893
	合计	**出口**	$\mathbf{m^3}$	**11 744**	**12 070**
		进口		**51 194 868**	**44 569 015**
锯材		出口	m^3	408 970	288 288
		进口		25 739 161	26 597 691
单板		出口	m^3	255 744	265 447
		进口		986 173	998 698
特形材		出口	t	212 089	176 867
		进口		16 072	21 624
刨花板		出口	m^3	372 733	254 430
		进口		577 962	638 947
纤维板		出口	m^3	3 205 530	3 014 850
		进口		238 661	220 524
胶合板		出口	m^3	11 633 086	10 766 786
		进口		177 765	165 884
木制品		出口	t	2 175 183	2 269 553
		进口		670 641	760 350
家具		出口	件	316 268 837	327 246 688
		进口		9 845 973	10 191 956
木片		出口	t	42	85
		进口		8 850 785	9 818 990
木浆		出口	t	18 393	25 441
		进口		17 893 771	19 791 810
废纸		出口	t	661	631
		进口		27 518 476	29 283 876
纸和纸制品		出口	t	8 520 484	8 358 720
		进口		2 945 544	2 986 103
木炭		出口	t	80 373	74 075
		进口		219 758	172 780
松香		出口	t	122 469	85 322
		进口		11 343	23 357

（续）

产品名称		贸易	单位	2014年	2015年
水果	柑橘类	出口	t	920 513	920 513
		进口		214 890	214 890
	鲜苹果	出口	t	833 017	833 017
		进口		87 563	87 563
	鲜梨	出口	t	373 125	373 125
		进口		7 930	7 930
	鲜葡萄	出口	t	208 015	208 015
		进口		215 899	215 899
	山竹果	出口	t		
		进口		104 480	104 480
	鲜榴莲	出口	t		
		进口		298 793	298 793
	鲜龙眼	出口	t	3 915	3 915
		进口		354 149	354 149
	鲜火龙果	出口	t	146	146
		进口		813 480	813 480
坚果	核桃	出口	t	1 751	13 660
		进口		26 409	13 137
	板栗	出口	t	35 594	34 590
		进口		9 874	6 694
	松子仁	出口	t	11 428	13 444
		进口		3 750	4 228
	开心果	出口	t	3 360	2 596
		进口		10 779	11 348
干果	梅干及李干	出口	t	935	469
		进口		1 613	1 171
	龙眼干、肉	出口	t	216	297
		进口		35 810	16 203
	柿饼	出口	t	5 492	3 113
		进口			
	红枣	出口	t	7 822	9 573
		进口		1	
	葡萄干	出口	t	30 201	25 500
		进口		22 592	34 818
果汁	柑橘类果汁	出口	t	5 265	5 076
		进口		69 701	64 356
	苹果汁	出口	t	458 590	474 959
		进口		2 747	4 770

表 117 我国林产品进出口金额（2014—2015 年）

单位：千美元

产品名称		贸易	2014 年	2015 年
总计		**出口**	**71 412 007**	**74 262 543**
		进口	**67 205 223**	**63 603 710**
原木	针叶原木	出口	289	
		进口	5 440 581	3 657 984
	阔叶原木	出口	7 773	4 140
		进口	6 341 506	4 402 247
	合计	出口	8 062	4 140
		进口	11 782 087	8 060 231
锯材		出口	298 200	206 795
		进口	8 088 849	7 506 603
单板		出口	276 757	283 714
		进口	183 822	162 113
特形材		出口	355 706	293 881
		进口	35 357	41 178
刨花板		出口	136 337	114 107
		进口	341 666	141 018
纤维板		出口	1 630 949	1 425 474
		进口	110 055	108 396
胶合板		出口	5 813 258	5 487 696
		进口	131 966	121 126
木制品		出口	5 932 432	6 457 198
		进口	715 093	763 723
家具		出口	22 091 885	22 854 641
		进口	888 821	884 025
木片		出口	21	102
		进口	1 545 100	1 693 669
木浆		出口	12 433	16 818
		进口	12 004 565	12 701 792
废纸		出口	265	280
		进口	5 347 795	5 283 161
纸和纸制品		出口	15 859 260	17 097 590
		进口	4 308 915	4 046 869
木炭		出口	89 129	108 964
		进口	62 022	50 057
松香		出口	296 592	194 439
		进口	25 367	40 434

（续）

产品名称		贸易	2014 年	2015 年
水果	柑橘类	出口	1 170 064	1 258 434
		进口	229 953	267 179
	鲜苹果	出口	1 027 619	1 031 232
		进口	46 278	146 957
	鲜　梨	出口	350 656	442 537
		进口	10 148	12 935
	鲜葡萄	出口	358 756	761 873
		进口	602 607	586 628
	山竹果	出口		
		进口	158 470	238 200
	鲜榴莲	出口	3 105	
		进口	328 267	567 943
	鲜龙眼	出口	329	10 187
		进口	529 932	341 923
	鲜火龙果	出口	71 524	345
		进口	62 120	662 882
坚果	核　桃	出口	82 517	60 735
		进口	18 360	42 335
	板　栗	出口	234 068	77 858
		进口	53 440	10 504
	松子仁	出口	13 482	258 135
		进口	66 195	64 841
	开心果	出口	4 235	10 306
		进口	4 251	75 964
干果	梅干及李干	出口	1 657	2 294
		进口	56 678	3 267
	龙眼干、肉	出口	1 657	2 392
		进口	56 678	26 565
	柿　饼	出口	14 826	8 830
		进口		
	红　枣	出口	28 535	35 320
		进口	8	4
	葡萄干	出口	74 344	56 891
		进口	37 952	50 952
果汁	柑橘类果汁	出口	10 880	10 914
		进口	153 185	124 160
	苹果汁	出口	538 698	561 250
		进口	3 209	4 454
其他		出口	14 525 425	15 122 709
		进口	19 280 066	18 504 906

表 118　轻工业系统农产品加工业主要出口产品创汇情况（2014 年）

主要产品名称	单　位	出口产品		同比增长（%）	
		数　量	金　额	数　量	金　额
轻工业产品出口总额	**万美元**		**61 543 474**		**10.27**
有关农产品加工业产品合计	**万美元**	**1 467.20**	**12 291 834**		
纸浆	万 t、万美元	9.75	11 736	17.42	10.91
纸张	万 t、万美元	631.14	754 697	11.39	11.24
纸制品	万 t、万美元	264.95	868 824	10.54	13.05
味精	万 t、万美元	1.63	2 361	−8.43	−4.08
制盐	万 t、万美元	142.76	9 069	−9.58	−19.03
糖	万 t、万美元	4.62	3 786	−3.25	−9.39
乳品	万 t、万美元	3.99	7 511	10.58	31.73
罐头	万 t、万美元	237.35	330 059	−5.32	0.92
可可制品	万 t、万美元	9.97	47 531	15.10	24.00
调味品、发酵品	万美元		290 122		10.71
酒精及酒	万美元		87 745		41.31
冷冻饮品	万 t、万美元	0.68	1 373	−15.38	−48.38
软饮料	万美元		99 195		−19.90
茶	万 t、万美元	30.15	127 298	−7.47	2.14
皮革及其制品	万美元		3 092 506		−0.66
木制品及其他天然植物制品	万 t、万美元	80.87	214 144	6.06	11.14
家具	万美元		5 341 586		0.61
轻工机械	万美元		496 786		10.83
羽绒制品	万美元		317 712		0.35
烟花爆竹	万 t、万美元	33.44	85 045	2.67	10.27
天然植物纤维编织工艺品	万 t、万美元	15.90	102 748	−4.29	−3.85

表 119　轻工业系统农产品加工业主要进口产品情况（2014 年）

主要产品名称	单　位	出口产品		同比增长（%）	
		数　量	金　额	数　量	金　额
轻工业产品进口总额	**万美元**		**15 284 647**		**22.18**
有关农产品加工业产品合计	**万美元**	**3 388.76**	**4 342 574**		
纸　浆	万 t、万美元	1 796.40	1 206 518	6.61	6.07
纸　张	万 t、万美元	281.11	371 817	−5.34	−5.51
纸制品	万 t、万美元	13.24	81 708	−5.06	1.23
味精	万 t、万美元	0.06	191	−4.90	1.92
制　盐	万 t、万美元	742.68	34 066	−2.86	−4.39
糖	万 t、万美元	348.58	149 426	−23.31	−27.77
乳　品	万 t、万美元	181.25	541 292	13.84	23.60
罐　头	万 t、万美元	5.85	8 680	1.60	10.26
可可制品	万 t、万美元	12.83	76 407	12.20	27.50
调味品、发酵品	万美元		27 721		29.74
冷冻饮品	万 t、万美元	1.76	6 594	24.80	22.19
酒精及酒	万美元		287 641		0.31
软饮料	万美元		52 404		26.24
茶	万 t、万美元	2.27	9 285	15.23	22.85
皮革及其制品	万美元		688 057		7.92
毛皮及其制品	万美元		44 776		15.62
木制品及其他天然植物制品	万 t、万美元	2.73	4 368	31.44	22.44
家具	万美元		280 708		9.25
轻工机械	万美元		344 832		−0.13
羽绒制品	万美元		26 083		9.14

资料来源：由中国轻工业信息中心提供。

表 120　我国淀粉及部分深加工品进出口情况（2015 年）

单位：t

主要品种	进口量	同比增长（%）	出口量	同比增长（%）
玉米淀粉	1 746	0.03	73 811	30.77
木薯淀粉	1 819 975	−4.53	1 762	−16.57
马铃薯淀粉	6 5757	118.06	653	−74.44
小麦淀粉	1 058	21.05	3 347	−34.76
山梨醇	1 925	−48.06	26 995	−8.20
甘露糖醇	296	19.35	7 485	−5.83
肌醇	19	72.72	4 450	4.17
葡萄糖及葡萄糖浆，果糖＜20％	979	17.10	474 450	1.24
葡萄糖及葡萄糖浆，20％≤果糖≤50％，转化糖除外	252	−83.13	7 229	−11.67
果糖及果糖浆，果糖＞50％，转化糖除外	3 469	−5.17	270 605	66.70
糊精及变性淀粉	344 399	2.52	61 427	−35.33
未列名淀粉	12 984	27.81	36 342	3.30
化学纯果糖	2 116	23.74	15 004	−1.61
合　　计	2 254 975	−1.82	983 560	10.22

资料来源：表中数据由中国淀粉工业协会提供。

表 121　我国食糖进出口与贸易方式情况（2013—2016 年）

单位：万 t

进　口						
年 份	合　计	一般贸易	来料加工	进料加工	保税仓库进出境	其他
2013	454.59	434.86	1.30	14.77		3.66
2014	348.59	266.33	1.24	13.94	66.93	0.14
2015	484.59	265.71	0.90	13.93	185.14	0.03
2016	211.48	176.34	0.95	6.72	18.70	

出　口						
年 份	合　计	一般贸易	来料加工	进料加工	保税仓库进出境	其他
2013	4.78	1.48	1.06	1.71		0.51
2014	4.62	1.39	1.09	2.00		0.14
2015	7.50	1.09	1.09	1.70	3.32	0.02
2016	12.04	0.90	0.74	1.31	8.96	

资料来源：表中数据由中国糖业协会提供，2016 年数据为截至 8 月底前数据。

表 122　我国罐头产品出口情况（2014 年）

单位：万 t、万美元

产品名称	出口量	出口额
总计	237.35	330 059
肉、禽、鱼类罐头	11.68	29 371
蔬菜罐头	158.11	217 218
水果罐头	59.25	67 310

资料来源：表中数据出自 2015 年《中国轻工业年鉴》。

表 123　我国蜂蜜生产及出口情况（2012—2015 年）

年份	世界产量（万 t）	我国产量（万 t）	占世界比例（%）	出口量（万 t）	出口率（%）	出口创汇（万美元）
2012	154.2	44.80	29.05	11.02	24.60	21 505
2013	160.0	45.00	28.00	12.50	27.78	25 000
2014	167.1	46.80	28.00	12.98	27.74	26 000
2015		47.97		14.48	30.19	28 900

表 124　我国蜂产品出口情况（2014—2015 年）

主要产品	数量、金额、单价	2014 年	2015 年	同比增长（%）
蜂蜜	数量（t）	129 800	144 800	11.5
	金额（万美元）	26 000	28 900	10.9
	平均单价（美元/kg）	2.01	1.99	−1.0
鲜王浆	数量（t）	742.8	726.8	−2.15
	金额（万美元）	2 034.3	1 940.9	−3.64
	平均单价（美元/kg）	27.1	26.7	−1.52
鲜蜂王浆冻干粉	数量（t）	220.5	239.8	8.73
	金额（万美元）	1 919.3	2 008.1	4.63
	平均单价（美元/kg）	87.0	83.7	−3.77
鲜蜂王浆制剂	数量（t）	372.9	293.9	−21.81
	金额（万美元）	316.6	282.0	−65.1
	平均单价（美元/kg）	8.5	9.6	13.09

资料来源：表 123、表 124 中数据由中国农业科学院蜜蜂研究所提供。

表 125　我国水产品进出口贸易情况（2012—2015 年）

年　份	出口量（万 t）	出口额（亿美元）	进口量（万 t）	进口额（亿美元）
2012	380.1	189.8	412.4	80.0
2013	395.5	202.6	417.0	86.4
2014	416.3	216.9	428.1	91.9
2015	406.0	203.3	408.1	89.8

资料来源：表中数据出自《中国水产》2016 年第 5 期。

表 126　我国食品和包装机械进出口情况（2011—2015 年）

单位：万美元

项　　目	2011 年	2012 年	2013 年	2014 年	2015 年
进出口总额	**728 500**	**682 500**	**739 700**	**770 100**	**728 500**
食品机械进出口	225 300	229 400	271 000	302 600	292 400
食品机械进口	118 100	106 300	119 500	124 500	114 800
食品机械出口	107 200	123 100	151 500	168 100	177 600
包装机械进出口	503 200	453 100	468 700	467 500	437 700
包装机械进口	363 000	286 500	274 300	255 700	219 000
包装机械出口	140 200	166 600	194 400	211 800	218 700

资料来源：表中数据由中国食品和包装机械工业协会提供。

表 127　我国纺织品服装出口情况（2014—2015 年）

产 品 名 称	单　位	2014 年	2015 年	同比增长（%）
纺织品服装出口总额	**亿美元**	**2 984.3**	**2 911.5**	**−2.44**
其中：纺织品	亿美元	1 121.4	1 152.6	2.78
服装	亿美元	1 862.9	1 758.9	−5.58

资料来源：表中数据由中国纺织工业联合会提供。

表 128 我国机械工业产品进出口情况（2011—2015 年）

单位：亿美元

项 目	2011 年	2012 年	2013 年	2014 年	2015 年
产品进出口总额	6 312	6 472	6 713	7 255	6 665
产品进口总额	3 094	2 966	2 988	3 232	2 777
产品出口总额	3 218	3 506	3 725	4 023	3 888

表 129 我国中药行业进出口情况（2014—2015 年）

单位：亿美元

年 份	行 业	进出口		出口		进口	
		总 额	同比增长（%）	总 额	同比增长（%）	总 额	同比增长（%）
2014	全国医药合计	980.0	9.26	550.0	7.38	430.0	11.77
	中药合计	46.3	9.79	35.9	14.49	10.4	3.84
2015	全国医药合计	1 026.0	4.69	564.0	2.55	462.0	7.44
	中药合计	48.0	3.67	37.7	5.01	10.3	−0.96

表 130 我国天然橡胶、合成橡胶进口情况（2012—2015 年）

产 品	2012 年		2013 年		2014 年		2015 年	
	数量（万 t）	金额（万美元）	数量（万 t）	金额（万美元）	数量（万 t）	金额（万美元）	数量（万 t）	金额（万美元）
天然橡胶	218.0	681 268	247.0	639 258	261.0	495 000	273.6	391 500
合成橡胶	143.8	509 306	153.0	443 129	160.0	325 800	198.3	389 500

农产品加工业部分行业与企业排序

表 131 轻工业系统农产品加工业分行业主要经济指标（2014 年）

序号	按企业单位数排序			序号	按工业销售产值排序		
	行业	绝对数（个）	行业占轻工系统比重（%）		行业	工业销售产值（亿元）	行业占轻工系统比重（%）
	全国轻工行业合计	**108 763**	**100**		**全国轻工行业合计**	**222 986.7**	**100**
1	农副食品加工业	24 835	22.83	1	农副食品加工业	63 665.1	28.55
2	皮革、毛皮、羽毛（绒）及其制品业	8 719	8.02	2	食品制造业	20 399.9	9.15
3	食品制造业	8 207	7.55	3	饮料制造业	16 370.0	7.34
4	造纸及纸制品业	6 822	6.27	4	造纸及纸制品业	13 535.2	6.07
5	饮料制造业	6 272	5.77	5	皮革、毛皮、羽毛（绒）及其制品业	13 896.1	6.23
6	家具制造业	5 288	4.86	6	家具制造业	7 273.4	3.26
7	轻工机械	2 200	2.02	7	轻工机械	3 145.5	1.41
8	木竹藤棕草制品业	1 230	1.13	8	木竹藤棕草制品业	1 423.7	0.64
9	制盐	131	0.12	9	制盐	356.7	0.16

序号	按利税总额排序			序号	按利润总额排序		
	行业	利税总额（亿元）	行业占轻工系统比重（%）		行业	利润总额（亿元）	行业占轻工系统比重（%）
	全国轻工行业合计	**22 204.5**	**100**		**全国轻工行业合计**	**14 607.4**	**100**
1	农副食品加工业	4 762.0	21.45	1	农副食品加工业	3 263.6	22.34
2	饮料制造业	2 810.7	12.66	2	饮料制造业	1 670.7	11.44
3	食品制造业	2 543.5	11.45	3	食品制造业	1 744.7	11.94
4	皮革、毛皮、羽毛（绒）及其制品业	1 417.5	6.38	4	皮革、毛皮、羽毛（绒）及制品业	949.6	6.50
5	造纸及纸制品业	1 170.4	5.27	5	造纸及纸制品业	727.0	4.98
6	家具制造业	721.9	3.25	6	家具制造业	467.0	3.20
7	轻工机械	351.0	1.58	7	轻工机械	240.8	1.65
8	木竹藤棕草制品业	136.1	0.61	8	木竹藤棕草制品业	85.5	0.59
9	制盐	43.0	0.19	9	制盐	19.4	0.13

（续）

序号	按负债合计排序			序号	按资产总计排序		
	行业	负债合计（亿元）	行业占轻工系统比重（%）		行业	资产总计（亿元）	行业占轻工系统比重（%）
	全国轻工行业合计	**72 434.7**	**100**		**全国轻工行业合计**	**142 560.1**	**100**
1	农副食品加工业	16 218.0	22.39	1	农副食品加工业	31 259.6	21.93
2	造纸及纸制品业	7 647.1	10.56	2	造纸及纸制品业	13 413.8	9.41
3	饮料制造业	6 489.3	8.96	3	饮料制造业	14 249.9	10.00
4	食品制造业	6 158.9	8.50	4	食品制造业	13 138.8	9.22
5	皮革、毛皮、羽毛（绒）及制品业	3 246.0	4.48	5	皮革、毛皮、羽毛（绒）及制品业	7 013.9	4.92
6	家具制造业	2 321.1	3.20	6	家具制造业	4 651.1	3.26
7	轻工机械	1 171.6	1.62	7	轻工机械	2 478.2	1.74
8	制盐	383.0	0.53	8	制盐	864.7	0.61
9	木竹藤棕草制品业	241.5	0.33	9	木竹藤棕草制品业	557.2	0.39

资料来源：表中数据由中国轻工业信息中心提供。

表 132 轻工系统农产品加工业主要产品进出口总值排序情况（2014 年）

单位：亿美元、%

序号	按出口总值排序			序号	按进口总值排序		
	行业	出口总值	行业占轻工系统比重		行业	出口总值	行业占轻工系统比重
	全国轻工行业合计	**6 154.35**	**100**		**全国轻工行业合计**	**1 528.46**	**100**
1	皮革毛皮羽绒及制品业	913.38	14.84	1	农副食品加工业	301.27	19.71
2	家具	534.16	8.68	2	纸浆纸张及制品	35.59	2.33
3	农副食品加工业	359.31	5.84	3	食品制造业	96.25	6.30
4	纸浆纸张及制品	163.53	2.66	4	皮革毛皮羽绒及制品业	0.44	0.03
5	食品制造业	92.82	1.51	5	轻工机械	28.72	1.88
6	饮料制造业	31.56	0.51	6	饮料制造业	108.31	7.09
7	木制品及天然植物制品	21.41	0.35	7	家具制造业	9.16	0.60
8	制盐业	0.91	0.01	8	制盐业	278.16	18.20
9	轻工机械	49.68	0.81	9	木制品及天然植物制品	34.48	2.26

资料来源：表中数据出自 2015 年《中国轻工业年鉴》。

表 133　我国白酒十大品牌（2015 年）

序号	品　牌	生 产 企 业
1	茅 台	贵州茅台酒厂有限责任公司
2	五粮液	四川宜宾五粮液集团有限公司
3	国窖 1573	泸州老窖集团有限责任公司
4	洋河大曲	江苏洋河集团有限公司
5	郎　牌	四川郎酒集团有限责任公司
6	剑南春	四川剑南春（集团）有限责任公司
7	古井贡酒	古井集团
8	汾　酒	山西杏花村汾酒集团有限责任公司
9	西凤酒	陕西西凤酒股份有限公司
10	稻花香	稻花香集团

表 134　我国酿酒行业十强企业（2015 年）

序号	企 业 名 称
1	四川宜宾五粮液集团有限公司
2	中国贵州茅台酒厂有限责任公司
3	青岛啤酒股份有限公司
4	江苏洋河酒厂股份有限公司
5	北京燕京啤酒集团公司
6	山西杏花村汾酒集团有限责任公司
7	烟台张裕集团有限公司
8	安徽古井集团有限责任公司
9	四川剑南春集团有限责任公司
10	稻花香集团

表 135　我国造纸行业 10 强企业（2015 年）

序　号	企 业 名 称
1	华泰集团有限公司
2	玖龙纸业（控股）有限公司
3	山东晨鸣纸业集团股份有限公司
4	山东太阳控股集团有限公司
5	理文造纸有限公司
6	山东泉林纸业有限责任公司
7	安徽山鹰纸业股份有限公司
8	金东纸业（江苏）股份有限公司
9	海南金海浆纸业有限公司
10	山东博汇集团有限公司

资料来源：表中信息由中国轻工业联合会信息中心提供。

表 136　我国啤酒产量 20 万 kL 以上企业（2015 年）

单位：kL

序号	企业名称	产　量（kL）
1	华润雪花啤酒（中国）有限公司	11 742 491
2	百威英博啤酒投资（中国）有限公司	7 474 625
3	青岛啤酒集团有限公司	7 054 324
4	北京燕京啤酒集团有限公司	4 830 689
5	广州嘉士伯咨询管理有限公司	2 520 286
6	河南金星啤酒集团有限公司	1 900 617
7	广州珠江啤酒集团有限公司	1 150 311
8	云南澜沧江酒业集团有限公司	433 233
9	河北蓝贝酒业集团有限公司	405 997
10	烟台啤酒青岛朝日有限公司	235 495
11	杭州千岛湖啤酒有限公司	200 449

资料来源：表中数据由中国酒业协会啤酒分会提供。

表 137　我国啤酒销售收入 3 亿元以上企业（2015 年）

单位：万元

序 号	企　业　名　称	销售收入
1	华润雪花啤酒（中国）有限公司	2 782 281
2	青岛啤酒集团有限公司	2 712 202
3	百威英博啤酒投资（中国）有限公司	2 119 480
4	北京燕京啤酒集团有限公司	1 655 600
5	河南金星啤酒集团有限公司	403 915
6	广州珠江啤酒集团有限公司	354 937
7	河北蓝贝酒业集团有限公司	140 177
8	云南澜沧江酒业（集团）有限公司	127 393
9	烟台啤酒青岛朝日有限公司	65 425
10	杭州千岛湖啤酒有限公司	39 905
11	辽宁天湖啤酒有限责任公司	31 972
12	安徽华洋啤酒有限责任公司	31 917

资料来源：表中数据由中国酒业协会啤酒分会提供。

表 138　我国利税总额亿元以上啤酒企业（2015 年）

单位：万元

序 号	企　业　名　称	利 税 总 额
1	华润雪花啤酒（中国）有限公司	727 210
2	青岛啤酒集团有限公司	622 578
3	北京燕京啤酒集团公司	321 790
4	河南金星啤酒集团有限公司	173 683
5	广州珠江啤酒集团有限公司	73 482
6	云南澜沧江酒业集团有限公司	24 661
7	河北蓝贝酒业集团有限公司	18 391
8	烟台啤酒青岛朝日有限公司	16 820
9	辽宁天湖啤酒有限责任公司	13 000
10	华润雪花啤酒（中国）有限公司	727 210

资料来源：表中数据由中国酒业协会啤酒分会提供。

表 139 我国家具十大品牌生产企业（2015 年）

序号	品 牌	生产 企 业
1	全友家私	成都全友家私有限公司
2	皇朝家私	香港皇朝家私集团有限公司
3	曲美家具	曲美家具集团股份有限公司
4	掌上明珠	成都市明珠家具（集团）有限公司
5	宜家家居	瑞典宜家家居集团公司中国有限公司
6	红苹果家具	中国香港红苹果家具有限公司
7	双虎家具	成都双虎实业有限公司
8	联邦家具	广东联邦家私集团有限公司
9	华日家具	华日家具股份有限公司
10	双叶家具	双叶家具实业有限公司

表 140 我国皮革行业 10 强企业（2015 年度）

序 号	企业名称
1	兴业皮革科技股份有限公司
2	浙江通天星集团股份有限公司
3	广州红谷皮具有限公司
4	雪豹集团公司
5	杭州兽王实业有限公司
6	信泰（福建）科技有限公司
7	四川亭江新材料股份有限公司
8	浙江盛汇化工有限公司
9	南通思瑞机器制造有限公司
10	华斯控股股份有限公司

资料来源：表中信息由中国轻工业联合会提供。

表 141 我国纸及纸板产量 100 万 t 以上的省、自治区、直辖市（2014—2015 年）

单位：万 t

地 区	产 量		
	2014 年	2015 年	同比增长（%）
广 东	1 760	1 820	3.41
山 东	1 750	1 780	1.71
浙 江	1 590	1 650	3.77
江 苏	1 280	1 305	1.95
福 建	650	665	2.31
河 南	630	600	−4.76
河 北	320	320	6.67
湖 南	300	305	−4.69
重 庆	300	290	−3.33
广 西	240	265	15.22
天 津	235	235	0
安 徽	230	230	−4.17
四 川	210	230	15.00
湖 北	200	190	−9.52
海 南	155	173	19.31
江 西	145	168	8.39
合 计	9 995	10 226	2.31

资料来源：表中数据出自《造纸信息》2016 年第 6 期。

表 142 我国纸及纸板产量 100 万 t 以上的生产企业（2015 年）

序号	生产企业	产量（万 t）
1	玖龙纸业（控股）有限公司	1 263
2	理文造纸有限公司	519
3	山东晨鸣纸业集团股份有限公司	418
4	山东太阳控股集团有限公司	314
5	华泰集团有限公司	308
6	安徽山鹰纸业股份有限公司	294
7	福建联盛纸业	232
8	金东纸业（江苏）股份有限公司	203
9	宁波中华纸业有限公司（含宁波亚洲浆纸业有限公司）	199
10	中国纸业投资总公司	176
11	江苏荣成环保科技股份有限公司	161
12	东莞建辉纸业有限公司	135
13	金红叶纸业集团有限公司	124
14	浙江景兴纸业股份有限公司	123
15	山东世纪阳光纸业集团有限公司	114
16	海南金海浆纸业有限公司	108
17	山东博汇纸业股份有限公司	106
18	浙江永正控股有限公司	106

资料来源：表中数据出自《造纸信息》2016 年第 6 期。

表 143　我国重点造纸企业产量排名前 30 名企业（2014—2015 年）

序　号	企　业　名　称	产　　量（万 t）		
		2014 年	2015 年	同比增长（%）
1	玖龙纸业（控股）有限公司	1 226.00	1 263.00	3.02
2	理文造纸有限公司	500.45	519.45	3.80
3	山东晨鸣纸业集团股份有限公司	426.40	418.00	−1.97
4	山东太阳控股集团有限公司	315.50	313.88	−0.36
5	华泰集团有限公司	315.00	307.98	−2.38
6	安徽山鹰纸业股份有限公司	242.00	294.00	21.49
7	福建联盛纸业	200.29	232.00	15.83
8	金东纸业（江苏）有限公司	194.50	203.38	4.57
9	宁波中华纸业有限公司（含宁波亚洲浆纸业有限公司）	183.04	199.31	8.89
10	中国纸业投资总公司	178.00	176.00	−1.12
11	江苏荣成环保科技股份有限公司	161.00	160.83	−0.20
12	东莞建辉纸业有限公司	108.80	135.43	−2.12
13	金红叶纸业集团有限公司	107.00	123.66	15.71
14	浙江景兴纸业股份有限公司	106.87	123.11	15.88
15	山东世纪阳光纸业集团有限公司	106.24	113.79	4.59
16	海南金海浆纸业有限公司	105.80	107.69	0.69
17	山东博汇纸业股份有限公司	103.70	106.00	0.19
18	浙江永正控股有限公司	88.00	105.59	3.54
19	芬欧汇川（中国）纸业有限公司	78.70	89.50	1.70
20	东莞金洲纸业有限公司	75.53	85.27	8.35
21	山东泉林纸业有限责任公司	74.39	77.37	2.44
22	新乡新亚纸业集团股份有限公司	69.84	68.59	−1.79
23	金华盛纸业（苏州工业园区）有限公司	67.63	62.80	−2.33
24	大河纸业有限公司	65.16	62.00	1.64
25	山东华金集团有限公司	64.30	60.89	2.46
26	河南漯河银鸽实业集团有限公司	62.02	58.41	−21.48
27	山东贵和显星纸业集团有限公司	61.96	55.83	−9.89
28	枣庄华润纸业有限公司	59.43	53.64	40.42
29	广州造纸集团有限公司	55.00	53.50	−2.73
30	亚太森博（广东）纸业有限公司	47.73	49.20	6.72

资料来源：表中数据出自《造纸信息》2016 年第 6 期。

表 144　我国印刷机械企业实现销售收入前 10 名企业（2015 年）

序号	企 业 名 称	销售收入（万元）
1	北人集团有限公司	62 351
2	天津长荣印刷设备股份有限公司	52 909
3	陕西北人印刷机械有限责任公司	41 890
4	西安航天华阳机电装备有限公司	39 817
5	高斯图文印刷系统（中国）有限公司	18 123
6	松德智慧装备股份有限公司	16 130
7	广东汕樟轻工机械股份有限公司	15 858
8	辽宁大族冠华印刷科技股份有限公司	14 603
9	杭州科雷机电工业有限公司	13 875
10	国塑集团——温州欧利特机械设备有限公司	11 405

资料来源：表中信息出自《今日印刷》2016 年第 3 期。

表 145　我国印刷机械行业出口交货值前 10 名企业（2015 年）

序　号	企 业 名 称	出口交货值（万元）
1	天津长荣印刷设备股份有限公司	3 797
2	杭州科雷机电工业有限公司	7 284
3	北人集团有限公司	6 103
4	陕西北人印刷机械有限责任公司	5 944
5	高斯图文印刷系统（中国）有限公司	5 181
6	国塑集团——温州欧利特机械设备有限公司	3 432
7	江苏方邦机械有限公司	2 700
8	广东汕樟轻工机械股份有限公司	2 632
9	辽宁大族冠华印刷科技股份有限公司	2 474
10	上海新星印刷器材有限公司	2 372

资料来源：表中数据出自《今日印刷》2016 年第 3 期。

我国西部地区综合统计

表 146 我国西部地区主要农产品产量（2014—2015 年）

单位：万 t、%

主 要 农 产 品	2014 年	2015 年	同比增长
一、粮食作物	16 157.6	16 500.9	2.12
（一）谷 物	13 688.0	14 016.0	2.40
稻 谷	4 550.4	4 548.4	−0.04
小 麦	2 179.6	2 295.1	5.30
玉 米	6 507.7	6 699.9	2.95
谷 子	48.4	61.4	26.86
高 粱	133.8	126.1	−5.75
（二）豆 类	525.9	534.9	1.71
大 豆	267.2	267.3	0.04
杂 豆	258.7	267.6	3.44
（三）薯 类	1 943.8	1 950.0	0.32
马铃薯	1 420.5	1 410.4	−0.71
二、油料作物	1 000.5	1 042.2	4.17
花 生	170.8	175.4	2.69
油菜籽	584.8	599.3	2.48
芝 麻	5.5	4.7	−14.55
胡麻籽	28.9	30.4	5.19
向日葵籽	199.5	218.0	9.27
三、棉 花	380.2	359.8	−5.37
四、麻 类	10.0	8.9	−11.00
黄红麻	1.1	1.0	−9.09
五、糖 料	10 956.1	10 349.7	−5.53
甘 蔗	10 297.2	9 655.0	−6.24
甜 菜	658.8	694.7	5.45
六、烟 叶	179.6	171.3	−4.62
烤 烟	167.0	160.4	−3.95
七、茶 叶	81.9	88.6	8.18
八、水 果	8 228.1	8 827.3	7.28

表 147　我国西部地区主要农产品单位面积产量（2014—2015 年）

单位：kg/hm²、%

主要农产品	2014 年	2015 年	同比增长
一、粮食作物	4 686.4	4 766.2	1.70
（一）谷　物	5 304.4	5 395.7	1.72
稻　谷	6 599.4	6 668.7	1.05
小　麦	3 771.5	3 952.9	4.81
玉　米	5 657.0	5 753.6	1.71
谷　子	1 954.9	2 077.4	6.27
高　粱	1 958.2	4 043.7	2.16
（二）豆　类	1 800.5	1 814.4	0.77
大　豆	1 836.1	1 813.3	−1.24
杂　豆	1 765.1	1 815.5	2.86
（三）薯　类	3 382.2	3 423.3	1.22
马铃薯	3 289.2	3 307.6	0.56
二、油料作物	2 114.3	2 172.3	2.74
花　生	2 508.2	2 546.8	1.54
油菜籽	1 950.8	1 992.5	2.14
芝　麻	1 263.7	1 196.5	−5.32
胡麻籽	1 372.2	1 504.4	9.63
向日葵籽	5 721.8	2 803.2	2.99
三、棉花	1 862.9	1 824.8	−2.05
四、麻类	2 119.1	1 942.9	−8.31
黄红麻	2 513.7	2 490.5	−0.92
五、糖料	69 647.5	71 772.5	3.05
甘　蔗	70 265.5	72 710.4	3.48
甜　菜	61 230.4	60 861.0	−0.60
六、烟叶	1 900.9	2 058.6	8.30
烤　烟	1 879.1	2 047.8	8.98

表 148 我国西部地区茶叶产量（2015 年）

单位：t

地 区	茶叶总产量	其中						
		绿茶	青茶	红茶	黑茶	黄茶	白茶	其他茶
全国总计	**2 248 999**	**1 494 644**	**270 283**	**203 221**	**126 323**	**580**	**20 390**	**133 558**
地区小计		**993 938**	**32 434**	**18 290**	**7 074**		**284**	**7 880**
占全国比重（%）		66.5	12.0	9.0	5.6		0.9	5.9
内蒙古								
广 西	63 593	42 592	324	13 780	1 567			5 330
重 庆	35 173	30 190	45	3 676			11	1 251
四 川	248 414	207 434	4 120	4 159	11 203	146	614	20 738
贵 州	118 031	98 287	629	4 965	4 297	42	781	9 030
云 南	365 841	237 902	4 660	52 084			3	71 191
西 藏	92	3		1				88
陕 西	53 987	53 987						
甘 肃	1 302	1 302						
青 海								
宁 夏								
新 疆								

表 149 我国西部地区水果产量（2015 年）

单位：t

地 区	水果总产量	其中					
		苹 果	柑 橘	梨	香 蕉	菠 萝	荔 枝
全国总计	**174 795 709**	**42 613 392**	**36 600 838**	**18 698 559**	**12 466 346**	**1 495 422**	**2 307 862**
地区小计	65 243 535	16 640 880	12 686 865	5 162 405	5 598 498	111 412	676 905
占全国比重（%）	37.33	39.05	34.66	27.61	44.91	7.45	29.33
内蒙古	660 329	199 631		64 015			
广 西	13 697 638		5 192 761	316 550	2 955 728	34 340	637 717
重 庆	3 274 760	4 785	2 249 450	384 131	1 269		519
四 川	8 065 208	612 919	3 796 344	976 686	44 645		17 065
贵 州	1 476 496	52 677	320 114	292 421	8 507		656
云 南	6 563 238	413 755	594 949	508 784	2 588 349	77 072	20 948
西 藏	13 528	6 317	663	1 486			
陕 西	16 306 155	10 372 974	531 257	1 041 293			
甘 肃	4 618 038	3 285 884	1 327	414 038			
青 海	15 011	6 446		4 097			
宁 夏	938 655	534 191		19 081			
新 疆	9 614 479	1 151 301		1 139 823			

（续）

地　区	其　中					
	龙　眼	桃	猕猴桃	葡萄	红枣	柿子
全国总计	**1 845 637**	**13 640 032**	**2 187 867**	**13 669 273**	**8 075 784**	**3 791 360**
地区小计	649 142	2 649 193	1 544 065	5 998 945	4 115 619	1 584 005
占全国比重（%）	35.17	19.42	70.57	43.89	50.96	41.78
内蒙古		2 077		129 703	1 311	
广　西	573 575	278 874	5 342	449 285	26 752	975 276
重　庆	24 372	133 003	23 232	101 952	10 655	15 534
四　川	38 211	551 213	217 004	334 599	16 835	50 504
贵　州	741	190 116	52 544	211 154	2 857	14 945
云　南	12 243	280 505	1 648	851 622	23 342	89 757
西　藏		3 211				
陕　西		757 221	1 243 515	630 944	725 849	415 250
甘　肃		241 794	780	317 950	168 128	22 739
青　海						
宁　夏		35 390		215 755	85 620	
新　疆		175 789		2 755 981	3 054 270	

表150　我国西部地区主要林产品产量（2015年）

产　品	单　位	全国产量	地区产量	占全国比重（%）
木　材	万 m^3	7 200	3 042	42.25
竹　材	万根	235 466	86 247	36.63
紫胶（原胶）	t	3 595	2 209	61.45
生　漆	t	22 806	14 491	63.54
油桐籽	t	412 042	223 069	54.14
油茶籽	t	2 163 492	315 499	14.58
乌桕籽	t	32 179	6 569	20.41
五倍子	t	25 081	14 347	57.20
棕　片	t	59 145	23 976	40.54
松　脂	t	1 326 292	762 790	57.51
竹笋干	t	771 623	259 858	33.68
核　桃	t	3 331 703	2 350 999	70.56
板　栗	t	2 342 054	500 477	21.37

表 151　我国西部地区主要畜产品产量（2014—2015 年）

产品名称	单位	2014 年	2015 年	同比增长（%）
一、肉类总产量	万 t	2 631.4	2 621.6	−0.37
猪　肉	万 t	1 681.3	1 640.7	−2.41
牛　肉	万 t	259.2	267.4	3.16
羊　肉	万 t	250.9	257.9	2.79
禽　肉	万 t	363.7	374.7	3.02
兔　肉	万 t	41.2	43.1	4.61
二、其他畜产品产量				
奶　类	万 t	1 543.6	1 561.9	1.19
牛　奶	万 t	1 465.1	1 481.7	1.13
蜂　蜜	万 t	11.3	12.0	6.19
禽　蛋	万 t	416.1	432.1	3.85
山羊毛	t	22 396.1	20 955.1	−6.43
羊　绒	t	14 024.8	14 044.1	0.14
绵羊毛	t	296 513.0	305 519.5	3.04
细羊毛	t	95 292.5	105 863.9	11.09
半细羊毛	t	61 470.2	64 816.0	5.44

表 152　我国西部地区水产品产量（2014—2015 年）

单位：kt、%

产品名称	2014 年	2015 年	同比增长
水产品总产量	6 503.4	6 929.4	6.55
按海水、内陆分			
海水产品产量	1 744.4	1 797.2	3.03
内陆水产品产量	4 759.0	5 132.3	7.84
按生产性质分			
捕捞产量	978.9	993.5	1.49
养殖产量	5 524.5	5 936.0	7.45

表 153　我国西部地区人均主要农产品、畜产品、水产品产量（2014—2015 年）

单位：kg/人

产 品 名 称	2014 年	2015 年	同比增长（%）
一、主要农产品	1 004.7	1 007.3	0.26
（一）粮　食	439.8	446.1	1.43
1. 谷　物	372.6	379.0	1.72
稻　谷	123.9	123.0	−0.73
小　麦	59.3	62.1	4.72
玉　米	177.1	181.2	2.32
谷　子	1.3	1.7	30.77
高　粱	3.6	3.4	−5.56
2. 豆　类	14.3	14.5	1.40
大　豆	7.3	7.2	−1.37
杂　豆	7.0	7.2	2.86
3. 薯　类	52.9	52.7	−0.38
马铃薯	38.7	38.14	−1.45
（二）油　料	27.2	28.2	3.68
花　生	4.6	4.7	2.17
油菜籽	15.9	16.2	1.89
芝　麻	0.1	0.1	0.00
胡麻籽	0.8	0.8	0.00
向日葵籽	5.4	5.9	9.26
（三）棉　花	10.3	9.7	−5.83
（四）麻　类	0.3	0.2	−33.33
黄红麻			
（五）糖　料	298.2	279.8	−6.17
甘　蔗	280.3	261.0	−6.89
甜　菜	17.9	18.8	5.03
（六）水　果	224.0	238.7	6.56
（七）烟　叶	4.9	4.6	−6.12
烤　烟	4.5	4.3	−4.44
二、畜产品		112.5	−0.44
（一）猪牛羊肉	59.7	58.6	−1.84
猪　肉	45.8	44.4	−3.06
牛　肉	7.1	7.2	1.41
羊　肉	6.8	7.0	2.94
（二）奶　类	42.0	42.2	0.48
牛　奶	39.9	40.1	0.50
（三）禽　蛋	11.3	11.7	3.54
三、水产品	17.7	18.9	6.78
鱼　类	13.8	14.8	7.25
虾蟹类	1.1	1.1	0.00

表 154 我国西部地区农林牧渔业总产值、增加值及构成（2014—2015 年）

名 称	总 产 值		增 加 值	
	2014 年	2015 年	2014 年	2015 年
一、绝对数（亿元）				
合 计	**27 608.7**	**29 478.2**	**16 832.2**	**17 832.4**
1. 农业	16 059.3	17 240.5	10 476.9	11 187.2
2. 林业	1 219.7	1 313.2	835.8	885.4
3. 牧业	8 576.3	9 006.8	4 542.7	4 676.0
4. 渔业	883.6	949.9	576.5	613.7
二、构成（%）				
农林牧渔业合计	**100.3**	**100.0**	**100.0**	**100.0**
1. 农业	58.2	58.5	62.2	62.7
2. 林业	4.4	4.5	5.0	5.0
3. 牧业	31.1	30.6	27.0	26.2
4. 渔业	3.2	3.2	3.4	3.4
三、西部占全国的比重（%）				
农林牧渔业总产值合计	**27.0**	**27.5**	**28.0**	
1. 农业	29.3	29.9	29.7	
2. 林业	28.7	29.6	29.9	
3. 牧业	29.6	30.2	32.4	
4. 渔业	8.5	8.7	9.2	

表 155 我国西部地区林业产业总产值（2015 年）

单位：万元

地 区	总 计	第一产业	第二产业	第三产业
全国总计	**593 627 135**	**202 073 172**	**298 933 386**	**92 620 577**
地区小计	129 497 138	64 343 836	43 425 193	21 728 109
占全国比重（%）	21.81	31.84	14.53	23.46
内蒙古	4 177 852	1 973 569	1 193 769	1 010 514
广 西	43 098 962	14 747 466	24 020 202	4 331 294
重 庆	6 621 930	3 143 447	2 041 567	1 436 916
四 川	26 643 488	10 078 638	8 751 859	7 812 991
贵 州	8 102 745	3 446 566	1 098 703	3 557 476
云 南	15 044 874	9 714 533	3 981 608	1 348 733
西 藏	264 669	233 003	7 466	24 200
陕 西	10 143 985	7 892 891	1 177 381	1 073 713
甘 肃	3 857 148	3 361 899	192 258	302 991
青 海	511 686	503 389		8 297
宁 夏	1 544 316	914 552	366 083	263 681
新 疆	9 485 483	8 333 883	594 297	557 303

表 156　我国西部地区森林工业主要产品产量（2015 年）

地　区	锯材（万 m^3）	木片（万 m^3）	胶合板（万 m^3）	纤维板（万 m^3）	刨花板（万 m^3）	其他人造板（万 m^3）	改性木材（万 m^3）	指接材（万 m^3）
全国总计	**7 430.38**	**4 285.80**	**16 546.25**	**6 618.53**	**2 030.19**	**3 484.56**	**184.27**	**409.16**
地区小计	2 291.54	662.47	2 535.54	1 626.92	251.41	630.89	74.75	63.43
占全国比重(%)	30.84	15.46	15.32	24.58	12.38	18.11	40.57	15.50
内蒙古	761.46	6.24	38.53	15.25	1.89	5.10		
广　西	939.28	533.21	2 054.41	840.22	193.59	472.52	71.82	38.51
重　庆	43.69	30.99	57.72	49.23	8.52	2.89	2.41	4.75
四　川	146.97	40.24	212.63	459.06	25.89	114.53		15.88
贵　州	90.39	8.06	56.03	11.23	3.73	18.70	0.15	2.25
云　南	290.02	32.30	98.09	150.34	14.93	16.47	0.17	2.04
西　藏	3.03							
陕　西	9.57	8.90	8.95	94.59	2.86	0.38	0.20	
甘　肃	1.03	0.51	0.97			0.13		
青　海								
宁　夏								
新　疆	6.10	2.02	8.21	7.00		0.17		

地　区	木竹地板（万 m^2）	松香类产品（t）	松节油类产品（t）	樟脑（t）	冰片（t）	栲胶类产品（t）	紫胶类产品（t）	木材热解产品（t）	木质生物质成型燃料（t）
全国总计	**77 355.85**	**1 742 521**	**263 209**	**13 427**	**2 002**	**7 584**	**3 344**	**1 630 536**	**485 100**
地区小计	2 123.93	1 231 679	146 197	629	625	5 384	2 198	567 139	240 497
占全国比重(%)	2.75	70.68	55.54	4.68	31.22	70.99	65.73	34.78	49.58
内蒙古	8.08								170 000
广　西	717.31	1 027 034	114 083	5	5	5 384		45 625	42 120
重　庆	6.25	984						5 920	
四　川	970.40	825		624			30	13 425	
贵　州	119.92	20 495	2 170					431 302	28 377
云　南	301.18	182 341	29 944		620		2 168	70 867	
西　藏									
陕　西	0.79								
甘　肃									
青　海									
宁　夏									
新　疆									

表 157 我国西部地区农垦系统主要农产品加工企业产品产量（2015 年）

地 区	配混合饲料（t）	机制纸及纸版（t）	纱（万 t）	布（万 m）	机制糖（t）	饮料酒（kL）	乳制品（t）	食用植物油（t）
全国总计	**8 924 437**	**569 767**	**73.48**	**57 761**	**2 933 593**	**1 604 943**	**3 801 713**	**4 633 213**
地区小计	3 802 257	250 851	29.31	6 398	1 043 098	651 843	536 115	895 783
占全国比重（%）	42.61	44.03	39.89	11.08	35.56	40.61	14.10	19.33
内蒙古	31 449					1 782	3 173	79 513
广 西	610 687	136 903			805 211	16 482	1 980	833
重 庆	311 134				25 958		235 444	
四 川						7 458	1 008	
贵 州	3 044						46 832	
云 南	9 532				71 137	2 489		
西 藏								
陕 西							3 780	
甘 肃						182 756		
青 海								
宁 夏	41 570					208 088	20 898	12
新疆（兵团）	2 739 234	113 948	27.24	6 398	140 792	229 747	156 478	803 095
新疆（农业）	55 607		2.07			3 041	648	12 330
新疆（畜牧）							65 874	

表 158 我国西部地区轻工业系统农产品加工业产品产量（2014 年）

地 区	纸浆（万 t）	机制纸、纸板（万 t）	纸制品（万 t）	原盐（万 t）	机制糖（万 t）	糖果（万 t）	方便面（万 t）
全国总计	**1 645.6**	**11 785.7**	**6 634.9**	**6 434.0**	**1 660.1**	**362.4**	**1 025.6**
地区小计	273.9	1 098.8	1 076.3	1 626.2	1 433.5	34.7	115.8
占全国比重（%）	16.64	9.32	16.22	25.28	86.35	9.58	11.29
内蒙古	3.4	29.1	82.6	193.6	51.1	0.2	
广 西	180.8	319.6	198.7	2.4	1 077.1		23.5
重 庆	14.0	311.2	232.1	220.0		2.3	7.7
四 川	28.6	224.2	291.1	388.1	1.3	11.2	29.3
贵 州	8.7	28.0	70.4		5.6	4.7	1.6
云 南	18.7	46.6	50.2	125.3	249.7	1.3	4.0
西 藏		2.9	3.5				
陕 西		70.8	73.4	143.0		1.0	44.6
甘 肃		8.3	38.9	17.1	4.4	0.5	
青 海			0.1	221.8		13.4	
宁 夏	10.6	22.6	10.0				
新 疆	9.1	35.5	25.3	314.9	44.3	0.1	5.1

（续）

地　区	乳制品（万 t）	液体乳（万 t）	罐头（万 t）	小麦粉（万 t）	冷冻饮品（万 t）	饮料酒（万 kL）	软饮料（万 t）	精制植物油（万 t）
全国总计	**2 651.8**	**2 400.1**	**1 171.9**	**14 116.0**	**308.6**	**6 544.0**	**16 676.8**	**6 534.1**
地区小计	817.1	751.3	169.0	1 256.7	81.3	1 603.8	4 400.0	898.2
占全国比重（%）	30.81	31.30	14.42	8.90	26.34	24.51	26.38	13.75
内蒙古	269.8	246.5	0.1	82.6	12.6	172.2	456.7	49.7
广　西	37.6	37.3	46.8	22.7	23.4	211.5	730.0	258.1
重　庆	14.8	14.8	9.3	17.0	2.6	94.3	273.6	89.9
四　川	102.7	95.1	35.9	193.9	23.3	581.6	1 275.4	142.3
贵　州	7.9	7.9	2.5	1.5	7.9	117.0	342.5	35.8
云　南	52.7	52.1	1.7	12.3	1.2	113.5	303.7	25.4
西　藏	0.6	0.5		2.2		16.3	16.3	0.1
陕　西	161.3	137.3	5.8	568.0	7.1	115.9	560.9	146.2
甘　肃	33.5	31.5	3.6	141.8	0.3	77.8	225.4	5.9
青　海	19.0	19.0		12.7		13.8	48.1	11.2
宁　夏	1075.2	71.1	0.1	58.6		31.8	10.7	12.4
新　疆	42.0	38.2	63.2	143.4	2.9	58.1	156.7	121.2

地　区	啤酒（万 kL）	轻革（万 m²）	皮革鞋靴（万双）	皮革服装（万件）	家具（万件）	木制家具（万件）	金属家具（万件）
全国总计	**4 921.9**	**59 386.7**	**449 879.8**	**8 665.5**	**77 785.7**	**26 345.0**	**37 535.0**
地区小计	1 043.5	3 986.3	26 346.4	98.6	3 046.2	2 074.9	363.2
占全国比重（%）	21.20	6.71	5.86	1.14	3.92	7.88	0.97
内蒙古	109.4	16.7	624.7		111.4	110.6	
广　西	190.1	942.7	2 767.7		449.8	181.8	100.4
重　庆	73.7		9 142.2	2.3	516.1	352.6	33.0
四　川	227.7	1 640.3	12 867.8	88.4	1 693.0	1 268.4	189.2
贵　州	78.6		758.5		108.0	46.5	13.8
云　南	100.4				9.5	2.4	
西　藏	15.8						
陕　西	96.0	55.9	183.5	5.7	77.5	52.1	10.5
甘　肃	66.0	494.0		2.2	12.0	11.9	0.1
青　海	11.9		2.0		10.6	10.6	
宁　夏	27.7	31.9			22.5	18.5	
新　疆	46.2	804.8			35.8	19.5	16.2

资料来源：表中数据由中国轻工业信息中心提供。

其　他

表 159　我国农产品质量安全例行监测情况（2016 年）

监测产品种类	合格率（%）	同比增长
蔬　菜	96.8	0.7 个百分点
畜禽产品	99.4	
水产品	95.9	0.4 个百分点
水　果	96.2	0.6 个百分点
茶　叶	99.4	1.8 个百分点

资料来源：表中数据由农业部办公厅提供。

表 160　我国大米加工 50 强企业（2015 年）

序号	企　业　名　称	序号	企　业　名　称
1	中粮集团有限公司	26	宜兴市粮油集团大米有限公司
2	益海嘉里投资有限公司	27	安徽光明槐祥工贸集团有限公司
3	湖北国宝桥米集团	28	江西金佳谷物股份有限公司
4	福娃集团有限公司	29	湖北省宏发米业公司
5	上海良友（集团）有限公司	30	合肥金润米业有限公司
6	北京古船米业有限公司	31	湖南天下洞庭粮油实业有限公司
7	万年贡集团有限公司	32	黑龙江省北大荒米业集团有限公司
8	山信粮业有限公司	33	福建泉州市金穗米业有限公司
9	华润五丰米业（中国）有限公司	34	湖北中禾粮油股份有限公司
10	湖北省粮油（集团）有限责任公司	35	吉林省德春农业集团股份有限公司
11	湖北禾丰粮油集团有限公司	36	上海垠海贸易有限公司
12	重庆粮食集团有限责任公司	37	宁夏昊王米业集团有限公司
13	绿都集团股份有限公司	38	安徽省桐城青草香米业集团有限公司
14	洪湖市洪湖浪米业有限责任公司	39	江苏双兔食品股份有限公司
15	江苏省农垦米业集团有限公司	40	深圳市中泰米业有限公司
16	江西奉新天工米业有限公司	41	湖南浩天米业有限公司
17	金健米业股份有限公司	42	四川省川粮米业股份有限公司
18	安徽省阜阳市海泉粮油工业有限公司	43	安徽省联河米业有限公司
19	深圳市粮食集团有限公司	44	桂林绿苑米业有限公司
20	松原粮食集团有限公司	45	河南黄国粮业股份有限公司
21	吉林裕丰米业股份有限公司	46	湖北华苑粮油有限公司
22	盘锦鼎祥米业有限公司	47	庆安东禾金谷粮食储备有限公司
23	东莞市太粮米业有限公司	48	庆安鑫利达米业有限公司
24	湖北洪森实业（集团）有限公司	49	杭州富义仓米业有限公司
25	南京沙塘庵粮油实业有限公司	50	黑龙江和粮经贸有限公司

表161　我国小麦粉加工50强企业（2015年）

序号	企业名称	序号	企业名称
1	五得利面粉集团有限公司	26	一加一天然面粉有限公司
2	益海嘉里投资有限公司	27	河北凯发面业集团有限公司
3	中粮集团有限公司	28	安徽省天麒面业科技股份有限公司
4	今麦郎食品有限公司	29	甘肃红太阳面业集团有限责任公司
5	江苏南顺面粉有限公司	30	四川仁吉粉业集团有限公司
6	河北金沙河面业集团有限责任公司	31	江苏省淮安新丰面粉有限公司
7	陕西陕富面业有限责任公司	32	丹阳市同乐面粉有限公司
8	新疆天山面粉（集团）有限责任公司	33	安徽瑞福祥食品有限公司
9	发达面粉集团股份有限公司	34	河南中鹤纯净粉业有限公司
10	北京古船食品有限公司	35	广东白燕粮油实业有限公司
11	江苏省粮食集团有限责任公司	36	遂平益康面粉有限公司
12	东莞市穗丰食品有限公司	37	潍坊风筝面粉有限责任公司
13	山东利生食品集团有限公司	38	广州市粮食集团有限责任公司
14	杭州恒天面粉集团有限公司	39	内蒙古恒丰食品工业（集团）股份有限公司
15	山东永乐食品有限公司	40	河南莲花面粉有限公司
16	河南省大程粮油集团股份有限公司	41	开封市天源面业有限公司
17	山东半球面粉有限公司	42	上海福新面粉有限公司
18	天津利金粮油股份有限公司	43	青岛维良食品有限公司
19	郑州金苑面业有限公司	44	河南斯美特食品有限公司
20	陕西老牛面粉有限公司	45	潜江同光面粉有限责任公司
21	安徽皖王面粉集团有限公司	46	济南民天面粉有限责任公司
22	江苏省银河面粉有限公司	47	宝鸡祥和面粉有限责任公司
23	安徽正宇面粉有限公司	48	深圳市粮食集团有限公司
24	江苏江南面粉集团有限公司	49	开封市天丰面业有限责任公司
25	陕西西瑞（集团）有限责任公司	50	湖北三杰粮油食品集团有限公司

表 162 我国食用油加工 50 强企业（2015 年）

序号	企业名称	序号	企业名称
1	益海嘉里投资有限公司	26	浙江新市油脂股份有限公司
2	中粮集团有限公司	27	厦门银祥油脂有限公司
3	山东鲁花集团有限公司	28	山东龙大植物油有限公司
4	九三粮油工业集团有限公司	29	金太阳粮油股份有限公司
5	山东渤海实业股份有限公司	30	江苏佳丰粮油工业有限公司
6	中储粮油脂有限公司	31	广东鹰唛食品有限公司
7	山东三星集团有限公司	32	青岛长生集团股份有限公司
8	西王集团有限公司	33	河南懿丰油脂有限公司
9	重庆粮食集团有限责任公司	34	山东禹王生态食业有限公司
10	山东香驰粮油有限公司	35	山东省高唐蓝山集团总公司
11	厦门中盛粮油集团有限公司	36	福建元成豆业有限公司
12	上海良友海狮油脂实业有限公司	37	福建华仁油脂有限公司
13	三河汇福粮油集团有限公司	38	山东乐悠悠花生油科技有限公司
14	北京京粮股份有限公司	39	安徽燕庄油脂有限责任公司
15	道道全粮油股份有限公司	40	青岛天祥食品集团有限公司
16	广州植之元控股有限公司	41	云南滇雪粮油有限公司
17	上海佳格食品有限公司	42	南通家惠油脂发展有限公司
18	湖南粮食集团有限责任公司	43	泉州市金华油脂食品有限公司
19	湖北省粮油（集团）有限责任公司	44	合肥金润米业有限公司
20	河南爱厨植物油有限公司	45	江苏金洲粮油食品有限公司
21	山西忠民集团有限公司	46	西安爱菊粮油工业集团有限公司
22	湖北天星粮油股份有限公司	47	劲旺粮油食品有限公司
23	洪湖市洪湖浪米业有限责任公司	48	江苏春绿粮油有限公司
24	河南阳光油脂集团有限公司	49	内蒙古蒙佳粮油工业集团有限公司
25	仪征方顺粮油工业有限公司	50	南阳市瑞丰粮油有限公司

表 163　我国挂面加工 10 强企业（2015 年）

序　号	企　业　名　称
1	河北金沙河面业集团有限责任公司
2	克明面业股份有限公司
3	今麦郎食品有限公司
4	博大面业集团有限公司
5	中粮集团有限公司
6	益海嘉里投资有限公司
7	湖南粮食集团有限责任公司
8	河南想念食品有限公司
9	江西省春丝食品有限公司
10	宁夏塞北雪面粉有限公司

表 164　我国杂粮加工 10 强企业（2015 年）

序　号	企　业　名　称
1	安徽燕之坊食品有限公司
2	吉林市永鹏农副产品开发有限公司
3	辽宁红旭现代农业股份有限公司
4	怀仁县龙首山粮油贸易有限责任公司
5	内蒙古正隆谷物食品有限公司
6	黑龙江省北大荒米业集团有限公司
7	河南皓佳农业开发有限公司
8	浏阳河农业产业集团股份有限公司
9	内蒙古老哈河粮油工业有限责任公司
10	贵州鑫龙食品开发有限公司

表 165　我国粮油机械制造 10 强企业（2015 年）

序 号	企　业　名　称
1	牧羊有限公司
2	江苏正昌集团有限公司
3	布勒（无锡）商业有限公司
4	开封市茂盛机械有限公司
5	合肥美亚光电技术股份有限公司
6	迈安德集团有限公司
7	湖南郴州粮油机械有限公司
8	山东长江粮油仓储机械有限公司
9	河北苹乐面粉机械集团有限公司
10	中粮工程科技有限公司

资料来源：表 160 至表 165 的数据由中国粮食行业协会、中国粮油学会和中国粮食经济学会提供。

5

第五部分

标准、专利

农产品加工业部分国家标准（2016年）

标准号	标准名称	代替标准
GB/T 32718—2016	棉花　噻苯隆残留量测定方法	
GB/T 32714—2016	冬枣	
GB/T 32717—2016	番木瓜长尾实蝇检疫鉴定方法	
GB/T 33036—2016	香蕉穿孔线虫监测规范	
GB/T 33038—2016	苹果蠹蛾防控技术规程	
GB/T 33129—2016	新鲜水果、蔬菜包装和冷链运输通用操作规程	
GB/T 32712—2016	条斑紫菜　种藻	
GB/T 32727—2016	肉豆蔻	
GB/T 32728—2016	刺柏果	
GB/T 32730—2016	芥末籽	
GB/T 32731—2016	辣椒粉　显微镜检查法	
GB/T 32734—2016	葫芦巴	
GB/T 32736—2016	干薄荷	
GB/T 14456.3—2016	绿茶　第3部分：中小叶种绿茶	
GB/T 14456.4—2016	绿茶　第4部分：珠茶	
GB/T 14456.5—2016	绿茶　第5部分：眉茶	
GB/T 14456.6—2016	绿茶　第6部分：蒸青茶	
GB/T 32719.1—2016	黑茶　第1部分：基本要求	
GB/T 32719.2—2016	黑茶　第2部分：花卷茶	
GB/T 32719.3—2016	黑茶　第3部分：湘尖茶	
GB/T 32719.4—2016	黑茶　第4部分：六堡茶	
GB/T 32742—2016	眉茶生产加工技术规范	
GB/T 32743—2016	白茶加工技术规范	
GB/T 32744—2016	茶叶加工良好规范	
GB/T 32750—2016	茶花鸡	
GB/T 32751—2016	林甸鸡	
GB/T 32761—2016	溧阳鸡	
GB/T 32762—2016	鹿苑鸡	
GB/T 32764—2016	边鸡	
GB/T 32763—2016	藏猪	
GB/T 32759—2016	瘦肉型猪活体质量评定	
GB/T 32765—2016	渤海黑牛	
GB/T 32782—2016	冰淇淋和冷冻甜食品中的脂肪测定　哥特里-罗紫法	
GB/T 32755—2016	大黄鱼	
GB/T 32756—2016	刺参　亲参和苗种	
GB/T 32757—2016	贝类染色体组型分析	
GB/T 32758—2016	海水鱼类鱼卵、苗种计数方法	
GB/T 32780—2016	哲罗鱼	
GB/T 32781—2016	中华鲟	
GB/T 33108—2016	海参及其制品中海参皂苷的测定　高效液相色谱法	
GB/T 33109—2016	花鲈　亲鱼和苗种	
GB/T 33110—2016	斑节对虾　亲虾和苗种	
GB/T 33111—2016	达氏鲟	

（续）

标 准 号	标 准 名 称	代替标准
GB/T 32946—2016	蜂蜜中脯氨酸的测定　高效液相色谱法	
GB/T 33045—2016	巢蜜	
GB/T 33404—2016	白酒感官品评导则	
GB/T 33405—2016	白酒感官品评术语	
GB/T 33406—2016	白酒风味物质阈值测定指南	
GB/T 32783—2016	蓝莓酒	
GB 1886.3—2016	食品安全国家标准　食品添加剂　磷酸氢钙	
GB 1886.6—2016	食品安全国家标准　食品添加剂　硫酸钙	
GB 1886.9—2016	食品安全国家标准　食品添加剂　盐酸	
GB 1886.11—2016	食品安全国家标准　食品添加剂　亚硝酸钠	
GB 1886.20—2016	食品安全国家标准　食品添加剂　氢氧化钠	
GB 1886.21—2016	食品安全国家标准　食品添加剂　乳酸钙	
GB 1886.22—2016	食品安全国家标准　食品添加剂　柠檬油	
GB 1886.25—2016	食品安全国家标准　食品添加剂　柠檬酸钠	
GB 1886.26—2016	食品安全国家标准　食品添加剂　石蜡	
GB 1886.28—2016	食品安全国家标准　食品添加剂　D-异抗坏血酸钠	
GB 1886.44—2016	食品安全国家标准　食品添加剂　抗坏血酸钠	
GB 1886.45—2016	食品安全国家标准　食品添加剂　氯化钙	
GB 1886.49—2016	食品安全国家标准　食品添加剂　D-异抗坏血酸	
GB 1886.57—2016	食品安全国家标准　食品添加剂　单辛酸甘油酯	
GB 1886.72—2016	食品安全国家标准　食品添加剂　聚氧乙烯聚氧丙烯胺醚	
GB 1886.75—2016	食品安全国家标准　食品添加剂　L-半胱氨酸盐酸盐	
GB 1886.77—2016	食品安全国家标准　食品添加剂　罗汉果甜苷	
GB 1886.78—2016	食品安全国家标准　食品添加剂　番茄红素（合成）	
GB 1886.83—2016	食品安全国家标准　食品添加剂　铵磷脂	
GB 1886.85—2016	食品安全国家标准　食品添加剂　冰乙酸（低压羰基化法）	
GB 1886.91—2016	食品安全国家标准　食品添加剂　硬脂酸镁	
GB 1886.92—2016	食品安全国家标准　食品添加剂　硬脂酰乳酸钠	
GB 1886.94—2016	食品安全国家标准　食品添加剂　亚硝酸钾	
GB 1886.96—2016	食品安全国家标准　食品添加剂　松香季戊四醇酯	
GB 1886.101—2016	食品安全国家标准　食品添加剂　硬脂酸（又名十八烷酸）	
GB 1886.102—2016	食品安全国家标准　食品添加剂　硬脂酸钙	
GB 1886.105—2016	食品安全国家标准　食品添加剂　辣椒橙	
GB 1886.141—2016	食品安全国家标准　食品添加剂　d-核糖	
GB 1886.169—2016	食品安全国家标准　食品添加剂　卡拉胶	
GB 1886.170—2016	食品安全国家标准　食品添加剂　5′-鸟苷酸二钠	
GB 1886.172—2016	食品安全国家标准　食品添加剂　迷迭香提取物	
GB 1886.173—2016	食品安全国家标准　食品添加剂　乳酸	
GB 1886.174—2016	食品安全国家标准　食品添加剂　食品工业用酶制剂	
GB 1886.176—2016	食品安全国家标准　食品添加剂　异构化乳糖液	

（续）

标准号	标准名称	代替标准
GB 1886.177—2016	食品安全国家标准 食品添加剂 D-甘露糖醇	
GB 1886.178—2016	食品安全国家标准 食品添加剂 聚甘油脂肪酸酯	
GB 1886.179—2016	食品安全国家标准 食品添加剂 硬脂酰乳酸钙	
GB 1886.180—2016	食品安全国家标准 食品添加剂 β-环状糊精	
GB 1886.181—2016	食品安全国家标准 食品添加剂 红曲红	
GB 1886.182—2016	食品安全国家标准 食品添加剂 异麦芽酮糖	
GB 1886.183—2016	食品安全国家标准 食品添加剂 苯甲酸	
GB 1886.184—2016	食品安全国家标准 食品添加剂 苯甲酸钠	
GB 1886.185—2016	食品安全国家标准 食品添加剂 琥珀酸单甘油酯	
GB 1886.186—2016	食品安全国家标准 食品添加剂 山梨酸	
GB 1886.187—2016	食品安全国家标准 食品添加剂 山梨糖醇和山梨糖醇液	
GB 1886.188—2016	食品安全国家标准 食品添加剂 田菁胶	
GB 1886.189—2016	食品安全国家标准 食品添加剂 β-环己基丙酸烯丙酯	
GB 1886.190—2016	食品安全国家标准 食品添加剂 乙酸乙酯	
GB 1886.191—2016	食品安全国家标准 食品添加剂 柠檬醛	
GB 1886.192—2016	食品安全国家标准 食品添加剂 苯乙醇	
GB 1886.193—2016	食品安全国家标准 食品添加剂 丙酸乙酯	
GB 1886.194—2016	食品安全国家标准 食品添加剂 丁酸乙酯	
GB 1886.195—2016	食品安全国家标准 食品添加剂 丁酸异戊酯	
GB 1886.196—2016	食品安全国家标准 食品添加剂 己酸乙酯	
GB 1886.197—2016	食品安全国家标准 食品添加剂 乳酸乙酯	
GB 1886.198—2016	食品安全国家标准 食品添加剂 α-松油醇	
GB 1886.199—2016	食品安全国家标准 食品添加剂 天然薄荷脑	
GB 1886.201—2016	食品安全国家标准 食品添加剂 乙酸苄酯	
GB 1886.202—2016	食品安全国家标准 食品添加剂 乙酸异戊酯	
GB 1886.203—2016	食品安全国家标准 食品添加剂 异戊酸异戊酯	
GB 1886.204—2016	食品安全国家标准 食品添加剂 亚洲薄荷素油	
GB 1886.205—2016	食品安全国家标准 食品添加剂 d-香芹酮	
GB 1886.206—2016	食品安全国家标准 食品添加剂 l-香芹酮	
GB 1886.207—2016	食品安全国家标准 食品添加剂 中国肉桂油	
GB 1886.208—2016	食品安全国家标准 食品添加剂 乙基麦芽酚	
GB 1886.209—2016	食品安全国家标准 食品添加剂 正丁醇	
GB 1886.210—2016	食品安全国家标准 食品添加剂 丙酸	
GB 1886.211—2016	食品安全国家标准 食品添加剂 茶多酚（又名维多酚）	
GB 1886.213—2016	食品安全国家标准 食品添加剂 二氧化硫	
GB 1886.215—2016	食品安全国家标准 食品添加剂 白油（又名液体石蜡）	
GB 1886.217—2016	食品安全国家标准 食品添加剂 亮蓝	
GB 1886.218—2016	食品安全国家标准 食品添加剂 亮蓝铝色淀	
GB 1886.219—2016	食品安全国家标准 食品添加剂 苋菜红铝色淀	
GB 1886.220—2016	食品安全国家标准 食品添加剂 胭脂红	

（续）

标 准 号	标 准 名 称	代替标准
GB 1886.221—2016	食品安全国家标准　食品添加剂　胭脂红铝色淀	
GB 1886.222—2016	食品安全国家标准　食品添加剂　诱惑红	
GB 1886.223—2016	食品安全国家标准　食品添加剂　诱惑红铝色淀	
GB 1886.224—2016	食品安全国家标准　食品添加剂　日落黄铝色淀	
GB 1886.225—2016	食品安全国家标准　食品添加剂　乙氧基喹	
GB 1886.226—2016	食品安全国家标准　食品添加剂　海藻酸丙二醇酯	
GB 1886.227—2016	食品安全国家标准　食品添加剂　吗啉脂肪酸盐果蜡	
GB 1886.228—2016	食品安全国家标准　食品添加剂　二氧化碳	
GB 1886.229—2016	食品安全国家标准　食品添加剂　硫酸铝钾（又名钾明矾）	
GB 1886.230—2016	食品安全国家标准　食品添加剂　抗坏血酸棕榈酸酯	
GB 1886.231—2016	食品安全国家标准　食品添加剂　乳酸链球菌素	
GB 1886.232—2016	食品安全国家标准　食品添加剂　羧甲基纤维素钠	
GB 1886.233—2016	食品安全国家标准　食品添加剂　维生素 E	
GB 1886.234—2016	食品安全国家标准　食品添加剂　木糖醇	
GB 1886.235—2016	食品安全国家标准　食品添加剂　柠檬酸	
GB 1886.236—2016	食品安全国家标准　食品添加剂　丙二醇脂肪酸酯	
GB 1886.237—2016	食品安全国家标准　食品添加剂　植酸（又名肌醇六磷酸）	
GB 1886.238—2016	食品安全国家标准　食品添加剂　改性大豆磷脂	
GB 1886.239—2016	食品安全国家标准　食品添加剂　琼脂	
GB 1886.240—2016	食品安全国家标准　食品添加剂　甘草酸一钾	
GB 1886.241—2016	食品安全国家标准　食品添加剂　甘草酸三钾	
GB 1886.242—2016	食品安全国家标准　食品添加剂　甘草酸铵	
GB 1886.244—2016	食品安全国家标准　食品添加剂　紫甘薯色素	
GB 1886.245—2016	食品安全国家标准　食品添加剂　复配膨松剂	
GB 1886.246—2016	食品安全国家标准　食品添加剂　滑石粉	
GB 1886.247—2016	食品安全国家标准　食品添加剂　碳酸氢钾	
GB 1886.248—2016	食品安全国家标准　食品添加剂　稳定态二氧化氯	
GB 1886.249—2016	食品安全国家标准　食品添加剂　4-己基间苯二酚	
GB 1886.250—2016	食品安全国家标准　食品添加剂　植酸钠	
GB 1886.251—2016	食品安全国家标准　食品添加剂　氧化铁黑	
GB 1886.252—2016	食品安全国家标准　食品添加剂　氧化铁红	
GB 1886.254—2016	食品安全国家标准　食品添加剂　刺梧桐胶	
GB 1886.255—2016	食品安全国家标准　食品添加剂　活性炭	
GB 1886.256—2016	食品安全国家标准　食品添加剂　甲基纤维素	
GB 1886.257—2016	食品安全国家标准　食品添加剂　溶菌酶	
GB 1886.258—2016	食品安全国家标准　食品添加剂　正己烷	
GB 1886.259—2016	食品安全国家标准　食品添加剂　蔗糖聚丙烯醚	
GB 1886.260—2016	食品安全国家标准　食品添加剂　橙皮素	
GB 1886.261—2016	食品安全国家标准　食品添加剂　根皮素	
GB 1886.262—2016	食品安全国家标准　食品添加剂　柚苷（柚皮苷提取物）	

（续）

标准号	标准名称	代替标准
GB 1886.263—2016	食品安全国家标准　食品添加剂　玫瑰净油	
GB 1886.264—2016	食品安全国家标准　食品添加剂　小花茉莉净油	
GB 1886.265—2016	食品安全国家标准　食品添加剂　桂花净油	
GB 1886.266—2016	食品安全国家标准　食品添加剂　红茶酊	
GB 1886.267—2016	食品安全国家标准　食品添加剂　绿茶酊	
GB 1886.268—2016	食品安全国家标准　食品添加剂　罗汉果酊	
GB 1886.269—2016	食品安全国家标准　食品添加剂　黄芥末提取物	
GB 1886.271—2016	食品安全国家标准　食品添加剂　香茅油	
GB 1886.272—2016	食品安全国家标准　食品添加剂　大蒜油	
GB 1886.273—2016	食品安全国家标准　食品添加剂　丁香花蕾油	
GB 1886.274—2016	食品安全国家标准　食品添加剂　杭白菊花油	
GB 1886.275—2016	食品安全国家标准　食品添加剂　白兰花油	
GB 1886.276—2016	食品安全国家标准　食品添加剂　白兰叶油	
GB 1886.277—2016	食品安全国家标准　食品添加剂　树兰花油	
GB 1886.278—2016	食品安全国家标准　食品添加剂　椒样薄荷油	
GB 1886.279—2016	食品安全国家标准　食品添加剂　洋茉莉醛（又名胡椒醛）	
GB 1886.280—2016	食品安全国家标准　食品添加剂　2-甲基戊酸乙酯	
GB 1886.281—2016	食品安全国家标准　食品添加剂　香茅醛	
GB 1886.282—2016	食品安全国家标准　食品添加剂　麦芽酚	
GB 1886.283—2016	食品安全国家标准　食品添加剂　乙基香兰素	
GB 1886.285—2016	食品安全国家标准　食品添加剂　丙酸苄酯	
GB 1886.286—2016	食品安全国家标准　食品添加剂　丁酸丁酯	
GB 1886.287—2016	食品安全国家标准　食品添加剂　异戊酸乙酯	
GB 1886.288—2016	食品安全国家标准　食品添加剂　苯甲酸乙酯	
GB 1886.289—2016	食品安全国家标准　食品添加剂　苯甲酸苄酯	
GB 1886.290—2016	食品安全国家标准　食品添加剂　2-甲基吡嗪	
GB 1886.291—2016	食品安全国家标准　食品添加剂　2，3-二甲基吡嗪	
GB 1886.292—2016	食品安全国家标准　食品添加剂　2，3，5-三甲基吡嗪	
GB 1886.293—2016	食品安全国家标准　食品添加剂　5-羟乙基-4-甲基噻唑	
GB 1886.294—2016	食品安全国家标准　食品添加剂　2-乙酰基噻唑	
GB 1886.295—2016	食品安全国家标准　食品添加剂　2，3，5，6-四甲基吡嗪	
GB 1886.296—2016	食品安全国家标准　食品添加剂　柠檬酸铁铵	
GB 1903.5—2016	食品安全国家标准　食品营养强化剂　5′-胞苷酸二钠	
GB 1903.13—2016	食品安全国家标准　食品营养强化剂　左旋肉碱（L-肉碱）	
GB 1903.14—2016	食品安全国家标准　食品营养强化剂　柠檬酸钙	
GB 1903.15—2016	食品安全国家标准　食品营养强化剂　醋酸钙（乙酸钙）	
GB 1903.16—2016	食品安全国家标准　食品营养强化剂　焦磷酸铁	
GB 1903.17—2016	食品安全国家标准　食品营养强化剂　乳铁蛋白	
GB 1908.18—2016	食品安全国家标准　食品营养强化剂　柠檬酸苹果酸钙	
GB 1903.19—2016	食品安全国家标准　食品营养强化剂　骨粉	

（续）

标准号	标准名称	代替标准
GB 1903.20—2016	食品安全国家标准　食品营养强化剂　硝酸硫胺素	
GB 1903.21—2016	食品安全国家标准　食品营养强化剂　富硒酵母	
GB 1903.22—2016	食品安全国家标准　食品营养强化剂　富硒食用菌粉	
GB 1903.23—2016	食品安全国家标准　食品营养强化剂　硒化卡拉胶	
GB 1903.24—2016	食品安全国家标准　食品营养强化剂　维生素C磷酸酯镁	
GB 1903.25—2016	食品安全国家标准　食品营养强化剂　D-生物素	
GB 2707—2016	食品安全国家标准　鲜（冻）畜、禽产品	
GB 2715—2016	食品安全国家标准　粮食	
GB 2726—2016	食品安全国家标准　熟肉制品	
GB 2763—2016	食品安全国家标准　食品中农药最大残留限量	
GB 4789.1—2016	食品安全国家标准　食品微生物学检验　总则	
GB 4789.2—2016	食品安全国家标准　食品微生物学检验　菌落总数测定	
GB 4789.3—2016	食品安全国家标准　食品微生物学检验　大肠菌群计数	
GB 4789.4—2016	食品安全国家标准　食品微生物学检验　沙门氏菌检验	
GB 4789.34—2016	食品安全国家标准　食品微生物学检验　双歧杆菌检验	
GB 4789.35—2016	食品安全国家标准　食品微生物学检验　乳酸菌检验	
GB 4789.41—2016	食品安全国家标准　食品微生物学检验　肠杆菌科检验	
GB 4789.42—2016	食品安全国家标准　食品微生物学检验　诺如病毒检验	
GB 5009.2—2016	食品安全国家标准　食品相对密度的测定	
GB 5009.3—2016	食品安全国家标准　食品中水分的测定	
GB 5009.4—2016	食品安全国家标准　食品中灰分的测定	
GB 5009.5—2016	食品安全国家标准　食品中蛋白质的测定	
GB 5009.6—2016	食品安全国家标准　食品中脂肪的测定	
GB 5009.7—2016	食品安全国家标准　食品中还原糖的测定	
GB 5009.9—2016	食品安全国家标准　食品中淀粉的测定	
GB 5009.22—2016	食品安全国家标准　食品中黄曲霉毒素B族和G族的测定	
GB 5009.24—2016	食品安全国家标准　食品中黄曲霉毒素M族的测定	
GB 5009.25—2016	食品安全国家标准　食品中杂色曲霉素的测定	
GB 5009.26—2016	食品安全国家标准　食品中N-亚硝胺类化合物的测定	
GB 5009.27—2016	食品安全国家标准　食品中苯并（a）芘的测定	
GB 5009.28—2016	食品安全国家标准　食品中苯甲酸、山梨酸和糖精钠的测定	
GB 5009.31—2016	食品安全国家标准　食品中对羟基苯甲酸酯类的测定	
GB 5009.32—2016	食品安全国家标准　食品中9种抗氧化剂的测定	
GB 5009.33—2016	食品安全国家标准　食品中亚硝酸盐与硝酸盐的测定	
GB 5009.34—2016	食品安全国家标准　食品中二氧化硫的测定	
GB 5009.35—2016	食品安全国家标准　食品中合成着色剂的测定	
GB 5009.36—2016	食品安全国家标准　食品中氰化物的测定	
GB 5009.42—2016	食品安全国家标准　食盐指标的测定	
GB 5009.43—2016	食品安全国家标准　味精中麸氨酸钠（谷氨酸钠）的测定	
GB 5009.44—2016	食品安全国家标准　食品中氯化物的测定	

（续）

标准号	标准名称	代替标准
GB 5009.82—2016	食品安全国家标准　食品中维生素 A、D、E 的测定	
GB 5009.83—2016	食品安全国家标准　食品中胡萝卜素的测定	
GB 5009.84—2016	食品安全国家标准　食品中维生素 B_1 的测定	
GB 5009.85—2016	食品安全国家标准　食品中维生素 B_2 的测定	
GB 5009.86—2016	食品安全国家标准　食品中抗坏血酸的测定	
GB 5009.87—2016	食品安全国家标准　食品中磷的测定	
GB 5009.89—2016	食品安全国家标准　食品中烟酸和烟酰胺的测定	
GB 5009.90—2016	食品安全国家标准　食品中铁的测定	
GB 5009.92—2016	食品安全国家标准　食品中钙的测定	
GB 5009.96—2016	食品安全国家标准　食品中赭曲霉毒素 A 的测定	
GB 5009.97—2016	食品安全国家标准　食品中环己基氨基磺酸钠的测定	
GB 5009.118—2016	食品安全国家标准　食品中 T-2 毒素的测定	
GB 5009.120—2016	食品安全国家标准　食品中丙酸钠、丙酸钙的测定	
GB 5009.121—2016	食品安全国家标准　食品中脱氢乙酸的测定	
GB 5009.124—2016	食品安全国家标准　食品中氨基酸的测定	
GB 5009.128—2016	食品安全国家标准　食品中胆固醇的测定	
GB 5009.137—2016	食品安全国家标准　食品中锑的测定	
GB 5009.141—2016	食品安全国家标准　食品中诱惑红的测定	
GB 5009.149—2016	食品安全国家标准　食品中栀子黄的测定	
GB 5009.150—2016	食品安全国家标准　食品中红曲色素的测定	
GB 5009.153—2016	食品安全国家标准　食品中植酸的测定	
GB 5009.154—2016	食品安全国家标准　食品中维生素 B_6 的测定	
GB 5009.157—2016	食品安全国家标准　食品中有机酸的测定	
GB 5009.158—2016	食品安全国家标准　食品中维生素 K_1 的测定	
GB 5009.168—2016	食品安全国家标准　食品中脂肪酸的测定	
GB 5009.169—2016	食品安全国家标准　食品中牛磺酸的测定	
GB 5009.179—2016	食品安全国家标准　食品中三甲胺的测定	
GB 5009.181—2016	食品安全国家标准　食品中丙二醛的测定	
GB 5009.185—2016	食品安全国家标准　食品中展青霉素的测定	
GB 5009.189—2016	食品安全国家标准　食品中米酵菌酸的测定	
GB 5009.198—2016	食品安全国家标准　贝类中失忆性贝类毒素的测定	
GB 5009.202—2016	食品安全国家标准　食用油中极性组分（PC）的测定	
GB 5009.206—2016	食品安全国家标准　水产品中河豚毒素的测定	
GB 5009.208—2016	食品安全国家标准　食品中生物胺的测定	
GB 5009.209—2016	食品安全国家标准　食品中玉米赤霉烯酮的测定	
GB 5009.210—2016	食品安全国家标准　食品中泛酸的测定	
GB 5009.212—2016	食品安全国家标准　贝类中腹泻性贝类毒素的测定	
GB 5009.213—2016	食品安全国家标准　贝类中麻痹性贝类毒素的测定	
GB 5009.215—2016	食品安全国家标准　食品中有机锡的测定	
GB 5009.222—2016	食品安全国家标准　食品中桔青霉素的测定	

（续）

标准号	标准名称	代替标准
GB 5009.225—2016	食品安全国家标准　酒中乙醇浓度的测定	
GB 5009.226—2016	食品安全国家标准　食品中过氧化氢残留量的测定	
GB 5009.227—2016	食品安全国家标准　食品中过氧化值的测定	
GB 5009.228—2016	食品安全国家标准　食品中挥发性盐基氮的测定	
GB 5009.229—2016	食品安全国家标准　食品中酸价的测定	
GB 5009.230—2016	食品安全国家标准　食品中羰基价的测定	
GB 5009.231—2016	食品安全国家标准　水产品中挥发酚残留量的测定	
GB 5009.232—2016	食品安全国家标准　水果、蔬菜及其制品中甲酸的测定	
GB 5009.233—2016	食品安全国家标准　食醋中游离矿酸的测定	
GB 5009.234—2016	食品安全国家标准　食品中铵盐的测定	
GB 5009.235—2016	食品安全国家标准　食品中氨基酸态氮的测定	
GB 5009.236—2016	食品安全国家标准　动植物油脂水分及挥发物的测定	
GB 5009.237—2016	食品安全国家标准　食品 pH 值的测定	
GB 5009.238—2016	食品安全国家标准　食品水分活度的测定	
GB 5009.239—2016	食品安全国家标准　食品酸度的测定	
GB 5009.240—2016	食品安全国家标准　食品中伏马毒素的测定	
GB 5009.243—2016	食品安全国家标准　高温烹调食品中杂环胺类物质的测定	
GB 5009.244—2016	食品安全国家标准　食品中二氧化氯的测定	
GB 5009.245—2016	食品安全国家标准　食品中聚葡萄糖的测定	
GB 5009.246—2016	食品安全国家标准　食品中二氧化钛的测定	
GB 5009.247—2016	食品安全国家标准　食品中纽甜的测定	
GB 5009.248—2016	食品安全国家标准　食品中叶黄素的测定	
GB 5009.250—2016	食品安全国家标准　食品中乙基麦芽酚的测定	
GB 5009.251—2016	食品安全国家标准　食品中 1，2-丙二醇的测定	
GB 5009.252—2016	食品安全国家标准　食品中乙酰丙酸的测定	
GB 5009.254—2016	食品安全国家标准　动植物油脂中聚二甲基硅氧烷的测定	
GB 5009.255—2016	食品安全国家标准　食品中果聚糖的测定	
GB 5009.256—2016	食品安全国家标准　食品中多种磷酸盐的测定	
GB 5009.257—2016	食品安全国家标准　食品中反式脂肪酸的测定	
GB 5009.258—2016	食品安全国家标准　食品中棉子糖的测定	
GB 5009.259—2016	食品安全国家标准　食品中生物素的测定	
GB 5009.260—2016	食品安全国家标准　食品中叶绿素铜钠的测定	
GB 5009.261—2016	食品安全国家标准　贝类中神经性贝类毒素的测定	
GB 5009.262—2016	食品安全国家标准　食品中溶剂残留量的测定	
GB 5009.263—2016	食品安全国家标准　食品中阿斯巴甜和阿力甜的测定	
GB 5009.264—2016	食品安全国家标准　食品中乙酸苄酯的测定	
GB 5009.265—2016	食品安全国家标准　食品中多环芳烃的测定	
GB 5009.266—2016	食品安全国家标准　食品中甲醇的测定	
GB 5009.267—2016	食品安全国家标准　食品中碘的测定	
GB 5009.268—2016	食品安全国家标准　食品中多元素的测定	

（续）

标 准 号	标 准 名 称	代替标准
GB 5009.269—2016	食品安全国家标准 食品中滑石粉的测定	
GB 5009.270—2016	食品安全国家标准 食品中肌醇的测定	
GB 5009.271—2016	食品安全国家标准 食品中邻苯二甲酸酯的测定	
GB 5009.273—2016	食品安全国家标准 水产品中微囊藻毒素的测定	
GB 5009.274—2016	食品安全国家标准 水产品中西加毒素的测定	
GB 5009.275—2016	食品安全国家标准 食品中硼酸的测定	
GB 5009.276—2016	食品安全国家标准 食品中葡萄糖酸-δ-内酯的测定	
GB 5009.277—2016	食品安全国家标准 食品中双乙酸钠的测定	
GB 5009.278—2016	食品安全国家标准 食品中乙二胺四乙酸盐的测定	
GB 5413.30—2016	食品安全国家标准 乳和乳制品杂质度的测定	
GB 5413.38—2016	食品安全国家标准 生乳冰点的测定	
GB 5413.40—2016	食品安全国家标准 婴幼儿食品和乳品中核苷酸的测定	
GB 8538—2016	食品安全国家标准 饮用天然矿泉水检验方法	
GB 8950—2016	食品安全国家标准 罐头食品生产卫生规范	
GB 8951—2016	食品安全国家标准 蒸馏酒及其配制酒生产卫生规范	
GB 8952—2016	食品安全国家标准 啤酒生产卫生规范	
GB 8954—2016	食品安全国家标准 食醋生产卫生规范	
GB 8955—2016	食品安全国家标准 食用植物油及其制品生产卫生规范	
GB 8956—2016	食品安全国家标准 蜜饯生产卫生规范	
GB 8957—2016	食品安全国家标准 糕点、面包卫生规范	
GB 12694—2016	食品安全国家标准 畜禽屠宰加工卫生规范	
GB 12695—2016	食品安全国家标准 饮料生产卫生规范	
GB 12696—2016	食品安全国家标准 发酵酒及其配制酒生产卫生规范	
GB 13122—2016	食品安全国家标准 谷物加工卫生规范	
GB 14883.1—2016	食品安全国家标准 食品中放射性物质检验 总则	
GB 14883.2—2016	食品安全国家标准 食品中放射性物质氢-3的测定	
GB 14883.4—2016	食品安全国家标准 食品中放射性物质钷-147的测定	
GB 14883.5—2016	食品安全国家标准 食品中放射性物质钋-210的测定	
GB 14883.7—2016	食品安全国家标准 食品中放射性物质天然钍和铀的测定	
GB 14883.9—2016	食品安全国家标准 食品中放射性物质碘-131的测定	
GB 14883.10—2016	食品安全国家标准 食品中放射性物质铯-137的测定	
GB 14884—2016	食品安全国家标准 蜜饯	
GB 14932—2016	食品安全国家标准 食品加工用粕类	
GB 17399—2016	食品安全国家标准 糖果	
GB 17403—2016	食品安全国家标准 糖果巧克力生产卫生规范	
GB 17404—2016	食品安全国家标准 膨化食品生产卫生规范	
GB 18524—2016	食品安全国家标准 食品辐照加工卫生规范	
GB 19640—2016	食品安全国家标准 冲调谷物制品	
GB 19643—2016	食品安全国家标准 藻类及其制品	
GB 20371—2016	食品安全国家标准 食品加工用植物蛋白	

（续）

标 准 号	标 准 名 称	代替标准
GB 20799—2016	食品安全国家标准　肉和肉制品经营卫生规范	
GB 20941—2016	食品安全国家标准　水产制品生产卫生规范	
GB 21710—2016	食品安全国家标准　蛋与蛋制品生产卫生规范	
GB 22508—2016	食品安全国家标准　原粮储运卫生规范	
GB 23200.25—2016	食品安全国家标准　水果中噁草酮残留量的检测方法	
GB 23200.41—2016	食品安全国家标准　食品中噻节因残留量的检测方法	
GB 23200.42—2016	食品安全国家标准　粮谷中氟吡禾灵残留量的检测方法	
GB 23200.56—2016	食品安全国家标准　食品中喹氧灵残留量的检测方法	
GB 23200.57—2016	食品安全国家标准　食品中乙草胺残留量的检测方法	
GB 23200.65—2016	食品安全国家标准　食品中四氟醚唑残留量的检测方法	
GB 23200.75—2016	食品安全国家标准　食品中氟啶虫酰胺残留量的检测方法	
GB 23200.77—2016	食品安全国家标准　食品中苄螨醚残留量的检测方法	
GB 23200.83—2016	食品安全国家标准　食品中异稻瘟净残留量的检测方法	
GB 23748—2016	食品安全国家标准　辐照食品鉴定　筛选法	
GB 31604.7—2016	食品安全国家标准　食品接触材料及制品　脱色试验	
GB 31636—2016	食品安全国家标准　花粉	
GB 31637—2016	食品安全国家标准　食用淀粉	
GB 31638—2016	食品安全国家标准　酪蛋白	
GB 31639—2016	食品安全国家标准　食品加工用酵母	
GB 31640—2016	食品安全国家标准　食用酒精	
GB 31641—2016	食品安全国家标准　航空食品卫生规范	
GB 31642—2016	食品安全国家标准　辐照食品鉴定　电子自旋共振波谱法	
GB 31643—2016	食品安全国家标准　含硅酸盐辐照食品的鉴定　热释光法	
GB/T 17776—2016	饲料中硫的测定　硝酸镁法	GB/T 17776—1999
GB/T 20290—2016	家用电动洗碗机　性能测试方法	GB/T 20290—2006
GB/T 32536—2016	饲料混合机试验方法	
GB/T 32950—2016	鲜活农产品标签标识	
GB/T 33300—2016	食品工业企业诚信管理体系	
GB/T 33305—2016	易腐食品加工储运过程信息采集与工艺优化指南	
GB/T 32665—2016	饲料粉碎机耗电量指标及试验方法	
GB/T 32687—2016	氨基酸产品分类导则	
GB/T 32689—2016	发酵法氨基酸良好生产规范	
GB/T 32690—2016	发酵法有机酸良好生产规范	
GB/T 32824—2016	螺杆膨胀机（组）参数系列	
GB/T 32949—2016	粮油机械　油脂叶片过滤机	
GB/T 32950—2016	鲜活农产品标签标识	
GB/T 12464—2016	普通木箱	GB/T 12464—2002
GB/T 18925—2016	滑木箱	GB/T 18925—2002
GB/T 19142—2016	出口商品包装　通则	GB/T 19142—2008
GB/T 19161—2016	包装容器　复合式中型散装容器	GB/T 19161—2008

（续）

标 准 号	标 准 名 称	代替标准
GB/T 32568—2016	重复使用包装箱通用技术条件	
GB/T 32703—2016	预包装类电子商务交易产品质量信息发布通则	
GB/T 33320—2016	食品包装材料和容器用胶粘剂	
GB/T 2679.8—2016	纸和纸板环压强度的测定	GB/T 2679.8—1995
GB/T 8942—2016	纸 柔软度的测定	GB/T 8942—2002
GB/T 13024—2016	箱纸板	GB/T 13024—2003
GB/T 22803—2016	鞋用纸板	GB/T 22803—2008
GB/T 33277—2016	生活用纸 可迁移性铅、砷含量的测定	
GB/T 9176—2016	桑蚕干茧	GB/T 9176—2006
GB/T 14033—2016	桑蚕捻线丝	GB/T 14033—2008
GB/T 15551—2016	蚕桑丝织物	GB/T 15551—2007
GB/T 17345—2016	亚麻打成麻	GB/T 17345—2008
GB/T 18132—2016	丝绸服装	GB/T 18132—2008
GB/T 32605—2016	羊毛、羊绒被	
GB/T 6151—2016	纺织品 色牢度试验 试验通则	GB/T 6151—1997
GB/T 18737.9—2016	纺织机械与附件 经轴 第9部分：织物染色用轴	
GB/T 32480—2016	纺织机械 棉纺用开包混棉机 术语、定义和结构原理	
GB/T 32615—2016	纺织机械 短纤维梳理机 术语和定义、结构原理	
GB/T 20388—2016	纺织品 邻苯二甲酸酯的测定 四氢呋喃法	GB/T 20388—2006
GB/T 24218.10—2016	纺织品 非织造布试验方法 第10部分：干态落絮的测定	
GB/T 32598—2016	纺织品 色牢度试验 贴衬织物沾色的仪器评级方法	
GB/T 32604—2016	纺织品 色牢度试验 颜色测量用词汇	
GB/T 32607—2016	纺织品 质量安全因子控制指南	
GB/T 32616—2016	纺织品色牢度试验 试样变色的仪器评级方法	
GB/T 33273—2016	纺织品 三氯生残留量的测定	
GB/T 33283—2016	纺织品 色牢度试验 耐工业洗涤色牢度	

农产品加工业农业行业标准（2016年）

标 准 号	标 准 名 称	代替标准
NY/T 708—2016	甘薯干	NY/T 708—2003
NY/T 2897—2016	饲料中β-阿朴-8′-胡萝卜素醛的测定 高效液相色谱法	
NY/T 2898—2016	饲料中串珠镰刀菌素的测定 高效液相色谱法	
NY/T 2963—2016	薯类及薯制品 名词术语	
NY/T 2964—2016	鲜湿发酵米粉加工技术规范	
NY/T 2999—2016	羔羊代乳料	
NY/T 3000—2016	黄颡鱼配合饲料	
NY/T 3001—2016	饲料中氨基酸的测定 毛细管电泳法	
NY/T 3002—2016	饲料中动物源性成分检测 显微镜法	
NY/T 3049—2016	奶牛全混合日粮生产技术规程	
NY/T 3030—2016	棉花中水溶性总糖含量的测定 蒽酮比色法	
NY/T 510—2016	葵花籽剥壳机械质量评价技术规范	NY/T 510—2002

（续）

标准号	标准名称	代替标准
NY/T 3061—2016	花生耐盐性鉴定技术规程	
NY/T 2667.5—2016	热带作物品种审定规范　第5部分：咖啡	
NY/T 2667.6—2016	热带作物品种审定规范　第6部分：芒果	
NY/T 2667.7—2016	热带作物品种审定规范　第7部分：澳洲坚果	
NY/T 2668.5—2016	热带作物品种试验技术规程　第5部分：咖啡	
NY/T 2668.6—2016	热带作物品种试验技术规程　第6部分：芒果	
NY/T 2668.7—2016	热带作物品种试验技术规程　第7部分：澳洲坚果	
NY/T 2919—2016	瓜类果斑病防控技术规程	
NY/T 2920—2016	柑橘黄龙病防控技术规程	
NY/T 2947—2016	枸杞中甜菜碱含量的测定　高效液相色谱法	NY/T 1476—2007
NY/T 2966—2016	枸杞干燥技术规范	
NY/T 3003—2016	热带作物种质资源描述及评价规范　胡椒	
NY/T 3004—2016	热带作物种质资源描述及评价规范　咖啡	
NY/T 3011—2016	芒果等级规格	
NY/T 3012—2016	咖啡及制品中葫芦巴碱的测定　高效液相色谱法	
NY/T 3026—2016	鲜食浆果类水果采后预冷保鲜技术规程	
NY/T 3029—2016	大蒜良好农业操作规程	
NY/T 3033—2016	农产品等级规格　蓝莓	
NY/T 3054—2016	植物品种特异性、一致性和稳定性测试指南　冬瓜	
NY/T 3055—2016	植物品种特异性、一致性和稳定性测试指南　木薯	
NY/T 3056—2016	植物品种特异性、一致性和稳定性测试指南　樱桃	
NY/T 3057—2016	植物品种特异性、一致性和稳定性测试指南　黄秋葵	
NY/T 564—2016	猪巴氏杆菌病诊断技术	NY/T 564—2002
NY/T 2894—2016	猪活体背膘厚和眼肌面积的测定　B型超声波法	
NY/T 2993—2016	陆川猪	
NY/T 2956—2016	民猪	
NY/T 2957—2016	畜禽批发市场　兽医卫生规范	
NY/T 2958—2016	生猪及产品追溯关键指标规范	
NY/T 2965—2016	骨粉加工技术规程	
NY/T 3053—2016	天府肉猪	
NY/T 3071—2016	家禽性能测定中心建设标准　鸡	
NY/T 638—2016	蜂王浆生产技术规范	NY/T 638—2002
NY/T 939—2016	巴氏杀菌乳和UHT灭菌乳中复原乳的鉴定	NY/T 939—2005
NY/T 3051—2016	生乳安全指标　监测前样品处理规范	
NY/T 422—2016	绿色食品　食用糖	NY/T 422—2006
NY/T 427—2016	绿色食品　西甜瓜	NY/T 427—2007
NY/T 434—2016	绿色食品　果蔬汁饮料	NY/T 434—2007
NY/T 473—2016	绿色食品　畜禽卫生防疫准则	NY/T 473—2001 等
NY/T 898—2016	绿色食品　含乳饮料	NY/T 898—2004
NY/T 899—2016	绿色食品　冷冻饮品	NY/T 899—2004

（续）

标 准 号	标 准 名 称	代替标准
NY/T 900—2016	绿色食品　发酵调味品	NY/T 900—2007
NY/T 1043—2016	绿色食品　人参和西洋参	NY/T 1043—2006
NY/T 1046—2016	绿色食品　焙烤食品	NY/T 1046—2006
NY/T 1507—2016	绿色食品　山野菜	NY/T 1507—2006
NY/T 1510—2016	绿色食品　麦类制品	NY/T 1510—2007
NY/T 2973—2016	绿色食品　啤酒花及其制品	
NY/T 2974—2016	绿色食品　杂粮米	
NY/T 2975—2016	绿色食品　头足类水产品	
NY/T 2976—2016	绿色食品　冷藏、速冻调制水产品	
NY/T 2977—2016	绿色食品　薏仁及薏仁粉	
NY/T 2978—2016	绿色食品　稻谷	
NY/T 2979—2016	绿色食品　天然矿泉水	
NY/T 2980—2016	绿色食品　包装饮用水	
NY/T 2981—2016	绿色食品　魔芋及其制品	
NY/T 2982—2016	绿色食品　油菜籽	
NY/T 2983—2016	绿色食品　速冻水果	
NY/T 2984—2016	绿色食品　淀粉类蔬菜粉	
NY/T 2985—2016	绿色食品　低聚糖	
NY/T 2986—2016	绿色食品　糖果	
NY/T 2987—2016	绿色食品　果醋饮料	
NY/T 2988—2016	绿色食品　湘式挤压糕点	
NY/T 5030—2016	无公害农产品　兽药使用准则	NY 5138—2002 等
NY/T 5361—2016	无公害农产品　淡水养殖产地环境条件	NY 5361—2010
NY/T 2905—2016	方草捆打捆机　质量评价技术规范	
NY/T 245—2016	剑麻纤维制品含油率的测定	NY/T 245—1995
NY/T 1037—2016	天然胶乳表观黏度的测定　旋转黏度计法	NY/T 1037—2006
NY/T 3009—2016	天然生胶航空轮胎　橡胶加工技术规程	
NY/T 3010—2016	天然橡胶初加工机械　打包机安全技术要求	
SC/T 1027—2016	尼罗罗非鱼	SC 1027—1998
SC/T 1042—2016	奥利亚罗非鱼	SC 1042—2000
SC/T 1121—2016	尼罗罗非鱼亲鱼	
SC/T 1122—2016	黄鳝亲鱼和苗种	
SC/T 1125—2016	泥鳅亲鱼和苗种	
SC/T 1126—2016	斑鳢	
SC/T 1127—2016	刀鲚	
SC/T 1128—2016	黄尾鲴	
SC/T 1129—2016	乌龟	
SC/T 1133—2016	细鳞鱼	
SC/T 1134—2016	广东鲂亲鱼和苗种	
SC/T 2028—2016	紫贻贝	

（续）

标准号	标准名称	代替标准
SC/T 2069—2016	泥蚶	
SC/T 2073—2016	真鲷亲鱼和苗种	
SC/T 2048—2016	大菱鲆亲鱼和苗种	
SC/T 3205—2016	虾皮	SC/T 3205—2000
SC/T 3216—2016	盐制大黄鱼	SC/T 3216—2006
SC/T 3220—2016	干制对虾	
SC/T 3309—2016	调味烤酥鱼	
SC/T 3502—2016	鱼油	SC/T 3502—2000
SC/T 3602—2016	虾酱	SC/T 3602—2002
SC/T 4008—2016	刺网最小网目尺寸　银鲳	SC/T 4008—1983
SC/T 4026—2016	刺网最小网目尺寸　小黄鱼	
SC/T 5061—2016	金龙鱼	
SC/T 5704—2016	金鱼分级　蝶尾	
SC/T 5705—2016	金鱼分级　龙睛	

农产品加工业林业行业标准（2016 年）

标准号	标准名称	代替标准
LY/T 1171—2016	单板用湿粘性胶纸带	LY/T 1171—2006
LY/T 1787—2016	非结构用集成材	LY/T 1787—2008
LY/T 1302—2016	五倍子	LY/T 1302—1999
LY/T 2608—2016	竹产品分类	
LY/T 2609—2016	旋切竹单板	
LY/T 2614—2016	室内竹质门	
LY/T 2615—2016	木质活性炭试验方法　铅含量的测定　原子吸收光谱法	
LY/T 2617—2016	红椎目标树选择技术规程	
LY/T 2618—2016	红椎大径级目标树经营技术规程	
LY/T 2625—2016	纸浆用丛生竹培育技术规程	
LY/T 2702—2016	榛坚果贮藏技术规程	
LY/T 2703—2016	薄壳山核桃坚果和果仁质量等级	
LY/T 2704—2016	杜仲种仁质量等级	
LY/T 2709—2016	木蜡油	
LY/T 2710—2016	木地板用紫外光固化涂料	
LY/T 2711—2016	单板用竹集成材	
LY/T 2712—2016	竹单板胶合板	
LY/T 2713—2016	竹材饰面木质地板	
LY/T 2717—2016	人造板产品包装通用技术要求	
LY/T 2718—2016	人造板剖面密度测定方法	
LY/T 2719—2016	人造板制造企业清洁生产审核指南	
LY/T 2720—2016	胶合面木破率的测定方法	

（续）

标 准 号	标 准 名 称	代替标准
LY/T 2721—2016	结构用定向刨花板力学性能指标特征值的确定方法	
LY/T 2737—2016	古树名木鉴定规范	
LY/T 2738—2016	古树名木普查技术规范	
LY/T 2745—2016	仁用杏品种鉴定技术规程 SSR 分子标记法	
LY/T 2756—2016	白蜡品种分子鉴定方法 SRAP 分子标记法	
LY/T 2762—2016	毛竹林下多花黄精复合经营技术规程	
LY/T 2774—2016	板栗生产技术规程	
LY/T 2775—2016	黑木耳块生产综合能耗	
LY/T 2776—2016	木质颗粒燃料生产综合能耗	
LY/T 2596—2016	植物新品种特异性、一致性、稳定性测试指南 榆属	
LY/T 2597—2016	植物新品种特异性、一致性、稳定性测试指南 崖柏属	
LY/T 2598—2016	植物新品种特异性、一致性、稳定性测试指南 松属	
LY/T 2599—2016	植物新品种特异性、一致性、稳定性测试指南 蛇葡萄属	
LY/T 2739—2016	植物新品种特异性、一致性、稳定性测试指南 罗汉松属	
LY/T 2740—2016	植物新品种特异性、一致性、稳定性测试指南 红豆杉属	
LY/T 2741—2016	植物新品种特异性、一致性、稳定性测试指南 油桐	
LY/T 2742—2016	植物新品种特异性、一致性、稳定性测试指南 油茶	
LY/T 2654—2016	立木生物量模型及碳计量参数 落叶松	
LY/T 2655—2016	立木生物量模型及碳计量参数 云杉	
LY/T 2656—2016	立木生物量模型及碳计量参数 冷杉	
LY/T 2657—2016	立木生物量模型及碳计量参数 柳杉	
LY/T 2658—2016	立木生物量模型及碳计量参数 栎树	
LY/T 2659—2016	立木生物量模型及碳计量参数 桦树	
LY/T 2660—2016	立木生物量模型及碳计量参数 木荷	
LY/T 2661—2016	立木生物量模型及碳计量参数 枫香	
LY/T 2723—2016	林业机械 电动鼓式枝丫切碎机	
LY/T 2725—2016	林业机械 便携式油锯 反弹试验	
LY/T 2726—2016	林业机械 便携式油锯 机油泵	
LY/T 1188—2016	林业机械 链锯 导板	LY/T 1188—2007
LY/T 1187—2016	林业机械 链锯 锯链	LY/T 1187—2006
LY/T 2730—2016	连续平压式热压机	
LY/T 2731—2016	蜂窝板热压机	
LY/T 2732—2016	数控裁板机	
LY/T 2734—2016	单板堆垛机	
LY/T 1470—2016	纵向刨切机	LY/T 1470—1999 等
LY/T 1568—2016	指榫开榫机	LY/T 1568—1999
LY/T 1303—2016	鼓式削片机通用技术条件	LY/T 1303—2002

农产品加工业内贸行业标准（2016 年）

标准号	标准名称	代替标准
SB/T 11152—2016	托盘租赁企业服务规范	
SB/T 11153—2016	托盘共用系统运营管理规范	
SB/T 11154—2016	共用系统托盘质量验收规范	
SB/T 11163—2016	配送自助提货柜服务规范	
SB/T 11164—2016	绿色仓库要求与评价	
SB/T 11166—2016	餐饮企业节约管理规范	
SB/T 11167—2016	餐饮点餐服务规范	
SB/T 11168—2016	餐饮烹炸操作规范	
SB/T 11169—2016	川点制作工艺	
SB/T 11173—2016	中药材商品规格等级通则	
SB/T 11174.1—2016	中药材商品规格等级　第 1 部分：白术	
SB/T 11174.2—2016	中药材商品规格等级　第 2 部分：太子参	
SB/T 11174.3—2016	中药材商品规格等级　第 3 部分：三七	
SB/T 11174.4—2016	中药材商品规格等级　第 4 部分：厚朴	
SB/T 11174.5—2016	中药材商品规格等级　第 5 部分：大黄	
SB/T 10934.2—2016	常用中餐菜名标准双语译法　第 2 部分：中译西	
SB/T 10934.3—2016	常用中餐菜名标准双语译法　第 3 部分：中译法	

农产品加工业粮食行业标准（2016 年）

标准号	标准名称	代替标准
LS/T 1217—2016	简易仓囤储粮技术规程	
LS/T 1531—2016	粳稻整精米率标准样品	
LS/T 1533—2016	大米颜色黄度指数样品	
LS/T 1534—2016	粳米品尝评分参考样品	
LS/T 1801—2016	粮食信息术语　仓储	
LS/T 1802—2016	粮食仓储业务数据元	
LS/T 1803—2016	省级粮食信息应用平台技术规范	
LS/T 1804—2016	粮食出入库业务信息系统技术规范	
LS/T 1805—2016	粮食数据采集技术规范　政策性粮食收购	
LS/T 6115—2016	粮油检验　稻谷中镉含量快速测定　X 射线荧光光谱法	
LS/T 6116—2016	大米粒型分类判定	
LS/T 6117—2016	粮油检验　容重测定　水浸悬浮法	
LS/T 6401—2016	粮油检验仪器　水浸悬浮法粮食容重仪技术条件与试验方法	
LS/T 15111.1—2016	南方小麦粉加工精度标准样品特制一等	
LS/T 15111.2—2016	南方小麦粉加工精度标准样品特制二等	
LS/T 15111.3—2016	南方小麦粉加工精度标准样品标准粉	
LS/T 15112.1—2016	北方小麦粉加工精度标准样品特制一等	
LS/T 15112.2—2016	北方小麦粉加工精度标准样品特制二等	

（续）

标准号	标准名称	代替标准
LS/T 15112.3—2016	北方小麦粉加工精度标准样品标准粉	
LS/T 15121.1—2016	早籼米加工精度标准样品一级	
LS/T 15121.2—2016	早籼米加工精度标准样品二级	
LS/T 15121.3—2016	早籼米加工精度标准样品三级	
LS/T 15121.4—2016	早籼米加工精度标准样品四级	
LS/T 15122.1—2016	晚籼米加工精度标准样品一级	
LS/T 15122.2—2016	晚籼米加工精度标准样品二级	
LS/T 15122.3—2016	晚籼米加工精度标准样品三级	
LS/T 15122.4—2016	晚籼米加工精度标准样品四级	
LS/T 15123.1—2016	粳米加工精度标准样品一级	
LS/T 15123.2—2016	粳米加工精度标准样品二级	
LS/T 15123.3—2016	粳米加工精度标准样品三级	
LS/T 15123.4—2016	粳米加工精度标准样品四级	
LS/T 15321—2016	籼稻整精米率标准样品	
LS/T 15322—2016	粳稻整精米率标准样品	

农产品加工业机械行业标准（2016年）

标准号	标准名称	代替标准
JB/T 6118—2016	沉降过滤离心机	JB/T 6118—1992
JB/T 8103.8—2016	碟式分离机　第8部分：矿物油分离机	
JB/T 12819—2016	翻袋式自动卸料离心机	
JB/T 12821—2016	强力带式压榨机	
JB/T 12822—2016	草坪根茎采集机	
JB/T 12823—2016	核桃破壳机	
JB/T 12824—2016	葵花籽脱粒机	
JB/T 12825—2016	辣椒收获机	
JB/T 12826—2016	农作物秸秆压缩成型机	
JB/T 12827—2016	甜菜割叶切顶机	
JB/T 12828—2016	自走式番茄收获机	
JB/T 12837—2016	机械冲击式超微粉碎设备　试验方法	
JB/T 12838—2016	流化床气流粉碎机	
JB/T 13036—2016	苎麻纤维编织填料	
JB/T 13147—2016	食品真空冷却机	
JB/T 13148—2016	粘箱机	
JB/T 13149—2016	调理式杀菌釜	
JB/T 13177—2016	杂粮色选机	
JB/T 5676—2016	茶叶抖筛机	JB/T 5676—2007
JB/T 6674—2016	茶叶烘干机	JB/T 6674—2007
JB/T 7863—2016	茶叶机械　术语	JB/T 7863—2007

（续）

标准号	标准名称	代替标准
JB/T 8575—2016	茶叶炒干机	JB/T 8575—2007
JB/T 9812—2016	茶叶滚筒杀青机	JB/T 9812—2007
JB/T 10748—2016	扁形茶炒制机	JB/T 10748—2007
JB/T 10808—2016	扁形茶加工成套设备	JB/T 10808—2007
JB/T 12833—2016	茶叶理条机	
JB/T 12834—2016	茶叶色选机	
JB/T 12835—2016	茶叶鲜叶分级机	
JB/T 9821—2016	饲料加工成套设备　型式与基本参数	JB/T 9821—1999
JB/T 12777—2016	翻板式颗粒饲料冷却器	
JB/T 12778—2016	环模制粒机　压辊	
JB/T 12779—2016	螺带饲料混合机	
JB/T 12780—2016	螺杆挤压式饲料膨化机　螺杆	
JB/T 12781—2016	螺杆挤压式饲料膨化机　模板	
JB/T 12782—2016	饲料输送机械　换向阀	
JB/T 12783—2016	饲料输送机械　旋转式分配器	
JB/T 12784—2016	饲料输送机械　闸门	
JB/T 13126—2016	宠物饲料膨化机	
JB/T 13127—2016	锤片式饲料粉碎机　锤片	
JB/T 13128—2016	锤片式饲料粉碎机　筛片	
JB/T 13129—2016	单螺杆饲料膨化机　膨化腔	
JB/T 13130—2016	双螺杆饲料膨化机　膨化腔	
JB/T 13131—2016	饲料分级筛　试验方法	
JB/T 13132—2016	饲料机械　包装通用技术条件	
JB/T 13133—2016	饲料机械　圆筒清理筛	
JB/T 13134—2016	饲料机械　圆锥粉料清理筛	
JB/T 13135—2016	饲料清理筛　试验方法	
JB/T 12862—2016	禽类屠宰加工机械　A字型脱毛机	
JB/T 12863—2016	禽类屠宰加工机械　恒温浸烫装置	
JB/T 12864—2016	畜类屠宰加工机械　螺旋猪蹄脱毛机	
JB/T 12865—2016	畜类屠宰加工机械　螺旋自动刨毛机	
JB/T 12866—2016	畜类屠宰加工机械　喷淋式热水烫毛装置	
JB/T 12867—2016	畜类屠宰加工机械　卧式放血输送机	
JB/T 12868—2016	畜类屠宰加工机械　液压柔性刨毛机	
JB/T 12869—2016	畜类屠宰加工机械　运河式热水浸烫机	
JB/T 12870—2016	畜类屠宰加工机械　蒸汽烫毛装置	
JB/T 12871—2016	畜类屠宰加工机械　猪皮刮毛机	
JB/T 12872—2016	畜类屠宰加工机械　猪头刨毛机	
JB/T 20023—2016	药品泡罩包装机	JB 20023—2004
JB/T 20036—2016	提取浓缩罐	JB 20036—2004
JB/T 20037—2016	真空浓缩罐	JB 20037—2004

（续）

标准号	标准名称	代替标准
JB/T 20038—2016	提取罐	JB 20038—2004
JB/T 20110—2016	真空润药机	JB/T 20110—2008
JB/T 20111—2016	中药材热风穿流式烘干箱	JB/T 20111—2008
JB/T 20113—2016	中药材颚式破碎机	JB/T 20113—2008
JB/T 20171—2016	药用纯蒸汽灭菌器	
JB/T 20172—2016	药用器具清洗干燥机	
JB/T 20173—2016	辊压干法制粒机	

农产品加工业轻工行业标准（2016 年）

标准号	标准名称	代替标准
QB/T 1079—2016	啤酒机械　术语	QB/T 1079—1991
QB/T 1589—2016	浸泡毛刷式玻璃瓶清洗机	QB/T 1589—1992
QB/T 2020—2016	调味盐	QB 2020—2003
QB/T 2632—2016	饮料机械　热灌装拧盖机	QB/T 2632—2004
QB/T 2633—2016	饮料机械　热灌装生产线	QB/T 2633—2004
QB/T 4918—2016	含气饮料玻璃瓶装生产线	QB/T 3675—1999
QB/T 5000—2016	食品工业用蠕动泵	
QB/T 5001—2016	制酒饮料机械烛式硅藻土过滤机	
QB/T 5005—2016	甜菜糖蜜	
QB/T 5006—2016	姜汁（粉）红糖	
QB/T 5007—2016	白砂糖中不溶水杂质的测定	
QB/T 5008—2016	白砂糖中螨的测定	
QB/T 5009—2016	白砂糖中亚硫酸盐的测定	
QB/T 5010—2016	冰糖试验方法	
QB/T 5011—2016	方糖试验方法	
QB/T 5012—2016	绵白糖试验方法	
QB/T 5013—2016	食糖中亚硝酸盐的测定	
QB/T 5014—2016	糖料甜菜试验方法	
QB/T 5015—2016	甜菜中 α-氨基氮的测定	
QB/T 5016—2016	甜菜中糖度的测定	
QB/T 5017—2016	糖料甘蔗　术语	
QB/T 5018—2016	糖料甜菜　术语	
QB/T 5019—2016	制盐工业（盐及盐化工产品）通用检测方法　铵的测定	
QB/T 5024—2016	罐头食品机械　罐身补涂烘干机	
QB/T 5027—2016	果蔬纤维	
QB/T 5028—2016	粮谷纤维	
QB/T 5029—2016	糊精	
QB/T 5037—2016	坚果与籽类食品设备　带式干燥机	
QB/T 5038—2016	坚果与籽类食品设备　炒制设备通用技术条件	
QB/T 5131—2016	悬浮式离心脱水机	

（续）

标 准 号	标 准 名 称	代替标准
QB/T 1047—2016	纸与纸板定量测定仪	QB/T 1047—1998
QB/T 1418—2016	卷纸辊轴承外壳及联轴器互换性尺寸	QB/T 1418—1991
QB/T 1420—2016	卧式水力碎浆机	QB/T 1420—1991
QB/T 1422.2—2016	造纸机械通用部件　真空辊技术条件	QB/T 1422.2—1991
QB/T 1423—2016	圆筒卷纸机技术条件	QB/T 1423—1991
QB/T 1671—2016	纸与纸板物理性能试验　专用冲切样器具　通用技术条件	QB/T 1671—1998
QB/T 2386—2016	纸与纸板短距压缩试验仪	QB/T 2386—1998
QB/T 4993—2016	宣纸邮票纸	
QB/T 4994—2016	古法技艺宣纸	
QB/T 5020—2016	双辊挤浆机	
QB/T 5021—2016	预挂过滤机	
QB/T 5022—2016	鼓式真空洗浆机	
QB/T 5023—2016	纸杯杯身挺度测定仪	
QB/T 5043—2016	新闻纸单位产品能源消耗限额	
QB/T 5050—2016	咖啡袋滤纸	
QB/T 5051—2016	模塑纸餐具专用纸浆	
QB/T 5052—2016	热升华转印纸	
QB/T 5053—2016	热升华转印原纸	
QB/T 5054—2016	人造皮革用离型原纸	
QB/T 5055—2016	真空镀铝原纸	
QB/T 5056—2016	水转印商标用纸	
QB/T 1346—2016	制革机械　真空干燥机	QB/T 1346—1991
QB/T 1521—2016	制革机械设备　术语	QB/T 1521—1992
QB/T 4930—2016	制革机械　覆膜机	
QB/T 4931—2016	制革机械　悬挂式超载转鼓	
QB/T 4962—2016	制革机械　验皮机	
QB/T 1328—2016	制革用矿物油合成加脂剂	QB/T 1328—1998
QB/T 1330—2016	制革用阴离子型加脂剂	QB/T 1330—1998
QB/T 2414—2016	制革用阳离子型加脂剂	QB/T 2414—1998
QB/T 2727—2016	皮革　色牢度试验　耐人造光色牢度：氙弧	QB/T 2727—2005
QB/T 4958—2016	皮革　破裂强度试验机	
QB/T 4961—2016	皮革　摩擦色牢度试验机	
QB/T 5089—2016	皮革　面积的测量	
QB/T 4904—2016	柳编制品	
QB/T 4906—2016	竹筒工艺品	
QB/T 4973.1—2016	纺织品印染喷墨　第1部分：活性染料墨水	
QB/T 4973.2—2016	纺织品印染喷墨　第2部分：分散染料墨水	
QB/T 4973.3—2016	纺织品印染喷墨　第3部分：酸性染料墨水	
QB/T 4973.4—2016	纺织品印染喷墨　第4部分：颜料墨水	

农产品加工业出入境检验检疫行业标准（2016 年）

标准号	标准名称	代替标准
SN/T 0535—2016	进出口饲料中棉酚的测定	SN/T 0535—1996
SN/T 0799.1—2016	进出口粮油、饲料检验　第 1 部分：检验一般规则	SN/T 0799—1999
SN/T 0800.1—2016	进出口粮油、饲料检验　抽样和制样方法	SN/T 0800.1—1999
SN/T 0800.7—2016	出口粮食、油料及饲料不完善粒检验方法	SN/T 0803.2—1999 等
SN/T 4557.1—2016	出口酒类检验规程　第 1 部分：黄酒	SN 0047—1992
SN/T 4605—2016	进口饲料添加剂 L-赖氨酸盐酸盐、DL-蛋氨酸监督检验规程	
SN/T 4645—2016	进口大豆品质检验方法	
SN/T 4646—2016	进口玉米品质检验方法	
SN/T 0220—2016	出口水果中多菌灵残留量的检测方法	SN 0220—1993
SN/T 0230.1—2016	进出口脱水蔬菜检验规程	SN/T 0230.1—1993
SN/T 0327.1—2016	进出口烤花生果检验规程	SN/T 0327.1—94
SN/T 0327.2—2016	进出口油炸花生仁检验规程	SN/T 0327.2—1994
SN/T 0626.7—2016	进出口速冻蔬菜检验规程　第 7 部分：食用菌	SN/T 0626.7—1997
SN/T 0626.10—2016	出口速冻蔬菜检验规程　第 10 部分：块茎类	SN/T 0765—1999
SN/T 1388—2016	出口椰子汁检验规程	SN/T 1388—2004
SN/T 1391—2016	进出口速溶咖啡检验规程	SN/T 1391—2004
SN/T 4589—2016	出口蔬菜中硝酸盐快速测定　改进的镉还原分析法	
SN/T 4597—2016	进口椰果检验规程	
SN/T 4647—2016	草莓疫霉红心病菌检疫鉴定方法	
SN/T 4648—2016	柑橘黑斑病菌检疫鉴定方法	
SN/T 4649—2016	瓜蔓枯病菌检疫鉴定方法	
SN/T 0147—2016	出口茶叶中六六六、滴滴涕残留量的检测方法	SN 0147—1992
SN/T 0797—2016	出口保健茶检验通则	SN/T 0797—1999
SN/T 4456—2016	进出口袋泡茶检验规程	
SN/T 4581—2016	茶叶替代品（花草类）检验检疫规程	
SN/T 4594—2016	出口珠茶、眉茶检验审评方法	
SN/T 0146—2016	出口烟叶及烟叶制品中六六六、滴滴涕残留量的检测方法	SN 0146—1992
SN/T 0859—2016	出口调味料中脱氢乙酸的测定　紫外分光光度法	SN/T 0859—2000
SN/T 2101—2016	出口乳及乳制品中结核分枝杆菌检测方法　荧光定量 PCR 法	SN/T 2101—2008
SN/T 4480—2016	出口原奶中 β-内酰胺类抗生素的检测方法　胶体金法	
SN/T 4593—2016	出口冻斑点叉尾鮰鱼片检验规程	
SN/T 0001—2016	出口食品、化妆品理化测定方法标准编写的基本规定	SN/T 0001—1995
SN/T 0151—2016	出口植物源食品中乙硫磷残留量的测定	SN 0151—1992
SN/T 1059.6—2016	出口食品中沙门氏菌属检测方法　第 6 部分：垂直膜过滤法	SN/T 1059.6—2008

（续）

标 准 号	标 准 名 称	代替标准
SN/T 1870—2016	出口食品中食源性致病菌检测方法　实时荧光 PCR 法	SN/T 1870—2007
SN/T 1949—2016	进出口食品、化妆品检验规程标准编写的基本规则	SN/T 1949—2007
SN/T 4418—2016	出口食品中骆驼源性成分的检测　实时荧光 PCR 法	
SN/T 4419.1—2016	出口食品常见过敏原 LAMP 系列检测方法　第 1 部分：开心果	
SN/T 4419.2—2016	出口食品常见过敏原 LAMP 系列检测方法　第 2 部分：腰果	
SN/T 4419.3—2016	出口食品常见过敏原 LAMP 系列检测方法　第 3 部分：胡桃	
SN/T 4419.4—2016	出口食品常见过敏原 LAMP 系列检测方法　第 4 部分：榛果	
SN/T 4419.5—2016	出口食品常见过敏原 LAMP 系列检测方法　第 5 部分：杏仁	
SN/T 4419.6—2016	出口食品常见过敏原 LAMP 系列检测方法　第 6 部分：扁桃仁	
SN/T 4419.9—2016	出口食品常见过敏原 LAMP 系列检测方法　第 9 部分：栗子	
SN/T 4419.10—2016	出口食品常见过敏原 LAMP 系列检测方法　第 10 部分：大豆	
SN/T 4419.12—2016	出口食品常见过敏原 LAMP 系列检测方法　第 12 部分：花生	
SN/T 4419.14—2016	出口食品常见过敏原 LAMP 系列检测方法　第 14 部分：芝麻	
SN/T 4419.15—2016	出口食品常见过敏原 LAMP 系列检测方法　第 15 部分：大麦	
SN/T 4419.16—2016	出口食品常见过敏原 LAMP 系列检测方法　第 16 部分：小麦	
SN/T 4419.17—2016	出口食品常见过敏原 LAMP 系列检测方法　第 17 部分：荞麦	
SN/T 4419.18—2016	出口食品常见过敏原 LAMP 系列检测方法　第 18 部分：芥末	
SN/T 4419.20—2016	出口食品常见过敏原 LAMP 系列检测方法　第 20 部分：芹菜	
SN/T 4419.21—2016	出口食品常见过敏原 LAMP 系列检测方法　第 21 部分：牛奶	
SN/T 4419.22—2016	出口食品常见过敏原 LAMP 系列检测方法　第 22 部分：虾	
SN/T 4422—2016	出口中小食品企业 HACCP 应用指南	
SN/T 4426—2016	出口食品加工卫生表面取样技术方法	
SN/T 4453—2016	出口食品中金黄色葡萄球菌的分子分型　SPA 基因分型方法	
SN/T 4558—2016	出口食品中三环锡（三唑锡）和苯丁锡含量的测定	SN 0150—1992 等
SN/T 4586—2016	出口食品中噻苯隆残留量的检测方法　高效液相色谱法	
SN/T 4587—2016	出口食品中顺丁烯二酸和顺丁烯二酸酐总量的测定方法	
SN/T 4592—2016	出口食品中总黄酮的测定	
SN/T 4595—2016	进出口食品感官（不洁物）检验规程	
SN/T 4596—2016	进出口食用干花检验规程	
SN/T 4599—2016	进出口食品风险监控工作样品规范性描述要求	
SN/T 4601—2016	进出口食品、化妆品检验专业术语	
SN/T 4602—2016	进出口食品专业通用技术要求　食品的分类	
SN/T 4424—2016	进出口纺织品　双酚 A 的测定　液相色谱法	
SN/T 4559—2016	进出口纺织品　己二酸酯的测定　气相色谱-质谱法	
SN/T 4560—2016	进出口纺织品　纤维定性分析　竹原纤维	
SN/T 4604—2016	进出口中药材中真菌毒素的测定	
SN/T 4458—2016	出口中药材微生物学检验	

农产品加工业烟草行业标准（2016 年）

标准号	标准名称	代替标准
YC/T 91.1—2016	烟草机械　制丝线、打叶复烤线　第 1 部分：设计导则	YC/T 91.1—1996
YC/T 91.3—2016	烟草机械　制丝线、打叶复烤线　第 3 部分：验收导则	YC/T 91.3—1996
YC/T 299—2016	烟草加工过程害虫防治技术规范	YC/T 299—2009
YC/T 548—2016	打叶复烤企业清洁生产评价准则	
YC/T 549.1—2016	烟草机械　烟草专用机械鉴别检验规程　第 1 部分：总则	
YC/Z 550—2016	卷烟制造过程质量风险评估指南	
YC/T 551—2016	卷烟包装标识　警语的测定　图像法	
YC/T 552—2016	烟草商业领域　卷烟营销标准体系	
YC/T 553—2016	烟草工业企业　机械设备零配件　分类与编码	
JJG（烟草）30—2016	卷烟端部落丝测定仪检定规程　振动法	

农产品加工业纺织行业标准（2016 年）

标准号	标准名称	代替标准
FZ/T 01026—2016	纺织品　定量化学分析　多组分纤维混合物	FZ/T 01026—2009
FZ/T 01028—2016	纺织品　燃烧性能　水平方向燃烧速率的测定	FZ/T 01028—1993
FZ/T 01030—2016	针织物和弹性机织物　接缝强力和扩张度的测定　顶破法	FZ/T 01030—1993
FZ/T 01031—2016	针织物和弹性机织物　接缝强力及伸长率的测定　抓样法	FZ/T 01031—1993
FZ/T 01082—2016	粘合衬干热尺寸变化试验方法	FZ/T 01082—2009
FZ/T 01083—2016	粘合衬干洗后的外观及尺寸变化试验方法	FZ/T 01083—2009
FZ/T 01084—2016	粘合衬水洗后的外观及尺寸变化试验方法	FZ/T 01084—2009
FZ/T 01134—2016	纺织品　定量化学分析　芳砜纶与某些其他纤维的混合物	
FZ/T 01136—2016	纺织品　定量化学分析　碳纤维与某些其他纤维的混合物	
FZ/T 01137—2016	纺织品　荧光增白剂的测定	
FZ/T 01138—2016	本色坯布生产折标准品用电单耗的计算方法	
FZ/T 01139—2016	纺织品　防微波性能试验方法　矩形波导管法	
FZ/T 10001—2016	转杯纺纱捻度的测定　退捻加捻法	FZ/T 10001—2006
FZ/T 12015—2016	精梳天然彩色棉纱线	FZ/T 12015—2006
FZ/T 12017—2016	天然彩色棉转杯纺纱	FZ/T 12017—2006
FZ/T 12052—2016	棉锦混纺本色纱线	
FZ/T 13007—2016	色织棉布	FZ/T 13007—2008
FZ/T 13009—2016	色织泡泡布	FZ/T 13009—1997
FZ/T 13020—2016	纱罗色织布	FZ/T 13020—2008
FZ/T 13033—2016	棉与涤纶长丝交织本色布	
FZ/T 13034—2016	精梳棉与羊毛混纺本色布	
FZ/T 13036—2016	色织弹力牛仔布	
FZ/T 13037—2016	涂层色织牛仔布	
FZ/T 13038—2016	植绒色织牛仔布	
FZ/T 13039—2016	毛型粗支高密色织布	

（续）

标 准 号	标 准 名 称	代替标准
FZ/T 13041—2016	色织皱布	
FZ/T 14011—2016	纯棉真蜡防印花布	FZ/T 14011—2007
FZ/T 14030—2016	棉与涤混纺磨毛印染布	
FZ/T 14031—2016	锦棉混纺印染布	
FZ/T 14034—2016	棉冷轧堆染色印染布	
FZ/T 14035—2016	棉与涤烂花印染布	
FZ/T 14036—2016	纯棉仿蜡防印花布	
FZ/T 14040—2016	棉与十字形锦纶 66 长丝交织印染布	
FZ/T 22012—2016	筒染精梳机织毛纱	
FZ/T 24023—2016	抗皱精梳毛织品	
FZ/T 32006—2016	苎麻本色线	FZ/T 32006—2003
FZ/T 32021—2016	精梳亚麻棉混纺本色针织纱	
FZ/T 34002—2016	亚麻印染布	FZ/T 34002—2006
FZ/T 34006—2016	黄麻印染布	FZ/T 34006—2009
FZ/T 34011—2016	大麻印染布	
FZ/T 34012—2016	亚麻（或大麻）与粘胶纤维混纺印染布	
FZ/T 40008—2016	蚕丝黑板检验用暗室技术要求	
FZ/T 42005—2016	桑蚕双宫丝	FZ/T 42005—2005
FZ/T 43034—2016	丝麻交织物	
FZ/T 43035—2016	桑蚕丝与粘胶长丝交织物	
FZ/T 43042—2016	桑蚕丝聚酯弹力丝织物	
FZ/T 60011—2016	复合织物剥离强力试验方法	FZ/T 60011—1993
FZ/T 62032—2016	机织毛巾布	
FZ/T 62033—2016	超细纤维毛巾	
FZ/T 60046—2016	毛巾产品单位面积质量测试方法	
FZ/T 62011.1—2016	布艺类产品　第 1 部分：帷幔	FZ/T 62011.1—2008
FZ/T 62011.2—2016	布艺类产品　第 2 部分：餐用纺织品	FZ/T 62011.2—2008
FZ/T 62011.3—2016	布艺类产品　第 3 部分：家具用纺织品	FZ/T 62011.3—2008
FZ/T 62011.4—2016	布艺类产品　第 4 部分：室内装饰物	FZ/T 62011.4—2008
FZ/T 62034—2016	磁性软纱门	
FZ/T 62035—2016	经编网眼织物复合凉席	
FZ/T 62037—2016	灯芯绒被套	
FZ/T 62038—2016	灯芯绒床单	
FZ/T 63033—2016	编织圆绳	
FZ/T 63034—2016	涤包涤包芯缝纫线	
FZ/T 64059—2016	机织拉毛粘合衬	
FZ/T 64060—2016	双轴向经编针织粘合衬	
FZ/T 64061—2016	弹性织带粘合衬	
FZ/T 64062—2016	热熔薄膜粘合衬	
FZ/T 64063—2016	医用贴弹性基布	

（续）

标准号	标准名称	代替标准
FZ/T 70012—2016	一次成型束身无缝内衣号型	FZ/T 70012—2010
FZ/T 72021—2016	经编单针床绒类织物	
FZ/T 73001—2016	袜子	FZ/T 73001—2008
FZ/T 73002—2016	针织帽	FZ/T 73002—2006
FZ/T 73010—2016	针织工艺衫	FZ/T 73010—2008
FZ/T 73027—2016	针织经编花边	FZ/T 73027—2008
FZ/T 73056—2016	针织西服	
FZ/T 74004—2016	滑雪手套	
FZ/T 74005—2016	针织瑜伽服	
FZ/T 80002—2016	服装标志、包装、运输和贮存	FZ/T 80002—2008
FZ/T 80008—2016	缝制帽术语	FZ/T 80008—2008
FZ/T 80010—2016	服装用人体头围测量方法与帽子规格代号标示	FZ/T 80010—2007
FZ/T 81001—2016	睡衣套	FZ/T 81001—2007
FZ/T 81005—2016	绗缝制品	FZ/T 81005—2006
FZ/T 81006—2016	牛仔服装	FZ/T 81006—2007
FZ/T 81012—2016	机织围巾、披肩	FZ/T 81012—2006
FZ/T 81013—2016	宠物狗服装	FZ/T 81013—2007
FZ/T 81015—2016	婚纱和礼服	FZ/T 81015—2008
FZ/T 81016—2016	莨绸服装	FZ/T 81016—2008
FZ/T 82002—2016	缝制帽	FZ/T 82002—2006
FZ/T 90096—2016	染整机械安装中心尺寸	FZ/T 90096—1998
FZ/T 90111—2016	纺织机械术语　纺丝成网法非织造布机械	
FZ/T 93036—2016	电动落纱机	FZ/T 93036—1995
FZ/T 93051—2016	纺纱准备和纺纱机械　上罗拉包覆物用胶管	FZ/T 93051—1998
FZ/T 93058—2016	前纺设备自调匀整装置	FZ/T 93058—2001
FZ/T 93097—2016	纺织机械　起绒针刺机用毛刷	
FZ/T 93098—2016	清梳联合机	
FZ/T 95023—2016	高温高压筒子纱染色机	
FZ/T 97010—2016	圆型纬编机三角的通用技术条件	FZ/T 97010—1993

农产品加工业发明专利（2015年）

［2015年农产品加工业（含加工制品、加工技术与设备）部分专利选摘］

申请或批准号	发明名称	申请（专利权）人与通讯地址	发明人
CN201510027168.6	一种营养大米的加工方法	贵州黔北粮仓米业有限公司，贵州省遵义市湄潭县永兴镇德隆村（564100）	张世平、张　乐
CN201510067575.X	一种稻谷烘干装置	安徽天利粮油集团股份有限公司，安徽省池州市东至大渡口经济开发区（247000）	李　哲、路　飞
CN201510081427.3	一种大米加工生产线	德清龙溪农业科技有限公司，浙江省湖州市德清县钟管镇沈介墩村（313000）	廖增强、杨韩晖

（续）

申请或批准号	发明名称	申请（专利权）人与通讯地址	发明人
CN201510105175.3	一种大米的加工工艺	安徽天利粮油集团股份有限公司，安徽省池州市东至大渡口经济开发区（247000）	房春华
CN201510123464.6	带磁性保护装置的碾米机	四川省春岚农业发展有限公司，四川省达州市大竹县竹阳镇云东大道工业园区（635100）	李策、赵治永
CN201510201401.8	一种精制大米加工方法	安徽友源食品有限公司，安徽省安庆市桐城市民营经济开发区兴隆路1号（231400）	廖增强、杨韩晖
CN201510225309.5	一种薏仁米干法加工工艺	中国包装和食品机械有限公司．北京市朝阳区德胜门外北沙滩1号（100083）	刘玮、陶海腾
CN201510309250.8	风味大米加工方法	安徽光明槐祥工贸集团有限公司，安徽省合肥市巢湖市槐林镇槐青路（238000）	李建树
CN201510309317.8	绿色大米精加工方法	安徽光明槐祥工贸集团有限公司，安徽省合肥市巢湖市槐林镇槐青路（238000）	郭少祥、朱同贵
CN201510317474.3	一种提高免疫力的杂粮米及其制备方法	天津中天精科科技有限公司，天津市西青区西青经济技术开发区赛达新兴产业园（300385）	徐国松
CN201510317628.9	一种改善胃肠功能的米制品及其制备方法	天津中天精科科技有限公司，天津市西青区西青经济技术开发区赛达新兴产业园（300385）	李建树
CN201510317852.8	一种风味米制品及其制备方法	天津中天精科科技有限公司，天津市西青区西青经济技术开发区赛达新兴产业园（300385）	秦朝东
CN201510318750.8	一种改善胃肠功能的杂粮米及其制备方法	天津中天精科科技有限公司，天津市西青区西青经济技术开发区赛达新兴产业园（300385）	张文会、王宏岩
CN201510320423.6	一种碎米制品及其制备方法	天津中天精科科技有限公司，天津市西青区西青经济技术开发区赛达新兴产业园（300385）	侯文燕、赵建伟
CN201510320695.6	一种保质期长的米制品及其制备方法	天津中天精科科技有限公司，天津市西青区西青经济技术开发区赛达新兴产业园（300385）	徐国松
CN201510345403.4	一种提高优质稻整精米率的方法	贵州湄潭茅坝龙脉皇米有限公司，贵州省遵义市湄潭县永兴镇茅坝村（564100）	张平灿、王春喜
CN201510349572.5	一种有机大米的加工工艺流程	南通季和米业有限责任公司，江苏省南通市海安县工业园区（226600）	刘昌明
CN201510563916.2	一种家用稻谷脱壳精加工打米系统	四川格伊尔生物科技有限公司，四川省成都市高新区天晖中街56号1栋7层726号（610000）	伏家强
CN201510601705.3	一种菌菇香米及其制备方法	福建绿宝食品集团有限公司，福建省漳州市龙海市颜厝镇锦浦1号（363118）	郑松辉
CN201510696373.1	一种连续式蒸谷米加工方法	湖北碧山机械股份有限公司，湖北省孝感市安陆市碧山路89号（432600）	周润根、柯岩

（续）

申请或批准号	发明名称	申请（专利权）人与通讯地址	发明人
CN201511003936.0	一种提高稻米留胚率的加工方法	国家粳稻工程技术研究中心，天津市天津经济开发区睦宁路11号（300457）	刘清岱、李志彬
CN201511021399.2	一种藜麦米干法加工成套生产线	中国包装和食品机械有限公司，北京市朝阳区德胜门外北沙滩1号（100083）	段笑敏、张　培
CN201520005193.X	一种连续式蒸谷米生产设备	湖北碧山机械股份有限公司，湖北省孝感市湖北省安陆市碧山路89号（432600）	倪迎春
CN201520103686.7	一种两级砂辊碾米机	江西金农米业集团有限公司，江西省宜春市上高县工业园区清源路1号（336400）	郜学飞、宋君伯
CN201520110032.7	一种大米加工生产线	德清龙溪农业科技有限公司，浙江省湖州市德清县钟管镇沈介墩村（313000）	徐国松
CN201520143726.0	稻谷抛光机	河北巨桥仓食品股份有限公司，河北省邯郸市曲周县现代新型产业园区北区（057250）	张中伟
CN201520544964.2	稻谷筛分设备	赣州汇金农产品有限公司，江西省赣州市赣县田村镇兰芬村（341102）	谢德尧
CN201520706770.8	重力谷糙分离机	赣州谷神米业有限公司，江西省赣州市高新技术产业园区红金工业园（341100）	鄢水生
CN201520784386.X	一种防污染的稻谷加工生产线	铜陵三泉现代农业开发有限公司，安徽省铜陵市铜陵县天门镇高联村（244000）	吴正国
CN201520979771.X	一种行走式干湿两用稻谷加工设备	自贡市现代秋收机械有限公司四川省自贡市富顺县万寿镇青山村四组（643200）	王德仲
CN201521045908.0	一种塔式稻谷连续烘干装置	范县天灌米业有限公司，河南省濮阳市范县李马桥商贸区（457500）	吴方骞、徐龙安
CN201521142711.9	一种新型胚芽米机	天津礼人健康咨询有限公司，天津市南开区华苑产业区竹苑路6号505－4室（300000）	李志鹏、李宗钦
CN201521144386.X	一种新型胚芽米粉机	天津礼人健康咨询有限公司，天津市南开区华苑产业区竹苑路6号505－4室（300000）	李宗钦、李志鹏
CN201530080824.X	碾米机	扬州万能科技发展有限公司，江苏省扬州市邗江区蜀岗西路19号（225008）	张保平
CN201510015836.3	一种抗衰老养生面粉	凤阳瑞诚食品科技有限公司，安徽省滁州市凤阳县府城镇南长胜街10号（233100）	柳培健
CN201510034770.2	一种葛根杂粮面粉及其制备方法	凤台县永新工贸有限责任公司，安徽省淮南市凤台县桂集镇经济开发区（232100）	陈礼新
CN201510141653.6	面粉生产系统	天津恒瑞源食品科技有限公司，天津市西青区中北镇中北工业园三星路5号（300112）	李玉生、毕　伟

（续）

申请或批准号	发 明 名 称	申请（专利权）人与通讯地址	发明人
CN201510162349. X	一种高食用品质麦麸粉的加工方法	山东省农业科学院农产品研究所，山东省济南市历城区工业北路 202 号（250100）	徐国松
CN201510167683. 4	一种清香馒头粉及其制备方法	安徽金麦乐面业有限公司，安徽省阜阳市颍东经济开发区阜蚌路 699 号	王 强
CN201510188789. 2	麦香自发粉及生产工艺	中粮（成都）粮油工业有限公司，四川省成都市新津县金华镇清凉西路 66 号（611430）	左利民、蔡岩岩
CN201510189792. 6	一种水晶包面粉及其制备方法	安徽三泰面粉有限责任公司，安徽省阜阳市太和县工业园区 A 区（236600）	祝跃华
CN201510214891. 5	一种猴头菇营养保健面粉及其制备方法	安徽省一诚食品有限公司，安徽省阜阳市颍东经济技术开发区新兴业路 156 号（236000）	李 威
CN201510227164. 2	一种丹参石磨营养面粉	尚品仁家（天津）农业科技有限公司，天津市蓟县桑梓镇常各庄 3 区 4 排 8 号（301900）	易金成
CN201510276998. 2	一种酒香谷芽开胃面粉及其制备方法	安徽顶乐食品有限公司，安徽省亳州市涡阳县楚店工业园区（233600）	王 云
CN201510279441. 4	一种补钙香菇面粉	桐城市佳明农业发展有限公司，安徽省安庆市桐城市青草镇江岭村张庄组 58 号（231400）	张家明
CN201510293328. 1	一种多级面粉加工磨粉机	枞阳县田园面业有限责任公司，安徽省安庆市枞阳县浮山经济开发区（246001）	汤晓业
CN201510369792. 4	一种面粉加工方法	河南省红永利面粉有限公司，河南省濮阳市南乐县城北寺庄路口 106 国道西侧（457400）	张占平
CN201510373785. 1	一种面粉加工工艺	青岛帅睿宏业食品股份有限公司，山东省青岛市平度市南村工业园朱诸路 109 号（266000）	郝代涛、王迎宾
CN201510373791. 7	一种高营养面粉制作方法	青岛帅睿宏业食品股份有限公司，山东省青岛市平度市南村工业园朱诸路 109 号（266000）	王迎宾、赵显文
CN201510421080. 2	一种牛蒡保健面粉及其制备方法	石家庄宁而乐农业科技开发有限公司，河北省石家庄市北新街 116 号瀚海商务 410（050000）	李德平、李仁杰
CN201510439826. 2	完整麦胚面粉的生产方法	河南实佳面粉有限公司，河南省禹州市花石乡张庄村工业开发区（461000）	张 珣、石红松
CN201510448916. 8	一种理气解郁膳食面及其制备方法	蚌埠味多多学生营养餐有限公司，安徽省蚌埠市高新区兴华路 101 号（233000）	张 跃、陶 勇
CN201510506497. 9	一种香菇鸡肉味营养面粉及其制备方法	凤台县永新工贸有限责任公司，安徽省淮南市凤台县桂集镇经济开发区（232100）	陈礼新
CN201510506540. 1	一种山萸肉香草荚面粉及其制备方法	凤台县永丰面业有限公司，安徽省淮南市凤台县桂集开发区（232100）	陈 飞

（续）

申请或批准号	发明名称	申请（专利权）人与通讯地址	发明人
CN201510506574.0	一种咖喱味虾仁面粉及其制备方法	凤台县龙泰面粉有限责任公司，安徽省淮南市凤台县桂集乡凤利路旁（232100）	吴正喜
CN201510548058.4	一种优质面粉的加工工艺与方法	明光市双喜粮油食品有限公司，安徽省滁州市明光市桥头镇104国道西侧（239481）	刘明东
CN201510557404.5	油炸用葛根面粉的制备方法	武汉市麦浪面业有限公司，湖北省武汉市黄陂区李集街大彭家砦234号（430346）	彭　珩
CN201510558582.X	一种养生保健面粉及其制备方法	安徽双福粮油工贸集团有限公司，安徽省合肥市庐江县军二西路688号（231500）	徐道福
CN201510560126.9	月饼专用粉	安徽达诺乳业有限公司，安徽省滁州市全椒县城东综合经济开发区（239500）	徐　升、许浩文
CN201510563986.8	一种小麦无菌面粉加工工艺方法	明光市双喜粮油食品有限公司，安徽省滁州市明光市桥头镇104国道西侧（239481）	刘明东
CN201510567948.X	一种杂粮高纤面粉及其制备方法	宁夏五朵梅食品股份有限公司，宁夏回族自治区固原市经济开发区轻工产业园（756000）	陈玮琳、何兰兰
CN201510635613.7	一种补肾强筋保健面粉及其制备方法	安徽省达亿粮油食品有限公司，安徽省阜阳市颍东经济开发区（236000）	杨光辉、李　俊
CN201510635967.1	一种益气健脾保健面粉及其制备方法	安徽省达亿粮油食品有限公司，安徽省阜阳市颍东经济开发区（236000）	王贵荣、衣文光
CN201510646627.9	一种低血糖生成指数面粉及其制备方法	同福碗粥股份有限公司，安徽省芜湖市繁昌县经济开发区（241200）	刘　辉、柳　嘉
CN201510716651.5	用于制作面粉的烘干装置	重庆渝西面制品有限公司，重庆市璧山县青杠街道办事处新七村四社（402761）	张雪琴、卢德彬
CN201510766702.5	一种防面条粘连的撒面粉装置	宜垦（天津）农业制品有限公司，天津市东丽区开发区三经路1号（300300）	陈中红
CN201510816169.9	一种用于清除茶渍的面粉组合物	阜南红洁食品有限公司，安徽省阜阳市阜南县会龙乡（236300）	汪明贺、王　杰
CN201510837788.6	一种山药复合面粉的制备方法	威海新异生物科技有限公司，山东省威海市经区皇冠别墅1区8号楼304（264205）	吕彦羽
CN201510841791.5	一种裹衣粉用淀粉和面粉的混合方法	重庆市缕游合利食品厂，重庆市巴南区南泉街道红星村六社（401320）	谭　雅
CN201510843065.7	一种营养强化面粉及其制备方法和用途	河南莲花面粉有限公司，河南省周口市项城市同济大道东莲味路31号（466200）	刘书鹏、贾留敏
CN201510844346.4	一种鲍鱼复合面粉	威海新异生物科技有限公司，山东省威海市经区皇冠别墅1区8号楼304（264205）	吕彦羽

（续）

申请或批准号	发明名称	申请（专利权）人与通讯地址	发明人
CN201510931459.8	冷冻面团的制作方法	舟山市得法食品有限公司，浙江省舟山市岱山县东沙镇海润路6号（316215）	於国波
CN201510948950.1	一种果仁面粉及其制作方法	凤台县永丰面业有限公司，安徽省淮南市凤台县桂集开发区（232100）	陈　飞
CN201511003233.8	面粉气流分级系统及小麦粉分级处理方法	新乡市睿盛实业有限公司，河南省新乡市卫辉市安都乡沙庄村（453104）	张丽霞
CN201511028865.X	一种马铃薯主食化原料粉的制备方法	武汉市江声科技有限公司，湖北省武汉市江汉区发展大道怡景商务大厦A座903（430023）	周　坚、丁文平
CN201520132325.5	一种面粉水分测量仪	邯郸市锐马面业有限公司，河北省邯郸市邱县邱城镇新井头村南泰山路北（057450）	武冠华、陈　燕
CN201520132326.X	一种面粉白度仪	邯郸市锐马面业有限公司，河北省邯郸市邱县邱城镇新井头村南泰山路北（057450）	武冠华、陈　燕
CN201520179617.4	一种面粉生产系统	天津恒瑞源食品科技有限公司，天津市西青区中北镇中北工业园三星路5号（300112）	李玉生、毕　伟
CN201520204051.6	一种黑麦全麦粉生产设备	青岛万润丰食品有限公司，山东省青岛平度市经济开发区新区大道12号（266700）	周红婷
CN201520244626.7	面粉分级筛选装置	安徽金麦乐面业有限公司，安徽省阜阳市颍东经济开发区阜蚌路699号	高玉磊、王　强
CN201520285999.9	一种监理用墙面粉刷质量检测装置	江苏建科建设监理有限公司，江苏省南京市建邺区嘉陵江东街18号06幢14层（210019）	王晓觅
CN201520340384.1	一种制作面疙瘩的机器人	宁波家禾节能科技有限公司，浙江省宁波市高新区菁华路188号2栋410（315000）	蔡钟坤
CN201520432154.8	和面机	马龙县闽融食品有限公司，云南省曲靖市马龙县通泉镇让田黑泥哨村（655102）	江碧华
CN201520441926.4	一种小麦面粉生产加工装置	南乐金苑面业有限公司，河南省濮阳市南乐县产业集聚区（457000）	程相超、娄丽红
CN201520441931.5	一种多种面粉生产装置	南乐金苑面业有限公司，河南省濮阳市南乐县产业集聚区（457000）	娄丽红、曹枝顺
CN201520446699.4	一种面粉磁性杂质去除装置	南乐金苑面业有限公司，河南省濮阳市南乐县产业集聚区（457000）	曹枝顺、程相超
CN201520460987.5	一种和面装置	淮北旭源食品有限公司，安徽省淮北市濉溪县百善镇御河路西（235000）	黄　曦
CN201520461523.6	一种和面机	安徽省怀宁县顶雪食品有限公司，安徽省安庆市新县城工业园区（246100）	吴祚生

（续）

申请或批准号	发 明 名 称	申请（专利权）人与通讯地址	发明人
CN201520506794.9	一种用于面粉制作的磨粉机	重庆贤芳面业有限公司，重庆市开县文峰街道天鹅湖社区（404100）	向贤芳
CN201520518712.2	面粉码垛装置	安徽昊晨食品有限公司，安徽省淮北市濉溪县百善工业园（235100）	孙 超
CN201520552516.7	一种面粉搅拌和面一体装置	重庆市面面聚到面业有限公司，重庆市开县文峰街道天鹅湖社区中吉街（404100）	陈思彬
CN201520587326.9	改进型小麦清理系统	山东渠风食品科技有限公司，山东省潍坊市安丘市汶水南路北段东侧（262100）	张光祥、王济元
CN201520588201.8	小麦制粉装置	山东渠风食品科技有限公司，山东省潍坊市安丘市汶水南路北段东侧（262100）	于 清、王济元
CN201520588997.7	淀粉和谷朊粉的分离设备	山东渠风食品科技有限公司，山东省潍坊市安丘市汶水南路北段东侧（262100）	门有祥、于 清
CN201520666900.X	一种撒面粉装置	兰溪健发食品机械有限公司，浙江省金华市兰溪市经济开发区鹏程路3号（321103）	侯长安、郑 飚
CN201520692828.8	一种进料可控的面粉磨粉装置	中粮（成都）粮油工业有限公司，四川省成都市新津县金华镇清凉西路66号（610000）	左利民、程 都
CN201520703679.0	一种小型面粉搅拌机	泰祥集团孵化器有限公司，山东省威海市荣成石岛管理区峨石山路7号（264300）	毕迎斌、张洪峰
CN201520764807.2	一种具有断料提醒功能的磨面机	六盘水师范学院，贵州省六盘水市钟山区明湖路六盘水师范学院（553004）	孙新杰、潘水凡
CN201520766873.3	低噪声和面机	重庆市南川区云都挂面厂，重庆市南川区木凉乡玉岩铺村27社（408400）	丁德钢
CN201520783960.X	一种真空和面机	连云港大阳机械有限公司，江苏省连云港市赣榆区海头镇海头工业园区（222100）	刘 阳、张东明
CN201520824269.1	自动加水称重和面机	房县味味食品有限公司，湖北省十堰市房县西城工业园房县味味食品有限公司（442100）	杨逢华
CN201520848508.7	面粉制作用烘干装置	重庆渝西面制品有限公司，重庆市璧山县青杠街道办事处新七村四社（402761）	张雪琴、卢德彬
CN201520895449.9	一种和面洗面机	宝鸡金昱食品机械制造有限公司，陕西省宝鸡市高新区高新大道188号（721013）	宣和平
CN201521015720.1	一种面粉搅拌机	天津市半边天科技股份有限公司，天津市和平区鞍山道32号（前楼）902室（300000）	刘 欢、文玲慧
CN201521025108.2	一种面粉加工的磨粉机	湘潭大学兴湘学院，湖南省湘潭市雨湖区羊牯塘湘大路38号（411100）	蒋成纲、傅 正

（续）

申请或批准号	发 明 名 称	申请（专利权）人与通讯地址	发明人
CN201521067659.5	一种新型和面机	宣威市海汇食品有限责任公司，云南省曲靖市宣威市西宁街道西宁社区花椒村（655499）	徐永海、陈道美
CN201521081049.0	连续型真空和面机	中国农业科学院农产品加工研究所，北京市海淀区圆明园西路2号院（100193）	张 泓、刘倩楠
CN201521122348.4	一种自动面粉搅拌机	广东新盟食品有限公司，广东省东莞市茶山镇增埗村卢屋鲤鱼山工业区（523000）	潘结俭
CN201580001306.1	面团制作设备及其制作方法	上海金禾实业发展有限公司，上海市宝山区富联二路189号（201900）	刘会敏、纪智荣
CN201510010491.2	杂粮面条及其制备方法	湖南裕湘食品有限公司，湖南省郴州市北湖区石盖塘镇商业大道南侧（423000）	陈 伟、李先银
CN201510014861.X	一种甲鱼汤面的配方及其制作方法	来安县阿净环保科技产品贸易有限公司，安徽省滁州市来安县新安镇来双路86号（239200）	程玉奎
CN201510032043.2	一种决明鲜湿面及其加工方法	福建省农业科学院农业生态研究所，福建省福州市晋安区新店镇埔党（350013）	应朝阳、林忠宁
CN201510077058.0	一种魔芋面条及其制备方法	福建省龙海市安利达工贸有限公司，福建省漳州市龙海市海澄镇罗坑村广林1号（363100）	黄建实
CN201510156308.X	一种出面快速的面条机	九阳股份有限公司，山东省济南市槐荫区美里路999号（250117）	王旭宁、苏荣清
CN201510203981.4	一种芹菜面条及其制备方法	桐城市牯牛背农业开发有限公司，安徽省安庆市桐城市范岗镇挂镇村（231400）	华长虹
CN201510220158.4	一种魔芋辣木面条及其加工工艺	富源县益鸿农产品开发有限公司，云南省曲靖市富源县墨红镇小寨村（655502）	田付平、刁文举
CN201510251123.7	一种松针面条及其制备方法	四川省金金松针茶有限公司，四川省成都市青羊区蜀金路1号3栋20层2007号（610000）	谢金沙
CN201510263919.4	儿童营养面条及其生产工艺	安徽佛子岭面业有限公司，安徽省阜阳市界首市工业园区（236500）	段浩然、田金举
CN201510285747.0	复合保健生鲜面的制备方法	郑州科技学院，河南省郑州市二七区马寨产业集聚区学院路1号（450064）	游新侠、孔欣欣
CN201510285848.8	刀削面的制作工艺	南乐红高粱面业科技发展有限公司，河南省濮阳市南乐县产业集聚区聚源路北侧（457400）	岳新厂
CN201510291954.7	一种家用面条机的智能制面方法	九阳股份有限公司，山东省济南市槐荫区美里路999号（250117）	王旭宁、周 伟
CN201510360103.3	养生面条及其制备方法	湖南裕湘食品有限公司，湖南省郴州市北湖区石盖塘镇商业大道南侧（423000）	陈 伟、李先银

（续）

申请或批准号	发明名称	申请（专利权）人与通讯地址	发明人
CN201510367145.X	一种土麦面及其制备方法	绥阳小芳土特食品有限公司，贵州省遵义市绥阳县郑场镇狮山村（563302）	周小芳
CN201510378764.9	一种适合产妇食用的面条及其制作方法	安徽省怀宁县顶雪食品有限公司，安徽省安庆市新县城工业园区（246100）	吴祚生
CN201510386646.2	一种复合紫薯面条及其制作方法	云南农业大学，云南省昆明市盘龙区黑龙潭云南农业大学（650201）	郭华春、尹子娟
CN201510405989.9	葛粉鱼面及其制作方法	武汉商学院，湖北省武汉市经济技术开发区东风大道816号（430056）	贺习耀
CN201510409965.0	面条生产中碎面头回收处理系统及方法	四川雄健实业有限公司，四川省德阳市中江县南华镇铜山大道西段338号（618100）	陈明雄
CN201510461733.X	一种生鲜面条及其制备方法	河南松山面业股份有限公司，河南省濮阳市濮阳县庆祖镇食品加工专业园区（457000）	安松山、谷 伟
CN201510533355.1	一种杂粮营养面条及其制备方法	安徽秋果食品有限公司，安徽省合肥市肥东县肥东经济技术开发区团结路10号（231699）	刘奇华
CN201510558992.4	一种鲫鱼面的制作方法	安徽成祥面粉有限责任公司，安徽省蚌埠市固镇县垓下路东段（233700）	朱 敏
CN201510576423.2	一种芦笋面条及其制备方法	来宾市长兴芦笋制品有限公司，广西壮族自治区来宾市忻城县芝州二路（546200）	劳子明
CN201510627734.7	一种蚕蛹面条及其制备方法	山东鑫源实业集团有限公司，山东省菏泽市巨野县进港路3号（274900）	孙 强
CN201510634801.8	一种马铃薯面条的制作工艺	中国包装和食品机械有限公司，北京市朝阳区德胜门外北沙滩1号（100083）	王河涛、魏海金
CN201510636645.9	全自动智能化的面条加工制作方法	上海老磨坊餐饮管理有限公司，上海市闸北区共和新路3615号一层11[illegible]室（200435）	吴佳斌
CN201510677141.1	一种保健面条	青岛安惠仕生物制药有限公司，山东省青岛市莱西市夏格庄镇华美路1号（266000）	刘 毅
CN201510688973.3	一种蔬菜面条	青岛巨能管道设备有限公司，山东省青岛市莱西市夏格庄镇夏格庄一村（266000）	尹衍波
CN201510724803.6	一种营养面条及其制作方法	丽江平原食品有限公司，云南省丽江市永胜县永北镇工业园区（674200）	吴能金
CN201510757167.7	一种菠菜面条	青岛正能量食品有限公司，山东省青岛市莱西市店埠镇兴店路52号（266000）	于晶晶
CN201510767156.7	一种蔬菜面条及其制作方法	宜垦（天津）农业制品有限公司，天津市东丽区开发区三经路一号（300300）	陈中红

（续）

申请或批准号	发 明 名 称	申请（专利权）人与通讯地址	发明人
CN201510790945.2	小麦低聚肽锌胡萝卜营养面条	安徽佛子岭面业有限公司，安徽省阜阳市界首市工业园区（236500）	刘家华
CN201510819193.8	一种铁皮石斛面条及其制备方法	铜仁市金农绿色农业科技有限公司，贵州省铜仁市碧江区鹭鸶岩路（554300）	尹竟瑶、卢政锋
CN201510823863.3	一种马铃薯热干面及其制备方法	武汉大汉口食品有限公司，湖北省武汉市汉南经济发展区工业大道2号（430090）	刘海元、何彩华
CN201510837407.4	构树叶汁面条的生产工艺	郑州朱屯米粉食品有限公司，河南省郑州市高新技术开发区百炉屯东路2号（450001）	卢大马、郑增敏
CN201510841623.6	一种海参保健面条制备方法	威海新异生物科技有限公司，山东省威海市经区皇冠别墅1区8号楼304（264205）	吕彦羽
CN201510888636.9	一种淮山面条的加工方法	福建省龙海市安利达工贸有限公司，福建省漳州市龙海市海澄镇罗坑村广林1号（363102）	黄建实
CN201510895044.X	一种速食面条的制备方法	安徽家味食品有限公司，安徽省宣城市广德县东亭乡高峰工业集中区（242200）	姜 波
CN201510932437.3	一种益气补血面条	青岛金超越机械有限公司，山东省青岛市平度市白沙河街道办事处驻地园区路8号（266000）	赵伟玉
CN201510935231.6	手工素香面条及其制作方法	古浪伊禧堂伟业生物科技有限公司，甘肃省武威市古浪县双塔工业产业园（733100）	骆军祥、李新德
CN201510965989.4	一种调理养生面条	乐陵市每食天富硒食品有限公司，山东省德州市乐陵市兴隆南大街619号（253600）	王光辉
CN201520491849.3	一种家用面条机	南安市兴南机械配件有限公司，福建省南安市丰州镇山美工业区（362300）	陈明志
CN201520507124.9	一种高效面条制作机	重庆贤芳面业有限公司，重庆市开县文峰街道天鹅湖社区（404100）	向贤芳
CN201520572993.X	一种面条机	宁波杰士达工程塑模有限公司，浙江省宁波市余姚市城区阳明西路801号（315400）	张瑞江、卢荣苗
CN201520713425.7	一种面条制作设备	重庆大嘉富食品有限公司，重庆市长寿区葛兰镇康富路2号标准厂房D座2楼（401231）	陈勇全
CN201520728572.1	面条防粘装置	重庆渝西面制品有限公司，重庆市璧山县青杠街道办事处新七村四社（402761）	张雪琴
CN201520767237.2	全自动一体面条机智能化挤压机构	上海老磨坊餐饮管理有限公司，上海市闸北区共和新路3615号一层111室（200435）	吴佳斌
CN201520864860.X	一种面条加工机	丽江平原食品有限公司，云南省丽江市永胜县永北镇永胜工业园（674299）	吴能金

（续）

申请或批准号	发 明 名 称	申请（专利权）人与通讯地址	发明人
CN201520886436.5	面条机	广东美的生活电器制造有限公司，广东省佛山市顺德区北滘镇三乐路 19 号（528311）	曾祥和、陈延慧
CN201520940851.4	一种制面筋道的面条机	九阳股份有限公司，山东省济南市槐荫区美里路 999 号（250117）	王旭宁、王丽军
CN201521132906.5	一种家用面条机	广州市乐嘉电器有限公司，广东省广州市海珠区赤岗西路 333 号（510310）	陈 跃
CN201510176446.4	一种河蚌挂面	蚌埠市丰牧牛羊肉制品有限责任公司，安徽省蚌埠市固镇县经济开发区（233700）	杨国辉
CN201510423817.4	一种利用有机原材料生产挂面的挂面机	重庆市合川区骏玥机械厂，重庆市合川区南办处临渡村三社 1 幢（401520）	姜胜龙
CN201510477371.3	含葛根粉的挂面制备方法	息县宏升粮食制品有限责任公司，河南省信阳市息县产业集聚区（464300）	潘道荣、曾晓云
CN201510511208.4	一种杂粮挂面及其制作方法	安徽成祥面粉有限责任公司，安徽省蚌埠市固镇县垓下路东段（233700）	朱 敏
CN201510605493.6	一种马铃薯全粉挂面及其加工方法	甘肃薯香园农业科技有限公司，甘肃省定西市安定区巉口镇（744300）	马伯平、谢喜祥
CN201510731356.7	一种儿童挂面及其制备方法	中国农业科学院农产品加工研究所，北京市海淀区圆明园西路 2 号院（100193）	张 波、张影全
CN201510885810.4	一种柑橘营养挂面的加工工艺	金健米业股份有限公司，湖南省常德市德山开发区崇德路 158 号（415001）	刘也嘉、张 珺
CN201510380361.8	土豆开花馒头制作方法	河南工业大学，河南省郑州市高新技术产业开发区莲花街 100 号（450001）	刘长虹、石 飞
CN201510398354.0	一种健脾养胃红薯馒头及其制备方法	安徽省一诚食品有限公司，安徽省阜阳市颍东经济技术开发区新兴业路 156 号（236000）	李 威、尹 娟
CN201510406897.2	一种土豆番茄味馒头及其制备方法	太和县庄老汉杂粮有限公司，安徽省阜阳市太和县城关镇太关路 8 号（236600）	徐功学、樊宝君
CN201510436487.2	一种高大豆膳食纤维的馒头及其生产方法	山东省高唐蓝山集团总公司，山东省聊城市高唐县滨湖北路 2 号（252800）	许兰山、许振国
CN201510447538.1	一种水芹馒头及其加工方法	桐城市牯牛背农业开发有限公司，安徽省安庆市桐城市范岗镇挂镇村（231400）	华长虹
CN201510477269.3	含有马铃薯全粉的馒头制备方法	息县宏升粮食制品有限责任公司，河南省信阳市息县产业集聚区（464300）	潘道荣、曾晓云
CN201510570953.6	一种青稞全粉馒头及其制备方法	河南兴泰科技实业有限公司，河南省郑州市高新技术产业开发区银屏路 22 号（450001）	刘晓真、张 佩

（续）

申请或批准号	发 明 名 称	申请（专利权）人与通讯地址	发明人
CN201510645661.4	一种杂粮保健馒头及其制备方法	安徽燕之坊食品有限公司，安徽省合肥市包河区包河工业园天津路8号（230051）	张丽琍
CN201510893180.5	一种黑色杂粮抗氧化馒头及其制备方法	安徽秋果食品有限公司，安徽省合肥市包河区包河工业园天津路8号（231699）	祁 斌
CN201510893185.8	一种低血糖生成指数馒头及其制备方法	安徽秋果食品有限公司，安徽省合肥市包河区包河工业园天津路8号（231699）	张丽琍
CN201510657771.2	一种非油炸玉米方便面加工的方法	东北农业大学，黑龙江省哈尔滨市香坊区木材街59号（150030）	江连洲、于殿宇
CN201510865945.4	一种具有火腿风味的非油炸方便面	会泽蔻玉食品有限公司，云南省曲靖市会泽县工业园区金钟绿色食品加工区（654200）	李 兵
CN201510215445.6	一种城堡面包及其制作方法	六盘水盛谷实业有限公司，贵州省六盘水市红果育才路盛谷公司总部（553537）	路元翠
CN201510281113.8	一种抗辐射面包	南京泽朗生物科技有限公司，江苏省南京市溧水县白马镇工业集中区食品园3号（211225）	苏刘花
CN201510443943.6	一种高营养保健面包	合肥维巧食品科技有限公司，安徽省合肥市高新区科学大道创业园（2.0）B幢508室（230088）	彭 卉
CN201510643664.4	低糖水果面包	广西大学，广西壮族自治区南宁市西乡塘区大学东路100号广西大学（530004）	黄钰雯
CN201510659975.X	一种螺旋藻早餐面包	安徽省尚品萱食品有限公司，安徽省宿州市埇桥区城东循环经济示范园龙兴路（234000）	朱道理
CN201510688918.4	一种苦瓜味的面包	青岛巨能管道设备有限公司，山东省青岛市莱西市夏格庄镇夏格庄一村（266000）	尹衍波
CN201510893619.4	一种面包机的搅拌装置	馨利维（天津）食品有限公司，天津市西青区精武镇吴庄子村裕华路一支路2号（300385）	于海艳
CN201510912967.1	香橙味花生面包	重庆市荣昌县溢彩轩食品有限公司，重庆市荣昌县盘龙镇返乡创业园（402471）	曾焕英
CN201510945205.1	一种消脂养颜面包	青岛畅隆电力设备有限公司，山东省青岛市平度市东阁街道办事处长江路87号（266000）	张勇健
CN201510990876.X	一种香甜可口的面包	贵州遵义方波园食品有限责任公司，贵州省遵义市松桃路爵士蓝岛（563000）	陈 波
CN201520720153.3	一种自动胶囊面包机	广东辉胜达电器股份有限公司，广东省梅州市五华县县城工业园工业二路（514000）	张中华、李 诚
CN201510043872.0	直立式华夫饼机	漳州灿坤实业有限公司，福建省漳州市台商投资区灿坤工业园（363107）	占毅信、陈冬梅

（续）

申请或批准号	发明名称	申请（专利权）人与通讯地址	发明人
CN201510082974.3	一种威化饼干（草莓味）及其制作方法	上海食疗科技发展有限公司，上海市黄浦区雁荡路100号2000室（200001）	饶丽华
CN201510085411.X	一种骆驼奶饼干	新疆旺源驼奶实业有限公司，新疆维吾尔自治区阿勒泰地区福海县环城东路（836400）	杨万政、陈钢粮
CN201510133294.X	一种降糖饼干	天津阿尔发保健品有限公司，天津市滨海新区黄海路170号4幢（300000）	王书新、岳培英
CN201510134778.6	一种山楂百合饼干	安徽友源食品有限公司，安徽省安庆市桐城市民营经济开发区兴隆路1号（231400）	倪迎春
CN201510204051.0	一种芹菜饼干及其制备方法	桐城市牯牛背农业开发有限公司，安徽省安庆市桐城市范岗镇挂镇村（231400）	华长虹
CN201510207147.2	一种香蕉饼干加工工艺	安徽先知缘食品有限公司，安徽省安庆市桐城市大关镇黄荆街（246000）	叶　键
CN201510240850.3	低糖型猴头菇饼干及其制备方法	东莞市中膳堂食品有限公司，广东省东莞市石碣镇西南西沙路15号（523000）	韩国庆
CN201510253177.7	一种芥末汗虾粉饼干	合肥市好旺养殖科技有限公司，安徽省合肥市肥西县高店乡新河村（231200）	王世准
CN201510253301.X	一种有机甘薯饼干及制备方法	青岛海之星生物科技有限公司，山东省青岛市崂山区香山路12号滢海大厦（266061）	夏征梅
CN201510259892.1	高蛋白饼干的制作方法	合肥市好旺养殖科技有限公司，安徽省合肥市肥西县高店乡新河村（231200）	王世准
CN201510265177.9	一种罗非鱼绿茶酥饼干	安徽友源食品有限公司，安徽省安庆市桐城市民营经济开发区兴隆路1号（231400）	倪迎春
CN201510274528.2	一种猴头菇素月饼及其制作方法	浙江工业大学，浙江省杭州市下城区朝晖六区潮王路18号（310014）	何晋浙、徐瑶阳
CN201510283612.0	一种减肥饼干	南京大地冷冻食品有限公司，江苏省南京市溧水和凤镇工业区凤翔路17号（211218）	陈大弟
CN201510291387.5	一种蓝莓果酱夹心饼干的生产方法	安徽徽王食品有限公司，安徽省合肥市包河区九华山路17号（230000）	樊胜华、樊基胜
CN201510319111.3	一种红曲饼干及其制备方法	河北工程大学，河北省邯郸市中华南大街178号河北工程大学农学院（056021）	刘利强、杜　娟
CN201510325472.9	一种金针菇饼干及其制备方法	安徽金豪生态农业科技有限公司，安徽省蚌埠市解放北路75号（233000）	赵同初
CN201510337058.X	一种铁皮石斛饼干及其制作方法	广西健宝石斛有限责任公司，广西壮族自治区玉林市容县城南大道267号（537500）	何忠海

（续）

申请或批准号	发明名称	申请（专利权）人与通讯地址	发明人
CN201510342994.X	一种益脾饼干及其制作方法	许昌学院，河南省许昌市魏都区八一路88号许昌学院（461000）	郭孝辉、孙思胜
CN201510352073.1	一种蛋黄薄脆饼干及其制备方法	安徽麦德发食品有限公司，安徽省阜阳市颍东经济开发区阜蚌路999号（236000）	夏元振、姚影辉
CN201510394492.1	一种糯米健胃饼干	安徽一杯茶电子商务有限公司，安徽省合肥市瑶海区包公大道1号（230011）	饶先军、陈艳秋
CN201510469553.6	一种无花果饼干制品及其制备工艺	句容市虎耳山无花果专业合作社，江苏省镇江市句容市白兔镇黄土桥西1号（212402）	郭强、解伟
CN201510548580.2	一种发酵酥性饼干	广东石油化工学院，广东省茂名市官渡二路139号大院（525000）	张钟、龙文丹
CN201510653606.X	一种黄粉虫饼干及其制作方法	东北林业大学，黑龙江省哈尔滨市香坊区和兴路26号东北林业大学（150040）	马玉堃、李玲
CN201510679091.0	一种健脾养胃饼干	青岛巨能管道设备有限公司，山东省青岛市莱西市夏格庄镇夏格庄一村（266000）	尹衍波
CN201510686198.8	一种骨粉保健饼干	青岛安惠仕生物制药有限公司，山东省青岛市莱西市夏格庄镇华美路1号（266000）	刘毅
CN201510696378.4	一种蔬菜坚果饼干及其制备方法	富川富兴果蔬有限责任公司，广西壮族自治区贺州市富川县新湾工业园区（542700）	林振华
CN201510697388.X	一种烤肉风味饼干及其制备方法	安徽麦船食品科技有限公司，安徽省阜阳市颍东区经济开发区蔡辛路6号（236300）	马宗跃
CN201510794728.0	一种鸡肉营养饼干	六安市裕青生态养殖有限责任公司，安徽省六安市裕安区青山乡西岗村范院村名组（237000）	易正中
CN201510822707.5	一种酥性马铃薯饼干	江门市美合食品有限公司，广东省江门市新会区会城侨兴北路28号201（529100）	徐显琦
CN201510836966.3	一种不含香精的葱油饼干及其制备方法	汝州市家乐食品有限公司，河南省平顶山市汝州市杨楼乡粮库（467500）	谢振兴
CN201510878441.6	一种红薯香橙饼干及其制备方法	许昌学院，河南省许昌市魏都区八一路88号许昌学院（461000）	王丽娜、冯紫艳
CN201510878479.3	一种椰子燕麦饼干及其制作方法	许昌学院，河南省许昌市魏都区八一路88号许昌学院（461000）	郭孝辉、冯紫艳
CN201510912966.7	油酥饼干	重庆市荣昌县溢彩轩食品有限公司，重庆市荣昌县盘龙镇返乡创业园（402471）	曾焕英
CN201510928475.1	一种具有高营养价值的韧性饼干	常熟市汇丰食品有限公司，江苏省苏州市常熟市古里镇淼泉淼虹路23号（215500）	吴祖福

（续）

申请或批准号	发 明 名 称	申请（专利权）人与通讯地址	发明人
CN201510939682.7	一种干果燕麦饼干及其制备方法	青岛畅隆电力设备有限公司，山东省青岛市平度市东阁街道办事处长江路 87 号（266000）	张勇健
CN201510941129.7	一种奶酪饼干及其制备方法	新希望双喜乳业（苏州）有限公司，江苏省苏州市高新区鹿山路 49 号（215000）	王铁军、史寒琴
CN201510981864.0	金花茶蜂蜜饼干及其加工方法	广西国茗金花茶科技有限公司，广西壮族自治区防城港市防城区进站路一巷 68 号（538021）	王远湖、林名茗
CN201510197931.X	耐冷冻糯米糕点的制作工艺及食用方法	沈阳福和祥食品有限公司，辽宁省沈阳市于洪区黄河北大街 206－258 号（110000）	谢玉洁
CN201510241981.3	一种营养南瓜醉虾糕点及其制备方法	安徽省银百益食品有限公司，安徽省蚌埠市固镇县仲兴乡沱河村沱河街（233700）	王 勇
CN201510319649.4	一种可可桂花蜜蛋糕及其制备方法	芜湖县寿记食品厂，安徽省芜湖市芜湖县湾沚镇环城南路（241100）	齐志国
CN201510377913.X	一种猴头菇贡糕的制备工艺	安徽省怀宁县顶雪食品有限公司，安徽省安庆市新县城工业园区（246100）	吴祚生
CN201510388525.1	鲜玉米蒸糕及其制作方法	武汉商学院，湖北省武汉市武汉经济技术开发区东风大道 816 号（430056）	许睦农、李茂顺
CN201510491847.9	一种滁菊糕点制作工艺	滁州市滁菊研究所，安徽省滁州市琅琊东路大剧院北二楼（239000）	龚建国、张 睿
CN201510739221.5	一种杂粮保健糕点及其制备方法	安徽燕之坊食品有限公司，安徽省合肥市包河区包河工业园天津路 8 号（230051）	祁 斌
CN201510943660.8	一种水果奶油蛋糕	青岛畅隆电力设备有限公司，山东省青岛市平度市东阁街道办事处长江路 87 号（266000）	张勇健
CN201510000656.8	苦荞玫瑰月饼及其加工方法	通海康美食品有限公司，云南省玉溪市通海县秀山镇万家一组（652700）	张林芝、牛建雄
CN201510001563.7	一种蓝莓月饼及其制作方法	安徽徽王食品有限公司，安徽省合肥市包河区九华山路 17 号（230000）	樊胜华、樊基胜
CN201510000679.9	青稞核桃酥及其加工方法	通海康美食品有限公司，云南省玉溪市通海县秀山镇万家一组（652700）	张林芝、牛建雄
CN201510211052.8	一种火腿酥饼及其制作方法	六盘水麦奇食品有限公司，贵州省六盘水市六盘水盘县红果经济开发区（553503）	钟以碧
CN201510215447.5	一种宫廷酥及其制作方法	六盘水盛谷实业有限公司，贵州省六盘水市红果育才路盛谷公司总部（553537）	路元翠
CN201510448586.2	一种高丽酥及其制作工艺和技术	衢州谷香人家食品有限公司，浙江省衢州市柯城区双港街道老鹰潭 1 号 1 幢（324000）	吴建文、祝惠红

（续）

申请或批准号	发 明 名 称	申请（专利权）人与通讯地址	发明人
CN201510538390.2	一种菌粉酥及其制作方法	成都圣灵生物科技有限公司，四川省成都市郫县唐昌镇东二环路鸣凤村三组1号（610000）	李睿坚
CN201510558266.2	一种红薯桃酥的加工工艺	安庆市鸿旺食品有限公司，安徽省安庆市宜秀区白泽湖乡白泽湖工业园（246006）	王 义
CN201510615496.8	一种板栗酥及其制作方法	山东惠发食品股份有限公司，山东省潍坊市诸城市舜耕路139号（262200）	郎旭伟
CN201510741914.8	一种铁棍山药酥饼及其制作方法	咀香园健康食品（中山）有限公司，广东省中山市火炬开发区沿江东二路13号（528400）	胡志高、张延杰
CN201510742349.7	一种虾味酥饼及其制作方法	咀香园健康食品（中山）有限公司，广东省中山市火炬开发区沿江东二路13号（528400）	张国权、张延杰
CN201510821917.2	一种大豆豆皮纤维桃酥及其制作方法	香驰控股有限公司，山东省滨州市博兴县博兴五路172号（256500）	崔玉苗、崔 超
CN201510007674.9	牛肉饼及制作方法	云南海潮集团听牧肉牛产业股份有限公司，云南省昆明市寻甸县羊街镇龙池村（655209）	梁应海、杨惠芬
CN201510035249.0	一种高膳食纤维曲奇饼及其制备方法	河北科技师范学院，河北省秦皇岛市海港区河北大街西段360号（066004）	杨晓宽、朱京涛
CN201510065776.6	航天员专用果蔬干粮饼及其制备方法	哈尔滨工业大学，黑龙江省哈尔滨市南岗区西大直街92号（150000）	王振宇、刘迪迪
CN201510100519.1	马铃薯烧饼的加工方法	中国农业科学院农产品加工研究所，北京市海淀区圆明园西路2号院（100193）	张 泓、张春江
CN201510321553.1	一种鱼肉做的鲜味南瓜饼及其制备方法	合肥市香口福食品厂，安徽省合肥市肥西县上派镇体育路68号（231200）	陆厚平
CN201510525015.4	含有大蒜精的威化饼及其制备方法	山东省农业科学院畜牧兽医研究所，山东省济南市历城区桑园路8号（250100）	陶海英、马建军
CN201510560879.X	一种红薯烤饼的加工工艺	安庆市鸿旺食品有限公司，安徽省安庆市宜秀区白泽湖乡白泽湖工业园（246006）	王 义
CN201510574412.0	黄山烧饼及其制备方法	安徽三只松鼠电子商务有限公司，安徽省芜湖市高新技术产业开发区西山路38号（241000）	朱慧敏、潘 辉
CN201510619861.2	一种含大豆膳食纤维的油饼的制作方法	山东省高唐蓝山集团总公司，山东省聊城市高唐县滨湖北路2号（252800）	许兰山、许振国
CN201510701985.5	肉松饼及其制备方法	安徽三只松鼠电子商务有限公司，安徽省芜湖市高新技术产业开发区西山路38号（241000）	任少伟、徐小青
CN201510837696.8	一种不含香精香米饼及其制备方法	汝州市家乐食品有限公司，河南省平顶山市汝州市杨楼乡粮库（467500）	谢振兴

（续）

申请或批准号	发明名称	申请（专利权）人与通讯地址	发明人
CN201510877858.0	一种鸡蛋无矾油条的制备方法	山东绿然农业科技发展有限公司，山东省枣庄市滕州市姜屯镇洪东村东20米（277000）	李国、巩存勇
CN201510912978.X	花生饼	重庆市荣昌县溢彩轩食品有限公司，重庆市荣昌县盘龙镇返乡创业园（402471）	曾焕英
CN201510934190.9	一种坚果虾饼及其制备方法	青岛新萌信息技术有限公司，山东省青岛市平度市崔家集镇振华街79号（266000）	刘毅
CN201510013780.8	一种降压降脂饺子及其制作方法	广西大学，广西壮族自治区南宁市西乡塘区大学路100号（530004）	邓新平、聂雄
CN201510105867.8	一种富芦丁芸松芽苗菜饺子及其制作方法	北京绿山谷芽菜有限责任公司，北京市丰台区太子峪村西长兴路环岛西一公里（100072）	张桂琴、刘金辰
CN201510402868.9	一种洪山鸡肉饺子的制作方法	安陆市林鑫食品有限公司，湖北省孝感市安陆市棠棣镇金泉村（432600）	高建林
CN201510790361.5	一种海藻速冻水晶饺子及制备方法	青岛明月海藻生物科技有限公司，山东省青岛市胶南市珠山西五路46号（滨海办）（266400）	刘海燕、李可昌
CN201520048697.X	一种新型饺子机	新乡市蒲北食品有限公司，河南省新乡市长垣县张三占乡张南工业区（453400）	王同旭、王念化
CN201520897992.2	一种饺子机气动脱模装置	长治市凯星食品机械有限公司，山西省长治市太行西街159号（046011）	赵秋文
CN201510084735.1	马铃薯馄饨及其制备方法	中国农业科学院农产品加工研究所，北京市海淀区圆明园西路2号院（100193）	张泓、黄艳杰
CN201510729061.6	一种速冻生坯包子及其制备方法	三全食品股份有限公司，河南省郑州市综合投资区长兴路中段（450000）	方万新、刘翔
CN201510178196.8	马铃薯馅饼的制备方法	中国农业科学院农产品加工研究所，北京市海淀区圆明园西路2号院（100193）	黄峰、张泓
CN201510652569.0	一种软式黑蒜馅饼及其制作方法	咀香园健康食品（中山）有限公司，广东省中山市火炬开发区沿江东二路13号（528436）	邬海雄、张延杰
CN201520216188.3	元宵成型机	长春中之杰食品有限公司，吉林省长春市朝阳区永春乡莲花泡（130000）	李劲松、王克军
CN201510004248.X	一种含洋槐叶蛋鸡配方饲料及其制备方法	阜阳市牧旺牧业有限公司，安徽省阜阳市颍东区新华办事处老集（236000）	季云胜、余霆
CN201510010025.4	一种军曹鱼配合饲料及其制备方法	湛江恒兴特种饲料有限公司，广东省湛江市麻章经济开发区金康中路（524094）	张旭娟、赵丽梅
CN201510010035.8	一种新型鱼虾混养配合饲料	湛江恒兴特种饲料有限公司，广东省湛江市麻章经济开发区金康中路（524094）	王卓铎、刘兴旺

（续）

申请或批准号	发 明 名 称	申请（专利权）人与通讯地址	发明人
CN201510015793.9	一种含甘草中草药的饲料	安徽宏亮饲料科技有限公司，安徽省阜阳市颍州经济开发区三十里铺镇（236600）	薄连震
CN201510035606.3	一种营养保健黑猪饲料及其制备方法	凤台县绿洲林牧有限责任公司，安徽省淮南市凤台县钱庙乡陈圩村（232100）	曹新怀
CN201510048331.7	一种河蟹膨化生物饲料	南京帅丰饲料有限公司，江苏省南京市高淳县阳江镇沧溪永胜闸（211313）	孙建国、叶元土
CN201510062726.2	鳄龟幼龟膨化颗粒配合饲料	福建天马科技集团股份有限公司，福建省福州市福清市上迳镇工业区（350308）	张蕉南、胡 兵
CN201510066023.7	一种乌鳢幼鱼用颗粒饲料	通威股份有限公司，四川省成都市高新区二环路南四段 11 号（610041）	陈效儒、林仕梅
CN201510072723.7	一种军曹鱼越冬配合饲料及其制备方法	湛江恒兴特种饲料有限公司，广东省湛江市麻章经济开发区金康中路（524094）	姜永杰、王卓铎
CN201510090276.8	一种高日粮纤维乳仔猪配合饲料	湖南浏阳河饲料有限公司，湖南省长沙市浏阳经济技术开发区康平路 122 号（410300）	万立恒、谢淑娥
CN201510109534.2	一种富含维生素的湖羊饲料	安徽省固镇县争华羊业有限公司，安徽省蚌埠市固镇县仲兴乡中陈村 35 号（233700）	陈争上
CN201510113351.8	一种中华鳖沉性膨化饲料及其制备方法	杭州海皇科技股份有限公司，浙江省杭州市余杭经济技术开发区望梅路 619 号（311100）	蔺佳良、杨梅玲
CN201510114727.7	一种促进卵形鲳鲹消化和生长的配合饲料	中国水产科学研究院南海水产研究所，广东省广州市海珠区新港西路 231 号（510260）	林黑着、杨 铿
CN201510115176.6	一种防治鸭瘟的功能饲料及其制备方法	安徽强英鸭业集团有限公司，安徽省宿州市砀山县关帝庙镇北果园场（235300）	孙运华
CN201510116837.7	一种新型加州鲈鱼配合饲料及其制备方法	湛江恒兴特种饲料有限公司，广东省湛江市麻章经济开发区金康中路（524094）	徐志雄、刘兴旺
CN201510127119.X	一种提高生产性能的肉鸭前期饲料	广州市番禺区大川饲料有限公司，广东省广州市南沙区东涌镇西樵村（511473）	刘兆金
CN201510168917.7	一种香诱蛋鸡饲料及其制备方法	合肥市福来多食品有限公司，安徽省合肥市肥西县上派镇工业聚集区云宵路（231200）	陈嗣玖
CN201510177026.8	一种南美白对虾与鱼混养专用饲料	江苏长寿集团南山饲料有限公司，江苏省南通市如皋市中山东路 88 号（226500）	顾 平、卢 荣
CN201510124784.3	一种预防蛋鸭减蛋综合征的饲料	广州市番禺区大川饲料有限公司，广东省广州市南沙区冬涌镇西樵村（511473）	王 旭
CN201510125559.1	龙纹斑仔稚鱼配合饲料及其制备方法	江苏中洋集团股份有限公司，江苏省南通市海安县中坝南路 98 号（226600）	钱晓明、叶建华

（续）

申请或批准号	发 明 名 称	申请（专利权）人与通讯地址	发明人
CN201510177107.8	一种高产量泥鳅养殖饲料	江苏长寿集团南山饲料有限公司，江苏省南通市如皋市中山东路88号（226500）	卢 荣、顾 平
CN201510182671.9	一种黄颡鱼配合饲料及其制备方法	广东恒兴饲料实业股份有限公司，广东省湛江市麻章经济开发区金康中路（524094）	张旭娟、王华朗
CN201510124809.X	一种海鲈无鱼粉高效安全配合饲料	珠海海龙生物科技有限公司，广东省珠海市斗门区白蕉镇白蕉科技园新港工业区（519100）	王 胜
CN201510168767.X	一种营养蛋鸡饲料及其制备方法	合肥市福来多食品有限公司，安徽省合肥市肥西县上派镇工业聚集区云霄路（231200）	陈嗣玖
CN201510254332.7	一种中药渣蛋白包膜饲料及其制备方法	肥东联湾家庭农场，安徽省合肥市肥东县张集乡张集村（231600）	张道平
CN201510256856.X	一种大弹涂鱼成鱼补助配合饲料	湖北省金谷药业有限公司，湖北省黄冈市黄梅县关山大道14号（438000）	陈 强
CN201510264921.3	一种无鱼粉环保型鲤鱼饲料	淮安市澳华农牧有限公司，江苏省淮安市淮阴区长安路西侧纬四路北侧（223300）	陈文典、詹玉春
CN201510272367.3	新型乳猪全价配合奶粉饲料	溧阳正昌饲料科技有限公司，江苏省常州市溧阳市昆仑开发区正昌路168号（213300）	韩兆红、罗从彦
CN201510285745.1	一种泥鳅饲料及其制备方法	深圳市澳华农牧有限公司，广东省深圳市南山区南海大道海王大厦写字楼10E（518000）	刘阿朋、邓 登
CN201510287096.9	改善红鱼风味的饲料及其制备方法	广西金海环岛渔业有限公司，广西壮族自治区钦州市钦州港七十二泾旅游码头（535008）	韦金德
CN201510299373.8	鲫鱼饲料及其制备方法	铜陵县国斌水产综合养殖有限责任公司，安徽省铜陵市铜陵县西联乡北埂村（244102）	王定国、钟先斌
CN201510300682.2	一种鲫鱼专用饲料及其制备方法	安徽壮大饲料有限公司，安徽省蚌埠市怀远县龙亢镇经济开发区（233400）	李春波
CN201510348009.6	一种太阳鱼繁殖期膨化配合饲料	通威股份有限公司，四川省成都市高新区二环路南四段11号（610041）	金国雄、陈效儒
CN201510348109.9	一种提高罗非鱼抗链球菌能力的配合饲料	通威股份有限公司，四川省成都市高新区二环路南四段11号（610041）	王武刚、张 璐
CN201510363482.1	花鲈成鱼配合饲料及其制备方法	青岛海之星生物科技有限公司，山东省青岛市崂山区香山路12号滢海大厦（266061）	袁国防
CN201510380720.X	一种团头鲂配合饲料及其制备方法	南通巴大饲料有限公司，江苏省南通市如东县岔河镇银河路66号（226400）	陈齐勇、柯善强
CN201510389519.8	一种环保水库草鱼的配合饲料	通威股份有限公司，四川省成都市高新区二环路南四段11号（610041）	李宝圣、张 璐

（续）

申请或批准号	发明名称	申请（专利权）人与通讯地址	发明人
CN201510389548.4	一种齐口裂腹鱼的配合饲料	通威股份有限公司，四川省成都市高新区二环路南四段11号（610041）	王用黎、米海峰
CN201510405507.X	一种白羽肉鸡仔鸡配合饲料及其制备方法	昆明新牧人畜禽科技有限公司，云南省昆明市晋宁县六街镇新寨村二组（650605）	陈　燕
CN201510407277.0	一种含洋槐叶蛋鸡专用饲料及其制备方法	阜阳市牧旺牧业有限公司，安徽省阜阳市颍东区新华办事处老集（236000）	季云胜、余　霆
CN201510424310.0	一种维生素奶牛饲料及其制备方法	安徽正源牧业有限公司，安徽省亳州市利辛县永兴镇诸王村（236800）	李凌峰
CN201510473984.X	一种发酵型肉鸡配合饲料及其制备方法	山东新希望六和集团有限公司，山东省青岛市城阳区棘洪滩街道青大工业园（266111）	张红双
CN201510474009.0	一种酱油糟型肉鸭配合饲料及其制备方法	山东新希望六和集团有限公司，山东省青岛市城阳区棘洪滩街道青大工业园（266111）	宋祥超
CN201510475076.4	一种高粱型肉小鸭饲料及其制备方法	山东新希望六和集团有限公司，山东省青岛市城阳区棘洪滩街道青大工业园（266111）	尹　娜
CN201510476952.5	一种乌龟养殖饲料	青岛点石文具用品有限公司，山东省青岛市莱西市夏格庄镇华丽路北（266000）	张旭东
CN201510479549.8	一种以草料为主的草鱼饲料	枞阳县胜峰养殖有限责任公司，安徽省安庆市枞阳县义津镇（246700）	丁　胜
CN201510488064.5	一种勃氏雅罗鱼的鱼苗鱼种配合饲料	通威股份有限公司，四川省成都市高新区二环路南四段11号（610041）	冯硕恒、米海峰
CN201510485166.1	一种高温期罗非鱼饲料	通威股份有限公司，四川省成都市高新区二环路南四段11号（610041）	王武刚、米海峰
CN201510506769.5	一种改善黄颡鱼体色环保膨化配合饲料	益阳益华水产品有限公司，湖南省益阳市高新区姚家湾（413000）	何志刚、胡　毅
CN201510513939.2	一种高蛋白鸭饲料及其制备方法	明光市数智肥业有限公司，安徽省滁州市明光市明东开发区（239400）	孙宏州
CN201510544767.5	细鳞鱼亲鱼饲料	中国水产科学研究院黑龙江水产研究所，黑龙江省哈尔滨市道里区松发街43号（150000）	牟振波、徐革锋
CN201510554028.4	一种诱食肉牛饲料及其制备方法	凤台县丰恒农业发展有限公司，安徽省淮南市凤台县凤凰镇酒西村（232100）	魏敬兰
CN201510572948.9	一种用于中华绒螯蟹的饲料及制备方法	明光市永言水产食品有限公司，安徽省滁州市明光市工业园区洪武路1号（239400）	钱永言、钱长建
CN201510580784.4	一种草鱼养殖饲料	安徽三兴饲料有限公司，安徽省阜阳市太和县经济开发区A区（236600）	郭　振

（续）

申请或批准号	发 明 名 称	申请（专利权）人与通讯地址	发明人
CN201510591946.4	齐口裂腹鱼幼鱼饲料	通威股份有限公司，四川省成都市高新区二环路南四段11号（610000）	王用黎、张 璐
CN201510591976.5	齐口裂腹鱼亲鱼饲料	通威股份有限公司，四川省成都市高新区二环路南四段11号（610000）	米海峰、王用黎
CN201510612464.2	一种多鳞鱚繁殖期专用饲料	通威股份有限公司，四川省成都市高新区二环路南四段11号（610041）	袁禹惠、张 璐
CN201510618990.X	无乳糖型高效保育猪浓缩饲料	辽宁禾丰牧业股份有限公司，辽宁省沈阳市浑南开发区67号（110179）	王继苹、赵甲文
CN201510625084.2	锦鲤蓝藻配合饲料	中海渔（福建）生物科技有限公司，福建省福州市福清市上迳镇工业区（350308）	王国财
CN201510625476.9	一种防治草鱼出血病的药物饲料	全椒县花溪湖特种水产合作社，安徽省滁州市全椒县六镇镇白酒村（239500）	郭成立、王俊凤
CN201510629675.7	一种提高草鱼应激能力的饲料	通威股份有限公司，四川省成都市高新区二环路南四段11号（610041）	卞世保、张 璐
CN201510630363.8	一种许氏平鲉成鱼配合饲料及制备方法	通威股份有限公司，四川省成都市高新区二环路南四段11号（610041）	孙瑞健、米海峰
CN201510630621.2	一种青鱼缓沉膨化饲料及其制备方法	通威股份有限公司，四川省成都市高新区二环路南四段11号（610041）	蒋宗杰、吴业阳
CN201510642204.X	一种高效环保的石斑鱼配合饲料	广东恒兴饲料实业股份有限公司，广东省湛江市麻章经济开发区金康中路（524094）	韦振娜、王华朗
CN201510652191.4	一种下蛋母鸡成长期饲料	郎溪县创美家禽养殖家庭农场，安徽省宣城市郎溪县县茶场高架队（242100）	曹万元
CN201510656661.4	一种蚯蚓发酵制备的鱼料及其制备方法	广西大学，广西壮族自治区南宁市西乡塘区大学东路100号广西大学（530004）	黎 茜
CN201510686277.9	虹鳟稚鱼沉性膨化颗粒配合饲料	福建天马科技集团股份有限公司，福建省福州市福清市上迳镇工业区（350308）	张蕉南、胡 兵
CN201510757430.2	一种蛋鹅营养饲料	青岛悦邦达机械有限公司，山东省青岛市莱西市店埠镇兴店路206号（266000）	李春霞
CN201510769567.X	一种肉鸡饲料及其制备方法	广西园丰牧业有限公司，广西壮族自治区钦州市灵山县灵城镇江南路东1号（535400）	檀春燕
CN201510770571.8	一种鱼饲料	蚌埠市水森林生态农业科技园，安徽省蚌埠市禹会区涂山风景区韩郢村西300米处（233000）	吴同刚
CN201510828913.7	一种互米花草中华绒螯蟹配合饲料	高淳县富农水产专业合作社，江苏省南京市高淳区阳江镇沧溪永胜圩闸（211300）	严维辉、孙英国

（续）

申请或批准号	发 明 名 称	申请（专利权）人与通讯地址	发明人
CN201510834754.1	一种蚯蚓液中华绒螯蟹配合饲料	南京帅丰饲料有限公司，江苏省南京市高淳区阳江镇沧溪永胜闸（211300）	杨玉宝、孙建国
CN201510835393.2	一种鮰鱼池塘专用饲料及其制备方法	全椒县鮰鱼养殖专业合作社，安徽省滁州市全椒县古河镇大同行政村（239000）	陈昌元
CN201510837175.2	一种蚯蚓液鲈鱼配合饲料	南京帅丰饲料有限公司，江苏省南京市高淳区阳江镇沧溪永胜闸（211300）	白俊杰、杨玉宝
CN201510850760.6	一种预防球虫病的青脚麻鸡配合饲料	四川铁骑力士实业有限公司，四川省绵阳市高新区飞云大道中段161号（621006）	王伟明、宋相魁
CN201510852296.4	一种阳澄湖大闸蟹养殖饲料	苏州市阳澄湖三家村蟹业有限公司，江苏省苏州市相城区太平渔业村（215000）	张德洪
CN201510856578.1	一种混养鱼饲料的制备方法	安徽俊秀生态养殖有限公司，安徽省安庆市怀宁县凉亭工业园（246121）	刘　俊
CN201510878462.8	一种加州鲈鱼配合饲料及其制备方法	广东双湖饲料有限公司，广东省湛江市遂溪县白坭坡工业园工业南路2号（524000）	张大聪、林　冠
CN201510925228.6	一种黄颡鱼养殖饲料及其制备方法	中粮饲料有限公司，北京市西城区南大安胡同6号四层（100035）	马　利、张志勇
CN201510926755.9	一种诱食功能的鱼饲料	青岛钰兴石墨制品有限公司，山东省青岛市莱西市日庄镇东白石村（266000）	顾玉婷
CN201510941870.3	一种提高育肥效率的鳖饲料及其制备方法	合肥华创现代农业科技有限公司，安徽省合肥市肥东县经济开发区（231600）	张华传
CN201510947844.1	一种乳猪饲料及其生产工艺	扬州创日动物营养有限公司，江苏省扬州市邗江区瓜洲镇建华工业集中区兴华路（225129）	程洪青
CN201510025752.8	一种混合果蔬发酵制品及其制备方法	中国食品发酵工业研究院，北京市朝阳区酒仙桥中路24号院6号楼（100015）	蔡木易、谷瑞增
CN201510252330.4	一种安神柠檬味果蔬酱及其制备方法	安徽省百益食品有限公司，安徽省蚌埠市固镇县全民创业园区（233700）	黄国友
CN201510387217.7	一种果蔬粉的制备方法	丹阳晨宏生物科技有限公司，江苏省镇江市丹阳市练湖十二场（212300）	李永君、刘　倩
CN201510531670.0	一种果蔬复合饮料及其制作方法	明光市健源生态农业有限公司，安徽省滁州市明光市三中路18号11栋5室（239400）	邹海燕
CN201510617351.1	果蔬酵素饮料及其制备方法	上海韬鸿化工科技有限公司，上海市浦东新区杨高北路528号14幢1F79室（200137）	宋国新、黄　毅
CN201510632721.9	一种猴菇果蔬饮料及其生产方法	江苏阜丰生物科技有限公司，江苏省淮安市金湖县神华大道188号（213600）	厉文成、徐国华

（续）

申请或批准号	发 明 名 称	申请（专利权）人与通讯地址	发明人
CN201510694929.3	一种山药果蔬汁及其制备方法	普定县秋品农业发展有限公司，贵州省安顺市普定县化处镇化新村（562102）	汪朝刚、范金华
CN201510730000.1	一种果蔬膨化脆片及其制备方法	安徽省定远县金康源食品有限公司，安徽省滁州市定远县严桥路（233200）	冯庆海
CN201510743404.4	一种解暑果蔬果冻及其制备方法	芜湖市好亦快食品有限公司三山分公司，安徽省芜湖市三山区三山绿色食品工业园（241000）	秦义山
CN201510804374.3	一种水果、蔬菜调味盐及其制备方法	大连雅特盐业有限公司，辽宁省大连市高新技术产业园区信达街 26 号（116023）	于传兴
CN201510816750.0	一种果蔬复合酱菜	重庆市盛沿食品有限责任公司，重庆市合川区工业园区高阳路 1028 号（401520）	魏永香、周玉洪
CN201510992542.6	一种果蔬中维生素 C 含量检测方法	天津市傲景农业科技发展有限公司，天津市滨海新区高新区塘沽新北路 4668 号（300300）	刘 斌、张 艳
CN201510999186.0	一种果蔬汁	青岛新萌信息技术有限公司，山东省青岛市平度市凤台街道办事处圣达东路 7 号（266000）	刘 毅
CN201520409218.2	一种复合型果蔬脆片	湖北康宏粮油食品有限公司，湖北省黄冈市黄梅县濯港镇十里（435500）	刘剑雄
CN201510092652.7	一种具有旋转果托的胡萝卜智能分选机	青岛有田农业发展有限公司，山东省青岛市莱西市杭州路（266100）	韩仲志、姜春辉
CN201510378434.X	一种具有杀菌功能的超声波果蔬机	常州华亿阳电器有限公司，江苏省常州市武进经济开发区礼博路 48 号（213000）	陈叶阳
CN201510502436.5	一种滚筒式果蔬分选机	天津市傲景农业科技发展有限公司，天津市滨海新区塘沽新北路 4668 号（300300）	景 君、徐一飞
CN201510983916.8	果蔬饮料翻领制袋式充填封口机	重庆秀才湾果蔬专业合作社，重庆市长寿区龙河镇保合村五组（401244）	袁东升
CN201520033562.6	一种果蔬压差预冷机	上海盈翔制冷设备有限公司，上海市嘉定区黄渡镇联星工业园区 18 号（201804）	葛雷鸣
CN201520198720.3	一种更具适应性的果蔬提汁机	宁波邦仕电器有限公司，浙江省宁波市慈溪市周巷镇企业路 1098 号（315324）	严佳树
CN201520218488.5	一种结构改良的果蔬清洗机	厦门优尔电器股份有限公司，福建省厦门市同安工业集中区同安园 293 号（361100）	周义允
CN201520255633.7	果蔬分级机	临海市括苍机械有限公司，浙江省台州市临海市括苍镇立本街 130 号（317028）	程伦兵
CN201520263563.X	果蔬分解消毒机	广州市保尔康电气制造有限公司，广东省广州市荔湾区翠园路 123 号 A 座 2 层之二（510000）	杨锦文

（续）

申请或批准号	发明名称	申请（专利权）人与通讯地址	发明人
CN201520265157.7	一种多功能果蔬搅拌机	新玛德制造厂有限公司，中国香港黄竹坑香叶道2号21楼	梁志华、陆锡泉
CN201520270704.0	一种新型果蔬清洗机	江苏奥斯忒食品有限公司，江苏省淮安市淮安经济开发区山阳大道38号（223200）	翟士斌
CN201520309150.0	一种蔬菜水果切割机	慈溪市吉星电器有限公司，浙江省慈溪市坎墩街道工业区政通路485号（315303）	任建科
CN201520381993.1	多功能果蔬切割机	山东瑞帆果蔬机械科技有限公司，山东省滨州市博兴县店子镇工业园西首（256508）	王保忠、吕月晶
CN201520465354.3	一种热泵型果蔬烘干机	天津市傲绿农副产品集团股份有限公司，天津市东丽区津北公路3499号（300300）	景　君、徐一飞
CN201520466719.4	一种新型果蔬解毒清洗机	常州华亿阳电器有限公司，江苏省常州市武进经济开发区礼博路48号（213000）	陈叶阳
CN201520468772.8	一种新型果蔬清洗杀菌机	济宁学院，山东省济宁市高新区海川路16号济宁高新区大学园（272001）	刘　乾、于文志
CN201520497761.2	一种果蔬烘干机	唐山天时农牧机器设备有限公司，河北省唐山市遵化市平安城镇平安城三村（064200）	王卫微
CN201520568445.X	果蔬气调保鲜包装机	黑龙江省科学院自动化研究所，黑龙江省哈尔滨市香坊区汉水路165号（150090）	白广利、赵寒涛
CN201520568463.8	果蔬气调保鲜封装机	黑龙江省科学院自动化研究所，黑龙江省哈尔滨市香坊区汉水路165号（150090）	赵寒涛、白广利
CN201520644946.1	一种光电式果蔬分选机	烟台金骏农业自动化设备有限公司，山东省烟台市芝罘区北大街177—2号（264000）	姜学军
CN201520617152.6	一种滚筒式果蔬分选机	天津市傲景农业科技发展有限公司，天津市滨海新区塘沽新北路4668号（300300）	景　君、徐一飞
CN201520664903.X	一种果蔬脱水烘干机	嘉兴职业技术学院，浙江省嘉兴市秀洲区桐乡大道547号（314000）	曾祥佶、张向东
CN201520728126.0	一种自动循环果蔬清洗机	苏州工业园区职业技术学院，江苏省苏州市工业园区独墅湖高等教育区若水路1号（215000）	丁慎平、刘慧平
CN201520790324.X	一种水果蔬菜清洗榨汁一体机	嘉兴职业技术学院，浙江省嘉兴市秀洲区桐乡大道547号（314000）	金明燕、王艺姗
CN201520818696.9	一种果蔬烘干机	耒阳市兴农牧业有限公司，湖南省衡阳市耒阳市蔡子池办事处七岭村3组（421001）	谢志清
CN201520976571.9	一种果蔬烘干机	东莞市锦沐节能科技有限公司，广东省东莞市常平镇田尾村合兴路318号（523000）	贾鹏冲

（续）

申请或批准号	发明名称	申请（专利权）人与通讯地址	发明人
CN201521032565.4	瓜果蔬菜加工包装机械	青海葛源现代农业有限公司，青海省西宁市城中区总寨镇逯家寨村600号（810021）	李成军
CN201521042399.6	一种新型果蔬烘干机	凤县秦鑫机械制造有限责任公司，陕西省宝鸡市凤县双石铺镇（721700）	雒永春、马骐
CN201521090638.5	果蔬饮料翻领制袋式充填封口机	重庆秀才湾果蔬专业合作社，重庆市长寿区龙河镇保合村五组（401244）	袁东升
CN201510629089.2	一种果蔬速冻装置	天津市傲绿农副产品集团股份有限公司，天津市东丽区津北公路3499号（300300）	景君、刘斌
CN201520019666.1	一种果蔬切丁装置	龙海龙贤果蔬速冻食品有限公司，福建省漳州市龙海市海澄镇豆巷村（363106）	林建伟
CN201520374496.9	一种新型果蔬清洗装置	江西省丰达农业发展有限公司，江西省吉安市万安县工业园一期创业大道32号（343800）	廖晋德
CN201520458652.X	一种水果清洗保鲜装置	济宁学院，山东省济宁市高新区海川路16号济宁高新区大学园（272001）	刘乾、于文志
CN201520831183.1	一种果蔬贮藏用的气调保鲜装置	平顶山金晶生物科技有限公司，河南省平顶山市叶县产业集聚区（文化路东段北侧）（467200）	崔玉红、许德文
CN201520864295.7	一种自动检测果蔬大小的分级装置	武汉轻工大学，湖北省武汉市汉口常青花园学府南路特1号（430023）	张家凡、叶建平
CN201520903635.2	一种果蔬罐头杀菌装置	福建裕兴果蔬食品开发有限公司，福建省漳州市龙文区蓝田镇蓝田村（363000）	黄淑芸
CN201520932985.1	一种果蔬运输保鲜装置	重庆第二师范学院，重庆市南岸区重庆第二师范学院（400067）	熊维
CN201521037034.4	一种无人机用果蔬植保机喷雾装置	烟台朗欣航空技术有限公司，山东省烟台市开发区珠江路32号内2号（264006）	赵光顺、吴昊儒
CN201521060486.4	一种果蔬活组织冰点的连续测量记录装置	国家农产品保鲜工程技术研究中心（天津），天津市西青区津静公路17公里处（300384）	王钢荣、陈存坤
CN201520913119.8	一种果蔬烘干装置	东台市三仓节能锅炉有限公司，江苏省盐城市东台市三仓镇三仓街西首东光桥东（224231）	孔世林、孔凡成
CN201520956919.8	一种用于果蔬罐头生产线的汤温控制装置	天津长城万达罐头有限公司，天津市武清区汊沽港镇六道口村（301700）	刘国涞
CN201520633482.4	一种果蔬烘干设备	沙湾县国瑞机械制造有限公司，新疆维吾尔自治区塔城地区沙湾县奎屯路32号（832100）	刘颖、刘霖
CN201520721523.5	一种自动化果蔬烘干设备	杨凌博通农业装备科技有限公司，陕西省咸阳市杨凌示范区兴杨路9号（712100）	俞孝佼、王晓军

（续）

申请或批准号	发 明 名 称	申请（专利权）人与通讯地址	发明人
CN201520912762.9	一种循环均匀加热果蔬烘干设备	东台市三仓节能锅炉有限公司，江苏省盐城市东台市三仓镇三仓街西首东光桥东（224231）	孔世林、孔凡成
CN201520961792.9	用于果蔬的漂烫设备	重庆润色生态农业有限公司，重庆市永川区临江镇南华宫（402184）	苏公齐
CN201510502437.X	一种蒸汽再循环式果蔬汁蒸发浓缩系统	天津市傲景农业科技发展有限公司，天津市滨海新区塘沽新北路4668号（300300）	景 君、徐一飞
CN201520286878.6	一种果蔬在线实时烘干系统	仲恺农业工程学院，广东省广州市海珠区纺织路东沙街24号（510225）	唐 宇、骆少明
CN201520730347.1	一种基因个体化果蔬榨汁系统	上海中优生物高科技有限责任公司，上海市杨浦区四平路1779号三楼302室（200433）	毛丹丹、卞雪莲
CN201520951410.4	一种采后果蔬安全自动化转色处理系统	广东省农业科学院果树研究所，广东省广州市天河区五山大丰二街80号（510640）	孟祥春、毕方铖
CN201510702281.X	一种复合果蔬茶饮料及其制作方法	安徽省新旭堂茶业有限公司，安徽省芜湖市三山区峨桥镇岳山村（241082）	戴 炜
CN201510805048.4	一种果蔬汁的制作方法	徐州绿健脱水菜有限责任公司，江苏省徐州市北区马场湖（221000）	闫继德
CN201510936039.9	果蔬汁乳酸发酵饮料的制备方法	天津北洋百川生物技术有限公司，天津市塘沽区5大街相安路29号（300000）	乔长晟、李文军
CN201510002577.0	一种辊式对虾剥壳机	河北农业大学，河北省保定市南市区灵雨寺街289号（071001）	王泽河、弋景刚
CN201510056798.6	一种蛤蜊分拣专用设备	青岛港湾职业技术学院，山东省青岛市经济技术开发区崇明岛西路65号（266599）	吴广河、迟树廷
CN201510074886.9	一种机械式蟹脚壳肉分离装置	中国水产科学研究院渔业机械仪器研究所，上海市杨浦区四平街道赤峰路63号（200092）	李 彤、陈 超
CN201510137420.9	一种高效精细化活鱼屠宰装置	常熟市海格尔电器有限公司，江苏省苏州市常熟高新技术产业园国新路18号1幢（215505）	殷 敏
CN201510158400.X	一种常温蛤蜊脱壳装置	江苏省海洋水产研究所，江苏省南通市崇川区教育路31号（226007）	万夕和、史文军
CN201510169000.9	一种淡水免浆虾仁加工方法	高邮市阳光特种水产专业合作社，江苏省扬州市高邮市龙虬镇强民村（225604）	戴大喜、戴德帮
CN201510169178.3	一种贝类去壳机	安徽理工大学，安徽省淮南市舜耕中路168号（232001）	刘阳阳、李培培
CN201510182471.3	一种螺丝破壳机	苏州市职业大学，江苏省苏州市吴中区国际教育园致能大道106号苏州市职业大学（215104）	郭南初、桑明喆

（续）

申请或批准号	发明名称	申请（专利权）人与通讯地址	发明人
CN201510196142.4	田螺浸泡清洗机	江苏九寿堂生物制品有限公司，江苏省泰州市兴化市张郭镇同济路（225722）	徐开泉、吴家媛
CN201510213546.X	一种自动杀鱼机	浙江海洋学院，浙江省舟山市普陀区朱家尖街道大同路127号（316022）	朱从容、陆晓光
CN201510286488.3	一种鲈鱼的加工方法	防城港海世通食品有限公司，广西壮族自治区防城港市防城区河西工业园区1号（538021）	刘西磊、韦成昱
CN201510292656.X	鲟鱼鱼筋抽取及干制加工工艺	衢州鲟龙水产食品科技开发有限公司，浙江省衢州市柯城区花园街道学院路600号（324006）	师　伟、白　帆
CN201510320909.X	螺蛳深加工设备	盐城工学院，江苏省盐城市希望大道中路1号（224051）	王　斌、许雯霞
CN201510371519.5	一种低致敏性熟制章鱼的加工方法	集美大学，福建省厦门市集美区银江路185号（361021）	刘光明、陈仲玮
CN201510371730.7	一种清水小龙虾的加工方法	德炎水产食品股份有限公司，湖北省荆州市洪湖市新堤大道1号（433200）	卢德炎
CN201510388806.7	基于超高压技术的虾脱壳工艺	浙江大学自贡创新中心，四川省自贡市高新工业园区金川路69号（643000）	朱松明、于　勇
CN201510404075.0	一种清理虾腺的装置	中央民族大学附中北海国际学校，广西壮族自治区北海市江苏东路（536000）	吴骁宇、杨朋远
CN201510414614.9	一种刮鱼鳞装置	宜都市三友生产力促进中心，湖北省宜昌市宜都市长江大道39号（443399）	张泽柏、宋一整
CN201510433627.0	全自动鱼皮分离方法	中国计量学院，浙江省杭州市江干区下沙高教园区学源街258号（310018）	赵明岩
CN201510500623.X	一种小型螺蛳脱壳装置	广西大学，广西壮族自治区南宁市西乡塘区大学东路100号（530004）	马俊生、马桂香
CN201510617876.5	一种虾蟹自动清洗装置	中国水产科学研究院淡水渔业研究中心，江苏省无锡市滨湖区山水东路9号（214081）	徐　跑、强　竣
CN201510653397.9	一种多功能海产品清洗装置	泰祥集团孵化器有限公司，山东省威海市荣成石岛管理区峨石山路7号（264300）	殷诗强、位正鹏
CN201510693661.1	一种甲鱼自动宰杀装置	重庆容钦生态农业有限公司，重庆市永川区来苏镇柏树桥村园园山社（402192）	万天杰
CN201510748604.9	一种双出口连续运行的鱼肉精滤机	晋江市恒松机械制造有限公司，福建省泉州市晋江市罗山街道缺塘兴业路46号（362200）	柯锻练
CN201510782469.X	一种冻板冰鱼制片机	德清县新市镇旗胜水产养殖场，浙江省湖州市新市镇加元村查亩头桥东（313200）	褚建祥

（续）

申请或批准号	发 明 名 称	申请（专利权）人与通讯地址	发明人
CN201510827639.1	一种贻贝摘除与清洗设备	浙江省海洋水产研究所，浙江省舟山市定海区临城体育路28号（316021）	顾蓓乔、朱敬萍
CN201510829678.5	一种淡水鱼弧形切割去头装置及方法	中国水产科学研究院渔业机械仪器研究所，上海市杨浦区四平街道赤峰路63号（200092）	欧阳杰、张军文
CN201510859208.3	一种鱼面敲打加工机	玉环县中等职业技术学校，浙江省台州市玉环县珠港镇三合潭（317600）	卢庆才、杨　帆
CN201510931716.8	一种田螺切尾机	镇江市世龙食品机械有限公司，江苏省镇江市丹徒区辛丰镇德胜村庄头（212100）	赵若梅
CN201510953791.4	甲鱼清洗装置	重庆井然农业发展有限公司，重庆市南川区白沙镇大竹村2社85号（408418）	彭观清
CN201511006586.3	鳟鱼的屠宰方法及鱼子酱的制备方法	贵州大学，贵州省贵阳市花溪区贵州大学北校区科学技术处（550025）	姚俊杰、熊　伟
CN201520003623.4	一种辊式对虾剥壳机	河北农业大学，河北省保定市南市区灵雨寺街289号（071001）	王泽河、弋景刚
CN201520005870.8	一种应用于虾皮加工的毛虾运输设备	苍南县孔端水产有限公司，浙江省温州市苍南县赤溪海滨村兴中路58号（325807）	卢孔端
CN201520022234.6	一种新型龙虾清洗机	盐城市海王冷冻食品有限公司，江苏省盐城市盐都区大纵湖镇潘大路（224022）	李　军、邹公明
CN201520049291.3	一种用于鲣鱼的加工设备	莆田市汇丰食品工业有限公司，福建省莆田市秀屿区笏石轻工业区（351100）	林志良、庄福春
CN201520077220.4	一种蛤蜊分拣专用设备	青岛港湾职业技术学院，山东省青岛市经济技术开发区崇明岛西路65号（266599）	吴广河、迟树廷
CN201520131959.9	一种制作鱼罐头用清洗装置	青岛金龙一食品有限公司，山东省青岛市即墨市通济办事处城马路南（266000）	孙林峰
CN201520158273.9	一种鲍鱼刷洗机	东禹（福建）水产科技开发有限公司，福建省莆田市秀屿区南日镇浮叶村（351174）	杨建忠
CN201520176487.9	一种高效精细化活鱼屠宰装置	常熟市海格尔电器有限公司，江苏省苏州市常熟高新技术产业园国新路18号1幢（215505）	殷　敏
CN201520184741.X	一种鱼类清洗装置	舟山瀚晟机电科技有限公司，浙江省舟山市定海区临城街道万二村（316021）	刘　杰
CN201520188041.8	一种新型鲍鱼清洗装置	莆田秀屿区群韬农业技术开发有限公司，福建省莆田市笏石镇绿洲小区21幢302室（351100）	林志良
CN201520201892.1	一种常温蛤蜊脱壳装置	江苏省海洋水产研究所，江苏省南通市崇川区教育路31号（226007）	万夕和、史文军

（续）

申请或批准号	发 明 名 称	申请（专利权）人与通讯地址	发明人
CN201520206568.9	鱼糜制品搅拌设备	浙江鱼极食品有限公司，浙江省嘉兴市嘉兴经济技术开发区天带桥路39号（314000）	王中枢、滕用伟
CN201520227233.5	一种自动杀鱼机	浙江海洋学院，浙江省舟山市定海区临城街道海大南路1号（316022）	朱从容、陆晓光
CN201520228690.6	手持式杀鱼去鳞机	山东电力建设第二工程公司，山东省济南市历城区工业北路297号（250100）	高昌义、贾广明
CN201520234477.6	一种螺丝破壳机	苏州市职业大学，江苏省苏州市吴中区国际教育园致能大道106号苏州市职业大学（215104）	郭南初、桑明喆
CN201520250238.X	田螺浸泡清洗机	江苏九寿堂生物制品有限公司，江苏省泰州市兴化市张郭镇同济路（225722）	徐开泉、吴家媛
CN201520283118.X	一种鲜海参剪切磨浆装置	温州科技职业学院，浙江省温州市瓯海区六虹桥路1000号（325006）	苏来金、张 井
CN201520300617.5	一种快速鱼肉切碎装置	浙江海洋学院，浙江省舟山市定海区临城街道海大南路1号（316022）	陈小娥、赵小惠
CN201520302818.9	一种鲍鱼加工机	莆田市秀屿区东岱海产品养殖专业合作社，福建省莆田市秀屿区南日镇东岱村村部（351174）	魏金顺
CN201520322297.3	一种对虾定向排序装置	福清朝辉水产食品有限公司，福建省福州市福清市龙田经济开发区福庐北路13号（350300）	何道朝
CN201520335364.5	水产品胴体切片装置	宁德师范学院，福建省宁德市东侨经济开发区学院路1号（352000）	刘春雷、李 丹
CN201520368080.6	一种用于水产加工的全自动切片机设备	重庆市段家坝生态养殖有限公司，重庆市垫江县周嘉镇均田村1组3号（408300）	李行飞
CN201520464583.3	一种鲭鱼的清洗装置	舟山瀚晟机电科技有限公司，浙江省舟山市定海区临城街道万二村（316021）	刘 杰
CN201520492207.5	盐渍贝类加工装置	浙江海洋学院，浙江省舟山市临城街道长峙岛海大南路1号（316022）	顾得月、张建设
CN201520511232.3	一种刮鱼鳞装置	宜都市三友生产力促进中心，湖北省宜昌市宜都市长江大道39号（443399）	张泽柏、宋一整
CN201520517164.1	一种适用于腹足类尾部加工装置	中国水产科学研究院东海水产研究所，上海市杨浦区军工路300号（200090）	熊敏思、吴祖立
CN201520543067.X	一种新型鱼糜脱水机	潜江市柳伍水产食品有限公司，湖北省潜江市老新镇老新路120号（433111）	柳忠虎
CN201520564046.6	虾米成型流水线	大连兴远机械制造有限公司，辽宁省大连市旅顺口区双岛湾镇曲家村（116000）	王克珍

（续）

申请或批准号	发明名称	申请（专利权）人与通讯地址	发明人
CN201520576642.6	一种鱼类切丁装置	元可（福建）食品有限公司，福建省福州市闽侯经济技术开发区二期南岭路1号（350100）	王金钟
CN201520581214.2	一种鲍鱼自动加工设备	莆田市昌融机械有限公司，福建省莆田市荔城区新度镇沟口村顶横山上社39号（351100）	宋志光
CN201520603599.8	一种拖网加工渔船的鱼加工系统	中国舰船研究设计中心，湖北省武汉市武昌区紫阳路268号（430064）	葛萌萌、刘成岗
CN201520624408.6	一种鱼皮清洗机	青岛海健堂生物科技有限公司，山东省青岛市黄岛区寨子山路899号（266400）	郑元生、杨少波
CN201520685964.4	一种适用于蛤类杂质分离的设备	天津农学院，天津市西青区津静公路22号天津农学院（300384）	李永仁、梁　健
CN201520702737.8	一种洗鱼机	南通百源制冷设备有限公司，江苏省南通市通州区兴东街道永护村西二组（226000）	王启程、谢志恒
CN201520706917.3	鱼类预处理自动分品装置	福建福铭食品有限公司，福建省福州市福清市上迳镇南湾村（350308）	杨　新、施传力
CN201520731557.2	罗非鱼现代化连续生产加工系统	海南华绿食品冷冻有限公司，海南省海口市秀英大道18号（570100）	吴成忠
CN201520748221.7	一种虾蟹自动清洗装置	中国水产科学研究院淡水渔业研究中心，江苏省无锡市滨湖区山水东路9号（214081）	徐　跑、强　竣
CN201520756630.1	一种田螺脱壳清洗机	嘉兴职业技术学院，浙江省嘉兴市秀洲区桐乡大道547号（314000）	王　鑫
CN201520783969.0	一种多功能海产品清洗装置	泰祥集团孵化器有限公司，山东省威海市荣成石岛管理区峨石山路7号（264300）	殷诗强、位正鹏
CN201520825300.3	一种甲鱼自动宰杀装置	重庆容钦生态农业有限公司，重庆市永川区来苏镇柏树桥村园园山社（402192）	万天杰
CN201520831075.4	高效洗鱼输送设备	宿迁市新渔人水产科技有限公司，江苏省宿迁市湖滨新区黄墩镇工业集中区（223800）	王　委
CN201520836179.4	一种高度集成的海鱼加工预处理机	厦门沃丰食品有限公司，福建省厦门市湖里区湖里街14号二号楼五层0196室（361000）	刘荣如
CN201520838051.1	一种水产品加工沥水装置	内蒙古民族大学，内蒙古自治区通辽市科尔沁区鹏通花园10号楼4单元441（028000）	杨景峰、董　武
CN201520856753.2	一种自动剥虾皮装置	盐城市黄沙港恒大水产有限公司，江苏省盐城市射阳县黄沙港镇海港路（224300）	徐　成、徐　龙
CN201520897599.3	一种带有V形刀片的鱼骨分离机	南昌理工学院，江西省南昌市经济开发区英雄大道901号（330044）	柳剑鹏、虞国全

（续）

申请或批准号	发明名称	申请（专利权）人与通讯地址	发明人
CN201520940220.2	一种全自动分鱼机	上虞专用制冷设备有限公司，浙江省绍兴市上虞区上浦镇小坞村（312300）	诸建锋、方建发
CN201520941068.X	水产品加工的柔性清洗设备	温州香海食品有限公司，浙江省温州市瑞安经济开发区滨江大道338号（325200）	陈祜福、陈勋弟
CN201520952297.1	虾壳蟹壳粉碎装置	扬州明增生物科技有限公司，江苏省扬州市高邮市车逻镇（225000）	师 明、吴梅银
CN201521007052.8	一种鱼面敲打加工机	玉环县中等职业技术学校，浙江省台州市玉环县珠港镇三合潭（317600）	卢庆才、杨 帆
CN201521032772.X	一种鲜活鳗鱼剖杀装置	福建中海烤鳗有限公司，福建省漳州市东山县经济技术开发区创业路6号（363400）	黄松江
CN201521039154.8	一种虾皮蒸煮设备	福建省盛丰水产有限公司，福建省莆田市秀屿区南日镇浮叶村上浮53号（351100）	杨亚开
CN201521040847.9	一种田螺切尾机	镇江市世龙食品机械有限公司，江苏省镇江市丹徒区辛丰镇德胜村庄头（212100）	赵若梅
CN201521048143.6	一种虾清洗分类机用的筛选装置	沅江市金江水产品有限公司，湖南省益阳市沅江市石矶湖大堤路（413100）	张建新、舒 艳
CN201521063116.6	牡蛎清洗机	连云港众利水产养殖有限公司，江苏省连云港市赣榆区柘汪镇响石村（222113）	孟凡玉
CN201521091325.1	一种鱼鳞刨	广州市花都区狮岭镇振兴第一小学，广东省广州市花都区狮岭镇振兴村（510800）	黄俊彬、郭 芳
CN201521108961.0	贻贝去壳清洗机	江西科技师范大学，江西省南昌市昌北经济开发区枫林大道605号（330013）	刘 华、赵 利
CN201510251721.4	一种生猪屠宰生产线上的脱毛装置	天津市铭源肉类食品有限公司，天津市宝坻区牛道口镇下五庄村（301800）	郑士宽
CN201510591152.8	一种猪蹄脱毛机	中国包装和食品机械有限公司，北京市朝阳区德胜门外北沙滩1号（100083）	丁有河、潘 满
CN201510607758.6	一种猪头劈半机	成都巨智汇科技有限公司，四川省成都市高新区永丰路20号附16号1层（610000）	张 卓
CN201510841635.9	吸盘式猪皮刮毛装置	重庆顺泰食品有限公司，重庆市长寿区街镇工业走廊健康科技产业基地A4栋底楼（401220）	叶诚尘
CN201520026385.9	一种生猪加工的清洗装置	霍邱福润肉类加工有限公司，安徽省六安市霍邱县长集镇农产品加工产业园（237441）	徐爱刚
CN201520137350.2	一种猪蹄脱毛机	青岛安成食品机械有限公司，山东省青岛市胶州市三里河街道办事处赵家小庄村西（266300）	刘振富

（续）

申请或批准号	发 明 名 称	申请（专利权）人与通讯地址	发明人
CN201520137524.5	一种新型猪肉加工灌肠机	邯郸市天盈畜牧养殖有限公司，河北省邯郸市邯山区北张庄镇南羊井村南（056003）	杨 惠、姬志强
CN201520191929.7	一种去除猪蹄指甲的装置	余庆县农家人绿色食品开发有限公司，贵州省遵义市余庆县龙溪镇工业区（564407）	罗兴贵
CN201520193753.9	一种用于牛肉食品生产的装置	江西省鸽鸽食品有限公司，江西省鹰潭市高新技术产业园区（335000）	熊小生
CN201520318601.7	生猪屠宰生产线上的限位至昏装置	天津市铭源肉类食品有限公司，天津市宝坻区牛道口镇下五庄村（301800）	郑士宽
CN201520477323.X	一种整猪自动刨光设备	江苏长寿集团股份有限公司，江苏省南通市如皋市如城镇普济路 11 号（226500）	魏祝明
CN201520588664.4	一种猪蹄清洗机	深圳市第二人民医院，广东省深圳市福田区笋岗西路 3002 号（518037）	牟丽莎、蔡志明
CN201520612369.8	一种快速剥牛皮机	河南恒都食品有限公司，河南省驻马店市泌阳县工业园区（花园路西段）（463700）	武爱梅、宋正改
CN201520612428.1	一种生牛屠宰生产线的内脏回收系统	河南恒都食品有限公司，河南省驻马店市泌阳县工业园区（花园路西段）（463700）	冯建华
CN201520718508.5	一种猪蹄脱毛机	中国包装和食品机械有限公司，北京市朝阳区德胜门外北沙滩 1 号（100083）	丁有河、潘 满
CN201520960874.1	吸盘式猪皮刮毛装置	重庆顺泰食品有限公司，重庆市长寿区街镇工业走廊健康科技产业基地 A4 栋底楼（401220）	叶诚尘
CN201521025933.2	猪皮分离装置	重庆顺泰食品有限公司，重庆市长寿区街镇工业走廊健康科技产业基地 A4 栋底楼（401220）	叶诚尘
CN201521105335.6	一种生猪屠宰电击控制装置	浙江机电职业技术学院，浙江省杭州市滨江区滨文路 528 号（310000）	付 祥、陈汉君
CN201510047465.7	清真鸡肉屠宰标准化加工生产线	固原新月养殖有限公司，宁夏回族自治区固原市原州区三营镇北街 56 号（756000）	马玉芳、马玉保
CN201510302584.2	鸡爪自动化去骨机	重庆广播电视大学，重庆市九龙坡区九龙科技园华龙大道 1 号（400052）	邓世平
CN201521067787.X	一种家禽脱尾毛装置及脱毛机	怀来正大食品有限公司，河北省张家口市沙城经济开发区（075000）	杨利军、罗 昊
CN201510841608.1	鸡爪分切机	重庆顺泰食品有限公司，重庆市长寿区街镇工业走廊健康科技产业基地 A4 栋底楼（401220）	叶诚尘
CN201510895163.5	一种夹取式家禽自动取内脏机械手	中国包装和食品机械有限公司，北京市朝阳区德胜门外北沙滩 1 号（100083）	王 猛、李阳阳

（续）

申请或批准号	发 明 名 称	申请（专利权）人与通讯地址	发明人
CN201520005573.3	一种白鹅的屠宰装置	安徽繁盛禽业有限公司，安徽省六安市霍邱县长集农产品加工产业园（237000）	宋德军
CN201520039208.4	一种新型高效肉鸡电击晕设备	山东凤祥股份有限公司，山东省聊城市阳谷县安乐镇刘庙村（252325）	刘学景、谭承哲
CN201520066882.1	一种禽类骨肉分离机	诸城市远大工贸有限公司，山东省潍坊市诸城市龙都街道西土墙工业园（262200）	于金波、李彦臣
CN201520137334.3	一种禽类加工生产线的脱羽机	青岛安成食品机械有限公司，山东省青岛市胶州市三里河街道办事处赵家小庄村西（266300）	刘振富
CN201520292435.8	一种家禽爪类食材分切机	唐山挨个来食品有限公司，河北省唐山市玉田县陈家铺乡农产品加工园（064105）	黄 刚、王卫光
CN201520326632.7	一种用于家禽屠宰的胴体自动擦干装置	江苏省农业科学院，江苏省南京市玄武区孝陵卫钟灵街50号（210014）	诸永志、王道营
CN201520369806.8	大型养鸡场测定化验样品鸡屠宰笼	福建省大丰山禽业发展有限公司，福建省三明市清流县赖坊乡南山村农创园9号（365315）	陈秀群、应建翔
CN201520391256.X	卤制品加工过程中的鸭脖切断机	江西煌上煌集团食品股份有限公司，江西省南昌市南昌县迎宾大道1298号（330000）	章启武、刘晓军
CN201520548041.4	一种禽类用自动清洗及传送装置	江苏益客食品有限公司，江苏省宿迁市宿豫经济开发区太行山路1号（223800）	田立余
CN201520549357.5	一种用于鸭禽屠宰线的喷蜡除毛循环装置	宿松县春润食品有限公司，安徽省安庆市宿松县经济开发区（246507）	冯江华
CN201520583196.1	一种禽宰杀脱羽机	江西丰城华英禽业有限公司，江西省宜春市丰城市剑南路108号（331100）	张 俊、付大学
CN201520583199.5	一种禽类脱毛加工装置	江西丰城华英禽业有限公司，江西省宜春市丰城市剑南路108号（331100）	张 翔、张 强
CN201520650479.3	一种烤鸭坯生产脱毛机	河北乐寿农牧集团有限公司，河北省献县城南工业区（062250）	李树森、高 伟
CN201520650525.X	一种鸡肉真空滚揉装置	沾益县滇益圆食品有限公司，云南省曲靖市沾益县西平镇玉林路47号（655331）	刘春华
CN201520791419.3	一种鸡爪预切机	福建森宝食品集团股份有限公司，福建省龙岩市新罗区登高东路688号（364000）	沈 奇、秦爱敏
CN201520804575.9	一种鸭制品初脱羽后的清洗装置	襄阳富襄现代农业开发有限公司，湖北省襄樊市保康县黄堡镇大坪村六组（441000）	赵春海
CN201520944121.1	一种家禽胴体清洗系统	江苏益客食品有限公司，江苏省宿迁市宿豫经济开发区太行山路1号（223800）	鞠全民、彭庆军

（续）

申请或批准号	发 明 名 称	申请（专利权）人与通讯地址	发明人
CN201521025930.9	凤爪去皮机	重庆顺泰食品有限公司，重庆市长寿区街镇工业走廊健康科技产业基地A4栋底楼（401220）	叶诚尘
CN201521106346.6	一种禽类脚掌韧带红外检测切割机	浙江机电职业技术学院，浙江省杭州市滨江区滨文路528号（310000）	曹焕亚、陈汉君
CN201521107284.0	一种鸭胗清洗装置	浙江机电职业技术学院，浙江省杭州市滨江区滨文路528号（310000）	曹焕亚、陈汉君
CN201510145573.8	火腿肠打扣和切断装置	北京洋航科贸有限公司，北京市大兴区瀛海镇南宫村104国道东58-6号（100076）	王 彬
CN201510712148.2	一种孜然烤肠及其制作方法	安徽香泽源食品有限公司，安徽省蚌埠市固镇县任桥S101省道9公里处（233700）	李建军、李彬
CN201510720931.3	一种肠衣保鲜方法	江苏久辉畜产品有限公司，江苏省南通市如皋市如城镇惠民路666号肠衣城802幢（226500）	季志娟
CN201510947986.8	一种空压香肠灌装装置	江苏彭润食品有限公司，江苏省徐州市睢宁县王集镇食品产业园28号（221200）	王茂军
CN201510986180.X	油压式灌肠机	重庆秀才湾果蔬专业合作社，重庆市长寿区龙河镇保合村五组（401244）	袁东升
CN201511004505.6	一种用于生产香肠的设备系统	浙江大家食品有限公司，浙江省台州市温岭市石塘镇上马工业区（317513）	陈其华
CN201520092211.2	一种全自动腰花肠切花机	江西瑞京红食品有限公司，江西省赣州市瑞金市沙洲坝镇台商工业园（342500）	曾宪发
CN201520147276.2	一种自动刮肠清洗装置	浦江凯瑞生物科技有限公司，浙江省金华市浦江县亚太大道568号（322200）	吴飞虹
CN201520186344.6	火腿肠打扣和切断装置	北京洋航科贸有限公司，北京市大兴区瀛海镇南宫村104国道东58-6号（100076）	王 彬
CN201520226125.6	一种牵引刮肠机	湖北五瑞生物科技股份有限公司，湖北省黄冈市黄梅县小池镇沿江路108号（435500）	沈爱民、石成汉
CN201520235439.2	一种灌肠机的倒料装置	连云港福润食品有限公司，江苏省连云港市东海县牛山镇雨润路8号（222300）	王智华、赵士勇
CN201520264363.6	火腿肠清洗机	漯河双汇肉业有限公司，河南省漯河市召陵区双汇路1号（462300）	郝雪松、刘宏祥
CN201520481909.3	灌肠制品自动生产加工系统	成都希望食品有限公司，四川省成都市新津县工业园区希望路88号（611430）	唐 春、李 琴
CN201520578779.5	一种自动灌肠机	福建省水手食品有限公司，福建省莆田市涵江区涵东工业小区（天后冷冻厂内）（351100）	陈文水

（续）

申请或批准号	发明名称	申请（专利权）人与通讯地址	发明人
CN201520698177.3	一种空压香肠灌装装置	江苏彭润食品有限公司，江苏省徐州市睢宁县王集镇食品产业园28号（221200）	王茂军
CN201520944921.3	夹心肠生产灌装装置	山东佳士博食品有限公司，山东省潍坊市诸城市昌城镇工业园（262200）	张佳伟、台晓非
CN201520242721.3	一种自吸式真空滚揉机	连云港福润食品有限公司，江苏省连云港市东海县牛山镇雨润路8号（222300）	王智华、赵士勇
CN201520350370.8	一种滚揉机	云南老家生态食品有限公司，云南省昆明市官渡区大板桥镇官渡工业园（650000）	袁书高
CN201520410707.X	一种具有自动盖紧装置的滚揉机	福建省鼎味食品有限公司，福建省莆田市秀屿区四新后山888号（351152）	陈　毅
CN201520551988.0	一种真空低温滚揉机	广东无尽食品有限公司，广东省潮州市饶平县钱东镇上浮山村（521000）	林舜韬
CN201520786592.4	一种真空制冷滚揉机	湖北华醇食品有限公司，湖北省荆门市高新区华醇路（448000）	黄　雷、刘　纯
CN201520858708.0	一种真空滚揉机	陕西铁路工程职业技术学院，陕西省渭南市临渭区站北街东段1号（714099）	黑　棣、南黄河
CN201521014177.3	用于制备航空食品的真空滚揉机	南京味洲食品有限公司，江苏省南京市江宁区横溪街道甘西社区上肽腰158号（210041）	罗　波
CN201521114894.3	一种控温灭菌型食品加工用真空滚揉机	哈尔滨商业大学，黑龙江省哈尔滨市道里区通达街138号（150076）	黎晨晨、王　鑫
CN201521032461.3	一种肉糜加工机	四川省宜宾市汇宝食品有限责任公司，四川省宜宾市宜宾县柏溪镇新桥头（644000）	唐　智
CN201510381218.0	肉糜丸成型装置	厦门野水实业有限公司，福建省厦门市集美区灌口新村173号之三（361000）	庄燊松、庄硕辉
CN201510745763.3	动物骨头加工用切骨机	青州凯利德剪刀有限公司，山东省潍坊市青州市谭坊镇谭北村309国道南侧（262500）	何玉志、郭瑞祯
CN201510884215.9	一种预煮牛肉半成品制品的加工方法	四川人从众食品有限责任公司，四川省遂宁市蓬溪县上游工业园区梨园路（629100）	张正高、向荣先
CN201520092986.X	一种肉制品自动压制装置	韶山新真喜食品有限公司，湖南省湘潭市韶山市清溪镇石山村南塘（411300）	王峥嵘
CN201520097995.8	一种食品加工的拌馅机	浙江正德和食品有限公司，浙江省丽水市松阳县望松乡工业小区（323400）	阙维德
CN201520105892.1	一种肉制品盐水注射机	福建台诚食品有限公司，福建省泉州市泉港区中心工业区D区乙1厂房（362100）	林　茂

（续）

申请或批准号	发 明 名 称	申请（专利权）人与通讯地址	发明人
CN201520198682.1	一种肉类加工卧式拌盐机	四川省汇泉罐头食品有限公司，四川省成都市新津县新平镇狮子村（611400）	罗小东
CN201520234123.1	排骨切割机	哈尔滨理工大学，黑龙江省哈尔滨市南岗区学府路52号（150080）	唐德栋
CN201520282878.9	肉片压料机	佳客来（福建）餐饮连锁管理有限公司，福建省福州市马尾区长安投资区长安路1号（350016）	黄玉狮
CN201520349817.X	一种肉类清洗机	云南老家生态食品有限公司，云南省昆明市官渡区大板桥镇官渡工业园（650000）	袁书高
CN201520362532.X	带烟雾探测器的肉皮去毛装置	德清县同福楼食品有限公司，浙江省湖州市德清县新安镇裕华路168号（313200）	戚建荣、刘 承
CN201520393771.1	一种肉料清洗机	武汉三镇食品有限公司，湖北省武汉市蔡甸区凤凰山开发区凤凰路22号（430100）	李诗龙、毛小林
CN201520479698.X	肉糜搅拌与挤压装置	厦门野水实业有限公司，福建省厦门市集美区灌口新村173号之三（361000）	庄桑松、庄硕辉
CN201520836537.1	一种法式火腿切片斩拌机	湖南乐福来食品有限公司，湖南省长沙市宁乡经济开发区谐园路（410600）	徐国辉
CN201520867433.7	一种多功能排骨切割设备	丽江九兴孜益食品有限公司，云南省丽江市古城区昌洛河C区21栋3号（674199）	周 军
CN201520877442.4	动物骨头加工用切骨机	青州凯利德剪刀有限公司，山东省潍坊市青州市谭坊镇谭北村309国道南侧（262500）	何玉志、郭瑞祯
CN201520898105.3	一种电动机械式骨头压断机	南昌理工学院，江西省南昌市经济开发区英雄大道901号（330044）	吴纯奇、聂海丰
CN201520999594.1	一种腊肉清洗设备	四川人从众食品有限责任公司，四川省遂宁市蓬溪县上游工业园区梨园路（629100）	贾雪芳、刘 洋
CN201521028994.4	肉类带锯切割机	嘉兴艾博实业有限公司，浙江省嘉兴市嘉兴经济技术开发区华云路449号（314000）	金叶根、朱 峰
CN201521061322.3	绞肉分离两用禽类肉加工机	齐齐哈尔双百机械制造有限公司，黑龙江省齐齐哈尔市昂昂溪区金水二街58号（161000）	张百春、王中秋
CN201510115668.5	一种卤牛肉的定量卤制方法	云南农业大学，云南省昆明市盘龙区金黑路落索坡132号云南农业大学（650201）	陈 韬、刘 劭
CN201510190429.6	一种速食肉片及其制作方法	福建师范大学福清分校，福建省福州市福清市融城镇校园新村1号（350000）	项雷文、卓晓宁
CN201510255873.1	一种腊肉生产工艺	溆浦县兴龙食品有限责任公司，湖南省怀化市溆浦县龙潭镇连河村（419315）	韩学勤

（续）

申请或批准号	发明名称	申请（专利权）人与通讯地址	发明人
CN201510276667.9	一种卤肉制作方法	南京大地冷冻食品有限公司，江苏省南京市溧水和凤镇工业区凤翔路17号（211218）	陈大弟
CN201510320291.7	一种润肤舒络牛肉酱的制备方法	滁州市百年食品有限公司，安徽省滁州市全椒县二郎口工业集中区（239531）	许运龙
CN201510337873.6	一种卤羊肉制品的定量卤制方法	云南农业大学，云南省昆明市盘龙区金黑路落索坡132号云南农业大学（650201）	陈韬、马宁
CN201510426183.8	一种夹丝牛肉卷的制备方法及其制备方法	合肥梅香园禽蛋制品有限公司，安徽省合肥市肥西县官亭镇工业聚集区（231200）	李阳阳
CN201510521372.3	一种开袋即食的腊肉及其制备方法	贵州五福坊食品有限公司，贵州省贵阳市乌当区高新路278号（550018）	周娟、张汝平
CN201510614048.6	一种腊味盐水鸭的制作方法	南京大惠企业发展有限公司，江苏省南京市鼓楼街88号绿地中心601（210000）	赵一飞
CN201510656059.0	一种黔北麻羊卤肉制品的加工工艺	习水县马临肉制品加工厂，贵州省遵义市习水县马临街上（564600）	肖仙佑
CN201510768823.3	一种肉制品的制作方法	南通玉兔集团有限公司，江苏省南通市如皋市江安镇玉兔路（226500）	黄海波、周秀琴
CN201510772022.4	酱卤肉制品定量风味调制方法	中国农业科学院农产品加工研究所，北京市海淀区圆明园西路2号院（100193）	张春晖、李侠
CN201510831219.0	一种肉制品质量监控系统	北方民族大学，宁夏回族自治区银川市西夏区文昌北街204号（750000）	王福平、祝玲
CN201510836545.0	一种肉类腌制剂和调理肉的加工方法	福建省亚明食品有限公司，福建省莆田市城厢区华亭镇华林工业区（351139）	吴其明、吴加明
CN201510938238.3	一种卤牛肉新型加工工艺	河南众品食业股份有限公司，河南省长葛市长社路21号（461500）	董智雷、刘勇
CN201510973428.9	卤制拌酱火腿肠豆干	宁夏龙涎香清真食品有限公司，宁夏回族自治区吴忠市马莲渠工业园区（751100）	马萍、马继成
CN201510985781.9	卤肉制品卤汤的过滤装置	重庆顺泰食品有限公司，重庆市长寿区街镇工业走廊健康科技产业基地A4栋底楼（401220）	叶诚尘
CN201520390842.2	卤肉制品卤汤过滤机	江西煌上煌集团食品股份有限公司，江西省南昌市南昌县迎宾大道1298号（330000）	章启武、刘晓军
CN201520394210.3	肉制品油炸沥油炒制一体机	江西煌上煌集团食品股份有限公司，江西省南昌市南昌县迎宾大道1298号（330000）	刘晓军、章启武
CN201520512806.9	肉制品快速解冻装置	温州市伊瑞机械有限公司，浙江省温州市经济技术开发区滨海园区2道678A号（325000）	张晓燕、张秀英

（续）

申请或批准号	发明名称	申请（专利权）人与通讯地址	发明人
CN201520558414.6	一种卤制机	广东好味来食品有限公司，广东省潮州市饶平县钱东镇下浮山行顶片（521000）	吴少烈
CN201520786377.4	一种用于发酵食品的静态变压腌制机	湖北华醇食品有限公司，湖北省荆门市高新区华醇路（448000）	黄　雷、刘　纯
CN201520854337.9	卤肉蒸煮出料装置	重庆大业食品有限公司，重庆市合川区钓鱼城街道办事处思居生态创业苑（401520）	陈廷清
CN201520937470.0	传统肉制品一体化定量卤制装置	中国农业科学院农产品加工研究所，北京市海淀区圆明园西路2号院（100193）	张春晖、贾　伟
CN201521021229.X	全自动连续式肉制品漂烫加工线	嘉兴艾博实业有限公司，浙江省嘉兴市嘉兴经济技术开发区华云路449号（314000）	沈　健、金叶根
CN201521093052.4	卤肉制品卤汤的过滤装置	重庆顺泰食品有限公司，重庆市长寿区街镇工业走廊健康科技产业基地A4栋底楼（401220）	叶诚尘
CN201510199497.9	一种循环式农副产品清洗装置	安徽新桥工贸有限责任公司，安徽省池州市东至县大渡口镇新桥村（247210）	王超群
CN201510199498.3	一种卧式农副产品脱皮装置	安徽新桥工贸有限责任公司，安徽省池州市东至县大渡口镇新桥村（230001）	罗兴贵
CN201510199511.5	一种农副产品干燥装置	安徽新桥工贸有限责任公司，安徽省池州市东至县大渡口镇新桥村（247210）	徐国松
CN201510199512.X	一种农副产品粉碎装置	安徽新桥工贸有限责任公司，安徽省池州市东至县大渡口镇新桥村（247210）	陶建君
CN201510199556.2	一种离心式农副产品干燥装置	安徽新桥工贸有限责任公司，安徽省池州市东至县大渡口镇新桥村（247210）	陈玮琳、刘　栋
CN201510199577.4	一种农副产品烘干除杂装置	安徽新桥工贸有限责任公司，安徽省池州市东至县大渡口镇新桥村（247210）	徐国松
CN201520117337.0	一种新型农副产品脱皮装置	余庆县农家人绿色食品开发有限公司，贵州省遵义市余庆县龙溪镇工业园区（564407）	周润根、柯　岩

6

第六部分

大　事　记

1 月

8～9 日 “全国粮食流通工作会议”在北京市召开。会议认真学习贯彻党的十八届五中全会和中央经济工作会议、中央农村工作会议精神，总结“十二五”及 2015 年粮食流通工作，研究粮食行业“十三五”发展思路，部署 2016 年粮食流通重点工作。国家发展和改革委主任徐绍史出席会议并讲话，国家粮食局局长任正晓作工作报告。会议强调，2016 年是“十三五”开局之年，全国粮食系统要按照“四个全面”战略布局的总体部署，牢固树立“五大发展理念”，深入贯彻国家粮食安全战略，全面落实粮食安全省长责任制，改革创新、主动作为、稳中求进，立足行业实际去产能、去库存、降成本、补短板，坚决打好粮食收购“攻坚战”和安全储粮“持久战”，加快实施“粮安工程”，大力发展粮食产业经济，统筹推进粮食流通改革发展各项工作，为促进经济社会持续健康发展作出新贡献。要围绕“四个突出抓好、四个深入推进”，扎实做好八项重点工作。一是突出抓好粮食收购。要高度重视，严阵以待，切实抓好预案、预警、预控，采取非常规措施，及早做好新粮收购各项准备工作。加快建仓修仓进度，加大调销腾库力度，多渠道消化不合理库存，充分利用社会仓容，千方百计扩大收储能力。要认真落实国家粮食收购政策，抓好地方政策性粮食收储，积极组织开展市场化收购，严厉查处“打白条”“转圈粮”等违法违规行为，切实保护好农民利益和种粮积极性。二是突出抓好安全储粮和储备管理。实施“监管创新年”行动，全面落实“双随机”监管要求，认真履行行政监管督导职责，严格执行责任追究制度，切实做到“谁储粮、谁负责”“谁坏粮、谁担责”。积极采用绿色生态储粮技术，进一步规范千吨囤等简易设施储粮技术。今后新粮收储一律不允许再搭建席茓囤。不断完善管理制度，切实做到储备管理与企业经营彻底分开，管住管好政府粮食储备。三是突出抓好粮食产业经济发展。因地制宜制定产业发展规划，突出重点，分类施策，多措并举优化产业发展环境。发挥粮食加工转化引擎作用，培育“产购储加销”一体化的全产业链模式。充分利用行业既有资源，大力发展精深加工和绿色粮食产业，积极培育新的增长点。启动“仓顶阳光工程”新能源项目试点。做好“秸秆经济”文章，开辟消除“秸秆焚烧”、帮助农民增收的新途径。大力推进“绿色全谷物口粮工程”，催生新消费，培育新需求。加快“互联网＋粮食”电商平台建设，打造“粮油网络经济”。四是突出抓好粮食安全责任考核。及时出台 2016 年考核细化方案，加强对责任落实情况的日常督查，完善考核内容和方式。认真组织开展年度考核工作，及时通报考核结果，以责促行，以责问效，推动粮食安全责任层层落地到位。五是深入推进“粮安工程”建设。围绕扩大主产区收储能力和满足主销区地方增储需要，继续加大仓储设施建设力度。围绕畅通“八大粮食物流通道”，重点建设改造一批中转仓、内河码头、沿海深水港口、铁路接发设施和物流园区。以地方储备粮库为重点推进智能粮库建设，以省级粮食交易平台为重点推进业务集成和信息协同。六是深入推进改革创新和依法治粮。积极稳妥推进玉米收储制度改革，继续执行并完善稻谷、小麦最低收购价政策。改革完善中央储备粮管理体制，完善储备粮吞吐调节机制。创新企业经营方式和发展模式，积极稳妥发展混合所有制经济，激发企业发展活力。农村粮站要主动抓住农村人口市民化和城镇化的历史机遇，以“农民举家进城落户，我为农民种地供粮”的理念，大力发展粮食规模化、产业化经营。加快《粮食法》立法进程。认真开展粮食执法检查。着力推进粮食行政管理部门简政放权、职能转变和依法行政。七是深入推进科技兴粮和人才兴粮。加快现代粮食收储加工关键技术攻关和装备研发，着力研究粮食及副产物高效转化利用新技术。加强粮食产业科技创新联盟建设，着力构建产学研用一体化科技创新机制。继续实施粮食行业“百千万创新人才”工程，启动实施“青年英才计划”，分批创建“高技能人才工作室”，选拔“粮食行业全国技术能手”。组建国家粮食安全政策专家咨询委员会和粮食科技专家咨询委员会，加强“粮食智库”建设。八是深入推进行业扶贫和援藏援疆工作。促进贫困地区优质粮油生产，加强粮源调度，保证口粮供应，在政策、资金、项目、人才等方面加大对贫困地区的支持力度，积极做好行业扶贫和定点扶贫工作，推进精准扶贫、精准脱贫。在粮食收储和市场调控、仓储和物流设施建设、产业经济发展和质量安全体系建设等方面，尽心尽力支持西藏、新疆等地加快发展。

18～19 日 “全国食品生产监管工作会议”在北京市召开。会议认真总结 2015 年食品生产监管工作，部署 2016 年食品生产监管工作。国家食品药品监管总局副局长滕佳材出席会议并讲话。滕佳材指出，过去的一年，全系统严格落实新食品安全法和“四有两责”要求，结合地方实际，开拓创新，真抓实干，食品生产监管工作取得了扎实成效。一是结合修订《食品安全法》及其实施条例，加强食品生产监管规章制修订工作，推动形成食品生产监管制度体系。二是按照“五取消、四调整、四加强”总体思路，推进食品生产许可制度改革，创新事中事后监管方式，探索实施了一系列创新监管制度。三是狠抓食品生产企业日常监督检查，针对重点食品开展综合治理、风险排查和专项整治，推动食品安全形势持续平稳向好。四是督促企业落实食品安全主体责任和食品安全管理制度，大力推进企业食品质量安全追溯体系建设；督促各地食品药品监管部门落实监管责任，普遍建立了食品生产监管的权力清单和责任清单。五是加强自身队伍建设和党风廉政建设，有针对性开展食品生产监管工作培训，提升了监管能力和水平。六是加强与有关部门的联合联动，调动社会各方参与食品安全工作，推进了食品安全社会共治。滕佳材强调，2016年是全面实施国家食品安全"十三五"规划的开局之年，做好2016年食品生产监管工作意义重大。2016年食品生产监管工作的总体思路和要求是：大力实施食品安全战略，以贯彻落实《中华人民共和国食品安全法》为主线，以全面落实"四个最严"和"四有两责"为目标，大力推进食品生产监管制度改革和监管方式创新，加强食品生产源头治理，科学防范食品安全风险，不断提升食品安全治理能力和服务食品产业发展水平。一是坚持"一条主线"。以贯彻落实食品安全法为主线，深入学习新法、主动宣传新法、准确使用新法，抓好食品生产监管配套制度建设，为落实食品安全法、强化食品生产监管夯实法制基础。二是落实"两个责任"。继续加大食品生产监管信息公示力度，推进企业责任约谈常态化，加强对企业生产过程的监督检查，督促企业严格落实食品安全主体责任；按照"四有两责"要求，全面加强表格化的日常监督检查，加强事中事后监管，落实基层食品药品监管部门监督检查和监督抽检责任。三是推进"三项创新"。积极推进食品生产许可改革，加快研究建立食品生产许可审核评价机制，加快推进许可管理系统和数据库建设，建立完善食品生产许可工作体系，为推进食品领域的供给侧改革提供技术支撑和安全保障。全面推进食品企业风险分级监管，抓好随机抽查、飞行检查、专项检查等监管制度落实，逐步健全基于风险管理的食品安全日常监管机制和信用监管制度。创新推进特殊食品监管，加快建立实施婴幼儿配方乳粉产品配方注册、特殊医学用途配方食品注册管理制度，切实保障特殊食品质量安全。四是防范"四类风险"。继续加强重点食品监管和风险防控，加强重点食品共性问题研究，对全国婴幼儿配方乳粉实施月月抽检，严格婴幼儿辅助食品生产许可审查发证工作。继续加强"一非两超"、食品塑化剂等食品安全问题综合治理。继续加大食品生产集聚区监管力度，有针对性解决区域性食品安全问题。继续引导大型食品生产企业严格生产过程控制，实施危害分析与关键控制点体系，符合良好生产规范要求，严密防控系统性食品安全风险。会议要求，全系统要按照转变政府职能和建设服务型政府的要求，正确处理监管与服务的关系，寓监管于服务之中，为食品产业健康规范发展提供优质服务。要不断提升制度措施的执行力，建立健全制度执行的检查机制，定期开展工作督查，确保制度执行到位，确保全年工作任务落实到位。要坚持一手抓业务、一手抓队伍，严格落实"一岗双责"，巩固"三严三实"专题教育成果，切实加强行政权力运行监督，树立风清气正的良好形象。

20～21日 "全国食品经营监管工作会议"在北京市召开。会议的主要任务是全面总结2015年食品经营监管工作，深入分析当前面临的新形势，部署安排2016年重点工作任务。国家食品药品监管总局副局长滕佳材出席会议并讲话。2015年，全国食品经营监管工作以坚持问题导向、依法治理为主线，坚持深化食品经营许可制度改革，坚持依法严格监管，坚持强化社会共治，加强食品经营监管制度体系建设，加强基层执法规范化建设，深入开展专项治理，强化落实经营者主体责任，全力守住不发生重大食品安全事故的底线，各项工作均取得明显成效。据统计，各地共检查食品经营主体2 187.4万个次，监督抽检食品116.3万批次，发现问题经营主体74.7万个，完成整改70.9万个；查处食品经营违法案件21万件，涉案食品总值2.63亿元，罚没款金额8.43亿元，捣毁制假售假窝点443个，移送司法机关的违法案件1 055件。会议指出，2015年主要工作成效体现在六个方面：在制度建设方面，配合《中华人民共和国食品安全法》的贯彻实施，出台食品经营许可管理办法、食品召回管理办法、食用农产品市场销售质量安全监督管理办法等规章，下发食品经营许可审查通则、食品经营许可数据库建设标准等食品经营许可制度规范，初步形成了食品经营监管制度新体系框架。在食品经营许可制度改革方面，将食品销售和餐饮服务许可整合为食品经营许可，按照主体业态和经营项目的风险程度实施分类许可，初步完成食品经营许可数据库平台建设，构建了食品经营许可新机制。在食用农产品销售监管方面，国家食品药品监管总局与农业部进一步加强食用农产品产地准出与市场准入管理衔接机制的沟通协调，对畜禽产品联合下发监管工作意见，全国已有30个省、自治区、直辖市食品药品监管部门以各种形式与当地农业部门建立食用农产品质量安全监管衔接协作机制，实现了监管机制突破。组织各地开展食用农产品批发市场统计工作，全国食用农产品批发市场共有2 189个。在日常监管和重点问题治理方面，国家食品药品监管总局组织研究并制定食品行业共性问题及对策清单。各地坚持以问题导向、风险管理为核心，着眼监管重点，加大日常监督检查力度，组织开展专项检查和治理，及时发现、纠正和查处了一大批违法违规行为。在农村食品安全监管工作方面，国家食品药品监管总局联合公安部、农业部、国家工商总局等部门共同下发《关于进一步加强农村食品安全治理工作的意见》，并下发《关于进一步强化农村集体聚餐食品安全风险防控的指导意见》，在农村着力实现由食品市场监管向食品安全治理的转变。各地食品药品监管部门积极推进监管重心下移，组织开展农村儿童食品专项整治，实施农村食品生产经营全方位、全环节、全链条的监管，有针对性地开展农村食品安全治理，农村食品安全的短板开始着力补齐。在深化食品经营领域社会共治方面，国家食品药品监管总局指导行业组织开展大型食品经营企业食品安全风险“诊脉行动”，梳理风险隐患，规范企业自查制度，提升自律水平。各地指导餐饮服务单位积极实施“明厨亮灶”，主动接受社会监督，初步形成企业自律、行业规范、政府监管、社会参与的良好氛围。在食用农产品质量安全、旅游景区、学校及其周边食品安全治理、冷库冷冻肉品排查整治等方面，与农业、旅游、教育、公安等部门积极开展联合执法，很好地发挥了监管执法合力作用。下一步，要紧紧围绕贯彻新《中华人民共和国食品安全法》的主线，突出抓好5个方面的重点工作：一是健全完善食品经营监管制度新体系。进一步加强食品经营监管制度体系建设，积极推进《食品安全法实施条例》《农产品质量安全法》等法律法规修订工作，加快食品经营监管相关制度建设，积极推进地方食品安全监管立法。二是全面推进实施食品经营许可制度改革。抓好许可审查和换证工作，健全许可审查实施细则和相关配套文件，尽快实现信息系统对接，做好餐饮服务场所食品经营许可与卫生许可整合的准备，切实加强许可经营条件合规情况的监督检查。三是突出强化食品经营事中事后监管。加强规范引导，督促落实经营主体责任；切实抓好“四有两则”落实，明确监管责任，加强日常监督检查；加大监管执法人员培训力度，强化能力建设；强化技术支撑，提升监管效能；坚持问题导向，突出重点品种、重点区域、重点场所、重点问题强化重点监管和治理；实现全环节覆盖，加强农村食品安全治理。四是以风险管理为核心实施精准监管。强化风险防控、实施分级管理，规范监督行为、实施“清单式”监督检查，以点促面、创新监管方式，以落实《食用农产品市场销售质量安全监督管理办法》为重点，全面履行食用农产品监管职责。五是推进社会共治，提升食品安全综合治理能力。强化信息公开，推动行业自律，探索构建社会共治网格。

2 月

2日 国家食品药品监管总局召开“2015年度食品药品案情联合分析会”。会议通报了2015年食品药品案件查处总体情况，总结了一年来食品药品稽查工作，重点分析了食品违法案件特点，研究制订了进一步加强食品日常监管和稽查执法的意见和建议。会议认为，2015年全国各级食品药品监管部门认真贯彻党中央、国务院决策部署和“四个最严”的要求，不断加大案件查处力度，积极从抽检监测、飞行检查、投诉举报、舆情监测等工作中深挖案件线索，强化稽查部门与公安、检察院、法院等机关协作配合，大力推进行政执法与刑事司法衔接，加强稽查执法队伍建设、能力建设和制度建设，组织查办了一大批重大案件，有力打击震慑了违法犯罪行为，规范了食品药品市场秩序，保障了人民群众饮食用药安全。2015年，全国共立案查处食品药品违法案件353 951件。其中，食品、保健食品案件247 826件，药品案件89 226件，医疗器械案件10 760件，化妆品案件6 139件。全年共责令停产停业13 460户，取缔无证经营32 791户。会议着重分析了食品案件的特点和违法行为变化趋势，指出当前食品违法犯罪形势依然严峻，制假售假“黑窝点”屡打不绝；有的持证企业利欲熏心、铤而走险，违法添加、滥用食品添加剂等问题屡禁不止。随着互联网的普及和造假手段的更新升级，一些重大案件呈现跨区域、链条化、网络化等新特点，违法性质恶劣，违法手段隐蔽，社会危害严重。同时，各地稽查队伍和能力建设仍存在差异，执法装备不足、检验检测手段落后等问题还比较突出。会议强调，2016年各级食品药品监管部门在案件查处方面要重点做好以下工作：一是要继续以查处重大案件为核心，针对与人民群众日常生活关系密切、问题突出的重点领域和重点产品，拓宽案件来源渠道，深入开展专项执法行动，严厉打击危害食品药品安全的行业“潜规则”；二是进一步完善行政执法与日常监管的衔接机制，坚持处罚打击和监督整改并举，形成稽查办案与日常监管合力，发挥最大效能；三是与司法机关密切配合，认真落实《食品药品行政执法与刑事司法衔接工作办法》，建立健全联席会议、重大案件联合督办、案件信息联合发布等机制，细化案件线索通报、案件移送、协助检验认定等程序和内容，增强联合打击食品违法犯罪合力；四是通过督查指导、考核激励等多种措施强力推进案件信息公开，不断健全公开机制、规范公开内容、丰富公开形式，有力震慑违法行为，保护消费合法权益；五是加强稽查执法业务培训和办案实战经验交流，继续开展优秀案例评选示范工作，不断提高全系统稽查执法人员的综合素质和专业技能，着力打造一支能力强、作风硬，拉得出、打得赢的稽查执法队伍。六是加强稽查办案信息化建设，实现稽查办案信息的共享、共用和快速传输，缩短办案时间，提升执法效率和水平。

23日 农业部发布《关于推进马铃薯产业开发的指导意见》（以下简称《意见》），提出“十三五”时期马铃薯产业开发的重要意义、思路目标、重点任务和保障措施。通过将马铃薯作为主粮产品进行产业化开发，科学引导消费，打造小康社会主食文化，引领农业供给侧结构性改革，促进稳粮增收、提质增效和农业可持续发展。《意见》指出，推进农业供给侧结构性改革，是当前农业发展的重大任务，也是促进农业持续稳定发展的关键所在。立足我国资源禀赋和粮食供求形势，顺应居民消费升级的新趋势，全方位、多途径开发食物资源，积极推进马铃薯产业开发，是打造小康社会主食文化、破解农业发展瓶颈、推进农业转型升级、引领农业绿色发展、带动农民脱贫致富的有益探索，意义重大。《意见》提出，推进马铃薯产业开发，在思路上，重点是“实施一个战略、树立一个理念、突出三个重点”。“一个战略”，就是新形势下国家粮食安全战略。“一个理念”，就是树立“营养指导消费、消费引导生产”的理念。“三个重点”，就是选育一批适宜主食加工的品种，建设一批优质原料生产基地，打造一批主食加工龙头企业。在原则上，做到“五个坚持”，就是坚持不与三大谷物抢水争地，坚持生产发展与整体推进相统一，坚持产业开发与综合利用相兼顾，坚持政府引导与市场调节相结合，坚持统筹规划与分步实施相协调。在目标上，力争到2020年马铃薯种植面积扩大到0.07亿 hm^2 以上，适宜主食加工的品种种植比例达到30%，主食消费占马铃薯总消费量的30%。《意见》强调，马铃薯产业开发是一项系统工程，需要统筹谋划，突出重点，加力推进，确保取得实效。重点抓好“五项任务”，以资源禀赋为前提优化主食产品原料布局，以消费需求为引领开发多元化主食产品，以品种选育为带动强化主食产品原料生产技术支撑，以科技创新为驱动研发主食加工工艺和设备，以营养功能为重点引导居民消费主食产品。强化“六项措施”，加强协调指导，强化政策扶持，加大科研投入，搞好产销衔接，健全标准体系，加强宣传引导，从而提升马铃薯产业开发的层次和水平，为促进农业提质增效和发展方式转变发挥更为积极的作用。

25日 “马铃薯产业开发高层研讨暨成果发布会”在北京市召开，农业部副部长余欣荣出席会议并讲话。他强调，全面建成小康社会既是党和国家的战略目标，也对包括饮食文化在内的各方面都将提出发展的新目标、新要求。要树立“大食物、大粮食”的理念，以小康社会主食文化引领马铃薯产业开发，满足消费者日益多元化的需求，促进农民增收。余欣荣指出，两年多来，农业部坚持“营养指导消费、消费引导生产”的理念，以科技为引领，以市场为导向，以企业为主体，凝聚共识，汇聚力量，积极推进马铃薯主粮产品的产业开发，取得了阶段性成效。一是科技创新驱动，取得了一批重要成果，在育种创新、产品研发和设备研发上均有突破。支持10多个科研单位和加工企业开展马铃薯主食产品及加工工艺的技术研发，筛选出10多个适宜主食加工的马铃薯新品种，成功将馒头、面条、米粉等传统大众型主食产品中的马铃薯粉占比由10%提高至70%、45%、55%。二是科研企业联动，开发了一批主食产品，加快了科研成果向生产产品的转移转化。其中马铃薯馒头已在京津冀600个超市销售。三是政策扶持推动，2015年中央财政安排1亿元专项资金，在马铃薯优势产区和主食产品消费潜力区的北京、河北等9个省、直辖市开展马铃薯主食开发试点，创建了一批示范企业，开发适宜不同区域消费习惯、不同消费群体的马铃薯主打产品。四是宣传引导带动，扩大社会影响，提高消费者认知度，培育了一批消费群体。余欣荣强调，立足我国的资源禀赋和粮食供求现状，特别是顺应居民消费需求趋势，必须树立大食物观，全方位、多途径开发食物资源。要继续下力气培养人们消费马铃薯的习惯，把马铃薯作为主粮产品进行产业化开发，意义重大。推进马铃薯产业开发，有助于培养健康消费理念，打造小康社会主食文化；有助于破解农业发展瓶颈，引领农业创新发展；有助于调整优化种植结构，引领农业协调发展；有助于集约节约利用资源，引领农业绿色发展；有助于促进农民持续增收，引领农业共享发展。余欣荣要求，马铃薯主食开发是一项系统工程，涉及多方利益和多个环节，需要统筹协调，突出重点，加力推进，确保取得实效。要加强顶层设计，有序推进马铃薯产业开发。要强化宣传引导，营造良好舆论氛围。利用媒体组织策划宣传，通过举办多种形式的展销会、博览会等，向消费者展示马铃薯主食产品开发的新成果。会上，还发布了国家马铃薯主粮化项目组科研进展情况、马铃薯主食产品开发研究成果及部分省、自治区、直辖市马铃薯产业开发成果等。

3 月

23 日 国务院食品安全办公室在北京市召开“2016 年食品行业组织食品安全工作座谈会”。38 个国家级食品相关行业组织代表及工业和信息化部、农业部、卫生计生委、国家质量监督检验检疫总局、国家食品药品监管总局等相关部门负责人参加会议。国务院食品安全办公室副主任滕佳材出席会议并讲话。会议充分肯定了过去一年食品行业组织在推动食品安全社会共治，倡导行业自律、推动我国食品产业健康发展取得的成绩。一是组织开展食品安全法律法规宣贯工作，规范行业自律。行业组织在食品安全法和标准制修订过程中积极提出意见建议，及时反映行业诉求。二是收集食品安全风险信息，开展行业风险预警，服务企业生产经营。认真开展行业食品安全风险信息收集和风险预警工作，随时收集报告行业风险信息，强化系统性、行业性食品安全风险防控。三是及时反馈行业诉求，谏言食品安全监管。广泛收集会员企业意见，及时反映行业建议诉求，为食品安全监管工作建言献策。四是推动食品安全风险交流，提升消费信心。大力宣贯推进法律法规和标准实施，加大宣贯培训力度，引导行业企业自觉遵法守法。有力改善监管部门、行业组织、企业、媒体和消费者间食品安全风险认知信息不对称。与会代表根据各自行业工作特点，提出了共同参与、共同努力保障食品安全和行业发展的意见建议。滕佳材强调，在食品安全社会共治中，各行业组织要有新举措、新思路、新办法，做好食品安全治理的“四个者”。一要做好国家食品安全法律法规制修订的参与者。参与法律法规和标准制修订是行业组织的基本职责，国家食品药品监管总局计划在两年内建立并完善食品安全法相关配套规章制度。行业组织要在现有的良好合作基础上，多思考如何参与，多提新想法和新思路。二要做好政府食品安全监管的建言者。行业组织要做好日常调研，系统、科学地梳理行业内具有普遍性和规律性的问题，要有调查、有数据、有情况、有分析、有建议，提供科学严谨的可研报告。同时，要结合当前形势分析，围绕各行业特点，思考当前工作重点和难点，提出可行性建议。三要做好行业食品安全自律的实践者。行业组织要依法、依规做好自律引导工作，建立更多行业规范和指南，树立行业权威，与监管部门一起，共同推进治理能力的提升。四要做好食品安全风险交流的助力者。要利用好企业风险信息交流平台，推动生产经营企业主动报告风险信息，与监管部门、技术机构、行业协会和生产经营企业共同研判和处置风险，并在舆论引导中充分发挥正能量。最后，滕佳材希望国务院食品安全委员会各成员单位要更加积极主动地加强与行业组织的联络协作，大家要多联系、多走动、多沟通，形成工作合力，探索建立社会共治新模式，努力把各项工作做得更有成效。会上，国务院有关部门通报了 2015 年食品安全工作情况和 2016 年工作安排，并就下一步工作提出了有益意见和建议。

23～25 日 国家粮食局在甘肃省兰州市召开“全国粮食质量安全监管工作会议”。会议传达了习近平总书记、李克强总理对食品安全工作的重要指示和批示，认真落实粮食流通工作会议部署要求，总结交流“十二五”及 2015 年粮食质量安全工作情况，分析当前面临的新形势，谋划“十三五”发展思路，部署 2016 年粮食质量安全重点任务。国家粮食局局长任正晓对会议作出重要批示，副局长卢景波出席会议并讲话，国家粮食局标准质量管理办公室主要负责人作工作报告。任正晓局长在批示中指出，“十二五”时期全国粮食标准质量工作扎实推进，成绩显著，为保障国家粮食质量安全、维护全球食品安全作出了重要贡献。2016 年是“十三五”开局之年，粮食标准质量工作任务繁重、责任重大，粮食标准质量战线要再接再厉、履职尽职，把这次会议部署的各项工作任务落到实处，力求取得实效，切实维护粮油质量安全，努力推进粮食标准质量事业再上新的台阶。卢景波副局长对“十三五”所面临的新形势和新要求进行了深入分析，要求各地粮食部门抢抓机遇、乘势而上，全面推进“十三五”粮食质量安全工作再上新台阶。一要完善治理体系，不断提升粮食质量安全治理能力；二要增强全局观念，推动粮食质量安全监管协调发展；三要转变监管方式，坚决守住粮食质量安全底线；四要树立开放发展理念，促进国际、国内粮油标准化融合发展；五要统筹融合业务党务队伍建设，为做好粮食质量安全工作提供有力保障。会议认为，2015 年各地粮食部门紧紧围绕粮食流通重点工作，切实履行粮食质量安全监管职责，积极推进制度建设，有效开展粮食质量安全监测抽查，大力推进超标粮食检测处置工作，持续推动粮食质量检验检测体系建设，不断强化粮油标准技术支持，切实落实粮食质量安全监管各项措施，取得了明显成效。会议指出，经过近年来的努力，我国粮食质量安全监管能力不断提升，粮食质量安全总体上是安全放心的。但也要清醒地认识到，当前粮食质量安全工作面临的形势依然严峻，存在许多困难和制约因素。各地粮食部门要深刻认识粮食质量安全监管工作的重要性和紧迫性，坚定信心，抢抓机遇，以“五大发展理念”为引领，强化粮食质量安全保障能力建设，深化粮油标准化改革工作，进一步提升粮食质量安全监管工作水平。2016年重点做好以下工作：一是积极探索，进一步完善粮食质量安全制度机制建设；二是不遗余力，继续抓好粮食质量检验监测体系建设工作；三是未雨绸缪，重点做好超标粮食收购处置准备工作；四是聚焦关键，做好库存和新收获粮食质量安全监测工作；五是完善体系，抓好粮食标准化工作；六是强化基础，扎实推进党风廉政和质量监管队伍建设。各省、自治区、直辖市及新疆兵团粮食局主管领导、行政管理职能处（室）主要负责人和国家粮食质量监测中心主要负责人参加了会议。

25日 “全国‘三品一标’工作会议”在北京市召开，会议的主要议题是总结“十二五”期间“三品一标”工作，研究“十三五”发展思路，部署2016年重点任务。农业部农产品质量安全监管局马爱国局长出席会议并讲话，农业部农产品质量安全中心刘新录主任、中国绿色食品发展中心王运浩主任提出了“十三五”期间“三品一标”工作主要目标和思路，并就2016年工作提出了明确要求。会议强调，要把“三品一标”作为满足城乡居民更高消费需求的重点工作，作为打造生态文明、建设“美丽中国”的重点示范，作为实现现代农业转型升级、提质增效和实施供给侧结构性改革的重要举措，作为提升农产品质量安全水平和监管能力的重要手段，抓好抓实抓出成效。会议指出，“十三五”期间，“三品一标”工作要深入贯彻绿色发展理念，坚持以引领农业标准化、规模化、品牌化和绿色化生产为核心，以政府引导和市场驱动为动力，以“促发展、严监管、创品牌”为主线，全面推动“三品一标”工作再上新台阶。无公害农产品，要面上铺开、大力发展；绿色食品，要精品定位、稳步发展；有机农产品，要因地制宜、健康发展；农产品地理标志，要挖掘特色、深度发展。一是明确发展定位，积极争取支持和补贴，推动“三品一标”做大做强。二是从严加强审核监管，严把审查准入关，建立退出机制，严查假冒伪劣。三是加大品牌宣传培育，做好市场推广衔接，全力推动追溯管理。四是推动工作改革创新，做好示范带动，用好信息化手段，不断提高“三品一标”管理的效率和效果。五是加强体系队伍建设，强化依法管理、科学管理和绩效管理。会议要求，2016年要抓好无公害农产品、农产品地理标志和追溯体系建设工作重点：一是认真履行分级审核把关职责，加大复查换证工作力度，严格无公害农产品认证审核；二是加强对地理标志农产品的检查督导和服务指导，积极推进农产品地理标志登记；三是加大证后监管力度，重点完善监管制度、加强跟踪监测、综合检查和标识管理，确保每一块认定的产地、每一个认证登记的产品质量安全都过得硬；四是加快追溯体系建设，按照“全程追溯、互通共享”，推动实现追溯管理全国“一盘棋”；五是强化工作支撑保障，重点加强培训和注册管理、检测目录的跟踪评估和标准制修订以及检测机构考核管理。同时，要抓好绿色食品和有机食品工作重点：严格审查，防控风险，大力推进结构调整；创新机制，加强监管，努力确保品牌公信力；扩大宣传，促进流通，不断增强市场活力；巩固基础，拓展功能，发挥示范带动作用；建设队伍，提高能力，增强工作整体合力。北京、内蒙古、上海、浙江、湖北、重庆、陕西等省级工作机构负责人，以及农业部谷物及制品质量监督检验测试中心负责人在会上介绍了典型经验。各省级“三品一标”工作机构以及部分检测机构负责人参加了会议。

4 月

18日 农业部发布《全国生猪生产发展规划（2016—2020）》（以下简称《规划》），明确了“十三五”我国生猪生产发展的思路、布局和主要任务。《规划》提出，到2020年，生猪生产保持稳定略增，猪肉保持基本自给，规模比重稳步提高，规模场户成为生猪养殖主体，生猪出栏率、母猪生产效率、劳动生产率持续提高，养殖废弃物综合利用率大幅提高，生产与环境协调发展。我国高度重视生猪生产发展，在政策带动和市场拉动下，生猪生产能力持续增强，2015年全国生猪存栏4.5亿头，出栏7.1亿头，猪肉产量5 487万t，稳居世界第一位；生产效率大幅提升，标准化规模养殖发展步伐加快，种业发展基础进一步巩固，生产区域化、产业化进程加快，定点屠宰逐步规范，猪肉质量安全水平持续提高。在生产持续稳定发展的同时，生猪养殖环境压力加大，资源约束趋紧，国际竞争加剧，疫病隐患凸显，价格波动加深，在产量高起点上实现突破难度加大，生猪产业可持续发展面临巨大挑战。《规划》指出，今后一个时期，生猪生产发展要坚持创新、协调、绿色、开放、共享的发展理念，以“提素质、增效益、稳供给、保安全、促生态”为目标，以调结构、转方式为抓手，优化区域布局，统筹种养加协调发展，推动全产业链一体化发展，加快产业转型升级和绿色发展，全面提升综合生产能力、国际竞争能力和可持续发展能力。综合考虑各地区环境承载能力、资源禀赋、消费偏好和屠宰加工等因素，《规划》确定了生猪生产的区域布局，将全国划分为重点发展区、约束发展区、潜力增长区和适度发展区四个区域，要求发挥区域比较优势，分类推进，协调发展。重点发展区养殖总量大、调出量大，是稳定猪肉供给的核心区域；约束发展区主要是京津沪和南方水网地区，生产发展空间受限，未来养殖总量保持稳定，发展现代生猪产业；潜力增长区在环境承载力、饲料资源、地方品种资源等方面具有一定优势，是猪肉产量增加的主要区域；适度发展区生猪养殖基础薄弱，主要是发展优质高端特色生猪产业。《规划》提出了促进生猪生产发展的八项重点任务。一是建设现代生猪种业。深入实施全国生猪遗传改良计划，提升生猪种业自主创新能力，培育“华系”杜长大种猪品牌。二是提升饲料兽药产业发展。加快发展酶制剂等新型饲料添加剂，推广精准配方技术，提高饲料利用效率。增强具有自主知识产权兽药产品的研发能力，加强兽药检验机构检测能力建设。三是发展标准化规模养殖。坚持良种良法配套、设施工艺结合、增产增效并重、生产生态协调，发展适度规模养殖、生态养殖、清洁养殖。四是推动废弃物综合利用。调整优化区域布局，做大做强废弃物综合利用产业，促进生猪生产与环境保护协调发展。五是加强生猪屠宰管理。以集中屠宰、品牌经营、冷链流通、冷鲜上市为主攻方向，提高生猪屠宰现代化水平。六是构建质量安全追溯体系。坚持产管结合、源头控制，加快建立猪肉质量安全管理体系和可追溯体系，构建从养殖到屠宰全链条信息化管理体系。七是推进产业化经营和社会化服务。着力培育新型经营主体，促进一、二、三产业融合发展，实施“互联网+生猪”发展战略，形成多形式、多层次的社会化服务体系。八是强化生猪疫病防控。加强养殖场综合防疫管理，切实落实免疫、监测、检疫监管、无害化处理等各项防控措施，加强种猪场疫病净化。“十三五”是我国生猪产业转型升级的关键时期，农业部将以《规划》出台实施为契机，进一步加强对生猪生产发展的扶持和引导，健全绿色发展为导向的政策框架体系，强化监测预警，加强科技支撑，推动生猪生产转型升级，促进生猪产业持续健康发展。

19日 农业部印发《关于开展农产品加工业质量品牌提升行动的通知》（以下简称《通知》），决定从2016年起，在全国范围内开展农产品加工业质量品牌提升行动。《通知》指出，“十二五”以来，我国农产品加工业取得了长足发展，但行业依然大而不强，质量效益与世界先进水平仍存在较大差距，知名品牌少，尤其是具有国际影响力和竞争力的中国品牌和民族品牌较为缺乏，亟须通过开展农产品加工业质量品牌提升行动，引导企业推行标准化生产，提高质量管理水平，加快培育一批国际知名企业、一批国内知名企业和一批区域知名企业，打造一批具有广泛影响力和持久生命力的国际知名品牌、国内知名品牌和区域知名品牌，生产出更多营养安全、美味健康、方便实惠的食品和质优、价廉、物美、实用的农产品加工产品，为实现农产品加工业转型升级和持续健康发展，树立中国制造、中国智造和中国品牌形象注入不竭内生动力和外在牵引力。《通知》提出，“十三五”期间，农产品加工业质量品牌提升行动主要任务是大力提升“四大能力”。一是大力提升标准化生产能力。引导企业严格执行强制性标准，积极采用先进标准，大力推行标准化生产。二是大力提升全程化质量控制能力。鼓励企业开展先进的质量管理、食品安全控制等体系认证，逐步建立全员、全过程、全方位的质量管理制度，实现全程质量管理和控制。三是大力提升技术装备创新能力。提高企业原始创新能力和引进吸收再创新能力。四是大力提升品牌培育创建能力。加快培育一批能够展示“中国制造”和“中国服务”优质形象的品牌与企业。《通知》强调，开展质量品牌提升行动是实施农产品加工业质量为先战略的有效举措，是促进农产品加工业转型升级的必然要求，是推动农产品加工业供给侧结构性改革的迫切需要。农业部要求各级农产品加工业管理部门，把质量品牌提升行动作为一项长期而又紧迫任务摆上重要议事日程。要通过推动政策落实创设、促进科技创新转化、培养质量品牌专业人才、发挥典型带动作用、搭建公共服务平台、加强宣传引导等具体措施，切实加强组织领导，将提升行动组织好实施好，努力实现我国农产品加工业更高质量、更有效率、更可持续的发展。

19～20日 国家粮食局在山东省济南市召开“全国粮食财会工作会议”，认真贯彻落实全国粮食流通工作会议精神，总结“十二五”时期全国粮食财会工作，会审汇编2015年度国有粮食企业会计决算报表，安排布置2016年粮食财会工作。国家粮食局局长任正晓对会议作出重要批示，副局长邓亦武出席会议并讲话。任正晓在批示中充分肯定了“十二五”时期各级粮食财会部门取得的显著成绩，要求各级粮食财会部门深入贯彻“五大发展理念”，继续充分发挥聚财理财管财职能，突出服务好粮食收储、粮食产业经济发展、“粮安工程”建设等中心工作；要认真开展“两学一做”学习教育，坚持党建工作和财务工作两手抓、两促进，坚守政治纪律，切实转变作风，推进依法治财，为促进粮食流通改革发展、保障国家粮食安全作出新的贡献。邓亦武深入分析了粮食流通工作面临的新形势，指出了今年粮食财会工作的重点任务。要求各级粮食财会部门要贯彻好粮食行业“十三五”规划纲要，把各项规划任务落到实处；要服务粮食收储制度改革，抓好收购资金筹措和管理；要指导企业搞活经营，大力支持粮食产业经济发展；要加强沟通协调，积极推动“粮安工程”实施；要树立服务意识，保障行政事业运行和部门自身建设。他还强调，粮食财会部门和财会人员要贯彻落实全面从严治党的各项要求，切实打造忠诚干净担当的粮食财会“铁算盘”。会议认为，“十二五”时期，全国各级粮食财会部门认真贯彻落实中央一系列强农惠农政策和粮食宏观调控政策，紧紧围绕粮食流通中心工作，努力适应经济发展新常态，积极协调粮食收购资金，争取政策和资金支持，加强企业经营管理指导，有力保障了粮食收储和宏观调控，在促进粮食流通改革发展中发挥了重要作用。会议要求，各级粮食财会部门要认真落实全国粮食流通工作会议精神，紧紧围绕“四个突出抓好、四个深入推进”积极做好 2016 年的粮食财会工作。要筹集管理好粮食收购资金，保障粮食收储工作顺利进行；要争取落实和管好用好项目资金，全力服务“粮安工程”建设；要协调争取财税政策和资金支持，重点服务粮食产业经济发展；要健全制度完善措施，扎实做好粮食预算财务管理工作；要强化政治学习和业务培训，加强粮食行业财会队伍建设。会议强调，各级粮食财会部门和财会人员，要以全面落实从严治党的要求作为工作开展的基本遵循，认真贯彻党风廉政建设的各项要求，扎实开展“两学一做”学习教育，增强“四个意识”，切实改进工作作风，为促进粮食财会更好地服务粮食流通中心任务提供坚强保障。各省、自治区、直辖市粮食局分管财会工作的负责人，以及中央粮食企业有关财会人员参加了会议。

5 月

17～18 日 由国家粮食局、中国科学技术协会主办的“2016 年粮食科技活动周——首届粮食科技成果转化对接推介活动”在湖北省武汉市举办，国家粮食局徐鸣副局长出席会议并讲话，30 个省、自治区、直辖市粮食局，中储粮总公司、中粮集团，各粮食科研院校和龙头企业主管负责人、专家和技术骨干等参加了活动。徐鸣指出，粮食科技活动周在湖北举办，可谓是天时、地利、人和。天时：党中央、国务院高度重视科技创新，党的十八大提出了创新驱动发展战略。十八大以来，习近平总书记多次强调科技创新的重要性，对科技工作做出了全面部署。中华民族正迎来一个新的“科学春天”。地利：湖北既是粮食大省，也是科技大省，在推动两者结合方面做了大量工作，取得了很好成效。湖北在粮食科技创新和转化方面的好做法、好经验，使我们很开眼界、深受鼓舞。湖北是粮食科技的一片沃土。人和：国家粮食局对这次活动非常重视，任正晓局长亲自审定活动方案并提出具体要求。科学技术部、中宣部、中国科协对我们这次活动给予了充分肯定和精心指导，尤其是中国科协与国家粮食局共同主办。各地粮食部门、涉粮科研院所、高等院校和众多的粮食企业对这次活动表现了极大热情。粮食行业的两位院士、科技领军人才等众多粮食科技人员对这次活动倾注了大量心血，心往一处想、劲往一处使，一定能够推动粮食科技创新迈上新的台阶。徐鸣强调，科技成果转化是实施“科技兴粮”战略的重要任务和关键环节，是粮食科技工作的“牛鼻子”，这次活动就是要贯彻党中央、国务院决策部署，落实国发 16 号、国办发 28 号等文件决策精神，按照推进供给侧结构性改革的要求，加快推进科技成果转化和普及，把“科技兴粮”战略落到实处，实现粮食科技成果、人才团队、科研机构与粮食企业的“三个对接”，真正为国家粮食安全和粮食产业经济发展插上科技的翅膀，助力粮食这个传统行业展翅高飞。该活动围绕“加快粮食科技成果转化，促进粮食产业经济发展”的主题，组织 107 个粮食科研机构及科技型企业举办了粮食行业科技成果展及“十二五”获国家科技奖 11 项重大成果展；邀请有关专家发布了国内外粮食科技发展趋势、国家科技成果转化引导基金实施政策、粮食行业贯彻落实国家科技成果转化政策的措施及规范粮食行业信息化建设的指导意见等政策；国家粮食局仓储与科技司发布了《粮食企业技术难题及科技需求汇编》（354 项）、中国粮油学会发布了《可面向企业转化的粮食科技成果汇编》（197 项）及《粮食科研机构（70 个）和创新团队及学术带头人（140 个）汇编》，推介了粮食仓储物流、玉米深加工转化，油脂加工及粮食加工方面 25 项优秀科技成果，以及国家重点科研机构及创新团队。通过深度对接，本次活动共签订 61 项科技成果及机构和人才合作协议，其中成果转化合作协议 49 项，机构及人才合作协议 12 项。

26 日 由中国食品和包装机械工业协会主办的“CFIIS2016 中国食品工业互联网峰会”在北京市召开，参会人员达 300 多人。吸引了来自娃哈哈、伊利、中粮、三元、加多宝、华润怡宝、泸州老窖、燕京啤酒、青岛啤酒、雪花啤酒、汇源果汁、劲牌、加加调味品、辉山乳业、湘粮集团、北京一轻控股、华泽集团、顺鑫农业、华都食品、大成食品等近百家国内知名一线食品企业参加。智能装备方面，来自乐惠、新美星、达意隆、碧海、普丽盛、中亚、永创、廊坊百冠、河北晓进、秦皇岛中德、合肥中晨、粤东机械、济宁兴隆、河南万杰、威海远航、华联机械、青岛日清等百余个食品智能装备供应商齐聚一堂，共同探讨了工业互联网和智能制造对食品工业未来的影响。此外，中航工程、云创数据、天河软件、爱创、中商网络、中酒溯源、全维智码等几十个系统集成及软件和大数据提供商踊跃参加。“连接”是本届峰会的主题，主要涵义有三个：第一，中国食品工业互联网峰会在新的形势下，多维度、多领域，以最新的信息技术和完善的装备基础为契合点，搭建起连接食品企业、装备企业和软件企业的沟通交流桥梁，为食品工业、装备和软件的技术融合提供高端、权威的信息交流通道，从而寻求食品工业面向未来的共识。第二，连接是未来食品工业发展的基础，也是食品工业互联网的基础。食品工业未来的生产场景将是机器与机器的连接、机器与系统的连接、机器与人的连接、系统与人的连接等多维度、空间与虚拟、消费者与工业等整体连接后所产生的智慧化生产系统，没有连接就没有大数据和智能。第三、中国食品工业互联网产业联盟将逐渐建立，在此基础上的各项专业研讨交流，将逐步为中国食品工业的未来建立起较完善的生产制造场景模型，从而搭建起食品工业现在与未来的连接。本届峰会上，重点交流的议题有全球食品装备现状、食品装备与互联网融合、食品工业智能制造、“互联网＋”战略、食品工业互联网等。本届峰会有三大主题板块，分别为食品工业互联网实践、食品智能装备与工业互联网、大数据和互联网，深度改变食品安全。三大主题板块从三个角度展现当前我国食品工业互联网的发展现状和发展趋势。本届峰会的成功举办，为我国食品工业未来搭建起一个食品、装备、互联网、大数据等领域跨界、融合的权威交流平台，成为食品工业领域最为重要的年度品牌活动。

31 日 国家发展和改革委召集农业部、国家粮食局、财政部、国土资源部、环境保护部、水利部、国家工商总局、国家质量监督检验检疫总局、国家食品药品监管总局、国家统计局、中国农业发展银行等12个单位有关负责人，召开了国家粮食安全省长责任制考核工作组第一次联席会议。会议宣布了考核工作组领导成员、考核工作组办公室主任及副主任名单，听取了考核工作组办公室主任、国家粮食局党组成员、副局长邓亦武代表考核工作组办公室关于考核工作有关情况的汇报和提请会议审定事项的说明，审议了《粮食安全省长责任制考核工作方案》和《关于开展2016年度粮食安全省长责任制考核工作的通知》。考核工作组组长、国家发展和改革委主任徐绍史主持会议并讲话，考核工作组副组长、国家粮食局局长任正晓作总结讲话。徐绍史指出，做好粮食安全省长责任制考核工作是确保国家粮食安全的重大举措，是党中央、国务院交办的一项重要任务。当前我国粮食安全形势总体较好，但是粮食“三高叠加”特征更加明显，加之部分粮食品种阶段性过剩、环境污染影响粮食质量、进口粮食冲击国内市场等各种矛盾互相交织，亟须进一步明确地方政府维护粮食安全的责任。加强粮食安全省长责任制考核就是压实地方政府维护粮食安全责任的关键措施，考核工作组各成员单位一定要高度重视，密切配合，通力协作，将粮食安全省长责任制落到实处。徐绍史强调，粮食安全省长责任制考核虽然是一项全新工作，无现成经验和模式可循，但要采取有效措施保证顺利推进。一是要加强组织领导和协调配合；二是考核要坚持简便易行、务实管用；三是要充分调动地方政府积极性；四是要妥善处理好原则性和灵活性的关系、过程考核和结果考核的关系；五是要加强对粮食安全省长责任制考核重大问题的研究。考核工作组各成员单位要共同努力，把考核的作用发挥得更好、更科学，把党中央国务院保障国家粮食安全的总体要求变成可操作、可衡量、可检验的具体行动，确保国家粮食安全战略目标的顺利实施。考核工作组各成员单位充分发表了意见和建议，对考核工作组办公室的前期工作给予肯定。会议原则同意《粮食安全省长责任制考核工作方案》和《关于开展2016年度粮食安全省长责任制考核工作的通知》，决定将《关于开展2016年度粮食安全省长责任制考核工作的通知》尽快联合印发各地。

6 月

16～17 日 国家粮食局在陕西省西安市召开“全国粮食局长座谈会”，总结交流今年以来各地贯彻中央经济工作会议、中央农村工作会议精神，落实粮食安全省长责任制和全国粮食流通工作会议精神的情况，研究分析当前粮食流通工作面临的新形势和新挑战，安排部署下半年粮食流通重点工作。国家粮食局局长任正晓出席会议并讲话，副局长邓亦武对粮食仓储物流设施和行业信息化建设作出专题部署。任正晓充分肯定了上半年各地粮食流通工作取得的成绩，对当前粮食流通工作面临的形势进行了深入分析，对下半年粮食流通各项重点工作作出安排部署、提出明确要求。他强调，全国粮食系统要深入学习贯彻习近平总书记系列重要讲话精神，认真落实中央关于保障国家粮食安全的战略部署，紧紧围绕中央加快推进供给侧结构性改革的战略要求，履职尽责、攻坚克难，扎实抓好粮食收购，全力防止出现农民“卖粮难”；扎实抓好安全储粮，确保不发生严重霉粮坏粮事故；扎实推进粮食供给侧结构性改革，突出抓好粮食“去库存”和补短板，大力发展粮食产业经济；认真贯彻落实全国科技创新大会精神，扎实推进科技兴粮人才兴粮；扎实抓好“两学一做”学习教育，推进粮食行业全面从严治党，努力开创粮食流通改革发展的新局面。各省、自治区、直辖市粮食局和新疆生产建设兵团粮食局主要负责人、国家粮食局有关司室负责人参加会议。

17日 农业部在北京市召开“马铃薯主食开发工作座谈会”，交流马铃薯主食开发取得的进展和成效，分析面临的困难问题和发展机遇，安排部署下一步重点工作。农业部副部长余欣荣在会上强调，要以打造小康社会主食文化为目标，以推进农业供给侧结构性改革为引领，加大政策扶持、强化协作攻关，拓展产品市场、培育消费群体，加力推进马铃薯主食开发，让马铃薯主食产品走进千家万户、让马铃薯主食文化深入人心，助力农业转型升级和提质增效，促进农民增收。余欣荣指出，马铃薯主食开发实施3年来，取得积极进展，成绩值得充分肯定。一是产品研发加快。已开发出6大系列、100多种产品，马铃薯粉配比由30%提高到50%以上，类型多样、营养健康。二是加工工艺不断改进。在关键技术瓶颈上取得新突破，优化工艺参数、确定最佳全粉配方、改进核心加工装备，为马铃薯主食开发提供了技术支撑。三是加工企业不断壮大。马铃薯主食加工能力显著提升，马铃薯主食加工企业超过200个、年加工能力达到100万t以上。四是市场不断拓展。通过主食产品进企业、进社区、进学校，扩大了社会影响，提高了消费者认知度。五是机制不断健全。构建起农科企紧密协作的格局，优势互补，群策群力，形成了马铃薯主食开发的强大合力。余欣荣指出，马铃薯主食开发是一项创新性系统工程，涉及生产、加工、消费等多个环节，在推进过程中还面临主食加工专用品种少、产品质量检测标准缺、主食加工原料成本较高、政策支持力度仍然偏弱等困难和问题。要强化行政推动、注重市场拉动、加大政策促动，在已有工作基础上，加力推进技术创新，加快研发适应市场的产品，不断拓展产品市场，有力有序推进马铃薯主食开发。一是多做协调工作，争取政策扶持。细化实施方案，加大资金支持，明确试点任务，搞好指导服务，为马铃薯主食开发提供保障。二是加强协作攻关，攻克技术瓶颈。加快选育加工专用品种，改进主食产品及工艺，建立完善标准体系，以科技创新带动马铃薯主食开发。三是推进产业开发，拓展产品市场。壮大产业化龙头企业，支持品牌化创建，促进产销衔接，以马铃薯主食开发带动全产业链升级。四是搞好科普宣传，培育消费群体。广泛宣传马铃薯营养价值，积极倡导健康消费理念，打造小康社会主食文化。

23日 国家粮食局按照2016年全国食品安全宣传周活动的统一部署，在四川省成都市举办了“2016年全国食品安全宣传周·粮食质量安全宣传日”活动，国家粮食局局长任正晓出席活动并讲话。任正晓指出，党中央、国务院高度重视食品安全，习近平总书记多次强调，必须按照“四个最严”的要求构建食品安全治理体系，切实保障人民群众“舌尖上的安全”。粮食是最基本的食品，也是食品工业最重要的原料，保障粮食质量安全责任重于泰山。多年来，全国粮食系统认真抓好粮食质量安全工作，粮食质量安全总体形势较好。任正晓强调，新形势下保障粮食质量安全面临着新任务和新挑战，各级粮食部门要牢固树立“百姓吃粮无小事，质量安全大于天”的理念，坚守行业使命，认真履行职责，牢牢守住粮食质量安全的底线，着力维护食品安全。一方面，要加快实施“粮安工程”，积极改善储粮基础设施，大力推广绿色环保储粮新技术，进一步健全粮食质量标准体系和监测监管体系，深入推进“放心粮油”进社区进学校进军营，不断增强粮食质量安全保障支撑能力；另一方面，要进一步强化监督检查，对违法违规行为零容忍、出快手、下重拳，切实保障人民群众身体健康和生命安全。各类粮食企业要切实肩负起粮食质量安全主体责任，恪守法治精神，坚持诚信经营，主动适应对接粮油食品供给侧结构性改革要求，以质量开拓市场，以安全赢得口碑，更好地满足消费者放心消费、安全消费、健康消费的要求。国家粮食局标准质量管理办公室、政策法规司、研究培训中心负责人参加了活动。

7 月

20～21日 “全国粮油信息工作座谈会”在江苏省苏州市召开。会议总结交流了近年来各地粮油信息工作经验，讨论分析了粮油信息工作当前面临的新形势和新要求，研究谋划了下一阶段工作思路和重点任务。国家粮食局副局长卢景波出席会议并讲话。会议认为，近几年粮油信息工作取得了长足进步，市场监测分析和预测预警水平进一步提高，服务政府决策和社会需要的能力进一步增强，服务粮食行业信息化建设的功能进一步拓展。但也面临一些新问题和新挑战，粮食市场形势日益错综复杂对粮油信息工作提出了更高要求，信息化网络化快速发展对粮油信息工作提出了新的挑战。会议强调，做好新形势下的粮油信息工作，要坚持以“五大发展理念”为引领，牢固树立为保障国家粮食安全服务、为粮食流通中心工作服务、粮食行业发展服务的观念，并重点抓好五个方面的工作。一是正确把握粮油信息工作的功能定位，要把为政府、部门和社会提供公共信息服务放在第一位；二是着力打造灵敏准确专业权威的信息网络体系，形成上下贯通、协同运作的工作机制；三是着力提升粮油信息产品的质量和水平，切实增强粮油信息服务的有效性、针对性和准确性；四是着力为粮食行业信息化建设提供服务保障，推动行业信息化建设顺利健康发展；五是着力加强信息服务能力和人才队伍建设，结合正在开展的“两学一做”学习教育，努力打造一支忠诚干净担当的信息人才队伍。各省、自治区、直辖市粮食局有关负责人、粮油信息中心主任或粮油信息工作负责人，国家粮油信息中心有关负责人参加了会议。会议期间，与会代表实地考察了苏州市金仓粮食物流中心信息化建设工作。

23日 由中国作物学会马铃薯专业委员会、河北省农业厅、张家口市人民政府共同主办的“2016年中国马铃薯大会”在河北省张家口市召开。本次大会为期3天，包括开幕式、大会专题报告、行业参观、专题研讨会、中国作物协会马铃薯专业委员会例会、闭幕式等内容。本次大会的主题为“马铃薯产业与中国式主食”。来自农业部、张家口市、中国作物学会等国内马铃薯产业技术和市场的专家齐聚一堂，围绕马铃薯的品种选育、消费与市场及马铃薯主食化等领域开展专题研讨。农业部副部长屈冬玉出席大会开幕式，他指出，马铃薯产业与中国式主食化，具有特别的历史意义和现实意义。第一，中国式的主食化，必然要和中国历史文化传统相结合；第二，中国式的主食化是以多样化为前提的标准化；第三，中国式的主食化是体现区域特色优势的主食化；第四，中国式的主食化是面向国际的主食化。屈冬玉认为，马铃薯中国式主食化，就是将马铃薯加工成适合国人消费习惯的面条、馒头、饼，实现由副食消费向主食消费转变，并拉动马铃薯加工业发展，让农民分享增值收益。张家口市市长马宇骏在致辞中表示，中国马铃薯大会是我国规模最大、层次最高、权威性最强的马铃薯产业盛会，是专家学者交流学术、展示成果的重要平台，引领着全国马铃薯产业的发展方向。而张家口是一个历史悠久、区位优越、生态优良、资源丰富的地方，本次大会在张家口市召开，必将促进张家口市马铃薯产业迎来更快更新的发展。会议同期，在国际会展中心还举行了“心随薯动、味美张垣”大型美食嘉年华和旅游产品旅游商品展示展销会等活动。张家口市气候冷凉，光照充足，昼夜温差大，降雨量适中，耕地多为沙壤土，具备马铃薯生产得天独厚的自然条件，马铃薯在张家口市主要分布在坝上地区的沽源、张北、塞北管理区、察北管理区等县区，以及坝下地区的怀安、涿鹿、蔚县等县区，常年种植面积10.67万 hm^2，产量240万t左右，均占河北省种植面积和总产量的60%以上，年产值占农业总产值的10%以上，是全市农民脱贫致富的特色主导产业。近年来，随着国家马铃薯主粮化战略的实施，张家口市马铃薯产业发展迎来了新的机遇。雪川、弘基、燕北等马铃薯加工企业，引进世界先进的加工设备，全粉、薯条加工能力位居全国前列。在营销领域，张家口市已与北京、广东等多个省份建立了广泛顺畅稳定的种薯和商品薯供销关系，建成了较为稳定的销售网络。如今马铃薯产业，已经成为张家口市农牧经济的一张靓丽名片。

27日 国家发展和改革委等六部门联合印发《京津冀农产品流通体系创新行动方案》（以下简称《方案》）。《方案》提出，经过3年左右的努力，基本建立畅通高效的京津冀农产品流通网络体系，培育壮大一批具有较强竞争力的龙头示范企业，成为全国农产品流通体系创新的先行示范区。《方案》提出的目标，即经过3年左右的努力，基本建立统一开放、分工协作、竞争有序、畅通高效的京津冀农产品流通网络体系，市场布局更加优化，组织化、专业化、标准化程度显著提高，流通效率和服务质量明显提升，流通成本大幅降低，培育壮大一批具有较强竞争力的龙头示范企业，成为全国农产品流通体系创新的先行示范区。《方案》提出六大主要任务：一是加强京津冀农产品流通的统筹协调，增强协同发展能力。二是鼓励支持企业开展流通创新探索，提高农产品流通现代化水平。三是加快农产品批发市场转型升级，拓展物流配送等服务功能。四是大力发展全程冷链，保障食品安全和促进消费升级。五是探索建设京津冀农产品公共信息平台，提升流通信息化水平。六是开展农产品流通国际合作，提高流通国际化水平。《方案》提出，加大投融资、土地等政策支持力度，综合运用中央预算内投资、专项建设基金、现代物流重大工程包等渠道，支持京津冀农产品流通体系创新项目建设；引导金融机构加大对农产品流通企业等的信贷支持力度，为项目建设提供便利的融资服务；推动京津冀三地农产品流通企业跨地区兼并重组和投资合作，提高产业集中度，打造龙头企业；继续落实好鲜活农产品运输“绿色通道”政策和支持农产品流通企业发展的用地和相关税收优惠政策，对符合规划要求的农产品流通设施建设项目，加快用地审查报批，保障项目依法依规用地；鼓励和支持保险机构创新针对农产品流通各环节的保险险种和范围，保障企业和农业经营者利益。

8 月

18～19 日 中国绿色食品发展中心在山东省烟台市召开了“2016 年绿色食品监管工作座谈会”，总结、交流了 2016 年上半年监管工作。全国省级绿色食品工作机构分管领导或监管部门负责人参加了会议。中国绿色食品发展中心主任王运浩出席会议并讲话。他重申了中国绿色食品发展中心年初确立的工作目标，要严管质量树品牌，防控风险调结构，并指出本次会议重点是围绕加强绿色食品证后监管、维护绿色食品品牌的问题开展研讨，同时部署下半年工作，并就进一步做好绿色食品监管工作提出三点要求：一是强化监管意识。要高度重视绿色食品监管工作，切实增强“三个意识”：要强化大局意识，做到勇于担当；要强化工作责任意识，做到履职尽责；要强化法律责任意识，做到依法行事。二是落实监管制度。采取有效措施，抓好各项制度落实，保证绿色食品各项质量标准和操作规程及标志使用规范在用标企业得到贯彻实施，实现绿色食品全程质量控制。三是创新监管机制。面对新形势、新任务，与时俱进，保持不断创新，围绕绿色食品监管的重点工作，创新各项工作机制，发挥监管体系的最大效能。最后希望大家共同努力，把握机遇，顺势而为，推进绿色食品监管工作再上新台阶，切实维护好绿色食品品牌公信力，推动绿色食品事业健康持续发展。座谈会上，农业部农产品质量安全监管局副局长金发忠作了“关于农产品质量安全监管工作现状、趋势及应急管理”的专题讲座。山东、湖南、安徽、河北、上海和江苏 6 个省级工作机构作了典型发言。各省级工作机构分管领导或监管部门负责人，就如何进一步做好企业年检工作、如何开展监管员工作绩效考评，建立监管员队伍管理激励机制以及如何进一步加强企业内检员管理与服务，发挥企业内检员作用等问题进行讨论并提出许多意见或建议。中国绿色食品发展中心副主任刘平对会议进行了总结。

24～25 日 “全国食品药品安全应急管理工作会议”在辽宁省沈阳市召开，国家食品药品监管总局副局长孙咸泽出席会议并讲话。孙咸泽指出，应急管理在预防风险、控制事态、降低危害等多方面发挥着重要作用，国家食品药品监管总局历来高度重视应急管理工作。三年来，在各级食品药品监管部门的共同努力下，全系统的应急管理工作取得了重大进展。一是从零做起，迅速建立了“一案三制”应急体系，应急预案逐步完善、应急管理体制日趋理顺、应急工作机制有序建立、应急管理法制建设稳步推进，应急管理各项工作步入了制度化、规范化轨道。二是以问题为导向，创建实施了舆情监测识别、分级预警、跟踪分析、核实处置的机制与制度，不断提升突发事件信息首报、续报、终报时效，研发建设全系统共享的舆情监测预警、重大信息直报两个网络，有效提升了全系统靶向治理、快速反应水平。三是闻警即动，快速响应，不断加强跨区域、跨部门应急处置协作，强化上下互通、左右互联，妥善应对处置深圳康泰乙肝疫苗、上海福喜过期肉、山东济南非法经营疫苗案等系列突发事件，在 H7N9 禽流感、鲁甸地震、APEC 会议等重大疫情、自然灾害和重大活动中积极做好食品药品安全应急保障工作。四是以培训提能力，应急知识和应急能力已经成为全系统干部培训的“必修课”；以演练促实战，示范引领，注重队伍平时锻炼；同时，加强应急装备建设，确保随时做好应急准备。孙咸泽要求，要继续加强制度建设和能力建设，提高应急应对水平，全面推动新常态下食品药品安全应急管理工作再上台阶，守护好人民群众舌尖上的安全。一要继续加强制度建设，加快修订国家食品安全突发事件应急预案、国家药械安全突发事件应急预案，组织做好食品药品安全“十三五”应急体系建设规划编制工作，巩固完善区域协调、部门协作的机制制度建设。二要立足防范为先，构建全系统舆情监测和信息直报的立体网络，加强舆情搜集研判，强化重大信息报送处置，努力做到风险隐患早发现、早报告、早预警、早处置。三要加快应急专业队伍建设，使应急管理与日常监管、稽查执法、新闻宣传等方面专家资源共享；加强应急基本功培训，重点提升基层应急实战能力；加强统筹协调，共同应对防范跨区域突发事件。四要创新方法和手段。深入总结突发事件特点和应对规律，不断改进工作方式方法，探索开展新业态突发事件、跨区域跨部门应急演练，不断提升突发事件防范应对能力和水平。五要适应新变化，做好舆情风险防范化解。信息公开要做到以科学为基础，言之有据；对外回应要注意公众和舆论的心理预期，尽可能地全面完整；同时，要提前评估可能的潜在影响，做好风险预判和应对预案。国务院应急办公室、国家行政学院应急管理培训中心有关负责人，全国 31 个省、自治区、直辖市和新疆生产建设兵团食品药品监管局分管应急工作的领导和处室负责人，国家食品药品监管总局有关司局、直属单位的负责人参加了会议。

26 日 “中国奶业 20 强峰会暨奶业振兴大会”在河北省石家庄市召开，国务院副总理汪洋对奶业振兴提出明确要求。汪洋指出，发展振兴民族奶业，对于保障市场供给、增加奶农收入意义重大，是推进农业供给侧结构性改革的重要内容。近年来，我国牛奶产量增加、质量水平大幅提升，奶业发展取得重大进步。要继续紧紧围绕提高质量、效益，大力推进奶业规模化、组织化、标准化、品牌化，尽快把我国奶业竞争力提高到一个新的水平，更好满足人民群众的需要。农业部部长韩长赋、河北省委书记赵克志出席峰会，河北省省长张庆伟在峰会上致辞。韩长赋在峰会上作主旨演讲，他提出，振兴中国奶业，是中国奶业人的责任和使命、梦想与光荣。要认真贯彻落实习近平总书记、李克强总理的重要指示精神以及汪洋副总理的明确要求，总结经验，坚定信心，团结协作，攻坚克难，踏上中国奶业振兴的新征程，开创中国奶业振兴的新局面。他强调，一杯牛奶强壮一个民族，小康社会不能没有牛奶，十几亿中国人不能没有自己的民族奶业；我国奶业素质显著提升，全面振兴有基础、有条件、有希望，对奶业振兴要充满信心；加快推进供给侧结构性改革，提升中国奶业竞争力，打好奶业振兴攻坚战，加快走出一条中国奶业振兴之路。要践行五大发展新理念，注重绿色发展，以市场需求为导向，以优质安全为核心，以提升奶业竞争力为目标，加快转变奶业发展方式，强化标准规范、科技创新、政策扶持、执法监管和消费引导，着力降成本、优结构、提质量、创品牌、增活力，实现中国奶业跨越式发展。力争到 2020 年奶业整体进入世界先进行列，到 2025 年整体进入世界奶业强国行列。峰会期间，中国奶业 20 强企业签署了《中国奶业振兴宣言》，郑重承诺做放心产业、做优质产业、做和谐产业、做开放产业，以好牛奶、好奶粉、好乳品赢得消费者，赢得信誉和尊重，自强不息，奋力拼搏，引领带动民族奶业全面振兴。近年来，我国奶业发展取得了明显成效。一是综合生产能力稳步提升。2015 年，我国生鲜乳和乳制品产量分别达到 3 870 万 t 和 2 782 万 t，居世界第三位。二是质量安全水平大幅提升。全国生鲜乳和乳制品抽检合格率分别达到 99.3%、99.5%，三聚氰胺抽检合格率连续 7 年保持在 100%，规模牧场乳蛋白、乳脂肪等指标达到发达国家水平。三是奶业生产方式明显转变。奶牛规模化养殖比重超过 48%，规模化、标准化、机械化、组织化水平不断提高。四是企业竞争力不断增强。主要乳品加工装备和技术水平已接近和达到世界先进水平，奶业 20 强企业的市场份额已经超过 50%，许多产品在国际获奖。会议由农业部副部长于康震主持。国务院新闻办公室副主任郭卫民、国家质量监督检验检疫总局副局长吴清海、国家食品药品监管总局副局长滕佳材、中国工程院副院长刘旭、工业和信息化部总工程师张峰、黑龙江省人民政府副省长吕维峰以及中国奶业 20 强企业代表在会上发言。石家庄市委书记孙瑞彬、河北省人民政府副省长沈小平、中国奶业协会会长高鸿宾，以及国家发展和改革委员会、教育部、财政部、商务部、国家卫生计生委、海关总署、国家工商总局、保监会等相关司局的负责人出席会议。

9　月

6～8 日　由河南省人民政府和农业部共同主办的“第十九届中国农产品加工业投资贸易洽谈会（以下简称洽谈会）”在河南省驻马店市举办。本届洽谈会以市场化、专业化、品牌化、国际化、信息化为办会方向，以“开放、合作、绿色、共赢”为主题，坚持廉洁、高效、安全的办会宗旨，坚持“行政组织、企业主体、多方参与、社会服务”的办会原则，坚持投资商、产品商、原料商、采购商、装备商、服务商“六商同台、各得其所”，将“投资贸易洽谈、科技成果发布、技术装备展示、产品展示贸易、国际交流合作、专题聚焦研讨、产品品牌培育”等七大功能融为一体，重点开展了“项目发布与签约、产品展示与贸易、科研成果展示与签约、农产品产销对接与签约、农产品加工业与农村一二三产业融合发展论坛、国际农产品加工业项目推介、参展产品评定及品牌培育、新疆名优特及精深加工农产品推介”等八项重点活动，达到了每年突出一个主题、洽谈一批项目、对接一批技术、发布一批成果、提高一个层次的办会目标。与往届相比，本届洽谈会更加突出特色和创新，社会各界反映良好。主要特点：一是层次更高，企业更多。展会通过专业会展公司对展区进行了科学规划布局，设立了“全国名优特及精深加工产品展、科研成果展、驻马店名优特精品展、农产品食品加工机械展、境外产品展及加工农产品贸易区”等 6 大展区，总展出面积近 30 000m^2，内设国际标准或特装展位 2 500多个，来自境内外 5 000 多个企业参展。无论是综合展示还是贸易展销，都做到了科学规划，周密组织，精心布展，体现出了当前农产品加工业发展整体水平和综合实力。二是内容更丰富，针对性更强。洽谈会除保留原有活动板块外，新增加了三项活动，包括农产品加工业与农村一二三产业融合发展论坛、国际农产品加工业项目推介会、新疆名优特及精深加工农产品推介会，邀请科研单位、大专院校开展技术交流，邀请大型批发市场采购商、名优特及精深加工企业开展对接。三是签约数量更多，投资规模更大。各地以洽谈会为平台，有针对性地开展项目对接和招商引资活动，谈成了一大批合作项目。会议期间成功签约了一批高质量的合作项目，共签约亿元以上重点投资项目185个，投资总额582亿元；签约农产品采购和贸易项目142个，贸易额62亿元；签约科研成果转化项目178个。项目数量、质量和投资规模与往年相比均有了新的提高。四是会议组织更加严密，更加安全高效。洽谈会严格执行中央八项规定精神，不举行宴会，出席领导嘉宾一律自助餐，不搞与会议主题无关的活动。驻马店作为主办城市，经过连续19年办会，积累了丰富的经验，整个大会组织严密，活动有序，周到细致，安全高效，受到了与会领导和参会代表的一致好评，确保了大会隆重、热烈、精彩、有序。

13日 农业部部长韩长赋主持召开部常务会议，专题研究做强茶产业工作。会议强调，茶产业事关农民增收，必须充分认识做强茶产业的重要性，统一思想、厘清思路，把振兴中国茶产业摆在重要位置，聚焦重点、整合力量，不断提升茶产业质量效益和竞争力。会议指出，中国拥有几千年的茶文化。茶叶是世界公认的健康饮品，是重要的国际贸易商品。随着消费水平的不断提高，以茶饮为主的消费需求将普遍增加，茶在我国城乡居民生产生活中地位日益突出。随着农业供给侧结构性改革的深入推进，为茶产业发展提供了机遇，也提出了要求。做强茶产业，既是适应消费结构转型升级的必然要求，也是传承中华文化的有效途径和重要载体，而且茶叶还是具有很大潜力的出口产品。同时，对于贫困地区特别是贫困山区，茶产业更是农民脱贫攻坚的支柱产业，必须充分发挥茶产业带动农民增收致富、助力脱贫攻坚的作用。会议强调，茶产业是我国传统优势产业，茶叶面积和产量均居世界第一位，但现在却面临着大而不强、大而不精、大而不彰等问题。要坚持问题导向，聚焦重点发力，做强我国茶产业。一是抓好茶叶生产优势区和优良品种，着力建设茶叶最宜区，加力推进茶叶种业创新。二是抓好绿色生态安全生产，开展有机肥替代化肥、生物防治替代化学防治等行动，在优势区建设标准茶园，支持地方申报地理标志。三是抓好市场和品牌建设，以企业为主体拓展国内和国际市场，借助展销平台、国际交流等多种方式打造品牌，提升中国茶影响力。要持续加力、久久为功，努力实现建设茶叶生产大基地、培育茶叶企业大集团、创响茶叶大品牌。会议强调，做强茶产业是一项系统工程，需要密切合作、协同推进。要充分发挥地方政府和农业部门的积极性，加强政策引导和工作指导，鼓励引导茶叶企业特别是龙头企业积极投身茶产业，发挥其主体引领作用，共同做强我国茶产业。

27～28日 “全国农产品产地初加工补助政策实施工作座谈会”在甘肃省定西市召开。来自20个农产品初加工补助政策实施试点省、自治区、直辖市主管部门及建有补助设施的农民专业合作社代表参加了会议。农业部农产品加工局局长宗锦耀出席会议并讲话，副局长马洪涛主持会议。会议指出，初加工补助政策实施五年来，中央财政补助资金累计达36亿元，实施区域覆盖全国20个省、自治区、直辖市，共扶持632个县、近5万个农户、8 300多个合作社，新建马铃薯贮藏窖、果蔬贮藏库和烘干房等初加工设施10万余座，新增马铃薯贮藏能力170万t、果蔬贮藏能力240万t、果蔬烘干能力240万t。补助政策在促进各地农村优势特色产业发展、农业提质增效、农民就业增收和农村一二三产业融合发展等方面发挥了重要作用，深受各地农民群众和地方政府的欢迎与肯定。会议强调，谋划农产品加工补助政策实施工作，必须放眼长远，并将其放到“三农”和经济社会发展全局中去考虑。要充分发挥补助政策在农产品加工业转型升级中的引领作用、在农业供给侧结构性改革中的推动作用、在农村一二三产业融合发展中的支撑作用、在精准扶贫和农民就业增收中的促进作用。要坚持一手抓实施、一手抓监管，把实施政策的重点进一步向优势产区、老少边穷地区、新型农业经营主体倾斜，强化集中连片建设，充分发挥补助政策的示范带动效应。一是加强组织指导。细化管理措施，落实工作责任。二是完善实施制度。开展项目建设需求情况摸底调研，精心组织编制实施方案，建立健全补助政策实施绩效评价制度。三是规范项目管理。坚持农民自主建设的原则，严格执行先批准后建设、先建成后补助的程序。围绕申请、建设、验收等关键环节，创新监管方式，提高监管效率，确保政策实施阳光操作。四是夯实技术支撑。加强对农户和农民专业合作社的相关技术培训，提高初加工设施建造和使用水平。组织有关科研单位围绕农产品产后减损增效、提高质量安全水平以及冷链物流等环节的重大技术问题，开展联合攻关和协同攻关。五是营造良好环境。争取相关部门配套政策支持，为项目建设营造良好政策环境。积极向社会宣传补助政策实施成效，及时总结、推广各地典型经验，营造补助政策实施的良好舆论氛围。会议指出，各级农产品加工业管理部门要高度重视农村一二三产业融合发展，将其当作当前和今后一个时期的中心工作任务，切实抓紧抓好，抓出成效。要认真落实农村产业融合发展政策措施，精心实施农村产业融合发展试点示范工程，抓好“百县千乡万村”试点示范工程、农村产业融合试点、农村一二三产业融合先导区创建和金融支持农村一二三产业融合发展工作。会议强调，实施产地初加工补助政策，是推进农村一二三产业融合发展的重要抓手。各级农产品加工主管部门要自觉把实施补助政策纳入推进农村产业融合发展的大局中去统筹考虑，以补助政策实施的新成效推动农村一二三产业深度融合。座谈会上，福建省、四川省、甘肃省定西市、湖南省永顺县农产品加工管理部门和陕西省白水县苹果专业合作社的代表先后做了典型发言。会议期间，与会代表们还参观了定西市、天水市建有果蔬贮藏、烘干设施的部分专业合作社及农产品加工龙头企业。

10 月

11日 “全国农产品流通工作现场会”在山东省潍坊市召开。会议围绕贯彻落实党的十八届五中全会精神和中央经济工作会议、中央农村工作会议要求，总结“十二五”以来全国农产品流通工作，分析研究今后一段时期农产品流通工作面临的新形势，明确新思路、落实新任务。商务部、国家发展和改革委员会、国土资源部、全国供销总社、国开行等国家有关部委和机构、有关协会代表，全国各省、自治区、直辖市商务主管部门分管领导和业务处室负责人参加会议。会议认为，“十二五”以来，各级商务部门认真贯彻落实习近平总书记关于“三农”发展的系列重要讲话精神和中央决策部署，按照“布点、强链、建网”的总体思路，着力完善政策环境、强化硬件设施、创新流通模式、探索公益性实现机制，农产品流通工作取得重要突破，政策环境日益优化，基础设施快速升级，多元化流通格局加快形成，公益性农产品市场体系建设成效初显。截至 2015 年底，全国共有农产品批发市场约 4 500 个，年交易总额 4.3 万亿元，年交易总量 8 亿 t，农产品批发市场流通主渠道作用进一步加强。农超对接、农社对接、农批零对接、农产品电子商务等新型流通模式快速发展，传统流通企业也主动“触网升级”，农产品流通线上线下加速融合。会议强调，全面建设小康社会、推进供给侧结构性改革、消费需求转型升级、互联网等信息技术发展等新形势，都对农产品流通工作提出了新要求，做好农产品流通这篇大文章不容易。要及时掌握行业发展和市场需求的新动向，主动破除思维定势、路径依赖和工作惯性，坚持市场化思维，创新工作方法，统筹谋划系统推进，坚持以人民为中心的发展思想，以改革创新的精神实现思想观念上的新引领、方法路径上的新突破、工作职能上的新转变。会议要求，要扎实做好近期农产品流通重点工作，一是积极构建公益性农产品市场体系，统筹规划公益性农产品市场体系建设，高度重视公益功能机制建设，切实加快试点工作进度。二是加快推进冷链物流发展资金项目，今年将突出冷链标准化和信息化建设，重点支持 10 个省市发展冷链物流。三是深入开展农商互联工作，围绕联产品、联设施、联信息、联标准、联市场解决好怎么联的问题，还要完善农商互联地理信息平台。四是不断完善标准体系，积极推进农产品冷链流通标准化试点示范工作，着力建设适应电商发展的农产品标准体系。会上，山东、山西、上海、四川、河南商务部门作了交流发言，一亩田集团、厦门正旸公司、山西美特好公司、山东家家悦集团、鲜易供应链、顺丰集团等交流了典型经验。

15～16日 “2016 中国（名山）茶乡旅游发展研讨会”在四川省雅安市召开。本次研讨会以“乡村旅游发展·县域整体规划发展模式”为主题，由中国农业国际合作促进会茶产业委员会、中国合作经济学会旅游合作专业委员会、雅安市名山区人民政府共同主办。来自农业部、国家旅游局、茶叶行业、地方政府的业内专家学者，对茶乡旅游的规划开发和产业管理进行了深入研讨。专家认为，随着我国茶旅融合理念的不断深入以及市民对农业休闲消费需求的不断提升，我国茶旅产业已步入发展快车道。茶旅融合发展思路及模式正不断探索创新，成为推动产业转型升级，促农增收脱贫的一大助推器。会议期间，举行了“2016 全国十大魅力茶乡”“2016 全国三十座最美茶园”“2016 全国特色茶旅资源区”颁奖仪式，举行了“蒙顶山国家茶叶公园”“蒙顶山国家茶叶公园创建试点单位”授牌仪式。据介绍，依托蒙顶山 4A 级景区打造的“蒙顶山国家茶叶公园”，是中国首个以茶叶为主题的休闲农业公园，该茶叶公园充分利用了当地自然生态资源，融合一二三产业共同规划发展，具有领先全国的创新性和先进性，已成为颇具规模的国家大型茶旅之地。创建“国家茶叶公园”就是要在原茶叶生产园区的基础上对园区重新进行科学合理的规划，将生产区域、生态区域、观光区域、休闲区域、文化区域重新进行规划整合，依托绿水青山、田园风光、古建遗存、乡土文化等资源发展休闲度假、旅游观光、养生养老、创意农业、农耕体验、乡村手工艺等，使“国家茶叶公园”成为繁荣农村、富裕农民的新型支柱产业园区。国家茶叶公园是茶旅结合、文旅结合的“茶产业＋文化＋旅游”的一种模式，可以促进我国茶产业的发展，增加农民的收入，是休闲农业发展的新模式。将茶园建成旅游景区，将茶产品开发成旅游产品，将茶文化打造成旅游品牌，实现茶旅文化一体化、茶旅品牌一体化、茶旅产品一体化。

21～22日 “全国食品安全示范城市创建和农产品质量安全县创建（即‘双安双创’）工作现场会”在四川省成都市召开。受国务院副总理、国务院食品安全委员会主任张高丽委托，国务院副总理、国务院食品安全委员会副主任汪洋出席会议并讲话。他强调，食品安全关系国计民生，责任重于泰山。要认真贯彻落实党中央、国务院的决策部署，坚持以人民为中心的发展思想，大力实施食品安全战略，强化监管责任，创新监管方式，落实习近平总书记“四个最严”要求，提高食品安全保障水平，为全面建成小康社会、建设健康中国作出新的贡献。2014 年以来，国家食品药品监管总局、农业部在全国开展“双安双创”工作，取得积极成效。22 日，汪洋到都江堰市、双流区等地调研创建工作，他深入农产品生产基地、餐饮服务企业和食品安全监测预警数据中心，详细考察农产品标准化生产、网格化监管、食品安全全程追溯和智能监管工作，了解食品安全大数据采集运用情况，与基层监管人员、食品生产商和农民共同探讨提高农产品质量和食品安全保障水平的路径办法。汪洋强调，加强农产品质量和食品安全监管，是地方各级政府的重大政治责任。要总结推广创建试点取得的成功经验，强化属地管理责任，加快完善统一权威的监管体制和制度，健全检验检测体系，不断提高监管能力。要重视利用现代信息技术手段创新监管办法，提高监管效能。大力推进农业现代化和食品产业转型升级，重视发挥适度规模经营主体在提高农产品质量和食品安全水平上的示范引领作用，加大农兽药残留超标、非法添加滥用食品添加剂等突出问题治理，严厉打击食品安全违法犯罪，严把从农田到餐桌每一道防线，确保人民群众舌尖上的安全。

11 月

5 日 “第二届农产品地理标志品牌推介会”在云南省昆明市举办。推介会上，农业部农产品质量安全监管局广德福巡视员致辞，农业部农产品质量安全中心张华荣主任介绍了全国农产品地理标志发展情况，对本次农产品地理标志展区进行了推介。相关领导为百色芒果、大田高山茶、京西稻、柴达木枸杞、诺邓火腿、潜江龙虾等 6 个国家级农产品地理标志示范样板进行授牌，向农产品地理标志证书持有人、标志使用人及消费者代表赠送了《农产品地理标志 50 问》科普读物。欧盟驻华使团农业参赞邓励科先生介绍了中欧地理标志国际合作情况，现场播放了国家农产品地理标志大型纪录片《源味中国》宣传片，并进行了影片推介。同时，会场外设置了产品展示品鉴区，全方位宣传推介各地农产品地理标志精品。本次推介会受到社会各界的广泛关注和积极参与，相关生产经营单位代表、消费者、现场观众等 300 余人参加了推介会。本次农产品地理标志专展形象特色鲜明，活动精彩丰富，宣传组织到位，取得了三个方面的主要成效：一是有力宣传了地标品牌。本次专展通过现场展示及推介会的主旨发言、品牌推介和现场品鉴等活动，让更多的人走近地标、了解地标。众多国家、行业及地方媒体现场采访，新华网、网易新闻、中国农业信息网、《农民日报》、《中国农村杂志》、云南信息港等多家媒体进行了及时报道，“农业部农产品质量安全中心”微信公众号第一时间进行了推送。很多产品通过本次专展一炮打响，让全国迅速了解。二是加强了各方交流。本次专展参与方众多，尤其是品牌推介会，涉及农产品地理标志全产业链，包括各级管理者、专家学者、传媒机构、生产经营单位、消费者及国外行业人士，农业部相关司局、直属单位、各省级农业行政主管部门负责人及中国农业科学院多个专业所专家参加。大家从不同角度话地标、论地标、品地标，听到更多的声音，大家普遍感觉很有收获。三是有效促进了产销对接。本次专展注重邀请采购商和专业观众参会，并提前将展示、品鉴产品名单对外公布，大家有备而来，现场很容易“擦出火花”，当场即有客商与参展产品商家洽谈签约，达成众多订单及意向，真正为生产者、经销者和消费者搭建一个高效、直接的桥梁，各方满意度较高。本次农产品地理标志专展得到了农业部市场与经济信息司、国际合作司、全国农业展览馆、云南省农业厅等单位的大力支持，受到社会各界的广泛关注和积极参与。农产品地理标志展团获得了农交会组委会颁发的“最佳组织奖”，23 个产品获得了“第十四届中国国际农产品交易会参展产品金奖”。

7～8 日 “全国粮食行业人才兴粮工作会议”在安徽省合肥市召开。国家粮食局副局长徐鸣出席会议并讲话，副局长曾丽瑛作总结讲话。徐鸣指出，国家粮食局组织召开全国粮食行业人才兴粮工作会议的主要目的，是深入学习领会习近平总书记关于人才工作的系列重要讲话精神，认真贯彻落实全国科技创新大会和中央《关于深化人才发展体制机制改革的意见》座谈会的工作部署，聚焦行业科技创新，大力实施科技兴粮和人才兴粮工程，推动行业人才发展体制机制改革，为确保国家粮食安全提供坚实的人才保障。会上，徐鸣同志全面总结了党的十八大以来行业人才工作取得的成绩，深入分析了推进人才兴粮工程的重要性和紧迫性。他强调，深入推进人才兴粮工程，一要服务行业发展，聚焦科技创新，培养造就一支高素质的粮食行业人才队伍。着重培养创新型领军人才，加快培养优秀青年人才，大力培养创造型技术技能人才，抓紧培养粮食行业后备人才，结合粮食行业人才需求，引导相关高校调整学科体系和专业设置，完善产学研用结合的协同育人模式。二要不断深化改革，建立健全汇聚英才的人才发展体制机制。建立群贤毕至的引才机制，实行特殊政策引进粮食行业急需的高层次人才；建立科学的人才评价发现机制，坚持德才兼备、重在实绩的评价导向；建立有利于激发人才创新创业的激励机制，以能够实现人才自身价值的事业激励人，以能够体现人才取得成果价值的待遇激励人，以能够匹配人才所做贡献的社会荣誉激励人；建立以人为本的人才服务工作机制，切实改变行政管理思路，变“管理人才”为“服务人才”，充分释放用人单位和人才的主观能动性。他要求，要坚持党管人才原则，地方粮食行政管理部门和有关单位要加强组织领导、加大经费支持力度、加强舆论宣传，为人才优先发展提供坚实的保障。曾丽瑛在总结讲话中指出，全国粮食行业人才兴粮工作会议是一次贯彻中央有关人才工作的新精神新要求的学习会，是一次推进行业人才发展体制机制改革的部署会，也是对进一步深入推进科技兴粮、人才兴粮的动员会，必将对粮食行业人才队伍建设产生重大而深远的影响，全行业必须认真贯彻落实好会议精神。一要围绕创新驱动发展抓落实。要聚焦科技创新人才，加强高层次专业技术人才、创新型技术技能人才的培养和使用，注意培育具有创新精神的企业家。要培育工匠精神，在行业培养造就一批大国工匠。二要围绕人才发展体制机制改革抓落实。要解放思想促改革，敢于打破现有束缚人才发展的制度藩篱；要加大投入促改革，积极协调增加人才队伍建设经费投入；要改善环境促改革，形成支持改革、参与改革的良好氛围。三要围绕本地本单位实际抓落实。立足本地本单位实际，突出重点，发扬首创精神，不断增强政策的执行力。会议同期举办了“全国粮食行业院校人才培养成果展”，34所院校集中展示了“十二五”期间，突出行业办学特色，打造粮食学科品牌，培养造就科技创新人才、技术技能人才等方面的成果。

15日 农业部在四川省召开“全国果茶绿色发展经验交流会”，交流果茶绿色发展的经验，分析当前面临的新形势，部署安排果茶绿色发展工作。农业部副部长余欣荣出席会议并讲话。会议强调，促进果茶绿色发展，要以布局优化、品质提升、产业融合为重点，坚持市场导向，强化政策引导，加快建设一批标准化的果茶生产基地，培育一批国际化的果茶集团，创响一批有全球竞争力的果茶品牌，引领果茶转型升级和现代农业发展。会议指出，当前农业农村经济发展进入新阶段，推进果茶绿色发展面临难得的机遇。要适应消费结构升级的需要，大力发展果茶生产，为消费者提供绿色安全的果茶产品；适应转变农业发展方式的需要，更加注重资源节约、环境友好，特别是减少化学农药的投入，用健康的土壤、绿色的方式生产绿色优质的产品；适应农民增收脱贫攻坚的需要，加快发展果茶等特色产业，增加农民收入，实现脱贫致富；适应农业国际竞争力的需要，着力降低成本，提升品质，赢得市场竞争的主动权。会议指出，与绿色发展的要求相比，果茶产业发展还存在越区种植、品质退化、创新能力不强和名品牌不多等问题，但也存在市场需求空间大、脱贫攻坚促动及“一带一路”倡议实施等有利条件和积极因素。解决我国果茶产业大而不强、大而不彰的问题，必须牢固树立绿色发展的理念，自觉形成绿色价值的取向、培育绿色思维方式、形成绿色发展模式，实现绿色强农、绿色惠民。会议指出，果茶绿色发展的目标是“一稳定三提高”。稳定面积，划定优势区，发展最宜区，保持果园、茶园面积基本稳定。到2020年，果园面积稳定在0.13亿 hm^2 左右，茶园面积稳定在280万 hm^2 左右。提高产品质量效益，加快品种改良，推进标准化、机械化生产，实现增产增效、节本增效、提质增效。提高产业竞争力，推进科技创新，集成推广高产高效、资源节约、环境友好的技术模式，创响一批知名品牌，培育一批大企业集团，提升产业综合素质。提高产业绿色发展能力，推广绿色防控、统防统治、配方施肥，开展有机肥替代化肥，促进化肥农药减量增效，改善果园、茶园生态环境。会议强调，果茶绿色发展是大战役、新战役，需要精心谋划、分类施策，汇聚力量、共同推进。要构建政府主导、企业主体、农民参与、社会支持的果茶发展新格局，更好发挥政府的规划引导、信息服务、标准制定、示范引导、市场监管和政策扶持作用，更好发挥企业建立优质原料基地、建设加工基地、创响知名品牌和拓展市场的作用，引导农民优选品种、应用新技术、发展规模经营，并引导社会积极参与，引入工商资本、引领绿色消费、引导社会舆论。要形成各担其责、各尽其能、协同推进的新态势，聚力推进结构优化、科技创新、服务创新、市场拓展等4项重点工作。要聚焦重点发力，攻坚突破难点，确保在培育大企业、打造品牌、标准制定、有机肥替代化肥等4个方面上取得新进展。四川省副省长王铭晖出席会议并致辞，会议由农业部总农艺师孙中华主持，各省、自治区、直辖市农业厅负责人参加会议。国家食品药品监管总局有关司局负责人，浙江、湖北、陕西农业厅有关负责人，有关果茶企业及专家在会上发言。

12 月

7日 由农业部农产品加工局等单位主办的“2016年全国农产品加工科技创新推广活动”在安徽省合肥市举办，以加快推进我国农产品加工业科技创新，促进产学研用深度融合和科技与产业无缝对接，全面推动农产品加工业转型升级发展。来自全国各地550余个农产品加工科研院所、高等院校、加工企业和研发中心等近千人参加了活动，近百个单位现场展览展示农产品加工科技成果、产品与装备，活动实现农产品加工科技成果对接100余项，现场签约总额3亿多元。本次活动的主要内容：一是召开国家农产品加工技术研发体系工作会；二是举办农产品加工业发展与技术创新专题论坛；三是开展农产品加工技术对接；四是开展农产品加工技术需求、技术成果展览展示；五是开展农产品加工典型市县区推介；六是召开2016年全国农产品加工院所长座谈会。本次活动采取“线上线下”同步对接的方式加强技术成果转化，通过网络平台征集成熟技术成果400余项，企业技术需求200余项。按照粮食加工、油料加工、果蔬茶加工、畜产加工、水产加工技术五类领域开展了科企现场对接与交流活动。活动期间公布了国家农产品加工技术研发体系工作委员会组织评选的“2016年度农产品加工业十大科技创新推广成果、国家农产品加工技术研发体系科技创新十强研发中心以及十佳青年科技人才名单”，举办了科技创新与品牌论坛。会议指出，科技创新是农产品加工业转型升级的迫切要求，是农村产业融合发展的重要手段，是农业供给侧结构性改革的决定力量。“十三五”重点要落实科技创新政策，充分利用政策红利，努力开创科技创新新局面，为产业持续健康发展提供有力科技支撑；完善科技创新体系，强化工作委员会领导下的国家中心、专业委员会负责制，加强横向联系和纵向联动，完善相关管理办法，推行“优胜劣汰、能进能出”的动态管理；培养创新人才队伍，通过科技创新活动凝聚人才和培养人才，最大限度激发广大科技人员的创造精神和创新热情；加强创新平台建设，以农产品加工关键技术、工艺及装备的中试熟化和工程化共性技术研发为重点，力争到2020年，建成40个农产品加工技术集成基地，促进科技成果落地生根；加速技术装备创新，开展初加工、精深加工、综合利用和主食加工技术研发及信息化、智能化、工程化装备自主创制，逐步实现关键加工装备国产化；提升质量品牌水平，引导企业树立以质量和诚信为核心的品牌观念，推进品牌、生产和销售能力的全面升级，培育一批能够展示“中国制造”和“中国服务”优质形象的品牌和企业；强化成果推广转化，发布转化一批符合产业转型升级方向、投资规模与产业带动作用强的科技成果包，增加产业转型升级的技术源头供给，强化科技成果转移转化市场化服务，构建线上线下相结合的技术交易网络平台。据悉，全国农产品加工科技创新推广活动是依托国家农产品加工技术研发体系组织的年度科技创新推广盛会，至今已是第六届，累计实现农产品加工科技成果对接800余项，现场签约总额超过18亿元。

14日 “全国食品安全示范城市创建工作推进会”在湖北省宜昌市召开。会议旨在总结交流国家食品安全示范城市创建经验，深化推进创建工作，不断提升食品安全治理水平。国务院食品安全委员会办公室副主任、国家食品药品监督管理总局副局长滕佳材出席会议并讲话。滕佳材指出，自2014年创建以来，国家食品安全示范试点城市不断扩大，目前已覆盖包括31个省、自治区、直辖市所有省会城市、计划单列市及部分基础较好的地级市在内的67个城市。在创建工作中，各地高位推动，党政同责有效落实，“四有两责”落地见效。据初步统计，67个试点城市现有全职从事食品安全监管的人员82 968人，食品安全年工作经费达48.81亿元，食品安全监管执法车辆11 144辆，食品安全监管执法装备价值21.98亿元，食品安全年现场检查612.31万户次，食品检验年样本量210.56万批次，年均查办食品安全案件8.62万件。第一、第二批试点城市创建前后对比显示，创建后食品安全现场检查量增幅达28.41%，食品检验样本量增幅达20.98%，查办食品安全案件增幅达16.29%。各创建城市还注重引导全民创建，政府部门、企业主体和社会各界“三位一体”整体联动，地区社会共治格局初步形成，公众食品安全知晓率不断提升，创建参与度和支持率继续攀升，国家食品安全示范城市品牌效应初步显现。第二批试点城市中期评估结果显示，75%的受访者关注食品安全工作，95%的受访者支持国家食品安全示范城市创建，75%的受访者支持把“群众满意”作为国家食品安全示范城市创建衡量标尺。滕佳材强调，各地要摸清本地及输入输出食品生产经营企业基本情况、业态分布、产品信息、农兽药使用品种、产业发展等实情，在日常监管、抽样检验和比对分析中提高问题发现率，为精准治理选准选好“靶子”。要突出源头治理。从本地食品生产企业、食品市场以及“三小”这些源头治理入手，把好食品市场准入关。要重点治理超范围超限量使用食品添加剂、使用工业明胶生产食品、使用工业酒精生产酒类食品、使用工业硫黄熏蒸食物、违法使用瘦肉精、食品制作过程违法添加罂粟壳等物质、水产品违法添加孔雀石绿等禁用物质、生产经营企业虚假标注生产日期和保质期、用回收食品作为原料生产食品、保健食品标签宣传欺诈等10类危害食品安全“潜规则”。要围绕人民群众和社会反映强烈的肉菜等重点品种和突出问题，加强抽样检验，整治和规范食用农产品和食品生产经营行为。会议期间，江苏南京、山东潍坊、广东广州和湖南长沙四个试点城市在会上作了交流发言。

17日 国务院办公厅印发了《关于进一步促进农产品加工业发展的意见》（以下简称《意见》），这是指导今后一个时期我国农产品加工业发展的纲领性文件。《意见》明确了进一步促进农产品加工业发展的总体要求、结构布局、多业态发展、产业转型升级、政策措施和组织保障等重大问题，农产品加工业是农业现代化的支撑力量和国民经济的重要产业，对于促进农业提质增效、农民就业增收和农村一、二、三产业融合发展，对于提高人民群众生活质量和健康水平、保持经济平稳较快增长，对于深入推进农业供给侧结构性改革、不断满足城乡居民消费升级的需求，都具有十分重要的意义。近年来，我国农产品加工业持续稳定发展，成为行业覆盖面宽、产业关联度高、中小微企业多、带动农民就业增收作用强的基础性产业。新常态下，发展农产品加工业是顺应新形势新要求的战略选择。一方面，我国经济进入新常态，农业农村经济进入新阶段，资源环境绷得越来越紧，农产品面临的价格“天花板”和成本“地板”双重挤压，有的农产品生产出来后由于初加工不足造成损失，有的农产品由于精深加工转化不足出现结构性过剩，迫切需要农产品加工业的发展。另一方面，全面建成小康社会、人们消费档次升级，形成新的需求，新产业新业态新模式发展，为农产品加工业发展开辟了广阔空间。发展农产品加工业成为一举多得和牵动全局的“牛鼻子”，在解决“三农”问题中发挥着越来越重要的作用。发展农产品加工业，有利于促进农业提质增效，充分发挥其连接城乡、沟通工农的桥梁纽带作用，在供给侧为消费者提供安全优质、绿色生态的各类食品和加工品，优化现代农业产业体系、生产体系和经营体系，提高农业综合效益和竞争力，加速推进农业现代化。有利于促进农民就业增收，在需求侧为农户提供引领示范，引导农户按照加工和市场需求组织生产，促进农户从生产导向转向消费导向，将拉长的农业产业链条细分出更多环节和空间，多层次增加农民收入，发挥对精准扶贫、精准脱贫的积极作用。有利于引领农村产业融合，有效延长农业产业链、提升价值链、重组供应链，推进农业与加工流通、休闲旅游和电子商务交叉融合，让农民分享二三产业增值收益。有利于构建新型工农城乡关系，把资源要素、就业岗位和附加价值留在农村、留给农民，促进新型城镇化。党中央、国务院高度重视农产品加工业发展。习近平总书记指出，要发展农产品加工和流通业，推动一、二、三产业融合发展。李克强总理指出，要大力支持农产品精深加工，延伸农业产业链条。《意见》在以往政策基础上提出，要推动农产品加工业从数量增长向质量提升、要素驱动向创新驱动、分散布局向集群发展转变，按照以农为本、转化增值，市场主导、政府支持，科技支撑、综合利用，集聚发展、融合互动的原则，促进农产品加工业持续稳定健康发展。《意见》要求：一要优化结构布局，明确三产区、优势区、大中城市郊区及都市农业区及贫困地区等发展重点；二要统筹农产品初加工、精深加工、综合利用加工及主食加工协调发展；三要推进多种业态发展；四要加快产业转型升级，提升科技创新能力，强化协同创新机制，加速科技成果转化推广，提升质量水平，培育知名品牌，加强人才队伍培养；五要完善政策措施，支持企业申请有关支农资金项目，完善增值税和所得税政策，加大信贷支持力度，落实用地用电政策。农产品加工业是农业现代化的重要标志，是经济社会的重要支柱产业，也是保障国民营养安全健康的重要民生产业。进一步促进农产品加工业发展是一项具有战略性的长期任务，各级农业部门要充分认识农产品加工业在农业供给侧结构性改革中的重要引领作用，把农产品加工业摆在重要位置，积极争取将其纳入本地区经济社会发展规划和目标考核内容，健全农产品加工管理体制和机制，强化公共服务能力，加强舆论引导。我们相信，随着《意见》的贯彻落实，必将进一步激发各类农产品加工业市场主体的积极性，更好地推动农产品加工业发展，为推动农业供给侧结构性改革，增强农村经济新动能，为发展现代农业、增加农民收入、建设社会主义新农村作出新的更大贡献。

7 第七部分

附 录

附录简要说明

1. 本部分统计资料数据主要包括：香港、澳门特别行政区和台湾省相关统计数据；世界和部分国家主要农产品收获面积、单产和总产量，禽畜产品产量；主要国家农业与农产品加工业生产指数；农产品加工业主要经济指标；世界主要国家农、林、畜、禽产品进出口情况；按营业额排序的世界最强500个企业中农产品加工业企业。

2. 本部分统计资料数据主要来源于国家统计局、农业部、2015年联合国粮农组织数据库、2015年联合国工发组织出版的《国际工业统计年鉴》、2015年《国际统计年鉴》、世界银行统计数据。未注明“资料来源”的数据，均采用国家统计局公布的数据。

3. 本部分统计资料中符号使用说明：“空格”表示该项统计指标数据不详或无该项数据；*”、“①”、“△”表示本表下面有注解。

表 1 部分国家（地区）农业生产指数（2013 年）

（2004—2006 年＝100）

国家或地区	农 业	食 品
世界总计	**121.9**	**122.4**
埃 及	118.4	119.6
南 非	122.3	123.0
加拿大	115.0	115.4
美 国	108.2	109.9
巴 西	134.6	136.1
中 国	130.9	131.6
印 度	139.7	138.7
日 本	97.9	98.2
韩 国	104.0	104.1
法 国	96.9	97.0
德 国	105.3	105.4
意大利	90.3	90.6
俄罗斯	117.3	117.1
英 国	99.5	99.5
澳大利亚	115.6	115.3

资料来源：表中数据来自 2016 年《中国统计年鉴》。

表 2 世界主要国家陆地面积、耕地面积、人口、人均耕地面积排名情况（2013 年）

排名	国土陆地面积（万 km²）		耕地面积（万 km²）		人口（亿人）		人均耕地（亩/人）	
	国 别	面 积	国 别	面 积	国 别	人 口	国 别	人 均
世界		**13 432.5**		**1 395.9**		**73.4**		**2.9**
1	俄罗斯	1709.8	印 度	156.2	中 国	13.7	俄罗斯	12.5
2	加拿大	998.5	美 国	155.1	印 度	13.1	美 国	7.3
3	美 国	983.2	俄罗斯	119.8	美 国	3.2	巴 西	5.2
4	中 国	960.0	中 国	105.9	印度尼西亚	2.6	印 度	1.7
5	巴 西	851.6	巴 西	72.6	巴 西	2.1	中 国	1.2

资料来源：表中数据来自 2015 年《国际统计年鉴》和 2016 年《中国统计年鉴》。

表 3　我国主要指标居世界位次（2013—2014 年）

指　　标	2013 年	2014 年
国土面积	4	4
人　　口	1	1
国内生产总值	2	2
人均国民总收入	109（214）	100（214）
进出口贸易总额	1	1
出口额	1	1
进口额	2	2
外商直接投资	2	1
外汇储备	1	1

资料来源：表中数据来自 2015 年《国际统计年鉴》。注：括号中数据为参加排序的国家和地区。

表 4　我国主要指标占世界比重（2013—2014 年）

单位：%

指　　标	2013 年	2014 年
国土面积	7.2	7.1
人　　口	19.1	18.9
国内生产总值	12.3	13.3
进出口贸易总额	11.0	11.3
出口额	11.8	12.4
进口额	10.3	10.3
外商直接投资	8.5	10.5
外汇储备	32.7	33.2
稻谷产量	27.5	27.9
小麦产量	17.1	17.3
玉米产量	21.4	21.1
大豆产量	4.5	4.1

资料来源：表中数据来自 2015 年《国际统计年鉴》和 2016 年《中国农村统计年鉴》。

表 5　我国台湾省农业生产指数（2011—2014 年）（2011 年＝100）

年　份	总指数	种植业	林　业	畜牧业	渔　业
2011	100.0	100.0	100.0	100.0	100.0
2012	98.3	95.9	103.6	98.6	102.7
2013	97.1	95.4	112.6	96.7	101.4
2014	98.4	98.5	96.6	96.8	101.3

资料来源：表中数据来自 2016 年《中国统计年鉴》。

表 6　部分国家（地区）主要粮食作物总产量（2013 年）

单位：kt

国家或地区	谷　物	其　　中				
		小 麦	稻 谷	玉 米	谷 子	高 粱
世界总计	**2779 940**	**715 909**	**740 903**	**1 018 112**		
埃　及	22 305	9 460	6 100	5 800		
南　非	14873	1879		12 486		
加拿大	66 372	37 530		14 194		
美　国	436 554	57 967	8 613	353 699		
巴　西	100 902	5 739	11783	80 273		
中　国	552 876	121 926	203 612	218 489		
印　度	293 940	93 510	159 200	23 290		
日　本	11 787		10758			
韩　国	5 818		5 632			
法　国	67 518	38 614		15 053		
德　国	47 757	25 019		4 387		
意大利	18 084	7 278	1 339	7 900		
俄罗斯	90 375	52 091	935	11 635		
英　国	20 076	11 921				
澳大利亚	35 598	22 856	1 161			

资料来源：表中数据来自 2015 年《国际统计年鉴》。

表 7　我国对美国农产品进出口情况（2011—2015 年）

单位：亿美元、%

年　份	进出口额	出口额	同比增长	进口额	同比增长	逆　差
2011	299.6	67.0	15.9	232.6	25.0	165.6
2012	359.1	71.8	7.2	287.3	23.5	215.5
2013	338.7	72.9	1.5	265.8	−7.5	192.3
2014	360.9	74.2	1.8	286.7	7.9	212.5
2015	320.0	73.5	−0.9	246.5	−14.0	173.0

资料来源：表中数据来自《世界农业》2016 年第 8 期。

表 8　我国对俄罗斯农产品进出口情况（2010—2014 年）

单位：亿美元、%

年　份	出口额	出口总额	出口占比	进口额	进口总额	进口占比
2010	15.36	488.60	3.14	13.87	719.21	1.93
2011	19.47	600.93	3.23	16.93	937.93	1.81
2012	19.40	625.61	3.10	15.56	1 114.89	1.40
2013	20.99	670.57	3.13	15.71	1 180.10	1.33
2014	22.99	713.06	3.22	15.54	1 209.64	1.28

资料来源：表中数据来自《世界农业》2016 年第 8 期。

表 9　我国对印度尼西亚农产品进出口情况（2009—2013 年）

单位：百万美元、%

年　份	进出口额	出口额	同比增长	进口额	同比增长	逆　差
2009	3 269.91	1 024.96	28.66	2 244.94	−14.39	1 219.98
2010	4 641.99	1 743.05	70.06	2 898.95	29.13	1 155.90
2011	6 140.57	2 080.88	19.38	4 059.69	40.04	1 978.81
2012	6 434.96	1 821.93	−12.44	4 613.03	13.63	2 791.10
2013	5 063.92	1 635.46	−10.23	3 428.46	−25.68	1 792.99

资料来源：表中数据来自《世界农业》2016 年第 4 期。

表 10　韩国小麦生产消费情况（2009—2013 年）

单位：kt

年　份	产　量	出口量	进口量	人均占有量（kg）
2009	26	105	4 470	90.19
2010	39	125	4 761	88.14
2011	44	131	5 188	104.97
2012	37	144	5 439	104.74
2013	30	150	4 300	87.14

资料来源：表中数据来自《世界农业》2016 年第 4 期。

表 11　部分国家（地区）主要油料作物总产量（2013 年）

单位：kt

国家或地区	大 豆	油 菜 籽	花 生	芝 麻
世界总计	**276 032**	**72 700**	**45 654**	**4848**
埃　及	23		209	40
南　非	785	112	42	
加拿大	5 198	17 935		
美　国	89 483	880	1 893	
巴　西	81 725	58	390	7
中　国	11 951	14 458	16 972	624
印　度	11 948	7 820	9 472	636
日　本	200			
韩　国	154			12
法　国	110	4 370		
德　国		5 784		
意大利	625	39		3
俄罗斯	1 636	1 393		
英　国		2 128		
澳大利亚	92	4 142		

资料来源：表中数据来自 2015 年《国际统计年鉴》。

表 12 世界高粱主要出口国（2012—2015 年）

单位：%

2012 年			2013 年			2014 年			2015 年		
国家	数量	金额	国家	数量	金额	国家	数量	金额	国家	数量	金额
阿根廷	51.83	42.78	阿根廷	39.06	33.00	美 国	72.10	78.15	美 国	75.40	75.74
美 国	33.06	39.33	美 国	36.44	36.96	阿根廷	14.97	8.80	澳大利亚	11.80	13.53
澳大利亚	3.91	3.99	澳大利亚	13.80	17.44	澳大利亚	4.76	4.90	阿根廷	8.04	5.38
印 度	2.83	3.60	乌克兰	3.12	2.77	乌克兰	2.59	1.63	法 国	1.43	1.30
乌克兰	2.11	1.88	印 度	1.58	1.85	法 国	1.72	1.66	印 度	0.91	1.13
合 计	**93.74**	**91.57**	**合 计**	**94.00**	**92.04**	**合 计**	**96.13**	**95.14**	**合 计**	**97.59**	**97.08**

资料来源：表中数据来自《农业展望》2016 年第 8 期。

表 13 世界高粱主要进口国（2012—2015 年）

单位：%

2012 年			2013 年			2014 年			2015 年		
国家	数量	金额	国家	数量	金额	国家	数量	金额	国家	数量	金额
日 本	29.73	30.35	日 本	29.89	28.06	中 国	75.54	72.53	中 国	83.53	83.60
墨西哥	26.71	25.65	墨西哥	20.05	19.00	日 本	11.48	9.86	日 本	6.51	5.00
哥伦比亚	11.79	9.60	中 国	17.92	19.51	智 利	2.39	1.48	墨西哥	1.84	2.36
智 利	5.54	6.06	智 利	11.27	8.93	意大利	2.03	1.80	埃塞俄比亚	1.56	3.49
南 非	2.85	2.50	美 国	3.58	2.95	埃塞俄比亚	1.54	3.87	意大利	1.24	0.96
合 计	**82.36**	**77.03**	**合 计**	**75.89**	**72.94**	**合 计**	**92.98**	**89.55**	**合 计**	**94.66**	**95.41**

资料来源：表中数据来自《农业展望》2016 年第 8 期。

表 14 我国高粱进口主要来源国（2012—2015 年）

单位：%

2012 年			2013 年			2014 年			2015 年		
国家	数量	金额	国家	数量	金额	国家	数量	金额	国家	数量	金额
澳大利亚	99.97	99.94	澳大利亚	70.59	75.13	美 国	93.82	92.66	美 国	83.80	83.19
缅 甸	0.03	0.02	美 国	29.41	24.87	澳大利亚	6.18	7.34	澳大利亚	15.36	16.07
									阿根廷	0.83	0.74
合 计	**100.00**	**99.96**	**合 计**	**100.00**	**100.00**	**合 计**	**100.00**	**100.00**	**合 计**	**99.99**	**100.00**

资料来源：表中数据来自《农业展望》2016 年第 8 期。

表 15　我国玉米贸易情况（2011—2015 年）

单位：万 t

年　份	进口量	出口量	净出口量
2011	175.00	14.00	−161.00
2012	520.70	25.73	−494.50
2013	326.60	7.74	−318.90
2014	259.77	2.00	−257.77
2015	473.00	1.11	−471.90

资料来源：表中数据来自《农业展望》2016 年第 6 期。

表 16　我国玉米出口量情况（2011—2015 年）

单位：万 t、%

年　份	总量	韩国	朝鲜	合计	占比
2011	13.57		13.57	13.57	100.00
2012	25.73		25.73	25.73	100.00
2013	7.74		7.66	7.66	99.00
2014	2.00	0.02	1.57	1.59	79.50
2015	1.11		0.99	0.99	89.10

资料来源：表中数据来自《农业展望》2016 年第 6 期。

表 17　我国玉米进口量情况（2013—2015 年）

单位：万 t、%

年　份	总 量	美 国	老 挝	缅 甸	乌克兰	保加利亚	前五国合计	前五国占比
2013	326.60	296.77	8.18	2.61	10.90		318.46	97.5
2014	259.77	102.71	11.01	4.10	96.43	13.41	227.66	87.6
2015	473.00	46.18	12.48	4.83	385.08	15.99	464.56	98.2
合计	**1 059.37**	**445.66**	**31.67**	**11.54**	**492.41**	**29.40**	**1 010.68**	**95.4**

资料来源：表中数据来自《农业展望》2016 年第 6 期。

表 18 世界主要国家（地区）玉米产量（2014/2015—2015/2016 年度）

单位：万 t

国家（地区）	2014/2015 年度	2015/2016 年度	同比增长（%）
世界总计	**100 747.3**	**97 386.6**	**−3.34**
美 国	36 109.1	34 681.5	−3.95
阿根廷	2 650.0	2 560.0	−3.40
巴 西	8 400.0	8 150.0	−2.98
加拿大	1 148.7	1 360.0	18.39
中 国	21 567.0	22 500.0	4.33
埃 及	596.0	600.0	0.67
埃塞俄比亚	650.0	600.0	−7.69
欧 盟	7 529.2	5 775.1	−23.30
印 度	2 367.0	2 100.0	−11.28
印度尼西亚	940.0	960.0	2.13
墨西哥	2 500.0	2 350.0	−6.00
尼日利亚	751.5	700.0	−6.85
菲律宾	768.8	780.0	1.46
俄罗斯	1 132.5	1 350.0	19.21
南 非	1 130.0	1 200.0	6.19
乌克兰	2 845.0	2 300.0	−19.16
其 他	9 662.4	9 420.0	−2.51
其他国家合计	64 638.2	62 705.1	−2.99

资料来源：表中数据来自《饲料广角》2016 年第 2 期。

表 19 韩国玉米生产消费情况（2009—2013 年）

单位：kt

年 份	产 量	出口量	进口量	人均占有量（kg）
2009	77	8 461		171.73
2010	74	8 107		167.32
2011	74	7 636		158.33
2012	83	8 174		169.66
2013	83	9 500		192.59

资料来源：表中数据来自《世界农业》2016 年第 4 期。

表 20 美国玉米生产情况（2010—2014 年）

年 份	单 产 (t/hm²)	种植面积 (万 hm²)	产 量 (万 t)	世界总产量 (万 t)	所占比重 (%)
2010	9.59	3 296	31 609	82 002	38.55
2011	9.60	3 294	31 615	87 610	36.09
2012	9.23	3 399	31 389	91 700	34.23
2013	9.97	3 548	35 370	101754	34.76
2014	10.73	3 364	36 109	102 162	35.34

资料来源：表中数据来自 2016 年《中国农村统计年鉴》。

表 21 美国玉米深加工产品的玉米消费量（2009/2010—2013/2014 年度）

单位：万 t、%

年 度	淀粉		燃料乙醇		食用酒精		果葡糖浆		葡萄糖		总量
	数量	占比	数量	占比	数量	占比	数量	占比	数量	占比	
2009/2010	636	4.4	11 662	79.9	340	2.3	1 301	8.9	654	4.5	14 593
2010/2011	656	4.2	12 748	80.9	343	2.2	1 324	8.4	692	4.4	15 763
2011/2012	645	4.1	12 701	80.7	347	2.2	1 304	8.3	748	4.7	15 744
2012/2013	633	4.3	11 789	79.8	356	2.4	1 248	8.5	742	5.0	14 768
2013/2014	553	3.5	13 040	81.8	357	2.2	1 213	7.6	772	4.8	15 936

资料来源：表中数据来自《世界农业》2016 年第 6 期。

表 22 全球玉米主要出口国情况（2011—2015 年）

单位：万 t

国家或地区	2011 年	2012 年	2013 年	2014 年	2015 年
美 国	3 910	1 855	4 878	4 736	4 191
巴 西	2 434	2 495	2 097	3 445	2 800
阿根廷	1 715	1 869	1 710	1 850	1 700
乌克兰	1 516	1 273	2 000	1 966	1 550
俄罗斯	203	192	419	321	380
巴拉圭	248	283	237	329	230
塞尔维亚	233	60	174	296	170
欧 盟	329	219	241	403	110
墨西哥	69	52	50	78	100
加拿大	49	175	195	42	100
其 他	982	1 040	1 109	654	642
总 计	**11 688**	**9 513**	**13 110**	**14 120**	**11 973**

资料来源：表中数据来自《农业展望》2016 年第 6 期。

表 23 韩国大米生产消费情况（2009—2013 年）

单位：kt

年 份	产 量	出口量	进口量	人均占有量（kg）
2009	4 916	9	306	96.31
2010	4 295	4	405	105.41
2011	4 224	3	380	99.37
2012	4 006	2	510	92.96
2013	4 230	2	410	90.21

资料来源：表中数据来自《世界农业》2016 年第 4 期。

表 24 部分国家（地区）籽棉、麻类生产情况（2013 年）

国家或地区	籽 棉			麻 类		
	收获面积（khm^2）	单 产（kg/hm^2）	总产量（kt）	收获面积（khm^2）	单 产（kg/hm^2）	总产量（kt）
世界总计	**32 168.3**	**2 271.0**	**73 053**	**35 221**	**837**	**29 490**
中 国	4 345.6	4 356.1	18 930	92	2507	229
印 度	11 700.0	1 616.5	18 913	12 600	643	8 1000
美 国	3 053.1	2 497.8	7 626	3 053	931	2 8400
巴基斯坦	2 805.7	2 225.1	6 243	2 807	774	2 170
巴 西	943.7	3 620.9	3 417	1 128	1 223	1 380
澳大利亚	444.0	6 027.0	2 676	444	2 023	900
土耳其	450.9	4 990.0	2 250	451	1 846	830
墨西哥	124.1	4 730.1	587	148	1 283	190
阿根廷	361.5	1 502.1	543	366	531	190
埃 及	140.0	3 107.1	435	151	775	120
哈萨克斯坦	138.0	2 876.8	397	138	1 383	190
南 非	7.0	3 285.7	23			
委内瑞拉	26.3	988.6	26			
尼日利亚	290.0	720.7	209	416	184	80
朝 鲜	19.0	2 052.6	39			

资料来源：表中数据来自 2015 年《国际统计年鉴》。

表 25 部分国家（地区）烟叶、茶叶生产情况（2013 年）

国家或地区	烟叶			茶叶		
	收获面积（khm²）	单产（kg/hm²）	总产量（kt）	收获面积（khm²）	单产（kg/hm²）	总产量（kt）
世界总计	**4 238.1**	**1 754**	**7 435.1**	**3 521.2**	**1 518**	**5 345.5**
中国	1 623.0	2 099	3 374.0	1 857.2	1 036.2	1 924.4
巴西	405.3	2 099	850.7	0.4	2 051	0.8
印度	490.0	1 694	830.0	564.0	2 143	1 208.8
美国	136.0	2 542	345.8			
印度尼西亚	270.2	963	260.2	122.4	1 210	148.1
加拿大	15.0	2 300	34.5			
南非	5.1	3 310	17.0	0.7	1 385	0.9
日本	11.0	1 791	19.7	45.4	1 868	84.8
韩国	14.5	2 483	360.0	2.5	1 280	1.2
法国	4.4	2 188	9.7			
阿根廷	59.2	1 947	115.3	38	2 763	105.0
意大利	16.0	3 104	49.8			
土耳其	136.2	661	90.0	76.4	2 779	212.4
伊朗	12.5	1 680	21.0	24.5	6 531	160.0
巴基斯坦	49.8	2 176	108.3			

资料来源：表中数据来自 2015 年《国际统计年鉴》和 2016 年《中国农村统计年鉴》。

表 26 部分国家（地区）甘蔗、甜菜生产情况（2013 年）

国家或地区	甘蔗			甜菜		
	收获面积（khm²）	单产（kg/hm²）	总产量（kt）	收获面积（khm²）	单产（kg/hm²）	总产量（kt）
世界总计	**26 942.7**	**70 935.0**	**1 911 180**	**4368.0**	**129.0**	**246 522**
中国	1 816.5	70 575.8	128 201	181.8	72.2	9 260
埃及	141.7	113 620.3	16 100	193.4	623.9	10 044
南非	325.0	55 384.6	18 000			
巴西	10 195.2	75 338.4	768 090			
印度	5 060.0	67 430.8	341 200			
泰国	1 321.6	75 738.5	100 096			
巴基斯坦	1 128.8	56 475.9	63 750	1.0	0.4	25
墨西哥	782.8	78 157.9	61 182			
印度尼西亚	450.0	74 888.9	33 700			
菲律宾	435.4	73 206.2	31 874			
美国	368.6	75 708.1	27 906	467.0	1 066.7	29 768
法国				393.6	85 401.0	33 614
阿根廷	370.0	64 054.1	23 700			
越南	310.3	64 875.9	20 131			
澳大利亚	329.3	82 405.1	27 136			

资料来源：表中数据来自 2015 年《国际统计年鉴》。

表 27 我国甘薯淀粉出口规模与分布（2014 年）

单位：t、万美元

国家或地区	出口量	出口额
韩 国	27 066.44	3 053.94
泰 国	3 852.70	329.98
中国香港	1 947.05	458.00
台澎金马单独关税区	687.50	142.76
日 本	463.62	274.16
新加坡	346.64	34.13
美 国	230.26	60.26
菲律宾	170.45	14.39
马来西亚	131.50	24.83
越 南	102.21	8.40
其 他	181.90	49.67
合 计	**35 180.27**	**4 450.52**

资料来源：表中数据来自《农业展望》2016 年第 4 期。

表 28 我国甘薯出口规模与分布（2014 年）

单位：t、万美元

国家或地区	出口量	出口额
日 本	4 022.09	249.89
德 国	2 465.24	196.72
中国香港	2 440.88	175.52
韩 国	877.71	66.71
荷 兰	747.76	27.82
美 国	634.24	38.40
加拿大	490.49	30.23
中国澳门	397.11	7.78
马来西亚	240.68	20.38
英 国	162.75	13.80
新西兰	82.54	6.98
阿联酋	71.91	3.70
新加坡	46.27	2.38
俄罗斯	34.49	2.12
朝 鲜	20.00	0.70
澳大利亚	12.00	1.06
泰 国	9.27	0.57
西班牙	5.35	0.59
文 莱	4.50	0.07
葡萄牙	4.50	0.18
合 计	**12 769.76**	**845.68**

资料来源：表中数据来自《农业展望》2016 年第 4 期。

表 29　世界蚕豆 10 大主产国家（2014 年）

单位：万 hm²、%、万 t

排　名	国家	收获面积	收获面积占比	排名	国家	总产量	总产量占比
1	中　国	92.5	38.6	1	中　国	159.5	36.7
2	埃塞俄比亚	44.3	18.5	2	埃塞俄比亚	83.9	19.3
3	摩洛哥	19.1	8.0	3	澳大利亚	30.9	7.1
4	澳大利亚	14.2	5.9	4	法　国	27.9	6.4
5	苏　丹	7.5	3.1	5	摩洛哥	16.7	3.9
6	法　国	7.5	3.1	6	苏　丹	16.0	3.7
7	秘　鲁	5.8	2.4	7	埃　及	15.8	3.6
8	突尼斯	5.8	2.4	8	英　国	12.5	2.9
9	埃　及	4.6	1.9	9	德　国	8.8	2.0
10	意大利	4.1	1.7	10	秘　鲁	8.1	1.9

资料来源：表中数据来自《世界农业》2016 年第 11 期。

表 30　世界柿子主要生产国产量情况（2013 年）

单位：万 t、%、t/hm²

排序	国家或地区	产量	产量占比	排序	国家或地区	单产
1	中　国	361.88	78.0	1	巴　西	20.25
2	韩　国	35.20	7.6	2	阿塞拜疆	16.64
3	日　本	21.47	4.6	3	韩　国	12.07
4	巴　西	17.32	3.7	4	日　本	9.94
5	阿塞拜疆	14.31	3.1	5	中　国	4.89

资料来源：表中数据来自《农业展望》2016 年第 6 期。

表 31　世界柿子主要出口国出口情况（2013 年）

单位：万 t、%、万美元

排序	国家或地区	出口量		出口额	
		数量	占世界份额	金额	占世界份额
1	西班牙	40.08	65.5	53 667	67.7
2	阿塞拜疆	9.51	15.6	7 712	9.7
3	中　国	3.58	5.9	3 749	4.7
4	以色列	1.31	2.1	2 374	3.0
5	波　兰	1.22	2.0	1 561	2.0
6	立陶宛	0.91	1.5	1 397	1.8
7	荷　兰	0.78	1.3	1 867	2.4
8	韩　国	0.74	1.2	1 036	1.3
9	南　非	0.58	0.9	1 280	1.6
10	白俄罗斯	0.51	0.8	356	0.4

资料来源：表中数据来自《农业展望》2016 年第 6 期。

表 32 世界柿子主要进口国进口情况（2013 年）

单位：万 t、%

排序	国家	进口量	占世界份额
1	俄罗斯	11.46	34.6
2	哈萨克斯坦	5.98	18.1
3	德　国	3.02	9.1
4	白俄罗斯	1.48	4.5
5	法　国	1.31	4.0
6	波　兰	1.16	3.5
7	意大利	1.15	3.5
8	立陶宛	1.02	3.1
9	泰　国	0.70	2.1
10	加拿大	0.64	1.9

资料来源：表中数据来自《农业展望》2016 年第 6 期。

表 33 苹果主产国家或地区产量情况（2014/2015—2015/2016 年度）

单位：万 t、%

国家或地区	2014/2015 年度		2015/2016 年度		增产量	增产率
	产量	占比	产量	占比		
中　国	4 092.00	53.52	4 300.00	55.83	208.00	5.08
欧盟 28 国	1 361.90	17.81	1 222.00	15.87	−139.90	−10.27
美　国	507.50	6.64	456.10	5.92	−51.40	−10.13
土耳其	228.90	2.99	274.00	3.56	45.10	19.70
印　度	220.00	2.88	220.00	2.86		
伊　朗	169.30	2.21	169.30	2.20		
俄罗斯	140.90	1.84	139.00	1.80	−1.90	−1.35
智　利	135.00	1.77	135.00	1.75	0.00	0.00
巴　西	126.60	1.66	124.00	1.61	−2.60	−2.05
乌克兰	121.10	1.58	121.10	1.57	0.00	0.00
合　计	**7 103.20**	**92.91**	**7 160.50**	**92.97**	**57.30**	**0.81**
世界总量	**7 645.20**	**100.00**	**7 701.90**	**100.00**	**56.70**	**0.74**

资料来源：表中数据来自《世界农业》2016 年第 7 期。

表 34 苹果主要加工国家或地区加工情况（2014/2015—2015/2016 年度）

单位：万 t、%

国家或地区	2014/2015 年度		2015/2016 年度		加工增长量	加工增长率
	加工量	占比	加工量	占比		
欧盟 28 国	412.80	38.01	369.60	35.11	−43.20	−10.47
中 国	320.00	29.47	360.00	34.20	40.00	12.50
美 国	159.70	14.71	139.40	13.24	−20.30	−12.71
俄罗斯	37.00	3.41	37.00	3.51		
智 利	36.10	3.32	32.00	3.04	−4.10	−11.36
阿根廷	28.00	2.58	31.00	2.94	3.00	10.71
南 非	27.00	2.49	20.00	1.90	−7.00	−25.93
合 计	**1 020.60**	**93.99**	**989.00**	**93.95**	**− 31.60**	**−3.10**
世界总量	**1 085.90**	**100.00**	**1 052.70**	**100.00**	**−33.20**	**−3.06**

资料来源：表中数据来自《世界农业》2016 年第 7 期。

表 35 国际市场鲜食苹果消费情况（2014/2015—2015/2016 年度）

单位：万 t、%

国家或地区	2014/2015 年度		2015/2016 年度		消费增长量	消费增长率
	消费量	占比	消费量	占比		
中 国	3 703.80	57.33	3 860.00	58.75	156.20	4.22
欧盟 28 国	776.90	12.03	715.90	10.90	−61.00	−7.85
土耳其	206.40	3.19	245.20	3.73	38.80	18.80
印 度	238.40	3.69	237.20	3.61	−1.20	−0.50
美 国	260.40	4.03	229.80	3.50	−30.60	−11.75
俄罗斯	180.00	2.79	173.00	2.63	−7.00	−3.89
伊 朗	140.50	2.17	136.80	2.08	−3.70	−2.63
合 计	**5 506.40**	**85.23**	**5 597.90**	**85.20**	**91.50**	**1.66**
世界总量	**6 460.50**	**100.00**	**6 570.50**	**100.00**	**110.00**	**1.70**

资料来源：表中数据来自《世界农业》2016 年第 7 期。

表 36 苹果主要出口国家或地区出口情况（2014/2015—2015/2016 年度）

单位：万 t、%

国家或地区	2014/2015 年度		2015/2016 年度		出口增长量	出口增长率
	出口量	占比	出口量	占比		
欧盟 28 国	179.50	26.87	161.50	24.14	−18.00	−10.03
美 国	103.60	15.51	104.20	15.58	0.60	0.58
中 国	75.00	11.23	90.00	13.45	15.00	20.00
智 利	73.80	11.05	78.00	11.66	4.20	5.69
白俄罗斯	57.00	8.53	50.00	7.47	−7.00	−12.28
南 非	45.00	6.74	45.50	6.80	0.50	1.11
新西兰	32.70	4.90	34.00	5.08	1.30	3.98
伊 朗	28.80	4.31	32.50	4.86	3.70	12.85
土耳其	12.80	1.92	19.00	2.84	6.20	48.44
阿根廷	12.00	1.80	13.00	1.94	1.00	8.33
合 计	**620.20**	**92.84**	**627.70**	**93.83**	**7.50**	**1.21**
世界总量	**668.00**	**100.00**	**669.00**	**100.00**	**1.00**	**0.15**

资料来源：表中数据来自《世界农业》2016 年第 7 期。

表 37 苹果主要进口国家或地区进口情况（2014/2015—2015/2016 年度）

单位：万 t、%

国家或地区	2014/2015 年度		2015/2016 年度		进口增长量	进口增长率
	进口量	占比	进口量	占比		
俄罗斯	81.80	13.47	78.00	12.64	−3.80	−4.65
白俄罗斯	72.40	11.92	66.00	10.69	−6.40	−8.84
欧盟 28 国	39.80	6.55	45.00	7.29	5.20	13.07
墨西哥	31.40	5.17	29.00	4.70	−2.40	−7.64
加拿大	21.70	3.57	26.00	4.21	4.30	19.82
埃 及	20.10	3.31	25.00	4.05	4.90	24.38
阿拉伯联合酋长国	22.40	3.69	22.50	3.64	0.10	0.45
伊拉克	20.20	3.33	20.00	3.24	−0.20	−0.99
印 度	20.40	3.36	19.20	3.11	−1.20	−5.88
美 国	16.30	2.68	17.30	2.80	1.00	6.13
合 计	**346.50**	**57.07**	**348.00**	**56.37**	**1.50**	**0.43**
世界总量	**607.20**	**100.00**	**617.30**	**100.00**	**10.10**	**1.66**

资料来源：表中数据来自《世界农业》2016 年第 7 期。

表 38 韩国水果生产消费情况（2009—2012 年）

单位：kt

年 份	产 量	出口量	进口量	人均占有量（kg）
2009	3 099	24.2	111.0	65.2
2010	2 734	23.8	131.5	57.8
2011	2 642	25.5	145.5	55.9
2012	2 545	19.2	156.9	54.0

资料来源：表中数据来自《世界农业》2016 年第 4 期。

表 39 韩国蔬菜生产消费情况（2009—2013 年）

单位：kt

年 份	产 量	出口量	进口量	人均占有量（kg）
2009	11 269	203.0	2 002.6	267.8
2010	9 870	189.3	2 121.1	240.4
2011	11 176	162.1	2 439.8	272.6
2012	9 927	166.1	2 750.8	252.2
2013	10 435	168.1	2 744.2	261.0

资料来源：表中数据来自《世界农业》2016 年第 4 期。

表 40 我国蔬菜进口情况（2014—2015 年）

分 类	2014 年		2015 年		同比增长（%）	
	数量（万 t）	金额（亿美元）	数量（万 t）	金额（亿美元）	数量	金额
鲜冷冻蔬菜	2.09	0.27	2.66	0.32	27.16	19.10
加工保藏蔬菜	17.53	2.34	18.87	2.33	7.65	−0.38
脱水蔬菜	0.93	0.64	0.82	0.60	−11.88	−5.67
共计（含其他）	**22.18**	**5.14**	**24.47**	**5.41**	**10.30**	**5.13**

资料来源：表中数据来自《农业展望》2016 年第 5 期。

表 41 我国蔬菜出口情况（2014—2015 年）

分 类	2014 年		2015 年		同比增长（%）	
	数量（万 t）	金额（亿美元）	数量（万 t）	金额（亿美元）	数量	金额
鲜冷冻蔬菜	640.56	48.20	653.52	54.00	2.02	12.05
加工保藏蔬菜	292.27	47.37	318.22	45.25	8.88	−4.47
脱水蔬菜	42.76	27.42	46.32	31.61	8.34	15.28
共计（含其他）	**976.10**	**124.99**	**1 018.72**	**132.67**	**4.37**	**6.15**

资料来源：表中数据来自《农业展望》2016 年第 5 期。

表 42 我国台湾省主要农产品产量（2012—2014 年）

单位：万 t

年 份	稻米	槟榔	菠萝	芒果	甘蔗	茶叶	花生	香蕉
2012	170.0	12.4	39.2	16.7	54.8	1.5	5.7	29.5
2013	158.9	12.4	41.3	21.5	50.6	1.5	4.7	29.1
2014	173.2	12.1	45.6	15.3	50.3	1.5	6.9	30.0

资料来源：表中数据来自 2016 年《中国统计年鉴》。

表 43 部分国家鱼类产量（2014 年）

单位：kt

国 家	鱼类产品产量	其 中	
		海 域	内陆水域
埃 及	1 481.9	107.8	1 374.1
南 非	615.7	613.0	2.7
加拿大	1 010.5	974.4	36.1
美 国	5410.4	5146.9	263.5
巴 西	1329.6	619.3	710.2
中 国	39 728.0	12 024.9	27 703.1
印 度	9 602.8	3 902.1	5 700.8
日 本	4 773.5	4 708.8	64.7
韩 国	3 304.8	3 275.0	29.8
法 国	785.0	740.1	44.9
德 国	268.8	232.3	36.4
意大利	344.6	301.9	42.7
俄罗斯	4 396.3	4 033.0	363.2
英 国	960.3	946.2	14.2

资料来源：表中数据来自 2016 年《中国农村统计年鉴》。

表 44 世界罗非鱼产量（2010—2014 年）

单位：万 t

年 份	养殖产量	捕捞产量	总产量
2010	354.13	69.79	423.92
2011	399.64	71.31	470.95
2012	456.26	63.91	520.17
2013	488.53	63.14	551.67
2014	530.78	66.29	597.07

资料来源：表中数据来自《农业展望》2016 年第 5 期。

表 45　世界罗非鱼主要养殖国家及产量（2014 年）

国　家	产量（万 t）	占比（%）
中　国	169.85	32.00
印度尼西亚	104.06	19.61
埃　及	75.96	14.31
孟加拉国	28.39	5.35
菲律宾	25.92	4.88
越　南	24.45	4.61
巴　西	19.87	3.74
泰　国	18.89	3.56
其　他	63.39	11.94
合　计	**530.78**	**100.00**

资料来源：表中数据来自《农业展望》2016 年第 5 期。

表 46　世界罗非鱼产品进出口情况（2009—2013 年）

年　份	出　口		进　口	
	出口量（万 t）	出口额（亿美元）	进口量（万 t）	进口额（亿美元）
2009	32.74	9.46	20.78	8.14
2010	40.30	12.64	26.99	10.58
2011	40.22	13.98	24.97	10.84
2012	47.13	16.03	37.24	14.45
2013	53.06	19.82	44.61	17.62

资料来源：表中数据来自《农业展望》2016 年第 5 期。

表 47　世界罗非鱼主要进口国家进口情况（2013 年）

国　家	进口量（万 t）	进口额（亿美元）
美　国	22.95	11.10
墨西哥	5.20	1.69
俄罗斯	1.94	0.59
沙特阿拉伯	1.12	0.20
赞比亚	1.05	0.13
加拿大	0.94	0.48
喀麦隆	0.80	0.18
荷　兰	0.76	0.32
法　国	0.69	0.16
刚　果	0.66	0.13
其　他	8.49	2.64
合　计	**44.61**	**17.62**

资料来源：表中数据来自《农业展望》2016 年第 5 期。

表 48 世界罗非鱼主要出口国家或地区出口情况（2013 年）

国家或地区	出口量（万 t）	出口额（亿美元）
中 国	40.26	14.47
中国台湾	3.74	0.85
印度尼西亚	1.45	0.79
洪都拉斯	1.17	0.67
泰 国	0.95	0.20
哥斯达黎加	0.77	0.57
厄瓜多尔	0.64	0.43
菲律宾	0.63	0.63
荷 兰	0.45	0.18
越 南	0.44	0.11
其 他	2.56	0.92
合 计	**53.06**	**19.82**

资料来源：表中数据来自《农业展望》2016 年第 5 期。

表 49 部分国家（地区）肉类产量（2013 年）

单位：kt

国家或地区	肉类总产量	其 中			
		牛 肉	羊 肉	猪 肉	禽 肉
世界总计	**310 380**	**67 706**	**13962**	**113 035**	**108 669**
埃 及	2 068	862	131		959
南 非	2 798	851	179	216	1504
加拿大	4 334	1 056	17	1 977	1 254
美 国	42 642	11 698	73	10 510	20 085
巴 西	26 011	9 675	116	3 280	12 915
中 国	83 462	6 730	4 081	52 733	18 265
印 度	6 215	2 577	747	354	2 358
日 本	3 276	508		1 309	1 450
韩 国	2 036	336	1	1 007	686
法 国	5 560	1 400	123	2 121	1 743
德 国	8 201	1 106	35	5 494	1 457
意大利	4 053	854	35	1 625	1 233
俄罗斯	8 544	1 633	190	2 816	3 463
英 国	3 642	847	289	833	1 662
澳大利亚	4 489	2 318	686	361	1 098

资料来源：表中数据来自 2015 年《国际统计年鉴》。

表 50　韩国禽肉生产消费情况（2009—2013 年）

单位：kt

年　份	产　量	出口量	进口量	人均占有量（kg）
2009	613	21.1	1 074.8	34.2
2010	653	37.1	1 193.7	36.9
2011	686	47.5	1 237.4	38.0
2012	668	56.1	1 294.7	38.4
2013	686	43.6	1 229.6	37.6

资料来源：表中数据来自《世界农业》2016 年第 4 期。

表 51　韩国猪肉生产消费情况（2009—2013 年）

单位：kt

年　份	产　量	出口量	进口量	人均占有量（kg）
2009	1 062	8.4	365.6	29.1
2010	1 110	0.4	358.6	29.9
2011	837	0.6	604.1	29.2
2012	982	2.1	469.5	29.2
2013	1 007	2.9	365.4	27.5

资料来源：表中数据来自《世界农业》2016 年第 4 期。

表 52　韩国牛肉生产消费情况（2009—2013 年）

单位：kt

年　份	产　量	出口量	进口量	人均占有量（kg）
2009	283	2.5	224.7	10.4
2010	247	1.6	261.2	10.3
2011	280	2.1	307.6	11.9
2012	312	0.7	264.4	11.6
2013	336	2.7	267.6	12.1

资料来源：表中数据来自《世界农业》2016 年第 4 期。

表 53　加拿大奶牛出口情况（2012—2015 年）

单位：加元、头

出口区域	2012 年		2013 年		2014 年		2015 年	
	总价	数量	总价	数量	总价	数量	总价	数量
亚　洲	1 431 559	311	6 51 735	2	3 736 619	783	359 964	69
欧　盟			296		453		55	
其他欧洲国家	5 636 544	1 838	2 842 336	1 115	1 573 147	416	63 854	15
北美洲	6 487 661	4 734	13 620 117	8 648	26 799 067	14 927	22 061 653	9 891
南美洲	39 000	26			49 435	13	69 250	16
合　计	**13 594 764**	**6 909**	**17 114 484**	**9 765**	**32 158 721**	**16 139**	**22 554 776**	**9 991**

资料来源：表中数据来自《中国乳业》2016 年第 177 期。

表 54 加拿大奶牛进口情况（2012—2015 年）

单位：加元、头

进口国	2012 年		2013 年		2014 年		2015 年	
	总价	数量	总价	数量	总价	数量	总价	数量
美 国	14 424 615	23 079	10 544 585	19 410	10 338 880	26 324	14 130 745	24 112

资料来源：表中数据来自《中国乳业》2016 年第 177 期。

表 55 加拿大奶牛胚胎出口情况（2012—2015 年）

单位：加元、个

出口区域	2012 年		2013 年		2014 年		2015 年	
	总价	数量	总价	数量	总价	数量	总价	数量
非 洲	36 670	48	3 713	4			26 000	53
亚 洲	1 944 692	1 548	2 099 369	1 537	1 977 102	1 517	2 955 834	6 504
中北美洲	63 250	160	44 830	85	109 514	218		
欧 盟	2 966 889	3 987	2 615 991	3 206	2 553 765	3 226	1 557 754	1 753
其他欧洲国家	482 810	737	245 302	300	313 250	457	232 908	325
中 东	3 214	6	2 037	4	111 597	2 018		
北美洲	568 935	1 189	329 936	732	617 339	1 176	570 208	1 380
大洋洲	1 570 486	2 409	1 173 629	2 217	1 338 646	2 224	1 157 228	1 985
南美洲	658 715	1 272	871 946	1 578	801 863	1 733	640 836	990
合 计	**8 295 661**	**11 356**	**7 386 753**	**9 663**	**7 823 076**	**12 569**	**7 140 768**	**12 990**
中 国	**519 389**	**419**	**669 202**	**451**	**909 064**	**698**	**487 990**	**910**

资料来源：表中数据来自《中国乳业》2016 年第 177 期。

表 56 加拿大奶牛胚胎进口情况（2012—2015 年）

单位：加元、个

进口区域	2012 年		2013 年		2014 年		2015 年	
	总价	数量	总价	数量	总价	数量	总价	数量
非 洲								
欧 盟	5 557	12	7 057	15	4 680	6		
北美洲	66 185	140	53 772	114	113 369	209	61 548	175
大洋洲			57 224	79	28 878	72	7 732	17
南美洲	80 250	178						
合 计	**151 992**	**330**	**118 053**	**208**	**146 927**	**287**	**69 280**	**192**

资料来源：表中数据来自《中国乳业》2016 年第 177 期。

表 57　加拿大奶牛冻精出口情况（2012—2015 年）

单位：加元

出口区域	2012 年	2013 年	2014 年	2015 年
非　洲	1 202 711	1 337 641	1 981 312	1 926 430
亚　洲	10 550 071	10 578 808	14 638 956	14 580 776
中北美洲	452 179	471 884	481 454	624 931
欧　盟	27 675 628	28 464 552	31 923 588	27 736 160
其他欧洲国家	4 928 926	5 703 441	6 198 187	4 847 271
中　东	3 873 744	2 604 138	4 183 306	4 975 472
北美洲	25 255 352	32 537 220	42 258 674	42 020 064
大洋洲	2 597 535	2 617 205	3 131 207	3 001 224
南美洲	12 190 440	13 378 989	13 571 314	11 257 137
合　计	**88 726 586**	**97 693 878**	**118 367 998**	**110 969 465**
中　国	**5 048 459**	**5 716 733**	**9 965 484**	**7 588 986**

资料来源：表中数据来自《中国乳业》2016 年第 177 期。

表 58　加拿大奶牛冻精进口情况（2011—2015 年）

单位：加元

进口区域	2011 年	2012 年	2013 年	2014 年	2015 年
欧　盟	26 368	14 455	26 169	90 373	83 726
北美洲	181 156	229 345	271 058	788 097	889 504
大洋洲				10 348	
合　计	**207 524**	**243 800**	**297 227**	**888 818**	**973 230**

资料来源：表中数据来自《中国乳业》2016 年第 177 期。

表 59　加拿大遗传物质进出口情况（2011—2015 年）

单位：加元

进出口额	2011 年	2012 年	2013 年	2014 年	2015 年
出口额	110 617 011	122 195 115	158 349 795	140 665 009	14 110 550
进口额	19 676 772	14 820 407	10 959 865	11 374 625	15 203 255

资料来源：表中数据来自《中国乳业》2016 年第 177 期。

表 60 世界主要国家（地区）奶牛存栏数（2010—2014 年）

单位：万头、%

国家或地区	2010 年	2013 年	2014 年	2014 年增长率
世界总计	**25 992.8**	**26 906.6**	**27 226.7**	**1.2**
中 国	1 420.1	1 440.0	1 499.1	4.1
日 本	96.4	92.3	89.3	−3.3
韩 国	24.1	24.6	24.8	0.8
巴 西	2 292.5	2295.5	2 331.9	1.6
阿根廷	174.9	180.1	178.6	−0.8
欧盟 28 国	2 323.6	2317.3	2 335.9	0.8
德 国	418.2	426.8	429.6	0.7
法 国	371.2	369.4	369.5	0.0
波 兰	252.9	229.9	229.0	−0.4
英 国	184.7	181.7	188.3	3.6
意大利	174.6	186.2	183.1	−1.7
荷 兰	147.9	155.3	157.2	1.2
爱尔兰	100.7	108.3	112.8	4.2
西班牙	84.5	84.8	87.6	3.3
丹 麦	57.3	56.7	54.7	−3.5
美 国	911.9	922.4	925.7	0.4
墨西哥	237.5	241.0	242.0	0.4
加拿大	96.6	95.9	95.7	−0.2
俄罗斯	884.4	866.1	851.1	−1.7
乌克兰	277.2	260.7	246.6	−5.4
新西兰	440.0	478.5	492.5	2.9
澳大利亚	159.0	169.0	164.7	−2.5

资料来源：表中数据来自 2015 年《中国奶业年鉴》。

表 61 世界主要国家（地区）泌乳牛存栏数（2011—2015 年）

单位：万头

国家或地区	2011 年	2012 年	2013 年	2014 年	2015 年
世界总计	**13 078.8**	**13 306.3**	**13 503.5**	**13 773.6**	**13 987.6**
印 度	4 490.0	4 640.0	4 825.0	5 050.0	5 250.0
欧 盟	2 312.2	2 305.3	2 319.3	2 348.1	2 355.7
巴 西	1 615.4	1 645.5	1 659.9	1 682.5	1 733.0
美 国	919.9	923.7	922.4	925.7	931.0
中 国	762.0	800.0	835.0	840.0	840.0
俄罗斯	865.0	860.0	825.0	805.0	775.0
墨西哥	640.0	635.0	630.0	635.0	640.0
新西兰	481.6	501.0	500.5	517.5	520.0

资料来源：表中数据来自《世界农业》2016 年第 7 期。

表 62 世界主要国家（地区）原料奶价格（2014 年）

单位：美元/百 kg、%

国家或地区	价 格	同比增长
阿根廷	35.66	−3.5
澳大利亚	39.38	−17.6
巴 西	43.38	−4.5
中 国	70.59	0.8
欧盟 28 国	49.37	1.8
法 国	47.13	6.3
德 国	49.93	0.2
荷 兰	56.10	−1.1
波 兰	41.96	2.4
印 度	42.05	7.5
新西兰	56.00	−7.3
俄罗斯	51.08	2.4
美 国	52.91	19.4

资料来源：表中数据来自 2015 年《中国奶业年鉴》。

表 63 不同国家或地区原料奶产量（或供应）增长情况（2015 年）

单位：百万 t、%

国家或地区	产量或供应量		同比增长
阿根廷	商品牛奶量	4.6	−1.40
澳大利亚	产 量	4.1	2.50
白俄罗斯	产 量	4.2	6.20
巴 西	商品牛奶量	6.3	−1.00
加拿大	商品牛奶量	4.2	5.00
智 利	商品牛奶量	0.8	−6.90
欧盟 28 国	商品牛奶量	76.6	0.60
日 本	产 量	3.7	0.10
哈萨克斯坦	产 量	3.1	2.30
墨西哥	产 量	6.7	2.30
新西兰	产 量	8.4	0.90
俄罗斯	产 量	15.2	0.10
瑞 士	商品牛奶量	1.8	−2.10
土耳其	商品牛奶量	4.7	2.50
乌克兰	产 量	5.2	−4.50
美 国	产 量	47.9	1.60
乌拉圭	商品牛奶量	0.9	2.80

资料来源：表中数据来自 2015 年《中国奶业年鉴》。

表 64 全球原料奶产量（2010—2014 年）

单位：万 t、%

主要品种	2010 年	2013 年	2014 年	2014 年增长率
世界总计	**73 418.6**	**77 638.0**	**80 224.5**	**3.3**
牛 奶	60 979.7	64 216.6	66 317.9	3.3
水牛奶	9 309.0	10 176.8	10 629.0	4.4
山羊奶	1 768.8	1 855.3	1 879.3	1.3
绵羊奶	976.9	1 003.8	1 010.8	0.7
其 他	384.2	385.5	387.5	0.5

资料来源：表中数据来自 2015 年《中国奶业年鉴》。

表 65 世界主要国家（地区）牛奶产量（2010—2014 年）

单位：万 t、%

国家或地区	2010 年	2013 年	2014 年	2014 年增长率
世界总计	**60 979.7**	**64 216.6**	**66 317.9**	**3.3**
印 度	5 490.3	6 125.8	6 475.0	5.7
中 国	3 575.6	3 531.0	3 724.6	5.5
日 本	772.1	750.8	733.4	−2.3
韩 国	207.3	209.3	221.4	5.8
欧盟 28 国	14 981.1	15 424.8	16 035.1	4.0
德 国	2 963.0	3 132.6	3 239.5	3.4
法 国	2 401.0	2 444.1	2 575.9	5.4
英 国	1 385.2	1 393.5	1 508.4	8.2
波 兰	1 227.9	1 271.8	1 303.0	2.4
荷 兰	1 182.9	1 240.8	1 266.0	2.0
意大利	1 100.5	1 107.1	1 143.1	3.2
西班牙	635.7	655.9	690.0	5.2
爱尔兰	543.5	569.6	591.8	3.9
丹 麦	496.5	516.1	518.7	0.5
美 国	8 747.4	9 127.7	9 346.1	2.4
墨西哥	1 099.7	1 129.5	1 146.4	1.5
加拿大	843.4	861.8	862.5	0.1
巴 西	3 163.7	3 528.3	3 708.2	5.1
阿根廷	1 061.7	1 152.0	1 127.6	−2.1
俄罗斯	3 184.7	3 028.6	3 080.0	1.7
乌克兰	1 097.7	1 118.9	1 086.1	−2.9
新西兰	1 716.9	2 020.2	2 189.8	8.4
澳大利亚	937.3	951.6	976.2	2.6

资料来源：表中数据来自 2015 年《中国奶业年鉴》。

表 66　全球各地区牛奶产量（2010—2014 年）

单位：万 t、%

地　区	2010 年	2013 年	2014 年	2014 年增长率
世界总计	**60 979.7**	**64 216.6**	**66 317.9**	**3.3**
亚　洲	16 579.0	17 863.3	18 564.9	3.9
欧盟 28 国	14 981.1	15 424.8	16 035.1	4.0
北美洲和中美洲	11 208.9	11 659.3	11 903.2	2.1
南美洲	6 427.5	7 075.8	7 264.7	2.7
其他欧洲国家	5 940.6	5 803.3	5 838.8	0.6
非　洲	3 181.5	3 411.1	3 538.1	3.7
大洋洲	2 661.2	2 978.8	3 173.1	6.5

资料来源：表中数据来自 2015 年《中国奶业年鉴》。

表 67　新西兰牛奶产品及提取物产量（2010/2011—2014/2015 年度）

单位：亿 L、万 t

年 度	牛奶产量	乳脂产量	乳蛋白质产量	乳固体产量
2010/2011	173.39	85.9	65.4	151.3
2011/2012	191.29	95.4	73.1	168.5
2012/2013	188.83	93.9	71.9	165.8
2013/2014	206.57	103.4	79.1	182.5
2014/2015	212.53	106.7	82.3	189.0

资料来源：表中数据来自《世界农业》2016 年第 9 期。

表 68　新西兰牛奶按月份产量（2011—2015 年）

单位：万 t

月 份	2011 年	2012 年	2013 年	2014 年	2015 年
1	202.0	220.8	230.2	247.3	248.1
2	168.3	187.4	176.4	197.3	186.1
3	159.2	173.7	144.6	176.4	174.9
4	126.9	147.9	96.9	128.7	139.6
5	70.9	80.2	58.0	71.9	79.6
6	12.7	13.1	12.2	13.6	14.7
7	16.2	19.5	18.5	19.5	22.2
8	106.7	121.8	133.0	139.0	137.9
9	231.9	243.6	261.5	275.2	254.5
10	289.0	299.4	315.6	329.9	321.1
11	264.5	284.8	296.1	304.5	298.0
12	243.2	259.5	271.8	280.9	276.5
全 年	**1 891.5**	**2 051.7**	**2 014.8**	**2 184.3**	**2 153.2**
同比（%）	10.47	8.47	−1.80	8.41	−1.40

资料来源：表中数据来自《中国奶牛》2016 年第 2 期。

表 69 韩国牛奶生产消费情况（2009—2013 年）

单位：kt

年 份	产 量	出口量	进口量	人均占有量（kg）
2009	2 226	12.1	72.7	58.0
2010	2 077	9.4	82.3	56.5
2011	1 893	9.1	117.5	59.2
2012	2 115	14.3	96.4	61.0
2013	2 097	19.2	95.0	59.5

资料来源：表中数据来自《世界农业》2016 年第 4 期。

表 70 澳大利亚牛奶按月份产量（2011—2015 年）

单位：万 t

月 份	2011 年	2012 年	2013 年	2014 年	2015 年
1	80.7	84.9	80.2	82.8	83.3
2	65.0	69.8	63.4	64.3	68.4
3	66.6	68.5	63.7	66.0	69.3
4	63.1	68.0	61.5	64.9	66.8
5	67.3	70.1	64.7	70.1	70.9
6	64.0	66.8	62.1	67.8	67.9
7	65.5	67.9	65.5	67.9	71.6
8	77.0	79.3	75.6	79.2	82.1
9	95.6	95.9	92.6	99.1	99.8
10	110.5	108.9	103.7	110.0	112.4
11	102.8	103.4	100.4	106.3	
12	96.1	94.9	96.3	97.3	
全 年	**954.2**	**978.4**	**929.7**	**975.7**	**792.5**
同比（%）	2.3	8.5	−1.8	8.4	2.7

资料来源：表中数据来自《中国奶牛》2016 年第 2 期。

表 71 全球原料奶价格月份变化情况（2012—2015 年）

单位：元/kg、%

月份	2012 年	2013 年	2014 年	2015 年	2015 较前三年均价变化	与国内价差价
1	2.62	2.51	3.30	2.10	−25.3	1.46
2	2.58	2.56	3.46	2.25	−21.5	1.19
3	2.49	2.85	3.41	2.14	−26.6	1.28
4	2.34	3.37	3.14	1.98	−32.9	1.43
5	2.24	3.22	2.93	1.87	−33.1	1.53
6	2.19	3.03	2.74	1.77	−33.3	1.64
7	2.16	3.03	2.70	1.44	−45.2	1.97
8	2.23	3.08	2.41	1.52	−40.9	1.89
9	2.38	3.09	2.20	1.73	−32.3	1.71
10	2.45	3.08	2.13	1.83	−28.3	1.64
11	2.46	3.08	2.06	1.69	−33.3	1.81
12	2.48	3.20	2.05	1.70	−34.0	1.84
平均	2.39	3.01	2.71	1.84	−32.0	1.62

资料来源：表中数据来自《中国奶牛》2016 年第 2 期。

表 72　全球主要乳制品产量（2011—2015 年）

单位：万 t

年 份	牛奶	黄油	奶酪	脱脂奶粉	全脂奶粉
2011	45 200.3	868.8	1 748.2	373.1	440.8
2012	46 284.8	902.7	1 795.7	405.9	450.0
2013	46 662.1	924.9	1 803.7	405.1	458.1
2014	48 430.7	963.7	1 847.6	451.2	499.2
2015	49 120.4	984.8	1 879.7	461.1	484.9

资料来源：表中数据来自《世界农业》2016 年第 7 期。

表 73　世界排名前 25 位的乳品企业（2014 年）

单位：十亿美元、%

排名	公司	国家	乳制品营业额			2014 年增长率
			2012 年	2013 年	2014 年	
1	拉克塔利斯	法　国	20.2	21.2	21.9	3.0
2	恒天然	新西兰	15.8	15.1	18.7	24.0
3	雀　巢	瑞　士	19.8	18.7	18.3	−2.0
4	美国奶农	美　国	12.1	12.8	17.9	40.0
5	菲仕兰坎皮纳	荷　兰	13.2	15.1	15.0	−1.0
6	达　能	法　国	15.0	15.7	14.8	−6.0
7	阿拉食品	丹　麦	10.9	13.1	14.1	7.0
8	迪安食品	美　国	11.5	9.0	9.5	6.0
9	萨普托	加拿大	7.2	8.8	9.4	7.0
10	伊　利	中　国	6.7	7.8	8.8	14.0
11	蒙　牛	中　国	5.7	7.1	8.1	15.0
12	索迪亚	法　国	5.6	6.1	7.2	17.0
13	DMK	德　国	5.7	7.1	7.0	0.0
14	Savencia	法　国	5.2	5.9	6.1	4.0
15	明治乳业	日　本	7.5	6.4	5.8	−9.0
16	森永乳业	日　本	7.2	6.0	5.4	−9.0
17	蓝德雷	美　国	4.2	4.5	5.1	13.0
18	施雷伯	美　国			5.0	
19	穆　勒	德　国			4.9	
20	Glanbia Plc	爱尔兰	3.9	4.4	4.7	7.0
21	雪印乳业	日　本	5.4	4.6	4.3	−7.0
22	Agropur	加拿大	3.7	3.7	4.2	14.0
23	卡夫食品	美　国	3.8	3.9	4.1	4.0
24	艾　美	瑞　士	3.2	3.6	3.7	5.0
25	Bel	法　国	3.4	3.6	3.7	2.0

资料来源：表中数据来自 2015 年《中国奶业年鉴》。

表 74 世界前 10 位奶酪出口国（地区）出口情况（2014 年）

单位：kt、%

国家或地区	出口量	占世界比例	增长率
世界总计	**2 226.8**	**100.0**	**−3.7**
欧盟 28 国	717.7	32.2	−10.6
美 国	368.7	16.6	16.0
新西兰	269.9	12.1	0.0
白俄罗斯	166.7	7.5	18.7
澳大利亚	150.0	6.7	−8.9
埃 及	114.8	5.2	15.9
瑞 士	63.7	2.9	1.3
阿根廷	56.5	2.5	10.3
乌拉圭	46.0	2.1	2.1
土耳其	43.2	1.9	8.6

资料来源：表中数据来自 2015 年《中国奶业年鉴》。

表 75 世界前 10 位黄油出口国（地区）出口情况（2014 年）

单位：kt、%

国家或地区	出口量	占世界比例	增长率
世界总计	**947.2**	**100.0**	**4.7**
新西兰	494.4	52.2	10.0
欧盟 28 国	148.4	15.7	17.1
美 国	72.2	7.6	−21.5
白俄罗斯	68.7	7.3	3.4
澳大利亚	44.1	4.7	−13.2
乌拉圭	21.3	2.2	−11.4
阿根廷	12.9	1.4	−26.8
乌克兰	11.3	1.2	192.7
印 度	8.7	0.9	−4.7
墨西哥	6.2	0.7	36.6

资料来源：表中数据来自 2015 年《中国奶业年鉴》。

表 76　世界前 10 位全脂奶粉出口国（地区）出口情况（2014 年）

单位：kt、%

国家或地区	出口量	占世界比例	增长率
世界总计	**2 526.9**	**100.0**	**5.1**
新西兰	1387.5	54.9	9.8
欧盟 28 国	388.3	15.4	3.8
阿根廷	143.5	5.7	−20.8
澳大利亚	81.1	3.2	−16.3
乌拉圭	66.0	2.4	−20.3
美　国	54.7	2.2	39.7
巴　西	39.2	1.6	>+1 000
白俄罗斯	31.5	1.2	−30.8
智　利	21.0	0.8	9.9
马来西亚	10.5	0.4	−1.3

资料来源：表中数据来自 2015 年《中国奶业年鉴》。

表 77　世界前 10 位脱脂奶粉出口国（地区）出口情况（2014 年）

单位：kt、%

国家或地区	出口量	占世界比例	增长率
世界总计	**2 217.6**	**100.0**	**16.3**
欧盟 28 国	646.1	29.1	58.8
美　国	545.9	24.6	−1.6
新西兰	388.9	17.5	−2.2
澳大利亚	165.3	7.5	37.1
白俄罗斯	92.4	4.2	−3.4
印　度	60.5	2.7	−58.2
马拉西亚	32.1	1.4	86.4
乌克兰	27.5	1.2	122.1
乌拉圭	23.2	1.0	−26.4
阿根廷	21.6	1.0	−13.5

资料来源：表中数据来自 2015 年《中国奶业年鉴》。

表 78 世界前 10 位乳清出口国（地区）出口情况（2014 年）

单位：kt、%

国家或地区	出口量	占世界比例	增长率
世界总计	**1 744.7**	**100.0**	**3.0**
欧盟 28 国	579.2	33.2	−1.7
美 国	532.0	30.5	0.1
白俄罗斯	120.4	6.9	−0.7
瑞 士	90.9	5.2	27.8
新西兰	79.9	4.6	0.6
阿根廷	68.2	3.9	−12.0
加拿大	52.0	3.0	27.4
土耳其	41.2	2.4	25.0
埃 及	37.7	2.2	
澳大利亚	33.2	1.9	−5.9

资料来源：表中数据来自 2015 年《中国奶业年鉴》。

表 79 我国进口乳制品产品情况（2010—2014 年）

单位：百万美元、%

年份	鲜奶	比重	奶粉	比重	酸奶	比重	乳清	比重	黄油	比重	乳酪	比重
2010	28.19	1.43	1 395.82	70.86	4.2	0.21	344.81	17.5	91.41	4.64	105.45	5.35
2011	60.49	2.31	1 656.94	63.24	8.92	0.34	571.03	21.79	183.62	7.01	139.08	5.31
2012	118.75	3.70	1 940.74	60.41	24.86	0.77	746.2	23.23	195.66	6.09	186.55	5.81
2013	234.38	4.52	3 605.60	69.49	40.14	0.77	850.96	16.40	226.15	4.36	231.09	4.45
2014	408.55	6.37	4 459.59	69.53	36.5	0.57	788.78	12.30	378.01	5.89	342.40	5.34

资料来源：表中数据来自《世界农业》2016 年第 4 期。

表 80 我国乳制品进口市场情况（2010—2014 年）

单位：百万美元、%

年份	澳大利亚	比重	法国	比重	德国	比重	荷兰	比重	新西兰	比重	美国	比重
2010	127.74	6.48	95.08	4.83	46.53	2.36	38.40	1.95	1 297.78	65.88	178.56	9.06
2011	134.11	5.12	140.86	5.38	90.54	3.46	66.90	2.55	1 642.04	62.67	292.07	11.15
2012	138.65	4.32	203.09	6.32	143.00	4.45	75.49	2.35	2 020.35	62.88	311.75	9.70
2013	227.51	4.39	263.04	5.07	202.93	3.91	112.54	2.17	3 273.68	63.10	544.34	10.49
2014	315.41	4.92	343.54	5.36	274.77	4.28	106.85	1.67	4 133.38	64.44	585.42	9.13

资料来源：表中数据来自《世界农业》2016 年第 4 期。

表 81　我国进口奶粉来源地及地区进口情况（2015 年）

单位：t、%

进口来源地	进口量	占比	进口地区	进口量	占比
合　计	**547 243**	**100.0**	**全国合计**	**547 243**	**100.0**
新西兰	447 758	81.8	天　津	113 308	20.7
澳大利亚	26 610	4.9	广　东	102 231	18.7
美　国	21 528	3.9	上　海	91 208	16.7
德　国	14 129	2.6	浙　江	63 072	11.5
法　国	11 953	2.2	内　蒙	42 956	7.8
爱尔兰	4 802	0.9	山　东	32 676	6.0
芬　兰	4 657	0.9	江　苏	23 400	4.3
瑞　典	3 297	0.6	北　京	21 019	3.8
荷　兰	3 054	0.6	福　建	13 414	2.5
波　兰	2 252	0.4	辽　宁	12 685	2.3
丹　麦	2 011	0.4	安　徽	10 323	1.9
英　国	697	0.1	黑龙江	6 165	1.1
瑞　士	655	0.1	湖　南	5 959	1.1
阿根廷	653	0.1	河　北	3 814	0.7
新加坡	635	0.1	江　西	1 414	0.3
乌拉圭	602	0.1	四　川	1 379	0.3
智　利	600	0.1	重　庆	1 252	0.2
哥斯达黎加	480	0.1	河　南	502	0.1
比利时	337	0.1	湖　北	308	0.1
意大利	231		海　南	76	
中国台湾	135		吉　林	50	
西班牙	100		陕　西	33	
奥地利	51				
韩　国	13				
马来西亚	2				
加拿大	1				

资料来源：表中数据来自《中国奶牛》2016 年第 5 期。

表 82　我国主要乳制品进口情况（2011—2015 年）

单位：万 t、%

年份	乳制品	奶粉		乳清粉	
		进口量	比重	进口量	比重
2011	90.61	44.95	49.61	34.42	37.99
2012	134.10	57.29	42.72	37.84	28.22
2013	182.71	85.44	46.76	43.41	23.76
2014	201.20	92.34	45.89	40.16	19.96
2015	181.85	58.44	32.14	42.92	23.60

资料来源：表中数据来自《世界农业》2016 年第 11 期。

表 83 我国进口乳清来源地及地区进口情况（2015 年）

单位：t、%

进口来源地	进口量	占比	进口地区	进口量	占比
合　计	**435 752**	**100.0**	**全国合计**	**435 752**	**100.0**
美　国	229 373	52.6	北　京	80 657	18.5
法　国	49 602	11.4	天　津	75 418	17.3
波　兰	29 404	6.7	上　海	65 965	15.1
阿根廷	28 107	6.5	广　东	65 260	15.0
德　国	23 894	5.5	辽　宁	49 004	11.2
荷　兰	23 572	5.4	福　建	31 674	7.3
爱尔兰	16 828	3.9	山　东	20 781	4.8
芬　兰	11 725	2.7	浙　江	13 100	3.0
澳大利亚	5 243	1.2	安　徽	7 370	1.7
乌拉圭	4 725	1.1	内　蒙	7 057	1.6
新西兰	3 141	0.7	江　苏	5 456	1.3
西班牙	2 714	0.6	黑龙江	4 845	1.1
奥地利	1 625	0.4	湖　南	3 608	0.8
智　利	1 436	0.3	四　川	2 679	0.6
丹　麦	1 272	0.3	重　庆	1 242	0.3
乌克兰	925	0.2	河　北	736	0.2
英　国	631	0.1	湖　北	495	0.1
意大利	591	0.1	广　西	200	
白俄罗斯	450	0.1	河　南	186	
斯洛文尼亚	145		吉　林	19	
葡萄牙	100				
卢森堡	88				
加拿大	53				
捷　克	45				
比利时	25				
拉脱维亚	25				
中国台湾	13				
马来西亚	1				

资料来源：表中数据来自《中国奶牛》2016 年第 5 期。

表 84　我国从新西兰进口奶粉情况（2011—2015 年）

单位：万 t、%

年 份	我国进口总量	新西兰进口量	占我国进口总量的比重
2011	44.95	36.70	81.65
2012	57.29	49.55	86.49
2013	85.44	68.65	80.35
2014	92.34	72.82	78.86
2015	58.44	48.48	82.96

资料来源：表中数据来自《世界农业》2016 年第 11 期。

表 85　我国蛋类产品出口情况（2010—2014 年）

单位：万美元

国家或地区	2010 年	2011 年	2012 年	2013 年	2014 年
中国香港	10 170.2	12 614.9	12 381.0	12 392.5	13 943.0
日　本	996.4	1 111.7	1 336.1	1 299.2	1 112.8
中国澳门	958.3	1 271.4	1 242.3	1 452.3	1 615.3
美　国	411.7	537.8	612.3	492.4	645.6
新加坡	374.2	501.2	521.9	611.3	586.2
加拿大	252.0	291.4	297.9	364.6	320.0
合　计	**14 214.8**	**17 343.9**	**17 713.0**	**17 645.9**	**19 198.3**

资料来源：表中数据来自《世界农业》2016 年第 4 期。

表 86　部分国家（地区）蛋类产品产量（2013 年）

单位：万 t

国家或地区	蛋 类 产 量		其中：鸡 蛋 产 量	
	产　量	占世界比重（%）	产　量	占世界比重（%）
世界总计	**7 385.5**	**100.00**	**6 826.2**	**100.00**
中　国	2 876.0	38.94	2 444.6	35.81
美　国	563.6	7.63	563.6	8.26
印　度	383.5	5.19	383.5	5.62
日　本	252.2	3.41	252.2	3.69
墨西哥	251.6	3.41	251.6	3.69
巴　西	237.7	3.22	217.2	3.18
俄罗斯	231.7	3.14	228.4	3.35
印度尼西亚	150.4	2.04	122.4	1.79
乌克兰	113.9	1.54	112.1	1.64
泰　国	106.3	1.44	66.8	0.98
土耳其	103.1	1.40	103.1	1.51
法　国	94.4	1.28	94.4	1.38
德　国	89.3	1.21	89.3	1.31
意大利	77.5	1.05	77.5	1.14
荷　兰	70.3	0.95	70.3	1.03
英　国	68.6	0.93	67.2	0.98
伊　朗	66.5	0.90	66.5	0.97

资料来源：表中数据来自 2015 年《国际统计年鉴》。

表 87 部分国家（地区）蜂蜜产量（2013 年）

单位：kt

国家或地区	2013 年
世界总计	**1 664**
中 国	450
土耳其	95
阿根廷	80
乌克兰	74
美 国	68
俄罗斯	68
印 度	61
墨西哥	57
伊 朗	44
巴 西	35
加拿大	35
西班牙	31
韩 国	25

资料来源：表中数据来自 2015 年《国际统计年鉴》。

表 88 部分国家（地区）羊毛产量（2013 年）

单位：kt

国家或地区	2013 年
世界总计	**1 664**
中 国	450
土耳其	95
阿根廷	80
乌克兰	74
美 国	68
俄罗斯	68
印 度	61
墨西哥	57
伊 朗	44
巴 西	35
加拿大	35
西班牙	31
韩 国	25

资料来源：表中数据来自 2015 年《国际统计年鉴》。

表 89 我国主要农产品产量居世界位次（1978—2014 年）

项 目	1978 年	2010 年	2011 年	2012 年	2013 年	2014 年
谷 物	2	1	1	1	1	1③
小 麦	2	1	1	1	1	1③
稻 谷	1	1	1	1	1	1
玉 米	2	2	2	2	2	3
大 豆	3	2	4	4	4	6
油菜籽	2	1	2	2	2	2
花 生	2	1	1	1	1	1④
籽 棉	2	1	1	1	1	2
甘 蔗	7	3	3	3	3	3
茶 叶	2	1	1	1	1	1④
水 果①	9	1	1	1	1	1④
肉 类②	3	1	1	1	1	1④
牛 奶	34	3	3	3	3	3④
羊 毛	5	1	1	1	1	1④

注：①不包括瓜类。②1990 年以前为猪、牛、羊肉产量的位次。③2011 年数据。④2013 年数据。

资料来源：表中数据来自 2016 年《中国农村统计年鉴》。

表 90 我国农产品出口情况（2014 年）

单位：亿美元、%

出口种类	出口额	比重	出口市场	出口额	比重
水产品	216.98	34.99	日 本	111.43	15.48
蔬 菜	124.95	20.15	中国香港	87.36	12.14
畜产品	68.45	11.04	美 国	75.34	10.47
水 果	61.79	9.96	韩 国	48.70	6.77
食用油籽	14.30	2.31	越 南	29.92	4.16

资料来源：表中数据来自《世界农业》2016 年第 6 期。

表 91 我国农产品进口情况（2014 年）

单位：亿美元、%

进口种类	进口额	比重	进口市场	进口额	比重
食用油籽	445.07	40.23	美 国	287.77	23.48
畜产品	221.67	20.04	巴 西	215.91	17.62
水产品	91.86	8.30	澳大利亚	81.64	6.66
食用植物油	70.49	6.37	新西兰	67.95	5.55
棉 花	51.56	4.66	加拿大	55.81	4.55

资料来源：表中数据来自《世界农业》2016 年第 6 期。

表 92 世界排名前十五位国家配合饲料产量（2013—2014 年）

单位：个、kt

排 名	企 业 名 称	所在国家	饲料厂数量	年配合饲料产量
1	正大集团	泰 国		27 650
2	嘉吉集团	美 国	250	19 500
3	新希望集团	中 国	300	18 700
4	普瑞纳动物营养集团	美 国		13 500
5	温氏食品集团	中 国		12 000
6	BRF	巴 西		10 437
7	泰森食品（肉鸡）	美 国	32	10 000
8	ForFarmers B. V.	荷 兰	42	9 100
9	东方希望集团	中 国	96	7 600
10	JA Zen - Noh	日 本	22	7 500
11	Agrifirm	荷 兰		7 056
12	双胞胎集团	中 国		6 600
13	唐人神集团	中 国	40	6 000
14	De heus	荷 兰	46	5 950
15	泰高集团	荷 兰	43	5 900

资料来源：表中数据来自《饲料广角》2016 年第 20 期。

表 93 世界主要农畜产品最大生产国（2013 年）

农畜产品	第一位国家	产量（kt）	第二位国家	产量（kt）	第三位国家	产量（kt）
谷 物	中 国	552 876	美 国	436 554	印 度	293 940
小 麦	中 国	121 926	印 度	93 510	美 国	57 967
稻 谷	中 国	203 612	印 度	159 200	印度尼西亚	71 280
玉 米	美 国	353 699	中 国	218 489	巴 西	80 273
大 豆	美 国	89 483	巴 西	81 725	阿根廷	49 306
甘 蔗	巴 西	768 090	印 度	341 200	中 国	128 201
甜 菜	俄罗斯	39 321	法 国	33 614	美 国	29 768
油菜籽	加拿大	17 935	中 国	14 458	印 度	7 820
籽 棉	中 国	18 930	印 度	18 913	美 国	7 626
茶 叶	中 国	1 925	印 度	1 209	肯尼亚	432
烟 叶	巴 西	851	印 度	830	美 国	346
麻 类	印 度	8 100	美 国	2 840	巴基斯坦	2 170
水 果	中 国	151 838	印 度	82 632	巴 西	37 774
花 生	中 国	16 972	印 度	9 472	尼日利亚	3 000
肉 类	中 国	83 462	美 国	42 642	巴 西	26 011
蛋 类	中 国	28 760	美 国	5 636	印 度	3 835
奶 类	印 度	135 600	美 国	91 271	中 国	40 193
鱼 类	中 国	37 402	印度尼西亚	8 653	印 度	8 265
蜂 蜜	中 国	450	土耳其	95	阿根廷	80

资料来源：表中数据来自 2015 年《国际统计年鉴》和 2016 年《中国农村统计年鉴》。

表 94　香港特别行政区工业生产指数（2012—2015 年）（2008 年＝100）

工业组别	2012 年	2013 年	2014 年	2015 年
所有制造行业	94.9	95.0	94.6	93.2
其中：食品、饮品及烟草制品业	118.4	122.8	130.9	137.0
纺织制品业	58.8	54.2	43.9	31.4
成衣业	43.8	38.9	37.8	35.8
纸制品及印刷业	91.0	88.0	87.2	87.2

资料来源：表中数据来自 2016 年《中国统计年鉴》。

表 95　澳门特别行政区食品及饮食业、出版印刷业、制衣业基本情况（2014 年）

单位：亿澳元

行　业	企业数（个）	员工人数（人）	工业产值	增加值	固定资本总额
食品及饮食业	284	4 499	19.51	5.89	70
出版印刷业	153	1 690	6.35	2.48	39
制衣业	139	1 896	6.95	1.58	−156

资料来源：表中数据来自 2015 年《中国轻工业年鉴》。

表 96　我国台湾省主要轻工业产品产量（2013—2014 年）

主要产品	单　位	2013 年	2014 年	同比增长（%）
鲜　乳	万 t	34.6	35.3	2.0
方便面	万箱			
饼　干	万 t	3.9		
糖　果	万 t	3.1	3.3	4.5
冷冻调理食品	万 t	19.4	19.2	−1.2
精制茶	万 t	0.7	0.7	0.4
食　盐	万 t	28.3	28.8	1.9
白米碾制	万 t	99.7	114.5	14.8
茶类饮料	万 L	11 470.2	11 674.8	1.8
啤　酒	万 L	378.0	380.1	0.6
酒类（不含啤酒）	万 L	125.8	126.1	0.2
皮制鞋靴	万双	504.9	507.5	5.1
文化用纸	万 t	62.0	62.1	2.2
包装用纸	万 t	4.8	4.7	−4.1
纸　板	万 t	305.5	308.3	0.9
瓦楞纸箱（板）	万亿 m^2	29.0	30.2	4.1
木制家具	亿元（新台币）	70.0	70.1	3.4
金属家具及装饰品	亿元（新台币）	221.4	232.2	4.9

资料来源：表中数据来自 2015 年《中国轻工业年鉴》。

表 97 我国台湾省农产品加工业主要产品产量（2011—2015 年）

年 份	饮 料（万 L）	饲 料（万 t）	各种成衣（万打）	纸 板（万 t）	聚苯乙烯（万 t）	ABS 树脂（万 t）
2011	30 607.3	525.6	583.1	293.1	86.5	120.5
2012	28 860.9	525.1	557.8	307.4	83.1	120.8
2013	27 635.3	509.8	515.4	305.5	85.4	120.9
2014	26 887.7	516.1	499.4	308.3	78.1	120.7
2015	28 975.2	507.1	455.5	285.9	82.2	123.5

资料来源：表中数据来自 2016 年《中国统计年鉴》。

表 98 我国台湾省出口与进口商品分类（2012—2015 年）

单位：亿美元

年 份	出 口				进 口			
	出口额	农产品	农产加工品	工业产品	进口额	资本设备	原材料	消费品
2012	3 064.1	8.8	30.5	3 024.8	2 773.2	349.8	2131.7	270.2
2013	3 114.3	8.8	31.5	3 074.0	2780.1	368.5	2 096.1	283.9
2014	3200.9	9.1	32.9	3159.0	2818.5	385.5	2 084.0	307.9
2015	2 853.4	8.6	30.4	2 814.5	2372.2	381.2	1 629.0	316.5

资料来源：表中数据来自 2016《中国统计年鉴》。

表 99 两岸进出口贸易情况（2011—2015 年）

单位：亿美元、%

年 份	台湾与大陆贸易总额	大陆向台湾出口额	大陆从台湾进口额	台湾占两岸贸易总额比重	大陆占两岸贸易总额比重
2011	1 600.3	351.1	1 249.2	4.4	27.1
2012	1 689.6	367.8	1 321.8	4.4	29.6
2013	1 972.8	406.4	1 566.4	4.7	34.3
2014	1 983.1	462.8	1 520.3	4.6	33.7
2015	1 885.6	449.0	1 436.6		

资料来源：表中数据来自《台湾农业探索》2016 年第 5 期。

表 100 金砖国家农产品进出口情况（2009—2013 年）

单位：亿美元

年 份	巴 西		俄罗斯		印 度		中 国		南 非	
	出口额	进口额	出口额	进口额	出口额	进口额	出口额	进口额	出口额	进口额
2009	626.5	91.4	173.9	335.8	211.3	155.9	849.0	826.3	75.6	58.2
2010	740.7	119.3	166.0	402.0	301.1	191.1	1097.0	1 129.2	87.8	66.8
2011	928.0	154.2	218.2	470.1	426.5	238.3	1 361.9	1 456.8	98.4	83.7
2012	938.0	146.0	272.2	483.9	512.8	265.6	141.0	161.9	92.2	87.2
2013	980.3	152.9	274.2	510.6	600.8	261.9	1 538.4	1 740.9	124.0	91.8

资料来源：表中数据来自《世界农业》2016 年第 5 期。

表 101 我国向金砖国家出口农产品情况（2013 年）

单位：亿美元

排序	巴西		俄罗斯		印度		南非	
	产品	出口额	产品	出口额	产品	出口额	产品	出口额
1	食用蔬菜	3.82	蔬菜水果坚果制品	4.00	蚕丝	3.04	蔬菜水果坚果制品	0.77
2	水产品	2.37	肉制品	3.70	棉花	2.81	棉花	0.74
3	棉花	1.55	食用水果和坚果	3.15	其他纤维植物	1.56	其他动物产品	0.43
4	食品工业残渣废料	0.66	水产品	2.71	食用水果和坚果	1.13	食用蔬菜	0.37
5	其他动物产品	0.59	食用蔬菜	2.44	食用蔬菜	0.78	肉制品	0.32
6	杂项食品	0.27	棉花	2.09	虫胶、树胶及树脂	0.66	糖及糖食	0.23
7	蚕丝	0.21	杂项食品	0.96	羊毛、动物毛	0.32	食品工业残渣废料	0.18

资料来源：表中数据来自《农业展望》2015 年第 11 期。

表 102 金砖国家向我国出口农产品情况（2013 年）

单位：亿美元

排序	巴西		俄罗斯		印度		南非	
	产品	出口额	产品	出口额	产品	出口额	产品	出口额
1	油籽及果实	171.46	水产品	13.59	棉花	43.48	羊毛、动物毛	2.06
2	糖及糖食	14.33	食品工业残渣及废料	1.00	动植物油脂	3.59	食用水果和坚果	0.92
3	动植物油脂	6.25	油籽及果实	0.28	食用蔬菜	1.96	水产品	0.27
4	烟草及制品	4.54	活动物	0.22	水产品	1.47	饮料、酒及醋	0.25
5	肉类	4.46	其他动物产品	0.13	其他植物纤维	0.68	蔬菜水果坚果制品	0.16
6	棉花	1.89	烟草及制品	0.12	虫胶、树胶及树脂	0.50	油籽及果实	0.04
7	蔬菜水果制品	0.79	动植物油脂	0.08	其他植物产品	0.34	活动物	0.03

资料来源：表中数据来自《农业展望》2015 年第 11 期。

表 103 我国对金砖国家农产品贸易情况（2009—2013 年）

单位：亿美元

年份	巴西		印度		俄罗斯		南非	
	出口额	进口额	出口额	进口额	出口额	进口额	出口额	进口额
2009	6.3	102.2	13.0	13.3	23.6	42.4	5.4	3.2
2010	14.4	130.6	16.3	32.7	35.0	49.0	7.1	4.4
2011	19.5	181.2	18.9	46.3	43.5	62.3	10.1	5.9
2012	18.3	210.5	19.0	55.8	49.5	52.9	10.3	6.7
2013	20.1	251.4	21.9	57.6	58.4	51.1	10.7	7.6

资料来源：表中数据来自《世界农业》2016 年第 5 期。

表 104 中泰农产品贸易情况（2010—2014 年）

单位：亿美元、%

年 份	贸易总额	贸易差额	出口额	增长率	进口额	增长率
2010	36.20	−12.49	11.86	38.7	24.35	38.0
2011	46.61	− 11.87	17.37	46.5	29.24	20.1
2012	59.36	−18.48	20.45	17.7	38.92	33.1
2013	68.79	−17.21	25.79	26.1	43.00	10.5
2014	78.65	− 21.65	28.49	10.5	50.15	16.6

资料来源：表中数据来自《世界农业》2016 年第 6 期。

表 105 中泰农产品主要出口市场情况（2010—2014 年）

单位：%

中 国						泰 国					
出口市场	2010 年	2011 年	2012 年	2013 年	2014 年	出口市场	2010 年	2011 年	2012 年	2013 年	2014 年
日 本	18.71	18.28	19.16	16.74	15.60	日 本	14.32	14.46	15.17	14.04	12.86
美 国	11.83	11.14	11.48	10.86	10.40	美 国	14.45	12.69	11.41	11.18	10.68
中国香港	8.75	9.39	10.28	11.44	12.10	中 国	7.12	7.40	8.71	10.36	11.83
合 计	**39.29**	**38.81**	**40.92**	**39.05**	**38.10**	**合 计**	**35.88**	**34.54**	**35.30**	**35.58**	**35.37**

资料来源：表中数据来自《世界农业》2016 年第 6 期。

表 106 我国向东盟国家出口农产品情况（2011—2015 年）

单位：亿美元

年 份	马来西亚	印度尼西亚	泰国	菲律宾	新加坡	文莱	越南	老挝	缅甸	柬埔寨
2011	21.20	21.45	17.37	9.43	6.60	0.13	20.78	0.11	1.28	0.30
2012	21.64	18.76	20.45	11.94	6.66	0.12	19.45	0.20	1.45	0.35
2013	26.46	17.30	25.79	14.26	8.40	0.12	23.42	0.24	2.32	0.57
2014	27.84	19.67	28.50	14.61	9.84	0.12	29.89	0.20	4.16	0.57
2015	26.31	18.30	38.07	16.68	9.69	0.11	34.31	0.30	3.26	0.52

资料来源：表中数据来自《世界农业》2016 年第 8 期。

表 107 我国从东盟国家进口农产品情况（2011—2015 年）

单位：亿美元

年 份	马来西亚	印度尼西亚	泰国	菲律宾	新加坡	越南	老挝	缅甸	柬埔寨
2011	50.41	40.73	29.24	5.84	4.87	12.88	0.26	1.61	0.12
2012	42.98	46.21	38.92	4.78	4.14	21.89	0.38	1.90	0.19
2013	38.35	34.44	43.00	5.10	4.63	20.17	0.56	1.80	0.36
2014	33.47	39.02	50.15	7.56	4.38	22.50	0.76	1.79	0.70
2015	25.00	40.47	49.98	6.92	4.60	27.18	1.06	1.72	1.13

资料来源：表中数据来自《世界农业》2016 年第 8 期。

表 108 美国纺织品服装进口主要来源国及占比（2011—2015 年）

单位：%

国　家	2011 年	2012 年	2013 年	2014 年	2015 年
中　国	40.13	40.12	39.79	38.74	38.92
越　南	7.11	7.58	8.37	9.27	9.26
印　度	5.85	5.85	6.02	6.25	6.25
孟加拉国	4.59	4.58	4.87	4.65	4.66
印度尼西亚	5.25	5.15	4.99	4.71	4.71
巴基斯坦	3.31	2.98	2.91	2.85	2.71
土耳其	0.89	0.99	1.00	1.08	1.12

资料来源：表中数据来自《纺织导报》2016 年第 7 期。

表 109 日本纺织品服装进口主要来源国及占比（2011—2015 年）

单位：%

国　家	2011 年	2012 年	2013 年	2014 年	2015 年
中　国	74.95	73.22	71.17	67.39	64.53
越　南	5.13	5.90	6.79	8.11	9.51
印度尼西亚	2.53	2.93	3.30	3.62	4.00
意大利	2.67	2.73	2.86	2.87	2.79
泰　国	2.00	1.96	2.12	2.39	2.51
印　度	1.20	1.14	1.11	1.20	1.19
孟加拉国	0.90	1.22	1.45	1.75	2.27
巴基斯坦	0.35	0.30	0.24	0.31	0.33

资料来源：表中数据来自《纺织导报》2016 年第 7 期。

表 110 欧盟纺织品服装进口主要来源国及占比（2011—2015 年）

单位：%

国　家	2011 年	2012 年	2013 年	2014 年	2015 年
中　国	41.02	39.61	38.21	37.74	36.86
土耳其	12.85	13.40	13.76	13.33	12.69
孟加拉国	8.57	9.82	10.81	11.14	12.55
印　度	8.02	7.17	7.26	7.29	7.25
巴基斯坦	3.57	3.30	3.62	4.07	4.36
印度尼西亚	1.87	1.85	1.75	1.64	1.56
越　南	2.04	2.23	2.29	2.55	2.90

资料来源：表中数据来自《纺织导报》2016 年第 7 期。

表 111 东盟五国服装出口额及在全球出口地位（2010—2014 年）

东盟成员	出口额（亿美元）(位次)					2014 年占全球服装出口额比重（%）
	2010 年	2011 年	2012 年	2013 年	2014 年	
越　南	108.39 (7)	131.54 (7)	140.68 (6)	172.30 (5)	195.44 (5)	4.0
印度尼西亚	68.20 (8)	80.45 (8)	75.24 (8)	76.92 (8)	76.70 (8)	1.6
柬埔寨	30.41 (16)	40.51 (15)	42.94 (12)	50.95 (10)	58.69 (10)	1.2
马来西亚	38.80 (13)	45.67 (11)	45.63 (11)	45.86 (11)	47.66 (13)	1.0
泰　国	37.24 (11)	45.61 (12)	42.75 (13)	41.00 (15)	41.29 (15)	0.9

资料来源：表中数据来自《纺织导报》2016 年第 3 期。

表 112 东盟五国纺织品进口额（2010—2014 年）

单位：亿美元

东盟成员	2010 年	2011 年	2012 年	2013 年	2014 年
越　南	59.92	86.74	90.75	106.43	120.20
印度尼西亚	42.36	56.54	55.70	57.88	58.14
泰　国	26.72	29.82	32.45	30.59	29.99
柬埔寨	18.08	24.44	24.87	30.80	29.99
马来西亚	11.93	14.66	13.68	14.54	14.76

资料来源：表中数据来自《纺织导报》2016 年第 3 期。

表 113 我国向越南和印度尼西亚出口纺织品占其进口比重（2010—2014 年）

单位：%

东盟成员	2010 年	2011 年	2012 年	2013 年	2014 年
我国向越南纺织品出口占其进口比重	61.82	57.33	57.53	70.90	78.72
我国向印度尼西亚纺织品出口占其进口比重	47.87	47.90	51.72	52.56	59.46

资料来源：表中数据来自《纺织导报》2016 年第 3 期。

表 114 我国向越南和印度尼西亚面料出口额及位次（2010—2014 年）

东盟成员	出口额（亿美元）(位次)					2014 年占我国面料出口额的比重（%）
	2010 年	2011 年	2012 年	2013 年	2014 年	
越南	26.61 (2)	36.04 (2)	37.56 (2)	55.68 (1)	71.2 (1)	13.08
印度尼西亚	14.29 (4)	18.90 (4)	19.37 (4)	20.46 (5)	22.6 (4)	4.15

资料来源：表中数据来自《纺织导报》2016 年第 3 期。

表 115 我国向越南和印度尼西亚纱线出口额及位次（2010—2014 年）

东盟成员	出口额（亿美元）（位次）					2014 年占我国纱线出口额的比重（%）
	2010 年	2011 年	2012 年	2013 年	2014 年	
越南	2.97 (10)	4.64 (9)	5.88 (4)	7.96 (3)	9.31 (2)	7.71
印度尼西亚	1.37 (16)	1.97 (14)	2.46 (13)	2.63 (13)	2.97 (13)	2.46

资料来源：表中数据来自《纺织导报》2016 年第 3 期。

表 116 世界纺织纤维产量（含 PP 纤维）（2010—2014 年）

单位：万 t

年 份	总 计	天然纤维	化学纤维	
			小 计	合 纤
2010	7 822.8	2 656.0	5 166.8	4 839.3
2011	8 098.6	2 528.4	5 570.2	5 206.1
2012	8 480.9	2 459.1	6 021.8	5 593.6
2013	8 896.7	2 516.7	6 380.0	5 898.7
2014	9 197.1	2 544.0	6 653.1	6 152.0

资料来源：表中数据来自《2015/2016 中国纺织工业发展报告》。

表 117 世界天然纤维及化学纤维比重（2010—2014 年）

单位：%

年份	总计	天然纤维	化学纤维	
			小 计	合 纤
2010	100.0	34.0	66.0	61.9
2011	100.0	31.2	68.8	64.3
2012	100.0	29.0	71.0	66.0
2013	100.0	28.3	71.7	66.3
2014	100.0	27.7	72.3	66.9

资料来源：表中数据来自《2015/2016 中国纺织工业发展报告》。

表 118 世界纺织纤维结构变化情况（2014 年）

单位：万 t、%

品 类	2014 年		2000 年		2014 年比 2000 年增减	
	产量	占比	产量	占比	增减量	占比
总 计	**9 197.1**	**100.0**	**5 515.0**	**100.0**	**3 682.1**	**3.7**
化 纤	6 653.1	72.3	3 389.4	61.5	3 263.7	4.9
棉 花	2 395.1	26.0	1 917.0	34.8	478.1	1.6
羊 毛	110.4	1.2	134.3	2.4	−23.9	−1.4
丝、麻等	38.5	0.4	74.3	1.3	−35.8	−4.6

资料来源：表中数据来自《2015/2016 中国纺织工业发展报告》。

表 119 世界棉花产量地域分布（2011—2015 年）

单位：万 t

年份	世界总计	亚洲、大洋洲	北美洲	南美洲	西欧	东欧	非洲
2011	2 744.4	1 569.0	366.7	191.0	22.5	154.2	96.8
2012	2 633.6	1 821.4	399.8	129.0	30.8	155.7	158.9
2013	2 590.0	1 740.0	300.4	173.9	33.0	143.7	154.2
2014	2 616.4	1 758.0	392.3	170.6	34.7	139.9	145.4
2015	2 385.4	1 702.0	335.8	154.8	30.6	135.4	146.8

资料来源：表中数据来自《2015/2016 中国纺织工业发展报告》。

表 120 世界主要国家棉花产量（2011—2015 年）

单位：万 t

年份	世界总计	中国	美国	印度	巴基斯坦	巴西	土耳其	中国占（%）
2011	2 744.4	640.0	339.1	552.5	190.7	187.7	45.0	23.3
2012	2 633.6	740.0	376.4	600.1	229.4	126.3	75.0	28.1
2013	2 590.0	730.0	281.1	596.7	209.3	170.5	55.0	28.2
2014	2 616.4	692.9	365.5	663.4	207.6	167.3	63.9	26.5
2015	2 385.4	648.0	316.8	650.7	230.5	151.8	84.7	27.2

资料来源：表中数据来自《2015/2016 中国纺织工业发展报告》。

表 121 世界棉花耗用量地域分布（2011—2015 年）

单位：万 t

年份	世界总计	亚洲、大洋洲	美洲	西欧	东欧	非洲
2011	2 294.5	1 940.0	234.1	17.2	43.1	60.1
2012	2 247.4	1 879.5	236.8	16.4	45.2	69.5
2013	2 319.6	1 943.7	246.1	16.5	60.4	52.9
2014	2 354.2	2 003.5	230.9	20.1	61.0	38.7
2015	2 471.3	2 097.5	232.9	19.3	61.8	59.8

资料来源：表中数据来自《2015/2016 中国纺织工业发展报告》。

表 122 世界棉花耗用量地域分布情况（2011—2015 年）

单位：%

年份	世界总计	亚洲、大洋洲	美洲	西欧	东欧	非洲
2011	100.0	84.6	10.2	0.7	1.9	2.6
2012	100.0	83.6	10.5	0.7	2.0	3.1
2013	100.0	83.8	10.6	0.7	2.6	2.3
2014	100.0	85.1	9.8	0.9	2.6	1.6
2015	100.0	84.9	9.4	0.8	2.5	2.4

资料来源：表中数据来自《2015/2016 中国纺织工业发展报告》。

表 123 世界主要国家棉花耗用量（2011—2015 年）

单位：万 t、%

国家	2011 年	2012 年	2013 年	2014 年	2015 年
世界总计	**2 294.5**	**2 247.4**	**2 319.6**	**2 354.2**	**2 471.3**
占　比	**100.0**	**100.0**	**100.0**	**100.0**	**100.0**
中　国	863.5	829.0	753.1	770.5	774.3
占　比	37.6	36.9	32.5	32.7	31.3
美　国	71.8	74.0	80.3	77.8	80.6
占　比	3.1	3.3	3.5	3.3	3.3
印　度	461.1	442.1	500.0	504.2	543.4
占　比	20.1	19.7	21.6	21.4	22.0
巴基斯坦	210.0	216.3	244.4	227.1	252.8
占　比	9.2	9.6	10.5	9.6	10.2
土耳其	125.0	125.0	132.5	140.6	137.2
占　比	5.4	5.6	5.7	6.0	5.6
日　本	6.0	6.3	6.3	6.0	6.5
占　比	0.3	0.3	0.3	0.3	0.3
巴　西	88.8	89.7	88.9	80.8	80.6
占　比	3.9	4.0	3.8	3.4	3.3

资料来源：表中数据来自《2015/2016 中国纺织工业发展报告》。

表 124 美国纺织纤维最终用途分布（2010—2014 年）

单位：万 t

年份	衣着	家用	地毯	工业及其他	合计
2010	58.3	30.1	133.2	163.9	385.5
2011	37.9	16.0	120.2	151.1	325.1
2012	39.9	15.9	122.4	163.2	341.3
2013	40.3	16.1	124.5	171.4	352.3
2014	38.9	16.6	123.7	179.0	358.2

资料来源：表中数据来自《2015/2016 中国纺织工业发展报告》。

表 125 美国人均纤维表观消费量（2010—2014 年）

年份	总纤维消费量（万 t）					人口（百万）	人均消费（kg/年）
	化纤	棉花	羊毛	其他	合计		
2010	599.2	451.2	18.3	30.4	1 099.2	309.3	35.5
2011	601.4	385.5	18.2	32.9	1 038.0	311.6	33.3
2012	616.4	369.3	17.6	31.8	1 035.2	313.9	33.0
2013	650.2	372.5	17.7	31.8	1 072.2	316.1	33.9
2014	664.7	379.2	20.9	32.3	1 097.2	318.4	34.5

资料来源：表中数据来自《2015/2016 中国纺织工业发展报告》。

表126 世界纺织品和成衣进出口额（2010—2014年）

单位：亿美元、%

年份	出口额			进口额		
	合计	纺织品	成衣	合计	纺织品	成衣
2010	3 527.1	1 547.8	1 979.3	3 668.7	1 637.7	2 031.0
2011	7 134.3	2 942.2	4 192.1	7 494.9	3 113.0	4 381.9
2012	7 030.9	2 835.7	4 195.2	7 589.8	3 019.5	4 570.3
2013	7 637.5	3 040.9	4 596.6	8 271.2	3 245.1	5 026.1
2014	7 973.6	3 140.8	4 832.8	8 612.4	3 352.6	5 259.8
2014年增长率	4.4	3.3	5.1	4.1	3.3	4.6
2000—2014年年均增长率	6.0	5.2	6.6	6.3	5.3	7.0

资料来源：表中数据来自《2015/2016中国纺织工业发展报告》。

表127 我国纺织品和成衣进出口额（2010—2014年）

单位：亿美元、%

年份	出口额			进口额			贸易顺差
	合计	纺织品	成衣	合计	纺织品	成衣	
2010	522.1	161.4	360.7	140.2	128.3	11.9	381.9
2011	2 481.8	944.1	1 537.7	229.1	189.0	40.1	2 252.7
2012	2 550.5	954.4	1 596.1	243.3	198.1	45.2	2 307.2
2013	2 839.8	1 065.7	1 774.1	269.0	215.6	53.4	2 570.8
2014	2 982.7	1 116.6	1 866.1	263.7	202.5	61.2	2 719.0
2014年增长率	5.0	4.8	5.2	−2.0	−6.1	14.3	5.8
2000—2014年年均增长率	13.3	14.8	12.5	4.6	3.3	12.4	15.1

资料来源：表中数据来自《2015/2016中国纺织工业发展报告》。

表128 我国纺织品和成衣出口额占全球出口份额（2010—2014年）

单位：亿美元、%

年份	纺织品出口			成衣出口		
	世界总计	中国	占比	世界总计	中国	占比
2010	2 524.5	768.7	30.4	3 544.9	1 298.2	36.6
2011	2 942.2	944.1	32.1	4 192.1	1 537.7	36.7
2012	2 835.7	954.4	33.7	4 195.2	1 596.1	38.0
2013	3 040.9	1 065.7	35.0	4 596.6	1 774.1	38.6
2014	3 140.8	1 116.6	35.6	4 832.8	1 866.1	38.6

资料来源：表中数据来自《2015/2016中国纺织工业发展报告》。

表 129 世界纺织品进出口国（地区）前 10 强（2014 年）

单位：亿美元、%

排序	出口			进口		
	国家或地区	出口额	占世界	国家或地区	进口额	占世界
	世界总计	**3 140.8**	**100.0**	**世界总计**	**3 352.6**	**100.0**
1	中　国	1 116.6	35.6	欧盟（28 国）	831.8	24.8
2	欧盟（28 国）	748.3	23.8	自欧盟（28 国）外	317.3	9.5
3	向欧盟（28 国）外	233.8	7.4	美　国	282.8	8.4
4	印　度	183.4	5.8	中　国	202.5	6.0
5	美　国	143.7	4.6	越　南	120.2	3.6
6	土耳其	125.2	4.0	中国香港	93.6	2.8
7	韩　国	119.1	3.8	日　本	88.9	2.7
8	中国台湾	102.3	3.3	土耳其	71.2	2.1
9	中国香港	97.9	3.1	孟加拉国	67.8	2.0
10	巴基斯坦	90.8	2.9	墨西哥	64.1	1.9

资料来源：表中数据来自《2015/2016 中国纺织工业发展报告》。

表 130 世界成衣进出口国（地区）前 10 强（2014 年）

单位：亿美元、%

排序	出口			进口		
	国家或地区	出口额	占世界	国家或地区	进口额	占世界
	世界总计	**4 832.8**	**100.0**	**世界总计**	**5 259.8**	**100.0**
1	中　国	1 866.1	38.6	欧盟（28 国）	1 982.6	37.7
2	欧盟（28 国）	1 265.9	26.2	自欧盟（28 国）外	1 036.5	19.7
3	向欧盟（28 国）外	319.8	6.6	美　国	931.6	17.7
4	孟加拉国	245.8	5.1	日　本	311.6	5.9
5	中国香港	205.1	4.2	中国香港	161.7	3.1
6	越　南	195.4	4.0	加拿大	100.8	1.9
7	印　度	177.4	3.7	俄罗斯	85.1	1.6
8	土耳其	166.8	3.5	韩　国	84.8	1.6
9	印度尼西亚	76.7	1.6	澳大利亚	65.2	1.2
10	美　国	61.1	1.3	瑞　士	61.3	1.2

资料来源：表中数据来自《2015/2016 中国纺织工业发展报告》。

表131 世界纺织品和成衣出口国（地区）前10强（2014年）

单位：亿美元、%

排序	国家或地区	合 计	纺织品	成 衣	占世界
	世界总计	**7 973.6**	**3 140.8**	**4 832.8**	**100.0**
1	中 国	2 982.7	1 116.6	1 866.1	37.4
2	欧盟（28国）	553.6	233.8	319.8	6.9
3	印 度	360.8	183.4	177.4	4.5
4	中国香港	303.0	97.9	205.1	3.8
5	土耳其	292.0	125.2	166.8	3.7
6	孟加拉国	269.4	23.6	245.8	3.4
7	越 南	248.0	52.6	195.4	3.1
8	美 国	204.8	143.7	61.1	2.6
9	韩 国	141.6	119.1	22.5	1.8
10	巴基斯坦	140.8	90.8	50.0	1.8

资料来源：表中数据来自《2015/2016中国纺织工业发展报告》。

表132 世界纺织品和成衣进口国（地区）前10强（2014年）

单位：亿美元、%

排序	国家或地区	合 计	纺织品	成 衣	占世界
	世界总计	**8 612.4**	**3 352.6**	**5 259.8**	**100.0**
1	欧盟（28国）	1 353.8	317.3	1036.5	15.7
2	美 国	1 214.4	282.8	931.6	14.1
3	日 本	400.5	88.9	311.6	4.7
4	中 国	263.7	202.5	61.2	3.1
5	中国香港	255.3	93.6	161.7	3.0
6	加拿大	146.6	45.8	100.8	1.7
7	韩 国	138.5	53.7	84.8	1.6
8	越 南	128.3	120.2	8.1	1.5
9	俄罗斯	126.1	41.0	85.1	1.5
10	土耳其	103.5	71.2	32.3	1.2

资料来源：表中数据来自《2015/2016中国纺织工业发展报告》。

表 133 亚洲主要国家（地区）纺织品和成衣出口状况（2013—2014 年）

单位：亿美元

国家或地区	纺织品出口		成衣出口		合计	
	2013 年	2014 年	2013 年	2014 年	2013 年	2014 年
合　计	**1 917.6**	**1 970.5**	**2 923.3**	**3 082.6**	**4 840.9**	**5 053.1**
中　国	1 065.7	1 116.6	1 774.1	1 866.1	2 839.8	2 982.7
印　度	174.2	183.4	155.4	177.4	329.6	360.8
中国香港	107.1	97.9	219.2	205.1	326.3	303.0
孟加拉国	22.6	23.6	235.0	245.8	257.6	269.4
越　南	46.1	52.6	171.5	195.4	217.6	248.0
韩　国	120.4	119.1	21.0	22.5	141.4	141.6
巴基斯坦	93.4	90.8	45.5	49.9	138.9	140.7
印度尼西亚	46.3	47.3	76.9	76.7	123.2	124.0
中国台湾	102.2	102.3	9.2	8.7	111.4	111.0
泰　国	38.7	38.9	41.0	41.3	79.7	80.2
日　本	68.4	63.9	4.9	6.2	73.3	70.1
马来西亚	18.5	19.0	45.8	47.7	64.3	66.7
柬埔寨	1.0	1.1	50.3	58.7	51.3	59.8
斯里兰卡	2.4	2.7	45.2	49.2	47.6	51.9
新加坡	8.9	8.8	12.7	13.5	21.6	22.3
菲律宾	1.7	2.5	15.6	18.4	17.3	20.9

资料来源：表中数据来自《2015/2016 中国纺织工业发展报告》。

表 134 世界与我国纸浆、纸及纸板生产与消费情况（2013—2015 年）

单位：万 t

项　目		2013 年	2014 年	2015 年
世　界	纸浆总产量	17 936	17 850	
	纸浆总消费量	18 064	17 962	
	纸和纸板总产量	40 260	40 645	
	纸和纸板总消费量	40 364	40 752	
	纸和纸板人均年消费量（kg）	56.9	56.8	
中　国	纸浆总产量	7 651	7 906	7 984
	纸浆总消费量	9 147	9 484	9 731
	纸和纸板总产量	10 110	10 470	10 710
	纸和纸板总消费量	9 782	10 071	10 352
	纸和纸板人均年消费量（kg）	72	74	75

资料来源：表中数据来自 2016 年《中国造纸年鉴》。

表 135　世界纸和纸板产量排名前 10 位国家（2014 年）

排　序	国　家	产　量（万 t）	同比增长（%）
1	中　国	10 470	3.6
2	美　国	7 319	－0.8
3	日　本	2 647	0.9
4	德　国	2 254	0.6
5	韩　国	1 170	－0.8
6	加拿大	1 108	－0.7
7	印度尼西亚	1 094	3.4
8	印　度	1 087	1.9
9	瑞　典	1 042	－3.5
10	芬　兰	1 041	－1.7

资料来源：表中数据来自《造纸信息》2016 年第 2 期。

表 136　世界纸浆产量排名前 10 位国家（2014 年）

排　序	国　家	产量（万 t）	同比增长（%）
1	美　国	4 841	－2.0
2	中　国	1 717	0.4
3	加拿大	1 696	－1.7
4	巴　西	1 649	8.8
5	瑞　典	1 101	－2.0
6	芬　兰	1 020	－1.7
7	日　本	896	2.2
8	俄罗斯	732	3.4
9	印度尼西亚	677	0
10	智　利	523	－0.1

资料来源：表中数据来自《造纸信息》2016 年第 2 期。

表 137　世界纸浆主要净进口和净出口前 5 位国家（2014 年）

单位：万 t

纸浆主要净进口国			纸浆主要净出口国		
排　序	国家	净进口量	排　序	国　家	净出口量
1	中国	1 797	1	巴　西	1 019
2	德　国	335	2	加拿大	864
3	意大利	311	3	智　利	465
4	韩国	223	4	瑞　典	271
5	法　国	145	5	芬　兰	247

资料来源：表中数据来自《造纸信息》2016 年第 2 期。

表 138 世界纸和纸板消费量与人均消费量前 5 位的国家（2014 年）

单位：万 t、kg

纸和纸板消费量			纸和纸板人均消费量		
排 序	国 家	净进口量	排 序	国 家	净出口量
1	中 国	10 071	1	比利时	317
2	美 国	7 143	2	奥地利	256
3	日 本	2 735	3	德 国	246
4	德 国	1 993	4	阿联酋	236
5	印 度	1 265	5	芬 兰	235

资料来源：表中数据来自《造纸信息》2016 年第 2 期。

表 139 世界部分国家废纸回收量及进出口量（2014 年）

单位：万 t

国 家	回收量	回收率（%）	利用率（%）	出口量	进口量	废纸用量
美 国	4 642	65.0	37.8	1 911	78	2 767
日 本	2 168	79.3	64.6	462	3	1 709
德 国	1 509	75.7	73.7	238	391	1 662
英 国	810	86.8	84.5	445	7	371
法 国	732	81.7	65.9	286	94	540
意大利	607	61.3	53.3	168	31	470
中 国	4 984	49.5	73.9	0	2 752	7 736

资料来源：表中数据来自《造纸信息》2016 年第 2 期。

表 140 世界部分国家纸和纸板最大进口量和出口量（2014 年）

单位：万 t

排 序	国 家	出口量	排 序	国 家	进口量
1	芬 兰	917	1	英 国	493
2	瑞 典	861	2	墨西哥	275
3	加拿大	535	3	土耳其	255
4	印度尼西亚	350	4	印 度	178
5	奥地利	276	5	越 南	140

资料来源：表中数据来自《造纸信息》2016 年第 2 期。

表 141 世界橡胶机械生产厂商前 10 名排序（2015 年）

单位：百万美元、%

排序	企业名称	国别	销售收入	增长率（%）
1	H-F公司	德国	427.4	-4.92
2	青岛软控	中国	387.4	-19.89
3	飞迈	荷兰	333.1	-1.07
4	神户制钢	日本	232.0	-18.60
5	三菱重工	日本	200.0	
6	特罗埃斯特	德国	133.2	30.59
7	大连橡塑	中国	123.8	-17.90
8	德斯玛	德国	116.6	25.24
9	萨驰机械	中国	112.4	-14.39
10	益阳橡机	中国	111.7	-16.02

资料来源：表中数据来自《中国橡胶》2016 年第 10 期。

表 142 世界各区域市场橡胶机械销售情况（2011—2015 年）

单位：万美元

国家或地区	2011 年	2012 年	2013 年	2014 年	2015 年
西欧	50 400	54 432	78 830	90 560	82 480
中欧	38 680	41 774	54 420	60 250	57 770
中东及非洲	6 680	7 214	8 580	8 130	11 260
北美	38 890	42 001	37 270	45 090	70 850
南美	13 370	14 440	31 000	21 440	11 990
东南亚	53 470	57 748	28 040	33 270	32 700
印度	39 000	42 120	12 860	12 570	16 350
中国	121 580	168 520	230 000	220 000	188 000
日本	21 940	23 695	17 810	22 550	7 630
澳大利亚	2330	2 516	1 650	3 700	3 630
其他	100	110	3 300	3 400	3 630
总计	**386 350**	**454 471**	**500 790**	**517 900**	**486 290**

资料来源：表中数据来自《中国橡胶》2016 年第 10 期。

表 143 按营业额排序的世界最大 500 个企业中相关农产品加工企业（2013 年）

企业名称	国别	营业额位次	营业额（百万美元）
一、食品业			
CVSCarermarK 公司	美国	35	126 761
乐购	英国	63	103 278
雀巢公司	瑞士	72	99 454
克罗格	美国	74	98 375
阿彻丹尼尔斯米德兰公司	美国	87	89 804
麦德龙	德国	91	86 347
沃尔格林公司	美国	117	72 217
华润总公司	中国	143	65 960
日本永旺集团	日本	148	64 240
邦吉公司	美国	153	62 564
西农公司（Wesfarmers）	澳大利亚	158	61 356
沃尔沃斯公司	澳大利亚	161	60 826
CHS 公司	美国	233	44 480
西斯科公司（Svsco）	美国	234	44 411
丰益国际	新加坡	239	44 085
皇家阿霍德集团	荷兰	247	43 483
JBS 公司	巴西	251	43 050
西夫韦	美国	252	42 982
森宝利（JsAinsbury）	英国	293	38 046
联合博姿	瑞士	307	37 121
艾德卡	德国	321	36 226
卡夫食品	美国	332	35 299
泰森食品	美国	346	34 482
乔治威斯顿	加拿大	367	32 598
中粮集团有限公司	中国	401	30 748
德尔海兹集团	比利时	407	29 818
Publix Super Markets	美国	418	29 148
MIGROS 集团	瑞士	423	28 854
达能集团	法国	429	28 274
麦当劳	美国	433	28 106

（续）

企业名称	国别	营业额位次	营业额（百万美元）
威廉莫里斯超市	英国	435	27 705
来德爱	美国	473	25 526
二、饮食服务			
索迪斯	法国	493	24 061
三、饮料业			
百事公司	美国	137	66 415
可口可乐公司	美国	224	46 854
安海斯-布希英博	比利时	250	43 195
喜力控股公司	荷兰	463	25 793
四、纺织、服装业			
山东魏桥创业集团有限公司	中国	279	39 260
克里斯叮迪奥	法国	289	38 432
TJX 公司	美国	436	27 423
耐克公司	美国	462	25 836
五、造纸、纸制品、印刷出版业			
国际纸业	美国	420	29 080
六、橡胶和塑料制品业			
普利司通	日本	317	36 573
米其林	法国	448	26 879
七、烟草业			
日本烟草	日本	495	23 955
英美烟草	英国	499	23 853
八、肥皂与化妆品业			
宝洁公司	美国	92	84 167
欧莱雅	法国	402	30 503
九、综合			
沃尔玛公司	美国	1	476 294
家乐福	法国	65	101 791
联合利华	英国/荷兰	140	66 109
欧尚集团	法国	149	63 825

资料来源：表中数据来自 2015 年《国际统计年鉴》。

图书在版编目（CIP）数据

中国农产品加工业年鉴.2016/科学技术部农村科技司等编.—北京：中国农业出版社，2017.12
ISBN 978-7-109-23620-2

Ⅰ.①中…　Ⅱ.①科…　Ⅲ.①农产品加工—加工工业—中国—2016—年鉴　Ⅳ.①F326.5-54

中国版本图书馆CIP数据核字（2017）第300100号

中国农业出版社出版
（北京市朝阳区麦子店街18号楼）
（邮政编码 100125）
责任编辑　孟令洋　郭　科

北京通州皇家印刷厂印刷　　新华书店北京发行所发行
2017年12月第1版　　2017年12月北京第1次印刷

开本：787mm×1092mm　1/16　　印张：36.75
字数：1 200千字
定价：300.00元

ISBN 978-7-109-23620-2
9 787109 236202 >